16세 이상 민간경제활동인구의 실업률, 1947~2012년(이 데이터는 제2장 그림 2.2에 그래프로 그려져 있음)

연도	실업률	연도	실업률
1947	3.9	1981	7.6
1948	3.8	1982	9.7
1949	5.9	1983	9.6
1950	5.3	1984	7.5
1951	3.3	1985	7.2
1952	3.0	1986	7.0
1953	2.9	1987	6.2
1954	5.5	1988	5.5
1955	4.4	1989	5.3
1956	4.1	1990	5.6
1957	4.3	1991	6.8
1958	6.8	1992	7.5
1959	5.5	1993	6.9
1960	5.5	1994†	6.1
1961	6.7	1995†	5.6
1962	5.5	1996†	5.4
1963	5.7	1997†	4.9
1964	5.2	1998†	4.5
1965	4.5	1999†	4.2
1966	3.8	2000†	4.0
1967	3.8	2001†	4.7
1968	3.6	2002†	5.8
1969	3.5	2003†	6.0
1970	4.9	2004†	5.5
1971	5.9	2005†	5.1
1972	5.6	2006†	4.6
1973	4.9	2007	4.6
1974	5.6	2008	5.8
1975	8.5	2009	9.3
1976	7.7	2010	9.6
1977	7.1	2011	8.9
1978	6.1	2012	8.1
1979	5.8		

† 1994년에 실업추정치의 기본이 되는 현행인구조사(CPS: Current Population Survey)에 변화가 있었으며, 이는 발표되는 실업률을 0.5% 포인트 증가시켰음. 실업률 수치의 증가는 특히 여성들, 10대들, 그리고 나이 든 사람들의 경우에 주목할 만했음. 정의는 바뀌지 않았지만, 새로운 설문들이 명백히 보다 많은 응답자들로 하여금 자신들이 적극적으로 일자리를 찾았다거나 또는 일시 해고 상태로 있었다고 응답하도록 하였음. 따라서 1994년과 그 이후의 데이터는 그 이전연도의 데이터들과 직접 비교될 수 없음.

자료: 1947~1966: U.S. Bureau of Labor Statistics, *Employment and Earnings* 13 (January 1967), Table A-1. 1967~2012: U.S. President, *Economic Report of the President* (Washington, D.C.: U.S. Government Printing Office, March 2013), Table B-42.

주요 비농업 부문의 고용분포, 1954~2013년(이 데이터는 제2장 그림 2.3에 그래프로 그려져 있음)

연도	재화생산*(%)	비정부서비스(%)	정부서비스(%)
1954	37.7	48.3	14.0
1964	33.8	49.6	16.6
1974	29.8	52.0	18.2
1984	24.9	58.1	17.0
1994	19.9	63.2	16.9
2004	16.6	67.0	16.4
2013	14.0	70.8	15.2

*제조업, 건설업, 광업

자료: U.S. Department of Labor, Bureau of Labor Statistics, "Employment Situation Summary," Table B-1, at http://www.bls.gov.

표 2.1

성별 경제활동참가율, 1950~2013년

연도	총계(%)	남자(%)	여자(%)
1950	59.9	86.8	33.9
1960	60.2	84.0	37.8
1970	61.3	80.6	43.4
1980	64.2	77.9	51.6
1990	66.5	76.4	57.5
2000	67.2	74.7	60.2
2010(4월)	65.2	71.8	59.0
2013(4월)	63.3	69.8	57.2

자료: 1950~1980: U.S. President, *Employment and Training Report of the President* (Washington, D.C.: U.S. Government Printing Office), transmitted to the Congress 1981, Table A-1.

1990: U.S. Bureau of Labor Statistics, *Employment and Earnings* 45 (February 1998), Tables A-1, A-2.

2000: U.S. Bureau of Labor Statistics, *Employment Situation* (News Release, October 2001), Table A-1.

2010: U.S. Bureau of Labor Statistics, *Employment Situation* (Economic News Release, May 2010), Table A-1.

2013: U.S. Bureau of Labor Statistics, *Employment Situation* (Economic News Release, May 2013), Table A-1.

데이터와 뉴스 발표는 online 상의 http://www.bls.gov에서 이용 가능함.

표 2.2

미국 민간부문 비관리직 근로자들의 시간당 명목근로소득 및 실질근로소득, 1980~2012년

	1980	1990	2012
시간당 평균임금	6.85달러	10.20달러	19.77달러
소비자물가지수(CPI)(1982~1984년을 기준 연도로 사용)	82.4	130.7	229.6
시간당 평균임금(1982~1984 불변가격: CPI 사용)	8.31달러	7.80달러	8.61달러
시간당 평균임금(2012 불변가격: CPI 사용)	19.09달러	17.92달러	19.77달러
시간당 평균임금(2012 불변가격: CPI 인플레이션에서 매년 1% 감소시킨 값 사용)	13.96달러	14.48달러	19.77달러

자료: U.S. President, *Economic Report of the President* (Washington, D.C.: U.S. Government Printing Office, 2013), Tables B-47 and B-60.

Modern Labor Economics

Theory and Public Policy

Global Edition
Twelfth Edition

Ronald G. Ehrenberg
School of Industrial and Labor Relations
Cornell University

Robert S. Smith
School of Industrial and Labor Relations
Cornell University

현대 노동경제학

Modern Labor Economics

Theory and Public Policy

이론과 공공정책

Ronald G. Ehrenberg • Robert S. Smith

한홍순 | 김중렬 옮김

퍼스트북

1st book

현대노동경제학 이론과 공공정책

Modern Labor Economics:
Theory and Public Policy

발 행 일 : 2015. 8. 20 1쇄 발행
지 은 이 : Ronald. G. Ehrenberhg. S. Smith
옮 긴 이 : 한홍순 | 김중렬
발 행 인 : 손영만
발 행 처 : 퍼스트 북(First Book)
등 록 : 제312-2009 000053호
주 소 : 서울시 서대문구 연희동 193-7 영화 B/D 502호
전 화 : (02)3141-2953(주문 및 고객지원)
팩 스 : (02)3141-2955
홈페이지 : www.firstbook.kr
E-mail : first_book@naver.com

ISBN 979-11-85475-12-7 93320

값 **33,000**원

서문

『현대노동경제학: 이론과 공공정책(Modern Labor Economics: Theory and Public Policy)』은 저자들이 지난 40년간 노동시장경제학을 가르치면서, 그리고 공공정책에 영향을 주기 위해 연구를 수행하면서 얻은 체험의 소산이다. 본서는 현대의 노동시장행태 이론을 전개하고 각각의 가설을 지지하거나 반대하는 실증 증거들을 요약하며, 이론이 공공정책분석을 위해 지니는 유용성을 자세히 설명한다. 저자들은 개념들이 지니는 사회적 함의를 학생들에게 설명함으로써 이들이 그 개념을 배우고자 하는 동기가 강화되며, 각 장에서 개념들을 분석적 맥락에서 사용함으로써 학생들로 하여금 개념들이 살아서 움직이는 것을 알도록 할 수 있다고 믿는다. 상세한 정책응용을 폭넓게 제시하고 있는 것이 본서에서 이룩해 놓은 주요한 공헌이라 하겠다.

만약 경제학자들이 믿고 있는 바와 같이 '시장테스트'를 통과하는 것이 기술혁신이 성공적인가를 판단하는 궁극적인 기준이라면, 이 『현대노동경제학: 이론과 공공정책』 제12판의 출간은 만족과 열의를 가지고 저자들이 접근했던 노력의 산물이다. 저자들은 경제분석이 정책분석과 평가의 분야에서 더 광범위하게 받아들여지고 가치를 인정받게 되었으며, 노동경제학은 경제학 내에서 더욱 활기차고 박력 있는 분야가 되었다고 믿고 있다. 『현대노동경제학: 이론과 공공정책』은 노동시장을 제도적 측면에서 취급하는 것이 신고전학파의 분석대상으로 대체되어 지배적인 패러다임(paradigm)이 된 약 10년 후에 처음으로 발간되었으며, 그 사이 수십 년 동안 이 패러다임은 노동시장 문제들과 이들에 영향을 미치는 제도들을 취급하는 데 있어 점점 정교하게 발전되었다. 이 기간은 노동경제학자가 되기 위해 매우 흥분되고 보람 있는 시간이었으며, 이 영역을 학생들에게 전달하려는 저자들의 열정은 생생하게 살아있다.

12판에 추가된 내용

- 『현대노동경제학: 이론과 공공정책』 제12판은 철저히 업데이트되어 노동시장에 관계된 최신 서술적 데이터(descriptive data)와 최신 전문문헌의 참고문헌이 포함되어 있다. 이러한 업데이트의 목적은 이 책을 노동시장에 대해 **그리고** 노동경제학의 전문문헌에 관해 대단히 중요한 사실을 담은 정보의 종합적인 참고서로 만드는 것이다.

- 2008년의 대침체(Great Recession)가 퇴직연령(제7장), 해외로부터의 이주(제10장), 실업의 국제적 차이(제14장), 그리고 근로소득 불균등(제15장)에 미치는 효과가 분석되고 있다. 또한 침체 기간 동안 고용을 촉진하는 수단으로서의 급여세 삭감이 미치는 효과에 대한 분석이 담긴 (제3장) 절도 추가되었다.
- 공인되지 않은 해외로부터의 이주에 관한 논쟁이 증가한다는 점에 비추어, 해외로부터의 이주가 노동시장에 미치는 효과에 대한 설명(제10장)을 확대하여 노동수요곡선의 탄력성에 대한 분석과 해외로부터의 저숙련 노동의 유입이 고숙련 근로자들에게 미치는 경제효과에 대한 분석을 포함시켰다.
- 제9장의 인적자본투자에 대한 논의는 '행동기술(behavioral skills),' 학습의 정신적 비용, 그리고 개인할인율이 교육에 대한 수익에 어떤 영향을 미치는 지에 대한 더 자세한 분석을 포함하기 위해 증진되었다.
- 일상적 생활 및 역사적 전개 모두를 이해하는 데 있어서의 경제개념의 응용 가능성을 설명하는 박스에 실린 예문들은 이전 11판까지 『현대노동경제학: 이론과 공공정책』의 핵심 특징이었다. 이번 제12판에서는 '빅맥(Big Mac)' 실질임금지수와 주택보조금이 어떻게 노동공급에 영향을 미치는 지에서부터 언어가 개인할인율에 미치는 효과와 인종이 야구에서 스트라이크 판정에 미치는 효과에 이르는 8개의 새로운 예문이 추가되었다.

이 책의 개요

『현대노동경제학: 이론과 공공정책』은 폭넓은 경제학지식이 없을 수도 있는 학생들의 학부 또는 대학원 수준의 2학기제 또는 4학기제의 한 학기 노동경제학 강좌를 위해 마련된 것이다. 1974년 이래 저자들은 코넬대학교의 산업 및 노동관계대학(School of Industrial and Labor Relations at Cornell University)에서 그러한 과정들을 가르쳐왔다. 학부의 강좌는 경제학원론만을 선수 과목으로 부과하며 대학원과정(MBA 과정과 유사한 전문교육과정 학생들을 대상으로 함)은 선수 과목이 없다. 저자들은 중요개념들을 전달하기 위해 고도로 전문적으로 설명하지 않아도 되며, 경제학지식이 부족한 학생들도 단일강좌를 통해 많은 것을 이해할 수 있다는 것을 알게 되었다. 그렇지만 중급 미시경제학을 배운 학생들을 위해 7개장의 부록을 통해 더 고급내용을 다루거나 본문이 허용하는 수준보다 훨씬 상세하게 전문개념들을 전개하도록 마련해 놓았다.

노동경제학은 항상 '응용' 연구부문이었으며, 이 분야의 철저한 기초교육은 적어도 기본적인 방법론의 기법 및 문제들과 친숙할 것을 필요로 한다. 제1장의 부록은 회귀분석의 간략한 개요를 기술한다. 그 뒤 각 장의 끝에는 응용연구를 하는 경제학자들이 직면하게 되는 여러 **방법론적** 문제들을 학생들에게 소개하는 그 장의 내용과 관련된 '실증연구'가 포함되어 있다. 이 책의 이러한 독특한 특성이 실증연구라는 도전에 대해 학생들에게 통찰력을 줄 뿐만 아니라, 그 도전에 학생들이 관심을 갖도록 하는 것이 저자들의 바램이다.

제1장에서 경제학 기본개념들을 소개한 다음, 제2장에서는 노동시장의 수요와 공급을 대충 개관하여 학생들이 노동시장행태 형성에 작용하는 주요요소들의 상호관계를 처음부터 이해하도록 한다. 경제학지식이 풍부한 학생들이나 4학기제 중의 한 학기 강좌 학생들은 이 장을 건너뛰거나 대충 훑어보고 지나갈 수 있다. 3~5장에서는 주로 노동수요를 다루는 한편 6~10장에서는 노동공급문제에 초점을 맞춘다.

11장부터는 경제학의 개념들을 사용하여 노동시장 학도들에게 특별한 관심의 대상이 되는 여러 문제들을 분석한다. 11장에서는 보수와 생산성의 관계를 분석하고, 12장은 여성과 소수집단의 근로소득을—차별문제를 포함하여—주제로 삼는다. 제13장에서는 경제학의 개념들을 사용하여 민간 및 공공부문에서의 단체교섭을 분석한다. 제14장은 실업문제를 다룬다.

15장과 16장은 과거 20~30년 동안에 정책적인 중요성을 가졌던 두 가지 주요문제들에 대한 분석을 제공한다. 즉 근로소득불균등의 심화(15장)와 국제무역의 증가와 생산분담(production sharing)이 미치는 효과가 그것이다. 두 장 모두 **앞의 장들에서 소개한 핵심 개념들을 검토하고 활용하는** 한편, 중요한 정책문제들을 분석하는 이중의 역할을 수행한다.

공공정책의 실례들을 제시하고, 전문적인 부록을 포함하며, 방법론적인 문제들을 각 장의 끝에서 논의하는 것 외에도 이 책은 여러 중요한 교수법상의 특징들을 갖추고 있다. 첫째, 장마다 여러 개의 예문을 박스에 실어 비전통적, 역사적, 산업적 또는 다문화적 맥락에서 그 장에서 다룬 이론을 어떻게 응용하는지 설명한다. 둘째, 장마다 다양한 토의주제 또는 복습문제들을 실어 학생들에게 자신들이 배운 것을 특정 정책문제들에 적용하도록 하였다. 학생의 이해도를 높이기 위해 책의 맨 뒤에 홀수 번호 문제들에 대한 해답을 제시한다. 셋째, 각 장의 끝에 엄선된 도서목록을 참고문헌으로 제시하여 학생들의 보다 심도 깊은 연구를 위한 자료로 참고하도록 한다. 넷째, 책의 각주가 새롭게 수정·보완되어 주제에 관한 가장 최근의 문헌을 인용함으로써, 주어진 주제를 더 깊이 있게 탐구하길 원하는 학생과 교수 모두에게 참고되도록 한다.

감사의 말

저자들은 다음과 같은 세 부류의 분들에게 크나큰 신세를 지고 있다. 첫째, Orley Ashenfelter, Frank Brechling, George Delehanty, Dale Mortensen, John Pencavel, Orme Phelps 및 Mel Reder와 같은 분들은 저자들의 학생 시절 또는 초보 전문가 시절에 노동경제학의 개념들과 사회적 관련성을 가르치는 도움을 주셨다. 둘째, 여러 학기에 걸친 학부와 대학원 학생들은 『현대노동경제학』의 새 판이 나올 때마다 그 이전까지 진행된 강의를 들으며 질의·응답을 통해 저자들이 더 분명히 설명하지 않을 수 없도록 해 주었다.

셋째, 여러 동료가 공식적으로든 비공식적으로든 이 제12판에 도움을 주었다. 다음

분들의 조언에 대해 감사드린다.

Casey Abington
Northwest Missouri State University
John Abowd
Cornell University
John T. Addison
University of South Carolina
Sherrilyn M. Billger
llinois State University
Francine Blau
Cornell University
George Boyer
Cornell University
Robert Chirinko
University of Illinois, Chicago
Gary Fields
Cornell University
Matthew Freedman
Cornell University
Kevin Hallock
Cornell University
Robert Hutchens
Cornell University
George Jakubson
Cornell University
Lawrence Kahn
Cornell University
Richard Mansfield
Cornell University
Brian McCall
University of Michigan
Kevin Murphy
Oakland University
Walter Oi
University of Rochester
Victoria Prowse
Cornell University
Silvio Rendon
Stony Brook University
Teresa Riley
Youngstown State University
Tim Schmidle
Worker's Compensation Board, New York State
Douglas Webber
Temple University

Ronald G. Ehrenberg
Robert S. Smith

토론자(contributors):

Jaya Anita Abraham
Abu Dhabi University
David Kiss
Leibniz University Hanover
Stefania
Coventry University

검토자(reviewers):

Peter Sedlacek
Univesity of Bonn
Erik Johansson
National Institute of Economic Research, Sweden

역자 서문

역자들은 짧지 않은 세월 동안 학부와 대학원에서 노동경제학을 강의해 오면서 국내외에서 간행된 여러 교재들을 때로는 교재로, 때로는 참고도서로 활용해 왔다. 그러던 중 이 책이 특히 역자들의 눈길을 끈 것은, 저자들도 제시하고 있는 바와 같이 경제학 기본이론에 대한 충분한 사전지식이 없는 독자라도 그 내용을 이해할 수 있도록 쉽게 쓰인 교재라는 점이었다. 더욱이 이러한 이론을 실제 정책에 응용하는 사례들을 풍부히 검토함으로써 이론을 현실에 살아있는 것으로 이해할 수 있게 한다는 점 또한 이 책의 장점이라 하겠다.

이 책이 특히 노동문제의 현실과 이에 대한 정책대응을 국제적으로 비교하고 있는 것 또한 역자들의 눈길을 끈 대목이었다. 왜냐하면, 역자들이 접해 본 주요 미국교재들은 미국 상황만을 분석의 대상으로 삼아 그 시야가 매우 제한되어 있었는데, 이 책은 그러한 제한을 충분히 극복하고 있어서 세계화 시대의 노동문제를 제대로 이해할 수 있게 해주고 있기 때문이다. 오늘날처럼 지구촌화되어 있는 세계 경제에서 어느 나라의 노동문제든 그 나라만의 맥락에서는 제대로 이해되기도 어렵거니와 해결되기는 더욱 어려운 것이 오늘의 현실인 것이다.

또한, 이론을 역사적 사실에 응용함으로써 경제사에 대한 실증적 접근의 여러 사례를 보여주고 있는 점 또한 이 책이 역자들의 관심을 끈 대목이었다.

원래 역자들은 16년 전 이 책의 제6판을, 2003년에는 제8판을 번역해 출간하였고 뒤이어 2009년에는 대폭적인 개정과 보완이 이루어졌던 제10판을 다시 번역해 출간하였다. 이후 저자들은 2012년에 개정판 제11판을 출간하였고 뒤이어 2015년에는 이것을 다시 개정해 제12판을 출간하였다. 제12판의 내용을 검토해 보면 우선 각 장의 데이터가 철저하게 업데이트되었다. 특히 인터넷의 사용이 일상화됨에 따라 웹사이트를 통한 업데이트가 눈에 띈다. 2008년의 대침체(Great Recession)가 퇴직연령, 해외로부터의 이주, 실업률의 국제적 차이, 소득불균등 등 노동시장에 미친 효과를 여러 장에서 다루고 있는 것도 세계화 시대의 노동문제를 제대로 이해할 수 있게 해 주고 있는 이 책의 특징을 더욱 두드러지게 하고 있다. 아울러 '빅맥' 실질임금지수, 주택보조금이 노동공급에 미치는 영향, 언어구사능력이 개인할인율에 미치는 효과 등 박스에 실린 사례들이 보강된 것도 제12판의 특징이라고 할 수 있다.

이렇게 새로워진 모습을 갖춘 제12판을 우리말로 옮겨 놓은 본 번역서가 현대사회의 핵심과제의 하나인 노동문제를 제대로 이해하고 해결하여 보다 나은 세계를 건설하는 데 다소라도 도움이 될 수 있다면 역자들로서는 그 이상의 기쁨이 없겠다.

번역은 반역이라는 말이 있다. 이 책을 우리말로 옮기면서 역자들은 특히 원문의 의미가 문자 그대로 충실히 전달되도록 하는 데 주안점을 두었으나 역자들의 부족함으로 인해 번역이 저자들의 의미에 반역되지 않았기를 바란다.

이 책의 번역에는 많은 분의 아낌없는 조언과 격려와 도움이 있었다. 특히 이 책을 교재로 사용해 온 여러 교수님과 노동문제에 관심을 갖고 이 책을 접한 여러 독자가 이 책의 번역에 때로는 구두로 때로는 서면으로 조언해 주었다. 이분들 모두에게 진심으로 감사드린다. 그리고 번역본의 출판을 맡아준 피어슨코리아와 퍼스트북 관계자 여러분, 특히 손영만 사장님께 진심으로 감사드린다.

2015년 여름

한홍순·김중렬

요약 차례

차례

제1장

서론

경제이론은, 강력하고도 놀라운 통찰력으로 개인과 사회의 행태(behavior)를 이해할 수 있도록 해 준다. 이러한 통찰력은 우리 삶의 중요한 측면을 이해하는 데 도움이 되기 때문에 흥미로운 것이다. 그러나 흥미로움의 차원을 넘어 정부, 산업, 노동자, 그리고 기타 집단들은 사회정책을 입안하는 데 경제학적 개념과 사고과정이 유용함을 점차 이해하게 되었다.

이 책은 사용자들과 근로자들의 행태와 그 관계에 대해서, 경제분석이 적용될 수 있는 방법을 제시한다. 2012년 미국 근로자들이 자신들의 사용자들로부터 받은 총보수(aggregate compensation)는 8조 6,000억 달러에 달했으며, 그 해에 **기타** 모든 종류의 개인소득, 즉 투자, 자영업, 연금 및 여러 형태의 정부 복지프로그램으로부터의 개인소득은 5조 3,000억 달러에 이르고 있다. 그런 만큼 **고용**관계는 우리 삶에서 가장 중요한 관계들 중의 하나이며, 따라서 그 자체가 법률 제정에 있어서 상당한 주목을 받는다. 따라서 미국에서든 다른 어느 지역에서든 간에 노동경제학의 기본개념을 숙지하는 것은 엄청나게 다양한 사회문제와 프로그램들을 이해하는 데 필수적이다.

공공정책의 분석과 평가에 적극적으로 관여하였던 경제학자들로서, 필자들은 노동경제학이 이러한 프로그램들의 효과를 이해하는 데 유용하다고 확신한다. 어쩌면 더 중요한 것은, 노동경제학의 기본개념을 가르치는 데 있어서 정책분석이 도움이 될 수 있다는 사실일 것이다. 따라서 두 가지 목적을 염두에 두고 정책분석을 각 장에 포함시켰다. 첫째, 이 책에서 공부한 개념들이 사회적 문제에 대해서 관련성과 시사성을 갖고 있다는 사실을 알게 될 때, 학생들의 학습 동기가 높아질 것이라고 본다. 둘째, 각 장의 개념들을 정책분석과 연관 지어서 활용하게 되면 학생들로 하여금 그 개념들이 '작용하는' 것을 보도록 함으로써 이해도를 높이는 데 도움이 된다.

노동시장

미국의 전 노동부장관이 노동부 간행물에서 **노동시장**(labor market)이라는 용어를 없애려 했었다는 소문이 떠돈 적이 있다. 노동을 곡물, 석유 또는 철강과 같이 사고파는 것으로 보는 것은 근로자들을 비하시키는 것이라고 생각했던 것이다. 확실히 노동은 뭔가 독특한 점이 있다. 노동서비스는 임대될 수 있을 뿐이며, 근로자들 자체는 구매되거나 판매될 수 없다. 더욱이 노동서비스는 근로자들과 분리될 수 없기 때문에 그러한 서비스가 임대되는 조건은 종종 서비스의 가격만큼 중요하다. 다시 말해서 근로환경, 부상위험, 관리자들의 인품, 공정한 대우에 대한 인식, 그리고 근로시간의 유연성 같은 **비금전적 요소**(nonpecuniary factors)가 일반 상품시장보다 고용거래에서는 크게 부각된다. 마지막으로 고용관계에 영향을 미치는 수많은 제도와 법률들이 다른 시장에는 존재하지 않는다.

그럼에도 불구하고 사용자들과 근로자들이 노동서비스를 임대하는 상황은 몇 가지 이유 때문에 명백히 시장을 구성한다. 첫째, 노동서비스의 구매자와 판매자 사이에 접촉이 원활히 이루어질 수 있도록 구인광고와 고용대행기관 같은 관련 제도가 발전되어 왔다. 둘째, 일단 접촉이 이루어지게 되면, 취업지원서와 면접을 통해 노동서비스의 가격과 질에 대한 정보가 교환된다. 셋째, 합의에 이르면 보수, 근로조건, 고용의 안정성, 그리고 고용기간을 명기한 일종의 **계약**이 공식적으로 또는 비공식적으로 작성된다. 전형적인 노동계약에 의하면, 사용자는 근로자의 산출량이 아니라 **시간**에 따라 근로자에게 보수를 지급할 것을 요구받는다. 이러한 보수 형태에서는, 사용자가 근로자를 선발하고 고용하는 과정에서, 근로자의 근로동기와 신뢰성에 세심한 주의를 기울이도록 되어 있다.

물론 노동시장에서 사용자와 근로자 간 거래의 최종적인 결과는 근로자가 일정한 급여를 받고 어떤 일자리에 배치되는 형태로 나타난다. 이러한 노동서비스의 배분과정은 개인의 필요뿐만 아니라 사회 전체의 필요에도 부응하는 것이다. 즉 매우 중요한 국가 자원인 노동이 노동시장을 통해 기업별, 산업별, 직종별, 그리고 지역별로 배분된다.[1)]

노동경제학: 몇 가지 기본개념

노동경제학(labor economics)은 노동시장의 기능과 그 결과를 연구하는 경제학의 한 분야이다. 좀 더 구체적으로 말하자면 노동경제학은 임금, 가격, 이윤이라는 일반적인 인센티브와 근로조건 같은 고용관계의 비금전적 측면에 대한 사용자와 근로자의 행태가 주요 관심사이다. 이러한 인센티브들은 개인의 선택에 동기를 부여하기도 하고, 또한 이를 제한하기도 한다. 경제학은 비정의적이고 광범위한 인간집단에 적용되는 행태인센티브에 그 초점을 맞춘다.

1) 철학적 관점에서 근로(work)를 검토한 논문은 Yoram Weiss, "Work and Leisure: A History of Ideas," *Journal of Labor Economics* 27 (January 2009): 1-20을 참조하라.

이 책에서는 예컨대 임금과 고용기회와의 관계, 임금, 소득과 근로에 대한 의사결정의 상호작용 일반적 시장인센티브가 직종 선택에 영향을 미치는 경로, 임금과 바람직하지 못한 일자리특성 사이의 관계, 교육 및 훈련 투자의 인센티브 및 그 효과, 그리고 노동조합이 임금, 생산성, 이직에 미치는 효과 등을 살펴본다. 이 과정에서 최저임금, 초과근로 관련 법률, 안전보건 규정, 복지후생 제도의 개혁, 급여세(payroll taxes), 실업보험, 이주정책, 그리고 차별금지에 관한 법률과 같은 여러 사회정책이 고용과 임금에 미치는 효과를 분석한다.

우리는 여기서 노동경제학을 두 가지 차원에서 공부하게 된다. 우리는 거의 언제나 경제이론을 이용하여 '무엇인가(what is)'를 분석한다. 즉 **실증경제학**(positive economics)이라는 분석방법을 사용하여 사람들의 행태를 설명하게 된다. 자주 하지는 않겠지만 '무엇이어야만 하는가(what should be)'를 판단하기 위해 **규범경제학**(normative economics)의 분석방법도 사용하게 된다.

실증경제학

실증경제학이란 사람들이 편익(benefits)에는 호의적으로, 그리고 비용(costs)에는 부정적으로 반응한다고 전형적으로 가정하는 행태이론이다. 이러한 점에서 실증경제학은 보상과 징벌에 의해 인간의 행태가 구체화된다고 보는 스키너의 심리학(Skinnerian psychology)을 매우 닮았다. 경제이론의 보상은 금전적 및 비금전적 이득(편익)인 반면, 징벌은 포기한 기회(비용)이다. 예컨대 수입과 신분 때문에 외과의사가 되고자 하는 사람은 변호사가 될 수 있는 기회를 포기해야 하며, 주야를 가리지 않고 발생하는 응급진료에 나설 채비를 갖추고 있어야 한다. 평생의 직업을 선택할 때에는 편익과 비용이 모두 고려되어야 한다.

희소성 경제이론의 기본이 되는 가장 널리 알려진 가정은 바로 자원의 **희소성**(scarcity)이다. 이 가정에 의하면 개인과 사회 모두 자신들의 욕구를 모두 충족시켜 줄 자원을 갖고 있지 못하다. 따라서 어떤 욕구를 만족시키기 위해 사용되는 어떠한 자원이라도 다른 종류의 욕구들을 충족시키기 위해 사용될 수 있는데, 이는 어떤 의사결정이나 행동에도 반드시 비용이 수반됨을 뜻한다. 예컨대 도로를 건설하기 위해 정부의 계약업체가 채용하는 노동의 실제 비용은, 이 노동이 다른 어떤 재화 또는 서비스의 생산에 투입되지 못함으로써 생기게 되는 생산량 손실이다. 따라서 쉬운 말로 '세상에 공짜 점심 같은 것은 없으며', 우리는 항상 선택을 해야 하고 선택에 수반되는 보상과 비용을 감수해야 한다. 더욱이 우리는 언제나 자원의 이용 가능성에 따라 선택의 제약을 받는다.

합리성 실증경제학의 두 번째 기본 가정은 사람들이 **합리적**이라는 것이다. 즉 사람들은 목적을 가지며 상당히 일관성 있게 이 목적을 추구한다는 것이다. **사람들**을 고려할 때 경제학자들은 사람들이 추구하는 목적이 **효용극대화**(utility maximization)라고 가정한다. 즉 사람들은 (주어진 제한된 자원을 가지고) 가능한 한 자신들을 행복하게 하려는 목적을 달성하기 위해 노력한다고 가정한다. 물론 효용이란 고용의 금전적 및 비금전적 측면 모두에 의해 발생한다.

원래 비인격체인 **기업**의 행태를 고려할 때, 경제학자들은 기업 행태의 목적은 **이윤극대화**(profit maximization)라고 가정한다. 이윤극대화는 실은 금전적 이득이 강조되고 비금전적 요소들이 무시되는 효용극대화의 특수한 경우일 뿐이다.

합리성의 가정은 일반적 경제적 인센티브에 대한 반응에 **일관성**이 있으며, 그러한 인센티브들이 변화할 때에 사람들은 그에 **적응**하는 행태를 보인다는 것을 의미한다. 행태의 이러한 두 가지 특성은 근로자와 기업이 다양한 인센티브에 대해 어떻게 반응할 것인가에 대한 예측의 기반이 된다.[2)]

실증경제학의 모형과 예측

경제학의 행태 예측은 희소성과 합리성이라는 두 기본적인 가정으로부터 대체로 직접 도출된다. 근로자들은 다른 일자리를 찾아야 할 것인가, 초과근로시간을 받아들여야 할 것인가, 다른 지역으로 이동해야 할 것인가 또는 추가적으로 교육을 받아야 할 것인가와 같은 선택을 지속적으로 해야 한다. 사용자들 역시 예컨대 생산량 수준과 생산에 사용되는 기계와 노동의 결합비율에 관해 선택을 해야 한다. 이러한 선택을 할 때, 경제학자들은 보통 근로자들과 사용자들이 각각 효용 또는 이윤을 극대화시키기 위한 욕구에 이끌릴 것이라고 가정한다. 그러나 행태를 설명하는 경제이론에서 보다 중요한 것은 근로자 또는 사용자의 **특정한** 목표가 아니다. 오히려 경제주체들이 **어떤** 목표를 달성한다는 맥락에서 다양한 대안적 거래의 비용과 편익을 저울질한다는 사실이 더 중요하다.

혹자는 이러한 가정들이 비현실적이며, 경제학자들의 가정과는 달리 사람들이 면밀하게 타산적이지 않거나, 여러 대안들에 대해 충분한 정보를 갖고 있지 않거나 또는 충분한 선택의 기회를 부여받지 않고 있음을 그 이유로 들어 위의 내용에 반대의사를 표명할지 모른다. 이에 대해 경제학자들은 만약 사람들이 타산적이지 않거나, 전혀 정보를 갖고 있지 않거나 또는 어떠한 선택의 여지도 갖고 있지 않다면, 경제이론에 의해 제시된 대부분의 예측들은 현실세계의 증거에 의해 뒷받침되지 않을 것이라고 응답하려 할 것이다. 따라서 이들은 실증경제학의 기본이 되는 이론은, 이론이 채택하고 있는 가정들이 아니라 그 **예측**(prediction)을 기초로 평가되어야 한다고 주장한다.

가정을 설정하고 비교적 단순한 행태이론을 도출해야 하는 이유는, 노동시장의 실제 운용이 거의 상상할 수 없을 만큼 복잡하기 때문이다. 매일 무수한 근로자들과 사용자들

---

2) 합리성과 이와 관련된 선호문제에 대한 논문은 Gary Becker, "Irrational Behavior and Economic Theory," *Journal of Political Economy* 70 (February 1962): 1-13; Richard H. Thaler, "From Homo Economicus to Homo Sapiens," *Journal of Economic Perspectives* 14 (Winter 2000): 133-141; Stefano Della Vigna, "Psychology and Economics: Evidence from the Field," *Journal of Economic Literature* 47 (June 2009): 315-372;와 Andrei Schleifer, "Psychologists at the Gate: A Review of Daniel Kahneman's *Thinking Fast and Slow*," *Journal of Economic Literature* 50 (December 2012): 1080-1091를 참조하라.

저마다 자신들의 동기, 선호, 정보를 갖고 자기이익이 무엇인지를 머리 안에 그리면서 상호작용을 한다. 우리가 필요로 하는 것은 노동시장에 대한 유용한 통찰력을 제공하는 일반적 원리를 발견하는 것이다. 이 책을 통해서 몇몇 요인들은 노동시장의 행태와 관련되어 너무 기본적이기 때문에, 이 요인들만으로도 노동시장에서 관찰되는 많은 결과와 행태들을 예측 또는 설명할 수 있음을 보여 주기를 희망할 뿐이다.

몇 가지 기본적인 영향을 주는 요소를 사용하여 복잡한 일련의 행태와 결과를 설명하려 할 때는 항상 **모형**(model)이 설정된 바 있다. 행태의 모든 복잡성이 모형에 전부 반영될 필요는 없으며, 오히려 일반적 원리에 초점이 맞추어지도록 모형은 임의적이고 특이한 요소들을 배제시키고 설정되어야 한다. 물리학으로부터의 비유가 모형의 성격과 모형과 실제 행태와의 관계를 보다 분명히 해 줄 것이다.

물리학모형 물리학자들은 속도와 중력을 단순히 계산함으로써, 어떤 힘에 의해 공이 일정한 각도로 땅위로 던져질 때 떨어지게 되는 위치를 예측할 수 있다. 계산에서 무시되었던 바람의 영향과 공의 회전가능성 때문에, 공이 땅에 실제로 떨어지는 위치는 예측한 위치와 다를지 모른다. 공이 땅 위로 100번 던져질 때 공이 떨어지는 위치는 예측한 위치 주위에 몰려있는 경향을 띠겠지만, 단 하나의 공도 예측한 위치와 동일한 위치에 정확히 떨어지지 않을지도 모른다. 모형은 완전하지는 않지만 미식축구의 코치가 3점짜리 필드골(field goal)을 시도해야 하는지의 여부를 결정할 수 있도록 만들기에 충분할 정도의 정확도는 갖고 있다. 결국 정책 목적을 위해서는 단지 어떤 결과의 **평균경향**을 알기만 하면 된다는 것이다. 이러한 경향을 측정하기 위해서는 실제로 작용되는 중요한 요인들을 알아야 하지만, 실제로 추정치의 계산이 가능하도록 되기 위해서는 관심의 영역을 계산에 필요한 몇몇 중요한 영향에 한정시켜야 한다.(물리학과 실증경제학의 더 자세한 비교는 예문 1.1에 들어있다.)

경제모형 경제모형들의 가정과 예측을 확실히 이해하기 위해 구체적인 예를 생각해 보기로 하자. 예를 들어 자원의 희소성에 비추어볼 때 근로자들은 **만약** 각 일자리의 기타 특성들이 동일하다면 저수준급여의 일자리보다 고수준급여의 일자리를 선호한다는 주장에 대해 살펴보자. 따라서 만약 근로자들이 충분한 급여인상이 가능하다고 확신하면, 저수준급여의 일자리를 그만두고 고수준급여의 일자리를 얻게 될 것이다. 이 원리는 근로자들이 임금에만 관심을 갖고 있다거나 또는 모든 근로자들이 일자리를 그만둘 동일한 가능성이 있음을 의미하지는 않는다. 근로자들은 확실히 수많은 고용 특성에 관심을 갖고 있으며, 현재의 일자리에서 이러한 특성들 중 어느 하나라도 향상된다면 근로자들의 이직은 이전보다 적게 발생할 것이다. 마찬가지로 일부 근로자들은 다른 근로자들에 비해 변화에 더 예민하다. 그러나 다른 요소들을 불변인 채로 유지한 채 단지 임금만을 상승시킨다면 이직률이 하락하는 것을 확실히 관찰할 수 있을 것이다.

시장의 사용자 측면에서도 유사한 예측을 할 수 있다. 기업은 생존을 위해 이윤을 획

예문 1.1

실증경제학: 행태를 '이해한다'는 것은 무엇을 의미하는가?

실증경제분석의 목적은 시장인센티브에 따른 사람들의 반응에 대한 행태를 분석 또는 이해하는 것이다. 그러나 극도로 복잡한 실제세계에 있어 행태를 '이해'한다는 것은 도대체 무엇을 의미하는가? 어느 이론물리학자가 이를 다음과 같이 표현한 바 있다.

> '세계'를 구성하는 물체를 이동시키는 이러한 복잡한 배열은 신들에 의한 대단한 체스게임과 같은 것이며, 우리는 이 게임의 관찰자라고 상상할 수 있다. 우리는 게임의 규칙이 무엇인지 모르며, 우리에게 허용된 것은 게임을 관전하는 일뿐이다. 물론 만약 충분히 관전한다면 궁극적으로 규칙 중의 일부를 알 수 있을지 모른다. 게임의 규칙은 우리가 기초물리학이라고 부르는 것이다. 그러나 설사 우리가 모든 규칙을 안다고 해도 (중략) 거의 모든 상황들이 너무 복잡해서 규칙을 사용하면서 게임의 진행을 따라갈 수 없기 때문에, 그리고 다음에 어떤 상황이 발생할 것인가에 대해 많은 예측을 할 수가 없기 때문에, 그러한 규칙들로 우리가 실제 설명할 수 있는 것은 매우 제한되어 있다. 그러므로 우리는 게임규칙에 대한 보다 기본적인 질문에 우리 자신을 한정시켜야 한다. 만약 우리가 규칙을 안다면, 우리는 세계를 '이해'하고 있다고 생각하게 된다.[a]

만약 어떤 의지를 가지지 않은 자연의 행태를 분석하기가 매우 어렵다면, 사람들의 행태를 이해한다는 것은 더더욱 도전할 만한 것이 된다. 사람들의 행태는 기계적으로 일련의 규칙들을 따르지 않기 때문에, 실증경제학의 목표는 사람들 행태 경향의 발견을 시도하는 것이라고 좀 더 현실적으로 서술할 수 있다.

[a] Richard T. Feynman, *The Feynman Lectures on Physics*, vol. 1, 1963 by Addison-Wesley.

득해야 한다. 만약 이직률이 높으면 대체직원을 채용하고 훈련시켜야 할 필요성 때문에 그렇지 않을 경우보다 이 기업의 비용은 커지게 된다. 그러므로 이직률이 높을 때 기업은 고임금을 지불할 여력이 없게 된다. 그러나 기업이 고임금을 지급함으로써 이직률을 충분히 낮출 수 있다면, 고임금으로 인해 추가비용이 발생하더라도 이는 가치 있는 일이 된다. 따라서 근로자들의 효용극대화 행태와 기업의 이윤극대화 행태 모두 다른 조건이 동일하다면 낮은 이직률은 고임금과, 높은 이직률은 저임금과 각각 관련될 것으로 예상하도록 한다.

위의 예측에 대해 여러 중요한 사항을 주목하기로 하자.

1. 예측은 희소성과 합리성의 두 가지 가정들로부터 직접적으로 나타난다. 자원의 희소성을 염두에 두고 있는 근로자들과 사용자들 모두 자신들의 복지를 향상시킬 기회를 노리고 있다고 가정된다. 예측은 또한 근로자들이 여러 일자리들에 대해 알고 있거나 알 수 있으며, 이러한 여러 일자리들이 그들에게 개방되어 있다는 가정들에 기초하고 있다.

2. 다른 조건이 같다는 전제 하에 임금과 자발적 이직 사이에 부(−)의 관계가 있다는 예측이 이루어진다. 경제이론은 임금 이외의 일자리의 특성이 근로자들에게 문제가 된다는 사실이나 또는 사용자들이 임금 이외의 여러 정책에 의해 이직률을 낮출 수 있다는 사실을 부인하지 않는다. 그러나 이러한 다른 요소들을 불변인 채로 유지할 때, 만약 기본 가정들이 유효하다면 모형은 부(−)의 관계를 예측하게 된다.
3. 이론에서 설정한 **가정**(assumption)들은 사용자들과 근로자들의 개별적인 행태에 관심을 갖지만, **예측**은 임금과 이직 사이의 집계적인(aggregate) 관계에 대해 이루어진다. 예측은 만약 임금이 오른다면 모든 근로자들이 그들의 일자리에 남아 있게 될 것이라는 내용이 **아니며**, 임금을 올림으로써 이직이 감소되어 **상당수**의 근로자들이 일자리에 남아 있게 될 것이라는 내용이 된다. 따라서 예측의 테스트는 기업 또는 산업의 집계적 데이터를 사용할 때 임금과 이직의 예측된 관계가 존재한다는 사실을 찾아내는 가에 달려있다.

세심하게 이루어진 통계적 연구들은 높은 보수가 자발적 이직을 감소시킨다는 가설을 지지하고 있다. 한 연구는 근로자들의 다른 모든 특성이 불변인 채로 유지될 때 10%의 임금인상은 그 이직률을 1% 포인트 감소시키는 것으로 추정한 바 있다.[3)](경제학자들이 가설을 검증하기 위해 일반적으로 사용하는 통계적 기법은 부록 1.1에 소개되어 있다.)

규범경제학

규범경제학에 대한 이해는 두 종류의 경제적 거래가 존재한다는 사실을 인식함으로써 시작된다. 첫째 종류는 거래의 모든 당사자가 이득을 얻기 때문에 거래가 자발적으로 발생하는 경우이다. 예를 들어 만약 샐리(Sally)가 시간당 20달러로 설계도를 그릴 용의가 있고, Ace Engineering Service에서 동일한 일을 시키기 위해 누군가에게 시간당 22달러까지를 지불할 용의가 있다면, 샐리에게 20달러와 22달러 사이의 시간당 임금으로 이 일을 시키기로 합의함으로써 양 당사자는 모두 이익을 얻게 된다. 즉 이러한 거래는 상호간에 이익을 발생시킨다. 노동시장의 역할은 자발적이고 상호간에 이익이 가능한 거래들이 이루어지도록 하는 것이다. 만약 상호간에 이익이 발생하는 **모든** 거래들이 이루어지도록 하는 데 시장이 성공적인 기능을 한다면, 경제학자들이 **파레토**(또는 '경제적')**효율성**(Pareto efficiency)으로 부르는 조건이 달성되었다고 이야기한다.[4)] (**효율성**이라는 단어

---

3) V. Bhaskar, Alan Manning, and Ted To, "Oligopsony and Monopsonistic Competition in Labor Markets," *Journal of Economic Perspectives* 16 (Spring 2002): 158.

4) 파레토 효율성은 1900년경에 경제과학은 사회복지에 있어 모호하지 않은 변화에 한해 규범적 선언을 발표해야 한다고 주장했던 이탈리아의 경제학자 파레토(Vilfredo Pareto)로부터 그 명칭이 유래되었다. 효용이 측정될 수 있다는 (그러므로 개인들 간에 비교될 수 있다는) 것을 부정함으로써, 파레토는 거래에 의해 영향을 받는 당사자 자신들의 증언 또는 행태로부터 거래가 사회복지를 향상시켰는지 여부를 알 수 있을 뿐이라고 주장하였다. 만약 그들이 개별적으로 자신들이 이전보다 나아졌다고 간주한다면, 비록 그들이 이전보다 얼마나 나아졌다고 느끼는지를 측정할 수는 없을지라도 거래는 분명히 바람직한 것이다.

는 상호간에 이익이 발생하는 모든 거래가 이루어졌다는 조건을 나타내기 위한 매우 특별한 의미로 경제학자들에 의해 사용된다. 단어의 이러한 정의는 비용극소화라는 용어가 정상적으로 함축하는 것에 비해 보다 포괄적이다.) 만약 파레토 효율성이 실제로 달성된다면, 더 이상 **상호간에** 이익이 되는 거래가 발생할 수 없기 때문에 더 이상의 거래는 자발적으로 이루어지지 않는다.

두 번째 종류의 거래는 당사자 중 하나 또는 양자 모두가 **손해를 입게 되는** 거래다. 이러한 거래들은 종종 거래 당사자 중 하나가 손해를 봄으로써 다른 당사자가 이득을 얻게 되는 즉 소득의 재분배를 수반한다. 예를 들어 명시적으로 소득재분배가 발생하는 거래들은, 자선의 동기가 없다면 자발적으로 이루어지지 않는다(자선의 경우 기부자는 비금전적 만족이라는 이득을 얻는다). 즉 소득재분배를 일으키는 거래들은 조세 및 재정지출 정책을 통해 정부가 강제성을 띰으로써 발생한다. 따라서 시장은 **자발적** 거래들이 이루어지도록 하는 반면, 정부의 임무는 종종 어떤 거래들을 **강제적으로** 이루어지도록 하는 것이다.

무엇이 존재**하여야 하는가**에 대한 모든 규범적 서술은 그 기저를 이루는 어떤 가치에 기초하게 된다. 노동시장에 영향을 미치는 정부정책들은 보편적으로 합의되지는 않더라도 광범위하게 공유되는, 즉 사회는 소득분배를 보다 균등하게 하도록 노력해야 된다는 가치에 종종 기초하게 된다. 복지프로그램, 최저임금법, 그리고 이주에 대한 제약들은 **소득재분배**를 고려하여 입안된 정책들의 예이다. 그 외의 노동시장 정책들은 근로자들이 자신들의 효용을 극대화하기 위한 선택들을 변화시키거나 취소시킬 의도를 지니게 한다. 이러한 경우 그 기저를 이루는 가치는 대개 근로자들이 자신들 또는 가족들을 육체적 또는 재정적으로 위험한 상태에 놓이도록 허용해서는 안 된다는 것이다. 예를 들면 안전모와 귀마개 같은 개인 보호장비들을 착용하는 것은 어떤 상황 하에서는 매우 **필수적인** 것으로 보이기 때문에, 근로자들이 이 장비들을 착용하지 않는 선택을 할 경우일지라도 이들에게 강제적으로 요구해야 할 만한 것이다.

소득재분배를 추구하거나 바람직한 재화의 소비를 강요하는 정책들은, 일부 근로자들이 이 정책들이 채택될 경우 자신들의 형편이 더 나빠졌다고 느낄 것이기 때문에 종종 논란의 대상이 된다. 이러한 거래들은 자발적으로 이루어지지 않기 때문에 정부에 의해서 강제적으로 이루어지도록 해야만 한다.

시장과 가치 그러나 경제이론은 손해를 입게 되는 사람이 없는 그런 종류의 거래가 있다는 사실을 상기시켜 준다. 영향을 받게 되는 모든 당사자들이 이익을 얻게 되는 정책 또는 거래들은 파레토 효율성을 촉진시키기 때문에 **파레토 개선**(Pareto improving)이라 한다. 이러한 정책 또는 거래들은 사회복지를 명확히 증대시켜 준다는 것을 근거로 하여 정당화될 수 있다. 따라서 이러한 정책 또는 거래들은 만장일치로 지지될 수 있다. 이렇게 정당성이 부여된 정책들은 경제학이 이기적 이익을 추구하는 자발적 거래, 즉 시장 행태를 주로 연구하기 때문에 경제학자들의 특별한 관심사가 된다.

다음과 같을 때 거래는 만장일치의 지지를 받을 수 있다.

a. 거래에 의해 영향을 받는 모든 당사자들이 이익을 얻을 때.
b. 일부가 이익을 얻으면서 그 외의 어느 누구도 손실을 입지 않을 때.
c. 거래로부터 일부는 이익을 얻고 나머지 일부는 손실을 입게 되나, 이익을 얻은 사람들이 손실을 입은 사람들을 충분히 보상할 때.

*c*의 보상이 이루어질 때 *c*의 경우는 *b*의 경우로 전환된다. 실제로 경제학자들은 종종 수혜자의 이익이 손실을 입은 자가 부담하는 비용을 초과하느냐, 따라서 손실을 입은 자가 존재하지 않는 것이 **가능한가의** 여부로 거래를 판단한다. 그러나 손실을 입은 자에 대한 보상이 **가능하더라도** 보상이 이루어지지 **않는다면** 실제로 손실을 입은 자가 존재하게 되는 것이다! 그러므로 많은 경제학자들은 파레토 효율성을 촉진시킨다는 근거에 의해 정부의 정책이 정당화되기 위해서는 보상이 **반드시** 이루어져야 된다고 주장한다.

위에서 주목한 바와 같이 노동시장의 역할은 상호이익이 가능한 거래가 자발적으로 이루어지도록 하는 것이다. 만약 시장이 그러한 거래들을 촉진시키지 못한다면, 어느 누구라도 적어도 어떤 형태로든 정부가 노동시장에 간섭하는 것을 반대하기가 어렵다. 시장은 왜 실패하는가?

시장실패: 무지 첫째, 사람들은 몇 가지 중요한 사실들을 알지 못하여 자신들의 이익에 부합되지 않는 의사결정을 내릴 수 있다. 예를 들어 흡연을 하는 근로자가 흡연과 석면이 발생시키는 먼지를 동시에 흡입하게 되면 질병에 걸릴 위험이 상당히 높아진다는 사실을 모른 채 석면 가공공장의 일자리를 얻게 될 수도 있다. 만약 근로자가 이러한 사실을 안다면 그 근로자는 아마도 흡연을 중단하거나 일자리를 바꾸게 되겠지만, 무지 때문에 이러한 거래는 일어나지 않을 것이다.

시장실패: 거래장벽 둘째, 상호간에 이익이 가능한 거래가 완결되는 것을 방해하는 어떤 장벽이 존재할 수 있다. 그러한 장벽은 종종 어떤 거래를 금지하는 법률에 의해 생긴다. 예를 들어 30~40년 전만 해도 미국의 많은 주(州)에서 사용자들이 주당 40시간을 넘게 일을 시키기 위해 여성을 채용하는 것을 금지시켰다. 그 결과 주당 40시간을 넘게 일하는 근로자의 채용을 원하는 기업은 초과근로를 원하는 여성들과 거래를 할 수 없었으며, 이는 당사자들 모두에게 바람직하지 않은 일이었다. 따라서 상호간에 이익이 되는 거래가 정부에 의해 금지된다면 사회 전체는 손실을 입게 된다.

상호이익이 되는 거래의 또 다른 장벽은 거래를 완결하기 위해 필요한 비용일 수 있다. 어떤 지역에서 매우 제한된 기회밖에 얻을 수 없는 미숙련근로자들은 보다 나은 일자리를 얻기 위하여 이주를 원할지 모른다. 이와는 달리 그들은 직무훈련프로그램에 참여하기를 원할지도 모른다. 어떤 경우든 그들은 원하는 거래를 금전적으로 지원할 자금이 부족할 수 있다.

시장실패: 외부효과 시장실패는 구매자와 판매자가 **자신들의 의사결정 당사자가 아닌** 사람들에게 비용 또는 편익을 발생시키는 거래에 합의할 때 또한 발생할 수 있다. 즉 몇몇 의사결정은 의사결정을 한 사람들 '외부'에 비용 또는 편익을 발생시킨다. 왜 이러한 외부효과는 시장실패의 원인이 될까?

구매자와 판매자는 일반적으로 자신들에 대한 비용과 편익만을 비교하여 의사결정을 하며, 물론 편익이 비용을 초과할 때 거래를 완결하기로 결정한다. 만약 **모든** 거래의 비용과 편익이 의사결정을 하는 사람들에게만 발생한다면, 그 거래는 파레토 효율성에 기여할 것이라는 것을 확신할 수 있다. 그러나 의사결정에 영향을 미칠 수 **없는** 사람들에게 비용 또는 편익이 발생한다면, 그 거래는 정(+)의 순편익을 사회에 기여할 수 없다.

어떤 특정 거래가 파레토 효율성에 기여할 것이라는 것을 우리가 확신하기 위해서는, 거래에 의해 영향을 받는 모든 사람들에 의해 그 의사결정이 **자발적으로** 받아들여져야만 한다. 만약에 거래에 외부효과가 발생한다면, 거래에 의해 영향을 받지만 그 궁극적인 의사결정에 영향을 미칠 수 없는 사람들은 자신들이 기꺼이 받아들일 용의가 없는 거래에 **강제적으로** 참여하게 된다. 이럴 경우 (의사결정을 한 당사자들 만에 대한 비용과 편익이 아닌) **모든** 비용과 편익이 계산된다면 거래의 비용이 편익을 초과할 수도 있다.

어린이들은 자신들의 삶에 영향을 미칠 많은 중요한 의사결정을 할 능력 또는 권한이 없기 때문에 미성년노동은 외부효과에 대한 확실한 사례가 된다. 만약 부모가 너무 이기적이기 때문에 자녀에게 일을 시킬 것인가 또는 학교에 보낼 것인가에 대해 의사결정을 내리는 데 있어 자녀의 이해를 무시한다면, (자녀에 대한 비용과 편익이 근로-학업의 의사결정에서 무시되었기 때문에) 이 부모의 의사결정은 경제적 효율성을 향상시키는 의사결정이라고 확신할 수 없다.

외부효과는 예컨대 근로자들이 일을 하다 부상을 당할 때의 **자신들의** 비용을 작업장에서의 위험을 줄이기 위해 얼마를 지출해야 하는 가에 대해 의사결정을 내리는 **사용자들**에게 이전하는 메커니즘을 가지고 있지 않을 때 또한 발생한다. 만약 그러한 메커니즘이 존재하지 않는다면(이 문제에 대해서는 제8장에서 살펴보게 될 것임), 사용자들이 위험감소에 대한 의사결정을 하는 데 있어서 (근로자들이 부담해야 하는) 적어도 일부 비용을 무시하기 때문에 작업장은 바람직한 수준보다는 덜 안전해질 것이다.

시장실패: 공공재 어떤 특수한 경우의 외부효과는 때로는 '무임승차문제'라 불린다. 예를 들어 소음이 심한 제재산업의 근로자들을 대표하는 노동조합이 과도한 소음이 근로자의 청력상실에 미치는 효과에 관한 연구의 스폰서가 되려한다고 가정하자. 이 연구는 비용이 많이 들지만 다른 소음이 심한 산업의 노동조합 또는 개별근로자들에게 유용하기 때문에, 제재산업의 근로자들을 대표하는 노동조합은 다른 관련 당사들에게 연구결과를 판매함으로써 그 비용을 마련할 것인가를 고려한다고 한다. 그러나 이 노동조합은 일단 연구결과가 그 조합원 또는 최초의 '고객들'에게 공포되자마자 연구결과는 입에서 입으로, 신문, 인터넷매체를 통해 즉시 모든 사람들, 심지어는 연구비용을 지불하지 않은 '무임승

차자들'에게까지 알려지게 되리라는 것을 쉽게 깨닫게 된다.

그러한 연구결과는 대가를 지불하지 않는 사람들을 포함한 어떤 사람들에 의해서도 동시에 소비가 가능한 재화인 소위 **공공재**(public goods)의 한 예이다. 대가를 지불하지 않는 사람들을 재화의 소비로부터 배제시킬 수 없기 때문에, 어떤 잠재적 고객일지라도 사용에 대한 대가를 지불할 인센티브가 없다. 이를 안다면 재화 또는 서비스의 잠재적인 공급자(우리의 예에서 제재산업 근로자들을 대표하는 노동조합)는 아마도 연구를 수행하지 않기로 결정할 것이다.

공공재의 경우 민간 의사결정자들은 다른 사람들에게 발생하는 편익에 대해 '대가를 치르도록 할' 메커니즘을 가지고 있지 못하기 때문에, 자신들이 의사결정을 할 때 다른 사람들에 대한 편익을 무시한다. 결과적으로 조세제도를 통해 지불을 **강요**할 수 있는 정부가 공공재의 생산에 관여하지 않는 한, 그러한 재화에 대해서는 사회적으로 과소투자가 이루어질 것이다.

시장실패: 가격왜곡 거래에 대한 특수한 장벽은 조세, 보조금, 또는 '부정확한' 가격을 만들어 내는 다른 힘들에 의해 생긴다. 가격은 거래하고자 하는 인센티브에 강력한 영향을 미치는데, 거래되는 가격들은 거래당사자들의 거래에 대한 진정한 선호를 반영하여야 한다. 가격들이 선호와 결부되지 않을 때 거래당사자들은 사회적으로 이익이 되지 않는 거래를 하도록, 또는 사회적으로 이익이 되는 다른 거래를 회피하도록 유도될 수 있다. 만약 배관공들이 시간당 25달러의 요금을 청구하지만 그들의 고객들은 추가로 5달러의 세금을 정부에 납부하여야만 한다면, 시간당 25~30달러 사이의 금액을 지불할 용의가 있기 때문에 세금이 부과되지 않을 경우에 배관공에게 작업을 의뢰하게 될 고객들이 세금으로 인해 배관공들에게 작업을 의뢰하지 않게 될 텐데, 이는 양측 당사자 모두에게 바람직하지 않다.

규범경제학과 정부정책

정부의 개입에 의해 사회적으로 상호간에 이익이 되는 거래가 완결되는 것을 방해하는 문제들이 종종 해결된다. 예컨대 건강 위험에 관한 정보의 부재가 문제라면 한 가지 명백한 해결책은, 근로자들이 이러한 위험에 대해 확실한 정보를 얻도록 정부가 조치를 취하는 것이다. 또한 일부 법률에 따라 여성들이 원하는 근로시간만큼 일하지 못하는 것이 문제라면 명백한 대책은 그 법률을 폐지하는 것이다.

다른 형태의 거래장벽의 경우 '시장'에 의해 이루어진 것(즉 민간 의사결정자들에 위해 이루어진 것)과는 다른 거래를 정부가 강요하거나 또는 적극적으로 촉진시키는 것이 필요한 개입일 수 있다. 정부가 시장에서 이루어진 의사결정을 자신의 의사결정 중의 하나와 '대체'하기로 결정할 때, 대체 적절한 거래가 무엇인가를 알아내야 하기 때문에 정책처방은 복잡해진다. 거래장벽의 두 가지 사례를 다루기 위한 정부개입을 아래에서 논의하기로 한다.

자본시장의 불완전성 근로자들의 경우 보통 대출금을 얻기 위하여 할 수 있는 모든 것이 이를 상환하겠다고 약속하는 것 이외에 없기 때문에, 근로자들은 직업훈련을 받도록 하거나 또는 보다 나은 일자리를 얻기 위한 이주를 하는 데 필요한 대출금을 얻기가 어렵다. 그러나 정부는 비록 동일한 채무불이행의 위험에 직면할 경우에도, 근로자들에게 새로운 기술을 얻도록 하거나 또는 필요한 곳으로 근로자들을 이동시키는 것이 전체 경제를 튼튼히 하는 것이기 때문에 그러한 대출금을 제공할 수 있다. 물론 정부가 이러한 대출금을 제공하기로 결정한다면 얼마를 빌려줄 것인가를 포함하여 대출금이 제공될 적절한 조건을 결정하여야 한다.

외부효과 앞에서 부모가 자녀에게 일을 시킬지 또는 학교에 보낼지에 대해 의사결정을 할 때 자녀의 복지를 고려하지 않을 수 있다고 언급한 바 있다. 대부분의 사회가 이 문제에 대해 실행에 옮긴 해결책은 자녀가 일정 연령에 도달할 때까지 학교에 머무르도록 하고 적어도 그 연령까지의 학교교육을 무상으로 제공하는 것이었다. 물론 이상적인 것은 의무교육 연령을 결정할 때 정부가 여러 학교교육 수준의 **평생기대편익**(lifetime benefit)(제9장 참조)을 세심히 살펴서 이를 교육의 직접비용과 자녀의 생산손실에 따른 기회비용과 비교하도록 하는 것이다. 외부효과 문제를 현명히 다루기 위해 필요한 편익-비용 분석을 수행하기 위해서는 (제8장에서 논의하게 되는 바와 같이) 경제이론에 대한 탄탄한 이해가 필요하다.

효율성과 형평성

보다 공평한 소득분배라는 사회적 목표가 종종 정치적 의사결정자에게는 대단히 중요하며, 정책입안의 주요 고려사항이 형평성인가 아니면 경제적 효율성인가에 대해 논란이 일어날 수 있다. 논란의 원천 중의 하나는 파레토 효율성이 달성되는 거래가 유일하지 않다는 문제로부터 비롯된다. 실제로 경제적 효율성의 정의를 만족시킬 수 있는 **수많은** 상이한 거래들이 있으며, 이 중 어떤 거래가 가장 형평성을 보장하느냐에 대해 질문이 제기될 수 있다.

가능한 여러 가지의 효율적 거래가 있다는 것을 이해하기 위해, 시간당 20달러로 설계도를 그릴 용의가 있는 여성의 예로 돌아가기로 하자. 만약 Ace Engineering Services가 설계도를 위해 시간당 22달러까지 임금을 지급할 용의가 있고, 샐리가 20달러로 이 작업을 할 용의가 있다면, 예를 들어 시간당 21달러의 임금으로 그녀의 고용에 양자가 합의한다는 것은 당사자 양측 모두에게 이익이 될 것이다. 그러나 시간당 20.25달러 또는 21.75달러의 임금으로도 합의가 이루어질 수 있다고 이야기할 수 있을 것이다. 양 당사자 모두 거래가 이루어지지 않을 때에 비해 더 나아졌기 때문에, 이러한 두 가지 잠재적 합의 모두 **효율적**이라고 객관적으로 평가할 수 있다. 그러나 '공정성(fairness)'에 대한 주관적 기준을 정의하지 않는 한, 잠재적 합의 중 어느 쪽이 보다 **형평성이 보장되는가는** 명확하지 않다.

형평성과 효율성에 대한 논란의 두 번째 원천은, 형평에 도달하기 위해 때로는 파레토 효율성으로부터 **멀어지는** 조치가 취해져야만 된다는 문제로부터 비롯된다.[5] 예를 들어 최저임금법은 최저임금보다 낮은 임금으로 합의를 이룰 용의가 있는 당사자들의 거래를 방해한다. 따라서 법적 최저임금보다 낮은 임금의 일자리를 받아들였을 일부 사람들은 자신들의 노동서비스에 대해 '시장 밖에서 가격이 결정되기'때문에 어떤 일자리도 제공받지 못하게 된다. 이와 유사하게 복지 프로그램은 종종 유급의 일자리를 얻을 수 있는 사람을 그 수혜자로 포함시킴으로써 실제로 이들의 임금이 0이 되도록 그 구조가 짜여있다. 이는 중대한 가격 왜곡이지만 (제6장에서 살펴보게 되는 바와 같이) 쉽사리 회피될 수도, 그다지 큰 대가를 치르지 않고서는 회피될 수도 없는 것이다.

규범경제학은 형평성보다는 효율성에 대한 고려를 강조하는 경향이 있는데, 이는 효율성이 더 중요해서가 아니라 효율성이 보다 과학적으로 분석될 수 있기 때문이다. 어떤 거래가 상호이익이 되기 위해서는, 각 당사자가 개별적으로 이전보다 나아졌다고 느끼기만 하면 된다. 따라서 자발적 거래(즉 시장의 행태)에 대한 연구는 경제적 효율성을 고려할 때 유용한 것이 된다. 그러나 형평성에 대한 고려는 항상 어떤 사람들이 잃게 되는 후생손실을 다른 사람들이 획득하게 되는 효용 수준과 비교하는 것을 수반하는데, 행복을 양적으로 측정하는 것이 불가능하기 때문에 이는 과학적으로 이루어지기 어렵다. 형평성에 대한 고려에 기초한 정책결정을 위해서, 사회는 보통 시장이 아니라 정치체제로부터 지침을 구한다.

이 책에서 다루게 될 내용

노동경제학을 공부하는 것은 주로 사용자들과 근로자들 또는 수요와 공급 사이의 상호작용을 연구하는 것이다. 제2장에서는 학생들로 하여금 노동시장의 행태를 형성하는 데 작용하는 주요 요소들 사이의 상호관계를 파악하도록 함으로써, 노동시장에서의 수요와 공급에 대해 간략히 살펴본다. 제3~5장까지는 주로 노동수요에 대해 다룬다. 따라서 이 장들에서는 사용자들의 인센티브와 행태의 분석에 많은 부분을 할애하게 된다.

제6~10장까지는 근로자들의 노동공급 행태의 여러 측면들에 대한 분석을 담고 있다. 이 장들은 보수를 받고 일할 것인가(여가를 즐기거나, 보수 없이 가사노동을 할 것인가와 반대되는), 매우 상이한 특성들을 가진 직종 또는 일자리의 선택, 그리고 근로소득 가능액을 증대시키기 위한 교육 및 기타 투자에 대해 근로자들이 내려야만 하는 의사결정의 문제들을 언급한다. 이전의 '수요'와 관련된 장들에서처럼, 이 '공급'과 관련된 장들도 노동시장의 다른 쪽(여기서는 사용자)에 관한 행태의 여러 측면을 필연적으로 포함하게 된다.

---

5) 효율성과 형평성 사이의 상충관계(trade-offs)에 대한 명료한 논의는 Arthur Okun, *Equality and Efficiency: The Big Trade-Off* (Washington, D.C.: Brookings Institution, 1975)를 참조하라.

제11~16장까지는 노동시장에서의 제도적 요인의 효과를 포함, 노동경제학자들이 관심을 갖는 특별한 주제들을 설명한다. 제11장은 근로자에 대한 보상이 생산성 증대에 필요한 인센티브를 창출시키기 위해 어떠한 구조를 지녀야 하는가를 분석한다. 제12장은 인종, 성, 그리고 민족과 관련된 임금격차를 분석한다. 노동조합의 노동시장 효과는 제13장에서 다루게 되며, 제14장은 실업문제에 초점을 맞추게 된다. 마지막 두 장에서는 이 책의 앞 장에서 소개한 주요 개념 대부분을 복습하면서 불균등(제15장)과 세계화(제16장) 현상을 논의한다.

각 장의 맨 뒤에는 이해를 향상시키기 위한 다양한 내용들이 실려 있다. 먼저 제2장부터 학생들은 이 책에서 소개한 개념들과 관련된 실증연구의 요약된 내용을 접할 수 있을 것이다. 이러한 요약된 내용은 연구자들이 얼마나 창의적으로 '실질세계'에서의 경제이론의 예측력을 테스트하려는 과제에 매진할 수 있는가를 기술적인 내용을 배제하는, 난해하지 않은 방법으로 알려주기 위해 수록되었다. 요약된 내용은 종종 회귀분석의 매우 기본적인 내용(경제학의 기본적인 실증분석 도구)을 이해하고 있음을 가정하고 있기 때문에, 제1장의 부록 1A에 이 통계기법이 소개되어 있다.

각 장의 맨 뒤에는 또한 그 장에서 소개한 개념들과 그 개념들이 정책문제에 응용될 수 있는 방법을 이해하고 있는가를 테스트하기 위한 복습문제들이 실려 있다. 문제는 난이도의 순서대로 실려 있으며(난이도가 높은 문제가 나중에 수록됨), 복습문제 중 홀수번호에 대한 해답은 이 책의 맨 뒷부분에 따로 수록되었다. 복습문제 뒤에는 수치를 이용하여 풀어야 하는 몇 개의 문제들이 수록되어 있으며, 이 문제 중 홀수번호에 대한 해답 역시 이 책의 맨 뒷부분에 실려 있다.

이 책의 각 장에 소개된 개념들을 좀 더 깊이 있게 살펴보기를 원하는 학생들을 위해, 중요한 논문 및 최신 문헌을 참고문헌으로 제공하려는 광범위한 각주가 수록되어 있다. 각 장의 맨 뒤에는 보다 심도 있는 내용을 다룬 논문 및 책들을 선별하여 수록하였다. 일부 학생들이 관심을 가질 수 있는 특별한 주제를 좀 더 깊이 살펴보기 위한 부록 또한 여러 장에 포함되어 있다.

복습문제

1. 규범경제학의 개념들을 사용할 때 노동시장이 최적의 상태에 놓여 있다고 판단할 수 있는 시점은 언제인가? 시장이 이러한 상태에 도달하는 것이 방해되는 것은 어떤 불완전성 때문인가?
2. 다음의 서술들은 '실증적'인가 또는 '규범적인가? 그 이유는?
   a. 사용자들이 자신들의 근로자들에게 연금을 제공하도록 요구되어서는 안 된다.
   b. 연금급여를 제공하는 사용자들은 연금급여를 제공하지 않을 때 지급하는 임금보다 낮은 임금을 지급할 것이다.
   c. 해외로부터의 미숙련근로자들의 더 이상의 유입이 억제된다면 이미 유입된 미숙련

자들의 임금은 상승할 것이다.

d. 징병제도는 사람들이 자발적으로 이루려 하지 않는 거래를 강요한다. 그러므로 군인들을 모집하는 방법으로서의 징병제도는 회피되어야 한다.

e. 만약 (미국에서) 징병제도가 다시 실시된다면 군인들의 급여는 아마도 하락하게 된다.

3. 두 가지 경우를 고려하기로 하자. 첫 번째에서는 고정된 수의 근로자들이 w의 임금으로 일하도록 강요되고 있다. 두 번째에서는 똑같은 수의 근로자들이 또한 w의 임금을 제공하는 기업들에 고용되어 있다. 규범경제학의 관점에서 볼 때 어떤 조건 하에서 두 경우가 동일하다고 할 수 있는가?

4. 경제모형의 기능과 한계는 무엇인가?

5. 제1장에서는 비슷한 수준의 다른 일자리에서 받을 수 있는 임금보다 낮은 임금을 지급하는 일자리에 고용된 근로자들은 이직하고, 고임금을 지급하는 일자리를 찾게 되는 경향이 있다는 예측이 이루어지는 단순모형이 개발되었다. 직장상사로부터의 거듭되는 괴롭힘 또는 비판 이후에 어떤 여성근로자가 시간당 8달러짜리 일자리를 이직하고 시간당 7.5달러를 지급하는 다른 일자리를 얻었다고 가정하자. 아래의 세 문제에 답하라.

   a. 이 여성의 행태는 책에서 설명된 이직에 대한 경제모형과 일관성을 갖는가?

   b. 이 여성의 행태가 합리성의 가정과 일관성을 갖고 있는가를 테스트할 수 있는가?

   c. 문제의 직장상사는 다른 근로자들도 괴롭힌 적이 있으나 이 여성만이 이직을 하였다고 가정하자. 이로부터 경제이론이 어떤 사람들의 행태에는 적용되나 다른 사람들의 행태에는 적용되지 않는다고 결론지을 수 있는가?

6. 1950년대 이후 무역장벽이 전 세계적으로 완화되었다(예 자유무역지대의 설립). 이러한 발전은 파레토 개선을 유도했는가?

7. 미성년노동에 관한 법률들은 일반적으로 어린이들이 14세가 될 때까지 일하는 것을 금지시키며, 위험하다고 간주되지 않는 어떤 종류의 일에 10대 청소년들이 종사하는 것도 제한한다. 미성년노동에 관한 법률의 금지조항을 규범경제 분석의 기초가 되는 원리들과 조화시켜라.

8. 많은 기업들이 있는 자급자족의 작은 마을을 고려하기로 하자. 한 기업이 많은 수의 근로자들을 고용하고 두 가지 결과를 초래하고 있다고 한다. 첫째, 이 기업의 생산수준이 증가했기 때문에 공기가 더욱 오염되었다. 둘째, 나머지 기업들은 노동공급의 부족을 우려하고 있으며, 이는 그들로 하여금 지원자들에게 더 높은 임금을 제공하도록 만들고 있다. 여러분들은 두 결과 모두를 외부효과(external effects)로 간주하는가?

9. 자신의 일자리를 잃은 근로자들이 6개월까지 실업급여를 받는다고 가정하자. 6개월 이후 실업상태의 개개인들은 더 이상 실업급여를 지급받을 자격이 없다고 한다. 정부가 이제 9개월까지 실업급여를 지급하기로 결정하였다고 한다. 만약 실업급여가 과세를 통해 재정지원되고 정부지출이 시간이 흘러도 고정되어 있다면, 실증경제학과 규범경제학 모두의 관점에서 이러한 개혁을 분석하라.

연습문제

1. (부록) 패스트푸드 산업에서 임의로 선택된 13명의 10대 근로자들에 관한 아래와 같은 데이터(아래 표 참조)가 수집되었다고 한다. 연령과 임금 사이의 일반적인 관계를 구하라. 데이터를 그래프로 그리고, 이 관계를 나타내는 선형방정식을 구하라.

연령 (세)	시간당임금 (달러)	연령 (세)	시간당임금 (달러)
16	7.25	18	8.00
16	8.00	18	8.50
17	7.50	18	9.50
17	8.00	19	8.50
17	8.25	19	8.75
18	7.25	19	10.00
18	7.75		

2. (부록) 최소자승회귀분석에 의해 다음과 같은 추정식이 도출되었다고 가정하자.

$$W_i = -1 + 0.3A_i$$

[단 W는 시간당임금(달러)이며 A는 연령(세)임]

다른 그룹의 근로자들을 대상으로 한 두 번째 회귀분석에서는 다음과 같은 추정식이 도출되었다고 한다.

$$W_i = 3 + 0.3A_i - 0.01(A_i)^2$$

a. 첫 번째 추정식에 따르면 20세의 근로자는 얼마를 벌 것으로 예측되는가?

b. 두 번째 추정식에 따르면 20세의 근로자는 얼마를 벌 것으로 예측되는가?

3. (부록) 임금과 연령 사이에 다음과 같은 관계가 추정되었다고 가정하자.

$$\begin{aligned} W_i = -1 + &0.3A_i \\ &(0.1) \end{aligned}$$

(단 괄호 안의 수치는 표준오차임). 위 식에 의하면 나이가 들수록 임금이 실제로 증가한다고 확신할 수 있는가?

4. (부록) 패스트푸드 산업에서 파트타임과 풀타임으로 일하는 임의로 선택된 13명의 10대 근로자들에 관한 정보가 수집되었다고 가정하자. 변수 F_i는 근로자가 풀타임으로 고용되었다면 1이며 그렇지 않을 경우는 0이라고 한다. 이러한 정보에 의해 임금, 연령, 그리고 풀타임고용 사이에 다음과 같은 관계를 추정되었다고 한다.

$$\begin{aligned} W_i = -0.5 + &0.25A_i + 0.75F_i \\ &(0.10) \qquad (0.20) \end{aligned}$$

(단 괄호 안의 수치는 표준오차임)

a. 이 추정식에 의하면 풀타임으로 일하는 20세의 근로자는 얼마를 벌 것으로 예측되는가?

b. 이 추정식에 의하면 파트타임으로 일하는 20세의 근로자는 얼마를 벌 것으로 예측되는가?

5. (부록) 위 문제 4의 회귀분석에 근거하여 회귀분석 추정계수의 통계적 유의성을 평가하라.

6. (부록) 문제 2의 첫 번째 회귀분석 추정치를 문제 4의 회귀분석 추정치와 비교하라.

a. 풀타임고용 변수가 포함되지 않을 때 적절한 변수의 누락으로 인한 편의(omitted variables bias)가 존재하는가? 설명하라.

b. 연령과 풀타임고용 사이의 상관관계(correlation)에 대해 무엇을 말할 수 있는가? 설명하라.

참고문헌

Boyer, George R., and Robert S. Smith. "The Development of the Neoclassical Tradition in Labor Economics." *Industrial and Labor Relations Review* 54 (January 2001): 199-223.

Friedman, Milton. *Essays in Positive Economics*. Chicago: University of Chicago Press, 1953.

Hausman, Daniel M. "Economic Methodology in a Nutshell." *Journal of Economic Perspectives* 3 (Spring 1989): 115-128.

McCloskey, Donald. "The Rhetoric of Economics." *Journal of Economic Literature* 21 (June 1983): 481-517.

노동시장 가설에 대한 통계 테스트

이 부록에서는 노동경제학자들이 어떻게 가설을 테스트하는가를 간략히 소개하기로 한다. 제1장에 제시된 다른 조건이 동일하다면, 기업이 지급하는 임금수준이 높을수록 근로자들의 자발적인 이직이 줄어드는 것이 기대되어야 한다는 가설을 어떻게 테스트해야 하는가를 논의할 것이다. 다시 말해서 만약 주어진 기간 동안(예를 들어 1년) 자발적으로 이직하는 근로자들의 비율을 기업의 이직률로 정의하면, 이직률에 영향을 미치는 **다른** 요소들을 불변인 채로 유지할 때 기업의 임금이 높으면 높을수록 이직률이 낮아지는 것이 관찰되는 것을 기대할 수 있다.

단변량테스트

명확한 첫 번째 단계는 주어진 기간 동안 일련의 기업들이 경험한 이직률에 관한 데이터와 이에 상응하는 임금에 관한 데이터를 수집하는 것이다. 이러한 분석 형태는 단 하나의 다른 변수(임금)가 이직률에 미치는 효과를 분석하기 때문에 **단변량**테스트(univariate test)라고 한다. 데이터는 일정시점에 있어서 행태단위들의 관찰치들을 제공하기 때문에 **횡단면**데이터(cross-sectional data)라고 한다.[1] 표 1A.1은 말하자면 1993년 단일노동시장에 위치한 가상적인 10개 기업들의 그러한 정보들을 보여 준다. 예를 들어 기업 A는 1993년에 시간당 평균 4달러의 임금을 지급하고 40%의 이직률을 경험한 것으로 가정된다.

임금과 이직률에 대한 데이터는 그림 1A.1에 그래프로 나타나 있다. 이 그래프의 각 점은 표 1A.1에 나와 있는 기업 중 한 기업의 이직률/시간당 임금의 조합을 보여준다. 예를 들어 기업 A는 그림에서 A점으로 나타나는데 40%의 이직률과 시간당 4달러의 임금을 보여 주며, B점은 기업 B의 이와 비교할 만한 데이터를 보여준다. 데이터에 의한 10개의 점 모두를 시각적으로 살펴보면, 이 그림으로부터 가상적 표본에서 높은 임금을 지급하는 기업들이 실제로 낮은 이직률을 경험하고 있는 것처럼 보임을 알 수 있다. 비록 그림

[1] 여러 다른 형태의 데이터도 종종 노동경제학자들에 의해 사용된다. 예를 들어 주어진 기업의 이직률과 임금이 시간의 흐름에 따라 어떻게 변화하는가를 살펴볼 수가 있다. 몇 기의 기간 동안에 걸쳐 단일행태단위에 관한 정보를 제공해 주는 관찰치들을 **시계열**데이터(time-series data)라고 한다. 때로는 노동경제학자들이 몇 기의 기간 동안에 걸친 수많은 관찰단위(예를 들면 사용자들)의 행태에 관한 데이터를 갖게 되는데, 횡단면과 시계열의 결합 형태인 이와 같은 데이터를 **패널**데이터(panel data)라고 한다.

그림 1A.1

표 1A.1의 데이터를 사용한 임금과 이직률 사이의 추정관계

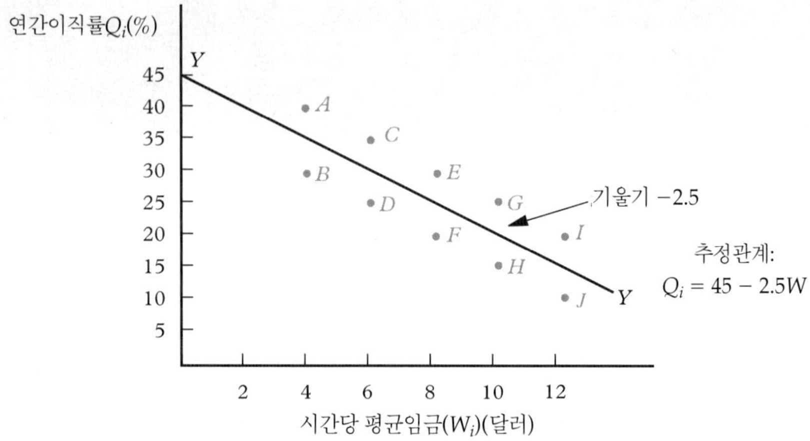

1A.1에 나타난 데이터의 점들이 한 직선 상에 정확히 놓여 있지는 않지만, 그들의 유형은 기업의 이직률과 임금 사이에 평균적으로 선형(직선)관계가 있음을 암시하고 있다.

모든 직선은 다음의 일반방정식으로 표시할 수 있다.

$$Y = a + bX \tag{1A.1}$$

변수 Y는 **종속변수**(dependent variable)이며 일반적으로 직선이 그려지는 그래프의 세로축 상에 나타난다. 변수 X는 **독립**변수 또는 **설명**변수로서 보통 가로축에 놓여진다.[2)] 문자 'a'와 'b'는 방정식의 **파라미터**(parameters, 고정계수)들로서 'a'는 직선의 절편을 'b'는 직선의 기울기를 나타낸다. 표현을 달리하면 'a'는 직선이 세로축과 만날 때(X=0)의 Y의 값이다. 기울기 'b'는 수평방향으로 한 단위 증가할 때마다 직선이 이동하여야 하

표 1A.1

단일노동시장에서의 10개 가상 기업들의 평균임금과 이직률, 1993년

기업	시간당 평균임금 (달러)	이직률(%)	기업	시간당 평균임금 (달러)	이직률(%)
A	4	40	F	8	20
B	4	30	G	10	25
C	6	35	H	10	15
D	6	25	I	12	20
E	8	30	J	12	10

[2)] 기업이 직면하는 수요곡선과 공급곡선에는 예외가 나타나는데, 이 경우는 독립변수인 가격이 전형적으로 세로축에 나타난다.

는 수직거리를 가리킨다. 만약 'b'가 양수이면 직선은 우상향하고(왼쪽에서 오른쪽으로 이동시), 만약 'b'가 음수이면 직선은 우하향하게 된다.

그림 1A.1의 모든 점들을 가장 잘 근접시키는 직선을 그린다면, 직선은 우하향하는 기울기를 가지며 10개의 점 모두를 관통하지는 않을 것이 분명하다. 직선은 몇 개의 점 위에 그리고 나머지 점 아래에 놓일 것이며, 따라서 직선은 약간의 오차를 가지면서 모든 점들에 '근접'하게 된다. 그래프의 데이터에 의한 점들 사이의 관계는 다음과 같이 모형화시킬 수 있다.

$$Q_i = \alpha_0 + \alpha_1 W_i + \varepsilon_i \tag{1A.2}$$

여기서 Q_i는 기업 i의 이직률을 나타내며 종속변수이다. 독립변수는 기업 i의 임금인 W_i이다. α_0과 α_1은 직선의 파라미터인데, α_0은 직선의 절편을 α_1은 직선의 기울기를 각각 나타낸다. ε_i항은 확률**오차항**으로서 직선($Q_i=\alpha_0+\alpha_1 W_i$로 주어진)이 모든 데이터의 점들을 완전하게 연결하기를 기대할 수 없기 때문에 모형에 포함된다. 행태적으로 볼 때 임금과 관계없는, 그러나 기업에 따라 이직률을 변하게 하는 임의의 요소들이 존재한다는 것을 가정하고 있는 것이다.

우리는 α_0과 α_1의 진치(true value)들이 무엇인지를 추정하려 한다. α_0과 α_1의 각 쌍의 값들은 상이한 직선을 나타내며, 점 *A*에서 점 *J*까지를 '근접'하는 무수한 직선들이 그려질 수 있다. "이러한 직선들 중 어떤 직선이 데이터를 가장 잘 설명하는가?"라는 질문이 제기되는 것은 당연한 일이다. 무엇인가 정교한 기준이 어느 직선이 가장 적합한가를 결정하는 데 사용되어야 하는데, 통계학자들과 경제학자들에 의해 전형적으로 사용되는 절차는 직선과 데이터의 각 점들과의 수직거리를 제곱한 값의 합(우리의 예에서는 모든 기업들의)을 최소화하는 직선을 선택하는 것이다. **최소자승회귀분석**이라 불리는 이 방법을 사용하여 데이터로부터 추정된 직선은 바람직한 수많은 특성들을 가지고 있다.[3)]

이 방법을 표 1A.1의 데이터에 적용하면 다음의 추정된 직선이 도출된다.

$$\begin{aligned} Q_i &= 45 - 2.5W_i \\ &\quad\ (5.3)\quad (0.625) \end{aligned} \tag{1A.3}$$

직선의 절편인 α_0의 추정치는 45이고 직선의 기울기인 α_1의 추정치는 -2.5이다.[4)] 따라서 만약 기업이 1993년에 시간당 4달러의 임금을 유지한다면 연간 이직률은 45−(2.5×4) 또는 35%로 예측할 수 있다. 이렇게 추정된 이직률/임금 관계는 그림 1A.1

---

3) 이러한 특성들에는 평균적으로 α_1의 정확한 값이 얻어질 수 있으며, 추정치들은 어떤 종류의 추정량(estimator)들 중에서 가능한 한 가장 정확한 추정치들이며, 추정된 직선으로부터 데이터의 점들까지의 정(+)과 부(−)의 수직편차(vertical deviation)들의 합이 0이 된다는 내용이 포함된다. 최소자승법의 좀 더 공식적인 공부는 통계학 또는 계량경제학 교과서를 참조하라. 통계학적 배경이 없는 독자들의 좋은 입문서로는 Larry D. Schroeder, David L. Sjoquist, and Paula E. Stephan, *Understanding Regression Analysis: An Introductory Guide* (Beverly Hills, Calif.: Sage, 1986)을 참조하라.

4) 컴퓨터 소프트웨어를 이용하여 회귀분석모형을 추정하는 학생들은 이 결과를 쉽게 증명할 수 있을 것이다.

에 직선 YY로 그려져 있다.(추정치 밑에 위치한 괄호 안의 숫자에 대해서는 추후 논의될 것이다.)

이 관계에 대해 몇 가지 사항이 주목되어야 한다. 첫째, 추정치들을 그대로 받아들인다면, 이 추정된 관계는 근로자들에게 **아무것도** 지급하지 않는(임금이 0임) 기업들의 경우는 매년 근로자들 중 **단지** 45%[45−(2.5×0)=45)]만이 이직을 하는 반면, 근로자들에게 시간당 18달러가 넘는 임금을 지급하는 기업들은 부(−)의 이직률을 갖게 될 것임을 의미한다.[5] 전자의 결과는 무의미하며(만약 근로자들이 아무것도 지급받지 못한다면 어느 누구가 기업에 남아 있게 될까?), 후자의 결과도 논리적으로 불가능하다(이직률은 0보다 작을 수 없다). 이러한 극단적인 예가 암시하는 바와 같이 추정에 사용된 관찰치 범위(위의 예에서는 4달러부터 12달러까지의 임금수준) 밖의 수치를 택하여 예측을 하기 위하여 선형모형을 이용하는 것은 위험한 일이다. 임금과 이직률 사이의 관계는 매우 낮은, 그리고 매우 높은 임금수준의 경우 (직선으로 나타나는) 선형관계라고 가정될 수 없다. 다행히 예에서 사용된 선형회귀모형은 비선형관계가 허용되도록 쉽게 일반화될 수 있다.

둘째, 추정된 절편(45)과 기울기(22.5)는 '진정한' 관계의 추정치일 뿐이며, 이러한 추정치들과 관련된 불확실성이 존재한다. 불확실성은 부분적으로 기업의 전체 모집단에 있어서의 임금/이직률 관계를 특징짓는 α_0과 α_1의 진치(true value)들을 단지 10개 기업들로 구성된 표본으로부터 추론하려 시도하고 있다는 사실로부터 발생한다. 각 추정계수에 대한 불확실성은 **표준오차**(standard error) 또는 계수의 추정된 표준편차에 의해 측정된다. 이러한 표준오차들은 식 (1A.3)의 추정계수 아래에 위치한 괄호 안에 보고된다. 예를 들어, 주어진 데이터에서 임금계수와 절편항의 추정된 표준오차는 각각 0.625와 5.3이다. 표준오차가 크면 클수록 추정계수값에 대한 불확실성은 더욱 커진다.

식 (1A.2)의 확률오차항 ε의 분포에 대한 적절한 가정 아래 추정계수들에 대한 가설들을 테스트하기 위해 이 표준오차들이 사용될 수 있다.[6] 위의 예에서 α_1이 부(−)라는 (이론이 암시하는 바와 같이 고임금이 이직을 줄이게 됨을 의미한다) 가설을 α_1이 0이어서 임금과 이직 사이에 아무런 관계가 없다는 **귀무가설**(null hypothesis)에 대해 테스트하게 된다. 가장 일반적인 테스트방법 중의 하나는 계수를 표준오차로 나눈 비율인 각 계수의 *t*-**통계량**(*t*-statistics)을 계산하는 것이다. 좀 더 정확한 판단이 가능하긴 하지만 대체적으로 볼 때 만약 *t*-통계량의 절대값이 2보다 크면 계수의 진치가 0이라는 가설은 기각될 수 있다. 다른 방법으로 표현하면 만약 계수의 절대치가 적어도 표준오차 크기의 2배가 되면, 계수의 진치가 0이 아니라는 데 상당한 신뢰를 가질 수 있으며, 이 경우 추정계수는 **통계적으로 유의하다**(statistically significant)고 말한다(통계적 의미에서 추정계수가 0과 상당히 다르다고 말하는 간략한 방법임). 위의 예에서 임금계수의 *t*-통계량은 −2.5/0.625 또는 −4.0이며, 이는 임금수준과 이직률 사이의 진정한 관계가 부(−)의 관

[5] 예를 들어, 시간당 20달러의 임금에서 추정된 이직률은 매년 45−(2.5×20), 또는 −5%이다.
[6] 이러한 가정들은 어느 계량경제학 교과서에서도 논의되고 있다.

계라는 사실을 매우 신뢰할 수 있음을 보여준다.

다중회귀분석

위의 논의는 임의의 (설명되지 않은) 요소를 제외하고 이직률에 영향을 미치는 유일한 변수가 기업의 임금이라고 가정하고 있다. 그러나 제1장의 실증경제학에 대한 논의는 임금과 이직률 사이가 부(−)의 관계라는 예측은 다른 모든 요인들이 불변이라는 조건 아래에 이루어졌음을 강조하였다. 제10장에서 논의되겠지만, 경제이론은 임금 이외에도 이직률에 체계적으로 영향을 미치는 많은 요소가 있음을 제시해 준다. 여기에는 기업의 특성(예를 들면 근로자들에게 제공되는 부가급여, 근로조건, 그리고 기업규모)과 근로자들의 특성(예를 들면 연령과 훈련수준) 모두가 포함된다. 만약 분석에서 생략된 이러한 변수들 중 어느 하나가 기업이 제공하는 임금을 기업들마다 체계적으로 다르게 하는 경향을 갖는다면, 임금과 이직률 사이의 추정된 관계는 결과적으로 볼 때 부정확하게 된다. 그러한 경우에 독립변수가 2개 이상인 모형을 사용함으로써 이러한 다른 변수들을 고려해야 한다. 통계분석 시 어떤 변수들이 포함되어야 하는가를 지시하기 위해, 그리고 인과관계의 방향을 제시하기 위해서는 경제이론이 이용되어야 한다.

이러한 과정을 설명하기 위해 임금 이외에 기업의 이직률에 영향을 미치는 유일한 변수가 근로자들의 평균연령이라고 단순히 가정하기로 하자. 다른 조건이 일정하다면 나이 든 근로자들은 몇 가지 이유(근로자들은 나이가 들수록 친구, 이웃, 그리고 동료 근로자들과의 결속력이 강해지며, 때로는 지역적 이동까지 요구되는 일자리를 바꾸는 데 있어서의 심리적 비용이 커지게 됨) 때문에 일자리를 이직하려 하지 않는다. 임금과 연령의 효과를 함께 포착하기 위해 기업의 이직률이 다음과 같이 주어진다고 가정하자.

$$Q_i = \alpha_0' + \alpha_1' W_i + \alpha_2' \mathrm{A}_i + \varepsilon_i \tag{1A.4}$$

A_i는 기업 i에 속한 근로자들의 연령을 나타내는 변수이다. A_i는 근로자들의 평균연령 또는 일정 연령수준을 넘는 근로자들이 전체 근로자 수에서 차지하는 비율로 측정될 수 있지만, 설명상의 편의를 위해 1과 0 중 하나의 값을 취하는 **이분**변수(dichotomous variable)로 정의한다. 만약 기업 i 근로자들의 평균연령이 40보다 높으면 A_i는 1의 값을 가지며 그 외의 경우에 A_i는 0과 같다. 이론은 α_2'의 값이 부(−)임을 명확히 제시해 주는데, 이는 α_0', α_1', 그리고 W_i가 어떤 값을 갖는지와 상관없이(즉 다른 모든 것을 불변인 채로 유지할 때), 근로자들의 평균연령이 40세보다 높은 기업들은 평균연령이 40세 이하인 기업들보다 이직률이 낮다는 것을 의미한다.

식 (1A.4)의 파라미터, 즉 α_0', α_1', 그리고 α_2'의 값들은 위에서 설명한 단변량테스트 또는 단순회귀분석(simple regression analysis)과 유사한 방법인 **다중회귀분석**(multiple regression analysis)을 사용하여 추정될 수 있다. 이 방법은 종속변수와 일련의 독립변수들 사이의 선형관계를 가장 잘 나타내 주는 파라미터의 값들을 찾게 된다. 각 파라미터는 **다른 독립변수들을 불변인 채로 유지할 때** 해당 독립변수의 1단위 변화가 종속변수에 미치는 효과를 알려준다. 따라서 α_1'의 추정치는 기업근로자들의 연령(A)을 불변인 채로 유지할 때 임금(W)의 1단위 변화가 이직률(Q)에 미치는 추정효과를 나타낸다.

적절한 변수의 누락 문제

만약 다중회귀분석모형이 요구되는 상황에서 단변량회귀모형을 사용한다면, 즉 중요한 독립변수를 회귀분석모형에서 누락시킨다면, 추정결과는 **적절한 변수의 누락으로 인한 편의**(omitted variables bias) 때문에 문제가 생기게 된다. 이 편의는 가설테스트의 중요한 함정일 수 있기 때문에, 그리고 이 편의는 실증테스트의 지침을 위해 경제이론을 사용할 필요성을 보여 주기 때문에 이에 대해 설명하기로 한다.

위의 예를 단순화하기 위해 식 (1A.4)의 α_0', α_1' 및 α_2'의 진치(true value)를 알고 있으며, 이 모형에는 확률오차항이 없다(각 ε_i는 0이다)고 가정하자. 구체적으로, 다음과 같이 가정하기로 한다.

$$Q_i = 50 - 2.5W_i - 10A_i \tag{1A.5}$$

따라서 어떤 임금수준에서도 만약 근로자들의 평균연령이 40세를 초과한다면, 평균연령이 40세 이하인 경우보다 기업의 이직률은 10% 포인트 낮게 된다.

그림 1A.2는 이직률, 임금, 그리고 근로자들 평균연령 사이의 이러한 가정된 관계를 그래프로 나타내고 있다. 평균연령이 40세 이하인 근로자들을 고용한 모든 기업들의 경우 A_i는 0과 같으며, 따라서 그들의 이직률은 선분 Z_0Z_0에 의해 주어진다. 평균연령이 40세를 초과하는 근로자들을 고용하고 있는 모든 기업들의 경우 A_i는 1과 같을 것이며, 따라서 그들의 이직률은 선분 Z_1Z_1에 의해 주어진다. 후자에 속한 기업들의 이직률곡선은

그림 1A.2

임금과 이직률 사이의 진정한 관계(식 1A.5)

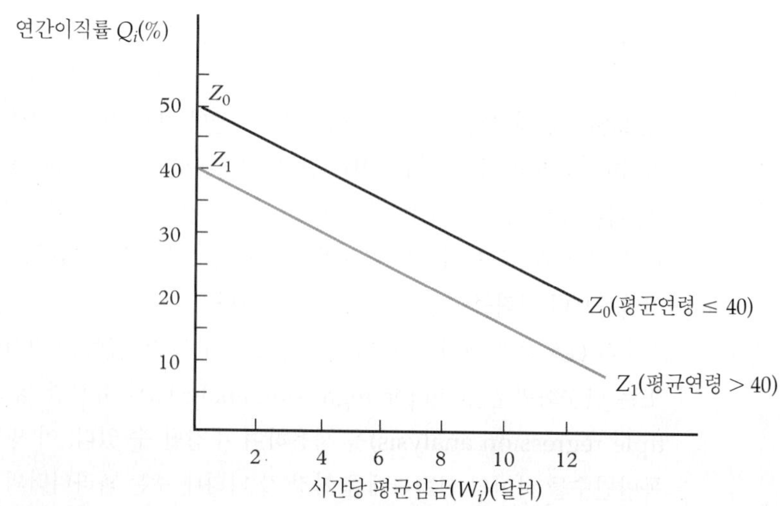

표 1A.2

나이든 근로자들과 젊은 근로자들을 고용하고 있는 세 기업들의 가상적 평균임금과 이직률

나이든 근로자들을 고용한 경우(A_i = 1)			젊은 근로자들을 고용한 경우(A_i = 0)		
기업	시간당 평균 임금(달러)	이직률(%)	기업	시간당 평균 임금(달러)	이직률(%)
k	8	20	p	4	40
l	10	15	q	6	35
m	12	10	r	8	30

전자에 속한 기업들의 이직률곡선보다 어느 곳에서나 10% 포인트 낮게 위치한다. 그러나 두 이직률곡선 모두 기업의 시간당 평균임금의 1달러 인상은 연간 이직률을 2.5% 포인트 감소시킬 것임을 보여주고 있다(즉 두 이직률곡선은 같은 기울기를 가지고 있다).

이제 어떤 연구자가 기업 근로자들의 평균연령도 이직률에 영향을 미친다는 사실을 무시한 채 이직률과 임금 사이의 관계를 추정한다고 가정하자. 즉 연령의 측정치를 누락시키고 다음의 방정식을 추정한다고 가정하자.

$$Q_i = \alpha_0 + \alpha_1 W_i + \varepsilon_i \tag{1A.6}$$

이때 결정적으로 중요한 것은 α_1의 추정치가 −2.5라고 **가정하였던** 이직/임금곡선의 진정한 기울기와 어떻게 일치할 것인가이다.

여기에 대한 답은 평균임금과 근로자들의 평균연령이 기업에 따라 어떻게 다른가에 따라 크게 달라진다. 표 1A.2는 나이가 든 근로자(평균연령 40세 초과)들을 고용하고 있는 세 개의 가상 기업들과 젊은 근로자들을 고용하고 있는 세 개의 가상 기업들의 이직률과 임금의 조합을 수록하고 있다. 각 기업이 지급하는 임금이 정해져 있을 때, 각 기업의 이직률을 나타내는 수치는 식 (1A.5)로부터 직접 도출될 수 있다.

근로자들의 근로소득은 연령이 높아짐에 따라 증가하는 경향이 있음은 잘 알려진 사실이다.[7] 따라서, 평균적으로 나이든 근로자들을 고용하고 있는 기업들은 젊은 근로자들을 고용하고 있는 기업보다 높은 임금을 지급한다고 표에 가정되어 있다. 이 여섯 개의 가상 기업들의 임금/이직률 조합들은 그림 1A.2의 선분들을 다시 그린 그림 1A.3[8]의 선분 Z_0Z_0와 선분 Z_1Z_1 상의 점들로 나타난다.

이 여섯 개의 데이터에 의한 점들을 사용하여 식 (1A.6)을 추정하게 되면 다음과 같은 직선을 얻게 된다.

---

7) 이러한 일이 발생하는 이유는 5장, 9장, 그리고 11장에서 논의될 것이다.

8) 점들이 정확히 직선 상에 위치한다는 사실은 확률오차항이 존재하지 않는다는 식 (1A.5)의 가정을 그래프 위에 나타낸 것이다. 만약 확률오차가 있다면 모든 점들은 직선 상이 아니라 직선 주위에 놓여 있게 된다.

그림 1A.3

표 1A.2의 데이터를 사용한 임금과 이직률 사이의 추정관계

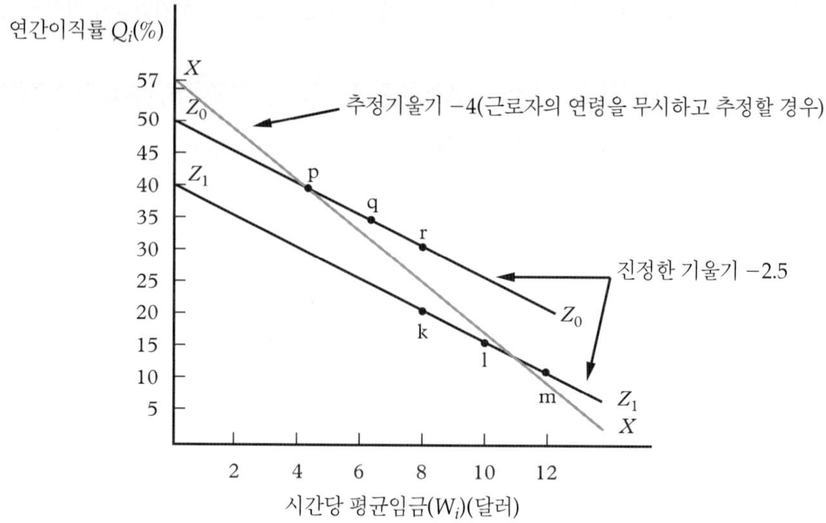

$$Q_i = 57 - 4W_i \qquad (1A.7)$$
$$(5.1)\ (0.612)$$

이 추정된 관계는 그림 1A.3에 선분 XX로 표시되어 있다. α_1의 추정치 −4는 임금이 1달러 인상될 때마다 이직률이 4% 포인트 감소함을 의미하는데, 우리는 (가정에 의하여) 이직률의 실제 감소가 2.5% 포인트라는 것을 알고 있다. 추정된 반응은 추정된 식이 연령이 이직률에 미치는 영향을 무시했기 때문에 임금에 대한 이직률의 민감도를 과대평가하고 있다.

달리 표현하면 지급하는 임금이 높은 수준이고, **또한** 고임금을 지급하는 기업들은 이직할 가능성이 적은 나이든 근로자를 고용하는 경향이 있다는 **두 가지** 이유 때문에, 고임금을 지급하는 기업들의 이직률은 낮다. 이 분석과정에서 연령을 무시함으로써 이직률이 임금 변화에 실제보다 더욱 민감하게 반응한다는 잘못된 결론을 내릴 수 있다. 그러므로 이직률에 영향을 미치며 임금수준과도 관련이 있는 중요한 설명변수(연령)를 모형에서 누락시킴으로써, 임금이 이직률에 미치는 효과의 잘못된 추정치를 얻게 되는 것이다.

위의 논의는 노동경제학의 대부분의 가설에 있어서 '다른 조건이 일정하다면'이라는 조건이 얼마나 중요한지를 강조한다. 가설테스트에 있어서, 관심의 대상이 되는 변수에 영향을 미치리라고 기대되는 다른 요소들은 통제되어야만 한다. 이러한 통제는 종속변수가 일련의 변수들의 함수라고 설정함으로써 전형적으로 이루어진다. 이러한 설정(specification)은 경제이론에 의해 지침을 받아야 하는데, 경제이론을 배우는 이유 중의 하나는 경제이론이 인간 행태에 대한 가설을 테스트하는 데 지침을 제공하기 때문이다. 이론의 굳건한 기초가 없으면, 행태분석은 쉽게 적절한 변수의 누락으로 인한 편의의 희생물이 될 수 있다.

위의 모든 내용을 고려할 때 조사대상에 영향을 미칠 것으로 생각되는 모든 변수들에 대한 데이터를 구한다는 것은, 가능하지도 않을 뿐더러 결정적으로 중요하지도 않다는 점을 지적해야만 한다. 제1장에서 강조된 바와 같이 경제모형을 테스트하는 것은 **평균적** 관계를 찾고 특이한 요소들을 무시하는 것이다. 동일한 임금을 지급받는 동일한 연령의 두 근로자들 중 한 명이 예를 들어 무서운 장인으로부터 벗어나기 위해 마을을 떠나기를 원한다면, 이들은 서로 상이한 이직행태를 보일 수 있다. 이렇게 특이한 요소는 장인이 있다는 사실이 이직에 예측 가능한 영향을 미치지도 않을 뿐만 아니라(어떤 장인은 주변에 있을 경우에 도움이 된다) 개인의 임금과도 아무런 상관관계가 없기 때문에, 이직률에 관한 경제모형을 테스트하는 데 중요하지 않다. 다시 말해서 적절한 변수의 누락으로 인한 편의는 누락된 변수가 종속변수(이직률)에 영향을 미치며 **또한** 관심의 대상이 되는 독립변수(임금)와 상관관계가 있을 때에 한해 나타나는 문제이다.

제2장

노동시장 개관

부(富)의 수준, 정부의 형태 또는 경제조직과 상관없이 모든 사회는 기본적인 의사결정을 내려야 한다. 즉 무엇을, 얼마만큼, 어떤 방식으로 생산할 것인가, 그리고 생산물이 어떻게 분배되어야 하는가에 대해서 결정을 내려야 한다. 소비자들이 무엇을 원하는가, 어떤 기술이 생산에 사용될 수 있는가, 그리고 근로자들이 어떤 기술과 선호도를 가지고 있는가를 알아야 이러한 의사결정들을 내릴 수 있으며, 어디에서 생산할지를 결정할 수 있다. 또한 이러한 모든 의사결정들을 조정하여, 예를 들어 뉴욕시의 수백만 명의 사람과 알래스카 어촌에 고립되어 살고 있는 극소수의 사람들 각자가 그들이 원하는 우유, 빵, 고기, 바닐라용액, 모기구충약, 그리고 갈색구두약 등을 식료잡화점에서 구입할 수 있도록 하여야 한다. 이러한 조정의 과정은 적절한 양의 노동과 자본이 적절한 장소에서 적절한 시간에 고용되도록 하는 인센티브의 창출을 수반한다.

물론 이러한 의사결정들은 중앙집권화된 관료제도에 고용된 행정가들에 의해 이루어질 수 있다. 이 관료제도가 필요한 의사결정들을 현명하게 내리기 위해 입수, 처리해야 하는 정보의 양과 이러한 의사결정들이 확실하게 조정되도록 하기 위해 창출되어야 하는 인센티브의 양은 정말로 마음을 움찔하게 한다. 중앙집권화된 의사결정의 주요대안이라 할 수 있는 지방분권화된 시장을 생각하면 우리 마음은 더욱 움찔해진다. 이윤을 얻고자 하는 무수한 생산자들은 무수한 소비자들이 지불할 용의가 있는 생산물가격들과 무수한 근로자들이 일에 대한 대가로 받아들일 용의가 있는 임금들을 주시한다. 이러한 정보와 여러 기술에 관한 데이터를 결합시킴으로써 그들은 어디서 무엇을 생산하며, 누구를 고용하여 얼마만큼을 생산할 것인가를 결정한다. 아무도 이 일을 전담하고 있지 않으며, 시장의 불완전성 때문에 자원의 최적배분달성의 진척을 방해받기는 하지만, 무수한 사람들이 매년 자신들이 원하는 품목들을 구매할 수 있도록 해 주는 일자리를 찾는다. 생산, 고용, 그리고 소비에 대한 의사결정은 모두 시장을 통해 나타나는 가격이라는 신호에 의해 이루어지며 조정된다.

근로자들을 일자리에 배분하고 고용에 대한 의사결정을 조정하는 시장은 **노동시장**(labor market)이다. 미국에서는 약 1억 5,000만 명의 근로자들과 700만이 넘는 사용자들 사이에서, 매일 직업선택, 채용, 이직, 보상, 그리고 기술에 대한 수천 가지의 의사결정이 이루어지며 조정되어야 한다.

학생들이 처음에 '큰 그림'을 이해하는 것이 필수적이라고 믿기 때문에, 이 장에서는 노동시장이 무엇을 하며, 어떻게 작용하는지에 대해 개관할 것이다. 노동시장의 구매와 판매 측면이 어떻게 조정되는가를 전반적으로 (또는 '시장' 수준에서) 살핀 후, 이후의 장에서 각 측면의 개별 행태를 좀 더 상세히 분석할 것이다.

노동시장: 정의, 현실, 추세

모든 시장에는 구매자와 판매자가 있으며 노동시장도 예외는 아니다. 노동시장의 구매자는 사용자이며 판매자는 근로자이다. 이 참여자들 중 일부는 새로운 근로자들 또는 새로운 일자리를 찾는다는 의미에서 어느 일정시점에 적극적이지 않을지 모르지만, 매일 수많은 기업들과 근로자들이 거래를 위해서 "시장에 나오게 된다". 의사들 또는 엔지니어들 같이 만약 구매자들과 판매자들이 국가 전역에 걸쳐 서로를 찾고 있다면, 이런 시장을 **전국노동시장**(national labor market)이라고 부른다. 데이터를 입력하는 사무직 또는 자동차 정비공처럼 만약 구매자들과 판매자들이 일정지역 내에서 서로를 찾고 있다면, 이 노동시장은 **지역노동시장**이 된다.

특정 "노동시장" 예를 들면 택시운전사들을 위한 노동시장이라는 용어는 택시를 운전할 사람들을 채용하려 하는 회사들과 택시운전사로서의 고용을 찾으려는 사람들을 **개략적으로** 지칭하기 위해 사용된다. 이러한 노동의 구매자들과 판매자들이 고용관계를 이루고 확립시키려는 노력들이 택시운전사의 시장을 형성한다. 그러나 사용자들이든 택시운전사들이든 이 시장에만 머무르지는 않으며, 사용자들과 택시운전사들은 동시에 다른 시장에도 참여한다. 10만 달러를 투자하고자 하는 기업가는 각각의 예상되는 수입과 비용에 따라, 택시회사를 운영할 것인가 또는 세차장을 운영할 것인가를 생각하게 된다. 택시운전사 일자리를 찾는 사람도 또한 배우로서의 일자리를 찾고자 시도할지 모른다. 따라서 산업, 직종, 지역, 거래규칙, 또는 직무성격에 기초하여 정의를 내릴 수 있는 다양한 모든 노동시장들은 어느 정도까지는 서로 연관되어 있다. 우리는 편의상 이렇게 협의의 노동시장들이라는 말을 쓰게 될 것이다.

몇몇 노동시장, 특히 노동의 판매자들이 노동조합에 의해 대표되는 노동시장은 구매자-판매자 사이의 거래를 부분적으로 지배하는 일련의 매우 공식적인 규칙들 아래 운영된다. 예를 들어 노동조합이 결성되어 있는 건설업에서는 사용자들이 노동조합에 비치된 노동조합원들의 명단에서 근로자들을 채용해야 한다. 노동조합이 존재하는 다른 시장들에서는 사용자가 누구를 고용할 것인가에 대해 자유재량권을 가지고 있지만, 근로자들을 일시 해고할 때의 순서, 근로자들의 불만을 해결하는 절차, 그리고 승진과 같은 문제들에 대해서는 노사합의에 의해 제약을 받는다. 정부부문과 노동조합이 결성되지 않은 부문의 일자리와 관련된 시장도 경영권을 제약하고 근로자들의 공정한 대우를 보장하는 규칙들 아래 운영되는 경향이 있다. 일련의 공식적 규칙과 절차들이 기업 **내** 고용관계에 지침과 제약을 부여할 때 **내부노동시장**(internal labor market)이 존재한다고 한다.[1)]

경제활동인구와 실업

그림 2.1은 노동시장의 현황에 관한 몇 가지 기본적인 정의들을 보여준다. **경제활동인구**(labor force)라는 용어는 취업하고 있거나, 적극적으로 일자리를 찾고 있거나 또는 일시해고(layoff)로부터 복직명령을 기대하고 있는 16세 이상의 모든 사람들을 지칭한다. 경제활동인구 중 보수를 받고 고용되지 않은 사람들이 **실업자**(unemployed)이다.[2)] 취업하지 않았으며, 일자리를 찾고 있지 않거나 그들의 사용자들에 의한 일시해고로부터의 복직명령을 기다리지도 않는 사람들은 경제활동인구에 포함되지 않는다. 따라서 총경제활동인구는 취업자와 실업자로 구성된다.

노동시장의 각 범주에 속한 사람들의 수와 그 상태는 항상 변화하며, 제14장에서 알

그림 2.1

미국 성인민간인구의 경제활동참가현황, 2013년 4월(계절조정)

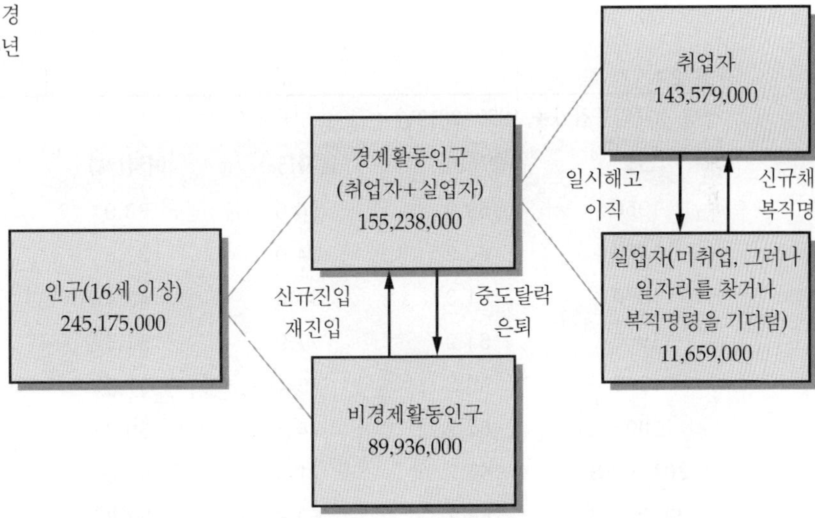

1) 내부노동시장에 대한 분석은 Michael L. Wachter and Randall Wright, "The Economics of Internal Labor Markets," *University of Pennsylvania Law Review* 29 (Spring 1990): 240~262에서 살펴볼 수 있다.

2) 정부통계의 목적 상 실업의 공식적인 정의는 자신들의 사용자들로부터 일시해고를 당한 사람들, 해고당하거나 또는 이직하고 다른 일자리를 찾고 있는 사람들, 그리고 이제 막 또는 다시 경제활동인구가 되었지만 아직 일자리를 찾지 못한 사람들을 포함한다. 실업의 정도는 현행인구조사(CPS: Current Population Survey)라 불리는 약 50,000 가계를 대상으로 한 월별설문조사로부터 추정된다. 설문조사원들은 가계의 구성원들이 취업되었는지, 위에 언급한 조건 중 하나를 충족시키는지(이 경우 "실업자"로 분류됨) 또는 비경제활동인구인지를 확인한다.

게 되는 바와 같이 한 범주에서 다른 범주로 이동하는 사람들의 수는 상당한 수준에 이른다. 그림 2.1이 보여 주는 바와 같이 노동시장 범주 사이에는 네 가지 주요한 흐름이 있다.

1. 취업상태의 근로자들이 자발적으로 **이직**하거나 또는 **일시 해고당함**으로써(일시적 또는 영구적으로 기업으로부터의 비자발적인 격리) 실업자가 된다.
2. 실업상태의 근로자들이 **신규로 채용되거나** 또는 일시적으로 일시 해고당하였던 일자리로 **복직명령을 받음으로써** 취업자가 된다.
3. 취업자든 실업자든 경제활동인구들이 **은퇴하거나** 또는 보수를 받는 일자리를 얻거나 찾는 것을 포기하기로 결정함으로써(**중도탈락**) 비경제활동인구가 될 수 있다.
4. 일을 하거나 또는 일자리를 찾아본 적이 없던 사람들이 경제활동에 **신규로 참가함으로써**, 그리고 비경제활동인구가 되었던 사람들이 경제활동에 **재진입함으로써** 경제활동인구를 증가시킨다.

2013년 4월의 경우 1억 5,500만 명을 넘는 사람들이 경제활동에 참가하고 있는데, 이는 16세 이상 전체인구의 약 63%를 차지한다. 63%의 총 **경제활동참가율**(labor force participation rate 경제활동인구수를 16세 이상 총 인구수로 나눈 값)은 표 2.1의 데이터에 나타난 바와 같이, 1980년대 이전의 약 60%의 비율보다는 높은 수준이나 2000년의

표 2.1

성별 경제활동참가율, 1950~2013년

연도	총계(%)	남자(%)	여자(%)
1950	59.9	86.8	33.9
1960	60.2	84.0	37.8
1970	61.3	80.6	43.4
1980	64.2	77.9	51.6
1990	66.5	76.4	57.5
2000	67.2	74.7	60.2
2010(4월)	65.2	71.8	59.0
2013(4월)	63.3	69.8	57.2

자료: 1950~1980: U.S. President, *Employment and Training Report of the President* (Washington, D.C.: U.S. Government Printing Office), transmitted to the Congress 1981, Table A-1.
1990: U.S. Bureau of Labor Statistics, *Employment and Earnings* 45 (February 1998), Tables A-1, A-2.
2000: U.S. Bureau of Labor Statistics, *Employment Situation* (News Release, October 2001), Table A-1.
2010: U.S. Bureau of Labor Statistics, *Employment Situation* (Economic News Release, May 2010), Table A-1.
2013: U.S. Bureau of Labor Statistics, *Employment Situation* (Economic News Release, May 2013), Table A-1.
데이터와 뉴스발표는 online상의 http://www.bls.gov에서 이용 가능함.

비율보다는 낮은 수준이다. 시간이 흐름에 따라 총경제활동참가율에 나타난 변화는 남성 경제활동참가율의 꾸준한 하락과 이후 감소하였지만 2000년 이전 여성 경제활동참가율의 극적인 증가이다. 이러한 추세들과 그 원인들은 제6장과 7장에서 구체적으로 논의될 것이다.

경제활동인구수에 대한 실업자 수의 비율을 **실업률**(unemployment rate)이라 한다. 실업률에 대한 통계는 완벽하지 않으며 불완전한 부분이 다소 있긴 하지만, 이 비율은 노동시장의 조건을 나타내기 위하여 가장 널리 인용되는 측정치이다. 미국에서는 실업률이 약 5%일 때 노동시장이 **호황**(tight)이라고 하는데, 이는 일반적으로 일자리들이 많아서 사용자들이 빈 일자리를 채우기가 어려우며 실업자들의 대부분이 다른 일자리를 신속히 찾을 수 있음을 나타낸다. 예를 들어 실업률이 7% 이상으로 높아지면 근로자들이 풍부하며, 사용자들이 빈 일자리를 충원하기가 상대적으로 쉽다는 의미에서 노동시장이 **불황**(loose)이라고 한다. 그러나 전체적인 노동시장이 불황이라는 것이 공급부족현상이 어디서도 발생하지 않음을 의미하지는 않는다. 노동시장이 호황이라는 것도 여전히 몇몇 직종들 또는 장소들에서는 현재의 임금수준에서 일자리를 찾는 사람들의 수가 빈 일자리의 수보다 크다는 사실을 의미할 수도 있다.

그림 2.2는 제2차 세계대전의 종료 후 60년 동안의 전체적인 실업률을 보여준다(그림 2.2에 나타난 그래프의 데이터는 이 책의 겉표지 바로 안쪽에 수록되어 있다). 데이터는 1960년대까지 실업률은 보통 3.5~5.5%의 범위에 있으며 두 차례 약 6.8%까지 상승하였음을 알려준다. 1970년대, 1980년대, 그리고 1990년대 초 실업률은 거의 5.5% 아래로 하락하지 않았으며, 1980년대 초에는 9.5%를 넘는 수준까지 상승하였다. 1997년부터

그림 2.2

민간경제활동인구의 실업률, 1947~2012년
(자세한 데이터는 겉표지 바로 안쪽의 표에 있음)

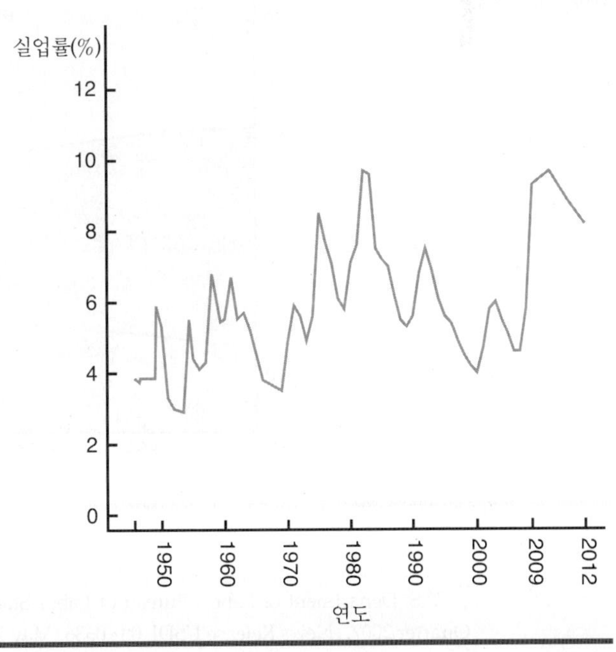

2007년까지의 11년 중 7년은 실업률이 5% 밑으로 하락하였으며, 이후 최근의 경기침체 기간 동안 실업률은 9%가 넘는 수준으로 상승했다. 실업 및 그 측정과 관련된 다양한 문제는 제14장에서 논의될 것이다.

산업과 직종: 변화에 대한 적응

앞에서 지적한 바와 같이 노동시장은 근로자와 일자리를 서로 연결시키는 기구(mechanism)이다. 지난 50년에 걸쳐서 어떤 일자리의 수는 확대되었으며 다른 일자리들의 수는 축소되었다. 근로자들과 사용자들은 노동시장에 의해 제공되는 신호에 응답하며 이러한 변화에 적응하였다. 동태적인 경제에서 발생하는 노동시장의 변화는 엄청난데, 예를 들어 (가장 최근의 경기침체가 시작되기 이전인) 2007년 중반 미국에서는 단지 **3개월**의 기간 동안 매 15개의 일자리마다 1개의 일자리가 사라졌으며 이를 약간 상회하는 수의 일자리가 새로 생겼다![3]

1954년부터 2013년까지의 산업별 고용분포를 검토해 보면 노동시장이 어떠한 변화를 촉진시켰는지를 알 수 있다. 겉표지 안쪽의 표에 있는 데이터를 그래프로 그린 그림 2.3은, 재화를 생산하는 산업(대체로 제조업)의 고용은 비농업부문 총고용에서 차지하는 비중이 줄어든 반면, 민간서비스는 그 비중이 극적으로 증가하였음을 보여준다. 따라서

그림 2.3

주요비농업부문의 고용분포, 1954~2013년 (자세한 데이터는 겉표지 바로 안쪽의 표에 있음)

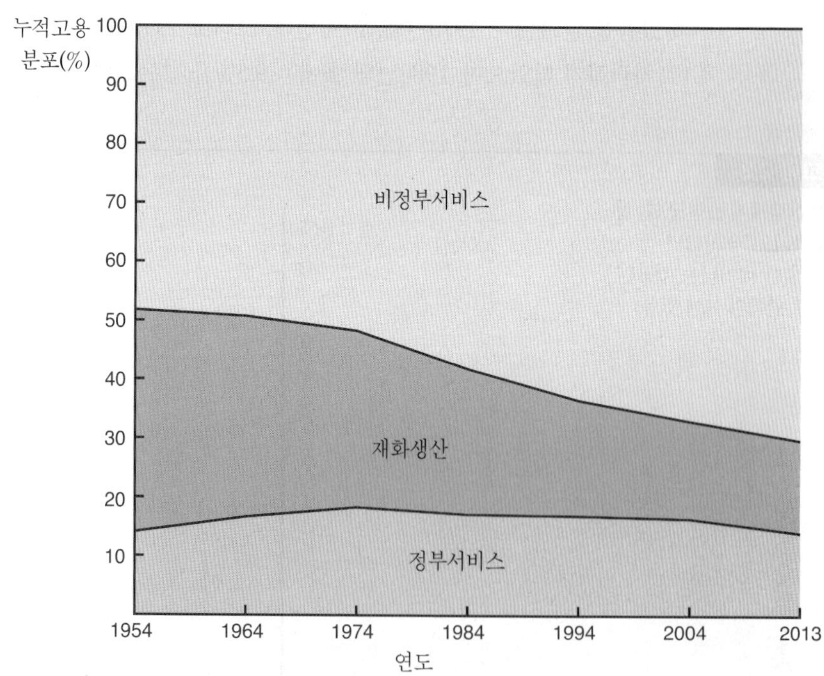

[3] U.S. Department of Labor, Bureau of Labor Statistics, "Business Employment Dynamics: Third Quarter 2007," News Release USDL 08~0686 (May 21, 2008), at http://www.bls.gov.

미국에서는 이전보다 더 적은 비중의 경제활동인구가 공장에서 일을 하는 반면, 도소매업, 교육 및 보건진료, 전문서비스 및 비즈니스서비스, 여가 및 접대 활동, 금융, 정보서비스에서의 민간 사용자들과의 일자리 기회는 확대되었다. 전체에서 정부고용이 차지하는 비중은 위의 기간 동안 상대적으로 소폭 변화하였다.

산업별 일자리 분포의 이동과 각 부문 내에서의 생산기술의 변화는 서로 결합되어 근로자들이 새로운 기술을 습득하고 새로운 일자리에서 일할 것도 요구하고 있다. 예를 들어 1983년 이래 관리 및 전문직에서 일하는 미국 근로자의 비중은 23%로부터 38%로 증가하였고 저수준 서비스 일자리의 비중은 14%로부터 거의 18%로 증가한 반면, 행정지원, 판매, 그리고 공장 일자리의 비중은 63%로부터 44%로 감소하였다.[4)]

노동에 의한 근로소득

노동시장에서 구매자와 판매자의 행동은 여러 종류의 노동을 배분하고 그 가격들이 설정되도록 한다. 사회적 시각에서 볼 때 이러한 가격들은 개인의 자발적인 의사결정에 주로 의존하는 배분과정에서 신호 또는 인센티브로서의 역할을 한다. 근로자의 시각에서 보면 노동의 가격은 소득, 즉 구매력의 결정에 중요하다.

명목임금과 실질임금 **임금**(wage rate)이란 1시간의 근로시간당 노동의 가격이다.[5)] **명목임금**(nominal wage)은 근로자가 경상가격으로 시간당 지급받는 화폐액이다. 명목임금은 일정기간 동안에 여러 근로자들의 급여를 비교하는 데 매우 유용하다. 명목임금을 물가의 어떤 척도로 나눈 값인 **실질임금**(real wage)은 근로자의 명목임금으로 얼마만큼을 구매할 수 있는가를 알려준다. 예를 들어 만약 근로자가 하루에 64달러를 벌고 구두 한 켤레를 구입하는 데 32달러가 든다면, 근로자는 하루에 구두 2켤레 상당을 번다고 말할 수 있다(실질임금=64달러/32달러=2).

실질임금의 계산은 명목임금과 생산물가격들이 모두 변할 때 일정기간 동안의 근로자들 근로소득(earnings)의 구매력을 비교하는 데 특히 유용하다. 예를 들어 1980년부터 2012년까지의 기간 동안 미국 비관리직 근로자들의 실질임금에 어떠한 일이 발생하였는가를 확정하려 한다고 가정하자. 표 2.2로부터 민간부문 비관리직 근로자들의 시간당 평

---

4) U.S. Department of Labor, Bureau of Labor Statistics, *Employment and Earnings:* 31 (January 1984), Table 20; *Employment and Earnings Online* (January 2013), Table 10 (at http://www.bls.gov).

5) 이 책에서는 자신들의 '정규노동시간(straight-time)' 임금에 대하여 질문 받을 때 대부분의 근로자들이 대답하는 임금으로 시간당 임금을 정의한다. 이 임금은 만약 근로자가 허가 없이 일을 하지 않을 때 잃게 되는 시간당 화폐액이다. 이러한 방법으로 임금이 정의될 때, 아래에서 주목하는 바와 같이 유급공휴일은 여가시간이 주어지는 반면 보수는 지속되기 때문에 '부가급여(employee benefit)'가 된다. 따라서 25시간 일하고 100달러를 지급받는 근로자는(25시간 중 20시간은 근로시간이며 5시간은 휴식시간이다) 시간당 4달러의 임금을 벌며 20달러 상당의 휴식을 얻는다고 설명된다. 이와 다른 방법은 실제의 근로시간으로 또는 위의 예에서 시간당 5달러로 임금을 정의하는 것이다. 만약 근로자가 특정 주일에 1시간 덜 일할 기회를 갖는다면 근로자의 근로소득은 5달러가 아닌 4달러가 감소하게 되기 때문에 (근로시간의 단축이 근로자가 받을 수 있는 유급공휴일 또는 휴가시간에 영향을 미치지 않는 한) 전자의 정의가 선호된다.

표 2.2

미국 민간부문 비관리직 근로자들의 시간당 명목근로소득 및 실질근로소득, 1980~2012년

	1980	1990	2012
시간당 평균임금	6.85달러	10.20달러	19.77달러
소비자물가지수(CPI 사용, 1982~1984년을 기준년도로 사용)	82.4	130.7	229.6
시간당 평균임금(CPI 사용, 1982~1984 불변가격)	8.31달러	7.80달러	8.61달러
시간당 평균임금(CPI 사용, 2012 불변가격)	19.09달러	17.92달러	19.77달러
시간당 평균임금(2012 불변가격: CPI 인플레이션에서 매년 1% 감소시킨 값 사용)	13.96달러	14.48달러	19.77달러

자료: U.S. President, *Economic Report of the President* (Washington, D.C.: U.S. Government Printing Office, 2013), Tables B-47 and B-60.

균근로소득이 1980년 6.85달러, 1990년 10.20달러, 2012년 19.77달러였음을 알 수 있다. 따라서 이 기간 동안 명목임금은 분명히 증가하였다. 그러나 이 기간 동안 근로자들이 자신들이 구매하는 품목에 지불하였던 가격도 또한 상승하였으며, 따라서 실질임금을 계산하는 데 있어 가격인플레이션을 감안하는 방법이 사용되어야만 한다.

여러 해에 걸쳐 소비자들이 직면하는 가격들을 비교하는 데 가장 널리 사용되는 측정치는 소비자물가지수(CPI: Consumer Price Index)이다. 일반적으로 말하면 이 지수는 소비재와 서비스의 고정된 상품묶음(bundle, 식품, 주택, 의류, 교통, 의료, 그리고 오락을 포함)을 구입하는 데 매년 얼마만큼의 비용이 드는가를 결정함으로써 도출된다. 기준(base)기간에 이 상품묶음을 구입하기 위한 비용을 100이라 설정하고, 다른 모든 연도의 지수들은 이 기준기간에 비례해서 설정된다. 예를 들어 만약 1982~1984년 기간 동안의 상품묶음의 평균비용을 기준으로 하기로 하였다면(이 기간 동안 지수의 평균값은 100으로 설정된다), 그리고 만약 2012년에 이 상품묶음의 구입에 2배 만큼의 비용이 든다면 2012년의 지수는 200이 된다. 표 2.2의 두 번째 줄로부터 1982~1984년을 기준기간으로 할 때, 1980년과 2012년의 소비자물가지수는 각각 82.4와 229.6이었음을 알 수 있는데, 이는 이 기간 동안 가격이 거의 3배(229.6/82.4=2.79)가 되었음을 의미한다. 달리 표현하면 2012년의 1달러는 1980년의 1달러에 비해 재화와 서비스를 약 1/3 만큼 구입하는 것으로 나타난다.

표 2.2의 처음 두 열에 주어진 정보를 이용하여 실질임금을 계산하는 방법에는 여러 가지가 있다. 가장 알기 쉬운 방법은 매년 명목임금을 소비자물가지수로 나누고 여기에 100을 곱하는 것이다. 이와 같은 방법은 매년의 명목임금을 1982~1984년 기간의 불변가격으로 바꾼다. 따라서 1980년에 6.85달러를 지급받은 근로자들은 1982~1984년에는 8.31달러 가치만큼의 재화와 서비스를 구입할 수 있었을 것이다. 다시 말해서 각 연도의 명목임금을 그 해와 2012년 사이의 가격인상률로 곱함으로써 시간당 평균근로소득을 2012년 가격으로 바꾸기 위해여 표의 정보가 사용될 수 있다. 1980년과 2012년 사이에

가격이 2.79배 상승하였기 때문에, 1980년의 6.85달러는 2012년에는 19.09달러에 상당하는 것이 되었다.

소비자물가지수(CPI) 표 2.2의 계산은 미국 비관리직 근로자들의 실질임금이 2012년에 1980년보다 단지 약간 높다는 것을 제시해주고 있다(그리고 실제로 1980년대의 기간 동안 하락했다). 그러나 미국의 보통사람들의 경우 소비자물가지수를 사용한 실질임금의 계산이 시간당근로에 의해 생기는 구매력 변화의 정확한 지표가 될 수 있는가에 대해 활발한 논란이 지속되고 있다. 이 논쟁은 기술적인 문제여서 이 책의 범주를 벗어나기는 하나, 연도별 가격을 비교하기 위해 고정된 재화와 서비스의 상품묶음을 사용할 수 있는가와 관련된 두 가지 문제에 논쟁이 집중되고 있다.

하나의 문제는 소비자들이 시간이 흐름에 따라 부분적으로 가격변화에 반응하기 위해 자신들이 실제로 구매하는 재화와 서비스의 묶음을 **바꾼다는** 사실이다. 예를 들어 만약 쇠고기의 가격이 상승하면 소비자들은 닭고기를 더 많이 먹을 수 있다. 따라서 고정된 상품묶음에 가격을 매기는 것은 소비자들이 쇠고기 가격이 오르기 전 쇠고기의 소비량을 계속 구매하는 것으로 가정하는 것이기 때문에 현재 화폐의 구매력을 과소평가하는 것이 된다. 이런 이유 때문에 가격을 매기기 위한 목적으로 사용되는 상품묶음들은 정기적으로 그 구성품목이 새롭게 바뀌어야 한다.

보다 어려운 또 하나의 문제는 재화와 서비스의 **품질**과 관련되어 있다. 5년이라는 기간 동안 병원비가 50% 상승하였으나, 그와 동시에 새로운 진단 설비와 수술기술이 완벽하게 되었다고 가정하자. 그렇다면 증가된 병원비용의 일부분은 화폐의 구매력 하락보다는 새로운 서비스 또는 이전에 제공되던 서비스의 품질향상을 반영하는 것이 된다. 문제는 품질변화의 효과를 분리시킬 수 있는 만족할 만한 방법을 아직 찾지 못하였다는 데 있다.

이러한 문제들을 고려한 후 몇몇 경제학자들은 매년 소비자물가지수가 많게는 1% 포인트만큼 인플레이션을 과대평가한다고 믿게 되었다.[6] 모든 사람들이 인플레이션이 이 수치만큼 과대평가되었다는 데 동의하는 것은 아니지만, 그와 같이 인플레이션이 과대평가되었다고 가정하고 실질임금변화를 다시 계산하는 것은 의미 있는 일이다. 소비자물가지수로 측정할 때 인플레이션은 1990년부터 2012년까지 연평균 2.6%에 이르고 있으며, 따라서 표 2.2에서 12년 전에 10.20달러로 구입할 수 있었던 것을 2012년에 구매하기 위해서는 17.92달러가 필요하다는 것을 추정할 수 있다. 17.92달러를 2012년에 실제로 지급되었던 19.77달러와 비교할 때, 1990~2012년 기간 동안에 실질임금이 10% 상승하였다고 결론지을 수 있다. 만약 이 기간 동안 진정한 구매력의 하락이 연 1.6%에 불과하였다면, 2012년에 단지 14.48달러의 임금을 받았더라도 1990년의 10.20달러 구매력을

---

[6] 이 주제에 대한 연구의 검토는 David E. Lebow and Jeremy B. Rudd, "Measurement Error in the Consumer Price Index: Where Do We Stand?" *Journal of Economic Literature* 41 (March 2003): 159~201을 참조하라. 저자들은 CPI의 상향편의(upward bias)가 연 0.3% 포인트와 1.4% 포인트 사이라고 평가하고 있으며, 그 중 0.9% 포인트일 가능성이 가장 클 것으로 보고 있다.

유지할 수 있었을 것이다. 근로자들이 실제로 2012년에 19.77달러를 지급받았기 때문에, 진정한 인플레이션이 소비자물가지수가 보여 주는 수치보다 1% 포인트 낮다고 가정하게 되면, 실질임금은 12년 간 (단지 10%가 아닌) 36% 상승하였다는 결론에 도달하게 된다. 1980년 실질임금의 계산에도 비슷한 조정을 하게 되면, 1980년대에 실질임금이 하락한 것이 아니라 1980년부터 1990년까지 실질임금은 3.7% 상승하였다고 추정된다. 따라서 실질임금 변화의 추정치는 많은 경제학자들이 CPI에 이루어져야만 한다고 생각하는 조정의 크기에 매우 민감하다. (예문 2.1은 실질임금 계산과 관련된 문제와 그 현명한 해결책에 관한 논의를 제공한다.)

임금, 근로소득, 보수, 소득 **임금**(wages)이라는 용어는 종종 시간이 아닌 봉급을(예를 들어 월급) 기초로 하여 지급받는 근로자들의 급여에 적용된다. 이 용어는 단지 편의상 이렇게 사용되고 있을 뿐이며 별 의미를 갖지 않는다. 그러나 그림 2.4에 정리된 바와 같이 임금, 근로소득(earnings), 그리고 소득(income)을 구별하는 것은 중요하다. **임금**이란 용어는 시간 **단위**당 급여를 가리키는 반면, **근로소득**은 임금에 일한 시간단위(전형적으로 시간)를 곱한 것을 지칭한다. 따라서 근로소득은 임금과 근로자가 일한 시간의 길이에 의존하게 된다.

임금과 근로소득은 보통 근로자들에 대한 직접적인 화폐지급으로 정의되며 측정된다(근로자가 납부할 의무가 있는 과세 이전). 반면 **총보수**(total compensation)는 근로소득에 현물급여 또는 이연보수의 형태로 이루어지는 **부가급여**(employee benefits)를 더한 것으로 구성된다. **현물급여**(payments in kind)의 예에는 사용자가 제공하는 의료혜택과 건강보험이 있으며, 이때 근로자는 화폐보다는 서비스 또는 보험 증권을 받게 된

그림 2.4

임금, 근로소득, 보수, 소득의 관계

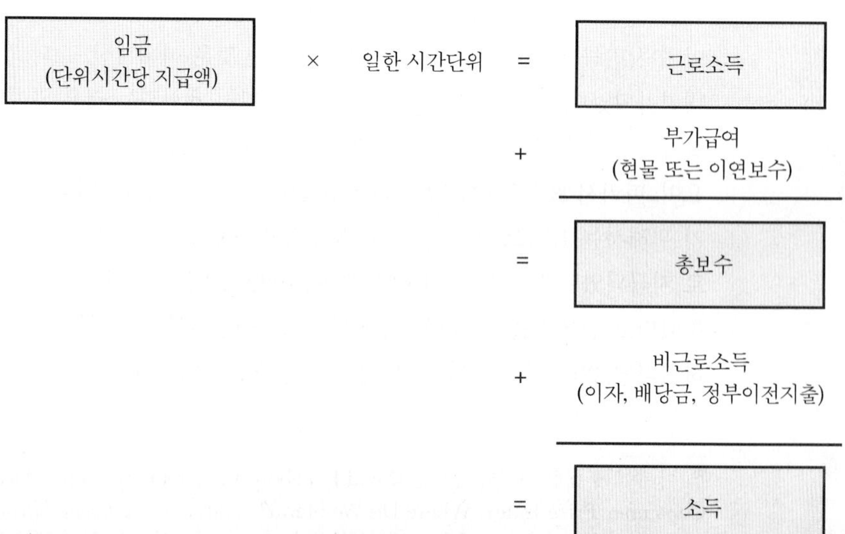

예문 2.1

여러 시점, 여러 나라의 실질임금: 1시간 근로의 빅맥(Big Macs)

'실질임금'은 명목임금을 소비자물가의 어떤 측정치로 나눔으로써 계산된다. 실질임금의 측정치들은 1시간 근로에 의해 얼마나 많은 재화와 서비스가 구매될 수 있는가를 알려주려 하기 때문에, 그와 같은 측정치들은 생활수준이 나라에 따라 또는 시간에 따라 어떻게 차이가 나는가를 반영해야 한다. 그러나 실질임금의 유용한 측정치를 도출하는 데에는 세 가지 주요한 어려움이 있다.

첫째, 동등한 기술수준을 가진 근로자들의 임금을 반영하기 위해 명목임금(분자의 값)이 측정되어야 한다. 자동차 정비공의 실질임금을 자전거 수리공의 실질임금과 비교하는 것은 아무 소용이 없다. 둘째, 실질임금의 계산 시 분모로 사용되는 가격은 동등한 품질의 재화 또는 서비스와 관련되어야 한다. 예를 들어 여러 나라에서 1시간의 근로로 구두 몇 켤레를 구매할 수 있는지를 비교하려 한다면, 이탈리아의 구두와 아프가니스탄의 구두가 품질이 매우 다를 수 있다는 문제에 직면하게 된다.

셋째, 분모로 (CPI와 같은) 물가지수를 사용한다면 지수가 측정되는 재화와 서비스 묶음이 시간에 따라 그리고 나라에 따라 변한다는 사실에 마주치게 된다. 예를 들어 런던과 중국 광동의 실질 임금을 비교하기 위해 런던에 살던 전형적인 사람이 1704년에 구입했던 상품묶음(녹말음식, 고기, 차, 설탕, 직물 등)이 사용된다면 실질임금은 런던이 더 높다. 그러나 광동에 사는 사람에 의해 구입된 똑같은 재화묶음이 사용될 때 실질임금은 광동이 더 높다!

위에서 주목한 문제들을 피하는 실질임금의 현명한 측정치는 '1시간 근로의 빅맥(BMPH: Big Macs per Hour of Work)지수—또는 맥도날드(McDonald's restaurant)의 종업원이 1시간의 근로로 몇 개의 빅맥을 구입할 수 있는가—이다. BMPH의 분자는 시간 및 공간에 걸쳐 완전히 동일한 여러 일자리의 임금이다. 즉 맥도날드의 운영은 음식 준비와 배달의 모든 측면을 포괄하는 두꺼운 운영지침서를 통해 표준화되어 있다. 지수의 분모는 나라 사이에 그리고 시간 사이에 또한 표준화되어 있는 상품(빅맥)의 가격이다. 따라서 BMPH는 시간 및 공간에 걸친 (제한된 재화이긴 하지만) 구매력의 진정한 비교를 가능하게 해준다.

BMPH는 무엇을 알려주는가? 예를 들어 미국에서 BMPH는 2007년에 2.41이었다. 즉 맥도날드의 종업원은 1시간의 근로를 통해 2.41개의 빅맥을 구입할 수 있었다. 이와는 대조적으로 일본의 BMPH는 3.09, 서유럽은 2.23, 캐나다는 2.19, 러시아는 1.19, 중국은 0.57, 그리고 인도는 0.35이었다. 그러나 시간에 따른 BMPH의 비교는 지수가 2000년부터 2007년까지 미국과 캐나다에서 7~9% 하락한 반면, 중국과 인도에서는 50~60%, 러시아에서는 150% 상승했음을 보여준다. 2007년부터 2011년까지 BMPH는 러시아와 중국에서 계속 상승한 반면, 다른 곳에서는 하락했다.

자료: Orley Ashenfelter, "Comparing Real Wages Rates," *American Economic Review* 102 (April 2012): 617~642.

다. 유급휴가시간도 근로자들에게 현금 대신에 근무로부터의 휴식이 주어지는 것이므로 이 범주에 속한다.

이연보수(deferred payments)는 사용자가 재원을 부담하는 퇴직 후 급여의 형태를 취하게 되는데, 자신들의 근로자들이 후일 연금을 받을 수 있도록 하기 위해 사용자들이 현재 일정액을 따로 적립하는 사회보장세(Social Security taxes)를 포함한다.

어떤 일정기간 동안(보통 1년) 개인 또는 가족이 자유롭게 쓸 수 있는 재원인 **소득**(income)은 근로소득, 부가급여, 그리고 **비근로소득**(unearned income)을 포함하는데, 비근로소득은 투자로부터 받게 되는 배당금 또는 이자, 그리고 식품교환권(food stamps), 복지수당(welfare payments), 실업보상(unemployment compensation) 등의 형태로 정부로부터 받게 되는 이전지출(transfer payments)을 포함한다.

노동시장은 어떻게 움직이는가

그림 2.5에 보이는 바와 같이 노동시장은 자본시장 및 생산물시장과 더불어 기업들이 생존하기 위해 성공적으로 운영되어야만 하는 세 종류 시장 중의 하나다. 노동시장과 자본시장은 기업들의 생산요소들이 구입되는 주요시장들이며 생산물시장은 산출물이 판매되는 시장이다. 물론, 기업은 현실적으로 여러 상이한 노동, 자본, 또는 생산물시장에서 동시에 거래를 하게 된다.

노동시장에 대한 연구는 노동수요와 노동공급의 분석으로 시작되고 끝난다. 노동시장의 수요측면에는 노동자의 채용에 대한 자신들의 의사결정이 세 시장 모두의 조건에

그림 2.5

기업들이 경영 활동을 하여야 하는 시장들

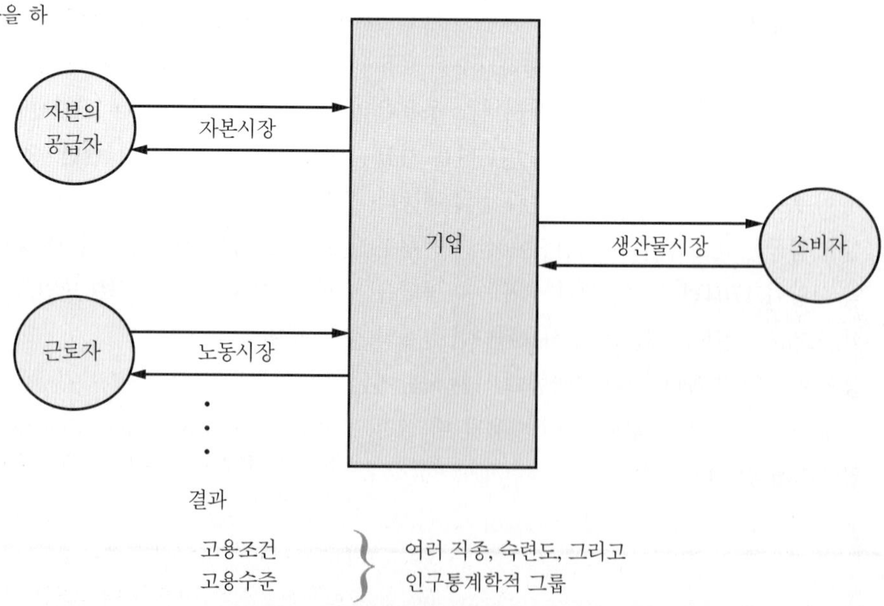

의해 영향을 받는 사용자들이 있다. 노동시장의 공급측면에는, 어디에서 일을 할 것인가(그리고 일을 할 것인가 말 것인가)에 대해 자신들이 의사결정을 할 때, 달리 어떻게 시간을 보낼 것인가를 고려해야만 하는 근로자들과 잠재적 근로자들이 있다.

노동시장의 주요결과들은 (a) **고용조건**(terms of employment, 임금, 보상수준, 근로조건) 및 (b) **고용수준**(levels of employment)과 관련이 있다는 것을 기억하는 것은 유용하다. 이러한 두 가지 결과들을 분석할 때에는 보통 전체 노동시장을 구성하는 여러 직종, 숙련도 또는 인구통계학적 그룹들을 구별하여야 한다. 노동시장의 어떠한 결과도 어느 정도까지는 항상 수요와 공급의 힘에 의해 영향을 받는다. 경제학자 알프레드 마셜(Alfred Marshall)이 설명한 바와 같이 천을 절단하는 데 가위의 양날을 모두 사용하는 것과 똑같이 경제적 성과들을 확정하는 데에는 수요와 공급 모두가 작용한다.

이 장에서는 노동시장의 가장 단순한 경제모형의 기본적 윤곽과 광범위한 시사점들을 제시하게 된다. 뒤의 여러 장들에서는 이 기본모형에 몇 가지 복잡한 내용을 추가할 것이며, 가정들과 시사점들을 좀 더 심층적으로 설명하게 된다. 그러나 이 장에 제시된 수요와 공급의 단순모형은 사회정책을 입안하는 데 매우 유용한 노동시장행태를 얼마쯤 꿰뚫어볼 수 있게 한다. 이 책에서 이루어지는 모든 분석은 이 장에 제시된 기본모형의 확대 또는 수정에 의한 것이다.

노동수요

기업들은 생산물시장에서 판매되는 재화와 서비스를 생산하기 위해 자본과 노동을 중심으로 하여 여러 생산요소들을 결합한다. 기업들의 총산출량과 노동과 자본을 결합하는 방법은 생산물수요, 주어진 가격 하에서 구입할 수 있는 노동과 자본의 양, 그리고 이용가능한 기술의 선택이라는 세 가지 요소에 의존한다. 노동수요를 연구할 때 기업 또는 일련의 기업들에 고용되는 근로자들의 수가 이들 세 가지 요소 중 하나 또는 둘 이상의 변화에 어떻게 영향을 받는가에 관심을 갖게 된다. 논의를 단순화하기 위해 다른 모든 요소들이 불변인 채 한 번에 한 요소만 변화하는 경우를 살펴보기로 한다.

임금변화 임금이 변할 때 수요되는 근로자들의 수(또는 총노동시간)는 어떻게 변하는가? 예를 들어 이용 가능한 기술, 자본이 공급되는 조건, 그리고 생산물가격과 생산물수요의 관계가 변하지 않은 채, 오랜 기간 동안 어떤 산업이 직면하는 임금이 변하도록 할 수 있다고 가정하자. 만약 임금이 **상승**한다면 노동수요량은 어떻게 될까?

첫째, 높은 임금은 높은 비용과 보통 높은 생산물가격을 의미한다. 소비자들은 높은 가격에는 적게 구매하는 것으로 대응하기 때문에, 사용자들은 자신들의 산출량 및 고용수준을 줄이려는 경향을 보이게 된다(다른 조건이 일정하다면). 이러한 고용의 하락은 줄어든 생산규모가 바람직한 고용수준에 미치는 효과라 하여 **규모효과**(scale effect)라 불린다.

둘째, 임금이 증가함에 따라(적어도 초기에는 자본의 가격이 변하지 않는다고 가정할 때) 사용자들은 자본에 더 의존하고 노동에 덜 의존하는 기술을 채택함으로써 비용을

표 2.3

가상적 산업의 노동수요표

임금(달러)	바람직한 고용수준
3.00	250
4.00	190
5.00	160
6.00	130
7.00	100
8.00	70

주: 고용수준은 수요되는 근로자들의 수, 또는 노동시간단위로 측정될 수 있다. 여기서는 근로자들의 수를 사용하기로 한다.

줄이려는 인센티브를 가진다. 더 **자본집약적인** 생산양식으로 이동하기 때문에 바람직한 고용수준은 하락한다. 이 두 번째 효과는 임금이 상승함에 따라 생산과정에서 자본이 노동을 **대체**한다 하여 **대체효과**(substitution effect)라 명명된다.

상이한 수준의 임금이 고용수준에 미치는 효과는 각 임금수준에서의 노동수요량을 보여 주는 표에 요약될 수 있다. 표 2.3은 그러한 **수요표**(demand schedule)를 보여준다. 표 2.3에 정리된 임금과 고용의 관계는 **수요곡선**(demand curve)으로 그래프에 그려질 수 있다. 그림 2.6은 표 2.3의 데이터에 의해 그려진 수요곡선이다. 곡선이 부(−)의 기울기를 갖고 있음을 주목하여야 하는데, 이는 임금이 상승함에 따라 더 적은 양의 노동이 수요됨을 가리킨다.(기업에 의한 노동수요의 경우에 **독립**변수임에도 불구하고 임금을 **세로**축에 표시함으로써 경제학의 관습을 따르고 있음도 주목해야 한다.) 노동수요곡선은 노동수요에 영향을 주는 다른 요인들이 불변인 채로 고정되었을 때, 노동의 가격이 변함에 따라 노동시간 또는 근로자 수로 측정된 바람직한 고용수준이 어떻게 변하는가를 가르쳐 준다.

그림 2.6

노동수요곡선(표 2.3의 데이터를 기초로 한)

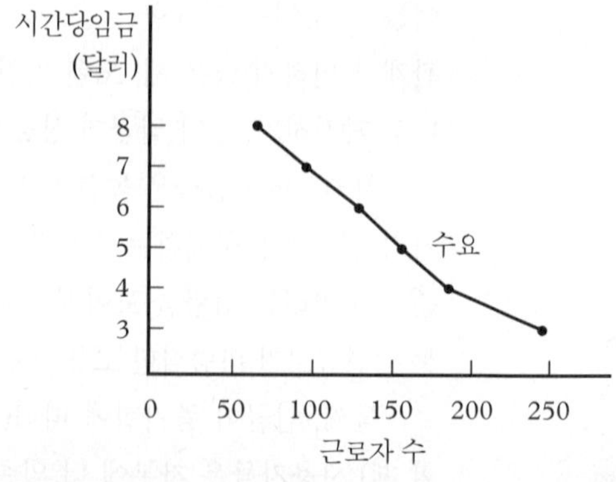

수요에 영향을 미치는 다른 요인들의 변화 임금 이외의 요인 중 하나가 변하면 노동수요에 어떤 일이 일어날까?

첫째, 어떤 특정산업의 **생산물수요**(demand for the product)가 증가하여 어떤 가격 하에서도 더 많은 해당 재화 또는 서비스가 팔릴 수 있다고 가정하자. 이 경우 기술과 자본 및 노동이 산업에 이용되는 조건은 변하지 않는다고 가정하자. 산업에 속한 기업들이 이윤극대화를 추구함에 따라 산출량수준은 분명히 증가할 것이며, 이 **규모**(또는 **산출량**)**효과**는 어떤 수준의 임금에서도 노동수요를 증가시키게 된다.[자본과 노동의 상대가격이 변하지 않는 한 **대체효과**(substitution effect)는 발생하지 않는다.]

노동수요의 이러한 변화는 수요곡선을 사용하여 어떻게 설명될 수 있는가? 이용 가능한 기술과 자본 및 노동이 공급되는 조건은 불변인 채로 남아 있기 때문에, 생산물수요의 이러한 변화는 어떠한 임금수준에서도 바람직한 노동수준을 증가시키게 된다. 즉 전체 노동수요곡선이 우측으로 **이동**한다. 그림 2.7에서 *D*로부터 *D'*로 나타나는 우측이동은 가능한 모든 임금수준에서 수요되는 근로자들의 수가 증가하였음을 가리킨다.

둘째, 만약 생산물수요, 기술, 그리고 노동공급 조건이 변하지 않은 채로 남아 있으나, **자본의 공급**이 변화하여 자본가격이 이전 수준의 50%로 하락하였다면 어떤 일이 일어나는가에 대해 고려해 보자. 이러한 변화는 노동수요에 어떻게 영향을 미치는가?

다른 생산요소의 가격변화가 노동수요에 미치는 영향을 분석하는 방법은 매우 낯익은 방법이다. 즉 규모효과와 대체효과를 고려하여야 한다. 첫째, 자본가격이 하락할 때 생산비용은 하락하는 경향이 있다. 비용감소는 생산증가가 이루어지도록 하며, 이러한 증가는 어떤 임금수준에서도 바람직한 고용수준을 증가시키는 경향이 있다. 따라서 자본가격 하락의 규모효과는 각 임금수준에서 노동수요를 증가시키는 경향이 있다.

자본가격 하락의 두 번째 효과는 대체효과인데, 이는 기업들이 저렴해진 자본에 대응하여 보다 자본집약적인 기술을 채택함으로써 발생한다. 그러한 기업들은 노동을 자본으로 대체할 것이며, 주어진 산출량을 생산하기 위하여 이전보다 적은 노동을 사용할 것이다. 각 임금과 산출량 수준에서 바람직한 노동수준이 이전보다 낮아지면, 노동수요곡선은 좌측으로 이동하는 경향이 있게 된다.

그림 2.7

생산물수요의 증가로 인한 노동수요곡선의 이동

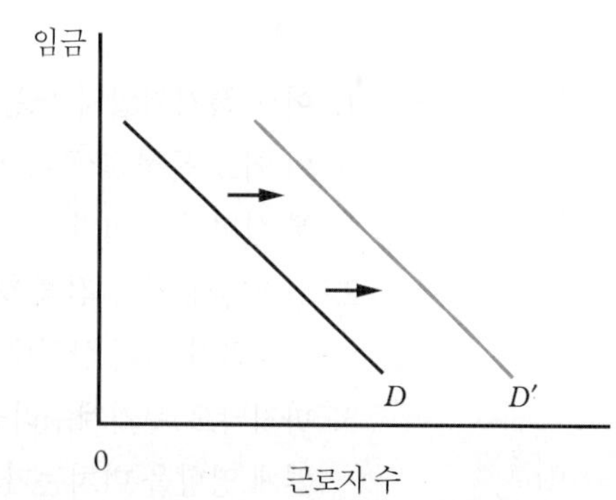

그림 2.8

자본가격의 하락으로 인한 노동수요곡선의 이동

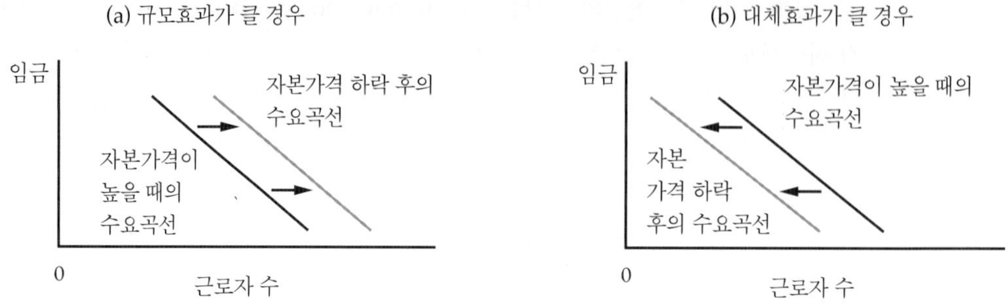

그렇다면 자본가격의 하락은 노동수요에 **상반되는 두 효과**를 발생시킨다. 규모효과는 노동수요곡선을 우측으로 이동시키는 반면, 대체효과는 노동수요곡선을 좌측으로 이동시킨다. 그림 2.8에 의해 강조되는 바와 같이, 둘 중 어느 하나의 효과가 다른 효과를 압도할 수 있다. 따라서 경제이론은 자본가격의 하락이 노동수요에 어떻게 영향을 미치는가에 대해 명쾌한 예측을 제공하지 못한다.(자본가격의 **상승**은 노동수요에 전반적으로 똑같이 모호한 효과를 발생시키는데, 이때 규모효과는 노동수요곡선을 좌측으로, 그리고 대체효과는 노동수요곡선을 우측으로 이동시킨다.)

방금 논의한 생산물수요와 자본공급의 가상적 변화는 노동수요곡선을 **이동**시키는 경향을 가지고 있었다. 수요곡선 자체의 **이동**과 수요곡선 **상에서의 이동**을 구별하는 것은 중요하다. 노동수요곡선은 **바람직한 노동수준**을 **임금**의 함수로 그래프를 통해 보여준다. **임금**이 변화하고 다른 요소들이 변하지 않은 채로 있다면 이는 곡선 **상에서의 이동**을 뜻한다. 그러나 **다른 요소들** 중 하나가 변하면 노동수요곡선은 **이동**한다. 임금과는 달리 이러한 요소들은 노동수요곡선이 그려질 때 직접적으로 나타나지 않는다. 따라서 **이러한 요소**들이 변하면 임금과 바람직한 고용수준의 상이한 관계가 성립되며 이는 수요곡선의 이동으로 나타난다.

시장수요, 산업수요, 기업수요 노동수요는 세 가지 수준에서 분석될 수 있다.

1. **어느 특정기업**의 노동수요를 분석하기 위해, 예를 들어 기계수리공 임금의 상승이 어느 특정 항공기 제조업체의 기계수리공 고용수준에 어떻게 영향을 미치는가를 살펴볼 것이다.
2. 이 임금증가가 **전체 항공기산업**에 있어서의 기계수리공의 고용에 미치는 효과를 분석하기 위해 산업수요곡선을 이용할 것이다.
3. 마지막으로 기계수리공이 고용되는 모든 산업의 **전체노동시장**에 임금상승이 어떻게 영향을 미치는가를 살펴보기 위해 시장수요곡선을 사용할 것이다.

제3장과 4장에서는 기업, 산업, 그리고 시장의 각 수준에서 **규모효과**와 **대체효과**가 상이한 강도를 갖기 때문에 각각의 노동수요곡선이 어느 정도까지 그 **형태**가 변하게 됨을 설명할 것이다. 그러나 임금변화의 규모효과와 대체효과는 위의 어느 수준에서도 같은 방향으로 작용하며, 그 결과 기업, 산업, 그리고 시장수요곡선이 **모두** 우하향하는 것을 기억하는 것은 중요하다.

장기 대 단기 **장기**와 **단기** 노동수요곡선도 구별될 수 있다. 매우 짧은 기간 동안에는 사용자들이 노동을 자본으로 대체하기가 (반대로 자본을 노동으로 대체하기도) 어렵다는 사실을 알고 있으며, 고객들도 가격변화에 대응해서 자신들의 생산물수요를 매우 크게 변화시키지 않을지 모른다. 소비와 생산행태를 변화에 완전히 적응시키는 데는 **시간**이 걸린다. 물론 보다 오랜 기간의 경우에는 노동수요에 영향을 미치는 임금 또는 기타 요소의 변화에 대한 반응은 더 커지고 더 완전해질 것이다.

노동공급

노동시장의 구매자(또는 수요) 측면의 행태를 보여 주는 단순모형을 살펴본 후, 이제는 노동시장의 판매자(또는 공급) 측면을 살펴보기로 하자. 이 장의 목적을 위하여 근로자들은 일을 하기로 이미 결정하였으며, 그들이 직면한 문제는 어떤 직종과 어떤 사용자를 선택할 것인가로 가정하기로 하자.

시장공급 우선 전체 시장에 대한(어느 특정기업에 대한 공급과 대비되는) 노동공급을 생각해 보기 위해서, 고려되는 노동시장이 법률 보조원(또는 '변호사 보조원') 노동시장이라고 가정하자. 법률 보조원이 받는 임금의 변화에 공급은 어떻게 반응할 것인가?

만약 **다른** 직종들의 급여와 임금이 불변인 채로 고정되어 있다면, 그리고 법률 보조원의 임금이 상승한다면, 법률 보조원이 되기를 원하는 더 많은 사람들을 발견하리라 기대할 수 있다. 예를 들어 고등학교 졸업반 학생 100명 각자가 보험대리인 또는 법률 보조원이 될 것인가의 선택권을 갖는다고 가정하자. 이들 100명 중 몇몇은 법률 보조원이 더 많은 보수를 받더라도 보험판매시의 도전과 사교성을 좋아하기 때문에 보험대리인을 선호할 것이다. 다른 몇몇은 보험판매시의 압박감을 싫어하기 때문에 비록 법률 보조원이 상대적으로 낮은 급여를 받더라도 법률 보조원이 되기를 원할 것이다. 그러나 많은 사람들은 자신이 둘 중 어떤 일도 할 수 있다고 생각할 것이다. 그들에게는 각 직종의 보수가 의사결정의 주요요소가 될 것이다.

따라서 특정시장에 대한 노동의 공급은 다른 임금수준이 불변일 때 그 시장에서 형성되는 임금과 정(+)의 관계가 있다. 즉 만약 보험대리인의 임금이 불변인 채로 고정되어 있다면, 그리고 법률 보조원의 임금이 상승한다면 더 많은 사람들이 (그림 2.9의 그래프에 보이는 것처럼) 보수의 상대적 증가로 인해 법률 보조원이 되기를 원할 것이다.

수요곡선과 마찬가지로 각 공급곡선은 다른 가격과 임금을 불변인 채로 고정시키고

그림 2.9

법률 보조원 시장공급곡선

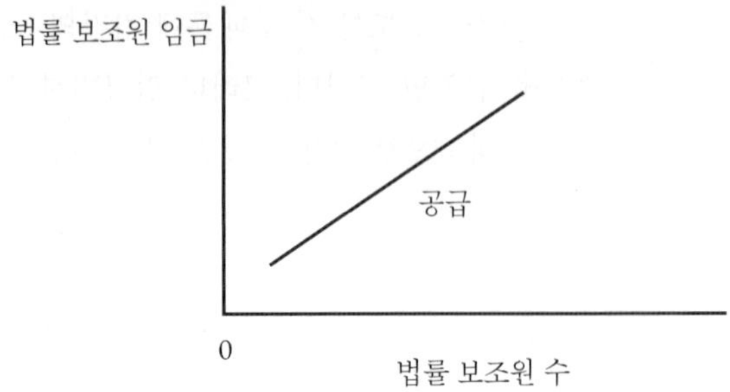

그려진다. 만약 이러한 가격들 또는 임금 중 하나 또는 둘 이상이 변화하면, 이는 공급곡선을 **이동**시킬 것이다. 보험대리인들의 급여가 **상승**함에 따라 몇몇 사람들은 법률 보조원이 되겠다는 마음을 바꿀 것이며, 보험대리인이 되기를 선택할 것이다. 그래프로 보면 (그림 2.10 참조) 보험대리인들의 급여상승은 법률 보조원의 공급곡선을 좌측으로 이동시킨다.

기업에 대한 공급 법률 보조원이 되겠다고 직종을 결정한 후에, 각 개인은 어느 고용제의를 받아들일지를 결정하여야 한다. 만약 모든 사용자들이 비슷한 법률 보조원 일자리를 제공하고 있다면, 전적으로 그 보수에 따라 선택이 이루어 질 것이다. 다른 사용자들보다 낮은 임금을 지급하려 하는 현명치 못한 기업은, 어떠한 기업이라도 근로자들을 유치할 수 없다는 것을 알게 될 것이다 (또는 적어도 기업이 원하는 능력 있는 법률 보조원을 구할 수 없다). 역으로 어떤 기업도 현행의 임금보다 더 높은 임금을 지급할 만큼 어리석지는 않을 것이다. 왜냐하면 이는 적절한 수의 질 높은 근로자들을 유치하기 위해 지급해야 하는 것보다 더 높은 수준의 임금을 지급하는 것이기 때문이다. 그렇다면 **기업**에 대한 공급곡선은 그림 2.11에 보이는 바와 같이 **수평선**이 되는데, 이는 현재의 임금수준에서 기업은 필요한 모든 법률 보조원을 구할 수 있음을 나타낸다. 만약 시장에서 다른 기업들

그림 2.10

보험대리인의 급여상승에 따른 법률 보조원 시장공급곡선의 이동

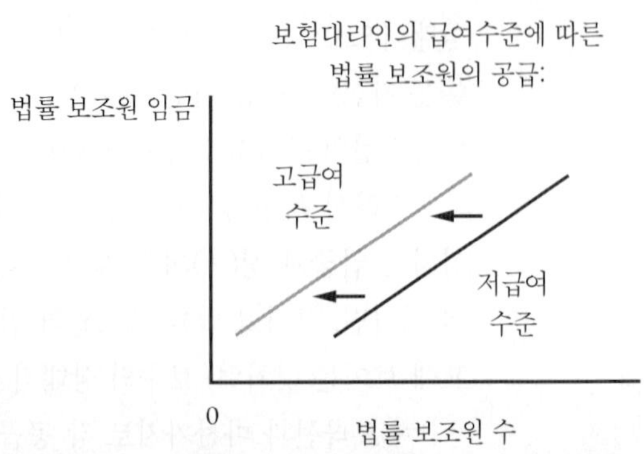

그림 2.11

상이한 시장임금 하에서의 기업에 대한 법률 보조원의 공급

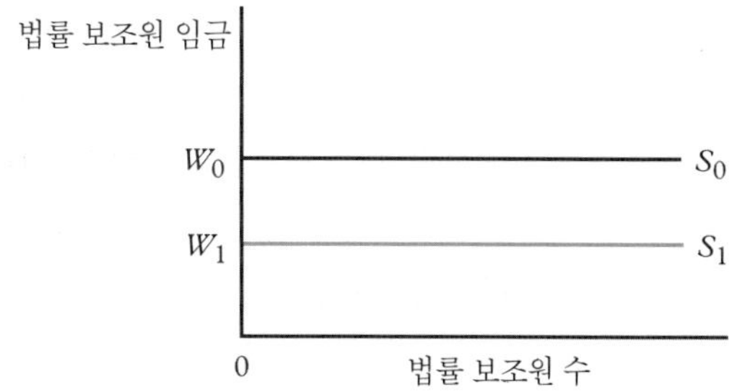

이 지급하는 법률 보조원 임금수준이 W_0이라면 기업의 노동공급곡선은 S_0이 되며, 만약 임금이 W_1로 하락한다면 기업의 노동공급곡선은 S_1이 된다.

시장공급곡선과 개별기업에 대한 공급곡선의 기울기 차이는 근로자들이 직면하는 선택의 형태와 직접적인 관계가 있다. 법률 보조원 노동시장에 **진입**할 것인지 여부를 결정하는 데 있어서, 근로자들은 선택 가능한 대안들(보험대리인이 되는 것 같은)의 보수**와** 직무요건을 비교해야 한다. 만약 법률 보조원의 임금이 하락하면, 보험대리인과 법률 보조원의 일자리가 완전대체관계에 있지 않기 때문에 모든 사람들이 그 시장으로부터 빠져나가지는 않을 것이다. 임금이 하락한 후에도 보험대리인의 직무요건을 싫어하기 때문에 일부 사람들은 법률 보조원으로 남아있게 된다.

그러나 일단 법률 보조원이 되겠다는 의사결정이 이루어졌다면, 직무요건이 거의 **동일한** 여러 법률 보조원직들 중에서 **어떤 사용자**를 선택할 것인지를 결정해야 한다. 따라서 보수만을 기초로 하여 선택이 이루어져야 한다. 만약 기업이 다른 기업들의 임금수준보다 낮은 수준의 임금을 주기로 한다면, 그 기업은 모든 지원자들을 놓치게 될 것이다. 그러므로 수평공급곡선은 서로 완전대체관계에 있는 여러 일자리들 사이에 이루어진 공급에 관한 의사결정을 반영한다.

법률 보조원을 채용하길 원하는 기업들은 현재의 임금을 지불해야만 하며, 그렇지 않을 경우에는 모든 지원자들을 잃어버릴 것이라고 설명하였다. 이러한 주장은 비현실적인 것처럼 보일지 모르지만 분석을 시작하기에 바람직하지 않은 명제는 아니다. 만약 기업이 다른 기업들이 제공하는 일자리와 **동등한**(comparable) 일자리에 다른 기업보다 낮은 수준의 보수를 제공한다면 다른 기업의 보수수준을 모르는 소수의 지원자들은 지원을 하게 될 것이기 때문에, 기업은 자신이 원하는 질 높은 소수의 지원자들을 유치할 수 있을지도 모른다. 그러나 시간이 경과함에 따라 그 기업의 상대적으로 빈약한 보수수준에 대한 정보가 널리 퍼지게 될 것이고, 기업은 빈 일자리를 채우기 위해 자격이 모자라는 사람들에게만 의존할 수밖에 없게 될 것이다. 기업이 **무엇인가 좀 다른** 일자리(보다 쾌적한 근로조건, 장기유급휴가 등등)를 제공해야만 평균 이하의 보수로 질 높은 근로자들을 확보할 수 있을 것이다. 노동공급의 이러한 요소는 제8장에서 논의된다. 현재는 개별근로자들과 마찬가지로 개별기업들도 **임금순응자들**(wage takers)이라 가정할 것이

다. 즉 기업들이 자신들의 근로자들에게 지급하는 임금은 만약 기업들이 노동시장에서 경쟁에 직면해 있다면 현행 시장임금수준과 매우 근접해야만 된다. 개별근로자들, 개별 기업들 모두 현행 시장임금수준과 크게 차이가 나는 임금수준을 설정하면서 여전히 거래가 성립되기를 바랄 수는 없다.(이러한 기초적 명제에 대한 예외는 제5장에서 분석된다.)

임금의 결정

특정 노동시장에서 형성되는 임금수준은 시장에 노동조합 또는 기타 비시장 요인들이 존재하느냐의 여부와 상관없이 노동공급과 노동수요에 의해 크게 영향을 받는다. 이 절에서는 노동시장에서 공급과 수요의 상호작용이 어떻게 임금에 영향을 미치는가를 분석하기로 한다.

시장청산임금 시장수요곡선은 자본가격과 생산물수요를 불변인 채로 고정시켜 놓았을 때, 각 임금수준에서 사용자들이 얼마나 많은 근로자들을 원하는가를 나타낸다는 것을 상기하라. 시장공급곡선은 다른 직종의 임금을 불변인 채로 고정시켜 놓았을 때, 각 임금수준에서 얼마나 많은 근로자들이 시장에 진입할 것인가를 보여준다. 이 곡선들은 그림 2.12에 보이는 바와 같이, 동일한 그래프 상에서 몇 가지 흥미로운 정보를 제공한다.

예를 들어 시장임금이 W_1에 설정되었다고 가정하자. 이렇게 낮은 임금수준에서는 수요가 공급을 **초과**하는 것을 그림 2.12는 보여주고 있다. 사용자들은 시장의 소수근로자들을 차지하기 위해 경쟁을 하게 되며, 근로자들의 공급부족이 존재하게 된다. 더 많은 근로자들을 유치하려는 기업들의 욕구는 자신들이 제공하는 임금수준을 올리도록 만들 것이며, 따라서 시장에서 제공되는 전반적 임금수준을 상승시킬 것이다. 임금이 상승됨에 따라 두 가지 상황이 발생할 것이다. 첫째, 더 많은 근로자들이 시장에 진입하여 일자리를 찾게 된다(공급곡선 상에서의 이동). 둘째, 임금상승은 사용자들로 하여금 더 적은 수의 근로자를 찾도록 한다(수요곡선 상에서의 이동).

만약 임금이 W_2로 상승한다면 공급이 수요를 초과할 것이다. 사용자들은 이용가능한 수보다 더 적은 수의 근로자들을 원할 것이며, 고용을 원하는 모든 사람들이 일자리를 찾지 못하게 되어 근로자들의 잉여라는 결과가 나타나게 된다. 사용자들은 어떤 새로

그림 2.12

시장수요와 시장공급

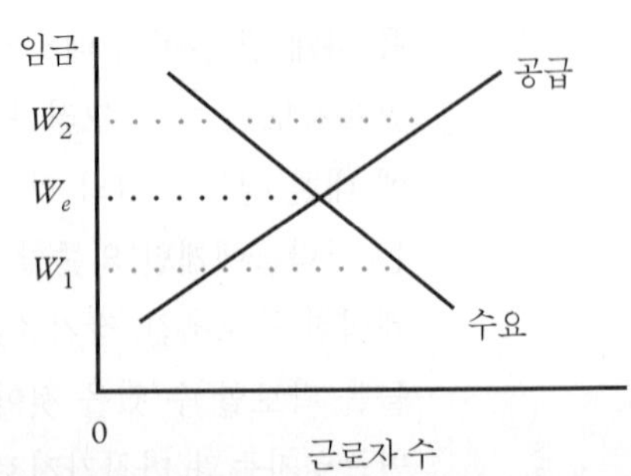

그림 2.13

'시장'과 '기업' 수준에서의 수요와 공급

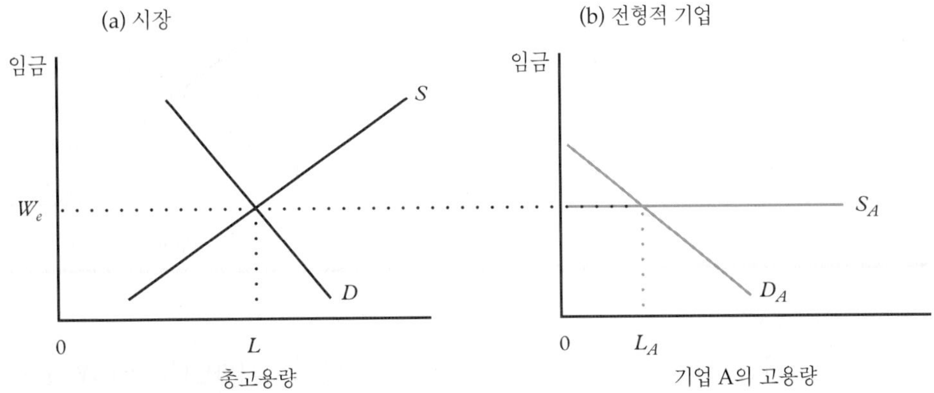

운 일자리라도 절실하게 얻기를 원하는 지원자들의 긴 행렬을 경험하게 될 것이며, 비록 자신들이 낮은 임금을 제공하더라도 자격이 있는 지원자들로 자신들의 빈 일자리를 채울 수 있다는 것을 알게 될 것이다. 더욱이 만약 사용자들이 더 낮은 임금을 지급할 수 있다면, 그들은 더 많은 근로자들을 채용하길 원할 것이다. 일부 근로자들은 단지 일자리를 찾을 수만 있다면 낮은 임금을 받아들이더라도 아주 만족해 할 것이다. 다른 근로자들은 임금이 하락함에 따라 시장을 떠나 다른 곳에서 일자리를 찾을 것이다. 따라서 임금이 W_2 수준으로부터 하락함에 따라 수요와 공급은 점점 같아지게 된다.

수요와 공급을 일치시키는 임금은 **시장청산**(market-clearing)**임금**이다. 그림 2.12의 W_e에서 사용자들은 자신들이 가지고 있는 빈 일자리들을 채울 수 있을 것이며, 이 시장에서 일자리를 원하는 모든 근로자들은 일자리를 찾을 수 있다. W_e 수준에서는 잉여도 부족도 존재하지 않는다. 모든 당사자들은 만족하며, 임금을 변화시키려는 어떠한 힘도 존재하지 않는다. 시장은 임금이 W_e에 머무르려 한다는 의미에서 균형 상태에 있게 된다.

따라서 시장청산임금 W_e가 개별사용자들과 근로자들이 직면해야 하는 **현행의 임금 수준**이 된다. 다시 말해서 임금은 시장에 의해 결정되어 시장의 개별참가자들에게 '공표된다'. 그림 2.13은 왼편 (a)에 **시장**공급과 **시장**수요를, 오른편 (b)에 왼편 시장에 속한 전형적인 **기업**(기업 A)의 공급곡선과 수요곡선을 그래프로 보여준다. 시장의 모든 기업들은 W_e 수준의 임금을 지급하며, 총고용량 L은 각 기업의 고용량의 합과 같다.

균형의 이동 시장을 청산시키는 임금수준에 일단 도달하게 되면, 무엇이 시장청산임금의 변화가 일어나도록 할 수 있을까? 변화는 수요 또는 공급곡선의 이동으로부터 일어날 수 있다. 예를 들어 산업에 대한 정부의 더 철저한 규제에 수반하여 늘어난 서류작업이 기업으로 하여금 이전보다 (임금이 어떤 수준으로 주어지더라도) 더 많은 법률 보조원들의 도움이 필요하도록 만들었다고 가정하자. 그림 2.14에서와 같이 그래프로 보면, 이

그림 2.14

수요곡선이 우측으로 이동한 후의 새로운 노동시장균형

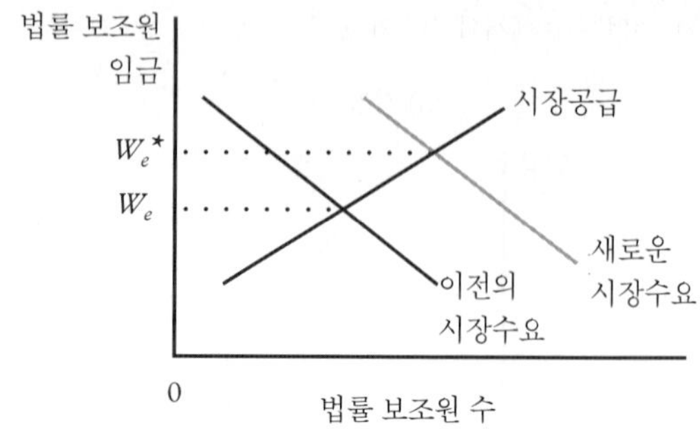

러한 수요의 증가는 노동수요곡선의 우측이동으로 나타난다. 만약 W_e 수준이 지속된다면 법률 보조원 시장에 노동부족이 나타나게 될 것이다(왜냐하면 수요가 공급을 초과하기 때문이다). 이러한 부족현상은 사용자들로 하여금 임금을 올리도록 할 것이다. 결국 법률 보조원 임금은 W_e^*로 상승하게 된다. 이 경우 균형**고용**수준도 역시 상승하게 됨을 주목하라.

만약 노동공급곡선이 좌측으로 이동하게 되면 시장임금도 상승할 수 있다. 그림 2.15에 보이는 바와 같이, 그러한 이동은 이전 균형임금인 W_e 수준에서는 노동부족을 일으키며, 사용자들이 자신들의 빈 일자리들을 채우기 위해 다툼에 따라 시장임금은 W_e'까지 상승하게 된다. 그러나 노동공급곡선의 좌측이동의 경우에는 시장임금의 상승이 균형고용수준의 감소를 수반한다.[1348~1351년에 발생한 흑사병(Black Death)에 수반된 노동공급곡선의 좌측이동이 노동시장에 미친 효과분석은 예문 2.2를 참조하라.]

만약 노동공급곡선의 좌측이동이 노동수요곡선의 우측이동을 수반한다면 시장임금은 크게 상승할 수 있다. 그러한 조건은 1970년대 초반 이집트에서 발생한 바 있다. 사우디아라비아 및 기타 석유가 풍부한 아랍 국가들에서의 6배가 넘는 임금에 현혹되어 이집트 건설근로자들의 대략 50%가 이집트를 떠났고, 이 시기는 바로 이집트의 거주용 건축의 호경기가 막 진행될 무렵이었다. 노동공급곡선의 좌측이동과 노동수요곡선의 우측이

그림 2.15

공급곡선이 좌측으로 이동한 후의 새로운 노동시장균형

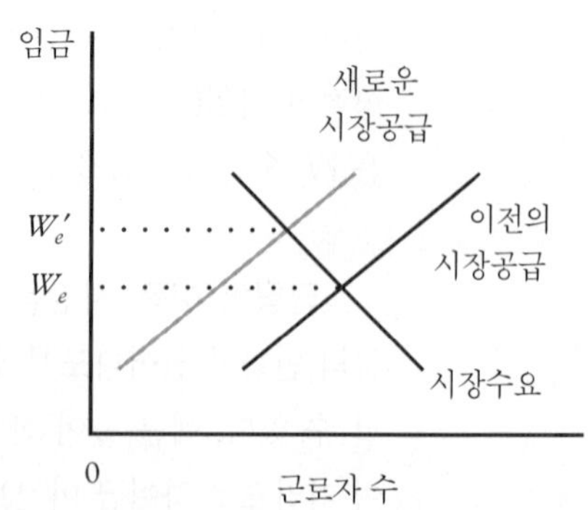

예문 2.2

흑사병과 노동임금

노동공급곡선이 갑작스럽게 이동할 때 임금이 어떻게 변화하는가에 대한 예는 1348~1351년 사이에 흑사병(Black Death)이 잉글랜드(기타 유럽 국가들에도)를 강타했을 때 발생하였다. 경우에 따라 추정치가 바뀌기는 하나, 그렇게 짧은 기간 동안에 흑사병으로 인해 잉글랜드 인구의 17~40% 사이가 사망하였다는 사실이 일반적으로 인정되고 있다. 이러한 충격적인 인명손실은 노동자의 임금을 상승시키는 즉각적인 효과를 가져왔다. 공급곡선이 좌측으로 이동함에 따라 이전의 임금수준에서는 근로자들이 부족하게 되었으며 생존근로자들을 차지하기 위한 사용자들 사이의 경쟁은 임금수준을 크게 상승시켰다.

신뢰할 만한 수치를 얻기는 쉽지 않으나, 많은 사람들이 4년 동안에 임금이 50~100% 상승했다고 믿고 있다. 예를 들면 1348년에 하루 2.5펜스를 벌었던 탈곡자(thresher)가 1350년에는 4.5펜스를 벌었으며, 1348년에 1에이커 당 5펜스를 받았던 잔디 깎는 사람은 1350년에는 9펜스를 받게 되었다. 임금의 전반적인 상승이 이렇게 컸던지 또는 그렇지 않았던 지와 관계없이 분명히 노동력은 부족했고 임금은 유례없이 상승하였다. 이러한 노동력 부족에 대처하기 위해 희소한 근로자들을 이웃지주들과 같이 이용하도록 지주들에게 명령하고, 근로자들에게 만약 흑사병 발생 이전의 임금으로 일하기를 거부하면 투옥시키겠다고 위협하는 국왕의 선언이 공포되었지만, 이는 무시되었다. 임금상승이 억제되기에는 노동력 부족이 너무 심각하였고 시장의 힘들이 그저 너무 강할 뿐이었다.

이 시점에서 통찰력이 있는 학생은 노동수요곡선에 대해 의아스럽게 생각할지도 모른다. 즉 인구, 따라서 소비자 수가 감소함에 따라 노동수요곡선도 좌측으로 이동하지 않았을까 하는 생각이다. 여기에 대한 답은 '예'이나, 수요곡선의 이러한 좌측이동은 공급곡선의 좌측이동 만큼 현저하지는 않았다. 노동의 산출량에 대해 고객들이 이전보다 적어지긴 하였지만, 살아남은 고객들은 1인당 이전보다 더 큰 재화와 서비스를 소비하였다. 1348년 이전에 존재하였던 화폐, 금과 은, 그리고 내구재들은 1350년까지에는 이전보다 그 수가 줄어든 많은 사람들에게 나눠졌으며, 이러한 1인당 부의 증가는 특히 사치재 소비수준의 광범위하고 극적인 증가를 가져왔다. 따라서 노동수요곡선의 좌측이동은 노동공급곡선의 좌측이동에 압도되었으며, 이로부터 예측할 수 있는 결과는 임금의 대폭 상승이었다.

데이터 출처: Harry A. Miskimin, *The Economy of Early Renaissance Europe, 1300~1460* (Englewood Cliffs, N.J.: Prentice-Hall, 1969); George M. Modlin and Frank T. deVyver, *Development of Economic Society* (Boston: D.C. Heath, 1946); Douglass C. North and Robert Paul Thomas, *The Rise of the Western World* (Cambridge: Cambridge University Press, 1973); Philip Ziegler, *The Black Death* (New York: Harper & Row, 1969).

그림 2.16

공급곡선이 우측으로 이동한 후의 새로운 노동시장균형

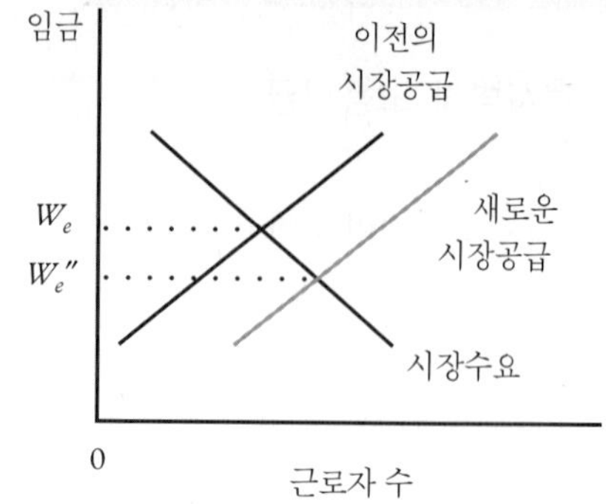

동의 결합은 이집트 건설근로자들의 실질임금을 단 5년 동안에 100% 넘게 상승시켰다.[7] (이 주목할 만한 임금상승은 이집트 건설업의 순고용 **증가**를 수반하였다. 학생들은 복습문제 1번에서 이 상황을 그래프로 분석하도록 요청받을 것이다.)

만약 공급이 증가하거나 수요가 감소하면 시장청산임금이 하락한다. 공급의 증가는 각 임금수준에서 더 많은 사람들이 시장에 진입함에 따라 공급곡선의 우측이동으로 나타난다(그림 2.16 참조). 이 우측이동은 이전 균형임금(W_e)에서 노동잉여가 존재하도록 하며, 그림 2.16에 보이는 바와 같이 임금을 W_e''로 낮추도록 유도한다. 균형고용수준이 증가했음을 주목하라. 노동수요의 감소(좌측이동)도 비록 그러한 이동이 고용**감소**를 수반하긴 하지만 시장청산임금을 하락시킨다.

불균형과 비시장 요인 이론적으로 시장을 청산시키는 임금이 존재한다는 것이 현실적으로 이 임금수준에 도달된다거나 또는 빨리 도달됨을 의미하지는 않는다. 노동서비스는 근로자로부터 분리될 수 없기 때문에, 그리고 노동소득은 보통사람들에게는 가장 중요한 구매력의 원천이기 때문에, 노동시장은 임금과 고용 모두가 공급 또는 수요의 변화에 조정되려는 것을 방해하는 힘들에 의해 제약을 받는다. 조정을 방해하는 장벽들 중 일부는 그 자체가 이 책의 후반부에서 논의하게 될 경제적 요인들의 결과이다. 예를 들어 일자리를 바꾸는 것은, 근로자로 하여금 종종 새로운 숙련도에 투자하도록(제9장 참조) 또는 이주비용을 부담하도록(제10장 참조) 요구한다. 시장의 사용자 측면에서는 근로자들의 채용은 탐색과 훈련에의 초기투자를 수반할 수 있는 반면(제5장 참조), 근로자들의 해고 또는 임금삭감은 불공정한 것으로 인식되어 기업에 남아 있는 근로자들의 생산성에 영향을 미친다(제11장 참조).

[7] Bent Hansen and Samir Radwan, *Employment Opportunities and Equity in Egypt* (Geneva: International Labour Office, 1982), 74. 노동부족에 관한 책은 Burt S. Barnow, John Trutko, and Jasclyn Schede Piatak, *Occupational Shortage: Concepts, Causes, Consequences, and Cures* (Kalamazoo, MI: W.E. Upjohn Institute for Employment Research), 2013을 참조하라.

조정을 방해하는 다른 장벽들은 개개인과 기업의 선택을 제약하는 법률, 관습 또는 제도 등 **비시장**(nonmarket) 요인에 그 뿌리를 두고 있다. 비록 임금을 시장청산수준 **아래로** 유지하는 요인들이 알려져 있지 않은 것은 아니지만, 비시장 요인들은 임금을 시장수준 **위**로 유지하는 역할을 하는 것이 보통이다. 최저임금법(제4장에서 논의될)과 노동조합(제13장 참조)이 시장에 의해 정해지는 수준보다 높은 수준으로 임금을 상승시키기 위하여 명시적으로 고안된 영향력의 예들이다. 마찬가지로 만약 임금삭감이 불공정하다는 광범위한 믿음이 존재한다면, 수요곡선의 좌측이동 또는 공급곡선의 우측이동을 경험하고 있는 시장에서 임금이 하락하는 것을 방해하기 위한 법률 또는 관습이 나타날지 모른다.

노동시장은 시장의 요인들이 임금이 하락하도록 압력을 가할 때에 비해 임금이 상승하도록 작용할 때 더 신속히 조정된다고 보는 것이 일반적인 생각이다. 만약 이러한 생각이 사실이라면, 오랜 기간 동안 불균형상태로 남아 있는 노동시장들은 임금이 시장임금보다 높은 수준에 있는 시장들일 것이다. 시장임금보다 높은 수준의 임금이 존재한다는 것은 노동의 공급이 제공되는 일자리의 수를 초과함을 의미한다(그림 2.12의 임금 W_2에서의 상대적 수요와 공급을 참조하라). 따라서 만약 충분히 많은 시장들이 균형임금보다 높은 수준의 임금을 경험하고 있다면, 그 결과는 광범위한 **실업**(unemployment)이 될 것이다.

이론의 응용

노동시장이 어떻게 기능하는가를 설명하는 단순모형은 앞으로의 여러 장들에서 정교해지고 보완될 것이지만, 근로자들이 언제 보수를 과대지급 받는가(overpaid) 또는 과소지급 받는가(underpaid)와 무엇이 실업에 있어서의 국제적 차이를 설명하는가의 문제들을 포함하여 많은 중요한 현상들을 단순모형으로 설명할 수 있다.

보수의 과소지급과 과대지급

제1장에서 규범경제학의 근본적 가치는 사회 전체로 볼 때 상호이익이 되는 모든 거래들이 완결되도록 노력해야만 하는 것이라고 지적한 바 있다. 다른 방법으로 이 가치에 대해 말하자면, 희소한 자원이 가능한 한 효과적으로 사용되도록 노력해야 된다는 것인데, 이는 희소한 자원으로부터 최대한도의 산출량이 획득될 수 있도록 산출물이 최소비용의 방식에 의해 생산되어야 함을 의미한다. 이 목표는 이 장에서 설명한 노동시장모형과 결합되어 보수가 과대지급되는 것이 무엇을 의미하는지에 대해 유용한 정의를 제시한다.

균형수준보다 높은 임금 만약 근로자들의 임금이 일자리의 시장청산임금보다 더 높으면, 근로자들이 보수를 **과대지급** 받고 있다고 정의하기로 한다. 보수가 과대지급 되는 일자리에는 노동잉여가 존재하기 때문에 균형수준보다 높은 임금은 두 가지 시사점을 지닌

그림 2.17

균형수준보다 높은 임금의 효과

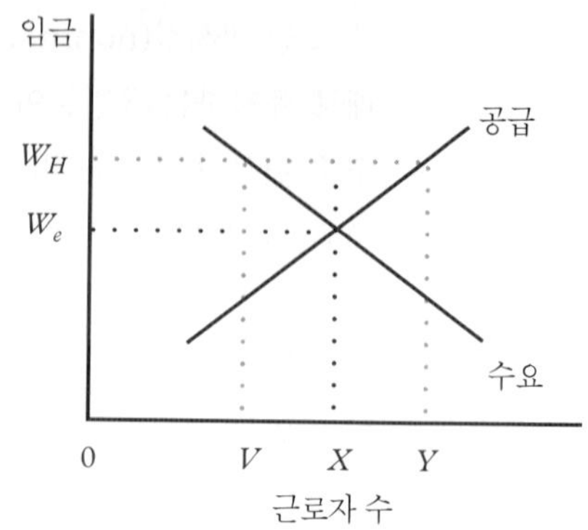

다(그림 2.17 참조). 첫째, 사용자들이 산출량을 생산하기 위해 필요한 것보다 많은 보수를 지급하고 있다(사용자들은 W_e 수준이 아닌 W_H를 지급하고 있다). 즉 사용자들이 임금을 삭감하여도 여전히 자신들의 빈 일자리에서 일하고자 하는 자격이 있는 근로자들을 충분히 발견할 수 있다. 사실 만약 사용자들이 임금을 낮추면 산출량을 늘릴 수 있으며, 생산물가격의 하락을 통해 소비자들에게 더 쉽게 접근할 수 있다. 둘째, 일자리를 찾을 수 있는 사람보다 더 많은 근로자들이 일자리를 원한다(Y 만큼의 근로자들이 일자리를 원하지만, 오직 V 만큼의 일자리만이 채워질 수 있다). 만약 임금이 약간 하락한다면 일자리를 얻지 못해 실망한 더 많은 근로자들이 일자리를 얻을 수 있을 것이다. 따라서 균형수준보다 높은 임금은 가능한 수준에 비해 소비자물가를 더 높게 하고, 산출량을 더 적게 만들며, 그 일자리를 원하는 모든 근로자들이 일자리를 얻을 수는 없는 상황을 만든다.

균형수준보다 높은 임금의 흥미로운 예는 1988년 휴스턴의 노동시장에서 찾을 수 있다. 휴스턴대도시교통당국(Houston Metropolitan Transit Authority)에서 일하는 버스청소원들은 시간당 10.08달러 또는 휴스턴의 민간버스회사에서 일하는 청소원들이 받는 5.94달러보다 70%를 초과하는 임금을 받고 있었다. 이러한 보수과대지급의 (예측 가능한) 한 가지 결과는, 휴스턴대도시교통당국 청소원들의 이직률이 국가 전체 청소원들 평균의 단지 1/7에 불과했다는 사실이다.[8)]

보수의 과대지급에 수반되는 사회적 손실을 좀 더 잘 이해하기 위해서 규범경제학의 원리들로 되돌아가자. 보수의 과대지급을 줄임으로써 이익을 얻는 사람들이 손실을 입는 사람들이 잃는 것보다 더 큰 이익을 얻는 상황을 만들 수 있는가? 휴스턴대도시교통당국 청소원들의 경우, 오직 **신규 채용**되는 청소원들의 임금만, 예를 들어 6.40달러로 삭감되었다고 가정하자. 따라서 현재의 청소원들은 잃을 것이 없으나, 다른 곳에서 5.94달러의 임금으로 일하고 있는 많은 다른 사람들은 더 높은 임금을 벌 수 있는 기회를 갖게

8) William J. Moore and Robert J. Newman, "Government Wage Differentials in a Municipal Labor Market: The Case of Houston Metropolitan Transit Workers," *Industrial and Labor Relations Review* 45 (October 1991): 145~153.

된다. 교통서비스가 이제는 이전보다 더 낮은 비용으로 확대될 수 있음을 깨달은 조세납부자들은 그러한 서비스에 대한 수요를 증가시킬 것이며, 이에 따라 이 추가근로자들을 위한 일자리를 창출하게 된다. 아무도 손실을 입지 않으면서 일부 근로자들이 이익을 얻게 되며 사회복지는 분명히 향상될 것이다.[9] 한마디로 이 경우의 임금삭감은 **파레토개선**(Pareto-improving)이 될 것이다(제1장 참조).

균형수준보다 낮은 임금 근로자들의 임금이 시장청산수준보다 낮을 때 근로자들은 보수를 **과소지급**(underpaid) 받는 것으로 정의를 내릴 수 있다. 균형수준보다 낮은 임금에서는 사용자들이 소비자들의 요구를 충족시켜 줄 근로자들을 찾는 데 어려움을 겪을 것이며, 따라서 노동부족이 존재한다. 사용자들은 또한 채용한 근로자들을 보유하는 데도 어려움을 갖게 된다. 만약 임금이 상승한다면 산출량이 늘어나고 더 많은 근로자들이 시장으로 끌리게 될 것이다. 따라서 임금의 상승은 소비자와 근로자 **모두**의 역할에서 사회의 사람들에게 편익(benefit)을 제공한다. 그림 2.18은 W_L로부터 W_e로의 임금상승이 고용을 어떻게 V로부터 X로 증가시키는가를 보여준다(동시에 임금도 상승한다).

미군의 임금은 균형수준보다 낮은 임금에 시장이 어떻게 조정되는가를 설명해 준다. 징병제도가 폐지된 1973년 이전에 미국정부는 군대의 신병에게 균형수준보다 낮은 임금을 지급하는 정책을 추구할 수 있었는데, 이는 이 결과 나타나게 되는 공급과 수요의 차이를 징병으로 채울 수 있었기 때문이었다. 놀랄 것도 없이 1970년대 후반의 임금을 징병제도가 실시되었던 마지막 10년 동안의 임금과 비교해 보면, 사병에게 지급된 군대의 평균현금임금이 동등한 민간부문 근로자들의 임금보다 19% 더 상승하였음을 알 수 있다.(강제노동에의 의존이 노동시장에 미치는 다른 효과는 예문 2.3을 참조하라.)

그림 2.18

균형수준보다 낮은 임금의 효과

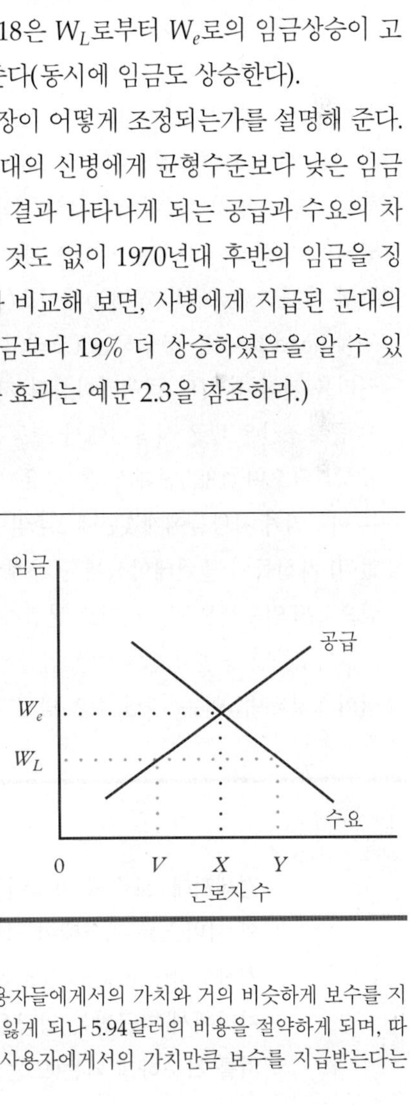

[9] 만약 일자리를 바꾸게 되는 근로자들이 그들의 이전 사용자들에게서의 가치와 거의 비슷하게 보수를 지급받는다면, 이 사용자들은 5.94달러에 해당하는 산출량을 잃게 되나 5.94달러의 비용을 절약하게 되며, 따라서 사용자들의 복지는 영향을 받지 않는다. 근로자들이 사용자에게서의 가치만큼 보수를 지급받는다는 가정은 제3장에서 상세히 논의된다.

예문 2.3

식민지 모잠비크에서의 강제노동

노동공급부족에 대처하는 두 가지 방법은 일자리에 근로자들을 자발적으로 유치하기 위해 임금을 충분히 올리거나 또는 (징용함으로써) 근로자들을 강제로 일자리에 투입하는 것이다. 강제노동이 비용이 덜 드는 대안인 것처럼 보일지 모르지만, 강제에 수반되는 근로자들의 분노는 임금절약을 초과하는 기회비용을 강제노동에 부과시키게 된다. 이러한 오래된 사례는 식민지 시기의 모잠비크에서 찾을 수 있다.

19세기 말 포르투갈에 의해 지배되었던 모잠비크는 행정 목적상 여러 대규모 사유지(estate)로 분할되었다. 분할된 각 사유지의 보유자들은 식민지 행정당국에 임대료와 세금을 납부하였지만, 자신들이 보유한 사유지 내의 아프리카 사람 개개인으로부터 연 800**레이스**(reis)의 '인두세(head tax)'를 징수하는 (그리고 보유하는) 권리를 가졌다. 설탕 플랜테이션의 저임금과 거친 근로조건은 많은 사유지에서 노동공급부족을 발생시켰으며, 1880년에 많은 사유지 보유자들은 **아프리카 사람들에게 1년에 2주일 동안 (보수 없이) 자신들의 플랜테이션에서 강제로 일을 시킴으로써** 인두세를 징수하기로 결정하였다.

이 2주일 동안의 함축적인 임금은 주당 400**레이스**였으며, 이는 자발적인 방법을 통해 플랜테이션 근로자들이 모집되는 지역의 주당 500~750**레이스**의 임금과 대비되었다. 놀랄 것도 없이 강제노동을 사용한 사유지 보유자들은 매우 불만족스럽고 분노에 찬 근로자 집단과 다투어야만 하였다. 근로자들은 2주일마다 교체되었고, 동기유발이 이루어지지 않았으며(동기유발을 구타에 의존하도록 하였음), 강제노동을 사용한 사유지 보유자들은 낮은 암묵적 보수와 가혹한 동기유발 방법을 회피하기 위해 도망치는 근로자들을 추격하기 위한 민간경찰을 고용해야만 했다.

1894년에 모잠비크설탕회사(Mozambique Sugar Company)는 매우 높은 기회비용을 부담시키는 것으로 파악된 강제노동의 사용을 포기하였으며, 근로자들이 자발적으로 자신들의 사유지로 돌아오도록 임금을 충분히 인상하였다. 그렇다면 핵심은 모잠비크의 사유지 보유자들이 강제노동을 사용하는 것보다 자발적으로 근로자들을 유치하는데 필요한 임금을 지급하는 것이 보다 이윤에 도움이 된다는 결론에 도달하였다는 것이다.

자료: Leroy Vail and Landeg White, *Capitalism and Colonialism in Mozambique: A Study of the Quelimane District* (Minneapolis: University of Minnesota Press, 1980): 77, 120~25, 134.

경제지대 보수의 과소지급과 과대지급의 개념들은 최소비용의 방식으로 바람직한 재화와 서비스를 생산해야 하는 **사회적** 문제와 관계가 있다. 그러므로 지급되는 임금은 **시장청산임금**(market-clearing wage) 수준과 비교되어야 한다. 그러나 **개인**의 경우는 일자리에서 지급받는 임금을 근로자가 해당 일자리에서 이 임금보다 낮은 수준에서는 일하기를 거부하게 되는(또는 이직하는) 임금수준인 자신의 **유보임금**(reservation wage)과

그림 2.19

군대에 대한 노동공급: 상이한 선호도는 상이한 '지대'를 의미함.

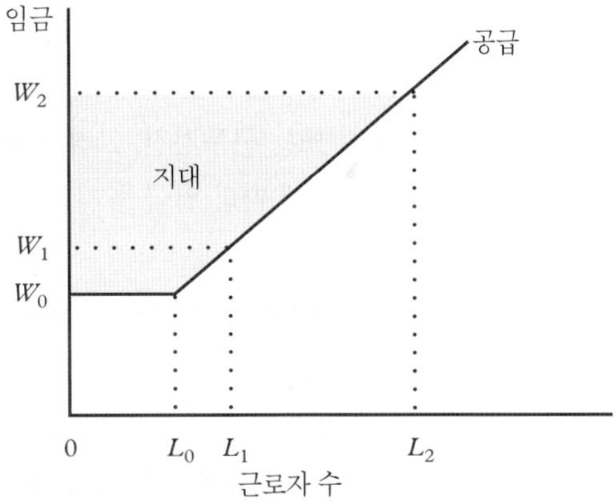

비교하는 것이 종종 유용하다. 특정 일자리에서 어떤 사람의 임금이 유보임금을 초과하는 액수가 그 사람의 **경제지대**(economic rent)의 크기이다.

예를 들어 군대에 대한 노동공급곡선을 생각해 보자. 그림 2.19에 보이는 바와 같이, 만약 군대가 L_1 만큼의 사람을 채용하려 한다면 W_1의 임금을 지급하여야 한다. 이렇게 상대적으로 낮은 임금은 군대문화를 가장 즐길 수 있고 전투의 위험을 가장 덜 회피하는 사람들을 군대로 유치하게 될 것이다. 만약 군대규모가 다소 확대되어 L_2 만큼의 사람을 고용하려 한다면 W_2의 임금을 지급해야 한다. 이렇게 더 높은 임금은 낮은 임금에서는 생애직업으로서의 군대를 매력적으로 여기지 않을 사람들의 마음을 끌기 위해 필요하다. 만약 W_2의 임금이 공급과 수요를 일치시키는 임금으로 밝혀진다면, 그리고 만약 군대에서 이 임금을 지급한다면, 이보다 낮은 임금을 받고서도 군인이 되고자 했던 모든 사람들은 경제지대를 받게 된다.

달리 표현하면 직종 또는 산업에 대한 공급곡선은 각 임금수준에서 얼마만큼의 노동이 공급되는가를 나타내는 유보임금표이다. 실제로 지급된 임금과 근로자들의 유보임금과의 차이가 그림 2.19의 색칠한 부분인 지대의 크기이다. 각 근로자는 잠재적으로 상이한 유보임금을 갖고 있기 때문에 지대는 시장의 각 근로자에 따라 당연히 달라진다. 그림 2.19에서 가장 큰 지대는 임금이 단지 W_0 수준이더라도 군대에 입대했을 L_0 만큼에 해당하는 개인들이 받게 된다. 그들은 $W_2 - W_0$ 만큼의 경제지대를 얻게 된다.

사용자들은 왜 각 근로자의 임금을 그의 유보임금 수준까지 하락시키지 않을까? 근로자의 지대를 사용자들이 파악하는 것은, 정의에 의하면 근로자들의 이직이 없이도 이루어질 수 있기 때문에 매력적인 것처럼 보일 수 있으나, 이를 시도하는 것은 근로자들의 원망을 사게 될 것이고, 이행하기가 불가능하지는 않지만 엄청난 비용을 초래하게 된다. 사용자들은 각 근로자 또는 취업지원자의 진정한 유보임금을 모르며, 이를 알기 위해서는 각 근로자에게 임금을 제시할 때 높은 수준에서 시작한 후 이를 삭감하거나 또는 낮은 수준에서 시작한 후 이를 높이는 시험과정을 거쳐야 한다. 이 과정은 비용을 발생시키며, 만약 근로자들이 기업이 자신을 **시험하고 있다는** 사실을 깨닫게 되면 자신들의 진정한 유보임금을 감추려 할 것이고, 협상과 관련된 전략적 행태(예를 들면 유보임금이 높은 것처럼 상대를 속인다)를 취하게 된다. 그러므로 기업들은 보통 직무, 근로자의 사용자와의 경험 또는 근무기간, 그리고 공로에 대한 고려사항에 따라 임금을 지급하게 되며, 근로자의 선호에 따라 임금을 지급하지는 않는다.

여러 나라의 실업과 기술변화에 대한 대응

앞에서 노동시장은 종종 시장청산수준보다 임금을 높게 유지하려는 비시장 요인에 의해 영향을 받는다고 주목한 바 있다. 이러한 비시장 요인은 일반적으로 법률, 정부프로그램, 관습 또는 제도(예를 들어, 노동조합)의 형태를 취하기 때문에, 그들의 강도는 전형적으로 나라에 따라 다르다. 이러한 요인들이 매우 두드러진 나라들에 대해 어떤 결론을 내릴 수 있을까?

이 장에서 제시된 이론은 만약 임금이 시장청산수준보다 높으면 실업이 발생할 것임을 제시한다(일자리를 찾으려는 사람들의 수가 얻을 수 있는 일자리 수를 초과할 것이다). 더 나아가서 만약 임금이 시장청산수준보다 높은 채로 유지되면서 노동수요곡선이 **좌측으로 이동**하면, 실업은 더욱 높은 수준으로 증가하게 될 것이다(불변인 공급곡선, 고정된 임금, 그리고 좌측으로 이동하는 수요곡선을 그래프로 그림으로써 이를 보여 줄 수 있어야 한다). 더욱이 균형수준보다 높은 임금은 **새로운** 일자리의 증가를 연기시키며, 따라서 시장청산수준보다 높게 '고착된' 임금은 또한 실업으로 인해 고통을 받고 있는 사람들을 오랜 기간 동안 그 상태에 머무르도록 할 수 있다. 따라서 국가들 사이의 비시장 요인의 상대적 강도를 유추하기 위해 실업의 범위와 기간에 대한 측정치가 때때로 사용될 수 있는데, 다행히도 이 측정치들은 여러 선진국에서 비교가 가능하도록 정의되어 추정되고 있다. 예를 들어 1980년대와 1990년대에 유럽과 북미에서 실업률에 어떤 일이 발생했는지를 살펴보자.

1980년대를 특징짓는 하나의 현상은, 세계의 선진경제에서 주로 컴퓨터화와 관련된 기술변화가 가속화된 것이었다. 이 변화들은 숙련도가 낮으며, 교육수준이 낮고, 임금이 낮은 근로자들의 수요를 하락시켰다. 캐나다와 미국에서는 저숙련근로자들에 대한 수요 감소가 1980년대 전반에 걸쳐 그들 실질임금의 하락을 가져왔다. 그럼에도 불구하고 교육수준이 낮은 근로자들의 실업률이 1980년대 전반에 걸쳐 미국에서는 7.2%로부터 8.5%로, 그리고 캐나다에서는 6.3%로부터 9.3%로 각각 증가하였다.

그러나 숙련도 수준에 따른 임금과 실업에 관한 데이터를 입수한 두 유럽국가에서는 비시장 요인들이 저임금근로자들의 실질임금을 1980년대에 **상승**시켰으며, 그 결과 교육수준이 낮은 근로자들의 실업이 훨씬 더 확연했다. 프랑스에서는 가장 낮은 임금을 지급받는 근로자들의 실질임금이 연 1% 상승하였으며, 그들의 실업률은 10년 동안 4.6%로부터 10.7%로 증가하였다. 저임금근로자들의 보수가 매년 평균 5% 증가한 독일에서는 이

근로자들의 실업률이 4.4%로부터 13.5%로 증가하였다.[10)]

실증연구

보수수준과 군 장교의 공급: 횡단면 데이터로부터의 표본변동(sample variation) 추출

경제이론의 예측에 따르면 특정 직종에 대한 노동공급은 그 직종의 보수가 증가하거나 또는 다른 직종의 보수가 감소할 때 증가할 것으로 기대된다. 1960년 대 말 미국정부는 궁극적으로 징병제도를 없애는 결과를 가져왔던 정책변화를 고려하였으며, 징병제 없이 필요한 수의 장교와 사병들을 유치하기 위해 민간부문의 보수와 비교하여 상대적으로 군대의 보수가 얼마나 인상되어야만 하는가를 추정할 필요가 있었다. 예컨대 군 장교 노동공급곡선의 추정은 적절한 데이터세트(data set)를 얻을 수 있는가에 좌우된다.

(독립)변수 X가 (종속)변수 Y에 어떻게 영향을 미치는가에 대한 어떠한 연구라도, 연구자가 X와 Y 모두 상당한 **변동**(variation)을 보이는 데이터세트에 접하는 것을 필요로 한다. 달리 표현하면 인과관계를 규명하기 위한 과학적인 연구는 **여러 상이한** 원인들이 어떻게 **여러 상이한** 결과들을 발생시키는가를 관찰하도록 요구한다! 실험실에서 실험할 수 있는 연구자들은 자신들의 주제들이 상이하게 '다루어지도록' 노출시킨 후, 그 결과에 있어서의 차이를 지켜본다. 경제학자들은 실험을 거의 할 수가 없으며, 따라서 표본 관찰치에 따라 X와 Y가 당연히 다른 데이터세트를 찾아야만 한다. 만약 민간부문 보수에 대한 군 보수 수준의 비율이 독립변수(X)이고 장교로 군에 복무하기로 결정하는 사람 수가 종속변수(Y)라면, 충분한 변동을 보임으로써 두 변수 관계를 추정하도록 하는 두 변수의 표본은 어떻게 구해질 수 있을까?

한 가지 방법은 각 연도의 상대임금과 신입 장교의 수가 한 관찰치로 표시되는 20~30년 동안의 데이터['시계열(time series)' 데이터]를 담은 표본을 사용하는 것이다. 시계열 데이터의 문제점은 표본이 필연적으로 작다는 것이다(훌륭한 데이터의 입수가 가능한 연도는 그리 많지 않다). 또한 시간이 흐름에 따라 여러 종류의 조건

---

10) 4개국 모두의 근로소득에 대한 데이터는 각국의 근로소득분배에 있어서 가장 낮은 십분위수(decile)에 속한 근로자들(가장 낮은 10%)로부터 얻어졌다. 이들 데이터는 Organisation for Economic Co-Operation and Development (OECD), *Employment Outlook: July 1993* (Paris: OECD, 1993), Table 5.3에서 찾을 수 있다. 실업률에 관한 데이터는 Federal Reserve Bank of Kansas City, *Reducing Unemployment: Current Issues and Policy Options* (Kansas City, Mo.: Federal Reserve Bank of Kansas City, 1994), 25로부터 인용되었다. 유럽과 미국에서의 노동시장의 상대적 기능수행에 대한 분석은 Francine D. Blau and Lawrence M. Kahn, *At Home and Abroad: U.S Labor-Market Performance in International Perspective* (New York: Russell Sage Foundation, 2002); Gilles Saint-Paul, "Why Are European Countries Diverging in Their Unemployment Experience?" *Journal of Economic Perspectives* 18 (Fall 2004): 49~68; Richard Freeman, *America Works: The Exceptional U.S. Labor Market* (New York: Russell Sage Foundation, 2007); and Stephen Nickell, "Is the U.S. Labor Market Really that Exceptional? A Review of Richard Freeman's *America Works: The Exceptional U.S. Labor Market*," *Journal of Economic Literature* 46 (June 2008): 384~395를 참조하라.

또는 선호의 변화에 의해 행태가 영향을 받을 수 있기 때문에(예를 들어 전쟁, 군대 내외의 신규 직종, 그리고 위험에 대한 근로자의 태도 변화), 시계열데이터의 경우에는 **보수**가 노동공급에 대한 의사결정에 미치는 효과를 분리했다는 것을 신뢰하기 위해 이러한 시간과 관련된 변화도 또한 통제할 필요가 있다.

상대적 보수 수준이 노동공급에 미치는 효과를 연구하는 두 번째 방법은 여러 사람들의 어느 한 시점에 있어서의 보수와 노동공급에 관한 관찰치를 수집한 '횡단면(cross-section)'데이터를 사용하는 것이다. 이 방법은 보통 훨씬 큰 데이터 세트를 얻도록 하지만, 충분히 상이한 환경에서 데이터세트의 관찰치들이 형성되어 *X*와 *Y*가 실제로 다양하다는 것을 필요로 한다. 예를 들어 어떤 연도의 경우에도 1년차 신입 장교의 군 보수는 모든 사람들에게 동일하며, 따라서 표본구성원들이 직면한 **민간부문의 임금**이 정확히 측정되고 상당히 다양하다고 입증된 경우에만 횡단면데이터를 사용하여 군 노동공급에 대한 의사결정을 연구할 수 있다.

1960년대 말에 이루어진 한 연구는 1963년에 대학에 의해 제공된 82개 학생군사교육단(ROTC: Reserve Officer Training Corps) 프로그램의 등록자를 수록한 데이터를 분석하였다. 이 연구에서는 육군, 해군, 또는 공군 ROTC 프로그램(그 당시 장교는 거의 모두 남성이었음)에 등록된 82개 대학 각각의 남자 비율을 측정하여 공급변수(*Y*)로 사용하였다. 82개 대학 ROTC 졸업자들의 군 보수는 동일하였기 때문에, 최근 졸업자들이 민간부문에서 받을 수 있는 보수의 차이가 사용될 수 있는 유일한 보수 변수로 사용되었다. 82개 대학 각각으로부터의 최근 남자 대학 졸업자들의 평균근로소득을 구할 수 있었고 또 그 크기도 대학별로 충분히 다양하여, 유용한 것으로 판명되었다. 따라서 1958년에 각 대학을 졸업한 남자들의 1963년 평균근로소득이 보수를 나타내는 변수(*Y*)가 되었다.

이론에 따르면 대학졸업자의 민간부문 보수가 높을수록 대학 ROTC 등록비율은 낮아질 것이 기대된다. 추정된 연구결과는 민간부문의 보수 수준과 ROTC 등록비율 사이에 실제로 부(−)의 통계적으로 유의한 관계가 있음을 보여주었다.[a] 추정계수의 크기는 민간부문의 보수가 10% 더 높아지면 ROTC 등록비율은 20% 더 낮아진다는 것을 제시하였다. 이러한 결과는 민간부문의 보수 수준이 불변인 채로 군 보수가 10% 증가되었더라면 ROTC 등록비율은 20% 더 높아졌을 것임을 의미한다. ROTC 등록비율이 민간부문의 급여수준에 매우 민감하게 반응하였던 것은 분명하다.

[a] 표본으로 선정된 각 대학에서 제공하는 육군, 해군, 공군 ROTC 프로그램 각각의 비중이 다르다는 사실을 고려하기 위해 몇몇 독립변수들이 추정방정식에 추가되었다. 더욱이 똑같은 보수 수준에서도 남부(South)의 학생들이 군복무를 더 선호했을지 모르기 때문에, 독립변수에 대학이 남부에 위치하고 있는가를 나타내는 변수도 또한 포함되었다.

자료: Stuart H. Altman and Alan E. Fechter, "The Supply of Military Personnel in the Absence of a Draft," American Economic Review 57 (May 1967): 19~31.

복습문제

1. 이 장의 본문에서 논의된 바와 같이, 1970년대 초반에 이집트는 사우디아라비아에서 높은 임금을 받고자 하는 건설근로자들의 대규모 해외유출을 경험하였으며, 동시에 국내에서도 건설근로자들의 서비스에 대한 수요증가를 경험하였다. 공급과 수요의 이 두 가지 변화를 그래프로 나타내고, 그래프를 사용하여 위의 기간 동안에 이집트의 건설부문 내에서의 임금과 고용의 변화방향을 예측하라.
2. 어느 주어진 직종에서 다음의 변화가 임금과 고용에 미치는 단기효과를 분석하라.
   a. 직종의 위험감소.
   b. 생산물수요의 증가.
   c. 다른 직종의 임금상승.
3. 만약 정부의 연구개발프로그램에 대한 지출이 감소한다면 엔지니어들의 임금과 고용수준에 어떤 일이 발생할까? 그 효과들을 그래프로 보여라.
4. 특정 노동시장이 시장청산 균형상태에 있다고 가정하자. 균형임금을 하락시키기 위해서는 무슨 일이 발생해야 하는가? 물가수준이 매년 상승했지만, 명목임금은 '하방경직적'이어서 결코 하락하지 않았다고 가정하자. 이 시장의 실질임금은 어떻게 조정될까?
5. 자신들의 원형용접공들이 보수를 과대지급 받고 있다고 의심하는 회사가 이 원형용접공들에 대한 급여설문조사를 수행하기 위해 여러분을 채용하였다고 가정하자. 회사가 이윤극대화를 명시적으로 추구하고 있다면, 여러분은 **과대지급**의 어떤 정의를 이 상황에 적용해야 하며, 원형용접공이 실제로 보수를 과대지급 받고 있는지의 여부를 어떻게 밝혀낼 수 있는가?
6. 에콰도르는 많은 어린이들을 포함하는 대규모 노동력으로 재배하여 수확한 바나나를 세계 각국에 수출하는 바나나의 주요수출국이다. 에콰도르가 현재 바나나 재배농장에서의 어린이 고용을 금지하였다고 가정하자. 실증적 방법의 경제이론을 사용하여 에콰도르 바나나산업의 고용과 임금에 어떤 일이 발생하는가를 분석하라. 분석에 공급곡선과 수요곡선을 사용하라.
7. 노동조합은 조합원들에게 지급되는 임금을 두 가지 방식으로 인상시킬 수 있다. (i) 노동조합은 시장청산임금보다 높은 임금을 협상할 수 있다. 경영자는 이 임금보다 낮은 임금을 지급할 수 없는 반면, 얼마나 많은 근로자들을 채용할 것인가를 결정할 권리는 갖게 된다. (ii) 건설노동조합은 종종 경영자로 하여금 오직 노동조합원만을 채용하도록 요구하는 협약을 체결하며, 또한 노동조합에의 가입을 통제할 권한을 갖게 된다. 따라서 노동조합은 노동공급을 제한함으로써 임금을 인상시킬 수 있다.
   a. 노동공급곡선과 노동수요곡선을 사용하여 위 (i)의 방법을 그래프로 그려라. 시장청산 임금을 W_e, 시장청산 고용수준을 L_e, (보다 높은) 협상임금을 W_u, W_u와 관련된 고용수준을 L_u, 그리고 W_u의 임금으로 일하기를 원하는 근로자 수를 L_s로 각각 표시하라.
   b. 노동공급곡선과 노동수요곡선을 사용하여 위 (ii)의 방법을 그래프로 그려라. 시장청산 임금을 W_e, 시장청산 고용수준을 L_e, 노동조합이 보유하기로 결정하는 조합원 수(L_e보다 작은)를 L_u, 그리고 L_u와 관련된 임금을 W_u로 각각 표시하라.
8. 미국 학생들은 착취가 이루어지는 환경(열악한 근로조건에서 저임금으로 오랜 시간을 일함)에서 일하는 외국근로자들에 의해 미국 소매점들을 위해 만들어진 의류가 자신들의 대학캠퍼스 의류점에서 판매되는 것에 반대하는

조직을 결성하였다. 이러한 운동은 착취가 이루어지는 환경 하에 만들어진 품목들을 불매운동 하는 형태로 이루어진다고 가정하자.

a. 공급곡선과 수요곡선을 사용하여 그 결과에 도달하도록 하는 메커니즘을 보이면서 외국의 착취를 당하는 근로자들에 대한 즉각적인 노동시장 결과를 분석하라.

b. 미국 학생들의 행동이 외국의 임금과 근로조건을 향상시키는 유일한 힘이라고 가정한다면, 학생들이 도우려하는 근로자들이 명백히 이전에 비해 나아지도록 확고히 하기 위해서는 학생들의 행동에 무엇이 포함되어야만 하는가?

9. 미국직업안전보건국(Occupational Safety and Health Administration)이 모든 구멍 뚫는 기구(punch press)에 근로자들의 부상을 방지하기 위한 매우 비싼 장치를 설치하도록 의무화시킨다고 가정하자. 이 장치는 구멍 뚫는 기구의 효율성을 향상시키지 않는다고 한다. 이 요구조건이 노동수요곡선에 어떤 영향을 미치는가? 설명하라.

10. 어떤 지역의 고용수준이 (i) 그 지역 노동수요의 하락과, (ii) 단기적으로 고정된 임금으로 인하여 갑자기 하락했다고 가정하자. 만약 **새로운** 노동수요곡선이 오랜 기간 동안 불변인 채로 남아 있으며 그 지역의 노동공급곡선이 이동하지 않는다면, 그 지역의 고용 수준은 회복될 가능성이 있는가? 설명하라.

11. 2003~2004년의 경기회복 시 캐나다의 일자리 증가는 미국보다 훨씬 빨랐다고 한다. (a) 일반적으로 경제성장은 노동수요곡선에 어떻게 영향을 미치는가? (b) 두 나라 모두 경제성장이 노동공급곡선에 영향을 미치지 않으며, 미국에 비해 캐나다에서의 더 빠른 일자리 증가가 더 늦은 [그러나 정(+)의] 임금 상승을 수반하였다고 가정한다면, 이러한 사실은 캐나다에서의 상대적으로 더 빠른 일자리 증가의 원인에 대해 무엇을 말하는가? 위 두 문제에 대해 답하라.

12. 카타르 정부가 2022년 국제축구연맹의 월드컵(2022 FIFA World Cup)을 주최할 예정이라고 한다. 이 행사를 위한 인프라를 준비하기 위해 이 나라에서 건설근로자들에 대한 수요가 증가한다고 한다. 이러한 사실이 노동수요곡선에 어떻게 영향을 미치는 지를 분석하라. 분석된 내용을 사용하여 카타르 건설부문의 임금과 일자리 수에 미치는 효과를 예측하라.

연습문제

1. 2010년 어떤 나라에서 성인인구는 2억 5천만 명이고 1억 2,050만 명의 취업자와 650만 명의 실업자가 있다고 한다. 실업률과 경제활동참가율을 계산하라.

2. 어떤 나라에서 근로자들에 대한 수요는 L_D=200,000−150W로, 공급은 L_S=14,000+250W로 각각 주어진다고 한다(단 L=근로자수, W=1일 임금).

   a. 이 시장의 균형임금과 균형고용수준을 구하라.

   b. 만약 15,000명의 추가 근로자들이 이 나라로 이주한다면, 새로운 노동공급곡선과 균형 임금수준을 밝혀라. 이주가 균형임금에 미치는 영향에 대해 논평하라.

3. 미국의 생산 및 비관리직 근로자들의 시간당 평균실질근로소득이 지난 12개월 동안 상승했는가? 노동통계국(Bureau of Labor Statistics) 웹사이트(http://stats.bls.gov)를 이용하여

이 문제에 대한 대답에 필요한 수치를 구하라.

4. 어떤 경제의 CPI(2007년을 기준년도 100으로 한)는 2013년 1월 118.96으로부터 2014년 1월 119.12로 상승하였다. 만약 동일한 기간에 가계도우미의 명목임금이 13.7달러로부터 16.5달러로 상승하였다면, 2013년 1월과 2014년 1월의 실질임금을 계산하라. 2013년부터 2014년까지 실질임금은 상승했나?
5. 표 2.2(본문에서는 2006년 수치가 수록되지 않았음)에 따르면 CPI(1982~1984년을 기준년도 100으로 한)는 1990년 130.7로부터 2006년 201.6으로 상승하였다. 1990년의 연방최저임금(시간당 명목임금)은 1990년과 2006년에 각각 3.80달러와 5.15달러였다. 최저임금을 1982~1984년 불변가격으로 한 시간당 실질임금으로 각각 환산하라. 실질임금으로 환산한 연방최저임금은 1990년으로부터 2006년까지 증가했나 또는 감소했나?
6. 다음 표는 어떤 마을의 X-ray 기술자에 대한 수요와 공급을 보여준다.

임금(1일)	수요량	공급량
15달러	120	40
20달러	100	50
25달러	80	60
30달러	70	70
35달러	60	90
40달러	50	100
45달러	30	120

a. 수요곡선과 공급곡선을 그려라.
b. 균형임금과 균형고용수준을 구하라.
c. 만약 X-ray 기술자에 대한 수요가 모든 임금수준에서 각각 20명 감소한다면, 새로운 수요곡선과 새로운 균형임금은 어떻게 되나?

참고문헌

Blau, Francine D. and Lawrence M. Kahn. *At Home and Abroad: U.S Labor-Market Performance in International Perspective.* New York: Russell Sage Foundation, 2002.

Freeman, Richard. *America Works: The Exceptional U.S. Labor Market.* New York: Russell Sage Foundation, 2007.

Nickell, Stephen. "Is the U.S. Labor Market Really That Exceptional? A Review of Richard Freeman's *America Works: The Exceptional U.S. Labor Market.*" *Journal of Economic Literature* 46 (June 2008): 384~395.

President's Commission on an All-Volunteer Armed Force. *Report of the President's Commission on an All-Volunteer Armed Force.* Chapter 3, "Conscription Is a Tax," 23~33. Washington, D.C.: U.S. Government Printing Office, February 1970.

Rottenberg, Simon. "On Choice in Labor Markets." *Industrial and Labor Relations Review* 9 (January 1956): 183~199. [Robert J. Lampman. "On Choice in Labor Markets: Comment." *Industrial and Labor Relations Review* 9 (July 1956): 636~641.]

Saint-Paul, Gilles. "Why Are European Countries Diverging in Their Unemployment Experience?" *Journal of Economic Perspectives* 18 (Fall 2004): 49~68.

제3장

노동수요

노동수요는 파생수요인데 이는 판매되기 위한 어떤 재화 또는 서비스의 생산에 기여하기를 기대하고 근로자들이 채용됨을 의미한다. 그러나 근로자들이 받는 임금, 근로자들에게 받을 자격이 부여되는 부가급여, 그리고 심지어 근로자들의 근로조건은 모두 어떤 형태로든 정부에 의해 영향을 받는다. 여기에는 최저임금법, 연금규정, 근로자 해고에 대한 제약, 산업안전요건, 해외로부터의 이주 통제, 그리고 정부가 제공하는 연금 및 사용자가 부담하는 급여세(payroll taxes)를 통해 재정이 지원되는 실업급여가 있다. 이러한 요구조건과 규정들은 모두 사용자의 근로자 채용비용을 증가시킨다는 한 가지 공통점을 갖는다.

제2장에서 임금의 변화에 수반되는 규모효과와 대체효과 모두 노동수요곡선이 **임금의 감소함수**임을 암시하고 있음을 설명한 바 있다. 만약 이러한 꽤 단순한 명제가 사실이라면, 근로자의 고용비용을 강제로 증가시키는 정책은 근로자들의 고용기회를 줄이는 바람직하지 않은 부작용을 일으키게 될 것이다. 만약 고용기회의 감소가 너무 크다면, 규정에 의해 근로자들에게 제공되는 어떠한 도움보다도 실제로 잃어버린 고용기회가 더 클 수 있다. 따라서 노동수요곡선의 특성을 이해하는 것은 공공정책에 관심이 있는 어느 누구에게도 절대적으로 중요하다. 개인이 노동시장의 많은 규제프로그램에 대해 어떻게 느끼는가는, 상당한 정도 개인의 노동수요곡선에 대한 신뢰의 함수라 할 수 있다.

이 장에서는 노동수요가 임금의 감소함수라는 명제에 기초가 되는 **가정**들을 확인할 것이다. 제4장에서는 노동수요곡선의 우하향하는 특성을 주어진 것으로 하고, 그 대신 임금이 증가할 때, 왜 수요의 감소가 어떤 경우에는 크고 다른 어떤 경우에는 간신히 느낄 정도로 작은지를 설명하게 된다.

이윤극대화

노동수요이론의 근본적인 가정은 노동의 사용자들인 기업들이 이윤극대화를 추구한다는 것이다. 이윤극대화의 추구에 있어서, 기업들은 '이윤을 증대시킬 변화를 만들 수 있는가?'라고 지속적으로 스스로에게 묻는 것으로 가정된다. 이윤증대를 위한 이 계속적인 탐색에 대해 두 가지 사항이 주목되어야 된다. 첫째, 기업은 자신의 통제범위 내에 있는 변수만을 변화시킬 수 있다. 기업이 자신의 생산물에 설정할 수 있는 가격과 생산요소에 지불해야 하는 가격은 주로 다른 요인들('시장')에 의해 결정되기 때문에, 기업의 이윤극대화를 위한 의사결정은 주로 **산출량을 늘릴 것인가 또는 줄일 것인가와 어떻게 늘리거나 줄일 것인가**의 문제를 수반한다.

둘째, 기업은 이윤증대가능성을 지속적으로 탐색하고 있다고 가정되기 때문에, 이론에서는 거의 매일 이루어져야만 하는, **조그만** ('한계적인') 변화를 다루어야만 한다. 예를 들어 새로운 공장을 건설하여야만 할 것인가 또는 새로운 생산라인을 구축하여야 할 것인가와 같은 주요한 의사결정은 상대적으로 드물게 이루어진다. 일단 이런 의사결정들이 이루어진 후, 사용자는 조그만 변화의 시행착오과정을 통해 점진적으로 이윤극대화로 접근해야 한다. 그러므로 사용자가 산출량수준의 변화 또는 생산요소결합의 변화를 언제 **중지**시키는가에 특별한 관심을 기울이면서, 이러한 점진적인 의사결정의 기초를 이해할 필요가 있다.

(생산요소의 고용에 관한 한계적 변화를 분석할 때는 **다른 생산요소들의 고용을 불변인 채로 고정시켜 놓고** 한 생산요소의 작은 변화를 고려하게 됨을 인식하는 것이 중요하다. 예를 들어 노동이라는 생산요소 1단위 조정의 효과를 분석할 때, 자본은 불변인 채로 고정되어 있다는 가정하에 분석을 하게 된다. 마찬가지로 자본의 한계적 변화는 노동이라는 생산요소의 투입량이 불변이라는 가정 하에 고려된다.)

산출량의 최적수준에 대한 점진적 의사결정에 있어 이윤극대화를 추구하는 기업은 만약 산출량 1단위 판매로부터의 추가수입이 그 산출량 1단위를 생산하는 데 추가된 비용보다 클 때, 산출량을 1단위 더 생산하기를 원하게 될 것이다. 추가산출단위로부터의 한계수입이 그 한계비용을 초과하는 한, 이윤극대화를 추구하는 기업은 계속 산출량을 늘릴 것이다. 마찬가지로 기업은 생산의 한계비용이 한계수입을 초과할 때는 언제나 산출량을 축소하기를 원할 것이다. 한계수입이 한계비용과 일치하는 산출량수준에서 이윤은 극대화된다(그리고 기업은 산출량의 변경을 중단한다).

물론 기업은 **생산요소**의 사용을 변화시키는 것만으로도 산출량을 늘리거나 줄일 수 있다. 가장 일반적 의미에서 기업은 **노동과 자본**이라는 두 가지 형태의 투입물 또는 **생산요소**를 결합하여 산출물을 생산한다고 가정하자. 따라서 한계적으로 산출량을 늘일 것인가 또는 줄일 것인가의 의사결정에 대해, 위에서 언급한 규칙들은 노동과 자본의 고용에 대해 중요한 결과를 제공한다.

a. 만약 생산요소 추가 한 단위의 고용으로부터 발생하는 수입이 추가지출을 초과하면, 그 생산요소 한 단위를 추가로 투입하라.
b. 만약 생산요소 추가 한 단위로부터 발생하는 수입이 추가지출보다 작으면, 그 생산요소의 고용을 감소시켜라.
c. 만약 생산요소 추가 한 단위로부터 발생하는 수입이 추가지출과 크기가 같으면, 그 생산요소 투입량의 더 이상의 변화는 바람직하지 않다.

(a)에서 (c)까지의 의사결정 규칙은 산출량보다는 **생산요소투입량**을 사용해서 이윤극대화의 기준을 서술하고 있다. 곧 살펴보게 되겠지만 이러한 규칙들은 산출량을 한계적으로 증가시킬 것인가 또는 감소시킬 것인가의 **여부**는 물론, **어떻게** 증가 또는 감소시키는가를 결정하는 데 유용한 지침이 된다. 이러한 의사결정 규칙들의 구성요소들을 좀 더 자세히 정의하고 검토하기로 하자.

생산요소 추가 한 단위로부터의 한계소득

노동 또는 자본의 한 단위 추가고용은 이로 인해 생산되고 판매되는 추가산출량 때문에 기업에게 추가소득을 발생시킨다. 마찬가지로 노동 또는 자본의 고용감소는 판매할 수 있는 산출량이 감소되기 때문에 기업의 소득을 감소시킨다. 따라서 생산요소 한 단위와 관련된 한계소득은 생산된 실물산출량의 변화량[생산요소의 **한계생산**(marginal product)이라 불림]과 실물산출량 한 단위당 발생하는 한계수입(MR)이라는 두 양의 곱이 된다. 그러므로 생산요소 한 단위에 의해 발생되는 한계소득은 생산요소의 **한계수입생산**(marginal revenue product)이라 한다. 예를 들어 만약 유명한 테니스선수의 테니스시합 참가가 관람객을 20,000명 늘어나도록 하며 테니스시합을 개최한 주최측에게 추가 입장객 1명으로부터 경비를 제외하고 25달러의 수입을 증가시킨다면, 이 선수에 의해 발생한 한계소득은 그 자신의 한계생산(20,000명의 관중)에 관중 1인당 25달러의 한계수입을 곱한 것이다. 따라서 유명선수의 한계수입생산은 500,000달러가 된다. (대학미식축구에서의 한계수입생산의 실제 계산은 예문 3.1을 참조하라.)

한계생산 공식적으로, **노동의 한계생산**(marginal product) 또는 MP_L은 자본의 양은 불변인 채로 유지하면서 노동단위의 변화(ΔL)에 의해 생산되는 실물산출량의 변화(ΔQ)로 정의된다.[1]

$$MP_L = \Delta Q / \Delta L \quad (\text{자본량 불변인 채로 고정}) \tag{3.1}$$

마찬가지로 자본의 한계생산(MP_K)은 노동을 고정시켜 놓았을 때 자본보유량의 한 단위 변화(ΔK)와 관련된 산출량의 변화로 정의된다.

[1] 기호 Δ(그리스문자 델타의 대문자)는 '–에서의 변화'를 나타내기 위해 사용된다.

$$MP_K = \Delta Q/\Delta K \quad \text{(노동량 불변인 채로 고정)} \tag{3.2}$$

한계수입 식 (3.1)과 (3.2)의 정의는 기업은 오로지 노동 또는 자본의 사용을 증가시키거나 감소시킴으로써 산출량을 늘리거나 축소시킬 수 있다는 사실을 반영한다. 추가산출량 한 단위에 의해 발생하는 한계수입(MR: marginal revenue)은 그 산출량이 판매되는 생산물시장의 특성에 의존한다. 만약 기업이 순수경쟁 생산물시장에 있다면, 따라서 많은 경쟁자들을 갖고 있으며 생산물가격에 아무런 영향을 미치지 못한다면, 판매된 산출량 1단위당 한계수입은 생산물가격(P)과 동일하다. 만약 기업이 차별화된 생산물을 갖고 있어 생산물시장에서 어느 정도의 독점력을 보유하고 있다면, 생산물가격이 하락할 때에만 추가단위의 산출량이 판매될 수 있다(왜냐하면 기업이 자신의 특정 생산물에 대한 **시장** 수요곡선에 직면하고 있기 때문이다). 학생들은 경제학원론 교재에서 이 경우의 한계수입이 가격보다 적다($MR < P$)[2]는 것을 상기할 수 있을 것이다.

한계수입생산 이 소절에서 제시된 정의들을 종합하면, 기업의 노동의 한계수입생산 또는 MRP_L은 아래와 같이 나타낼 수 있다.

$$MRP_L = MP_L \cdot MR \quad \text{(일반적인 경우)} \tag{3.3a}$$

또는

$$MRP_L = MP_L \cdot P \quad \text{(생산물시장이 완전경쟁인 경우)} \tag{3.3b}$$

마찬가지로 기업의 자본의 한계수입생산(MRP_K)은 일반적인 경우 $MP_K \cdot MR$로 또는 생산물시장이 완전경쟁인 경우에는 $MP_K \cdot P$로 표시될 수 있다.

추가생산요소에 대한 한계지출

노동 또는 자본의 고용수준 변화는 물론 기업의 총비용을 증가시키거나 감소시킨다. 더 많은 노동을 채용함으로써 발생하는 노동의 한계지출(ME_L)은 노동시장의 경쟁 상태에 의해 영향을 받는다. 만약 기업이 완전경쟁노동시장에 있고 지급해야 하는 임금에 영향을 미치지 못한다면(이는 '임금순응자'이다), ME_L은 단순히 시장임금과 같다. 달리 표현하면 완전경쟁노동시장의 기업들은 현재의 임금수준에서 수평인 노동공급곡선을 가지고 있다(앞 장 그림 2.11 참조). 즉 만약 기업이 노동을 추가 1시간 채용한다면 기업의 비용은 임금 W와 동일한 액수만큼 증가한다.

---

[2] 경쟁기업은 전체 시장에서 차지하는 비중이 너무 작아서 그 산출량이 가격에 영향을 미치지 못하기 때문에, 추가단위의 산출량을 시장가격으로 판매할 수 있다. 그러나 독점기업은 생산물시장의 공급자로서 추가산출량을 판매하기 위해서는 가격을 낮추어야 한다. 독점기업은 판매되는 추가단위만이 아니라 산출량의 **모든** 단위에 대해 가격을 낮춰야만 되기 때문에, 추가단위와 관련된 한계수입(MR)은 가격보다 낮은 수준이 된다.

예문 3.1

대학 미식축구 스타선수의 한계수입생산

데이터가 부족하고 다른 모든 조건을 불변인 채로 유지하면서 **추가되는** 수입만을 계산하기가 어렵기 때문에, 근로자의 한계수입생산을 계산하는 것은 종종 매우 복잡한 일이 된다. 아마도 이런 이유로 인해 경제학자들은 선수의 생산성과 팀의 수입에 관한 엄청나게 많은 데이터를 모을 수 있는 스포츠산업에 관심을 기울여 왔는지도 모른다.

미식축구는 많은 대학교들의 큰 관심사이며, 비록 교육을 무료로 받는 것 이외에 어떤 돈도 지급받지는 않지만, 일부 스타선수들은 자신들의 학교를 위해 엄청난 수입을 벌어들이고 있다. 로버트 브라운(Robert Brown)은 1988~1989년 시즌의 47개 제1부대학(Division I-A) 미식축구프로그램의 수입에 관한 데이터를 수집하였는데, 이 수입에는 입장권 판매, 체육 관련부서(athletic department)에 대한 기부금, 그리고 TV와 라디오방송 중계료로부터 학교가 보유하게 되는 수입이 포함되어 있었다. (불행히도 게임과 관련된 주차료와 구내매점 수입, 그리고, 일반기금에의 기부금 같은 몇몇 잠재적으로 중요한 수입의 원천이 이 수입통계에는 제외되어 있다.)

다음으로 그는 시장규모, 상대팀의 실력, 전국순위, 그리고 팀의 전체 선수 중 기량이 뛰어나서 프로미식축구팀[(the National Football League(NFL))에 선발되었던 선수의 수 등으로 인한 수입의 변동(variation)을 조사하였다. 그는 NFL에 선발되었던 선수는 선수 1인당 약 54만 달러(2012년 달러로 99만 9천 달러) 가치의 추가 수입을 대학팀에 기여하였음을 발견했다. 따라서 4년간의 대학생활 동안 스타선수는 대학을 위해 약 4백만 달러의 수입을 벌어들일 수 있었다.

데이터출처: Robert W. Brown, "An Estimate of the Rent Generated by a Premium College Football Player," *Economic Inquiry* 31 (October 1993), 671~684.

이 장에서는 노동시장이 경쟁적이고 따라서 기업에 대한 노동공급곡선이 현재의 임금수준에서 **수평**이라는 가정을 유지할 것이다. 제5장에서는 이 가정을 완화하여 개별사용자들에 대해 우상향하는 노동공급곡선은 어떻게 노동의 한계지출을 변화시키는가를 분석할 것이다.

이어지는 분석내용에서 자본 1단위를 추가시키는 데의 한계지출은 C로 표시되는데, 이는 1단위 기간 동안 자본 1단위를 임대하는 지출로 간주될 수 있다. C의 구체적 계산은 현재로서는 큰 관심사가 아니지만, C는 분명히 자본자산의 구입가격, 사용가능기간(expected useful life), 대출자금의 이자율, 그리고 심지어는 자본에 대한 특별과세조항 등에 의존한다.

생산물시장과 노동시장이 모두 완전경쟁일 때 단기노동수요

기업의 이윤극대화 행태로부터 어떻게 노동수요곡선을 도출하는가를 이해하기 위한 가장 간단한 방법은 자본보유량을 변화시킬 수 없을 정도로 짧은 기간 동안의 기업의 행태를 분석하는 것이다. 이 기간은 **단기**(short run)라고 불리는 기간이며, 물론 기업에 따라 그 길이가 달라진다(회계서비스는 3개월 내에 세금신고 준비를 위한 새 컴퓨터체제를 주문하고 설치할 수 있는 반면, 석유정제를 위해 새로운 생산과정을 설치하기 위해서는 5년이 걸릴지도 모른다). 단기에는 자본이 고정된 채로 단순화되기 때문에, 산출량수준에 대한 기업의 선택과 고용수준에 대한 기업의 선택은 정확히 동일한 의사결정의 두 측면이 된다. 달리 표현하면 단기적으로 기업은 오직 산출량수준을 변경시킬 것인가의 **여부**만을 결정할 필요가 있다. 산출량을 **어떻게** 증가 또는 감소시킬 것인가는 오직 노동의 고용만이 조정될 수 있기 때문에 중요문제가 될 수 없다.

중요한 가정: MP_L의 하락

노동의 한계생산(MP_L)은 기업이 자본을 불변인 채로 고정시켜 놓고, 노동의 고용을 한 단위 변화시킬 때 기업의 (실물)산출량의 변화로 정의되었다. 기업이 노동의 고용을 변경시킬 수 있기 때문에 노동을 증가 또는 감소시키는 것이 노동의 한계생산에 어떻게 영향을 미치는가를 고려하여야 한다. 판매사원들이 모두 똑같이 열심히 일하고 똑같은 능력을 지니고 있는 가상적 자동차판매상을 나타내는 표 3.1을 살펴보자. 판매사원이 없이는 자동차판매상은 한 대의 차도 판매하지 못하나, 판매사원이 1명일 경우에는 월 10대의 차를 팔 수 있다고 가정하자. 따라서 채용된 첫 번째 판매사원의 한계생산은 10이 된다. 만약 두 번째 사원이 채용될 때 총산출량이 10에서 21로 증가한다고 가정하면, 이는 두 번째 판매사원의 한계생산이 11임을 의미한다. 만약 똑같은 능력을 지닌 세 번째 판매사원이 채용된다면 판매량은 21에서 26(MP_L=5)으로 증가하며, 만약 네 번째 사원이 채용되면 판매량은 26에서 29(MP_L=3)로 증가한다.

표 3.1은 판매사원의 추가고용이 매 경우 산출량(차량 판매대수)을 증가시키는 것으로 가정하고 있다. 노동이 추가될 때 산출량이 **증가**하는 한, 노동의 한계생산은 **정**(+)의 수치를 갖는다. 그러나 위의 예에서 MP_L이 처음에는 (10으로부터 11로) 증가하다가 나중에는 (5로 그리고 최종적으로 3으로) 하락한다. 그 이유는 무엇일까?

한계생산이 처음에 증가하는 것은 두 번째 판매사원이 첫 번째 판매사원보다 능력이 뛰어나기 때문이 **아니다**. 판매사원들은 똑같은 능력을 가지고 있다는 가정에 의해 능력

표 3.1

가상적 자동차판매상의 노동의 한계생산 (자본은 불변인 채로 고정)

판매사원 수	차량 총판매 대수	노동의 한계생산
0	0	
1	10	10
2	21	11
3	26	5
4	29	3

차이의 가능성을 배제시켰었다. 오히려 한계생산의 증가는 판매촉진을 위한 아이디어가 생기게 한다든지 또는 어떤 방법으로든 서로 돕는, 즉 둘 사이의 협력의 결과라고 할 수 있다. 그러나 보다 많은 판매사원들이 채용됨에 따라, 궁극적으로 MP_L은 틀림없이 하락한다. 고정되어 있는 건물(자본이 불변인 채로 고정되어 있음을 기억하라)은 한정된 숫자의 차량과 고객을 받아들일 수 있을 뿐이며, 따라서 노동의 각 추가증가분은 궁극적으로 점점 작은 산출량의 증가분을 생산하게 된다. 이 **수확체감의 법칙**(law of diminishing marginal returns)은 고용이 확대됨에 따라 추가로 고용되는 각 근로자들은 누진적으로 더 작은 비율의 자본보유량을 가지고 일을 하게 된다는 사실로부터 도출된 실증적 명제이다. 더욱 편리하게 설명하기 위해 MP_L은 항상 감소하는 것으로 가정하기로 한다.[3)]

이윤극대화로부터 노동수요로

앞에서 논의한 이윤극대화 의사결정 규칙으로부터, 기업은 노동의 한계수입생산이 노동의 한계지출을 초과하는 한 노동의 고용을 계속 증가시켜야 한다는 것이 분명해진다. 역으로 절약된 지출이 잃어버린 소득보다 큰 한 기업은 노동의 고용을 계속 감소시켜야 한다. **그렇다면 추가적인 한 단위 노동의 변화가 한계수입생산을 한계지출과 같아지도록 고용수준이 정해질 때만 이윤은 극대화된다**.

$$MRP_L = ME_L \tag{3.4}$$

완전경쟁 생산물시장과 완전경쟁 노동시장이라는 현재의 가정 아래에서는 이윤극대화가 달성되는 생산요소 노동의 수준을 다음 식이 만족되는 수준으로 나타낼 수 있다.

$$MP_L \cdot P = W \tag{3.5}$$

분명히 식 (3.5)는 어떤 **화폐**단위(예를 들어 달러)로 표현되고 있다.

그러나 이와는 달리 식 (3.5)의 양변을 생산물가격 P로 나누어서 노동을 채용하기 위한 이윤극대화 조건을 **실물수량**(physical quantities)으로 나타낼 수 있다.

$$MP_L = W/P \tag{3.6}$$

MP_L은 노동의 1단위 변화와 관련된 실물산출량(physical output)의 변화로 정의되므로 식 (3.6)의 좌변이 실물수량인 것은 명백하다. 우변도 실물수량이라는 것을 이해하기 위하여 분자(W)는 노동 1단위당 화폐액이며 분모(P)는 산출량 1단위당 화폐액임에 주목하라. 따라서 비율 W/P는 실물단위의 차원이다. 예를 들어 어떤 여자가 시간당 10달러의 임금을 지급받고 그녀가 생산하는 산출량이 1단위당 2달러에 팔린다면, 기업의 관점에서 볼 때 그녀는 시간당 5단위의 산출량을 지급받고 있다(10 ÷ 2). 기업의 시각에서 보면 이

3) 이 절의 후반부에서 기업은 노동의 한계생산이 증가하는 곳에서는 생산 활동을 결코 하지 않을 것임을 보여 줄 것이므로, 이 가정으로 문제가 될 것은 아무 것도 없다.

그림 3.1

단기노동수요(실질임금)

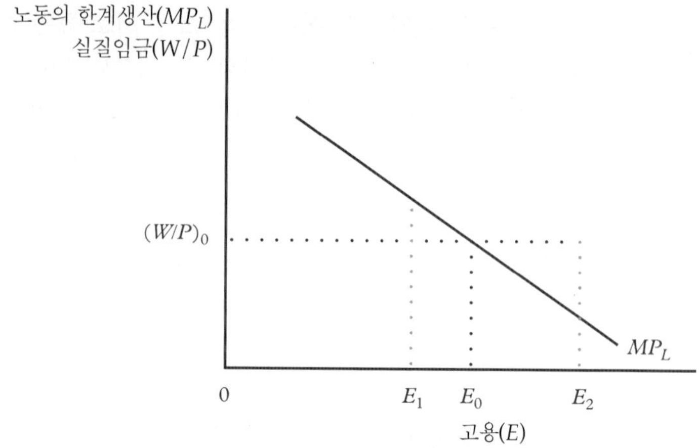

5단위가 바로 그녀의 '실질임금'을 나타낸다.

실질임금으로 나타낸 노동수요 노동수요는 **실질**임금 또는 **명목**임금을 사용하여 분석될 수 있다. 수요분석이 둘 중 무엇을 사용하여 이루어지는가는 단지 어느 쪽이 편리한가에 달려있다. 이 소절과 다음 소절에서는 두 가지 예를 모두 제시하기로 한다.

그림 3.1은 어떤 대표적인 기업의 노동의 한계생산(MP_L)곡선을 보여 준다. 이 그림에서 세로축은 MP_L이고 가로축은 고용된 노동단위의 수로 표시되고 있다. 곡선의 기울기가 부(−)라는 것은 고용된 추가노동의 각 단위가 누진적으로 점점 작은[그러나 여전히 정(+)의] 산출량 증가분을 생산하는 것을 나타낸다. 실질임금과 MP_L이 모두 동일한 차원(산출량 단위)으로 측정되기 때문에 그림 3.1의 세로축에 실질임금도 표시할 수 있다.

(시장에 의해) 실질임금이 어떤 수준으로 주어질 때, 기업은 MP_L이 실질임금과 정확히 일치하는 수준까지 노동을 고용해야 한다(식 3.6). 다시 말해서 **기업의 단기노동수요는 MP_L곡선이 우하향하는 부분과 같다.**[4]

이 내용이 사실인지를 살펴보기 위해 임의의 실질임금, 예를 들어 그림 3.1에 $(W/P)_0$으로 표시된 실질임금에 대해 고려하기로 하자. 기업의 노동수요는 MP_L곡선과 같으며 결과적으로 기업은 E_0에 해당하는 근로자들을 고용할 것이라고 주장한 바 있다. 그림 3.1에서처럼 이제 기업이 최초에 E_0보다 높은 **임의의** 고용수준인 E_2 만큼의 근로자들을 고용했다고 가정하자. E_2의 고용수준에서 MP_L은 실질임금보다 작다. 따라서 채용된 노동의 마지막 단위의 한계실질비용이 그 한계생산보다 크게 된다. 그 결과 고용수준을 줄임으로써 이윤은 증대될 수 있다. 마찬가지로 기업이 최초에 E_0보다 낮은 **임의의** 고용수

[4] '기업의 수입이 기업의 노동비용을 초과한다는 조건하에'라는 단서가 여기에 추가되어야 한다. 실질임금이 어떤 수준을 넘는 경우에 이 조건은 성립되지 않을 수 있으며 기업은 생산 활동을 중단할 것이다(고용량은 0으로 떨어질 것이다).

준인 E_1 만큼의 근로자들을 고용했다고 가정하자. 명기된 실질임금 $(W/P)_0$이 주어졌을 때 E_1에서 MP_L이 실질임금보다 크며, 따라서 노동의 추가단위로 인한 산출량의 한계적인 증가는 그 한계실질비용을 초과한다. 결과적으로 기업은 고용수준을 확대함으로써 이윤수준을 높일 수 있다.

따라서 어떤 실질임금 하에서도 이윤극대화를 달성하기 위해서는, 기업은 추가노동이 그 산출량보다 더 많은 비용을 발생시키는 곳에서는 노동의 고용을 멈추어야만 한다. 이 이윤극대화 규칙은 두 가지를 의미한다. 첫째, 기업은 실질임금이 MP_L과 일치하는 수준까지 노동을 고용하여야 하며, 이를 초과하는 수준까지 노동을 고용하여서는 안 된다.

둘째, 기업의 이윤극대화가 달성되는 고용수준은 MP_L이 **감소하는** 영역에 놓인다. 만약 $W/P=MP_L$이지만 MP_L이 **증가**한다면, 노동을 한 단위 추가하는 것은 한계생산이 W/P를 **초과**하는 상황을 만든다. 추가되는 노동의 MP_L이 W/P를 초과하도록 하는 한, 이윤극대화를 추구하는 기업은 노동의 채용을 계속할 것이다. 기업은 노동의 추가단위가 MP_L을 W/P 미만이 되도록 감소시킬 때에 한해 채용을 중지할 것인데, 이는 MP_L이 하락할 때에만 발생하게 된다. 따라서 이윤극대화와 일관성을 가질 가능성이 있는 유일한 고용수준은 MP_L이 하락하는 영역 내에서의 고용수준이 된다.

명목임금으로 나타낸 노동수요 어떤 상황에서 노동수요곡선은 **명목**임금의 감소함수로 보다 쉽게 개념화된다. 분석을 가능한 명확히 하기 위해 이 소절에서는 백화점 감시원들에 대한 수요를 분석하기로 한다.

백화점협의회가 열린 어느 날 어떤 백화점의 관리자가 도난에 의한 손실액을 총매출액의 1%로 감소시켰음을 자랑하였다. 이에 다른 백화점 간부가 이의를 제기하면서 "1%는 너무 낮은 수치야. 나는 손실액이 매출액의 약 2%는 되어야 한다고 생각해."라고 말했다. 어떻게 도난에 의한 손실액이 더 큰 것이 바람직할 수 있을까? 그 답은 도난을 줄이는 것 그 자체에 비용이 든다는 사실에 기초하고 있다. 이윤극대화를 추구하는 기업으로서는, 만약 도난을 줄이기 위해 기업이 부담하여야만 하는 추가비용이 이로부터 발생할 절약 액수를 초과한다면 도난을 줄이기 위한 조치를 취하는 것을 원하지 않을 것이다.

표 3.2는 백화점 도난감시원들의 가상적 노동의 한계수입생산(MRP_L)을 보여준다.

표 3.2

백화점 감시원들의 가상적 노동의 한계수입생산성 표

개점 시 매시간 근무 중인 감시원 수	시간당 방지된 도난에 의한 손실액의 총가치	시간당 방지된 도난에 의한 손실액의 한계가치(MRP_L)
0	0달러	–
1	50	50달러
2	90	40
3	110	20
4	115	5
5	117	2

이 예에서 감시원 한 명의 채용은 시간당 50달러 가치의 도난을 줄이게 된다. 두 명의 감시원들은 시간당 90달러 가치 또는 한 명 채용 시보다 40달러 많은 도난을 줄일 수 있다. 따라서 두 번째 감시원을 채용할 때의 MRP_L은 40달러가 된다. 세 번째 감시원은 시간당 20달러에 상당하는 도난을 추가로 방지할 것이다.

추가되는 감시원들이 무능력하기 때문에 MRP_L이 40달러로부터 20달러로 하락하는 것은 **아니다**. 실제로 모든 감시원들은 똑같이 경계를 게을리 하지 않으며 잘 훈련되어 있다고 가정된다. MRP_L은 부분적으로 감시에 필요한 설비(자본)가 고정되어 있기 때문에 하락한다. 즉 감시원이 한 명씩 추가될 때마다 1인당 설비는 적어지게 된다. 그러나 절약이 이루어지도록 하기가 누진적으로 더 어려워지기 때문에도 MRP_L은 하락한다. 소수의 감시원이 있을 때 적발되는 도둑들은 좀 서투르고 경험이 적은 좀도둑뿐일 것이다. 더 많은 감시원들이 채용됨에 따라 보다 전문적인 도둑들에 의한 도난을 방지하는 것이 가능할 것이나, 그들은 적발하기가 더 어려우며 그 적발되는 건수도 더 적어지게 된다. 따라서 일단 적발하기가 쉬운 모든 도둑들이 체포되면 도난방지는 더욱 어려워지기 때문에 MRP_L은 하락하게 된다.

노동수요곡선을 그리려면 사용자들이 파트타임 고용을 통해서 한 명 미만의 근로자를 고용할 수 있다는 것을 염두에 두고, 주어진 임금수준에서 백화점이 얼마나 많은 감시원들을 고용하기를 원하는가를 결정할 필요가 있다. 예를 들어 임금이 시간당 50달러일 때 백화점은 얼마나 많은 감시원들을 원하게 될까? $MRP_L = W$ 기준(식 3.5)을 사용하면 이에 대한 답이 '한 명까지'임을 알 수 있다. 시간당 40달러의 임금에서는 백화점이 두 명을 채용하길 원할 것이며, 시간당 20달러일 경우 세 명이 채용될 것이다. 백화점의 이윤극대화를 달성시키는 감시원의 고용수준을 요약한 노동수요곡선은 그림 3.2에 나타나 있다.

그림 3.2는 노동의 한계생산이 체감하기 때문에 MRP_L곡선이 우하향하며, 단기노동수요곡선은 MRP_L곡선**이기** 때문에 우하향한다는 기본적인 내용을 보여준다. 수요곡선과 MRP_L곡선은 일치한다. 이는 표 3.2의 MRP_L 표를 그래프로 그려서 그림 3.2와 정확히 동일한 곡선이 도출된다는 사실로부터 확인할 수 있다. 감시원이 한 명 채용될 때 MRP_L은 50달러이며, 두 명 채용될 때 MRP_L은 40달러 등이다. 임금수준을 고정된 것으로 간주하는 이윤극대화를 추구하는 기업의 경우 MRP_L은 항상 W와 같기 때문에, MRP_L곡선과 노동수요곡선(명목임금의 함수로 표현된)은 동일해야 한다.

이 예에서의 시사점은 백화점의 경우 적발하는 것보다 오히려 모른 척하여야 더 많은 이윤을 획득할 수 있는 일정한 도난수준이 존재한다는 사실이다. 백화점 감시원들의 임금이 낮은 경우보다는 높을 경우에 이 수준은 높아질 것이다. 따라서 도난률이 '너무 낮다'고 말하는 것은, 범죄를 줄이기 위한 한계비용이 범죄감소에 의해 발생되는 한계절약을 초과하며, 따라서 기업은 이윤극대화 달성에 실패하고 있음을 의미한다.

마지막으로 개인의 한계생산은 전적으로 개인 자신의 특성만의 함수가 **아니라는** 것을 강조해야 한다. 위에서 강조된 바와 같이 근로자의 한계생산은 기업이 이미 고용하고 있는 유사한 근로자들의 수에 의존한다. 개인의 한계생산은 또한 기업의 자본보유량 크

그림 3.2

단기노동수요(명목임금)

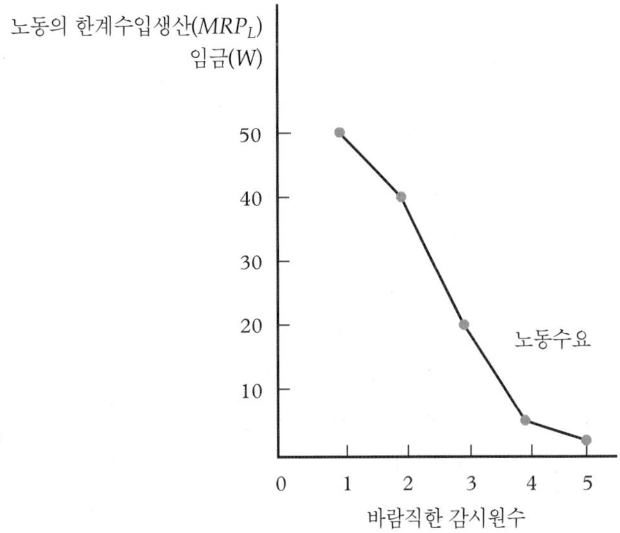

기에도 의존한다. 즉 기업의 자본보유량이 증가하게 되면 MP_L 곡선 전체가 우측으로 이동하게 된다. 따라서 개인의 생산성이 자신이 함께 일해야만 하는 다른 생산요소의 특성과는 관계없이, 오직 자신의 특성과 관련이 있는 변경할 수 없는 요소라고 이야기하는 것은 옳지 않다.

시장수요곡선들 개별기업의 수요곡선(또는 표)은 각 임금수준에서 그 기업이 얼마나 많은 노동을 원할 것인가를 나타낸다. **시장수요곡선**(market demand curve, 또는 표)은 특정 노동시장의 각 **실질임금**수준에서 모든 기업들의 노동수요를 단순히 **합한 것**이다.[5] 만약 어떤 노동시장에 3개의 기업이 있으며, **주어진** 실질임금수준에서 기업 A는 12명의 근로자를, 기업 B는 6명, 그리고 기업 C는 20명을 원한다면, 이 실질임금수준에서 시장수요는 38명의 근로자들이 된다. 더욱 중요한 것은 시장수요곡선들이 기업수요곡선들로부터 너무 밀접하게 도출되기 때문에 시장수요곡선들도 역시 실질임금의 함수로서 **우하향**할 것이라는 점이다. 실질임금이 하락할 때 기존의 기업들이 고용하길 원하는 근로자 수는 증가한다. 이외에도 낮은 수준의 실질임금은 새로운 기업들이 시장에 진입하더라도 여전히 이윤을 획득할 수 있도록 한다. 역으로 실질임금이 상승할 때 기존의 기업들이 고용하기를 원하는 근로자의 수는 감소하며, 일부 기업들은 생산 활동을 완전히 중단하도

[5] 만약 기업들의 노동수요곡선들이 명목임금의 함수로 그려졌다면, 그것들은 기업들의 MRP_L곡선들의 우하향하는 부분을 나타낸다. 완전경쟁 상태에 있는 산업의 경우 생산물가격은 기업에게는 시장에 의해 주어진 것이 되며, 따라서 기업수준에서의 MRP_L은 그 안에 주어진 생산물가격을 내재하고 있다. 노동수요를 **시장**수준으로 집계할 때 생산물가격은 더 이상 주어진 것으로 간주될 수 없으며, 집계는 더 이상 단순한 합계일 수 없다.

록 강요받을 수 있다.

수요의 한계생산성이론에 대한 이의 간혹 이 절에서 소개된 노동수요이론에 대해 두 종류의 이의가 제기된다. 첫째, 거의 모든 사용자들이 '노동의 한계수입생산'이라는 단어를 들어본 적이 없으며, 이론에서는 대부분의 사용자들이 가지고 있지 않은 상당한 지적 교양을 가정하고 있다는 것이다. 또한 사용자들은 대개의 경우 개별근로자들의 산출량을 정확히 측정할 수 없다고 주장된다.

이러한 첫째 이의에 대해서는 다음과 같이 답할 수 있다. 즉 사용자들이 이윤극대화 조건을 구두로 설명할 수 있는가 또는 사용자들이 명시적으로 MRP_L을 측정할 수 있는가와 관계없이, 사용자들은 경쟁적인 상황에서 살아남기 위해 적어도 이런 사실들을 **직관적으로 알아야만** 된다. 마치 경쟁이 공간을 통해 속도, 각도, 그리고 회전이 몸체의 운동에 어떻게 영향을 미치는가의 복합성을 이해하지 못하는 풀(pool)—당구의 일종—선수를 시합에서 탈락시키는 것과 같이, 시장에서의 경쟁은 이윤을 획득하지 못하는 사용자들을 '제거하게' 될 것이다. 그러나 미국 전역의 풀 경기장을 돌아다녀 보아도 뉴턴(newton)의 운동의 법칙을 구두로 설명할 수 있는 풀 선수를 아마 단 한 명도 찾지 못할 것이다! 중요한 점은 사용자들이 구두로 개념들을 설명할 수 없더라도 이를 **알 수** 있다는 것이다. 이윤극대화에 능숙하지 못한 사용자들은 완전경쟁시장에서 매우 오랫동안 견딜 수 없을 것이다.

두 번째 이의는, 많은 경우 자본을 불변인 채로 고정시켜 놓을 때 노동을 추가시켜도 산출량이 전혀 늘어나지 않는 것처럼 보인다는 것이다. 예를 들어 비서 한 명과 컴퓨터 한 대가 산출물을 생산할 수 있으나, 컴퓨터의 수를 고정시켜 놓을 때 추가되는 두 번째 비서는 일하는 데 사용할 기계가 없기 때문에 추가로 아무 것도 생산하지 못하는 것처럼 보일 수 있다는 것이다.

이 두 번째 이의에 대한 답은, 두 명의 비서들은 컴퓨터를 교대로 사용할 수 있으며, 그 결과 둘 중의 누구 하나도 실수가 늘어나거나 타이프를 치는 속도가 떨어질 정도로 지루하지 않게 된다. 두 번째 비서는 또한 전화를 받을 수도 있으며 다른 방법으로 작업의 속도를 높일 수도 있다. 따라서 일인당 한 대의 기계를 필요로 하는 것처럼 보이는 기술일 경우조차도 자본이 불변인 채로 고정되더라도 노동은 일반적으로 0보다 큰 한계생산을 갖는다.

다른 생산요소들의 투입량이 변하는 경우 완전경쟁시장에서의 노동수요

노동수요이론의 시사점은 단기에도, 즉 언제라도 노동의 투입량이 변할 수 있기 때문에, 이윤극대화를 추구하는 기업은 항상 노동의 한계수입생산이 임금(완전경쟁노동시장에서 노동의 한계지출)과 일치하도록 생산 활동을 할 것이라는 사실이다. 이제부터는 **다른**

생산요소들을 조정할 수 있는 기업의 능력이 노동수요에 어떻게 영향을 미치는가를 고려해야 한다. 우선 장기적으로 자본을 조정할 수 있다는 사실의 시사점을 분석하고, 다음에 생산요소가 둘을 초과하는 경우로 관심을 돌리기로 하자.

장기노동수요

장기적으로 이윤을 극대화하기 위해 기업은 노동과 자본 각각의 한계수입생산이 각각의 한계지출과 일치하도록 노동과 자본 모두를 조정하여야 한다. 이 장의 앞부분에서 논의된 정의를 사용하면 이윤극대화는 다음의 두 등식이 만족되는 것을 필요로 한다.

$$MP_L \cdot P = W \text{ (식 3.5를 옮겨놓음)} \quad (3.7a)$$

$$MP_K \cdot P = C \text{ (자본의 이윤극대화 조건)} \quad (3.7b)$$

식 (3.7a)와 (3.7b)는 모두 P를 중심으로 정리될 수 있는데, 따라서 두 이윤극대화조건은 또한 다음과 같이 표현될 수 있다.

$$P = W/MP_L \text{ (식 3.7a를 정리)} \quad (3.8a)$$

$$P = C/MP_K \text{ (식 3.7b를 정리)} \quad (3.8b)$$

나아가서 식 (3.8a)와 (3.8b)의 우변들은 같은 수치인 P와 같기 때문에, 따라서 이윤극대화는 다음을 필요로 한다.

$$W/MP_L = C/MP_K \quad (3.8c)$$

식 (3.8c)의 경제적 의미는 자본조정능력이 기업의 노동수요에 어떻게 영향을 미치는가를 이해하는 열쇠가 된다. 식 (3.8c)의 좌변을 보면 분자는 노동 1단위의 비용인 반면, 분모는 추가노동 1단위에 의해 생산되는 추가산출량이다. 따라서 W/MP_L 비율은 산출량을 증가시키기 위해 노동을 사용할 때, 산출량 추가 1단위를 생산하는 데 있어서의 추가비용이 된다.[6] 마찬가지로 우변은 자본을 사용하여 산출량 추가단위를 생산할 때의 한계비용이다. 식 (3.8c)가 제시하는 바는, 이윤을 극대화시키기 위해서는 **기업은 노동을 사용하여 산출량 추가 단위를 생산할 때의 한계비용이 자본을 사용하여 산출량 추가단위를 생산할 때의 한계비용과 일치하도록 노동과 자본의 투입량을 조정하여야 한다**는 것이다. 왜 이 조건이 이윤극대화를 위한 요구조건이 될까?

이윤을 극대화시키기 위해서 기업은 최소비용의 방법으로 선택되어진 산출량수준을 생산하여야 한다. 기업이 어떤 생산요소를 사용하여 다른 생산요소보다 저렴하게 산출량을 늘릴 수 있는 한 기업은 최소비용의 방법으로 생산을 하고 있는 것이 아니라는 것이 그 논리이다. 예를 들어 만약 노동을 사용하여 산출량 1단위를 늘리는 한계비용이 10달러

---

[6] $MP_L = \Delta Q/\Delta L$이므로 W/MP_L는 $W \cdot \Delta L/\Delta Q$로 표시될 수 있다. $W\Delta L$은 노동 1단위 추가고용으로부터의 추가비용을 나타내기 때문에, $W\Delta L/\Delta Q$은 추가노동에 의하여 산출량 1단위가 생산될 때 추가된 산출량 1단위의 비용과 같다.

이고 자본을 사용할 때의 한계비용이 12달러라면, 기업은 산출량을 불변인 채로 유지하면서 생산비용을 낮출 수 있을 것이다! 어떤 방법으로 이것이 가능할까? 기업은 산출량을 1단위 줄이는 데 충분할 만큼의 자본을 감소시킬 수 있으며(12달러 절약), 그 뒤 줄어든 산출량 1단위를 회복시키기 위해 충분할 만큼의 노동을 추가시킬 수 있다(10달러의 비용부담). 산출량은 동일하나 비용은 2달러만큼 하락하게 될 것이다. 따라서 기업이 이윤을 극대화시키기 위해서는 노동과 자본 모두의 더 이상의 한계변화가 비용을 낮추지도 않고 이윤을 추가시키지도 않는 그러한 수준에서 생산 활동을 해야만 한다.

식 (3.8a)에서 (3.8c)까지를 놓고 볼 때, 만약 이윤극대화를 추구하는 기업이 직면하는 임금(W)이 상승한다면 장기노동수요는 어떻게 될까? 첫째, '생산물시장과 노동시장이 모두 완전경쟁일 때 단기노동수요'에 관한 절에서 논의하였던 바와 같이, W의 상승은 식 (3.8a)의 등호를 더 이상 성립하지 않도록 하며 기업은 자본을 조정할 수 있기 이전에라도 노동의 사용을 줄이길 원할 것이다. MP_L은 고용이 감소함에 따라 증가한다고 가정되기 때문에 노동의 감소는 MP_L을 증가시킬 것이다.

둘째, 이제 자본의 각 단위는 이전보다 적은 노동과 결합되기 때문에 MP_K는 하락하게 되며, 이는 식 (3.8b)를 부등식으로 만든다. 이 후자의 부등식 자체가 기업으로 하여금 자본보유량 감소를 원하도록 만들 것이다.

셋째, W의 증가는 우선 식 (3.8c)의 등식관계를 성립하지 않도록 할 것인데, 이는 노동을 사용하여 생산할 때의 한계비용이 이제는 자본 사용 시의 한계비용을 초과함을 의미한다. 만약 위에 언급한 노동의 감소가 단기에 이루어진다면, 이와 관련된 MP_L의 증가와 MP_K의 감소는 식 (3.8c)의 등호가 회복되는 방향으로 작용할 것이다. 그러나 만약 자본을 사용하는 것보다 노동을 사용하여 산출량 추가단위를 생산하는 것이 더 많은 비용이 든 채로 남아 있다면, 기업은 장기적으로 노동을 자본으로 대체하기를 원할 것이다. 노동의 자본으로의 대체는 기업이 이윤극대화가 달성되는 산출량수준(W의 상승으로 인해 이전보다는 분명히 줄어든)을 보다 자본집약적인 방법으로 생산할 것임을 의미한다. 노동을 자본으로 대체하는 행동은 또한 MP_L을 증가시키고 MP_K를 감소시키는 역할을 함으로써 식 (3.8c)의 등호가 다시 성립하도록 만든다.

끝으로 W의 증가는 두 가지 이유 때문에 기업이 바라는 고용수준을 줄이도록 할 것이다. 기업의 이윤극대화를 위한 산출량수준은 하락할 것이며, 요구되는 생산요소(자본과 노동 모두)의 투입량이 이와 관련하여 감소하는 것은 **규모효과**(scale effect)의 예이다. W의 상승은 또한 기업으로 하여금 최소비용의 방법으로 다시 생산할 수 있도록 노동을 자본으로 대체하도록 한다. 이때 생산과정에서 자본과 노동의 결합이 변화되는 것은 **대체효과**(substitution effect)의 예가 된다. 임금상승으로 인한 규모효과와 대체효과는 기업이 원하는 **자본**보유량에는 모호한 효과를 미치게 될 것이나, 두 효과 모두 **노동**수요를 감소시키는 역할을 한다. 따라서 예문 3.2에서 설명된 바와 같이 자본조정의 장기적인 능력은 노동수요곡선이 임금의 감소함수라는 명제에 이론적인 뒷받침을 추가시킨다.

예문 3.2

광산업 임금과 자본의 대체

임금인상이 모두 고용을 줄이는 경향이 있는 **규모효과**(scale effect)와 **대체효과**(substitution effect)의 두 효과를 갖는다는 사실은 임금을 더 높이려는 많은 사람들에게조차도 널리 알려져 있다. 루이스(John L. Lewis)는 광부들의 임금이 상당히 인상되었던, 그리고 임금의 상당한 인상은 노동의 자본으로의 대체를 유발시킬 것이라는 것을 확실히 알고 있었던 1920년대부터 1940년대까지 전미광산노동자합동조합(United Mine Workers of America)의 위원장이었다. 루이스는 다음과 같이 주장한 바 있다.

> 전미광산노동자합동조합은 주로 그 조합원의 이익을 위하여 산업의 기존 계약관계에 의해 보장된 표준 임금(wage standard)이 유지될 것을 주장한다. . . . 그러나 탄광에서 미국 표준임금의 유지를 주장하는데 있어 전미광산노동자합동조합은 또한 국가 기본산업의 재조직이 과학적이고 효율적인 선상에서 이루어지도록 하기 위해 그 역할, 아마 그 역할 이상을 하고 있는 중이다. 이 표준임금의 유지는 자연 경제법칙의 운용을 가속화시킬 것인데, 이는 때에 맞춰 비경제적인 광산, 쓸모없게 된 설비, 그리고 무능력한 경영진을 제거시킬 것이다.
>
> 전미광산노동자합동조합의 정책은 불가피하게 광산업이 실제적으로 사용할 수 있는 기계류가 결국에는 채택되도록 할 것이다. 공정한 임금과 미국의 생활기준은 부단히 노동력을 기계로 대체하는 것과 불가피하게 밀접한 관계가 있다. 공정임금과 기계가 나란히 걸어갈 것이라는 것은 결코 우연이 아니다.

자료: John L. Lewis, *The Miners' Fight for American Standards* (Indianapolis: Bell, 1925): 40, 41, 108.

생산요소가 두 종류를 초과할 경우

이제까지는 자본과 노동의 단지 두 생산요소만이 생산과정에 있다고 가정하였다. 사실 노동은 여러 종류로 구분될 수 있다. 예를 들어 노동은 연령, 교육수준, 그리고 직종에 따라 분류될 수 있다. 생산과정에 사용되는 다른 생산요소에는 원재료와 에너지가 포함된다. 만약 기업이 비용을 극소화시키는 방법을 찾는다면, 장기적으로 기업은 어떤 생산요소가 증가되는가와 관계없이 산출량 추가단위를 생산할 때의 한계비용이 모든 생산요소에 동일할 때까지 생산요소들을 고용해야 한다. 식 (3.8c)의 이러한 일반화는 **어떤** 종류의 노동에 대한 수요도 그 해당임금**과** (규모효과와 대체효과를 통해) 다른 모든 종류의 노동, 자본 및 기타 생산요소들의 임금 또는 가격들의 함수가 될 것이라는 다소 명백한 결과로 이어진다.

생산요소들이 생산의 대체관계일 때 각 종류의 노동에 대한 수요곡선은 앞에서 논의된 이유 때문에 해당 범주의 근로자들에게 지급된 임금의 감소함수가 될 것이지만, 이 노동수요곡선은 다른 생산요소의 임금 또는 가격변화에 어떻게 영향을 받게 될까? 만약 두 생

그림 3.3

한 생산요소(k)의 가격상승이 다른 생산요소(j)의 수요에 미치는 효과(생산요소가 생산의 대체관계일 경우)

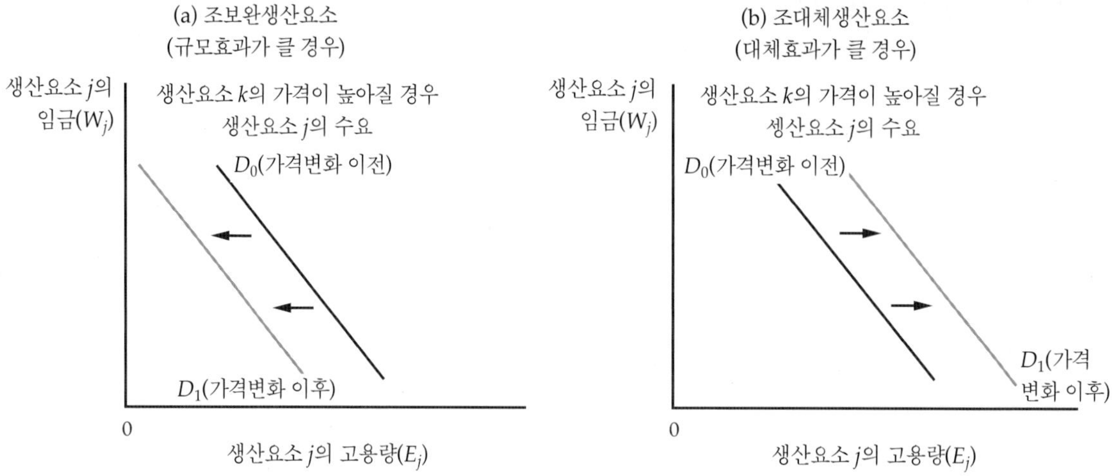

산요소가 **생산의 대체요소**(substitutes in production, 즉 만약 산출물을 생산하는 데 한 생산요소를 더 많이 사용하는 것이 다른 생산요소의 사용감소를 보충할 수 있다면)라면, **다른** 생산요소가격의 상승은 대체효과와 규모효과의 상대적 강도에 따라 **주어진** 범주의 노동수요곡선 전체를 우측 또는 좌측으로 이동시킬 수 있다. 만약 그림 3.3의 (a)에서와 같이 어떤 생산요소의 가격상승이 **다른** 생산요소에 대한 수요곡선을 좌측으로 이동시킨다면, 규모효과가 대체효과보다 크게 되어, 두 생산요소는 **조보완요소**(gross complements)가 된다. 만약 그림 3.3의 (b)에서와 같이 어떤 생산요소의 가격상승이 다른 생산요소에 대한 수요곡선을 우측으로 이동시키면, 대체효과가 더 크게 되어 두 생산요소는 **조대체요소**(gross substitutes)가 된다.

생산요소들이 생산의 보완관계일 때 만약 두 생산요소가 함께 사용되어야만 한다는 의미에서 **생산의 완전보완요소 또는 생산의 보완요소**라면, 한 생산요소의 사용량 감소는 다른 생산요소의 사용량도 감소함을 의미한다. 이 경우, 규모효과만이 있을 뿐이지 대체효과는 존재하지 않으며, 두 생산요소는 반드시 조보완요소가 된다.

예 숙련근로자들과 미숙련근로자들이 생산과정에서 서로 대체될 수 있는 예를 들기 위해 눈을 치우는 기업에 대해 살펴보자. 눈은 미숙련근로자들(삽을 이용) 또는 제설차를 운전하는 숙련근로자들을 사용하여 치워질 수 있다. 숙련근로자들의 수요에 초점을 맞추기로 하자. 다른 조건이 일정하다면, 숙련근로자들의 임금상승은 기업으로 하여금 더 적은 숙련근로자들을 고용하도록 할 것이다. 즉 숙련근로자들에 대한 수요는 임금의 감소함수가 된다. 그러나 만약 **미숙련**근로자들의 임금만 상승한다면, 사용자는 이전보다 적은 수의 미숙련근로자들을 원할 것이며, **주어진 일정량의 눈**을 치우기 위해 이제는 상대적으로 가격이 싸진 숙련근로자들을 더 많이 원하게 된다. 이러한 대체효과가 규모효과를 압도하는 한, 숙련근로자들에 대한 수요곡선은 우측으로 이동하게 될 것이다. 이 경우 숙련근로자들과 미숙련근로자들은 조대체요소가 된다. 이와는 대조적으로 만약 산출량규모의 감소가 숙련근로자들의 고용을 감소시킨다면, 비록 숙련근로자들이 생산과정에서 미숙련근로자들을 대체하더라도 숙련근로자들과 미숙련근로자들은 조보완요소가 된다.

위의 기업에서 제설차와 숙련근로자들은 생산의 보완관계이다. 만약 제설차의 가격이 상승하면 사용자는 제설차의 사용을 줄이길 원할 것이고, 이는 제설차를 운전하였던 숙련근로자들에 대한 각 임금에서의 수요를 줄이게 된다. 위에서 주목한 바와 같이 생산의 보완관계에 있는 생산요소들은 항상 조보완요소가 된다.

생산물시장이 불완전경쟁일 때의 노동수요

이제까지의 노동수요에 대한 단기와 장기분석 모두는 기업이 완전경쟁 생산물시장과 노동시장에서 운영된다는 가정 하에 이루어졌다. 이는 기업이 가격순응자이면서 임금순응자라고 가정하는 것과 동일하다. 즉 기업은 P와 W 모두를 주어진 것으로 간주하고, 산출량과 생산요소 수준에 대해서만 의사결정을 한다고 가정하는 것이다. 이제 불완전경쟁(독점) **생산물**시장이 노동수요에 미치는 효과들을 살펴보기로 하자(불완전경쟁 **노동**시장의 효과는 제5장에서 분석될 것임).

독점이윤의 극대화

앞부분의 각주 2와 부근의 본문에서 설명하였던 바와 같이, 생산물시장의 독점기업들은 자신들의 생산물에 대한 **시장**수요곡선에 직면하며, 따라서 그들은 생산물가격을 주어진 것으로 간주하지 않는다. 독점기업들은 생산물가격을 하락시켜야만 자신들의 판매량을 늘릴 수 있는데, 이는 추가산출량 1단위로부터 받게 되는 한계수입(MR)이 생산물가격(P)보다 작다는 것을 뜻한다. 식 (3.3a)에 나와 있는 한계수입생산의 일반적인 정의를 사용하여, 식 (3.4)에 설명된 통상적인 이윤극대화 기준을 완전경쟁 **노동**시장(그 결과 $ME_L = W$)에서 근로자들을 찾고 있는 독점기업에 적용하면, 독점기업은 노동의 한계수입생산(MRP_L)이 임금과 일치할 때까지 근로자들을 채용하게 된다는 것을 알게 된다.

$$MRP_L = MR \cdot MP_L = W \tag{3.9}$$

이제 식 (3.9)를 기업의 생산물가격 P로 나눔으로써 실질임금을 사용하여 단기노동수요를 표현할 수 있으며, 다음의 식 (3.10)을 얻게 된다.

$$\frac{MR}{P} \cdot MP_L = \frac{W}{P} \tag{3.10}$$

한계수입은 항상 독점기업의 생산물가격보다 작기 때문에, 식 (3.10)의 MR/P 비율은 1보다 작다. 그러므로 생산물시장에서 독점력을 보유하고 있는 기업의 노동수요곡선은 생산물가격을 주어진 것으로 간주하는 그리고 **나머지는 동일한 조건을** 갖는 기업 노동수요곡선의 아래쪽 또는 왼쪽에 놓이게 될 것이다. 달리 표현하면 독점 하에서의 이윤극대화 산출량수준이 완전경쟁시장에서보다 낮은 것과 같이, 다른 조건이 일정하다면 고용수준도 똑같은 상태가 된다.

그러나 비록 **고용**(employment)수준은 상이하더라도 독점기업들이 지급하는 **임금**(wage)은 완전경쟁시장에서의 수준과 반드시 상이하지는 않다. 생산물시장에서 독점상태에 있는 사용자도 특정한 종류의 근로자시장에서는 여전히 매우 작은 부분에 불과할 수 있으며, 따라서 노동시장에서는 **가격순응자**(price taker)일 수 있다. 예를 들어 전기, 가스, 수도 등을 공급하는 어느 지역의 공익기업(utility company)이 생산물시장에서는 독점기업일지 모르나, 비서들을 채용하기 위해서는 다른 모든 기업들과 경쟁을 하여야 할 것이므로 현행의 시장임금을 지급하여야 한다.

독점기업들은 더 높은 임금을 지급하는가?

경제학자들은 오랫동안 생산물시장에서 독점상태에 있는 기업들이 완전경쟁 상태에 있는 기업들이 지급하는 것보다 **더 높은 수준의** 임금을 지급하는가에 의문을 품어왔다.[7)] 그 우월한 지위를 이용하여 독점이윤을 획득하는 것을 방지하기 위하여 독점기업들은 종종 정부기관들에 의해 규제를 받고 있지만, 생산비용을 소비자에게 전가시키는 것은 허용되고 있다. 따라서 이윤을 극대화시킬 수 없는 반면, 독점기업의 경영자들은 높은 임금을 지급함으로써 그리고 더 높은 가격의 형태로 비용을 소비자들에게 전가시킴으로써 자신들의 **효용**을 향상시킬 수 있다. 더 높은 임금을 지급할 수 있는 능력은 보다 더 관심이 끌리거나 또는 품위가 있거나 또는 경영인들이 바람직하다고 생각하는 특성들을 가지고 있는 사람들의 채용을 가능하게 함으로써 경영인의 삶을 보다 즐겁게 한다.

그러나 독점기업의 임금에 대한 증거는 아직까지는 그다지 분명하지 않다. 몇몇 연구들은 상대적으로 소수의 판매자가 있는 산업에 있어서의 기업들은, 동일한 교육수준과 경험을 가지고 있는 근로자들에게 완전경쟁시장의 기업들보다 더 높은 임금을 **지급한다**는 것을 제시하고 있다. 그러나 규제를 받는 독점기업들을 대상으로 한 다른 연구들은 임금이 이 산업들의 동등한(comparable) 근로자들보다 더 높은 경향이 있는가에 대해 엇갈리는 결과를 제시하고 있다.[8)]

---

7) 이 주장에 대한 자세한 내용은 Armen Alchian and Reuben Kessel, "Competition, Monopoly, and the Pursuit of Money," in *Aspects of Labor Economics*, ed. H.G. Lewis (Princeton, N.J.: Princeton University Press, 1962)를 참조하라.

8) Ronald Ehrenberg, *The Regulatory Process and Labor Earnings* (New York: Academic Press, 1979); Barry T. Hirsch, "Trucking Regulation, Unionization, and Labor Earnings," *Journal of Human Resources* 23 (Summer 1988): 296~319; S. Nickell, J. Vainiomaki, and S. Wadhwani, "Wages and Product Market Power," *Economica* 61 (November 1994): 457~473; and Marianne Bertrand and Sendhil Mullainathan, "Is There Discretion in Wage Setting? A Test Using Takeover Legislation," *RAND Journal of Economics* 30 (Autumn 1999): 535~554.

정책에의 응용: 사용자의 급여세와 임금보조금의 노동시장 효과

이제는 노동수요이론을 사용자의 급여세(payroll taxes)와 임금보조금이라는 현상에 응용하기로 한다. 정부는 **사용자들**에게 자신들의 총급여비용에 기초하여 세금을 납부하도록 함으로써 어떤 사회프로그램들에 대해 폭넓게 재정지원을 한다. 이제 살펴보게 되겠지만 사용자에게 새로이 부과되는 급여세 또는 급여세의 증가는 노동의 채용비용을 증가시키며, 따라서 사용자들의 노동수요를 감소시킬 것으로 예상된다. 역으로 만약 정부가 사용자들이 지급하는 임금에 보조금을 지급한다면 노동수요는 증가한다고 주장될 수 있다. 사실 사회적으로 불리한 처지에 있는 특정그룹을 위한 임금보조금은, 종종 그들의 고용을 증가시키기 위한 방법으로 제안된다. 이 절에서는 급여세와 보조금의 효과를 분석하기로 한다.

급여세의 부담?

급여세는 사용자들로 하여금 종종 어떤 최대금액의 범위 내에서 근로자들의 근로소득의 일정비율을 정부에 납부하도록 요구한다. 사회보장퇴직(Social Security retirement), 장애(disability), 그리고 노인의료보험(Medicare) 프로그램들은 물론 실업보험은 이의 전형적인 예이다. 이 프로그램들을 위한 비용을 조달하기 위해 사용자들에게 과세하는 것이 그렇지 않았을 경우에 자신들에게 부과될 재정적인 부담으로부터 **근로자들을** 경감시켜 주는가?

오직 사용자만 보험료 성격의 세금을 납부하도록 요구되며 급여의 일정비율이 아닌 노동시간당 고정된 액수(X)로 세금이 부과된다고 가정하자. 이제 바람직한 고용수준을 **근로자들이 받는** 임금에 대해 그려지도록 한 그림 3.4의 시장수요곡선 D_0을 살펴보자. 조세부과 이전에 근로자들이 받는 임금은 사용자들이 지급하는 임금과 동일하다. 따라서 만약 D_0이 조세가 부과되기 이전의 수요곡선이라면, D_0은 각 임금수준에서 기업이 얼마나 많은 노동을 채용할 용의가 있는가를 나타내는 것으로 해석할 수 있다. 그러나 조세부과 이후에 사용자 임금비용은 근로자들이 받는 임금보다 X 만큼 크게 될 것이다.

수요곡선의 이동 만약 근로자들이 W_0을 받는다면 사용자들은 이제 W_0+X라는 비용에 직면하게 된다. 사용자들은 더 이상 E_0 만큼의 근로자들을 수요하지 않을 것이다. 오히려 그들의 비용이 W_0+X이기 때문에 사용자들은 원래 수요곡선 상의 점 C에 위치해 E_2만큼의 근로자들을 원할 것이다. 점 A(W_0과 E_2가 교차하는 곳)는 조세 때문에 수요가 감소할 때 형성되는 **새로운** 시장수요곡선 상에 놓이게 된다(그림 3.4의 세로축에 표시된 임금은 사용자들이 지급하는 임금이 아니라 **근로자들이 받는** 임금임을 기억하라). 오로지 근로자의 임금이 W_0-X로 하락할 때 **사용자**의 비용이 과세 이전과 동일해지기 때문에, 기업들은 E_0만큼의 근로자들을 계속해서 채용하기를 원할 것이다. 따라서 점 B도 또한 새롭게 이동한 수요곡선 상의 점이 된다. X 만큼의 세금이 부과될 때, 새로운 수요곡선(D_1)은 이전의 수요곡선과 평행이 되며 두 수요곡선의 수직거리가 X임에 주목하라.

이제 조세부과와 관련된 시장수요곡선의 D_1로의 이동은 이전 균형임금 W_0에서 노동의 초과공급이 존재한다는 것을 의미한다. 이 노동잉여는 **근로자**의 임금에 하락압력을 제공할 것이며, 이 하락압력은 노동공급량이 수요량과 정확히 일치하게 되는 점인 W_1로 근로자의 임금이 하락할 때까지 계속하여 작용될 것이다. 이 점(G)에서 고용도 E_1로 하락하게 된다. 따라서 **근로자들**은 **낮은 임금과 낮은 고용수준**의 형태로 부담을 지게 된다. 여기서 얻게 되는 교훈은 분명하다. 즉 정부가 **사용자들**에 대한 급여세를 통해 비용을 조달하기로 선택할 때, **근로자들**은 비용의 부담을 면제받는 것이 아니라는 것이다.

그러나 근로자들이 받는 임금이 조세부과액 전체액수 만큼 하락하지 않기 때문에, 사용자들 역시 적어도 조세의 **일정부분**을 부담하게 될지 모른다는 것을 그림 3.4는 제시한다 (W_0-W_1은 두 수요곡선들의 수직거리인 X보다 더 작다). 이는 노동시장의 공급곡선이 우상향할 경우에 임금수준이 하락함에 따라 근로자들이 시장에서 노동공급을 줄이게 되므로, 기업이 근로자를 구하기가 더 어렵게 되기 때문에 발생한다. 만약 임금이 W_0-X 수준으로 하락한다면, 시장으로부터의 근로자들의 이탈이 임금을 W_0과 W_0-X 사이의 어떤 수준(위의 예에서는 W_1)으로 상승시키는 역할을 하는 노동부족을 야기 시킬 것이다. 오로지 노동시장공급곡선이 **수직**일 경우, 즉 임금의 하락이 노동공급에 아무런 영향을 미칠 수 없을 경우, **조세부과액 전체**가 근로자들의 임금이 X 만큼 하락하는 형태로 근로자들에게 전가된다(그림 3.5 참조).

노동공급곡선의 효과 노동시장**공급**곡선이 임금에 민감하게 반응하는 정도에 따라 사용자가 납부하는 급여소득세 중 근로자들의 임금하락에 전가되는 비율이 결정된다. 노동공급이 임금변화에 덜 민감하게 반응할수록 시장으로부터 이탈하게 되는 근로자들의 수가 적어질 것이고, 임금하락의 형태로 근로자들에게 전가되는 조세의 비율은 더 커지게 된

그림 3.4

시장수요곡선과 사용자가 부담하는 급여세의 효과

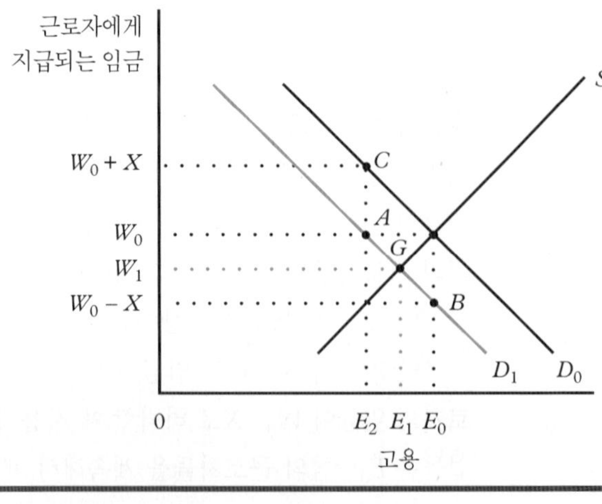

다(그림 3.4와 3.5 결과를 비교하라). 그러나 근로자의 임금이 하락하지 **않게** 되면 고용수준은 하락**할 것이라는** 점도 또한 지적되어야만 한다. 즉 사용자의 급여세가 증가할 때 근로자의 임금이 크게 하락하지 않으면 사용자의 노동비용은 증가할 것이고, 이러한 노동비용의 증가는 사용자들의 노동수요량을 줄이게 된다.

수많은 실증연구들이 사용자들의 급여세 비용 중 얼마만큼의 비율이 임금하락 (또는 작은 폭의 임금상승) 형태로 근로자들에게 실제로 전가되는가를 규명하려 시도하였다. 비록 증거가 확실하지는 않지만 이러한 연구들을 포괄적으로 검토하게 되면, 장기적으로 고용에는 별 효과를 미치지 못하면서 급여세의 대부분이 궁극적으로 임금으로 전가된다는 적어도 잠정적인 결론은 내릴 수 있다.[9)]

빈곤한 자를 돕기 위한 수단으로서의 고용보조금

사용자들에 대한 급여세의 정반대 개념에는 사용자들이 지급하는 급여에 대한 정부의 보조금이 있다. 예를 들어 그림 3.4에서 만약 시간당 노동에 X 만큼을 **과세**하는 대신 정부가 사용자에게 X 만큼을 **지급**한다면, 시장노동수요곡선은 수직거리 X 만큼 **위로** 이동한

그림 3.5
수직공급곡선과 급여세

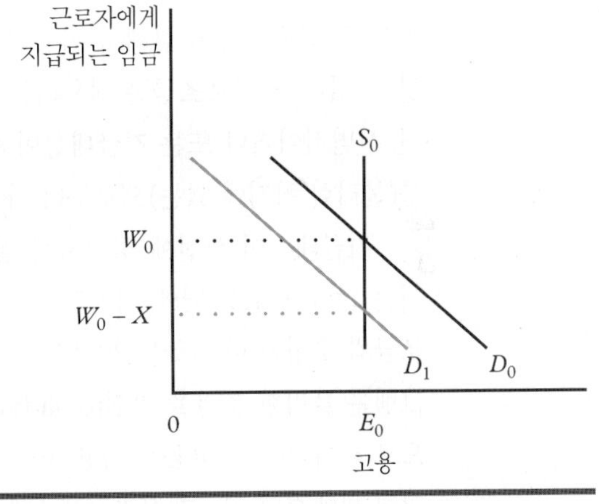

9) Daniel S. Hamermesh, *Labor Demand* (Princeton, N.J.: Princeton University Press, 1993), 169~173. 또한 Patricia M. Anderson and Bruce D. Meyer, "The Effects of the Unemployment Insurance Payroll Tax on Wages, Employment, Claims and Denials," *Journal of Public Economics* 78 (October 2000): 81~106; and Kevin Lang, "The Effect of the Payroll Tax on Earnings: A Test of Competing Models of Wage Determination," National Bureau of Economic Research Working Paper No. 9537, February 2003 참조. 임금에는 영향이 작고 일자리손실에는 영향이 크다는 사실은 Adriana Kugler and Maurice Kugler, "Labor Market Effects of Payroll Taxes in Developing Countries: Evidence from Colombia," *Economic Development and Cultural Change* 57 (January 2009): 335~358에 보고되었다. 사용자 급여세의 효과에 대한 몇몇 흥미로운 이론 및 실증적 의문을 제기한 연구는 Emmanuel Saez, Manos Matsaganis and Panos Tsakloglou, "Earnings Determination and Taxes: Evidence from a Cohort Based Payroll Tax Reform in Greece," *Quarterly Journal of Economics* 127 (February 2012): 493~533을 참조하라.

다. 수요곡선의 이러한 상향이동은 고용량과 근로자들이 받는 임금을 증가시키려는 압력을 발생시킬 것이다. 급여세가 부과될 때와 같이, 궁극적인 효과가 고용 또는 임금 중 어느 쪽에 더 크게 나타나는가의 여부는 노동시장공급곡선의 형태에 달려있다.

(학생 여러분들은 시간당 X 만큼의 신규 급여보조금을 반영하는 노동수요곡선을 그리고, 그 뒤 우상향하고 수직인 시장공급곡선을 교대로 고려하여 고용과 근로자의 임금에 미치는 효과를 분석함으로써, 이 분야에 대해 이해를 하고 있는가를 시험해 보아야 한다. **힌트:** 분석결과는 그림 3.4와 3.5의 수요곡선 D_1이 보조금에 의해 D_0으로 이동할 때 얻게 되는 결과와 동일해야 한다.)

사용자들에 대한 급여보조금은 여러 형태를 취할 수 있다. 보조금은 위의 가상적인 예가 의미하는 바와 같이 현금지급의 형태이거나 또는 세액공제(tax credit)의 형태일 수 있다. 이 세액공제를 함으로써 기업의 급여세율이 직접적으로 낮아질 수 있으며 또는 채용노동시간 수에 비례한 액수만큼 다른 어떤 세금이 줄어들 수도 있다. 어떤 경우든지 세액공제는 노동채용비용을 감소시키는 효과를 가진다.

채용보조금 프로그램 채용을 보조하는 프로그램들은 기업의 고용**수준**에 적용되거나, 어떤 날짜 이후에 채용된 **신규**근로자들이면 누구에게든 적용되거나(비록 신규근로자들이 이직한 근로자들을 단지 대체하는 경우일지라도) 또는 기업의 고용수준을 **증가**시키는 역할을 한 신규채용에 한해서 적용될 수 있다. 마지막으로 보조금은 **일반적**이거나 **선별적**일 수 있다. 일반보조금은 채용되는 사람의 성격에 따라 조건부로 주어지는 것이 아닌 반면, 선별적이거나 또는 **지급대상이 사전에 정해진**(targeted) 보조금은 어떤 지급대상 그룹(불리한 처지에 있는)으로부터 사람들을 채용하는 것을 조건으로 지급된다.

지급대상이 사전에 정해져서 실시된 임금보조금의 미국에서의 경험은 그리 대단하지는 않았다. 1979년에 시작되어 1995년에 최종적으로 중단될 때까지 수 년 간에 걸쳐 조금씩 수정된 바 있었던 특정계층 세액공제(TJTC: The Targeted Jobs Tax Credit)프로그램은 불리한 조건을 가진(disadvantaged) 청년, 장애인, 그리고 복지수혜자들을 대상으로 하여 이들을 고용한 사용자들에게 1년 동안 세액공제를 제공하였다. 실제로 이 프로그램 하에서의 평균재직기간은 6개월이었으며, 보조금은 이 재직기간 동안 사용자의 임금비용을 약 15% 감소시켰다.

TJTC프로그램의 효과를 제한시켰던 한 가지 문제는 많은 프로그램 참여자들에게 자격요건이 낙인을 찍는 결과를 초래하였다는 것이다. 즉 이 프로그램의 대상이 되는 자격을 가졌다는 것(예를 들면 복지수혜자라는 것)은 종종 사용자들에 의해 생산성의 부정적인 지표로 간주되었다. 그럼에도 불구하고 어느 평가는 불리한 조건을 가진 청년들의 고용이 TJTC에 의해 향상되었음을 밝힌 바 있다. 구체적으로 이 평가는 1989년의 프로그램 변경에 의해 23세와 24세가 TJTC의 대상에서 제외되었을 때, 불리한 조건을 가진 해

실증연구

여성들은 사용자가 재원을 조달하는 출산수당(maternity benefits)에 대가를 지불하는가? 시간이 흐름에 따른 횡단면데이터를 사용한 '차이점 안의 차이점(differences in differences)' 분석

1976년 하반기에 일리노이, 뉴저지, 그리고 뉴욕은 사용자가 제공하는 건강보험이 임신을 질병과 똑같이 (즉 임신의 경우 의사의 진료비와 병원비용의 적용범위가 질병 또는 상해와 똑같아야 함) 취급하도록 하는 법을 통과시켰다. 이러한 명령은 가임연령의 여성을 위한 건강보험 비용을 여성 근로소득의 약 4% 되는 액수만큼 증가시켰다. 이러한 사용자비용의 증가는 사용자에 의해 부담되었을까 또는 동일한 액수만큼 여성의 임금을 하락시켰을까?

이 주제의 연구자들이 직면한 문제는 이 법을 채택한 주들이 모두 소득이 높은 주들이며 여성들의 고용기회 확대를 장려하는 주법들을 가질 가능성이 있는 주들이란 것이다. 따라서 여러 주의 임금 **수준** 비교는 강제출산수당 이외에도 임금에 영향을 주는 모든 요소들을 통계적으로 통제할 것을 필요로 한다. 주에 따라 임금에 영향을 미치는 경제적, 사회적, 그리고 법적 요소들을 충분히 통제했다고 확신할 수가 없기 때문에 분석을 수행할 다른 방법을 찾을 필요가 있다.

다행히도 여러 요소들에 의해 연구관련 문제들에 대한 해결책이 쉽게 찾아졌다: (a) 몇몇 주들이 이 법을 채택하였으며, 일부 주들은 채택하지 않았다; (b) 이 법을 채택한 주들에서조차도 보험비용의 증가는 가임연령의 여성들(그리고 그 배우자들)에게만 적용되었으며, 독신남성 또는 나이든 여성근로자들에게는 적용되지 않았다; 그리고 (c) 이 법을 채택한 주들이 동일한 기간 동안 이 법을 통과시켰으며, 따라서 시간이 흐름에 따라 변화하는 여성 임금에 영향을 미치는 (경기침체 또는 경제활동인구에의 여성참여 증가 같은) 변수들이 분석을 혼동시키지 않는다.

위의 (a)와 (c)요소는 경제학자들이 소위 '차이점 안의 차이점' 분석이라 부르는 행위를 가능하도록 한다. 구체적으로 이 요소들은 이 법을 채택한 주(州) 가임연령 여성들('실험집단')의 채택하기 이전의 기간으로부터 채택한 이후 기간까지의 임금**변화**를 이 법을 채택하지 않은 주 동일한 연령인 여성들('비교집단')의 동일한 기간 동안의 임금변화와 비교할 수 있도록 한다. 주 내에서의 임금**변화**를 비교함으로써, 한 주의 초기 임금**수준**을 다른 주의 초기 임금수준과 다르게 만드는 경제적, 사회적, 그리고 공공정책 요인들을 통제하는 조치들을 모색할 필요가 없게 된다. 예를 들어 뉴저지의 임금수준을 인상시키는 요소들이 무엇이든가에 관계없이 이 요소들은 강제 출산수당의 채택 이전과 이후 모두 뉴저지에 존재하였을 것이다.

물론 채택한 주와 채택하지 않은 주들은 이 기간 동안 임금변화의 정도를 다르게 했던 (출산수당과 관계없는) **다른** 요인들의 영향을 받았을 것이라는 주장이 있을 수 있다. 예를 들어 뉴저지 경제는 출산수당이 채택된 기간 동안 호황을 누렸을지 모르는 반면, 다른 주 경제는 그렇지 못했을 수 있다. 그러나 채택한 주가 출산수당에 의해 부여된 것 이외의 그 주 만의 독특한 임금압력을 경험한다면, 이러한 다른 임금압력의 효과는 강제수당에 의해 영향을 받지 않는 채택한 주의 독신남성 또는 나이든 여성들 집단이 경험한 임금

변화에 틀림없이 나타났을 것이다. 따라서 채택한 주의 가임연령 여성 임금변화를 동일한 주 독신남성 또는 나이든 여성들의 임금변화와 또한 비교함으로써 위 요소 (b)를 이용할 수 있다.

위 세 가지 요소들은 연구자가 20~40세 기혼여성들의 임금이 1974~1975년부터 1977~1978년까지 이 법을 채택한 세 주에서 어떻게 변하였는지를 측정하도록 하였다. 다음에 이 변화들은 이 법을 채택하지 않은 (그러나 경제적으로 유사한) 주의 동일한 연령을 가진 기혼여성들의 임금변화와 비교되었다. 이 기간 동안 여러 주에서의 임금변화에 영향을 미칠 수 있었던 **출산수당 변화 이외**의 요인들을 설명하기 위해 연구자는 또한 미혼남성과 40세를 초과하는 근로자들의 임금변화를 측정하였다. 이 연구는 강제출산수당을 채택한 주들에서 20~40세 연령집단 여성의 채택 후 임금은 채택이 없었을 경우보다 약 4% 더 낮았다고 결론을 내렸다. 이러한 결과는 출산수당의 전체 비용이 가임연령 여성에게 신속히 전가되었음을 암시한다.

자료: Jonathan Gruber, "The Incidence of Mandated Maternity Benefits," *American Economic Review* 84 (June 1994): 622~641. 강제의료수당이 **임금**에 미치는 무시할 수 없는 효과를 발견하지는 못했지만 강제의료수당은 (건강보험의 제공이 요구되지 않는) 파트타임 근로자들에게의 의존도가 높아지는 현상을 수반한다는 것을 밝힌 연구는 Thomas C. Buchmueller, John DiNardo, and Robert G. Valletta, "The Effect of an Employer Health Insurance Mandate on Health Insurance Coverage and the Demand for Labor: Evidence from Hawaii," *American Economic Journal: Economic Policy* 3 (November 2011): 25~51을 참조하라.

당연령 청년들의 고용이 7% 넘게 감소했음을 밝혔다.[10)] 보다 최근의 한 연구는 급여보조금이 고용과 임금에 미치는 즉각적인 효과는 긍정적이었지만, 상대적으로 그 크기는 작았으며 오래 지속되지 않았음을 발견하였다.[11)]

급여세 감면 사용자들이 납부해야 하는 급여세를 감면하는 것은 채용을 자극하기 위해 사용될 수 있는 대안적 정책이다. 그러나 그림 3.5의 논의 시 노동공급곡선이 **수직**일 때 만약사용자 급여세가 상승 또는 하락되면 수요곡선 이동의 효과는 고용에는 느껴지지 못하고 근로자가 받는 임금에만 느껴질 것이라는 점을 주목했었다. 그러나 **실업이 널리 퍼진 기간 동안**에 급여세를 감면하는 것은 고용을 증가시키는 효과를 가질 수 있다고 믿을 이유가 존재한다.

그림 3.6에서 기존의 사용자 급여세를 반영하는 노동수요곡선이 D_1이라고 가정하자.

10) Lawrence F. Katz, "Wage Subsidies for the Disadvantaged," in *Generating Jobs: How to Increase Demand for Less-Skilled Workers*, eds. Richard B. Freeman and Peter Gottschalk (New York: Russell Sage Foundation, 1998), 21~53.

11) Sasrah Hamersma, "The Effects of an Employer Subsidy on Employment Outcomes: A Study of the Work Opportunity and Welfare-to-Work Tax Credits," *Journal of Policy Analysis and Management* 27 (Summer 2008): 498~520. 급여보조금이 고용증가에 미치는 잠재적 영향에 대한 보다 긍정적인 검토는 Timothy J. Bartik and John H. Bishop, "The Job Creation Tax Credit," Economic Policy Institute Briefing Paper No. 248 (Washington, D.C.: October 20, 2009)에서 살펴볼 수 있다.

그림 3.6

광범위한 실업 기간 동안의 급여세 감소

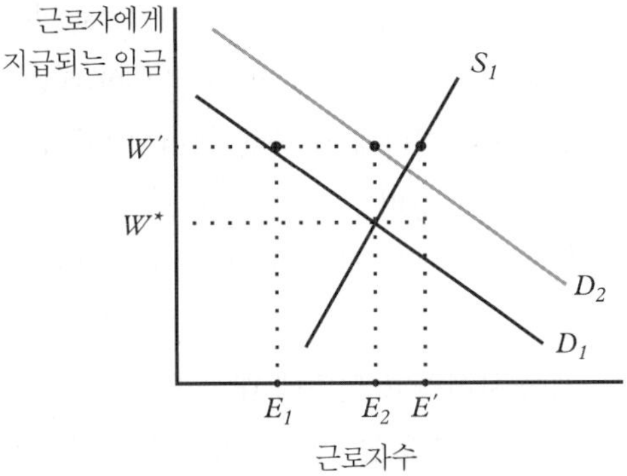

노동공급곡선은 S_1이지만 몇몇 이유 때문에 사용자가 지급하는 임금은 시장청산 수준(W^*)보다 높은 수준인 W'에 고정되어 있다. W'의 임금에서는 오로지 E_1 만큼의 근로자들이 고용을 찾을 수 있다. 그러나 그 임금수준에서 일할 용의가 있는 E' 만큼의 근로자들이 존재한다. 따라서 만약 임금이 실제로 W'에 고정되어 있다면, 사회는 (이 경우 $E'-E_1$ 근로자들인) 실업을 경험한다. 만약 정부가 사용자 급여세를 감면한다면 실업은 감소될 수 있을까?

만약 정부가 사용자 급여세를 감면한다면 노동수요곡선은 예를 들어 그림 3.6의 D_2로 **우측**이동하게 된다. 근로자 임금이 W'일 때 고용은 E_2까지 증가하며 실업은 $E'-E_2$로 감소하게 된다. 달리 표현하면 실업이 시장청산수준보다 높은 임금과 관련이 있을 때 사용자 급여세를 감면하는 것은 임금이 아니라 고용을 증가시키는 효과를 가질 수 있다.[12)]

[12)] 보다 상세한 분석은 David Neumark, "Spurring Job Creation in Response to Severe Recessions: Reconsidering Hiring Credits," working paper no. 16866, National Bureau of Economic Research (Cambridge, Mass., March 2011)을 참조하라.

복습문제

1. 1992년 대통령선거기간 동안의 어느 성명에서, 정당에 영향을 미치려 하였던 한 단체는 미국 기업들이 멕시코 현지공장에서 지급하는 임금이 너무 낮은 수준이어서 현재의 임금 수준은 "근로자의 생산성과 아무런 관계가 없다."라고 주장하였다. 이윤극대화 원리를 사용하여 이 성명에 대해 논평하라.
2. 데이터를 컴퓨터에 입력하는 근로자(keyboarder, data entry clerk)들의 임금이 미국에 비해 인도가 낮다고 가정하자. 이러한 사실은 데이터를 컴퓨터에 입력하는 근로자들의 일자리가 미국으로부터 인도로 이전되는 것을 의미하는가? 설명하라.
3. 미국직업안전위생관리국(The Occupational Safety and Health Administration)은 안전과 보건에 관한 기준들을 공포한다. 이 기준들

은 위험방지기, 보호시설, 그리고 이와 유사한 설비가 설치되도록 요구되는 기계류(자본)에 전형적으로 적용된다. 이 기준들의 대안은 사용자에게 귀마개, 안전모, 그리고 안전화 같은 개인보호 장비를 근로자들(노동)에게 지급하도록 요구하는 것이다. 어느 접근법이 부상으로부터 근로자들을 보다 잘 보호하느냐의 문제를 **무시**하고, 안전에 대한 두 접근법이 **고용**에 미칠 수 있는 가능한 효과를 분석할 때 각 접근법의 어떤 측면들이 고려되어야 하는가?

4. 교도소가 역사적으로 입소자들에게 교도소 내에서의 여러 청소 및 음식준비 작업을 **보수를 받지 않고** 수행하도록 요구해 왔다고 가정하자. 이제 입소자들이 교도소 내에 위치한 공장에서 보수를 받고 일할 것을 제의 받았으며, 청소 및 음식준비 작업은 이제는 이를 위해 채용된 입소자가 아닌 사람들에 의해 수행된다고 가정하자. 이 청소 및 음식준비 작업을 수행하기 위해 사용되는 **기술**에 어떤 차이가 목격될 것을 기대하게 되는가? 설명하라.
5. 수년 전에 영국은 **서비스**산업의 임금에 세금을 부과하고 이를 사용자들로부터 징수하는 프로그램을 채택하였다. 제조업 임금에는 세금이 부과되지 않는다고 한다. 이 조세정책의 임금과 고용에 대한 효과를 논하라.
6. 여성 산업근로자들의 의료보장 프로그램을 만들기 위해 정부가 사용자들에게 근로시간 1시간당 50센트의 급여세를 부과하길 원한다고 한다. 급여세가 여성들이 받는 임금에 미치는 효과는 무엇일까? 사용자들이 지급하는 임금비용에 미치는 효과는 무엇일까?
7. 지난 20년 동안 미국은 대부분이 미숙련근로자들인 멕시코로부터의 불법이주 근로자들의 대규모 증가에 시달려 왔으며, 정부는 그 유입을 감소시키기 위한 방법들을 고려해 왔다. 고려된 정책 중의 하나는 불법이주자들을 채용하다가 적발된 사용자들에게 보다 많은 벌금을 부과하는 것이다. 이 정책이 미숙련 불법이주자들의 고용에 어떤 영향을 미치게 되는가? 이 정책이 숙련 '내국인'노동자들의 수요에 어떤 영향을 미치게 되는가?
8. 만약 근로자착취 반대운동(anti-sweatshop movement)이 외국 의류산업 근로자들의 임금을 인상시키고 근로조건을 향상시키는 데 성공했다면, 이러한 해외의 변화는 미국 의류산업과 소매업 근로자들의 노동시장성과에 어떤 영향을 미치는가? 설명하라.
9. X국의 실업률은 현재 10%를 초과하며, 청년(25세 미만)실업률은 약 22%이다. 앞으로의 수 년 동안 실업자 명단에 있는 100만 명의 사람들이 보조금을 받는 일자리를 제공받을 것이다(정부보조금은 새로운 일자리를 창출하는 사용자들에게 주어질 것이며, 보조금은 채용 근로자 1인당 시간당 X유로가 될 것임). 이 과목에서 공부한 이론을 사용하여 사용자들에 대한 임금보조금이 X국의 고용수준에 어떤 영향을 미칠 가능성이 있는지를 분석하라.
10. 현재 인터넷산업의 모든 사용자들이 육아 또는 기타 맡은 일들을 근로를 위해 집을 떠나 통근할 때에 비해 낮은 비용으로 수행할 수 있도록 자신의 프로그래머 및 웹디자이너에게 재택 근로를 허용하고 있다고 가정하자. 이제 이러한 사용자들이 자신들의 프로그래머와 디자이너에게 회사 사무실에서 함께 일하도록 요구함으로써 그들의 생산성을 높일 수 있다고 확신하게 되었다고 가정하자. 즉 인터넷 사용자들은 재택 근로가 더 이상 허용되지 않는다면 창의력과 보다 긍정적인 회사문화 모두가 자신들의 근로자 사이에서 진작된다는 것을 믿게 되었다. 제2장과 3장에서 다뤄졌던 개념을 사용하여 이러한 새로운 정책이 인터넷산업에 미칠 가능성이 있는 노동시장 효과를 분석하라

연습문제

1. 테네시에서 시행된 한 실험에서 읽기, 수학, 듣기, 그리고 단어능력에 대한 표준테스트에서의 초등학교 2학년과 3학년의 점수가 소규모 학급(13~17명의 학생)의 경우와 정규학급(22~25명의 학생)의 경우가 동일하다는 사실이 밝혀졌다고 한다. 90명의 초등학교 3학년생들을 4명의 교사가 가르치고 있는 어느 학교가 학급규모를 줄이기 위해 2명의 교사를 추가시켰다고 가정하자. 만약 테네시의 실험결과가 일반화될 수 있다면 이 추가된 교사 2명의 노동의 한계생산(MP_L)은 얼마인가?
2. 대론(Daron)은 초콜릿 칩을 만드는 설비를 가지고 있으며 노동의 한계생산이 $MP_L=15-0.4L$임을 안다고 한다(단 L은 노동시간 수임). 만약 초콜릿 칩은 킬로그램당 2달러에 팔리고 현행 임금은 시간당 15달러라면, 이 공장의 이윤극대화를 달성하는 노동시간 수는 얼마인가?
3. 인명구조원의 공급곡선은 $L_S=20$, 수요곡선은 $L_D=100-20W$로 각각 나타난다고 가정하자(단 L=인명구조원 수, W=시간당 임금). 수요곡선과 공급곡선을 그래프로 그려라. 이제 정부가 인명구조원을 채용하는 회사에 근로자 1인당 시간당 1달러의 세금을 부과한다고 가정하자. (조세부과 후) 새로운 수요곡선을 근로자 임금이 표시된 그래프에 그려라. 이러한 세금은 인명구조원의 임금과 인명구조원으로 고용되는 근로자 수에 어떤 영향을 미치게 될까?
4. 아래의 표는 비료 제조회사로부터의 산출량에 관한 정보를 보여주고 있다. 이 회사는 현재 하루 6명의 근로자를 고용하고 있다고 한다.

근로자 수	산출량(톤)
1	8
2	12.2
3	14.8
4	16.9
5	18.3
6	19.5
7	20.5

   a. 하루의 임금이 5달러라면 이 기업은 최적 근로자 수를 고용하고 있나?
   b. 이 기업은 수확체감의 법칙을 따르고 있는가? 설명하라.
5. 비디오게임을 제조하는 회사가 생산함수 $Q=25K^{0.2}L^{0.8}$에 직면하고 있다고 한다(단 Q=생산된 비디오게임 수, K=자본설비, 그리고 L=사용된 노동시간). 자본시장과 노동시장은 모두 완전경쟁 상태에 있다고 가정하자. 임금은 시간당 5달러이고 자본설비의 임대료는 시간당 10달러이다. $MP_L=20K^{0.2}L^{-0.2}$이고 $MP_K=5K^{-0.8}L^{0.8}$이다. 이 회사의 이윤극대화가 달성되는 노동-자본 비율을 계산하라.
6. 다음 표는 어떤 지방 제과점에서 빵 굽는 사람 수에 따라 매일 구울 수 있는 케이크 수를 보여 준다.

빵 굽는 사람 수	케이크 수
0	0
1	10
2	18
3	23
4	27

   a. MP_L을 계산하라.
   b. 수확체감의 법칙을 관찰할 수 있는가? 설명하라.
   c. 케이크가 개당 10달러에 판매된다고 가정하자. MRP_L을 계산하라.
   d. 빵 굽는 사람의 수요곡선인 MRP_L곡선을 그려라.
   e. 빵 굽는 사람이 하루에 80달러를 지급받는다면, 이윤극대화를 목표로 하는 제과점 주인은 몇 명의 빵 굽는 사람을 채용하며 하루에 몇 개의 케이크를 구워서 판매할까?
7. (부록) Creative Dangles는 귀걸이를 디자인

하여 제조하는 회사이다. 귀걸이의 생산함수가 $Q=25KL$로 표시되고, 근로자들은 시간당 8달러를 지급받으며 기계설비는 시간당 8달러에 임대된다고 한다. (단 Q=1주일 동안 생산되는 귀걸이 세트 수, K=기계설비 사용시간, L=근로시간)

a. 비용극소화가 달성되는 이 기업의 자본-노동 비율을 결정하라.
b. 10,000세트의 귀걸이를 생산하는데 얼마의 비용이 소요될까?
c. 기계설비의 임대료가 시간당 6달러로 하락하였다고 가정하자. 비용극소화가 달성되는 새로운 자본-노동 비율은 무엇인가?

8. 어떤 시에서 수학 지도교사의 수요곡선이 $L_D=65-W$, 공급곡선이 $L_S=5+2W$로 각각 표시된다고 한다.(단 L=수학 지도교사 수, W=시간당 임금)
   a. 이 시 수학 지도교사의 균형임금과 균형고용량을 계산하고, 수요곡선과 공급곡선을 그려라.
   b. 시(town)정부가 모든 사용자들에게 5달러의 급여세를 부과한다면 급여세가 균형임금과 균형고용량에 어떻게 영향을 미치는가? 정부는 이를 통해 얼마만큼의 수입을 얻게 되나?

참고문헌

Blank, Rebecca M., ed. *Social Protection Versus Economic Flexibility: Is There a Trade-Off?* Chicago: University of Chicago Press, 1994.

Hamermesh, Daniel S. *Labor Demand.* Princeton, N.J.: Princeton University Press, 1993.

Katz, Lawrence F. "Wage Subsidies for the Disadvantaged," In *Generating Jobs: How to Increase Demand for Less-Skilled Workers*, eds. Richard B. Freeman and Peter Gottschalk. New York: Russell Sage Foundation, 1998.

그래프에 의한 기업 노동 수요곡선의 도출

제3장에서는 기업 노동수요곡선의 도출방법을 그래프를 사용하지 않고 설명하였다. 이 부록에서는 **동일한** 도출방법을 그래프로 제시할 것이다. 이러한 그래프를 통한 설명은 보다 정밀한 도출을 가능하도록 하지만, 수요곡선이 장·단기 모두 우하향 한다는 결론은 변하지 않을 것이다.

생산함수

일반적으로 산출물은 자본과 노동을 결합함으로써 생산되는 것으로 간주할 수 있다. 그림 3A.1은 이 생산함수를 그래프로 보여주며 생산과정의 여러 측면을 나타낸다.

Q=100이라고 표시된 볼록한 곡선을 고려하기로 하자. 이 선 위를 따라서 노동(L)과 자본(K)의 모든 조합이 100단위의 산출물(Q)을 생산한다. 즉 점 $A(L_a, K_a)$에서의 노동과 자본의 결합은 점 B와 C에서의 조합들과 같은 동일한 100단위의 산출물을 생산한다. Q=100 곡선 위의 각 점들이 동일한 산출량을 생산하기 때문에, 이 곡선은 **등량곡선**(isoquant)이라 불린다.(*iso*='똑같은'; *quant* ='양')

그림 3A.1에서는 다른 두 등량곡선들을 볼 수 있다(Q=150, Q=200). 이 등량곡선들은 Q=100 곡선보다 높은 수준의 산출량을 나타낸다. 이 등량곡선들이 더 높은 산출량 수준을 나타낸다는 사실은 노동을 (말하자면) L_b에 불변인 채로 고정시켜 놓고 상이한 자본수준을 관찰함으로써 알 수 있다. 만약 L_b가 자본 K_b와 결합되면 100단위의 Q가 생산된다. 만약 L_b가 K_b'와 결합되면 150단위가 생산된다(K_b'는 K_b보다 크다). 만약 L_b가 보다 더 많은(예를 들어 K_b'') 자본과 결합되면 200단위의 Q가 생산될 수 있다.

그림 3A.1의 등량곡선들은 **부**(−)의 기울기를 갖는데 이는 노동과 자본이 대체요소라는 가정을 반영함에 주목하라. 예를 들어 만약 자본이 K_a로부터 K_b로 삭감된다면, 노동을 L_a로부터 L_b로 증가시킴으로써 산출량을 (100단위에서) 불변인 채로 유지할 수 있다. 다시 말해서 주어진 생산수준을 유지하기 위해 자본이 노동으로 대체될 수 있다.

마지막으로 등량곡선들의 **볼록성**(convexity)을 주목하라. 점 A에서 Q=100의 등량곡선은 가파른 기울기를 갖는데, 이는 Q를 100에서 불변인 채로 유지하기 위해서 일정한 자본의 감소는 노동의 **적당한** 증가를 수반할 수 있음을 시사한다. 그러나 점 C에서 등량곡선의 기울기는 상대적으로 수평에 가깝다. 이러한 편평한 기울기는 산출량을 불변인 채로 유지하기 위해서는 동일한 크기의 자본의 감소가 훨씬 **더 큰** 노동의 증가를 필요로

그림 3A.1
생산함수

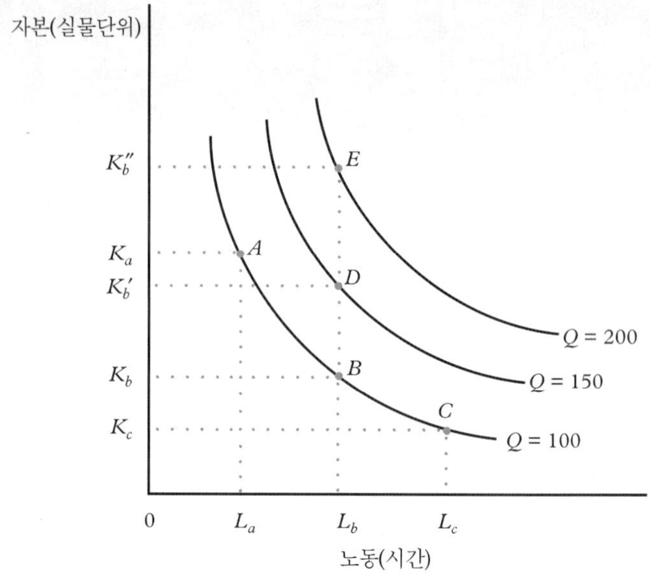

한다는 것을 의미한다. 산출량을 불변인 채로 유지하면서 일정한 노동의 증가에 의해 허용되는 자본의 감소를 자본과 노동 사이의 **한계기술대체율**(MRTS: marginal rate of technical substitution)이라 부른다. 기호로, **MRTS**는 다음과 같이 쓸 수 있다.

$$MRTS = \frac{\Delta K}{\Delta L}|\overline{Q} \tag{3A.1}$$

단 Δ는 '−의 변화'를 $\overline{Q}$는 '산출량을 불변인 채로 고정시킬 때'를 의미한다. 만약 L이 증가하면 Q를 불변으로 유지하기 위해서는 K가 감소되어야 하기 때문에 **MRTS**는 부(−)의 값을 갖는다.

노동이 증가함에 따라 한계기술대체율의 절대값은 왜 체감할까? 생산과정에서 노동이 많이 사용되며 자본은 그다지 사용되지 않을 때(그림 3A.1의 점 C)에는 자본이 할 수 있는 많은 일들이 있다. 이때 노동은 쉽게 대체된다. 즉 만약 자본이 증가한다면 자본은 가장 높은 보수를 받을 수 있는 생산과정의 한 부분에서 노동의 대체요소로 사용될 것이다. 자본이 누진적으로 더 많이 사용되고 노동이 누진적으로 더 적게 사용됨에 따라, 생산과정에 남아 있는 소수의 근로자들은 기계가 가장 하기 어려운 일들을 하게 될 텐데, 이러한 시점에서는 근로자 한 명을 대체하는 데에는 많은 양의 자본이 필요하다.[1]

[1] 여기에 한 가지 예가 있다. 오랜 기간에 걸쳐서 (장거리통화를 연결하는데 이용되었던) 전화교환원들은 매우 자본집약적인 직접통화체계에 의해 대체되었다. 그러나 고용된 상태로 남아 있는 교환원들은 수신자부담통화(collect calls)의 취급, 전화번호안내를 통한 통화(dispensing directory assistance), 그리고 문제가 발생하였을 때의 고장점검원(troubleshooters)으로 기능하는 등, 기계가 수행하기 가장 어려운 과제들을 수행한다.

단기노동수요

제3장에서는 기업들이 단기(K 고정)에 노동의 한계생산(MP_L)이 실질임금(W/P)과 같아질 때까지 노동을 채용함으로써 이윤을 극대화시킬 것이라고 주장하였다. 이 의사결정 규칙의 이유는 실질임금은 추가노동단위의 **비용**을 나타내는 반면(산출량으로 표시할 때), 한계생산은 추가노동단위에 의해 부가되는 **산출량**이라는 것이다. 기업이 노동을 증가시킴으로써(K 고정) 비용증가로 인한 손실보다 더 큰 산출량의 증가를 얻는 한, 기업은 근로자들의 채용을 지속할 것이다. 기업은 추가노동의 한계비용이 MP_L을 초과할 때 채용을 중단한다.

이윤이 극대화되기 위한 $MP_L=W/P$라는 요건은 기업의 단기노동수요곡선(**실질**임금으로 표시된)이 기업의 MP_L곡선과 동일함을 의미한다(그림 3.1 참조). MP_L은 자본을 불변인 채로 고정시켜 놓고 고용된 노동의 수량을 1단위 증가시킴으로써 생산되어지는 추가산출량이라는 것을 기억하면서, 그림 3A.2에 그려진 생산함수를 고려하자. 자본을 K_a에 불변인 채로 고정시켜 놓았을 때, 만약 기업이 L_a 만큼의 노동을 고용한다면 기업은 100단위의 Q를 생산할 수 있다. 만약 노동이 L'_a로 증가된다면 기업은 50단위의 Q를 추가로 생산할 수 있다. 만약 노동이 L'_a로부터 L''_a로 증가한다면 기업은 추가 50단위를 생산할 수 있다. 그러나 후자의 추가산출량 50단위를 얻기 위해 필요한 노동의 증가량 $L''_a-L'_a$가 처음 50단위의 증가량을 생산하기 위해 필요한 추가노동(L'_a-L_a)보다 더 크다는 것에 주목하라. 이러한 차이는 K가 불변인 채로 고정되었을 때 노동이 증가함에 따라 채용되어진 연속적인 각 노동시간은 누진적으로 더 적은 산출량의 증가분을 생산함을 의미할 뿐이다. 달리 표현하면 그림 3A.2는 노동의 한계생산성이 체감하는 것을 그래프로 설명한다.

그림 3A.2

노동의 한계생산의 감소

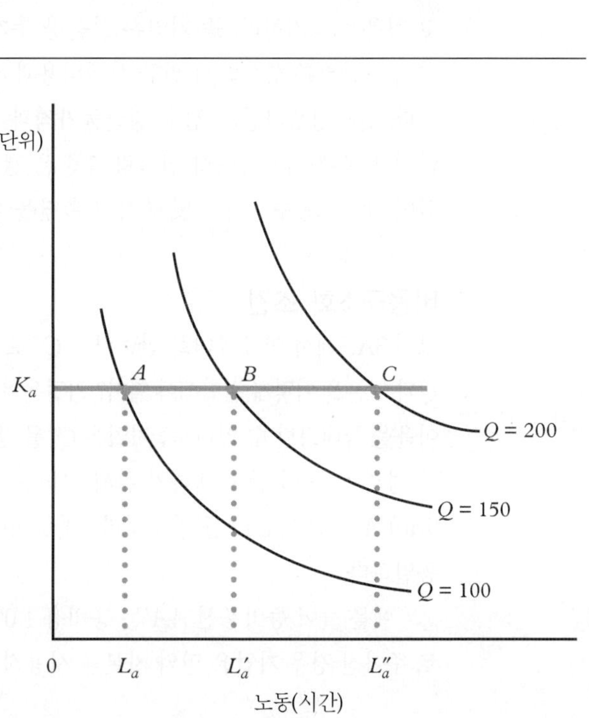

왜 노동의 한계생산성이 감소할까? 제3장은 K가 고정되어 있을 때 추가된 각 근로자는 (1인당) 더 적은 자본과 일을 하기 때문에 노동의 한계생산성이 감소한다고 설명하였다. 이 설명이 그림 3A.2에서 증명되는가? 유감스럽게도 여기에 대한 대답은 아니오이다. 그림 3A.2는 한계생산성 체감을 **가정하고** 그려진 것이다. 등량곡선에 숫자를 다시 매기게 되면 상이한 일련의 한계생산성을 만들 수 있다. (이를 확인하기 위해서 $Q=150$을 $Q=200$으로, 그리고 $Q=200$을 $Q=500$으로 바꾸어 보아라. 이때 노동의 한계생산성은 증가하게 된다). 그러나 건물, 기계, 그리고 도구를 불변인 채로 고정시켜 놓았을 때 노동이 증가함에 따라 노동의 한계생산이 궁극적으로 감소해야 한다는 논리는 매우 강력하다. 나아가서 제3장에서 지적된 바와 같이 비록 처음에 MP_L이 증가하더라도 기업은 MP_L이 감소하는 영역에서만 노동의 채용을 중단할 것이다. 즉 MP_L이 W/P보다 크며 **계속 증가하는** 한 기업은 채용을 계속하며 채용되는 노동에 임금을 지불할 것이다.

MP_L이 궁극적으로 감소하고 기업들은 $MP_L=W/P$일 때까지 노동을 채용할 것이라는 가정들은 기업의 단기노동수요곡선이 우하향 한다는 주장의 기초가 된다. 이 부록에서의 그래프를 이용한 보다 정밀한 수요곡선의 도출은 제3장에서의 분석을 확인하고 지지한다. 그러나 이 도출은 또한 단기노동수요곡선의 우하향하는 특성이 얼마나 합리적인지는 모르지만 고용이 증가함에 따라 MP_L이 감소한다는 **가정**을 기초를 하고 있음을 본문에서의 분석보다 더 분명히 강조한다.

장기노동수요

기업은 한계비용이 MR과 일치하는 산출량(Q^*) 수준을 생산함으로써 이윤을 극대화하고 있음을 상기하라. 즉 기업은 산출량 추가단위로부터 발생하는 수입의 증가가 그 산출량 추가단위를 생산하기 위한 한계비용과 정확히 일치할 때까지 산출량증가를 유지할 것이다. 완전경쟁기업의 경우 생산물**가격**과 동일한 MR이 생산함수의 그래프에는 보이지 않기 때문에 이윤극대화 산출량 수준은 결정될 수 없다. 그러나 생산함수의 분석을 계속하면 장기노동수요의 몇몇 중요한 측면을 설명할 수 있다.

비용극소화 조건

그림 3A.3에서 이윤극대화 산출량은 Q^*로 가정되어 있다. 기업이 Q^*를 생산하기 위해 노동과 자본을 어떻게 결합해야 할까? 기업은 비용이 가장 적게 드는 방법으로 Q^*를 생산해야만 이윤을 극대화할 수 있다. 즉 기업은 Q^*를 생산하는 비용을 극소화시켜야 한다. 비용극소화의 성격을 좀 더 잘 이해하기 위해 그림 3A.3에 그려진 3개의 **등비용선**(isoexpenditure line) AA', BB', DD'를 참조하라. 각 등비용선 상에서는 노동과 자본을 고용하는 비용이 동일하다.

예를 들어 등비용선 AA'는 총비용 1,000달러를 나타낸다. 시간당 임금(W)이 10달러로 주어진 경우 기업은 만약 자본을 사용하지 않는다면(점 A') 노동 100시간을 채용할 수

그림 3A.3

Q^*를 생산하는데 있어서의 비용극소화 (임금=시간당 10달러, 자본 1단위 가격 =20달러)

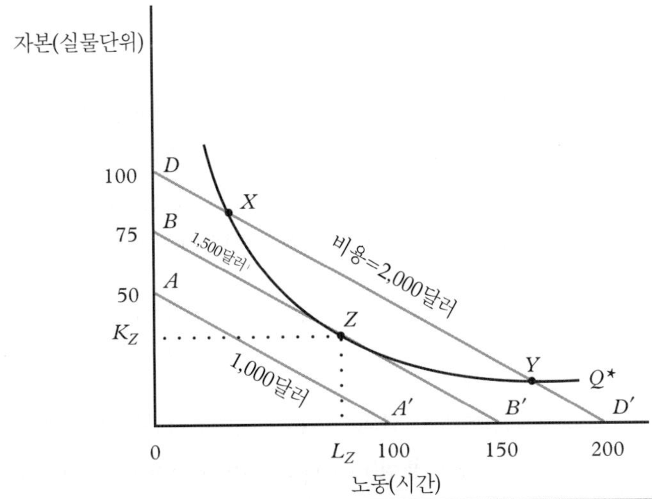

있으며 총비용 1,000달러를 부담하게 된다. 이와는 대조적으로 자본 1단위의 가격(*C*)이 20달러이면 기업은 노동 없이 50단위의 자본을 사용함으로써(점 *A*) 총비용 1,000달러로 생산할 수 있다. *A*와 *A′* 사이의 모든 점들은 *W*=10달러, *C*=20달러, 비용=1,000달러라는 같은 조건 아래에서의 *L*과 *K*의 **조합을 나타낸다**.

등비용선 *AA′*의 문제는 이 등비용선이 등량곡선 Q^*와 교차하지 않는다는 것인데, 이는 Q^*가 1,000달러로 생산될 수 없음을 의미한다. *W*=10달러, *C*=20달러의 가격으로는 기업이 총비용을 1,000달러로 유지하면서 산출량수준 Q^*를 생산하기 위한 충분한 자원을 구입할 수 없다. 그러나 기업은 2,000달러의 총비용으로는 Q^*를 생산할 수 있다. 2,000달러의 비용을 나타내는 등비용선 *DD′*는 *X*점과 *Y*점에서 Q^* 등량곡선과 교차한다. 그러나 이 교차점들의 문제는 이 점들이 비용극소화점이 아니라는 것이다. 즉 Q^*는 2,000달러 미만으로 생산될 수 있다.

등량곡선 Q^*가 볼록하기 때문에 Q^*를 생산하는 데 있어서 비용을 극소화시키는 *L*과 *K*의 조합은 등비용선이 등량곡선과 **접하는 점**에서 나타날 것이다(즉 등량곡선 Q^*를 오직 한 점에서만 아주 간신히 접촉하는). 노동이 L_z와 같고 자본이 K_z와 같은 *Z*점이 *W*=10달러, *C*=20달러로 **주어진 상황에서** Q^*가 최소비용으로 생산될 수 있는 곳이다. 이보다 더 낮은 위치에 있는 어떠한 등비용선도 등량곡선과 접촉하지 않는데, 이는 Q^*가 1,500달러 미만으로 생산될 수 없음을 의미한다.

점 *Z*의 중요한 특성은 점 *Z*에서 등량곡선의 기울기와 등비용선의 기울기가 같다는 것이다(주어진 점에서의 곡선의 기울기는 그 점에서 곡선에 접하는 직선의 기울기이다). 등량곡선 각 점에서의 기울기는 식 (3A.1)에 정의된 바와 같이 **한계기술대체율**(MRTS)이다. 식 (3A.1)을 다른 방법으로 표현하면 다음과 같다.

$$MRTS = \frac{-\Delta K/\Delta Q}{\Delta L/\Delta Q} \qquad (3A.2)$$

식 (3A.2)는 만약 노동이 추가로 충분히 고용되어 산출량이 1단위 증가하는 경향이 있다면, **MRTS**는 산출량 1단위를 줄이는 데 요구되는 자본의 감소량을 반영하는 비율임을 직접 보여준다. (식 3A.2의 ΔQ들은 서로 상쇄되어 산출량을 불변으로 유지시킨다.) 식 (3A.2)를 한 단계 더 정리하면 다음 식이 도출되도록 분자와 분모가 재배치될 수 있다.[2)]

$$MRTS = \frac{-\Delta K/\Delta Q}{\Delta L/\Delta Q} = \frac{-\Delta Q/\Delta L}{\Delta Q/\Delta K} = -\frac{MP_L}{MP_K} \qquad (3A.3)$$

단 MP_L과 MP_K는 각각 노동과 자본의 한계생산성이다.

등비용선(isoexpenditure line)의 기울기는 비율 W/C에 부(−)의 부호를 붙인 것과 같다(그림 3A.3에서 W/C는 10/20 또는 0.5이다).[3)] 따라서 Q^*가 최소비용으로 생산되는 점 Z에서 다음의 등식이 성립한다.

$$MRTS = -\frac{MP_L}{MP_K} = -\frac{W}{C} \qquad (3A.4)$$

식 (3A.4)는 본문에 있는 식 (3.8c)를 단순히 재정리한 것이다.[4)]

비용극소화의 특성 뒤에 있는 경제학적 의미 또는 논리는 **MRTS**를 $-\frac{\Delta K/\Delta Q}{\Delta L/\Delta Q}$(식 3A.2 참조)로 나타냄으로써, 그리고 이를 $-\frac{W}{C}$에 일치시킴으로써 가장 쉽게 설명된다.

$$-\frac{\Delta K/\Delta Q}{\Delta L/\Delta Q} = -\frac{W}{C} \qquad (3A.5)$$

또는

$$\frac{\Delta K}{\Delta Q} \cdot C = \frac{\Delta L}{\Delta Q} \cdot W \qquad (3A.6)$$

식 (3A.6)은 비용을 극소화시키기 위해서는 노동만을 추가시킴으로써 산출량 추가 1단위를 생산하는 비용이 추가 자본만을 고용함으로써 산출량 추가 1단위를 생산하는데 드는 비용과 일치되도록 해야 함을 명백히 보여준다. 만약 이 비용이 서로 다르면 기업은 산출량을 증가시키는 데 적은 비용이 드는 생산요소의 사용을 증가시키고 그렇지 않은 다른 생산요소의 사용을 줄임으로써 총비용을 감소시킬 수 있다. Q를 불변인 채로 유지하면서 여전

---

2) 이러한 정리는 어떤 수를 다른 수로 나누는 것은 어떤 수를 다른 수의 **역수**로 **곱하는** 것과 같다는 사실을 이용하여 이루어졌다.

3) 10/20=75/150 또는 $0B/0B'$임을 주목하라.

4) 식 (3A.4)의 각 변에 있는 부(−)의 부호는 서로 상쇄되며 따라서 무시될 수 있다.

그림 3A.4

Q^*를 생산하는 데 있어서의 비용극소화(임금=시간당 20달러, 자본 1단위 가격=20달러)

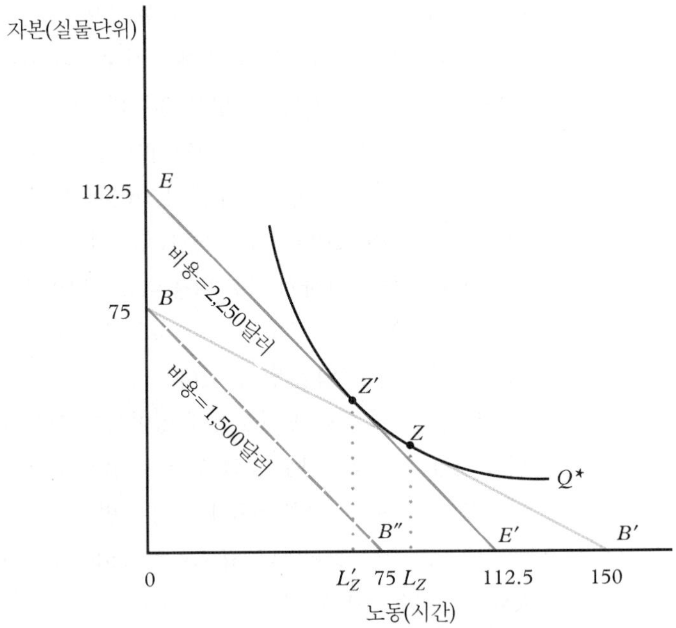

히 비용을 줄일 수 있는 어떠한 점도 명백히 비용극소화가 달성되는 점이 아니다.

대체효과

만약 그림 3A.3에서 시간당 10달러로 가정된 임금이 시간당 20달러로 상승한다면(C는 불변인 채로 고정), 산출량 Q^*를 생산하는 비용극소화 방법에는 어떤 일이 발생할까? 그림 3A.4는 총비용이 증가하며 Q^*를 생산하기 위해 더 많은 자본과 더 적은 노동이 사용된다는 상식적인 답변을 보여준다. W=20달러인 경우 총비용이 1,500달러로 고정되어 있다면 150단위의 노동이 더 이상 구입될 수 없다. 실제로 만약 비용이 1,500달러라면 단지 75단위의 노동만이 고용될 수 있다. 따라서 1,500달러의 비용에 해당하는 등비용선은 BB'로부터 BB''로 이동하며 등비용선은 더 이상 등량곡선 Q^*와 접하지 않는다. Q^*는 더 이상 1,500달러로 생산될 수 없으며 Q^*를 생산하는 최소한의 비용은 증가한다. 그림 3A.4에서는 이 비용이 2,250달러로 증가하는 것으로 가정된다(등비용선 EE'가 등량곡선 Q^*와 접하는 등비용선이다).

더욱이 자본에 대한 노동비용의 증가는 기업으로 하여금 더 많은 자본과 더 적은 노동을 사용하도록 한다. 그래프로 보면 이전의 접점 Z가 새로운 접점(Z')으로 대체되는데, 이 점에서 노동의 한계생산성은 식 (3.8c)와 식 (3A.4)에 의해 설명되었던 바와 같이 MP_K에 비해 더 높아진다. 점 Z'는 자본을 추가시키고 노동의 고용을 감소시킴으로써 (Z로부터) 도달된다. L_z로부터 L'_z로의 이동은 임금인상에 의해 발생하는 **대체효과**(substitution effect)이다.

규모효과

Q^*가 1,500달러로 더 이상 생산될 수 없으며 최소한 2,250달러의 비용을 필요로 한다는 사실은, Q^*가 더 이상 이윤극대화 생산수준이 아님을 일반적으로 의미한다. 새로운 이윤극대화 생산수준은 Q^*보다 낮을 것이다(생산물수요곡선에 대해서 무엇인가 알지 못한다면 산출량이 얼마나 줄어들 것인가가 결정될 수 없다).

이윤극대화 산출량수준이 그림 3A.5에 보이는 바와 같이 Q^*로부터 Q^{**}로 하락한다고 가정하자. W=20달러, C=20달러일 때 모든 등비용선들의 새로운 기울기가 −1이기 때문에, Q^{**}를 생산하기 위한 비용극소화 방법은 EE'에 평행한 등비용선 상에 위치하게 될 것이다. Q^{**}를 생산하기 위한 비용극소화 방법은 등비용선(FF')이 Q^{**} 등량곡선에 접하게 되는 점 Z''임을 알 수 있다.

임금상승에 대한 노동고용에 있어서의 **전체적인** 반응은 L_z로부터 L''_z로의 노동사용의 감소였다. L_z로부터 L'_z로의 하락은 이미 주목한 바와 같이 대체효과라 불려진다. 이는 임금의 자본가격에 대한 비율(W/C)이 변할 때 생산에 사용되는 K와 L의 **비율**이 변하기 때문에 나타나는 결과이다. **규모효과**(scale effect)는 전적으로 생산**규모**의 감소 때문에 K와 L의 사용이 모두 줄어드는 가운데의 L'_z로부터 L''_z로의 고용감소라고 볼 수 있다. 임금이 상승하고 자본가격이 불변일 때 두 가지 효과가 동시에 나타나나, 그림 3A.5에서 강조되는 것처럼 이 효과들은 개념적으로 서로 구별되며 또한 상이한 이유 때문에 발생한다. 두 효과들은 합해져 장기노동수요곡선이 우하향함을 보여준다.

그림 3A.5

임금인상의 대체효과와 규모효과

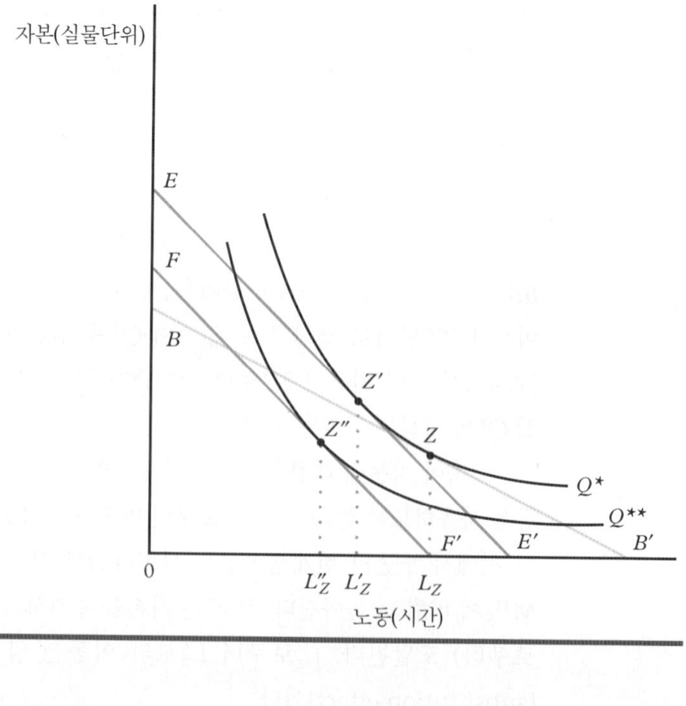

제4장

노동수요의 탄력성

1995년에 최저임금법의 고용효과에 대해 경제학자들과 정책입안자들 사이에 열띤 논쟁이 벌어진 바 있다. 제3장에서 살펴본 표준이론은, 만약 임금이 최저임금법에 의해 시장수준보다 높게 상승한다면 기업들이 자신들의 노동수요곡선을 따라 위로 (그리고 좌측으로) 이동함에 따라 고용기회가 줄어들 것이라고 분명히 예측하였다. 그러나 두 명의 저명한 노동경제학자들이 이 주제에 대한 이전의 연구를 검토하고 그 자신들의 새로운 연구를 수행한 후 1995년에 책을 발간하였는데, 그들은 이 책에서 최저임금의 상승과 관련해서 예상되는 일자리감소가 적어도 어떤 규칙성을 가지고 발생하는 것은 단순히 관찰될 수 없다는 결론을 내렸다.[1)]

이 책은 오랫동안 지속되었던 주어진 임금 변화에 노동수요가 도대체 얼마나 민감하게 반응하는가?라는 질문에 대해 매우 열띤 논의를 촉발시켰다.[2)] 만약 임금이 강제적으로 큰 폭으로 인상된다면 일자리들이 손실된다는 것에 대해서는 아무도 의심을 하지 않지만, 임금이 적당한 폭으로 인상된다면 얼마나 많은 일자리들이 손실되는가에 대해서는 많은 사람들이 의문을 갖는다.

이 장은 임금변화에 고용이 반응하는 정도에 초점을 맞춘다. 임금변화에 대한 노동

---

1) David Card and Alan B. Krueger, *Myth and Measurement: The New Economics of the Minimum Wage* (Princeton, N.J.: Princeton University Press, 1995).

2) Card and Krueger, *Myth and Measurement*에 대한 6편의 논평들이 1995년 7월 발행된 *Industrial and Labor Relations Review* 48, no.4의 서평부분에 실려 있다. 보다 최근에 밝혀진 사항에 대한 검토는 Richard V. Burkhauser, Kenneth A. Couch, and David C. $W_i$ttenburg, "A Reassessment of the New Economics of the Minimum Wage Literature W_ith Monthly Data from the Current Population Survey," *Journal of Labor Economics* 18 (October 2000): 653~680과 David Neumark and William Wascher, "Minimum Wages and Employment: A Review of Evidence from the New Minimum Wage Research," working paper no. 12663, National Bureau of Economic Research (Cambridge, Mass., January 2007)에서 찾아볼 수 있다.

수요의 반응은 보통 **탄력성**으로 측정되는데, 노동수요의 경우 탄력성은 1%의 임금변화 때문에 발생하는 고용의 변화율이다. 우선 **임금탄력성**(own-wage elasticity)과 **교차탄력성**(cross-wage elasticity)을 정의, 분석, 그리고 측정함으로써 분석을 시작하기로 하자. 그 뒤에는 이 개념들을 최저임금법과 기술혁신의 고용효과에 대한 분석에 적용하기로 한다.

노동수요의 임금탄력성

어떤 종류의 노동수요에 대한 **임금탄력성**(the own-wage elasticity of demand)은 임금(W) 1%의 증가에 의해 유발되는 고용(E)의 변화율로 정의된다.

$$\eta_{ii} = \frac{\%\Delta E_i}{\%\Delta W_i} \tag{4.1}$$

식 (4.1)에서 하첨자 i는 i 종류 노동을 지칭하기 위하여, 그리스문자 η(에타)는 탄력성을 나타내기 위하여, 그리고 $\%\Delta$라는 표시는 '–의 변화율'을 나타내기 위하여 사용되었다. 앞의 장에서 보았듯이 노동수요곡선은 우하향하기 때문에 임금의 상승은 고용을 감소시킨다. 따라서 노동수요의 임금탄력성은 부(–)의 값을 갖는다. 문제는 그 값의 크기이다. 그 **절대값**이 크면 클수록 (부호를 무시하고 크기만 고려할 때), 주어진 임금의 증가율과 관련된 고용의 감소율은 커질 것이다.

노동경제학자들은 종종 노동수요탄력성의 절대값이 1보다 큰지 또는 작은지에 대해 초점을 맞춘다. 만약 그 값이 1보다 크면 임금의 1% 증가는 1%보다 큰 고용의 감소를 가져오며, 이러한 상황을 **탄력적** 수요곡선이라 부른다. 반대로 만약 절대값이 1보다 작다면 수요곡선은 **비탄력적**이라고 불리며, 이때 임금의 1% 상승은 비례적으로 이보다 적은 고용감소를 가져온다. 만약 수요가 탄력적이라면 임금상승보다 빠른 비율로 고용이 감소하기 때문에, 임금이 상승할 때 해당 개개인들의 총근로소득(여기서는 임금에 고용수준을 곱한 것으로 정의되는)은 감소할 것이다. 반대로 만약 수요가 비탄력적이라면, 임금이 상승할 때 총근로소득은 증가할 것이다. 만약 탄력성이 정확히 –1이라면 수요곡선은 **단위탄력적**(unitary elastic)이라 불리며, 임금이 상승할 때 총근로소득은 불변인 채로 남아 있을 것이다.

그림 4.1은 두 수요곡선 중 편평한 수요곡선(D_1)이 가파른 수요곡선(D_2)보다 더 큰 탄력성을 갖고 있음을 보여준다. 어떤 임금수준(예를 들어 W)에서 시작하더라도 일정수준의 임금변화(예를 들어 W'로)는 D_2에서보다 D_1 수요곡선의 경우 더 큰 고용반응을 가져온다. 상이한 탄력성에 따라 임금의 동일한 증가율에 의해 발생하는 반응이 어떻게 다른지를 판단하기 위해 $(E_1-E_1')/E_1$을 $(E_2-E_2')/E_2$와 비교해 보자. 분명히 보다 탄력적인 반응은 D_1을 따라 발생한다.

그러나 수요곡선이 '같은 수치의' 탄력성을 가지고 있다고 말하는 것은 기술적으로

그림 4.1
상대적 수요탄력성

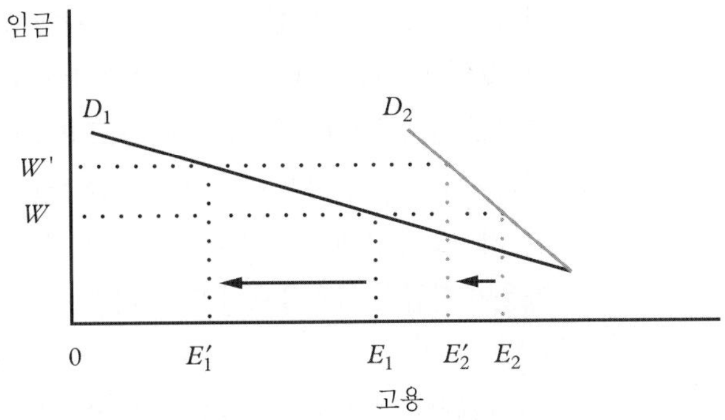

틀린 것이다. 한 수요곡선에서도 탄력적인 영역과 비탄력적인 영역이 일반적으로 존재한다는 사실에 비추어볼 때, 그리고 어느 시장에서든지 단지 현행임금 주위 영역에서의 수요의 탄력성에만 보통 관심을 갖기는 하지만, 같은 수요곡선 상에서도 탄력성이 변할 수 있다는 사실을 모르고서는 탄력성을 완전히 이해할 수 없다.

이를 설명하기 위하여 제2장과 3장에서 자주 사용한 전형적인 직선의 수요곡선을 검토하기로 하자(그림 4.2 참조). 직선인 수요곡선의 특징 중의 하나는 곡선 위의 **어떤** 점에서도 임금의 1단위 변화는 고용단위로 계산할 때 **동일한** 반응을 유발시킨다는 것이다. 예를 들어 그림 4.2에 그려진 수요곡선 위의 어느 점에서도 임금의 2달러 하락은 근로자 10명의 고용을 증가시킨다.

그러나 **단위**변화로 계산했을 때의 수요곡선 위에서의 동일한 반응이 동일한 변화**율**을 의미하지는 **않는다**. 이 점을 확인하기 위해서 우선 그림 4.2에서 수요곡선의 왼쪽 상

그림 4.2
수요곡선 상에서의 상이한 탄력성

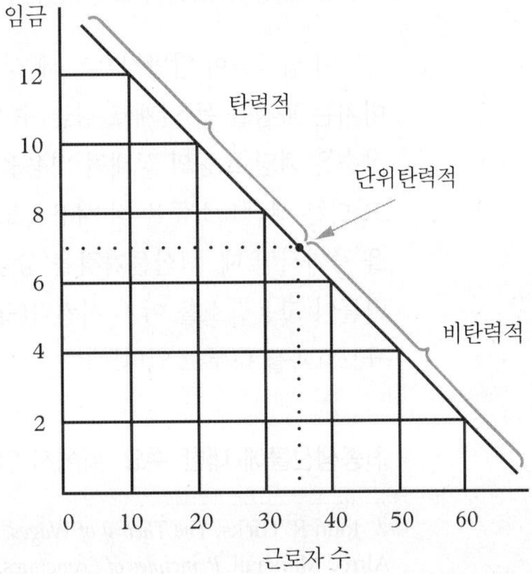

단을 보기로 하자(임금이 높고 고용수준이 낮은 곳). 기준임금이 12달러일 때 임금의 2달러 하락은 17%의 임금감소인 반면, 기준고용량이 10명일 때 근로자 10명의 추가는 수요의 100% 증가를 나타낸다. 이 점에서의 수요는 분명히 **탄력적**이다. 그러나 만약 수요곡선의 오른쪽 하단(낮은 임금, 높은 고용수준)에서의 동일한 단위변화를 살펴보면 그 곳에서의 수요는 비탄력적이다. 기준임금 4달러로부터 2달러의 임금하락은 50%의 하락인 반면, 기준고용량 50명으로부터 근로자 10명의 증가는 단지 20%의 증가가 된다. 고용의 증가율이 임금의 감소율보다 더 작기 때문에 수요곡선 오른쪽 하단에서는 수요가 비탄력적이다.

따라서 직선인 수요곡선의 왼쪽 상단은 오른쪽 하단보다 더 큰 탄력성을 나타낸다. 더욱이 직선인 수요곡선은 실제로 어떤 영역에서는 탄력적이다가 또 다른 어떤 영역에서는 비탄력적이 된다(그림 4.2에 보이는 바와 같이).

힉스–마셜의 파생수요법칙

노동수요의 임금탄력성에 영향을 미치는 요소들은 힉스-마셜의 파생수요법칙(the Hicks-Marshall laws of derived demand)에 의해 요약될 수 있는데, 이는 이 법칙을 도출하는 데 밀접한 관련이 있는 두 명의 저명한 영국 경제학자 존 힉스(John Hicks)와 알프레드 마셜(Alfred Marshall)의 이름을 딴 네 가지 법칙을 뜻한다.[3] 이 법칙들은 다른 조건이 일정할 때 어떤 종류의 노동수요에 대한 임금탄력성은 다음의 조건 하에서 높다는 것을 알려준다.

1. 생산될 생산물수요의 가격탄력성이 높을 때.
2. 다른 생산요소들이 그 종류의 노동을 쉽게 대체할 수 있을 때.
3. 다른 생산요소들의 공급이 매우 탄력적일 때.(즉 가격을 크게 인상시키지 않고도 다른 생산요소들의 사용량이 늘어날 수 있을 때)
4. 그 종류 노동의 고용비용이 총생산비에서 큰 비중을 차지할 때.

이 법칙들이 일반적으로 왜 성립하는가를 설명할 때, 임금증가가 노동수요에 영향을 미치는 과정을 두 단계로 나눌 수 있는 것처럼 행동하는 것이 도움이 된다. 첫째, 임금의 상승은 해당 노동의 상대적 비용을 증가시키며, 사용자들로 하여금 그 노동을 덜 사용하고 다른 생산요소들을 더 사용하도록 만든다(**대체효과**). 둘째, 임금상승이 한계생산비용을 증가시킬 때, 생산물가격을 상승시키고 산출량을 줄이려는 압력들이 존재하며, 이 압력들이 고용감소를 야기 시킨다(**규모효과**). 파생수요의 네 가지 법칙은 각각 대체 또는 규모효과를 다루고 있다.

최종생산물에 대한 수요 위에서 임금상승은 생산비를 증가시키고 이 결과 생산물가격을

---

[3] John R. Hicks, *The Theory of Wages*, 2nd ed. (New York: St. Martin's Press, 1966): 241~247; and Alfred Marshall, *Principles of Economics*, 8th ed. (London: Macmillan, 1923): 518~538.

상승시키는 경향이 있음을 주목하였다. 최종생산물에 대한 수요의 가격탄력성이 크면 클수록 일정수준의 가격상승률과 관련된 산출량의 감소율이 커질 것이고, 산출량의 감소율이 크면 클수록 고용손실률이 커진다(다른 조건이 일정할 경우). 따라서 **생산물수요의 탄력성이 크면 클수록 노동수요의 탄력성도 커질 것이다**.

이 첫 번째 법칙의 한 가지 시사점은 다른 조건이 일정할 때 **기업** 수준에서의 노동수요는 **산업** 또는 시장 수준에서의 노동수요보다 더 탄력적이라는 것이다. 예를 들어 카펫을 제조하는 회사들의 **개별** 생산물수요곡선은 X회사의 카펫이 Y회사 카펫과 매우 밀접한 대체재이기 때문에 매우 탄력적이다. 그러나 **기업** 수준에서의 가격상승과 비교할 때 **산업** 수준에서의 가격상승은 카펫을 까는 것과 가장 가까운 대체재는 딱딱한 목재, 도기, 또는 일종의 비닐로 마루를 까는 것이며, 그리고 이 중 어느 것도 카펫과 아주 밀접한 대체재가 아니기 때문에 수요에 그다지 큰 영향을 미치지 못한다. (똑같은 이유로 인해 독점기업의 노동수요곡선은 완전경쟁산업 내 개별**기업**의 경우보다 덜 탄력적이다. 독점기업들은 어느 특정 시장에서 자신들만이 유일한 판매자이기 때문에 결국 자신들의 생산물에 대한 **시장**수요곡선에 직면한다.)

이 첫 번째 법칙의 또 한 가지 시사점은 **임금탄력성은 단기보다 장기에 더 커질 것이라는 것이다**. 그 이유는 생산물시장에서의 수요의 가격탄력성이 장기에 더 크기 때문이다. 단기에는 생산물에 대해 좋은 대체재가 없거나 또는 소비자들이 현재의 내구소비재 보유량에 묶여 있을 수 있다. 그러나 일정기간 후에는 대체재인 새로운 생산물들이 소개될지도 모르며, 소비자들은 못 쓰게 된 내구재들을 대체하기 시작할 것이다.

다른 생산요소들과의 대체가능성 어떤 종류의 노동에 대한 임금이 상승함에 따라, 기업들은 이 종류의 노동을 이제 상대적으로 저렴해진 다른 생산요소들로 대체하려는 인센티브를 갖게 된다. 그러나 대체가능성이 없이 산출량 1단위를 생산하기 위해 어떤 종류의 노동이 일정 단위 사용되어야**만 한다고** 가정하자. 이 경우에는 대체효과로 인한 고용감소는 없다. 이와는 대조적으로 대체가능성이 있을 때에는 대체효과로 인한 고용감소가 규모효과에 의해 나타나는 고용감소를 수반한다. 따라서 다른 조건이 일정할 때 **다른 생산요소들과 대체하기가 쉬우면 쉬울수록 노동수요의 임금탄력성은 커지게 될 것이다**.[4)]

대체가능성에 대한 제약이 반드시 기술적 제약일 필요는 없다. 제13장에서 살펴보게 될 것이지만, 예를 들어 노동조합들은 때때로 자신들의 계약 속에 구체적인 근로규칙(예를 들면 철도기관차의 경우 최저 승무원 수)을 포함시킴으로써 대체가능성을 제약하려 한다. 이와는 달리 정부도 안전을 이유로 최소 고용수준을 구체적으로 명기함으로써 법적인 제약을 가할 수 있다(예를 들어 뉴욕 주의 모든 공공수영장에서는 인명구조원이 항

---

4) 더 큰 대체가능성이 더 탄력적인 노동수요로 이어지지 않을 수 있는 어떤 조건이 존재한다. Robert S. Chirinko and Debdulal Mallick, "The Elasticity of Derived Demand, Factor Substitution, and Product Demand: Corrections to Hick's Formula and Marshall's Four Rules," *Labour Economics* 18 (2011): 708~711 참조.

상 대기해야 한다). 그와 같은 제약은 노동수요를 덜 탄력적으로 만들지만, 단기에 실현되기 어려운 대체가능성이 오랜 기간에는 당연히 가능하게 된다. 예를 들어 만약 철도근로자들의 임금이 상승한다면, 철도회사는 보다 강력한 기관차를 구입하여 적은 수의 기관차로 보다 큰 열차를 운행할 수 있다. 마찬가지로 만약 인명구조원의 임금이 상승하면 시당국은 적은 수의 보다 넓은 수영장들을 건설할지 모른다. 이 두 가지 조정과정은 오로지 장기에만 발생하게 되는데, 노동수요가 단기보다는 장기에 더 탄력적인 또 하나의 이유가 여기에 있다.

다른 생산요소들의 공급 임금이 상승하고 사용자들이 노동을 다른 생산요소들로 대체하려 함에 따라, 이 다른 생산요소들의 가격이 상승했다고 가정하자. 예를 들어 노동을 자본설비로 대체하려 할 때 이러한 상황이 발생할 수 있다. 만약 자본설비의 생산자들이 이미 자신들의 공장을 최대 생산능력 가까운 수준에서 운용하고 있어, 새로운 주문을 받게 되면 근로자들을 초과 근무 시키고 그들에게 할증임금을 지급해야 하기 때문에 생산비용이 상당히 증가한다면, 자신들의 자본설비에 더 높은 가격을 매길 수 있을 때에만 새로운 주문을 받게 될 것이다. 그러한 가격상승은 기업들의 자본에 대한 '욕구(appetites)'를 약화시킬 것이며, 따라서 노동을 자본으로 대체하는 것을 제약하게 된다.

다른 예를 들면 미숙련근로자들에 대한 임금이 상승하여 사용자들이 미숙련근로자들을 숙련근로자들로 대체하려 했다고 가정하자. 만약 그 지역 내에 숙련노동자의 숫자가 고정되어 있다면, 그들의 임금은 사용자들에 의해 상승될 것이다. 앞의 예에서와 같이 다른 생산요소들로 대체하려는 인센티브가 줄어들게 되며, 대체효과로 인한 미숙련근로자들의 고용감소는 작아질 것이다. 이와는 대조적으로 만약 사용자들이 다른 생산요소들의 사용을 증가시키려 할 때 그 생산요소들의 가격이 오르지 않는다면, 다른 조건이 일정할 때 대체효과는 더 커지며 따라서 노동수요의 임금탄력성도 더 커진다.

다른 생산요소들의 가격이 단기보다는 장기적으로 상승할 가능성이 적다는 데에 다시 한 번 주목하라. 장기적으로 자본설비의 기존생산자들은 그들의 생산능력을 증대시킬 수 있으며, 신규생산자들도 시장에 진입할 수 있다. 마찬가지로 장기에는 보다 많은 숙련근로자들이 훈련될 수 있을 것이다. 이러한 현상은 노동수요가 장기에 더 탄력적이 되는 또 하나의 이유가 된다.

총비용 중 노동비용의 비중 마지막으로 총비용에서 해당 노동비용이 차지하는 비중이 노동수요의 탄력성 크기에 결정적인 영향을 미친다. 만약 해당 노동비용의 비중이 처음에 20%였다면, 임금의 10% 상승은 다른 조건이 일정할 때 총비용을 2% 증가시킬 것이다. 이와는 대조적으로 만약 처음의 비중이 80%였다면, 임금의 10% 상승은 총비용을 8% 증가시키게 된다. 후자의 경우 사용자들이 자신들의 생산물가격을 더 많이 인상시켜야만 되기 때문에, 산출량과 고용수준은 후자의 경우 더 많이 하락하게 된다. **따라서 어떤 종류의 노동비용이 총비용에서 차지하는 비중이 크면 클수록 노동수요의 임금탄력성은 더 커**

질 것이다.[5)]

노동수요의 임금탄력성 추정치

이제는 일반적 생산요소로서의 노동(즉 숙련수준에 의해 차별화되지 않은 노동)에 대한 수요의 임금탄력성을 추정한 연구결과들을 살펴보기로 한다. 논의될 추정치들은 기업들 또는 협의로 정의된 산업들로부터의 임금, 산출량, 그리고 고용에 대한 데이터를 사용한 연구들에 기초하고 있다. 따라서 추정된 고용반응은 노동시장에서 경쟁력이 있는 상태로 남아있기 위해서 임금을 올려야만 했던 기업들에게서 발생되리라 예상되는 고용반응과 비슷하다. 이러한 추정치들은 '전형적인' 반응일 지도 모른다는 것을 암시하지만, 물론 어느 특정기업에서 어떤 반응이 나타날 것인가를 가르쳐 주지는 않는다.

앞에서의 분석이 제시한 바와 같이 임금변화에 대한 사용자들의 노동수요반응은 규모효과와 대체효과의 두 구성요소로 나누어질 수 있다. 이 두 효과들은 그 자체가 탄력성으로서 표현될 수 있으며 두 효과의 합은 노동수요의 임금탄력성이 된다. 표 4.1에 (a) 단기의 규모효과, (b) 대체효과, 그리고 (c) 장기노동수요의 총임금탄력성의 추정결과들이 나타나 있다.

규모효과(탄력성으로 표시된)는 **생산기술을 불변인 채로 고정시켜 놓을 때** 주어진 임금의 변화율과 관련된 고용의 변화율로 정의된다. 즉 규모효과는 대체효과가 없을 때 나타나는 고용반응이다. 정의에 의하면 비록 앞에서 규모효과가 단기보다는 장기에 더 클 가능성이 있음을 주목하였지만(장기에 **생산물시장**에서의 더 큰 대체가능성 때문에), **단기** 노동수요탄력성은 **오직** 규모효과만을 포함한다. 따라서 단기 노동수요탄력성의 추정치들은 생산물시장의 대체가 상대적으로 신속히 이루어질 때 장기 규모효과의 근사치일 수 있는 단기 규모효과와 같은 의미일 것이다. 영국 제조공장으로부터의 데이터를 사용한 어떤 연구는 단기 노동수요의 임금탄력성이 −0.53이라고 추정하였다(표 4.1 참조). 따라서 전형적 기업 또는 협의로 정의된 부문의 단기 노동수요곡선은 비탄력적인 것처럼 보인다.

탄력성으로 표현된 대체효과는 **산출량을 불변인 채로 고정시켜 놓을 때**, 주어진 임금의 변화율과 관련된 고용의 변화율이다. 즉 탄력성으로 표현된 대체효과는 비록 산출량이 변하지 않더라도(즉 비록 규모효과가 없더라도), 사용자들이 임금변화에 대응하여 자신들의 생산기술을 어떻게 바꾸는가에 대한 측정치이다. 공교롭게도 대체효과는 신뢰도 높게

[5)] 이 법칙에 대한 예외는 사용자의 고객들이 어떤 종류의 노동을 사용하여 생산되는 생산물을 다른 생산물로 대체하는 것보다 사용자들이 어떤 종류의 노동을 다른 생산요소들로 대체하는 것이 더 용이할 때 발생한다. 이 경우 이 법칙의 정반대가 성립한다. 예를 들어 기업 고객들의 생산물수요에 대한 탄력성이 0이었다고 가정하자. 이 경우 임금상승은 오직 대체효과만을 발생시킨다. 노동비용이 차지하는 비중이 클 때, 따라서 자본에 대한 노동의 비율이 높을 때 임금상승에 따른 노동사용의 **비율** 하락은 더 작아지는 경향이 있을 것이며, 따라서 노동수요의 탄력성을 더 작게 만들 것이다. 노동비중이 수요의 탄력성에 미치는 효과에 대한 더 많은 내용은 Saul D. Hoffman, "Revising Marshall's Third Law: Why Does Labor's Share Interact With the Elasticity of Substitution to Decrease the Elasticity of Labor Demand?" *Journal of Economic Education* 40 (Fall 2009): 437~445를 참조하라.

표 4.1

노동수요 임금탄력성의 구성요소: 공장수준 데이터를 사용한 실증추정치

	추정된 탄력성
단기 규모효과	
영국 제조기업, 1974~1982년	−0.53
대체효과	
공장, 또는 협의로 정의된 산업데이터를 사용한 32편의 연구	평균: −0.45 (전형적 영역: −0.15부터 −0.75까지)
총 노동수요탄력성	
영국 공장, 1984년	−0.93
영국 석탄광산, 1950~1980년	−1.0부터 −1.4까지

자료: Daniel S. Hamermesh, Labor Demand (Princeton, N.J.: Princeton University Press, 1993): 94-104.

추정하기가 쉬우며, 따라서 이 효과에 대해서는 매우 많은 연구가 이루어졌다. 대체효과 탄력성을 추정한 32편의 연구들을 신중히 요약하면 탄력성의 평균추정치는 −0.45 (표 4.1에 나타난 수치이다)인데, 대부분의 추정치들이 −0.15에서 −0.75의 범위에 놓여 있다.[6)]

단기 규모효과탄력성과 대체효과탄력성이 각기 −0.5에 매우 가까울 경우 장기노동수요의 총임금탄력성 추정치들이 그 크기에 있어 −1에 근접한 것은 놀라운 일이 아니다. 표 4.1은 영국 여러 산업들의 공장에 대한 연구가 노동수요의 임금탄력성을 −0.93이라고 추정한 반면, 영국의 석탄광산에 대한 또 다른 연구는 노동수요의 탄력성을 −1.0에서 −1.4 사이로 추정했음을 보여주고 있다.[7)] 따라서 이러한 추정치들은 만약 기업이 지불하여야 하는 임금이 10% 상승한다면, 다른 조건이 일정할 때(즉 노동수요에 또한 영향을 미치는 다른 무엇인가가 발생하지 않는다면) 장기적으로 기업의 고용은 10% 가까이 감소할 것임을 제시한다.

파생수요법칙의 응용: 추론적 분석

특정 의사결정을 내리는 데 요구되는 수요탄력성의 실증적 추정치들을 얻을 수 없는 경

---

6) Daniel S. Hamermesh, *Labor Demand* (Princeton, N.J.: Princeton University Press, 1993): 103.

7) 제2차 세계대전 직후 기간 미국 여성의 임금과 고용에 대한 보다 최근의 분석은 이들의 노동수요에 대한 총탄력성이 −1.0과 −1.5 사이 범위에 놓여있어 매우 비슷했었음을 추정하고 있다. Daron Acemoglu, David H. Autor, and David Lyle, "Women, War and Wages: The Effect of Female Labor Supply on the Wage Structure at Midcentury," *Journal of Political Economy* 112 (June 2004): 497~551 참조. 독일에서 제조업 숙련 및 미숙련 노동의 임금탄력성 추정치들은 다소 낮았다(−0.6에서 −1.3까지). John T. Addison, Lutz Bellmann, Thorsten Schank, and Paulino Teixeira, "The Demand for Labor: An Analysis Using Matched Employer-Employee Data from the German LIAB. Will the High Unskilled Worker Own-Wage Elasticity Please Stand Up?" *Journal of Labor Research*, 29 (June 2008): 114~137 참조.

우도 종종 있어서, 이러한 탄력성들이 어떤 값을 가지는가에 대해서 미루어 짐작할 필요가 자주 있다. 이러한 짐작을 시도할 때 여러 종류의 노동에 대한 적어도 상대적인 크기를 예측하기 위해 파생수요의 법칙들을 응용할 수 있다. 우선 노동조합이 결성되어 있는 뉴욕시 의류근로자들에 대한 수요를 고려해 보자. 제13장에서 논의되겠지만 노동조합은 복잡한 조직이기 때문에 노동조합의 목적이 무엇인가를 구체적으로 명기하는 것이 항상 가능하지는 않다. 그럼에도 불구하고 대부분의 노동조합이 조합원들의 임금**과** 고용기회 모두를 귀중하게 여기는 것은 분명하다. 이러한 사실로부터 다른 조건들이 일정할 때, 노동수요가 탄력적이면 탄력적일수록 노동조합이 그 조합원을 위해 얻게 되는 임금인상폭이 작아지게 될 것이라는 단순한 예측이 가능하다. 이러한 예측이 가능한 이유는 수요곡선이 탄력적이면 탄력적일수록 임금의 일정한 증가율과 관련된 고용의 감소율이 커지기 때문이다. 그 결과 다음의 사항들을 예측할 수 있다.

1. 노동조합은 노동수요곡선이 비탄력적인 시장에서 조합원들을 위해 더 큰 임금인상을 달성하게 된다.
2. 노동조합은 조합원들의 노동서비스에 대한 수요의 임금탄력성을 감소시키기 위한 조치를 취하려 노력할 것이다.
3. 노동조합은 우선 노동수요곡선이 비탄력적인 시장에서 근로자들을 조직하려 할 것이다(왜냐하면 노동조합화의 잠재적인 이득이 이러한 시장에서 더 높기 때문이다).

해외로부터의 경쟁 때문에 뉴욕시의 의류근로자들이 생산하는 의복의 수요에 대한 가격탄력성은 굉장히 크다. 더욱이 사용자들은 이 근로자들을 대체할 다른 생산요소들, 즉 노동조합에 가입하지 않은 남부 또는 외국에 있는 저임금 의류근로자들을 쉽게 구할 수가 있다. 이러한 사실들은 뉴욕시의 노동조합에 가입된 의류근로자들에 대한 수요의 임금탄력성이 매우 높을 것이라고 예측하도록 한다. 결과적으로 역사적으로 볼 때 노동조합의 임금에 대한 요구는 적절한 수준을 유지하였다. 노동조합은 또한 해외로부터의 경쟁을 줄이는 정책을 지지함으로써 생산물수요의 탄력성을 감소시키는 방법을 모색하였으며, 사용자들이 자신들의 공장을 남부로 이전시키려는 인센티브를 줄이기 위하여 연방최저임금 수준을 더 높이도록 요청한 바도 있다. (탄력적인 **생산물**수요가 노동조합의 임금인상을 어떻게 방해하는가에 대한 또 다른 설명은 예문 4.1을 참조하라.)

다음으로는 노동조합에 가입된 미국 여객기조종사에 대한 수요의 임금탄력성을 생각해 보자. 대규모 항공사 운영비용의 작은 부분만이 조종사들의 급여로 지급되는데 연료와 자본비용으로 인해 조종사들의 급여는 더욱 줄어들고 있다. 더욱이 조종사들의 대체 가능성은 제약되어 있다. 즉 숙련노동을 미숙련노동으로 대체시킬 여지가 거의 없다(비록 항공사가 항공기의 크기를 늘리는 반면, 자신들이 제공하는 운항편수를 줄임으로써 노동을 자본으로 대체할 수 있기는 하지만). 이외에도 1978년 항공여객산업의 규제해제 이전에는, 많은 항공사가 자신들의 많은 노선에서 아무런 경쟁에 직면하지 않았거나 또는 동일노선을 운항하는 다른 항공사들과 경쟁하기 위하여 자신의 항공요금을 인하하

예문 4.1

트럭운송산업의 두 부문에서 노동조합원의 임금이 왜 크게 차이가 나는가?

특별한 취급 또는 설비를 필요로 하지 않는 비특수화물을 취급하는 운송회사들로 구성되는 트럭운송산업의 '일반화물'부문은 별개의 두 부문으로 나뉘어져 있다. 일반화물 운송회사의 한 그룹은 트럭 1대분의 화물만을 전적으로 취급하여 이 화물을 하주로부터 목적지까지 직접 운반한다. 다른 그룹의 운송회사는 트럭 1대분 미만의 화물을 취급하는데, 따라서 각 트럭에 여러 종류의 화물을 실으며 택배라는 복잡한 조정과정을 필요로 한다. 일반화물산업의 이 두 부문은 상당히 상이한 **생산물수요의 탄력성**을 가지며, 따라서 트럭기사들을 대표하는 노동조합은 각 부문에서 임금을 상승시킬 수 있는(받아들이기 어려운 큰 고용감소로 고통 받지 않고도) 매우 상이한 능력을 보유한다.

트럭운송산업 중 트럭 1대분 이상의 화물만을 취급하는 부문(TL: truckload)은 기업들 또는 개인들이 시장에 진입하기가 상대적으로 쉽기 때문에 매우 경쟁적인 생산물시장을 가진다. 즉 이 부문에서의 영업은 단지 트럭, 적절한 운전면허증, 그리고 전화를 사용할 수 있는 설비(화물운반이 가능한 운전기사를 운반을 필요로 하는 화물과 연결시키는 화물중개인에게 전화를 걸기 위한)를 필요로 할뿐이다. 산업의 이 부문에는 경쟁 상태에 있는 많은 기업들이 있기 때문에, 만약 가격이 상승하면 탄력성이 더욱 커질지 모른다는 위협과 함께 각 기업은 상대적으로 탄력적인 생산물수요곡선에 직면하게 된다.

트럭 1대분 미만의 화물에 특화한 기업들(LTL: less-than-truckload)은 시와 시 사이, 그리고 시내를 연결할 수 있는 운행노선의 복잡한 체계를 보유하여야 하며, 따라서 이 기업들은 화물을 보관하고 한 노선에서 다른 노선으로 화물을 이송하기 위한 자신들의 터미널을 유지할 수 있을 만큼 충분히 큰 규모여야 한다. 트럭운송산업의 LTL 부문에는 쉽게 진입하기 어려우며, 따라서 이 부문은 부분적으로 독점화 되어있다. TL 운송회사의 수가 3배로 증가한 기간인 1980년부터 1995년까지 LTL 시장으로의 사실상의 신규 진입자는 기존의 전국적 운송회사의 지역적 방계회사가 유일한 실정이었다! 두 생산물시장에서의 경쟁상태를 약간 달리 비교한다면, 1987년의 경우 LTL 운송회사들 중 상위 네 회사가 LTL 총수입의 37%를 차지하였던 반면, TL 운송회사들 중 상위 네 회사는 TL 총수입의 오직 11%만을 점유하였다.

트럭운송산업의 TL 부문에서 경쟁이 심하다는 사실은 기업수준에서는 **생산물**수요가 LTL 부문보다 이곳이 더 탄력적임을 의미한다. 그렇다면 다른 조건이 일정할 때 **노동**수요곡선도 또한 TL 부문에서 더 탄력적이라고 예상할 수 있다. 노동조합들은 운송회사들과의 임금협상시 잠재적인 고용감소를 우려하기 때문에, 노동조합원의 임금은 트럭운송산업의 LTL 부문보다 TL 부문이 더 낮을 것이라고 기대할 수 있다. 사실 1991년의 조사는 노동조합원들의 마일당 임금(운전기사들은 전형적으로 마일당 센트 기준으로 보수를 받는다) 이 두 부문에서 매우 상이함을 밝힌 바 있다.

TL 부문

노동조합원 평균임금: 마일당 28.4센트

비조합원에 대한 노동조합원의 임금비율: 1.23

LTL 부문

노동조합원의 평균임금: 마일당 35.8센트

비조합원에 대한 노동조합원의 임금비율: 1.34

위의 데이터는 생산물(그리고 따라서 노동) 수요가 상대적으로 비탄력적일 때, 노동조합의 임금인상 능력이 더 커진다는 이론적 시사점을 지지하고 있다. 경쟁이 덜 심한 트럭운송사업의 LTL 부문에서 노동조합에 가입된 운전기사들의 임금은 그들이 보다 경쟁적인 TL 부문에 있을 때 보다 절대적으로, 그리고 비조합원의 임금과 비교할 때 모두 더 높다.

데이터출처: Michael H. Belzer, "Collective Bargaining After Deregulation: Do the Teamsters Still Count?" *Industrial and Labor Relations Review* 48 (July 1995): 636 ~655; and Michael H. Belzer, *Paying The Toll: Economic Deregulation of the Trucking Industry* (Washington, D.C.: Economic Policy Institute, 1994).

는 것이 금지되었었다. 이러한 요인들은 모두 항공기조종사들에 대한 수요의 임금탄력성이 매우 낮았다는(비탄력적) 것을 암시해 준다. 누구나 예상할 수 있는 바와 같이 조종사들의 노동조합은 임금인상이 조종사들의 고용수준을 상당히 감소시킬 것이라는 우려 없이 대폭적인 임금인상을 요구할 수 있었기 때문에, 조종사들의 임금도 상당히 높은 편이었다. 그러나 항공사에 대한 규제해제 이후 항공사 간의 경쟁이 크게 증가하였는데 이는 조종사들에 대한 노동수요곡선을 더 탄력적으로 만들었다. 그 결과 많은 항공사들이 자신들의 조종사들에게 임금삭감을 '요구하였으며' 이 요구를 관철시킨 바 있다.

노동수요의 교차탄력성

기업들은 여러 종류의 노동과 자본을 고용할 수 있기 때문에, 어떤 한 종류의 노동에 대한 수요라도 다른 종류들의 가격변화에 의해 영향을 받을 수 있다. 예를 들어 만약 목수들의 임금이 상승한다면 더 많은 사람들이 벽돌집을 지을 것이며 **벽돌공**에 대한 수요는 증가할 것이다. 그러나 목수들 임금인상은 국민경제의 전반적 주택건축 수준을 감소시키고, 이는 **배관공**들에 대한 수요를 감소시키게 된다. 마지막으로 **자본**가격의 변화는 위에 언급한 세 종류 근로자들에 대한 수요를 늘리거나 또는 줄일 수 있다.

위 효과들의 방향과 크기는, **다른** 생산요소들의 가격에 대한 생산요소 수요의 탄력성을 검토함으로써 요약될 수 있다. **j 생산요소 수요의 k 생산요소 가격에 대한 탄력성**은 *k* 생산요소 가격 1% 변화에 의해 유발된 *j* 생산요소 수요의 변화율이다. 만약 두 생산요소가 모두 어떤 종류의 노동이라면 이 **수요의 교차탄력성**(the cross-wage elasticities of demand)은 다음 식으로 주어진다.

$$\eta_{jk} = \frac{\%\Delta E_j}{\%\Delta W_k} \tag{4.2}$$

와

$$\eta_{kj} = \frac{\%\Delta E_k}{\%\Delta W_j}$$

단 앞에서와 같이 그리스문자 η는 탄력성을 표시하기 위하여 사용된다. 만약 교차탄력성이 정(+)이라면(어떤 '종류' 생산요소의 가격상승이 다른 생산요소의 수요를 증가시킨다면) 두 생산요소는 **조대체요소**(gross substitutes)라고 한다. 만약 이 교차탄력성이 부(−)라면(한 '종류' 생산요소의 가격상승이 다른 생산요소의 수요를 감소시킨다면) 두 생산요소는 **조보완요소**(gross complements)라고 한다(앞 장의 그림 3.3 참조).

두 생산요소들이 서로 조대체요소인지 또는 조보완요소인지의 여부는 규모효과와 대체효과의 상대적 크기에 달려있음을 다시 강조할 가치가 있다. 이를 확인하기 위하여 성인들과 10대들이 생산에 있어 대체관계에 있다고 가정하기로 하자. 따라서 10대들의 임금하락은 성인들의 고용수준에 서로 상반되는 두 가지 효과를 미칠 것이다. 한편으로는 대체효과가 존재한다. 즉 주어진 산출량수준을 위하여 사용자들은 이제 생산과정에서 성인들을 10대들로 대체할 인센티브를 가질 것이며 성인들의 고용을 줄이게 될 것이다. 다른 한편으로는 규모효과가 존재한다. 즉 10대들의 임금하락은 비용을 감소시키며 사용자들에게 성인근로자들을 포함하여 모든 생산요소들의 고용을 증가시킬 인센티브를 제공한다.

만약 규모효과가 대체효과보다 작다고 판명된다면, 성인들의 고용수준은 10대들의 임금과 같은 방향으로 이동할 것이며 두 그룹들은 조대체요소가 될 것이다. 이와는 대조적으로 만약 규모효과가 대체효과보다 크면, 성인들의 고용수준과 10대들의 임금은 반대방향으로 이동할 것이며 두 그룹은 조보완요소가 될 것이다. 그렇다면 두 그룹이 생산과정에서 대체관계에 있다는 것을 안다고 해도 그들이 서로 조대체요소인지 또는 조보완요소인지를 파악하기에 충분하지 않다는 말이 된다.[8)]

경제이론을 통해서 주어진 두 생산요소들이 서로 조대체요소인지 또는 조보완요소인지를 사전에 알 수 없기 때문에, 수요의 교차탄력성에 대한 주요 정책문제들은 그들의 **부호**에 대한 문제와 관련된다. 즉 어떤 특정 교차탄력성이 정(+)인가 또는 부(−)인가의 여부만을 알기를 종종 원하게 된다. 실제의 발견사항들을 검토하기 전에 교차탄력성의 부호를 결정하는 요인들을 분석하기로 하자.

파생수요의 법칙들이 교차탄력성에 적용될 수 있는가?

힉스-마셜의 파생수요법칙은 **임금**탄력성의 크기를 결정하는 네 가지 기술적 또는 시장조건에 기초하고 있다. 위에서 주목한 바와 같이 네 가지 조건은 각각 대체효과 또는 규모효과에 영향을 미치며, 이 두 가지 효과의 상대적 강도는 또한 **교차탄력성**의 부호를 결

8) 제3장에서 주목된 바와 같이 만약 두 그룹이 생산과정에서 보완관계에 있다면, 한 생산요소 가격의 하락은 다른 생산요소 고용의 증가를 유도해야 한다. 생산과정에서 보완관계에 있는 생산요소들은 항상 조보완요소가 된다.

정한다. 교차탄력성의 경우는 대체효과(만약 대체효과가 존재한다면)와 규모효과가 서로 반대방향으로 작용하기 때문에, 임금탄력성에 적용되는 법칙들이 교차탄력성에 직접 적용될 수는 없다. 그러나 기초가 되는 동일한 고려사항들이 교차탄력성 분석의 기본이 된다.

교차탄력성의 맥락에서 위의 네 가지 고려사항들을 논의할 때에 마음속으로 예를 드는 것이 도움이 될 것이다. 따라서 10대 근로자들의 임금이 하락할 때 성인근로자들의 수요에 어떤 일이 발생하는가의 문제로 되돌아가자. 위에서 주목한 바와 같이 그 대답은 규모효과와 대체효과의 상대적 강도에 달려있다. 무엇이 각각의 강도를 결정할까?

규모효과 10대 근로자들 임금하락의 가장 즉각적인 효과는 10대들을 고용하고 있는 기업들의 생산비가 하락한다는 것이다. 생산물시장에서의 경쟁 때문에 비용하락에 이어 가격인하가 뒤따르게 되는데, 가격인하는 생산물수요와 산출량수준을 모두 증가시킨다. 산출량수준의 증가는 성인을 포함한 모든 종류 근로자들의 고용을 증가시키려는 경향을 갖게 된다. 이러한 연쇄적 현상은 명백히 규모효과의 기반이 되는 행태를 설명하는데, 이제 어떤 조건들이 강력한(또는 약한) 규모효과를 만들 가능성이 있는가를 조사하기로 하자.

처음의 비용(그리고 가격)감소는 10대 근로자들의 임금이 총비용 중 큰 비중을 차지하는 사용자들의 경우 더 크게 된다. 다른 조건이 일정하다면 가격의 대폭적인 하락은 생산물수요와 총고용 모두를 보다 큰 폭으로 증가시키는 결과를 가져올 것이다. 따라서 **가격이 변하는 생산요소의 비용이 총비용에서 차지하는 비중**이 규모효과 크기에 영향을 미치게 된다. 이 비중이 크면 클수록 다른 조건이 일정하다면, 규모효과는 더욱 커진다(그리고 조보완요소가 존재할 가능성이 더 커진다). 이러한 경향은 앞에서 논의한 네 번째 힉스-마셜 법칙과 유사하다. 차이점은 교차탄력성의 경우에는 **가격**이 변화하는 생산요소가 **고용**변화를 분석하게 되는 생산요소와 동일하지 않다는 것이다.

규모효과 크기에 크게 영향을 미치는 다른 조건은 생산물의 수요탄력성이다. 위의 10대 근로자 임금하락의 경우에, 기업들이 생산물가격을 인하할 때 생산물수요가 더 크게 증가하면 증가할수록 성인을 포함하는 모든 근로자들의 고용이 증가하는 경향이 더 커지게 될 것이다. 더 일반적으로 말하면 **다른 조건이 일정할 때 생산물수요의 가격탄력성이 크면 클수록 규모효과는 더욱 커진다(따라서 조보완요소 관계가 성립할 가능성이 더 커진다)**. 따라서 생산물의 수요탄력성 효과는 임금탄력성과 교차탄력성의 경우가 비슷하다.

대체효과 10대 근로자들의 임금이 하락한 이후에 기업들은 또한 10대 근로자들이 보다 많이 고용되도록 생산기술을 변경할 인센티브를 가질 것이다. 10대 근로자들을 더 많이 고용하는 것이 성인들의 일자리를 늘일 것인가 또는 줄일 것인가는 부분적으로 기술적 질문에 좌우된다. 즉 10대와 성인이 생산에 있어 대체관계에 있는지 또는 보완관계에 있는지가 그것이다. 만약 그들이 생산에 있어 보완관계에 있다면 생산기술의 변화가 성인들에 미치는 효과는 규모효과를 보강할 것이며 확실히 성인들의 고용수준을 증가시키는 역할을 한다(물론 성인과 10대는 조보완요소가 됨을 의미한다). 그러나 만약 그들이 생산에 있어 대체관계에 있다면 생산기술의 변화는 성인들에 대한 10대들의 비율이 더 높도록 10대들을 고용하도록 할 것이고, 이때의 질문은 이 대체효과가 규모효과에 비해 큰지 또는 작은지의 문제가 된다.

대체효과의 크기에 영향을 미치는 기술적 조건은 이전에 논의했던 두 번째 힉스-마셜 법칙으로부터의 직접적인 연장이다. 즉 **가격이 변화한 어떤 종류의 노동이 다른 생산요소들과 쉽게 대체가 될 때 대체효과는 더 커질 것이다.** 10대 근로자들의 임금하락이 성인들의 고용수준에 미치는 효과를 분석할 때, 10대 근로자들이 성인을 보다 쉽게 대체한다면 대체효과(따라서 두 종류의 노동 사이에 조대체요소 관계가 성립할 가능성)가 더 커지게 될 것은 명백하다.

10대 근로자들의 임금하락과 관련된 대체효과의 크기에 영향을 미치는 다른 조건은 성인의 노동공급곡선과 관계가 있다. 만약 성인 노동공급곡선이 우상향하며 매우 가파르다면, 10대 근로자들이 성인근로자들을 대체하여 성인근로자들에 대한 수요곡선이 좌측으로 이동함에 따라 성인근로자들의 임금은 하락하는 경향이 나타난다. 이러한 하락은 성인근로자들 역시 보다 저렴하게 채용되도록 하기 때문에 대체효과를 약하게 만든다. 반대로 만약 성인 노동공급곡선이 상대적으로 수평에 가깝다면, 성인근로자 임금은 수요가 감소되어도 영향을 덜 받으며 대체효과도 덜 약하게 된다. 임금탄력성의 경우와 마찬가지로 **더 탄력적인 대체되는 생산요소들의 공급곡선 또한 다른 조건이 일정할 때, 교차탄력성의 경우에서도 더 큰 대체효과를 유도한다.**[9)]

교차탄력성과 관련된 추정치

교차노동수요탄력성의 **부호**만이라도 추정하는 것은 많은 공공정책과 관련된 질문에 대답하는데 유용하다. 예를 들어 **10대** 근로자들의 최저임금을 삭감한다면 이는 **성인**근로자들의 수요에 어떤 영향을 미칠까? 만약 **자본**에 보조금이 지급된다면 이는 **노동**수요에 어떤 영향을 미칠까? 또는 최근의 열띤 논쟁을 예로 들면(제10장에서 다시 다루게 될 쟁점임) **해외로부터 유입된** 근로자를 더욱 저렴하게 이용할 수 있을 때, 여러 등급 **내국인** 근로자의 수요에 나타날 가능성이 있는 효과는 무엇인가? 물론 이러한 질문들은 실제로는 각 질문에서의 두 생산요소가 조보완요소인지 또는 조대체요소인지의 여부를 묻는 것이다.

두 생산요소가 **조**보완요소인지 또는 **조**대체요소인지가 주요 정책적인 관심이지만

9) 총비용에서 10대 근로자들의 총임금이 차지하는 비중은 분석된 위의 예에서 규모효과는 물론 대체효과에도 영향을 미친다. 예를 들어 만약 10대 근로자들에 대한 노동비용이 총비용의 매우 큰 부분이라면, 성인들을 10대 근로자들로 더 많이 대체할 가능성이 상당히 제한된다(이는 10대 근로자들에 대한 노동비용이 총생산비의 100%를 차지하는 예를 고려함으로써 쉽게 확인할 수 있다). 따라서 총비용에서 10대 근로자들에 대한 노동비용이 큰 비중을 차지하면 상대적으로 규모효과도 커지는 반면, 이는 또한 성인근로자들을 10대 근로자들로 대체할 가능성이 그렇지 않을 경우보다 더 적어지는 상황을 반영할 수 있다.

신뢰할만한 추정치를 구하는 것은 어려운 일이다(규모효과를 추정하기가 어렵기 때문임). 따라서 현재까지의 교차탄력성에 대한 실증연구의 대부분은, 두 생산요소가 **생산에 있어** 대체관계에 있는지 또는 보완관계에 있는지의 문제에 초점을 맞추고 있다. 이러한 연구들은 **산출량을 불변인 채로 고정시켜 놓고**, 임금 또는 다른 가격변화에 대한 어떤 종류 노동의 고용반응을 추정한다(이는 실제로 생산에 사용된 생산요소들의 **결합**변화에만 초점을 맞추도록 하였다). 이러한 연구들에서 분석을 위해 함께 짝지어진 생산요소들은 매우 많으며, 그 분석결과들이 항상 명료하지는 않다. 그럼에도 불구하고 이 연구결과들을 종합하면 적어도 몇 가지 일반화가 가능하다.[10)]

1. 노동과 에너지는 비록 그 대체가능성은 작더라도 생산에 있어 분명히 대체관계에 있다. 노동과 원재료는 생산에 있어 아마도 대체관계에 있으나 그 대체가능성은 또한 작다.
2. 숙련노동과 미숙련노동은 생산에 있어 대체관계에 있다.[11)]
3. 숙련노동 또는 미숙련노동이 생산과정에 있어 자본과 대체관계인가 또는 보완관계인가의 여부는 확실하지 않다. 사실인 것처럼 보이는 것은 숙련(또는 교육수준이 높은)노동이 미숙련노동보다 자본과 보완관계에 있을 가능성이 크다는 것이며, 만약 그들이 모두 자본과 대체관계에 있다면 대체가능성의 정도는 숙련노동이 더 작다는 것이다.[12)]
4. 3번에 요약된 내용은 숙련노동이 미숙련노동보다 자본과 **조**보완요소일 가능성이 크다는 것을 암시한다. 이 내용은 컴퓨터와 다른 고기술 자본재들의 가격이 지난 10여 년간 대폭 하락하였기 때문에, 숙련근로자들과 미숙련근로자들 근로소득의 최근 추세를 이해하는 데 중요하다(제15장 참조).
5. 위 3번의 내용은 또한 만약 숙련노동과 미숙련노동 모두의 임금이 같은 비율로 증가한다면, 대체효과(자본이 노동을 대체해 감에 따라)와 관련된 어떤 고용감소의 크기도 미숙련노동의 경우가 더 클 것임을 의미한다. 따라서 다른 조건이 일정하다면 노동수요의 **임금**탄력성은 숙련근로자들보다는 미숙련근로자들의 경우 그 크기가 더 크리라 기대할 수 있다.

---

10) Hamermesh, *Labor Demand*, 105~127.

11) James D. Adams, "The Structure of Firm R&D, the Factor Intensity of Production, and Skill Bias," *Review of Economics and Statistics* 81 (August 1999): 499~510; and Antonio Ciccone and Giovanni Peri, "Long-Run Substitutability between More and Less Educated Workers: Evidence from U.S. States, 1950~1990," *Review of Economics and Statistics* 87 (November 2005): 652~663.

12) 문헌 인용은 Claudia Goldin and Lawrence Katz, "The Origins of Technology-Skill Complementarity," *Quarterly Journal of Economics* 113 (May 1998): 693~732를 참조하라.

정책에의 응용: 최저임금법의 효과

역사와 개요

1938년의 공정노동기준법(The Fair Labor Standards Act of 1938)은 미국의 연방정부 수준에서 채택된 첫 번째 주요 노동보호 법안이었다. 법 규정 중에는 시간당 임금이 일정 수준 아래로 하락해서는 안 된다는 최저임금, 1주일에 오랜 시간을 일하는 근로자들을 위한 초과급여수당(overtime-pay premium), 그리고 미성년노동(child labor)의 사용에 대한 제약이 포함되어 있었다. 처음 채택되었을 때 최저임금은 시간당 0.25달러로 설정되었으며, 모든 비관리직(nonsupervisory) 임금 및 급여근로자들, 즉 주(州) 간 통상(제조업, 광업, 그리고 건설업)에 종사하는 대기업들에 주로 고용된 근로자들의 약 43%를 대상으로 하였다. 최저임금법의 기본적 최저임금과 그 적용범위는 모두 시간이 경과함에 따라 확대되었다. 실제로 2009년 현재 최저임금은 시간당 7.25달러이며, 모든 비관리직 근로자들의 거의 90%가 이 규정의 적용을 받고 있다.

최저임금이 다른 어떤 임금 또는 물가지수에 대한 **상대적** 임금이 아닌 **명목**임금으로 표기됨을 강조하는 것은 중요하다. 그림 4.3에 그려진 바와 같이 명목임금은 보통 몇 년에 단지 한 번만 인상되었다 1980년대 초까지 새롭게 입안된 최저임금은 전형적으로 제

그림 4.3

연방최저임금: 수준 및 제조업 임금에 대한 비율, 1938~2012년

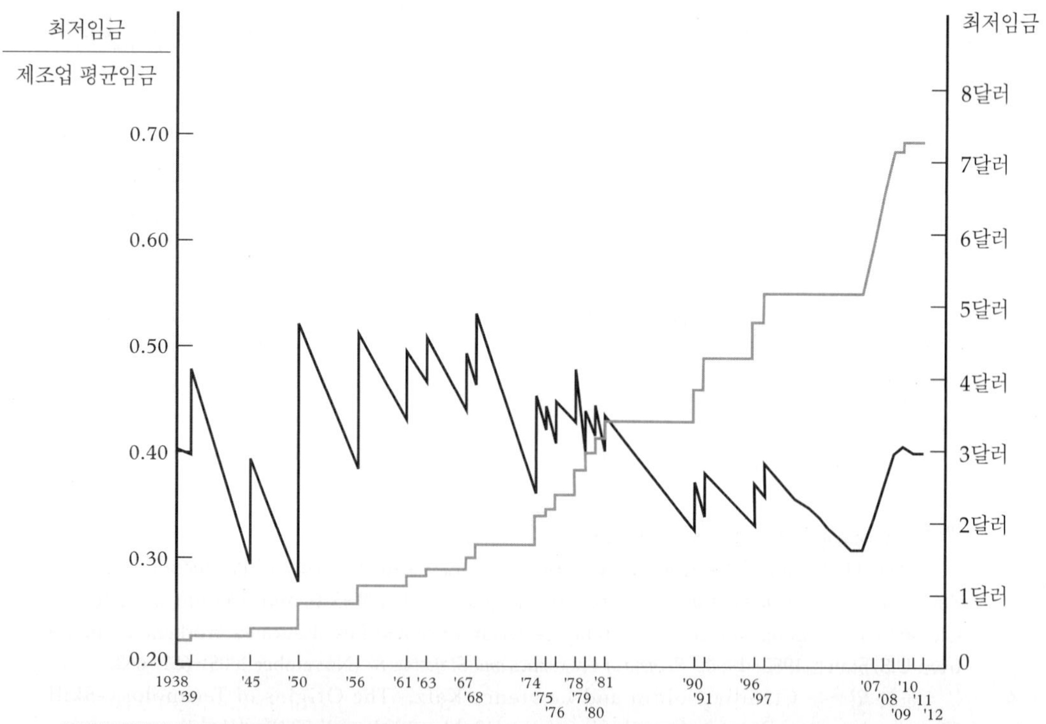

조업 시간당 평균임금의 적어도 45% 수준은 유지하였다. 입안과 입안 사이의 수년의 기간 동안 생산성증가 및 인플레이션이 제조업임금을 증가시켰으며, 그 결과 종종 최저임금은 다시 인상되기 전까지 제조업임금에 비해 10% 포인트 이상 하락하였다. 지난 20년 동안에는 심지어 새롭게 입안된 최저임금까지도 제조업 평균임금의 40% 아래 수준이었다. 최저임금을 5.85달러에 설정하고 2년에 걸쳐 7.25달러까지 인상되도록 하였던 2007년에 의회를 통과한 법 하, 2009년의 최저임금은 또다시 제조업 평균임금의 약 40% 수준이 되었다. 제조업의 임금증가가 천천히 이루어짐에 따라 그 비율은 2013년까지 40%인 채로 남아있었다.

고용효과: 이론분석

최저임금이 최초로 입안된 이래, 최저임금이 특히 혜택을 주려 의도하였던 집단의 고용을 감소시킬 것이라는 우려가 지속되었다. 우하향하는 노동수요곡선에 직면할 때 기업으로 하여금 모든 저임금근로자들에게 지급하는 임금을 강제적으로 인상시키도록 하는 정책은 가장 숙련도가 낮은 또는 가장 경험이 적은 근로자들의 **고용기회를 감소**시킬 것이라고 예상할 수 있다. 더욱이 만약 저임금근로자들의 고용감소율이 그들의 임금증가율보다 크다면, 즉 만약 저임금근로자들에 대한 수요곡선이 **탄력적**이라면 저임금근로자들의 **총**근로소득은 최저임금의 인상으로 인해 이전보다 더 적어질 수 있다.

최저임금의 고용효과에 관한 연구결과들을 평가할 때에 훌륭한 연구는 훌륭한 이론에 의해 지침을 받아야 한다는 것을 명심하여야 한다. 이론은 현실세계에 대한 탐구의 길을 가리키는 도로지도를 제공하며, 최저임금에 대한 어떠한 연구조사든 다루어야만 하는 여러 문제들을 제시해 준다.

명목임금 대 실질임금 미국에서의 최저임금 수준은 명목임금으로 설정되어 왔으며 의회에 의해 단지 간헐적으로 조정되어 왔다. 결과적으로 의회가 행동을 취하게 되는 중간의 수년 동안에는 일반적 물가상승이 점차로 실질최저임금을 낮추게 되며, 따라서 고정된 것처럼 보이는 최저임금이 고용 인센티브를 지속적으로 변화시키는 것으로 판명된다.

또한 미국의 연방최저임금은 물가의 지역적 차이가 나타나는 전국에 일률적으로 적용되고 있다. 물가 또는 임금의 지역적 차이를 고려할 때 알래스카(임금과 물가가 매우 높은 지역)의 실질최저임금은 미시시피의 실질최저임금보다 더 낮다는 사실을 알게 된다. 실질최저임금에 지역적 차이가 존재함을 인식하게 되면 일률적으로 적용되는 최저임금법의 고용효과는 일반적으로 생계비가 가장 낮은 지역에서 가장 부정적일 것이라는 예측이 가능하다. (연구자들은 많은 주(州)들이 자신들만의 최저임금법을 갖고 있으며, 이들 중 몇몇은 연방최저임금을 초과하는 최저수준을 유지하고 있다는 사실도 고려해야 한다.)

다른 조건이 일정할 때 최저임금이 높아지면 고용감소가 발생할 것이라는 예측은 **다른 조건이 일정할 때**(holding other things constant)라는 전제하에 이루어진다. 특히 예

그림 4.4

최저임금효과: 수요증가가 일자리 손실을 은폐함

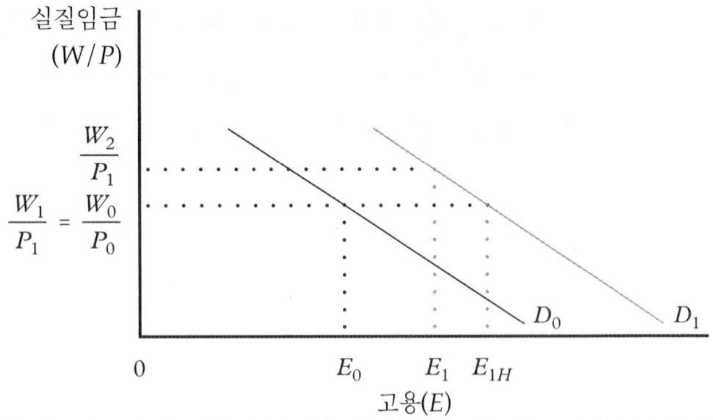

측은 **고정된** 노동수요곡선을 따라 좌상향으로 이동함에 따라 고용에 어떤 일이 발생할 것이 기대되는가에서 비롯된다. 만약 노동수요곡선이 새로운 최저임금이 유효하게 되는 것과 동시에 이동한다면, 이동에 의한 고용효과와 새로운 최저임금에 의한 고용효과가 혼동될 수 있다.

예를 들어 단순화를 위해 노동공급곡선을 생략하고 시장의 수요측면에만 초점을 맞춘 그림 4.4를 고려해 보자. 실질임금이 W_0/P_0이고 고용수준이 E_0인 기준연도의 저숙련 노동에 대한 수요곡선이 D_0이라 가정하자. 나아가 최저임금에 아무런 변화가 없을 경우에 비교연도의 실질임금(W_1/P_1)이 기준연도의 실질임금과 동일하도록 1년 사이에 명목임금과 물가수준이 모두 동일한 비율로 증가한다고 가정하자.

이제 비교연도에 두 가지 상황이 발생한다고 가정하자. 첫째, 최저임금이 W_1보다 높은 수준인 W_2로 상승하여 실질임금이 W_2/P_1로 상승한다. 둘째, 경제가 확대되기 때문에 저숙련노동에 대한 수요곡선이 D_1로 이동한다. 이 두 가지 변화의 결과 고용은 E_0으로부터 E_1로 증가한다.

상이한 두 시점에 관찰된 고용수준의 비교는 몇몇 조사자들로 하여금 최저임금의 상승이 부정적인 고용효과를 전혀 일으키지 않았다고 결론을 내리도록 할 것이다. 그러나 그림 4.4에서와 같이 만약 노동수요곡선이 이동했다면 이러한 이전/이후의 단순한 비교는 옳지 **않다**. 오히려 "비교연도의 실제 고용수준은 최저임금의 증가가 없었을 경우에 **나타났을** 고용수준과 어떻게 비교되었어야 하는가?"라고 질문을 해야 할 것이다. 두 시점 사이에 수요가 증가하였기 때문에, 이 가상적인 고용수준은 E_{1H}가 되었을 것이다. E_{1H}는 비교연도의 실제 고용수준인 E_1보다 크기 때문에, $E_{1H}-E_1$ 만큼의 최저임금으로 야기된 일자리손실이 나타난다. 그렇다면 경제가 성장할 때 최저임금의 한 차례 상승에 대한 기대효과는 **고용증가율의 감소**가 된다. 임금 외에 노동수요에 영향을 미치는 모든 '다른 요인들'을 통제하는 것이 최저임금으로 인한 고용변화를 측정할 때의 주요 어려움으로 판명되고 있다.

비적용부문의 효과 많은 정부의 규정들과 같이 연방최저임금법에는 **비적용**(uncovered) 부문이 존재한다. 최저임금법의 적용범위는 해를 거듭함에 따라 증가하였으나, 이 법은 일부 비관리직 근로자들에게는 아직까지 적용되지 않는다(주로 소매업과 서비스산업에 속한 소규모기업들의 근로자들임). 또한 수많은 사용자들과 이 법을 시행하기 위한 정부의 제한된 자원을 고려할 때 법을 **준수하지 않는 경우**가 광범위하게 존재할 수 있으며, 이는 또 다른 종류의 비적용부문이 생기도록 한다.[13] 비적용부문들의 존재는 저임금근로자들의 전체적인 고용이 최저임금 인상에 어떻게 반응할 것인가에 상당한 영향을 미친다.

그림 4.5에 나타난 미숙련, 저임금근로자들의 노동시장을 살펴보자. 시장에는 두 부문이 존재한다. 한 부문에서는 사용자들이 적어도 최저임금인 W_1과 동일한 임금을 지불해야만 한다. 최저임금이 적용되지 않는 부문에서는 임금이 시장조건에 따라 자유롭게 변한다. 두 시장 모두를 합한 총노동공급은 E_T에 고정된 반면(즉 총노동공급곡선은 수직이다), 근로자들은 더 나은 조건의 일자리를 찾기 위해 한 부문으로부터 다른 부문으로 자유롭게 이동할 수 있다. 최저임금규정이 없을 경우에는 부문 간의 자유로운 이동은 각 부문의 임금이 동일하게 될 것임을 암시한다. 그림 4.5에서 최저임금이 '책정되기 이전'의 임금을 W_0으로, 그리고 총고용량 E_T는 최저임금이 적용되는 부문에 E_0^c 최저임금이 적용되지 않는 부문에 E_0^u로 나누어져 있다고 가정하자.

만약 최저임금이 적용되는 부문에서 최저임금이 W_1로 책정되었다면 모든 미숙련근로자들은 이 부문에서 일하기를 선호할 것이다. 그러나 이 부문에서 W_0으로부터 W_1로의 임금인상은 수요를 감소시키고 최저임금이 적용되는 부문의 고용은 E_0^c로부터 E_1^c로

그림 4.5

최저임금효과: 불완전 적용범위가 고용이동을 발생시킴

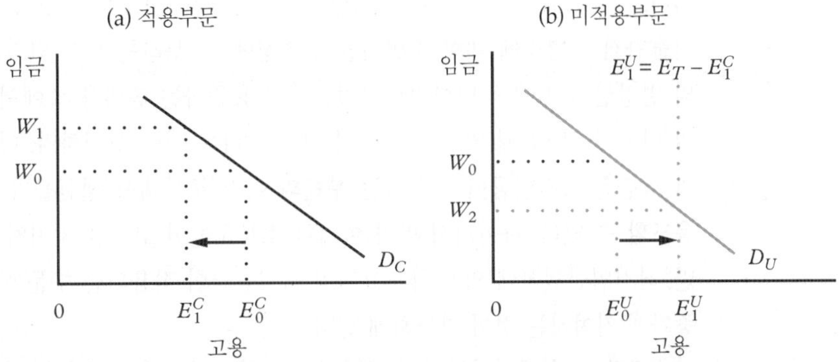

---

13) Orley Ashenfelter and Robert Smith, "Compliance With the Minimum Wage Law," *Journal of Political Economy* 87 (April 1979): 335~350. (의류계약자들 사이의) 비준수(noncompliance)에 대한 보다 최근의 연구는 David Weil, "Public Enforcement/Private Monitoring: Evaluating a New Approach to Regulating the Minimum Wage," *Industrial and Labor Relations Review* 58 (January 2005): 238~257에서 찾을 수 있다.

하락할 것이다. 최저임금이 적용되는 부문에서 이전에 일자리를 가졌던 또는 일자리를 가질 수 있었던 몇몇 근로자들이, 이제는 최저임금이 적용되지 않는 부문에서 일자리를 찾아야만 한다. 따라서 최저임금이 적용되지 않는 부문에는 이전에 일을 하였던 E_0^u의 근로자들에 이 부문에서 일자리를 찾으려 하는 $E_0^c-E_1^c$ 만큼의 다른 근로자들이 추가된다. 따라서 W_1 임금으로 '최저임금이 적용되는 일자리'를 찾을 만큼 행운이 따르지 않는 시장의 모든 미숙련근로자들은 이제는 최저임금이 적용되지 않는 부문에서 일자리를 찾아야만 하며,[14] 이 부문에 대한 (수직)공급곡선은 $E_1^u=E_0^u+(E_0^c-E_1^c)=E_T-E_1^c$가 된다. 이 부문에 대한 근로자들의 공급증가는 이곳에서의 임금을 W_0으로부터 W_2로 하락시킨다.

따라서 최저임금이 적용되지 않는 부문이 존재한다는 것은 최저임금의 인상에 의해 미숙련근로자들의 고용이 감소되지 않고 재배치될 가능성을 제시한다. 위의 예에서 최저임금이 부과된 후 E_T 근로자들 모두는 고용된 상태로 남아 있게 된다. 그렇다면 부분적으로 적용되는 최저임금법은 미숙련자의 총고용을 감소시키기보다는 최저임금이 적용되는 부문에서 적용되지 않는 부문으로 그 고용을 이동시키는 역할을 하며, 그 결과 최저임금이 적용되지 않는 부문의 임금은 하락하게 된다.

최저임금이 적용되는 부문으로부터 적용되지 않는 부문으로 고용의 이동이 있다면, 그 크기는 물론 최저임금이 적용되지 않는 부문의 규모에 좌우된다. 즉 이 부문의 규모가 작으면 작을수록 최저임금이 적용되는 부문으로부터 일자리를 잃은 근로자들이 이곳에서 고용을 찾게 될 기회가 적어지게 된다. 그러나 최저임금이 적용되지 않는 부문의 규모와 상관없이, 이 부문의 존재 그 자체는 **전체적인** 고용감소가 최저임금이 적용되는 부문에서의 고용감소보다 적게 될 가능성이 크다는 것을 의미한다.

생산물수요의 부문 간 이동 임금변화에 의한 고용효과는 규모효과와 대체효과의 결과이다. 대체효과는 기업들이 선택한 생산방법의 변화로부터 생기는 반면, 규모효과는 생산물가격의 변화에 대한 소비자들의 조정에 그 뿌리를 두고 있다. (예를 들어) 최저임금의 일정한 증가에 직면할 때, 기업들의 비용증가는 총비용 중에서 차지하는 저임금노동의 비중이 더 클 때 일반적으로 더 크게 된다는 것을 상기하라. 따라서 최저임금의 동일한 상승은 최저임금이 적용되는 부문의 여러 부분에서 생산물가격에 꽤 상이한 효과를 유도할 수 있다. 나아가서 만약 이러한 소부문들이 고객을 차지하기 위해 서로 경쟁한다면, 최저임금인상에 의한 규모효과가 최저임금이 적용되는 부문에서 몇몇 기업들의 고용 **증가**에 기여하는 것이 가능하게 된다.

예를 들어 편의점들이 슈퍼마켓들도 취급하는 품목들을 판매하며, 최저임금법이 두

14) 어떤 환경 아래에서는 이러한 실업상태의 근로자들이 당분간 실업의 상태로 남아서 최저임금이 적용되는 부문에서 일자리를 탐색하는 것이 합리적일지 모른다. Jacob Mincer에 의해 "Unemployment Effects of Minimum Wage Changes," *Journal of Political Economy* 84 (August 1976): S87~S104에서 논의된 이 '대기실업(wait unemployment)'의 가능성은 제13장에서 살펴보게 될 것이다. 이 시점에서는 만약 그러한 일이 발생한다면 실업이라는 결과가 나타날 것임을 단순히 주목하기로 하자.

종류 점포 모두에서 일하는 저숙련근로자들에게 지급되는 임금을 인상시킨다고 가정하자. 만약 저숙련 노동비용이 총비용에서 차지하는 비중이 슈퍼마켓보다는 편의점이 더 크다면, 다른 조건이 일정할 때 최저임금법은 편의점들의 비용을 더 큰 비율로 증가시키게 된다. 품목의 가격이 슈퍼마켓보다는 편의점에서 더 인상됨에 따라, 소비자들은 편의점에서 구입하던 품목 중 일부를 슈퍼마켓으로 돌리는 경향을 보이게 된다. 따라서 최저임금의 인상은 슈퍼마켓의 고용에는 모호한 효과를 미칠 수 있을 것이다. 한편으로는 슈퍼마켓들의 미숙련근로자에 대한 비용증가는 고용을 감소시키는 규모효과와 대체효과를 발생시키게 된다. 다른 한편으로는 이전에 편의점으로 향하던 거래를 잡을 수 있기 때문에, 슈퍼마켓들은 자신들의 노동수요를 증가시키도록 작용할 수 있는 규모효과를 경험할 수 있다.

고용효과: 실증추정치

미국에서 최저임금을 채택하였을 때의 최초의 고용효과는 쉽게 관찰되었던 반면(예문 4.2 참조), 보다 최근의 최저임금 인상효과는 명백하지 않으며, 따라서 정교한 통계적 기법을 사용하여 연구되어야 한다. 최저임금의 효과가 매우 가시적일 것으로 기대되는 인구통계학적 그룹은 저임금으로 유명한 그룹인 10대 근로자들이지만, 강제적인 임금인상이 이들의 고용에 어떤 영향을 미쳤는가에 대한 연구들은 일치된 의견을 도출하지 못했다.

예를 들어 널리 검토되고 반복된 패스트푸드산업의 고용변화에 대한 연구들은 1990년대 초에 최저임금의 인상에 의해 고용이 도대체 영향을 받았는가에 관해 이견을 보이고 있다.[15] 그러나 10대 근로자들의 **전반적인** 고용이 최저임금 인상에 어떻게 반응하였는가에 대한 이전의 추정치들을 검토하고 새롭게 한 한 연구는 부(−)의 고용효과를 밝히고 있다. 최저임금의 인상이 10대 근로자들의 평균임금을 상승시켰던 정도를 일단 고려한다면, 이 연구의 시사점은 10대 근로자들에 대한 수요탄력성이 −0.4에서 −1.9의 범위에 있다는 것이다.[16]

최저임금의 인상이 단지 10대 근로자가 아닌 **모든** 저임금 근로자의 고용에 어떤 영

---

[15] David Neumark and William Wascher, "Minimum Wages and Employment: A Case Study of the Fast-Food Industry in New Jersey and Pennsylvania: Comment," and David Card and Alan B. Krueger, "Minimum Wages and Employment: A Case Study of the Fast-Food Industry in New Jersey and Pennsylvania: Reply," both in *American Economic Review* 90 (December 2000): 1362~1420 참조. 보다 최근의 연구는 Arindrajit Dube, T. William Lester, and Michael Reich, "Minimum Wage Effects Across State Borders: Estimates Using Contiguous Countries," *Review of Economics and Statistics* 92 (November 2010):945~964이다. 이 연구들은 이전 연구들에 대한 참고문헌과 이 주제에 관한 검토내용들을 수록하고 있다.

[16] 각주 2에 인용된 검토는 최저임금 변화에 대한 10대 고용의 탄력성은 일반적으로 −0.2에서 −0.6의 범위에 있음을 제시하고 있다. 이 탄력성 수치를 최저임금 변화에 대한 10대 근로자 평균임금의 반응을 나타내는 탄력성 추정치로 나누면(10대 근로자의 평균임금 변화율을 최저임금 변화율로 나누면 0.32에서 0.48 범위에 놓이게 된다), 10대 근로자들에 대한 노동수요곡선 탄력성의 추정치가 구해진다. 최근의 연구는 최저임금이 10대 근로자들의 고용에 미치는 효과의 대부분이 임시일자리 또는 신규채용에서 관찰되었음을 암시하고 있다. Jeffrey P. Thompson, "Using Local Labor Market Data to Re-Examine the Employment Effects of the Minimum Wage," *Industrial and Labor Relations Review* 62 (April 2009): 343~366 참조.

예문 4.2

최초 연방최저임금의 고용효과

1938년 10월 24일 연방최저임금이 처음으로 시행되었을 때 다른 지역에 비해 임금수준이 훨씬 낮았던 남부의 경제에 상당한 단기적인 효과를 미칠 것으로 기대되었다. 남부의 가장 큰 제조업 중의 하나였던 양말류(seamless hosiery) 산업에 대한 조사는 이러한 예측을 입증하고 있다.

새로운 최저임금이 양말류 산업에 구속력이 있었음은 너무 명백하다. 1940년에는 노동력의 1/3이 최저임금(그 당시 시간당 32.5센트 였음)으로부터 시간당 2.5센트 이내의 임금을 지급받았다. 87개 기업에 대한 시계열-횡단면(longitudinal) 조사에 의하면, 생산물에 대한 전반적인 수요와 생산수준이 증가하였음에도 불구하고 그 이전까지 상승추세를 보이고 있었던 고용수준이 역전되어 하락하기 시작하였다. 남부 제조공장의 고용은 5.5% 감소하였지만 북부 제조공장의 고용은 4.9% 증가하였다. 더욱 현저했던 것은 이전에 새로운 최저임금보다 낮은 수준의 임금을 지급하였던 제조공장에서는 고용이 17% 감소하였던 반면, 높은 수준의 임금을 지급하였던 제조공장의 고용은 거의 동일한 수준에 머물렀다는 사실이다.

최저임금 시행 이전에는 수동(hand-transfer) 편물기의 사용으로부터 개량(converted- transfer) 편물기의 사용으로 생산방법이 서서히 이동해 가고 있었다. (개량 편물기에는 어떤 유형의 작업을 자동으로 처리할 수 있도록 하는 부착물이 붙어 있었다.) 최저임금의 시행이 이러한 추세를 가속화시켰던 것처럼 보인다. 최저임금법이 시행된 처음 2년 동안 수동편물기의 수는 23% 감소하였으며, 개량편물기는 69% 증가하였고, 완전자동기계는 10% 증가하였다. 이외에도 기계가 이전에 비해 더 집약적으로 사용되었다. 많은 제조공장에서 야간작업이 추가로 실시되었으며, 여기에 참여하는 근로자들은 이 바람직하지 못한 야간근로에 대해 추가 보수를 받지 못하였다. 마지막으로 최저임금법이 입안된 지 2년 이내에 양말류의 해외로부터의 총수입은 약 27%나 크게 증가하였다.

데이터출처: Andrew J. Seltzer, "The Effects of the Fair Labor Standards Act of 1938 on the Southern Seamless Hosiery and Lumber Industries," *Journal of Economic History* 57 (June 1997): 396~415.

향을 미쳤는가에 대한 최근의 추정치는 상당히 낮은 노동수요의 임금탄력성을 제시하고 있다. 이 연구는 최저임금이 인상되기 바로 직전 최저임금 또는 최저임금 가까운 수준의 임금을 받았던 근로자들의 최저임금이 인상되기 바로 직전과 1년 후의 고용상태를 각각 살펴보았다. 고용확률이 감소된다는 추정결과는 이 근로자들이 직면하는 노동수요곡선이 약 −0.15의 임금탄력성을 가지고 있음을 보여주었다.[17]

---

[17] David Neumark, Mark Schweitzer, and William Wascher, "The Effects of Minimum Wages Throughout the Wage Distribution," *Journal of Human Resources* 39 (Spring 2004): 425~450. 이 연구는 최저임금을 받는 근로자들의 최저임금 변화에 대한 고용탄력성은 −0.12인 반면, 최저임금 변화에 대한 그들 임금의 탄력성은 +0.8임을 밝히고 있다. −0.12를 0.8로 나누면 수요탄력성 추정치 −0.15와 같게 된다. 초

고용에 영향이 없음을 추정한 몇몇 연구가 있는가 하면, (표 4.1에서 본 평균치인) 1보다 훨씬 낮은 노동수요의 임금탄력성을 추정한 많은 연구가 있다는 것은, 저임금 근로자들의 고용이 최저임금 인상에 어떻게 반응하는가에 대해 확실히 모르고 있음을 명료하게 보여준다. 제5장에서 이 문제를 다시 다룰 것이며, **강제적인** 임금인상이 시장요인에 의해 발생한 임금인상보다 노동수요에 더 작고 더 불확실한 영향을 미칠지도 모르는 그럴 듯한 이유를 제시할 것이다.

최저임금이 빈곤을 퇴치하는가?

저임금 근로자들의 고용기회에 잠재적으로 부정적인 효과를 미치는 것 이외에도, 두 가지 다른 이유들이 최저임금이 빈곤을 줄이는데 상대적으로 효과적이지 못한 수단임을 암시하고 있다. 첫째, 빈곤하게 살고 있는 많은 사람들은 고용되지 않거나 또는 낮은 수준이기는 하지만 임금이 이미 최저임금보다 높은 수준이기 때문에 최저임금에 의해 영향을 받지 않는다. 예를 들어 1990~1991년의 최저임금인상에 대한 한 연구는 가계소득의 분포를 동일한 크기의 10개 그룹(10분위)로 나눴다. 가장 낮은 10분위에 속한 성인들 중 80%가 빈곤선 아래에 놓여 있었는데(주어진 자신들의 가족 규모에서), 이들 중 약 1/4만이 일을 하고 있었으며, 일을 하고 있는 성인들 중 1/3 미만이 새로운 최저임금 미만의 임금을 벌고 있었다![18] 따라서 고용기회의 손실이 없는 경우라도, 가장 낮은 10분위에 속한 성인들의 10% 미만이 1990~1991년 최저임금 인상으로부터 혜택을 본 것으로 판명되었다.

둘째, 최저임금에 의해 가장 영향을 받는 많은 사람들이 가난한 가계에 거주하지 않을지도 모르는 10대 근로자들이다. 위에 인용된 연구는 1990년과 1991년의 최저임금인상과 관련되어 추정될 수 있는 근로소득의 증가액 중 오직 19%만이 빈곤선 아래의 소득을 가진 가계로 귀착되었던 반면, 증가액의 50%를 상회하는 금액이 그 소득이 적어도 빈

점을 성인여성들에 맞출 때의 비슷한 발견은 John T. Addison and Orgul Demet Ozturk, "Minimum Wages, Labor Market Institutions, and Female Employment: A Cross-Country Analysis," *Industrial and Labor Relations Review* 65 (October 2012): 779~809에서 찾아볼 수 있다. 최저임금 변화에 대한 더 탄력적인 고용반응은 Joseph J. Sabia, Richard V. Burkhauser and Benjamin Hansen, "Are the Effects of Minimum Wage Increases Always Small? New Evidence from a Case Study of New York State," *Industrial and Labor Relations Review* 65 (April 2012): 350~376에서 찾을 수 있다.

18) Richard V. Burkhauser, Kenneth A. Couch, and David C. Wittenburg, "'Who Gets What' from Minimum Wage Hikes: A Re-Estimation of Card and Krueger's Distributional Analysis in *Myth and Measurement: The New Economics of the Minimum Wage*," *Industrial and Labor Relations Review* 49 (April 1996): 547~552. 최저임금법(그리고 다른 사회정책)이 빈곤에 어떻게 영향을 미쳤는지에 대한 연구의 요약은 David Neumark, "Alternative Labor Market Policies to Increase Economic Self-Sufficiency: Mandating Higher Wages, Subsidizing Employment, and Increasing Productivity," working paper no. 14807, National Bureau of Economic Research (Cambridge, Mass., March 2009)를 참조하라. 또한 Joseph J. Sabia and Richard V. Burkhauser, "Minimum Wages and Poverty: Will $9.50 Federal Minimum Wage Really Help the Working Poor?" *Southern Economic Journal* 76 (January 2010); 592~623 참조. 최저임금법에 관한 상이한 견해는 Bruce E. Kaufman, "Institutional Economics and the Minimum Wage: Broadening the Theoretical and Policy Debate," *Industrial and Labor Relations Review* 63 (April 2010): 427~453을 참조하라.

곤수준의 2배인 가계로 귀착되었음을 밝히고 있다.

'생계임금(living wage)'법

아마도 연방최저임금이 상대적으로 낮고 매우 자주 바뀌지 않았기 때문에, 미국의 약 100개의 시, 군(county), 그리고 학교지구(school district)는 '생계임금' 법령들을 채택하고 있다. 이 법령들은 그 관할구역 내의 사용자들 중 일부에게 적용되며, 이 사용자들에게 연방 또는 주 최저임금보다 높은 수준의 임금하한을 부과한다. 비록 일부 경우에 법령들은 시 또는 군으로부터 사업상의 도움을 받는 사용자들에게도 적용되지만, 영향을 받는 사용자들은 일반적으로 지방정부와의 계약을 수행하는 사용자들이다. 생계임금 수준은 보통 2007년에 미국 대륙의 3인 가족의 경우 17,170달러와 4인 가족의 경우 20,650달러였던 연방 빈곤가이드라인과 관계가 있다(이 빈곤선에 도달하기 위해서는 시간당 8.5달러에서 10달러의 임금이 요구된다). 2007년에 생계임금법에 의해 명기된 전형적인 임금 수준은 시간당 8달러에서 12달러의 범위였다.

저임금근로자들을 위한 생계임금법령의 잠재적으로 유익한 효과는 이 법령들이 적용되는 꽤 좁은 범위의 사용자그룹에만 명백히 한정된다. 물론 이 법이 영향을 받는 사용자들로 하여금 자신들의 고용수준을 줄이도록 하거나 또는 자신들의 회사를 생계임금규정이 없는 도시로 이동하도록 한다면 그 혜택은 또한 감소될 것이다.

그러나 생계임금법의 채택이 고용에 미치는 효과를 추정하는 것은 그러한 규정이 있는 도시와 없는 두 그룹의 도시에서의 고용변화를 단순히 비교하는 것 이상을 요구하는데, 이는 두 그룹의 도시들이 근본적으로 상이한 고용 또는 임금 추세를 가지고 있을지 모르기 때문이다. 예를 들어 고용기회가 급속히 증가하는 도시들은 고용기회가 정체되거나 또는 감소하는 도시들에 비해 생계임금을 채택하는 것에 대해 상이한 결정을 내릴 수 있다. 이러한 법들은 상대적으로 새로운 것이기 때문에, 그리고 그 고용효과를 평가하는 최선의 방법에 대해 논쟁이 있기 때문에, 생계임금법령이 고용에 어떤 영향을 미치는가에 대해서는 현재 일치된 의견이 없다.[19]

노동수요탄력성 개념의 기술변화문제에의 적용

자본비용을 감소시키는 역할을 하는 기술변화(예를 들어 컴퓨터 속도의 증가)는 물론 새로운 생산물과 새로운 생산기술을 포함하는 기술변화는 종종 어떤 사람들에게는 축복으

---

19) 고용효과를 추정하는 한 가지 바람직한 방법은 생계임금법을 실행에 옮긴 도시에서의 고용변화를 그러한 법을 통과시켰지만 몇몇 외부 요인(주 입법기관 또는 법원의 결정)에 의해 이 법이 궤도를 벗어난 도시의 고용변화와 비교하는 것이다. 이 접근법은 Scott Adams and David Neumark, "The Effects of Living Wage Laws: Evidence from Failed and Derailed Living Wage Campaigns, " *Journal of Urban Economics* 58 (September 2005): 177~202에 포함되어 있다. 도시 최저임금의 고용효과 추정치는 Arindrajit Dube, Suresh Naidu, and Michael Reich, "The Economic Effects of a Citywide Minimum Wage," *Industrial and Labor Relations Review* 60 (July 2007): 522~543을 참조하라.

로, 그리고 다른 사람들에게는 저주로 간주된다. 기술변화를 긍정적으로 보는 사람들은 새로운 기술에 의한 생활수준의 크나큰 향상을 지적하는 반면, 기술변화를 위협으로 보는 사람들은 종종 기술변화가 근로자들에게 미치는 불리한 결과를 강조한다. 노동수요탄력성의 기초가 되는 개념들이 기술변화의 효과를 판단하는 데 유용할까?

생산물수요의 변화 기술변화에는 노동수요에 영향을 미치는 두 가지 측면이 있다. 하나는 생산물수요이다. 생산물수요곡선의 **이동**은 노동수요곡선을 같은 방향으로 이동시키는 경향이 있으며, 생산물수요의 가격**탄력성**의 변화는 노동수요의 임금탄력성에 질적으로 유사한 변화를 발생시키는 경향이 있다. 구생산물(타이프라이터)의 대체재 역할을 하는 새로운 생산물(예를 들어 개인컴퓨터)의 발명은 구생산물부문에서 노동수요곡선을 좌측으로 이동시킬 것이며 이 부문에서 고용을 감소시킨다. 만약 이러한 새로운 발명에 의해 생산물 대체가능성이 또한 크게 나타난다면, 새로운 생산물의 등장이 생산물의 수요**탄력성** 따라서 노동의 수요**탄력성**을 증가시킬 수 있다. 이는 단체교섭에 의한 임금인상과 관련된 일자리손실의 크기를 증가시키며, 구생산물부문에서 큰 폭의 임금인상을 확보하려는 노동조합들의 능력을 약화시킨다. 새로운 생산물의 등장은 소비자들에게 혜택을 주고 새로운 부문에 일자리를 제공하는 반면, 근로자들, 노동조합들, 그리고 사용자들이 모두 새로운 환경에 적응해야 됨에 따라 기존산업에 어떤 고통스러운 변화를 필연적으로 제공한다.

자본-노동의 대체 기술변화의 두 번째 측면은 종종 자동화 또는 노동의 자본으로의 대체와 관련이 있다. 기술변화의 노동수요에 대한 효과를 분석하기 위해서 기술변화의 이 두 번째 측면은 자본비용을 감소시키는 것으로 간주되어야 한다. 개인용 컴퓨터의 대량생산을 비롯한 몇몇 사례들에서 문자 그대로 발생하는 것이 바로 자본가격의 하락이다. 다른 기술변화 예를 들어 컴퓨터부품의 소형화처럼 새로운 생산기술을 가능하게 했던 경우에, 발명은 새로운 기술이 완전히 이용될 수 있도록 한다. 무엇인가를 이용할 수 없을 때에는 그것이 무한대의 가격을 갖는 것으로 간주될 수 있다(어떠한 가격에서도 이용이 가능하지 않다). 따라서 새로운 기술이 이용가능하다는 것은 그 기술의 가격이 어떤 유한한 수치로 하락하는 것을 관찰하는 것과 동일하다. 두 가지 경우 모두 그 비용이 하락할 때 자본은 생산과정에서 노동과 대체되는 경향이 있다.

자본가격의 하락에 대한 어떤 종류 노동의 교차탄력성의 **부호**는 자본과 어떤 종류의 노동이 조대체요소인가 또는 조보완요소인가에 따라 좌우된다. 만약 특정 종류의 노동이 생산에 있어 자본을 대체한다면, **그리고** 만약 자본가격하락의 규모효과가 상대적으로 약하다면, 자본과 어떤 종류의 노동은 조대체요소가 되며 자동화는 이 종류의 노동에 대한 수요를 감소시킨다. 그러나 예문 4.3에서 설명된 바와 같이 새로운 기술과 밀접한 대체요소가 아닌 종류의 노동의 경우는 규모효과가 커져서 두 생산요소는 조보완요소가 될 수 있다. 따라서 자동화가 **특정** 종류의 노동수요에 미치는 효과는 정(+)일 수도 또는 부(−)

예문 4.3

19세기 의류산업에서의 조보완성(gross complementarity)

1820년에 영국 면직물 제조의 대부분이 이루어졌던 영국 랭커셔(Lancashire) 지역에 약 20만 명의 수직포공(handloom weaver)들이 있었다. 수직포공 대부분은 자영업의 하도급 업자로 집에서 일했다. 또 다른 8만 5천 명의 근로자들이 랭커셔의 면직물공장에 고용되었다.

그러나 1820년대에 역직기(powerloom)가 광목을 짜는데 수직기(handloom)를 대체하기 시작하는 정도로까지 개선되었다. 역직기를 이용한 방직은 집이 아닌 면직물공장에서 이루어져야만 했으며, 수직기의 기계화된 방직으로의 대체는 1850년에 이르러 단지 4만 명의 수직포공들이 랭커셔에 남아 있음을 의미했다.

그러나 역직기를 사용한 방직의 비용감소는 면직물재화에 대한 수요의 엄청난 증가를 유도하였다. 1850년에 이르러 랭커셔 면직물공장의 고용은 8만 5천 명으로부터 27만 5천 명으로 증가했다. 따라서 (대부분이 집에서인) 16만 명의 일자리들이 상실된 반면, 19만 명의 공장일자리가 추가되어 산업 전체로 볼 때 규모효과가 대체효과를 압도하였다.

면직물제조업의 고용이 증가하고, 역직기의 비용절약으로부터 소비자들이 혜택을 보았지만, 이러한 경제적 변화가 수직포공들로 하여금 자신의 생활양식을 바꾸고, 도시지역으로 이동하여 새로운 기술을 얻도록 강요했음을 인정하는 것이 중요하다. 그들의 경험은 경제성장에 수반되는 변화는 종종 많은 근로자들에게 고통스럽다는 것을 생각하도록 한다.

자료: Duncan Bythell, *The Handloom Weavers* (Cambridge: Cambridge University Press, 1969).

일 수도 있다.

분명히 자본과 주어진 어떤 종류의 노동이 조대체요소인가는 그 모두가 특정산업과 생산과정의 매우 특수한 여러 요소들에 좌우된다. 아마도 일반적으로 이야기될 수 있는 최대한도의 내용은, 미숙련노동과 자본이 몇몇 연구에 의해 생산과정에서 보완관계로 확인된 숙련노동과 자본보다 생산의 대체관계일 가능성이 더 크다는 사실이다. 보완관계인 생산요소들은 조보완요소이어야만 되기 때문에, 기술변화는 미숙련노동보다는 숙련노동에 대한 수요를 증가시킬 가능성이 더 크다.[20]

그러나 기술변화가 미숙련노동자들에 대한 위협이라고 결론을 내리기 전에 세 가지

[20] David Autor, Lawrence Katz and Alan Krueger, "Computing Inequality: Have Computers Changed the Labor Market?" *Quarterly Journal of Economics* 113 (November 1998): 1169~1213 참조. 자본과 노동이 개발도상국의 제조업부문에서 조보완요소임을 드러냈지만 이 조보완성은 아마도 숙련근로자들의 경우 더 크다는 것을 알려주는 연구는 Anusha Chari, Peter Blair Henry and Diego Sasson, "Capital Market Integration and Wages," *American Economic Journal: Macroeconomics* 4 (April 2012): 102~132를 참조하라.

점을 명심해야 한다. 첫째, 생산에 있어 대체관계인 생산요소들조차도 조보완요소가 될 수 있다(만약 규모효과가 충분히 크다면). 둘째, 노동의 자본으로의 대체는 일부 일자리를 없앨 수 있으나, 이에 수반되는 규모효과가 때로는 동일산업에서 다른 일자리들을 창출할 수 있다.

마지막으로 비록 전체 근로자에서 미숙련근로자들이 차지하는 비중이 지난 100년 동안에 걸쳐 감소되었지만, 이 감소 자체가 자본과 미숙련노동 사이의 조대체성을 확인시키는 증거는 아니다. 탄력성과 교차탄력성의 개념은 **다른 조건이 일정할 때** 임금 또는 자본가격의 변화에 의해 발생한 노동수요의 변화를 지칭한다. 즉 노동수요탄력성은 특정 시점의 노동수요곡선에 초점을 맞춘다. 시간이 경과함에 따른 실제 고용결과는 근로자들의 노동**공급** 행태에 의해서도 또한 영향을 받는다. 따라서 시간이 경과함에 따른 고용수준의 단순한 관찰로부터는 노동수요의 임금탄력성에 대해서 또는 노동수요의 교차탄력성의 부호 또는 크기에 대해서 무엇인가를 이야기하는 것이 불가능하다.

기술변화의 전반적인 효과 위의 분석으로부터 기술혁신이 규모효과와 대체효과 모두를 통해 노동수요에 영향을 미친다는 것은 분명하다. 그러나 기술변화에 대한 많은 공공논의에서 규모효과는 간과되며 초점은 때로는 겁주는 말로 대체효과에 맞춰진다. 예를 들어 1979년에 출간된 **일자리 붕괴**(The Collapse of Work)라는 제목의 책에서 저자들은 기술변화를 '일자리 대파괴(jobs holocaust)'를 발생시키는 것으로 간주하고, '지속적으로 증가하는 실업'에 대처할 정책의 수립을 요구하였다.[21] 기술변화로 인한 공포 때문에 기술변화가 **사회 전반에** 바람직한 것보다 해가 되는 것을 창출하는지 여부를 고려하기 위해 잠시 멈추어 경제적으로 분석할 필요가 있다는 것이다.

다행히도 기술변화가 '일자리 대파괴를' 발생시킨다는 공포는 근거가 없는 것으로 판명되었다. 예를 들어 **일자리 붕괴**가 출간되었을 때 미국 성인의 60%가 일을 하고 있었으며, 일하기를 원하는 모든 성인 중에서 5.8%가 실업자였었다. 급속한 기술혁신의 30년 후인 2008년에 실업률은 또한 (2000~2009년 동안의 평균보다 약간 높은) 5.8%이었지만, 미국 성인의 62%가 일을 하고 있었다!

그러나 기술변화는 자신들의 서비스에 대한 수요 감소에 직면한, 따라서 일자리를 바꾸는 비용을 부담해야만 하는 **일부** 근로자들에게는 비용을 부과한다. 이 비용은 임금손실, 일시적인 실업, 또는 새로운 기술을 배우는데 투자할 필요와 관련이 있다. 그러나 기술혁신은 또한 **다른** 근로자들에 대한 수요를 증가시키고 **소비자들**을 위해 더 낮은 비용 또는 더 큰 생산물의 다양성이라는 결과를 가져오기 때문에, 기술변화의 **전반적인 순효과**가 정(+)인지 또는 부(−)인지를 분석할 방법이 있는지를 묻게 되는 것은 당연하다. 달리 표현하면 (그리고 제1장에서 개관한 규범경제학 원리의 맥락에서) 사회 내에서 기

21) Clive Jenkins and Barrie Sherman, *The Collapse of Work* (Fakenham, England: Eyre Methuen, 1979), 제20장.

그림 4.6

가상적 사회의 생산가능곡선

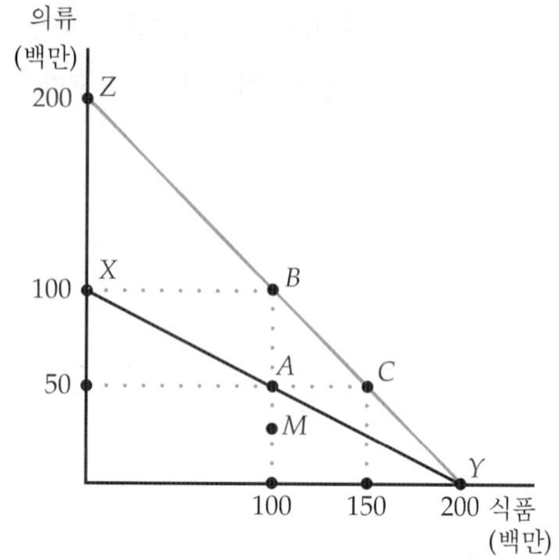

술변화로부터 이득을 얻는 사람들이 손실을 입는 사람들의 손실보다 더 많은 이득을 얻을 수 있는지를 알기 위하여 경제이론이 사용될 수 있는가?

분석을 시작하기 위해 고정된 수량의 노동과 자본을 보유한 사회를 고려하기로 하고, 단순화를 위해 이 자원들은 식품과 의류라는 두 재화를 생산하는데 사용될 수 있다고 가정하자. 그림 4.6은 이 단순한 사회를 가정한 생산가능성을 요약하고 있다. 만약 모든 노동과 자본이 식품생산에 투입된다면 2억 단위의 식품(그리고 0단위의 의류)이 생산될 수 있다(Y점 참조). 마찬가지로 만약 모든 자원이 의류생산에 투입된다면 1억 단위의 의류(그리고 0단위의 식품)가 생산될 수 있다(X점 참조). 예를 들어 자원의 50%가 식품생산에 투입되고 50%는 의류생산에 투입된다면, 이 사회는 1억 단위의 식품과 5,000만 단위의 의류(A점)를 생산할 수 있을 것이다. 이 사회가 생산할 수 있는 식품과 의류 조합에 대한 한계는 '생산가능곡선'이라 불리는 그림 4.6의 XY를 따라 나타난다.[22] 이 XY를 따라 또는 XY 밑의 모든 조합들은 생산이 가능하며, XY 위 (그리고 XY의 북동쪽)의 모든 조합들은 생산될 수 없다.

복잡한 현대사회에서 생산되는 식품과 의류의 **실제** 조합은 정부, 시장, 또는 정부와 시장의 어떤 조합에 의해 결정될 수 있다. 한쪽 끝에서는 중앙집권화된 정부조직이 얼마나 많은 식품과 의류가 생산되어야 하는지를 명령할 수 있으며, 또 다른 쪽 끝에서는 의사결정이 소비자들(수요)과 생산자들(공급) 사이의 시장상호작용으로부터 도출될 수 있다. 물론 시장상황에서조차도 정부는 식품과/또는 의류를 생산하는 비용 또는 방법을 바꾸는 조세, 보조금, 또는 규제를 통해 생산되는 식품과 의류의 조합에 영향을 미칠 수 있다.

의사결정과정이 무엇이든지와 관계없이 사회는 생산가능곡선 **아래**에 위치한 조합보

[22] 그림 4.6의 생산가능'곡선'은 직선인데, 이는 식품이 의류로 그리고 의류가 식품으로 '전환'될 수 있는 비율이 결코 변하지 않는다는 단순화된 가정을 반영한다. 이 가정이 논의에 필요하지는 않지만 애초에 논의를 다소 쉽게 이해하도록 만든다.

다는 생산가능곡선 **상**에 위치한 식품과 의류의 조합을 선택하기를 원하는 것으로 보통 가정된다. 예를 들어 사회가 그림 4.6에서 *M*점으로 나타나는 식품과 의류의 조합을 선택한다면, 사회는 주어진 기술과 자원을 가지고 생산할 수 있는 것만큼의 식품과 의류를 생산하지 못하는 것이 된다. 요약하면 사회의 자원은 과소사용 되며, 그 소비자들은 이 자원이 허용하는 모든 재화를 사용할 수 없게 된다. 그렇다면 그림 4.6에 그려진 사회가 *XY*를 따라 *A*점을 선택하여 1억 단위의 식품과 5,000만 단위의 의류를 생산한다고 가정함으로써 분석을 시작하기로 하자.

이제 누군가가 봉제과정의 속도를 배가시키는 장치를 발명하여 어떤 수준의 생산요소를 가지고도 두 배만큼의 의류를 생산하는 것이 가능하도록 만들었다고 상상하자. 따라서 모든 자원이 의류생산에 투입된다면, 이 새로운 장치는 2억 단위의 의류생산을 허용하는데(*Z*점), 이는 1억 단위의 과거 수준을 초과하는 대폭적인 생산증가이다. 그러나 새로운 장치는 식품생산을 증가시키기 위해서는 아무 것도 하지 않으며, 따라서 모든 자원이 식품생산에 투입된다면 이 사회는 여전히 단지 2억 단위의 식품만을 생산할 수 있다. 생산가능성의 새로운 집합은 그림 4.6에 *ZY*로 표시되어 있다.

그림 4.6을 보면 새로운 기술발명은 이 사회 사람들의 소비가능성을 확대한다. 사람들은 자원의 1/2을 식품생산에 나머지 1/2을 의류생산에 할당하기로 선택할 수 있으며, 만약 그렇게 한다면 똑같은 1억 단위의 식품을 소비할 수 있지만 의류소비는 5,000만 단위로부터 1억 단위로 증가시킬 수 있다(그림 4.6의 *B*점 참조). 이와는 달리 사람들은 이제는 새로운 장치를 가지고 사회가 보유한 자원의 단지 25%로 생산할 수 있는 의류 5,000만 단위로 소비를 유지하고, 나머지 75%의 생산요소는 식품생산에 투입하기로 선택할 수 있다. 이때 식품생산은 1억 단위로부터 1억 5,000만 단위로 증가하게 된다(그림의 *C*점 참조). 마지막으로 한 재화의 생산을 불변인 채로 유지하면서 다른 재화의 생산을 증가시키는 대신에, 사람들은 **두 재화 모두가 더 생산되도록** 생산요소의 할당을 선택할 수 있다(*B*와 *C* 사이의 모든 점 참조).

명백히 *B* 이외 어떤 점의 선택도 식품과 의류산업 사이에 노동과 자원을 재할당하는 것과 관련이 있다. 그러나 사회가 각 산업에 그 자원의 1/2을 할당하는 것을 지속하더라도 새로운 봉제기술은 의류산업 근로자들로 하여금 새로운 기술을 배우거나 또는 상이한 고용조건을 받아들이도록 요구함으로써 의류산업의 직종요건을 바꿀 수 있다. 이러한 산업과 산업 사이, 그리고 산업 내의 변화가 더 빠르게 그리고 보다 매끄럽게 발생하면 발생할수록 *XY* 상의 최초 점으로부터 *ZY* 상의 새로운 점으로의 이동은 더 빨라질 것이다. 그렇다면 기술변화에 의해 가능하게 된 생산증가를 **실제로** 달성하기 위해서 사회는 자본과 노동의 이동을 촉진시키는 (또는 적어도 허용하는) 정책 또는 제도를 보유해야만 한다.

지금까지 기술변화의 효과에 대한 분석은 기술변화가 제한된 자원으로부터 사회가 더 많은 재화와 서비스를 획득하는 것을 가능하도록 함으로써 잠재적으로 1인당 평균소비를 증가시킨다는 것을 설명하였다.[23] 그러나 더 높은 **평균**소비수준이 사회 **전체**가 기술변화로부터 이득을 얻는 것을 보장하기에 충분한가? 이 문제에 대답하기 위해서는 제1장에서 소개한 실증 및 규범 분석의 몇몇 원리를 다시 살펴보아야 한다.

경제이론은 개인은 근로자면서 동시에 소비자로서 자신의 효용을 극대화하려 한다고 가정한다. 더욱이 개인이 더 많은 재화 또는 서비스(여가를 포함, 각주 22 참조)를 소비할 수 있을 때 효용이 증가한다고 보통 가정된다. 따라서 기술변화가 1인당 **평균**소비를 증가시킬 때 경제이론은 사회가 이전보다 더 나아졌다고 말할 수 있음을 알려준다고 생각할 수 있다. 그러나 이는 완전히 정확한 것은 아니다.

기술변화의 유일한 수혜자가 1년에 1,000억 달러를 버는 사회의 가장 부유한 사람이며, 그 비용은 각각 1년에 16,000달러를 버는 1백만 명의 저임금 근로자들에게 부담되는 (분명히 극단적인) 경우를 고려하기로 하자. 만약 부유한 사람이 기술변화로부터 50억 달러의 이득을 얻는 반면 4,000달러의 비용이 1백만 저임금 근로자 개개인에게 부담된다면 (40억 달러의 총비용), 사회 전체는 총소비에서 10억 달러의 이득을 얻는다. 그러나 아래에서 설명되는 바와 같이 이 10억 달러의 이득은 사회에서 **총효용의 손실**과 관련될 수도 있다.[24]

위의 예에서 부유한 사람이 얻은 이득은 연소득의 5%인데 애초의 그와 같은 막대한 소득을 고려할 때 50억 달러의 추가는 이 사람의 효용을 크게 증가시키지 않을지도 모른다. 1백만 근로자 각각의 경우 1인당 4,000달러의 손실은 연소득의 25%에 해당하는데 이와 관련된 효용손실은 모두 집계할 때 부유한 사람이 얻은 상대적으로 작은 이득에 비해 더 클 수 있다. 이 경우 사회 전체가 (**효용**으로 환산하여) 이득을 얻도록 확실히 하는 유일한 방법은 이득을 얻는 사람에게 손실을 입는 모든 사람들을 보상하도록 요구하는 것이다. 이득을 얻은 사람이 변화로 인해 비용을 부담한 사람들에게 40억 달러의 이득을 분배하도록 요구 받는다면 근로자들은 손실을 입지 않은 상태로 끝나게 되며, 이득을 얻은 사람은 그가 보유한 나머지 10억 달러 때문에 여전히 앞서게 된다. 따라서 손실을 입은 사람에 대한 보상이 이루어진 후, 제1장에서 설명한 기술변화로부터 일부가 이득을 얻고 아무도 손실을 입지 않는다는 규범경제학의 조건이 성립한다.

제1장에서 살펴본 규범경제학의 원리를 다시 서술한다면, **어떤 경제거래로부터 손실을 입은 모든 사람들이 완전히 보상을 받았을 때에만 사회가 그 경제거래, 이 경우 기술변화로부터 이득을 얻었음을 확신할 수 있다.** 대부분의 기술변화는 시장의 수백 만 개의 기업들에 의해 이루어진 의사결정을 통해 발생하기 때문에, 이러한 의사결정의 결과

23) 설명을 쉽게 하기 위해 분석을 식품과 의류의 두 재화로 한정했으나 사람들이 **여가**를 포함하여 많은 재화 또는 서비스를 소비할 수 있는 사회를 고려하더라도 분석내용과 그 결론은 영향을 받지 않는다.

24) 부유한 경제의 사람들은 **손실기피적**(loss-averse)이라는, 즉 소득증가로부터의 자신들의 효용증가가 소득감소로부터의 자신들의 효용손실보다 더 작다는 심리학에 기반을 둔 발견에 대한 논의는 Richard Layard, "Happiness and Public Policy: A Challenge to the Profession," *Economic Journal* 116 (March 2006): C24~33을 참조하라.

실증연구

노동수요곡선의 추정: 시계열데이터와 '동시성(simultaneity)' 처리

제안된 노동시장정책이 노동비용을 증가시킬 때 경제학자들은 종종 "정책이 고용을 감소시킬 것이다."라는 것 이상을 알려주기를 요청받는다. 고용이 **얼마나** 영향을 받을 것인가를 알기를 원하는 것이다! 따라서 실제적인 목적상 노동수요의 탄력성 추정치를 아는 것은 매우 유용한 일이다.

노동수요의 탄력성을 추정하는 것은 실제로 매우 어려우며, 이는 수요탄력성에 관한 매우 적은 편수의 연구가 표 4.1에 인용되고 있다는 사실을 설명하는데 도움이 된다. 첫째, 만약 그들의 일자리 요건, 자본과의 대체성, 그리고 그들 사용자들이 직면하는 생산물 수요의 특성으로 볼 때 상당히 동질적인 근로자 집단의 임금과 고용에 관한 데이터가 있다면 신뢰할 만한 추정치를 얻을 수 있다. 어떤 주어진 직종의 근로자들을 채용하는 기업들이 다양하다는 점에 비추어 볼 때(예를 들어 경호원들은 소매점, 학교, 그리고 영화배우들에 의해 채용된다), 동질성은 종종 데이터를 입수하기가 매우 어려운 너무 좁은 범위의 집단들을 분석할 것을 필요로 한다.

노동수요를 추정하는데 있어서의 두 번째 문제는 임금과 고용이 임금과 고용 사이의 (상이한) 관계를 보여주는 두 곡선인 공급곡선과 수요곡선의 상호작용에 의해 **동시에** 결정된다는 것이다. 만약 임금과 고용수준에 관한 데이터만을 수집한다면 수요곡선, 공급곡선, 또는 두 곡선이 아닌 어떤 곡선을 추정하는지 여부를 알 수 없을 것이다! 어떤 직종의 시장에서의 임금(W)과 고용(E) 결과를 보여주는 그림 #1과 그림 #2를 고려해 보자.

우리가 하고자 하는 바는 그림 #1에 설명되어 있다. 거기에서 노동수요곡선은 변하지 않지만 어떤 이유로 인해 노동공급곡선은 이동하고 있다. 연구자에 의해 관찰되는 모든 것은 a점과 b점이지만 이를 연결하면 수요곡선을 찾아낼 수 있다(물론 신뢰할 만한 추정치는 두 개보다는 훨씬 많은 관찰치들을 필요로 한다).

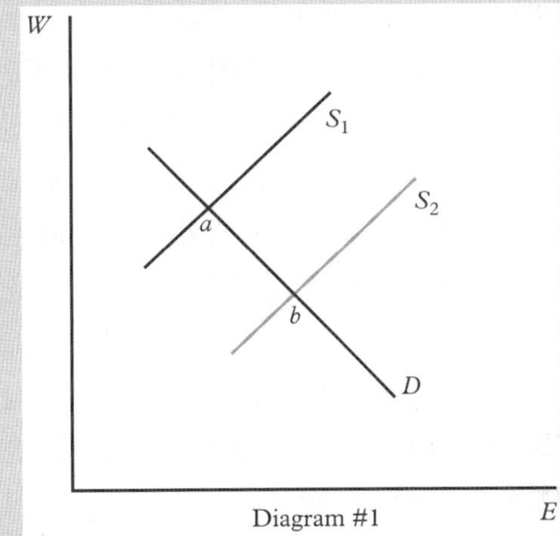

Diagram #1

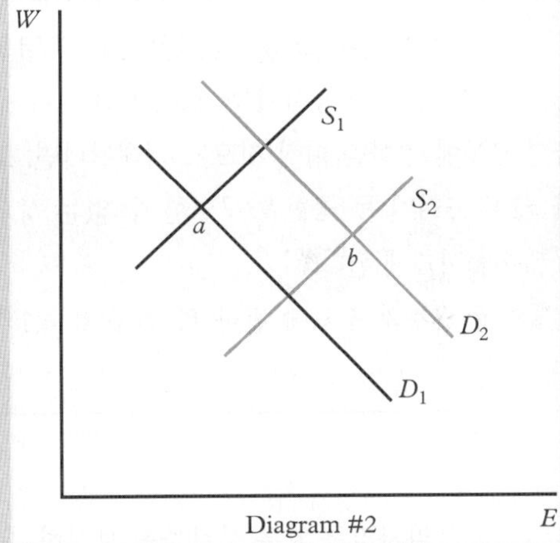

Diagram #2

따라서 만약 수요곡선이 이동하지 않는다면 이동하는 공급곡선을 관찰할 수 있을 때 수요곡선을 '확인(identify)'할 수 있다. 그러나 실제로는 공급곡선과 수요곡선 모두 시간이 흐름에 따라 이동할 수 있다(그림 #2 참조). 두 곡선이 모두 이동할 때 a점과 b점 사이의 선분을 그리더라도 공급곡선과 수요곡선 어느 것도 찾아내지 못한다. 두 곡선이 모두 이동할 가능성이 있을 때 어떻게 수요곡선을 확인할 수 있을까?

첫째, 수요곡선을 이동시키는 변수들에 접근해야만 한다. 만약 시간이 흐름에 따라 수요곡선을 이동시키는 요소들을 **통제**할 수 있다면, 통계적인 의미에서 이를 원래의 위치로 돌아가도록 이동시킬 수 있으며, 그림 #1과 같은 상황을 만들 수 있다.

둘째, 그림 #1의 조건을 충족시키기 위해서 **공급곡선을 이동시키지만 수요곡선에는 영향을 미치지 않는** 적어도 하나의 변수를 또한 찾아야만 한다. (실질소득 수준과 같은 몇몇 변수는 이론적으로 노동수요**와** 노동공급곡선 모두에 영향을 미친다. 만약 '이동시키는' 모든 변수들이 두 곡선 모두에 영향을 미칠 것으로 기대된다면, 그림 #2에 그려진 두 곡선을 구별할 수 없는 상황으로 되돌아가게 된다!)

영국 광부의 수요에 관한 한 연구(표 4.1의 밑에 인용된)는 어떤 구체적인 직종의 노동수요곡선을 어떻게 추정하는가의 예를 제공하고 있다. 생산물수요와 사용자기술로 볼 때 매우 동질적인 직종이 한 산업에서 발견되었으며, 임금과 고용에 관한 시계열데이터가 여러 해 동안 이용가능하였다(연구는 1950~1980년 기간 동안의 데이터를 사용하였다). 연구자들은 노동수요곡선을 이동시키리라 기대되는 요소들에 대한 데이터를 수집할 수 있었다(예를 들어 전력생산에서 석탄의 대체요소인 석유의 가격). 그들은 또한 **오로지** 공급곡선만을 이동시키리라 기대되는 (광부들이 선택할지도 모른 대체 일자리의 임금과 같은) 변수들을 포함하는 공급곡선을 이동시키리라 기대되는 변수들에 대한 데이터에 접근하였다. 따라서 연구자들은 노동수요함수를 확인할 수 있었으며, 그들은 회귀분석을 사용함으로써 영국 탄광의 (임금변화에 대한 고용변화의) 노동수요탄력성이 −1.0에서 −1.4임을 제시하였다.

자료: Alan A. Carruth and Andrew J. Oswald, "Miners' Wages in Post-War Britain: An Application of a Model of Trade Union Behaviour," *Economic Journal* 95 (December 1985): 1003-1020.

일자리를 잃은 사람들을 보상하기 위해 필요한 것은 교체된 근로자들을 도울 수 있는 광범위한 일련의 사회보험정책이다. 예를 들어 실업보험은 새로운 일자리를 찾는 기간 동안 근로자들을 지원하며, 어떤 형태든 임금보조는 근로자들이 저임금 일자리를 받아들여야만 한다면 그 소득의 손실을 최소화시킬 수 있다. 훈련프로그램은 새로운 기술의 습득을 도울 수 있으며, 정부고용센터 또는 온라인상의 '일자리은행(job banks)'은 구인이 어디에서 이루어지는지에 대해 근로자들을 도울 수 있다. 공공임금보조금은 새로운 근로자들을 추가하는 기업들에 지급될 수 있으며, 몇몇 나라에서는 정부가 '최후의 사용자(employer of last resort)'로서 새로운 일자리를 찾을 수 없는 근로자들에게 일을 시키는 기능을 담당한다. 제3장에서 사용자들에 대한 임금보조금을 분석한 바 있으며, 이러한 다른 프로그램들의 효과는 이 책의 뒷부분에서 분석될 것이다.

복습문제

1. 정부가 최저임금을 20% 인상시킨다고 가정하자. 네 가지 힉스-마셜의 파생수요법칙을 특정 산업에 적용한다고 생각할 때, 그 산업에 속한 10대 근로자들의 일자리 손실이 가장 작게 되는 조건을 분석하라.
2. 50명을 초과하는 근로자들을 가진 캘리포니아의 사용자들은 이제 자녀가 태어나면 그 근로자에게 유급가족휴가를 제공해야만 한다고 한다. 이 법 아래에서 50명을 초과하는 근로자들을 가진 기업은 유급휴가를 간 근로자들의 일자리를 최대 6주까지 보유하도록 요구받으며, 휴가 중에 근로자들은 정상임금의 55%를 받는다고 한다. 노동시장의 수요(사용자)측면에서 어떤 반응이 나올 가능성이 있는가? 이 반응의 **크기**에 영향을 미치는 요소들에 대한 고려사항을 분석에 포함하라.
3. 일자리 증가를 촉진시키기 위한 노력의 일환으로 연방정부는 새로운 기계와 기타 자본재에 투자하는 사용자들에게 세금을 공제하는 법을 통과시켰다고 한다. 교차탄력성의 기초가 되는 개념을 적용하여, 특정 산업의 고용증가가 가장 크게 될 조건들을 논의하라.
4. 어떤 주의 공익사업위원회(public utilities commission)가 제조공장에의 천연가스 판매에 대한 가격통제를 해제하고, 공익사업들이 (30% 더 높은 수준인) 시장가격을 매기도록 허용한다고 한다. 이러한 가격상승과 관련된 제조업 일자리손실의 크기를 최소화 시키는 조건은 무엇인가?
5. 많은 사용자들이 자신들의 근로자들에게 건강보험을 제공하고 있지만, 주로 소규모 사용자들인 다른 사용자들은 그렇지 못하다. 정부가 어떤 기준에 부합되거나 또는 이를 초과하는 건강보험 적용범위가 모든 근로자들에게 확실히 제공되길 원한다고 가정하자. 또한 정부는 사용자들이 이 보험료를 부담하도록 하기 위해 두 가지 방안을 고려하고 있다고 가정하자.

   A안: 근로자들에게 받아들일 만한 적용범위의 보험을 자발적으로 제공하지 않는 사용자는 고용된 각 노동시간마다 시간당 X센트의 세금을 납부하도록 요구될 것이다. 징수된 세금은 정부가 제공하는 건강보험의 적용범위를 지원하게 된다.

   B안: 사용자의 총수입 중 일정 비율을 징수하는 세금으로 정부가 제공하는 건강보험의 적용범위가 재정 지원되는 것을 제외하고는 A안과 동일하다.

   두 가지 방안 각각의 노동시장효과를 비교·대조하라.
6. 1942년에 정부는 자신들의 가정에서 바느질, 자수, 그리고 뜨개질을 했던 근로자들에 의해 생산되는 많은 종류의 의복제조를 금지시켰던 규정을 공포하였다. 만약 의류제품이 이제는 공장근로자들 또는 자신의 가정에서 일하는 독립적 계약자들에 의해 만들어질 수 있도록 이 금지조항이 폐지된다면, 이 폐지조치가 의류산업의 **공장근로자들**에 대한 노동수요에 어떤 영향을 미치게 되는가?
7. 다음의 프로그램들이 철강업의 노동수요탄력성에 어떤 영향을 미치는가를 간략히 설명하라.
   a. 철강수입관세의 인상.
   b. 경제적 이유로 근로자들을 일시해고 시키는 것을 불법이 되도록 하는 법률.
   c. 산업생산을 증가시키는 기계 산업(철강을 생산요소로 사용하는 산업)의 호황.
   d. 각 철강공장을 과거의 관행보다 더 오래 가동하도록 하는 철강공장 소유자들의 결정.

e. 철강업 사용자들이 지급하는 임금의 상승.
f. 생산된 철강 1톤당 부과되는 세금.

8. 2012년에 독일의 한 단체가 빌딩, 기계설비 같은 자산에 적어도 140만 달러를 투자한 모든 사용자들에게 부과되는 빌딩, 기계설비에 대한 '부유세'를 제안했다. 이 장에서 배운 이론을 사용하여 대규모 독일기업들의 근로자들에 대한 노동시장효과를 분석하고, 독일 근로자들이 이전보다 더 나빠질 조건을 설명하라.

연습문제

1. 수학 지도교사의 수요가 L_D=2,000−5W로 주어진다고 한다. 임금이 100달러에서 200달러로 변할 때 임금탄력성을 계산하라. 이 때 수요곡선은 탄력적인가, 비탄력적인가 또는 단위탄력적인가?
2. 페시미스트(Pessimist) 교수는 의회에서 군대 규모의 축소가 전형적인 미국의 근로자에게 엄청난 결과를 가져올 것이라고 주장하였다. 그는 만약 군대로부터 1백만 명이 전역하여 민간노동시장에 고용되면 민간노동시장의 평균임금이 크게 하락하게 된다고 주장하였다. 군대로부터 근로자들이 방출될 때 민간노동에 대한 수요곡선은 이동하지 않는다고 가정하기로 하자. **첫째**, 군대로부터 근로자들의 민간노동시장으로의 이러한 유입의 효과를 나타내는 단순한 그래프를 그려라. **다음에** (i) 노동수요의 임금탄력성의 정의, (ii) 경제 전체에 있어서의 이 탄력성의 크기, 그리고 (iii) 군대로부터 이러한 근로자들의 유입과 비교할 때의 민간고용의 규모에 대한 지식을 사용하여 이러한 상황을 그래프로 그리고, 민간근로자 전체의 임금하락의 크기를 추정하라. 여러분은 페시미스트 교수의 주장에 동의하는가?
3. 조그만 도시에 있는 패스트푸드 음식점의 햄버거를 굽는 사람에 대한 수요가 L_D=300−20W (단 L=햄버거를 굽는 사람의 수, W=달러로 표시된 시간당 임금)로 나타난다고 가정하자. 균형임금이 시간당 4달러이지만 정부가 시간당 5달러의 최저임금을 설정하였다고 한다.
   a. 최저임금은 이 패스트푸드 음식점들의 고용에 어떤 영향을 미치는가? 어떤 일이 발생하는가를 보여주는 그래프를 그리고, 패스트푸드 부문의 고용에 미치는 효과를 추정하라.
   b. 위의 도시에는 최저임금이 설정되기 이전에 L_S=−100+80W, L_D=300−20W로 각각 공급과 수요가 나타나는 미적용부문(uncovered sector)이 존재한다고 가정하자. 최저임금의 도입으로 인해 햄버거를 굽는 일자리를 잃게 되는 모든 근로자들이 미적용 부문에서 일자리를 찾으려 한다고 가정할 때, 미적용부문의 임금과 고용은 어떻게 될까? 어떤 일이 발생하는가를 보여주는 그래프를 그리고, 미적용부문의 임금과 고용에 미치는 효과를 분석하라.
4. 아래 표는 지방 꽃 판매회사의 플로리스트에 대한 수요를 나타낸다.

점	임금(달러)	시간
A	20	5
B	15	8
C	10	10
D	8	12
E	5	14

a. 노동수요곡선을 그려라.
b. 각 점에서의 수요의 임금탄력성을 계산하고, 곡선이 탄력적인지, 비탄력적인지, 또는 단위탄력적인지를 지적하라.
c. 수요곡선을 따라서의 탄력성의 변화에 대해 논평하라.

5. A 노동조합이 시간당 임금이 4달러일 때 20,000시간(person-hours)의 수요, 시간당 임금이 5달러일 때 10,000시간(person-hours)의 수요를 보이는 수요곡선에 직면하고 있다. B 노동조합은 시간당 임금이 6달러일 때 30,000시간(person-hours)의 수요, 시간당 임금이 5달러일 때 33,000시간(person-hours)의 수요를 보이는 수요곡선에 직면하고 있다.
   a. 어느 노동조합이 **보다** 탄력적인 수요곡선에 직면하고 있는가?
   b. 그 조합원들의 총소득(임금 곱하기 person-hours)을 증가시키는 데 있어 어느 노동조합이 더 성공적일까?
6. 아래 a, b, c 직종들의 수요의 임금탄력성을 계산하라. E_D와 W는 원래의 고용수준과 임금이며, E'_D와 W'는 새로운 고용수준과 임금이다. 수요가 탄력적인지, 비탄력적인지, 또는 단위탄력적인지를 서술하라.
   a. $\%\Delta E_D = 5, \%\Delta W = -10$
   b. $E_D = 50, W = 7$
      $E'_D = 40, E'_D = 8$
   c. $E_D = 80, W = 8$
      $E'_D = 100, E'_D = 6$
7. 커피머신기의 비용이 15% 하락할 때 일회용커피머신(coffee brewer)의 수요는 8% 감소한다. 이 경우 일회용커피머신 수요의 교차탄력성을 계산하라. 커피머신과 일회용커피머신은 조대체요소인가 또는 조보완요소인가?

참고문헌

Card, David, and Alan B. Krueger. *Myth and Measurement: The New Economics of the Minimum Wage*. Princeton, N.J.: Princeton University Press, 1995.

Cunningham, Wendy. *Minimum Wages and Social Policy: Lessons from Developing Countries*. Washington, D.C.: World Bank, 2007.

Hamermesh, Daniel S. *Labor Demand*. Princeton, N.J.: Princeton University Press, 1993.

Kennan, John. "The Elusive Effects of Minimum Wages." *Journal of Economic Literature* 33 (December 1995): 1950~1965.

Neumark, David, and William L. Wascher. *Minimum Wages*. Cambridge, Mass.: MIT Press, 2010

"Review Symposium: *Myth and Measurement: The New Economics of the Minimum Wage*, by David Card and Alan B. Krueger." *Industrial and Labor Relations Review* 48 (July 1995).

제5장

노동시장에서의 마찰

지금까지의 노동시장에 대한 분석에서는 사용자들에 대한 노동비용이 두 가지 특성을 갖는 것으로 취급되었다. 첫째, 사용자들이 지급해야 하는 임금은 시장에 의해 **주어진다.** 즉 **기업에 대한** 노동공급곡선은 (시장임금수준에서) 수평인 것으로 가정되었다. 만약 사용자가 현행시장임금보다 낮은 수준의 임금을 지급한다면, **그 근로자들은 즉시 이직하여 현행시장임금을 지급하는 기업으로 옮기기** 때문에, 사용자는 현행시장임금보다 낮은 수준의 임금을 지급할 수 없다. 마찬가지로 사용자는 시장임금으로 원하는 모든 노동을 확보할 수 있으며, 따라서 더 높은 수준의 임금을 지급하는 것은 그 비용만을 올릴 뿐이며 생산물시장에서의 경쟁력을 낮추게 된다(제3장에서 주목한 바와 같이 생산물시장의 독점기업만이 자신들이 지급해야만 하는 것보다 더 높은 수준의 임금을 지급하고도 여전히 생존할 수 있다.). 완전경쟁 생산물시장의 개별사용자들은 (임금설정자가 아니라) 임금순응자로 간주되어 왔으며, 그들의 노동시장에서의 의사결정은 오로지 **얼마나 많은** 노동과 자본이 고용되어야 하는가와 관련이 있었다.

둘째, 모든 노동비용은 **가변**적인, 즉 근로자의 근로시간에 정확히 비례하는 것으로 취급되었다. 시간당임금 같은 가변노동비용은 매 기간 발생하며, 물론 만약 근로시간이 줄어든다면 감소될 수 있다. 모든 노동비용이 가변적이라고 가정함으로써 실제로 시장조건이 변함에 따라 기업들이 즉각적으로 자신들의 노동투입량과 관련비용을 조정할 수 있다고 가정되고 있다.

이 장의 목적은 수요 또는 공급조건이 바뀔 때 자신들의 행태를 **바꾸는 것이 비용을 발생**시킨다는 것을 근로자와 기업 모두가 안다고 가정할 때, 노동수요가 어떤 영향을 받는지를 고려하는 것이다. 일반적으로 말해서 변화로 인해 발생하는 더 높은 비용은 근로자와 기업으로 하여금 변화에 더 저항하도록 할 것이기 때문에, 경제학자들은 물리학으로부터 개념을 (막연하게) 빌려와서, 이 비용들이 노동시장에 '마찰'을 야기 시키는 것으로 이야기하고 있다. 이 장에서는 노동시장에서의 마찰의 시사점들을 분석할 것이다. 즉 근로자들이 사용자들을 바꾸는데 비용이 든다는 것을 알고 있으며, 기업들도 근로자들을 채용 또는 해고 하는데 비용이 든다는 것을 알고 있다고 가정하는 것의 시사점들을 살펴볼 것이다.

첫째 절에서는 근로자들이 사용자 사이를 이동할 때 근로자에게 발생하는 비용의 노동시장효과를 분석하면서 시장의 **근로자**측면에 관한 마찰을 살펴본다. 사용자를 바꿀 때 근로자에게 발생하는 비용이 증가함에 따라 **기업들**이 내리는 채용결정은 특히 정부가 부과하는 강제임금이 존재할 경우 완전경쟁시장 모형의 예측과는 다르다는 것을 알게 될 것이다. 임금과 노동시장 경험, 그 사용자와의 근속년수, 그리고 실업 사이에 관찰되는 상관관계에 관한 근로자 이동비용의 시사점도 또한 간략히 조사될 것이다.

이 장의 마지막 세 절에서는 고용수준을 변화시킬 때 **사용자들**이 부담하는 비용에 대해 분석할 것이다. 성격상 시간과 관련이 있는 가변노동비용과, 오로지 채용된 근로자 **수**와 (근로자들을 채용하고 훈련하는데 있어서의 기업의 투자를 포함해서) 관련이 있는 '준고정(quasi-fixed)'비용이 구별될 것이다. 시장의 사용자측면에서의 준고정비용의 존재는 기업의 초과근로 사용, 일부 근로자들은 훈련시키려 하지만 다른 근로자들은 훈련시키려 하지 않는 기업의 의사결정, 경기하강 시에 누가 일시해고 되는가, 보수와 생산성 사이의 관계, 그리고 고용보호법안이 일자리 증가에 미치는 효과와 관련하여 다루게 될 흥미로운 질문을 제기한다.

시장의 근로자측면에 관한 마찰

이 절에서는 우선 근로자들이 사용자 사이를 비용을 들이지 않고 이동할 수 있다고 가정하는 것의 주요 시사점들과 이 시사점에 **반대되는** 증거가 분석될 것이다. 그 뒤 근로자의 이동에는 비용이 든다는 가정을 기초로 한 임금과 고용결정의 모형을 구축하고, 이 모형의 노동시장 예측을 살펴볼 것이다.

일물일가의 법칙

근로자들이 비용을 들이지 않고 사용자 사이를 이동할 수 있다는 가정을 기초로 한 노동시장의 단순모형은 **같은 직종 내에서 동일한 숙련도를 가진 근로자들은 동일한 임금을 받을 것**이라는 강력하고도, 테스트할 수 있는 예측을 제공한다.[1] 이러한 예측의 함의는 '일물일가의 법칙'으로 알려져 있으며, 근로자가 지체 없이 그리고 비용을 들이지 않고도 사용자로부터 사용자로 이동할 수 있다는 가정에 확고한 기초를 두고 있다. 만약 현재 시

[1] 이 예측은 '만약 그들이 비슷한 환경에서 일하고 있다면'을 추가함으로써 자격을 갖추어야 한다. 제8장에서 논의될 바와 같이 예를 들어 만약 비슷한 근로자들이 생계비가 상이한 도시에서 일한다면 또는 일부 근로자들이 다른 근로자들보다 더 위험한 또는 쾌적하지 못한 환경에서 일한다면 그들은 상이하게 대가를 지급 받을 것이 기대된다.

장임금을 지급하고 있는 기업이 시간당 1페니라도 적게 지급하려 한다면, 이 기업은 현행 시장임금을 지급하고 있는 기업들에게 모든 근로자들을 즉시 잃을 것이라고 이 모형은 가정한다. 더욱이 사용자는 현행시장임금을 지급하고도 자신이 원하는 모든 근로자들을 얻을 수 있기 때문에, 어느 누구도 시장임금보다 더 높은 수준의 임금을 지급하는 것으로부터 아무런 혜택을 받지 못한다. 따라서 동일한 숙련도를 가진 모든 근로자들은 동일한 임금을 받을 것이라는 것을 시장은 보장할 것이다.

이러한 예측의 문제점은 이 예측이 사실에 의해 지지되는 것처럼 보이지 않는다는 것이다. 예를 들어 2012년에 모두 매우 비슷한 수준의 생계비가 필요한 중간 규모의 주도인 알바니(Albany), 매디슨(Madison), 그리고 새크라멘토(Sacramento)의 등록된 간호사들이 평균적으로 (각각) 27.98달러, 33.93달러, 그리고 53.37달러의 시간당임금을 받았다는 것을 어떻게 설명해야만 하는가?[2] 어떻게 시장이 **고용서비스기업** 총무과 직원(payroll and timekeeping clerk)들의 임금을 **보험업자**(insurance carriers)를 위해 일하는 그들의 상대자들보다 14% 낮은 시간당 평균 17.05달러로 허용할 수 있는가에 대해서도 의문을 가질 수 있다.[3]

만약 근로자들이 사용자들 사이에 완전한 이동성을 갖는다면, 이러한 지역적, 기업간, 또는 산업 사이의 직종 내의 임금격차는 유지될 수 없을 것이다(각주 1에서 주목한 바와 같이, 고임금과 저임금 기업의 근로조건이 매우 다르지 않다면). 저임금 기업에서 일하는 이러한 직종의 근로자들은 이직하고, 설사 그것이 자신이 거주하는 지역 또는 자신이 일하는 산업을 바꾸는 것을 의미하더라도 고임금 기업으로 이동한다. 이러한 임금 차이가 관찰된다는 사실은 **근로자의 이동에 비용이 든다**는, 따라서 어떤 방식으로든 이동이 제한된다는 것을 암시한다.

예를 들어 알바니의 간호사들이 새크라멘토에서 임금이 더 높다는 것을 알기 위해서는 시간과 노력이 필요하며, 일단 그 사실을 알았더라도 그들은 지원하고, 면접하며, 대륙을 횡단하고, 자신들의 알바니 친구들과 친지들을 떠나는 데에 비용이 든다는 것을 알게 될 것이다. 자신들이 살고 있는 지역 내에서 보다 높은 임금을 지급하는 기업 또는 산업으로 이동하려는 근로자들도 비슷한 비용을 부담할 것이다. 그들은 우선 정보를 획득하

---

[2] U.S Department of Labor, Bureau of Labor Statistics, *Occupational Employment Statistics*, http://www.bls.gov/oes/current/oessrcma.htm.

[3] U.S Department of Labor, Bureau of Labor Statistics, *Occupational Employment Statistics*, http://www.bls.gov/oes/current/oessrcma.htm. 직종 내 임금 차이와 일물일가의 법칙에 관한 보다 심층적인 연구는 Stephen Machin and Alan Manning, "A Test of Competitive Labor Market Theory: The Wage Structure among Care Assistants in the South of England," *Industrial and Labor Relations Review* 57 (April 2004): 371~385; V. Bhaskar, Alan Manning, and Ted To, "Oligopsony and Monopsonistic Competition in Labor Markets," *Journal of Economic Perspectives* 16 (Spring 2002): 155~174; Dale T. Mortensen, *Wage Dispersion: Why Are Similar Workers Paid Differently?* (Cambridge, Mass.: Massachusetts Institute of Technology, 2003); and Samuel Berlinski, "Wages and Contracting Out: Does the Law of One Price Hold?" *British Journal of Industrial Relations* 46 (March 2008): 59~75를 참조하라.

는 불편함을 감수해야만 하며, 그 뒤 새로운 사용자에게 지원하고 이동하는 비용을 부담해야만 한다.

이러한 이동비용의 일부는 성격상 화폐비용이지만(이력서 인쇄, 면접을 위한 의복 구입, 이동수단 임대), 모든 고용의 변화는 또한 비화폐비용을 수반한다. 즉 지원과 면접을 마치고, 현재 일자리에서의 가치 있는 비임금 혜택(융통성 있는 일정, 구체적인 직무, 사용자 위치, 동료들과의 교제기회)을 포기하는 데의 시간비용과[4] 새로운 고용 장소를 향해 '익숙한 것'을 떠나는 스트레스가 그것이다. 근로자들이 이러한 비화폐비용들을 평가하는 방법은 다를 가능성이 있으며, 따라서 일부 근로자들은 다른 근로자들에 비해 이동이 매우 괴롭다는(비용이 든다는) 것을 알게 되리라는 것에 주목하는 것은 중요하다.

근로자의 이동에 비용이 든다고 가정하는 것은 개별사용자들에 대한 노동공급곡선의 형태에 근거를 제공하는 엄청난 이론적 시사점을 가지고 있다. 앞에서 가정한 것과 같이 수평이 아니라, **근로자의 이동에 비용이 든다고 가정할 때 기업에 대한 노동공급곡선은 우상향하게 된다.** 그림 5.1에 굵은 선으로 나타나는 관계를 고려하기로 하자. 만약 A기업이 예를 들어 시간당 9.25달러를 지급하고 있는데, 이를 9.50달러로 인상하기로 결정한다면, 이 기업은 자신을 위해 일할 용의가 있는 근로자 수를 E_0으로부터 E_H로 늘릴 수 있다. 인상된 임금은 다른 기업들로부터 이동비용이 상대적으로 작은 근로자들을 유치하도록 하며, 기존 근로자들이 이직할 기회를 감소시키게 된다. 그러나 일부 근로자들은 이 충분하지 않은 보수증가를 위해 사용자를 바꾸는 것이 너무 비용이 드는 일이라는 것을 알게 되기 때문에, 이 임금인상을 통해 시장의 **모든** 다른 근로자들을 유치할 가능성은 없다. 마찬가지로 만약 A기업이 임금을 9.00달러로 낮춘다면, 이 기업은 아마도 기존 근로

그림 5.1

A기업에 대한 노동공급: 근로자 이동비용이 개별사용자들이 직면하는 노동공급곡선의 기울기를 증가시킴

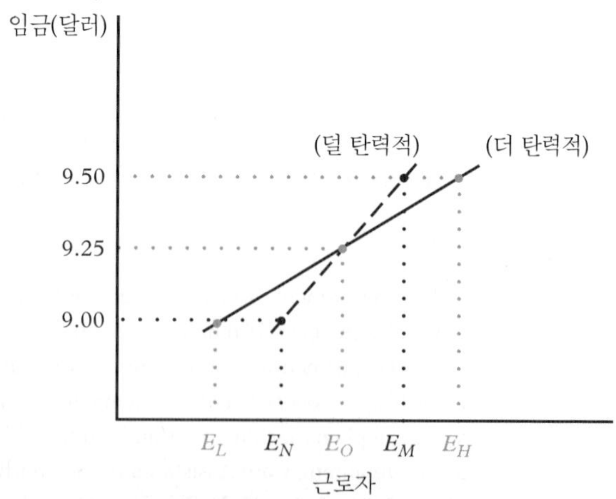

[4] 비임금 혜택에 대한 근로자들 사이의 상이한 기호를 기초로 한 수요독점 경쟁 이론은 V. Bhaskar and Ted To, "Minimum Wages for Ronald McDonald Monopsonies: A Theory of Monopsonistic Competition," *Economic Journal* 109 (April 1999): 190~203을 참조하라.

자들의 일부를 잃게 될 것이지만 (이동비용 때문에) 근로자 모두를 잃게 되지는 않게 됨에 따라 이 기업이 유치할 수 있는 근로자 수는 E_L로 감소될 수 있다. A기업의 임금변화에 대한 이러한 반응을 그린 공급곡선은 그림 5.1의 굵은 선처럼 보일 것이다.

이동비용의 **증가**가 A기업이 직면하는 공급곡선에 어떤 영향을 미칠까? 이동비용이 더 커지면, 임금인상은 노동공급의 **더 작은** 폭의 증가를 발생시키며, 임금감소는 노동공급의 **더 작은** 폭의 감소라는 결과를 가져온다. 생각을 정리하기 위해 그림 5.1로 되돌아가자. 9.50달러로의 임금인상이 기업에 대한 노동공급을 단지 E_M으로 증가시키고, 9.00달러로의 임금감소가 노동공급을 단지 E_N으로 감소시킨다고 가정하자. 이러한 반응이 만드는 노동공급곡선은 그림 5.1에서 굵은 선보다 수직에 가까운 또는 덜 탄력적인 점선으로 나타난다(노동공급곡선의 탄력성은 노동공급량의 변화율을 제시되는 임금변화율로 나눈 값으로 정의된다).

따라서 근로자들의 이동비용이 크면 클수록, 기업이 직면하는 노동공급곡선은 더 수직에 가깝게 되는 경향을 보일 것이다. 반대로 이동비용이 감소함에 따라 다른 조건이 일정하다면 기업에 대한 노동공급곡선은 편평해질(flatten) 것이고 더 탄력적이 될 것이다. 개별기업들에 대한 노동공급곡선이 시장임금수준에서 수평, 따라서 완전탄력적이 되는 것은 이동비용이 0인 특수한 경우이다. 흥미롭게도 기업이 지급하는 임금이 새로운 지원자들을 유치하는 기업의 능력은 물론 그 근로자들의 이직 가능성에 어떤 영향을 미치는가에 대한 최근의 여러 연구들은 그 크기가 무한과는 거리가 먼 개별사용자들에 대한 노동공급탄력성을 제시한다.[5)]

수요독점 노동시장: 정의

경제학자들은 **개별사용자들**에 대한 우상향하는 노동공급곡선의 존재가 노동시장에서 **수요독점** 조건을 창출하는 것으로 서술한다. 이 용어를 사용하는 이유에 대한 설명은 제2장에서 시장의 개별기업에 대한 노동공급곡선과 **시장**에 대한 노동공급곡선을 비교할 때 언급되었다.

엄격히 말하면 노동시장의 수요독점자는 노동시장에서 노동의 유일한 구매자인 기업이다. 예를 들어 웨스트버지니아 고립된 작은 마을의 광산 또는 하와이 작은 섬의 파인

[5)] *Journal of Labor Economics* 28 (April 2010) 전체는 노동시장의 수요독점조건에 관한 논문들을 수록하였다. 특히 사용자들이 직면하는 노동공급곡선의 추정치와 관련된 것은 Douglas O. Staiger, Joanne Spetz, and Ciaran S. Phibbs, "Is there Monopsony in the Labor Market? Evidence from a Natural Experiment" (pp. 211~236); Torberg Falch, "The Elasticity of Labor Supply at the Establishment Level" (pp. 237~266); and Michael R. Ransom and David P. Sims, "Estimating the Firm's Labor Supply Curve in a 'New Monopsony' Framework: Schoolteachers in Missouri" (pp. 331~356) 논문들이다. 이 간행물의 서론인 Orley C. Ashenfelter, Henry Farber, and Michael R. Ransom, "Modern Models of Monopsony in Labor Markets: A Brief Survey" (pp. 203~210)은 수록된 논문들의 탁월한 개요를 제공한다. 특정 노동시장에서의 수요독점의 보다 최근의 테스트는 Jordan Matsudairam "Monopsony in the Low-Wage Labor Market? Evidence from Minimum Nurse Staffing Regulations," *Review of Economics and Statistics* (forthcoming)을 참조하라.

애플 플랜테이션이 그것이다. 두 경우 모두 사용자는 (시장의 유일한 사용자로서) 제2장에서 우상향한다고 주목하였던 **시장**노동공급곡선에 직면한다. 예를 들어 만약 고립된 마을의 광산운영자가 그 노동공급을 증가시키기를 원한다면, 단순히 현행임금으로는 지역의 경쟁 광산으로부터 근로자를 빼낼 수 없다(경쟁 광산이 없음). 그 대신 그는 (a) 마을 밖으로부터 마을 안으로 이동하여야 하는 광부들을 유치하기 위해; (b) 과거의 낮은 광부임금하에서는 덜 위험하거나 또는 석탄가루가 날리지 않는 일자리에서 일하기를 선호했기 때문에 다른 직종에서 일하는 근로자들을 유치하기 위해; 또는 (c) 현재 비경제활동인구인 사람들로 하여금 유급고용을 찾도록 하기 위해 임금을 인상해야만 할 것이다.

제3장에서는 우선 생산물시장과 노동시장이 모두 완전경쟁시장이라는 두 가정 아래 노동수요곡선을 도출하였다. 제3장의 끝 부분에서 **생산물시장**의 독점기업(생산물의 유일한 **판매자**)이 노동수요에 어떤 영향을 미치는가를 간략히 분석하였지만, **노동시장**이 완전경쟁이 아닌 조건 아래에서의 분석은 뒤로 미루었다. 이제 노동수요에 대한 분석으로 되돌아가서 노동시장이 완전경쟁시장이 아닐 때, 즉 이동비용이 근로자들의 다양한 고용 장소로의 진입, 그리고 고용 장소로부터의 퇴출을 방해할 때의 시사점들을 고려하기로 하자. 그러한 노동시장은 **수요독점**(monopsonistic)이라고 불린다.

그러나 분석하기 전에 노동시장을 수요독점이라고 부를 때 전적으로 매우 드문 순수 수요독점(고립된 장소에서의 단일 사용자들)을 생각하는 것이 아니라는 것을 강조해야 한다. 실제로 수요독점 노동시장의 분석은 **오로지 개별사용자들이 직면하는 노동공급곡선이 우상향**한다는 (그리고 수평이 아니라는) 가정에만 의존한다. 이러한 분석에서 이 곡선들이 **왜** 우상향하는 지는 문제가 되지 않는다! 마을의 유일한 사용자라는 것이 분명히 한 가지 이유이지만, 앞 절에서 근로자들이 자신들의 노동시장에서 자신들을 위한 여러 잠재적 사용자가 있을 경우조차도 일자리를 바꾸는데 비용이 든다는 사실을 알기 때문에 이 곡선들이 우상향한다고 주장한 바 있다. 따라서 **수요독점**이라는 용어에도 불구하고 앞으로의 분석은 많은 사용자들이 있는 노동시장에도 적용된다.

수요독점 조건하에서의 이윤극대화

제3장으로부터 이윤극대화를 추구하는 기업들은 추가되는 근로자들의 한계수입생산이 그 한계지출보다 더 큰 한 근로자를 채용할 것이라는 사실을 상기하라. 한계수입생산이 한계지출과 같을 때 채용은 중지될 것이다. 현행시장임금으로 추가 근로자들이 기업에 유치될 수 있다고 가정될 때(즉 기업들에 대한 노동공급곡선들이 수평일 때) 한계지출은 단순히 임금과 같다. 그러나 기업들이 우상향하는 노동공급곡선에 직면할 때 근로자채용의 한계지출은 임금을 **초과**한다. 이제 우리의 목적은 노동의 한계지출이 임금을 초과할 때 임금과 고용 모두 어떤 영향을 받는지를 분석하는 것이다.

왜 노동의 한계지출이 임금을 초과할까 왜 우상향하는 노동공급곡선은 노동의 한계지출이 임금을 초과하도록 하는가를 고려함으로써 시작하기로 하자. 이를 알기 위해서 다

표 5.1

수요독점시장에서 운영되는 가상적 기업의 노동공급표

제공되는 임금	노동공급	시간당 총임금	노동의 한계지출
8달러	10	80달러	
9달러	11	99달러	19달러
10달러	12	120달러	21달러
11달러	13	143달러	23달러

른 사용자들로부터 근로자들을 유치해야만 하는 이제 막 시작한 기업의 가상적인 예를 들기로 하자. 그 잠재적 근로자들은 일자리를 바꾸는 데 비용이 든다는 것을 알며, 그리고 일부의 경우는 그 비용이 다른 근로자들에 비해 더 크다. 따라서 이제 막 시작한 기업은 표 5.1에 나타난 것과 같은 우상향하는 노동공급곡선에 직면한다. 만약 기업이 10명의 근로자들로 운영하기를 원한다면 시간당 8달러를 지급해야 하지만, 만약 이 기업이 11명의 근로자들을 유치하기를 원한다면 9달러를 지급해야 한다. 그리고 만약 이 기업이 12명의 근로자들을 원한다면 시간당 10달러를 지급해야 한다.

단순한 곱셈은 이 기업의 시간당 노동비용은 근로자들이 10명일 경우 80달러이지만, 근로자들이 11명일 경우 99달러가 된다는 것을 알려준다. 따라서 11번째의 근로자를 추가하는 데의 **한계**지출은 19달러이다. 만약 이 기업이 11명이 아니라 12명의 근로자들로 운영된다면, 그 시간당 비용은 99달러로부터 120달러로 증가하게 되어 한계지출은 21달러가 된다. 19달러와 21달러의 한계지출은 지급되는 (10달러와 11달러의) 임금보다 훨씬 크다는 것을 즉각 알 수 있을 것이다.

이 경우 한계지출은 왜 임금보다 그렇게 클까? 예를 들어 10명으로부터 11명으로 근로자를 늘릴 때, 기업은 원래 채용하기로 계획하였던 10명의 근로자에게 각각 시간당 1달러를 더 지급하고, 그 뒤 추가되는 근로자에게 9달러를 지급해서 추가비용으로 총19달러를 지급하여야 한다. 그렇다면 한계지출은 추가 근로자에게 지급되는 임금(제3장의 경우에서와 같이)에 모든 다른 근로자들에게 임금을 올려주는 추가비용을 더한 것이 된다.[6)]

표 5.1의 가상적인 데이터는 그림 5.2에 그래프로 나타나 있다. 물론 그림 5.2의 (굵은) 공급곡선은 각 임금수준에서 기업에게 유치되는 근로자 수를 나타낸다. 요약하면 가상적인 기업에 대한 공급곡선은 이 기업이 고려하고 있는 각각의 고용수준에 도달하기 위해 **이 기업이 지급해야만** 하는 임금을 나타낸다. 점선은 근로자 1명을 늘림으로써 고용수준을 증가시키기 위한 추가비용인 **한계지출**을 나타낸다. 한계지출곡선은 공급곡선 **위**

---

6) 여기서 기업은 그 장래의 근로자들에게 동일한 임금을 지급할 계획을 가지고 있으며 그 지원자들 중 어느 누구가 더 낮은 임금을 지급받고 일할 지를 알아낼 능력이 없다고 가정하고 있다. 이 가정을 지지하는 몇몇 실증분석결과와 이 주제에 대한 포괄적인 논의는 Alan Manning, *Monopsony in Motion: Imperfect Competition in Labor Markets* (Princeton, N.J.: Princeton University Press, 2003), 제5장을 참조하라.

그림 5.2

표 5.1 기업수준 데이터의 그래프

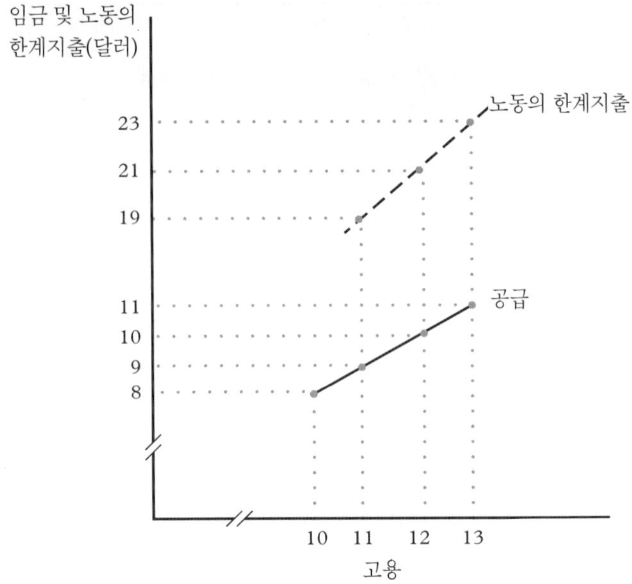

에 **위치**하며 또한 그 **기울기도 더 수직에 가깝다**(즉 더 빠른 비율로 증가한다).[7)]

기업의 임금과 고용수준 선택 임금 위에 위치한 노동의 한계지출을 가짐으로써 발생하는 노동시장효과는 무엇인가? 이윤을 극대화하기 위해서는 수요독점시장에 있는 기업들을 포함한 어떤 기업이든 노동의 한계수입생산(MRP_L)이 노동의 한계지출(ME_L)과 일치하는 점까지 노동을 채용하여야 한다.

$$MRP_L = ME_L \tag{5.1}$$

임금(W)을 초과하는 ME_L을 갖는 효과를 설명하기 위해, 어떤 주어진 사용자에 대한 노동공급곡선, 이와 관련된 노동의 한계지출곡선, 그리고 기업의 MRP_L을 나타내는 우하향하는 곡선을 보여주는 그림 5.3을 살펴보자.

수요독점 노동시장에 있는 어떤 기업도 채용에 대해 두 가지 의사결정을 내려야만 한다. 첫째, 완전경쟁 노동시장의 기업들과 마찬가지로 **얼마나 많은 노동을 채용**할 것인가를 결정해야 한다. 식 (5.1)의 이윤극대화 조건과 일관성을 갖는 이 결정은 $MRP_L=ME_L$인 고용수준을 찾음으로써 이루어진다. 그림 5.3에서 $MRP_L=ME_L$인 곳이 E^*이기 때문

7) 표 5.1과 그림 5.2에 나타난 가상적인 예에서 공급곡선의 기울기는 1이다. 즉 근로자 1명을 더 얻기 위해 기업은 그 임금을 1달러만큼 인상해야 한다. 그러나 한계지출곡선의 기울기는 2(예를 들어 11명으로부터 12명으로 근로자를 늘릴 때, 한계지출은 19달러에서 21달러로 증가함)이다. 일반적으로 (만약 미분에 대해 조금 안다면) 만약 기업에 대한 공급곡선이 직선이면, 이 공급곡선과 관련된 한계지출곡선은 공급곡선보다 2배만큼 가파른 기울기를 갖게 될 것이라는 것을 보이기는 쉽다.

그림 5.3

수요독점 노동시장에 직면하는 이윤극대화 기업의 고용 및 임금 수준

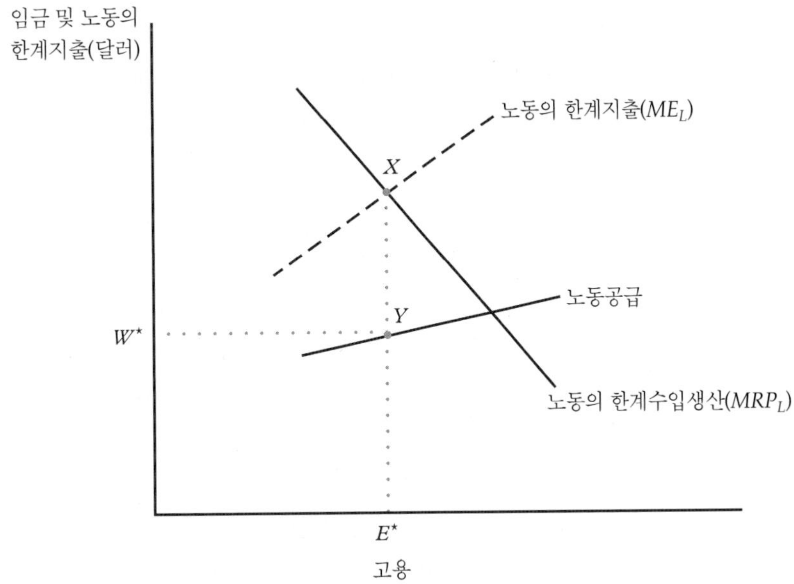

에 기업의 이윤극대화가 달성되는 고용수준은 E^*이다(관련 곡선들의 교차점인 X점을 주목하라).

둘째, 기업은 E^*만큼의 근로자들을 고용하는 데 **필요한 임금**을 찾아야만 한다. 그림 5.3에서 E^*만큼의 근로자들을 유치할 임금은 W^*이다(노동공급곡선 상의 Y점을 주목하라). 기업의 노동공급곡선은 그 잠재적 임금과 그 임금으로 일하는데 흥미를 느끼는 근로자 수 사이의 관계를 나타낸다. 따라서 (임금에 관한) 이 두 번째 의사결정은 이윤극대화를 달성하는 근로자 수를 유치하는데 필요한 임금을 노동공급곡선으로부터 읽음으로써 그래프에 나타난다.

수요독점의 조건과 기업의 임금정책 완전경쟁과 수요독점 노동시장에 즉각적으로 나타나는 차이는 사용자들의 임금정책에 관계가 있다. 개별기업들이 임금순응자이고 현행시장임금에서 자신들이 원하는 모든 근로자들을 채용할 수 있는 완전경쟁 노동시장에서는, 사용자들은 오로지 자신들이 채용하기를 원하는 근로자 수만을 결정하고 자신들이 지급하는 임금은 시장에 의해 자신들에게 주어진다. 그러나 수요독점 조건에 직면하는 기업들은 두 번째 의사결정을 해야 한다. 즉 그들은 지급해야 하는 임금수준도 당연히 결정해야만 한다. 더욱이 완전경쟁 노동시장의 기업들은 MRP_L이 (주어진) 임금수준과 같아질 때까지 채용하는 반면, 수요독점화된 시장에서의 기업들은 근로자들에게 그들의 한계수입생산보다 낮은 수준의 임금을 지급한다.

물론 수요독점 노동시장의 기업들이 자신들만의 임금정책을 가져야만 한다는 시사점은 그들이 제약 없이 임금을 설정한다는 것을 암시하지는 않는다. 그림 5.3에 그려진

모형에서 기업들이 지급하는 임금은 그들의 MRP_L 곡선과 그들이 직면하는 노동공급곡선에 의해 결정되고, 우리의 단순모형에서 두 곡선 모두 기업에게 주어졌으며 따라서 통제할 수 없는 것임을 살펴보았다. 더욱이 (그림에 의해 설명되지는 않지만) 기업들은 자신들의 생산물시장에서 경쟁상태를 유지하도록 허용하는 노동시장의 의사결정을 내려야만 한다. 따라서 수요독점 조건은 기업들에게 자신들의 임금을 결정하는데 있어 완전한 자유를 주지는 않는다. 즉 기업들은 여전히 노동시장과 생산물시장 모두에 의해 부여되는 제약에 직면해야만 한다.

그러나 기업들이 직면하는 생산물시장과 노동시장의 제약 내에서 수요독점 노동시장의 여러 상이한 기업들이 동등한 근로자들에게 상이한 임금을 제공하는 것은 당연하다. 동일한 노동시장에서 여러 기업들의 노동공급곡선과 MRP_L 곡선들이 정확히 똑같을 것 같지는 않다. 따라서 정확히 동등한 근로자들이 상이한 한계생산성을 갖고 여러 기업에서 상이한 임금을 받는 것에 놀라서는 안 된다. 그러므로 동일한 종류의 근로자에게 더 낮은 임금을 지급함으로써, 오래된 설비를 보유하고 더 낮은 MRP_L을 가진 기업이 새로운 설비를 보유하고 더 높은 MRP_L을 가진 기업과 공존할 수 있다. 실제로 임금차이와 일물일가의 법칙에 관한 연구들을 주의 깊게 요약하여 만약 동일한 근로자가 상이한 사용자들을 위해 일을 한다면 상이한 보수를 받게 된다는 것을 제시하는 강력한 증거를 발견하였다.[8)]

공급곡선의 이동에 대한 수요독점기업의 대응방법

수요독점 노동시장에서는 기업은 실제로 노동수요곡선을 갖지 않는다! 기업의 노동수요곡선은 본질적으로 "만약 시장임금이 어떤 수준(예를 들어 5달러)일 때 기업의 이윤극대화를 달성시키는 고용수준은 얼마인가? 만약 임금이 5달러가 아닌 6달러라면 기업이 바라는 고용수준은 얼마인가?"라는 질문을 연속적으로 던짐으로써 도출된다. 수요독점 조건 하에서 기업은 임금순응자가 아니며, 따라서 기업이 직면하는 임금수준에 대해 가상적인 질문을 던지는 것은 무의미하다. 기업의 노동공급곡선과 노동의 한계수입생산곡선(여러 고용수준에서의 MRP_L)이 주어졌을 때 이윤극대화가 달성되는 고용수준은 오직 하나만 존재하며 이와 관련된 임금도 오직 하나뿐인데, 두 가지 모두 기업에 의해 선택된다.

ME_L을 증가시키는 노동공급의 변화 만약 기업이 직면하는 공급곡선이 이동할 때(그러나 우상향하는 형태는 그대로 남아있을 때) 수요독점기업이 원하는 고용수준에 미치는 단기와 장기의 효과를 고려하기로 하자. 예를 들어 어떤 주어진 임금수준에서 더 적은 사람들이 일할 용의가 있게 되는 상황을 반영하여 노동공급곡선이 좌측으로 이동하였다고 가정하자. 노동수요의 완전경쟁시장모형에서 시장공급곡선의 좌측이동은 사용자들이 자신들의 노동수요곡선을 따라 좌측으로 이동함에 따라, 시장임금을 상승시키고 고용수준

8) Mortensen, *Wage Dispersion*, 제1장 참조.

그림 5.4

노동공급곡선의 좌측이동에 대한 수요독점기업의 단기반응: 고용감소와 임금상승

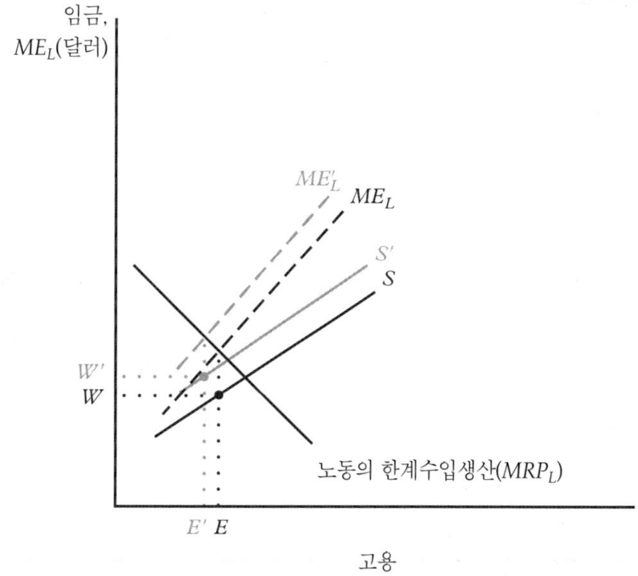

을 하락시킨다. 이러한 임금과 고용의 변화가 수요독점 조건 하에서도 발생할까?

그림 5.4에서는 MRP_L 곡선이 고정되어 있으며(단기상황임), 노동공급곡선의 좌측이동이 원래의 곡선 S로부터 S' 곡선으로의 이동으로 나타난다. 공급곡선이 S일 경우 기업의 노동의 한계지출곡선은 ME_L이었으며, 기업은 E 만큼의 근로자들을 W의 임금을 지급하고 채용하였을 것이다. 공급곡선이 S'로 이동할 때 기업의 노동의 한계지출은 더 높은 위치에 있는 ME'_L곡선으로 이동한다. 그러므로 기업의 새로운 이윤극대화 고용수준은 E'로 하락하며 새로운 임금도 W'로 상승한다. 따라서 (완전경쟁시장모형에서와 똑같이) 수요독점모형에서는 노동공급곡선의 좌측이동은 단기적으로 ME_L을 증가시키며, 임금을 상승시키고 기업이 원하는 고용수준을 하락시킨다.

장기적으로는 노동의 한계지출 증가가 기업들로 하여금 비용극소화를 달성하는 자본과 노동의 결합방법을 찾도록 함에 따라 노동을 자본으로 대체하도록 만들 것이다. **완전경쟁시장** 조건 아래서 자본과 노동의 비용극소화 조건은 식 (3.8c)에 주어진 바와 같았는데, 식 (3.8c)에서는 임금이 노동의 한계지출로 취급되었음을 상기할 것이다. 수요독점 노동시장에서는 ME_L이 W를 초과하며, 따라서 식 (3.8c)의 좌변은 일반적인 형태로 써야만 한다.

$$ME_L/MP_L = C/MP_K \tag{5.2}$$

분명히 만약 수요독점기업이 생산비를 극소화시킬 때 ME_L이 증가하면, 기업은 노동을 자본으로 대체함으로써 식 (5.2) 조건에 등호가 회복되기를 원할 것이다. 따라서 단기보다는 장기에 고용은 더 크게 감소한다.

그림 5.5

수요독점 조건 하에서 최저임금의 효과: 단기적으로 임금과 고용 모두 증가할 수 있음

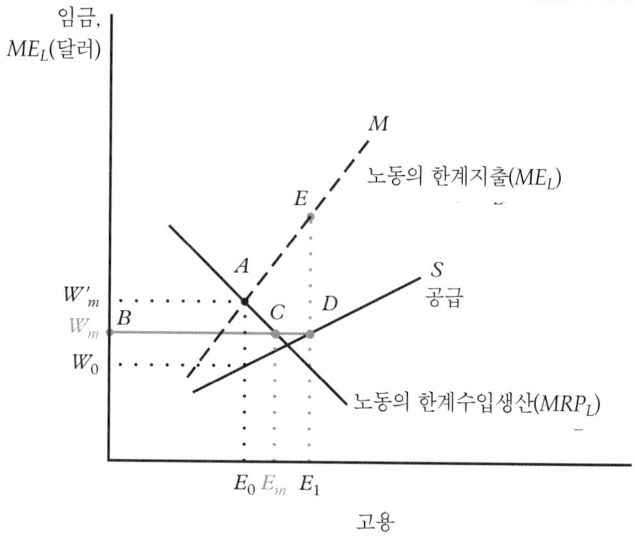

강제적 임금의 효과 다음에는 만약 기업으로 하여금 현재 지급하고 있는 것보다 더 높은 특정 임금을 지급하도록 몇몇 비시장 요인들이 작용한다면 무슨 일이 발생할 지에 대해 알아보기로 하자. 기업이 원하는 고용수준은 하락할 것인가? 수요독점기업이 단기적으로 어떤 반응을 보이는가에 대해선, 수요독점기업이 처음에 점 A에서 MRP_L을 ME_L과 일치시켜 기업으로 하여금 W_0의 임금을 지급할 것을 요구하는 E_0 만큼의 근로자들을 채용하기로 결정하는 것을 나타내는 그림 5.5를 참조하라.

이제 그림 5.5에 W_m이라는 강제적인 임금이 설정되었다고 가정하자. 이러한 강제적 임금설정은 기업으로 하여금 W_m보다 낮은 임금을 지급하지 못하도록 하여, 기업이 직면하는 노동공급곡선(이제는 BDS가 될 것이다)에 효과적으로 수평부분(BD)을 만들게 된다. 기업의 노동의 한계지출곡선은 고용수준 E_1까지 노동의 한계지출이 W_m과 같기 때문에 이제는 $BDEM$이 된다. 한계수입을 한계지출과 일치시킴으로써(이 등식은 이제 점 C에서 성립한다) 이윤극대화를 추구하는 기업은 E_m 만큼의 근로자들을 채용할 것이다. 임금이 W_0으로부터 W_m으로 상승하였음에도 불구하고 바람직한 고용수준은 E_0으로부터 E_m으로 증가한다!

그렇다면 수요독점기업의 경우 강제적인 임금은 **평균**노동비용(즉 근로자들에게 지급되는 임금)을 증가시키는 동시에 ME_L을 감소시킬 수 있다. 기업으로 하여금 단기에 산출량과 고용을 확대하도록 유발시키는 것이 바로 **한계**지출의 감소이다. 따라서 우상향하는 공급곡선이 적어도 현재수준과 비슷한 고용수준에서는 수평 공급곡선으로 바뀌기 때문에, 수요독점기업에게 강제적으로 임금을 설정하였을 때 임금과 고용수준 모두 증가하는 것이 가능하다. 그러나 이 가능성은 두 가지 조건의 제약을 받는다.

첫째, 그림 5.5의 정황으로 볼 때 강제적 임금이 W_0과 W'_m 사이에 설정될 때에만 고

용이 증가한다. W'_m보다 높게 설정된 강제적 임금은 ME_L을 현재의 수준(W'_m)보다 높은 수준으로 증가시키고, 이윤극대화가 달성되는 고용수준을 E_0보다 낮은 수준으로 하락시키게 된다. (학생 여러분은 세로축의 W'_m 위의 어떤 점으로부터 수평선을 그림으로써, 그리고 이 수평선이 E_0의 좌측에서 MRP_L 곡선과 교차하게 될 것을 주목함으로써 이러한 사실을 증명할 수 있다.)

둘째, MRP_L 곡선이 고정되어 있는 것처럼 그려진 그림 5.5는 강제적 임금에 대한 오로지 단기의 반응만을 보여 준다. 장기에는 고용에 대한 두 (상반된) 효과가 나타나는 것이 가능하다. 강제적 임금이 **너무 높지 않게** 설정되면 수요독점기업의 ME_L은 감소하게 되어 장기적으로 자본을 노동으로 대체하도록 한다. 그러나 수요독점기업의 노동의 **한계** 지출은 하락하였을지 모르지만 노동의 **평균**비용(임금)은 증가하였다. 이전과 동일한 수준의 산출량을 생산하더라도 이제는 더 많은 비용이 들게 되며, 따라서 이윤은 감소할 것이다. 만약 수요독점기업이 완전경쟁 생산물시장에 있다면, 이 기업의 처음의 이윤수준은 그 시장의 정상(normal) 수준일 것이며, 따라서 이윤의 감소는 이윤을 정상이윤수준 아래로 하락시킬 것이다. 일부 사용자들은 시장에서 퇴장할 것이며, 이는 고용을 줄이는 압력을 야기 시킨다. 만약 이 후자의 효과(규모효과)가 충분히 크다면, 강제적으로 임금이 부여될 때 수요독점화된 부문들의 고용은 장기적으로 하락할 수 있다.

요약하면 노동시장에서 수요독점 조건의 존재는 **만약** 강제적 임금이 부여될 때 이 새로운 임금수준이 기업의 노동의 한계지출을 하락시킨다면, 부여된 강제적 임금에 고용이 어떻게 반응할 것인가에 대해 불확실성을 제공한다. 물론 노동의 한계지출을 **증가**시키는 노동공급곡선의 어떤 이동도 확실히 고용을 감소시킬 것이다.

수요독점 조건과 최저임금입법에 대한 고용의 반응

제4장의 끝부분에서 법에 의한 최저임금의 인상에 고용이 어떻게 반응하는가에 대한 추정치가 무엇인가 수수께끼를 제공했음을 주장한 바 있다. 모든 신뢰할 만한 실증연구들이 우하향하는 노동수요곡선의 존재에 의해 예측되는 고용감소를 증명하는 것은 아니며, 고용감소를 발견한 많은 실증연구들도 표 4.1에 주어진 노동수요탄력성의 추정치에 의해 기대되는 것보다 더 작은 고용손실을 보여주는 경향이 있다. 노동시장에서의 수요독점 조건의 존재가 이러한 발견들을 잠재적으로 설명할 수 있는가?

앞 절에서 만약 노동시장이 수요독점 상태라면 법에 의한 최저임금의 인상이 임금을 상승시키지만, 그 크기가 크지 않다면 노동의 한계지출을 감소시킬 수 있음을 살펴보았다. 따라서 인상된 최저임금에 의해 야기 되는 고용변화의 방향을 사전에 기대할 수 없다. 즉 일부 기업들은 (ME_L이 하락하기 때문에) 고용증가를 경험할지 모르지만, 다른 기업들은 증가된 총비용이 그 운영을 이윤이 발생하지 않도록 만들기 때문에 폐쇄를 강요당할지 모른다.

앞 절에서의 논의는 왜 표 4.1에 제시된 노동수요탄력성이 최저임금 변화에 고용이 어떻게 반응하는가에 대한 많은 연구들이 암시한 것보다 더 큰 (더 탄력적인) 경향을 보이는가를 설명하는 데에도 또한 도움이 된다. 표 4.1에 제시된 탄력성들은 시장요인에 의해 만들어진 임금 및 고용 결과로부터 추정되었다. 그래프로 설명하면 이 추정치들은 공급곡선의 왼쪽으로의 이동이 명백히 임금을 상승시키고 고용을 감소시킨 그림 5.4에 보이는 것과 같은 분석들로부터 도출되었다. 최저임금의 인상은 그림 5.4와 5.5를 비교할 때 살펴본 바와 같이 매우 상이한 일련의 반응들을 발생시킨다. 만약 수요독점 조건들이 존재한다면, **시장**요인에 의해 발생한 임금변화에 대한 고용의 반응과 **법**에 따른 임금상승에 대한 고용의 반응이 다를 수도 있다는 것을 이론은 기대하도록 한다.

수요독점 조건들이 최저임금에 관한 연구들에서 발견된 작은 고용변화 또는 고용변화의 불확실한 방향의 근거가 될 수도 있다고 주장하는 것을 신뢰할 수 있을까? 이 연구들의 대부분은 10대 근로자들에 초점을 맞추고 있는데, 10대 근로자들은 누구라도 한 파트타임 일자리로부터 다른 파트타임 일자리로 거의 비용 없이 이동할 수 있다고 생각할 수 있다. 만약 10대 근로자들의 이동에 거의 비용이 발생하지 않는다면 그들은 작은 임금격차에 반응하여 사용자들을 자유롭게 이동할 것이며, 10대 근로자들의 노동시장은 완전경쟁 모형에 매우 근접하게 되어, 10대 근로자들의 고용에 대한 최저임금의 불확실한 추정효과의 설명은 다른 곳에서 찾아야만 할 것이다.

이동성은 다른 일자리의 임금과 필요조건에 관한 불완전한 정보, 지원하고 평가받는 시간 및 그 과정에서의 불편함, 그리고 새로운 일자리에서 대체되기 어려울 수 있는 기존 일자리의 가치 있는 비임금 일자리특성을 포기할 필요성 등에 의해 방해된다(더 많은 비용이 들게 된다)고 주장된 바 있다. 성인들은 물론 10대 근로자들도 이러한 부류의 비용에 직면한다. 더욱이 10대 근로자들은 종종 오로지 단기간만 일할 의도로 일자리를 가지며, 고임금을 지급하는 사용자로의 이동으로부터 얻는 총이득이 사용자들을 바꾸는데 필요한 시간과 노력이라는 투자를 정당화하기에 너무 작다고 인식할지 모른다. 따라서 전형적으로 10대 근로자들을 고용하는 (예를 들어 패스트푸드 판매점) 기업들에 대한 공급곡선은 우상향하며, 심지어 이러한 곳에 수요독점 조건들이 나타나는 것을 생각할 수 없는 것은 아니다.

일자리탐색비용과 기타 노동시장결과들

근로자들의 일자리 이동에 비용이 든다는 것은 근로자들이 언제 새 사용자를 탐색할 것인가(그리고 탐색비용을 부담할 것인가), 그리고 언제 그대로 있을 것인가에 관한 의사결정을 내려야만 한다는 것을 의미한다. 탐색에 관한 이러한 의사결정은 왜 임금이 노동시장경험과 특정 사용자와의 재직기간(tenure) 모두가 증가함에 따라 상승하는지를 설명하는데 도움이 될 수 있는 몇몇 흥미로운 시사점들을 가진다. 경험과 재직기간에 따라 임금이 상승하는 다른 이유들은 이 책의 후반부에서 논의될 것이다. 그러나 현재의 일자리탐색비용에 대한 논의는 여기에서의 이러한 시사점들에 대해 관심을 갖도록 할 것이다. 일자리탐색비용이 실업자들의 의사결정에 어떤 영향을 미치는지도 또한 논의될 것이다.

임금수준, 행운, 그리고 탐색 근로자 이동비용은 동등한 생산능력을 가진 근로자들 사이에 임금격차라는 결과를 가져오는 수요독점 조건을 발생시킬 수 있다. 그러나 수요독점 조건들이 비슷한 것처럼 보이는 근로자들의 임금격차를 발생시키는 유일한 원인은 아니다. 실제로 이 책의 후반부에서는 종종 쉽게 측정되거나 관찰되지 않는 일자리 또는 근로자 특성과 관련된 임금격차를 분석하는데 많은 시간을 보낼 것이다. 상이한 근로조건(제8장), 상이한 현장실무훈련(on-the-job training) 요건 또는 기회(제9장), 그리고 생산성인센티브를 창출하는 데 있어 보수를 사용하는 방법의 차이(제11장) 등이 그것이다. 이외에도 생산적인 특성과 관계가 없을 수 있는 인종 또는 성 차이와 관련된 임금차이도 또한 분석될 것이다(제12장).

그러나 수요독점 노동시장이론이 임금차이에 대한 분석에 제공하는 것은 근로자의 임금은 어느 정도 행운에 좌우된다는 시사점이다. 일부 근로자들은 고임금을 지급하는 사용자로부터 일자리를 얻을 수 있을 만큼 충분히 행운이 따를 것이며, 일부는 그렇지 못할 것이다. 더욱이 사용자를 바꾸는 데 비용이 들 경우, 저임금을 지급하는 기업으로부터 고임금을 지급하는 기업들로의 이동은 임금을 균등하게 할 만큼 충분히 크거나 또는 신속하지 않을 수 있다.

자신들이 향상된 일자리 제안을 받을 수 있을 것이라고 생각하는 근로자들이 사용자들을 탐색하는 비용에 직면할 때, 우리는 매우 길지도 모르는 기간에 걸쳐 발생하는 근로자-사용자의 '일자리연결' 과정에 관해 자연스럽게 생각하게 된다. 근로자들은 가능한 최선의 일자리연결이 이루어지는 것을 원하지만 더 나은 일자리연결을 위해서는 비용이 든다는 것을 아는 것으로 간주될 수 있다. 자신들의 일자리를 (아마도 낮은 임금 때문에) 변변치 않은 일자리연결의 결과로 보는 근로자들은 이미 훌륭한 일자리연결(높은 임금)을 달성할 만큼 충분히 행운이 따르는 근로자들보다 다른 일자리제안을 탐색할 더 많은 인센티브를 갖는다. 시간이 흐름에 따라 행운이 따르지 않는 근로자들이 일자리를 제안 받을 더 많은 기회를 가짐에 따라 그들의 일자리연결은 향상될 것이다. 그러나 물론 어떤 임금수준에서는 탐색으로부터 이루어질 수 있는 임금인상이 너무 작아 (또는 근로자가 일자리를 유지하리라 기대되는 기간이 너무 짧아) 더 이상의 탐색이 비용을 들일 만큼 가치가 있지 않게 된다.

노동시장에 관한 연구들은 근로자들의 임금이 (1) 노동시장에서의 전반적인 경험**과** (2) 노동시장에서의 경험을 불변인 채로 유지할 때 그 사용자와의 기간('일자리 재직기간')이 증가함에 따라 증가하는 경향이 있음을 관찰한 바 있다.[9] 일자리탐색에 관한 고려사항들은 이러한 유형을 발생시키는 데 역할을 할 수 있으며, 여기에서 이를 간략히 논의하기로 하자.

임금과 노동시장 경험 일자리탐색에 비용이 들도록 하는 것 중 하나는 일자리제안을 받

[9] Manning, *Monopsony in Motion*, 제6장.

는데 시간과 노력이 든다는 것이다. 더욱이 채용공고는 시간이 흐름에 따라 다소 임의적으로 발생하며, 그 결과 근로자가 '시장에 있는' 어떤 기간 동안에는 잠재적으로 매력적인 채용공고가 모두 존재하지조차 않을 수 있다. 그러나 시간이 지남에 따라 채용공고가 나타나고 근로자들은 지원여부를 결정할 기회를 갖게 된다. 노동시장에서 더 많은 시간을 보낸 근로자들은 더 나은 제안을 받을 기회를 더 많이 가졌을 것이고, 따라서 자신들의 처음 일자리연결을 더 나은 상태로 만들었을 것이다. 제9장에서 다른 설명을 살펴보겠지만 일자리 탐색비용은 일반적으로 **근로자들이 노동시장에서 더 오랫동안 적극적일수록 그 임금이 상승하는 것**을 왜 관찰할 수 있는지에 대한 한 가지 설명을 제공한다.

임금과 재직기간(job tenure) 비용이 드는 일자리탐색에서 고임금을 지급하는 사용자들의 일자리를 찾을 만큼 행운이 따르는 근로자들은 탐색을 지속할 인센티브를 거의 갖지 않는 반면, 덜 행운이 따르는 근로자들은 다시 탐색하기를 원할 것이다. 이는 자신들의 기업에서 가장 오래 일한 근로자들이 처음부터 더 높은 임금을 받은 사람들일 경향이 있음을 의미하며, 따라서 재직기간과 근로소득 사이에 정(+)의 상관관계가 관찰되어야만 한다. 위에서 주목한 바와 같이 실제로 실증연구들도 동일한 숙련도와 노동시장경험을 가진 근로자들 사이에서 **자신들의 사용자들과 더 오랜 재직기간을 가진 근로자들이 또한 더 높은 임금을 받는 경향이 있음**을 또한 밝히고 있다. 이러한 관계에 대해 다른 잠재적인 설명이 당연히 가능하지만(제9장과 11장 참조), 일자리탐색에 비용이 든다는 사실은 더 높은 임금을 받게 하는 것이 단순히 더 긴 재직기간이 아닐 수 있다는 것을 제시한다. 오히려 더 높은 임금이 또한 더 긴 재직기간을 야기시킬 수 있다는 것이다!

일자리탐색과 실업 일자리탐색비용은 또한 실업의 존재(와 수준)를 설명하는데 도움이 될 수 있다. 제14장에서 실업을 분석하겠지만, 탐색비용과 실업현상 사이의 관계는 이 시점에서 소개할 만큼 중요하다. 간략히 말하면 일자리제안을 탐색하는 것은 실업자가 해야만 하는 그 무엇이며, 탐색과정은 시간과 노력을 필요로 한다. 근로자가 받아들일 만한 제안을 받는데 걸리는 시간이 길면 길수록 실업상태의 근로자는 더 오랫동안 실업상태에 머무르게 될 것이다. 따라서 더 큰 일자리탐색비용은 실업기간을 길게 하고, 따라서 실업률을 높이는 경향이 있을 것이다.[10)]

수요독점 조건과 완전경쟁모형의 적절성

만약 근로자의 이동에 비용이 든다는 사실이 수요독점 조건이 전형적인 노동시장에 존재한다하는 것을 의미한다면, 이는 완전경쟁모형이 관련이 없거나 또는 그르치기 쉽다는 것을 뜻하는 것인가? 실제로 완전경쟁모형이 적어도 부분적으로는 증거에 모순되는 예측을 제공할지 모르지만, 특히 장기에 이 모형이 관련이 없다고 믿기는 어렵다.

---

10) 일자리탐색과 실업에 관한 논의는 Manning, *Monopsony in Motion*, 제9장을 참조하라.

물론 완전경쟁모형과 수요독점모형의 주요 차이는 근로자의 이동비용에 관한 가정이다. 그러나 근로자들을 집단으로 고려할 때 이동비용은 장기간에 걸쳐서 보다는 단기간에 더 높을 가능성이 있다. 예를 들어 알바니에 정착한 가족이 있는 등록된 간호사가 자신과 가족을 새크라멘토로 이동하는 데에는 상대적으로 많은 비용이 든다. 마찬가지로 고용대행기관에 정착하여 일하는 경리담당 사무원은 가구산업의 비슷한 일자리를 찾은 뒤 이 일자리로 이동하는 것이 짜증나거나 또는 시간이 소요되는 것이라는 것을 알 수 있을 것이다. 그러나 국내 어느 지역에서 일자리를 찾을 것인가 또는 어느 산업에서 일할 것인가를 결정하려 하는 최근 졸업자 또는 해외로부터의 이주자가 일자리제안을 받아 '이동하는 데에는' 훨씬 적은 비용이 든다. 최근의 졸업자들 또는 해외로부터의 이주자들은 탐색하고 어쨌든 의사결정을 해야 되며(정착한 근로자들은 종종 그렇게 하지 않음), 여러 제안들 중 하나를 선택할 때 다른 제안에 앞서 어느 제안을 받아들이는데 있어서 정착된 관계로 따져볼 때 포기할 것이 훨씬 작다. 시간이 경과함에 따라 일자리에 정착하였던 근로자들은 은퇴하고, 어떤 지역에서 일자리를 얻거나 또는 어떤 산업의 일자리를 받아들이는 것이 유리하다고 생각하는 새로운 근로자들에 의해 대체된다. 따라서 시간이 흐름에 따라 설사 이동비용이 단기에 존재할지라도, 임금차이는 행운 덕택에 사라진다고 기대할 수 있다. 예를 들어 어느 한 연구는 미국으로의 신규 이주자들은 자신들이 지닌 숙련도를 가진 그룹에 가장 높은 임금을 제공하는 주에 몰릴 가능성이 매우 크며, 그들의 존재가 지역 간 임금차이를 좁히는데 도움이 되었다는 것을 밝힌 바 있다.[11)]

수요독점 조건에도 불구하고 사용자들이 임금을 설정할 때 시장으로부터 너무 괴리될 수 없는 것도 또한 사실인데, 왜냐하면 만일 그들이 그렇게 한다면 그들은 자신들의 근로자들을 유치하여 보유하고 동기를 유발시키는 데에 있어서 문제에 부딪치기 때문이다(제11장에서 다시 다루게 될 주제임). 노벨상 수상자인 사무엘슨(Paul Samuelson)은 그의 베스트셀러 경제학 교과서에서 이 문제를 이렇게 서술하였다:

> 단지 경쟁이 100% 완전하지 않다고 해서 그것이 경쟁이 0이어야만 한다는 것을 뜻하는 것은 아니다. 지급되어야 하는 임금에 관해 (1) 경쟁과 (2) 어느 정도의 독점력이 혼합된 상태인 것이 현재의 세계이다. 임금을 너무 낮게 설정하려는 기업은 곧 이를 알게 될 것이다. 처음에는 잘 모를 수 있으나, 궁극적으로 그 기업은 그렇지 않을 경우보다 그 근로자들이 조금 더 빨리 이직하는 것을 발견할 것이다. 동일한 질의 새로운 근로자 모집이 점점 더 어려워질 것이고, 일자리에 남아있는 근로자들의 업적과 생산성의 하락이 현저해질 것이다.[12)]

---

11) George Borjas, "Does Immigration Grease the Wheels of the Labor Market?" *Brookings Papers on Economic* Activity (2001): 69~119.

12) Paul A. Samuelson, *Economics: An Introductory Analysis* (New York: McGraw-Hill, 1951): 554.

시장의 사용자측면에 관한 마찰

사용자들도 또한 근로자들을 탐색하고 채용하는데 마찰에 직면한다. 이 마찰은 기업들로 하여금 채용된 근로자들의 근로시간이 아니라 수와 관련된 비용을 부담하도록 하는데, 이 비용들은 근로시간을 단축시킴으로써 쉽게 삭감할 수 있는 (시간당 임금과 같은) 가변비용과 달리 단기에 삭감하기가 어렵거나 불가능하기 때문에 '준고정(quasi-fixed)'비용이라 불린다. 준고정비용의 존재는 기업이 직면한 시장조건의 변화에 고용수준이 조정되는 것을 더디게 한다. 준고정비용의 유형이 이 절에서 먼저 논의되며, 그 뒤 기업의 노동시장 행태에 대한 준고정비용의 시사점들이 분석될 것이다.

준고정비용의 종류

사용자들은 종종 그 근로자들을 채용하고 보상하는 데에 상당한 준고정적 비용을 부담한다. 일반적으로 이 비용들은 그 근로자들에 대한 **투자**와 어떤 **부가급여**(employee benefits)의 두 종류로 구별된다. 준고정비용의 종류를 논의하기로 하자.

근로자에 대한 투자 빈 일자리를 가질 때 사용자는 채용할 적당한 근로자를 찾는데 어떤 비용을 부담해야만 한다. 빈 일자리에 대해 광고하고, 지원서를 선별하며, 잠재적 후보자를 면접하고, 그리고 (애타게 찾는 지원자일 경우) 선택된 근로자를 '접대·회유(wine and dine)'해야 한다. 예를 들어 저숙련 근로자들을 채용하는 사용자들을 주 대상으로 하였던 1982년의 설문조사는 이러한 일자리일 경우조차도 지원자들을 선별하고 면접하는데 거의 1인당 22시간이 소요되었음을 밝히고 있다.[13] 일단 채용되더라도 새로운 근로자들을 지도하고 그들을 급여대장에 올려놓는데 추가비용이 든다.

특히 공공정책과 관련된 논쟁의 주제이기 때문에 간과되어서는 안 될 채용비용은 근로자들을 **해고**하는 비용이다. 기업이 채용하는 모든 근로자는 만약 경제 환경 또는 일자리에서의 업적이 그것을 요구한다면 또한 해고되어야만 한다. 예문 5.1에서 논의되는 바와 같이 해고수당을 요구하거나 또는 고용관계를 **종결**시키는 비용을 증가시키는 정책들은 따라서 준고정적 근로자 **채용**비용에 더해진다.

채용비용 이외에도 기업들은 전형적으로 공식 또는 비공식 훈련을 신규 및 기존 근로자들에게 제공한다. 이 훈련비용은 일반적으로 세 가지로 분류된다:

1. 공식적으로 훈련담당자들을 고용하고 훈련자료를 제공하기 위한 **명시적** 화폐비용.
2. 덜 공식적인 훈련 상황에서 경험이 있는 근로자들이 훈련을 받는 사람들에게 시범을 보이기 위해 시간이 필요할 때 발생하는 생산손실의 **암묵적** 또는 기회비용.

---

13) John Bishop, "Improving Job Matches in the U.S. Labor Market," *Brookings Papers on Economic Activity: Microeconomics* (1993): 379.

예문 5.1

고용보호법안은 근로자들을 보호하는가?

많은 유럽 국가들은 사용자들이 근로자들을 해고하는데 더 많은 비용이 들도록 하는 고용보호정책들을 채택하고 있다. 이러한 정책들은 해고가 '정당화될 수 없거나' 또는 '불공정한' 때를 결정하는 규정을 포함하고 있으며, (그리스에서와 같이) 몇몇 정책들은 장사가 안 되거나 능력이 없다는 것 모두 해고의 정당한 이유가 될 수 없다고 말할 정도까지 나아가고 있다. 많은 나라들이 그럴 정도까지의 정책들을 채택하고 있지는 않지만, 즉 많은 나라들은 기업들이 해고대상자들을 딴 기업으로 소속을 옮기거나 또는 이들을 보유하도록 시도할 것만을 요구하고 있지만, 해고가 "정당하지 않다고" 간주될 때 요구되는 해고수당은 종종 8개월에서 12개월의 보수 범위에서 정해진다.

제3자(예를 들어 노동조합)에게 통보하거나 허가를 얻을 필요와 법적으로 해고에 이의를 제기할 근로자의 권리 같은 사용자들에게의 절차상의 불편함도 또한 이러한 법들의 일부분이다. 집단적 일시해고를 원하는 사용자들에게는 추가적인 절차와 지체가 부과된다. 마지막으로 임시근로자 또는 일정기간 계약직근로자의 사용은 고용보호의 목표를 어긋나게 하는 방법으로 간주되기 때문에, 이러한 정책들은 또한 이러한 근로자들의 사용을 규제하고 제한한다.

각국 고용보호법의 엄격함을 평가한 한 연구는 가장 엄격한 법을 가진 나라들에서 실제로 근로자들이 취업으로부터 실업으로 가장 적게 이동하고 있음을 밝히고 있다. 즉 보다 강력한 고용보호정책은 일시해고를 감소시킨다. 그러나 이러한 정책들에 의해 발생하는 비용은 또한 사용자들이 새로운 일자리들을 창출하는 것을 방해하기 때문에, 이러한 정책이 강력하면 강력할수록 실업으로부터 벗어나는 흐름도 더 느려진다. 실업으로의 그리고 실업으로부터의 흐름의 감소는 전체 실업률에 서로 상쇄되는 효과를 미치는 경향이 있지만, 위의 연구는 보다 엄격한 고용보호가 **장기실업**과 **여성들과 젊은이의 더 낮은 고용수준**과 관련이 있음을 밝히고 있다.

자료: *OECD Employment Outlook: 2004* (Paris: Organisation for Economic Co-operation and Development, 2004), chapter 2; and Lawrence M. Kahn, "The Impact of Employment Protection Mandates on Demographic Temporary Employment Patterns: International Microeconomic Evidence," *Economic Journal* 117 (June 2007): F333~F356. 근로자의 일자리를 보호하는 법에 대한 생산적 혜택을 밝힌 연구는 Viral Acharya, Ramin Baghai, and Krishnamurthy Subramanian, "Wrongful Discharge Laws and Innovation," *Review of Financial Studies* (forthcoming)을 참조하라.

3. 훈련을 받는 사람들의 시간에 대한 **암묵적** 또는 기회비용

1990년대 초의 설문조사는 근로자가 기업에서 일하기 시작한 처음의 3개월 동안(또는 520시간의 근로시간), 근로자 시간의 약 30%(153시간)가 훈련에 사용되었음을 밝힌 바 있다. 표 5.2에 요약된 이 연구로부터의 데이터는 또한 이 훈련 중 공식수업을 통한 교

표 5.2

처음 3개월 동안의 직무기간 중 기업이 신규근로자를 훈련에 투입한 시간, 1992년

활동	평균시간
훈련담당자에 의한 공식교육시간	19
오리엔테이션, 비공식훈련, 추가감독에 경영진이 사용한 시간	59
비공식훈련에 동료근로자들이 사용한 시간	34
신규근로자가 다른 근로자들의 일을 관찰하는 데 사용한 시간	41
총계	153

자료: John Bishop, "The Incidence of and Payoff to Employer Training," Cornell University Center for Advanced Human Resource Studies Working Paper 94~17, July 1994, 11.

육은 거의 없었으며, 대부분이 작업현장에서 비공식으로 이루어졌음을 암시한다.[14)]

채용 및 훈련비용은 현재 발생하고 오로지 미래에 (생산성 증가의 형태로) 편익을 얻기 때문에 **투자**로 분류될 수 있다. 투자는 일단 이루어지면 그 비용이 '함몰'되기 때문에, 그리고 미래수익에 대한 보장이 없기 때문에 본질적으로 위험을 수반한다. 이 투자가 사용자의 행태에 미치는 효과는 이 장의 후반부에서 분석될 것이다.

부가급여 직접적인 임금과 급여근로소득 이외에도 근로자들은 또한 사용자가 제공하는 건강 및 생명 보험, 퇴직연금, 휴가, 사회보장지급, 그리고 다른 **부가급여**(employee benefits)의 형태로 비임금보수를 수령한다. 표 5.3은 2013년에 근로자들이 받은 부가급여를 상술하고 있는데, 많은 이러한 급여들이 사용자에 대한 준고정비용을 대표한다는 것을 주목하는 것이 중요하다. 즉 많은 부가급여들은 근로자 수와 관련이 있으나 근로자들의 근로시간과는 관련이 없다.

대부분의 생명 및 건강 보험은 근로시간에 비례해서가 아니라 근로자 1인을 기준으로 사용자에게 부과되는 보험료를 갖고 있다. 일하지 하지 않은 시간에 대한 보수(휴가, 휴일, 그리고 병가) 또한 준고정적 경향을 지닌다. 많은 사용자들이 **확정기여**계획(defined contribution plans)을 제공하고 임금 또는 급여근로소득에 비례한 지급액을 각 근로자의 연금기금에 기여하기 때문에 일부 연금비용은 근로시간에 비례한다. 그러나 일부 사용자들은 퇴직자에게 근로시간이 아니라 근무연수의 함수인 연금지급액을 약속하는 **확정급여**연금계획(defined benefit pension plans)을 갖고 있다. 따라서 이러한 연금비용은 그 성격이 준고정적이다.

법적으로 요구되는 급여의 종류에서는 산재보험비용이 급여액의 일정비율로 부과되

14) 다른 연구들과 관련 참고문헌은 Harley Frazis, Maury Gittleman, and Mary Joyce, "Correlates of Training: An Analysis Using Both Employer and Employee Characteristics," *Industrial and Labor Relations Review* 53 (April 2000): 443~462를 참조하라.

표 5.3

총보수 중 부가급여의 비율, 2013년(괄호 안은 시간당 평균비용임)

법적으로 요구되는 지불	**7.8**	**(2.41달러)**
사회보장	5.6	(1.74달러)
근로자보상	1.4	(0.42달러)
[a]실업보험 및 기타	0.8	(0.25달러)
퇴직	**4.7**	**(1.47달러)**
[a]급여공식을 기초로 한 고용비용[확정급여계획(defined benefit plan)]	2.9	(0.90달러)
근로소득에 비례하는 사용자비용[확정기여계획(defined contribution plans)]	1.8	(0.57달러)
[a]보험 (의료, 생명)	**9.0**	**(2.81달러)**
[a]유급휴가, 공휴일, 병가	**7.0**	**(2.17달러)**
기타	**2.4**	**(0.73달러)**
총계	**30.9**	**(9.59달러)**

[a] 저자가 대체로 준고정적이라고 간주하는 범주의 비용임(본문 내용 참조할 것).

자료: U.S. Labor Department, Bureau of Labor Statistics, "Employer Costs for Employee Compensation-March 2013," Table 1, news release USDL: 13-1140 (June 12, 2013).

기 때문에 근로시간에 정확히 비례하며, 사회보장세(Social Security tax)도 근로자들 대부분의 경우 근로시간에 비례한다.[15] 그러나 실업보험 급여세납부액은 2013년의 경우 전체의 2/3가 넘는 주(州)에서 7,000달러와 15,000달러 사이였던 최대수준(과세표준임금)까지 각 근로자 연간근로소득에 대한 비율(세율)로 정해져 있다.[16] 대부분의 근로자들이 연 15,000달러를 초과하여 벌기 때문에, 근로자에게 1주일 당 추가시간을 일하도록 하는 것은 사용자들의 급여세납부액의 어떠한 증가도 발생시키지 않는다. 따라서 실업보험비용은 대부분의 사용자들에게 준고정비용이다.

표 5.3에는 어떤 비임금비용이 보통 준고정적 성격을 갖는지가 (상첨자 *a*로) 표시되어 있다. 데이터는 총보수비용의 거의 20% 또는 평균적인 풀타임 근로자의 경우 1년에 약 12,000달러가 준고정적임을 제시한다. 많은 비임금노동비용의 준고정적 성격은 사용자의 신규채용과 초과근로에 대한 의사결정에 중요한 효과를 미친다. 이 효과들은 다음 절에서 논의된다.

---

[15] 사용자들의 사회보장급여세 납부액은 과세표준임금의 최대한도까지는 각 근로자 근로소득의 일정비율로 정해진다. 2010년의 경우 이 세금은 은퇴와 장애보험의 경우 106,800달러까지는 근로소득의 6.20%, 그리고 노인의료보험(Medicare)의 경우 모든 근로소득의 1.45%였다. 과세표준근로소득 한도액이 근로자 대부분의 연간근로소득을 초과하였기 때문에, 사용자의 급여세납부액은 전형적인 근로자가 1주일에 추가시간을 일할 때 증가된다.

[16] U.S. Department of Labor, Employment and Training Administration, *Comparison of State Unemployment Laws*, January 1, 2013 (http://www.unemploymentinsurance.doleta.gov/unemploy/comparison2013.asp).

고용수준/근로시간의 상충관계(trade-off)

앞의 장들에서 제시된 노동수요의 단순모형에서는 기업에 고용되는 근로자 수와 근로자들의 주간평균근로시간의 구분 없이 노동수요량을 논의하였다. 그러나 다른 모든 생산요소들을 불변인 채로 고정시켰을 때, 기업은 채용된 근로자 수와 주당근로시간 수의 여러 다양한 조합으로 일정수준의 산출량을 생산할 수 있다. 다른 조건이 일정할 때 아마도 채용된 근로자 수의 증가는 근로자의 주당근로시간을 단축시키는 반면, 근로자당 주당근로시간의 연장은 근로자 수를 줄일 것이다.

제3장에서 노동의 한계생산(MP_L)은 자본의 양이 일정할 때 노동 추가단위에 의해 발생하는 산출량의 변화로 정의된 바 있다. 일단 채용된 근로자 **수**(M으로 표시하기로 하자)와 각 근로자의 평균근로**시간**(H)을 구분하면 두 종류 노동의 한계생산을 생각해야만 한다. MP_M은 자본과 근로자 1인당 평균근로시간을 불변인 채로 고정시켜 놓았을 때의 추가된 근로자와 관련된 추가산출량이다. MP_H는 자본과 근로자 수를 불변인 채로 고정시켜 놓았을 때의 근로자 1인당 평균근로시간의 증가에 의해 생산되는 추가산출량이다. MP_L과 마찬가지로 MP_M과 MP_H 모두 정(+)의 수치를 가지며 M과 H가 (각기) 증가함에 따라 감소한다고 가정하자.[17)]

기업은 고용수준/근로시간의 최적조합을 어떻게 결정할까? 기업이 추가로 근로자들을 채용하는 것보다 비록 할증임금을 지불하더라도 기존근로자들을 정규적으로 초과근로를 시키는 것이 과연 합리적인가?

근로자 수 및 근로시간의 조합 결정 어떤 노동비용은 근로시간과 무관하며 다른 노동시간은 근로시간과 관련이 있다는 사실은 사용자로 하여금 대체가 가능한 두 노동투입물로서 '근로자들'과 '근로자1인당 근로시간'을 생각하도록 한다. 따라서 이윤극대화를 추구하는 사용자는 더 많은 근로자들을 채용함으로써의 산출량 추가 1단위를 생산하는 비용을 기존근로자들을 더 오랫동안 고용함으로써 산출량 추가1단위를 생산하는 비용과 견주어보아야 할 것이다. 식 (3.8c)에 대한 논의를 상기하면 이윤극대화는 이 두 비용이 일치할 때에만 오로지 달성될 수 있다. 따라서 만약 추가로 근로자를 채용하는 데의 한계지출이 ME_M이고 기존근로자들을 추가로 1시간 더 채용하는 데의 한계지출이 ME_H이면, 이윤이 극대화되기 위해서는 다음의 조건이 성립해야만 한다:

$$\frac{ME_M}{MP_M} = \frac{ME_H}{MP_H} \tag{5.3}$$

식 (5.3)의 좌변은 더 많은 근로자들을 채용함으로써 생산되는 산출량 추가 1단위의 비용이며, 우변은 근로자들에게 추가로 일을 시킴으로써 생산되는 산출량 추가 1단위의 비용

---

17) 근로자 수가 증가할 때 MP_M의 감소는 이제 각 개별근로자들이 사용 가능한 자본량의 감소 때문에 나타날 수 있다. 각 근로자의 주당근로시간이 증가할 때 어떤 시점 이후에는 피로가 쌓이기 때문에 MP_H의 감소도 발생할 수 있다.

그림 5.6

ME_M/ME_H와 초과근로 시간의 예측된 관계

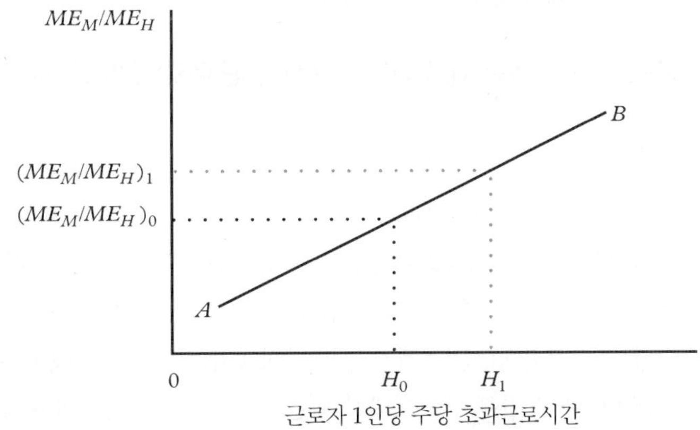

이다.

식 (5.3)의 한 가지 시사점은 만약 어떤 이유로 ME_M이 ME_H에 비해 증가한다면, 기업들은 근로자들의 채용을 줄이고 각 근로자의 근로시간을 늘림으로써 근로자들을 근로시간으로 대체하기를 원하게 될 것이다. (더 많은 근로자들을 채용하거나 또는 근로시간을 늘리는 것의 대안은 근로자들을 '임대'하는 것이다; 예문 5.2 참조.) 반대로 만약 ME_M에 비해 ME_H가 증가한다면 사용자는 근로자1인당 평균근로시간에 대한 근로자 수의 비율이 더 높은 상태에서 이윤극대화가 달성되는 산출량수준을 생산하길 원할 것이다. ME_M이 ME_H에 비해 증가함에 따라 다른 조건이 일정할 때 근로자 1인당 근로시간이 증가하는 경향이 있음을 보여주는 ME_M/ME_H과 근로시간 사이의 관계가 그림 5.6에 그래프로 나타나 있다.

정책분석: 초과근무수당 미국에서 공정근로기준법(FLSA: The Fair Labor Standards Act)은 법률의 적용을 받는 근로자들(일반적으로 시간당임금을 지급받는 비관리직근로자들)이 주당 40시간을 넘는 근로시간 1시간마다 정규 시간당임금의 적어도 50%의 초과근무수당을 받도록 요구한다. 초과근로시간의 많은 부분은 더 많은 근로자들을 채용함으로써 충족시키기가 어렵거나 또는 불가능한 이례적인 상황 때문에 발생한다. 주문쇄도, 근로자의 결근, 그리고 기계고장 등이 모두 이 긴급 상태의 예들이다. 그러나 일부 초과근로시간은 정규일정에 포함된다. 예를 들어 남자 숙련기술자 또는 전문가의 20%를 초과하는 근로자들이 보통 1주일에 44시간을 초과하여 일한다.[18]

초과근로에 대해 지급되어야 하는 '1.5배'의 할증임금에 비추어 볼 때, 정규적으로 초과근로를 예정하는 사용자들은 초과근로가 보다 많은 근로자들을 고용할 때의 준고정비

---

18) Daniel Hecker, "How Hours of Work Affect Occupational Earnings," *Monthly Labor Review* 121 (October 1998): 8~18.

예문 5.2

채용비용에 대한 대처방안으로서의 근로자 '임대(근로자파견)'

준고정채용비용이 상당한 수준이라는 한 가지 징후는 임시직 모집대행기관의 증가에서 찾아볼 수 있다. 임시직 모집대행기관들은 임시직근로자들을 필요로 하는 고객기업에 투입될 근로자들의 모집에 특화되어 있다. 임시직 모집대행기관은 고객기업에게 청구서를 보내게 되는데, 이 기관들이 부과하는 시간당요금은 기업이 직접 근로자들을 채용할 때 지급하게 되는 임금보다는 일반적으로 더 높다. 이는 기업이 채용과 관련된 투자비용을 절약할 수 있기 때문에 대행기관의 고객으로서 지급할 용의가 있는 프리미엄이다. 임시직 모집대행기관을 통한 구직은 근로자들에게도 임시직 일자리를 탐색하고 지원하는 것과 관련된 반복되는 투자비용을 절약하도록 하기 때문에, 이들 근로자들은 대행기관을 통하지 않았을 때 받게 되는 임금보다 낮은 임금을 감수할 용의가 있다. 고객기업에게 청구된 금액과 근로자들이 지급받게 되는 금액과의 차이는 성공적인 임시직 모집대행기관으로 하여금 모집 및 배정비용을 충당하도록 한다.

기업들과 근로자들이 탐색비용과 채용비용을 회피하기를 얼마나 원할까? 1995년에 약 2백만 명의 근로자들이 임시직 모집대행 서비스에 의해 고용되었으며, 이 대행기관 업종은 급속한 성장을 거듭하여 1990년대 중반 미국 모든 고용증가의 1/4을 담당할 정도가 되었다.

데이터출처: Lewis M. Segal and Daniel G. Sullivan, "The Growth of Temporary Services Work," *Journal of Economic Perspectives* 11 (Spring 1997): 117~136.

용을 부담하는 것보다 더 적은 비용이 들기 때문에 그렇게 하는 것이라고 결론을 내릴 수 있다. 실제로 정규적으로 더 오랜 시간을 일할 가능성이 가장 큰 생산근로자들은 채용 및 훈련비용이 더 큰 근로자들이다. 예를 들어 남성숙련기술자들의 20%를 초과하는 근로자들이 매주 44시간을 초과하여 일하기로 예정되어 있는 반면, 미숙련남성근로자들의 단지 12%가 보통 44시간을 초과하여 일한다.[19)]

2004년 가을 미국 노동부는 어떤 일자리가 적용대상의 예외가 되는가를 다시 정의하는, 여러 논란이 될 수 있는 연방초과근로규정의 개정을 제안하였다. 일반적으로 말하면 어떤 일자리가 초과근로수당 요건으로부터 제외되기 위해서는 근로자가 (시간에 의해서가 아니라) 급여기준으로 임금을 지급받아야만 하며 행정, 전문 또는 관리업무를 수행해야 한다. 2004년에 제안된 규정은 업무와 관계없이 (1주일에 455달러 미만을 지급받는) 저임금급여 일자리의 제외를 허용하지 않았으며, 따라서 130만으로 추정되는 근로자를

---

19) Dora L. Costa, "Hours of Work and the Fair Labor Standards Act: A Study of Retail and Wholesale Trade, 1938~1950," *Industrial and Labor Relations Review* 53 (July 2000): 648~664는 초과근로 사용에 관한 실증연구의 참고문헌을 제공한다. 또한 Hecker, "How Hours of Work Affect Occupational Earnings," 10 참조.

초과근로수당 적용대상에 추가시켰다. 그러나 새로운 규정은 '행정', '전문' 그리고 '관리' 업무의 정의를 수정하고, 많은 컴퓨터 및 외부 판매일자리를 초과근로규정으로부터 제외되는 일자리목록에 추가하였다. 또한 연 10만 달러를 초과하는 총보수를 받는 일자리도 대상에서 제외되었다.[20)]

이러한 개정은 대중의 엄청난 논평과 비판을 불러일으켰다. 저임금 시간당 고용의 '보호수준을 높인 것'에 대해서는 개정이 환영을 받은 반면, 일자리를 대상에서 제외시키는 것을 용이하게 하여, 따라서 "수백만(근로자들이)이 삭감된 보수로 더 오랜 시간을 일할 가능성을 만든 것"에 대해서는 또한 비판을 받았다.[21)] 경제이론을 이용하여 이 두 가지 주장을 간략히 분석할 것이다.

초과근로와 일의 분산 초과근로에 대해 1.5배의 할증임금을 지급하도록 하는 것은 초과근로의 사용감소를 통해 '일을 분산(spreading the work)' (보다 많은 새로운 일자리를 창출) 시킴으로써 근로자들을 보호한다고 종종 주장된다. 적용대상의 확대가 보다 많은 일자리를 창출할 것이라는 기대에 대해 신중해야 하는 한 가지 이유는, 비록 기업이 이전의 초과근로 사용을 **없애더라도** 초과근로에 대한 할증임금의 적용은 노동의 평균비용을 증가시킨다는 것이다! 이전에 초과근로를 사용하던 기업들은 근로자들을 증가시킬 수 **있었으며** 일찍이 초과근로의 사용을 줄일 수 **있었다**. 즉 기업들이 그렇게 하지 않았다는 사실은 채용의 준고정비용이 그것을 비용이 더 드는 옵션으로 만들었다는 것을 암시한다. 이제 기업들이 초과근로를 없애고 똑같은 기본임금으로 더 많은 근로자들을 채용한다면 그들의 노동비용은 분명히 증가할 것이다. 증가된 노동비용은 산출량 규모와 노동을 자본으로 대체할 기업의 인센티브 모두를 감소시킴으로써 영향을 받은 기업들이 필요로 하는 총근로시간을 감소시키게 될 것이다. 따라서 기본임금이 변하지 않더라도 감소된 모든 초과근로시간이 더 많은 근로자들의 채용에 의해 대체될 것 같지는 않다.

초과근로와 총보수 개정으로 인해 새롭게 적용대상이 된 근로자들은 근로소득의 증가를 경험하게 될까, 그리고 새롭게 적용대상에서 제외된 일자리의 근로자들은 개정의 결과 근로소득의 감소를 경험하게 될까? 초과근로의 적용대상 변경에 대응해서 기본임금이 바뀔 수 있기 때문에 그렇게 되지 않을 가능성이 있다.

많은 초과근로시간이 정규적으로 편성되어 있음을 살펴보았는데, 이러한 경우에 사용자들과 근로자들은 주당근로시간과 총보수의 '패키지'에 대해 (적어도 비공식적으로) 서로 합의할 가능성이 있다. 만약 그렇다면 정규적으로 초과근로시간을 편성하는 기업들

---

20) U.S. Department of Labor, Wage and Hour Division, "Defining and Delimiting the Exemptions for Executive, Administrative, Professional, Outside Sales and Computer Employees: Economic Report," *Federal Register* 69, no. 79, part 2 (April 23, 2004): 22191.

21) Ross Eisenbrey and Jared Bernstein, "Eliminating the Right to Overtime Pay: Department of Labor Proposal Means Lower Pay, Longer Hours for Millions of Workers," *Economic Policy Institute Briefing Paper* (June 26, 2003): 1.

은 새롭게 요구되는 초과근로수당을 고려한 후 근로자 1인당 총보상액이 변하지 않는 방식으로 정상근로의 급여를 감소시킴으로써 법에 의한 적용범위의 확대에 대응할지 모른다. 마찬가지로 초과근로 법 때문에 적용대상에서 제외되어 더 오랜 시간을 일해야만 하는 근로자들은, 물론 자신들의 보수가 이에 따라 증가하지 않는다면 그 일자리에 머물 용의가 없을지도 모른다.

실제로 미국의 임금에 대한 한 연구는 강제적으로 초과근로수당이 증가했을 때 기본임금이 하락하는 경향이 있었으며, 이는 특히 정규적으로 가장 많은 초과근로를 편성했던 기업에서 매우 현저했음을 밝힌 바 있다.[22] 미국에서의 초과근로수당의 효과에 대한 다른 연구도 또한 사용자들과 근로자들이 근로시간과 보수를 패키지로 간주한다는 것을 암시하는 방식으로 기본임금이 이러한 할증임금의 강제적인 변화에 조정된다는 증거를 찾은 바 있다. 이 연구는 법에 의한 초과근로 적용대상의 확대는 초과근로시간에 측정될 만한 효과를 미치지 못했음을 밝혔다.[23]

훈련투자

사용자가 제공하는 훈련이 채용된 근로자들의 준고정비용을 증가시킬 수 있는 중요한 투자로 인식된 바 있다. 비록 사용자에 의해 제공되더라도 훈련비용은 종종 적어도 부분적으로는 어떤 형태로든 근로자 자신들에 의해 지급되며, 따라서 훈련투자는 노동시장에서 꽤 독특한 형태의 마찰을 나타낸다. 이 절에서는 사용자 및 근로자 행태에 대한 이 마찰의 시사점들을 살펴보게 된다.

사용자들에 의한 훈련의사결정

새로운 근로자를 방금 채용한 사용자를 고려하기로 하자. 만약 사용자가 이 근로자의 훈련비용을 떠맡기로 결정한다면, 그는 앞에서 논의한 훈련을 받을 근로자가 포기해야 하는 산출량이 물론 포함된 명시적 및 암묵적 훈련비용을 부담할 것이다. 따라서 사용자는 훈련기간 동안에 근로자의 한계수입생산보다 더 큰 비용을 이 새로운 근로자를 대신하여 부담할 가능성이 있다. 사용자는 어떤 조건 하에서 이러한 종류의 투자를 실행에 옮길 용의가 있을까?

어떤 투자와 마찬가지로 훈련기간 동안 순비용을 부담하는 사용자는 자신이 **훈련 후**에 그 투자에 대한 수익을 거두어들일 수 있다고 믿어야만 그렇게 할 것이다. 사용자에게 훈련을 제공하도록 동기를 유발시키는 것은 근로자의 생산성이 향상될 가능성이지만, 사용자가 그 투자에 대한 수익을 회수할 수 있는 유일한 방법은 훈련 후의 추가수입 모두를

---

22) Anthony Barkume, "The Structure of Labor Costs with Overtime Work in U.S. Jobs," *Industrial and Labor Relations Review* 64 (October 2010): 128~142.

23) Stephen J. Trejo, "Does the Statutory Overtime Premium Discourage Long Workweeks?" *Industrial and Labor Relations Review* 56 (April 2003): 530~551.

임금인상의 형태로 근로자에게 지급하지 않음으로써 그 일부를 '차지'하는 것이다.

요약해서 말하면 기업이 훈련에 투자하기 위해서는 두 가지 조건이 충족되어야만 한다. 첫째, 근로자들이 받는 훈련은 근로자들의 임금을 상승시키는 것보다 더 크게 근로자들의 한계수입생산성을 증가시켜야만 한다. 둘째, 근로자들은 사용자가 필요한 수익을 얻기에 충분한 기간만큼 사용자 밑에 머물러야만 한다(명백히 다른 조건이 일정할 때 근로자들이 기업에 남아있는 기간이 길면 길수록 투자의 이윤획득가능성은 더 커질 것이다).

훈련의 종류

극단적으로 구분할 때 사용자들이 제공할 수 있는 두 종류의 훈련이 있다. **일반훈련**(general training)은 많은 사용자들 밑에서 자신들의 생산성을 향상시키는 데 사용될 수 있는 숙련도를 근로자들에게 가르치는 것이다. 영어로 말하는 법, 워드프로세싱 프로그램 사용법, 트럭을 운전하는 방법, 또는 웹사이트 만드는 법에 대한 학습이 일반훈련의 예들이다. 이와는 정반대로 오로지 훈련을 제공하는 사용자와 일할 때만 그 생산성을 증가시키는 숙련도를 근로자들에게 가르치는 **특수훈련**(specific training)이 있다. 특수훈련의 예에는 자신들의 작업장에만 있는 기계의 사용법을 근로자들에게 가르치거나 또는 일할 때 마주칠 여러 상황에서 자신들이 다룰 필요가 있는 특정 절차와 사람들에 근로자들이 익숙하도록 하는 것이 포함된다.

일반훈련 만약 사용자가 훈련 후의 임금인상을 한계수입생산의 증가보다 낮은 수준으로 유지하려 한다면, 훈련을 받은 근로자들이 이직할지도 모르기 때문에 일반훈련비용을 부담하는 것은 사용자에게는 꽤 위험을 수반하는 투자일 수 있다. 일반훈련은 다른 사용자들과 일할 때의 생산성도 증가시키기 때문에 훈련을 받은 근로자들은 회수할 훈련비용이 없는 사용자들로부터의 보다 높은 임금 제안을 찾을 인센티브를 가진다!

따라서 만약 근로자의 이동비용이 매우 크지 않다면, 사용자들은 일반훈련에 대한 투자를 단념할 것이라고 이론은 제시한다. 한계수입생산과 훈련 후의 임금 차이가 충분히 크지 않거나 또는 훈련을 받은 근로자들의 예상재직기간이 자신들의 투자비용을 회수하기에 충분히 길지 않기 때문에 사용자들이 필요로 하는 수익을 확보할 가능성이 낮다는 것이다. 그렇다면 근로자의 이동비용이 작을 때, 기업은 훈련을 제공하지 않거나 또는 훈련기간 동안 매우 낮은 (또는 일부 인턴의 경우에는 0) 임금을 제공함으로써 근로자들로 하여금 훈련비용을 부담하도록 요구하게 될 것이다.

그러나 최근의 연구는 기업들이 종종 일반훈련에 투자**한다는** 것을 밝히고 있는데, 이는 기업 간의 근로자 이동에 비용이 든다는 것을 그리고 따라서 노동시장이 수요독점 조건의 성격을 갖는다는 것을 암시하는 사실이다. 근로자들에게 가르쳤던 숙련도는 그 성격이 일반적인 반면, 특정 사용자들에 의해 요구되는 일반적인 숙련도의 **조합들**은 현저하게 변화무쌍해서, 이러한 변동성이 사용자들 사이에 숙련도의 이동성을 감소시켰을

가능성이 기업들이 종종 일반훈련에 투자하는 이유와 관련될 수도 있다.[24)]

특수훈련 특수훈련은 다른 기업들과 일할 때의 근로자의 생산성을 향상시키지 않아 근로자를 경쟁 관계의 사용자들에게 더 매력적으로 만들지 않기 때문에, 사용자들은 이 특수훈련에 투자할 강력한 인센티브를 갖는다. 훈련 그 자체가 근로자가 받을 수 있는 외부의 임금 제안을 높이지는 않지만, 그럼에도 불구하고 특수훈련에 투자하는 기업은 훈련받는 근로자가 이직하지 않도록 주의해야 하는데, 이는 일단 근로자가 이직하면 사용자의 투자가 소실되기 때문이다(즉 투자에 대한 수익이 실현될 수 없다). 따라서 사용자가 그 필요한 투자수익을 회수하기 전에 훈련을 받은 근로자들이 이직할 가능성에 대한 우려는 일반훈련은 물론 특수훈련의 경우에도 존재한다. 이러한 우려는 (a) 누가 훈련비용을 부담하는가와 (b) 훈련 후 임금상승의 크기에 대한 논의로 이어진다.

훈련과 훈련 후의 임금상승

근로자 이동비용이 상대적으로 작고 **사용자**가 훈련비용 전부를 부담할 것을 고려하는 상황을 생각해보자. 투자비용이 회수되기 위해서는 사용자가 훈련 후 임금을 큰 폭으로 올릴 수 없는 상황에서도 여전히 투자할 인센티브를 가져야한다. 더 높은 수준의 임금은 근로자의 이직가능성을 줄인다는 사실이 알려져 있으며, 따라서 사용자는 훈련 후 임금을 크게 올리지 않음으로써 자신의 투자가 위험에 처하도록 만들 수 있다. 훈련을 받은 근로자들은 심지어 사소한 자극에도 (예를 들어 어느 날 상관이 기분이 좋지 않다거나 또는 근로자들이 당분간 초과근로를 요청받는다거나) 이직을 결정할지 모르며, 훈련을 받은 근로자들이 기업에 머무를 거라는 확신이 없다면 기업은 모든 비용을 부담하는 훈련투자를 꺼리게 된다.

반대로 만약에 기업의 **근로자들**이 훈련기간 동안 다른 곳에서 받을 수 있는 것보다 낮은 임금을 받음으로써 자신의 훈련에 대해 대가를 지급하였다면, 지속적인 고용이 매력적이 되도록 하기 위해서 그들은 훈련 후의 훨씬 높은 임금이라는 혜택을 요구하게 된다. 그러나 만약 훈련받은 근로자들이 임금인상의 형태로 향상된 한계수입생산의 모든 것을 가지려 한다면, 새로운 근로자들을 채용하고 훈련받은 근로자들을 해고하는 것이

---

24) Edward P. Lazear, "Firm-Specific Human Capital: A Skill-Weights Approach," *Journal of Political Economy* 117 (October 2009): 914~940; Daron Acemoglu and Jörn-Steffen Pischke, "Beyond Becker: Training in Imperfect Labour Markets," *Economic Journal* 109 (February 1999): F112~F142; Mark A. Loewenstein and James R. Spletzer, "General and Specific Training: Evidence and Implications," *Journal of Human Resources* 34 (Fall 1999): 710~733; Laurie J. Bassi and Jens Ludwig. "School-to-Work Programs in the United States: A Multi-Firm Case Study of Training, Benefits, and Costs," *Industrial and Labor Relations Review* 53 (January 2000): 219~239; Edwin Leuven, Hessel Oosterbeek, Randolph Sloof, and Chris van Klaveren, "Worker Reciprocity and Employer Investment in Training," *Economica* 72 (February 2005): 137~149; and Collen Flaherty Manchester, "General Human Capital and Employee Mobility: How Tuition Reimbursement Increases Retention through Sorting and Participation," *Industrial and Labor Relations Review* 65 (October 2012): 951-974.

상대적으로 어려운 것이 아니라는 것을 아는 사용자는 가장 사소한 일에도 **훈련받은 근로자들**을 해고함으로써 잃을 것이 거의 없게 되는 바, 만약 훈련받은 근로자들이 해고된다면 **그들**의 투자는 소실된다.

따라서 만약 노동시장의 마찰이 작다면, 현장실무훈련(on-the-job training)이 이루어질 인센티브를 제공하기 위한 최선의 방법은 사용자들과 근로자들이 투자비용과 수익을 **나누는** 것이다. 만약 **근로자들**이 이 비용의 일부를 지급한다면 훈련 후의 임금은 사용자들이 모든 훈련비용을 부담했을 때보다 더 높아질 수 있으며, 인상된 훈련 후의 임금은 훈련받은 근로자들이 이직할 기회를 줄임으로써 **기업의** 투자를 보호한다. **사용자들**이 부담하는 훈련비용은 훈련 후의 임금을 아주 크게 높이지 않음으로써 회수되어야만 하지만, 이 조건은 문제가 심각하지 않다면 기업들이 근로자들을 보유하는 것이 매력적이도록 만듦으로써 (일시해고의 문제는 이 장의 약간 뒤에서 보다 상세히 논의될 것임) **근로자들**의 투자를 보호하는데 도움이 된다. 달리 표현하면 만약 사용자들과 근로자들이 훈련비용을 분담하고 따라서 수익도 나눈다면, 훈련 후의 기간에 고용관계가 종료될 때 그들은 모두 무엇인가를 잃게 된다.

그러나 미국에서의 현장실무훈련과 관련된 임금곡선(wage profile)을 측정한 실증연구들은 **사용자들이 비용의 상당부분을 부담하며 훈련과 관련된 수익의 대부분을 회수**하고 있음을 제시하고 있다. 임금은 분명히 사용자의 직접훈련비용이 상쇄되도록 훈련기간 동안 충분히 하락하지 않으며, 따라서 뒤이은 임금인상은 생산성증가보다 그 크기가 훨씬 더 작다.[25] 그림 5.7에 요약된 사용자들에 대한 설문조사는 초기 현장실무훈련 시간에 따라 일반적으로 나타나는 생산성향상이 근로자가 사용자를 위해 일하는 처음 2년 동안의 임금인상보다 그 크기가 훨씬 더 컸다고 추정하고 있다. 미국 근로자들의 임금곡선(wage profiles)을 그들이 받았던 훈련량과 직접 연계시킨 다른 연구들은 훈련 이후의 임금증가가 상대적으로 완만함을 밝히고 있다.[26]

사용자들이 훈련비용의 상당부분을 부담하고 수익의 상당 부분을 회수해 간다는 증거는, 이 사용자들이 자신들의 근로자들이 상대적으로 높은 근로자 이동비용에 직면한다고 믿고 있음을 암시한다. 이러한 기업들은 훈련을 받은 자신들의 근로자들을 보유하기

---

25) John Bishop, "The Incidence of and Payoff to Employer Training," Cornell University Center for Advanced Human Resource Studies Working Paper 94~17, July 1994; and Margaret Stevens, "An Investment Model for the Supply of General Training by Employers," *Economic Journal* 104 (May 1994): 556~570.

26) David Blanchflower and Lisa Lynch, "Training at Work: A Comparison of U.S. and British Youths," in *Training and the Private Sector: International Comparisons*, ed. Lisa Lynch (Chicago: University of Chicago Press for the National Bureau of Economic Research, 1994), 233~260; Jonathan R. Veum, "Sources of Training and Their Impact on Wages,"*Industrial and Labor Relations Review* 48 (July 1995): 812~826; Alan Krueger and Cecilia Rouse, "The Effect of Workplace Education on Earnings, Turnover, and Job Performance," *Journal of Labor Economics* 16 (January 1998): 61~94; and Judith K. Hellerstein and David Neumark, "Are Earnings Profiles Steeper than Productivity Profiles? Evidence from Israeli Firm-Level Data," *Journal of Human Resources* 30 (Winter 1995): 89~112.

그림 5.7

직종 및 초기의 사용자훈련시간별 처음 2년간의 일자리에서의 생산성 및 임금의 증가

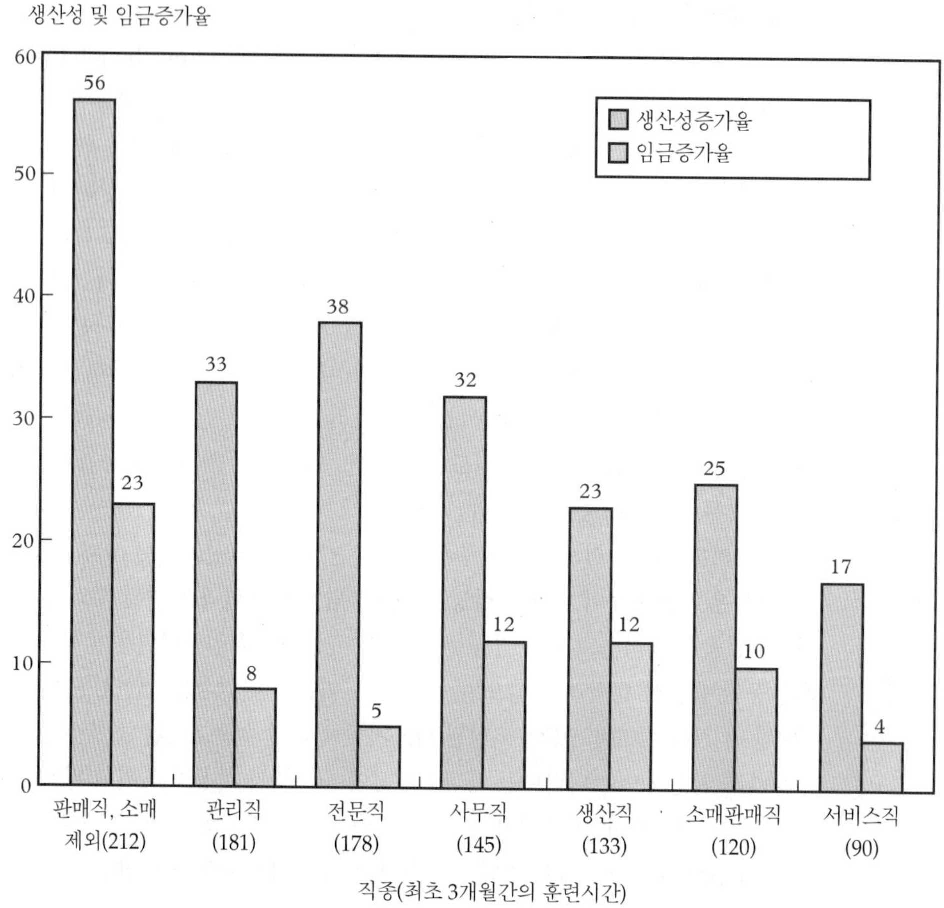

Source: John Bishop, "The Incidence of and Payoff to Employer Training," Cornell University Center for Advanced Human Resource Studies, working paper 94–17, July 1994, Table 1.

위해 훈련 후 임금을 크게 올릴 필요를 느끼지 않기 때문에, 투자비용을 기꺼이 부담할 용의가 있게 된다.

사용자 훈련투자와 경기침체 시의 일시해고

사용자들은 오로지 훈련 후의 한계수입생산성이 임금보다 충분히 높아, 그 결과 투자수익이 매력적이라고 기대될 때에만 근로자훈련에 투자할 인센티브를 가질 것이라는 점을 살펴보았다. 기업이 투자를 한 후 그로부터 일정시점에 경기하강('경기침체') 때문에 그 근로자들의 한계수입생산성이 기대했던 것보다 낮은 수준으로 하락한 것을 알게 된다고 가정하자. 만약 이 기업이 어떤 이유 때문에 임금을 하락시킬 수 없다면 (제14장에서 왜 임금이 하방으로 유연성이 없을 수 있는지에 대해 논의할 것임), 이 기업은 그 훈련을 받

은 근로자들을 일시 해고시키기를 원할 것인가?

일반적으로 기업들은 근로자들이 자신들의 임금을 초과하는 수입을 벌어오는 한, 그 근로자들을 일시해고 시키기를 원하지 않을 것이다. 비록 한계수입생산성과 임금 사이의 차이가 기업의 훈련투자에 대한 매력적인 수익을 창출하기에 충분하지 않더라도, 그러한 훈련비용은 일단 발생하면 '함몰(sunk)'하는 것이다. 기업이 훈련에 투자하지 않았기를 바랄 수 있을지는 모르지만, 훈련 후 기업이 취할 수 있는 최선은 기업이 얻을 수 있는 수익을 취하는 것이다. 일시해고 된 근로자들은 분명히 사용자에게 아무런 수익을 가져오지 않으며, 따라서 사용자의 인센티브는 그 한계수입생산성이 자신의 임금을 초과하는 어떠한 근로자라도 보유하는 것이다. 물론 만약 경기하강이 한계수입생산성이 임금보다 낮은 수준이 되도록 만든다면, 기업들은 훈련을 받은 근로자들을 일시해고 시킬 인센티브를 갖게 된다(기업들이 경기하강이 매우 단기적이라고 믿지 않는다면, 그리고 기업들이 일시해고 된 근로자들이 다른 곳에서 일자리를 탐색할 위험을 감수하기를 원한다면).

그렇다면 사용자가 훈련에 투자했다는 사실은 노동시장에서 관찰되는 두 가지 현상에 대해 설명을 할 수 있도록 한다. **첫째, 일반적인 규칙으로 경기침체기간 동안 일시 해고될 것에 가장 덜 민감한 근로자들은 숙련도가 가장 높고 일자리의 재직기간이 가장 긴 근로자들이라는 것을 관찰할 수 있다.**[27] 나이 들고 보다 숙련도가 높은 근로자들은 과거 사용자 훈련투자의 대상이 되었을 가능성이 가장 큰 근로자들이며, 따라서 그들은 한계수입생산과 임금 사이의 차이가 큰 상태로 경기침체에 진입하는 경향이 있다. 이 차이가 한계수입생산의 어떤 하락에도 완충작용을 하며, 그들의 사용자들에게 경기하강의 기간 동안 자신들의 고용을 유지하도록 할 강력한 인센티브를 제공한다. 임금이 한계수입생산성에 가까운 채로 경기침체에 진입하는 근로자들은 경기하강이 자신들의 한계수입생산을 임금보다 낮은 수준이 되도록 하락시킨다는 것을 알게 될 것이며, 이러한 일이 발생할 때 사용자들은 그들을 일시해고 시키는 것이 이윤극대화에 도움이 된다는 것을 알 수 있을 것이다.

둘째, 근로시간당 산출량인 평균노동생산성이 경기침체의 초기단계에 하락하며 회복의 초기단계 기간 동안 상승한다는 것을 관찰할 수 있다. 수요와 산출량이 하락하기 시작함에 따라, 근로자훈련에 투자하였던 기업들은 비록 훈련을 받은 근로자들의 한계생산성이 하락하더라도 그들을 급여대장에 유지함으로써 대응하게 된다. 그러한 '노동력저장(labor hoarding)'은 근로자당 산출량을 하락시킨다. 물론 수요가 다시 증가할 때 기업들은 실제로 훈련을 받은 근로자들을 급여대장에 유지했기 때문에 고용을 비례적으로 증가시키지 않고도 산출량을 증가시킬 수 있다. 이러한 후자의 상황에서 근로자당 산출량은 증가한다.

[27] Hilary Hoynes, "The Employment, Earnings, and Income of Less Skilled Workers over the Business Cycle," in *Finding Jobs: Work and Welfare Reform*, eds. Rebecca Blank and David Card (New York: Russell Sage Foundation, 2000): 23~71 참조.

채용투자

근로자들을 훈련시키는 것 이외에도 기업들은 또한 채용, 배치, 그리고 승진의 의사결정 시 근로자들을 평가해야 한다. 따라서 기업들은 비록 '일반' 훈련의 구성요인을 갖는 훈련프로그램일지라도 훈련프로그램이 새로운 근로자의 학습능력, 근로습관, 그리고 동기유발 수준을 자신들이 발견하는데 도움이 되기 위해 사용될 수 있다는 것을 알 수 있을지 모른다(예문 5.3 참조).[28] 따라서 일반훈련인 것처럼 보이는 투자의 일부는 실제로 후일 배치를 하거나 승진을 결정할 때에 있어 유용할 근로자들에 대한 기업특수 정보에 대한 투자를 대표한다. 채용 및 선별 투자를 보다 상세히 분석하는 절로 이 장을 마치기로 하자.

증명서(credential)의 사용

기업들은 종종 근로자들의 채용 및 훈련비용을 부담하기 때문에 이 비용을 가능한 한 낮추는 것이 그들의 관심사가 된다. 다른 조건이 일정하다면 기업들은 가능한 한 최소의 비용으로 일정수준의 질을 가진 근로자들을 채용하길 선호할 것이다. 마찬가지로 학습속도가 빠른 근로자들은 적은 비용으로 훈련될 수 있기 때문에 기업들은 이들을 채용하기를 선호할 것이다. 불행히도 기업들이 일자리에 지원하는 개인들의 기술수준과 훈련 수행능력을 확인하기 위해 이들 모두의 배경을 광범위하게 조사하는 것은 너무 많은 비용이 드는 것으로 판명될 수 있다.

이 비용을 줄이는 한 가지 방법은 개별지원자들의 질을 집중적으로 조사하는 것보다 채용과정에서 **증명서**(credentials) 또는 **신호**(signals)에 의존하는 것이다.[29] 예를 들어 만약 **평균적으로 볼 때** 대학졸업자가 고등학교졸업자보다 더 생산적이라면, 사용자는 학사학위가 일자리의 필요조건이라고 명기할지 모른다. 개인의 생산성을 확인하기 위해서 모든 지원자들을 인터뷰하고 테스트하는 것보다 기업은 이 교육수준을 충족시키는 지원자그룹 중에서 새로운 근로자들을 단순히 선발할 수 있다.

개개인들을 **그룹**특성에 의해 판단하는 그러한 **통계적 차별**(statistical discrimination)의 형태는 명백히 그 비용을 수반한다. 예를 들어 한편으로는 일부 고등학교졸업자들은 대학졸업자들만을 고집하는 기업에서 일할 충분한 자격을 갖고 있을 수 있다. 이들을 잠재적 지원자들의 그룹으로부터 제외시키는 것은 이들 고등학교졸업자들에게 비용을 부과시킨다(이들은 일자리를 얻지 못한다). 그러나 이들을 제외시키는 것은 **만약** 자격을 갖춘 다른 지원자들이 쉽게 발견될 수 없다면 사용자에게도 또한 비용을 부과시킨다. 다른 한편으로는 대학졸업자 그룹 중에는 일부 비생산적인 근로자들이 있을지도 모르며,

---

28) Margaret Stevens, "An Investment Model for the Supply of General Training by Employers." 또한 W.R. Bowman and Stephen L. Mehay, "Graduate Education and Employee Performance: Evidence from Military Personnel." *Economics of Education Review* 18 (October 1999): 453~463 참조.

29) Michael Spence, "Job Market Signaling," *Quarterly Journal of Economics* 87 (August 1973): 355~374 참조. 신호에 대한 보다 자세한 논의는 제9장을 참조하라.

예문 5.3

(근로자파견사업) 임시직 모집대행기관들은 일반숙련도를 위한 훈련을 왜 무료로 제공할까?

임시직 모집대행기관들은 미국 근로자들의 약 3%를 고용한다. 그들은 실제로 고객기업들에 '임대'될 근로자들을 채용하며, 고객기업들에게 자신들의 근로자들에게 지급하는 것보다 35~65% 더 많은 시간당요금을 청구함으로써 돈을 번다. 대부분의 임시직 모집대행기관들은 그 근로자들에게 명목상 무료인 훈련을 제공하는데(임시직 근로자들은 훈련기간 동안 임금을 지급받는다), 이 훈련은 고용을 계속한다는 의무조건 없이 '먼저(up-front)' 이루어진다. 훈련은 일반훈련의 성격을 띠며 워드프로세싱과 기타 컴퓨터기술에 초점이 맞춰진다. 훈련기간은 평균적으로 11시간에 지나지 않지만 그 기술은 분명히 가치가 있는 바, 한 유력한 회사는 고객기업의 임시직이 아닌 근로자들에게 비슷한 훈련을 제공하기 위해 근로자 1인당 하루 150달러를 부담시키고 있다. 왜 이 임시직 모집대행기관들은 자신의 새로운 기술을 습득하고 회사를 떠날지도 모를 근로자들에게 값비싼 일반훈련을 제공하는가?

한 경제학자는 훈련의 제공은 임시직 모집대행기관들로 하여금 어떤 기술을 가지고 있지 않지만 학습에 적성이 있고 가치를 부여하는 저임금근로자들을 찾도록 한다는 사실에 주목함으로써 이 현상을 설명하고 있다. 훈련은 임시직 모집대행기관들이 그러한 근로자들을 선별하고 그들의 능력에 대해 알도록 한다. 이 임시직 모집대행기관들은 훈련 받은 사람들에 대해 자신들이 창출한 정보를 어떻게 현금화시킬 수 있는가?

많은 고객기업들은 채용 및 해고의 준고정비용에 많은 돈을 투입할 필요 없이 영구적인 일자리의 지원자들에 대한 정보를 얻기 위해 임시직 모집대행기관들을 이용하는데, 물론 많은 임시직 근로자들은 영구적인 일자리를 찾고 있다. 실제로 임시직 모집대행기관 근로자들의 약 15%가 매월 고객기업들에 의해 영구적인 일자리에 채용되고 있다. 따라서 임시직 모집대행기관들은 잠재적인 영구적 근로자들을 자신들의 고객들에게 공급하고 심사하는 수단이 되었으며, 주로 정보중개인으로서 대가를 지급받고 있다. 고객기업들은 자신들이 투자의 위험을 감수할 필요가 없기 때문에 이 정보를 얻기 위해 프리미엄을 지급할 용의가 있고, 임시직근로자들도 영구적 일자리를 위한 심사를 받을 기회를 위해 낮은 임금을 받아들일 용의가 있는데, 고객기업들이 임시직 근로자들을 스스로 평가하는 데 상당한 시간이 걸리기 때문에 심사기간은 임시직 모집대행기관들이 훈련비용을 회수할 만큼 충분히 길다.

자료: David Autor, "Why Do Temporary Help Firms Provide Free General Skills Training?" *Quarterly Journal of Economics* 116 (November 2001): 1409~1448.

이들을 채용한 사용자는 이들이 고용된 동안 손실로 인한 고통을 당연히 받게 된다. 그러나 만약 (교육증명서, 결혼상태, 또는 연령 같은) **신호**가 사용될 때 나타나는 채용비용의 감소가 크다면 비록 만족스럽지 못한 근로자가 끼어들 경우가 간혹 있더라도, 사용자가 신호를 사용하는 것은 이윤을 얻는 것임이 판명될 수 있다.

내부노동시장

근로자들을 채용하는 데 있어서의 한 가지 어려움은 신뢰성, 동기유발, 정직성, 그리고 융통성 같은 개인적 속성들을 인터뷰, 고용테스트 또는 심지어 이전 사용자들로부터의 추천서로부터 판단하기가 어렵다는 사실이다. 이러한 어려움은 많은 대규모 기업들로 하여금 **내부노동시장**(internal labor market)을 창출하도록 하였는데, 내부노동시장에서는 근로자들은 상대적으로 하위직급의 일자리에 채용되며, 상위직급의 일자리는 오로지 기업 내부로부터만 채워진다. 이러한 정책은 사용자들에게 채용된 근로자들의 **실제** 생산적 특성을 관찰할 기회를 제공하며, 이러한 정보는 그 뒤 누구를 기업에서 계속 근무하도록 할 것인가, 그리고 근로자들을 얼마나 빨리, 그리고 얼마나 높이 승진시킬 것인가를 결정하는 데 사용된다.

빈자리를 채우기 위하여 내부노동시장을 이용할 때의 **편익**(benefits)은 기업이 자신을 위하여 일할 사람들에 대해 많은 것을 안다는 것이다. 따라서 블루칼라 또는 화이트칼라 근로자들의 상위직급 일자리에 대한 채용결정이 기업에게 전혀 뜻밖의 결과를 가져다주지 않게 된다. 내부노동시장을 사용할 때 수반되는 **비용**(costs)은 상위직급의 일자리들에 대한 경쟁을 기업의 근로자들에게만 제한시키는 것과 관련이 있다. 기업 내의 근로자들이 이용할 수 있는 최고의 근로자들이 아닐 수도 있는데, 이들만이 기업의 상위직급 일자리에 고려되는 유일한 근로자들이 된다. 내부노동시장을 사용할 때의 편익이 그 비용을 능가한다고 결정할 가능성이 가장 큰 기업들은, 상위직급 근로자들이 오랜 기간에 걸친 현장실무학습에 의해서 가장 잘 습득될 수 있는 많은 기업특수적 지식과 훈련을 보유해야만 하는 기업들이다.[30)]

앞에서 주목한 바와 같이 **훈련비용**을 지불한 기업들은 빨리 배울 수 있고, 훈련 이후의 잉여를 통해서 훈련비용이 회수될 수 있도록 오랜 기간 동안 자신들과 일할 근로자들을 확실히 확보하기를 원할 것이다. 이런 기업들의 경우 내부노동시장은 두 가지 측면에서 매력적이다. 첫째, 내부노동시장은 기업으로 하여금 직무 중의 근로자들을 관찰하도록 하며, 따라서 어느 근로자들이 후일의 아마도 매우 많은 비용이 드는 훈련 대상자가 될 것인가에 대해 보다 정확한 결정을 내릴 수 있게 한다. 둘째, 내부노동시장은 근로자들이 기업에 오래 근무하도록 하는 데 기여하는 경향이 있다. 근로자들은 외부인들이 상위직급의 충원 대상으로 고려되지 않기 때문에 자신들이 상위직급의 빈자리를 채우기 위한 내부승진대열에 있음을 알고 있다. 만약 근로자들이 기업을 이직한다면 그들은 이 우선권을 잃게 된다. 따라서 근로자들은 기업의 장기근로자들이 될 동기를 부여받는다. 기업 내의 임금정책에 대한 내부노동시장의 자세한 시사점은 제11장에서 논의될 것이다.

---

30) 내부노동시장에 대한 보다 자세한 논의는 Paul Osterman, ed., *Internal Labor Markets* (Cambridge, Mass.: MIT Press, 1984); and George Baker and Bengt Holmstrom, "Internal Labor Markets: Too Many Theories, Too Few Facts," *American Economic Review* 85 (May 1995): 255~259를 참조하라.

실증연구

비슷한 것처럼 보이는 근로자들 사이의 임금 차이를 무엇이 설명하는가? 관찰되지 않는 이질성(unobserved heterogeneity)에 대처하기 위한 패널데이터(panel data)의 사용

일물일가의 법칙이 노동시장에서 성립하는지를 테스트하기 위해서는 동등한 생산성을 가진 근로자들이 상이한 임금을 받는 것을 볼 수 있는지를 테스트해야 한다. 그러나 만약 테스트를 수행하기 위해 어떤 한 시점에서의 횡단면데이터를 사용하려 한다면 엄청난 문제에 부딪히게 된다. 즉 연구자들은 근로자의 생산성에 영향을 미치는 모든 특성들을 관찰할 수 없다. 예를 들어 근로자가 통보를 받지 않고도 초과근로를 할 용의가 얼마나 있는지, 근로자가 고객들 또는 동료근로자들에게 얼마나 상냥한지, 또는 근로자가 '협조가 잘 되는 근로자'인지 또는 쾌활한 성격을 가졌는지 등을 측정할 수 없다. 중요하지만 직접적으로 관찰되지 않는 (경제학자들이 '측정되지 않는 근로자의 이질성'이라 부르게 된) 이러한 특성의 근로자 차이를 설명하는 어떤 방법이 없다면, 일물일가의 법칙이 성립하는지를 신뢰할 만하게 테스트할 수 없다.

문제를 좀 더 잘 이해하기 위해 횡단면데이터 표본을 사용함으로써 근로자들이 받는 임금과 그들의 측정된 특성들과의 평균적인 관계를 추정한다고 가정하자. 이 관계는 그 뒤 예를 들어 연령, 교육, 직종, 그리고 다른 관찰된 특성이 주어진 특정 여성의 예상임금을 도출하기 위해 사용될 수 있다. 만약 특정 여성의 실제임금이 예상임금을 초과한다면, 그녀에게 단지 행운이 따르는지 (그리고 일물일가의 법칙이 성립하지 않는지) 또는 그녀가 사용자들이 가치를 부여하는 관찰되지 않는 특성을 가지고 있는지를 (그리고 따라서 주어진 그녀의 측정된 특성에 비추어 볼 때 그녀가 평균보다 보다 생산적인지를) 구별할 수 없다.

다행히도 관찰되지 않은 이질성의 문제에 대처하는 방법이 존재하지만, 이를 위해서는 동일한 개인에 대한 관찰을 2년 또는 그 이상 가능하게 하는 데이터인 '패널데이터'를 모으는 지출을 부담해야 한다. 만약 시간을 꿰뚫어 개개인들을 추적할 수 있다면, 개개인들이 일자리에서 일자리로, 사용자에서 사용자로, 또는 한 교육수준에서 다른 교육수준으로 이동함에 따라 그 임금이 어떻게 **변하는지를** 분석할 수 있다. 만약 첫 번째 사용자로부터 예상임금보다 더 높은 수준의 임금을 받았던 위 예의 여성이 이제 일자리를 바꾼 후 다음 사용자로부터도 예상임금보다 높은 임금을 받는다면, 그녀는 평균보다 높은 수준의 생산자이며 단순히 행운을 두 번씩 갖지는 않았을 가능성이 있다.

따라서 만약 시간을 꿰뚫어 개별근로자들을 추적할 수 있다면, 몇몇 측정할 수 있는 조건(예를 들어 교육, 직종, 또는 사용자)들이 바뀔 때 동일한 사람의 임금이 어떻게 변하는지에 초점을 맞춤으로써 관찰되지 않는 그들의 개인별 생산적 특성['개인효과(person effects)']을 통제할 수 있다. 개인효과를 통제하는 능력이 노동시장의 결과들이 일물일가의 법칙에 관한 예측들에 얼마나 근접하게 나타나는지에 대한 결론에 어떤 영향을 미치는지를 이해하기 위해 프랑스로부터의 패널데이터를 사용한 1999년의 연구결과를 고려하기로 하자.

임금과 측정된 근로자의 생산적 특성 사이의 관계가 수백만 프랑스 근로자들의 횡단면데이터로부터 분석될 때, 연구자들은 이 측정된 특성들이 여러 사람들 임금변동의 단지 약 30%만을 설명할 수 있음을 발견하였다. 이러한 발견은 일물일가의 법칙에 의한 예측이 전혀 맞지 않는다는 것을 암시하는 것처럼 보인다! 그러나 패널데이터를 사용하여 일단 (측정된 특성 이외에도) 개인효과가 설명되면, 연구자들은 프랑스 임금변동의 77%를 설명할 수 있었다. (관찰된 그리고 관찰되지 않는) 근로자 특성들에 의해 설명될 수 없는 임금변동이 여전히 존재하지만, 패널데이터의 사용은 일물일가의 법칙에 대한 보다 타당한 테스트를 가능하게 한다. 패널데이터 사용으로부터의 연구결과들은 눈에 띄는 것보다 행운에 의한 변동이 더 작을 수도 있음을 제시한다.

자료: John M. Abowd, Francis Kramarz, and David N. Margolis, "High Wage Workers and High Wage Firms," *Econometrica* 67 (March 1999): 251~333.

사용자는 채용에 대한 투자비용을 어떻게 회수할 수 있는가?

오직 투자가 받아들일 만한 수익률을 발생시킬 수 있다고 믿을 때에만, 기업은 근로자들을 훈련하거나 또는 선발하는 데에 투자할 것이다. 노동에 대한 투자가 가치를 갖기 위해서는 근로자들이 투자 이후의 기간 동안에 기업에 대한 자신들의 한계가치 미만의 임금을 지급받는 상황으로부터 사용자가 편익을 얻을 수 있어야만 한다. 사용자들은 자신들의 **채용**투자로부터 훈련 이후의 잉여를 어떻게 발생시킬 수 있나?

어떤 빈 일자리의 지원자들이 평균, 평균미만 또는 평균초과의 생산성 중 어느 하나를 갖고 있지만, 사용자는 생산성정보를 얻기 위한 어떤 종류의 투자 없이는 지원자가 어떤 생산성을 갖고 있는지를 구별할 수 없다고 가정하자. 만약 기업이 이러한 투자를 하지 않는다면, 기업은 어떤 특정 지원자라도 평균적인 능력을 갖는다고 가정해야 하며 이에 따른 보수를 지급해야 한다. 그러나 만약 기업이 지원자들에 대한 정보를 얻기 위한 투자를 한다면 기업은 **오로지** 생산성이 평균을 초과하는 지원자들만을 채용할 수 있다. 그렇다면 기업의 투자비용을 상쇄하는 데 필요한 잉여는 이 평균수준을 초과하는 생산성을 갖고 있는 근로자들에게 그들의 진정한 생산성보다 낮은 임금을 지급함으로써 창출되게 된다.

기업이 새로운 근로자들에게 비록 그들의 생산성이 평균을 초과하는 데도 불구하고 평균임금을 지급함으로써 잉여를 완전히 획득할 수 있을까? 훈련의 경우에서와 같이 기업은 자신들이 투자한 근로자들이 기업에 남아 있을 가능성을 높이기 위해, 아마도 평균보다는 높지만 근로자들의 실제 생산성보다는 낮은 수준의 임금을 지급하기로 결정할 것이다. 만약 근로자들이 이직한다면 기업은 그들의 대체근로자들에 대한 정보를 얻기 위해 투자해야만 할 것이다.

사용자들의 개인적인 이익이 그들로 하여금 평균보다 높은 수준의 근로자들에게 평균보다 높은 수준의 임금을 지급하도록 하지만, 두 가지 사실이 선별을 하는 기업으로 하여금 근로자들의 최고 생산성보다 여전히 낮은 수준의 임금을 지급하도록 허용할 수 있다. 하나는 근로자들의 이동비용의 존재이다. 다른 하나는 어떤 사용자가 비용이 드는 선별과정을 통해 알아낸 정보가 그 자신들의 투자 없이는 다른 사용자들에 의해 관찰될 수 없다는 것이다. 이러한 두 가지 조건 각각은 회수할 선별비용이 없기 때문에 최고 생산성에 상응하는 임금을 지급할 여유가 있는 경쟁기업들로부터 근로자들이 임금제의를 얻지 못하도록 방해하게 된다.

복습문제

1. 근로자의 이동비용은 개별기업들에 대한 노동공급곡선의 기울기에 어떤 영향을 미치는가?
2. 왜 기업들에 대한 우상향하는 노동공급곡선은 노동의 한계지출이 임금을 초과하도록 만드는가?
3. 어떤 저자가 기업들이 새로운 근로자를 천천히 채용하기 때문에 경기확장기의 첫 해에 근로자 1인당 산출량은 증가한다고 주장했다고 가정하자. 이 주장은 이 장에서 배운 이론에 의해 지지되는가?
4. "최저임금법은 임금을 상승시킴과 동시에 노동의 한계지출을 감소시키기 때문에 저임금 근로자들에게 도움이 된다." 이 서술을 분석하라.
5. 어떤 저자가 최근 저임금일자리는 고임금일자리에 비해 더 적은 근로시간을 제공한다고 주장하였다. 경제이론에 따르면 이 서술이 옳을 가능성이 있는가? 그 이유는?
6. 어떤 일자리의 근로자들이 회사에서 훈련을 받고 있는데, 회사는 그 투자비용을 회수하기 위해서는 근로자들의 임금이 그 한계생산성에 비해 시간당 5달러 더 낮은 수준이 되어야 한다고 계산하고 있다. 훈련 이후 임금이 한계생산성보다 5달러 낮게 책정되었지만 생산물시장의 상황이 한계생산성을 시간당 2달러만큼 급속히 (그리고 영구히) 하락시켰다고 가정하자. 만약 회사가 임금 또는 부가급여를 낮출 수 있다고 생각하지 않는다면 단기적으로 그 고용수준은 어떤 영향을 받을까? 장기적으로 그 고용수준은 어떤 영향을 받을까? 단기와 장기가 무엇을 의미하는지 정확히 정의하고 설명하라!
7. 수십 년 동안 대부분의 대규모 사용자들은 보험료가 **근로자 1인**을 기준으로 부과되었던 단체건강보험을 보험업자들로부터 구입하였다. 1993년에 제안된 국민건강보험계획은 단체건강보험업자들로 하여금 **급여**에 기초하여 보험료를 부과할 것을 요구하는 조항을 포함하고 있었다(사실은 건강보험을 급여'세'에 의해 재정 지원하는 것임). 사용자들이 납부하는 **총** 보험료가 동일하다고 가정할 때 건강보험이 재정 지원되는 방법을 이와 같이 변경시키는 제안이 노동시장에 주는 시사점은 무엇인가?
8. 메이저리그 야구팀의 감독이 "비록 내가 X선수가 부적격자라고 생각하더라도 나는 그를 방출할 수 없다. 그는 4년에 2,400만 달러 계약의 3년차 선수며, 우리 팀은 그의 나머지 계약을 잡아먹을 만큼 재정상태가 좋지 않다."라고 주장한다고 한다. 경제이론을 사용하여 감독의 논리를 분석하라.
9. 프랑스 대통령이 정부가 프랑스 근로자들이 매주 일할 수 있는 근로시간에 상한을 설정한 2002년도의 법을 폐지할 것을 고려하고 있다고 발표하였다(프랑스의 근로자들은 1주일에 35시간을 초과하여 일하는 것이 허용되지 않

는다). 주간 근로시간에 대한 상한을 제거하는 이유로는 숙련도 형성과 고용수준에 있어서의 '예상하지 않은 부정적인 결과'가 열거되었다. 이 책에서 배운 경제이론을 사용하여 시간상한이 숙련도 형성과 고용수준에 미치는 효과를 분석하라.

10. 노스캘로라이나 주는 주가 보조하여 불리한 처지에 놓인 근로자들을 2년제 대학(community colleges)에서 훈련시키는 프로그램을 갖고 있다. 적어도 12개의 일자리를 추가하는 사용자들은 2년제 대학으로 하여금 개별기업에 적합한 프로그램을 제공하도록 조정할 수 있다. 대학이 신규채용을 위한 광고를 하고 지원자들을 선별하며, 기업은 대학이 제공하는 목록으로부터 누구를 훈련시키기를 원하는가를 선택하고, 대학은 (기업이 공급한 설비를 사용하여) 훈련을 제공한다. 마지막으로 기업은 훈련을 성공적으로 마친 사람들 중에서 근로자들을 선발한다. 훈련을 받는 사람은 훈련기간 동안 임금을 지급받지 않는다. 이 프로그램의 채택과 관련되어 나타날 가능성이 있는 임금, 고용, 그리고 근로시간에 미치는 효과를 분석하라.

연습문제

1. 기업의 노동공급곡선이 $E=5W$(단 W는 시간당 임금)라고 가정하자.
   a. 기업이 일정 수의 근로자들(E)을 유치하기 위해 지급해야만 하는 시간당 임금을 계산하라.
   b. 어떤 주어진 고용수준과 관련된 시간당 총노동비용을 나타내라.
   c. 추가로 근로자를 채용할 때 발생하는 노동의 한계지출(ME_L)을 나타내라.
2. 기업에 대한 노동공급곡선이 위 문제 1에 주어진 것과 같다고 가정하자. 만약 기업의 노동의 한계수입생산이 $MRP_L=240-2E$로 나타난다면 이윤극대화가 달성되는 고용수준(E^*)은 얼마이며, 기업이 E^*의 근로자들을 고용하기 위해 지급해야 하는 임금수준(W^*)은 얼마인가?
3. 기업이 근로자를 채용하여 일반훈련(general training)을 제공할 것을 고려하고 있다고 한다. 훈련비용은 1,000달러이며, 훈련기간 동안 근로자의 MRP_L은 3,000달러라고 한다. 만약 근로자가 훈련기간이 끝난 이후에 다른 사용자에게로 아무런 비용 없이 이동할 수 있으며 그 사용자는 새로운 MRP_L과 동일한 임금을 지급할 것이라면, 훈련을 시키는 기업은 훈련기간 동안 근로자에게 얼마를 지급해야 하는가?
4. 노동수요의 임금탄력성의 경우처럼 노동공급탄력성도 비슷하게 분류될 수 있다. 만약 탄력성이 1보다 크면 노동공급은 **탄력적**이다. 만약 탄력성이 1보다 작으면 노동공급은 **비탄력적**이고, 만약 공급탄력성이 1이면 노동공급은 **단위탄력적**이다. 아래 각 직종의 공급탄력성을 계산하고, 노동공급이 탄력적, 비탄력적, 또는 단위탄력적인 지를 서술하라. E_S와 W는 각각 처음의 근로자공급과 임금이며, E_S'와 W'는 각각 새로운 근로자공급과 임금이다.
   a. $\%\Delta E_S = 7,\ \%\Delta W = 3$
   b. $E_S = 120,\ W = 8$달러
      $E_S' = 90,\ W' = 6$달러
   c. $E_S = 100,\ W = 5$달러
      $E_S' = 120,\ W' = 7$달러
5. 이윤극대화를 추구하는 개를 위한 비스킷을 만드는 독점회사인 Teddy's Treats의 노동공급이 아래 표와 같이 주어진다고 한다.

임금	노동공급 (근로시간)
4달러	18
5달러	19
6달러	20
7달러	21
8달러	22

a. 각 고용수준에서의 총노동비용과 노동의 한계지출을 계산하라.

b. 노동공급곡선과 노동의 한계지출곡선을 그려라.

6. 위 문제 5의 개 비스킷 회사 Teddy's Treat가 아래와 같은 노동의 한계수입생산(MRP_L)을 가지고 있다고 한다.

근로시간	MRP_L
18	29
19	27
20	25
21	23
22	21

a. 문제 5의 그림에 한계수입생산곡선을 추가하라.

b. 만약 Teddy's Treat가 이윤을 극대화하고 있다면 얼마의 근로시간이 채용될까? 얼마의 임금이 제공될까?

7. Teddy's Treats의 근로자들이 각 임금수준에서 일할 용의가 있는 근로시간을 증가시켰다고 가정하자. 새로운 공급곡선은 아래와 같다고 한다.

임금	노동공급 (근로시간)
4달러	19
5달러	20
6달러	21
7달러	22
8달러	23

a. 각 고용수준과 관련된 총노동비용과 노동의 한계지출을 계산하라.

b. 새로운 노동공급곡선과 노동의 한계지출곡선을 그려라.

c. 노동공급곡선과 노동의 한계지출곡선을 문제 5의 해당 곡선들과 비교하라. 어떤 변화가 발생하였는가?

d. MRP_L이 변하지 않았다고 가정할 때 이제 얼마의 근로시간이 채용될 것인가? 어떤 수준의 임금이 제공될까?

8. 또 다른 근로자를 채용하는 한계지출이 150달러이며, 기존의 근로자들을 추가로 1시간 채용하는 한계지출은 10달러라고 가정하자. 자본과 근로자1인당 평균근로시간 모두를 불변으로 유지한 채 추가되는 근로자와 관련된 추가산출량은 120이며, 자본과 근로자 수를 불변으로 유지한 채 근로자1인당 평균근로시간을 증가시킴으로써 발생하는 추가산출량은 7이라고 한다. 만약 기업이 이윤을 극대화하는 데 관심이 있다면 무엇을 해야만 하는가?

9. 아래의 표는 아침과 점심식사에 특화된 음식점인 Toasty Tasties의 노동량, 제공되는 임금, 그리고 MRP_L을 보여준다.

노동량 (근로시간)	임금	MRP_L
5	6달러	–
6	8달러	50
7	10달러	38
8	12달러	26
9	14달러	14
10	16달러	2
11	18달러	1

a. 노동의 한계지출을 계산하라.

b. Toasty Tasties의 노동공급곡선, 노동의 한계지출곡선, MRP_L곡선을 각각 그려라.

c. 이윤을 극대화하기 위해서 얼마의 근로시간이 채용되어야만 하나? 사용자는 어떤 수준의 임금을 제공해야 하나?

d. 만약 어떤 비시장 요인이 기업으로 하여금 그 근로자들에게 시간당 14달러를 지급하도록 강요한다면 어떤 일이 발생하는가?

e. 만약 어떤 비시장 요인이 기업으로 하여금 그 근로자들에게 시간당 26달러를 지급하도록 강요한다면 어떤 일이 발생하는가?

f. 만약 어떤 비시장 요인이 기업으로 하여금 그 근로자들에게 시간당 26달러보다 높은 수준의 시간당임금을 지급하도록 강요한다면 어떤 일이 발생하는가?

참고문헌

Becker, Gary. *Human Capital*. 2nd ed. New York: National Bureau of Economic Research, 1975.

Hart, Robert. *Working Time and Employment*. London: Allen and UnWin, 1986.

Lynch, Lisa, ed. *Training and the Private Sector: International Comparisons*. Chicago: University of Chicago Press, 1994.

Manning, Alan, ed. "Modern Models of Monopsony in Labor Markets: Tests and Papers from a Conference Held in Sundance, Utah, November 2008, Organized by Orley Ashenfelter, Henry Farber, and Michael Ransom," *Journal of Labor Economics* 28 (April 2010): 203~472.

Manning, Alan. *Monopsony in Motion: Imperfect Competition in Labor Markets*. Princeton, N.J.: Princeton University Press, 2003.

Osterman, Paul, ed. *Internal Labor Markets*. Cambridge, Mass.: MIT Press, 1984.

Parsons, Donald. "The Firm's Decision to Train." In *Research in Labor Economics* 11, eds. Lauri J. Bassi and David L. Crawford, 53~75. Greenwich, Conn.: JAI Press, 1990.

Williamson, Oliver, et al. "Understanding the Employment Relation: The Analysis of Idiosyncratic Exchange." *Bell Journal of Economics* 16 (Spring 1975): 250~280.

제6장

노동공급: 근로에 대한 의사결정

이 장과 다음의 네 장들은 **근로자**(worker) 행태의 문제들에 초점을 맞추게 된다. 즉 제6장부터 10장까지는 **노동공급**(labor supply) 행태의 여러 측면들을 논의하고 분석할 것이다. 노동공급 결정은 대체로 두 범주로 나눌 수 있다. 이 장과 다음 장에서 설명될 첫째 범주는, 도대체 일을 할 것인가, 만약 일한다면 얼마나 오랫동안 일할 것인가에 대한 결정을 포함한다. 대답되어야 할 질문에는 경제활동에 참가할 것인가, 파트타임 또는 풀타임 근로를 찾을 것인가, 아울러 얼마나 오랫동안 가정에서 그리고 보수를 위해 일할 것인가가 포함된다. 제8장부터 10장까지 논의될 두 번째 범주의 의사결정은 보수를 위한 일자리를 찾으려 결정한 사람이 직면해야만 하는 문제들을 다룬다. 즉 일자리 제안을 찾게 되는 직종 또는 직종의 일반등급(제8장부터 9장까지)과 일자리 제안이 구해지는 지리적 지역(제10장)이 바로 이 문제들이다.

이 장은 경제활동참가율(labor force participation rates)과 근로시간에 관한 몇몇 기본적 사실로 시작된다. 그 다음에는 보수를 위한 근로의 의사결정을 분석할 때 사용될 수 있는 이론적 틀이 개발된다. 이 틀은 여러 소득유지를 위한 프로그램들의 구조분석에도 또한 유용하다.

경제활동참가와 근로시간의 추세

개인이 적극적으로 일자리를 찾을 때 그 사람은, 정의에 의하면 **경제활동인구**(labor force)에 속한다. 제2장에서 지적된 바와 같이 **경제활동참가율**(labor force participation rate)은 주어진 인구 중 일자리가 있거나 또는 일자리를 찾는 사람들의 백분율이다. 따라서 가정 밖에서 일하고자 하는 사람들의 의사를 측정하는 데 중요한 뚜렷한 통계의 하나는 경제활동참가율이다.

경제활동참가율

아마도 지난 60년 동안 노동시장에서 나타난 가장 극적인 변화 중의 하나는, 여성 특히 기혼여성들의 증가된 경제활동참가율이었다. 표 6.1은 미국에서의 이러한 변화를 보여준다. 1950년까지만 해도 기혼여성의 25% 미만이 경제활동인구에 속하였지만, 1980년에 이르러서는 이 비율이 2배가 되었다. 2000년 이래 기혼여성의 증가는 멈춘 것처럼 보이고 독신여성들의 비율은 하락했지만, 최근 기혼여성의 경제활동참가율이 60%를 초과하였다.[1] 이 장에서의 관심사 중 하나는 이러한 변화에 기초가 되는 요인들을 이해하는 것이다.

표 6.2에 보이는 바와 같이 경제활동참가의 두 번째 일련의 추세는, 남성들 특히 젊은 남성과 나이든 남성의 경제활동참가율 하락이다. 미국에서의 가장 대폭적인 감소는 65세 이상의 남성들에게서 나타났는데, 이들의 경제활동참가율은 1950년 약 42%에서, 1990

표 6.1

16세 이상 미국여성들의 결혼상태별 경제활동참가율(%), 1900~2011년

연도	총여성	미혼	배우자사망,이혼	기혼
1900	20.6	45.9	32.5	5.6
1910	25.5	54.0	34.1	10.7
1920	24.0			9.0
1930	25.3	55.2	34.4	11.7
1940	26.7	53.1	33.7	13.8
1950	29.7	53.6	35.5	21.6
1960	37.7	58.6	41.6	31.9
1970	43.3	56.8	40.3	40.5
1980	51.5	64.4	43.6	49.8
1990	57.5	66.7	47.2	58.4
2000	59.9	68.9	49.0	61.1
2011	58.1	62.8	48.8	60.2

자료: 1900~1950: Clarence D. Long, *The Labor Force under Changing Income and Employment* (Princeton, N.J.: Princeton University Press, 1958), Table A-6.

1960~2011: U.S. Department of Labor, Bureau of Labor Statistics, *Handbook of Labor Statistics*, Bulletin 2340 (Washington, D.C.: U.S. Government Printing Office, 1989), Table 6; and U.S. Census Bureau, *2010 Statistical Abstract*, Section 12 (Table 598), http://www.census.gov/compendia/statab/2012/tables//12s0597.pdf; and U.S. Department of Labor, Bureau of Labor Statistics, *Women in the Labor Force: A Databook*, Report 1040 (February 2013), Table 4, http://www.bls.gov/cps/wlf-databook-2012.pdf.

1) Chinhui Juhn and Simon Potter, "Changes in Labor Force Participation in the United States," *Journal of Economic Perspectives* 20 (Summer 2006): 27~46은 여성과 남성 모두 경제활동참가율의 변화를 분석하여 요약하고 있다.

표 6.2

미국남성들의 연령별 경제활동참가율(%), 1900~2011년

	연령그룹					
연도	14~19	16~19	20~24	25~44	45~64	65세 이상
1900	61.1		91.7	96.3	93.3	68.3
1910	56.2		91.1	96.6	93.6	58.1
1920	52.6		90.9	97.1	93.8	60.1
1930	41.1		89.9	97.5	94.1	58.3
1940	34.4		88.0	95.0	88.7	41.5
1950	39.9	63.2	82.8	92.8	87.9	41.6
1960	38.1	56.1	86.1	95.2	89.0	30.6
1970	35.8	56.1	80.9	94.4	87.3	25.0
1980		60.5	85.9	95.4	82.2	19.0
1990		55.7	84.4	94.8	80.5	16.3
2000		52.8	82.6	93.0	80.4	17.7
2011		33.7	74.7	90.0	78.5	21.3

자료: 1900~1950: Clarence D. Long, *The Labor Force under Changing Income and Employment* (Princeton, N.J.: Princeton University Press, 1958), Table A-2.

1960: U.S. Department of Commerce, Bureau of the Census, *Census of Population, 1960: Employment Status*, Subject Reports PC(2)-6A, Table 1.

1970: U.S. Department of Commerce, Bureau of the Census, *Census of Population, 1970: Employment Status and Work Experience*, Subject Reports PC(2)-6A, Table 1.

1980~2011: U.S. Census Bureau, *2010 Statistical Abstract*, Section 12 (Table 575), http://www.census.gov/compendia/statab/2010edition.htlm; and U.S. Department of Labor, Bureau of Labor Statistics, *Women in the Labor Force: A Databook*, Report 1040 (February 2013), Table 1, http://www.bls.gov/cps/wlf-databook-2012.pdf.

년 이래 그 비율이 약간 상승했지만 현재는 약 1/2로 하락하였다. 45세부터 64세까지의 남성들의 경우에는 1930년대와 1970년대에 급격한 감소가 있었지만, '한창 나이'에 있는 남성들의 참가율은 1950년 이래 단지 조금만 하락하였다. 분명히 남성들은 1950년에 비해 근로생활을 늦게 시작하여 빨리 끝내고 있다.

미국 경제활동참가율의 추세는 또한 다른 선진공업국에서도 관찰된다. 표 6.3에는 비교 가능한 데이터를 구할 수 있는 나라들의 25~54세 연령그룹의 여성들과 조기퇴직 연령 가까이 있는(55~64세) 남성들의 경제활동참가율 추세가 나타나있다. 전형적으로 경제활동인구에 속한 여성의 비율은 1965년의 50% 이하로부터 약 50년 후에는 대략 3/4 또는 그 이상으로 증가하였다. 55세에서 64세 사이의 남성들의 경우는 비록 그 감소가 일부 나라(예를 들면 프랑스)에서는 다른 나라들(일본, 스웨덴)보다 훨씬 크긴 하였지만 경제활동참가가 각 나라에서 현저하게 하락하였다. 더욱이 6개국 중 5개국에서 나타나는

표 6.3

주요국가의 여성과 노령 남성의 경제활동참가율, 1965~2011년

국가	1965	1973	1983	1993	2011
여성, 25~54세					
캐나다	33.9	44.0	65.1	75.6	82.1
프랑스	42.8	54.1	67.0	76.1	83.4
독일	46.1	50.5	58.3	72.5	82.1
일본	—	53.0[a]	59.5	65.2	71.6
스웨덴	56.0	68.9	87.1	88.2	88.1
미국	45.1	52.0	67.1	74.6	74.7
남성, 55~64세					
캐나다	86.4	81.3	72.3	60.4	68.5
프랑스	76.0	72.1	53.6	43.5	47.1
독일	84.6	73.4	63.1	53.0	71.7
일본	—	86.3[a]	84.7	85.4	83.1
스웨덴	88.3	82.7	77.0	70.9	80.1
미국	82.9	76.9	69.4	66.5	69.3

주: [a]1974년 수치임 (이전 데이터와 비교 불가)

자료: Organisation for Economic Co-operation and Development, *Labor Force Statistics* (Paris: OECD, various dates), http://stats.oecd.org/Imdexaspx?DatasetCod e=LFS_SFXAGE_I_R

하락추세는 1990년대 중반 이래 반전된 것처럼 보인다. 그러므로 나라에 따라서 추세에 약간의 차이가 있지만, 선진공업국들에서는 공통요인들이 노동공급 추세에 영향을 미치고 있을 가능성이 있다.

근로시간

경제활동참가에 대한 데이터는 취업자와 일자리를 원하나 구하지 못한 사람 모두를 포함하기 때문에 노동공급의 상대적으로 순수한 측정치이다. 이와는 대조적으로 전형적인 근로자의 주간 또는 연간 근로시간은 오로지 시장의 수요측면에 의해서만 결정된다고 종종 생각된다. 아무튼 제5장에서 논의된 요소들에 대해 반응하는 데 있어 사용자들이 자신들의 근로자들이 기대하는 근로시간을 설정할 수는 없는 것일까? 물론 사용자들이 근로자들이 기대하는 근로시간을 설정할 수 있지만, 근로시간은 특히 장기에는 시장의 공급측면에 대한 **근로자**의 선호에 의해서도 또한 영향을 받는다.

비록 사용자들이 근로스케줄을 설정하긴 하지만, 근로자들은 파트타임근로 또는 풀타임근로의 선택, 하나를 초과하는 일자리에서 일하겠다는 의사결정, 또는 직종과 사용

자의 선정을 통해 근로시간에 대한 자신들의 선호를 행사할 수 있다.[2] 예를 들어 풀타임으로 일하는 여성 관리인들은 풀타임 사무직근로자들보다 1주당 평균적으로 더 많은 시간을 일하고 있으며, 남성 판매직근로자들은 그들과 비슷한 숙련된 수공업일자리의 풀타임근로자들보다 1주당 더 많은 시간을 일하고 있다. 더욱이 여러 사용자들은 풀타임과 파트타임근로의 여러 상이한 조합을 제공하고, 여러 주간근로스케줄을 요구하며, 휴가와 유급공휴일에 대한 여러 상이한 정책을 갖고 있다.

사용자가 제공하는 근로시간과 보수 모두는 자신들의 이윤을 증가시킬 의도를 가지고 있지만, 사용자의 제의는 현재와 미래 근로자들의 선호도 또한 만족시켜야만 한다. 예를 들어 만약 1주당 40시간을 시간당 X달러의 임금을 받고 일하는 근로자들이 시간당 X달러로 단지 30시간만 일하기를 진정으로 원한다면, 일부 진취적인 사용자(아마도 상대적으로 낮은 준고정비용을 부담하는 사용자)는 궁극적으로 근로자들의 불만을 알아채고 1주당 30시간을 근무하는 일자리를 제공하여, 보다 만족스럽고 생산적인 근로자들을 생산과정에 보유하게 될 것이다.

근로자들의 노동공급에 대한 선호는 장기적으로 만족되어야 하는 반면, 근로시간 단기변화의 대부분은 시장의 **수요**측면으로부터 비롯되는 것처럼 보인다.[3] 주간근로시간은 경기변동의 과정에 걸쳐 전형적으로 변하는데, 예를 들어 수요가 확고히 유지되는 기간 동안에는 보다 오랜 시간을 일하게 된다. 그렇다면 근로시간의 추세를 분석하는 데 있어서는 수요와 공급의 요인들을 주의 깊게 구별해야만 한다.

20세기의 전반부에 미국 제조공장의 근로자들은 경제활동이 호황을 보이는 해에는 전형적으로 1주당 55시간을 일했으나, 지난 20년 동안에는 비슷한 기간에도 평균적으로 1주당 40시간 미만을 일했다. 예를 들어 실업률이 약 5.5%이었고 하락하는 중이었던 1988년, 1995년, 그리고 2004년에는 제조업 생산근로자들이 1주당 평균적으로 38.4시간, 39.3시간, 그리고 38.6시간을 각각 일했다. 일반적으로 미국 제조업에 있어서의 1주당 근로시간의 감소는 1950년 이전에 발생하였으며, 그 후로는 근로시간의 하락경향이 나타나

---

[2] **1년 내의 어떤 시점에** 보다 많은 사람들(남성의 20%와 여성의 12%)이 두 개 이상의 일자리를 갖고 있기는 하지만, 어떤 시점에서도 미국 근로자들의 약 5%가 두 개 이상의 일자리를 갖고 있다. Christina H. Paxon and Nachum Sicherman, "The Dynamics of Dual Job Holding and Job Mobility," *Journal of Labor Economics* 14 (July 1996): 357~393; and Steven F. Hipple, "Multiple Jobholding During the 2000s," *Monthly Labor Review* 133 (July 2010): 21~32 참조. 근로자들이 근로시간을 선택하는 데에 제약을 받지 **않는다는** 가정을 테스트하는 (그리고 가정에 대한 지지를 찾는) 연구는 John C. Ham and Kevin T. Reilly, "Testing Intertemporal Substitution, Implicit Contracts, and Hours Restriction Models of the Labor Market Using Micro Data," *American Economic Review* 92 (September 2002): 905~927을 참조하라.

[3] 예를 들어 Joseph G. Altonji and Christina H. Paxon, "Job Characteristics and Hours of Work," in *Research in Labor Economics*, vol.8, ed. Ronald Ehrenberg (Greenwich, Conn.: JAI Press, 1986); Orley Ashenfelter, "Macroeconomic Analyses and Microeconomic Analyses of Labor Supply," *Carnegie-Rochester Conference Series on Public Policy* 21 (1984): 117~156 참조. 보다 최근의 연구는 근로자들이 바라는 노동공급의 조정은 동일한 사용자와의 근로시간을 바꾸는 것보다는 일자리를 바꾸는 것으로부터 더 많이 이루어진다는 것을 보인 바 있다. Richard Blundell, Mike Brewer, and Macro Francesconi, "Job Changes and Hours Changes: Understanding the Path of Labor Supply Adjustment," *Journal of Labor Economics* 26 (July 2008): 421~454 참조.

지 않았다.[4)]

근로에 대한 의사결정 이론

노동공급이론이 위에서 주목한 경제활동참가와 근로시간의 장기 추세를 이해하는 데 도움이 될 수 있는가? 노동은 가장 풍부한 생산요소이기 때문에 어떤 나라라도 장기적인 복지수준은 그 국민들이 자발적으로 일하고자 하는 의사에 크게 의존한다고 공정하게 말할 수 있다. 여가와 기타 방법으로 시간을 사용하는 것도 보수를 위해 일하는 것은 아니지만 후생을 창출하는 데 또한 중요하다. 그러나 어느 경제라도 시장거래를 위해 생산되는 재화와 서비스에 크게 의존한다. 따라서 고임금과 고소득, 상이한 종류의 조세, 그리고 다양한 형태의 소득유지프로그램이 **근로인센티브**(work-incentive)에 미치는 효과를 이해하는 것이 중요하다.

근로에 대한 의사결정은 궁극적으로 시간을 어떻게 보낼 것인가에 대한 의사결정이다. 이용 가능한 시간을 사용하는 한 가지 방법은 즐거운 여가활동에 시간을 소비하는 것이다. 사람들이 시간을 사용하는 다른 주요한 방법은 일하는 것이다. 사람들은 자녀들을 키우고, 바느질하며, 건물을 짓거나 또는 심지어 식품을 재배하는 것 같은 **가계생산**(household production)을 수행하면서 집 근처에서 일할 수 있다. 이와는 달리 사람들은 보수를 위해 일을 해서 식품, 주거, 의류, 그리고 육아서비스를 구입하고자 그 근로소득을 사용할 수 있다.

보수를 위해 일하는 것과 가계생산에 종사하는 것은 동일한 일을 완료하는 두 가지 방법이기 때문에, 우선은 이 양자의 차이를 무시하고 근로활동을 보수를 위한 근로로 취급하기로 한다. 따라서 근로에 대한 의사결정은 여가와 보수를 위한 근로 사이의 선택으로 특징짓게 될 것이다. 근로인센티브에 영향을 미치는 중요한 요소들의 대부분은 이러한 맥락에서 이해될 수 있지만, 노동공급 행태에 대한 통찰력은 가계생산을 또한 고려할 때 풍부해질 수 있다. 이 내용은 제7장에서 다루게 된다.

만약 식사, 취침, 그리고 자기 자신을 유지하는 데 소요되는 시간이 자연법칙에 의해 어느 정도 고정되어 있다고 간주한다면, 이 이외의 재량시간(예를 들어 하루 16시간)은 근로 또는 여가에 할당될 수 있다. 근로/여가 선택의 분석을 **여가시간에 대한 수요**를 분석함으로써 시작하는 것은 매우 간편한 방법이다.

[4)] 이 절에서 인용한 평균은 (**제조업센서스**에서 얻어진) **실제**근로시간을 지칭하며, 질병, 공휴일, 그리고 휴가를 위해 유급으로 일을 쉰 시간을 포함하는 보다 일반적으로 이용되는 '임금이 지급되는 근로시간(hours paid for)'을 지칭하지는 않는다. 상대적으로 최근의 한 연구는 20세기 마지막 20년 동안 교육을 많이 받은 남성들 사이의 예상하지 않은 근로시간 **확대**를 발견한 바 있다. Peter Kuhn and Fernando Lozano, "The Expanding Workweek? Understanding Trends in Long Work Hours among U.S. Men, 1979~2006," *Journal of Labor Economics* 26 (April 2008): 311~343 참조.

몇 가지 기본개념

기본적으로 재화의 수요는 다음의 세 가지 요소의 함수이다.

1. 재화의 **기회비용**(종종 **시장가격**과 동일함).
2. 개인의 **부**(富)의 수준.
3. 개인의 일련의 **선호**.

예를 들어 난방용 석유의 소비는 석유**가격**에 따라 변한다. 즉 난방용 석유**가격**이 오름에 따라 다른 두 요소 중 하나가 영향을 미치지 않는다면 소비는 감소하는 경향이 있다. **부**가 축적됨에 따라, 사람들은 일반적으로 난방에 보다 많은 석유를 확실히 필요로 하는, 더 넓고 더 따뜻한 주택을 원한다.[5] 비록 에너지가격과 개인의 부의 수준이 불변이더라도, 만약 출생률의 하락과 수명의 증가가 노령인구의 비중을 높이고 이에 따라 더 따뜻한 주택을 원하도록 만든다면, 에너지수요는 증가할 수 있다. 인구구성의 이러한 변화는 더 따뜻한 주택에 대한 전반적 **선호**의 변동을 의미하며, 따라서 난방용 석유에 대한 수요변화를 유도한다. (경제학자들은 보통 선호는 주어진 것으로서 즉각적으로 변하지 않는다고 가정한다. 정책목적 상 가격과 부라는 변수들은 정부 또는 시장요인에 의한 변화에 매우 민감하기 때문에, 이들의 변화는 수요변화를 설명하는 데 너무나도 중요하다.)

여가의 기회비용 수요에 대한 이러한 일반적 분석을 여가에 대한 수요에 적용하기 위해서는 먼저 "여가의 기회비용이 무엇인가?"를 질문해야 한다. TV를 시청하는 데 사용한 1시간의 비용은 기본적으로 만약 그 1시간을 근로에 사용했을 경우 벌어들일 수 있었던 액수이다. 따라서 여가 1시간의 기회비용은 개인의 **임금**(wage rate), 즉 근로자가 **추가 1시간의 근로**로부터 집으로 가져갈 수 있는 **추가근로소득**(extra hour of work)과 같다.[6]

부와 소득 다음으로 부를 이해하고 측정할 수 있어야 한다. 당연히 부는 가계의 은행예금, 금융투자, 그리고 실물재산을 포함한다. 근로자의 기술도 실제로 가격에 따라 사용자들에게 임대될 수 있기 때문에 자산으로 간주될 수 있다. 임금을 더 많이 받으면 받을수록 개인의 인적자산의 가치는 더 커진다. 불행히도 사람들의 부를 직접 측정하는 것은 보통 불가능하다. 총**소득**에 대한 데이터는 정부의 조사로부터 쉽게 이용이 가능하기 때문에 부로부터의 **수익**을 측정하는 것이 훨씬 쉽다. 총소득과 부의 총액이 개념적으로 아주 밀접

---

[5] 부의 축적에 따라 재화에 대한 수요가 증가할 때 경제학자들은 그 재화를 **정상재**(normal goods)라고 부른다. 만약 부가 증가함에 따라 수요가 감소한다면 그 재화는 **열등재**(inferior goods)라고 불린다(버스 여행 또는 버스통근이 때때로 열등재의 예로 인용된다).

[6] 이는 개개인들이 고정된 임금으로 자신들이 원하는 시간만큼을 일할 수 있음을 가정하고 있다. 이 가정이 과도하게 단순화된 것처럼 보일지 모르지만, 이 장에서 분석되는 문제들에 대해 잘못된 결론에 이르도록 하지는 않는다. 더 엄밀히 말하면 여가의 한계기회비용은 한계임금(1시간의 추가근로로 받을 수 있는 임금)이라고 이야기되어야 한다.

하게 관련되어 있기 때문에 경제학자들은 종종 총소득을 부의 총액의 지표로 사용한다.[7)]

소득효과에 대한 정의 이론에 의하면 임금과 선호가 불변인 채로 고정되어 있을 때 만약 소득이 증가한다면, 여가시간에 대한 수요량은 증가한다. 달리 표현하면 **만약 임금이 불변인 채 소득이 증가하면 바람직한 근로시간은 줄어든다.** (반대로 만약 임금이 불변인 채로 고정되었을 때 소득이 감소한다면, 바람직한 근로시간은 증가할 것이다.) 경제학자들은 임금이 불변인 채로 고정될 때 소득변화에 대한 바람직한 여가시간의 반응을 **소득효과**(income effect)라 부른다. 소득효과는 여가의 기회비용이 불변일 때 소득이 증가함에 따라 사람들은 더 많은 여가(더 적은 근로를 의미함)를 소비하기를 원할 것이라는 단순한 견해에 기초하고 있다.

시간은 여가에 사용되거나 또는 보수를 위한 근로에 사용된다고 가정하였기 때문에, 소득효과는 여가시간에 대한 수요는 물론 **근로시간의 공급**으로 표현될 수 있다. 이 장의 궁극적인 초점이 노동공급이기 때문에 이 효과를 노동공급의 맥락에서 표현하기로 한다.

수학기호를 사용하면 소득효과는 임금이 불변인 채로 고정되었을 때($\overline{W}$), 소득변화(ΔY)에 의해 발생하는 근로시간의 변화(ΔH)로 정의된다.

$$\text{소득효과} = \frac{\Delta H}{\Delta Y}\Big|\overline{W} < 0 \tag{6.1}$$

식 (6.1)에서 **분수**의 **부호**가 **부**(−)이기 때문에 소득효과는 **부**(−)라고 이야기한다. 만약 소득이 증가하면(임금은 불변인 채로 고정된 채) 근로시간은 감소한다. 만약 소득이 감소하면 근로시간은 증가한다. 식 (6.1)의 분자(ΔH)와 분모(ΔY)는 반대방향으로 움직이기 때문에 소득효과는 부(−)의 부호를 갖게 된다.

대체효과에 대한 정의 이론은 또한 **만약 소득이 불변인 채로 고정되어 있다면, 임금의 상승은 여가의 가격을 올리고 그 수요를 감소시킴으로써 근로인센티브를 증가시킬 것**임을 제시해 준다. (마찬가지로 소득이 불변인 채로 고정되었을 때 임금의 하락은 여가의 기회비용을 하락시키고 근로인센티브도 감소시킨다). 이 **대체효과**(substitution effect)는 소득이 불변인 채로 고정되었을 때, 여가비용이 변함에 따라 여가와 근로시간이 서로 대체되기 때문에 발생한다.

소득효과와는 대조적으로, 대체효과는 **정**(+)이다. 이 대체효과는 소득이 불변인 채로 고정되었을 때($\overline{Y}$) 임금의 변화(ΔW)에 의해 유발되는 근로시간의 변화(ΔH)이기 때문에, 다음과 같이 나타낼 수 있다.

---

7) 부의 최선의 지표는 영구소득(permanent income) 또는 장기적 잠재소득이다. 현재소득은 여러 이유(실업, 질병, 이례적으로 많은 양의 초과근로 등)로 인해 영구소득과 다를 수 있다. 그러나 여기서는 그 목적상 현재소득과 영구소득의 구별이 크게 중요하지 않다.

$$대체효과 = \frac{\Delta H}{\Delta W}|\overline{Y} > 0 \quad (6.2)$$

분자(ΔH)와 분모(ΔW)는 적어도 이론적으로는 항상 같은 방향으로 움직이기 때문에, 대체효과는 정(+)의 부호를 갖는다.

소득효과와 대체효과의 분리 관찰 임금이 상승하거나 하락할 때 소득효과와 대체효과는 동시에 나타나며, 종종 서로를 상쇄시키도록 작용한다. 그러나 항상 오로지 어느 한 가지 효과만을 일으키는 상황 또는 프로그램을 관찰하는 것이 가능하다.

유산을 물려받는 것은 그 자체가 소득효과의 예이다. 유산은 근로시간과 **무관하게** 개인의 부(소득)를 증가시킨다. 따라서 근로시간으로부터 받는 보수의 변화**없이** 소득이 증가한다. 이 경우 소득효과는 개인으로 하여금 더 많은 여가를 즐기도록 함으로써 일할 의사를 감소시킨다. (이 이론적 예측에 대한 몇몇 지지는 예문 6.2에서 살펴볼 수 있다.)

대체효과 자체를 관찰하기는 쉽지 않지만, 한 가지 예는 존 앤더슨(John Anderson) 후보가 휘발유 절약을 목적으로 하는 프로그램을 제안하였던 1980년의 미국 대통령선거로부터 구할 수 있다. 그의 계획은 휘발유 세금을 올리되, 이 세금인상을 개인이 자신의 근로소득에 대해 납부하는 사회보장세(Social Security tax)를 삭감함으로써 상쇄시키는 것으로 구성되었다. 그 아이디어는 사람들이 소비에 충당하는 전체소득을 감소시킴이 없이 휘발유 가격을 올리자는 것이었다.

이 계획은 전형적인 근로자의 경우 노동공급에 단지 대체효과를 창출시켰을 것이기 때문에 대체효과의 설명을 위한 목적상 관심을 끌 만하다. 사회보장세 수입은 근로소득에 대해 과세함으로써 징수되며, 따라서 세금감면은 실제로 대부분 근로자들의 임금을 인상시킨다. 그러나 보통사람들의 경우 이 임금인상과 관련된 부의 증가는 휘발유세의 증가에 의해 정확히 상쇄된다.[8] 따라서 소득은 다소 불변인 채로 고정시켜 놓은 채 임금이 증가되었을 것이다. 이 프로그램은 사람들로 하여금 보다 많은 시간을 일하도록 하는 대체효과를 창출하였을 것이다.

임금상승 시 두 효과가 모두 발생 위의 예들은 소득효과 또는 대체효과가 단독으로 나타나는 상황을 설명하고 있지만, **보통 두 효과는 같이 나타나며 종종 서로 반대방향으로 작용한다.** 서로 반대방향으로 작용하는 두 효과가 존재한다는 사실은, 많은 경우에 전반적인 노동공급의 반응을 예측하는데 모호성을 일으킨다. 인상된 임금을 받는 어떤 사람

[8] 휘발유가격의 상승은 오직 휘발유수요가 비탄력적이어야만 휘발유 이외의 소비지출을 위해 남겨둔 소득을 감소시킬 것이다. 이 경우 휘발유 소비감소율은 가격증가율보다 더 작으며, 따라서 휘발유에 대한 총지출은 증가한다. 우리의 분석은 이 경우를 가정한 것이다. 휘발유세가 노동공급에 어떤 영향을 미치는가에 대한 연구는 Sarah West and Roberton Williams, "Empirical Estimates for Environmental Policy Making in a Second-Best Setting," National Bureau of Economic Research, Working Paper No. 10330 (March 2004)를 참조하라.

의 경우를 고려해 보자.

단순한 임금상승에 대한 노동공급의 반응은 소득효과와 대체효과 **모두**를 수반한다. **소득효과**(income effect)는 임금증가 후 근로자의 향상된 부(또는 잠재적 소득)의 결과이다. 근로노력 수준이 일정할 때 근로자는 이제 이전보다 자원을 더 마음대로 쓸 수 있다 (왜냐하면 일정한 근로시간으로부터 더 많은 소득을 받을 수 있기 때문에). **대체효과**(substitution effect)는 임금상승이 여가의 기회비용을 높인다는 사실로부터의 결과이다. 실제의 노동공급 반응은 소득효과와 대체효과의 **합**이기 때문에 그 반응을 미리 예측할 수 없다. 즉 이론은 어느 효과가 더 강한지를 가르쳐 주지 못할 뿐이다.

만약 소득효과가 더 강하면, 개인은 자신의 노동공급을 줄임으로써 임금상승에 반응하게 될 것이다. 이 노동공급 감소는 부의 동일한 변화가 **노동과 관련 없는** 부의 증가에 의해 나타날 때에 비해 **더 작게** 되는데, 이는 대체효과가 나타나서 소득효과를 완화시키는 힘으로 작용하기 때문이다. 그러나 예문 6.1에서 알 수 있는 바와 같이 **소득**효과가 우세할 때에는 대체효과는 노동공급이 **감소**되지 못하도록 할 만큼 충분히 크지는 않다. 물론 **대체**효과가 우세한 상황도 전적으로 가능하다. 만약 그렇다면 임금상승에 대한 실제 반응은 노동공급을 **증가**시키게 될 것이다.

만약 대체효과가 우세하면, 바람직한 근로시간을 임금과 연관시키는 개인의 노동공급곡선은 **우상향**하게 될 것이다. 즉 노동공급량은 임금과 함께 증가할 것이다. 반면 만약 소득효과가 우세하면 개인의 노동공급곡선은 **우하향**하게 될 것이다. 경제이론은 어느 효과가 우세할지를 가르쳐 주지 않으며, 실제로 개별노동공급곡선은 일부 임금영역에서는 우상향하며, 다른 영역에서는 우하향할 수 있다. 예를 들어 그림 6.1에서 개인이 원하는 근로시간은 임금이 낮은 수준에 머무는 한(W^* 미만), 임금이 상승할 때 증가한다(대체효과가 우세하다). 그러나 높은 수준의 임금에서는 더 이상의 임금인상은 근로시간의 단축이라는 결과를 가져온다(소득효과가 우세하다). 경제학자들은 이런 곡선을 **후방굴절**노동공급곡선이라고 부른다.

그림 6.1

후방굴절 개별노동공급곡선

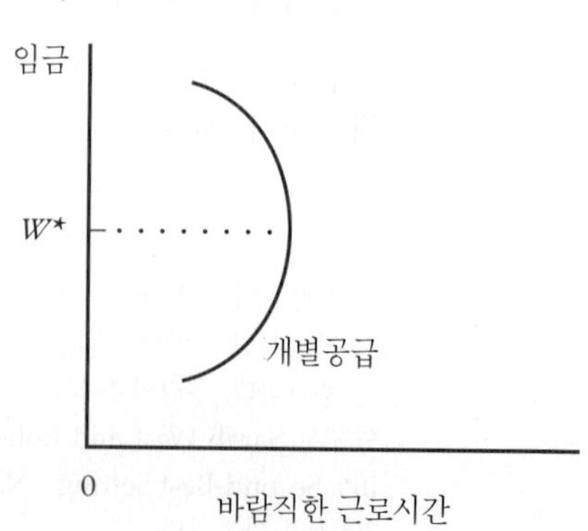

예문 6.1

뉴욕시 택시기사의 노동공급

노동공급 이론을 테스트하는 것은 대부분의 근로자들이 일자리를 바꾸지 않고 자신들의 근로시간을 아주 크게 바꿀 수 없다는 사실 때문에 어려운 일이다. 그러나 뉴욕시의 택시기사들은 자신들의 근로시간을 선택하며, 따라서 운전거리(miles)에 반영되는 그들의 근로시간이 뉴욕시 택시 및 리무진 위원회(Taxi and Limousine Commission)에 의해 1996년과 2004년에 승인된 택시요금 인상에 어떻게 반응했는지를 살피는 것은 흥미로운 일이다. 이러한 요금인상은 택시기사들의 시간당 보수를 평균 19% 증가시켰는데, 기사들이 어떻게 반응했는지에 대한 세심한 한 연구는 그들이 운전거리를 약 4% 감소시켰음을 밝힌 바 있다. 그렇다면 그들 임금인상의 소득효과는 대체효과보다 더 강력했었음이 분명하다.

자료: Orley AShenfelter, Kirk Doran, and Bruce Schaller, "A shred of Credible Evidence on the Long-Run Elasticity of Labor supply," *Economica* 77 (October, 2010): 637~650. 이 주제에 관한 더 많은 분석은 Vincent P. Crawford and Juanjuan Meng, "New York City Cab Drivers' Labor Supply Revisited: Reference-Dependent Preferences with Rational-Expectations Targets for Hours and Income," *American Economic Review* 101 (August 2011): 1912~1932를 참조하라.

노동/여가 선택 분석

이 절에서는 무차별곡선과 예산제약선이 소개되는데, 이는 노동공급이론을 쉽게 이해하고 복잡한 정책문제에 쉽게 적용시킬 수 있도록 시각적인 도움을 준다. 이러한 그래프는 위에서 논의한 여가에 대한 수요(노동공급)의 기저를 이루는 기본요소들을 시각적으로 표현하는 데 도움이 된다.

선호 여가시간과 사람들이 화폐로 구입할 수 있는 재화라는 사람들을 행복하게 만드는 두 종류의 주요한 재화가 있다고 가정하자. 만약 재화의 가격들이 고정되어 있다면, 재화 가격들은 명목소득으로 측정되는 하나의 지수로 압축되어 표시될 수 있다 (가격들이 고정되어 있을 때 더 많은 명목소득은 더 많은 재화들을 소비하는 것이 가능함을 의미한다). 여가와 명목소득이라는 두 종류를 사용하게 되면 2차원 공간에 이들이 그래프로 그려지게 된다.

여가와 명목소득 모두 만족(또는 **효용**)을 발생시키는 데 사용될 수 있기 때문에, 이 두 재화는 어느 정도까지는 서로 대체재이다. 예를 들어 만약 근로시간을 단축함으로써 명목소득의 일부를 포기하도록 강요당한다면, 어떤 사람을 이전만큼 행복하도록 하기 위해서는 여가시간의 일정한 증가가 이 소득손실을 대체할 수 있어야 한다.

선호가 어떻게 그래프로 그려질 수 있는가를 이해하기 위해, 소비자임과 동시에 근로자인 사려 깊은 어떤 사람이 하루에 8시간의 여가를 즐기며 64달러의 소득을 얻을 때

그림 6.2

동일인의 두 무차별 곡선

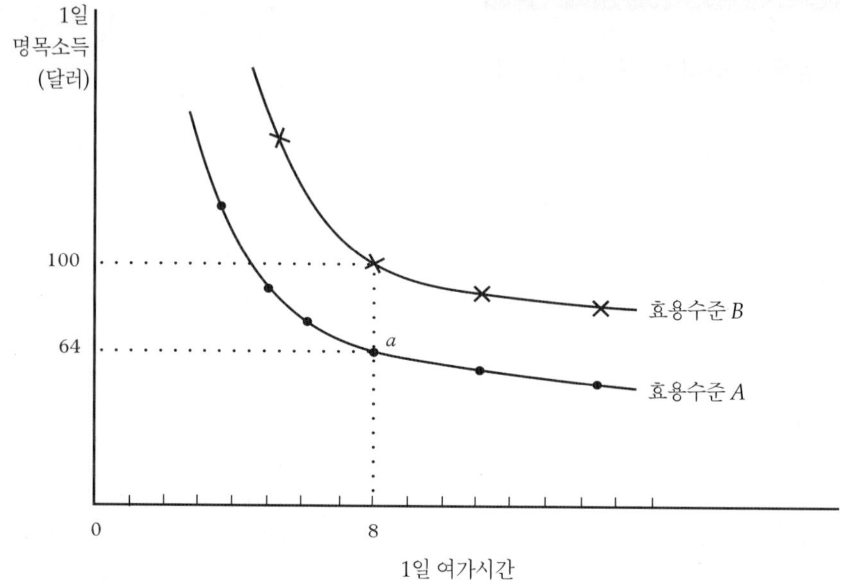

얼마나 행복할지를 결정하도록 요청받았다고 가정하자(그림 6.2의 점 *a*). 이 행복수준은 효용수준 *A*라고 불릴 수 있다. 이 소비자/근로자는 효용수준 *A*를 **또한** 제공하게 되는 명목소득과 여가시간의 **다른 조합**들도 열거할 수 있다. 이 소비자/근로자가 다섯 가지의 다른 조합들을 열거하였다고 가정하자. 효용수준 *A*를 발생시키는 명목소득과 여가시간의 6개 조합들이 그림 6.2에 큰 점으로 나타나 있다. 이 점들을 연결한 곡선을 **무차별곡선**(indifference curve)이라고 부르는데, 이 곡선은 동일한 효용을 산출하는 명목소득과 여가의 여러 조합들을 연결한 것이다.(**무차별곡선**이란 용어는 곡선상의 모든 점들이 동일한 효용을 발생시키기 때문에, 개인은 자신이 곡선 상의 어느 곳에 있게 되는지에 대해 진정으로 차별을 두지 않는다는 사실로부터 도출된다.)

만약 위에서 언급된 소비자/근로자가 하루에 8시간의 여가를 단지 64달러가 아닌 100달러의 소득과 결합시킬 수 있다면 의심할 바 없이 더 높은 수준의 행복을 달성할 수 있을 것이다. 이와 같은 보다 높은 수준의 만족은 효용수준 *B*라고 불릴 수 있다. 이 소비자/근로자는 **이처럼** 보다 높은 수준의 효용을 또한 발생시키는 명목소득과 여가의 다른 조합들을 열거할 수 있다. 이 조합들은 그림 6.2에서 두 번째 무차별곡선에 의해 연결되는 ×로 나타낸다.

무차별곡선들은 그려진 방법에 반영된 다음과 같은 구체적 특성들을 가지고 있다.

1. 효용수준 *B*는 효용수준 *A*보다 높은 행복수준을 나타낸다. 모든 여가 소비수준은 *A*보다 *B*에서 더 높은 소득과 결합되어 있다. 따라서 소비자/근로자는 무차별곡선 *B*상의 모든 점들을 무차별곡선 *A*의 어떤 점보다도 선호한다. 각기 다른 효용

그림 6.3

무차별곡선

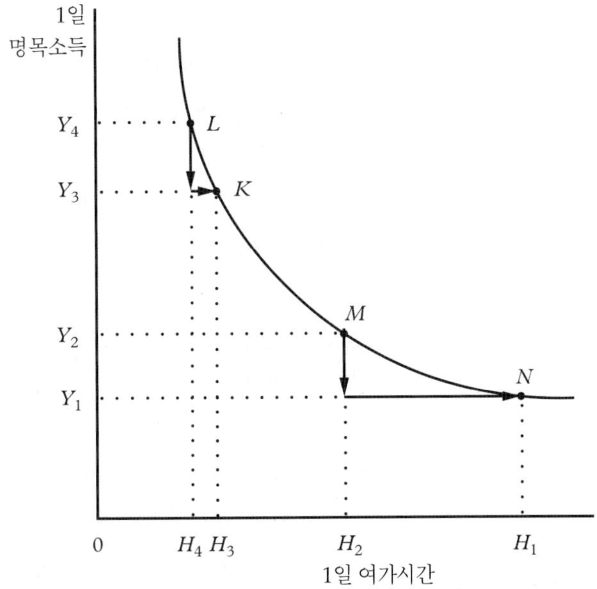

수준을 나타내는 이 소비자/근로자 한 사람의 무수히 많은 **일련**의 무차별곡선들이 그려질 수 있다. 어떤 무차별곡선의 북동쪽에 위치한 무차별곡선은 더 높은 수준의 효용을 나타내기 때문에 다른 무차별곡선의 북동쪽에 위치한 어떤 무차별곡선이라도 남서쪽에 위치한 어떤 무차별곡선보다 선호된다.

2. 무차별곡선들은 **서로 교차하지 않는다**. 만약 무차별곡선들이 서로 교차한다면 교차점은 상이한 두 만족수준을 발생시키는 명목소득과 여가의 한 조합을 나타나게 된다. 위의 소비자/근로자는 이러한 상황이 발생하도록 자신의 선호를 서술할 만큼 그렇게 일관성이 없지는 않다고 가정된다.
3. 만약 명목소득 또는 여가시간 중 어느 하나가 증가한다면 동일한 효용수준을 유지하기 위해서는 다른 하나가 감소되어야 하기 때문에 무차별곡선은 우하향한다. 그림 6.3의 *LK* 부분에서와 같이 만약 무차별곡선의 기울기가 가파르면 효용을 불변인 채로 유지하기 위해서 일정한 소득감소가 여가시간의 큰 증가를 수반할 필요가 없다.[9] 그러나 그림 6.3의 *MN* 부분에서와 같이 무차별곡선이 상대적으로 수평에 가까울 때 효용을 불변인 채로 유지하기 위해서는 일정한 소득감소가 여가소비의 큰 증가를 수반해야만 한다. 따라서 사람들은 무차별곡선이 상대적으로 가파를 때, 무차별곡선이 상대적으로 수평에 가까울 때만큼 명목소득에 가치를 부

[9] 경제학자들은 여가시간이 1단위 변할 때 효용을 불변인 채로 유지하기 위해 필요한 명목소득의 변화를 여가와 명목소득 사이의 한계대체율(marginal rate of substitution)이라 부른다. 이 한계대체율은 그래프로는 무차별곡선 상의 어떤 한 점에서의 기울기로 이해될 수 있다. 예를 들어 점 *L*에서 그 기울기는 상대적으로 가파르며, 따라서 경제학자들은 점 *L*에서 한계대체율이 상대적으로 높다고 이야기한다.

여하지 않는다. 반면에 무차별곡선이 편평할 때에는 만약 효용이 불변인 채로 유지되어야 한다면 소득감소는 오로지 여가의 큰 증가에 의해서만 보상될 수 있다.

4. 무차별곡선은 **볼록**하다. 즉 우측보다 좌측에서 그 기울기가 가파르다. 이 무차별곡선의 형태는 명목소득이 상대적으로 높고 여가시간이 상대적으로 적을 때에는, 여가가 풍부하고 소득이 상대적으로 희소할 때보다 여가에 더 높은 가치가 부여된다는 (그리고 소득에는 더 낮은 가치가 부여된다는) 가정을 반영한다. 그림 6.3의 *LK* 부분에서 소득의 큰 감소(예를 들면 Y_4로부터 Y_3으로)는 여가의 단지 조그만 증가로 보상될 수 있는 반면, 여가시간의 조그만 감소(예를 들면 H_3으로부터 H_4로)는 동일한 효용을 유지하기 위해서 상대적으로 큰 소득의 증가를 요구하게 된다. 상대적으로 희소한 것이 더 높은 가치를 부여받는다.
5. 반대로 소득이 낮고 여가가 풍부할 때(그림 6.3의 *MN* 부분)는 소득이 더 높은 가치를 부여받는다. 소득감소(예를 들어 Y_2로부터 Y_1로의 이동에 의한)는 효용이 불변인 채로 유지되려면 여가의 엄청난 증가를 요구한다. 반복하면 상대적으로 희소한 것이 더 높은 가치를 부여받는 것으로 가정된다.
6. 마지막으로 상이한 사람들은 상이한 일련의 무차별곡선들을 갖는다. 그림 6.2와 6.3에 그려진 곡선들은 **한 사람**의 무차별곡선이었다. 다른 사람은 완전히 상이한 일련의 곡선들을 갖게 된다. 예를 들어 여가에 보다 높은 가치를 부여하는 사람들은 일반적으로 가파른 무차별곡선을 갖게 되었을 것이다(그림 6.4a 참조). 여가에 높은 가치를 부여하지 않는 사람들은 상대적으로 편평한 곡선을 갖게 된다(그림 6.4b 참조). 따라서 개인의 선호는 그래프로 나타낼 수 있다.

소득과 임금의 제약 누구나 자신의 효용을 극대화하고 싶으며, 이는 가능한 가장 높은 소득으로 이용 가능한 모든 시간을 여가로 보냄으로써 이상적으로 달성되게 된다. 불행히도 사람들이 마음대로 쓸 수 있는 자원은 제한되어 있다. 따라서 가능한 것은 제한된 자원이

그림 6.4

상이한 두 사람의 무차별곡선

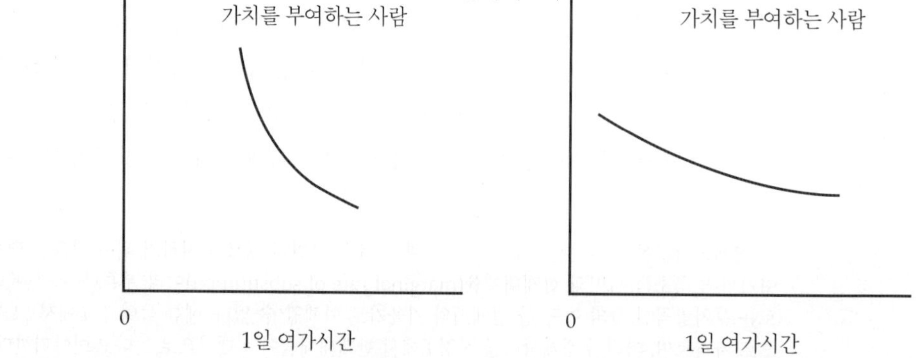

그림 6.5

무차별곡선과 예산 제약선

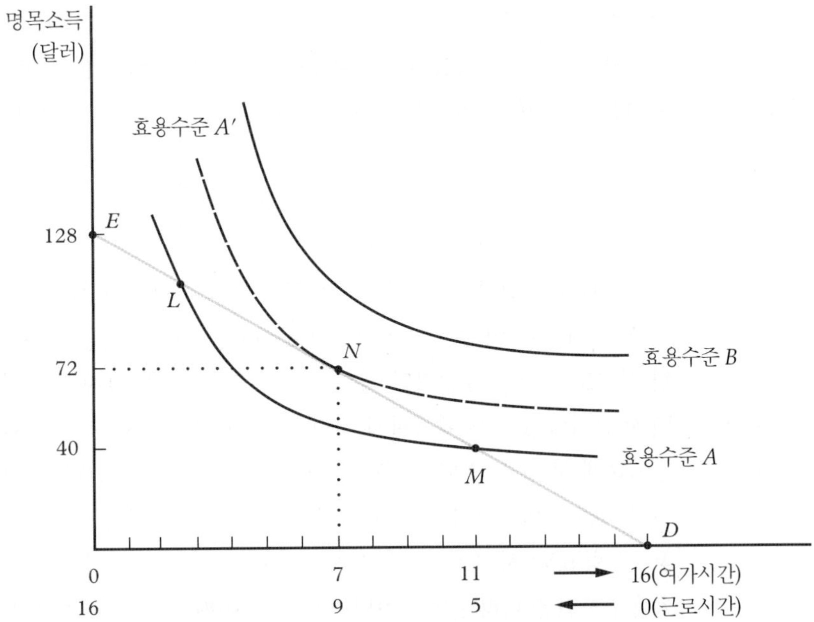

주어졌을 때 가능한 최선책을 강구하는 것뿐이다. 이 자원의 제한을 그래프로 살펴보기 위해서는 소득과 여가의 어떤 조합이 이용 가능하고 어떤 것은 이용이 가능하지 않은지를 알아보기 위해서 개인의 일련의 무차별곡선 위에 이 제약조건을 겹쳐서 그려야 한다.

그림 6.2에 무차별곡선이 그려진 사람이 근로소득 이외의 소득원천이 없다고 가정하자. 나아가 이 사람은 시간당 8달러를 벌 수 있다고 가정하자. 그림 6.5는 그림 6.2에 나타난 두 무차별곡선들과 8달러의 임금 이외에 아무 소득이 없는 사람이 이용 가능한 여가와 소득의 조합들을 연결하는 직선(*ED*)을 보여 주고 있다. 만약 하루에 16시간이 근로와 여가에 이용 가능하다면,[10] 그리고 만약 이 사람이 16시간 모두를 여가에 소비한다면 명목소득은 0이 될 것이다(그림 6.5의 점 *D*). 만약 하루 5시간이 근로에 쓰이면 소득은 하루에 40달러가 될 것이며(점 *M*), 만약 하루 16시간을 일한다면 소득은 하루에 128달러가 될 것이다 (점 *E*). 예를 들어 15시간의 여가(1시간의 근로)와 8달러의 소득을 나타내는 점 같은 이 직선 상의 다른 점들도 또한 이용이 가능하다. 개인에게 이용 가능한 여가와 소득의 조합을 반영하는 이 선은 **예산제약선**(budget constraint)이라고 불린다. 예산제약

[10] 수면과 기타 '신체를 유지하기 위한' 활동에 하루 8시간이 필요하다는 가정은 순전히 설명을 쉽게 하기 위한 것이다. 이 활동 자체도 적어도 어느 정도까지는 경제적 선택의 문제이다. 예를 들어 Jeff E. Biddle and Daniel S. Hamermesh, "Sleep and the Allocation of Time," *Journal of Political Economy* 98, no. 5, pt. 1 (October 1990): 922~943 참조. 근로, 여가, 그리고 신체를 유지하기 위한 활동 사이의 세 가지 선택 문제를 모형화 하는 것은, 이론이 근로자들의 노동/여가 선택에 대해 제공할 수 있는 본질적으로 중요한 통찰력을 변화시킴 없이 분석을 복잡하게 한다.

선 우측의 어떤 조합도 달성될 수 없다. 그 이유는 개인이 마음대로 쓸 수 있는 자원이 여가와 명목소득의 이러한 조합들을 얻기에 단지 충분하지 않기 때문이다.

예산제약선의 **기울기**는 임금수준을 그래프로 나타낸 것이다. 어떤 사람의 임금은 근로시간의 증가(ΔH)로부터 도출되는 소득의 증가(ΔY)로 적절히 정의될 수 있다.

$$임금 = \frac{\Delta Y}{\Delta H} \tag{6.3}$$

이때 $\Delta Y / \Delta H$는 정확히 예산제약선의 기울기(절대값)이다.[11)] 그림 6.5는 근로를 1시간 늘릴 때마다 어떻게 예산제약이 8달러 증가하는가를 보여준다. 즉 만약 어떤 사람이 한 시간도 일하지 않는다면 하루 소득은 0일 것이며, 1시간 일하면 8달러, 5시간을 일하면 40달러의 소득을 획득하게 된다. 임금이 시간당 8달러이기 때문에 예산제약은 8달러 증가하게 된다. 만약 이 사람이 시간당 16달러를 벌 수 있다면, 예산제약은 2배 빨리 증가하며 따라서 예산제약선의 기울기는 2배 가파르게 된다.

그림 6.5에서 소비자/근로자가 효용수준 B를 달성할 수 없음은 명백하다. 이 사람은 효용수준 A를 나타내는 무차별곡선 상의 **어떤** 점들, 구체적으로 그림 6.5의 L과 M 사이의 점들에 도달할 수 있다. 그러나 만약 이 소비자/근로자가 효용극대화를 추구한다면 이 사람은 효용수준 A를 **초과**하는 효용의 달성이 가능함을 깨닫게 될 것이다. 그림 6.5의 무차별곡선 A와 무차별곡선 B 사이에 각기 효용수준 A와 효용수준 B 사이의 만족수준을 나타내는 무수히 많은 무차별곡선들이 그려질 수 있음을 기억하면 무차별곡선 A의 북동쪽에 위치하면서 점 N에서 예산제약선과 **접하는** 무차별곡선(A')을 그릴 수 있다. 예산제약선을 따라서 접점으로부터 **멀어지게 하는** 어떤 이동도 이 사람을 무차별곡선 A' **아래**에 위치한 무차별곡선상에 놓이도록 한다.

동일한 예산제약에 직면하나 여가에 대해 상이한 선호를 가진 근로자들은 근로시간에 대해 상이한 선택을 하게 된다. 만약 그림 6.5에 그 선호가 그려진 사람이 여가시간에 더 낮은 가치를 부여하였다면, 따라서 그림 6.4b에 보이는 것과 같은 상대적으로 보다 편평한 무차별곡선들을 갖는다면, 예산제약선 ED와의 접점은 점 N의 왼쪽에 놓이게 될 것이다(근로시간이 늘어남을 나타낸다). 반대로 만약 위의 사람이 여가시간이 더 큰 가치가 있음을 뜻하는 보다 가파른 무차별곡선들을 갖는다면(그림 6.4a 참조), 그림 6.5의 접점은 점 N의 우측에 있게 되며, 이 사람은 더 짧은 근로시간을 원하게 될 것이다. 실제로 일부 사람들은 너무 가파른 무차별곡선들을 갖고 있어서(즉 여가에 대한 선호가 너무 강함) ED와의 접점이 존재하지 않는다. 그림 6.6에서 설명되는 이러한 사람들의 경우, 효용은

11) 수평거리 1단위 변화에 대한 수직변화가 **기울기**의 정의이다. **절대값**(absolute value)이란 기울기가 정(+) 또는 부(−)인지를 무시하고 그 크기를 지칭한다. 그림 6.5에 그려진 예산제약선은 직선이다(따라서 일정한 기울기를 갖는다). 직선으로 나타나는 예산제약선은 경제학적으로는 근로의 대가로 받게 되는 임금이 고정되어 있으며, 근로시간에 따라 변하지 않는다는 가정을 반영한다. 그러나 직선인 예산제약선의 사용으로부터 도출되는 주요한 이론적 시사점들은 볼록한 예산제약선을 사용하더라도 변하지 않으며, 따라서 설명을 쉽게 하기 위해 고정임금의 가정을 사용하고 있다.

그림 6.6

'모서리해(Corner Solution)':
일하지 않겠다는 의사결정

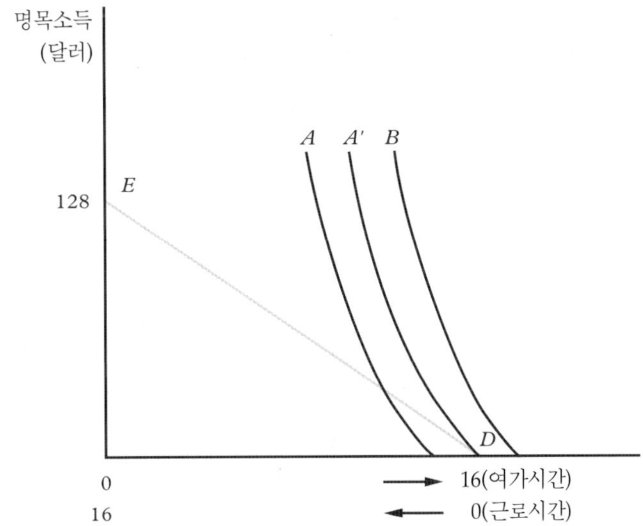

'모서리(corner)'(점 D)에서 극대화된다. 즉 이러한 사람들은 전혀 일하지 않기를 원하며, 따라서 경제활동인구에 속하지 않는다.

소득효과 이제 그림 6.5에 그려진 어떤 사람이 근로와는 무관한 소득원천을 갖는다고 가정하자. 나아가 이 **비노동**소득은 하루에 약 36달러에 달한다고 가정하자. 따라서 비록 이 사람이 전혀 일하지 않더라도 그 하루 소득은 36달러가 된다. 당연히 만약 이 사람이 조금이라도 일하게 된다면, 그 하루 소득은 36달러에 근로소득(임금 × 근로시간)을 더한 것과 같게 된다.

비노동소득을 반영하는 새로운 예산제약선을 그림으로써 알 수 있는 바와 같이, 위의 사람이 마음대로 쓸 수 있는 자원은 분명히 증가하였다. 그림 6.7의 선분 ed로 표시된 바와 같이, 새로운 예산제약선의 양 끝점은 점 d(근로시간이 0이면서 36달러의 명목소득을 획득)와 점 e(근로시간이 16시간이면서 164달러의 소득, 즉 36달러의 비노동소득에 128달러의 근로소득을 더한 소득)이다. 새로운 예산제약선이 이전의 예산제약선과 **평행**임을 주목하라. 평행선들은 동일한 기울기를 갖는다. 각 예산제약선의 기울기는 임금수준을 반영하기 때문에 비노동소득의 증가는 위 사람의 임금을 변화시키지 않았다고 추론할 수 있다.

순수한 **소득효과**가 관찰되어야만 하는 상황을 위에서 방금 서술하였다. 소득(富)이 증가하였지만 임금은 변하지 않는 상황이다. 앞 절에서 만약 여가의 기회비용이 불변인 채로 부가 증가한다면 사람들은 보다 많은 여가를 즐기고 근로를 **줄이게** 됨을 주목하였다. 따라서 소득효과는 부(−)이며, 이러한 부(−)의 관계는 그림 6.7에 그래프로 설명되고 있다.

이전의 예산제약선(ED)이 효과를 나타낼 때 어떤 사람의 가장 높은 효용수준은 이 사람이 하루에 9시간을 일하는 점 N에서 달성되었다. 새로운 예산제약선(ed)의 경우에는

그림 6.7

무차별곡선과 예산 제약선 (비노동소득이 증가할 경우)

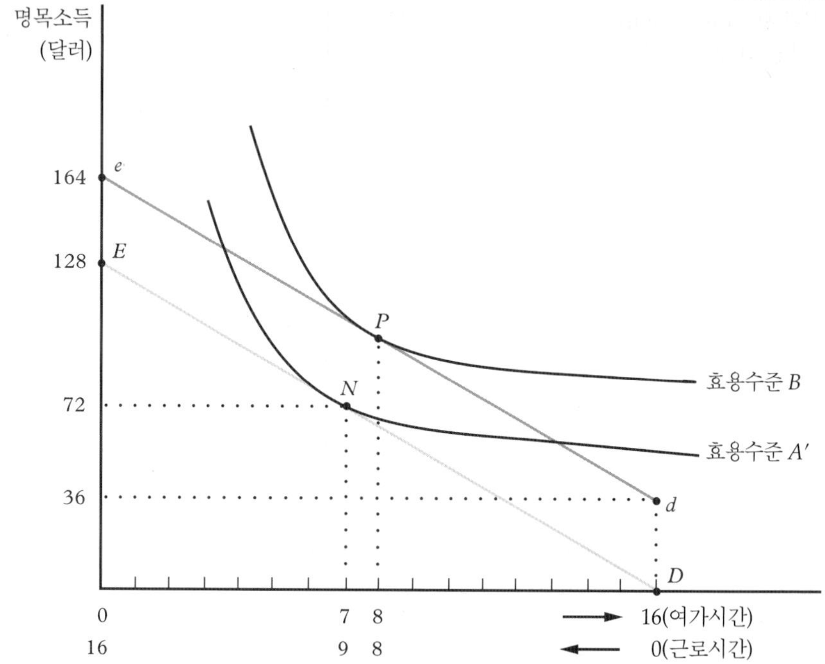

최적근로시간이 하루 8시간이 된다(점 *P*). 새로운 소득원천은 임금수준을 변화시키지 않기 때문에 근로시간을 하루에 1시간 줄이는 결과를 가져오는 소득효과를 일으킨다. 큰 유산을 받은 사람들(예문 6.2) 또는 큰 복권상금을 탄 사람들에 대한 통계적 분석은[12] 비임금소득이 증가할 때 노동공급이 감소한다는 예측을 뒷받침하고 있다.

임금인상에 따른 소득효과와 대체효과 비노동소득을 받음으로써 마음대로 쓸 수 있는 자원을 증가시키는 대신, 임금이 시간당 8달러에서 12달러로 증가한다고 가정하자. 앞에서 주목한 바와 같이 이 임금의 증가는 소득효과와 대체효과 **모두**를 일으킨다. 즉 근로자들은 더 부유해지며 **또한** 더 높은 여가의 기회비용에 직면하게 된다. 이론에 의하면 이 경우 대체효과는 근로자들로 하여금 더 많은 근로시간을 갖도록 하며, 소득효과는 더 적은 근로시간을 갖도록 하는데, 이론은 어느 효과가 더 우세할 것인가에 대해서는 판정을 내리지 않는다.

그림 6.8과 6.9는 위의 임금변화가 어떤 사람의 노동공급에 미칠 수 있는 효과를 설명하고 있는데, 그림에서 어떤 사람은 처음에 하루 8시간 일하는 것으로 가정되고 있다. 그림 6.8은 관찰되는 근로자의 반응이 근로시간을 증가시키는 경우를 보여준다. 이 경우

12) Guido W. Imbens, Donald B. Rubin, and Bruce I. Sacerdote, "Estimating the Effects of Unearned Income on Labor Earnings, Savings, and Consumption: Evidence from a Survey of Lottery Players," *American Economic Review* 91 (September 2001): 778~794.

그림 6.8

대체효과가 우세한 경우의 임금인상

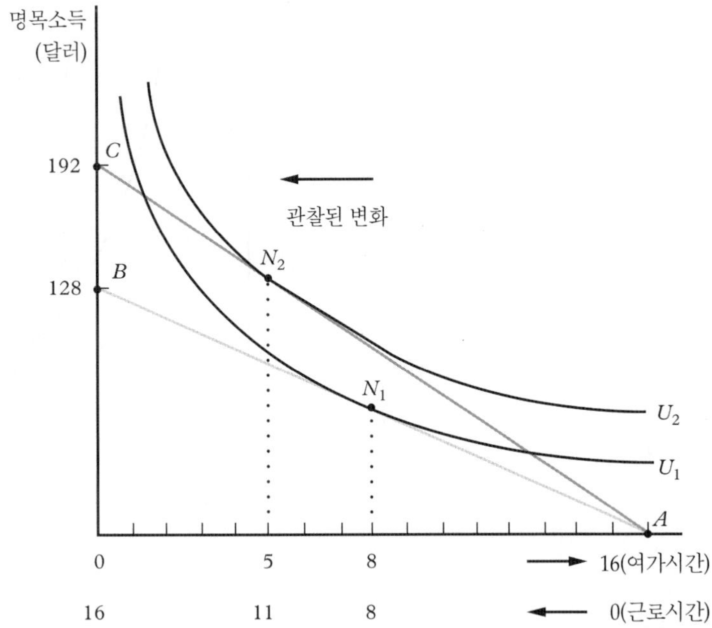

대체효과가 소득효과보다 크다. 그림 6.9는 소득효과가 우세해서 임금상승에 대한 반응이 근로시간을 감소시키는 경우를 보여준다. 두 그림의 차이는 **전적으로** 사람의 선호를 나타내는 무차별곡선의 형태 때문에 나타난다. 즉 부와 임금수준을 반영하는 예산제약선은 두 그림에서 정확히 똑같다.

그림 6.8과 6.9 모두 그 기울기가 시간당 8달러의 임금을 반영하는 이전의 예산제약선 *AB*를 보여주고 있다. 그림 6.8과 6.9에는 또한 12달러의 시간당 임금을 반영하는 새로운 예산제약선 *AC*도 나타나 있다. 근로자들이 비노동소득을 갖고 있지 않다고 가정하였기 때문에, 두 예산제약선들은 모두 근로자들이 일을 하지 않을 때의 소득 0을 나타내는 점 *A*를 축으로 하여 회전하는 형태로 그려져 있다. 새로운 예산제약선 상의 점 *C*는 이제 192달러(시간당 12달러 × 16 근로시간)의 소득을 나타낸다.

그림 6.8에 선호가 그려진 근로자의 경우, 임금인상은 달성할 수 있는 가장 높은 효용수준이 U_2가 되도록 한다. 접점 N_2는 11시간의 근로가 최적임을 제시해 준다. 이전의 예산제약선 하에서는 효용을 극대화시키는 근로시간이 하루 8시간(점 N_1)이었다. 따라서 임금인상은 이 사람의 바람직한 근로시간을 하루 3시간 증가시킨다.

그림 6.9에 선호가 그려진 근로자의 경우, 임금인상은 U_2'가 달성할 수 있는 가장 높은 효용수준이 되도록 한다(U_2'라는 표기는 그림 6.8의 U_2와 근로자들의 선호가 다르며, 그림 6.8과 6.9의 효용**수준**은 서로 비교될 수 없음을 강조하고 있다). 효용은 하루 6시간 일하는 N_2'에서 극대화된다. 따라서 그림 6.9에 보이는 것 같은 선호의 경우, 임금이 증가

그림 6.9

소득효과가 우세한 경우의 임금인상

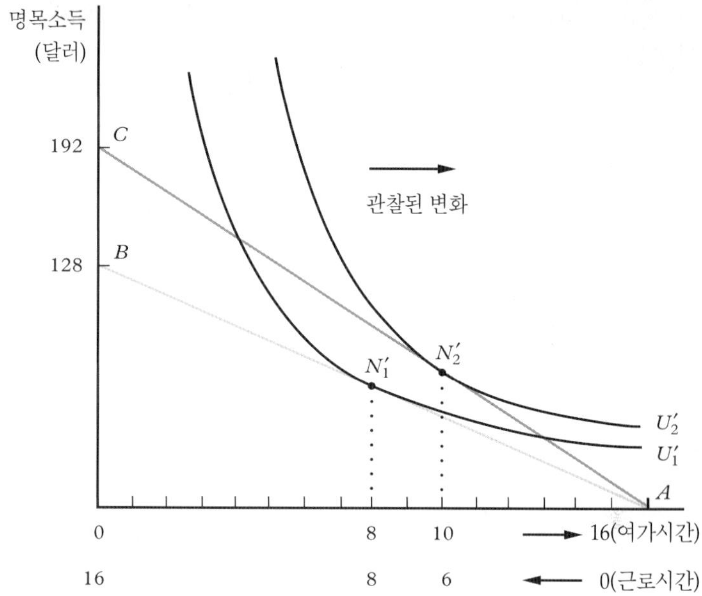

함에 따라 근로시간은 8시간에서 6시간으로 감소한다.

소득효과와 대체효과의 분리 위에서 소득효과만을 그래프로 그렸으며(그림 6.7), 소득효과와 대체효과가 결합된 임금인상의 두 가지 결과도 그래프로 그렸었다(그림 6.8과 6.9). 그래프에서 대체효과만을 남겨 놓는 것이 가능할까? 여기에 대한 대답은 '예'이며, 이를 실행하는 가장 의미 있는 방법은, 그림 6.8과 6.9에 그려진 것과 같은 임금변화의 상황으로 되돌아가는 것이다. 임의적으로 그림 6.8에 보이는 반응을 분석하기로 하자.

그림 6.10에는 3개의 그래프가 그려져 있다. (a)는 그림 6.8을 그대로 옮겨놓은 것이다. 즉 (a)는 임금인상이 그 선호가 그래프에 그려진 어떤 사람의 노동공급에 미치는 최종적인 총효과를 보여준다. 앞에서 살펴본 바와 같이 이 경우 임금인상의 효과는 이 사람의 효용을 U_1로부터 U_2로 증가시키며, 이 근로자로 하여금 바람직한 근로시간을 하루 8시간에서 11시간으로 늘리도록 한다. 그러나 임금인상의 이러한 총효과에는 일을 더 적게 하도록 하는 소득효과와 일을 더 많이 하도록 하는 대체효과가 내재되어 있다. 이 효과들은 그래프에 의해 (b)와 (c)에 분리되어 있다.

그림 6.10의 (b)는 임금변화에 대한 전체적인 반응에 내재되어 있는 소득효과를 보여준다. 정의에 의하면 소득효과는 임금을 불변인 채로 고정시켜 놓았을 때 부의 증가에 의해 발생하는 바람직한 근로시간의 변화이다. 이 내재된 효과를 보이기 위해 다음과 같은 가상적인 질문을 하도록 한다. "만약 (a)에 그려지고 있는 사람이 그 자신의 임금변화 대신에 **비노동**소득의 변화로 새로운 무차별곡선(U_2)에 도달하였다면 노동공급의 변화

예문 6.2

대규모 상속재산은 경제활동참가를 취소시키는가?

비근로소득인 대규모 유산은 사람들의 근로인센티브를 감퇴시킬까? 한 연구는 1982~1983년에 재산을 상속받은 사람들을 적은 액수(평균 7,700달러)의 유산을 받은 사람들과 평균 346,200달러에 달하는 많은 액수의 유산을 받은 사람들의 두 그룹으로 구분하였다. 이 연구는 그 뒤 1982년부터 1985년 사이의 두 그룹의 경제활동참가 행태 변화를 분석하였다. 놀랄 것도 없이 더 큰 액수의 유산을 받은 사람들이 경제활동인구로부터 이탈할 가능성이 더 컸다. 구체적으로 다른 요인들이 적은 액수 유산 그룹의 경제활동참가율을 76%로부터 81%로 증가시킨 환경에서 큰 액수 유산 그룹의 경제활동참가율은 70%에서 65%로 하락하였다. 다소 놀라웠던 것은 아마도 큰 액수의 유산에 대한 기대 때문이었겠지만, 큰 액수의 유산 그룹에 속한 사람들의 경제활동참가율이 처음부터 낮은 수준이었다는 사실이었다!

데이터출처: Douglas Holtz-Eakin, David Joulfaian, and Harvey S. Rosen, "The Carnegie Conjecture: Some Empirical Evidence," *Quarterly Journal of Economics* 108, no. 2 (1993): 413~435. 위에 보고된 사실들은 심지어 연령과 근로소득 같은 요소들을 통제한 후에도 여전히 성립된다.

는 어떻게 되었을까?"

이 질문에 그래프로 답하기 위해서는 우선 이전의 예산제약선을 북동쪽으로 이동시켜야 하는데, 이는 부의 증가와 관련되어 마음대로 쓸 수 있는 여가시간과 재화가 더 많아지는 것을 나타내며, 따라서 더 높은 효용수준을 얻게 됨을 뜻한다. 예산제약선은 그 원래의 기울기를 유지하면서(이전의 시간당 임금 8달러를 반영함) 우측으로 이동하는데, 이는 임금이 불변인 채로 고정되었음을 나타낸다. *AB*와 평행한 (b)의 점선은 이전 예산제약선의 이 가상적 이동을 표시하며, 이 이동은 N_3에서 무차별곡선과의 접점을 만든다. 이 접점은 만약 위의 사람이 임금의 변화 없이 새로운 효용수준의 도달에 충분한 비노동소득을 얻었다면 8시간(N_1)에서 7시간(N_3)으로 하루의 근로시간을 **줄였을** 것임을 제시한다. 이 이동은 여가가 정상재라는 가정 하에 소득효과가 부(−)라는 사실을 그래프로 나타낸 것이다.

대체효과는 부의 크기를 불변인 채로 고정시켜 놓았을 때 임금변화가 노동공급에 미치는 효과이다. 이 효과는 그림 6.10의 (c)에서 위의 사람이 실제로 무차별곡선 U_2에 최종적으로 도달하는 곳(접점 N_2)과 이 사람이 순수한 소득효과로 도달하였을 곳(접점 N_3)과의 차이로 보일 수 있다. **동일한** 무차별곡선 위에서의 접점들을 비교하는 것은 부의 수준을 불변으로 고정시키는 것을 그래프로 근접하게 표현하는 것이다. 따라서 임금이 변화와 **함께** 그림 6.10에 그려진 사람은 점 N_2에 최종적으로 머무르게 되며, 하루에 11시간을 일하게 된다. 임금변화가 **없었다면** 이 사람은 하루에 7시간을 일하기로 선택하였을 것이다(점 N_3). 효용[또는 실질 부(富)]을 불변인 채로 고정시켜 놓았을 때 임금변화**만으로**

그림 6.10

임금인상(대체효과가 우세한 경우): 소득효과와 대체효과의 분리

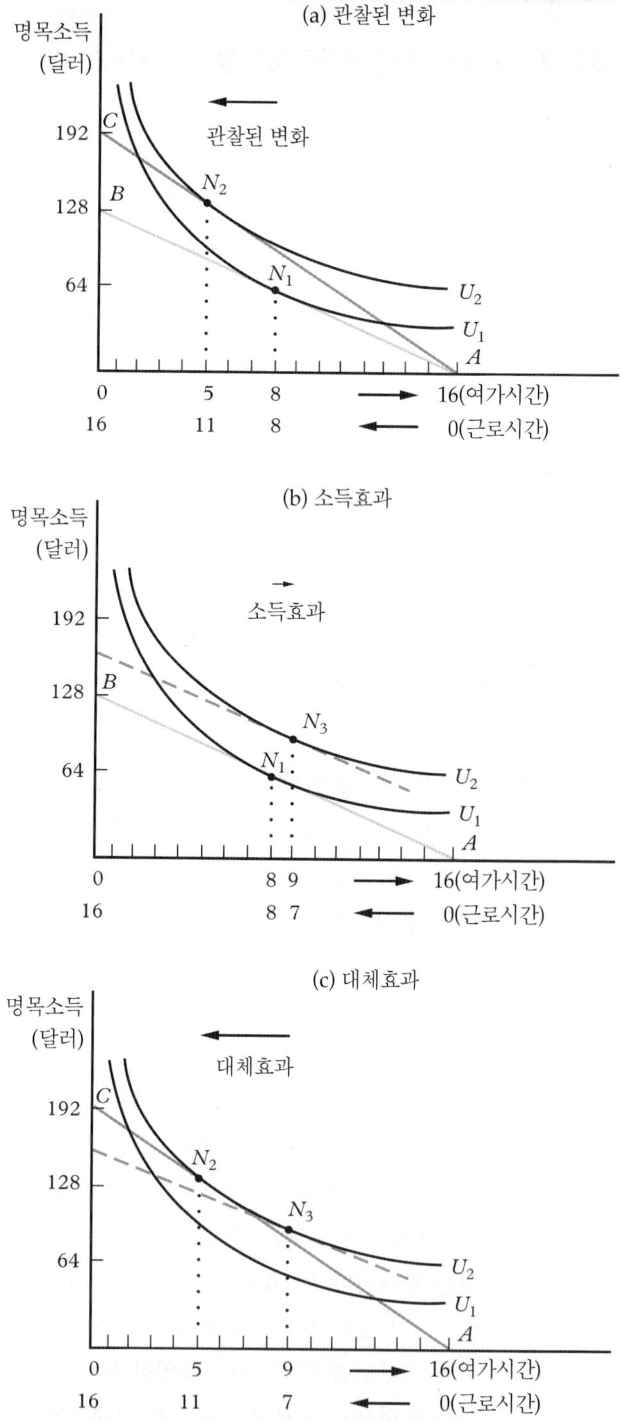

그림 6.11

소득효과의 크기는 처음의 근로시간에 의해 영향을 받음

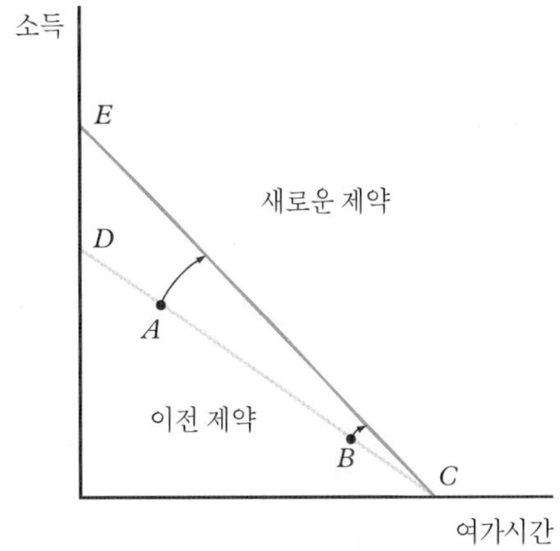

도 근로시간이 하루에 4시간 증가한다.[13] 이 근로시간의 증가는 대체효과가 정(+)임을 보여준다.

요약하면 임금을 시간당 8달러로부터 12달러로 인상시키는 효과는 그림 6.10에서 근로시간을 하루 8시간으로부터 11시간으로 증가시키는 것으로 관찰되었다. 그러나 이 관찰된 효과는 이를 구성하는 두 효과의 **합**이다. 더 높은 임금이 개인의 실질부를 증가시키기 때문에 작용하게 되는 소득효과는 근로시간을 하루 8시간에서 7시간으로 **줄이는** 경향이 있었다. 여가의 기회비용 변화의 순수한 효과를 포착하는 대체효과는 개인을 하루에 4시간 더 일하도록 하는 경향이 있었다. 최종결과는 매일 근로시간의 3시간 증가였다.

어떤 효과가 우세한가? 임금의 인상이 근로자가 직면하는 예산제약선을 그림 6.11의 *CD*로부터 *CE*로 변화시킨다고 가정하자. 만약 근로자가 상대적으로 편평한 일련의 무차별곡선들을 갖고 있다면 *CD* 위에서의 최초의 접점은 점 *A*가 될 것이며, 이는 상대적으로 많은 근로시간을 의미한다. 만약 어떤 사람이 보다 가파른 기울기를 가진 무차별곡선들을 갖고 있다면 최초의 접점은 점 *B*가 될 것이며, 이 점에서는 근로시간이 더 적어진다.

소득효과의 크기에 대한 중요한 영향력 중 하나는 새로운 예산제약선이 북동쪽으로 이동하는 정도이다. 즉 예약제약선이 더 멀리 이동할수록 소득효과는 더욱 커지는 경향이 있다. 예를 들어 처음의 접점이 *A*점이었던 사람의 경우, 북동쪽으로의 이동이 처음의 접점이 *B*점이었던 사람에 비해 더 크다. 말로 표현하면 임금상승에 의해 이루어질 수 있는 마음대로 쓸 수 있는 자원의 증가는 오직 사람들이 일을 할 때 달성될 수 있으며, 사람이 보다 근로지향적일수록 그 자원증가는 더 커지게 된다. 다른 조건이 일정할 때 오랜

[13] 대체효과의 정의를 처음 내릴 때 명목소득을 불변인 채로 고정시켜 놓아던 반면, 그래프 분석에서는 효용을 불변인 채로 고정시켰다. 이와 같이 약간 상이한 접근방법을 설명의 편의를 위해 취해졌으며, 슬루츠키(Evgeny Slutsky)와 힉스(John Hicks)에 의해 제시된 이론적 분석을 각각 나타낸다.

시간을 일하는 사람들은 임금이 변할 때 더 큰 소득효과를 나타내게 될 것이다.

이러한 사고를 극단적으로 연장시켜서 어떤 사람의 무차별곡선들이 너무 가파른 기울기를 갖고 있어 처음에는 경제활동에 참가하지 않는다고 가정하자(즉 그림 6.11에서 예산제약선이 *CD*일 때 이 사람의 효용은 점 *C*에서 극대화된다). 임금상승과 이로 인한 새로운 예산제약선 *CE*는 단지 두 가지 결과만을 유발시킨다. 즉 이 사람은 보수를 위하여 일을 시작하거나 또는 경제활동에 참가하지 않는 상태를 유지하게 된다. 유급고용시간의 **감소**는 가능하지 않다. 그렇다면 경제활동에 참가하고 있지 않은 사람들의 경우 제공되는 임금이 인상됨에 따라 경제활동에 **참가**하기 위한 의사결정은 대체효과가 우세함을 명백히 반영한다. 반대로 만약 현재 일하고 있는 어떤 사람이 임금이 하락할 때 경제활동참가의 의사결정을 바꿔 경제활동인구에서 이탈하기로 결정을 한다면 대체효과가 또다시 우세하였을 것이다. 따라서 **임금변화에 의해 발생하는 경제활동참가에 대한 의사결정은 대체효과의 우세함을 나타낸다**. 이제 경제활동참가 여부에 대한 의사결정을 더 자세히 분석하기로 하자.

유보임금 노동공급이론의 시사점은, 만약 경제활동에 참가하고 있지 않는 사람들이 여가의 한계시간에 X달러의 가치를 부여한다면, 제공되는 임금이 X달러보다 높지 않는 한 그들은 일자리를 가질 용의가 없다는 것이다. 임금이 X달러이거나 그보다 높지 않다면 그들은 노동을 '유보'하기 때문에(예문 6.3 참조), 경제학자들은 그들이 X달러의 **유보임금**(reservation wage)을 갖는다고 이야기한다. 그렇다면 유보임금은 그 미만으로는 어떤 사람이 일을 하지 않는 임금이며, 노동/여가의 맥락에서는 손실되는 여가 1시간에 부여된 가치를 나타낸다.[14)]

일을 하지 않기로 선택한 사람을 그래프로 그린 그림 6.6을 다시 살펴보면, 무차별곡선과 예산제약선 사이에 접점이 없는 이유, 즉 이 사람이 경제활동에 참가하지 않은 채로 남아있는 이유는 임금이 모든 곳에서 자신의 여가시간의 한계가치보다 낮았기 때문이었다.

종종 사람들은 일자리를 얻기 전에 마치 제공받아야만 할 유보임금**과 어떤 최소한의 근로시간**이 있는 것처럼 행동한다고 생각된다. 그 이유는 이해하기 어렵지 않으며, 그림 6.12에 설명되고 있다. 만약 일자리를 갖게 되면 하루에 (왕복) 2시간의 통근시간이 필요하다고 가정하자. 물론 이 통근시간에 대해서는 임금이 지급되지 않으며, 따라서 근로자의 예산제약선은 만약 일자리를 받아들이게 되면 소득이 조금이라도 증가하기 전에 2시간의 여가가 포기되어야 한다는 것을 반영하여야 한다. 이 근로의 고정비용은 그림 6.12의 선분 *AB*에 의해 반영된다. 물론 선분 *BC*는 획득 가능한 근로소득을 반영하며(일단 일을 시작할 때), *BC*의 기울기는 개인의 임금을 나타낸다.

*BC*로 나타나는 임금이 어떤 사람을 일하도록 유발시키기에 충분할까? 예산제약선

14) 유보임금에 대한 연구는 Hans G. Bloemen and Elena G.F. Stancanelli, "Individual Wealth, Reservation Wages, and Transitions into Employment," *Journal of Labor Economics* 19 (April 2001): 400~439를 참조하라.

예문 6.3

야구장에서의 일일 노동공급

노동공급이론은 제공되는 임금이 그들의 유보임금 수준을 넘어서면 근로자들은 노동시장에 참가하기로 의사결정을 할 것이라는 가정에 부분적으로 기초하고 있다. 이 이론의 시사점은 채용이 하루단위로 이루어지고, 임금이 하루하루 크게 변하는 일자리에서는 경제활동참가의 하루하루의 변동이 관찰되어야만 한다는 것이다. 이러한 기대는 메이저리그 야구경기에서의 행상인(vendor)들의 일일 노동공급의 의사결정에 의해 뒷받침된다.

한 연구는 1996년 메이저리그 야구시즌 동안 한 야구장에서의 행상인들의 개별노동공급 행태를 규명하였다. 행상인들은 식품과 음료를 팔며 스탠드를 오고 가는데, 그들의 근로소득은 자신들이 매일 달성할 수 있는 판매액에 의해 완전히 결정된다. 연구대상이 된 행상인들은 어떤 주어진 게임 시 일할 지 여부를 자유롭게 선택할 수 있었으며, 이 연구에 의해 수집되었던 데이터는 그들이 게임이 열리는 동안 자신들 근로의 기회비용을 자신들의 기대근로소득에 대해 저울질함으로써 의사결정을 내린다는 것을 분명히 제시하고 있다. (물론 기대근로소득은 얼마나 많은 관중들이 게임을 관람할 가능성이 있는가를 포함하는 수많은 요인들과 관련되어 있다.)

연구는 매 게임 각 행상인이 번 실제액수를 일하기로 결정하였던 행상인들의 수와 비교할 수 있었다. 행상인들이 번 평균액수는 43.81달러이었으며, 한 게임 최소는 26.55달러, 그리고 최대는 73.15달러이었는데, 약 45명의 행상인들이 이 야구장에서 전형적인 게임이 열릴 때 일을 하였다. 연구는 평균근로소득의 10달러 증가(43.81달러의 평균으로부터 약 1 표준편차의 증가를 나타내는)가 추가적으로 약 6명의 행상인들을 경기장으로 불러들였다는 것을 발견하였다.

그렇다면 분명히 행상인들은 특정 게임 시에 일할 지 여부를 결정할 때 마치 기대근로소득과 비교하였던 유보임금을 가지고 있었던 것처럼 행동했던 것이다.

데이터출처: Gerald Oettinger, "An Empirical Analysis of the Daily Labor Supply of Stadium Vendors," *Journal of Political Economy* 107 (April 1999): 360~392.

이 *ABC*로 주어졌을 때 이 사람이 달성할 수 있는 가장 높은 효용수준을 나타내는 무차별곡선 U_1을 고려해 보자. 효용은 점 *A*에서 극대화되며 이 사람은 일하지 않기를 선택한다. 이 선택으로부터 제공되는 임금(2시간의 통근시간이 필요할 때)이 이 사람의 유보임금보다 낮다는 것이 분명하다. 그렇다면 그래프로 유보임금을 보일 수 있을까?

2시간의 통근시간이 필요한 일자리를 받아들이기 위해서 그림 6.12에 그려져 있는 사람은 U_1과 같거나 더 높은 효용수준을 제공하는 근로소득과 여가시간의 조합을 만들 수 있는 일자리를 찾아야만 한다. 이는 오직 이 사람의 예산제약선이 점 X에서 U_1과 접하는 *ABD*와 동일해야 (또는 우측에 위치해야) 가능하다. 그렇다면 이 사람의 유보임금은 *BD*의 기울기와 같으며, 이 경우 *BD*의 기울기가 현재 제공되는 임금수준을 나타내는 *BC*

그림 6.12

고정된 시간비용이 근로에 필요할 경우의 유보임금

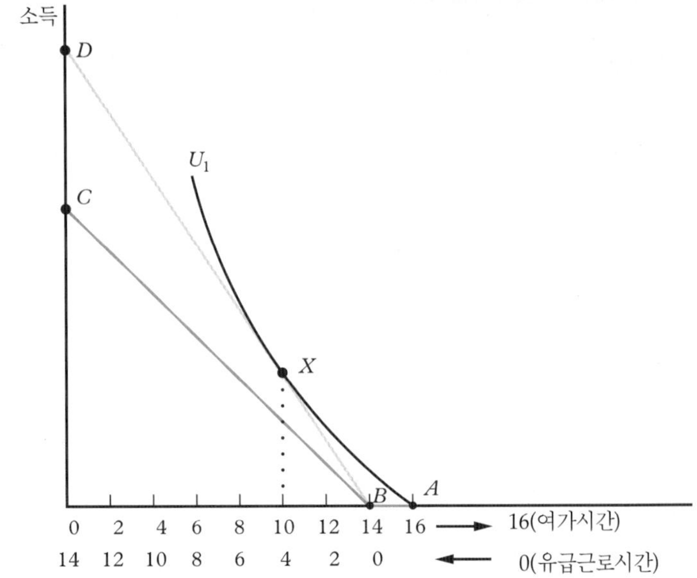

의 기울기를 초과한다는 것을 쉽게 알 수 있다. 더욱이 효용을 U_1 수준(일을 하지 않을 때의 효용수준)까지 끌어올리기 위해서 그림 6.12에 그려진 사람은 유보임금 수준으로 하루에 4시간의 근로시간을 제공하는 일자리를 찾을 수 있어야만 한다. 달리 표현하면 유보임금 수준에서 이 사람은 매일 10시간의 여가를 갖기를 원하는데, 2시간의 통근시간을 감안할 때 이는 4시간의 근로를 의미한다.

소득효과와 대체효과의 실증 증거

노동공급이론은 바람직한 근로시간에 대한 근로자들의 선택이, 그들의 선호 이외에도 부, 그리고 그들이 받을 수 있는 임금에 좌우됨을 암시한다. 특히 이 이론은 부(−)의 소득효과와 정(+)의 대체효과가 존재함을 제시하고 있다. 노동공급이론의 실증테스트는 일반적으로 이 두 효과가 관찰될 수 있는지, 기대하는 방향으로 작용하는지, 그리고 상대적 크기는 얼마인지를 규명하고자 한다.

노동공급에 대한 가장 최근의 연구들은, 다른 영향력(예를 들면 연령)들을 불변인 채로 고정시켜 놓았을 때 경제활동참가와 근로시간이 종종 세금의 변화에 의해 유발되는 임금과 소득의 변화에 의해 어떤 영향을 받는지를 분석하기 위해 개인들의 대규모 표본을 사용하고 있다. 노동공급 의사결정에 분명히 영향을 미치지만, 보통 정보가 매우 제한된 활동인 가계생산과 육아를 수행하는데 있어서의 남성과 여성들의 전형적인 역할 차이 때문에, 남성과 여성 경제활동 행태들에 대한 연구는 따로 이루어지고 있다.

남성들의 노동공급 행태에 관한 여러 연구들을 포괄적으로 검토한 결과, 추정된 효과의 크기가 사용된 데이터와 통계적 방법에 따라 변한다는 사실이 밝혀졌다. 그러나 전체적으로 볼 때 연구들은 이론이 제시하는 바와 같이 관찰된 대체효과는 정(+)이고 관찰된 소득효과는 부(−)라는 강력한 증거를 밝히고 있다. 좀 덜 분명한 것은 임금이 변할 때 어느 효과가 우세한가이다. 실제로 전형적인 연구는 두 효과가 크기에 있어 대체로 비슷하다는 것을 발견한 것처럼 보인다.[15] 나이든 남성들의 은퇴행태에 대한 연구(제7장에서 다루게 될 주제임)들은 또한 이론이 제시하는 바와 같이 경제활동인구로부터의 이탈을 위한 의사결정에 대체효과가 우세하다는 것을 밝히고 있다.[16]

여성들의 노동공급 행태에 대한 연구들은 일반적으로 임금변화에 대한 반응도가 남성들에게서 발견되는 것보다 더 크다는 것을 밝히고 있다. 위에서 주목한 바와 같이 노동공급은 경제활동참가율과 근로시간 모두에 의해 측정될 수 있다. 역사적으로 볼 때, 여성들의 경제활동참가율은 남성들의 경제활동참가율보다 임금변화에 더 민감하였다. (예문 6.4에서 알 수 있는 바와 같이, 기혼여성들의 임금변화에 대한 경제활동참가율의 반응도 또한 임금변화에 대한 자신들의 근로시간의 반응보다 더 민감하였다.) 그러나 지난 20년간 여성들의 노동공급 행태가 남성들의 행태와 훨씬 더 유사해졌다는 증거가 있는데, 이는 여성들의 노동공급이 전에 비해 **임금변화에 덜 민감해졌음**을 의미한다. 덜 민감해진 반응은 남성과 여성 사이의 차이가 가장 컸었던 여성의 경제활동참가 의사결정에서 특히 주목할 만 했다.[17] 노동공급 행태에 있어서의 이와 같은 유사성의 증가는 근로와 생애경력에 관한 여성들과 남성들의 기대가 더욱 비슷해지고 있음을 당연히 반영하고 있다.

정책에의 응용

소득수준을 유지시키기 위한 많은 프로그램들은 실제로 받게 되는 임금수준을 하락시키는 동시에 소득을 증가시키는 (따라서 소득효과와 대체효과가 같은 방향으로 작용하도록 만드는) 예산제약선이 만들어지도록 한다. 따라서 여러 사회복지프로그램들의 근로인센티브 효과를 분석하기 위해 노동공급이론을 사용하는 것은 교육적으로 도움이 되는 중요한 일이다. 이러한 프로그램들이 그 수혜자들에게 어떤 예산제약선이 만들어지도록 하는가에 따라 그 특성들을 밝히기로 한다.

---

15) Michael P. Keane, "Labor Supply and Taxes: A Survey," *Journal of Economic Literature* 49 (December 2011): 961~1075.

16) Franco Peracchi and Finis Welch, "Trends in the Labor Force Transitions of Older Men and Women," *Journal of Labor Economics* 12 (April 1994): 210~242.

17) Keane, "Labor Supply and Taxes: A Survey,"; Francine D. Blau and Lawrence M. Kahn, "Changes in the Labor Supply Behavior of Married Women: 1980~2000," *Journal of Labor Economics* 25 (July 2007): 393~438; Bradley T. Heim, "Structural Estimation of Family Labor Supply with Taxes: Estimating a Continuous Hours Model Using a Direct Utility Specification," *Journal of Human Resources* 44 (Spring 2009): 350~385; and Kelly Bishop, Bradley Heim, and Kata Mihaly, "Single Women's Labor Supply Elasticities: Trends and Policy Implications," *Industrial and Labor Relations Review* 63 (October 2009): 146~168.

예문 6.4

소득세감면의 노동공급효과

1986년 미 의회는 고소득 수준에 대한 세율을 크게 낮춤으로써 미국에서의 개인소득세 체계를 변화시켰다. 예를 들어 이 변화 이전에 가계는 17만 달러가 넘는 과세대상 소득에는 50%의 세율에 의해 세금을 납부하였으나, 변화 이후에는 이 세율이 28%로 하락하였다. 5만 달러가 넘는 과세대상 소득에 대한 세율도 또한 약 40%에서 28%로 하락하여 설정되었다. 소득세율의 하락은 집으로 가져가는 근로소득을 증가시키는 효과를 가지며, 따라서 임금상승과 같은 작용을 한다. 세율의 하락은 서로 반대방향으로 작용하는 소득효과와 대체효과를 발생시키기 때문에 노동공급에는 예측할 수 없는 모호한 효과를 나타내게 한다. 실제로 어떤 효과가 우세한지를 확인할 수 있을까?

1986년의 세율변화는 (그 크기들이 그룹에 따라 변하는 오직 한 변수만의 갑작스러운 변화라는) **자연적 실험**으로서의 역할을 하였다. 그 변화는 갑자기 대규모로 이루어졌으며, 상이한 소득수준의 가정에 매우 상이하였다. 자신들의 근로소득 없이도 소득분배의 99번째 백분위수(percentiles) 수준(즉 상위 1%)의 소득을 갖는 가정에 속한 기혼여성들의 경우, 세율의 하락은 자신들이 집으로 가져가는 임금이 22% 증가하는 것을 의미하였다. 소득분배의 90번째 백분위수 수준의 소득을 갖는 가정에 속한 여성들의 경우, 세율 하락폭이 작긴 하였지만 이 역시 집으로 가져가는 임금의 12% 상승을 의미하였다. 가계소득이 각각 99번째와 90번째 백분위수 수준에 있는 기혼여성들은 연령, 교육, 그리고 직종이 유사했던 것으로 나타났으며, 1986년 이전에 그들의 노동공급증가도 비슷하였던 것으로 판명되고 있다. 따라서 세후를 기준으로 할 때의 임금의 매우 상이한 변화에 대한 기혼여성들의 반응을 비교하는 것은, 이들의 노동공급이 세율변화에 어떻게 반응하였는가에 대한 통찰력을 제공할 것임에 틀림없다.

한 편의 연구가 99번째와 90번째 백분위수 소득수준에 있는 기혼여성들의 1984년부터 1990년까지의 노동공급증가를 비교한 바 있다. 이 연구는 99번째 백분위수 소득수준에 있는 여성들의 경제활동참가율은 19.4% 상승했으며, 만약 이들이 일을 하고 있었다면 같은 기간 동안 근로시간은 12.7% 증가했음을 밝혔다. 이와는 대조적으로 90번째 백분위수 소득수준에 있는 여성들의 경제활동참가와 근로시간은 모두 단지 약 6.5%만 증가하였다. 그렇다면 이 자연적 실험으로부터 얻어진 데이터는 집으로 가져가는 임금의 큰 증가를 경험했던 여성들이 자신들의 노동공급을 더 늘리길 원했다는 것을 암시하게 되는데, 이는 이 여성들의 경우에는 대체효과가 소득효과를 압도했다는 것을 의미한다. 또한 대체효과의 우세가 근로시간에 대한 의사결정보다는 경제활동참가에 대한 의사결정 시에 더욱 뚜렷했다는 것은 이론 및 (본문에서 논의된) 다른 연구결과들과도 모두 일관성을 갖는 것이었다.

데이터출처: Nada Eissa, "Taxation and Labor Supply of Married Women: The Tax Reform Act of 1986 as a Natural Experiment," Working Paper No. 5023, National Bureau of Economic Research, Cambridge, Mass., February 1995.

'스파이크'가 달린 예산제약선

일부 사회보험프로그램들은 직무상 일시적 부상, 영구장애 또는 일시해고 때문에 일할 수 없게 된 근로자들을 보상해 준다. 산업재해보상보험은 근로자들이 직무 중 다쳤을 때 잃게 되는 근로소득의 대부분을 대체시켜 주며, 민간 또는 공공 장애자프로그램들은 다른 이유들로 인해 신체적으로 또는 정서적으로 일할 수 없게 된 근로자들을 위해 동일한 혜택을 제공한다. 실업급여는 일자리를 잃고 다른 일자리를 구할 수 없는 사람들에게 지급된다. 예외가 간혹 법원의 판결에 의해 나타날 수 있지만,[18] 이러한 **소득을 대체시키는** 프로그램들은 공통된 특성을 갖는 것이 일반적인 사실이다. 즉 이 프로그램들은 일하지 않는 사람들에게만 급여를 지급한다.

일하지 않는 사람들에게만 급여가 지급되기 때문에 나타나는 결과를 이해하기 위해, 근로자들이 부상 후 일에 복귀하지 못하는 한, 부상 이전수준의 근로소득을 받도록 근로자보상프로그램의 구조가 짜여있다고 가정하자. 그러나 일단 한 시간이라도 일하게 되면, 그들은 부상자로 더 이상 간주되지 않아 더 이상 급여를 받을 수 없다. 이 프로그램의 근로인센티브에 대한 효과는 그림 6.13에서 분석되는데, 이 그림에서 부상 이전의 예산제약선과 근로소득은 AB와 $E_0(=AC)$으로 각각 가정된다. 나아가 근로자의 '시장' 예산제약선(즉 근로자보상프로그램이 없을 경우의 예산제약선)은 부상에서의 회복 후 부상 이전의 임금을 다시 받을 수 있도록 변하지 않는다고 가정하자. 이러한 조건 아래에서 부상 이후의 예산제약선은 BAC이며, 근로자는 전혀 일하지 않는 점 C에서 효용을 극대화한다.

예산제약선 BAC가 스파이크(spike) 같이 보이는 선분 AC를 포함하고 있음을 주목하라. 두 가지 이유로 인해 심각한 근로인센티브 문제를 발생시키는 것이 바로 이 스파이크이다. 첫째, 최초 한 시간의 근로시간과 관련된 수익이 **부**(−)이다. 즉 점 C에 머물러 있는 어떤 사람은 다시 한 시간 일할 때 근로에 의해 자신의 소득이 상당히 감소하였음을 알게 된다. 이 한 시간의 근로로부터 얻게 되는 근로소득은 급여의 감소에 의해 상쇄되고도 남으며, 이는 부(−)의 '순임금(net wage)'이 나타나도록 한다. 이 프로그램의 특징과 관련된 대체효과는 분명히 일을 하지 않도록 한다.[19]

둘째, 일을 하지 않을 때의 급여로 가정된 AC는 부상 이전의 근로소득수준인 E_0과 같다. 만약 근로자가 여가에 가치를 부여한다면(우하향하는 표준 무차별곡선들의 기울기에 의해 가정되는 바와 같이), 과거 수준의 근로소득을 얻을 수 있으면서 또한 보다 많은

---

[18] 미국에서의 실업보험과 근로자보상프로그램들은 주(州)정부 수준에서 운영되며, 따라서 어느 정도까지는 그 특성이 다르다.

[19] 그래프로 설명하면, 예산제약선이 수직의 스파이크를 가지며, 이 수직선의 기울기는 무한대의 부(−)가 된다. 경제용어로 설명하면, 근로자가 단 1분간이라도 일할 경우 그 전체 급여를 잃게 된다는 사실로부터 위에서 언급된 부(−)의 무한대의 값을 가지는 [순(純)]임금이 나타나게 된다. 실증 증거는 Susan Chen and Wilbert van der Klaauw, "The Work Disincentive Effects of the Disability Insurance Program in the 1990s," *Journal of Econometrics* 142 (February 2008): 757~784 참조. 장애보험 사용에 대한 분석은 David H. Autor and Mark G. Duggan, "The Growth in the Social Security Disability Rolls: A Fiscal Crisis Unfolding," *Journal of Economic Perspectives* 20 (Summer 2006): 71~96을 참조하라.

그림 6.13

'스파이크'가 달린 예산제약선

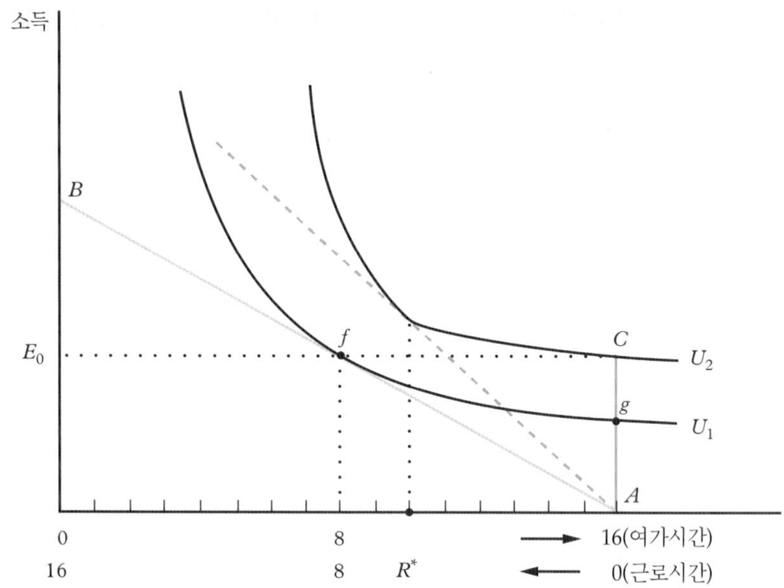

여가를 즐기는 것은 확실히 효용을 증가시킨다. 근로자는 근로소득과 여가시간의 부상 이전의 조합을 나타내는 점 f에 비해 점 C에서 더 많은 만족을 얻는데, 이는 근로자가 U_1이 아닌 U_2의 무차별곡선 상에 있기 때문이다. 일을 하지 않더라도 근로자들을 더 높은 효용수준에 도달하도록 허용하는 것은 근로로의 복귀를 방해하는 또는 적어도 지연시키는 소득효과를 발생시킨다.

실제로 우리가 가정한 프로그램은 근로자의 유보임금을 부상 이전의 임금보다 높은 수준으로 증가시키는데, 이는 오로지 근로자가 고임금일자리를 얻을 자격이 있어야만 근로로의 복귀가 가능하다는 것을 의미한다. 이를 그래프로 살펴보기 위해서, 그림 6.13에서 점 A에서 시작하여 무차별곡선 U_2(사회보험프로그램에 의해 가능해진 효용수준)와 접하는 점선을 보아라. 만약 어떤 사람이 이 수준 또는 이보다 높은 수준의 임금으로 원하는 근로시간을 얻을 수 있다면, 효용이 적어도 점 C와 관련된 효용과 같을 것이기 때문에, 이 점선의 기울기는 이 사람의 유보임금과 같다. 경제활동참가가 유발되기 위해서는 유보임금이 적어도 R^*만큼의 근로시간 동안 지급되어야 한다는 것을 또한 주목하라.

소득대체프로그램들의 근로인센티브 측면이 불행해진 근로자들을 어떤 경제적 의미에서 '치유한다는' 목표의 뒷전으로 돌려지는 것이 종종 꽤 정당화되는 상황에서, 근로인센티브의 감소를 피할 수 있는 프로그램들을 만드는 것은 쉽지 않다. 그림 6.13에 그려진 근로자의 선호가 주어질 경우, Ag보다 약간 낮은 수준의 급여는 신체적으로 가능하게 되면 곧 근로에 복귀할 인센티브를 계속 제공하면서 최소한도의 효용손실이 보장되도록 한다(근로를 통해서는 무차별곡선 U_1에 도달하게 되는 반면, 일하지 않으면서 Ag보다 낮은 수준의 급여를 받게 되면 이에 도달하지 못하도록 한다. 점 f 참조). 불행히도 근로자들은 선호가 서로 다르며, 따라서 근로인센티브를 제공하면서 단지 최소한의 효용손실을 보장하는 최적급여도 각 개인에 따라 다르게 된다.

'스파이크'를 만드는 프로그램들의 경우 정책입안자들이 취할 수 있는 최선의 조치는 일하지 않을 때의 급여를 이전 근로소득의 일정 부분이 되도록 설정하고, 그 뒤 행정적인 수단을 사용하여 일하지 않을 때의 효용이 더 큰 어떤 사람이라도 근로에 복귀하도록 장려하는 일이다. 예를 들어 실업보험(UI)은 잃어버린 근로소득의 1/2 가량을 전형적인 근로자에게 대체시켜 주지만, 실업상태에 있는 각 근로자가 급여를 받을 수 있는 주일수에 상한을 설정하고 있다. 근로자보상도 평균적인 근로자에게 잃어버린 근로소득의 2/3를 대체해 주지만, 근로자가 계속하여 급여를 받을 수 있는지를 결정하기 위하여 의사의 판단에 의존해야 하며, 때로는 사법심리에 의존하기도 한다.(더 관대한 근로자보상급여가 일에 복귀할 때까지의 기간을 실제로 길어지게 한다는 증거에 대해서는 예문 6.5를 참조하라.)[20)]

순임금이 0인 프로그램들

방금 논의된 프로그램들은 일을 할 수 없게 된 사람들에게 급여를 제공할 의도로 시행되었는데, 급여를 받기 위해서는 일을 해서는 안 된다는 수혜자격요건 때문에 예산제약선에 스파이크가 생기게 되었다. 복지프로그램(welfare) 같은 다른 사회프로그램들은 상이한 자격기준을 갖고 있으며, 그 급여도 상이한 방법으로 계산한다. 이 프로그램들은 필요소득액을 자격기준에 한 요소로 포함시키며, 그 뒤 개인의 실제근로소득과 필요소득의 차이를 기초로 하여 급여를 지급한다. 사람들에게 그들의 근로소득과 필요소득의 차액을 지급하는 것은 순임금을 0이 되게 한다는 것을 알게 될 것이다. 따라서 이러한 복지프로그램들과 관련된 근로인센티브의 문제들은 이 프로그램들이 그 수혜자들의 소득을 증가시키면서 여가의 가격을 또한 크게 하락시킨다는 사실로부터 비롯된다.

복지보조금의 성격 역사적으로 볼 때 복지프로그램들은 연간소득을 보장하는 형태를 취해 왔는데, 이 프로그램들 하에서는 프로그램 종사자가 가족 수, 지역의 생계비, 그리고 지역복지규정을 기초로 하여 수혜대상자가 필요로 하는 소득(그림 6.14의 Y_n)을 결정했다. 그 뒤 이 필요소득수준으로부터 실제근로소득이 공제되었고 그 차액에 대해 매달 대상자에게 수표가 발행되었다. 만약 대상자가 일하지 않았다면, Y_n만큼의 보조금을 지급받았다. 만약 대상자가 일을 했다면, 그리고 근로소득이 그 액수만큼 1:1의 비율로 복지급여를 감소시켰다면, 그림 6.14의 *ABCD* 같은 예산제약선이 나타나게 되었다. 대상자가

---

20) UI와 근로자보상이 노동공급에 미치는 효과에 관한 증거의 요약은 Alan B. Krueger and Bruce D. Meyer, "Labor Supply Effects of Social Insurance," in *Handbook of Public Economics*, vol. 4, eds. Alan Auerbach and Martin Feldstein (Amsterdam: North Holland, 2002); and Peter Kuhn and Chris Riddell, "The Long-Term Effects of Unemployment Insurance: Evidence from New Brunswick and Maine, 1940~1991," *Industrial and Labor Relations Review* 63 (January 2010): 183~204를 참조하라.

예문 6.5

켄터키 옛집에 머무르기: 근로자 산재보상급여와 근로로의 복귀

직무 중에 부상을 당한 근로자들은 일을 쉬게 되는 기간 동안에 산재보험급여(workers' compensation insurance benefit)*를 받는다. 이 급여는 주에 따라 다르긴 하지만 대부분 근로자들의 경우에는 세전 1주일 근로소득의 일정비율(보통 2/3)로 계산된다. 그러나 고임금근로자들의 경우는 주간급여에 대하여 전형적으로 상한액이 설정되는데, 이도 또한 주에 따라 다르다.

1980년 7월 15일에 켄터키 주는 주간급여의 최대한도를 66% 인상하였다. 이 조치는 최대 한도액 이외에는 급여를 바꾸지 않았으며, 따라서 이 변화는 다른 어떤 근로자들의 급여를 증가시키지 않고, 고임금근로자들의 급여만을 효과적으로 크게 증가시키게 되었다. 7월 15일 이전에 부상당한 사람들은 설사 7월 15일 이후에 일을 못할지라도 이 증가된 급여의 대상이 아니었기 때문에, 이 정책변화는 훌륭한 자연적 실험의 기회를 제공하였다. 즉 부상당한 근로자들 중 한 그룹은 더 높은 수준의 산재보상급여를 받을 수 있었던 반면, 다른 그룹은 그렇지 못했다. 이론이 제시하는 바와 같이, 더 높은 수준의 급여를 받는 그룹은 노동공급을 줄이게 된다는 증거를 보여주었는가?

증가된 급여가 노동공급에 미치는 효과는 예상한 그대로였다. 새로운 급여의 수혜대상이 아니었던 고임금근로자들은 전형적으로 4주 동안 직무에 복귀하지 않았으나, 7월 15일 이후에 부상당한 근로자들은 25%나 더 긴 5주 동안을 일자리로 복귀하지 않았다! 급여의 변화에 의해 영향을 받지 않았던 부상당한 저임금근로자들의 경우, 일을 쉬게 된 전형적인 시간이 증가했다는 사실은 보고되지 않았다.

데이터출처: Bruce D. Meyer, W. Kip Viscusi, and David L. Durbin, "Workers' Compensation and Injury Duration: Evidence from a Natural Experiment," *American Economic Review* 85 (June 1995): 322~340.

*우리나라의 경우 휴업급여라고 한다. 역자

보조금을 받는 한, 대상자의 소득은 Y_n수준을 유지했다. 만약 보조금을 받았다면, 추가근로소득은 동일 액수의 복지급여 감소를 가져왔기 때문에 추가근로시간은 소득의 순증가를 발생시키지 **않았다**. 프로그램 수혜자의 순임금 따라서 여가가격이 0이 되었는데, 이는 예산제약선의 기울기가 0인 부분(BC)에 의해 그래프로 나타난다.[21)]

따라서 그림 6.14에 요약된 것과 같은 복지프로그램은 예산제약선의 오른쪽 끝 부분을 AC로부터 ABC로 밖으로 이동시킴으로써 가난한 사람의 소득을 증가시킨다. 그림

21) Gary Burtless, "The Economist's Lament: Public Assistance in America," *Journal of Economic Perspectives* 4 (winter 1990): 57~78은 1990년 이전의 미국의 다양한 공공지원프로그램들을 요약하고 있다. 이 논문은 실제 시행에 있어서는 급여가 보통 추가근로소득 1달러 당 1달러에 못 미치는 수준으로 감소되었음을 제시하고 있다(아마도 추가근로소득 1달러당 80 또는 90센트).

그림 6.14

기본적인 복지제도의 소득효과 및 대체효과

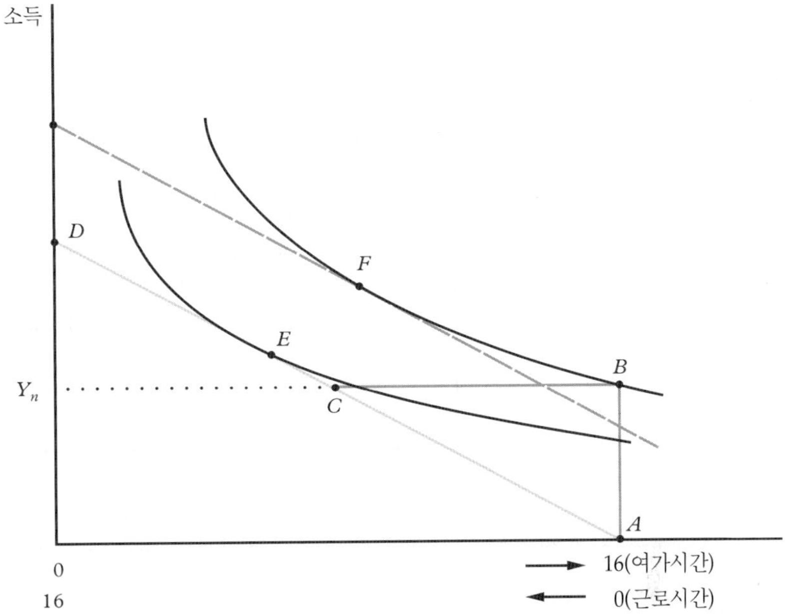

6.14에 점선으로 표시된 가상적 예산제약선이 알려주는 바와 같이, 이 이동은 점 *E*에 해당하는 근로시간으로부터 점 *F*에 해당하는 근로시간으로 노동공급을 감소시키는 경향을 나타내는 **소득효과**를 창출한다. 그러나 이 이동은 **또한** 임금을 효과적으로 0으로 하락시킨다. 즉 1달러의 근로소득이 추가될 때마다 1달러의 복지급여 감소가 연결된다. 이 1:1의 급여감소는 매우 큰 **대체효과**를 유발시키며, 복지급여를 받는 사람들로 하여금 근로시간을 0으로 줄이도록 만든다(점 *B*). 물론 만약 개인의 무차별곡선이 충분히 수평에 가까워서 선분 *CD*와 접하는 무차별곡선이 점 *B*의 **위쪽**을 통과한다면(그림 6.15 참조), 복지프로그램의 대상이 되는 대신 일하기를 선택함으로써 이 사람의 효용은 극대화될 것이다.[22)]

복지제도 개혁 전통적인 복지프로그램들에 내재된 근로의욕감퇴(disincentives for work)에 비추어, 미국은 1990년대에 그 소득-보조금 프로그램들의 주요변화를 단행하였다. 1996년에 입안된 개인적 책임과 근로기회와의 조화를 위한 법(PRWORA: Personal Responsibility and Work Opportunity Reconciliation Act)은 근로를 장려하고, 빈곤을 감소시키며, 사람들을 복지프로그램으로부터 벗어나도록 하는 것을 목표로 프로그램 특징에 대해 보다 많은 실험을 시도하라는 의도 하에, 정부에 보다 큰 권한을 부여하여 복지프로그램들을 설계할 수 있는 방법을 찾도록 하였다.[23)] PRWORA는 또한 복지급여 수령에 (일

22) 복지제도의 노동공급효과에 대한 문헌들의 요약은 Robert Moffitt, "Incentive Effects of the U.S. Welfare System: A Review," *Journal of Economic Literature* 30 (March 1992): 1~61을 참조하라.

23) 복지제도의 개혁과 다양한 분석에 대한 포괄적인 요약은 Jeffrey Grogger and Lynn A. Karoly, *Welfare Reform: Effects of a Decade of Change* (Cambridge, Mass.: Harvard University Press, 2005)를 참조하라.

그림 6.15

기본적인 복지제도: 복지급여를 선택하지 않는 사람의 경우

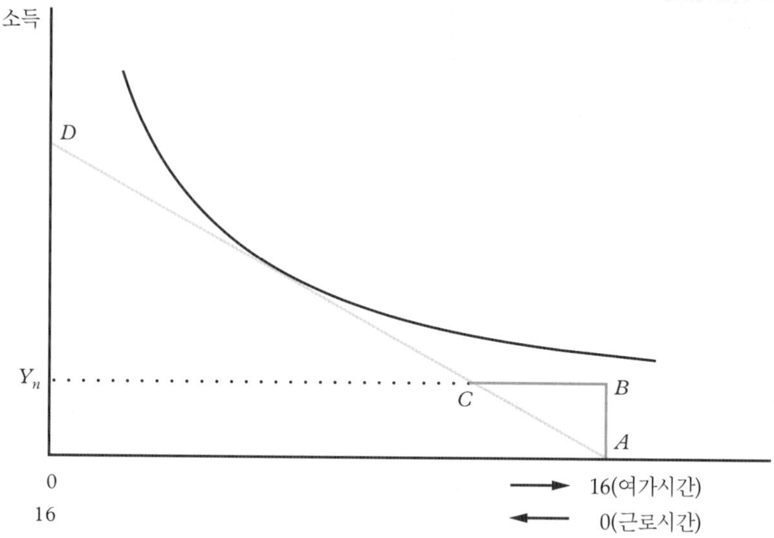

생 동안) 5년의 시간제한을 부여하였고, 수혜자들이 2년 간 복지급여를 받은 후 1주일에 적어도 30시간을 일할 것을 요구하였다. 이러한 변화들은 (구 복지제도의 주요 수혜자였던) 남편 없이 자녀를 키우는 여성들의 경제활동참가율을 증가시키는 효과를 가져왔던 것처럼 보인다. 즉 이들의 경제활동참가율은 1994년의 68%로부터 2000년에는 약 78%로 다른 그룹 여성들 사이에서 관찰된 것보다 훨씬 크게 증가하였다.[24)]

일생동안의 시간제한 일생동안의 시간제한(lifetime limits)과 근로요건(work require-ments) 모두 이 장에서 설명된 그래프라는 수단을 사용하여 분석될 수 있다. 복지급여 수령에 관한 일생동안의 시간제한은 수혜자를 복지프로그램으로부터 떠나도록 강요하거나 또는 그들로 하여금 일생의 후반기에 복지급여가 필요한 경우의 자격조건을 '남겨둘' 수 있도록 스스로 복지프로그램을 떠나도록 유발시킴으로써 이전지출의 수혜자격을 종결시키는 효과를 갖는다. 따라서 그림 6.14로 설명하면, 일생동안의 시간제한은 궁극적으로 잠재적 수혜자의 예산제약선으로부터 *ABC*를 제거하여, 그 예산제약선을 시장제약선인 *AD*로 환원시킨다.

분명히 일생동안의 시간제한은 궁극적으로 소득보조금을 제거함으로써 근로인센티브를 증가시킨다. 그러나 수혜자격의 연도제한 내에서, 잠재적 복지급여 수혜자는 언제 보조금을 받고, 미래에 필요할 때를 대비하여 언제 복지급여의 수령자격을 '남겨둘' 것인가를 선택해야만 한다. 연방법은 오로지 18세 이하의 자녀를 가진 가계에만 복지보조금

24) Rebecca M. Blank, "Evaluating Welfare Reform in the United States," *Journal of Economic Literature* 40 (December 2002): 1105~1166.

을 제공한다. 결과적으로 가장 어린 자녀가 18세에 가까워지면 가까워질수록(복지보조금의 수혜자격이 어쨌든 끝나는 때), 부모들이 복지보조금을 포기하고 미래를 위해 복지보조금을 받을 자격을 남겨둘 인센티브는 더 작아진다.[25)]

근로요건 위에서 주목한 바와 같이 몇몇 경우에 보수가 지급되지 않는 근로 또는 교육 또는 훈련프로그램에의 등록이 그 요건에 포함되지만, PRWORA는 복지제도에 근로요건을 도입하였다. 근로소득이 복지급여에 어떤 영향을 미치는가는 주에 따라 상이한데, 많은 주들은 (그들의 복지급여를 적어도 크게 감소시키지 않음으로써) 복지급여 수혜자가 자신들이 벌어들인 액수 대부분을 보유하는 것을 허용하는 규칙을 갖고 있다. 그러한 프로그램에 대해서는 다음 절에서 분석하기로 한다. 지금은 근로소득이 1:1의 비율로 복지급여를 감소시킨다는 가정을 유지함으로써 근로요건의 **기본적인** 효과를 이해할 수 있다.

그림 6.16은 1일 6시간(1주당 30시간)의 최소근로요구조건과 관련된 예산제약선을 보여준다. 만약 어떤 사람이 하루에 요구되는 6시간을 일하지 않는다면 복지급여가 지급되지 않으며, 이 사람은 예산제약선의 선분 *AB* 상에 위치하게 될 것이다. 만약 근로요건이 충족되지만 근로소득이 Y_n보다 낮은 수준이면 복지급여가 지급된다(*BCD* 부분 참조). 만약 근로요건이 초과되면, 소득(근로소득에 급여를 더한 것)은 Y_n에 머무르게 되는데, 이는 근로소득이 필요소득액보다 높은 수준이 되고 예산제약선의 선분 *DE* 상에 위치하게 됨으로써 더 이상 복지급여를 받을 자격이 없을 때까지 이 사람은 *CD* 상에 위치하게

그림 6.16

근로요건이 있는 복지제도

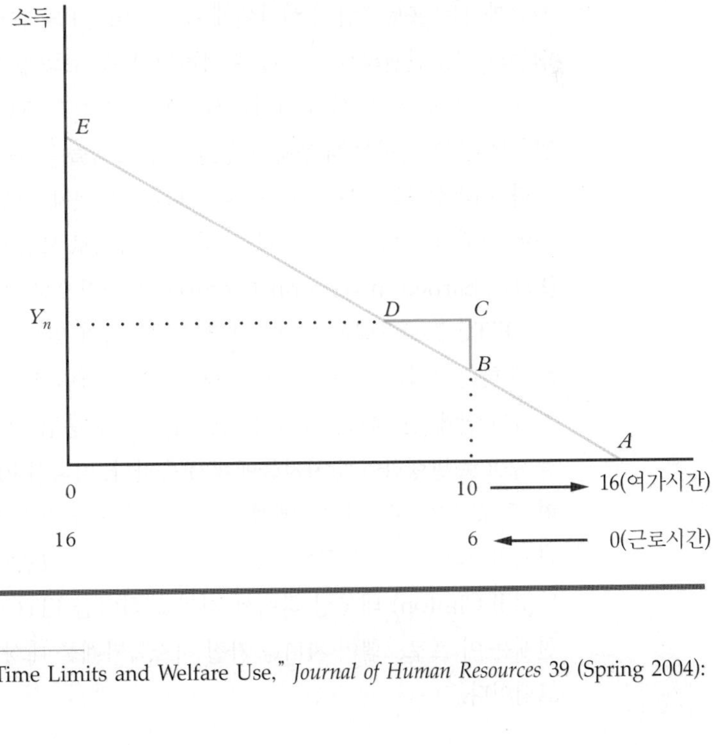

25) Jeffrey Grogger, "Time Limits and Welfare Use," *Journal of Human Resources* 39 (Spring 2004): 405~424.

된다는 것을 뜻한다.

그 숙련도가 잠재적 복지급여의 수혜자가 될 사람들의 경우를 그림 6.16으로 분석함으로써 이 **근로요건**(work requirement)의 근로인센티브 효과를 살펴볼 수 있다. 한쪽 극단적인 경우에, 일부 잠재적 수혜자들은 수직에 가까운 무차별곡선을 갖고 있을 수 있기 때문에(가정에 머무를 강력한 선호 또는 필요를 반영하는), 시장근로가 거의 이루어지지 않아 복지급여의 수혜자격이 없는 선분 *AB* 상에서 효용이 극대화된다. 반대의 극단적인 경우에, 다른 사람들은 수평에 가까운 무차별곡선을 갖고 있을 수 있기 때문에(소득에 대한 강력한 선호와 여가에 대한 약한 선호를 반영하는), 이들의 효용은 선분 *DE* 상에서 극대화 된다. 즉 이들은 많은 시간을 일하고, 따라서 그 근로소득이 이들을 복지급여의 수혜자격이 없도록 만든다.

위 두 극단적인 경우의 중간에는, 그 선호가 자신들로 하여금 복지급여 수혜자격을 갖는데 충분할 만큼의 일을 하도록 하는 사람들이 있을 것이다. 분명히 만약 그림 6.16의 수평선 *DC*에 의해 나타나는 바와 같이 자신들의 근로소득이 복지급여를 1:1의 비율로 감소시킨다면, 자신들의 효용이 *DC*를 따라서가 아니라 점 *C*에서 극대화 될 것이기 때문에, 그들은 복지급여의 수혜자격에 필요한 **최소한도의 시간**만을 일하길 원할 것이다. (상이한 형태의 근로요건, 즉 전쟁기간 동안 농부들로부터의 식량징발에 대한 농부들의 노동공급 반응에 대해서는 예문 6.6을 참조하라.)

순임금이 정(+)인 보조금프로그램들

지금까지는 프로그램 수혜자에게 부(−) 또는 0의 순임금을 창출시키는 소득유지프로그램들의 근로인센티브 효과를 분석하였다(즉 소득유지프로그램들은 스파이크 또는 수평선을 가진 예산제약선이 나타나게 한다). 그러나 PRWORA 하 여러 주에 의해 채택되었던 것들을 포함하는 대부분의 현행 프로그램들은 수혜자들에게 정(+)의 순임금을 창출한다. 이러한 프로그램들은 근로인센티브의 문제들에 대한 해결책을 제공하는가? 이 질문에 대해서는 비교적 최근의, 그리고 급속도로 보급되고 있는 프로그램인 근로장려세제(EITC: Earned Income Tax Credit)를 분석함으로써 대답하게 될 것이다.

EITC 프로그램은 최소한 1명의 근로자가 있는 저소득가정에 소득세공제가 가능하도록 한다. 1달러의 세액공제는 개인의 소득세를 1달러 줄이며, EITC의 경우 만약 근로자들이 받게 된 세액공제액이 그들의 소득세 총납부액을 초과하게 되면 정부는 그 차액을 수표로 발행하여 당사자들에게 우송한다. 따라서 EITC는 근로소득보조금으로 기능하며, 오로지 일하는 사람들에게만 보조금이 지급되기 때문에 EITC는 많은 사람들에 의해 근로인센티브를 보유하도록 하는 소득유지프로그램으로 간주된다. 이러한 견해는 클린턴(Bill Clinton) 대통령 하에서 의회로 하여금 EITC를 크게 확대하도록 유도하였으며, 현재는 이 프로그램이 자녀를 가진 저소득가계를 대상으로 하는 가장 큰 현금보조금프로그램이다.

그림 6.17

근로장려세제(EITC) (2명의 자녀를 갖는 배우자가 없는 근로자의 경우), 2012년

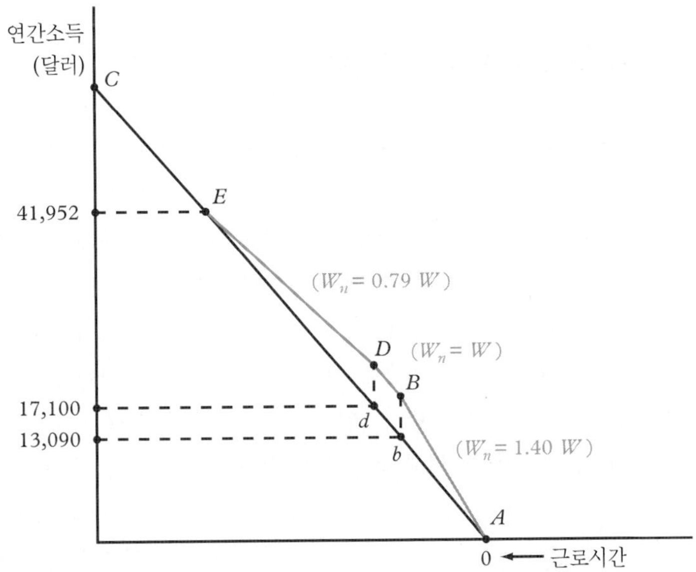

EITC 프로그램에 의해 제공되는 세액공제는 개인의 근로소득과 부양자녀 수에 따라 달라진다. EITC의 근로인센티브 효과를 설명하려는 분석목적에 맞도록 2명의 자녀를 가진 배우자가 없는 근로자들에게 제공된 2012년의 세액공제에 초점을 맞추기로 한다. 그림 6.17은 선분 *AC*의 기울기에 반영된 (보조금이 없는) 시장임금을 벌 수 있는 2명의 자녀를 가진 근로자와 관련된 프로그램의 특성을 그래프로 보여 준다. 아래에서 알게 되는 바와 같이, 그러한 근로자의 경우 EITC는 *ABDEC*의 예산제약선을 창출하였다.

근로소득이 13,090달러 이하인 근로자들의 경우, 세액공제는 근로소득의 40%로 계산되었다. 즉 근로소득 매 1달러마다 40센트의 세액공제액을 또한 벌게 되었다. 따라서 13,090달러 이하의 근로소득을 가진 사람들의 경우 순임금(W_n)은 시장임금(W)보다 40% 더 높았다. 이 세액공제는 그림 6.17의 EITC 예산제약선 상의 선분 *AB*에 의해 나타나며, *AB*의 기울기가 **시장제약선 *AC*의 기울기보다 크다**는 점을 주목하라.

2명의 자녀를 갖고 있는 배우자가 없는 근로자에게 허용되는 최대한도의 세액공제는 2012년 5,236달러였다. 연간 13,090달러와 17,100달러 사이의 소득을 벌었던 근로자들이 이 최대한도의 세액공제를 받을 수 있었다. 이 근로자들은 추가근로소득 1달러당 세액공제가 증가 또는 감소되지 않았기 때문에 이들의 순임금은 시장임금과 동일하였다. 이 범위의 근로소득을 가진 근로자들이 직면하는 예산제약선은 그림 6.17의 선분 *BD*로 나타나는데, *BD*의 기울기는 선분 *AC*의 기울기와 동일하다.

17,100달러를 초과하는 근로소득의 경우, 세액공제는 점차 줄어들어서 근로소득이 41,952달러에 이르게 되면 세액공제는 0이 되었다. 근로소득이 17,100달러를 넘어서면, 추가근로소득은 세액공제를 21센트 감소시켰기 때문에, 17,100달러와 41,952달러 사이

예문 6.6

전쟁기간 중의 식량징발과 농업의 근로인센티브

전쟁 중인 나라들은 종종 농업인구들로부터 필요한 식량공급을 강제적으로 얻기 위하여 '근로요건' 정책을 채택한다. 놀랄 것도 없이 이 식량징발이 이루어지는 방법은 농부들의 근로인센티브에 막대한 효과를 미칠 수 있다. 이 예문에서는 두 가지 상이한 방법이 비교될 것이다. 첫 번째 방법은 러시아혁명 후의 내전기간 동안에 볼셰비키(Bolshevik)정부에 의해 사용된 방법이며, 두 번째는 제2차 세계대전 중 일본에 의해 사용된 방법이다.

1917년부터 1921년까지 볼셰비키 정부는 농부들로부터 스스로의 생계에 필요한 양을 초과하는 모든 식량을 징발하였다. 실제로 잉여식량은 몰수되어 군인들과 도시거주자들에게 나뉘어졌다. 그래프로 보면 이 정책은 아래 그림 (a)의 ACY_s 같은 예산제약선을 농부들에게 나타나도록 하였다. 농부들은 생계를 유지시킬 소득수준(Y_s)에 도달할 때까지는 자신들의 산출물을 보유할 수 있었기 때문에, Y_s 소득에 도달할 때까지는 시장임금이 유지되었다고 할 수 있다. 소득이 Y_s를 넘어서면 어떠한 추가산출물도 정부로 징발되었기 때문에 농부들의 순임금은 0이 되었다(선분 CY_s 상에 놓이게 된다). 따라서 전쟁 이전의 시장 예산제약선 AB가 ACY_s로 바뀌어졌으며, 그 결과 대부분의 농부들이 점 *C* 근처에서 효용을 극대화시켰다. 1917년부터 1921년까지 농작물의 경작면적은 27% 하락하였으며, 산출량수확은 50% 감소하였다!

제2차 세계대전 중 일본은 식량징발정책을 완전히 상이한 방법으로 실시하였다. 일본정부는 각 농부에게 할당량(quota)을 정하여 이를 정부에 매우 낮은 가격으로 인도하도록 요구하여 농부들로 하여금 아래 그림 (b)의 *EF*에 해당하는 총액을 납부하도록 하였다. 그러나 일본은 할당량을 넘는 산출량은 높은 (시장)가격에 판매하도록 허용하였다. 이 정책은 전쟁 이전의 예산제약선 *AB*를 그림 (b)의 *EFG*와 아주 비슷한 예산제약선으로 변경시켰다. 실제로 농부들은 *EF* 만큼을 납부하기 위해 정부를 위해 *AE* 만큼의 시간을 일해야 했지만, 그 뒤 이를 넘어서는 경우에는 시장임금을 벌 수 있도록 허용되었다. 이 정책은 농부들의 근로인센티브를 유지시켰으며 확실히

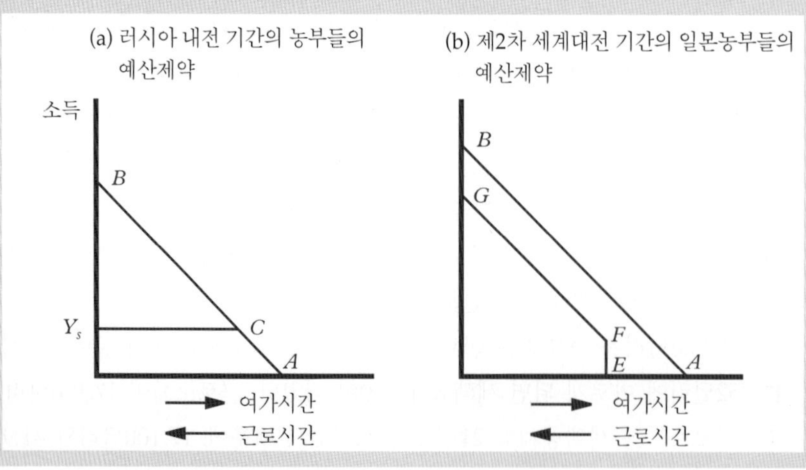

일본농부들의 총근로시간을 증가시켰던 소득효과를 창출시켰다. 왜냐하면 전쟁으로 인한 자본과 노동의 부족에도 불구하고 쌀 생산은 1941년보다 1944년에 더욱 증대되었기 때문이다!

데이터출처: Jack Hirshleifer, *Economic Behavior in Adversity* (Chicago: University of Chicago Press, 1987): 16~21, 39~41.

의 근로소득을 버는 EITC 수혜자의 순임금은 그 사람 시장임금의 단지 79% 수준이었다(그림 6.17에서 선분 *DE*의 기울기가 *AC*의 기울기보다 편평하다는 것을 주목하라).

그림 6.17을 자세히 보면 EITC의 수혜자는 세 '영역(zones)' 중의 하나에 속하게 될 것이라는 것을 알 수 있다. *AB*를 따라, *BD*를 따라, 또는 *DE*를 따라서가 그것이다. 세 영역 모두에서 근로자들의 소득은 증가하는데, 이는 모든 EITC 수혜자가 자신을 더 적게 일하도록 하는 소득효과를 경험한다는 것을 의미한다. 그러나 이 프로그램은 영역에 따라 상당히 상이한 순임금을 창출시키며, 따라서 대체효과는 영역에 따라 달라진다.

근로소득이 13,090달러 이하인 근로자들의 경우, 순임금이 시장임금보다 높아서(40%만큼) 선분 *AB*를 따라서 근로자들은 여가가격의 상승을 경험한다. 그렇다면 근로소득이 13,090달러 이하인 근로자들은 자신들을 보다 많이 일하도록 하는 대체효과를 경험한다. 서로 반대방향으로 작용하는 소득효과와 대체효과가 동시에 나타난다면 어느 효과가 우세할지는 불확실하다. 그럼에도 불구하고 예측할 수 있는 것은, EITC 프로그램이 없었을 경우 경제활동에 참가하지 않았을 사람들의 일부가 이제는 일자리를 찾기로 결정하리라는 사실이다(경제활동에 참가하지 않는 사람들의 경우 대체효과가 우세하다는 사실은 앞에서 논의된 바 있다).

선분 *BD*와 선분 *DE*는 이론에 따라 노동공급이 **감소**할 것이라 예측되는 두 영역을 나타낸다. *BD*를 따라서 순임금은 시장임금과 동일하며, 따라서 이 영역에서 여가의 가격은 변하지 않는 반면, 소득은 향상된다. 이 영역에 속하는 근로자들은 순수한 소득효과를 경험한다. 선분 *DE*를 따라서는 순임금이 실제로 시장임금보다 낮게 되며, 따라서 이 영역에서는 소득효과와 대체효과 **모두** 노동공급을 감소시키는 방향으로 작용한다.

그림 6.17의 예산제약선에 의해 유발되는 노동공급 반응을 분석하기 위해 경제이론을 사용하면, 두 가지 예측이 가능하다. 첫째, 만약 EITC 프로그램이 시작되거나 또는 확대되면, 저임금 근로자들의 경제활동참가율이 증가하는 것을 관찰할 수 있을 것이다. 둘째, 새로운 또는 확대된 EITC 프로그램은 *BD*와 *DE* 상에 놓여 있는 근로자들의 근로시간 감소를 유도하게 될 것이다(*AB*를 따라서의 근로시간에 대한 효과는 불분명하다).

여러 연구들이 EITC가 경제활동참가를 증가시킨다는 예측과 일치하는 증거를 찾아냈던 바, 한 연구는 1984년부터 1996년까지 발생하였던 **남편이 없는 어머니들**의 증가된 경제활동참가의 절반 이상이 이 기간 동안의 EITC 확대에 기인했다는 것을 밝히고 있다.

그러나 그림 6.17에 의해 제시되는 바와 같이, 근로소득과 관련된 EITC는 계산하기가 복잡하며, 그 결과 프로그램에 관한 지식도 사람에 따라 다를 가능성이 있다. 프로그램에 대해 가장 많은 지식을 갖고 있는 개인들 사이에서는 그림 6.17의 선분 *AB*를 따라서 근로시간이 증가한 것처럼 보이는데, 이는 이 부분을 따라 대체효과가 우세하다는 것을 의미한다. 소득효과와 대체효과 모두 근로시간을 감소시킬 것이라 예측되는 선분 *DE*를 따라서는 효과가 상대적으로 작기는 하지만 지식이 있는 근로자들 사이에서 근로시간의 예측된 감소가 있는 것처럼 보인다.[26)]

실증연구

복권당첨자들의 소득효과 추정: '외생변수임(exogeneity)'의 탐색

부록 1A에서 설명하였던 회귀분석은 하나 또는 둘 이상의 **독립변수**들이 **종속변수**에 미치는 효과를 분석하도록 허용한다. 이 통계적 절차는 각 독립변수가 **외생적**(exogenous)이라는 (어떤 외부요인에 의해 결정되며 그 자체가 종속변수에 의해서는 영향을 받지 않음) 중요한 가정을 기초로 한다. 즉 인과관계(chain of causation)가 독립변수들로부터 종속변수로 흐르며, 종속변수로부터 독립적이라고 가정했던 변수들로는 피드백(feedback)이 발생하지 않는다고 가정된다.

외생변수 문제는 (임금은 불변인 채로 유지된 채) 소득변화로 야기되는 근로시간의 효과를 추정할 때 발생한다. 이론은 바람직한 근로시간이 임금, 부, 그리고 선호의 함수라고 예측하도록 한다. 이때 부는 대부분의 데이터세트에서 보통 관찰되지 않으며, 따라서 금융투자로부터의 수익 같은 **비노동**소득이 그 대리변수(proxy)로 사용된다. 임금을 불변으로 유지한 채 (독립변수 또는 원인이 되는 변수인) 비노동소득이 (종속변수인) 바람직한 근로시간(종속변수)에 미치는 효과를 측정하는 것은 노동공급이론에 의해 예측되는 소득효과를 포착하기 위한 의도이다.

문제는 예를 들어 소득에 강한 선호를, 그리고 여가에 약한 선호를 가진 사람들은 시간이 흐름에 따라 금융자산을 축적하여 후일 상대적으로 높은 수준의 비노동소득을 보유하는 경향이 있을 수 있다는 것이다. 달리 표현하면 (아마 종속변수인) 높은 수준의 근로시간이 (독립변수가 되리라

---

26) Nada Eissa and Hilary W. Hoynes, "Behavioral Responses to Taxes: Lessons from the EITC and Labor Supply," National Bureau of Economic Research, working paper no. 11729 (November 2005); and Raj Chetty, John Friedman, and Emmanuel Saez, "Using Differences in Knowledge Across Neighborhoods to Uncover the Impacts of the EITC on Earnings," National Bureau of Economic Research, working paper no. 18232 (July 2012). EITC와 노동공급에 대한 문헌의 인용문들은 Raj Chetty and Emmanuel Saez, "Teaching the Tax Code: Earnings Response to an Experiment with EITC Recipients," *American Economic Journal: Applied Economics* 5 (January 2013): 1~31에서 찾을 수 있다.

희망했던) 높은 수준의 비노동소득을 창출할 수 있다는 것이다. 따라서 근로시간과 비노동소득 사이의 상관관계를 추정할 때 소득효과, 강도 높은 근로와 저축 사이의 어떤 관계, 또는 양자의 어떤 중간 중 무엇을 추정하는지를 확신할 수가 없다(제4장의 실증연구에서 논의되었던 것과 유사한 문제임). 그러므로 소득효과를 추정하는 데 있어 연구자들은 진정으로 외생적인, 그리고 그 자체가 바람직한 근로시간에 의해 영향을 받지 않는 비노동소득의 측정치를 사용하고 있는지를 주의 깊게 살펴야만 한다.

복권당첨은 비노동소득의 외생적 원천인가? 일단 개인이 복권을 구입하게 되면, 당첨은 완전히 임의적 사항이며, 따라서 근로시간에 의해 영향을 받지 않는다. 그러나 복권을 구입한다는 것은 그리 독립적인 것이 아닐 수 있다. 예를 들어 만약 복권을 구입하는 사람들이 또한 여가에 대하여 강력한 선호를 가지고 있다면, 여러 사람들의 근로시간과 복권당첨을 서로 관련시킬 때 필연적으로 소득효과가 분리되지는 않는다. 오히려 근로시간과 복권당첨의 상관관계는 여가에 대해 강력한 선호를 가진 (그리고 따라서 근로시간을 줄인) 사람들이 복권을 구입할 (따라서 당첨될) 가능성이 더 크다는 것을 단지 반영할 뿐이다.

그러므로 만약 복권당첨과 관련된 소득효과를 측정하길 원한다면, 임금 **및** 여가에 대한 선호 모두를 불변인 채로 유지하는 방법을 찾을 필요가 있다. 복권당첨이 노동공급에 어떤 영향을 미쳤는지에 대한 한 연구는 당첨된 사람들과 당첨되지 않는 사람들에 관한 패널데이터(panel data)를 사용하여 사전 및 사후 분석을 수행함으로써 복권을 구입하는 사람들의 선호를 고려하였다. 즉 중앙값(median)이 635,000달러에 달하는 상금 중, 20,000달러를 넘는 상금을 받은 사람으로 정의된 당첨자들에 대해, 위 연구자들은 복권당첨 전 6년 동안의 근로시간을 복권당첨 후 6년 동안의 근로시간과 비교하였다. 두 기간에 걸쳐 각 개개인의 근로시간 **변화**와 복권당첨에 초점을 맞춤으로써 (변하지 않는 것으로 가정된) 선호의 효과를 분석에서 제거하였다.

연구에서 '당첨되지 않은 사람'은 100달러에서 5,000달러 범위의 단지 소액의 상금을 받은 복권구입자로 정의되었다. 그 뒤 소액의 상금을 받기 이전과 이후의 그들의 노동공급 변화가 계산되어 당첨자들 사이에 관찰된 변화들과 비교되었다. 연구는 복권당첨자들이 상금 매 100,000달러마다 자신들의 근로소득이 약 11,000달러 하락한 것처럼 근로시간을 줄였음을 밝혔다(즉 복권당첨자들은 상금의 약 11%를 여가의 '구입'에 소비했다). 물론 이러한 발견들은 비노동소득의 노동공급에 대한 소득효과와 관련된 예측들과 일관성을 갖는다.

자료: Guido W. Imbens, Donald B. Rubin, and Bruce I. Sacerdote, "Estimating the Effect of Unearned Income on Labor Earnings, Savings, and Consumption: Evidence from a Survey of Lottery Players," *American Economic Review* 91 (September 2001): 778~794.

복습문제

1. 각주 5의 정의를 참조할 때, 다음의 서술은 사실인가, 거짓인가 또는 불확실한가? "개인의 노동공급곡선이 후방굴절하는 형태를 취하기 위해서는 여가는 열등재여야만 한다." 여러분

의 답을 설명하라.

2. “임금상승은 여가시간에 대한 수요를 감소시킨다.” 이 진술에 대해 논평하고 설명하라.
3. 정부가 가난한 사람들에게 법률서비스가 확실히 제공되도록 하기 위해 여러 방안을 고려한다고 가정하자.

   A안: 모든 변호사들은 자신들 근로시간의 5%를 가난한 사람들에게 무료로 할애할 의무를 갖는다.

   B안: 변호사들은 100시간의 근로시간을 가난한 사람들에게 무료로 제공할 의무를 갖는다.

   C안: 어떤 주어진 해에 50,000달러를 초과하여 버는 변호사들은 정부가 가난한 사람을 돕는데 사용하게 될 기금에 5,000달러를 기부해야만 한다.

   각 방안이 변호사들의 근로시간에 미칠 가능성이 있는 효과를 논하라.(각 방안에 의해 창출되는 예산제약선을 **그리는 것**이 도움이 될 것이다.)
4. 현재의 산재보상제도의 운영방법 하에서는 직무 중 영구적인 부상을 당한 근로자들은 일을 하는지 또는 하지 않는지에 관계없이 매년 X달러를 지급받는다. 정부가 영구적인 부상을 당한 근로자들 중 전혀 일을 하지 않는 사람은 0.5X달러를 지급받지만, 일을 하는 사람들은 0.5X달러에 **근로시간 1시간마다** 50센트의 근로자보상을 더한 금액을 지급받도록 하는 새로운 프로그램을 시행하려 한다고 가정하자(물론 이 보조금은 그들의 사용자들에 의해 지급되는 임금 이외의 금액이 된다). 근로자보상액이 계산되는 방법의 이러한 변화와 관련된 근로인센티브의 변화는 무엇일까?
5. 기업이 근로자들에게 유급병가를 제공하길 원하지만, 근로자들이 불필요하게 결근함으로써 이를 남용하지 않도록 하기 위해 두 가지 방안을 고려중이라고 한다.
   a. 매년 10일의 유급병가 제공; 사용하지 않은 병가 기간은 매년 말에 근로자의 하루 임금으로 환산하여 현금지급.
   b. 매년 10일의 유급병가 제공; 만약 2년 연속 병가를 하루도 사용하지 않는다면, 회사는 근로자에게 10만 달러짜리 생명보험을 가입해 주기로 동의함.

   두 가지 방안의 즉각적인 또한 장기적인 근로인센티브 효과를 비교하라.
6. 2002년에 39시간으로부터 35시간으로 정규주간근로시간을 단축하지만 (근로자들은 35시간을 일하더라도 39시간에 대해 임금을 지급받음), 동시에 초과근로시간을 일하는 것을 금지하는 (프랑스에서의 초과근로는 정상임금보다 25% 많은 임금을 지급받음) 프랑스법이 발효되었다.
   a. 39시간이 넘는 근로시간의 할증임금을 보여주는 구 예산제약선을 그려라.
   b. 새로운 예산제약선을 그려라.
   c. 프랑스의 어떤 근로자들이 2002년 법 하에서 이전에 비해 더 나아졌는지를 분석하라. 이전에 비해 더 나빠진 근로자들이 있는가? 설명하라.
7. 가난한 사람들에게 그들의 소득수준과 연계하여 주택보조금을 제공하는 제안을 가정하자. 이 보조금은 가난한 사람들이 자신의 주택관련 지출의 전부 또는 일부를 지불할 때 주택소유자들에게 제출할 수 있는 증서의 형태가 될 것이라고 한다. 연간보조금은 근로소득이 연간 8,000달러를 초과하지 않는 한 2,400달러라고 하며, 근로소득이 8,000달러를 초과하면 근로소득 매 1달러마다 60센트가 감소된다고 한다. 즉 근로소득이 12,000달러에 도달할 때, 그 사람은 더 이상 임대보조금을 받을 자격을 갖지 못한다고 한다.

어떤 사람이 정부보조금을 받지 않는다고 가정하고 이 사람의 임의의 예산제약선을 그려라. 그 뒤 위의 주택보조금 제안으로부터 도출되는 예산제약선을 그려라. 위 제안과 관련된 예산제약선을 그린 뒤, 이 제안된 주택보조금 프로그램이 인구의 여러 그룹 노동공급 행태에 미치는 효과를 분석하라.

8. 1986년의 조세개혁법(Tax Reform Act of 1986)은 과도한 공제와 조세회피의 허점을 제거하면서 한계세율(근로소득의 마지막 1달러에 대한 세율)을 낮춰 정부가 징수한 총조세수입을 불변인 채로 유지하도록 설계되었다. 총조세수입을 불변인 채로 유지하면서 한계세율을 낮추는 세제개혁의 근로인센티브 효과를 분석하라.
9. 현행 미국의 실업보험(UI: Unemployment Insurance) 프로그램은 만약 근로자가 실업자가 되면 하루에 X달러를 지급하지만, 만약 근로자가 하루에 1시간이라도 일하는 일자리를 찾으면 한 푼도 지급하지 않는다. UI 수혜자가 만약 하루에 2시간 이하를 일하면 하루에 X달러의 급여를 가져갈 수 있지만, 만약 수혜자가 하루에 2시간을 초과하여 일하면 UI급여가 종료되도록 법이 바뀐다고 가정하자. UI 프로그램과 관련된 구 예산제약선과 새로운 예산제약선을 (명확히 각각의 기호와 수치를 적어서) 그리고, 이 제안된 변화의 근로 인센티브를 분석하라.
10. 일할 수 없게 된 사람들에 대한 현행 장애보험(DI: Disability Insurance)의 급여가 하루에 X달러인데, DI 급여는 만약 근로자가 1주일에 1시간이라도 일하는 일자리를 받아들이면 **0**이 된다고 가정하자. 급여규정이 바뀌어서 하루에 X달러 미만을 지급하는 일자리를 받아들인 장애가 있는 근로자들은 **자신들의 1일 총소득**(근로소득에 DI 급여를 더한 금액)을 X달러까지 가져가는 급여를 받는다고 가정하자. 그들의 노동시장에서의 근로소득이 하루에 X달러를 초과하자마자 그들의 장애급여는 종결된다고 한다. DI 프로그램과 관련된 구 예산제약선과 새로운 예산제약선을 (각각의 기호와 수치를 명확히 적어서) 그리고, 급여의 변화가 근로인센티브에 미치는 효과를 분석하라.

연습문제

1. 공정노동기준법(Fair Labor Standards Act)이 초과근무수당으로 정규근로시간 임금의 50%를 강제적으로 더 지급하도록 하였을 때, 많은 사용자들은 시간당임금을 삭감함으로써 이를 회피하려 하였으며, 그 결과 총보수와 근로시간은 불변인 채로 유지되었다.
   a. 이 50%의 초과근무수당이 1일 8시간을 초과하는 모든 근로시간에 새롭게 적용되어야만 한다고 가정하고, 시간당임금을 삭감함으로써 초과근무수당이 부과되기 이전의 근로시간을 일할 경우 초과근무수당이 지급되는데도 불구하고 총근로소득을 이전과 똑같아 지도록 만드는 전략을 나타내는 예산제약선을 그려라.
   b. 사용자가 애초에 시간당 11달러를 지급하고 이때의 1일 근로시간이 10시간이었다고 가정하자. 초과근무수당의 부과 이후, 총보수를 초과근무수당 지급 이전 1일 10시간을 일했을 때와 동일하게 만들려 한다면, 사용자는 정규근로 시 얼마의 시간당

임금을 제공해야 하는가?

c. 초과근무수당이 부과되기 이전 1일 10시간을 일했던 근로자들은 새로운 환경(새로운 시간당임금과 강제적 초과근무수당의 지급)에서 10시간보다 더 일하려 할까 또는 덜 일하려 할까?

2. 파트타임 교사인 디야(Deeya)는 1주일에 8시간의 강의로 680달러를 지급받는다고 한다. 만약 그녀가 초과강의를 한다면 최대 2시간까지 매 시간 90달러를 벌지만, 그녀는 초과 강의보다는 피아노연습을 더 선호한다고 한다. 이러한 선호의 기회비용을 계산하라.

3. 당신이 복권에 당첨되어 은퇴할 때까지 매년 과세 이후의 상금 50,000달러를 받게 되었다고 가정하자. 이로 인해 당신은 보통 1주일에 40시간을 일하는 대신, 구 일자리에서 1주일에 30시간을 파트타임으로 일하기로 결정하였다고 한다.

   a. 1년에 50주를 기초로 하여 이 복권당첨으로부터의 연간소득효과를 계산하라. 이 장에서 제시된 이론에 비추어 이 결과를 해석하라.

   b. 이 복권당첨과 관련된 대체효과는 무엇인가? 설명하라.

4. 2007년 7월 24일에 연방최저임금은 5.15달러로부터 5.85달러로 인상되었다. 만약 하루에 16시간이 근로와 여가로 이용 가능하다면, 최저임금 5.15달러를 받았던 근로자의 1일 예산제약선과 최저임금 인상 이후의 새로운 예산제약선을 그려라.

5. 웬신(Wenshin)은 자신의 개인적인 부에 대한 이자로 하루에 40달러를 받는다. 그의 임금은 시간당 20달러이며, 하루에 16시간을 일할 수 있다고 한다. 그의 1일 예산제약선을 그려라.

6. 스텔라(Stella)는 일자리에서 하루에 16시간까지 일할 수 있다. 그녀의 임금은 처음 8시간은 시간당 8달러이며, 만약 그녀가 8시간을 초과하여 일하면 그녀의 사용자는 '1.5배의 임금'을 지급한다. 스텔라의 1일 예산제약선을 그려라.

7. 어떤 근로자가 시간당 8달러의 임금으로 하루 8시간을 일하곤 했다고 한다. 그의 최적 여가시간은 아래의 그래프에서 점 *a*로 표시되며 *BD*는 그의 애초 예산제약선을 나타낸다고 한다. 그의 임금이 10달러로 인상될 때 그의 새로운 최적 여가시간은 점 *b*에서 달성된다고 한다. 그가 얻게 되는 임금인상액을 계산하라. 이 근로자의 경우 소득효과와 대체효과 중 어느 효과가 더 강력한가?

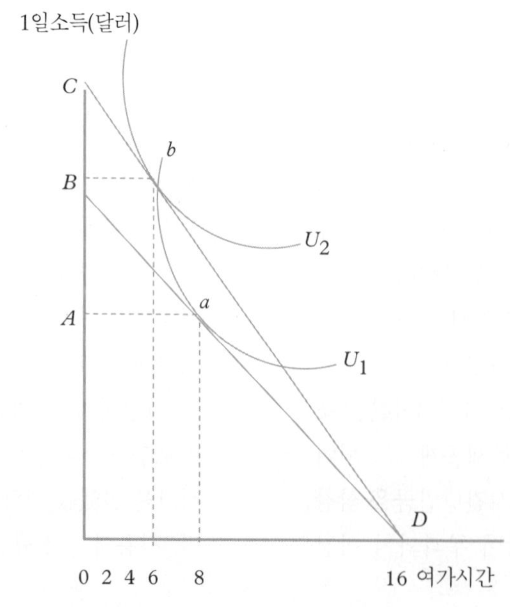

참고문헌

Blank, Rebecca M. "Evaluating Welfare Reform in the United States." *Journal of Economic Literature* 40 (December 2002): 1105~1166.

Card, David E., and Rebecca M. Blank, eds. *Finding Jobs: Work and Welfare Reform*. New York: Russell Sage Foundation, 2000.

Hoffman, Saul D., and Laurence S. Seidman. *Helping Working Families: The Earned Income Tax Credit*. Kalamazoo, Mich.: W.E. Upjohn Institute for Employment Research, 2002.

Killingsworth, Mark R. *Labor Supply*. Cambridge, England: Cambridge University Press, 1983.

Linder, Staffan B. *The Harried Leisure Class*. New York: Columbia University Press, 1970.

Moffitt, Robert. "Incentive Effects of the U.S. Welfare System: A Review," *Journal of Economic Literature* 30 (March 1992): 1~62.

Pencavel, John. "Labor Supply of Men: A Survey." In *Handbook of Labor Economics*, eds. Orley Ashenfelter and David Card. Amsterdam, N.Y.: Elsevier, 1999.

제7장

노동공급: 가계생산, 가정, 그리고 생애주기

제6장에서의 노동공급이론은 노동과 여가 사이에서 개인들이 자신들의 시간을 어떻게 배분할지를 결정하는 단순한 경우에 초점을 맞추었다. 이 장은 세 가지 문제들을 고려함으로써 이 단순노동공급모형을 정밀하게 만들게 된다. 첫째, 가정에서 보내는 시간의 대부분은 여가가 아닌 근로활동(예를 들어 요리와 육아)에 쓰인다. 둘째, 파트너와 살고 있는 사람들의 경우 보수를 위한 근로, 가사일, 그리고 여가에 대한 의사결정은 다른 가계구성원들의 활동과 소득을 고려하여 보통 이루어진다. 셋째, 유급근로시간이 가정에서의 시간과 대체될 수 있는 것처럼 생애의 한 부분에 보수를 위한 근로에 사용되는 시간은 후일 생애의 다른 부분에 보수를 위한 근로에 사용되는 시간과 대체될 수 있다. 단순모형을 이처럼 정교하게 만들어도 노동공급이론의 기본고려사항 또는 예측은 바뀌지 않으며, 단순모형에 보다 유용한 분석내용을 추가시키게 된다.

가계생산(household production)을 통합한 노동공급모형

제6장에서는 사람들이 보수를 위해 일하거나 또는 여가를 소비하는 두 가지 방법만으로 시간을 사용할 수 있다는 단순한 가정에 의해 노동공급모형을 구축하였다. 물론 실제에 있어서는 그 선택이 보다 복잡하며, 가정에서 보내는 대부분의 시간은 여가보다는 근로에 더 가까운 (요리, 청소, 육아 등) 활동이다. 이렇게 가계에서의 시간을 다른 방법으로 사용하는 것을 고려하는 노동공급모형을 구축할 수 있을까?

잠재적 경제활동참가자들이 실제로 자신들의 시간을 어떻게 배분하는지를 직감적으로 이해하기 위해, 가계를 자녀가 있는지 여부와 자녀의 연령을 기준으로 세 범주로 나누

표 7.1

18세 이상 남성과 여성이 1주당 가계근로, 보수를 위한 근로, 그리고 여가활동에 사용한 시간, 2012년

	6세 미만의 자녀가 있는 가계		6세에서 17세의 자녀가 있는 가계		18세 미만의 자녀가 없는 가계	
	여성	남성	여성	남성	여성	남성
보수를 위한 근로[a]	21	37	24	38	21	28
가계근로[b]	40	23	31	18	23	16
여가[c]	30	35	36	39	45	49
개인관리[d]	75	71	76	72	77	74

[a] 통근시간 포함.
[b] 재화 및 서비스 구입과 다른 사람들을 돌보는데 사용한 시간 포함.
[c] 자원봉사 및 교육활동에 사용한 시간 포함.
[d] 취침과 식사에 사용한 시간 포함.

자료: U.S. Department of Labor, Bureau of Labor Statistics, "American Time Use Survey–2012 Results," Table 8 at http://www.bls.gov/news.release/atus.t08.htm.

고, 활동을 네 범주[보수를 위한 근로, 가계근로, 여가, 그리고 개인관리(personal care)]로 분류한 표 7.1의 데이터를 살펴보자. 표의 평균치들은 매우 어린 자녀를 가진 여성들이 나이가 든 자녀들을 가진 여성들에 비해 가계근로활동에 더 많은 시간을, 그리고 보수를 위한 (또는 '시장') 근로의 수행에 더 적은 시간을 사용한다는 것을 보여준다. 세 범주의 가계 모두에서 여성들은 남성들에 비해 가계근로에 보다 많은 시간을, 그리고 보수를 위한 근로에 보다 적은 시간을 사용하지만, 이러한 시간배분의 차이는 자녀가 나이가 들어 가정을 떠남에 따라 줄어든다. 여성에 비해 남성의 경우 다소 더 긴 여가에 사용한 시간은 자녀가 나이가 들수록 여성과 남성 모두 증가한다. 개인관리에 사용하는 시간은 남녀에 따라 거의 변화가 없다.

개인에 대한 기본모형: 노동–여가 모형과의 유사점

여가 이외에 가계활동을 노동공급모형에 통합하는 것은 제6장에서 소개된 모형에 큰 변화를 필요로 하지는 않지만, '여가시간'이라는 범주를 '가계생산시간'(또는 단축하여 가계시간)이라 부르게 될 범주로 대체할 것을 요구한다. 가계생산에 사용하는 시간은 가정에서 허드렛일을 하거나 또는 집에서 편히 쉬는 것을 포함하지만, 쇼핑 또는 영화구경 같은 사람을 가계 밖으로 불러내는 허드렛일 또는 편히 쉬는 것에 사용하는 시간도 포함한다.

여가 이외의 가계활동을 모형에 포함시킬 때의 주요 효과를 설명하기 위해, 어린 자녀들을 가진 홀어머니인 샐리(Sally)가 홀로 의사결정을 하는 가상적인 가계를 고려하기로 하자. 제6장에서 가정된 바와 같이 샐리는 개인관리에 하루 8시간이 필요하며, 따라서 그녀는 보수를 위한 근로, 여가, 또는 가계근로에 하루 16시간을 사용할 수 있다. 그림 7.1에 가계시간은 왼쪽으로부터 오른쪽으로, 그리고 시장근로(보수를 위한 근로)시간은 오른쪽으로부터 왼쪽으로 표시되어 샐리의 사용 가능한 시간이 가로축에 나타나 있다.

그림 7.1

샐리가 소비하는 상품의 생산에 있어 가계시간과 소득은 대체관계에 있음.

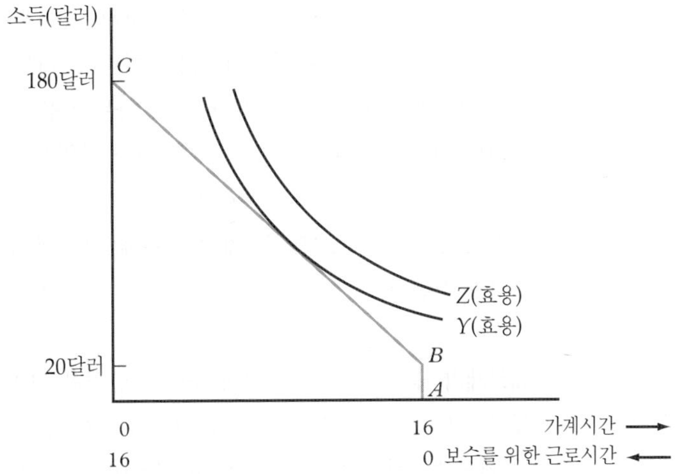

전과 마찬가지로, 샐리는 자신의 효용을 극대화하려 노력한다고 가정된다. 그녀는 자신의 효용을 증가시키는 깨끗한 집, 맛있는 음식, 행복한 자녀, 휴양활동 같은 상품들을 가계시간을 사용하여 스스로 **만들**거나 또는 그녀로 하여금 다른 사람들로부터 재화 또는 서비스를 **구매**하도록 허용하는 소득을 벌어들임으로써 획득할 수 있다. 이를 합쳐서, 그림 7.1의 두 축, 즉 가계시간을 나타내는 가로축과 소득을 나타내는 세로축은 샐리를 위한 효용을 생산하는데 사용될 수 있는 투입물의 두 원천을 반영하고 있다.

제6장에서 논의한 바와 같이 자신의 시간을 어떻게 사용할 것인가에 대한 샐리의 선택은 그녀의 선호, 그녀의 소득, 그리고 그녀의 임금에 의해 영향을 받는다. 이러한 영향들은 다음의 절들에서 논의된다.

선호 제6장에서와 같이 샐리의 선호를 그래프로 나타내기 위해 우하향하는 무차별곡선들이 계속하여 사용될 것이다. 예를 들어 영양가 있는 음식은 그녀에게 효용을 발생시키는데, 이를 위한 한 가지 옵션은 그녀 자신이 식품을 재배하여 음식을 가정에서 완전히 준비하는 것이다. 동일한 효용의 음식을 준비할 수 있는 다른 옵션들은 더 많은 구입된 재화 또는 서비스를 더 적은 가계에서의 준비시간과 결합하는 것과 관련된다. 예를 들어 가정에서 덥혀야 되는 패키지식품을 구매하거나 또는 음식점에서 음식을 사먹는 것이 그것이다. 편히 쉬는 것 또한 효용을 생산하며, **동일한 효용을 발생시키는 편히 쉬는 것**에는 시간을 필요로 하지만 구입된 재화에 크게 의존하지 않는 방식(인근공원에서의 1일 하이킹) 또는 더 많은 구입된 재화와 더 적은 시간을 사용하는 방식(나이트클럽에서의 저녁)이 있다.

구입된 재화와 시간은 효용을 발생시키는 상품을 생산하는 데 있어 서로 대체관계에 있기 때문에, 샐리의 무차별곡선은 (제6장에서 설명한 바와 같이) 우하향한다. 또한 제6

장에서 주어진 것과 유사한 이유로 무차별곡선은 계속하여 볼록한(convex) 것으로 그려진다. 즉 만약 샐리가 예를 들어 육아서비스를 생산하는 데 있어 자신의 시간을 점점 더 많은 구입된 재화로 대체하려 시도한다면, 그녀는 그렇게 하면서 자신의 효용을 불변인 채로 유지하는 것이 점점 더 어려워진다는 것을 알게 될 것이라고 가정된다. 마지막으로 샐리의 선호를 그래프로 표현할 때, 만약 자원을 통제하는 샐리의 능력이 증가하여 그녀가 그림 7.1의 무차별곡선 Y로부터 무차별곡선 Z로 이동할 수 있다면, 그녀의 효용은 증가한다고 가정된다. 이러한 가정들은 제6장에서 소개된 것과 동일한 샐리의 무차별곡선들과 연결된다.

예산제약 물론 샐리는 자신의 소득과 임금을 고려하여 시간을 어떻게 사용할지를 선택해야 하며, 그녀가 직면하는 예산제약은 그러한 선택에 대해 한계를 부여한다. 그림 7.1의 예산제약선 ABC는 샐리가 시간당 10달러를 벌 수 있으며, 만약 그녀가 보수를 위해 일하지 않는다면 1일 20달러의 비임금소득을 갖게 된다는 가정에 의해 그려졌다.

예산제약선 ABC는 제6장에서와 마찬가지로 두 축 사이를 연결한다. 예산제약선은 오른쪽 하단에서 만약 샐리가 시장에서 일하지 않고 모든 사용 가능한 시간을 가계생산에 사용한다면 얼마만큼의 소득(20달러)을 사용할 수 있는가를, 왼쪽 상단에서는 만약 샐리가 16시간 모두를 보수를 위한 근로에 배분한다면 얼마만큼의 소득(160달러+20달러=180달러)을 사용할 수 있는가를 각각 보여준다. 이전과 같이 예산제약선의 기울기는 또한 가계시간의 기회비용이기도 한 샐리의 임금수준을 반영한다(즉 만약 샐리가 받을 수 있는 임금이 시간당 10달러라면, 가계의 허드렛일을 하는데 또는 여가를 즐기는데 사용한 1시간은 그녀에게 10달러의 잠재적 근로소득을 포기할 것을 요구한다). 따라서 제6장에서의 예산제약선 같이 그림 7.1의 예산제약선 ABC가 그려진다.

소득효과와 대체효과 예산제약선과 무차별곡선들이 동일한 방식으로 그려졌기 때문에, 제6장의 근로-여가모형과 여기서 분석된 가계생산모형이 노동공급의 기반이 되는 동일한 시사점들을 갖는 것은 놀랄 일이 아니다. 구체적으로 만약 샐리의 소득이 증가하고 가계시간의 기회비용인 그녀의 임금이 불변인 채로 유지된다면, 가계생산모형은 샐리가 (그녀에게 효용을 가져다 주는 상품을 더 많이 소비하면서) 가계생산에 더 많은 시간을 사용하고 보수를 위한 근로에 보다 더 적은 시간을 사용할 것이라는 것을 예측한다. 마찬가지로 만약 그녀의 소득이 불변인 채로 임금이 인상되면, 가정에 머무는 비용이 증가한 반면 부는 증가하지 않았기 때문에 그녀는 보수를 위한 근로시간을 증가시키게 된다. 요약하면 만약 노동공급모형이 여가가 아니라 가계생산의 맥락에서 사용되더라도 제6장에서 **소개된 소득효과와 대체효과는 정확히 똑같은 방식으로 작용한다**.

개인에 대한 기본모형: 몇 가지 새로운 시사점들

여가시간으로부터 광범위한 가계생산시간의 범주로 초점을 변경하더라도 노동공급모형이 근본적으로 바뀌지는 않지만, 이러한 변경은 이 절과 뒤이은 몇 개의 절에서 다루어질 분석주제를 추가로 이끌어낸다. 이 중 하나의 즉각적인 통찰력은 명백하고 매우 중요한데, 노동공급에 대한 의사결정과 소비하는 상품을 어떻게 생산할 것인가에 대한 의사결정이 동시에 함께 이루어진다는 것이 바로 그것이다. 따라서 시장근로, 가계가 몇 명의 자녀를 가져야 하는지, 자녀들을 어떻게 키워야 하는지, 음식은 어떻게 준비되어야 하는지, 등등에 대한 선택(예문 7.1 참조)은 동일한 일련의 요인들에 의해 영향을 받는다. 이러한 통찰력은 경제학에 전적으로 새로운 하부분야를 잉태했는데, 여기서 소개된 노동공급 문제를 뛰어넘어 결혼, 이혼, 출산, 자녀양육관행의 문제들과 가계가 책임을 져야하는 기타 활동과 의사결정을 다루기 위한 가정경제분석이 바로 그것이다.[1)]

그림 7.1의 무차별곡선들에 대해서도 보다 주의 깊게 고려해야만 한다. 이 곡선들의 기울기들은 가계시간을 구입된 재화 또는 서비스로 대체하는데 샐리가 직면하는 어려움을 반영한다. 만약 샐리가 어머니로서의 역할을 특별히 타고 났다면, 만약 샐리가 구입된 재화 또는 서비스로 대체하기 어려운 일을 수행한다면, 또는 만약 샐리가 가계생산으로부터 많은 즐거움을 얻는다면, 그녀의 무차별곡선들은 수직에 가깝게 그려지는데, 이는 만약 그녀가 가정에서 머무는 시간을 줄인다면, 그녀의 효용을 불변인 채로 유지하기 위해서 **샐리는 엄청난 소득증가로 보상받아야만 된다**는 것을 의미한다. 물론 수직에 가까운 무차별곡선들은 그림 7.1의 예산제약선의 오른쪽 부분에서 예산제약선과의 접점들을 만든다. 따라서 샐리의 무차별곡선들이 수직에 가까울수록 그녀는 더 많은 시간을 가정에서 보낼 것이며, 더 적은 시간을 노동시장에 공급할 것이다. 만약 그녀의 무차별곡선들이 충분히 수직에 가깝다면, 그녀는 심지어 시장근로를 찾지 않을 것이며, 따라서 경제활동에 참가하지 않을 것이다.

자녀가 나이가 듦에 따라, 샐리는 자신의 가계시간을 구입된 재화 또는 서비스로 대체하기가 더 쉬워졌다는 것을 알게 된다. 예를 들어 자녀를 돌볼 적절한 사람을 찾는 것이 더 용이해지거나, 또는 자녀가 학교에 입학한 후에는 자녀를 낮에 돌볼 필요가 줄어들 것이다. 만약 샐리의 무차별곡선들이 수평에 가깝다면, 그녀가 경제활동에 참여할 가능성은 더 커질 것이며, 만약 샐리가 보수를 위해 일한다면 그녀는 풀타임으로 일할 가능성이 더 클 것이다.

그렇다면 가계생산모형은 가정에서의 시간이 덜 필요해지거나 또는 구입된 재화와 서비스로 대체하기가 더 쉬워지면, 경제활동참가율과 보수를 위한 근로시간이 증가할 것

1) 출산, 자녀양육, 그리고 가계에 의해 이루어진 기타 중요한 의사결정에 대한 경제분석을 요약한 연구들은 Francine D. Blau, Marianne A. Ferber, and Anne E. Winkler, *The Economics of Women, Men, and Work*, 6th ed. (Upper Saddle River, NJ: Pearson/Prentice Hall, 2010); and Shelly Lundberg and Robert A. Pollak, "The American Family and Family Economics," *Journal of Economic Perspectives* 21 (Spring 2007): 3~26을 참조하라. 시장근로와 가계근로 사이의 상충관계(trade-offs)를 분석한 연구들은 Alexander M. Gelber and Joshua W. Mitchell, "Taxes and Time Allocation: Evidence from Single Women," National Bureau of Economic Research Working Paper No. 15583 (Cambridge, Mass.: 2009); and Richard Rogerson, "Structural Transformation and the Deterioration of European Labor Market Outcomes," *Journal of Political Economy* 116 (April, 2008): 235~259를 참조하라.

예문 7.1

비만과 가계생산모형

비만은 미국에서 주요한 건강문제이다. 1970년대 말부터 1990년대 초까지의 기간 동안 비만으로 간주되는 성인 미국인의 비율은 14%로부터 거의 22%까지 증가하였다! 비만은 이제 조기사망의 두 번째 원인이다. 즉 매년 300,000명의 때 아닌 사망이 비만으로부터의 합병증(심장질환, 뇌졸중, 그리고 당뇨병 등등)과 관련된다. 한 추정치는 1995년에 비만의 연간비용(의료치료 더하기 생산성 손실)이 거의 1,000억 달러에 이르렀음을 알려주고 있다. 물론 비만은 유전 및 기타 가족의 영향 모두와 관련이 있지만, 그 갑작스러운 증가는 다른 요소들이 또한 작용했을지도 모른다는 것을 암시한다. 경제이론이 이러한 문제에 통찰력을 제공할 수 있을까?

이 장에서 소개된 가계생산모형은 음식준비 같은 가계근로에 사용되는 시간이 **선호**의 변화와 **소득효과 및 대체효과** 모두에 반응할 것이라는 것을 암시한다. 임금이 불변인 채로 소득이 증가함에 따라, 더 많은 시간이 가정에서 소비하는 재화의 생산에 투입될 것이 기대된다. 그러나 소득이 불변인 채로 임금이 증가함에 따라, 시간의 기회비용 증가는 사람들로 하여금 **더 적은** 시간을 가계에, 그리고 더 많은 시간을 보수를 위한 근로에 배분하도록 만든다. 만약 기회비용 또는 선호의 변화가 더 많은 사람들이 (특히 여성들) 시장근로를 찾고, 더 적은 시간을 가계근로(음식준비를 포함)에 사용하도록 유발했다면 간이식품(convenience foods)에 대한 수요가 증가할 것을 기대했을 것이다.

실제로 취업한 미국여성들의 비율이 44%로부터 60%로 증가했던 1972년과 1997년 사이에 1인당 패스트푸드 음식점 수가 2배가 되었으며, 1인당 풀서비스 음식점 수는 1/3이 증가하였다. 패스트푸드 음식점들은 특히 칼로리 함유량이 높은 음식을 서비스하는데, 최근의 한 연구는 이러한 음식점들의 이용 가능성 증가가 비만 증가와 강하게 관련되어 있음을 밝힌 바 있다. 즉 개인적 특성을 불변인 채로 유지할 때, 이 연구는 1인당 음식점 수가 크게 증가한 지역에서 비만의 발생이 증가했음을 발견했다.

더욱이 이 연구는 또한 소득효과 및 대체효과 모두 예측한 방향으로 비만에 영향을 미친다는 증거도 찾아냈다. 주어진 지리적 지역과 성, 인종, 결혼상태, 그리고 교육에 의해 정의되는 여러 인구통계학적 그룹 내에서, 이 연구는 그 인구통계학적 그룹의 임금을 불변으로 유지할 때 더 많은 가족소득을 가진 사람들이 비만이 될 가능성이 **더 적다**는 것을 밝혔다. 이러한 발견은 **소득효과**가 사람들로 하여금 가정에서 더 많은 시간을 사용하고, 살이 찌는 간이식품에 덜 의존하도록 유발한다는 예측과 일관성을 갖는다.

그러나 소득을 불변인 채로 유지할 때 시간당 임금이 더 높은 (그리고 시장근로시간이 더 긴) 지역과 그룹의 사람들은 비만이 될 확률을 증가시켰다. 후자의 발견은 시간의 기회비용이 증가함에 따라, **대체효과**가 사람들로 하여금 가정에서 더 적은 시간을 사용하고, 간이식품에 더 의지하도록 유발할 수 있다는 것을 암시한다. 실제로 최근의 한 연구는 근로자들의 임금(그리고 시간의 비용)이 상승함에 따라, 그들은 근로 중에 세끼식사를 하는데 더 적은 시간을 사용하고 '스낵 식품을 먹는데(grazing)' 더 많은 시간을 사용한다는 것을 밝히고 있는 바, 이 또한 체중증가를 유도하는 것이다.

자료: Shin-Yi Chou, Michael Grossman, and Henry Saffer, "An Economic Analysis of Adult Obesity: Results from the Behavioral Risk Factor Surveillance System," *Journal of Health Economics* 23 (May 2004): 565~587; and Daniel S. Hamermesh, "Grazing, Goods and Girth: Determinants and Effects," NBER Working Paper No. 15277 (Cambridge, Mass.: August 2009).

표 7.2

어린 자녀를 가진 어머니들의 자녀 연령별 경제활동참가율과 풀타임고용, 2012년

가장 어린 자녀의 연령	경제활동참가율(%)		풀타임으로 일하는 사람의 비율*(%)	
	유배우자	무배우자	유배우자	무배우자
1세 미만	57	57	75	61
1세	62	66	70	67
2세	62	71	72	69

*풀타임으로 일하는 **고용된** 어머니들의 비율임

자료: U.S. Department of Labor, Bureau of Labor Statistics, "Employment Characteristics of Families–2012," UDSL 13-0730 (Friday, April 26, 2013), Table 6.

이라는 것을 예측하도록 한다. 역사적으로 볼 때, 여성들이 가계생산의 주책임을 담당해 왔는데, 세탁기와 건조기, 자동세척기, 전자레인지, 온라인 쇼핑, 그리고 전자뱅킹 같은 발명과 함께 가계시간을 구입된 재화로 대체하기가 더 용이해졌다. 여성 경제활동참가율의 예상된 증가는 표 6.1에서 살펴볼 수 있었다.

자녀의 연령은 가계시간과 소득 사이에 부모들이 기꺼이 감수할 용의가 있는 상충관계(trade-offs)에도 또한 영향을 미칠 가능성이 있다. 표 7.2는 자녀가 나이를 먹음에 따라 그 어머니들의 경제활동참가율이 증가한다는 주장을 뒷받침하는 증거를 제공한다. 가정에 유아가 있을 때 기혼여성들의 경제활동참가율은 57%이지만, 자녀가 두 살일 때 평균적으로 그녀들의 경제활동참가율은 62%로 증가한다. 홀어머니들의 경제활동참가율 증가는 훨씬 더 극적이다. 즉 자녀가 유아로부터 두 살로 커감에 따라 홀어머니들의 평균 경제활동참가율은 57%에서 71%로 증가하였다. 자녀가 나이를 먹음에 따라 풀타임으로 고용된 홀어머니들의 비율도 또한 증가한 반면, 이에 해당하는 배우자가 있는 어머니들의 비율은 2012년에 명확한 패턴을 보여주지 않았다.

가계생산모형은 어떤 특정 연도에 가계의 의사결정이 한 사람에 의해 이루어질 때의 시사점들을 제공할 뿐만 아니라, 이를 뛰어넘어 두 명 이상의 의사결정자들을 가진 가계에 의해 이루어져야만 하는 의사결정에 대해서도 통찰력을 제시한다. 가계생산모형은 또한 시간을 단지 1년이 아닌 전 생애에 걸쳐 어떻게 배분하는가에 대한 의사결정에 대해서도 통찰력을 제공한다. 이 시사점들은 다음의 절들에서 분석된다.

가계 내에서의 노동공급에 대한 공동의사결정

제6장과 이 장에서 지금까지 설명했던 모형들은 자기 자신의 효용을 극대화시키려 한다고 가정되었던 단일의사결정자를 위한 것이었다. 그러나 파트너들과 함께 사는 사람들의 경우에는 각자의 시간을 배분하기 위해, 그리고 가계에서 누가 무엇을 담당할지를 합의하기 위해 어떤 형태의 **공동**의사결정 과정이 사용되어야만 한다. 이 과정은 파트너 사이

의 정서적 관계에 의해 복잡해지며, 시장근로와 가계근로에 대한 그들의 의사결정은 또한 관습에 의해 크게 영향을 받는다.[2] 그럼에도 불구하고 경제이론은 모든 가계들이 내려야만 하는 의사결정에 영향을 미치는, 적어도 몇몇 요인들에 대해 통찰력을 제공하는데 도움이 될 수 있다.

가계에 의해 사용될 수 있는 여러 상이한 의사결정 과정을 도대체 어떻게 모형화시키는 가는, 경제학자들이 이제 막 연구를 시작한 문제이다. 이제까지 발전된 효용극대화 원리를 기본으로 한 기혼부부들의 의사결정에 관한 공식적인 모형들은 두 가지 일반적인 범주로 구분된다.[3] 가장 단순한 모형들은 부부가 모두 정확히 똑같은 선호를 갖는다고 가정하거나 또는 둘 중 한 명이 모든 의사결정을 내린다고 가정함으로써, 단일의사결정자의 가정을 부부의 의사결정으로 확대한다. 이러한 '단일(unitary)' 모형들은 부부 중 누가 소득을 얻는지와 관계없이 부부는 동일한 지출유형을 가져야만 한다는 것을 의미한다. 실증연구는 가계의 의사결정이 어떻게 이루어지는가에 대한 이러한 단순한 견해를 기각하는 경향이 있다.[4]

가계의 의사결정 과정을 모형화하는 두 번째 방식은 파트너들이 자기 자신의 효용함수를 갖고 있으며 각자의 시간배분에 대해 **협상**하는 '집단(collective)'모형을 가정하는 것이다. 협상과정에서 각자가 가진 힘은 만약 파트너들이 갈등을 해결할 수 없어서 그들의 관계가 해체된다면 각자가 얼마나 잘 행동할 수 있는가와 관련된 것으로 간주된다. 이 모형은 물질적인 자원에 더 잘 접근할 수 있는 파트너들이 가족의 의사결정에 있어 더 큰 영향력을 행사한다는 것을 암시한다. 협상모형을 지지하는 증거가 늘어나고 있는데, 여기에는 자기 자신의 경제적 자원이 거의 없는 여성들이 분규가 발생할 때 가정폭력의 희생자일 가능성이 더 크다는 슬픈 현실도 포함된다.[5]

자신들의 시간배분을 결정하기 위해 파트너들이 어떤 과정을 사용하든지, 그리고 그 과정이 가계에 따라 상이할 수 있지만, 거의 모든 가계들이 직면해야만 하는 어떤 문제들이 존재한다. 이제 노동공급에 영향을 미치는 몇몇 공동의사결정에 대해 간략히 분석하기로 한다.

---

2) Julie A. Nelson, "I, Thou, and Them: Capabilities, Altruism, and Norms in the Economics of Marriage," *American Economic Review* 84 (May 1994): 126~131; and Claire Brown, "An Institutional Model of Wives' Work Decisions," *Industrial Relations* 24 (Spring 1985): 182~204 참조.

3) Shelly Lundberg and Robert A. Pollak, "Bargaining and Distribution in Marriage," *Journal of Economic Perspectives* 10 (Fall 1996): 139~158 참조.

4) Francine D. Blau, Marianne A. Ferber, and Anne E. Winkler, *The Economics of Women, Men, and Work*, 47.

5) Richard Blundell, Pierre-Andre Chiappori, and Costas Meghir, "Collective Labor Supply with Children," *Journal of Political Economy* 113 (December 2005): 1277~1306; Lauren Cherchye, Bram De Rock, and Frederic Vermeulen, "Married with Children: A Collective Labor Supply Model with Detailed Time Use and Intrahousehold Expenditure Information," *American Economic Review* 102 (December 2012) 3377~3405; and Anna Aizer, "The Gender Wage Gap and Domestic Violence," *American Economic Review* 100 (September 2010): 1847~1859.

기능의 특화

파트너들은 종종 시장과 가계 모두에서 이루어져야 하는 일에 어느 정도까지는 특화(specialization)하는 것이 이익이 된다는 것을 알고 있다. 종종 파트너 둘 중 어느 하나가 식사준비, 쇼핑, 가정의 보수유지 또는 육아에 주책임을 지게 될 것이다. 둘 모두 보수를 위해 일을 한다면, 파트너 둘 중 어느 하나가 초과근무, 직무와 관련된 여행, 또는 만약 가정에서 급한 일이 일어날 때의 근무시간 단축에 보다 잘 응할 수 있는 경우도 또한 있을 수 있다. 누가 어떤 일에 특화하는가를 결정하는 데 있어서 어떤 요소들이 고려되어야 하는가?

이론 둘 중 누군가 집에 머무름으로써 또는 좀 덜 바쁜 일자리를 구하거나 가까운 거리의 일자리를 구함으로써, 육아에 주책임을 질 것인가를 결정하려는 부부를 고려하기로 하자. 육아에 주된 의무를 지는 사람은, 아마도 가계에서 보다 많은 시간을 보낼 것이기 때문에, 이 부부는 누가 상대적으로 가정에서 더 생산적인가? 누가 상대적으로 시장근로에 더 생산적인가?라는 두 가지 질문에 답변할 필요가 있다.

예를 들어 파트너 둘 중 하나가 가정에 더 오래 머물러 육아의 대부분을 담당하여야 하는지를 결정하는 기혼부부는, 이 책임을 맡게 되는 남편 또는 아내에 어떤 이익과 손실이 수반되는가를 고려하기를 원할 것이다. 가정에 머무르는 것으로부터의 손실은 각자의 시장임금과 관계되는 반면, 이익은 육아에 따른 그들의 즐거움과 육아기술에 달려있다. (부모로서의 역할을 하는 과정에서의 즐거움은 효용을 증가시키기 때문에, 더 높은 수준의 즐거움과 더 높은 수준의 기술을 육아의 더 높은 '생산성'을 나타내는 지표로 정할 수도 있다.) 뒤의 장들에서 논의하게 될 이유로 인해 여성들의 임금은 전형적으로 남성들에 비해 낮았다. 또한 사회화과정(socialization) 때문에도 아내들이 역사적으로 볼 때 남편들에 비해 육아에 더 생산적이었을 가능성이 크다. 만약 여성의 임금이 그녀의 남편보다 낮은 수준이며 여성이 육아에 더 생산적이라면, 아내가 육아의 주책임을 지게 될 때 가정 전체는 시장재화를 덜 포기하고 육아에서 더 많은 것을 얻게 된다.

미래에 대한 시사점 가계에서의 어떤 임무 대부분을 누가 담당하는가의 선택의 문제를 가계와 시장에서의 상대적 생산성에 의해 영향을 받는 것으로 모형화한다는 것은 가계생산에 대한 선호의 형성 또는 선택의 제한에 관습이 중요하지 않다는 것을 의미하지는 않는다. 분명히 관습은 중요한 역할을 한다. 가계생산이론이 강조하는 것은 임금, 소득, 그리고 가정에서의 생산성이 변함에 따라 가계근로의 분배도 당연히 변화한다는 것이다. 한 연구는 부부 모두 가정 밖에서 일할 때 각자가 1주일 동안 가계근로에 사용하는 시간은 자신들의 상대적 임금에 의해 영향을 받는다는 것을 밝힌 바 있다. 즉 아내들의 임금이 상승하고 노동시장 기회들이 증가함에 따라 남편이 수행하는 가계근로는 증가하는 것

처럼 보이는 반면, 아내들에 의해 이루어진 가계근로의 비중은 감소한다.[6)]

파트너 둘 다 보수를 위해 일해야 하는가?

물론 파트너 둘 중 하나가 가정에 풀타임으로 머물러 가계생산에 특화할 필요는 분명히 없다. 잔디관리에서 육아까지의 많은 가계의 허드렛일은 외부에 맡겨지거나, 또는 더 많은 구입된 재화 또는 서비스와 더 적은 가계시간으로 수행될 수 있다. 더욱이 어떤 사람이 가계근로에 더 많은 시간을 보내는 것은 그 사람의 미래 임금 제안을 실제로 하락시키며, 따라서 가계근로에 특화하는 것과 관련된 장기적 비용이 존재한다는 증거가 있다.[7)]

일반적으로 말해서 파트너 둘 모두가 시장근로에 추가로 1시간을 사용할 때, 잃어버린 가계시간 1시간을 보충하는 데 필요한 것보다 더 많은 재화 또는 서비스를 구입할 능력이 창출되는 한, 만약 둘 모두 보수를 위한 근로에 그 1시간을 추가한다면, 그들은 자신들의 자원을 증가시킬 수 있다. 그림 7.2로 설명하면, 만약 파트너 둘 모두가 A와 같은 점에 있을 때, 가정에서의 시간을 H_0으로부터 H_1로 줄임으로써 보수를 위하여 일하는 시간을 증가시키는 것은 잃어버린 가계시간(BC)을 보충하는 데 필요한 것보다 더 많은 자원(BD)을 추가할 것이다.

분명히 (소득을 불변인 채로 유지하면서) 더 수직에 가까운 예산제약선은 대체효과를 통해서 증가된 시장근로시간의 바람직함을 증가시키는 경향이 있을 것이다. 그러나 더 수평에 가까운 무차별곡선들도 소득을 위해 가계시간을 팔아버릴 용의가 커졌음을 나타내기 때문에 (잃어버린 가계시간을 보충하기 위해 더 적은 소득이 필요함) 또한 이와 똑같은 효과를 가질 것이다. 더 수평에 가까운 무차별곡선들로 유도할 수 있는 몇몇 요인들에 대해서는 이미 언급한 바가 있는데, 가계시간의 구입된 재화로의 대체를 더 쉽게 만드는 발명, 자녀가 나이가 듦에 따라 가정에서 보내는 시간의 가치 하락, 또는 가정에 머무는 것과 관련된 미래임금의 하락폭 증가가 여기에 포함된다.

가계파트너들의 무차별곡선들을 수평에 가깝게 만들 수 있는 다른 요인이 최근 약간의 주목을 받았다. 몇몇 사람들은 미국의 부부들은 사치스러운 승용차 또는 대저택 같은 **다른 사람들에 의해 쉽게 관찰되는** 구입된 재화에는 점점 더 큰 가치를, 그리고 가정에서 알려짐이 없이 생산된 상품들(예를 들어 자녀들과의 보드게임놀이 또는 독서)에는 더 적

---

6) Joni Hersch and Leslie S. Stratton, "Housework, Wages, and the Division of Household Time for Employed Spouses," *American Economic Review* 84 (May 1994): 120~125; Marianne Bertrand, Claudia Goldin, and Lawrence F. Katz, "Dynamics of the Gender Gap for Young Professionals in the Financial and Corporate Sectors," *American Economic Journal: Applied Economics* 2 (July 2010): 228~255; and James Feyrer, Bruce Sacerdote, and Ariel Dora Stern, "Will the Stock Return to Europe and Japan? Understanding Fertility within Developed Nations," *Journal of Economic Perspectives* 22 (Summer 2008): 3~22.

7) Joni Hersch and Leslie S. Stratton, "Housework, Wages," *Journal of Human Resources* 37 (Winter 2002): 217~229; and Elizabeth Ty wilde, Lily Batchelder, and David T. Ellwood, "The Mommy Track Divides: The Impact of Childbearing on Wages of Women of Differing Skill Levels," National Bureau of Economic Research, working paper no. 16582 (Cambridge, Mass., December 2010).

그림 7.2

파트너의 가정과 시장에서의 생산성

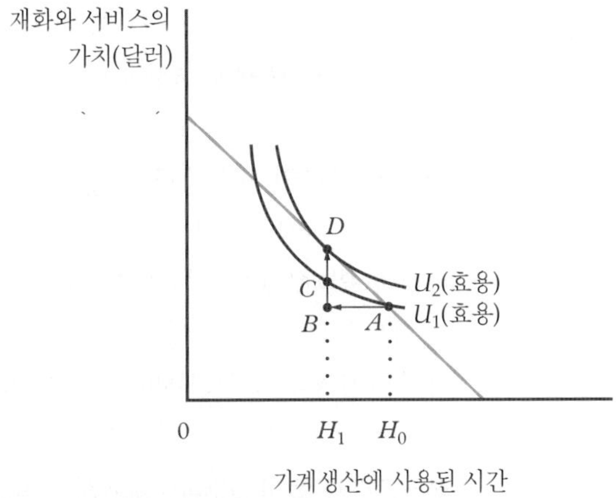

은 가치를 부여하고 있다고 주장한다.[8] 만약 개인의 또는 가족의 사회에서의 **상대적인 위치**를 더욱 강조하게 된다면, 그리고 만약 지위(status)가 공개적으로 관찰된 소비에 좌우된다면, 소득에 대한 열망의 증가는 무차별곡선들을 수평에 가깝게 만들고, 보수를 위해 일하는 시간을 증가시키고 가정에서의 시간을 감소시킬 것이다.[9]

공동의사결정과 서로 영향을 미치는 가정에서의 생산성

가족 노동공급 결정은 파트너 각자의 가계와 시장에서의 생산성을 고려함으로써 향상될 수 있음을 살펴보았다. 그러나 파트너 중 한 명의 가정에서의 생산성은 **다른** 파트너의 시장에 대한 노동공급에 의해 영향을 받으며, 그 결과 공동의사결정을 모형화하는 것은 매우 복잡하다. 한편으로는 만약 기혼여성이 가정 밖에서의 근로시간을 늘리기로 결정한다면, 그녀 남편의 가정에서의 한계생산성은 이전에 아내가 담당하였던 허드렛일을 남편이 맡음에 따라 **증가**할 수도 있다. 따라서 앞에서 논의한 용어로 설명하면, 아내의 보수를 위한 근로시간의 증가는 그녀 남편의 무차별곡선들을 **수직에 가깝게** 만드는 역할을 함으로써 남편으로 하여금 보수를 위한 근로시간을 줄이고 가정에서의 시간을 늘리도록 할 수 있다.

다른 한편으로는 만약 두 파트너들이 서로의 존재를 즐긴다면, 남편이 가정에서의 자신의 시간에 부여하는 가치는 만약 아내가 가정에 덜 머문다면 **하락**할 수 있는데, 이는 남편의 무차별곡선들을 **수평에 가깝게** 만들고 보수를 위한 근로시간을 증가시키게 된다.

---

8) Robert H. Frank, *Luxury Fever: Why Money Fails to Satisfy in an Era of Excess* (New York: The Free Press, 1999).

9) David Neumark and Andrew Postlewaite, "Relative Income Concerns and the Rise in Married Women's Employment," *Journal of Public Economics* 70 (October 1998): 157~183은 **지위**에 대한 관심이 여성들로 하여금 보수를 위해 일하는 것을 늘리도록 하였는지의 여부를 분석하려는 시도에 대한 예를 제시하고 있다.

이론에 의하면 만약 파트너 중 하나가 가정에서의 시간을 줄이면, 다른 파트너가 보다 수직에 가까운 또는 보다 수평에 가까운 무차별곡선들을 가질 것인가의 여부를 예측할 수가 없으며, 이 주제에 대한 실증연구도 아무런 의견의 일치를 이끌어내지 못하고 있다.[10)]

경기침체시의 노동공급: '실망'근로자와 '부가'근로자

가정 또는 시장근로에서 파트너 중 한 명의 생산성변화는 가족의 기본적 노동공급결정을 바꿀 수 있다. 예를 들어 시장근로를 남편이 수행하고 아내는 가정의 일을 풀타임으로 맡고 있는 '전통적' 가족을 고려하기로 하자. 만약 경기침체로 인해 남편이 실직을 하게 된다면 어떤 일이 일어날까?

부가근로자 효과(added-worker effect) 남편의 시장생산성은 적어도 일시적으로 하락한다. 그의 (경기침체에 인해 영향을 받지 않는) 가계에서의 생산성과 비교할 때의 시장에서의 생산성하락은 가족들이 그가 가계생산에 종사하는 것이 도움이 된다는 것을 알게 할 가능성을 더 크게 한다. 만약 그의 아내가 보수를 위한 근로로부터 벌 수 있는 임금이 영향을 받지 않는다면, 가족은 (소비와 **저축** 수준 모두에 의해 영향을 받을 수 있는) 가족의 이전 효용수준을 유지하도록 노력하기 위해 경기침체가 지속되는 한 **아내**가 시장근로를 찾고 **남편**이 가정에서의 생산에서 아내를 대체하도록 결정**할 수** 있을 것이다. 남편은 복직을 기다리는 실업자로서 경제활동인구로 남아있을지 모르며, 아내가 일자리를 찾기 시작함에 따라 아내는 경제활동인구에 부가된 근로자가 된다. 따라서 가족소득의 하락에 직면할 때 시장근로를 찾으려는 가족구성원 수는 증가할 수 있다. 이 잠재적 반응은 가족의 소득이 하락함에 따라 더 적은 상품이 소비되며 소비에 사용된 시간의 감소가 보수를 위한 바람직한 근로시간의 증가와 대응된다는 의미에서 소득효과와 유사하다.

실망근로자 효과(discouraged-worker effect) 그러나 이때 일자리가 없는 사람이 일자리를 찾게 될 때 받으리라 **기대**할 수 있는 **임금**도 동시에 살펴보아야만 한다. $E(W)$로 표시되는 이 예상임금은 실제로 정확한 통계적 개념으로 나타낼 수 있다.

$$E(W) = \pi W \tag{7.1}$$

단 W는 일자리를 갖고 있는 사람들의 임금이며, π는 일자리가 없을 때 일자리를 얻게 될 확률이다. 일자리가 없는 사람의 경우 가정에 머무르는 기회비용은 $E(W)$이다. 실업률이 증가할 때 나타나는 일자리의 감소는 **일자리가 없는 사람들의 예상임금**을 두 가지 이유 때문에 크게 **하락**시킨다. 첫째, 수요를 넘어서는 초과노동공급은 경기침체의 기간 동안

---

10) 이 문제들에 대한 검토는 Mark Killingsworth, *Labor Supply* (Cambridge: Cambridge University Press, 1983); Marjorie B. McElroy, "Appendix: Empirical Results from Estimates of Joint Labor Supply Functions of Husbands and Wives," in *Research in Labor Economics*, vol. 4, ed. Ronald Ehrenberg (Greenwich, Conn.: JAI Press, 1981), 53~64 참조. 보다 최근은 Daniel S. Hamermesh, "Timing, Togetherness and Time Windfalls," *Journal of Population Economics* 15 (November 2002): 601~623 참조.

(일자리를 가진 사람들의) 실질임금을 하락시키는 경향이 있다. 둘째, 경기침체 시에는 일자리를 얻을 기회가 줄어든다. 따라서 경기침체 시에는 W와 π 모두 하락하여 $E(W)$가 감소된다.

예상임금의 하락에 수반되는 **대체효과**(substitution effect)에 주목하면서, 몇몇 사람들은 그렇지 않았으면 일자리를 찾고자 하였을 사람들이 경기침체 시에는 실망하여 노동시장 밖에 남아있게 되는 경향이 있다고 주장하였다. 일자리를 찾는 것이 그들에게 너무 낮은 기대보수를 제공하기 때문에 그러한 사람들은 가정에서 시간을 보내는 것이 일자리탐색에 시간을 사용하는 것보다 더 생산적이라고 결정한다. 경기침체 시에 실망근로자들과 관련된 경제활동인구의 감소는, 대체효과가 소득효과의 반대방향으로 작용하는 것과 같이 부가노동자 효과의 반대방향으로 작용하는 요인이 된다(예문 7.2에서 설명된 바와 같이 소득효과와 대체효과는 또한 아동노동 문제를 분석하는데 도움이 될 수 있다).

어느 효과가 우세한가? '부가'근로자들과 '실망'근로자들이 상이한 그룹의 사람들이기 때문에 물론 부가근로자 효과와 실망근로자 효과 모두 동시에 존재하는 것이 가능하다. 그러나 어느 그룹이 우세한지는 중요한 문제이다. 만약 경기침체 기간에 경제활동인구가 부가근로자들로 인해 늘어난다면 발표되는 실업률도 똑같이 높아지게 될 것이다(부가근로자들은 일자리를 찾는 사람들의 수를 증가시킬 것이다). 만약 근로자들이 실업자가 된 후 실망하게 되어 노동시장 밖으로 이탈한다면, 일자리를 찾는 사람들의 감소가 실업률을 낮추게 될 것이다. 발표되는 실업률로부터 노동시장의 실제 상태에 대해 정확한 추론을 위해서는 어느 효과가 우세한지에 대한 지식이 필요하다.

비록 꽤 작은 경향이 있기는 하지만, 부가근로자 효과가 존재한다는 것을 알고 있다. 부가근로자 효과는 가족의 생계를 혼자서 책임지는 사람이 일자리를 잃은 상대적으로 소수의 가계에 제한적으로 나타나며, 실업보험급여가 생김에 따라 줄어들었을지도 모른다는 몇몇 증거가 존재한다. 더욱이 점점 많은 여성들이 보수를 위해 정규적으로 고용됨에 따라 부가근로자 효과는 감소하며, 또한 점차 10대 근로자들에게 한정되는 경향이 있게 될 것이다. 이와는 대조적으로 예상실질임금의 하락은 거의 **모든** 가계에 발생하며, 기혼여성들의 경우 대체효과가 상대적으로 강하기 때문에, 비록 실망근로자 효과와 부가근로자 효과 모두 시간이 흐름에 따라 더 작아지고 있다는 증거가 있기는 하지만, 여러 연구들이 실망근로자 효과가 더 우세하다고 일관되게 밝히고 있음은 놀랄 일이 아니다.[11] 다

[11] T. Aldrich Finegan, Roberto V. Peñaloza, and Mototsugu Shintani, "Reassessing Cyclical Changes in Workers' Labor Market Status: Gross Flows and the Types of Workers Who Determine Them," *Industrial and Labor Relations Review* 61 (January 2008): 244~257; and Catalina Amuedo-Dorantes and Jean Kimmel, "Moonlighting over the Business Cycle," *Economic Inquiry* 47 (October 2009): 754~765. 또한 Melvin Stephens Jr., "Worker Displacement and the Added Worker Effect," *Journal of Labor Economics* 20 (July 2002): 504~537; Paul Bingley and Ian Walker, "Household Unemployment and the Labour Supply of Married Women," *Economica* 68 (May 2001): 157~185; and Hans G. Bloemen, "Job Search, Search Intensity, and Labor Market Transitions: An Empirical Analysis," *Journal of Human Resources* 40 (winter 2005): 231~269 참조.

예문 7.2

가난한 나라의 미성년노동(child labor)

국제노동기구(International Labour Office: ILO)는 2004년 전 세계적으로 전체 어린이의 약 8%인 1억 2,600만 명의 어린이들이 자신들의 신체적 또는 교육적 발전에 해가 되는 일을 수행했었다고 추정하고 있다. 많은 사람들이 부유한 나라에서 판매되는 제조업상품의 생산에 가난한 나라들로부터의 저임금노동의 사용이 증가됨에 따라 미성년노동(child labor)이 확대되고 있음을 우려하고 있다. 미성년노동에 관한 경제이론의 예측은 무엇인가?

가계생산이론은 가계 활동과 노동시장 활동에 관한 선택을 시장임금, 가계에서의 생산성, 그리고 가족소득의 함수로 간주한다. 가계가 해야만 하는 노동공급 의사결정 중의 하나는 자녀들을 경제활동에 참여시켜야 하는지, 그리고 언제 참여시켜야 하는 지인데, 이론은 생산의 세계화에 의해 최근 발생된 두 가지 대립되는 요인이 존재한다는 것을 암시한다.

한편으로, 가난한 나라들의 제조업 일자리 창출은 그 거주자들의 근로소득 기회를 증가시킨다. 만약 그러한 거주자들이 자신들이 현재 하고 있는 것들을 그만두고 제조업 일자리를 갖기로 선택한다면, (만약 그들의 의사결정이 자발적으로 이루어졌다면) 그들은 자신들이 더 나아질 것으로 믿고 있다고 가정해야만 한다. 따라서 새로운 일자리 기회는 임금인상을 나타내며, 이와 관련된 **대체효과**는 그들을, 그리고 아마도 그들의 자녀들을 이러한 일자리들로 끌어당기는 경향이 있게 된다. 이러한 새로운 일자리의 많은 어린이들이 이전에는 저임금을 지급하는 일자리 또는 (농업 또는 수공업 일을 수행하면서) 가계에서 일하였던 반면, 다른 어린이들은 자신의 자녀들이 벌 수 있는 높은 임금을 자녀들을 학교보다는 일하는 곳으로 보내는 유인으로 간주하는 부모들을 가지고 있을 수 있다. 그 의사결정이 미성년노동의 사용을 **증가**시키게 되는 것이 바로 이 후자 부모그룹이다.

다른 한편으로, 부모들의 근로소득기회 증가는 가족 내에서 미성년노동의 사용을 감소시킬 수 있는 **소득효과**를 창출하게 된다. 많은 가족들은 너무 가난해서 자녀들이 제공할 수 있는 소득을 포기할 수 없다(세계은행은 2001년 전 세계 11억 명의 사람들이 하루에 1달러 미만의 소비수준을 가지고 있으며, 27억 명이 하루 2달러 미만으로 살고 있었다고 추정하고 있다). 만약 어린이와 성인 노동이 부모들에 의해 가족소득을 공급하는 대체 수단으로 간주된다면, 성인 근로소득이 증가할 때 경제활동인구로부터 자신의 자녀들을 **퇴출**시키도록 부모들을 유발시키는 **소득효과**가 창출된다.

현재까지, 소득효과가 대체효과를 압도하고, 근로소득기회가 증가함에 따라 부모들은 자신들의 자녀들이 더 많은 여가(또는 학교교육)를 갖기를 원한다는 것을 암시하는 두 종류의 데이터가 존재한다. 첫째, 미성년노동은 세계의 가장 가난한 지역에서 활발한 바, 아프리카와 아시아에서 가장 빈번하며, 유럽과 북미에서 가장 빈번하지 않다. 둘째, 위험한 일을 수행하는 어린이들의 수는 2002년부터 2006년까지 26% 하락하였는데, 그 하락은 15세 미만 어린들의 경우 가장 컸다(33%). 따라서 가난한 나라에서 소득이 증가하고 학교교육이 보다 이용가능해짐에 따라 미성년노동은 언젠가 과거의 일이 될 것이라는 희망을 가질 수 있다.

자료: Kaushik Basu, "Child Labor: Cause, Consequence, and Cure, with Remarks on International Labor Standards," *Journal of Economic Literature* 37, no. 3 (September 1999): 1083~1119; International Labour Office, Office of the Director-General, *The End of Child Labour: Within Reach*, Report I (B), International Labour Conference, 95th Session (Geneva: International Labour Office, 2006); Shanina Amin, Shakil Quayes, and Janet M. Rives, "Are Children and Parents Substitutes or Complements in the Family Labor Supply Decision in Bangladesh?" *Journal of Developing Areas* 40 (Fall 2006): 15~37. 또한 Eric V. Edmonds and Norbert Schady, "Poverty Alleviation and Child Labor," *American Economic Journal: Economic Policy* 4 (November 2012): 100~124 참조.

른 조건이 일정할 때, **경제활동인구는 경기침체 시에는 줄어들고 경기회복 기간 중에는 증가하는 경향이 있다.**

잠재실업 실망근로자 효과의 우세는, 일하고 싶지만 일자리가 너무 귀해 일자리를 찾아 보아도 소용이 없다고 믿는 소위 **잠재**실업자들을 만들어낸다. 그들은 일자리를 찾지 않기 때문에 정부통계에서 실업자로 계산되지 않는다. 공식적인 총실업률이 4.6%에서 9.3%로 증가했던 2007년부터 2009년까지의 기간에 초점을 맞추면 잠재실업의 크기를 개략적으로 알 수 있다.

2007년에는 평균적으로 710만 명(경제활동인구의 4.6%)이 실업자로 계산되었다. 이 외에도 369,000명이 일자리를 얻기가 가능하지 않을 것이라 믿었기 때문에, 일하기를 원하지만 일자리를 찾지는 않았다고 조사되었다. 이 그룹은 경제활동인구에 포함되지 않은 성인들의 0.5%를 차지하였다. 2009년에는 약 1,430만 명(경제활동인구의 9.3%)이 공식적으로 실업자로 간주되었지만, 일자리를 얻기가 어려우리라 믿었기 때문에 일자리를 찾지 않는 그룹에 778,000명이 속해 있었다. 일자리의 기회가 줄어드는 것과 동시에 '실망근로자들'의 수가 경제활동인구에 포함되지 않은 성인의 1%로 증가하였다. 만약 실망근로자들이 경제활동인구 중의 실업자로 계산된다면 실업률이 2007년에는 4.9%, 2009년에는 9.7%가 되었을 것이다. 따라서 공식실업률은 4.7% 포인트 증가한 반면, 실망근로자들을 포함한 실업률은 4.8% 포인트 증가하였다.[12)]

생애주기 측면에서의 노동공급

시장에서의 생산성(임금)과 가계에서의 생산성은 생애주기에 따라 변하기 때문에 사람들은 생애에 걸쳐서 자신들이 노동시장에 공급하는 시간을 변화시킨다. 성인의 초기연도에는 후기연도에 비해, 상대적으로 보수를 위한 일에 시간을 거의 사용하지 않으며 보다 많은 시간을 학교교육에 할애한다. 생애의 아주 말기에는 비록 연령에 차이가 나긴 하지만, 사람들은 완전히 또는 부분적으로 퇴직한다. 생애의 중간 기간(예를 들어 25세부터 50세까지)에는 대부분의 남성들은 지속적으로 경제활동에 참가하나 기혼여성들의 경우에는 나이를 먹음에 따라 경제활동참가율이 증가한다. 학교교육 문제는 제9장에서 다루어질 것이지만, 이 장에서 논의된 가계생산모형을 생애주기에 대한 고려사항들을 포함하도록 확대하는 것은 여러 영역의 노동공급 행태에 대한 이해를 깊게 할 수 있으며, 그 중 두 가지가 아래에서 논의될 것이다.

---

12) 실망근로자들을 포함시키면 발표된 실업률이 변한다고 이야기하는 것이 그렇게 **되어야만** 한다는 것을 의미하지는 않는다. 실망근로자들을 실업자로 계산하는 것에 대한 찬성과 반대 주장들의 요약은 최종보고서 National Commission on Employment and Unemployment Statistics, *Counting the Labor Force* (Washington, D.C.: NCEUS, 1979), 44~49를 참조하라.

대체효과와 생애주기에서의 근로시기

시장근로와 가계근로에 대한 공동의사결정이 두 명의 파트너들의 시장과 가정에서의 생산성비교를 수반하는 것과 같이, 일생동안 **언제** 일을 할 것인가의 의사결정은, **시간이 경과함에 따른** 시장과 가정에서의 생산성비교를 필요로 한다. 여기서의 기본아이디어는 사람들은 자신들의 근로소득 능력이 가계생산성에 비해 상대적으로 높을 때 대부분의 시장근로를 수행하는 경향이 있을 것이라는 것이다. 반대로 사람들은 자신들의 근로소득 능력이 상대적으로 낮을 때 가계생산에 종사할 것이다.

성과급으로 일하는 판매원이 어떤 해의 자신의 잠재소득이 약 6만 달러이지만 7월의 잠재소득은 11월 소득의 2배가 될 것이라는 것을 알고 있다고 가정하자. 이 판매원이 휴가(시간집약적인 활동)를 11월중에 계획하는 것이 합리적인가? 여기에 대한 답은 두 달 각각의 이 판매원의 가계생산성에 대한 시장생산성의 상대적 크기에 달려있다. 명백히 이 판매원의 시장생산성(임금)은 11월보다는 7월이 높은데, 이는 휴가의 기회비용이 7월에 더 크다는 것을 의미한다. 그러나 만약 이 판매원이 오로지 7월에만 휴가를 자유롭게 갈 수 있는 자녀를 가지고 있다면, 그(녀)는 가계생산성(효용으로 볼 때의)이 11월에 비해 7월에 너무나 커서 7월 휴가로부터의 편익이 비용을 능가한다고 결정할지 모른다. 만약 이 판매원이 학교에 다닐 나이의 자녀를 갖지 않았다면, 11월의 휴가로부터 얻게 되는 효용수준이 7월 휴가의 효용수준과 너무나 비슷해서 보다 적은 기회비용의 관점에서 11월의 휴가를 선호할 수도 있다.

비슷한 의사결정이 보다 오랜 기간 동안인 사람의 전체 생애에 걸쳐서도 이루어질 수 있다. 제9장에서 살펴보게 되겠지만, 시장생산성(임금에 반영됨)은 그림 7.3의 그래프 (a)에 나타난 바와 같이 청년시절에 낮은 수준으로 시작하여 나이가 들어감에 따라 급속히 증가하다가, 그 증가추세가 줄어들어 말년에는 심지어 하락하기까지 한다. 비록 임금의 자세한 궤도는 다르지만, 이 일반적 유형은 근로자들을 교육수준으로 크게 그룹을 지을 때, 각 그룹 내에서 나타난다. 생애에 있어서의 임금의 **예상**궤도가 주어지면 근로자들은 노동공급결정에 결정적으로 중요한 두 가지 변수들에 대한 개략적인 예측을 할 수 있다. 즉 나이에 따라 자신들이 직면하게 되는 생애의 부와 여가 또는 가계시간의 비용이 그것들이다. 따라서 만약 근로자들이 나이가 듦에 따라 가정에서의 생산성이 거의 변하지 않는다면, 예상되는 생애의 부(富)를 고려하여 노동공급결정을 하는 그들은 **예상되는** (생애주기의) 임금상승에 자신들의 노동공급을 확실히 증가시킴으로써 반응할 것이다. 그러한 임금상승은 여가와 가계시간의 비용을 증가시키지만 생애의 예상되는 부 수준을 높이지는 않는다. 그렇다면 이러한 임금상승은 오로지 대체효과만을 수반한다.

생애주기에 대한 고려사항들을 노동공급이론에 도입하면, 시장근로에서 그리고 시장근로로부터 멀어져서 보내는 시간의 측면도는 그림 7.3의 (b)에 보이는 그래프를 닮을 것이라는 예측이 가능하다. 즉 근로자들은 자신들 생애의 (임금이 상대적으로 높은) 중간 연도에 보수를 위한 근로활동을 위해 더 많은 시간을 보낼 것이다. 마찬가지로 생애주기에 대한 고려사항들은 매우 시간집약적인 여가활동의 소비는 생애의 초기와 말기에 주로

그림 7.3

생애주기의 시간배분

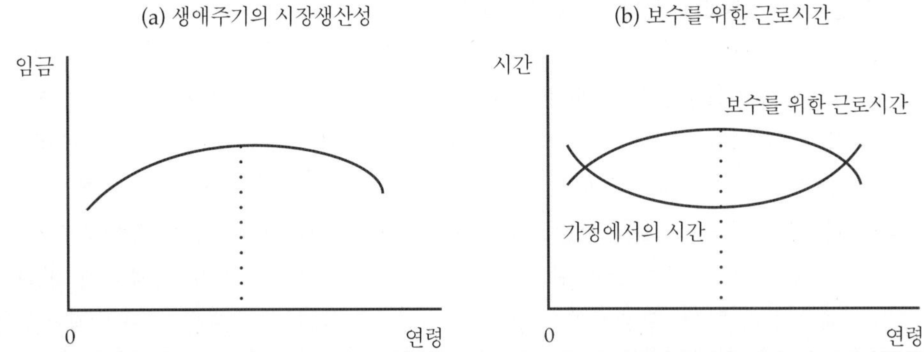

발생하리라는 것을 암시하고 있다. (해외여행자들의 대부분이 청년과 노인들이라는 것은 이 그룹들에 속한 사람들의 시간의 기회비용이 작다는 사실과 분명히 관련이 있다.)

만약 근로자들이 생애주기를 염두에 두고 노동공급에 대한 의사결정을 한다면 그들은 예상되는 임금변화와 예상되지 않는 임금변화에 다르게 반응할 것이다. 예상되는 임금변화는 생애 부의 추정치가 변하지 않은 채로 남아있을 것이기 때문에 오로지 대체효과만을 발생시킨다(예문 7.3 참조). 그러나 **예상되지 않는** 임금변화는 그들로 하여금 생애부의 추정치를 수정하도록 하며, 이 변화는 대체효과와 소득효과 모두를 수반할 것이다. 노동공급의 생애주기모형의 실증테스트는 상대적으로 최근에야 이루어졌는데, 현재까지 그 결과들은 생애주기에 대한 고려사항들이 대부분 근로자들의 노동공급결정에 기껏해야 대단치 않은 중요성만을 갖고 있음을 제시해 주고 있다.[13)]

퇴직연령의 선택

연간퇴직급여, 예상**생애**급여, 그리고 생애**근로소득**은 모두 퇴직일에 의해 영향을 받기 때문에 여러 해에 대한 전망이 또한 근로자들의 퇴직결정을 보다 완전하게 모형화하는데 필요하다. 연간퇴직급여는 보통 월별 일정액의 연금지불의 형태로 퇴직자에게 지급된다. 이 급여의 크기는 직접 또는 간접적으로 퇴직자의 과거 연간근로소득과 근로연수와 관련된다. 퇴직자의 예상되는 나머지 생애에 걸친 이 약속된 연간급여의 총가치는 '예상생애급여(expected lifetime benefits)'를 의미한다. 이 가치는 분명히 퇴직자의 연간급여의 크기와 연령(그리고 나머지 기대수명)에 의해 영향을 받지만, 이 가치의 계산은 단순히 연간급여를 더하는 것 이상을 필요로 한다.

---

13) 이 분야의 앞서의 연구를 참조한 논문은 John C. Ham and Kevin T. Reilly, "Testing Intertemporal Substitution, Implicit Contracts, and Hours Restriction Models of the Labor Market Using Micro Data," *American Economic Review* 92 (September 2002): 905~927 참조. 또한 Susumu Imai and Michael P. Keane, "Intertemporal Labor Supply and Human Capital Accumulation," *International Economic Review* 45 (May 2004): 601~641을 참조하라.

예문 7.3

노동공급은 주택보조금에 어떻게 반응하는가?

[근로장려세제(EITC)에 대한] 제6장 그림 6.17에서 살펴본 바와 같이, 가족소득이 증가함에 따라 덜 넉넉해지는 가족에 대한 보조금은 근로시간을 줄이려는 두 가지 인센티브를 창출한다. 첫째, 보조금은 영향을 받는 가족의 소비가능성을 향상시키며, 따라서 바람직한 근로시간을 감소시키는 **소득효과**를 수반한다. 둘째, 만약 가족구성원들의 근로소득이 증가하면 보조금이 감소하는데, 이러한 감소는 임금을 하락시키는 세금처럼 작용하여 또한 바람직한 근로시간을 감소시키는 **대체효과**를 창출한다.

미국에서 가난한 사람에 대한 가장 큰 연방보조금 중의 하나는 매년 약 2백만 호의 가계에 도움을 주는 주택바우처(housing voucher)의 형태로 주어진다. 자격을 얻은 가족들은 자신들의 임대료지급을 돕기 위해 지주에게 바우처를 제시할 수 있다(그 뒤 지주는 현금상환을 위해 정부에 바우처를 제출한다). 바우처의 금액은 가족소득에 좌우되는데, 더 가난한 가족이 더 큰 금액의 바우처를 받도록 되어 있었다.

예산제약 때문에 전형적으로 받을 수 있는 가족보다 훨씬 더 많은 가족들이 바우처를 신청한다. 예를 들어 시카고는 1997년 12년 만에 처음으로 주택바우처의 대기자명단을 공개했는데 82,000을 넘는 소득-자격조건이 되는 가족들이 바우처를 신청하고 있었다. 시 당국은 임의로 신청가족을 대기자명단에 선정하고, 선두 35,000 가계에 가까운 미래에 바우처 수령을 기대할 수 있다는 것을, 그리고 나머지 47,000 가계에는 바우처를 받지 못하게 된다고 통보하였다.

이러한 시카고의 주택보조금이 노동공급에 어떤 영향을 미쳤는지에 대한 한 연구는 이 장의 맥락에서 흥미로운 두 가지 결과를 발견했다. 소득 및 대체효과 모두에 대한 분석과 일관성을 갖는 한 가지 발견은 바우처를 받기 시작한 이후 신체 건강하고 일할 나이의 바우처 수령자들의 근로시간이 6% 감소했다는 것이었다.

두 번째 발견은 미래에 바우처를 받게 된다고 통보받았던 행운이 따랐던 35,000 신청가족들로부터 주목을 끈 것이었다. 즉 연구는 이 가족들이 바우처 수령을 기대할 수 있다고 통보받은 **이후**, 그러나 실제로 바우처를 받기 **이전**의 몇 년 동안 근로시간이 증가했다는 것을 밝혔다. 이러한 증가는 노동공급의 생애주기모형의 예측과 일관성을 갖고 있다. 즉 자신들의 예상되는 생애의 부 수준(주택바우처 기대에 의해 향상되었음)이 주어지면, 가족들은 자신들의 노동공급을 바우처를 받은 이후 자신들이 집으로 가져가는 임금이 상대적으로 낮아지는 기간으로부터 임금이 상대적으로 높은 기간으로 이동시키기를 원했었던 것처럼 보인다.

자료: Brian A. Jacob and Jens Ludwig, "The Effects of Housing Assistance on Labor Supply: Evidence from a Voucher Lottery," *American Economic Review* 102 (February 2012): 272~304

앞으로의 여러 해에 걸친 연간급여를 합할 때에는 화폐의 현재 합계가 시간이 흐름에 따라 이자로 인해 '자동적으로' 증가할 수 있다는 사실을 고려해야만 한다. 예를 들어 만약 이자율이 연 10%라면 근로자에게 **올해** 1,000달러를 지급하기로 약속한 사용자는 근로자에게 **10년 후에** 2,000달러를 지급하기로 약속한 사용자보다 더 큰 지출 (그리고 따라서 더 큰 가치의 무엇인가를 제공하고 있음)을 집행한 것이다. 전자의 경우 사용자는 지금 수중에 1,000달러를 가지고 있어야 될 필요가 있는 반면, 후자의 경우 사용자는 현재 단지 772달러만을 챙겨둘 필요가 있다(10%의 이자율 수준에서 772달러는 10년 후에 2,000달러로 증가할 것이다). 따라서 경제학자들은 772달러가 10년 후에 약속된 2,000달러의 '현재가치(present value)'라고 말한다(10%의 이자율 수준에서).

제9장에서 현재가치가 어떻게 계산되는가에 대해 논의할 것인 바, 지금은 미래소득 흐름의 현재가치는 기금(fund)에 남은 돈이 투자될 수 있는 가정된 이자율 수준이 주어진 상황에서 미래에 이 흐름을 보장하기 위해 **오늘** 보유해야만 하는 기금이라는 것을 알기만 하면 된다. 예를 들어 만약 연금제도가 퇴직자에게 17년 동안 매년 10,000달러를 지급할 것을 약속한다면, 약속된 지불 흐름을 보장하기 위해 현재 170,000달러의 기금을 갖고 있어야만 된다고 생각할지 모른다. 그러나 만약 연금제도가 그 기금을 연 2%의 이자율로 투자할 수 있다면, 연금제도는 지불을 보장하기 위해 **현재** 약 143,000달러만을 수중에 가지고 있으면 된다는 것을 계산하는 표준공식을 사용할 수 있다. 연금제도는 매년 10,000달러의 기금을 소모할 것이지만 나머지 기금은 투자되어 미래의 지불을 돕는데 사용될 수 있는 2%의 이자를 매년 발생시킬 수 있게 된다. 따라서 만약 이자율이 연 2%라면 17년 동안의 매년 10,000달러 지불 흐름의 현재가치는 143,000달러라고 말할 수 있다.

이 절의 목적은 퇴직연령에 영향을 미치는 몇몇 경제적 요소들을 살펴보는 것이다. 설명을 위해 표 7.3에 보이는 바와 같이, 연간 40,000달러의 근로소득을 벌며, 또 계속하

표 7.3

가상적 62세 남성의 사회보장급여와 근로소득(추정치) (연간임금=40,000달러; 이자율=2%; 기대수명=17년)

	나머지 생애에 있어서의 현재가치[a]			
퇴직연령[b]	연간사회보장급여	근로소득	사회보장급여	총계
62	10,752달러	0달러	153,666달러	153,666달러
63	11,568달러	39,216달러	157,067달러	196,283달러
64	12,684달러	77,662달러	162,980달러	240,642달러
65	13,836달러	115,355달러	167,502달러	282,857달러
66	15,012달러	152,309달러	179,362달러	322,671달러
67	16,404달러	188,538달러	173,478달러	362,016달러
68	17,820달러	224,057달러	174,402달러	398,459달러
69	19,248달러	258,880달러	172,897달러	431,777달러
70	20,712달러	293,019달러	169,056달러	462,075달러

[a] 현재가치는 62세를 기준으로 계산되었음. 모든 화폐가치는 현재년도 기준임.

[b] 연간사회보장급여는 급여가 퇴직이 **시작되는 해**에 지급되기 시작한다고 가정하여 추정되었음. 따라서 표는 근로자가 보통의 퇴직연령(1943년에서 1954년 사이에 태어난 사람들의 경우 66세임)에 도달한 이후에는 퇴직 전에 사회보장급여를 받을 수 있다는 사실을 무시하고 있음. 그러나 급여수령의 연기는 근로자들의 연간급여수준을 증가시킴.

여 벌 수 있는 62세의 남성이 직면하게 되는 퇴직인센티브를 논의하기로 하자. 논의를 더욱 간단하게 하기 위해, 이 남자는 사회보장(Social Security)에 의해 제공되는 것 이외의 다른 연금이 없으며, 이 남자의 경우 퇴직이란 모든 보수를 위한 근로의 중단을 의미하는 것으로 가정하자.

이 근로자가 직면하는 퇴직인센티브들은 세 가지 기본요소와 관련이 있다. (a) 이 근로자가 62세에 퇴직할 때 나머지 생애에 자신이 사용할 수 있는 소득의 현재가치; (b) 퇴직이 연기될 때 이 액수의 **변화**; 그리고 (c) 가계에서의 시간과 소득으로 구입할 수 있는 재화에 대한 선호 등이 그것이다. 아래에서 살펴볼 수 있는 바와 같이 이 장과 제6장에서의 노동공급에 대한 분석을 이용하여 설명하면 요소 (a)는 비노동소득, 그리고 요소 (b)는 임금에 각각 대응된다.

예산제약의 그래프 표 7.3은 위의 가상적 근로자가 70세에 이를 때까지의 각 퇴직연령에 따라 이용 가능한 연금과 근로소득의 현 시점에서의 (62세 때의) 현재가치를 요약하고 있다. 만약 이 근로자가 62세에 퇴직하면 나머지 생애의 전 기간에 걸친 소득의 현재가치가 153,666달러가 된다. 만약 이 근로자가 퇴직을 63세까지 연기하면 나머지 생애소득의 현재가치가 42,617달러 증가하여 196,283달러가 된다. 이 증가의 대부분은 (세 번째 행에 보이는) 추가 근로소득으로부터 비롯되지만, 만약 이 근로자가 퇴직을 연기하면 (네 번째 행 참조) 그의 생애연금급여의 현재가치도 또한 약간 증가한다는 것을 주목하라. 64세까지로 퇴직을 연기하면 그의 미래생애소득의 현재가치에 더욱 큰 금액이 추가되어 그 액수가 196,283달러로부터 240,642달러로 증가하게 된다. 퇴직연령의 연기는 급여를 받게 되는 기간이 줄어드는 것을 의미하기 때문에, 퇴직연령에 따라 생애연금급여가 증가 또는 감소할지의 여부는 퇴직연령에 따라 연간 연금급여가 어떻게 변하는가에 좌우된다. 표 7.3에서 네 번째 행에 보이는 사회보장급여는 만약 퇴직이 68세까지 연기된다면 약간 증가하지만, 그 후의 퇴직연령에서는 감소한다.

표 7.3의 마지막 행의 데이터가 그림 7.4에 예산제약선 *ABJ*로 그려져 있다. 선분 *AB*는 이 근로자가 62세에 퇴직할 때의 생애소득의 현재가치를 나타내며, 따라서 비노동소득을 나타낸다. 선분 *BC*의 기울기는 퇴직이 63세까지로 연기될 때의 생애소득증가 42,617달러(196,283달러가 됨)를 나타내며, 점 *B*로부터 점 *J*에 이르기까지의 각 선분의 기울기들도 마찬가지로 퇴직을 1년 연기할 때와 관련된 할인된 생애소득의 증가를 반영한다. 그러므로 이 기울기들은 연간 **순임금**(net wage)을 나타낸다.

예산제약의 변화 무차별곡선 U_1로 요약되는 선호가 주어졌다면, 가상적 근로자의 최적퇴직연령은 64세이다. 만약 사회보장급여가 증가한다면 이 근로자의 최적퇴직연령은 어떻게 변할까?[14] 여기에 대한 대답은 그 인상내용이 어떻게 구성되는가에 좌우된다. 만약 급

[14] 이 절의 분석은 Olivia S. Mitchell and Gary S. Fields, "The Effects of Pensions and Earnings on Retirement: A Review Essay," *Research in Labor Economics*, vol. 5, ed. Ronald Ehrenberg (Greenwich, Conn.: JAI Press, 1982), 115~155로부터 많이 차용되었다.

그림 7.4

가상적 근로자의 최적퇴직연령의 선택(표 7.3의 데이터에 기초함)

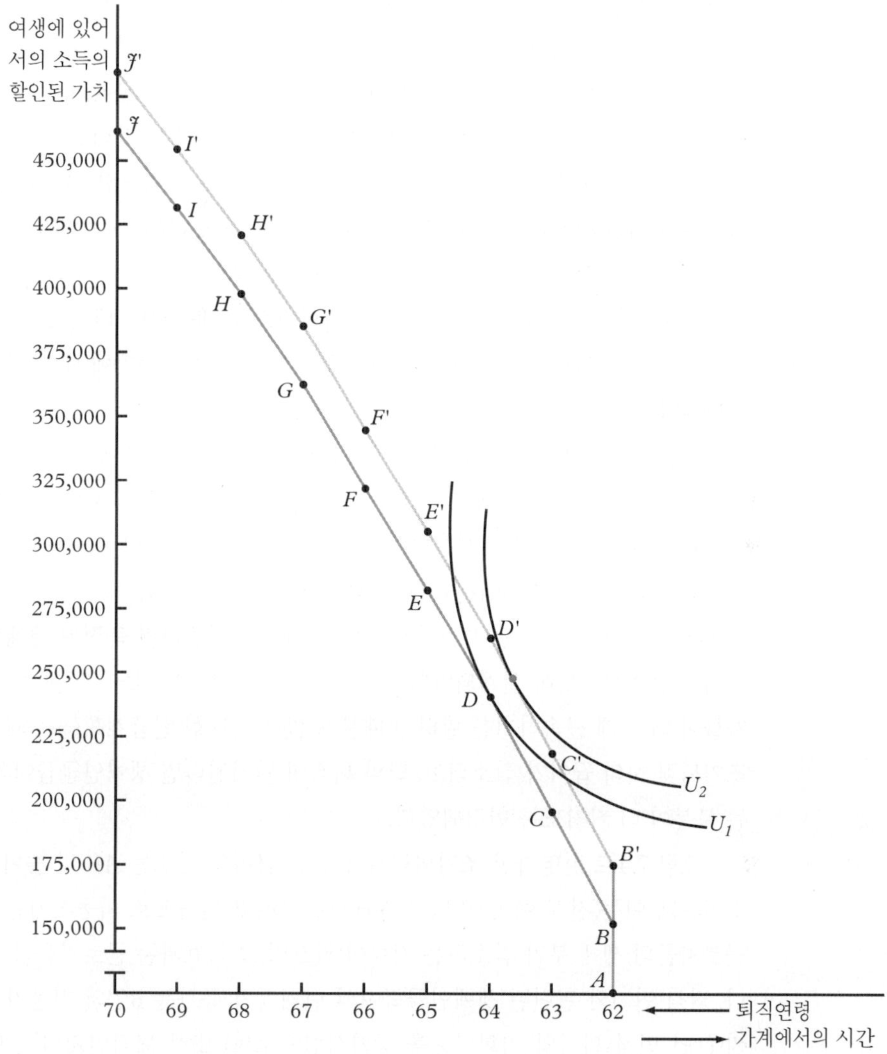

여의 증가가 똑같은 고정된 액수가 각 퇴직연령에 따른 생애급여에 예상되지 않게 더해지는 형태로 이루어진다면 가상적인 62세의 남성이 직면하게 되는 예산제약선은 위로 (그리고 밖으로) 이동하여 $AB'J'$가 된다. B'와 J' 사이의 선분의 기울기들은 BJ 상의 기울기들과 평행인 채로 남아 있게 되어 대체효과 없이 소득효과만 나타나게 된다(즉 연간순임금은 변하지 않는다). 최적퇴직연령은 그림 7.4에 보이는 바와 같이 틀림없이 낮아지게 된다.

이와는 달리 만약 62세를 지나 퇴직이 연기될 때 사회보장급여가 생애급여의 현재가치에 큰 증가를 발생시키는 방식으로 조정된다면, 점 B는 영향을 받지 않지만 B와 세로축 사이의 선분들은 보다 가파른 기울기를 갖게 된다. 예산제약선의 기울기 증가는 임금인상과 관련된 행태를 유발시키는 바, 대체효과는 가상적 근로자를 퇴직을 늦추는 방향으로 이동시키지만, 더 커진 생애 부와 관련된 소득효과는 조기 퇴직의 방향으로 근로자를 유도하게 될 것이다. 물론 어느 효과가 우세한지는 알 수 없다.

(퇴직할 인센티브는 또한 경제조건에 의해서도 영향을 받는다는 것을 주목하는 것은 도움이 된다. 예를 들어 2008~2009년의 '대침체(Great Recession)'는 퇴직연령의 근로자들에게 2가지 차원에서 영향을 미쳤다. 첫째, 주식가격의 하락은 근로자들이 자신의 퇴직을 재정지원하기 위해 축적했던 투자기금의 가치를 감소시켰으며, 이 연금자산의 가치 하락은 이러한 근로자들로 하여금 퇴직을 연기하도록 하는 소득효과를 창출시켰다. 그러나 둘째, 많은 나이든 근로자들이 일자리를 잃었고 만약 그들이 계속 일하고자 한다면 낮은 보수에 직면했는데, 이는 그들을 조기퇴직으로 내몰았던 대체효과를 발생시켰다. 두 효과 모두 퇴직연령이 대침체에 의해 어떻게 영향을 받았는가에 대한 연구에 구성요소로 포함되었다.[15])

그림 7.4의 분석은 특정 방향으로 근로자들의 퇴직연령에 영향을 미치도록 설계된 정책들이 소득효과와 대체효과 모두를 **동일한** 방향으로 작용하도록 확실히 만듦으로써 이득을 얻게 된다는 것을 제시한다. 예를 들어 많은 민간부문 연금계획들은 근로자들이 일찍 퇴직하도록 유발시키는 규정을 갖고 있었다. 연금계획들은 조기 퇴직하는 사람들에게 넉넉한 급여를 제공함과 동시에 만약 퇴직이 연기된다면 **축적된 생애연금급여의 현재가치를 감소**시키도록 설계되었다. 아마도 부분적으로 기업들이 이제는 경험이 있는 근로자들이 더 오래 근속하기를 원하기 때문에 많은 이러한 연금계획들은 폐지되었거나 또는 조기퇴직 시의 급여가 감소되고, 만약 퇴직이 연기된다면 생애연금급여의 가치에 추가되는 부분이 더 커지도록 변경되었다.

그림 7.4로 설명하면 조기퇴직과 관련된 급여의 감소는 AB'의 높이를 AB 미만으로 줄이는데 이는 전체 예산제약선을 아래로, 그리고 왼쪽으로 이동시키는 경향이 있다. 즉 근로자들의 생애 부가 감소하는 경향이 있으며, 소득효과는 근로자들의 퇴직을 연기시킨다. 퇴직 연기와 관련된 생애연금급여의 현재가치 증가는 $B'J'$의 기울기를 증가시킴으로써 (1년 먼저 퇴직의 기회비용을 증가시킴으로써) 또한 퇴직연기의 방향으로 작용하는 대체효과를 창출시킨다.[16]

---

[15] Courtney C. Cole and Phillip B. Levine, "Recessions, Retirement, and Social Security," and Gopi Shah Godi, John B Shoven, and Sita Nataraj Slavov, "What Explains Changes in Retirement Plans during the Great Recessions?" both in *American Economic Review: Papers and Proceedings* 101 (May 2011): 23~34.

[16] Leora Friedberg and Anthony Webb, "Retirement and the Evolution of Pension Structure," *Journal of Human Resources* 40 (Spring 2006): 281~308. 서술된 민간부문 연금변화의 소득효과와 대체효과는 분명히 퇴직연령을 낮추기 위한 똑같은 방향으로 작용하였다. 그러나 만약 $B'J'$의 증가된 기울기가 충분히 수직에 가깝다면, 새로운 예산제약선은 늦은 퇴직연령에서 이전의 예산제약선과 교차하여 원래의 예산제약선 북동쪽에 놓인 새로운 예산제약선에 영역을 만들지도 모른다. 이 새로운 영역에서 $B'J'$의 증가된 기울기와 관련된 대체효과는 적어도 부분적으로 조기퇴직을 유도하는 소득효과에 의해 상쇄되며, 따라서 이 영역에서 퇴직연령에 미치는 궁극적인 효과는 모호해진다. 퇴직의 기타 경제적 분석은 Richard Disney and Sarah Smith, "The Labour

물론 퇴직의 의사결정에 대한 완전한 분석은 가계생산에 대한 선호를 또한 고려해야만 한다. 예를 들어 최근의 한 연구는 보수를 위해 일하는 사람들이 보수를 위해 일하지 않는 사람들보다 보다 많은 가계근로활동에 종사하며 더 적은 여가시간을 갖는다는 것을 밝혔다. 더욱이 이 연구는 나이 든 사람들이 자신들이 젊었을 때에 비해 하루의 상이한 시간에 가계근로에도 종사하고 여가시간도 갖는다는 것을 별견하였다. 종합하면 이 연구는 만약 나이가 듦에 따라 여가에 대한 수요가 증가한다면 퇴직 의사결정이 영향을 받으며, 나이든 근로자들에게 단계적인 퇴직(몇 년간의 파트타임 근로) 또는 융통성 있는 근로스케줄을 허용하는 것이 연금공식을 변경하는 것보다 퇴직연령을 높이는 더 나은 방법일 수 있다는 것을 제시하고 있다.[17)]

정책에의 응용: 육아와 노동공급

많은 가족들의 경우 소위 가계생산이라 불리는 것의 중요한 구성요인은 자녀들을 감독하고 키우는 것이다. 대부분의 부모들은 그 서비스가 대부분 가계에서 생산되는지 또는 상당 부분 가정 밖에서 구입되는지와 관계없이 자신들의 자녀들에게 질 높은 육아서비스가 제공되는데 관심을 가지고 있다. 일반적으로 사회도 또한 부모들이 자신들의 자녀들에게 제공하는 육아의 질에 이해관계를 가지고 있다. 일하는 부모에 의해 구입되는 육아서비스에 대한 조세감면으로부터 유아보육(day care), 학교급식, 그리고 건강관리를 위한 정부보조금에 이르기까지 그러한 프로그램들은 여러 가지 형태를 취한다. 이 절의 목적은 육아를 지원하기 위한 프로그램들의 시사점들을 살펴보는 것이다.

육아보조금

5세 미만 미국 어린이들의 약 46%가 유료 육아서비스 제공자에 의해 보호를 받고 있으며, 비록 연간 36,000달러 미만을 버는 가족들의 경우는 19%에 접근하기는 하지만 평균적으로 이 비용은 가족소득의 10.5%를 차지하고 있다.[18)] 육아비용은 분명히 육아시간에 따라 증가하지만, 이 비용 중의 일부는 고정되어 있는 것처럼 보인다. 한 연구는 근로시간

Supply Effect of the Abolition of the Earnings Rule for Older Workers in the United Kingdom," *Economic Journal* 112 (March 2002): 136~152; Jonathan Gruber and David A. Wise, eds. *Social Security Programs and Retirement Around the World: Micro-estimation*, NBER Conference Report Series (Chicago: University of Chicago Press, 2004); and Jeffrey B. Liebman, Erzo F.P. Luttmer, and David G. Seif, "Labor Supply Responses to Marginal Social Security Benefits: Evidence from Discontinuities," *Journal of Public Economics* 93 (December 2009): 1208~1223을 참조하라.

17) Daniel S. Hamermesh and Stephen Donald, "The Time and Timing Costs of Market Work," National Bureau of Economic Research, working paper no. 13127 (May 2007).

18) U.S. Census Bureau, "Who's Minding the Kids? Child Care Arrangements: Spring 2011," Table 6, at http://www.census.gov/prod/2013pubs/p70~135.pdf. 또한 Patricia M. Anderson and Phillip B. Levine, "Child Care and Mothers' Employment Decisions," in *Finding Jobs: Work and Welfare Reform*, eds. David E. Card and Rebecca M. Blank (New York: Russell Sage Foundation, 2000): 426 참조.

당 육아비용이 1주일에 10시간 미만을 일하는 여성들의 경우 10시간 이상을 일하는 여성들에 비해 3배였다는 것을 밝힌 바 있다.[19] 그러나 지난 20년 간 육아보조금에 대한 연방정부의 지출은 2배가 넘게 증가했는데, 이 절의 목적은 이 증가된 보조금이 부모의 노동공급에 미치는 효과를 분석하는 것이다.

육아의 고정비용 감소 당분간 육아비용이 순전히 고정비용의 형태를 띠어, 보조금이 없을 경우 일하는 부모들은 자신들의 자녀가 몇 시간의 육아를 위한 보호를 받는가와 관계없이 매일 일정금액을 지불해야만 한다고 가정하자. 그림 7.5와 7.6은 전체 육아비용을 충당하는 보조금이 매일 *ab* 만큼의 비근로소득을 버는 어머니의 노동공급 인센티브에 어떤 영향을 미치는가를 설명하고 있다.

우선 현재 일하지 않고 있는 어머니의 경우를 살펴보자(그림 7.5). 만약 이 어머니가 일하기로 결정을 한다면, 이 어머니는 직선 *cd* 상의 점들에서 선택을 하여야 하는데, 이때 *bc* 만큼의 거리는 육아의 고정비용을 나타낸다. 물론 *cd*의 기울기는 이 어머니의 임금을 나타낸다. 그림 7.5에 그려진 선호와 예산제약에 비추어 볼 때, 이 어머니는 일 할 때(점 *X*)에 비해 일하지 않을 때(점 *b*) 더 많은 효용을 얻는다. 만약 육아보조금에 의해 고정비용이 0으로 줄어든다면, 따라서 이 어머니의 예산제약선이 이제 *abe*가 된다면, 이 어머니의 효용은 곡선 U_3의 점 *Y*에서 극대화되며, 이 어머니는 이제는 일하는 것이 이익이 된다는 것을 알게 된다. **따라서 육아의 고정비용을 감소시키거나 또는 제거하는 육아보조금은 이전에 경제활동에 참가하지 않았던 사람들에게 근로를 장려하게 될 것이다.** (일부

그림 7.5

노동공급과 육아의 고정비용: 부모가 최초에 경제활동에 참가하지 않은 경우

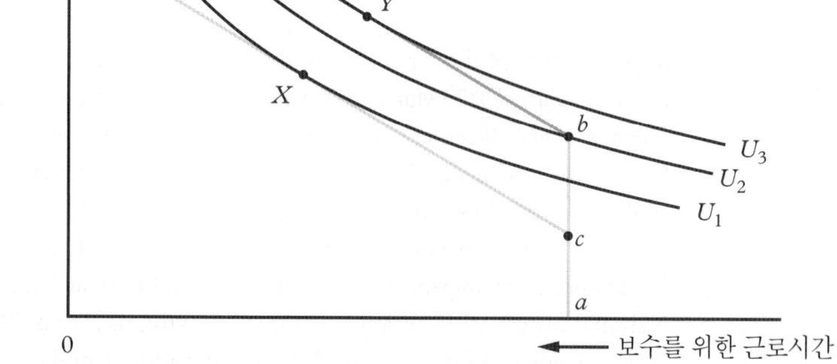

19) David C. Ribar, "A Structural Model of Chile Card and the Labor Supply of Married Women," *Journal of Labor Economics* 13 (July 1995): 558~597.

그림 7.6

노동공급과 육아의 고정 비용: 부모가 최초에 보수를 위해 근로 중인 경우

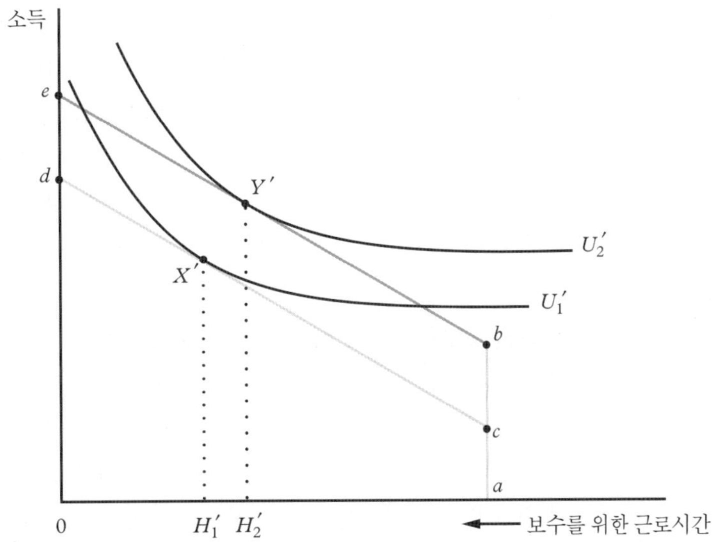

사람들은 근로가 여전히 효용극대화를 달성하지 않도록 하는 가파른 무차별곡선을 가질 것이기 때문에, 그러한 보조금이 경제활동에 참가하지 않았던 모든 사람들이 이제 경제활동에 참가하도록 보장하지는 않는다.)

이제 그림 7.6에 그려진 보조금이 채택될 때 이미 일을 하고 있는 여성의 경우를 살펴보자. 보조금 이전에 이 여성의 효용은 H_1' 시간을 일하게 되는 무차별곡선 U_1' 상의 점 X'에서 극대화되었다. 보조금이 예산제약선 *abe*를 만들게 될 때, 그녀의 효용은 이제 점 Y'(무차별곡선 U_2' 상의)에서 극대화 될 것이며, 그녀는 근로시간을 H_2'로 줄이게 될 것이다. **따라서 이미 일하고 있는 사람들의 경우에는 육아의 고정비용을 제거하는 것이 그들을 더 적은 시간을 일하도록 하는 소득효과를 발생시키게 된다.**(그러나 그림 7.6에 그려진 여성은 경제활동인구에 남아있다는 것에 주목하라.)

육아의 시간당비용 감소 이제 육아비용이 순전히 시간당 비용의 형태를 띠어 고정비용 부분이 없는 경우를 고려하기로 하자. 만약 그러한 비용이 예를 들어 시간당 3달러라면, 이 비용은 일하는 부모가 집으로 가져가게 되는 시간당 임금을 단순히 3달러만큼 감소시킨다. 만약 정부보조금이 육아비용을 0으로 감소시킨다면, 부모는 집으로 가져가는 임금의 증가를 경험하게 되며, 노동공급효과는 임금인상의 노동공급효과가 되게 된다. 이미 일하고 있는 사람들의 경우, 보조금은 바람직한 근로시간에 서로 반대방향으로 작용하는 소득효과와 대체효과를 일으키게 된다. 경제활동에 참가하고 있지 않은 사람들의 경우는 집으로 가져하는 임금의 인상이 이들을 경제활동에 참가하도록 할 가능성이 있다(대체효과가 경제활동참가에 대한 의사결정을 지배한다).

육아보조금에 대한 관찰된 반응 위의 분석은 실제로 육아의 고정비용과 시간비용 모두를 감소시키는 육아보조금이 이미 경제활동에 참가하고 있는 사람들의 근로시간에는 이론적으로 모호한 효과를 미치게 된다는 것을 암시하고 있다. 그러나 경제활동참가에 대한 효과는 이론적으로 분명하다. 즉 육아보조금은 부모들, 특히 어머니들의 경제활동참가율을 증가시킨다. 육아비용과 경제활동참가 사이의 관계에 대한 실증연구들은 이 후자의 예측과 일관된 결과를 보여주고 있다. 즉 육아비용이 하락할 때 경제활동참가는 증가한다. 나아가서 가장 소득이 낮은 사람들 사이에 이 증가가 가장 큰 것처럼 보인다.[20]

자녀양육보증(child support assurance)

가난한 가계에서 살고 있는 대다수의 자녀들은 부모가 가정에 없는 상태로 방치된다. 미국연방정부는 복지혜택을 받는 가족들을 위해, 부모가 가정에 없더라도 그들의 자녀양육에 충분히 기여할 수 있도록 여러 조치들을 취하고 있다. 자녀양육을 위한 지급금을 모으기 위한 많은 노력들은 가정에 자녀들을 방치하는 일부 부모들의 자금부족, 일부 부모들의 고의적인 비협조, 그리고 매우 많은 이혼의 경우 법원에 의해 자녀양육의무가 부여되지 않기 때문에 그 효과 면에서 제약이 가해진다. 부모 중 한 명만이 있는 가족의 재정을 향상시키기 위해 몇몇 사람들이 자녀양육보증 프로그램들을 실시할 것을 제안하였다. 이 프로그램들의 본질적인 특징은, 가정에 자녀를 방치하는 부모가 지불하지 않는 경우에 정부에 의해 지급되는 자녀양육을 위한 급여가 자녀를 보호하고 있는 부모에게 확실히 지급되도록 하는 것이다. 만약 가정에 자녀를 방치하는 부모가 필요한 양육비의 단지 일부만 지급한다면, 정부는 그 나머지를 보충하게 된다.

그러한 프로그램에 대해 제기되는 결정적으로 중요한 질문은, 이 프로그램이 자녀를 보호하고 있는 부모의 노동공급에 어떤 영향을 미칠 것인가이다. 이 질문에 대해 경제이론이 제공하는 답변은 완전히 명료하지만은 않다.

그녀 자신과 자녀들을 부양하기 위한 두 가지 방안을 가진 남편이 없는 어떤 여성을 고려하기로 하자. 한 가지 방안은 전 남편 또는 복지제도로부터의 지원 없이 가정 밖에서 일을 하는 것이다. 그림 7.7에서 이 방안에 의한 예산제약선은 AB로 그려질 수 있다고 가정되며, 이때 AB의 기울기는 이 여성의 임금을 나타낸다. 이 남편 없는 여성의 또 다른 방안은 복지급여를 요청하는 것인데, 이 방안은 AC만큼의 소득을 이 여성에게 보장하는

---

[20] 육아비용이 어머니의 근로에 대한 의사결정에 어떻게 영향을 미치는 가에 관한 실증연구의 요약은 Anderson and Levine, "Child Care and Mothers' Employment Decisions,"를 참조하라. 보다 최근의 발표는 Erdal Tekin, "Childcare Subsidies, Wages, and Employment of Single Mothers," *Journal of Human Resources* 42 (Spring 2007): 453~487; and Pierre Lefebvre and Philip Merrigan, "Child-Care Policy and the Labor Supply of Mothers with Young Children: A Natural Experiment from Canada," *Journal of Labor Economics* 26 (July 2008): 519~548 참조. Francine Blau and Lawrence Kahn, "Female Labor Supply: Why is the U.S. Falling Behind?" National Bureau of Economic Research working paper no. 18702 (Cambridge, Mass.: January 2013)는 여성들의 경제활동참가율은 '가족친화적인(family-friendly)' 정책들이 유럽에서 더 빨리 확대되기 때문에 미국보다는 유럽에서 더 빨리 증가하고 있음을 밝히고 있다.

그림 7.7

자녀양육보증프로그램이 채택되기 이전과 이후에 혼자 자녀를 키우는 부모가 직면하는 예산제약선

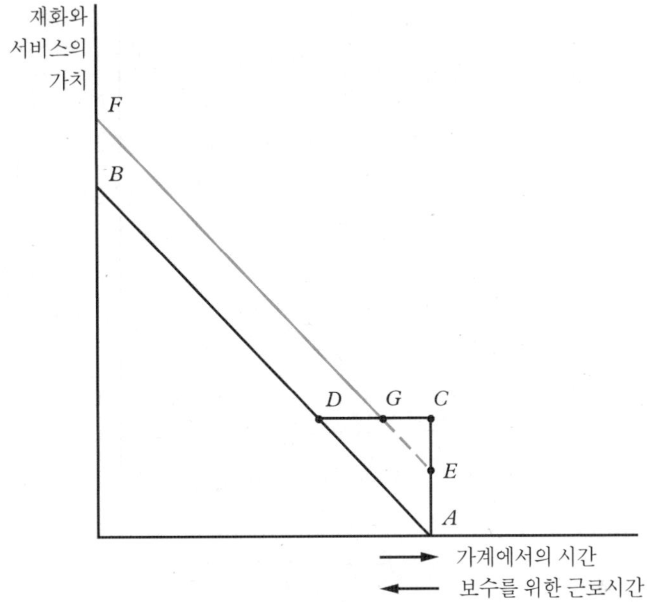

것으로 가정하자. 제6장으로부터 복지지급액은 가족의 '필요' 수준의 소득(AC)으로부터 근로소득을 포함한 다른 원천으로부터의 실제소득을 공제함으로써 전형적으로 계산된다는 것을 상기하라. 따라서 복지제도의 예산제약선은 $ACDB$로 나타나며, 선분 CD는 가정으로 가져가게 되는 임금이 0이라는 것을 반영하고 있음을 알 수 있다.

만약 이 남편 없는 여성의 무차별곡선이 가파른 기울기를 가진다면(물론 이는 이 여자가 능력이 떨어지거나 또는 가정에서의 자신의 시간을 대체하기를 그다지 원치 않음을 의미함), 그녀의 효용은 점 C에서 극대화된다. 즉 그녀는 복지급여를 신청하고 보수를 위해 일하지 않는다. 만약 그녀의 무차별곡선이 상대적으로 편평하다면, 그녀의 효용은 선분 DB 상에서 극대화될 것이며, 이 경우 그녀는 보수를 위해 일하게 되어 자신의 소득을 보충하기 위해 복지급여에 의존하지 않는다.

이제 소득수준과 상관없이 이 남편 없는 여성에게 AE 만큼의 양육보조금을 보장하는 자녀양육보증프로그램이 채택되었다고 가정하자. 만약 이 여성이 일한다면 이 새로운 프로그램의 효과는 그녀의 근로소득에 $AE(=BF)$만큼의 액수를 추가하는 것이다. 만약 이 여성이 일하지 않고 복지급여를 받는 채로 있다면, 그녀의 **복지**급여는 AE만큼 감소한다. 따라서 그녀의 자녀양육보조에 복지급여를 **더한 것은** 계속하여 AC와 동일하게 된다. 자녀양육보증프로그램이 시행된 이후 그녀의 예산제약선은 $ACGF$가 된다.[21]

---

21) Irwin Garfinkel, Philip K. Robins, Pat Wong, and Daniel R. Meyer, "The Wisconsin Child Support Assurance System: Estimated Effects on Poverty, Labor Supply, Caseloads, and Costs," *Journal of Human Resources* 25 (Winter 1990): 1~31.

그림 7.8

배우자 없이 혼자 자녀를 키우는 부모가 자녀양육보증프로그램이 채택된 이후 경제활동에 참가하게 되는 경우

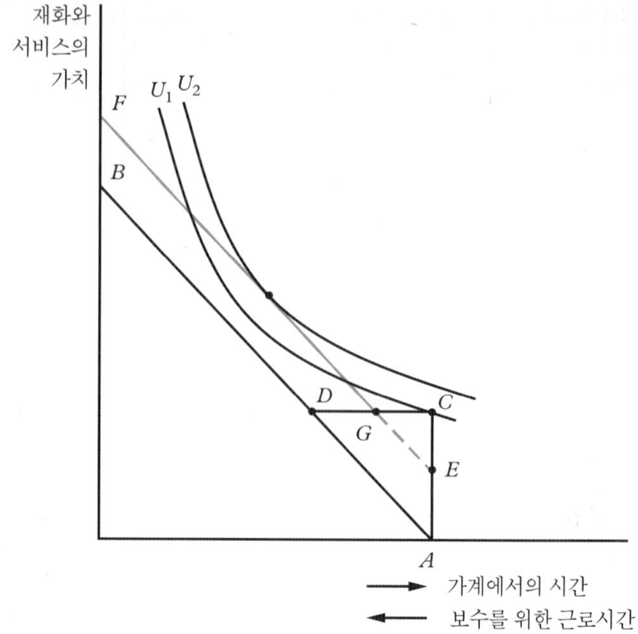

새로운 자녀양육프로그램들이 가계에서의 그녀의 시간과 그녀의 보수를 위한 근로시간에 어떤 영향을 미칠까? 여기에는 세 가지 가능성이 있다. 첫째, 일부 남편 없는 여성들은 매우 가파른 기울기의 무차별곡선을 가지고 있어 경제활동에 참가하지 않은 상태로 남아있을 것이며, 자신들의 모든 시간을 가계에서 보내게 된다(그들은 그림 7.7의 점 *C*에 남아있게 된다). 이 여성들은 *AE* 만큼의 자녀양육비와 *EC*와 동일한 복지급여를 받게 된다.

둘째, 이전에 보수를 받고 일했던 따라서, 선분 *DB* 위의 어딘가에 있었던 여성들의 경우, 새로운 프로그램은 순수한 소득효과를 발생시킨다. 이 여성들은 보수를 위해 계속 일할 것이지만, 그들의 효용은 이제는 *GF*를 따라서 극대화되며, 자신들이 원하는 가정 밖에서의 근로시간은 감소할 것으로 기대할 수 있다.

셋째, 그림 7.8에 보이는 것과 같은 무차별곡선(U_1, U_2)을 가지고 있는 일부 여성들은 복지급여를 받는 상태로부터 보수를 위한 근로를 찾는 상태로 이동할 것이다. 이 여성들의 경우 시장근로에 대한 노동공급은 증가한다. 이 여성들은 이전에는 점 *C*에서 효용을 극대화하였으나, 일을 하며 **또한** 계속 소득보조금을 받을 수 있는 새로운 가능성이, 이제는 그들의 효용극대화가 달성되는 보수를 위한 근로시간을 선분 *GF*를 따라서 놓이도록 한다.

그렇다면 평균적으로 볼 때 위에서 논의된 가상적 자녀양육보증프로그램은 남편 없이 자녀를 키우는 어머니들의 **경제활동참가율을 증가**시키는 반면(그리고 따라서 복지급여를 받는 사람 수를 줄인다), 일자리를 갖고 있는 어머니들이 **원하는 보수를 위한 근로시간은 줄이게** 되리라 기대할 수 있다. (가정에 자녀를 방치하는 아버지로부터의) 자녀양육비가 노동시장에 미치는 효과를 분석한 연구들은 남편 없이 자녀를 키우는 어머니들의

실증연구

임금인상이 노동공급 (그리고 수면)에 미치는 효과: 일기형식으로 기록된 데이터(time-use diary data)와 표본선택편의

임금인상이 노동공급에 미치는 예상된 효과는 이론적으로 모호하다는 것을 살펴본 바 있다. 즉 만약 대체효과가 우세하다면, 효과는 바람직한 근로시간을 증가시킬 것이지만, 만약 소득효과가 우세하다면 바람직한 근로시간은 감소할 것이다. 따라서 예를 들어 소득세율의 감소와 관련된 임금인상에 의해 노동공급이 어떤 영향을 받을 것인가는 실증적으로 대답되어야 할 문제이며, 이 영역의 연구는 근로시간과 임금의 측정문제와 씨름을 하여야만 한다.

노동공급에 관한 연구에서 근로시간은 전형적으로 근로자들에게 자신이 '지난 주'에 몇 시간을 일했는지를 묻는 가계설문조사들을 통해 측정된다. 이 질문에 대해 근로자들에 의해 주어진 답은 다소 의심스러운 면이 있다. 시간당 임금을 지급받는 근로자들은 자신들의 주간 근로시간을 주의 깊게 추적하여야 할 이유가 있는 반면, 시간과 상관없이 급여를 받는 근로자들은 그럴 이유가 없으며, 따라서 많은 근로자들이 '40'시간이라는 손쉬운 답변을 하는 경향이 있다. 실제로 이러한 가계설문조사로부터 도출된 근로시간을 (근로자들에게 지난 24시간 동안 자신이 시간을 어떻게 사용하였는지에 대해 자세히 묻기 때문에 데이터를 수집하는데 보다 많은 비용이 드는) **일기형식**의 데이터를 이용한 연구들로부터 도출한 근로시간과 비교할 때 상당한 차이가 발견된다. 예를 들어 가계설문조사로부터의 데이터는 남자들의 경우 1965년부터 1981년까지 주간 근로시간이 2.7% 하락하였음을 나타내는 반면, 일기형식의 데이터를 이용한 연구들은 그 감소가 실제로 13.5%임을 제시한다.[a]

임금의 측정은 두 가지 이유 때문에 문제가 된다. 첫째, 급여를 받는 근로자들의 시간당 '임금'은 관습적으로 그들의 '지난 주 근로소득'을 자신들이 몇 시간 일하였는지에 대한 그들 자신들의 추정치로 나눔으로써 계산된다. 만약 그들이 자신의 근로시간을 과대추정 한다면, 그들의 계산된 임금은 과소평가 되며, 따라서 낮게 계산된 임금이 과대평가된 근로시간과 부(−)의 (그리고 가짜의) 관계를 갖게 된다. 자신들의 근로시간을 과소평가하는 것은 정반대의 편의(bias)를 발생시킨다.

둘째, 일하지 않는 사람들은 관찰할 수 있는 임금이 없다. 그들을 단순히 표본으로부터 제외시키고 임금이 관찰되는 사람들에 대한 분석에 초점을 맞추어야 하는가? 노동공급에 대한 연구로부터 경제활동에 참여하지 않은 사람들을 단순히 제외시킬 수는 없다. 이론에 의하면 잠재적인 근로자들은 자신들에게 제안된 임금을 자신들의 유보임금과 비교하며, 만약 제안된 임금이 유보임금보다 낮다면 일하지 않기로 결정한다. 데이터를 분석하기 위해 사용되는 통계적 방법은 데이터가 임의적으로 생성되었다는 것을 기초로 하며, (이례적으로 높은 유보임금을 가졌거나, 또는 이례적으로 낮은 임금을 제안받았기 때문에) 일하지 않는 사람들을 제외시키는 것은 경제학자들이 '표본선택편의(sample selection bias)'라 부르는 요인들을 도입함으로써 표본을 임의적이 아니도록 만들게 된다.

만약 경제활동에 참여하지 않은 사람들이 분

석에 포함되어야만 한다면, 그들을 위해 사용하여야 할 적당한 임금은 무엇인가? 확실히 만약 그들이 일한다면 그들은 **무엇인가**를 벌 수 있으며, 따라서 그들의 잠재적인 임금은 0이 아니며, 단지 관찰되지 않을 뿐이다. 유보임금 또는 제안된 임금이 직접적으로 관찰되지 않기 때문에, 경제활동에 참여하지 않은 사람들의 임금을 **귀속**시키기 위한 통계적 방법이 사용되어야만 한다. 다행스럽게도 이 귀속문제를 다루기 위한 기술이 개발되었으며, 그 중 하나가 서술될 연구에 의해 설명되었다.

일기형식으로부터 도출된 데이터의 흥미로운 사용은 임금이 수면, 비시장시간(여가와 가계근로), 그리고 노동공급에 어떤 영향을 미치는지를 분석한 연구에서 살펴볼 수 있다. 일기형식으로부터의 데이터는 (노동공급을 분석할 때 종속변수인) 근로시간을 추정하는 데에 있어 위에서 주목한 정확도 문제에 역점을 둘 수 있다. 취업자의 **임금**은 관습적으로 측정되었으며, 교육, 노동조합 가입 여부, 그리고 거주지와 같은 근로자들의 개인적 특성들과 통계적으로 관련지어졌다. 그 뒤 이 통계적 관계는 경제활동에 참여하지 않은 사람들을 포함하는 표본의 모든 사람들의 임금을 **예측**하기 위해 사용되었다.

연구자들이 근로시간을 예측된 임금과 관련짓기 위해 회귀분석 기법을 사용하였을 때, 그들은 인상된 임금이 남자들의 노동공급을 **줄였지만**, 그 크기가 너무 작아 효과는 본질적으로 0이었다는 것을 발견하였다. 따라서 남자들의 경우, 연구결과들은 소득효과와 대체효과가 본질적으로 같은 강도를 가져 서로 상쇄되어 없어진다는 것을 의미한다. 여자들의 경우, 대체효과가 우세하여 10%의 임금인상이 2%의 근로시간 **증가**와 관련이 있었다. (흥미롭게도 높은 수준의 임금은 남자들이 아마도 여가인 비시장 활동에 **보다 많은** 시간을 사용하는 것과 관련이 있었던 반면, 아마도 여성들이 가계에서 더 적게 일했기 때문에 여성들을 그러한 활동에 더 적은 시간을 사용하도록 유도하였다. 높은 수준의 임금은 남자와 여자 모두가 수면을 덜 취하도록 유도하였지만, 이 효과는 작았다.)

[a] F. Thomas Juster and Frank P. Stafford, "The Allocation of Time: Empirical Findings, Behavioral Models, and Problems of Measurement," *Journal of Economic Literature* 29 (June 1991): 494.

자료: Jeff E. Biddle and Daniel S. Hamermesh, "Sleep and the Allocation of Time," *Journal of Political Economy* 98, no. 5, pt. 1 (October 1990): 922~943.

노동공급반응이 이론에 의한 예측과 일치함을 밝히고 있다.[22]

[22] John W. Graham and Andrea H. Beller, "The Effect of Child Support Payments on the Labor Supply of Female Family Heads," *Journal of Human Resources* 24 (Fall 1989): 664~688; and Wei-Yin Hu, "Child Support, Welfare Dependency, and Women's Labor Supply," *Journal of Human Resources* 34 (Winter 1999): 71~103.

복습문제

1. 5%의 실업이 '완전고용'으로 정의되며 현재의 실업은 7%라고 가정하자. 나아가 다음과 같은 정보가 주어졌다고 가정하자.

실업률	경제활동인구	실업자	취업자
5%	6,000	300	5,700
7%	5,600	392	5,208

a. 실업률이 7%일 때 '잠재'실업자의 수는 얼마인가?

b. 만약 인구가 10,000명이라면 실업률의 한계적 변화의 결과 경제활동참가율에는 어떤 변화가 발생하는가?

c. 잠재실업의 경제적 중요성은 무엇인가? 측정된 실업자 수와 잠재실업자 수는 '총실업자수'의 수치를 얻기 위해서 합산되어야만 하는가?

2. 제2차 세계대전 이후의 여성들의 경제활동참가율에 대한 한 연구는 다음과 같이 주목하고 있다.

> 장기에 걸쳐 여성들은 근로의 성격에 영향을 미치는 일련의 변화 때문에 보수를 위한 경제활동인구에 진입하였다. 이들 중 주요한 것으로는 사무직과 전문직 부문의 확대, 여성 교육수준의 증가, 가계에서의 노동절약적 기술향상, 출산율의 하락, 그리고 도시화의 진전 등을 들 수 있다.

이 요소들 각각을 이 장에서 살펴본 노동공급의 가계생산모형과 관련지어라.

3. 1976년 미국 대통령선거운동 시의 토론에서 지미 카터(Jimmy Carter) 후보는 "최근 고용증가의 상당 부분은 기혼여성들과 10대 젊은이들이 경제활동인구에 편입된 데 기인하는 것이 사실인 반면, 이렇게 경제활동인구로 사람들이 유입되는 것은 그 자체가 경제가 쇠퇴하고 있음을 나타내는 신호이다. 사람들이 이제 일자리를 찾는 이유는 가족의 주 수입원이 일자리를 잃게 되어 가족의 수입을 유지하기 위해서 추가근로자들이 필요하기 때문이다."라고 주장하였다. 이 주장에 대해 논평하라.

4. 다음의 진술이 참인지, 거짓인지 또는 불확실한지를 밝히고 그 이유를 서술하라. "만약 기혼여성의 남편이 임금인상을 경험하게 되면, 기혼여성은 근로시간을 줄이는 경향이 있지만, 만약 **기혼여성**이 임금인상을 경험하게 되면 그녀는 일을 더 하려는 경향을 갖는다."

5. 탁아소(day-care center)가 일하는 부모들에게 그들의 자녀들이 탁아소에서 보내게 되는 시간당 비용을 청구한다고 가정하자(고정비용의 형태를 띤 육아비용은 없음). 또한 연방정부가 보조금 법안을 통과시켰으며, 그 결과 현재 부모가 부담하는 자녀 1인에 대한 시간당 비용이 절반으로 줄어들었다고 가정하자. 이 정책은 어린 자녀를 가진 부모들의 노동공급을 증가시키게 되는가?

6. 주(州) 정부가 현재 일하는 배우자가 없는 부모들에게 육아보조금을 제공하지 않지만, 이제부터 이들 부모들의 경제활동참가를 장려하는 계획을 채택하기를 원한다고 가정하자. 육아비용은 시간당 발생하며, 주 정부는 부모가 일하는 매 시간마다 하루에 8시간까지 시간당 3달러를 지급하는 육아보조금을 지급한다고 가정하자. 가정된 배우자가 없는 부모의 현재(육아비용을 뺀) 예산제약선을 그린 뒤, 새로운 예산제약선을 다시 그려라. 경제활동참가와 근로시간에 나타날 가능성이 있는 효과를 논하라.

7. 퇴직인구에 대한 노동가능인구의 비율이 계속

하락함에 따라, 모든 퇴직자들의 사회보장 급여를 이전의 절반 수준으로 효과적으로 감소시키는 사회보장급여의 계산방식 변화가 투표에 의해 승인되었다고 가정하자. 이 변화는 연령 또는 현재의 퇴직 여부에 상관없이 모든 사람들에게 영향을 미치며, 급여세의 50% 삭감을 수반한다고 한다. 전형적인 퇴직연령(62세부터 65세까지)에 매우 가까이 있는 근로자들의 노동공급효과는 어떻게 나타날 것인가? 이제 막 일을 시작하는 (예를 들어 20대의 근로자들) 근로자들에 미치는 노동공급 효과는 어떻게 나타날 것인가?

8. 주 정부는 배우자가 없는 부모들이 노동시장에 진입하여 취업자가 되려하는 인센티브를 제공하기를 원하고 있다. 이에 따라 주 정부는 만약 18세 미만의 자녀를 가진 배우자가 없는 부모들이 적어도 1주일에 5일, 하루에 6시간을 일한다면, 이들에게 하루에 20달러를 지급하는 정책을 고려하고 있다고 한다. 가정된 배우자가 없는 부모의 현재 1일 예산제약선을 그린 뒤, 20달러의 보조금에 의해 만들어지는 새로운 예산제약선을 그려라. (a) 경제활동참가와 (b) 근로시간에 나타날 가능성이 있는 효과를 논하라.

9. 이 장에서 (가족의) 각 구성원들은 보수를 위한 근로와 가계생산이라는 두 가지 활동에 자신의 시간을 할당하고 있음을 살펴보았다. 이와는 달리 가계생산은 개인이 자신의 시간을 보수를 위한 근로와 여가 중 하나에 사용할 수 있다고 가정함으로써 제6장의 노동공급-여가 모형에 직접 도입될 수 있다. 가계근로 H가 추가 제약조건으로 이 체계(framework)에 소개되어 예를 들어 만약 개인의 총 사용가능시간이 하루에 16시간이고 이 개인은 오로지 $16-H$의 나머지 시간을 보수를 위한 근로 또는 여가에 어떻게 사용할 수 있는가를 결정할 수 있다고 한다. 전체적으로 여가 L은 시간으로, 소비(액) C는 달러로 각각 측정된다고 가정하자.

   a. 이 개인이 시간당 5달러를 벌 수 있다고 가정하고, 이 개인의 H_1=8인 경우의 예산제약선을 그려라. 동일한 그래프에 H_2=4인 경우의 하루 예산제약선을 그려라.
   b. H=H_1, H_2인 경우 최대한도 얻을 수 있는 여가와 소비는 크기는 얼마인가?

10. 주 정부가 현재 일하는 배우자가 없는 부모들에게 육아보조금을 제공하지는 않지만, 이제 이들 부모들의 경제활동참가를 장려하는 계획을 채택하기를 원한다고 가정하자. 육아비용은 시간당 발생하며, 주 정부는 만약 부모가 하루에 4시간 이상을 일한다면 시간당 4달러의 육아보조금을 지급한다고 가정하자. 배우자가 없는 부모의 현재 (시간당 육아비용을 뺀 임금을 가정할 것) 1일 예산제약선을 그린 뒤, 새로운 예산제약선을 다시 그려라. 경제활동참가와 근로시간에 나타날 가능성이 있는 효과를 논하라.

11. X회사는 일정 기간 동안 1년 계약으로 먼 곳에서 일할 숙련기술자들을 채용하였다. 이 회사는 10,000달러의 계약보너스와 시간당 20달러의 임금을 제공하였다. Y회사는 이제 시장에 진입하여 계약보너스는 없지만 시간당 25달러의 임금을 제공한다고 한다. 두 회사 모두 1년 동안 2,000시간을 초과하여 일할 근로자들을 유치하기를 원한다고 한다(모든 근로시간에 대해 위에서 주어진 규정노동시간의 임금이 지급됨).

   a. 첫째, 근로자들이 두 회사 모두로부터 제안을 받는다고 가정하고, 똑같은 그래프에 두 제안 하의 앞으로의 1년 동안의 소득-가계시간('예산')제약선을 그려라.(어느 것이 X회사이고 어느 것이 Y회사인지를 분명히 표시하라.)
   b. 둘째, 작년에 2,500시간을 일하기로 선택

했던 X회사의 근로자를 고려하자. 계약이 만료되어 이 근로자는 이제 X회사와 Y회사 모두로부터 제안을 받는다고 가정하자. 이 근로자의 소득과 가계시간에 대한 선호가 변하지 않았다고 가정하고, 이 근로자가 어느 제안을 선택할지를 알 수 있는지에 대해 설명하라. 만약 이 근로자가 회사를 바꾼다면, 이 근로자는 계속하여 2,500시간을 일할지, 또는 근로시간을 증가시키거나 또는 감소시킬지를 충분히 설명하라.

연습문제

1. 다음의 표는 2006년 6월과 2007년 6월, 경제활동인구에 속한 수천 명, 실업자로 정의된 수천 명, 일자리가 가능하지 않다고 믿기 때문에 경제활동에 참가하지 않은 수천 명에 대한 정보를 제공해 준다. 후자 그룹은 '실망'근로자인 사람들로 구성되며, 일부는 그들을 **잠재**실업자(hidden unemployed)로 간주한다(그들은 과거에 일자리를 탐색하였고, 일을 할 수 있지만 일자리가 너무 드물어서 일자리를 찾는 것이 아무 소용이 없다고 믿고 있다).

일시	경제활동인구	실업자	실망근로자
2006년 6월	152,557	7,341	481
2007년 6월	154,252	7,295	401

자료: Bureau of Labor Statistics, U.S. Department of Labor, Current Population Survey(CPS) Tables A-1 and A-13.

   a. 2006년 6월과 2007년 6월의 공식적으로 정의되는 실업률을 각각 계산하라. 2006년 6월부터 2007년 6월까지 실업률의 변화는 어떤가?
   b. 위 두 시점의 잠재실업자를 포함하는 비공식적 실업률을 계산하라. 2006년 6월부터 2007년 6월까지 이 실업률의 변화는 어떤가?
   c. 만약 공식적으로 정의된 실업률이 하락한다면, 이러한 사실이 실망근로자들의 수에 어떤 효과를 미치리라 기대하게 되는가? 실망근로자들의 수 변화가 2006년 6월부터 2007년 6월까지의 공식적으로 정의된 실업률의 변화에 어떤 영향을 미쳤나?

2. 작은 주택에 살고 있는 메리와 존(Mary and John) 모두 보수를 위한 근로와 가계시간에 (하루) 16시간까지 사용할 수 있다고 한다. 이들의 목표는 가계효용의 극대화라고 한다.
   a. 존의 시간당 임금이 메리의 시간당 임금보다 높다고 가정하자. 누가 먼저 일해야 하나? 이에 답하기 위해 가계의 예산제약선을 그려라. 가로축은 '가계생산에 사용한 시간', 세로축은 '소비액(달러)'으로 각각 표시하라.
   b. 공동 무차별곡선을 어떻게 그릴 수 있는가? 공동 무차별곡선을 도출할 때 어떤 암묵적 가정을 세워야 하나?
   c. 인플레이션 때문에 소비재의 평균가격이 인상되었다고 한다. 만약 임금이 변하지 않았다면 인플레이션은 (i) 공동 예산제약선, (ii) 공동 무차별곡선, 그리고 (iii) 두 사람의 노동공급에 각각 어떤 영향을 미치나?
   d. 인플레이션은 존과 메리의 상대적 노동공급에 어떤 영향을 미치나? S_1^{John}은 존의 과거 노동공급, S_2^{John}은 존의 현재 노동공급, $\delta^{John}=S_2^{John}-S_1^{John}/S_1^{John}$은 존 노동공급의

상대적 변화를 각각 나타낸다고 하자. δ^{John}이 δ^{Mary}보다 크다고 또는 작다고 기대할 수 있나?

3. 이 문제는 복습문제 9번을 기반으로 한다. 아래 그래프는 H_1=8, H_2=4인 샐리(Sally)의 하루 예산제약을 보여준다. H_1이 주어질 때 점 (L_1^*, C_1^*)이 샐리의 효용을 극대화시킨다고 가정하자.
   a. 자신의 생일날에 샐리는 본인이 훨씬 짧은 시간에 음식을 준비할 수 있도록 하는 전자레인지를 선물로 받았다고 한다. 그 결과 샐리는 가계근로에 단지 H_2만을 사용해도 된다고 한다. 이는 그녀의 최적 여가와 소비 수준에 어떤 영향을 미치나?
   b. 다음과 같은 서술에 비추어 당신의 답변을 설명하라: "세탁기와 건조기, 자동세척기, 전자레인지, 온라인 쇼핑, 그리고 전자뱅킹 같은 발명과 함께 가계시간을 구입된 재화로 대체하기가 더 용이해졌다."(제7장 '개인에 대한 기본모형: 몇 가지 새로운 시사점' 내용 중에서)
4. 이 문제는 복습문제 9번을 기반으로 한다. 3살짜리 자녀를 둔 일하는 배우자가 없는 부모인 샐리(Sally)가 두 가지 방안을 갖고 있다고 한다. 그녀는 가정에서 자녀를 기를 수 있는 데, 이는 H_1=8의 하루 가계근로시간과 관련된다고 한다. 대안으로 샐리는 육아서비스(하루 40달러의 고정비용)를 구입하고 가계근로를 4시간으로 줄일 수 있다고 한다(즉 H_2=4). 어떤 경우든 샐리는 자신의 어머니로부터 (하루 40달러의) 금전적 지원을 받는다고 하며, 샐리의 시간당 임금은 5달러라고 한다.
   a. 각각의 경우 샐리의 예산제약선을 한 그래프에 그려라.
   b. 샐리의 예산제약선을 비교하라. 두 경우 어떤 선택들이 가능한가? 덧붙여 각 경우에 유일한 샐리의 가능한 선택을 강조하라.
   c. (i) 만약 샐리가 여가에 강한 선호를 갖고 있다면 어떤 결정을 할까? (ii) 만약 육아서비스가 저렴해진다면 샐리는 어떤 결정을 할까?
   d. 정부가 거래장벽을 낮추기로 결정하여, 그 결과 샐리가 이제 훨씬 많은 숫자의 상품을 선택할 수 있다고 한다. 이는 샐리의 육아서비스를 구입할 의사에 어떤 영향을 미칠까?

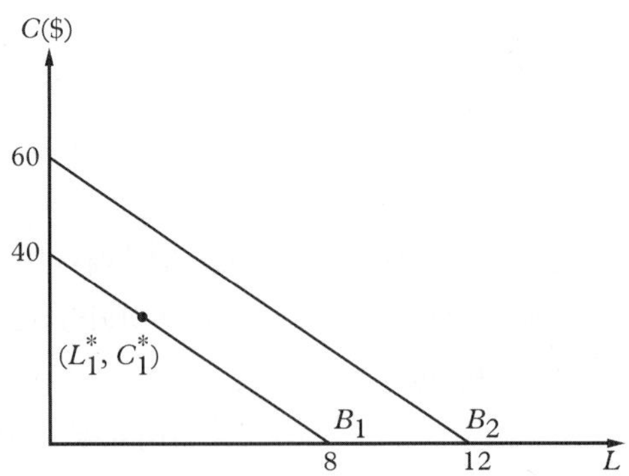

참고문헌

Becker, Gary S. "A Theory of the Allocation of Time." *Economic Journal* 75 (September 1965): 493~517.

Fields, Gary S., and Olivia S. Mitchell, *Retirement, Pensions, and Social Security*. Cambridge, Mass.: MIT Press, 1984.

Ghez, Gilbert R., and Gary S. Becker. *The Allocation of Time and Goods over the Life Cycle*. chapter 3. New York: Columbia University Press, 1975.

Gronau, Reuben, "The Measurement of Output of the Nonmarket Sector: The Evaluation of Housewives' Time." In *The Measurement of Economic and Social Performance*, ed. Milton Moss. 163~189. New York: National Bureau of Economic Research, 1973.

Layard, Richard, and Jacob Mincer, eds. *Journal of Labor Economics* 3, no. 1, pt. 2 (January 1985).

"Special Issue on Child Care." *Journal of Human Resources* 27 (Winter 1992).

제8장

보상임금격차와 노동시장

제6장과 7장은 **일자리를 구할 것인가**와 **얼마나 오래 일할 것인가**에 대한 근로자들의 의사결정에 대해 분석하였다. 제8장과 9장에서는 근로자들이 일하게 되는 산업, 직종 또는 기업에 대한 근로자들의 의사결정을 분석할 것이다. 이 장에서는 근로환경, 부상위험, 그리고 부가급여의 넉넉함 등과 같은 매일 **반복되는** 일자리의 특성이 일자리의 선택에 미치는 영향을 강조할 것이다. 제9장에서는 요구되는 교육**투자**가 직종선택에 미치는 효과를 분석할 것이다.

일자리연결: 근로자선호와 정보의 역할

노동시장의 주요 기능 중의 하나는 자신들의 효용을 극대화시키려는 근로자들이 이윤을 극대화시키려는 사용자들과 연결될 수 있도록 하는 신호(signal)와 메커니즘을 제공하는 것이다. 근로자들은 다양한 숙련도와 선호를 가지고 있으며, 사용자들은 요구조건과 근로환경이 상이한 일자리를 제공하기 때문에 이들을 연결시킨다는 것은 쉽지 않은 작업이다. 각 당사자들에게 최선인 근로자-사용자의 연결을 찾는 과정은 진정 시행착오 과정 중의 하나이며, 이 과정이 형편없이 불충분한지 또는 상당히 만족스러운지는 규범분석 방식의 경제이론을 사용하여 분석될 수 있는 중요한 정책문제이다.

근로자들이 효용을 극대화하려 한다는 가정은, 근로자들이 자신들 일자리의 금전적 및 비금전적 측면 모두에 관심이 있음을 의미한다. 한편으로는 일자리의 높은 보수수준(직무는 불변인 채로 유지될 때)이 그 일자리로 더 많은 근로자들을 끌어들이게 될 것이 기대된다. 다른 한편으로는, 보수만이 문제의 전부가 아니라는 것이 분명하다는 것이다. 즉 직종별 직무와 근로자들의 선호가 이 직무와 어떻게 맞물릴 것인가는 연결과정에 있어서 결정적으로 중요한 요인이다. 이 장의 초점은 노동시장이 근로자의 선호를 어떻게 수용하는가에 모아진다.

만약 노동시장의 모든 일자리들이 **정확히 똑같고, 동일한 장소**에 위치한다면, 어디서 일을 할 것인가에 대한 개인의 의사결정은 가장 높은 보상이 이루어지는 일자리를 선택하는 단순한 일이 된다. 사용자들이 제공하는 보수에 차이가 조금이라도 있다면 저임금을 지급하는 기업들로부터 고임금을 지급하는 기업들로 근로자들의 이동이 발생하게 된다. 만약 제5장에서 논의한 바와 같이 이러한 이동을 방해하는 장애물이 존재하지 않는다면, 시장은 모든 사용자들이 제공하는 임금이 동일하게 되도록 강제시키게 된다.

그러나 모든 일자리들이 동일한 것은 아니다. 어떤 일자리들은 청결하고 현대적인 작업 환경을 유지하지만, 어떤 일자리들은 소음과 먼지 또는 위험한 작업환경을 갖고 있다. 어떤 일자리들은 근로자들이 근로시간 또는 근로속도를 스스로 정하도록 허용하는 반면, 어떤 일자리들은 융통성을 별로 허용하지 않는다. 어떤 사용자들은 다른 사용자들에 비해 보다 넉넉한 부가급여패키지들을 제공하며, 서로 다른 **장소**에서 고용관계가 이루어질 경우에는 통근거리와 이웃의 특성도 서로 다를 것이다. 이 장에서는 일자리 특성의 차이점이 개인의 선택과 그 결과 관찰되는 시장상황에 어떻게 영향을 미치는가를 논의한다.

개인의 선택과 선택의 결과

여러 명의 미숙련근로자들이 두 사용자들로부터 일자리를 제공받았다고 가정하자. 사용자 X는 시간당 8달러를 지급하며, 청결하고 안전한 근로조건을 제공한다. 사용자 Y도 시간당 8달러를 지급하지만 불결하고 시끄러운 공장의 일자리를 제공한다. 근로자들이 어느 사용자를 선택하게 될까? 대부분의 근로자들은 보수는 동일하지만 직무가 보다 바람직한 조건 하에서 수행되기 때문에 의심할 바 없이 사용자 X를 선택하게 된다.

그러나 분명히 8달러가 두 기업 모두의 균형임금은 아니다.[1)] 기업 X는 8달러의 임금으로 지원자들을 모으기가 쉽기 때문에, 미래의 임금인상을 유보하게 될 것이다. 그러나 만약 빈 일자리를 채우기를 원한다면 기업 Y는 공장을 청결히 하거나, 더 높은 임금을 지급하거나 또는 두 가지 모두를 실행해야 한다. 만약 기업 Y가 근로조건을 바꾸지 않기로 결정한다면, 기업 Y는 노동시장에서 경쟁력을 유지하기 위해 8달러보다 **높은** 임금을 지급해야 한다. 기업 Y가 근로자들을 유치하기 위해 지급해야만 하는 **추가**임금은 바람직하지 않은 근로조건을 보상하기 위해 근로자에게 지급되기 때문에 **보상임금격차**(compensating wage differential)라 불린다. 만약 그러한 격차가 존재하지 않는다면 기업 Y는 기업 X가 확보할 수 있는 미숙련근로자들을 유치할 수 없을 것이다.

균형격차 기업 Y가 임금을 8.50달러로 올려 제공하기로 한 반면, 기업 X가 제공하는 임금은 8달러인 채로 남아있다고 가정하자. 시간당 50센트의 이 격차, 1년으로 환산한다면 1,000달러의 추가임금은 미숙련근로자 그룹에 속한 **모든** 근로자들을 기업 Y로 이끌리도록 할 것인가? 만약 이 격차가 모든 근로자들이 이끌리도록 하였다면, 기업 X는 임금을 올릴 인센티브를 가질 것이며, 기업 Y는 제공하는 임금수준을 약간 낮추길 원할지 모른다. 이 경우 50센트의 격차는 균형을 이루도록 하는 격차가 **아닐** 것이다.

---

1) 작업장에서 소음과 더러움에 무감각한 사람이 몇몇 있을 수는 있다. 여기서는 이러한 사람들이 거의 없거나 또는 기업 Y의 근로자들에 대한 수요가 너무 커서 기업 Y는 더러움과 소음에 전적으로 무감각한 사람들만으로 그 빈 일자리들을 모두 채울 수 없다고 가정된다.

그러나 많은 경우에 기업 Y의 더 높은 임금은 미숙련근로자 그룹 중 오직 **일부**만이 기업 Y로 유치되도록 한다. 몇몇 사람들은 더러움과 소음으로 인해 크게 괴로워하지 않으며, 추가보수를 받고 열악한 근로조건을 참고 견디기로 결정할 수 있다. 소음 또는 먼지에 매우 민감한 사람들은 그러한 근로조건에 자신들을 노출시키기보다는 차라리 낮은 임금을 지급받기로 결정할지 모른다. 만약 두 기업 모두 자신들이 원하는 숫자와 수준의 근로자들을 고용할 수 있다면, 50센트의 격차는 이 격차를 변화시키고자 하는 힘이 존재하지 않는다는 의미에서 균형격차가 **된다**.

그렇다면 불쾌함 또는 위험을 회피하고자 하는 근로자들의 욕구가, 불쾌함 또는 위험이 수반되는 일자리를 제공하는 사용자들로 하여금, 그렇지 않았을 경우에 지급해야 하는 것보다 더 높은 수준의 임금을 지급하도록 하는 것임이 틀림없다. 이 임금격차는 서로 관련된 두 가지의 사회적으로 바람직한 목적에 도움이 된다. 첫째, 임금격차는 사람들에게 더럽고, 위험하거나 또는 불쾌한 일을 자발적으로 수행할 인센티브를 제공함으로써 **사회적** 필요에 부응한다. 둘째, **개인**수준에서 임금격차는, 불쾌한 일자리를 받아들이는 근로자들에게 보다 상쾌한 일자리에 근무하는 동등한 근로자들보다 더 높은 임금을 지급함으로써 이들을 보상하는 역할을 한다.

노동의 배분 많은 일자리들은 불가피하게 몹시 더럽거나, 또는 안전하고 쾌적하게 만들기 위해서는 매우 많은 비용이 든다(석탄채굴, 심해 다이빙, 그리고 경찰업무를 예로 들 수 있음). 이러한 일자리들에 필요한 노동을 모집하는 데는 본질적으로 두 가지 방법이 있다. 그 중 하나는 사람들에게 이러한 일자리들을 강요하는 것이다(군대징집이 강제노동의 가장 확실한 최근의 예이다). 두 번째 방법은 사람들이 이 일들을 자발적으로 수행하도록 유발시키는 것이다.

대부분의 현대사회는 쾌적하지 못한 일자리에 노동을 자발적으로 모집하기 위해서 보상임금격차라는 인센티브에 주로 의존한다. 자신들이 일할 수 있는 다른 일자리들에 비해 높은 임금을 지급하기 때문에, 근로자들은 석탄을 채굴하며, 지상에서 50층 되는 건물의 철빔을 볼트로 고정시키며, 또는 야간에 일을 하는 데 동의할 것이다. 예를 들어 야간작업은 수면과 가족 간의 대화를 비정상적으로 만들기 때문에 긴장을 쌓이게 할 수 있다. 그러나 사용자들은 종종 공장과 기계가 24시간 가동되는 것이 보다 효율적임을 알게 된다. 결과적으로 야간조로 일을 하는 노동조합에 가입하지 않은 근로자들은 주간작업을 할 때보다 약 4% 더 많은 보수를 지급받게 된다.[2)]

[2)] Peter F. Kostiuk, "Compensating Differentials for Shift Work," *Journal of Political Economy* 98, no. 5, pt. 1 (October 1990): 1054~1075. 교대근무(shift-work) 격차는 프랑스에서 더욱 크다. Joseph Lanfranchi, Henry Ohlsson, and Ali Skalli, "Compensating Wage Differentials and Shift Work Preferences," *Economic Letters* 74 (February 2002): 393~398 참조. 야간에 일하는 등록된 간호사의 경우 거의 12%의 보상임금격차가 추정된 바 있다. Edward J. Schumacher and Barry T. Hirsch, "Compensating Differentials and Unmeasured Ability in the Labor Market for Nurses: Why Do Hospitals Pay More?" *Industrial and Labor Relations Review* 50 (July 1997): 557~579 참조.

근로자들에 대한 보상 보상임금격차는 나쁘거나 또는 힘든 근로조건을 받아들이는 사람들에게, 그들이 다른 곳에서 받는 것보다 더 많은 보수를 지급함으로써, **개인**에 대한 보상으로서의 역할을 또한 담당한다. 똑같은 논리로, 보다 쾌적한 근로조건을 선택하는 사람들은 낮은 보수를 받아들임으로써 이 조건을 '구매'해야만 한다. 예를 들어 만약 어떤 사람이 시간당 8달러의 임금으로 기업 X에서 일하기로 한다면, 이 사람은 보다 덜 쾌적한 조건을 가진 시간당 8달러 50센트짜리 기업 Y의 일자리를 포기하는 것이다. 보다 나은 조건이 매우 진정한 의미에서 시간당 50센트에 구입되는 것이다.

따라서 보상임금격차는 좋은 근로조건이 근로자들에 의해 구입되거나 또는 나쁜 조건이 근로자들에게 판매되는 가격이 된다. 일반적으로 주장되는 것과는 반대로, 화폐가치가 종종 그 효과가 본질적으로 주로 심리적인 일 또는 조건에 부여될 **수** 있다. 보상임금격차는 이러한 고용의 비금전적 측면을 평가하는 핵심단서를 제공한다.

예를 들어 자신들로 하여금 여가활동을 즐기고 일상적인 시간에 수면을 취하도록 허용하는 근로스케줄에 근로자들은 얼마만큼의 가치를 부여할까? 만약 야간교대조의 근로자들이 그렇지 않으면 벌게 되는 것보다 4% 또는 전형적 근로자의 경우 연간 약 1,000달러를 더 받는다는 사실을 안다면, 이 질문에 대한 대답에 필요한 추론은 간단명료하다. 주간에 수면을 취하는 데 어려움을 겪거나 또는 가장 원하는 여가활동이 가족 또는 친구들과 함께 이루어져야만 하는 사람들은, 단지 1,000달러의 연간 추가소득 때문에 야간에 일을 하려 하지는 않을 것이다. 그들은 정상적 근로스케줄을 얻기 위해 1,000달러의 근로소득프리미엄을 꽤 기꺼이 포기할 용의가 있다. 그러나 다른 사람들은 비정상적인 수면시간과 여가유형에 덜 괴로움을 당하며, 1,000달러의 프리미엄으로 야간에 기꺼이 일할 용의가 있다. 후자에 속하는 근로자들의 일부는 1,000달러 **미만**으로도 정상적 근로스케줄을 포기할 용의가 있는 반면, 다른 사람들은 현재의 임금격차에서는 야간에 일하기로 하는 의사결정을 가까스로 내릴 수 있음을 알게 된다. 만약 격차가 한계적으로 하락한다면 야간에 일하는 사람들 중 몇몇은 마음을 바꿔 일을 지속하기를 거절하는 반면, 만약 격차가 1,000달러를 넘어 약간 증가한다면 몇 명이 추가로 야간작업에 모집될 수 있다. 따라서 연간 1,000달러라는 프리미엄은 **한계적 상황에 있는** 사람들(자신의 마음을 바꾸는 데 가장 근접해 있는 사람들)이 정상적 근로스케줄을 위해 얼마만큼을 지불할 용의가 있는가를 나타낸다.[3)]

가정 및 예측

개인들의 일자리 선택에 대한 단순이론이 보상임금격차가 여러 일자리 특성과 관련될 것이라는 **예측**으로 어떻게 이어지는가를 살펴보았다. 정(+)의 격차(더 높은 임금)는 '나쁜' 특성을 수반하는 반면, 부(−)의 격차(더 낮은 임금)는 '좋은' 특성과 관련이 있게 된다. 그러나 이러한 예측은 **오로지 다른 조건이 일정**할 때에**만** 이루어질 수 있다는 것을 이해하

3) Daniel S. Hamermesh, "The Timing of Work over Time," *Economic Journal* 109 (January 1999): 37~66은 사람들이 더 부유해짐에 따라 점점 야간에 일하는 것을 회피하기를 원한다는 증거를 밝히고 있다.

는 것이 매우 중요하다.

보상임금격차가 존재할 것이라는 예측은 만약 정보를 갖고 있는 근로자가 '좋은' 근로조건의 일자리와 동일한 보수의 '나쁜' 근로조건의 일자리 중 하나를 선택한다면 '좋은' 일자리를 선택할 것이라는 합리적 가정으로부터 도출된다. 만약 근로자가 미숙련노동자라면 이 사람은 뜨거운 아스팔트를 까는 쾌적하지 못한 일자리와 에어컨이 작동하는 창고에서의 더 편안한 일자리 사이 중 하나를 선택하게 될 수 있다. 어느 일자리든지 이 사람은 미숙련근로자들이 전형적으로 받는 임금과 비슷한 수준의 임금을 받을 것이다. 그러나 이론에 의하면 이 근로자는 창고 일자리보다는 아스팔트를 까는 일자리로부터 **더 많은** 임금을 받게 될 것이라는 예측이 가능하다.

따라서 일자리선택에 대한 이론으로부터 예측되는 결과는, 단순히 '나쁜' 조건 아래에서 일하는 근로자들이 '좋은' 조건 아래에서 일하는 근로자들보다 더 많은 보수를 받는다는 것이 **아니다**. 예측의 내용은, **근로자 특성들을 불변인 채로 고정시켜 놓을 때** 나쁜 근로조건의 근로자들이 더 쾌적한 조건 아래에서 일하는 근로자들보다 더 높은 임금을 받는다는 것이다. 불변인 채로 고정되어야 하는 특성에는 임금에 영향을 미치는 모든 요인들이 포함된다. 즉 숙련수준, 연령, 경험, 인종, 성, 노동조합 가입여부, 출신지역 등이 여기에 속한다. 이 예측에 도달하기 위해서 다음의 세 가지 가정들이 사용되었다.

가정 1: 효용극대화 첫 번째 가정은 근로자들이 자신들의 소득이 아니라 **효용**을 극대화하려 한다는 것이다. 일부 사람들이 높은 임금 대신 낮은 임금을 지급하긴 하지만 더 쾌적한 일자리를 선호하여, 오로지 가장 높은 임금을 제공하는 일자리를 선택하지 **않을** 때에만 보상임금격차는 발생하게 될 것이다. 이러한 행태는 낮은 임금을 지급하지만 쾌적한 일자리를 제공하는 사용자들이 경쟁력을 갖도록 허용한다. 이 경우 임금은 같아지지 않는다. 오히려 일자리에서의 보수 및 정신적 측면으로부터 도출되는 총효용인 **순이익**(net advantage)이 한계적 근로자의 경우 같아지는 경향이 있게 된다.

가정 2: 근로자의 정보 위의 분석에 암묵적으로 내재되어 있는 두 번째 가정은 근로자들이 자신들에게 잠재적으로 중요한 일자리의 특성들을 알고 있다는 것이다. 근로자들이 일자리를 얻기 전에 그 특성들을 알았는지, 또는 일자리를 얻은 직후 그 특성들에 대해 알게 되었는지는 크게 중요하지 않다. 어떤 경우든 보상임금격차 없이 '나쁜' 일자리를 제공하는 회사는 근로자들을 모집하거나 또는 보유하는 데 어려움을 겪게 되며, 이 어려움은 회사로 하여금 결국 임금을 인상시키도록 만들게 된다.

물론 근로자들이 위험, 소음, 엄격한 근로규율, 직장의 불안정성, 그리고 기타 명백히 나쁜 근로조건들을 빨리 알게 될 가능성은 꽤 크다. 근로자들이 예를 들어 일시해고당하거나 또는 직무 중 부상을 당할 **정확한** 확률을 알지 **못할** 가능성도 또한 꽤 크다. 그러나 근로자 자신들의 직접 관찰 또는 다른 근로자들로부터의 구두전달 등이, 심지어 이러한 확률에 대해서까지도 상당히 정확하게 상황을 평가하기에 충분한 정보를 근로자들에게 제공할 수 있다. 예를 들어 자신들의 일을 위험하다고 생각하는 근로자들의 비율은 정부가 발표하는 그들이 일하는 산업의 실제 부상률과 밀접하게 관련되어 있음이 알려져 있다.[4] 이러한 발견은 근로자들이 아마도 부상당할 정확한 확률을 서술할 수는 없지만, 여러 일자리들의 상대적 위험에 대해서는 정확한 판단을 하고 있음을 설명한다.

그러나 **매우** 뚜렷하지 않은 특성들에 대해서는 예측이 맞지 않을 수도 있다. 예를 들어 석면의 먼지가 근로자의 건강에 매우 해롭다는 것이 현재에는 알려져 있지만, 50년 전만 해도 이 사실은 널리 알려지지 않았다. 공장에서의 석면과 관련된 위험에 대한 정보가 형성되는 데 그렇게 오랜 기간이 걸린 이유 중의 하나는, 석면과 관련된 질병이 발병하는 데 20년이 더 걸리기 때문이다. 따라서 질병의 원인과 결과가 근로자들과 연구자들에게 똑같이 분명하게 나타나지 않았으며, 이는 이 위험을 모르고 일자리를 선택하는 상황을 만들었다. 따라서 그 당시에는 이 위험에 대한 보상임금격차가 도대체 나타날 수 없었다. 그렇다면 보상임금격차에 대한 예측은 근로자들이 알고 있는 일자리특성들에 한해서만 성립된다는 뜻이 된다.

가정 3: 근로자 이동성 이론에 암묵적으로 내재되어 있는 마지막 가정은, 근로자들이 선택하게 될 넓은 범위의 일자리들이 제공된다는 것이다. 일자리가 제공되는 범위가 넓지 않다면 근로자들은 자신들이 바라는 일자리특성들의 조합들을 고를 수 없거나 또는 자신들이 노출되기 싫은 일자리특성들을 회피할 수 없게 된다. 예를 들어 만약 근로자들이 단지 위험한 일자리만을 얻을 수 있다면 부상위험에 대한 보상임금격차는 도저히 나타날 수 없다. 위험한 일을 제공하는 사용자들로 하여금 임금을 올리도록 하는 것은, 바로 위험한 일자리보다 안전한 일자리를 선택하는 근로자들의 행동이다.

이 선택이 나타날 수 있는 한 가지 방식은, 일자리를 얻고자 하는 각 지원자가 선택의 대상이 될 여러 일자리들을 제공받는 것이다. 그러나 선택이 실행될 수 있는 또 다른 방식은 근로자들이 (적어도 잠재적으로) 큰 이동성을 가지고 있는 경우이다. 다시 말하면 여러 일자리들을 동시에 제공받지 못한 근로자들은, 일자리를 얻은 후에도 만약 자신들이 좀 더 나은 일자리를 얻을 수 있다고 생각하면 계속하여 일자리를 탐색한다. 따라서 어떤 **한** 시점에는 일자리가 거의 제공되지 않더라도 근로자들은 일정 **기간**에 걸쳐서는

[4] W. Kip Viscusi, "Labor Market Valuations of Life and Limb: Empirical Evidence and Policy Implications," *Public Policy* 26 (Summer 1978): 359~386. W. Kip Viscusi and Michael J. Moore, "Worker Learning and Compensating Differentials," *Industrial and Labor Relations Review* 45 (October 1991): 80~96은 위험을 인식하는 정확도는 재직기간에 따라 증가함을 제시하고 있다. 사람들이 자신들의 교통사고로 인한 사망위험과 자신들의 전반적인 사망위험을 얼마나 잘 추정하는가에 대한 분석은 Henrik Andersson and Petter Lundborg, "Perception of Own Death Risk: An Analysis of Road-Traffic and Overall Mortality Risks," *Journal of Risk and Uncertainty* 34 (February 2007): 67~84를 참조하라. 또 다른 연구는 사람들이 심지어 매우 낮은 확률의 위험에도 자신들의 행태를 조정한다는 것을 보여주었다. Daniel Sutter and Marc Poitras, "Do People Respond to Low Probability Risks? Evidence from Tornado Risk and Manufactured Homes," *Journal of Risk and Uncertainty* 40 (April 2010): 181~196 참조.

상대적으로 광범위한 선택 가능성을 아마도 가질 수 있을 것이며, 이는 궁극적으로 그들로 하여금 자신들의 효용을 극대화시키는 일자리를 고르도록 허용하게 된다.

근로자들이 얼마나 이동성이 있을까? 2006년 1월 현재, 20세 이상 모든 미국 근로자들의 약 22%가 자신들의 사용자들과 1년 이하를 근무한 상태에 있었으며, 3.5%가 매달 새로운 사용자와의 근무를 시작하였다. 일부 사람들의 경우는 자신의 이전 사용자에 의해 해고되었거나 또는 일시해고 되었기 때문에 새로운 사용자를 찾을 필요가 있었지만, 어떤 주어진 **달**에 미국 근로자들의 약 2%는 자신의 일자리를 **자발적으로** 이직하였으며, 이들 중 약 40%가 (아마도 더 매력적인 근로조건 또는 혜택 때문에) 더 낮은 임금을 지급하는 일자리를 찾았다.[5)]

보상임금격차의 실증테스트

바람직하지 못한 일자리특성들에 보상임금격차가 존재한다는 예측은 200년이 넘는 역사를 가지고 있다. 아담 스미스(Adam Smith)는 1776년에 발간된 그의 **국부론**(Wealth of Nations)에서 다섯 가지 '일부 고용에 있어 작은 금전적 이익을, 그리고 다른 고용의 경우에는 균형을 유지하기 위한 큰 금전적 이익이 보충되어야 할 주요한 상황'을 제안하였다. 스미스가 열거한 상황에는 고용의 항구성(constancy of employment), 직무를 학습하는 데 있어서의 어려움(difficulty of learning the job), 성공확률(probability of success), 그리고 근로자에게 부여된 신뢰의 정도(the degree of trust placed in the worker)가 포함되어 있다. 이 장에서의 논의는 위의 어떤 것에 초점을 맞추어도 되지만, 현재까지 대부분의 연구는 '노동자의 임금은 고용의 용이함 또는 어려움, 청결함 또는 더러움, 명예롭거나 불명예스러움에 따라 변한다.'는 스미스의 주장에 초점을 맞추었다.[6)]

실제로 보상임금격차를 추정하는 데에는 두 가지 어려움이 존재한다. 첫째, 개별근로자들의 수준에서 근로자들의 관련 일자리특성과 임금에 또한 영향을 미치는 개인특성(연령, 교육, 노동조합 가입 여부, 등등)을 연결시킬 수 있는 데이터세트를 구축할 수 있어야만 한다. 둘째, 일반적으로 바람직하지 않은 것으로 간주되는 일자리특성들이 무엇인지를 사전에 구체적으로 명기할 수 있어야만 한다(예를 들어 모든 사람들이 외근 또는 반복되는 직무를 바람직하지 않은 것으로 간주하지 않을 수 있다).

보상임금격차의 존재에 대한 가장 광범위한 테스트는 직무 중의 부상 또는 사망의 위험에 대해 수행되었는데, 이는 주로 그러한 위험수준이 높다는 것이 너무나 명백히 '나쁜' 것이기 때문이다. 이러한 연구들은 직무 중의 위험이 클 때는 언제나 임금이 더 높을 것이라

5) U.S. Department of Labor, Bureau of Labor Statistics, "Employee Tenure Summary," news release USDL 06~1563 (http://www.bls.gov./news.release/tenure.nr0.htm), September 8, 2006, Table 3; U.S. Department of Labor, Bureau of Labor Statistics, "Job Openings and Labor Turnover Survey,"(http://data.bls.gov./cgi-bin/surveymost and http://data.bls.gov/cgi-bin/dsrv); and Peter Rupert, "Wage and Employer Changes over the Life Cycle," *Economic Commentary*, Federal Reserve Bank of Cleveland (April 15, 2004).

6) Adam Smith, *Wealth of Nations* (New York: Modern Library, 1937), book 1, chapter 10.

는 예측을 일반적으로 지지하지만, 항상 이러한 예측이 지지되는 것은 아니다. 미국에서의 그러한 보상격차에 대한 최근의 추정치들은 (약 1/30,000인) 연간 평균수준의 위험에 직면하고 있는 근로자들에 비해 평균에 비해 3배 수준의 직무와 관련된 치명적인 위험에 직면하고 있는 근로자들의 경우 임금이 약 1% 더 높은 경향이 있음을 제시하고 있다.[7)]

보상임금격차에 대해 이외에도 많은 연구들이 이루어졌으나, 이 연구들은 다양한 일자리특성들에 따라 널리 분산되었기 때문에 그들의 이론에 대한 지지 강도를 판단한다는 것에는 문제가 있다. 그럼에도 불구하고 다른 영향력들을 불변인 채로 고정시킬 때 정(+)의 임금프리미엄이 야간근로, 융통성 없는 근로스케줄, 자주 서서 근무하는 것, 시끄러운 또는 오염된 환경에서의 근로, 그리고 불안정한 일자리를 갖는 것 같은 바람직하지 않은 특성들과 관련이 있었다(또 다른 '나쁜' 근로조건인 집으로부터 멀리 떨어진 곳에서의 근로에 관한 덜 공식적인 데이터는 예문 8.1을 참조하라).[8)]

헤도닉 임금이론과 부상위험

이제 **헤도닉**(hedonic)임금이론이라고 알려진 보상임금격차에 관한 이론을 그래프로 설명하기로 한다.[9)] 그래프라는 분석도구의 사용은 이론에 추가적인 통찰력을 더해 주며, 중요한 규제문제에 대한 규범분석을 더욱 뚜렷하게 한다. 이 절에서는 부상위험이라는 **부**(−)의 일자리특성에 관한 보상임금격차이론을 분석하며, 이 개념들을 정부의 안전규제에 관한 규범분석에 적용한다.

직무관련 부상은 작업장의 불행한 특성인데, 부상률은 직종과 산업에 따라 상당히 상이하다. 예를 들어 미국 작업장에서의 연간 치명적 부상률은 평균적으로 약 30,000명 중 1명이라고 주목된 반면, 트럭기사들과 지붕을 잇는 건설근로자(roofer)들의 부상률은 7에서 10배 더 높다. 미국 근로자들의 약 2%가 매년 심하게 부상을 당해 적어도 하루 동안 정상적으로 일을 못하게 되지만, 제조업부문만 살펴보더라도 이 부상률은 석유제조업의 1%로부터 목재제조업의 3.5%까지 다양하다.[10)]

---

7) Thomas J. Kniesner, W. Kip Viscusi, Christopher Woock, and James P. Ziliak, "The Value of a Statistical Life: Evidence from Panel Data," *Review of Economics and Statistics* 94 (February 2012): 74~87.

8) Christophe Daniel and Catherine Sofer, "Bargaining, Compensating Wage Differentials, and Dualism of the Labor Market: Theory and Evidence for France," *Journal of Labor Economics* 16 (July 1998): 546~575; Matthew A. Cole, Robert J.R. Elliott, and Joanne K. Lindley, "Dirty Money: Is There a Wage Premium for Working in a Pollution Intensive Industry?" *Journal of Risk and Uncertainty* 39 (October 2009): 161~180; and Emilia Del Bono and Andrea Weber, "Do Wages Compensate for Anticipated Working Time Restrictions? Evidence from Seasonal Employment in Austria," *Journal of Labor Economics* 26 (January 2008): 181~221.

9) 쾌락주의철학(philosophy of hedonism)은 보통 18세기 후반의 철학자 제레미 벤담(Jeremy Bentham)과 관련되는데, 벤담은 사람들은 자신들이 생각하기에 자신들의 행복을 극대화시키는 방식으로 항상 행동한다고 믿었다. 아래의 분석은 Sherwin Rosen, "Hedonic Prices and Implicit Markets," *Journal of Political Economy* 82 (January/February 1974): 34~55로부터 주로 각색되었다.

10) U.S. Bureau of Labor Statistics, "2011 Census of Fatal Occupational Injuries (revised data)," http://www.bls.gov/iif/oshwc/cfoi/cfch0010.pdf; and U.S. Bureau of Labor Statistics, "Workplace Injury and Illnesses Summary," USDL-12-2121, October 25, 2012, Table 1.

예문 8.1

철로에서의 근로: 좋지 못한 일자리를 좋게 만들기

보상임금격차를 정확히 측정하기는 어렵지만 일자리선택에 대한 일상의 논의에서 이 장의 이론에 대한 일반적 지지를 종종 발견할 수 있다. 이 예문은 9,000마일에 이르는 로스앤젤레스와 시카고 사이의 철로를 보수하고 대체하기 위해 산타페철도회사(Santa Fe Railway)가 나바호(Navajo)인디언들만을 전적으로 사용한 사실에 대한 신문기사에 기초하고 있다.

220명의 나바호인디언들은 두 '철강같이 견실한 조(steel gangs)'로 조직되었다. 근로자들은 기계가 할 수 없는 일을 수행하였다. 즉 철도선로에 박힌 오래된 대못을 뽑아 분류하며, 철도레일을 접합하고, 새로운 철로의 안전도를 점검하였다. 이와 같이 힘든 일은 본질적으로 인기를 끌지 못하였다. 즉 일은 1년에 단지 5개월에서 8개월 동안 지속되었으며, 일의 대부분이 무더운 사막의 열기 속에서 수행되었고, 근로자들은 자신들의 가족과 떨어져 살아야 했으며, 16명까지에 이르는 다른 근로자들과 침대차에서 잠자리에 들어야 했고, 그리고 외딴 지역에 떨어져 있기 때문에 근무 외의 시간에도 지루함과 외로움을 느껴야 했다.

이와 같은 일자리에 대해 두 가지 가설이 이 장에서 논의된 이론으로부터 도출될 수 있다. 이 가설들은 이를 지지하는 신문기사로부터의 인용문 또는 사실과 함께 아래에 수록되어 있다.

가설 1. 인기가 없는 일자리를 제공하는 회사들은 근로자들을 모집하고 유지하기가 어렵다는 것을 알고 있다. 이 일자리들을 얻게 되는 근로자들은 그러한 근로조건이 가장 덜 바람직하지 않은 근로자들이다.

> 그들은 모든 사람들에게 고용을 교섭하였었다. 나바호인디언들만이 가정과 떨어져 일을 수행할 용의가 있었던, 그리고 일을 훌륭하게 처리하였던 유일한 사람들이었다.

[산타페철도회사의 채용담당자]

> 외롭다고요? 아닙니다. 나는 전혀 외롭지 않습니다. 여기에는 나바호인디언만이 있으니까요. … 우리는 같은 말을 사용하며 서로를 이해합니다. … 정말 좋은 일자리였습니다.

[16년 경험을 가진 철강같이 견실한 조의 근로자]

가설 2. 다른 일자리에서 받을 수 있는 임금보다 훨씬 높은 수준으로 임금을 인상시킴으로써, 대상이 되는 그룹의 근로자들에게 그 일자리가 인기가 있도록 만든다.

> 나는 항상 가정에 머물러 가족과 함께 있기를 원한다. 그러나 그것은 단지 가능하지 않은 일일뿐이다. 2주마다 900달러를 지급하는 일자리를 내가 어디에서 찾을 수 있겠는가?

[11년 된 철강같이 견실한 조의 노련한 근로자]

(1990년대 초의 철강같이 견실한 조의 임금은 시간당 12달러에서 17달러 사이였는데, 이는 '수작업을 하는 일반노동자'의 국가전체 평균임금인 시간당 약 10달러보다 훨씬 높은 수준이었다.)

데이터출처: Paula Moñarez, "Navajos Keep Rail Lines Safe," *Long Beach Independent Press-Telegram*, May 14, 1992, D1.

부상위험에 대한 보상임금격차의 분석을 단순히 하기 위해, **다른** 모든 일자리특성에 대한 보상격차가 이미 확립되었다고 가정하자. 이 가정은 근로자를 일자리에 선발하는 과정의 결과를 보다 분명히 알 수 있도록 하며, 동일한 분석이 다른 모든 특성의 경우에 반복될 수 있기 때문에 결론이 가정에 의해 좌우되지 않도록 한다. 일자리에 근로자를 선발하는 과정과 그 과정의 결과를 완전히 이해하기 위해서는 여느 때와 같이 시장의 사용자 측면과 근로자 측면 모두를 고려할 필요가 있다.

근로자의 고려사항

근로자들이 직무 중 부상당할 위험을 싫어한다는 사실은 이의 없이 가정될 수 있다. 매년 근로자들의 3%가 부상을 당하는 기업에서 시간당 8달러의 일자리를 제공받는 어느 근로자는 그 일자리로부터 일정 수준의 효용을 달성하게 된다. 만약 다른 일자리특성들이 불변인 채로 유지되면서 부상위험이 4%로 증가한다면 동일한 수준의 효용을 만들어 내기 위해서 이 일자리에는 더 높은 임금이 지급되어야 한다(추가적 부상으로 야기되는 임금손실, 의료치료, 그리고 고통의 비용이 부상 이후에 기업 또는 보험회사에 의해 **완전히** 충당되는 예외적인 경우를 제외하고).[11)]

시간당 8달러와 3%의 위험도가 제공하는 것과 동일한 효용을 창출하는 다른 임금과 위험수준의 조합들이 고안될 수 있다. 이 조합들은 그래프 상에서 연결되어 무차별곡선을 형성할 수 있다(예를 들어 그림 8.1의 무차별곡선 U_2). 제6장과 7장에 그려진 무차별곡선들과 달리, 그림 8.1의 무차별곡선들은 부상위험이 (예를 들어 여가와 같은) '좋은' 일자리특성이 아닌 '나쁜' 일자리특성이기 때문에 우상향한다. 다시 말해서 만약 위험이 증가하면, 효용을 동일하게 유지하기 위해서 임금은 상승해야만 한다.

이전의 장들에서와 같이 각 가능한 효용수준에 대해 하나의 무차별곡선이 존재한다. 위험이 일정 수준으로 주어졌을 때 더 높은 임금은 더 많은 효용을 발생시킬 것이기 때문에, 북서쪽에 놓여 있는 무차별곡선들이 더 높은 효용을 나타낸다. 따라서 그림 8.1의 무차별곡선 U_3 상의 모든 점들은 U_2 상의 모든 점들보다 선호되며, U_2 상의 모든 점들은 U_1 상의 모든 점들보다 선호된다.[12)] 각 무차별곡선이 (밑에서 볼 때) 볼록하다는 사실은 한계대체율 체감이라는 정상적인 가정을 반영한다. 무차별곡선 U_2의 점 K에서, 이 사람은 상대적으로 높은 임금을 받으며 높은 수준의 위험에 직면한다. 위험수준이 이 사람을 절박한 위험에 빠뜨릴 만큼 충분히 높으며, 임금으로 구입할 수 있는 재화의 소비수준이 이미 높기 때문에, 이 사람은 일정한 위험감소를 달성하기 위해 임금을 대폭적으로 포기

11) 보상임금격차는 **사전적**(ex ante)으로, 즉 '부상 이전'의 부상위험과 관련된 보상을 제공한다. 근로자들은 또한 **사후적**(ex post)으로, 즉 '부상 이후'의 손해에 대한 지불을 통해 (효용을 동일하게 유지하기 위해서) 보상받을 수 있다. 근로자보상보험은 **사후**에 보상금을 제공하지만, 이 보상금은 전형적으로 부상의 모든 비용에 대해 완전하지 못한 보상을 제공한다.

12) '비재화(bad)'가 가로축에 표시되고 (그림 8.1에서와 같이) '재화(good)'가 세로축에 표시되면, 보다 많은 '재화'와 보다 적은 '비재화'를 가진 사람들이 확실히 더 높은 만족을 얻으며, 이러한 조합은 그래프 상에서 북서쪽 방향으로 이동함으로써 얻어진다.

그림 8.1

임금과 부상위험 사이의 무차별지도

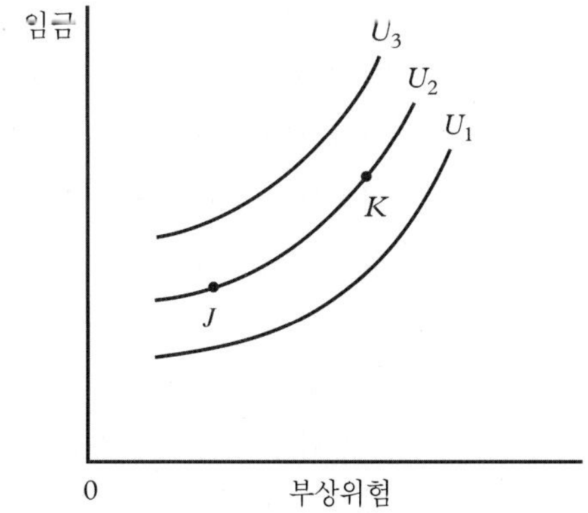

할 용의가 있을 것이다. 그러나 위험수준과 임금이 하락함에 따라(예를 들어 점 J로), 이 사람은 일정한 위험감소에 대한 대가로 임금을 포기할 용의가 줄어들게 된다. 즉 위험이 더 이상 절박하지 않으며, 다른 재화의 소비가 이전만큼 높지도 않게 된다.

물론, 사람들은 부상당할 위험을 회피하는 정도가 서로 다르다. 이 위험에 매우 민감한 사람들은 위험이 조금이라도 증가할 경우 대폭적인 임금인상을 요구하는 반면, 위험에 덜 민감한 사람들은 효용을 불변으로 유지하기 위해 소폭의 임금인상을 요구할 것이다. 위험에 보다 민감한 근로자들은, 그림 8.2에 그려진 바와 같이, 주어진 위험수준에서 더 가파른 무차별곡선을 가질 것이다. 위험수준 R_1에서, 점 C에서의 기울기는 점 D에서의 기울기보다 더 가파르다. 점 C는 위험에 매우 민감한 근로자 A의 무차별곡선 상에 놓여있는 반면, 점 D는 위험에 덜 민감한 근로자 B의 무차별곡선 상에 놓여있다. 물론 각 개인은 그림 8.2에 나타나지 않은 무수히 많은 무차별곡선들을 갖고 있으며, 각자는 가능한 한 가장 높은 효용수준을 달성하려 할 것이다.

그림 8.2

부상위험에 대한 회피도가 상이한 두 근로자의 대표적 무차별곡선

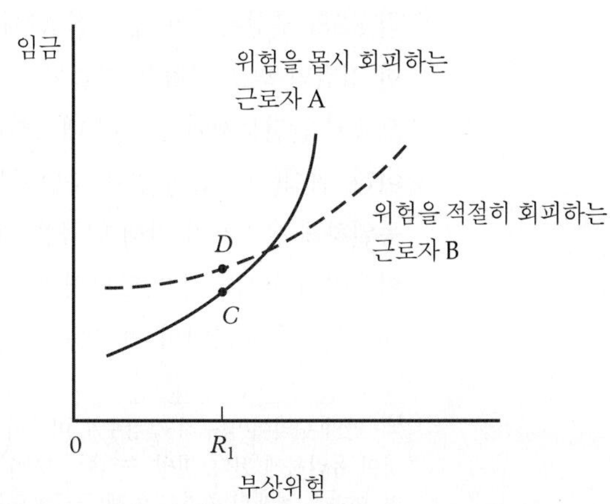

사용자의 고려사항

사용자들은 세 가지 가정들로부터 도출되는 임금/위험의 상충관계(trade-off)에 직면한다. 첫째, 근로자들이 직면한 부상위험을 줄이기 위해서는 아마도 비용이 든다. 안전설비가 기계에 부착되어야 하며, 안전훈련교육을 위해 생산시간이 희생되어야만 하며, 보호피복이 근로자들에게 지급되어야 하는 것 등이다. 둘째, 경쟁압력이 아마도 많은 기업들로 하여금 **이윤이 0**인 상태(즉 모든 비용이 충당되고 자본수익률이 유사한 투자수익률과 대체적으로 같아지는 점)에서 운영되도록 할 것이다.[13] 셋째, 모든 **다른** 일자리특성들은 아마도 주어졌거나 또는 이미 결정된 상태이다. 이 세 가지 가정들의 결과는 만약 기업이 부상위험을 줄이기 위한 프로그램에 착수한다면, 기업은 시장에서 경쟁적인 상태로 남아 있기 위해서는 임금을 하락시켜야만 한다는 것이다.

따라서 시장의 사용자 측면에서의 요인들은 **다른 조건이 일정할 때**, 낮은 위험은 낮은 임금과, 그리고 높은 위험은 높은 임금과 각각 관련되도록 하는 경향이 있다. 이 '다른 조건'은 부가급여이거나 또는 다른 일자리특성들일 수 있다. 즉 이러한 것들이 주어졌다고 가정하는 것이 (비록 처음에는 비현실적인 것처럼 보일지 모르지만) 분석의 타당성에 영향을 미치지 않을 것이다. 중요한 점은, 만약 기업이 **안전을 위해 더 많은 비용**을 쓴다면 경쟁적으로 남아 있기 위해서 **다른 것들에는 더 적은 비용**을 지출하여야 한다는 것이다. 따라서 **임금**이라는 용어는 이론분석에서는 '고용조건'의 약어로 생각될 수 있다.

임금과 부상위험 수준 사이의 사용자 측면에서의 상충관계(trade-offs)는 일정 이윤수준을 제공하는 위험과 임금수준의 여러 조합들을 보여주는 **등이윤곡선**(isoprofit curve)들의 사용을 통해 그래프로 그려질 수 있다(**iso**는 '동일한'을 의미한다). 따라서 그림 8.3에 그려진 곡선들과 같은 주어진 곡선상의 모든 점들은 **동일한** 수준의 이윤을 제공하는 임금/위험의 조합들이다. 남동쪽의 곡선들의 경우, 고용계약상의 모든 다른 항목들이 주어졌을 때, 각 위험수준이 **더 낮은** 임금수준과 관련이 있기 때문에 보다 높은 이윤수준을 나타낸다. 반대로 북서쪽의 곡선들은 더 낮은 이윤수준을 나타낸다.

그림 8.3의 등이윤곡선들이 (밑에서 볼 때) 오목함을 주목하라. 이 오목성은 안전을 위한 지출에 대한 한계수익이 체감한다는 가정이 그래프로 표현된 것이다. 예를 들어 그림 8.3의 부상위험이 높은 점 M에서 기업이 운용되고 있다고 가정하자. 위험을 줄이기 위한 기업의 최초 지출은 기업이 가장 확실하고 저렴하게 제거시킬 수 있는 위험을 제거함으로써 안전문제에 분명히 대처하려 할 것이기 때문에 상대적으로 높은 수익을 갖게 될 것이다. 위험(그리고 부상에 수반되는 비용)감소가 상대적으로 크기 때문에, 기업은 이윤을 동일하게 유지하기 위해 임금을 매우 큰 폭으로 낮출 필요가 없다. 따라서 점 M에서의 등이윤곡선은 상대적으로 편평하다. 그러나 점 N에서 등이윤곡선은 가파른 기울기를 갖는데, 이는 만약 기업이 위험을 감소하기 위한 프로그램을 마련한 채로 그 이윤을 유지하기

[13] 만약 수익이 영구히 정상수준 미만이라면 소유자들은 공장을 닫고 자신들의 자금을 다른 곳에 투자하는 것이 유리하게 된다. 만약 수익이 정상수준을 초과한다면 다른 투자자들이 이 산업에 매력을 갖게 될 것이며, 이윤은 경쟁의 증가로 인해 궁극적으로 하락하게 될 것이다.

그림 8.3

사용자의 등이윤지도

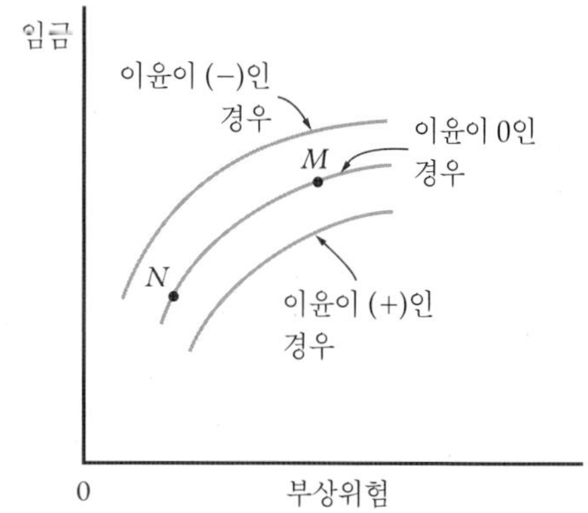

위해서는 임금이 상당히 많이 감소되어야 한다는 것을 나타내고 있다. 이 점에서는 안전도의 더 이상의 증가에 비용이 많이 들기 때문에 이러한 큰 임금하락이 요구된다.

사용자들이 위험을 제거할 수 있는 어려움의 정도(비용)도 사용자들에 따라 또한 상이하다고 가정된다. 위험수준을 낮추는 비용이 등이윤곡선의 **기울기**에 반영되어 있다는 것은 방금 지적한 바 있다. 부상위험을 줄이는 데 비용이 많이 드는 기업의 경우에는, 안전프로그램을 유지하면서 이윤을 동일하게 유지하기 위해서는 대폭적인 임금삭감이 요구될 것이다. 즉 이 경우의 등이윤곡선은 가파른 기울기를 가질 것이다. 이러한 기업의 등이윤곡선은 그림 8.4에 점선으로 표시된 곡선 YY'으로 나타난다. 부상위험을 제거하기 더 쉬운 기업들의 등이윤곡선들은 보다 편평하다. 그림 8.4에 실선으로 표시된 곡선 XX'는 YY'에 비해 각 위험수준에서 더 편평함을 주목하라. 이는 점 R'에서 매우 쉽게 확인할 수 있으며, 기업 X가 기업 Y보다 더 저렴하게 위험을 줄일 수 있다는 것을 나타낸다.

사용자들과 근로자들의 연결

근로자들의 목적은 일자리의 선택으로부터 가능한 한 가장 높은 효용을 달성하는 것이다. 만약 근로자들이 동일한 임금으로 두 가지 일자리를 제공받는다면, 그들은 더 낮은 위험의 일자리를 선택할 것이다. 만약 근로자들이 위험수준이 동일한 두 가지 일자리를 제공받는다면, 그들은 더 높은 임금을 지급하는 일자리를 받아들일 것이다. 보다 일반적으로 말하면, 근로자들은 가장 높은 또는 가장 북서쪽의 무차별곡선에 해당되는 제안을 선택할 것이다.

일자리를 얻는 데 있어 근로자들은 자신들이 사용자들로부터 받는 제안에 의해 제약을 받는다. 사용자들도 자신들에 관한 두 가지 요인에 의해 제약을 받는다. 한편으로는 사용자들은 비용이 더 낮은 기업들에 의해 시장에서 축출될 것이기 때문에 터무니없이 근로자들을 배려하는 제안을 할 수 없다. 다른 한편으로는 만약 사용자들이 제공하는 고용조건이 매우 낮은 수준이라면, 그들은 (다른 기업에서 일하기를 선택할) 근로자들을 유치

그림 8.4

두 기업의 이윤이 0인 등이윤곡선

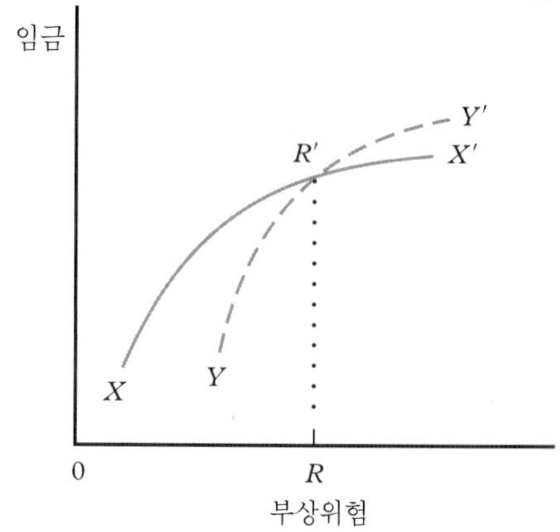

할 수 없을 것이다. 이 두 가지 요인들은 완전경쟁시장의 기업들이 이윤이 0인 등이윤곡선 상에서 운용되도록 강요한다.

기업의 제안을 좀 더 잘 이해하기 위해 두 상이한 기업이 그려진 그림 8.4를 참조하자. 부상위험을 저렴한 비용으로 낮출 수 있는 기업 X는 기업 Y에 비해 낮은 위험수준(점 R'의 좌측)에서 더 높은 임금을 제공할 수 있다. 기업 X는 안전을 보다 저렴하게 생산할 수 있기 때문에, 낮은 수준의 위험에서 더 높은 수준의 임금을 지급하면서 여전히 경쟁적인 상태를 유지할 수 있다. 선분 XR'을 따라서의 어떤 제안도 YR' 위의 어떤 제안보다 일정 위험수준에서 더 높은 임금이 지급되기 때문에 근로자들에 의해 선호될 것이다.

그러나 더 높은 위험수준에서는 기업 Y가 기업 X보다 근로자들에게 더 높은 임금을 지급할 수 있다. 만약 기업 X가 R보다 높은 수준으로 위험수준이 증가하도록 허용한다면, 위험감소가 너무 저렴하게 이루어질 수 있기 때문에 기업 X는 많은 비용을 절약하지 못한다. 기업 Y는 R보다 높은 위험수준에서 운용될 때 스스로 비용을 크게 절약할 수 있기 때문에, 높은 위험수준에서 상대적으로 높은 임금을 지급할 용의가 있다. 근로자들의 경우, $R'Y'$ 위에서의 제안들이 $R'X'$ 위에서의 제안들보다 선호될 것이며, 따라서 높은 위험도의 일자리에서 일하는 근로자들은 기업 Y에서 일하게 될 것이다.

근로자의 무차별곡선들과 사용자의 등이윤곡선들을 그래프에 함께 그리면 어느 근로자들이 어느 사용자들의 제안을 선택하는가를 알 수 있다. 그림 8.5는 두 사용자들(X와 Y)의 이윤이 0인 등이윤곡선들과 두 근로자들(A와 B)의 무차별곡선들을 보여준다. 근로자 A는 W_{AX}의 임금을 받고 R_{AX}의 위험수준에서 사용자 X를 위해 일함으로써 (A_2를 따라서) 효용을 극대화하는 반면, 근로자 B는 W_{BY}의 임금을 받고 R_{BY}의 위험수준에서 사용자 Y를 위해 일함으로써 효용을 극대화한다.

근로자 A의 선택을 보다 자세히 살펴보면, 만약 A가 B가 받아들였던 제안, 즉 W_{BY}와 R_{BY}의 임금과 위험수준을 받아들인다면, 이때 얻게 되는 효용수준은 A_2보다 낮은 A_1이 될 것이라는 것을 알 수 있다. 근로자 A는 안전에 매우 높은 가치를 부여하는데, 임금수준 W_{BY}는 높은 위험수준을 보상하기에 충분할 만큼 높지 않을 뿐이다. 무차별곡선이 수평에 가까운(이 사람이 덜 위험회피적이라는 것을 나타내는) 근로자 B는 곡선 B_2의 W_{BY}와 R_{BY}의 제안이 근로자 A가 받아들이는 제안보다 우월하다는 것을 알 것이다. 근로자 B는 위험을 R_{BY}로부터 R_{AX}로 낮추기 위해서 임금이 W_{AX}로 삭감되는 것을 단순히 받아들일 용의가 없는데, 그 이유는 이러한 임금삭감이 B를 곡선 B_1 상에 놓이도록 하기 때문이다.

근로자 A가 기업 X에, 근로자 B가 기업 Y에 각각 연결되는 것은 우연이거나 또는 임의로 발생하는 것이 아니다.[14] 기업 X가 기업 Y보다 더 저렴하게 안전을 '생산'할 수 있기 때문에, 기업 X가 안전에 높은 가치를 부여하는 A와 같은 근로자들에게 매력을 끌게 되는 낮은 위험의 생산자가 될 것이라는 논리는 설득력이 있다. 마찬가지로 사용자 Y는 높은 위험수준에서 운용함으로써 대폭적인 비용절감을 이룩하며, 따라서 높은 임금을 지급하면서도 여전히 경쟁적일 수 있다. 기업 Y는 화폐임금에 상대적으로 강력한 선호를 가지며 안전에는 상대적으로 약한 선호를 가진 근로자 B와 같은 사람들을 유치하게 된다. (위험회피가 일자리선택에 어떤 영향을 미치는 가에 대한 연구는 예문 8.2를 참조하라.)

오퍼곡선 위의 일자리연결 과정은 물론 두 명의 근로자들과 두 명의 사용자들 경우를 넘어서서 일반화될 수 있다. 이를 위해서는 그림 8.4와 8.5에서 근로자들에게 받아들여질

그림 8.5

사용자들과 근로자들의 연결

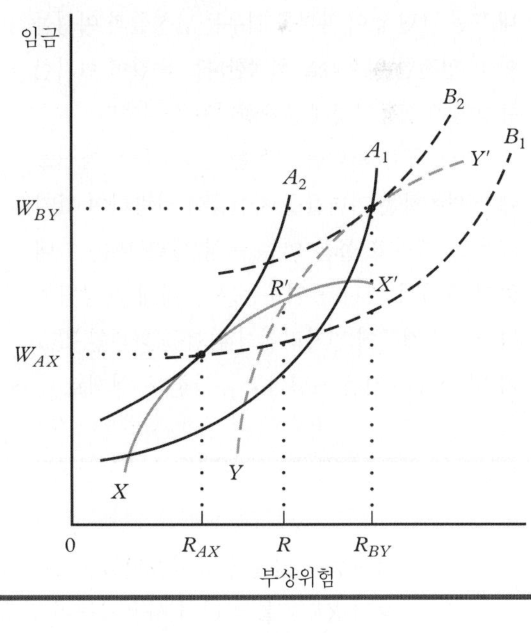

14) 근로자들이 자신들의 선호를 기초로 하여 스스로를 일자리로 분류한다는 사실의 이론적 시사점은 Alan B. Krueger and David Schkade, "Sorting in the Labor Market: Do Gregarious Workers Flock to Interactive Jobs?" *Journal of Human Resources* 43 (Fall 2008): 859~883에서 직접적으로 테스트되었다.

예문 8.2

자녀양육(parenthood), 직종선택, 그리고 위험

보상임금격차에 대한 이론은 주어진 노동시장의 근로자들 중에서 위험에 대한 회피가 더 강한 근로자들은 자신들을 보다 안전한 (그러나 낮은 임금을 지급하는) 일자리들로 선택되도록 할 것이라는 가정 위에 구축된다. 위험에 대한 회피를 측정하는 것이 일반적으로 가능하지가 않기 때문에 이 가정의 시사점들을 테스트하기는 어렵다. 그러나 한 연구는 부상위험에 대한 회피의 상대적 강도가 논리적으로 추론될 수 있을 때의 근로자들의 선택을 분석하였다.

여성들이 남성들에 비해 더 안전한 일자리를 갖고 있음은 잘 알려진 사실이다. 예를 들어 1990년대 중반 남성들은 모든 근로자들의 54%를 구성하고 있었지만, 일자리에서 사망한 근로자들의 92%가 남성이었다! 잘 알려져 있지 않은 것은 **아내 또는 남편 없이 자녀를 키우는 남성들과 여성들이 더 안전한 일자리를 선택한다**는 똑같이 현저한 유형이 각 성별그룹에 존재한다는 사실이다.

이 연구는 자녀를 키우는 근로자들은 자신들에게 의존하는 자녀들을 자신들이 사랑하여 왔기 때문에, 그리고 물론 이는 특히 남편 또는 아내 없이 혼자서 자녀를 키우는 부모에게 해당되는 사실이기 때문에 일자리에서 위험을 회피할 필요가 더 크다는 것을 느낀다고 주장한다. 실제로 이 연구는 자녀가 없는 기혼여성들은 자녀가 있는 기혼여성들에 비해 사망의 위험이 더 큰 일자리에서 일을 하고 있지만, 남편 없이 자녀를 키우는 여성들은 더욱 더 안전한 일자리를 선택하였음을 밝혔다.

남성들 중에서는 아내 없이 자녀를 키우는 남성들이 기혼남성들에 비해 더 안전한 일자리에서 일을 하였지만, 자녀가 있는 기혼남성들은 자녀가 없는 기혼남성들과 명백히 크게 다른 행태를 보이지 않았다는 것도 밝혀진 바 있다. 이 연구는 기혼남성들이 전형적으로 자신들의 자녀들을 돌보는 사람으로서의 역할을 하지 않기 때문에 자신들이 고임금을 지급하는 보다 위험한 일자리를 갖지만, 생명보험의 구입을 통해 자신들의 자녀들을 충분히 보호할 수 있다고 믿을 수 있음을 주장하고 있다. 이와는 대조적으로 기혼여성들은 생명보험은 어머니들이 제공하는 육아와 양육을 대체할 수 없는 돈만을 오로지 제공하기 때문에, 자녀들을 보호하는 데 효과적이지 못함을 알고 있다는 것이다.

자료: Thomas DeLeire and Helen Levy, "Worker Sorting and the Risk of Death on the Job," *Journal of Labor Economics* 22 (October 2004): 925~953.

가능성이 있는 일자리제안들은 오직 $XR'Y'$를 따라 놓임을 주목하는 것이 도움이 된다. 오직 $XR'Y'$를 따라서 사용자들이 감당할 수 있는 제안들이 잠재적으로 근로자들에게 받아들여지기 때문에 곡선 $XR'Y'$는 **오퍼곡선**(offer curve)이라 불릴 수 있다. 하나의 오퍼곡선은 어느 특정 노동시장에서 어떤 수의 기업이라도 감당할 수 있는 잠재적으로 받아들여질 수 있는 일자리제안을 요약할 수 있기 때문에, 오퍼곡선의 개념은 두 기업을 초과

그림 8.6

오퍼곡선

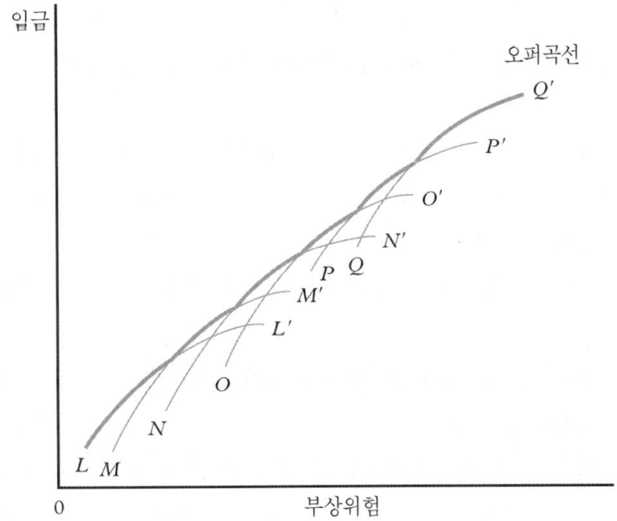

하는 기업들로 논의를 일반화시키는 데 유용하다.

예를 들어 기업 L로부터 기업 Q까지의 각각 이윤이 0인 등이윤곡선들을 보여주는 그림 8.6을 고려하자. 그림 8.4와 8.5의 논의로부터 근로자들은 이 일련의 곡선들 중 오로지 가장 북서쪽에 위치한 부분만을 따라서 사용자들의 제안을 받아들일 것이라는 것을 알고 있다. 이렇게 하지 않으면 각 위험수준에서 더 낮은 임금을 받아들이게 된다. 따라서 잠재적으로 받아들여질 수 있는 제안들은 오퍼곡선이라 부르는, 그림 8.6의 진한 선으로 표시된 곡선을 따라 발견될 것이다. 시장에 보다 많은 종류의 기업이 있을수록 이 오퍼곡선은 보다 매끄럽게 될 것이다. 그러나 위험감소에는 비용이 들고, 만약 위험이 증가되면 자신들의 효용을 불변으로 유지시키기 위해서 근로자들은 더 높은 임금을 지급받아야만 된다는 두 가지 가정 때문에 오퍼곡선은 항상 우상향할 것이다. 이어지는 몇몇 예들에서 알 수 있듯이, 오퍼곡선의 사용은 많은 사용자들의 등이윤곡선들로 인해 그래프가 복잡해지는 것을 방지하기 때문에, 오퍼곡선은 노동시장에서 사용자들이 제공하는, 가능성 있고 잠재적으로 받아들여질 수 있는 일자리제안들을 요약하는 데 사용된다.

주요 행태에 대한 통찰력 '실증경제학'의 관점에서 보면 헤도닉모형은 두 가지 주요한 통찰력을 제공한다. 첫 번째는 다른 조건이 일정할 때 위험에 따라 임금이 상승한다는 것이다. 이 예측에 따르면 사용자들이 유치해야만 할 근로자들이 바람직하지 않다고 간주하는 일자리특성에 대해 보상임금격차가 존재할 것이다(예문 8.3 참조). 둘째, 안전을 크게 선호하는 근로자들은 안전이 매우 저렴한 비용으로 확보될 수 있는 기업들의 일자리를 얻는 경향이 있을 것이다. 위험을 회피하지 않는 근로자들은 안전의 '생산'에 많은 비용이 드는 기업들에 의해 제공된, 높은 임금의 보다 높은 위험을 가진 일자리들을 찾고 또 받

예문 8.3

계약서에 의한 노예상태(indentured servitude)와 보상임금격차

식민지 시대에 노예상태(indentured servitude)로의 계약이 해외로 이주하고자 하는 가난한 사람들이 신세계로의 배표를 확보할 수 있는 방법을 제공하였다. 모국으로부터 배표를 구입할 자금이 없었던 해외로의 이주자들은 모국에서 상인 또는 배의 선장과 계약(indenture)을 체결할 수 있었는데, 이 계약 하에서 해외로의 이주자들은 배표를 제공받았으며, 그 대가로 목적지 국가에서 정해진 몇 년 동안 하인(servant)으로 일할 것을 약속하였다. 상인 또는 배의 선장은 그 뒤 이들에게 음식과 피복을 제공하며 목적지까지 수송하는 책임을 맡았다. 도착 즉시 상인 또는 배의 선장은 이들이 계약서의 기간 동안 일하게 될 지역의 농부 또는 대농장주에게 계약서를 매각하였다.

하인들의 관점에서 계약서의 주요 특징은 계약기간과 목적지에 따라 덜 가혹한 근로조건 또는 계약기간 이후의 더 나은 근로기회가 제공된다는 사실이었다. 영국에서 계약서가 거래되는 시장은, 이 계약서들을 판매할 충분히 많은 영국인 대리인들이 존재하였고, 잠재적 하인들이 보상격차가 발생할 수 있을 정도로 도착지의 특성에 대해 충분한 정보를 가지고 있었다는 점에서, 명백한 경쟁 상태에 있었다. 예를 들어 근로자들이 사탕수수농장의 쾌적하지 못한 조건에서 고생을 하고, 계약 이후의 일자리 기회가 거의 없었던 서인도제도에서 팔린 성인의 계약서는 메릴랜드에서 팔린 계약서에 비해 계약기간이 약 9개월(또는 16%) 더 짧았다.

자료: David Galenson, "Immigration and the Colonial Labor System: An Analysis of the Length of Indenture," *Explorations in Economic History* 14 (November 1977): 360~377.

아들이게 될 것이다.[15] 그렇다면 두 번째 통찰력은, 만약 일자리를 연결시키는 과정이 지식과 선택이라는 조건 아래에서 발생한다면, 이는 기업들과 근로자들이 자신들의 강점들과 선호를 최대한 제시하는 형태로 일자리를 제공하고 받아들이는 과정이라는 것이다.

규범분석: 직업 안전 및 보건에 대한 규제(Occupational Ssfety and Health Regulation)

일자리와 관련된 안전 차원에서의 임금에 대한 헤도닉분석은 작업장 안전에 대한 정부규제에 규범적으로 적용될 수 있다. 특히 규제의 **필요성**, 만약 규제가 필요하다면 규제의 **목표**가 무엇이어야 되는가와 같은 질문을 분석하기 위한 개념적 도구를 이제 우리는 보유

[15] 직무를 수행하지 않을 때의 위험에 대해 걱정을 더 적게 하는 근로자들(예를 들어 흡연자들)이 또한 위험도가 높은 일자리를 선택한다는 증거가 있다. 이 문제에 대한 분석은 W. Kip Viscusi and Joni Hersch, "Cigarette Smokers as Job Risk Takers," *Review of Economics and Statistics* 83 (May 2001): 269~280을 참조하라.

하고 있다.

근로자들이 위험감소에 의해 혜택을 보는가? 1970년에 미국 의회는 노동부(Department of Labor)로 하여금 모든 민간 사용자들을 위한 안전과 보건에 관한 기준을 만들고 이를 강제로 시행하도록 지시하는 직업안전보건법(Occupational Safety and Health Act)을 통과시켰다. 안전기준은 외상의 위험을 줄일 의도를 가진 반면, 보건기준은 질병을 발생시킨다고 생각되는 물질에 근로자가 노출되는 것을 다루기 위한 것이었다. 명시된 법안의 목표는 '근로자를 위해 보건과 안전의 최상의 보호'를 보장하는 것이었다.

근로자들이 작업장에서 가능한 한 최소한의 위험에 직면하여야 하는 것이 **이상적**임에도 불구하고, 이 이상을 사회**정책**으로 실행에 옮기는 것이 반드시 근로자들의 최대이익이 되는 것은 아니다. 헤도닉모형은 어떤 상황에서는 위험을 줄이는 것이 근로자들의 효용수준을 하락시킬 것이라는 것을 보여줄 수 있다. 그림 8.7을 살펴보자.

근로자들이 모든 일자리에 내재되어 있는 위험에 대해 잘 알고 있으며, 자신들이 감수하길 원하지 않는 위험들을 회피하기에 충분한 만큼 이동성이 있다는 점에서 노동시장이 교과서의 모형들과 대략 동일하게 기능을 한다고 가정하자. 이러한 상황에서 임금은 위험과 정(+)의 관계를 가질 것이며(다른 조건이 일정할 때), 근로자들은 선호에 따라 자신들을 일자리에 분류할 것이다. 이 시장은 그림 8.7의 그래프로 모형화시킬 수 있는데, 이 그래프는 단순화를 위해 두 종류의 근로자들과 두 종류의 기업들이 있는 것으로 가정하고 있다. 부상위험을 매우 회피하려 하는 근로자 A는 사용자 X를 위하여 W_{AX}의 임금으로 R_{AX}의 위험수준에서 일을 한다. 근로자 B는 사용자 Y를 위하여 W_{BY}의 임금으로 R_{BY}의 위험수준에서 일을 한다.

그림 8.7

완전히 기능하는 노동시장에서의 정부규제의 효과

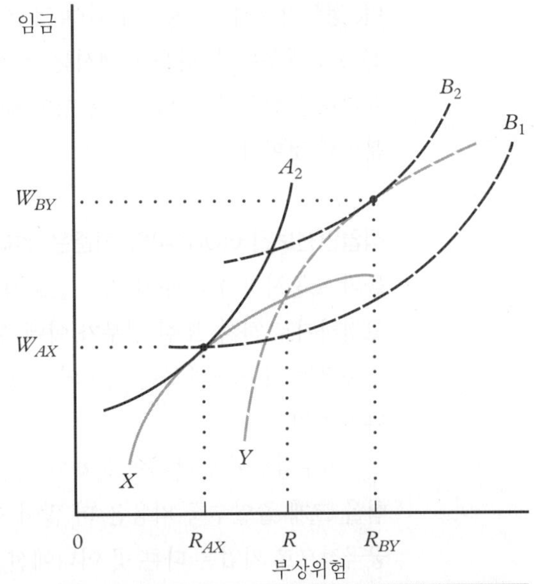

이제 노동부의 산하기관이며 연방의 안전 및 보건 프로그램을 시행할 책임이 있는 직업안전보건국(OSHA: Occupational Safety and Health Administration)이 R_{AX}가 넘는 위험수준은 불법이라는 기준을 공포하였다고 가정하자. 비록 의도하지는 않았지만, 그리고 아마 즉각적으로 명백해지는 것은 아니지만 이에 따른 효과는 B와 같은 근로자들에게는 불이익을 줄 것이다. 위험감소에는 비용이 들며, 근로자가 R_{AX}의 위험수준에서 받을 수 있는 최대임금은 W_{AX}이다. 그러나 B의 경우 W_{AX}의 임금과 R_{AX}의 위험은 사용자 Y의 W_{BY}와 R_{BY}의 제안보다 **더 낮은 효용**을 발생시킨다.

근로자들이 스스로 감수하는 위험에 대해 보상을 받고 있는 시장에서 정부가 위험을 강제적으로 감소시키면, 위험에 크게 민감하지 않아 높은 위험을 감수하며 높은 임금을 받고 있는 B와 같은 근로자들은 손해를 보게 된다. 물론 결정적 문제는 근로자들이 보상임금격차를 발생시키는 데 필요한 지식과 선택권을 갖고 있는가의 여부이다. 많은 사람들은 근로자들이 정보를 갖지 못해서 상이한 위험수준을 이해할 수 없거나 이동성이 없다고 믿으며, 따라서 근로자들이 위험한 일자리를 자발적으로 선택하지 않는다고 믿고 있다. 만약 이 믿음이 사실이라면, 정부규제는 근로자들을 이전보다 더 나은 상태로 만들 수 **있다**. 실제로 임금과 치명적 부상위험 사이에 정(+)의 관계가 존재한다는 증거가 정보와 이동성이 보상격차를 창출하기에 **일반적으로** 불충분하다는 주장에 이의를 제기하고 있는 반면, 그러한 문제들이 명백히 존재하는 구체적 영역이 있다. 예를 들어 인간의 건강에 미치는 효과가 20년 또는 그 이상의 기간 동안 알려지지 않을지도 모르는 (대부분의 암과 허파 관련 질병의 경우 그 형성기간이 긴 덕택에) 새로운 화학물질이 매년 소개되어 작업장에서 사용된다는 것은, 그 영향을 받게 되는 노동시장 참가자들에게 상당한 정보 관련 문제들이 분명히 있음을 나타낸다.

그렇다면 근로자의 효용이 정부규제에 의해 감소**될 수** 있다고 말하는 것이 효용이 꼭 감소**될** 것이라는 것을 의미하지는 않는다. 규제를 받지 않는 시장이 얼마나 잘 기능하며, 정부가 위험을 줄이기 위해 그 기준들을 얼마나 세심하게 설정하는가에 정부규제의 결과가 좌우된다. 다음 절에서는, 시장에서 시행되지만, 근로자들이 정확한 정보를 갖고 일자리를 선택할 수 있도록 위험에 대한 충분한 정보를 제공하지 **못하는** 정부프로그램을 분석할 것이다.

직업안전보건국(OHSA)의 기준은 얼마나 엄격해야 하는가? 이전에 언급한 석면 근로자들의 노동시장처럼, 무지 또는 근로자의 비이동성이 노동시장의 작용을 방해하는 경우를 고려하기로 하자. 또한 정부가 이에 수반되는 건강위험을 알게 되어 이 위험에 근로자가 노출되는 것을 규제하는 기준의 설정을 원한다고 가정하자. 이 기준은 얼마나 엄격하여야 하는가?

기준설정에 있어서의 문제의 핵심은 위험을 줄이는 데 비용이 든다는 것이다. 즉 위험을 크게 줄일수록 비용은 더 많이 들게 된다. 처음에는 기업이 이 비용을 부담하지만, 궁극적으로 기업은 다른 곳 어디에선가 비용을 삭감하고 (비용 절감이 가능하지 않은 정도에 따라) 가격을 올림으로써 비용증가에 대응한다. 대부분 기업들의 경우 노동비용이 가장 큰 비용항목을 구성하기 때문에, 정부의 강제적 위험감소 조치로 인해 대규모 비용증가에 직면한 기업들이 임금인상을 유보시키거나 또는 임금감소와 동일한 효과를 갖는 정책을 채택하는 것은 당연한 일이다. 즉 생산속도를 증가시키거나, 결근에 대해 덜 관대해지거나, 부가급여를 감소시키는 등이 그것이다. 특히 가격이 오를 수도 있음에 비추어 볼 때 (물론 이는 생산물수요를 감소시키는 경향이 있다) 고용이 감소될 가능성 또한 있다. 이때 일자리손실의 일부는 근로자들로 하여금 다른 일자리, 즉 일시해고 이전에 근로자들이 아마도 얻을 수 있었던, 그러나 선택하지 않았던 일자리를 다시 찾도록 하는 영구해고(permanent layoff)의 형태가 될 것이다. 일자리손실의 또 다른 일부는 그 일자리들을 고용에서의 자신들의 최선의 선택으로 간주하는 신규근로자들의 채용을 줄이는 형태로 나타날 것이다.

따라서 임금인상의 축소, 더 열악한 근로조건 또는 최선의 일자리를 얻지 못하거나 유지하지 못하는 것 중의 어떤 형태를 띠게 될지는 모르지만, 보건기준을 준수하기 위한 비용은 근로자들에게 귀착될 것이다. OSHA 보건기준에 의해 위험으로부터의 보호가 강제적으로 확대된 결과, 근로자의 효용이 향상될 것인지 아닌지를 근거 있게 추측하기 위해 그래프에 의한 예가 사용될 수 있다.

그림 8.8은 실제로 20년 후에 건강을 해칠 상대적으로 높은 확률적 위험에 노출되어 있으면서도 자신이 위험도가 낮은 일자리를 갖고 있다고 믿는 어느 여성근로자를 나타내고 있다. 그녀는 W_1의 임금을 받으며, 자신이 위험수준이 R_1이고 효용수준이 U_1인 점 J에 있는 것으로 **믿고** 있다. 실제로 그녀는 점 J 대신 위험수준 R_2를 (자기도 모르게) 받아들이면서 W_1의 임금을 받는 점 K에 위치하고 있다. 따라서 만약 그녀가 자신이 감수하는 위험도를 안다면 그녀는 더 낮은 효용(무차별곡선 U_0)을 경험하게 된다.

이제 정부가 그녀의 일자리가 매우 위험하다는 것을 발견했다고 가정하자. 정부는 영향을 받는 근로자들에게 단순히 이 사실을 알려 그들로 하여금 다른 일자리로 이동하

그림 8.8

위험수준을 알지 못하고 위험을 받아들이는 근로자

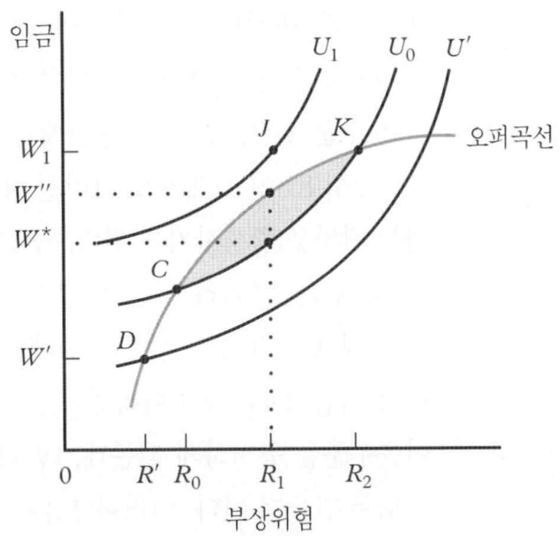

도록 할 수 있다. 그러나 만약 정부가 정보를 이해하거나 또는 다른 일자리를 찾는 근로자들의 능력을 신뢰하지 못한다면 정부는 이 위험에 근로자가 노출되는 것을 제한하는 기준을 마련할 수 있다. 그렇다면 이 기준은 어떤 수준의 보호를 제공하여야 하는가?

만약 OSHA가 위험수준을 R'로 강제적으로 하락시킨다면, 위의 예에서의 근로자가 얻을 수 있는 최선의 임금은 W'(오퍼곡선 상의 점 D)이다. 그러나 점 D는 이 여성이 현재 실제로 얻고 있는 것(U_0)보다 더 낮은 효용수준을 나타내는 무차별곡선 U' 상에 놓여 있다. 이 여성은 보건기준 때문에 더 낮은 효용을 얻게 된다. 반면 만약 정부가 위험수준을 R_0과 R_2 사이의 수준으로 낮추도록 강요한다면, 이 여성은 (그림 8.8의 빗금 친 영역 내의) U_0보다 높은 수준의 무차별곡선에 도달할 수 있기 때문에 더 높은 효용을 얻게 된다. 이 마지막 요점을 좀 더 잘 이해하기 위해, 경제학자들이 정부의 어떤 강제적인 조치가 사회후생을 향상시키는가를 추정할 때 추천하는 기법인 **편익-비용 분석**(benefit-cost analysis)의 기반이 되는 개념들을 간략히 설명할 것이다.

편익–비용 분석 노동시장에서의 편익-비용 분석의 목적은 근로자들이 그 예상편익에 부여하는 가치(근로자들이 이 편익을 위해 얼마만큼을 지불할 용의가 있는 가로 측정되는)에 대해 정부규제에 의해 발생할 가능성이 있는 비용을 저울질하는 것이다, 그림 8.8로 설명하면, OSHA기준 아래 위험감소를 달성하는 데의 근로자 1인당 **비용**은 오퍼곡선을 따라 반영되는데, 오퍼곡선은 이윤을 불변인 채로 유지하기 위해 기업들이 단행하여야 하는 임금삭감을 알려준다. 예를 들어 만약 OSHA가 위험수준이 R_2로부터 R_1로 강제로 하락하도록 한다면, 사용자비용은 제공되는 임금이 W''로 하락할 것을 요구하게 된다. 따라서 이 기준의 근로자 1인당 비용은 (W_1-W'')가 된다.

개념적으로 OSHA기준의 **편익**은 근로자들이 위험감소를 얻을 수 있을 때 감수할 용의가 있는 임금삭감으로 측정될 수 있다. 그림 8.8에 그려진 근로자는 만약 위험이 R_1로 감소한다면 W^*만큼 낮은 임금을 받아들일 용의가 있게 되는데, 이는 그 임금과 위험수준에서 그녀의 효용이 현재와 같기 때문이다(그녀는 **실제로** 무차별곡선 U_0 상의 점 K에 **있음**을 상기하라). 따라서 이 위험감소를 위해 그녀가 지불할 용의가 있는 **최대액**은 (W_1-W^*)가 된다. 만약 임금이 강제적으로 W^*보다 낮은 수준이 된다면 그녀는 (더 낮은 무차별곡선 상에 위치하게 되어) 이전보다 효용이 낮아지게 되며, 만약 임금이 W^*보다 높은 수준이 된다면 그녀는 현재보다 효용수준이 높아지게 된다.

그림 8.8에 그래프로 그려진 예에서, 강제적으로 주어진 위험수준 R_1은 비용을 능가하는 편익을 발생시키게 된다. 즉 근로자들이 지불할 용의가 있는 금액 (W_1-W^*)이 비용 (W_1-W'')을 초과하게 된다. 만약 사용자들이 임금을 W^* 수준으로 낮출 수 있다면 그들은 현재보다 더 많은 이윤을 얻게 되며, 근로자들은 변함없는 효용수준을 유지하게 된다. 만약 임금이 W'' 수준이라면 근로자들은 이전보다 나아지게 되며 사용자들은 변함없는 이윤수준을 유지하게 되는데, W^*와 W'' 사이의 임금은 양 당사자 모두를 이전보다 나아지도록 만들게 된다. 이러한 모든 가능한 방안들은 파레토개선이 된다(적어도 당사자 중

하나는 이전보다 나아지며, 당사자 중 아무도 이전보다 나빠지지 않는다).

그림 8.8에서 R_0과 R_2 사이에 강제적으로 설정된 위험수준은 비용보다 더 큰 편익을 발생시키게 된다. 이러한 위험수준은 당사자들을 색이 칠해진 부분에 위치하도록 하는 임금에 수반될 수 있는데, 이는 모든 파레토개선의 가능성을 보여주고 있다. R_0보다 낮은 위험수준은 편익보다 더 큰 비용을 사회에 부과하게 된다.

교과서의 그래프들로부터 벗어나서, 근로자들이 위험감소에 대한 대가로 감수할 용의가 있는 임금감소를 어떻게 실질적으로 추정할 수 있을까? 여기에 대한 답은 시장에서 작용하는 것처럼 보이는 보상임금격차의 추정에서 찾을 수 있다. 근로자들이 보상임금격차의 가장 최근의 분석과 일관성을 갖는 수치인 10,000명 중 1명의 연간사망률 감소를 위해 연간 700달러의 임금삭감을 받아들이는 것으로 추정된다고 가정하자.[16] 만약 그렇다면 이 근로자들은 다른 조건이 일정하다면 사망위험이 이만큼 감소될 때 자신들이 약 700달러의 혜택을 받는다고 명백히 믿고 있는 것이다. 이 지불할 용의의 추정된 가치는 의심할 바 없이 부정확하지만, 보상임금격차의 분석은 아마도 근로자들이 위험감소에 얼마나 가치를 부여하는가에 대해 근거 있게 추측하는 최선의 방법이다.

근로자들이 위험감소를 위해 무엇을 지불할 용의가 있는가에 대한 추정치들이 정확하지 않고 오차에 의해 제약을 받지만, 이 추정치들은 정부규제의 현명함을 평가하기 위해 여전히 사용될 수 있다. 만약 근로자들이 연간 직무 중 사망할 위험을 1/10,000 감소시키기 위해 1년에 대략 700달러를 지급할 용의가 있다고 믿는다면, 이보다 훨씬 많은 비용이 드는 정부에 의해 부과된 안전 또는 보건기준은 다시 고려되어야만 한다. 예를 들어 1980년대에 OSHA는 치명적인 위험의 1/10,000 감소를 위한 근로자 1인당 비용이 8,000달러와 78,000,000달러 사이인 세 가지 규제를 채택하였다![17] 비록 700달러라는 지불할 용의의 추정치가 위험감소를 위한 진정한 지불할 용의의 1/2(또는 1/4)일지라도, 이러한 안전과 보건기준은 근로자들의 효용을 향상시키는 것이 아니라 감소시키는 강제적 위험감소 수준이었던 것처럼 보인다.

헤도닉 임금이론과 부가급여

표 5.3에서 부가급여가 전형적 근로자 총보수의 약 30%임을 살펴본 바 있다. 그러한 급여의 절반을 넘는 부분은 연금 및 의료보험과 관련이 있는데 이 두 가지 항목은 지난 30년 동안 그 중요성이 커졌으며, 정책입안자들의 관심을 끌게 되었다. 이 절에서는 부가급여의 노동시장 효과를 분석하기 위해 헤도닉 이론을 사용하게 된다.

---

16) Thomas J. Kniesner, W. Kip Viscusi, Christopher Woock, and James P. Ziliak, "The Value of a Statistical Life: Evidence from Panel Data."

17) John Morrall III, "Saving Lives: A Review of the Record," *Journal of Risk and Uncertainty* 27 (December 2003): 221~237.

근로자의 선호

부가급여 대부분의 현저한 특징은 부가급여가 현재 사용할 수 있는 현금 **이외의** 형태로 근로자들을 보상한다는 것이다. 일반적으로 부가급여는 크게 두 종류로 구분된다. 첫째는 **현물급여**(payments in kind), 즉 사용자가 제공하는 보험 또는 유급휴가시간 같은 상품 형태로의 보상이다.[18] 두 번째 일반적인 형태의 부가급여는, 보수를 현재 벌지만 후일 화폐 형태로 보수가 지급되는 **이연보수**(deferred compensation)이다. 퇴직연금에 대한 사용자의 기여금 납부는 이 부가급여의 가장 큰 부분을 차지한다.

현물급여 **다른 조건이 일정할 때** 사람들은 X달러의 비용이 드는 상품보다는 현금 X달러를 받을 것이라는 것은 경제이론의 잘 정립된 원리이다. 이유는 간단하다. 현금 X달러로 개인은 특정 상품을 구입하기로 선택할 수 있거나 또는 그 대신 다양한 다른 것들의 구입을 선택할 수 있다. 따라서 현금은 그 수령자에게 효용극대화에 있어서의 최대의 재량과 최대의 선택권을 주는 지불형태이다.

그러나 짐작하였던 바와 같이 '다른 조건'이 동일하지는 않다. 구체적으로 사용자가 제공하는 건강보험 같은 현물급여는 거의 대부분이 현재의 소득세 규정 아래에서는 과세대상이 아니기 때문에 근로자들에게 상당한 세금 상의 이득을 제공한다. 중요한 현물급여에 세금이 부과되지 않는다는 것은 현물급여의 제약적 성격을 상쇄시키는 요소이다. 근로자는 1,000달러에 해당하는 어떤 현물급여보다는 1,000달러의 현금을 선호할지 모르지만, 만약 자신의 소득세 및 급여세의 세율이 총 25%라면, 비교는 실제로 750달러의 현금과 1,000달러의 현물급여 사이에 이루어져야 한다.

이연보수 현물급여와 마찬가지로, 이연보수계획은 제약적 성격을 갖지만, 경상현금지불에 비해 세금상의 이득을 누린다. 예를 들어 연금의 경우, 사용자들은 현재 연금기금에 기여를 하지만, 근로자들은 퇴직할 때까지 이 기금에 접근할 수 없다. 그러나 근로자들을 위해 사용자들에 의해 적립된 연금기금의 **기여분**과 이 기금이 투자되었을 때 복리로 계산되는 **이자**에는 개인소득세가 부과되지 않는다. 단지 퇴직급여가 지급될 때 이전에 근로자였던 퇴직자는 세금을 납부한다.

무차별곡선 그러므로 부가급여에 대한 근로자들의 선호를 형성하는 데 두 종류의 상반된 힘이 작용한다. 한편으로 이 부가급여에는 특별한 과세상의 조치가 부여되는데, 소득세와 사회보장세가 대부분의 근로자들의 경우 20%를 크게 상회한다는 것을 고려할 때 이 특징은 매우 중요한 의미를 갖는다. 다른 한편으로 부가급여는 개인의 총보수에 대한

[18] 연간 2,000시간을 일하며 15,000달러를 버는 어느 여성은 경상화폐지급액을 확실히 증가시키거나 또는 연간근로소득의 감소 없이 근로시간을 1,875시간으로 감소시킴으로써 자신의 시간당 임금을 7.5달러에서 8달러로 인상시킬 수 있다. 만약 그녀가 유급휴가시간의 형태로 임금인상을 받아들인다면, 그녀는 실제로 여가시간이라는 상품의 형태로 보수를 지급받는 것이다.

그림 8.9

임금과 부가급여 사이의 무차별곡선

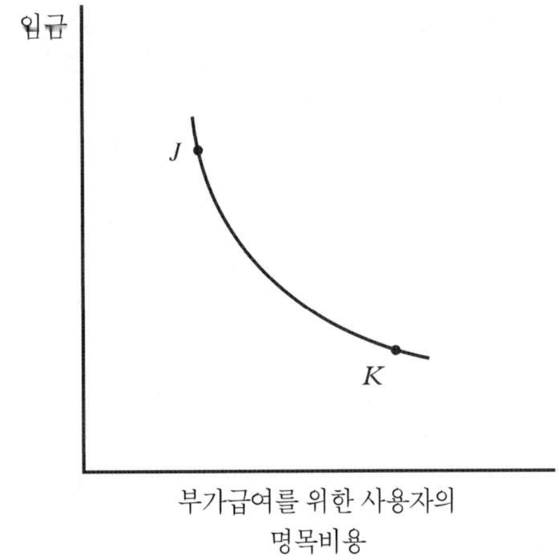

재량적인 통제권을 잃어버리도록 한다. 결과적으로 만약 현금보수(임금)와 부가급여에 대한 근로자의 선호를 그래프로 그린다면 일반적으로 그림 8.9에 보이는 것과 같은 형태의 무차별곡선을 얻을 수 있다. 현금근로소득이 상대적으로 높고 부가급여가 작은 경우(점 *J*), 근로자들은 부가급여의 세금혜택을 얻기 위해 현금근로소득을 크게 포기할 용의가 있다. 그러나 일단 보수가 부가급여 쪽으로 크게 기울어질 때(점 *K*), 부가급여의 더 이상의 증가는 재량적 성격을 띤 근로소득을 너무 감소시키기 때문에 세금혜택은 작은 것처럼 보이게 된다. 즉 점 *K*에서 무차별곡선은 편평해진다. 따라서 현금근로소득과 부가급여 사이의 선호를 표시하는 무차별곡선들은 제6장과 7장의 무차별곡선들과 비슷한 형태를 갖는다.[19)]

사용자의 선호

사용자들도 또한 자신들의 근로자들에게 제공하는 현금보수와 부가급여의 조합을 결정하는 데 선택권을 가진다. 이 조합에 대한 사용자들의 선호는 등이윤곡선들의 사용을 통해 그래프로 요약될 수 있다.

기울기가 1인 등이윤곡선들 사용자들이 근로자들에게 제공할 용의가 있는 현금보수와 부가급여 사이의 상충관계(trade-offs)에 대한 분석을 시작하는 최선의 방법은 사용자들이 임금으로 X달러를 지출하든 또는 부가급여로 X달러를 지출하든 전적으로 무차별하다고 가정하는 것이다. 두 가지 선택방안은 동일한 비용을 발생시키는데, 그렇다면 사용자들은 왜 한 방안을 다른 방안보다 선호할까?

19) 각주 12에서 주목한 바와 같이 이전 절에서의 무차별곡선들은 '재화'가 아닌 '비재화'가 가로축에 있었기 때문에 **우상향**하였다.

그림 8.10

기업이 근로자들에게 제공할 용의가 있는 임금/부가급여의 조합을 나타내는 등이윤곡선: 1:1 상충관계(a unitary trade-off)

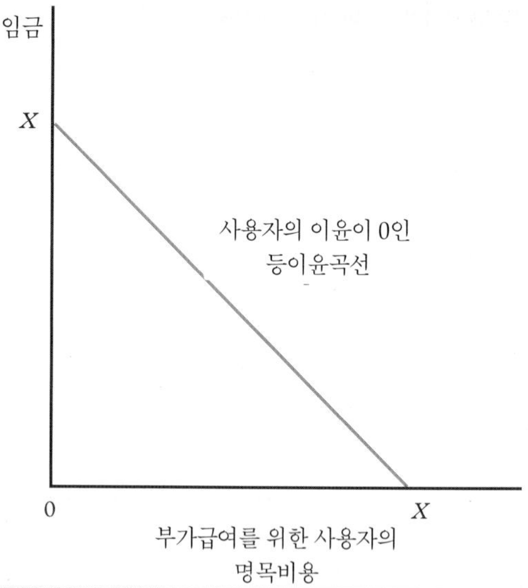

만약 기업들이 근로자들에게 지급되는 현금과 부가급여의 조합에 대해 무차별하다면, 그들의 유일한 관심사는 보수**수준**에만 있게 된다. 만약 시장이 특정 일자리에 근로자들을 유치하기 위해 X달러의 총보수를 필요로 한다면, 기업들은 X달러의 임금, X달러의 부가급여를 지급할 용의를 갖게 되거나 또는 총비용이 X달러인 두 가지의 조합을 채택하게 된다. 이렇게 똑같이 매력적인 방안들은 그림 8.10에 보이는 이윤이 0인 등이윤곡선을 따라 요약된다. 이 곡선은 기울기가 −1로 그려졌음을 주목하라. 이는 이윤을 불변인 채로 유지하기 위해서는 기업이 부가급여의 비용으로 지출하는 매 1달러가 급여 1달러 감소에 의해 대응되어야만 함을 나타낸다.

기울기가 보다 편평한 등이윤곡선들 사용자들이 임금과 부가급여 사이에 감수할 용의가 있는 상충관계(trade-offs)가 항상 1:1은 아니다. 일부 부가급여는 근로자들에게 현금을 지급하는 것과 비교할 때 사용자에게 세금을 절약시키도록 한다. 예를 들어 사용자들이 납부해야만 하는 사회보장세는 부가급여가 아니라 현금급여에 대해 부과되며, 따라서 근로자들에게 동일한 액수의 현금 대신 현물급여 또는 이연보수로 보상을 하게 되면 사용자들의 세금납부액은 감소된다.

더욱이 다른 그룹에 비해 어떤 그룹의 잠재적 근로자들에 의해 보다 가치가 부여되는 부가급여를 제공하는 것은 지원자들에 대한 선별비용을 절약하는 현명한 방법이 될 수 있다. 여기서의 핵심은 기업이 찾고 있는 어떤 특성들을 가진 지원자들을 유치하도록 하는, 그리고 다른 사람들의 지원을 억제시키는 부가급여를 제공해야 한다는 것이다. 예를 들어 이연보수는 일반적으로 보다 미래지향적인 근로자들에게 보다 매력적일 것이며, 등록금보조금을 제공하는 것은 오로지 지속적인 교육에 가치를 부여하는 사람들에게만

그림 8.11

기업이 근로자들에게 제공할 용의가 있는 임금/부가급여의 조합을 나타내는 여러 등이윤곡선: 1:1이 아닌 상충관계(nonunitary trade-off)

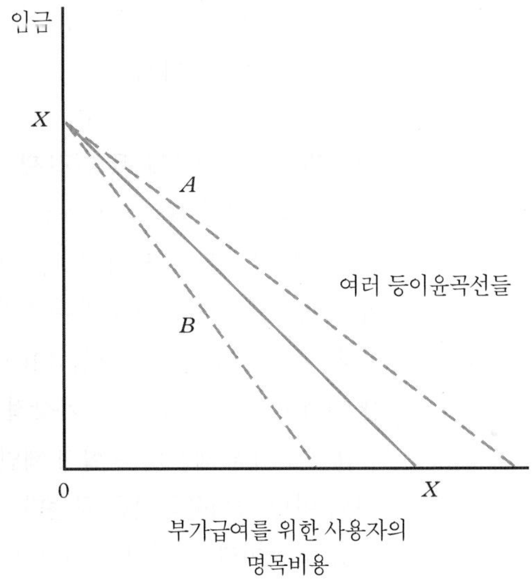

매력적일 것이다. 현재지향적인 또는 자신들이 학교교육을 지속하리라 기대하지 않는 지원자들은 지원조차도 단념하게 될 것이며, 따라서 (보다 높은 임금을 지급하는 대신에) 이러한 두 가지 부가급여를 제공하는 사용자들에게 자신들이 어떤 경우든 채용하지 않을 지원자들을 선별하는 비용을 절약시켜 준다.

부가급여가 기업에 세금 또는 다른 이익을 가져올 때, 등이윤곡선은 편평해진다(그림 8.11의 곡선 *A* 참조). 이렇게 편평한 곡선은 예를 들어 명목적으로 300달러의 비용이 드는 부가급여는 다른 방법으로 충분한 절약을 할 수 있어 이윤을 불변인 채로 유지하기 위해 단지 280달러의 임금하락이 필요하게 된다는 것을 알려 준다.

기울기가 보다 가파른 등이윤곡선들 부가급여는 또한 다른 영역에서는 사용자비용을 증가시킬 수 있으며, 따라서 현금으로 보수를 지급하는 것보다 비용이 더 드는 것으로 결말이 날 수도 있다. 예를 들어 사용자들에 의해 제공되는 생명보험과 건강보험의 가치는 전형적으로 근로시간에 의해 영향을 받지 않는다(근로자들이 '풀타임'근로자들로 간주되는 한). 그렇다면 임금이 아닌 보험급여의 증가는 상응하는 여가가격의 증가 없이 **소득효과**(income effect)를 발생시킬 것이다. 이러한 방식으로의 보수증가는 근로시간을 감소하는 방향으로 근로자들에게 작용할 것이며, 아마도 이는 결근수준의 증가를 통해 나타날 것이다.[20] 만약 부가급여가 다른 영역의 비용을 증가시키면, 등이윤곡선은 가파르게 되

[20] Steven G. Allen, "Compensation, Safety, and Absenteeism: Evidence from the Paper Industry," *Industrial and Labor Relations Review* 34 (January 1981): 207~218 참조. 그리고 또한 그의 "An Empirical Model of Work Attendance," *Review of Economics and Statistics* 63 (February 1981): 77~87 참조.

는데(그림 8.11의 곡선 *B* 참조), 이는 만약 명목적으로 300달러의 비용이 드는 부가급여가 제공된다면 이윤을 불변인 채로 유지하기 위해서는 임금이 300달러가 넘게 하락해야만 된다는 것을 나타낸다.

임금과 부가급여의 동시결정

어느 특정 노동시장의 오퍼곡선은 각 기업의 이윤이 0인 등이윤곡선의 관련 부분을 연결함으로써 얻어질 수 있다. 모든 기업들이 기울기가 −1인 등이윤곡선을 갖고 있을 때, 오퍼곡선은 −1의 기울기를 갖는 직선이 된다. 그러한 오퍼곡선 중의 하나가 그림 8.12에 그려져 있으며, 이 곡선과 그림 8.10의 이윤이 0인 등이윤곡선과의 유일한 차이점은 후자는 **한** 기업이 제시할 수 있는 **가상적** 제안들을 연결할 것인 반면, 전자는 노동시장의 **모든** 기업들에 의해 제시되는 **실제** 제안들을 연결한 것이다. 물론 만약 기업들이 그 기울기가 −1이 아닌 등이윤곡선을 갖는다면, 오퍼곡선은 그림 8.12에 그려진 것과 정확히 똑같지는 않을 것이다. 그러나 어떤 시점에서 그 형태 또는 그 기울기의 절대값이 무엇이든지 오퍼곡선은 우하향할 것이다.

그렇기 때문에 근로자들은 상충관계(trade-offs)의 필요성을 의미하는 일련의 임금과 부가급여 제안들에 직면한다. (그림 8.12의 근로자 Y 같은) 현재 쓸 수 있는 현금의 이용 가능성에 상대적으로 큰 중요성을 부여하는 근로자들은 총보수가 주로 임금의 형태인 제안을 선택하여 받아들일 것이다. 현재의 현금소득에 대해서는 별로 관심이 없고 부가급여의 세금혜택에 보다 관심이 있는 근로자들은 부가급여가 총보수의 큰 부분을 차지하는 제안을 받아들일 것이다(그림 8.12의 근로자 Z의 곡선 참조). 따라서 사용자들은 자신

그림 8.12

시장에서의 임금과 부가급여의 조합결정

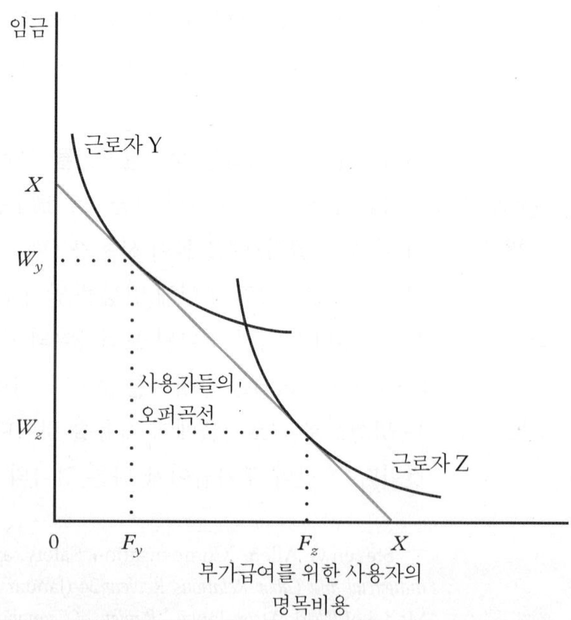

실증연구

위험에 대한 보상임금격차의 추정치들은 얼마나 위험한가? '변수의 오차(Errors in Variables)' 문제

작업장에서의 치명적인 부상위험과 관련된 보상임금격차의 추정은 연구자들이 개인들 표본으로부터 그들의 임금과 (그들이 속한 직종 및 산업의 표시를 포함하는) 이러한 임금에 영향을 미치는 위험과 관계없는 다양한 요소들에 대한 데이터를 수집하도록 요구한다. 직무 중 사망할 위험의 측정치는 이 위험을 직종 또는 산업별로 표로 만드는 정부보고서로부터 보통 확보된다. 그 뒤 표시된 직종 또는 산업에 따라 위험이 각 개인과 연결된다. 물론 목적은 (다변량회귀분석 기법을 사용하여) 임금에 영향을 미치는 모든 다른 변수들을 통제한 후에 위험이 임금에 미치는 효과를 추정하는 것이다. 얻어진 결과에 얼마나 신뢰가 주어질 수 있을까?

미국 작업장에서의 사망통계를 구할 수 있는 두 주요 원천은 노동통계국(BLS: Bureau of Labor Statistics)과 국립직업안전보건연구소(NIOSH: National Institute for Occupational Safety and Health)이지만 두 원천 모두 문제로부터 자유롭지 못하다. BLS는 (치명적 부상을 포함한) 작업장에서의 부상에 대해 사용자들에게 설문조사를 하는 반면, NIOSH는 사망확인서를 조사하여 치명적 부상에 관한 데이터를 수집한다. 그러나 치명적 부상이 어떻게 기록되어야만 하는가에 대한 판단이 종종 어려울 때가 있다. 예를 들어 미국에서 직무 중 부상의 약 25%는 간선도로 사고에 의해 발생하며, 약 12%는 살인행위로부터 비롯된다. 따라서 치명적 부상이 근로와 관련되었는가에 관해 두 관계 당국이 똑같은 판단을 하지 않는 것은 놀라운 일이 아니다. 예를 들어 1995년에 BLS 데이터는 작업장의 치명적 부상자 수를 6,275로 평가한 반면, NIOSH는 5,314로 계산하였다.

개별 근로자들이 직면하는 위험을 계산하는 데의 두 번째 문제는 직무 중 사망하는 것이 상대적으로 드문 일(매년 100,000명의 근로자당 약 4명)이라는 행복한 사실로부터 발생한다. 예를 들어 협의로 정의된 200개 각 산업 내에서 미국 인구조사(U.S. Census)가 사용하는 500가지 상세한 직종의 위험을 각각 계산하기를 원한다고 가정하자. 이 작업은 100,000개의 직종 및 산업 셀(cell)을 필요로 하는데, 매년 약 5,500명의 사망을 고려할 때 대부분의 셀은 위험 0이라는 숫자로 나타나게 될 것이다. 이런 이유 때문에 치명적 부상위험은 **산업과 직종을 함께 고려하는 것이 아니라** 산업별 **또는** 직종별로 꽤 집합적인 수준에서 보고된다.

BLS는 **국가전체** 수준에서 적어도 5명의 사망이 있는 셀만을 보여줌으로써 산업 또는 직종의 위험을 보고한다. 따라서 상대적으로 적은 수의 근로자들 또는 낮은 수준의 위험을 가진 산업 또는 직종들은 그들의 데이터에 나타나지 않는다. NIOSH는 **단지** 산업과 직종을 매우 집합적으로 (각각 약 20개) 구분하여 **주**(州)별로 위험측정치를 보고한다. 집합적인 수준에서 위험수준을 근로자들과 연결시키면, 관련된 직종 또는 산업의 모든 근로자들이 똑같은 위험에 직면하는 것으로 가정할 수밖에 없게 된다. 예를 들어 NIOSH 직종데이터를 사용하면 각 주 내에서 경찰관들과 치과보조원들이 똑같은 위험에 처하는 것으로 가정할 수밖에 없다. (두 직종이 NIOSH

표본에는 '서비스근로자'로 합해져 있다.). 이와는 달리 BLS 산업데이터에서는 (BLS 데이터에서 협의로 정의된 산업인) 벌목산업(logging industry)의 부기사원과 벌채노동자가 똑같은 위험에 처한다고 가정된다.

그렇다면 분명히 집합적인 직종 또는 산업의 위험수준을 개인들에게 적용하는 것에는 오차가 존재한다. 회귀분석 기법은 **종속**변수(이 경우는 임금)는 오차가 있게 측정된다고 가정하지만, 사망위험 같은 **독립**변수들은 그렇지 않다고 가정한다. 특정 독립변수에 '변수의 오차' 문제가 존재할 때, 그 변수가 종속변수에 미치는 추정효과는 0으로 편의되는(biased) 바, 이는 물론 결과에 대한 신뢰도를 떨어뜨린다.

예를 들어 한 연구가 BLS의 산업별위험, BLS의 직종별위험, NIOSH의 산업별데이터, NIOSH의 직종별데이터 등 네 가지 상이한 위험측정치를 사용해서 추정된 상이한 보상임금격차를 비교하였다. 비록 가장 큰 추정치가 가장 작은 추정치보다 그 크기가 두 배가 넘는 등, 추정치의 크기가 다르기는 하였지만, 넷 중 세 추정치에서 추가되는 위험에 대한 보상격차는 (예상대로) 유의적으로 정(+)이었다. 네 번째 추정된 임금격차는 부(−)이었으며, 따라서 이론의 예측과는 반대였다.

또 다른 연구는 (이전에 논의한 연구들에서 했던 것과 같이) **산업**수준에서의 부상위험 데이터를 사용한 보상임금격차의 추정치들을 **사용자**수준에서의 위험 데이터를 사용한 추정치들과 비교하였다. 사용자수준에서의 데이터가 개별 근로자들이 직면하는 위험을 보다 정확히 묘사할 것이라고 기대할 수 있는 반면, 특히 규모가 작은 기업들의 경우는 부상이 상대적으로 꽤 드물어 어떤 주어진 연(年)도 기업수준의 데이터가 근로자들이 직면하는 장기적 위험을 정확한 표현하지 못하는 것 또한 가능하다. 실제로 이 연구는 추가되는 위험에 대한 추정된 보상임금격차는 기업수준의 데이터를 사용할 때 **더 작았다는** [그러나 여전히 정(+)이라는] 것을 밝혔다.

자료: Dan A. Black and Thomas J. Kniesner, "On the Measurement of Job Risk in Hedonic Wage Models," *Journal of Risk and Uncertainty* 27 (December 2003): 205~220; and Rafael Lalive, "Did We Overestimate the Value of Health?" *Journal of Risk and Uncertainty* 27 (October 2003): 171~193.

들이 유치하고자 하는 근로자들의 선호에 맞도록 보수패키지를 만들 것이다. 만약 그들의 근로자들이, 예를 들어 젊거나 또는 가난한 경향이 있다면, 보수패키지는 임금 쪽에 비중을 두어 연금과 보험에 관해서는 상대적으로 아무것도 포함하지 않을 수 있다. 이와는 달리 만약 사용자들이 가족소득이 높아서 부가급여가 상대적으로 큰 세금절약을 제공하는 영역의 사람들을 유치하려 한다면, 기업들은 부가급여가 총보수의 큰 부분을 차지하는 패키지를 제공할 수 있다.

그림 8.12는 보다 넉넉한 부가급여를 받는 근로자들은 다른 조건이 일정할 때 더 낮은 임금을 받음으로써 그에 대한 대가를 지불함을 보여준다. 더욱이 만약 사용자 등이윤곡선들이 −1의 기울기를 갖는다면, 사용자에게 1달러의 비용이 들게 하는 부가급여의 제공은 근로자들에게 1달러의 임금하락이라는 비용을 부담하게 할 것이다. 다시 말해 경제이론은 근로자들이 자신들의 부가급여에 대해 대가를 지불하고 있음을 제시한다.

임금과 부가급여 사이의 상충관계(trade-off)를 실제로 관찰하기는 쉽지 않다. 높은 임금을 지급하는 기업들은 보통 매우 우수한 부가급여 패키지도 또한 제공하기 때문에 일상적인 관찰자에게는 종종 임금과 부가급여 사이에 **정**(+)의 관계가 있는 것처럼 보인다. 그러나 이 경우의 일상적 관찰은 총보수에 영향을 미치는 직무에서의 요구와 관련 근로자들의 질과 같은 **다른 요소들**의 영향을 감안하지 않았기 때문에 사실을 혼동하게 한다. 다른 요소들은 통계학적으로 매우 간단하게 통제될 수 있는데, 임금과 부가급여 사이에 부(−)의 관계가 존재한다는 예측을 지지하는 이 주제에 대한 통계학적 연구는 거의 없다.[21] 임금/부가급여의 부(−)의 상충관계(trade-off)와 관련된 정책의 결과는 부가급여를 부여하거나 또는 증가시키기 위해 고안된 정부법안이 미래의 임금인상이 더 낮은 수준으로 이루어지도록 하는 형태로 근로자들에 의해 당연히 그 대가가 부담될 수 있기 때문에 매우 중요하다.

21) Craig A. Olson, "Do Workers Accept Lower Wages in Exchange for Health Benefits?" *Journal of Labor Economics* 20, no. 2, pt. 2 (April 2002): S91~S114; and Scott Adams, "Health Insurance Market Reform and Employee Compensation: The Case of Pure Community Rating in New York," *Journal of Public Economics* 91 (June 2007): 1119~1133. 연금에 대한 보상임금격차에 관한 앞서의 연구를 참조한 논문은 Edward Montgomery and Kathryn Shaw, "Pensions and Wage Premia," *Economic Inquiry* 35 (July 1997): 510~522를 참조하라.

복습문제

1. 이 인용문에 대해 논평하라. "나는 몇몇 대학 졸업생들이 인문학에서 연구를 시작하는 이유를 이해할 수 없다. 평균보다 높은 수준의 숙련도를 갖고 있는 이 졸업생들은 낮은 임금 및 불안정한 일자리라는 특징을 갖는 직업을 자발적으로 선택하고 있다. . . . 포기한 생애근로소득의 가치를 단지 상상만 해봐라?"
2. 진술 1: "기업의 경영자들은 오직 자신들만을 생각하여 탐욕스럽게 이윤극대화를 추구하는 자들이다." 진술 2: "불결하고 위험한 일을 하는 근로자들은 다른 조건이 일정할 때 더 높은 임금을 받는다는 사실이 확립되었다." 이 두 가지 진술 모두 일반적으로 사실인가? 그 이유는?
3. "근로조건이 상당히 다를지도 모를 광범위한 일자리에 노동을 배분하는 세 가지 방법이 있다. 그 중 하나는 힘을 사용하는 것이며, 또 하나는 속임수를 사용하는 것이고, 나머지 하나는 보상임금격차를 사용하는 것이다." 논평하라.
4. 어떤 사람이 저임금 일자리에는 고임금 근로자들이 즐기는 건강진료와 연금급여가 결여되어 있다고 주장한다고 가정하자. 이 주장이 사실이라고 가정한다면, 이러한 사실은 보상임금격차의 이론과 모순되는가? 설명하라.
5. 다음은 사실인가, 거짓인가 또는 불확실한가? "석탄채굴과 같은 어떤 직종들은 본질적으로 근로자들의 건강과 안전에 위험하다. 따라서 명백히 가장 적절한 정부정책은 안전 및 보건에 관한 엄격한 기준들을 확립하여 이를 강제적으로 시행하는 것이다." 여러분의 답을 설명하라.
6. 두 종류의 노동시장이 있는데, '위험한' 노동시

장과 달리 '안전한' 노동시장은 안전한 작업장을 제공한다고 한다. Δ는 보상임금격차를 나타내며, 위험한 부문에서의 근로자들에 대한 수요는 $L_D^{risky}=100-\Delta$, 이에 상응하는 노동공급은 $L_S^{risky}=\frac{1}{2}\Delta$로 각각 표시된다고 가정하자. 안전상 이유로 정부가 위험부문의 최대 근로자수를 200으로 제한한다고 하자. (i) 만약 많은 기업들이 근로자들을 유치하려 경쟁하다면 균형에서의 임금격차는 얼마인가? (ii) 만약 오로지 한 기업만이 위험부문에서 운영되고 있다면 균형에서의 임금격차는 얼마인가?

7. 몇몇 개발도상국의 의류산업에 두 종류의 일자리가 존재한다고 한다. '규제받는(regulated)' 일자리들은 (상대적으로) 높은 급여와 안전기준 모두의 특성을 갖는다고 한다. '비공식(informal)' 일자리들은 어떤 정부기관으로부터도 감독을 받지 않으며, 이는 낮은 임금과 높은 건강상의 위험으로 이어진다고 한다. 이러한 사실이 보상임금격차의 이론과 모순되는지를 논하라.
8. "위험한 일에 대한 보상임금프리미엄의 개념은, 노동조합이 모든 임금과 기타 보상항목들이 동일하게 되도록 강요하였던 석탄산업 같은 산업들에는 적용되지 않는다. 모든 광산들이 동일한 임금을 지급해야만 하기 때문에, 보상격차는 존재할 수 없다." 이 진술은 옳은가? (임금과 다른 형태의 보수는 위험한 그리고 위험하지 않은 광산의 경우 같아야만 된다고 가정하고, 개별노동공급 행태에 대한 시사점들을 고려하라.)
9. 1991년에 독일은 모든 유럽연합(European Union) 국가들이 매주 일요일에는 누구도 일하는 것이 허용되지 않도록 하는 데 집단적으로 동의할 것을 제안하였다(일요일 이외에 안식일을 갖는 이슬람교도, 유대교신자, 그리고 기타 종교집단들의 경우는 예외로 한다). 일요일의 근로금지 효과를 **실증적** 경제이론과 **규범적** 경제이론 모두를 사용하여 가능한 한 완전히 평가하라.
10. 2005년에 연방법원은 유나이티드에어라인(UAL: United Airlines)이 그 연금계획을 종결하도록 허가하였다. 정부가 은퇴한 UAL 근로자들에게의 연금지급을 인계받았지만, 이러한 조치는 연금급여가 UAL이 은퇴자들과 현재의 기존 근로자들에게 약속했던 것보다 낮은 수준이 될 것이라는 것을 의미한다. 이 갑작스럽고 예측하지 못한 연금급여의 감소로부터 어떤 **미래** 노동시장효과가 발생할 것으로 기대되는가?

연습문제

1. 어떤 연구자가 수중건설근로자들의 임금방정식을 $W_i=10+0.5D$ [단, W=시간당임금(달러), D=근로자가 일하는 수심(미터)]로 추정한다고 한다. 이 정보를 기초로 하여 오퍼곡선과 수심 3미터에서 일하는 근로자 A와 수심 5미터에서 일하는 근로자 B의 가능한 무차별곡선을 각각 그려라. 현재의 임금과 일하고 있는 수심을 고려할 때, 각 근로자가 (효용을 동일한 수준으로 유지하면서) 바꿀 용의가 있는 시간당 임금과 수심(1미터)변화 사이의 대체비율(trade-off)은 얼마인가? 어떤 근로자가 수심 3미터에서 수심을 낮추는 대가를 지불할 용의가 더 있는가?
2. (부록) 어떤 기업이 노동 L과 자본 K를 사용하여 산출물 $q=f(L, K)=L\cdot K$를 생산하며, 산출물은 단위당 1달러에 판매된다. 기업은 2단위의

자본을 소유하고 있으며, 추가자본을 임대할 수 없다. 기업은 (i) 위험한 작업장을 제공하고 생산에 자본 2단위를 모두 사용하거나 또는 (ii) 작업장을 안전하게 만들기 위해 자본 1단위를 사용하는 두 방안 중 하나를 선택해야만 한다. 기업의 최적의사결정을 현재 보상임금격차의 함수로 표현하라.

3. (부록) 토마스(Thomas)의 무차별곡선은 $U=\sqrt{Y}$로 표시된다고 한다(단 Y=연간소득). 그는 두 종류의 일자리를 제안받았는데, 하나는 일시해고가 없고 연간보수가 40,000달러인 산업의 일자리며, 다른 하나는 일시해고에 대한 불확실성이 존재하는 산업에서의 일자리라고 한다. 일시해고의 불확실성이 존재하는 산업에서는 전체의 1/2에 해당하는 연도는 경기가 좋으며, 나머지 1/2에 해당하는 연도는 경기가 좋지 않아 일시해고를 단행하게 되는데, 이때 토마스의 연간보수는 22,500달러로 하락된다고 한다. 일시해고의 위험이 높다는 것을 보상하기 위하여 토마스는 이 일자리에서 경기가 좋은 해에 얼마를 벌어야만 하는가?

4. 일자리들이 부상위험을 제외하고 모든 차원에서 동일하다고 가정하자. 아래의 그래프는 두 명의 근로자 A와 B의 무차별곡선을 나타낸다.

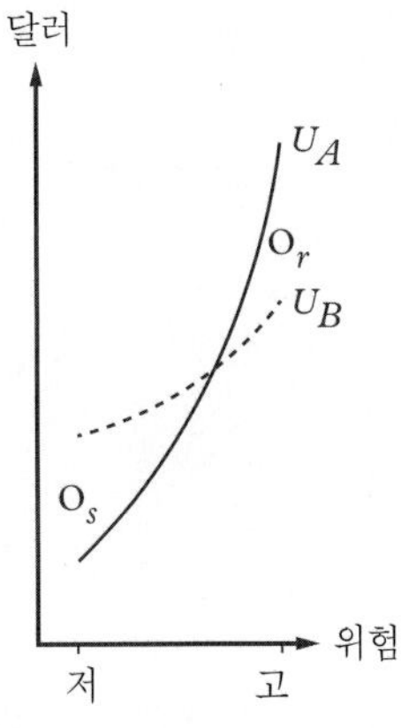

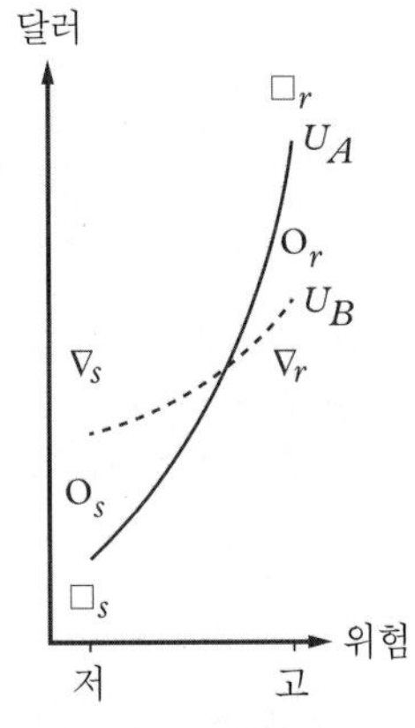

a. 왼쪽 그래프를 고려하기로 하자. 근로자들이 두 '위험-임금 묶음' O_s와 O_r 사이에서 하나를 자유롭게 선택한다고 한다. 위험부문에 얼마만큼의 노동이 공급되나? 그래프에 보상임금격차를 나타내라.

b. 이제 두 번째 그래프를 고려하기로 하자. 만약 근로자들이 (i) ∇_s와 ∇_r, (ii) $\square_s$와 $\square_r$ 사이에서 하나를 선택할 수 있다면 얼마만큼의 노동이 위험부문에 공급되나? 설명하라.

5. 셸던(Sheldon)은 2%의 부상위험과 시간당 15달러의 임금 조합과 3%의 부상위험과 시간당 18달러의 임금 조합 사이에 무차별하다. 셸비(Shelby)는 2%의 부상위험과 시간당 16달러의 임금 조합과 3%의 부상위험과 시간당 18달러의 임금 조합 사이에 무차별하다.

a. 누가 더 위험을 기피하는가?

b. 오목한 시장'오퍼곡선'을 고려하자. 이 곡선의 어디에서 셸던의 효용이 극대화될 가능성이 있나? 이를 셸비가 효용을 극대화할 가능성이 있는 곳과 비교하라.

6. 직종 A의 노동수요가 $L_D=20-W$ [단 L_D=수요 되는 근로자 수(천명)]로, 직종 A의 노동공급은 $L_A=-1.25+0.5W$ [단 L_A=직종 A에 공급되는 근로자 수(천 명)]로 각각 나타난다고 한다. 직종 B의 경우, 노동수요는 비슷하지만 노동공급은 $L_B=-0.5+0.6W$ [단 L_B=직종 B에 공급되는 근로자 수(천 명)]로 나타나는 바, 이는 직종 A와 비교할 때 직종 B와 관련된 보다 쾌적한 환경을 표시한다고 한다. 두 직종 사이의 보상임금 격차는 얼마인가?

7. ABC회사의 이윤이 0인 등이윤곡선이 $W=4+0.5R$ (단 W는 기업이 이윤을 0으로 유지하면서 특정 위험수준 R에서 제공하는 임금임)로 나타나며, XY회사의 이윤이 0인 등이윤곡선은 $W=3+0.75R$이라 한다.

a. 각 기업의 이윤이 0인 등이윤곡선을 그려라. 안전을 위한 지출의 한계수익에 대한 어떤 가정이 선형등이윤곡선의 기초가 되는가?

b. 어떤 위험수준에서 두 기업이 동일한 임금을 제공할까?

c. 낮은 위험수준에서, 어느 기업이 근로자들에 의해 선호될까? 높은 위험수준에서, 어느 기업이 근로자들에 의해 선호될까? 설명하라.

참고문헌

Duncan, Greg, and Bertil Holmlund. "Was Adam Smith Right After All? Another Test of the Theory of Compensating Wage Differentials." *Journal of Labor Economics* 1 (October 1983): 366~379.

Fishback, Price V. "Operations of 'Unfettered' Labor Markets: Exit and Voice in American Labor Markets at the Turn of the Century." *Journal of Economic Literature* 36 (June 1998): 722~765.

Rosen, Sherwin. "Hedonic Prices and Implicit Markets." *Journal of Political Economy* 82 (January-February 1974): 34~55.

______. "The Theory of Equalizing Differences." In *Handbook of Labor Economics*, eds. Orley Ashenfelter and Richard Layard, 641~692. New York: North-Holland, 1986.

Smith, Robert S. "Compensating Wage Differentials and Public Policy: A Review." *Industrial and Labor Relations Review* 32 (April 1979): 339~352.

Viscusi, W. Kip and Joseph E. Aldy, "The Value of a Statistical Life: A Critical Review of Market Estimates Throughout the World," *Journal of Risk and Uncertainty* 27 (August 2003): 5~76.

Viscusi, W. Kip. "The Value of Risks to Life and Health." *Journal of Economic Literature* 31 (December 1993): 1912~1946.

보상임금격차와 일시해고 (layoffs)

이 장의 본문에서 언급된 바와 같이 아담 스미스(Adam Smith)에 의해 보상임금격차가 발생하게 되는 환경 중의 하나라고 확인된 상황은 '고용의 항구성 또는 비항구성'과 관련된다. 곧 살펴보게 되는 바와 같이 이 예측을 지지하는 증거가 있기는 하지만, 임금과 일시해고(layoffs)될 확률과의 관계는 스미스가 생각했던 것처럼 결코 간단하지 않다. 특히 분석과 관련된 세 가지 문제가 존재하는데, 모두를 간략히 논의할 것이다.[1)]

제약이 없을 때의 근로시간에 대한 선택

제6장과 7장의 정신에 비추어, 근로자들이 근로시간의 무제한적인 선택을 제공하는 노동시장에서 자신들의 근로시간을 자유롭게 선택한다고 가정하자. 어느 특정 근로자의 임금과 비임금소득이 주어졌을 때, 효용극대화를 위한 근로시간의 선택이 이루어지게 된다. 그림 8A.1에 그려진 사람의 경우, 이 사람에게 제공되는 임금(W^*)과 비임금소득 수준(여기서는 0으로 가정되었음)이 주어졌을 때 효용극대화를 달성하는 근로시간의 선택은 H^*가 된다.

만약 H^*가 연간근로시간으로 생각된다면, 근로자는 일시해고를 수반하는 일자리를 **선호**할 수도 있다는 것을 쉽게 이해할 수 있다! H^*가 연간 1,500시간 또는 2,000시간의 전형적 '풀타임' 일자리의 본질적으로 3/4에 해당되는 시간이라고 가정하자. 이 경우 연간 1,500시간의 근로시간은 1년에 50주일을 하루에 6시간, 일주일에 5일을 일하여 달성되거나 또는 9개월을 하루에 8시간, 일주일에 5일을 일하고 3개월 동안은 합의에 의해 일시해고 되어도 달성될 수 있다. 어느 방안이 어떤 개인의 흥미를 더 끌 것인가는 여가 또는 가계 시간을 연속적으로 보내는 것에 대한 개인의 선호에 좌우되지만, 많은 사람들이 여가 또는 가계 시간을 연속적으로 보내는 것에 가치를 부여한다는 것은 분명하다. 예를 들어 교사들은 9개월의 학기 중에는 전형적으로 풀타임으로 일하며, 그들 중 일부는 여름에 휴가를 보낸다. 건설업으로부터 통조림공장에서의 일까지 많은 다른 일자리들은 예측할 수 있는 계절적 일시해고를 수반하며, 이러한 일자리의 근로자들은 자신들이 일시해고에 수반되는 여가 또는 가계생산 시간에 가치를 부여하기 때문에 이 일자리들을 선택

[1)] 이 부록의 분석은 John M. Abowd and Orley Ashenfelter, "Anticipated Unemployment, Temporary Layoffs, and Compensating Wage Differentials," in *Studies in Labor Markets*, ed. Sherwin Rosen (Chicago: University of Chicago Press, 1981), 141~170에 크게 의존하고 있다.

그림 8A.1
근로시간의 선택

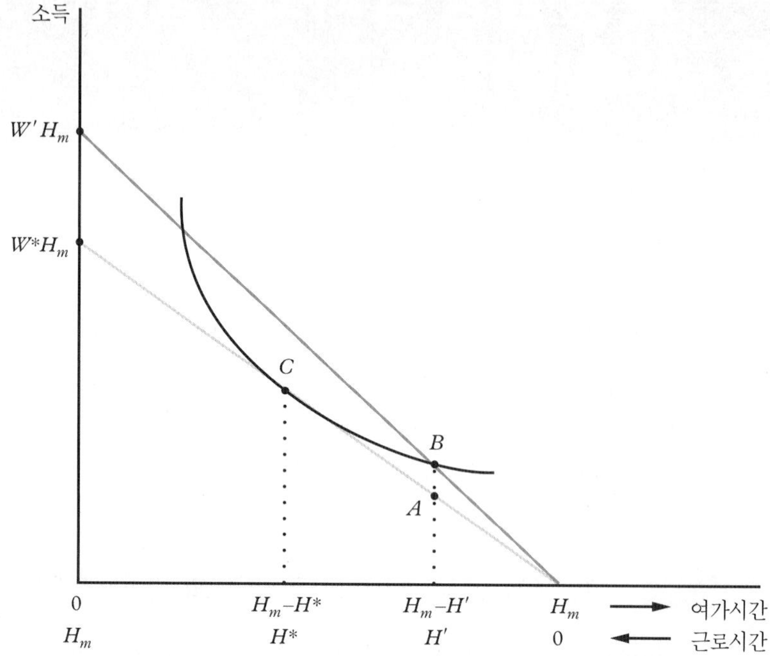

하였을지도 모른다.

초점을 달리 표현하면, 보상임금격차이론은 한계적인 근로자에 의해 오로지 일자리 특성이 나쁘다고 간주될 때에만 보상임금격차가 정(+)이 될 것이라는 것을 암시한다. 계절적 일시해고에 수반되어 여가 또는 가계 시간을 연속적으로 보내게 되는 것이 예측된다는 것은 한계적인 근로자에 의해 나쁘다고 간주되지 않을 수도 있다. 실제로 몇몇 시장의 근로자들은 일시해고를 자신들이 바라는 연간근로시간을 이를 통해 가장 잘 달성할 수 있는 메커니즘으로 간주할지 모른다.

근로시간의 제약

그림 8A.1에 그려진 근로자가 W^*의 임금으로 H^*의 근로시간을 제공하는 일자리와 근로시간을 H'로 감소시키는 매년 예측할 수 있는 일시해고 때문에 원하는 것보다 더 적은 근로시간을 제공하는 일자리 사이의 선택을 제안 받았다고 가정하자. 만약 후자 일자리의 임금이 W^*인 채로 남아 있다면, H'의 근로시간을 제공하는 일자리를 선택할 때 이 근로자는 점 A를 통과하는 무차별곡선 상에 있게 되기 때문에 그 효용은 분명히 감소될 것이다. 따라서 W^*와 H^*를 제공하는 일자리가 분명히 선호된다.

그러나 W^*를 충분히 초과하여 점 B에 도달할 수 있도록 하는 W'의 임금으로 H' 근로시간이 제공된다고 가정하자. 임금이 W' 수준이고 근로시간이 H'인 점 B는 (W^*가 제공되는 임금일 때 효용이 극대화되는 점인) 점 C와 **똑같은** 무차별곡선 위에 있다. 점 B는 W'의 임금이 제공될 때의 효용극대화 점은 아니지만, 만약 근로자가 W^*의 임금으로 근로시간을 제약받지 않고 선택하도록 제안을 받거나 또는 근로시간이 H'와 동일하다는 **제약 하**에서 W'의 임금을 제안을 받는다면, 이 근로자는 두 일자리제안 사이에 무차별하게 된다.[2)]

위의 예에서 $(W'-W^*)$는 근로시간이 원하는 수준 미만으로 제약된 일자리를 근로자가 고려하기 위해서 발생해야만 하는 보상임금격차이다. 많은 사람들은 일시해고를 근로자들이 원하는 근로시간을 일하지 못하도록 방해하는 사건으로 간주한다. 만약 이것이 사실이라면, 그리고 만약 이 일시해고가 자동차산업에서의 모델변경에 수반되는 일시해고와 같이 예측이 가능하며 확실하게 알려진다면, 예측 가능하고 확실한 일시해고율과 관련된 보상임금격차가 원활하게 기능하는 노동시장(즉 근로자들이 정보와 이동성을 갖고 있는 시장)에서 발생하게 된다.[3)]

불확실한 일시해고의 효과

위 절에서 일시해고는 예측할 수 있으며 확실하게 알려진다고 가정하였다. 그러나 대부분의 경우는 그렇지 않다. 다른 산업들에 비해서 일부 산업에서 일시해고율이 더 높다는 것을 예상할 수 있을지 모르지만, 실제로 일시해고율은 여러 해에 걸쳐 같은 산업들 **내에서도** 상당한 정도의 임의적인 변동을 종종 보인다. 이 일시해고의 **불확실성** 그 자체는 영향을 받게 되는 일자리의 다른 측면으로서 보통 부정적인 특징으로 생각되며 이를 위해 보상임금격차가 발생할 수 있다.

효용이 측정 가능하며 오로지 소득의 함수라고 가정하면, 그림 8A.2에서와 같이 소득(Y)에 대해 그래프로 그려질 수 있다.[4)] 또한 그래프에 그려진 어떤 개인이 임금이 W'이고 연간근로시간이 H'라고 **확실히** 알려진 일자리를 제공받는다고 가정하자. 이 근로시간 H'와 관련된 효용 $U(H')$는 H' 근로시간에서의 이 개인의 소득, 즉 $W'H'$의 함수이다(다시 한 번 비임금소득이 없다고 가정하면).

이제 연간**평균**근로시간이 H'이지만 전체의 1/2에 해당하는 기간에는 H_h 시간을 일하고 나머지 1/2에 해당하는 기간에는 H_l 시간을 일하며 W'의 임금을 지급하는 다른 일

---

2) 점 B는 접점이 아니다. 즉 만약 그림 8A.1에 그려진 근로자가 W'의 임금에서 자신의 근로시간을 자유롭게 선택한다면, 그는 H' 시간보다 더 일하는 것을 선호하게 된다. 논의에서는 선택이 제약을 받고 있어 근로시간이 H'를 초과할 수 없다고 가정하였다.

3) 비슷한 주장이 만약 근로자들이 자신들이 선호하는 것보다 더 오랜 시간을 일하도록 강요당한다면 보상임금격차를 받을 것이라고 예측하는 데 사용될 수 있다. 이를 지지하는 주장과 증거는 Ronald G. Ehrenberg and Paul L. Schumann, "Compensating Wage Differentials for Mandatory Overtime," *Economic Inquiry* 22 (December 1984)를 참조하라.

4) 비록 경제학자들이 각 대안들에 효용의 수치를 부여함이 없이 그 상대적 순위를 명기하는 **서수적** 효용함수(**ordinal** utility function)들을 전형적으로 사용하기는 하지만, 불확실성 하에서의 선택에 대한 분석은 **기수적** 효용함수(**cardinal** utility function: 각 대안들에 효용의 구체적 수치가 부여된 효용함수)들의 사용을 필요로 한다.

그림 8A.2

확실한 근로시간 H'와 평균근로시간 H' 사이의 선택

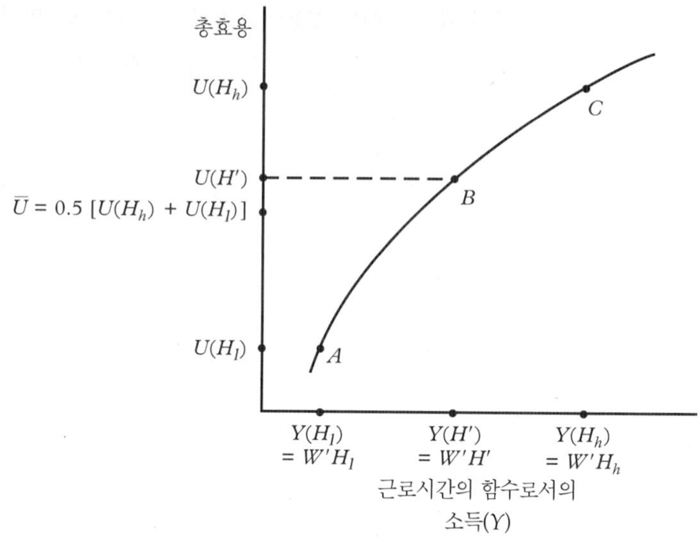

자리를 가정하자. 비록 $0.5H_h+0.5H_l=H'$가 가정되어 여러 해를 살펴볼 때 이 사람은 연평균 H' 시간을 일하지만, 그래프에 그려진 오목한 효용함수에서 이 사람의 평균효용은 $U(H')$보다 **낮다는** 것이 판명된다. 이를 이해하기 위해서 그림 8A.2를 자세히 살펴보아야만 한다.

1년의 1/2을 차지하는 근로시간이 H_h인 때에 이 사람은 $W'H_h$를 벌며, 이 소득은 $U(H_h)$의 효용을 산출한다. 따라서 1년의 1/2에 해당하는 기간에 근로자는 효용수준 $U(H_h)$를 즐기며 점 C에 있게 될 것이다. 그러나 나머지 1/2의 기간 동안 이 사람은 H_l 시간을 일할 것이며, $W'H_l$의 소득을 벌어 $U(H_l)$의 효용을 즐기면서 점 A에 있게 될 것이다. 따라서 이 사람의 평균효용은 $\overline{U}$가 되는데, 이때 $\overline{U}=0.5U(H_h)+0.5U(H_l)$가 성립한다. 위의 예에서 $U(H_h)$와 $U(H_l)$ 사이의 중간지점에 있는 $\overline{U}$가 매년 **확실하게** W'의 임금을 지급하며 사람들을 H' 시간 고용하는 일자리로부터 도출되는 효용인 $U(H')$보다 **낮은 곳에** 놓여 있음을 주목하라.

두 경우 모두 **평균적으로** H' 시간을 일하는 데도 불구하고 $\overline{U} < U(H')$인 이유는 무엇일까? 여기에 대한 답은 경제학자들이 **위험회피**(risk aversion)를 나타내는 것으로 정의하는 효용함수의 오목성(concavity)에서 찾을 수 있다. $Y(H')$로부터 $Y(H_h)$로의 이동은 $Y(H')$로부터 $Y(H_l)$로의 이동과 가로축 위에서 동일한 절대거리의 이동을 나타내지만, **효용**의 변화는 그 크기가 같지 않다. 특히 좋은 기간의 $Y(H')$로부터 $Y(H_h)$로의 이동(점 B에서 점 C로)은, 좋지 못한 기간의 $Y(H')$로부터 $Y(H_l)$로의 이동(점 B에서 점 A로)이 빼앗아 가는 효용보다 **더 작은** 크기의 효용을 추가한다. 달리 표현하면 그림 8A.2의 총효용 곡선의 오목성은 소득의 한계효용이 체감함을 의미한다. 따라서 근로시간이 H'보다 적은 좋지 못한 기간에는 (H' 근로시간과 관련된 효용과 비교할 때) 효용의 상대적으로 큰 하

락이 있는 반면, 좋은 기간에는 추가소득이 상대적으로 적은 양의 효용을 증가시킨다.

이 논의의 요지는 근로자들이 위험을 회피할 때, 즉 그들의 효용함수가 오목이어서 근로자들이 본질적으로 그 변화의 액수가 같더라도 일정 소득수준으로부터의 정(+)의 변화보다는 부(−)의 변화에 더 큰 가치를 부여할 때, 근로자들은 W'의 임금을 지급하면서 오로지 평균적으로만 H' 시간의 근로를 제공하는 일자리보다 W'의 임금을 지급하면서 확실히 H'의 근로시간을 제공하는 일자리를 선호하게 된다는 것이다. 따라서 **위험회피**와 관련된 효용손실을 보상하기 위해서, 근로자들은 오로지 평균적으로만 H'의 근로시간을 제공하는 일자리의 경우에는 W'보다 높은 수준의 임금을 요구하게 된다.

관찰되는 임금/일시해고 관계

위의 논의는 일시해고에 대한 근로자선호에 초점을 모았다. 물론 보상임금격차가 발생하기 위해서는 사용자들이 이를 지급할 용의가 있어야 한다. 즉 사용자들은 근로자들의 일시해고로부터 이윤을 얻을 수 있어야만 하며, 만약 고임금/대량일시해고 전략을 추구하는 기업들이 관찰된다면 일시해고로부터의 기업들의 이익은 고임금으로 인한 비용을 초과해야만 한다.

위의 논의는 또한 일시해고 근로자들에 대한 실업보험(UI) 지급을 무시하였다. 이 주제는 제14장에서 좀 더 자세히 논의될 것이다. 여기서는 만약 UI 지급이 일시해고 근로자들의 효용손실을 완전히 보상한다면, 보상임금격차가 발생하지 않을 것이라는 것만을 주목할 필요가 있다. 보상임금격차는 오로지 UI 지급이 일시해고 근로자들을 완전히 보상하지 않을 때에만 나타나게 될 것이다.

임금과 일시해고와의 관계를 매우 주의 깊게 살폈던 한 연구는 평균적인 확률을 가진 일시해고에 대한 보상임금격차가 임금의 약 4%이며, 이 격차의 80%를 넘는 부분이 오랜 기간에 걸쳐 근로자들이 직면하는 일시해고율의 가변성(불확실성)과 관련된 위험회피와 관계가 있음을 제시하고 있다. 대량 일시해고가 이루어지는 자동차제조업과 건설업의 근로자들은 1970년대 초반에 6~14%와 6~11%의 범위로 각각 추정되는 보상임금격차를 받았다.[5] 1990년경 농장근로자들에 관한 한 연구는 계절적으로 일함으로써 실업의 위험을 감수하고 있는 근로자들은 농장에서 영구적인 일자리를 보유하고 있는 근로자들에 비해 시간당 9~12% 더 많은 임금을 지급받고 있음을 밝혔다.[6]

---

[5] 이 추정치들은 이 부록의 각주 1에 인용된 Abowd and Ashenfelter의 논문으로부터 발췌되었다. 비슷한 증거를 Elisabeth Magnani, "Product Market Volatility and the Adjustment of Earnings to Risk," *Industrial Relations* 41 (April 2002): 304~328에서 찾을 수 있다. UI 급여가 임금에 어떤 영향을 미치는가에 관심이 있는 사람들은 David A. Anderson, "Compensating Wage Differentials and the Optimal Provision of Unemployment Insurance," *Southern Economic Journal* 60 (January 1994): 644~656을 참조하라.

[6] Enrico Moretti, "Do Wages Compensate for Risk of Unemployment? Parametric and Semiparametric Evidence from Seasonal Jobs," *Journal of Risk and Uncertainty* 20 (January 2000): 45~66.

제9장

인적자본에 대한 투자: 교육과 훈련

노동공급을 선택하기 위해서는 많은 경우 근로자의 상당한 초기**투자**가 필요하다. 정의에 의하면, 투자는 일정 기간 동안에 걸쳐 회수되기를 바라는 초기의 비용을 수반하게 된다. 따라서 노동공급이 결정되는 많은 경우에, **현재**임금과 근로조건만이 유일한 결정요소가 되는 것은 아니다. 이러한 결정과정들을 모형화하기 위해서는 투자행태와 **생애**전망을 포함시키는 분석틀의 개발이 요구된다.

근로자들은 노동시장에 대해 세 종류의 주요한 투자를 한다. 즉 교육과 훈련, 이주, 그리고 새로운 일자리탐색 등이 그것이다. 세 종류의 투자 모두 초기비용을 부담해야 하며, 모두 미래에 높은 수익을 제공하리라는 희망과 기대에 의해 투자가 이루어진다. 이 투자들과 다른 종류의 투자들이 본질적으로 유사하다는 것을 강조하기 위해, 경제학자들은 이러한 투자를 **인적자본**(human capital)에 대한 투자라 지칭하는데, 이 용어는 사용자들에게 '임대'될 수 있는 일련의 기술들이 근로자들에게 체화(embodying)되어있는 것으로 개념화시키고 있다. 경험으로부터 얻게 되는 학습(learning)을 포함하여, 교육과 훈련의 결과로 근로자가 보유하게 되는 지식과 기술은 어떤 생산적인 자본**보유량**으로 축적된다. 이러한 생산적 자본의 **가치**는 이 기술이 노동시장에서 얼마만큼을 벌어들일 수 있는 지로부터 도출된다. 일자리탐색(job search)과 이주(migration)는 일정한 기술보유량으로 받게 되는 가격(임금)을 증가시킴으로써 근로자 인적자본의 가치를 증가시키는 활동들이다.

사회의 총부(富)는 인적자본과 비인적자본의 조합이다. 인적자본에는 교육, 직무훈련(job training), 그리고 이주 등과 같은 활동에서 축적된 투자가 포함되는 반면, 비인적자본에는 사회의 천연자원, 빌딩, 그리고 기계류의 보유량 등이 포함된다. 예를 들어 미국의 1인당 총부(富)는 2008년에 약 480,000달러로 추정되었으며, 이 중 75%가 인적자본의 형태였다.[1] (예문 9.1은 인적자본의 전반적 중요성을 다른 방법으로 설명하고 있다.)

근로자들의 지식과 기술에 대한 투자는 세 단계에 걸쳐 발생한다. 첫째, 어린 시절의 인적자본 획득은 다른 사람들에 의해 주로 결정된다. 부모의 경제력과 가르침, 문화적 환경과 조기학교교육경험 등이 기본언어기술, 수리적 능력, 학습에 대한 태도, 그리고 일반적 건강상태와 예상수명(그 자체가 근로능력에 영향을 미친다)에 영향을 미치는 데 도움이 된다. 둘째, 10대와 청년들은 고등학교, 대학교 또는 직업훈련프로그램의 풀타임 학생으로서 지식과 기술을 습득하는 단계를 거치게 된다. 마지막으로, 노동시장에 진입한 이후에는, 일반적으로 현장실무훈련(on-the-job training), 야간학교 또는 상대적으로 단기에 이루어지는 공식프로그램들에의 참여를 통해서 근로자들의 인적자본 추가가 파트타임 형태로 이루어진다. 이 장에서는, 후자의 두 단계들에 초점을 맞출 것이다.

어떤 행태에 관한 이론에 대해서도 제기되는 요구들 중의 하나는, 겉으로 보기에 동일한 환경에 직면한 사람들이 왜 상이한 선택을 하는가를 설명하는 것이다. 이 장에서는 인적자본투자에 대한 개인들의 의사결정이 그들의 학습에 있어서의 용이성 및 속도, 미래에 대한 그들의 열망 및 기대, 그리고 금융자원에 대한 그들의 접근 등에 의해 영향을 받는다는 것을 살펴볼 것이다.

인적자본투자: 기본모형

다른 어떤 투자와 마찬가지로, 인적자본투자는 미래에 편익이 발생할 것이라는 기대와 함께 가까운 기간에 부담해야 하는 비용을 수반한다. 일반적으로 말해서 인적자본을 추가하는 데 소요되는 **비용**은 세 종류로 구분될 수 있다.

1. 등록금과 책 및 기타 문구류에 대한 지출을 포함하는 **현금**(out-of-pocket) 또는 **직접** 비용(direct expenses).
2. 투자기간 동안 적어도 풀타임은 아니더라도 보통 일하는 것이 불가능하기 때문에 나타나는 **포기한 근로소득**(forgone earnings).
3. 학습이 종종 어렵고 지루하기 때문에 발생하는 **정신적 손실**(psychic losses).

근로자들에 의한 교육투자와 훈련투자의 경우, 기대**수익**은 미래근로소득의 증가, 생애에 걸쳐 나타나는 직무만족의 증가, 그리고 비경제적활동과 관심사에 대한 이해증진의 형태로 나타난다. 미래의 모든 편익들을 수량화할 수 있기는 하지만, 관련된 기간 동안의 편익을 더하는 것은 이 투자수익을 한번이 아닌 여러 번에 걸쳐 **지연**해서 받기 때문에 간단한 일은 아니다.

---

[1] United Nations (UNU-IHDP and UNEP), *Inclusive Wealth Report 2012: Measuring Progress Toward Sustainability* (Cambridge: Cambridge University Press, 2012), Data Annex.

예문 9.1

전쟁과 인적자본

물적자본과 인적자본의 상대적 중요성은 전쟁의 심각한 피해를 입은 도시들에 대한 몇 가지 흥미로운 사실에 주목함으로써 설명할 수 있다. 히로시마에 대한 원자탄 투하는 도시빌딩의 70%를 파괴하였으며, 인구의 약 30%를 죽게 하였다. 생존자들은 폭격 직후에 도시로부터 도망했지만, 3개월 안에 생존인구의 2/3가 도시로 귀환하였다. 공중에서 폭발한 폭탄이 도시의 지하 공익사업망(utility networks)을 손상시키지 않았기 때문에, 파괴되지 않은 지역에는 폭격 하루 만에 전력이 복구되었다. 시내를 관통하는 철도서비스는 2일 만에 재개되었으며, 전화서비스는 1주일 만에 다시 시작되었다. 도시 산업생산의 3/4을 담당하는 공장들(많은 공장들이 도시의 변두리에 위치하여 피해를 입지 않았다)은 30일 이내에 정상적인 운영을 시작할 수 있었다.

1943년 여름, 약 150만 명의 인구가 있었던 독일의 함부르크에서는 7월과 8월의 10일 간에 걸친 연합군의 폭격이 도시빌딩의 약 1/2을 파괴하였으며, 도시인구의 약 3%를 죽게 하였다. 비록 물 공급 체계에 상당한 피해가 있었지만, 전기와 가스 서비스는 마지막 공격이 있은 이후 수 일 이내에 충분히 회복되었으며, 4일 만에 전신체계도 다시 가동되었다. 중앙은행이 다시 문을 열었으며, 기업들은 1주일 후에 정상적으로 기능하기 시작하였고, 공격이 있은 지 12일 만에 우편서비스도 회복되었다. 전략폭격조사(Strategic Bombing Survey)는 5개월 이내에 함부르크는 이전 생산성의 80%까지 회복하였다고 보고하였다.

이러한 재난으로부터의 회복속도와 그 성공은 어느 경제학자로 하여금 다음의 두 가지 사항을 관찰하도록 하였다.

> (1) 사회의 실질부(富) 중 눈에 보이는 물질적 자본으로 나타나는 부분은 사람들의 축적된 지식과 재능으로 나타나는 부분에 비해 상대적으로 작으며, (2) 사람들에게는 보통 때에는 나타나지 않지만, 재난 직후와 같은 특별한 환경 하에서 활용될 수 있는 에너지와 노력의 엄청난 비축량이 있다.

데이터출처: Jack Hirshleifer, *Economic Behavior in Adversity* (Chicago: University of Chicago Press, 1987), 12~14, 78~79.

현재가치 개념

투자에 대한 의사결정이 이루어질 때, 투자자들은 **미래** 기대편익의 흐름을 예상하고 **현재** 비용지출을 단행한다. 투자수익은 (아무도 미래를 확실하게 예측할 수 없기 때문에) 분명히 위험요인의 제약을 받으며, 전형적으로 매우 오래일 수 있는 기간에 걸쳐 나타난다는 의미에서 또한 **지연**되어 발생한다. 투자자는 현재 투자비용의 가치를 기대수익의 현재가치와 비교할 필요가 있으며, 그렇게 함으로써 수익이 지연해서 발생하는 효과를 고려해야만 한다. 아래에서는 이러한 비교가 어떻게 이루어지는가를 설명한다.

어느 여성이 현재 100달러를 받을 것인지 또는 1년 후 100달러를 받을 것인지를 제안 받았다고 가정하자. 이 여성은 두 가지 대안에 똑같이 이끌리게 될까? 만약 이 여성이 현재 돈을 받게 된다면 이를 현재 사용하거나(그리고 즐기거나) 또는 100달러를 투자하여 내년까지 이자를 벌 수 있기 때문에, 이에 대한 대답은 아니오이다. 만약 예를 들어 이자율이 5%라면 현재의 100달러는 1년 동안 105달러로 커질 수 있다. 따라서 **현재** 받게 되는 100달러는 1년 후 받게 되는 100달러보다 더 가치가 있다.

이자율이 5%일 때, 1년 후 105달러를 지급한다는 제안은 현재 100달러를 받는 것의 가치와 대등하다. 현재의 100달러는 1년 후 105달러로 커질 수 있기 때문에, 이 두 제안은 동일한 가치를 갖는다. 이 동일한 가치를 달리 표현하는 방법은 이자율이 5%일 때 현재 100달러의 1년 후 미래가치(B_1)는 105달러라고 말하는 것이다. 이 계산은 1년 후 위의 여성이 100달러의 원금(B_0)에 이자(r=0.05)를 더한 금액을 가질 수 있다는 것을 인식함으로써 산술적으로 보일 수 있다.

$$B_1 = B_0 + B_0(r) = B_0(1 + r) = 100(1.05) = 105 \tag{9.1}$$

(5%의 이자율로) **1년 후** 받게 될 105달러의 '현재가치'(B_0)는 100달러이라고도 또한 말할 수 있다. B_1=$B_0(1+r)$이기 때문에 아래 식도 또한 성립한다.

$$B_0 = \frac{B_1}{(1 + r)} = \frac{105}{1.05} = 100 \tag{9.2}$$

따라서 1년 후 105달러를 받는 것은 현재 100달러를 받고 이를 1년에 5%의 이자율로 투자하는 것과 동일하다. 미래가치를 이와 동일한 현재가치로 전환하는 절차는 **할인**(discounting)이라 불린다. 만약 미래수익이 1년 후에 발생한다면, 동일한 미래수익의 현재가치를 계산하기 위해서는 미래수익을 $(1+r)$로 할인한다(나눈다).

만약 수익이 2년 후에 발생한다면 어떻게 될까? 만약 현재의 B_0을 투자하면 1년 후에 B_0은 B_1=$B_0(1+r)$과 같게 될 것이다. 첫해 말에 얻게 된 새로운 자산 B_1을 r의 이자율로 1년 더 투자하면, 2년 후 B_2라는 합계금액을 갖게 된다.

$$B_2 = B_1 + B_1(r) = B_1(1 + r) \tag{9.3}$$

식 (9.1)을 식 (9.3)에 대입하면 아래의 식을 얻을 수 있다.

$$B_2 = B_0(1 + r) + B_0(1 + r)(r) = B_0(1 + r)(1 + r) = B_0(1 + r)^2 \tag{9.4}$$

(두 번째 기간에는 이자가 원래의 원금과 첫 번째 기간 동안 번 이자 모두에 발생하기 때문에, 방정식 9.4는 복리 계산법을 설명한다.)

이제 만약 B_2=$B_0(1+r)^2$라면 다음 식도 또한 성립한다.

$$B_0 = \frac{B_2}{(1 + r)^2} \tag{9.5}$$

2년 후 받게 될 편익의 현재가치를 알기 위해서는 미래편익을 $(1+r)^2$로 할인하는 것이 필요하다. 만약 편익을 3년 후 받게 된다면, 방정식 (9.3)과 (9.4)의 기초가 되는 논리를 사용하여 할인 요소가 $(1+r)^3$이 된다는 것을 확인할 수 있다. 똑같은 논리로, 4년 후의 편익은 $(1+r)^4$로 나눔으로써 현재가치로 할인된다. 분명히 할인요소들은 제곱의 형태로 증가하는데, 이는 만약 현재의 자금이 이자율 r로 투자된다면 복리로 이자를 번다는 것을 반영한다.

만약 인적자본투자가 첫 해에 B_1, 두 번째 해에 B_2, 등등으로 T년까지 수익을 산출한다면, 이 편익의 합은 다음의 식으로 계산되는 현재가치를 갖는다.

$$\text{현재가치} = \frac{B_1}{1+r} + \frac{B_2}{(1+r)^2} + \frac{B_3}{(1+r)^3} + \cdots + \frac{B_T}{(1+r)^T} \tag{9.6}$$

단 이자율(또는 할인율)은 r이다. r이 정(+)의 값을 갖는 한, 보다 먼 미래의 편익은 누진적으로 할인될 것이다. 예를 들어, 만약 $r=0.06$이라면, 30년 만에 지급받을 수 있는 편익은 즉시 지급될 수 있는 편익에 부여되는 가중치의 단지 17%의 가중치를 받게 된다($1.06^{30}=5.74$; $1/5.74=0.17$). r이 작으면 작을수록, 미래편익에 부여되는 가중치는 더 커진다. 예를 들어 만약 $r=0.02$라면, 30년 만에 지급될 수 있는 편익은 즉각적인 편익에 주어지는 가중치의 55%에 해당하는 가중치를 받게 된다.

인적자본 투자결정의 모형화

인적자본투자모형은 사람들이 효용극대화를 추구하며, 교육과 훈련에 대한 선택을 할 때 생애에 대한 전망을 한다고 가정한다. 따라서 사람들이 예를 들어 추가 학교교육에 대한 의사결정을 할 때, 가까운 기간에 부담하여야 하는 투자비용(C)을 미래기대편익의 현재가치와 비교한다고 가정된다. 만약 미래편익의 현재가치가 비용보다 크다면, 추가학교교육에 대한 투자가 매력적이게 된다.

$$\frac{B_1}{1+r} + \frac{B_2}{(1+r)^2} + \cdots + \frac{B_T}{(1+r)^T} > C \tag{9.7}$$

물론 효용극대화는 식 (9.7)의 조건이 충족되는 한 사람들로 하여금 인적자본투자를 계속적으로 추가하도록 요구하며, 추가투자의 편익이 추가비용과 같거나 또는 작게 될 때에 한해서만 인적자본의 계속적인 추가를 멈추도록 요구한다.

식 (9.7)의 기준이 충족되는지를 측정할 수 있는 방법에는 두 가지가 있다. **현재가치법**(present value method)을 사용하면, 할인율 r의 수치를 명시하고, 그 뒤 편익의 현재가치가 비용과 어떻게 비교되는가를 결정할 수 있다. 이와는 달리, "할인율이 얼마일 때 투자가 여전히 이윤획득이 가능한가?"를 묻는 **내부수익률법**(internal rate of return method)을 채택할 수 있다. 분명히 만약 편익이 매우 커서 심지어 매우 큰 할인율까지도 투자로부터 이윤이 발생하도록 만든다면, 투자프로젝트는 가치가 있게 된다. 실제로

그림 9.1

인적자본의 최적획득

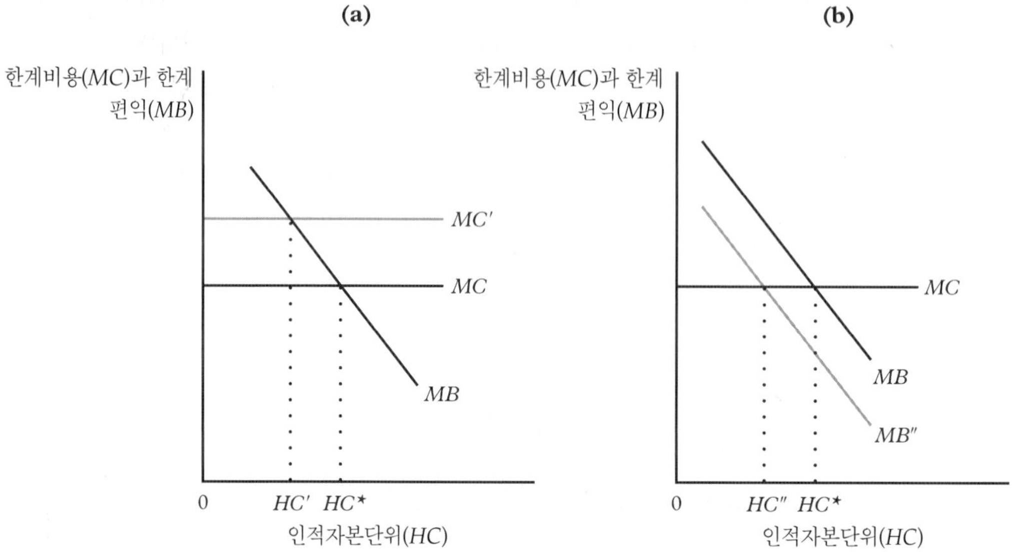

편익의 현재가치를 비용과 동일하도록 설정하고 r을 구함으로써 이 내부수익률이 계산되며, 그 뒤에 r을 다른 투자들에 대한 수익률과 비교하게 된다.

식 (9.7)에 내재된 모형의 몇 가지 기본적 시사점들이 그림 9.1에 그래프로 설명되고 있는데, 이 그래프는 한계비용과 한계편익으로 인적자본에 대한 의사결정을 나타내고 있다(현재까지는 그래프의 *MC*와 *MB*에 초점을 맞출 것). 인적자본 각 추가단위의 한계비용 *MC*(예를 들어 학교교육 1년 추가에 따른 수업료, 문구류, 포기한 근로소득, 정신적 비용)는 불변이라고 가정된다. 한계편익 *MB*의 현재가치는 학교교육을 매년 추가할 때마다 편익이 회수될 수 있는 기간이 줄어들기 때문에 하락하는 것으로 나타나고 있다. 어떤 개인일 경우라도 효용극대화가 달성되는 인적자본량(HC^*)은 $MC=MB$가 성립되는 양으로 나타난다.

학습이 특히 힘든 사람들은 인적자본의 획득에 보다 큰 정신적 한계비용을 암묵적으로 부여할 것이다. 그림 9.1a의 MC'에 의해 보이는 바와 같이, 한계비용이 더 높은 사람들은 더 낮은 수준의 인적자본을 획득할 것이다 (HC'를 HC^*와 비교하라). 마찬가지로 추가인적자본투자로부터 더 적은 미래편익을 기대하는 사람들(그림 9.1b의 MB'')은 더 적은 인적자본을 획득할 것이다.

이 분명한 이론은 근로자들의 행태와 근로소득에 대해 몇 가지 흥미로운 통찰력을 제공한다. 이러한 많은 통찰력들은 고등학교를 졸업한 후 대학교에 풀타임으로 투자할 것인가에 대해 청년들이 직면하게 되는 의사결정을 분석함으로써 발견될 수 있다.

대학교육에 대한 수요

대학에 등록하는 고등학교 3학년 졸업자의 비율에 의해 측정되는 미국 대학교육에 대한 수요는 놀랄 정도로 가변적이다. 남자들의 경우, 등록률은 1970년의 55.2%로부터 1980년에는 46.7%로 떨어졌다가, 1990년에 58%로 회복되었고, 2010년에는 거의 63%에 도달하였다. 이와 비교할 수 있는 여자들의 등록률은 이보다 낮게 1970년에 48.5%로 시작하여 1970년대에는 천천히, 그리고 그 이후에는 신속히 증가하여, 2010년에 74%에 도달하였다. 등록률은 왜 이러한 유형을 따르게 되었는가?

대학교육의 비용과 편익 비교

분명히 사람들은 대학에 다님으로써 보다 잘 살게 될 것이라고 믿을 때 대학에 진학한다. 몇몇 사람들의 경우, 적어도 편익의 일부는 단기간에 나타날 수 있으며, 즉 몇몇 학생들은 강의과목 또는 학생으로서의 생활방식을 좋아하는데, 이러한 점에서 어느 정도까지 대학교육은 적어도 부분적으로는 **소비**재이다. 그러나 대학의 소비편익은 10년 동안 크게 변하지 않은 것 같으며, 따라서 상대적으로 짧은 기간 동안에 나타나는 대학진학률의 변화는 아마도 대학진학의 **투자**측면과 관련된 *MC* 또는 편익의 변화를 반영한다.

대학진학을 고려하는 사람은 넓은 의미에 있어 그 자신의 일생에서 두 가지의 근로소득흐름에 대한 선택의 기회를 가진다. 흐름 A는 즉각 시작되지만, 근로소득이 매우 높게 증가하지 않는다. 이는 고등학교졸업자의 근로소득흐름이다. 흐름 B(대학졸업자)는 처음 4년 동안 (대학등록금 때문에) 부(−)의 소득을 가지며, 이어 고등학교졸업자보다 급여가 낮을 수도 있는 기간이 이어지지만, 그 뒤에는 급여가 크게 증가하여 흐름 A보다 높아진다. 두 흐름 모두 그림 9.2에 그려져 있다. (이 흐름들이 왜 상이한 **곡선을 보이는가는** 이 장의 후반부에서 논의될 것이다.) 그림에 보이는 흐름들은 몇 가지 기본사항들을 강조할 수 있도록 일정한 양식을 보이고 있다. 실제의 근로소득흐름들은 그림 9.3과 그림 9.4에 보일 것이다.

명백히 누군가를 대학교육에 투자하도록 하기 위해서는 대학졸업자의 근로소득이 고등학교졸업자의 근로소득보다 높은 수준이 되어야만 한다(물론 대학교육을 소비로 간주할 때의 수익이 크지 않다면). 두 흐름의 근로소득차이라고 할 수 있는 총편익은 비용보다 훨씬 큰 총액이 되어야 하는데, 이는 그러한 수익은 미래에 발생하고 따라서 할인되어야 하기 때문이다. 예를 들어 4년간의 대학교육을 이수하기 위해 연간 25,000달러의 비용이 들며, 실질이자율(명목이자율에서 인플레이션율을 뺀 것)이 2%라고 가정하자. 만약 과세 후의 수익이 매년 동일하다면, 순수하게 화폐적으로 평가하여 투자를 정당화하기 위해서는, 불변가격(달러)으로 표시된 (즉 인플레이션의 효과를 제거한 후) 과세 후 수익이 매년 3,652달러씩 40년 동안 발생하여야 한다. 즉 2%의 이자율로 투자된 100,000달러가 40년 동안 매년 총 3,652달러에 이르는 지급액(이자와 원금)을 제공할 수 있기 때문에

그림 9.2

두 종류의 근로소득흐름

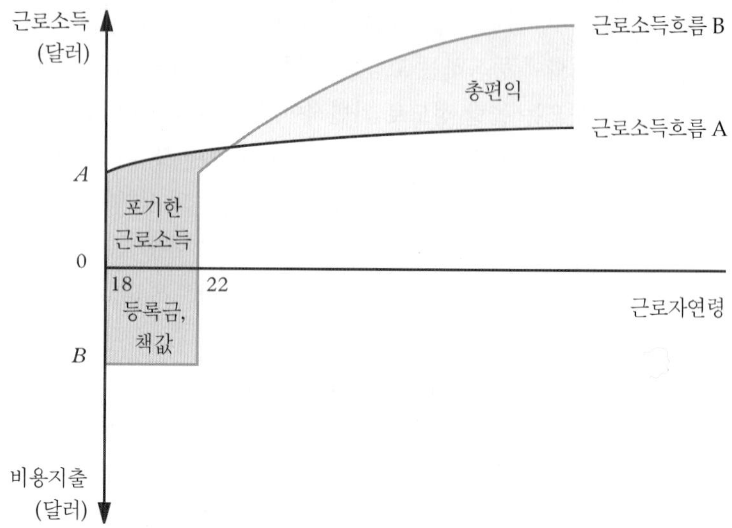

이 수익은 3,652달러여야만 한다.[2)]

이론의 예측

대학에 다닐 것인가를 결정할 때, 의심할 바 없이 식 (9.7)에 제시된 것 같은 매우 정확한 계산을 하는 학생들은 아무도 없다. 그럼에도 불구하고 만약 학생들이 동일한 요소들을 고려하여 비공식적으로 추정을 한다면, 대학교육수요에 대해 네 가지 예측이 이루어질 수 있다.

1. 현재지향적인(present-oriented) 사람들은 미래지향적인(forward-looking) 사람들보다 (다른 조건들이 동일하다면) 대학에 진학할 가능성이 낮다.
2. 대부분의 대학생들은 젊을 것이다.
3. 만약 대학교육의 비용이 증가하면, 대학진학자들이 감소할 것이다(다른 조건들이 동일하다면).
4. 만약 대학졸업자들과 고등학교졸업자들의 근로소득격차가 확대되면, 대학진학자들은 증가할 것이다(또다시 다른 조건들이 동일하다면).

---

2) 이 계산은 아래의 연금공식(annuity formula)을 사용하였다.

$$Y = X \cdot \frac{1 - [1/(1 + r)^n}{r}$$

단 Y=총투자(위의 예에서는 100,000달러), X=연간지급액(3,652달러), r=이자율(0.02), 그리고 n=연수(40) 등이다. 이 예에서, 대학교육의 비용은 4년에 걸쳐 분산하여 부담되는 것이 아니라 모두 한 해에 발생하는 것으로 취급하고 있는데, 이 단순화는 필요한 수익의 크기를 크게 변화시키지 않는다.

현재지향성 사람들은 모두 미래를 현재에 대해 다소 할인하지만, 심리학자들은 미래의 일 또는 결과에 매우 큰 가중치를 부여하지 않는 사람들을 묘사하는 데 있어서 **현재지향적**(present-oriented)이란 용어를 사용한다. 식 (9.6)과 (9.7)로 설명하면, 현재지향적인 사람은 매우 높은 할인율(r)을 사용하는 사람이다.

현재가치법(present-value method)을 사용하여 투자수익을 계산한다고 가정하자. 만약 r이 크면, 대학교육과 관련된 편익의 현재가치는 r이 더 작을 때에 비해 더 작아질 것이다. 따라서 현재지향적인 사람은 덜 현재지향적인 사람보다 대학진학을 통해 더 작은 편익을 얻게 되며, 결국 보다 현재지향적인 사람들은 대학에 진학할 가능성이 더 작다. 대학교육의 수익성을 평가하기 위해 **내부수익률법**(internal rate of return method)을 사용하더라도 동일한 결과에 도달하게 된다. 만약 대학교육이 8%의 수익률을 제공하지만, 개개인들이 너무 현재지향적이어서 투자를 하기 위해서는 25%의 수익률을 필요로 한다면, 이들은 똑같이 진학하지 않기로 결정하게 된다.

현재지향적인 사람들이 미래지향적인 사람들보다 대학에 진학할 가능성이 낮다는 예측은 사람들이 투자에 대한 의사결정에 사용하는 할인율이 좀처럼 수량화 될 수 없기 때문에 구체화하기가 어렵다.[3] 그러나 모형은 교육에 대한 높은 투자성향을 가진 사람들이 또한 다른 미래지향적 행태도 보일 것이라는 것을 암시한다. 몇몇 의료관련 통계가 이러한 예측을 뒷받침하는 경향을 보이고 있다.

미국의 경우, 교육수준과 건강상태 사이에 강한 통계적 상관관계가 존재한다.[4] 학교교육을 더 많이 받은 사람들은 사망률이 낮고, 질병증상(고혈압, 높은 콜레스테롤 수준, 비정상적 X-레이 같은)을 보이지 않으며, 그 자신들을 좋은 건강상태를 유지하도록 하는 경향이 크다. 교육수준이 건강에 미치는 이러한 효과는 소득과 무관한데, 빈곤수준이 가장 낮은 경우를 제외하고는 소득은 건강상태에 아무런 효과를 미치지 못하는 것처럼 보인다. 교육수준과 건강의 이러한 상관관계는 교육을 많이 받은 사람들이 의료자원을 더 잘 사용한 결과일까? 그렇지 않은 것처럼 보인다. 교육을 많이 받은 사람들이 수술을 받게 될 때, 그들은 교육을 적게 받았지만 똑같은 소득을 가진 사람들과 마찬가지로 똑같은 의사를 선택하며, 질병의 똑같은 단계에서 병원에 입원하며, 그리고 똑같은 기간 동안 입원한다.

이 상관관계가 생길 **수 있도록** 하는 것은 교육을 많이 받은 사람들의 더 미래지향적인 태도이다. 낮은 시간할인율을 가진 사람들이 대학에 다닐 가능성이 더 크며, **또한** 미래지향적인 건강습관을 가질 가능성이 더 크다. 그들은 더 건강한 식사법을 선택할 것이며,

---

[3] 전역한 군인들이 여러 분리보수방안(separation-pay options) 중 하나를 선택하는 상황으로부터 개인의 할인율을 추론했던 한 연구는 석사학위를 소지한 장교들이 석사학위를 소지하지 않은 장교들보다, 그리고 대학교육을 받은 장교들이 (일반적으로 대학교육을 받지 못한) 사병들보다 각각 더 낮은 할인율을 갖고 있었다는 것을 밝혔다. John T. Warner and Saul Pleeter, "The Personal Discount Rate: Evidence from Military Downsizing Programs," *American Economic Review* 91 (March 2001): 33~53 참조.

[4] 교육수준과 건강상태 사이의 상관관계 분석은 Victor Fuchs, "The Economics of Health in a Post-Industrial Society," *Public Interest* (Summer 1979): 3~20에서 인용되었다. 더 최근의 연구는 David Cutler and Adriana Lleras-Muney, "Education and Health: Evaluating Theories and Evidence," National Bureau of Economic Research, Working Paper no. 12352 (Cambridge, Mass.: June 2006) 참조.

건강위험에 대해 더 많이 알 것이며, 예방의약품을 더 많이 사용할 수 있다. 교육수준과 건강 사이의 상관관계에 대한 이러한 설명이 유일하게 그럴듯한 설명은 아니지만, 흡연에 대한 미국의 데이터로부터 약간의 직접적인 지지를 받고 있다.[5] 1966년부터 1987년까지 남자 대학졸업자들 중 흡연자들의 비율은 50% 하락하였던 반면, 남자 고등학교중퇴자들 중 흡연자의 비율은 변하지 않았다. 교육을 덜 받은 그룹의 사람들이 흡연의 위험을 모르고 있었던 것 같지는 않다. 즉 그들은 먼 훗날의 편익을 위해 현재의 즐거움의 원천을 포기할 용의가 그리 많지 않았을 가능성이 크다. 따라서 교육에 투자하는 사람들은 또한 **다른** 미래지향적인 행태에도 관련이 된다는 적어도 몇 가지의 증거들을 갖게 된다. (언어가 문법적으로 미래의 사건을 취급하는 방식이 그 언어를 모국어로 하는 사람들의 투자행태에 영향을 미친다는 증거는 예문 9.2를 참조하라.)

연령 대학진학 시의 **연간**편익이 비슷하다면, 젊은 사람들은 앞으로 보다 긴 근로기간이 남아 있다는 단순한 이유 때문에 나이 든 근로자들에 비해 더 큰 **총**편익의 현재가치를 가진다. 식 (9.7)로 설명하면, T가 나이든 사람들에 비해 젊은 사람들의 경우 더 크다. 그러므로 젊은 사람들이 나이 든 사람들보다 대학교육 또는 다른 형태의 훈련활동을 받고자 하는 성향이 더 클 것이라고 기대하게 된다. 이 예측은 사용자들이 채용 또는 특수훈련에 대한 의사결정을 할 때 어느 근로자들에게 투자하기로 결정을 할 것인가에 대한 제5장에서의 예측과 비슷하다.

비용 모형의 세 번째 예측은 부담하는 비용이 적을 때 인적자본투자가 발생할 가능성이 더 크다는 점이다. 대학진학의 주요 화폐비용은 포기한 근로소득과 등록금, 책, 그리고 수수료를 포함하는 직접비용이다. (음식비용과 주거비용은 그 비용 중 일부가 어떤 경우에서든지 부담되어야 하기 때문에, 항상 대학진학의 기회비용이 되지는 않는다.) 따라서 만약 포기한 근로소득 또는 등록금비용이 감소하면 다른 조건이 동일할 때 대학등록자 수의 증가를 예상하게 된다.

그러나 잠재적 대학생들은 등록금, 책 그리고 수수료를 부담하는데 필요한 자금에 접근하는 데 각양각색이다. 일부는 이 자금의 전부 또는 일부를 다른 사람들의 관대함으로부터 얻는 (자신의 가족 또는 대학의 장학금) 반면, 다른 일부는 대출금을 얻거나 또는 근로를 통해 자금을 마련하는 비용을 스스로 부담해야만 한다. 달리 표현하면 **대학교육에 필요한 자금을 얻는데 얼마나 비용이 드는 지에 차이**가 크게 존재하는데, 경제학자들

[5] 예를 들어 수명이 더 긴 건강한 사람들은 자신들이 더 긴 회수기간을 경험하리라 기대하기 때문에, 인적자본에 투자할 가능성이 더 크다고 할 수 있다. 이와는 달리 대학졸업자들이 인생의 후반부에서 더 높은 소득을 번다는 것은 대학졸업자들이 비대학졸업자들에 비해 질병으로부터 잃게 되는 것이 더 많다는 것을 의미한다고 주장할 수도 있다. 흡연에 관한 데이터는 U.S. Department of Health and Human Services, Public Health Service, *Smoking Tobacco and Health*, DHHS publication no. (CDC)87~8397, October 1989, 5로부터 인용되었다. 흡연과 임금에 대한 연구는 Irina B. Grafova and Frank P. Stafford, "The Wage Effects of Personal Smoking History," *Industrial and Labor Relations Review* 62 (April 2009): 381~393을 참조하라.

예문 9.2

언어가 투자행태에 영향을 미칠 수 있을까?

언어들은 미래의 사건들을 표현하는 방법이 서로 다르다. 오늘의 날씨에 대해 이야기하는데 영어로 말하는 사람들은 "오늘 춥습니다."라고 말하지만, 내일의 날씨를 논의하는데 영어는 그들로 하여금 "내일은 추울 것입니다."라고 말하도록 요구한다. 그러나 독일어는 동일한 말이 "오늘 춥습니다."와 "내일 춥습니다."가 된다. 독일어가 미래로부터 현재를 강하게 분리할 것을 요구하지 않는다는 사실이 그를 모국어로 하는 사람들로 하여금 미래가 덜 멀다고 느끼도록 함으로써 그들로 하여금 의사결정을 하는데 있어 보다 미래지향적이 되도록 만들 수 있을까? 달리 표현하면 문법적으로 미래를 현재와 구별하지 않는 언어를 모국어로 하는 사람들은 강한 구분을 요구하는 언어로 이야기하면서 자란 사람들에 비해 더 낮은 시간할인율을 갖고 있나?

본문에서 서술한 바와 같이 사람들의 할인율을 수량화시키기는 어렵다. 그러나 만약 문법적으로 현재와 미래를 분리하지 하는 언어를 모국어로 하는 사람들이 더 낮은 할인율을 갖고 있다면, 그들이 영어 같이 미래와 현재의 강한 분리를 요구하는 언어를 모국어로 하는 사람들에 비해 이런저런 종류의 투자를 할 가능성이 더 크다는 것을 관찰할 수 있어야만 할 것이다. 흥미롭게도 한 연구는 현재와 미래가 문법적으로 분리되지 않는 문화에서는 사람들이 은퇴를 위한 저축과 자신들의 건강에 대한 투자(운동, 금연, 그리고 다이어트) 같은 미래지향적인 행태를 보일 가능성이 더 크다는 것을 밝혔다.

자료: M. Keith Chen, "The Effect of Language on Economic Behavior: Evidence from Savings Rates, Health Behaviors, and Retirement Assets," *American Economic Review* 103 (April 2013): 690~731.

은 그러한 자금을 얻는데 매우 많은 비용이 들거나 또는 자금을 얻기가 불가능한 사람들을 '신용제약자(credit-constrained)'라고 부른다. 보조금의 성격을 띠는 대학생들에 대한 낮은 이자율의 정부대출금과 공공자금이 투입되는 대학교들이 잠재적 대학생들이 직면하는 이러한 신용제약에 사회가 대처하여 왔던 두 주요한 방법이다. 많은 연구들은 (대출을 더 용이하게 또는 저렴하게 만듦으로써) 이러한 제약을 완화시키는 것이 대학진학자들을 증가시킨다는 것을 밝히고 있으며, 또한 제약을 완화시키기 위해 미국에서 취해졌던 공공정책이 대체로 성공적이었음을 확인하고 있다.[6)]

[6)] 앞서의 문헌을 참조하는 연구는 Katharine G. Abraham and Melissa A. Clark, "Financial Aid and Students' College Decisions: Evidence from the District of Colombia's Tuition Assistance Grant Program." *Journal of Human Resources* 41 (Summer 2006): 578~610을 참조하라. 신용제약을 직접 측정한 논문들에는 Stephen V. Cameron and Christopher Taber, "Estimation of Educational Borrowing Constraints Using Returns to Schooling," *Journal of Political Economy* 112 (February 2004): 132~183; and Pedro Carneiro and James J. Heckman, "The Evidence on Credit Constraints in Post-Secondary Schooling," *Economic Journal* 112 (October 2002): 705~734가 포함된다. 후자의 논문은 가족의 소득과 대학진학률이 정(+)의 상관관계를 갖는 이유를 분석하고 있는 바, 금융상의 신용제약이 자녀들이 자신들의 부모로부터 얻는 태도와 숙련도보다 이 관계를 설명하는데 훨씬 덜 중요하다고 결론을 내리고 있다.

대학진학에 비용이 든다는 사실은, 왜 나이가 든 사람들이 젊은 사람들에 비해 대학에 진학할 가능성이 더 적은가에 대한 또 하나의 이유가 된다. 나이가 들어감에 따라, 근로자들의 더 많은 경험과 성숙도는 더 높은 임금을 지급하는 결과를 가져오고, 따라서 대학진학의 기회비용은 더 커지게 된다. 흥미롭게도 예문 9.3이 제시하는 바와 같이, (전형적 대학생보다는 나이가 더 많은) 제대군인들의 대학진학은 그들이 이용할 자격이 있는 교육보조금에 민감하게 반응하여 나타나고 있다.[7)]

대학투자의 금융비용 이외에도 앞에서 언급하였던 **정신적** 비용이 존재한다. 이론에 따르면 대학이 요구하는 종류의 학습에 더 소질이 있는 학생들이, 학습이 더 힘들거나 유쾌하지 않은 사람들보다 대학에 진학할 가능성이 더 클 것으로 예상할 수 있다. 실제로 인적자본의 획득은 가족배경에 의해 엄청나게 영향을 받는다는 수많은 증거가 존재한다. 즉 고등학교와 그 이상에서 성공하는데 필요한 [정중함(attentiveness), 동기부여(motivation), 대처전략(coping strategies) 같은] **인지**기술(cognitive skills) 및 **행동**기술(behavioral skills) 모두에 영향을 미치는 부모의 투자와 가족환경에 의해 인적자본의 획득이 엄청나게 영향을 받는다는 것이다. 예를 들어 편부모 또는 저소득가계의 어린이들은 학교에서의 성공에 요구되는 인지기술(cognitive skills) **및** 사회정서(socila-emotional skills)기술이 거의 없이 유치원에 들어간다는 증거가 있다. 이러한 사실은 **유아기**(early childhood) 프로그램들이 이러한 기술들에 영향을 미침으로써 프로그램들의 대상이 되는 학생들의 학교교육에 있어서의 정신적 비용을 영구적으로 낮추는지, 그리고 어떻게 낮추는지에 대한 경제학자들의 관심을 증가시켰다.[8)]

경제학자들은 육아(parenting)의 효과를 넘어 '동료효과(peer effects)' 또한 학교에 재학하는 정신적 비용을 바꿀 수 있음을 인식하기 시작하였다. 만약 열심히 공부하여 좋은 성적을 얻음으로써 급우와의 상태가 향상된다면 공부하는 비용이 감소되는 반면, 만약 학술적 성취도에 의해 그 상태가 나빠진다면 정반대 상황이 발생한다.[9)]

요약하면 대학에 진학하는 비용을 사람에 따라 다르게 만드는 여러 요소들이 존재하는데, 이러한 요소들은 똑같은 일반적인 환경에 직면하는 개인들이 인적자본에 대한 투자에 관해 왜 상이한 의사결정을 하는가를 설명하는데 도움이 된다. 이제 인적자본투자

---

7) 또한 Joshua D. Augrist, "The Effect of Veterans' Benefits on Education and Earnings," *Industrial and Labor Relations Review* 46 (July 1993): 637~652 참조.

8) 이 주제에 대한 광범위한 문헌의 인용문들을 담은 비평논문은 Greg J. Duncan and Katherine Magnuson, "Investing in Preschool Programs," *Journal of Economic Perspectives* 27 (Spring 2013): 109~132; and Richard J. Murnane, "U.S. High School Graduation Rates: Patterns and Explanations," *Journal of Economic Literature* 51 (June 2013): 370~422를 참조하라.

9) Gordon C. Williams and David J. Zimmerman, "Peer Effects in Higher Education," in *College Choices: The Economics of Where to Go, When to Go, and How to Pay for It,* ed. Caroline M. Hoxby (Chicago: University of Chicago Press, 2004): 395~421; and David Austen-Smith and Roland G. Fryer Jr., "An Economic Analysis of 'Acting White'," *Quarterly Journal of Economics* 120 (May 2005): 551~583.

예문 9.3

제대군인원호법(G.I. Bill)이 제2차 세계대전에서 귀환한 참전용사들의 교육수준을 증가시켰는가?

제2차 세계대전의 군복무로부터 귀환한 제대군인들은 만약 자신들이 대학에 다니기로 선택을 한다면 제대군인원호법을 통해 유례가 없는 연방정부의 지원을 받을 자격을 갖게 되었었다. 제대군인원호법 하의 편익은 대학교육비용을 상당히 보조하였는데, 거의 모든 사립 및 공립대학교가 부과하는 수업료를 충당할 수 있었으며, 그 당시 미국 소득 중앙값(median)의 약 50%에서 70% 범위에 이르는 월 수당을 제공하였다. 전쟁이 끝난 후 많은 제대군인들이 대학에 등록하였으며, 대학의 총등록학생 수는 전쟁 이전의 수준으로부터 50% 넘게 급속히 증가하였었다. 220만 명을 넘는 제대군인들이 제대군인원호법 하에 대학에 진학하여, 제대군인원호법이 최고로 사용되었을 때에는 남자대학생 전체의 약 70%를 차지하였다. 이런 효과 때문에 상원의원 야보로(Ralph Yarborough)는 제2차 세계대전 제대군인원호법을 '미국 역사상 일찍이 시행되었던 가장 유익하고 원대한 프로그램 중의 하나'라고 이름 지었다.

제대군인원호법이 진정으로 큰 효과를 가졌을까, 아니면 어쨌든 대학에 진학하였을 귀환 제대군인들을 단지 보조하였을 뿐이었을까? 최근의 한 논문은 남자 제대군인들의 대학진학을 다른 점에서 비슷한 개인들과 비교함으로써 이 질문에 대한 답에 도움을 주고 있다. 이 논문은 고등학교졸업자들 중에서 제2차 세계대전의 제대군인들은 제대군인이 아닌 사람들에 비해 대학을 평균 약 0.3년 더 다녔으며, 6% 포인트 더 높은 대학졸업 비율을 가지고 있음을 밝히고 있다. 비슷한 추정치들이 전쟁에 참전하여 제대군인원호법의 보조금을 받을 자격이 있었던 사람들을 전쟁에 참전하기에는 너무 늦게 태어난 사람들과 비교할 때도 구해진 바 있었다.

이 연구의 결론은, 제대군인원호법의 보조금에 대한 제대군인들의 반응은 수업료 비용의 변화에 대한 오늘날 학생들의 반응과 매우 유사하였다는 것이다. 두 경우 모두 학생들의 대학진학 비용이 10% 감소할 때 대학진학과 대학졸업이 4% 또는 5% 증가하는 결과를 가져왔다.

데이터출처: John Bound and Sarah Turner, "Going to War and Going to College: Did G.I. Bill Increase Educational Attainment for Returning Veterans?" *Journal of Labor Economics* 20 (October 2002): 784~815; and Keith W. Olson, *The G.I. Bill, the Veterans, and the Colleges* (Lexington: University Press of Kentucky, 1974).

와 관련된 기대편익이라는 인적자본 의사결정에 영향을 미치는 다른 일련의 요인들로 관심을 돌리기로 하자.

근로소득격차 인적자본이론의 네 번째 예측은 교육에 대한 수요가 대학교육이 허용하는 생애**기대**근로소득 증가와 정(+)의 관계를 가진다는 것이다. 문제는 어떤 개인의 경우에

표 9.1

성별 대학진학률 및 대학/고등학교 졸업자들의 근로소득격차의 변화, 1970~2010년

연도	신규고등학교졸업자들의 대학진학률		고등학교졸업자들에 대한 대학졸업자들의 평균근로소득 비율, 전년도[a]의 연령이 25~34세인 경우	
	남자	여자	남자	여자
1970	55.2%	48.5%	1.38	1.42
1980	46.7	51.8	1.19	1.29
1990	58.0	62.2	1.48	1.59
2000	59.9	66.2	1.60	1.74
2010	62.8	74.0	1.59	1.66

[a]1년 내내 풀타임으로 일하는 근로자들의 경우. 처음 두 해의 데이터는 근로소득(earnings)이 아닌 개인소득(personal income)임. 그러나 소득과 근로소득에 대한 데이터를 모두 이용할 수 있는 연도의 경우, 근로소득과 개인소득의 비율은 본질적으로 동일함.

자료: U.S. Department of Education, *Digest of Education Statistics 2011* (June 2012), Table 209; U.S. Bureau of the Census, *Money Income of Families and Persons in the United States,* Current Population Reports P-60, no. 66 (Table 41), no. 129 (Table 53); U.S. Bureau of the Census, "Money Income in the United States: 1999," Detailed Person Income (P60 Package), Table PINC-04, at http://www.census.gov/hhes/www/cpstables/macro/032000/perinc/toc.htm; and U.S. Bureau of the Census, "Income Poverty and Health Insurance in the United States: 2009," Person Income, Table PINC-04, at http://www. census.gov/hhes/www/cpstables/032010/perinc/new04_000.htm.

도 기대편익은 꽤 불확실하다는 것이다.[10] 그러나 그 첫째 근사치로서, 최근 대학을 졸업한 사람들이 받은 **평균**수익이 학생들의 의사결정에 중요한 영향을 미친다고 추측하는 것은 합리적이다.

지난 30년에 걸친 대학교육에 대한 평균화폐수익에 있어서의 엄청난 변화는 크지는 않더라도 적어도 부분적으로 앞에서 주목한 대학등록률의 변화에 책임이 있다. 예를 들어 표 9.1의 첫째와 셋째 행으로부터 1970년대의 남자 등록률의 하락은 대학/고등학교 근로소득격차의 감소와 상관관계가 있었던 반면, 1980년 이후 더 높아진 등록률은 더 커진 근로소득격차와 관련되어 있었음을 알 수 있다.

표 9.1의 두 번째와 네 번째 행은 여성들의 등록률과 근로소득격차의 변화를 보여준

10) 근로소득격차와 교육에 대한 의사결정의 역사적 분석은 Claudia Goldin and Lawrence F. Katz, *The Race between Education and Technology* (Cambridge, Mass.: Belknap Press, 2008)을 참조하라. 불확실성을 미래근로소득의 예상궤적에 포함시킨 연구들은 Joseph G. Altonji, "The Demand for and Return to Education When Education Outcomes Are Uncertain," *Journal of Labor Economics* 10 (January 1993): 48~83을 참조하라. 급여에 대한 학생들 지식의 정확성에 관한 연구들은 Julian R. Betts, "What Do Students Know About Wages? Evidence from a Survey of Undergraduates," and Jeff Dominitz and Charles F. Manski, "Eliciting Student Expectations of the Returns to Schooling," both in *Journal of Human Resources* 31(Winter 1996): 1~56을 참조하라. 학교교육에 대한 수익의 지역적 변동에 관한 논문은 Dan Black, Natalia Kolesnikova, and Lowell Taylor, "Earnings Functions When Wages and Prices Vary by Location," *Journal of Labor Economics* 27 (January 2009): 21~48을 참조하라.

다. 남성들의 등록률과 달리, 여성들의 등록률은 40년에 걸쳐서 증가했다. 그러나 대학/고등학교 근로소득격차가 매우 급속히 증가하였던 1980년 이후 여성들의 등록률이 가장 많이 증가하였다는 것은 주목할 만하다. 여성들의 등록률이 근로소득격차가 하락하였던 1970년대에 왜 증가했을까? 감소된 근로소득격차에도 불구하고 여성들의 교육에 대한 기대수익은 (두 가지 사실 모두 근로소득격차를 받게 될 기간을 연장시키는) 여성들의 경제활동참가 의도와 가정 밖에서의 근로시간 증가 때문에 실제로 증가하였다는 설명이 꽤 그럴 듯하게 들린다.[11]

다른 투자와 마찬가지로 인적자본투자도 불확실성을 수반한다는 것을 인식하는 것이 중요하다. 개개인들이 대학졸업자와 고등학교졸업자 사이의 **평균**근로소득격차를 아는 것이 도움이 되기는 하지만, 개개인들은 학사학위를 필요로 하는 특정 분야에서 자기 **자신의** 성공확률을 또한 평가해야만 한다. 예를 들어 만약 대학교육의 평균수익이 증가하지만, 가장 성공적인 대학졸업자의 근로소득과 가장 덜 성공적인 대학졸업자의 근로소득 사이에 격차가 증가한다면, 자신이 후자의 그룹에 속할 가능성이 크다고 믿는 개인들은 대학교육에의 투자를 연기할 수 있다. 최근의 연구들은 심지어 부모의 소득 또는 교육수준의 효과들을 통제한 후에도, 개개인들의 인적자본에 대한 의사결정에 친구, 인종, 그리고 이웃관계가 중요함을 지적하고 있다. 이러한 동료효과(peer effects)가 앞에서 논의한 바와 같이 비용에 영향을 미침으로써 교육에 대한 의사결정에 영향을 미칠 수 있는 반면, 본보기(role models)가 존재한다는 것이 특정 영역에서의 미래의 성공가능성을 추정하는데 불가피하게 수반되는 불확실성을 감소시키는데 도움이 될 가능성도 또한 존재한다.[12]

대학재학자 수의 변화에 대한 시장의 반응

다른 시장가격과 마찬가지로 대학진학의 수익은 사용자 수요와 근로자 공급 모두의 요인에 의해 결정된다. 만약 그와 같은 투자에 대해 더 높은 수익이 나타날 때 더 많은 고등학교 학생들이 대학에 진학하기로 결정한다면, 미래에 이러한 수익률을 낮추는 경향이 있는 시장의 힘이 영향력을 발휘하게 된다. 대학졸업자 수의 증가는 다른 조건이 동일하다면 노동시장에서 관찰되는 이 졸업자들의 임금에 하락압력을 가하는 반면, 고등학교졸업자

[11] 자신들의 경제적 역할에 대해 '전통적인' 견해를 가진 여성들이 인적자본으로부터 더 낮은 수익률을 갖게 되며, 따라서 그 투자도 적게 한다는 증거는 Francis Vella, "Gender Roles and Human Capital Investment: The Relationship between Traditional Attitudes and Female Labour Market Performance," *Economica* 61 (May 1994): 191~211을 참조하라. 여성 대학진학의 역사적 추세에 대한 흥미로운 분석은 Claudia Goldin, Lawrence Katz, and Ilyana Kuziemko, "The Homecoming of American College Women: The Reversal of the College Gender Gap," *Journal of Economic Perspectives* 20 (Fall 2006): 133~156을 참조하라.

[12] 이 문장에서 논의된 문제들에 대한 논문들은 Kerwin Kofi Charles and Ming-Ching Luoh, "Gender Differences in Completed Schooling," *Review of Economics and Statistics* 85 (August 2003): 559~577; Ira N. Gang and Klaus F. Zimmermann, "Is Child Like Parent? Educational Attainment and Ethnic Origin," *Journal of Human Resources* 35 (Summer 2000): 550~569; and Eric Maurin and Sandra McNally, "Vive la Révolution! Long-Term Educational Returns of 1968 to the Angry Students," *Journal of Labor Economics* (January 2008): 1~33을 참조하라.

수의 감소는 교육수준이 낮은 근로자들의 시장임금을 증가시키는 경향이 있을 것이다.

따라서 대학교육에 투자하는 데 있어서의 기대보수에 대한 불확실성을 증가시키는 것은 현재수익이 미래수익의 믿을 수 없는 추정치일지 모른다는 사실이다. 현재의 높은 수익은 개인으로 하여금 대학에 진학하려는 동기를 부여할 수 있지만, 이는 또한 많은 **다른 사람들**로 하여금 똑같이 행동하도록 할 것이다. 4년 후 대학졸업자들의 유입은 그때의 수익에 하락압력을 가할 수 있으며, 이는 심지어 인적자본투자까지를 포함하는 모든 투자의 경우 비용은 현재 지출되고 불확실한 수익은 미래에 발생한다는 사실을 상기시켜 준다. (근로자들이 현재 관찰되는 수익이 마치 미래까지 지속될 것처럼 행동할 때, 노동시장이 어떻게 반응하는지에 대한 분석은 부록 9A를 참조하라.)

교육, 근로소득, 그리고 학교교육 이후의 인적자본투자

앞 절에서는 풀타임으로 공식교육프로그램(대학)에 참가하는 의사결정을 분석하기 위해 인적자본이론을 사용하였다. 이제는 근로자들의 일을 하며 훈련을 받기 위한 의사결정에 대한 분석에 관심을 돌리기로 한다. 경제학자들이 현장실무훈련의 존재를 직접 관찰하기는 어렵다. 즉 이러한 훈련의 대부분은 비공식적 성격을 띠게 되어 공개적으로 기록되지 않는다. 그러나 이러한 형태의 훈련에 대한 근로자들의 수요를 유추하기 위해서 인적자본이론과 근로자들 생애근로소득의 어떤 유형을 사용할 수 있다.

그림 9.3과 9.4는 교육수준이 상이한 여러 연령의 남성들과 여성들의 2011년 근로소득을 그래프로 보여준다. 이 그래프들은 네 가지 주목할 만한 특성들을 나타낸다.

1. 풀타임근로자들의 평균근로소득은 교육수준과 함께 증가한다.
2. 근로소득의 가장 급속한 증가는 초기에 발생하며, 이는 남성들과 여성들 모두의 연령/근로소득곡선(age/earnings profile)을 오목한 형태가 되게 한다.
3. 연령/근로소득곡선들은 부채가 펼쳐지는 형태를 보이는 경향이 있어, 근로자들의 생애후반에 나타나는 교육관련 근로소득의 차이는 전반부에 비해 더 크다.
4. 남성들의 연령/근로소득곡선들은 여성들의 곡선들보다 더 오목하고, 더욱 부채가 펼쳐지는 형태를 보이는 경향이 있다.

인적자본이론이 위의 실증적 규칙성을 설명하는 데 도움이 될 수 있는가?

평균근로소득과 교육수준

교육**투자**에 대한 선택을 설명하는 모형은 근로소득이 교육수준에 따라 증가한다는 것을 알려주는데, 이는 만약 교육수준에 따라 근로소득이 증가하지 않는다면, 학생들이 교육에 더 많은 투자를 할 인센티브들이 없어지게 되기 때문이다. 따라서 그림 9.3과 그림 9.4에서 교육을 더 많이 받은 근로자들의 평균근로소득이 교육을 더 적게 받은 근로자들의 평균근로소득을 초과하는 것을 보게 되는 것은 크게 놀랄 일이 아니다.

그림 9.3

풀타임으로 일 년 내내 일하는 남성근로자들의 화폐근로소득(평균), 2011년

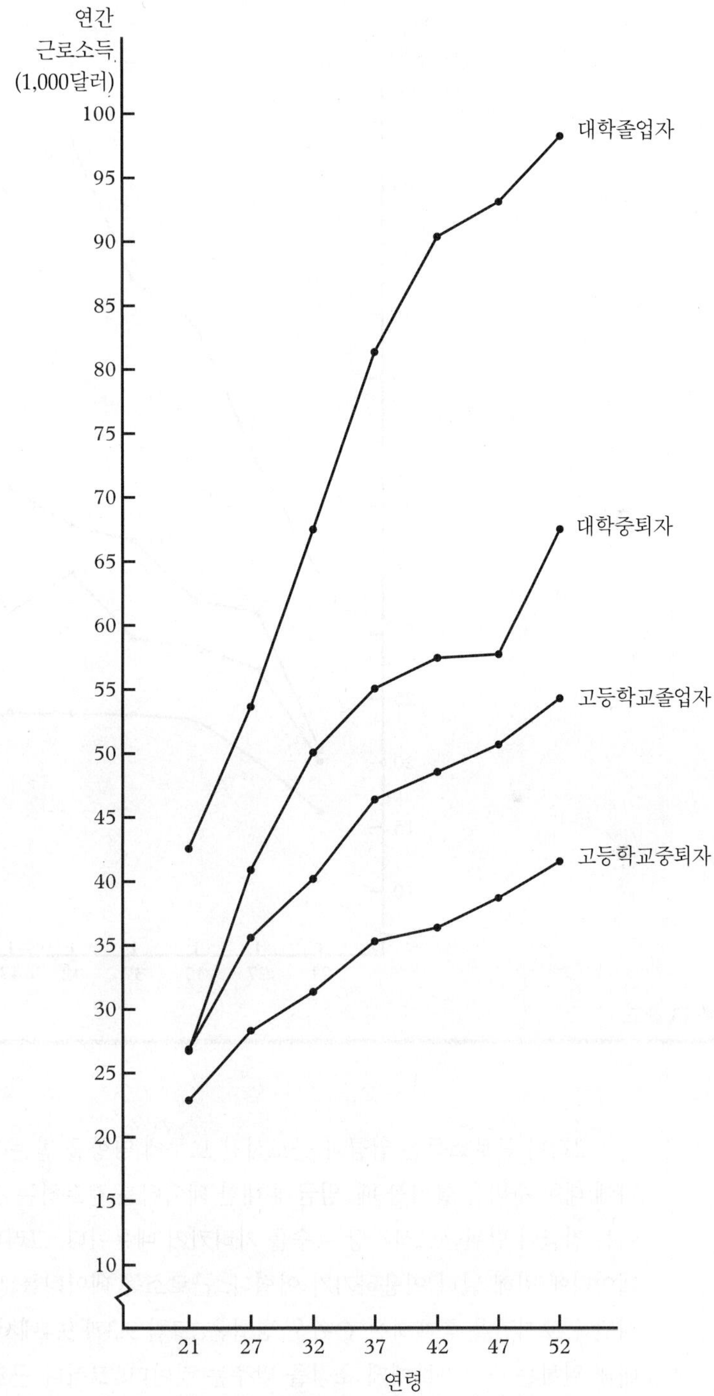

자료: 각주 13 참조.

그림 9.4

풀타임으로 일 년 내내 일하는 여성근로자들의 화폐근로소득(평균), 2011년

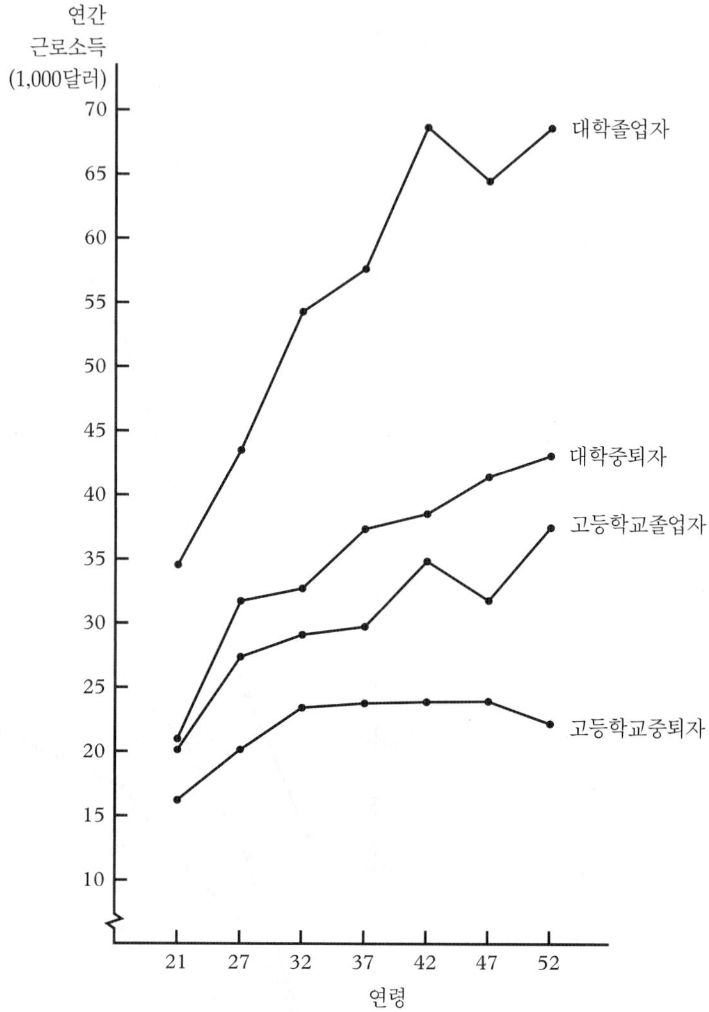

자료: 각주 13 참조.

그러나 **근로소득**은 임금과 근로시간 모두에 영향을 받는다는 것을 기억하라. 교육투자에 대한 수익을 살펴볼 때, **임금**에 대한 데이터를 검토하는 것이 아마도 가장 적절한데, 이는 임금이 단위근로시간당 보수를 가리키기 때문이다. 그러나 임금 데이터는 근로소득 데이터에 비해 널리 이용하기가 어렵다. 근로소득 데이터를 사용할 때 개략적이기는 하지만 근로시간을 통제하는 손쉬운 방법은, 그림 9.3과 9.4에서와 같이 풀타임으로 일 년 내내 일하는 근로자들에게 초점을 맞추는 것이다. 그러나 근로시간 및 임금을 증가시킬 수 있는 교육 이외의 요인들을 통제하는 보다 정교한 통계분석들도 그림 9.3과 9.4에 의해 제시되는 동일한 결론에 도달하게 된다. 즉 교육을 더 많이 받는 것이 더 높은 보수와 관련이 있다는 것이다.

현장실무훈련과 연령/근로소득곡선의 오목성

그림 9.3과 9.4의 연령/근로소득곡선은 전형적으로 처음에는 가파르게 증가하다가, 그 뒤 편평해지는 경향을 보인다.[13] 제10장과 11장에서는 나이가 듦에 따라 근로소득이 왜 이런 방식으로 증가하는가에 대한 다른 잠재적인 설명들을 살펴볼 것이지만, 인적자본이론은 **현장실무훈련**(on-the-job-training)의 개념을 이용하여 이 곡선들의 오목성(concavity)을 설명한다.[14]

연령증가에 따른 훈련의 감소 일자리에서의 훈련은 (실습에 따라 기술이 향상되는) 경험학습(learning by doing), 작업장 또는 작업장 이외에서의 공식훈련프로그램들을 통해 또는 더 경험이 많은 근로자의 지도하에서의 비공식적인 작업에 의해 발생할 수 있다. 모든 형태의 일자리에서의 훈련은 학습과정 중 훈련을 받는 근로자들의 생산성 하락을 수반하며, 공식훈련과 비공식훈련 모두 훈련을 담당하는 또는 조언자의 역할을 하는 사람들의 시간사용에 대한 언질을 또한 필요로 한다. 훈련비용은 특수훈련의 경우 근로자들과 사용자가 같이 분담하거나 또는 (일반훈련의 경우처럼) 근로자가 대부분을 부담한다.

근로자들의 관점에서 보면, 훈련은 학습기간 동안 임금을 낮추지만, 후일 생산성향상과 함께 임금을 상승시킨다. 따라서 훈련투자를 필요로 하는 일자리를 선택하는 근로자들은 후일의 더 높은 임금을 위해 단기적으로는 낮은 임금을 받아들일 용의가 있게 된다. 다른 인적자본투자와 마찬가지로 투자 후의 기간이 더 길 때 수익은 일반적으로 더 커지며, 따라서 현장실무훈련에 대한 근로자들의 투자는 젊은 나이에 가장 크며 근로자들이 나이를 먹음에 따라 점점 작아질 것으로 기대된다.

그림 9.5는 인적자본이론이 현장실무훈련에 적용될 때, 생애주기에서 갖게 되는 시사점들을 그래프로 보여준다. 그림에 나타난 개인은 풀타임 학교교육을 마쳤으며, A_0의 연령에 E_s 만큼을 벌 수 있다. 훈련이 더 이상 이루어지지 않을 때, 만약 근로자가 보유하고 있는 지식과 기술이 시간이 흐름에 따라 감가상각이 되지 않는다면, 근로소득은 생애

---

13) 이 그림들의 데이터는 U.S. Bureau of the Census, Web site: http://www.census.gov/hhes/www/cpstables/032012/perinc/pinc04_000.htm에서 인용되었다. 이 데이터는 일정 연도의 평균근로소득을 연령 및 교육과 연결시키며, 개인들을 시간이 흐름에 따라 추적하고 있지는 않다. **개개인들**에 대한 시계열-횡단면(longitudinal) 데이터를 사용한 논문은 Richard W. Johnson and David Neumark, "Wage Declines and Older Men," *Review of Economics and Statistics* 78 (November 1996): 740~748을 참조하라. 시간이 흐름에 따라 **동시출생한**(cohorts) 개개인들을 추적한 논문은 David Card and Thomas Lemieux, "Can Falling Supply Explain the Rising Return to College for Younger Men? A Cohort-Based Approach," *Quarterly Journal of Economics* 116 (May 2001): 705~746을 참조하라.

14) 연령/근로소득곡선의 상승에 대한 인적자본 설명의 상대적 중요성에 대한 논의들은 Ann P. Bartel, "Training, Wage Growth, and Job Performance: Evidence from a Company Database," *Journal of Labor Economics* 13 (July 1995): 401~425; Charles Brown, "Empirical Evidence on Private Training," in *Research in Labor Economics*, vol. 11, eds, Lauri J. Bassi and David L. Crawford (Greenwich, Conn.: JAI Press, 1990), 97~114; and Jacob Mincer, "The Production of Human Capital and the Life Cycle of Earnings: Variations on a Theme," *Journal of Labor Economics* 15, no. 1, pt. 2 (January 1997): S26~S47을 참조하라.

그림 9.5

생애주기 동안의 현장실무 훈련에 대한 투자

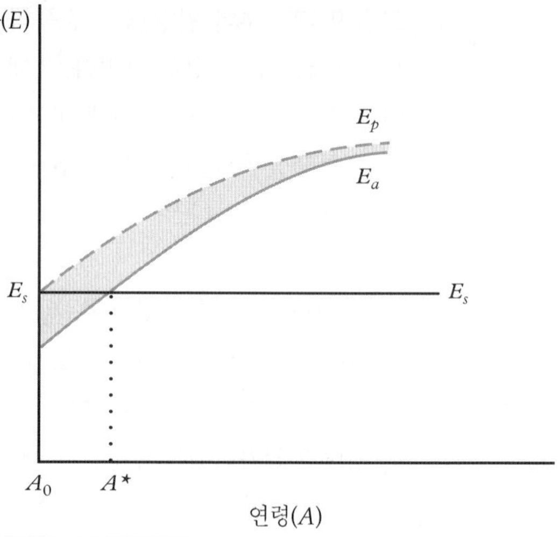

주기에 걸쳐 E_s를 유지하게 된다. 만약 근로자가 현장실무훈련에의 투자를 선택한다면, 근로자의 잠재적 미래근로소득은 그림의 (점선으로 표시된) E_p곡선이 보여 주는 바와 같이 향상될 수 있다. 그러나 현장실무훈련에 대한 투자는 가까운 기간 동안 실제근로소득이 잠재적 수준보다 낮게 되는 결과를 초래한다. 따라서 그림 9.5로 설명하면, 실제근로소득(E_a)은 근로자가 투자하는 동안 E_p보다 낮은 수준에 놓여 있다. 실제로, E_p와 E_a 사이의 차이는 근로자의 투자비용이다.

그림 9.5는 앞에서 주목한 인적자본투자가 연령이 증가함에 따라 감소한다는 이론적 시사점을 반영하여 그려졌다. 해가 지남에 따라 실제근로소득은 잠재근로소득에 가까워진다. 더욱이 근로자들은 나이를 먹음에 따라 인적자본에 투자할 용의가 적어지기 때문에, 잠재근로소득의 연간**증가**는 점점 적어진다. 따라서 곡선 E_p는 E_s보다 높은 수준에서 급속히 증가하다가 생애주기의 후반부에는 완만해지는 오목한(concave) 형태를 갖게 된다. (그림 9.3과 9.4에서 관찰 한) 곡선 E_a도 똑같은 이유로 오목한 형태를 취한다.[15)]

15) 현장실무훈련에 투자한 사람들의 경우, 실제근로소득은 E_s보다 낮은 수준에서 시작하여 A^* 가까운 연령에서 E_s에 접근하며, 그 후 E_s보다 높은 수준으로 계속 증가한다. 연령 A^*는 **추월연령**(overtaking wage)이라고 불리는데, 동일한 학교교육수준을 가진 근로자들이 현장실무훈련에 투자하였는가와 상관없이 똑같은 근로소득을 갖게 되는 것이 바로 이 연령이다. 추월연령의 개념은 흥미로운 실증적 시사점들을 갖고 있다.

근로자들의 교육수준은 관찰할 수 있지만 근로자들의 E_p 또는 근로자들이 현장실무훈련에 사용한 시간은 관찰할 수 없다. 따라서 개인들 사이의 근로소득차이를 분석하기 위한 통계적 방법을 사용할 때, 근로소득과 교육수준 사이의 상관관계는 $E_a=E_s$인 연령 A^*에서 가장 강력할 것이다. 왜 그럴까? 학교교육과 근로소득 사이의 상관관계는, 측정할 수 없는 따라서 통계적으로 통제할 수 없는 현장실무훈련이 존재한다는 사실에 의해 A^* 전과 후 모두에서 약해진다. 흥미롭게도 교육수준과 근로소득 수준은 노동시장에 진입한 이후 약 10년경에 매우 강한 상관관계를 갖는다는 사실이 밝혀진 바 있다. 이러한 발견은 직무훈련에 기초한 연령/근로소득 곡선에 대한 인적자본론적 설명을 지지하고 있다. 근로소득이 임금에 미치는 효과를 추정하는데 관한 영향력이 큰 연구는 Jacob Mincer, *Schooling, Experience, and Earnings* (New York: Columbia University Press for National Bureau of Economic Research, 1974)를 참조하라.

부채가 펼쳐진 형태의 연령/근로소득곡선

상이한 교육배경을 가진 근로자들의 근로소득 차이는, 근로자들의 나이가 들어감에 따라 보다 뚜렷해지는 경향이 있다. 이 현상도 역시 인적자본이론이 예측하는 것과 일관성을 갖는다.

인적자본투자는 예상근로소득격차가 더 클 때, 최초의 투자비용이 더 적을 때, 그리고 투자자가 수익을 회수할 더 긴 시간을 갖거나 또는 더 낮은 할인율을 갖고 있을 때 이루어질 가능성이 더 커지는 경향이 있다. 더 빨리 배울 수 있는 능력을 가진 사람들에게도 동일한 논리가 적용될 수 있다. 빨리 배울 수 있는 능력은 훈련기간을 단축시키며, 또한 빨리 배우는 사람들은 훈련 중에 아마도 더 적은 정신적 비용(더 낮은 수준의 좌절)을 경험한다.

따라서 빨리 배울 수 있는 능력을 가진 사람들은 훈련기회들을 찾고자 할, 그리고 사용자들에 의해 훈련기회를 부여받을 가능성이 가장 큰 사람들이다. 그렇다면 이렇게 빨리 배울 수 있는 사람들은 누구인가? 그들은 자신들의 능력 때문에 공식학교교육으로부터의 편익을 가장 잘 회수할 가능성이 가장 큰 사람들이다! 따라서 인적자본이론은 학교교육에 더 많이 투자한 근로자들이 또한 학교교육 이후의 직무훈련에도 더 많이 투자할 것이라고 기대하도록 한다.[16)]

교육을 더 많이 받은 근로자들이 직무훈련에 더 많이 투자하는 경향은, 왜 그들의 연령/근로소득곡선들이 낮은 수준에서 시작하여, 빨리 증가하고, 교육을 더 적게 받은 사람들의 곡선들이 수평이 된 이후에도 계속 증가하는가를 설명한다. 그들이 직무훈련에 더 큰 투자를 하기 때문에, 그들의 근로소득은 더 빨리 증가할 뿐만 아니라 더 오랜 기간 동안 증가한다. 다시 말해서, 빨리 배우는 능력을 가진 사람들은 더 많은 학습이 요구되며 따라서 자신들의 능력을 가장 큰 장점으로 삼을 수 있는 고임금일자리를 궁극적으로 고른다.

여성들의 인적자본 획득

그림 9.3과 9.4를 비교하면, 풀타임으로 1년 내내 일하는 여성들의 근로소득이 동일한 연령 및 교육수준의 남성들에 비해 더 적으며, 연령이 증가함에 따라 동일한 교육수준을 가진 그룹 내에서도 여성들의 근로소득이 덜 가파르게 증가함을 즉각적으로 알 수 있다. 이 절의 목적은 인적자본이론으로 이 차이를 분석하는 것이다(남성/여성 임금격차에 대한 더 완전한 분석은 제12장에 제시된다).

남성들과 여성들의 인적자본 투자인센티브에 있어서의 주요 차이점은 역사적으로 볼 때 인적자본투자비용이 회수될 수 있는 생애근로기간의 길이에서 발견된다. 제6장과 7장은 여성들의 보수를 위한 근로가 최근 수십 년 동안 얼마나 빨리 증가하였는가를 분명히 보여주었는데, 이러한 사실은 여성들의 인적자본투자를 더 유리하도록 만들었음이

---

16) 현장실무훈련이 교육수준 및 능력 모두와 정(+)의 상관관계를 갖고 있음을 보여주는 연구들은 Joseph G. Altonji and James R. Spletzer, "Worker Characteristics, Job Characteristics, and the Receipt of On-the-Job Training," *Industrial and Labor Relations Review* 45 (October 1991): 58~79; and Joseph Hight, "Younger Worker Participation in Post-School Education and Training," *Monthly Labor Review* 121 (June 1998): 14~21을 참조하라.

표 9.2

미국의 성별 경제활동참가율, 파트타임 고용상태, 그리고 근로시간 (2012년)

	여성	남성
경제활동참가율, 16세 이상	57.7%	70.2%
풀타임으로 일한 취업자 비율	68.0%	81.0%
직종별 풀타임 근로자의 평균주간근로시간:		
경영직, 사무 및 경리(management, business and financial)	42.7시간	44.7시간
전문직(professional specialty)	40.9시간	42.3시간
관공서/행정지원(office/administrative support)	39.9시간	40.3시간
판매직(sales)	41.0시간	43.2시간
설치 및 보수(installation and repair)	40.7시간	42.8시간

자료: U.S. Bureau of Labor Statistics, Web site: Labor Force Statistics from the Current Population survey: http://www.bls.gov/cps/cpsaat02.htm, Table 2; U.S. Bureau of Labor Statistics, *Labor Force Statistics from the Current Population Survey,* Table 23, at http://www.bls.gov/cps/cpsaat23.htm.

틀림없다. 그럼에도 불구하고 평균적으로 여성들은 남성들에 비해 경제활동인구에 남아 있을 가능성이 더 적으며, 만약 고용되더라도 풀타임으로 일할 가능성이 더 적다는 것을 표 9.2는 보여주고 있다. 더욱이 풀타임으로 고용된 여성들은 보여지는 각 직종에서 남성들에 비해 평균적으로 더 적은 주간근로시간을 갖고 있다.

남성들에 비해 여성들의 예상 생애근로기간이 더 짧다는 사실은, 역사적으로 볼 때 자녀육아와 가계생산에서 여성들이 담당하였던 역할에 의해 주로 나타나게 되었다. 이 전통적 역할은 상당한 변화를 겪고 있기는 하지만, 많은 여성들을 자신들의 자녀육아 기간 동안 노동시장으로부터 이탈하도록 하였다. 따라서 여성근로자들은 자신들과 비슷한 수준의 남성근로자들이 축적하는 경험의 연속성을 종종 가질 수 없었다. 만약 이 역사적인 경험이 인적자본에 관한 중요한 의사결정을 하는 젊은 여성들로 하여금 그들 자신의 경제활동참가에 불연속성을 기대하도록 만든다면, 젊은 여성들은 자신들이 노동시장으로부터 이탈한 기간 동안 그 기술이 감가상각하는 직종들 또는 연구영역을 회피할 지도 모른다는 것은 이해할 수 있는 일이다.[17] 더욱이 역사적 경험이 사용자들로 하여금 현장

[17] 자녀출생으로 자신의 경제활동참가가 일시적으로 중단된 여성들이 직면하는 임금손실에 관한 논의는 Shelly Lundberg and Elaina Rose, "Parenthood and the Earnings of Married Men and Women," *Labour Economics* 7 (November 2000): 689~710; and Jane Waldfogel, "Understanding the 'Family Gap' in Pay for Women with Children," *Journal of Economic Perspectives* 12 (Winter 1998): 137~156을 참조하라. 베트남전쟁 기간 동안 군대에 강제로 징집됨으로써 자신들의 커리어로부터 비자발적으로 이탈되었던 남성들도 또한 손실로 고통 받은 바 있다. Joshua D. Angrist, Stacy H. Chen, and Jae Song, "Long-term Consequences of Vietnam-Era Conscription: New Estimates Using Social Security Data," *American Economic Review: Papers and Proceedings* 101 (May 2011): 334~338 참조. 경제활동참가의 중단이 남성과 여성의 임금에 미친 효과를 비교한 연구에는 Christy Spivey, "Time Off at What Price? The Effects of Career Interruptions on Earnings," *Industrial and Labor Relations Review* 59 (October 2005): 119~140이 있다.

실무훈련이 많이 요구되는 일자리에 여성들을 채용하기를 회피하도록 할 수 있는데, 이러한 관행은 그 자체가 여성들이 인적자본투자로부터 기대할 수 있는 수익을 감소시킬 것이다. 그러나 인적자본이론은 **또한** 여성, 특히 자녀를 양육하는 연령의 기혼여성들 경제활동참가의 최근 변화가 여성들의 직무훈련 및 공식학교교육 모두의 획득에 극적인 변화를 야기 시키고 있음을 예측하고 있다. 이제 이 두 영역의 최근 변화를 논의하기로 하자.

여성들과 직무훈련 비록 그 갭이 아마도 줄어들고 있긴 하지만, 여성들은 남성들보다 현장실무훈련을 적게 받는 것처럼 보인다. 사용자가 제공하는 훈련에 대한 한 설문조사는 1995년의 6개월 동안 여성들은 41.5시간의 공식 및 비공식훈련을 받았던 반면, 남성들은 47.6시간의 훈련을 받았으며, 그 차이는 주로 비공식훈련 분야이었다는 것을 밝힌 바 있다.[18] 현장실무훈련이 연령/근로소득곡선들을 오목하게 만드는 한, 여성들의 편평한 연령/근로소득곡선들에 대한 설명은 그들이 받는 현장실무훈련이 낮은 수준이라는 데에 근거를 둘 수 있다.

여성들의 편평한 연령/근로소득곡선들에 대한 이러한 인적자본이론의 설명은 낮은 수준의 직무훈련이 시장의 사용자 또는 근로자 측면으로부터 비롯되는지를 직접적으로 언급하지는 않지만, 두 가지 가능성이 이론적으로 모두 가능하다. 만약 사용자들이 여성근로자들이 일생 동안 더 짧은 근로기간을 가질 것이라 예상한다면, 그들은 여성근로자들에게 훈련을 제공하려 하지 않을 것이다. 이와는 달리 만약 여성 자신들이 더 짧은 생애근로기간을 예상한다면, 그들은 높은 수준의 훈련을 요구하는 일자리를 찾으려 하지 않을 것이다. 마지막으로 만약 여성들이 사용자들이 상당한 양의 훈련 또는 경험을 요구하는 직종들에 자신들을 배치하지 않을 것으로 예상한다면, 이 직종들에 진입하려는 인센티브는 감소될 것이다.[19]

인적자본이론은 자녀육아에 있어서의 여성들의 전통적인 역할이 훈련투자에 대한 인센티브를 감소시킬 것이라고 예측하는 반면, 또한 이 이론은 이 역할이 변함에 따라 훈련을 받으려는 여성들의 인센티브가 변할 것임을 제시한다. 따라서 과거 수십 년 동안에 걸쳐서 여성들의 연령/근로소득곡선들이 더 오목해진 것이 관찰되리라 기대되어야만 하며, 그림 9.6은 이 예상이 일반적으로 지지되고 있음을 보여준다.

그림 9.6의 짙은 선들은 그림 9.4에 그려졌던 대학졸업자들과 고등학교졸업자들의 2011년 곡선들이다. 엷은 선들은 이와 비교할 만한 [소비자물가지수를 사용하여 2011년 불변가격(달러)으로 조정된] 1977년의 곡선을 가리킨다. 시각적으로 비교하면 여성들의 경우, 고등학교졸업자들과 대학졸업자들 모두, 특히 대학졸업자들의 연령/근로소득곡선

[18] H. Frazis, M. Gittleman, M. Horrigan, and M. Joyce, "Results from the 1995 Survey of Employer-Provided Training," *Monthly Labor Review* 121 (June 1998): 3~13.

[19] 여성들의 보수에 대한 기대와 이로 인한 결과에 관한 논문은 Peter F. Orazem, James D. Werbel, and James C. McElroy, "Market Expectations, Job Search, and Gender Differences in Starting Pay," *Journal of Labor Research* 24 (Spring 2003): 307~321을 참조하라.

그림 9.6

여성 연령/근로소득곡선들의 오목성 증가

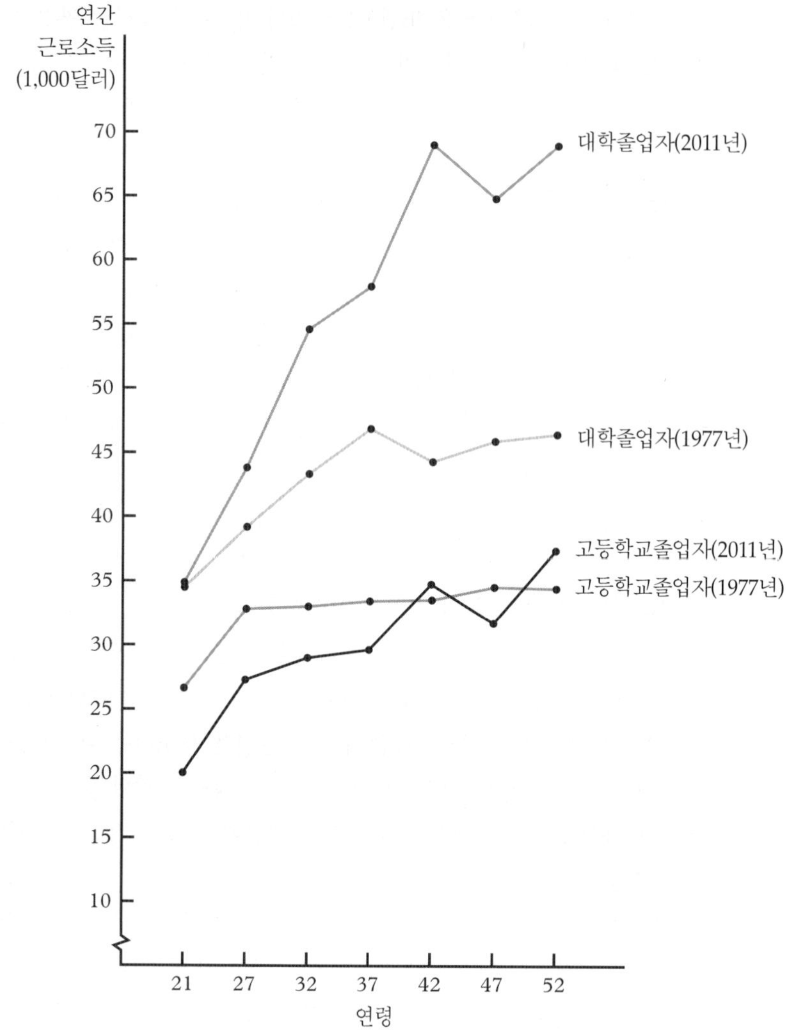

이 20대와 30대에 보다 가파르게 되었음을 알 수 있다. 여성들의 근로소득이 그들의 생애 근로 초기단계에 이렇게 빨리 증가한 사실은 여성들이 20년 전에 비해 더 많은 현장실무 훈련을 받고 있는지도 모른다는 것을 암시하고 있다.

여성들과 공식학교교육 표 9.1이 보여 주는 바와 같이, 최근 들어 여성들의 공식교육수준에 극적인 변화가 있었다. 여성들의 전공분야 역시 상당히 변했다. 이러한 변화들은 의심할 바 없이 여성들이 경제활동인구에 속해 있는 기간과 예상생애근로기간이 증가함으로부터 비롯되는 인적자본투자에 대한 수익증가를 반영한다. 표 9.3은 이 변화 중의 일부 크기를 개략적으로 보여준다.

표 9.3

학위 및 전공별 대학 및 대학교 졸업자 중의 여성비율(1971년 및 2010년)

여성비율	학사학위		석사학위	
	1971	2010	1971	2010
총계	43.4%	57.2%	40.1%	60.3%
경영학전공	9.1	49.0	3.9	45.6
컴퓨터공학전공	13.6	18.1	10.3	27.5
교육학전공	74.5	79.5	56.2	77.3
공학전공	0.8	18.3	1.1	22.4
영어전공	66.7	68.0	61.0	67.3
보건전문직	77.1	85.1	55.9	81.4
전문직 1차학위[a]			6.3	49.7

[a]이 범위에는 주로 법, 의학, 그리고 치의학 학위가 속함.

자료: U.S. National Center for Education Statistics, *Digest of Education Statistics* 1993 (1993), Tables 235, 269, 271~273, 275, 278; *Digest of Education Statistics 2011* (2012), Tables 290, 311.

전통적으로 남성들에 비해 대학을 졸업할 가능성이 적었던 여성들이 이제는 학사학위와 석사학위 졸업자들의 거의 60%를 차지하고 있다. 여성들의 전공분야에도 놀랄만한 변화가 있었는데, 여성들이 10% 미만을 차지하였다가 전공들이 모두 45% 또는 그 이상을 차지하게 된 경영학(석사와 학사), 법학, 그리고 의학 분야가 가장 주목할 만하다. 컴퓨터공학과 공학 분야는 아직 적절한 비중을 차지하지 못하고 있긴 하지만, 여성들은 이들 분야에서도 괄목할 만한 증가를 기록하고 있다.[20] 표 9.3의 데이터가 제시하는 바는 여성들의 예상경제활동기간이 너무 빨리 증가해서 학사 및 석사학위에 투자하는 것이 지난 40년 동안 보다 매력적이 되었다는 것이다.

표 9.3으로부터 미국에서는 적어도 여성들이 남성들에 비해 이제는 대학학위에 투자할 가능성이 **더** 크다는 것이 명백하다. 대학학위에 투자하는 여성들의 비율 증가는 그들의 경제활동참가가 길어진 것과 분명히 관련이 있을 수 있다(제6장에서 분석됨). 그러나 이러한 여성들의 경제활동참가는 평균적으로 남성에 비해 여전히 낮은 수준이며, 따라서 경제활동참가 그 자체가 왜 여성이 남성에 비해 대학에 진학할 가능성이 그렇게 큰지를 설명할 수 없다.

왜 여성들이 학교교육에 더 많이 투자하는지에 대한 한 가지 잠재적인 설명은 대학과 관련된 근로소득 프리미엄에 있어서의 성별차이와 관련이 있을지도 모른다. 즉 표 9.1

[20] 그러나 대학전공의 성별변화를 달리 측정한 한 연구는 경영학전공자들을 제외하고는 1970년대 이래 변화가 크지 않았다고 결론을 내린 바 있다. Sarah E. Turner and William G. Bowen, "Choice of Major: The Changing (Unchanging) Gender Gap," *Industrial and Labor Relations Review* 52 (January 1999): 289~313 참조.

로부터 알 수 있는 바와 같이 고등학교졸업자에 대한 대학졸업자의 근로소득 비율이 남성에 비해 여성이 더 크다는 것이다. 그러나 또 다른 잠재적인 설명은 학교교육의 **정신적 비용**이 남성에 비해 여성이 더 작다는 것이다. 예를 들어 부분적으로 소녀들이 소년들에 비해 숙제를 하는데 더 많은 시간을 쓰기 때문에 지난 세기에 소녀들의 중·고등학교(secondary-school) 성적은 소년들의 성적들을 능가했다고 주장되어 왔다.[21)]

교육은 훌륭한 투자인가?

교육을 더 받는 것이 훌륭한 투자인가에 대한 질문은 개인과 정부의 정책입안자 모두의 관심을 끄는 질문이다. 개인들은 "추가교육의 비용을 정당화할 수 있을 만큼 충분한 화폐 및 정신적 소득을 내가 증가시킬 수 있을까?"라고 물을 것이다. 정부는 생산성향상의 사회적 예상편익이 사회의 보다 많은 자원을 교육부문에 투자할 때의 기회비용을 능가하는가를 결정해야만 한다. 앞에서 이러한 질문들은 (그 설명이 예문 9.4에 실려 있는) **현재가치법**(present-value method) 또는 **내부수익률법**(internal rate of return method)을 사용하여 대답될 수 있음을 지적한 바 있다. 후자의 방법이 다음의 여러 소절에서 주로 사용되고 있다.

교육이 개인들을 위한 훌륭한 투자인가?

대학교육에 투자하려 하는 개인들은 전형적으로 매년 적어도 25,000달러의 총화폐비용을 그 자신들이 부담하기로 약속하는 셈이다. 전형적인 학생의 경우 이러한 투자가 그 대가를 지불한다는 증거가 있는가? 여러 연구들이 교육투자의 내부수익률을 계산함으로써 이 질문에 대답하려 시도하였다. 사용된 방법과 데이터가 차이가 나기는 하지만, 이 연구들은 보통 그림 9.3과 9.4에 보인 것 같은 연령/근로소득곡선들로부터 각 연령의 근로소득격차를 계산함으로써 편익을 추정한다. 더 높은 임금과 더 안정적인 일자리가 모두 높은 교육수준에 대한 보수이기 때문에 **근로소득**이 편익을 측정하기 위해 보통 사용된다. (뒤에 논의된 추정된 수익률은 오로지 교육에 대한 화폐수익과 관련되지만, 최근의 많은 연구들은 더 나은 건강과 더 높아진 삶에 대한 만족 같은 학교교육에 대한 추가투자의 상당한 비화폐적 편익을 발견하였다는 것을 주목해야만 한다.[22)])

교육투자에 대한 화폐수익의 추정은 상이한 교육수준을 가진 비슷한 사람들의 근로소득 비교를 필요로 한다. 전통적인 데이터 세트를 사용한 추정치들은 연령, 인종, 성, 건

[21)] Claudia Goldin, Lawrence Katz, and Ilyana Kuziemko, "The Homecoming of American College Women: The Reversal of the College Gender Gap," *Journal of Economic Perspectives* 20 (Fall 2006): 133~156.

[22)] Philip Oreopoulos and Kjell G. Salvanes, "Priceless: The Nonpecuniary Benefits of Schooling," *Journal of Economic Perspectives* 25 (Winter 2011): 159~184.

예문 9.4

인적자산에 대한 가치부여: 이혼하는 의사의 사례

미국의 주(州) 이혼법률은 결혼기간 동안 획득한 자산들이 어떤 공평한 방법으로 분배되어야 한다는 것을 전형적으로 규정한다. 분배될 자산들 중에는 결혼기간 동안 배우자 중의 한 사람에 의해 이루어진 인적자본투자의 가치가 종종 포함된다. 이 획득된 인적자본 가치가 어떻게 추정되는가는 다음의 사례에 의해 설명될 수 있다.

닥터 도(Dr. Doe)는 일반의로서 의료행위를 할 면허를 얻자마자 결혼하였다. 그러나 일반(가정)의의 의료행위를 시작하는 대신, 닥터 도는 외과전문의가 되기 위한 전문훈련을 받았다. 그의 훈련(수련의)기간 동안, 닥터 도와 그의 부인의 소득은 그가 일반의로서 일을 하였더라면 벌었을 소득보다 훨씬 낮았다. 따라서 두 부부는 비록 그 정도에 차이가 있긴 했지만 모두 닥터 도의 인적자본에 투자를 했던 셈이었다.

그의 수련의로서의 기간이 끝나고 그가 일반외과전문의 공인자격증을 획득한 바로 직후에, 닥터 도와 그의 부인은 이혼하기로 결정했다. 그의 부인은 그의 일반외과전문의 공인자격증의 자산 가치를 공평하게 분배할 것을 요구하는 소송을 닥터 도에게 제기하였다. 이 자산 가치는 어떻게 추정될 수 있는가?

닥터 도 일반외과전문의 자격증의 자산 가치는 이 자격증이 가능하게 했던 그의 **생애근로소득 증가액**(increase in lifetime earnings) 추정치의 현재가치이다. 그의 연간근로소득 증가액의 가장 합리적 추정치는 전형적인 일반외과전문의가 버는 액수에서 일반의의 평균근로소득(닥터 도가 외과전문의로의 훈련을 받지 않았을 경우 벌어들였을 액수의 추정치)을 공제함으로써 계산된다.

2012년에 일반외과전문의 근로소득의 평균은 약 231,000달러이었으며, 일반의 근로소득의 평균은 180,000달러이었다. 따라서 닥터 도가 '평균적인' 의사라고 가정하면, 그의 외과전문의 자격증 획득은 자신의 연간근로소득 능력을 2012년 불변가격(달러)으로 51,000달러 증가시켰다.[a] 남은 생애근로기간이 25년이고 실질이자율(인플레이션이 근로소득격차에 미치게 될 영향을 고려하는)이 2%라고 가정하면, 외과전문의가 되기 위한 훈련의 결과로 닥터 도가 획득한 자산의 현재가치는 994,000달러가 된다. (그 뒤 이혼하는 두 배우자 사이에 이 자산을 공평히 분배하는 것은 법원의 결정에 달려있게 된다.)

[a] 근로소득 데이터는 U.S. Department of Labor, Bureau of Labor Statistics, "May 2012 National Occupational Employment and Wage Estimates, United States," Web site: http://www.bls.gov/oes/current/oes_nat.htm#b29-0000로부터 가져왔다. 현재가치를 계산하기 위해 사용된 공식은 이 장의 각주 2에 주어진 것으로서, X=51,000달러, r=0.02, 그리고 n=25이다.

강상태, 노동조합 가입여부, 그리고 거주지와 같이 측정될 수 있는 **다른** 요소들이 근로소득에 미치는 효과를 통제한 후, 통계적으로 학교교육의 증가와 관련된 근로소득의 증가를 분석한다. 수백 편에 달하는 이러한 연구들은 전형적으로 5~12%의 범위에 놓인 수익

률을 추정하고 있다.[23)]

능력편의 이 전통적 추정치들의 한 가지 문제점은 이 추정치들이 **능력**이 더 높은 근로소득에 기여하는 바와 **학교교육**이 더 높은 근로소득에 기여하는 바를 구별하지 못하기 때문에 교육에 투자함으로써 개인이 얻을 수 있는 이익을 과대평가할 수 있다는 점이다.[24)] 문제는 (a) 더 영리하고, 더 열심히 일하며, 더 동적인 사람들이 학교교육을 더 받을 가능성이 크며, (b) 그러한 사람들이 더 생산적이어서, 비록 그들이 다른 사람들에 비해 학교교육을 더 오랜 기간 받지 않았더라도, 그들은 평균보다 높은 임금을 받는다는 것이다. 진정한 능력의 측정치가 관찰되지 않거나 또는 고려되지 않을 때, 대학졸업자들이 전형적으로 받는 추가근로소득의 **일부분**을 동일한 능력을 가졌으나 대학에 진학하지 않았던 고등학교졸업자들도 받을 수 있었음에도 불구하고, 연구들은 대학과 관련된 근로소득격차 **모두**를 능력과는 아무 관계가 없는 대학 그 자체의 탓으로 돌리게 된다.

몇몇 연구들은 지능지수(IQ: intelligence quotient)의 측정치 또는 적성검사(aptitude tests) 점수를 사용함으로써 능력을 통제하려 시도했지만, 이러한 테스트가 타고난 능력을 얼마나 파악하는가에 대해 논쟁이 계속되고 있다. 이러한 테스트에 의존하지 않고 능력을 통제하는 한 가지 현명한 방법은 일란성쌍둥이들 사이의 근로소득 차이를 분석하는 것이다(이 장의 끝에 수록된 실증연구를 참조하라). 일란성쌍둥이들은 똑같은 유전자를 가졌고, 따라서 그들은 똑같은 타고난 능력을 가졌을 것이며, **여러 쌍의 쌍둥이 내**에서 상이한 학교교육과 관련된 근로소득의 차이를 측정하면 교육에 대한 수익의 불편(unbiased) 추정치를 얻게 된다고 생각하게 된다. 쌍둥이에 대한 가장 최근의 연구들은 앞에서 주목한 전통적인 추정치들과 크게 다르지 않은 수익률을 추정했는데, 그렇다면 이러한 연구들은 전통적 추정치에서의 능력편의가 매우 크지 않을 수도 있다는 것을 제시하는 셈이다.[25)]

---

23) 포괄적인 검토는 David Card, "Estimating the Return To Schooling: Progress On Some Persistent Econometric Problems," *Econometrica* 69 (September 2001): 1127~1160; and David Card, "The Causal Effect of Education on Earnings," in *Handbook of Labor Economics*, eds. Orley Ashenfelter and David Card (New York: Elsevier, 1999), 1802~1863 참조. 경제가 경기침체일 때의 졸업은 당연히 수익을 낮출 것이다. 이 주제에 대한 논의는 Philip Oreopoulos, Till von Wachter, and Andrew Heisz, "The Short- and Long-Term Career Effects of Graduating in a Recession," *American Economic Journal: Applied Economics* 4 (January 2012): 1~29를 참조하라.

24) 교육에 대한 투자는 또한 **전반적인** 부보다는 임금을 더욱 인상시킬 것이며, 이는 (제6장과 7장을 상기하면) 근로시간을 증가시킬 것이다. 따라서 보다 많은 교육을 받음으로써 얻게 되는 근로소득증가의 일부분은 여가의 감소와 관련될 수 있으며, 이는 상향편의(upward bias)의 또 다른 원천을 구성하게 된다. 이러한 논점은 C.M. Lindsay, "Measuring Human Capital Returns," *Journal of Political Economy* 79 (November/December 1971): 1195~1215에 의해 제기되었다.

25) Orley Ashenfelter and Cecilia Rouse, "Income, Schooling, and Ability: Evidence from a New Sample of Identical Twins," *Quarterly Journal of Economics* 113 (February 1998): 253~284; Andrew Leigh and Chris Ryan, "Estimating Returns to Education Using Different Natural Experiment Techniques," *Economics of Education Review* 27 (April 2008): 149~160; and Vikesh Amin, "Returns to Education: Evidence from UK Twins: Comment," *American Economic Review* 101 (June 2011): 1629~1635 참조.

누구를 위한 수익인가? 이 장의 앞부분에서 논의한 바와 같이 교육투자를 한 사람들은 그렇지 않은 사람들과 다를 가능성이 있다. 예를 들어 더 많은 학교교육을 받으려는 사람들은 투자를 하지 않는 사람들에 비해 더 낮은 학습의 정신적 비용 또는 더 낮은 시간할인율을 갖고 있을 수 있다. 따라서 투자를 **한** 사람들의 학교교육에 대한 수익은 투자를 하지 **않기**로 선택했던 사람들이 직면하는 수익과 매우 다를 수 있다. 투자를 하지 않은 사람들에게 더 많은 학교교육을 찾도록 장려하려는 정책들의 경우, 진정으로 알고 싶은 것은 만약 그들의 학교교육에 대한 선택이 변한다면 그들이 경험하게 될 수익률이다.

따라서 경제학자들은 최근 사람들이 스스로의 선택 때문이 아니라 자신들의 통제 밖에 있는 요소들 때문에 상이한 교육수준을 갖는 상황을 발견하려 노력하였다. 어린이들이 일정 연령에 학교교육을 시작하고 학교를 떠나는 법정연령에 도달할 때까지 학교에 다닐 것을 요구하는 법률인 의무교육법이 그러한 한 가지 상황을 제공하였다. 일부가 생일 때문에 우연히 다른 사람들보다 더 많은 학교교육을 받을 수밖에 없게 될 고등학교 중퇴자들의 교육연수와 근로소득을 비교하는 것은 현재 학교교육에 투자하지 않은 사람들이 직면하는 수익을 추정하기 위해 취해졌던 한 가지 접근법을 나타낸다. 이러한 합의가 이루어진 수익의 추정치에 도달하기에는 현재까지 이러한 형태의 연구들이 충분하게 이루어지지 않았다.[26)]

교육은 훌륭한 사회적 투자인가?

사회적 투자로서의 교육문제는 특히 서로 관련된 세 가지 상황의 전개 때문에 최근 몇 년간 미국에서 그 관심이 고조되었다. 첫째, 생산물시장이 생산물수요와 노동수요 모두의 탄력성을 증가시키면서 보다 세계화(global)되었다. 그 결과 미국 근로자들은 이제 다른 나라의 근로자들과의 더 큰 경쟁에 직면하고 있다. 둘째, 고기술자본 이용의 증가가 근로자들에게 더 높은 수준의 인지기술(cognitive skills)을 갖추고, 더 적응이 쉽고 효율적인 학습자들이 되기를 요구할 수 있는 새로운 생산물과 새로운 생산체제를 창출시켰다.[27)] 셋째, 미국의 초등학교 및 중·고등학교 학생들은 표 9.4의 데이터로부터 알 수 있는 바와

[26)] 이 문제들을 요약하고 유사한 연구들을 참조시킨 연구는 Philip Oreopoulos, "Would More Compulsory Schooling Help Disadvantaged Youth? Evidence from Recent Changes to School-Leaving Laws," in *The Problems of Disadvantaged Youth: An Economic Perspective,* edited by Jonathan Gruber (Chicago and London: University of Chicago Press, 2009): 85~112를 참조하라. 투자를 선택하지 **않았던** 사람들이 직면하는 수익을 추정하는 상이한 접근법은 Pedro Carneiro, James J. Heckman, and Edward J. Vytlacil, "Estimating Marginal Returns to Education," *American Economic Review* 101 (October 2011): 2754~2781; and Andrew J. Hussey and Omari H. Swinton, "Estimating the *ex ante* Expected Returns To College," *American Economic Review: Papers and Proceedings* 101 (May 2011): 598~602를 참조하라.

[27)] 인지기술이 더 높은 사람들의 근로소득에 관한 최근의 연구들은 Richard J. Murnane, John B. Willett, and Frank Levy, "The Growing Importance of Cognitive Skills in Wage Determination," *Review of Economics and Statistics* 77 (May 1995): 251~266; and John Cawley, James Heckman, and Edward Vytlacil, "Understanding the Role of Cognitive Ability in Accounting for the Recent Rise in the Economic Return to Education," in *Meritocracy and Economic Inequality*, eds. Kenneth Arrow, Samuel Bowels, and Steven Durlauf (Princeton, N.J.: Princeton University Press, 2000)을 참조하라.

표 9.4

학교교육의 국제비교, 2008, 2009년

국가	학생 1인당 지출(2008년), 중·고등학교 (U.S. 달러)	수학테스트(2009년) 점수(15세)	과학테스트(2009년) 점수(15세)
프랑스	10,231달러	497	498
독일	8,606달러	513	520
일본	9,092달러	529	524
영국	9,487달러	492	514
미국	12,097달러	487	502

자료: U.S. National Center for Education Statistics, *Digest of Education Statistics 2011*, Tables 416, 429 at the National Center for Education Statistics Web site: http://nces. ed. gov/pubs2012/2012001.pdf.

같이 수학과 과학에 관한 성과테스트에서 상대적으로 낮은 점수를 얻고 있다.

이 세 가지 상황의 전개는 서로 결합되어 다른 나라 근로자들과 비교한, 미래 미국 근로자들의 생산성에 대한 우려를 불러일으켰으며, 미국 교육제도에 대해 일련의 질문이 제기되도록 하였다. 미국이 현재와 미래의 근로자들을 교육시키기 위해 충분한 자원을 투입하고 있는가? 교육에 투입되는 자원이 어떤 방법으로든 재배분 되어야만 하는가? 초등학교와 중·고등학교 학생들에게 더 많은 것을 요구해야만 하는가?

사회적 비용 표 9.4에서 볼 수 있는 바와 같이, 미국은 몇몇 다른 선진국들보다 학교교육에 상대적으로 더 많은 자원을 투입하고 있는 바, 2008년에 중·고등학교 학생 1인당 12,000달러가 넘는 금액을 지출하고 있다. 그러나 성과테스트에서 나타난 미국 학생들의 상대적으로 저조한 성적은 미국이 너무 많은 또는 너무 적은 자원을 교육에 투입하고 있는가, 또는 미국이 그 교육자원을 충분히 현명하게 사용하고 있지 못하는가에 대한 질문을 유발시켰다. 만약 학생들의 포기한 근로소득까지 포함된다면 미국이 초등학교부터 대학교까지의 교육에 **국내총생산의 1/10이 넘게** 투입한다는 점을 고려할 때 이러한 질문들은 더욱 화급히 대답되어야만 한다.[28] 이러한 질문들에 대답을 시작하는 데 있어서 교육과 생산성이 어떻게 관련되는가를 이해해야만 한다.

사회적 편익 교육투자의 증가가 근로자의 생산성을 증가시킨다는 견해는, 그러한 투자가 투자를 한 개인들의 근로소득을 증가시키는 것이 관찰되는 것으로부터 나타난 자연스

[28] 미국 국내총생산의 약 7.5%가 (초등학교부터 대학교까지) 공식학교교육의 직접비용으로 투입되고 있지만, 한 연구는 고등학생과 대학생의 포기한 소득이 또 다른 60%를 이 직접비용에 추가시키고 있음을 추정하였다. Theodore Schultz, *The Economic Value of Education* (New York: Columbia University Press, 1963) 참조.

러운 결과이다. 만약 더 많은 학교교육 때문에 개인 A의 생산성이 증가된다면 그 결과 **사회**의 인적자본 보유량은 증가했을 것이다. 그러나 몇몇 사람들은 개인 A가 받은 추가교육은 개인 A와 일해야만 하는 개인 B에게도 또한 편익을 창출하다고 주장한다. 만약 더 많은 학교교육이 A로 하여금 더 분명히 소통하도록 하거나 또는 문제를 더 창의적으로 풀도록 한다면, B의 생산성도 또한 증가할 것이다. 제1장에서 소개한 개념들을 이용하여 설명하면, 교육은 정(+)의 외부효과를 창출할 수 있으며, 따라서 사회적 편익은 사적편익보다 **더 크다**.[29)]

다른 사람들은 사회에 대한 수익이 개인들에 대한 수익보다 **더 작다고** 주장한다. 이들은 교육제도가 사회에 의해 사람들을 그들의 (사전에 결정된) 능력에 따라 분류하는 선별장치(screening device)로 사용된다고 믿고 있다. 아래에서 논의되는 바와 같이, 이 상이한 견해를 극단적으로 해석하면, 교육제도는 근로자의 생산성을 향상시키는 수단이 아니라 누가 생산적인지를 **구분하는** 수단이 된다.

신호보내기모형(The Signaling Model) 근로자들을 채용하려 하는 사용자는 어느 지원자의 실제생산성도 완전히 알지 못할 뿐 아니라, 많은 경우 근로자가 채용된 한참 후에도 그 생산성을 알지 못한 채로 있을 수 있다. 사용자가 관찰할 **수 있는** 것은 기업들이 생산성과 상관관계가 있다고 믿는 연령, 경험, 교육, 그리고 다른 개인적 특성의 어떤 지표들이다. 연령과 같은 어떤 지표들은 변하지 않으며, 공식교육과 같은 다른 지표들은 근로자들에 의해 **획득**될 수 있다. 개인에 의해 획득될 수 있는 지표들은 **신호**(signals)라고 불릴 수 있다. 여기서는 분석의 초점을 공식교육의 신호측면에 맞출 것이다.

특정 일자리에 새로운 근로자들을 채용하길 원하는 기업들이 대략 동일한 비율로 존재하는 두 그룹의 지원자들이 있다는 것을 알고 있다고 가정하자. 한 그룹은 예를 들어 2의 생산성을 가지며, 다른 그룹은 1의 생산성을 가지고 있다. 나아가 이 생산성수준들은 교육에 의해 변하지 않으며, 사용자들은 지원자가 어느 그룹에 속하는지를 쉽게 구별할 수 없다고 가정하자. 만약 사용자들이 그러한 구별을 할 수 없다면, 기업들은 모든 지원자들이 '평균'생산성을 갖는다고 가정할 수밖에 없을 것이다. 즉 사용자들은 각 그룹이 1.5의 생산성을 갖는다고 가정할 수밖에 없게 된다(그리고 근로자들에게 최대 1.5의 임금을 제공하게 된다).

이 단순한 예에서, 근로자들은 자신들의 **평균적** 가치에 의해 임금을 지급받게 되지만, (약간의 비용을 들여서 또는 비용을 들이지 않고) 두 그룹을 구별하는 방법을 고안할 수 있는 어떤 기업이라도 자신의 이윤을 증대시킬 수 있다. 임금이 1.5일 때, 생산성이 1

---

29) (다른 것과 관련하여) 교육의 외부효과에 관한 연구의 예는 Enrico Moretti, "Workers' Education, Spillovers, and Productivity: Evidence from Plant-Level Data," *American Economic Review* 94 (June 2004): 656~690; and Susana Iranzo and Giovanni Peri, "Schooling Externalities, Technology and Productivity: Theory and Evidence from U.S. States," National Bureau of Economic Research, Working Paper No. 12440 (August 2006)을 참조하라.

그림 9.7

교육이라는 신호가 근로자들에게 주는 편익

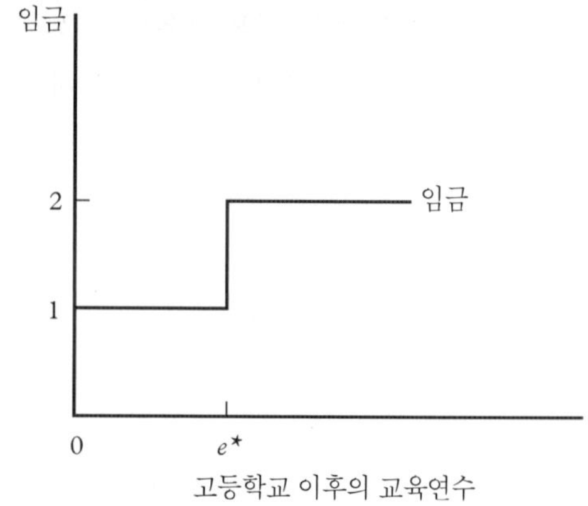

인 근로자들은 자신들의 가치보다 높은 수준의 임금을 받는다. 만약 이 지원자들이 발견될 수 있다면, 그리고 채용이 거절되거나 또는 낮은 임금의 일자리에 배치된다면, 기업은 명백히 이윤을 증가시킬 수 있다. 비록 교육이 생산성을 향상시키지 않더라도, 채용기준으로 교육수준을 사용하는 것이 이윤을 증가시킬 수 있다는 것이 판명된다. 이를 간단한 예를 가지고 설명할 수 있다.

신호보내기(signaling)에 대한 설명 교육이 신호로 사용될 수 있음을 설명하기 위해, 사용자들이 고등학교 이후 적어도 e^*년의 교육을 받은 지원자들은 2의 생산성을 가지며, e^*년 미만의 교육을 받은 지원자들은 생산성이 낮은 그룹에 속한다고 믿게 되었다고 가정하자. 이와 같은 믿음 하에서, e^*년 미만의 교육을 받은 근로자들은 1보다 높은 임금을 지급하는 어떤 일자리도 얻지 못하게 되는 반면, 최소한 e^*년의 교육을 받은 근로자들은 사용자들 간의 경쟁이 자신들의 임금을 2까지 증가시키는 것을 알게 된다. 이 단순한 임금구조는 그림 9.7에 그려져 있다.[30] 만약 추가학교교육이 생산성을 향상시키지 않는다면, e^*를 신호로 요구함으로써 두 그룹의 지원자들을 진정으로 구분할 수 있을까? 여기에 대한 답은 **만약 근로자가 학교교육을 추가로 받는데 부담하는 비용이 자신이 현장실무에서 보이게 되는 생산성과 부(−)의 관계를 갖는다면** 그렇다가 된다.

만약 고등학교 이후 적어도 e^*년의 교육을 받은 근로자들이 2의 임금을 받을 수 있는 반면, e^*년 미만의 교육을 받은 근로자들은 단지 1의 임금을 받을 수 있다면, 그리고 e^*의 신호를 획득하는 데 비용이 들지 않는다면, 모든 근로자들은 e^*라는 신호를 획득하기를 원하게 된다. 그러나 앞에서 주장한 바와 같이, 학교교육에 드는 비용은 그 크기가 크며 개인들마다 상이하다. 특히 교육의 정신적 비용은 아마도 개인의 능력과 역의 관계를 갖

[30] 이 분석은 Michael Spence, "Job Market Signaling," *Quarterly Journal of Economics* 87 (August 1973): 205~221을 기초로 하고 있다.

그림 9.8
교육이라는 신호의 생애편익과 비용

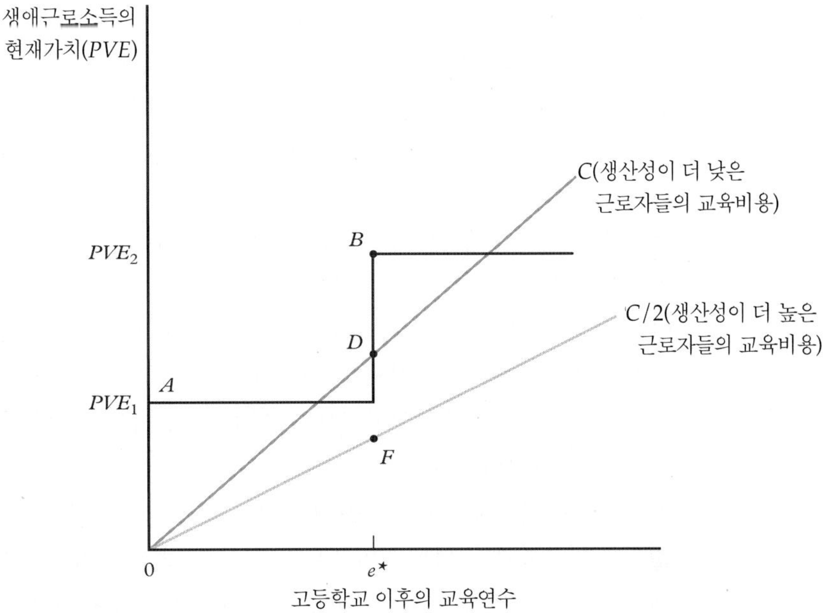

고 있다. 즉 쉽게 배우는 사람들은 다른 사람들에 비해 교육이라는 신호(이 경우 e^*)를 더 적은 비용을 들여 획득할 수 있다. 이는 매우 중요한 가정인데, **만약** 교육을 받는 데 더 **낮은** 비용이 드는 사람들이 **또한** 직무에서 보다 생산적이라면, 교육이라는 신호를 요구하는 것이 사용자들에게 유용할 수 있다.

신호보내기에 있어 교육비용의 역할을 이해하기 위해, 그림 9.7에 나타난 보수구조가 생애근로소득의 현재가치(근로자들이 1의 임금을 받을 때 할인된 생애근로소득의 합은 PVE_1이 되며, 2의 임금을 받을 경우 그 합은 PVE_2가 된다)로 표현된 그림 9.8을 참조하기로 하자. 이제 생산성이 더 낮은 사람들은 매년 C의 교육비용을 부담하여야 하며, 생산성이 더 높은 사람들은 $C/2$의 교육비용을 부담하여야 한다고 가정하자.

근로자들은 자신들의 할인된 생애근로소득과 총교육비용의 차이가 극대화되는 학교교육수준을 선택할 것이다. 연간교육비용이 C인 사람들의 경우, 생애근로소득과 총교육비용의 차는 고등학교 이후 교육을 전혀 받지 않았을 때 (교육기간이 0일 때) 극대화된다. 이 근로자들의 경우, 추가 e^*년의 순편익(BD 길이)은 추가교육연수가 0일 때의 순편익($A0$ 길이)보다 작다. 그들의 경우, e^*년이라는 신호를 획득할 때의 편익이 추가비용만큼의 가치를 지니지 못한다.

비용이 $C/2$인 사람들의 경우, e^*만큼의 투자에 대한 순편익(BF 길이)이 다른 학교교육수준을 선택하였을 때의 순편익을 초과하는 것을 알 수 있다. 그러므로 오로지 비용이 $C/2$인 사람들, 즉 생산성이 2인 근로자들만이 e^*년의 학교교육을 받는 것이 유리함을 알게 된다. 그렇다면 이 예에서는 학교교육수준이 생산성에 대한 신호를 보낸다.

신호보내기에 대한 몇 가지 주의사항 위의 간단한 예는, 비록 교육이 근로자의 생산성을 직접 향상시키지는 않더라도 어떻게 가치를 가질 수 있는가를 보여주었다. 그러나 교육이, 이 경우 신호의 가치를 갖기 위해서는 현장실무에서의 생산성과 교육비용이 **부**(−)의 관계를 가져야만 된다는 점을 강조할 필요가 있다. 만약 *C*선에 반영된 더 높은 비용이 더 낮은 인지능력 또는 학습에 대한 싫증과 관련이 있다면, 이 비용들은 더 낮은 생산성을 나타내는 것으로 생각될 수 있다. 그러나 만약 *C*를 따라서 나타나는 교육비용을 부담하는 사람들이 단지 가족의 낮은 부(富)의 수준 때문에 (그러므로 그들의 학교교육을 위한 비용에 다른 사람들로부터의 기여가 더 작았기 때문에) 더 높은 비용을 부담하는 것이라면, 그들은 *C*/2선을 따라서 나타나는 비용을 부담하는 사람들보다 직무 중 더 생산적일 수 있다. 이 후자의 경우, 신호보내기는 더 낮은 생산성이 아니라, 단지 가족의 부(富) 수준이 더 낮은 사람들만을 알려주게 되기 때문에 실패하게 된다.

심지어 교육이라는 신호가 미래의 생산성을 예측하는 유용한 방법이라 할지라도 사회적으로 볼 때 신호가 이 수준보다 커서는 바람직하다고 볼 수 없는 **최적**신호(optimum signal)가 존재한다. 예를 들어 2의 임금을 지급하는 일자리에의 진입을 위해 현재 근로자들에게 *e**년 간의 교육을 요구하는 사용자들이, 그림 9.9에 보이는 바와 같이, 채용기준을 *e*′년으로 올리려 한다고 가정하자. *C*를 따라서 나타나는 교육비용을 부담하는 사람들은 고등학교 이후에 학교교육을 받지 않은 채로 남아 있는 것이 여전히 최선임을 알게 되며, *C*/2를 따라서 나타나는 교육비용을 부담하는 사람들은 요구되는 신호 *e*′에 투자하는 것이 이득이 됨을 알게 된다(왜냐하면 *B*′*F*′의 길이가 *A*0의 길이보다 더 크기 때문에). 그러나 높은 임금을 지급하는 일자리를 원하는 선발된 사람들에게 더 많은 학교교육을 요구

그림 9.9

높은 수준의 신호요구는 편익 없이 비용만을 초래할 수 있음.

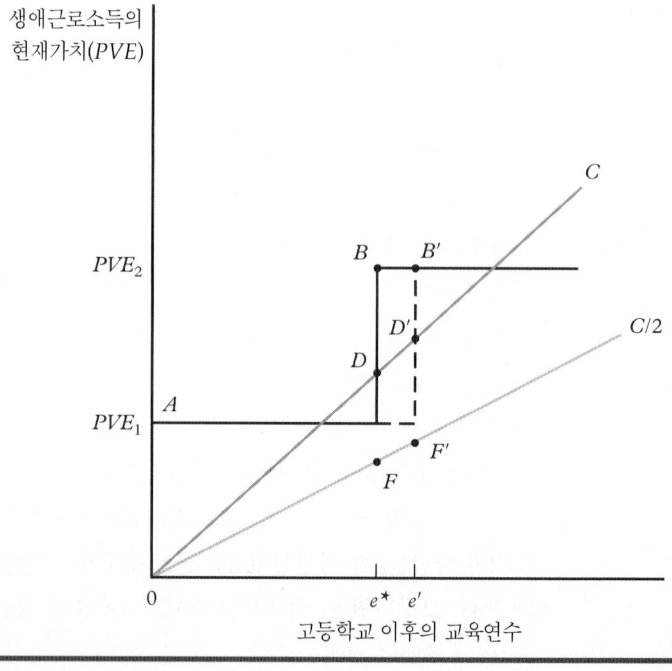

하는 것은 이들 근로자들에게 (따라서 사회 전체로 볼 때) 더 많은 비용을 부담하도록 하는 것이다. 새롭게 요구되는 신호는 두 그룹의 근로자들을 구분하게 되지만, 이는 사회적으로 최적일 수 없는 개인들에 대한 증가된 (그리고 불필요한) 비용으로 이루어지게 된다.

개인들이 교육이라는 신호에 투자하는 것은 분명히 이득이 될 수 있지만, 만약 학교교육이 **단지** 신호로서의 가치만을 갖는다면, 학교교육은 사회가 실행할 가치 있는 투자인가? 만약 학교의 유일한 목적이 신호를 제공하는 것이라면, 왜 학교교육의 확대 또는 질적인 향상에 투자를 권장해야 하는가? 만약 50년 전에 고등학교졸업자라는 것이 평균보다 높은 지능과 근로에 필요한 규율을 지녔다는 신호를 보내는 것이었다면, 왜 현재는 이러한 신호가 학사학위를 소지하는 것에 의해 이루어지는지를 단지 알기 위해서 대학진학자 수를 확대하는 데 막대한 비용을 부담하여야 하는가? 이 문제는 매우 희소한 자원인 자본을 배분할 때의 실수가 위험한 결과를 초래할 수 있는 개발도상국에 있어서는 더더욱 중요한 일이다(예문 9.5 참조). 학교교육이 생산할 수 있는 모든 것이 신호일 때 학교교육이 사회적 가치를 갖는가를 결정하려 시도하기 전에, 우선 학교교육이 인적자본을 증가시키는지 또는 단지 인적자본에 대한 신호를 보내는지를 알아낼 수 있는지에 대한 보다 기본적인 질문에 관심을 돌리기로 하자.

신호보내기 또는 인적자본? 학교교육의 사회에서의 역할에 관한 직접적인 증거는 얻기가 어렵다. 예를 들어 신호보내기(signaling)라는 관점의 주창자들은 학교교육이 신호를 보내는 장치라는 증거로서 대학중퇴자들에 비해 대학졸업자들의 수익률이 더 높은 것을 지적할지 모른다.[31] 그들은 학교에서 배우는 것이 학교에서 보내는 시간에 비례하며, 단지 졸업장에 대한 보너스(수익률)의 추가가 신호가설(signaling hypothesis)의 증거라고 주장한다. 학교교육이 인적자본을 향상시킨다는 견해의 주창자들은, 4년 만에 졸업을 하는 사람들은 1학년 중퇴자들이 배운 것보다 4배 이상을 배웠을 것이라고 이에 맞선다. 그들은 중퇴자들이 우수하지 못한 학생들, 즉 자신들의 학교교육에 대한 수익을 과대평가해서 자신들의 실수를 발견할 때 학교를 그만둘 가능성이 더 큰 사람들이라고 주장한다. 따라서 그들의 상대적으로 낮은 수익률은 중퇴와 관련된 것이 아니라 중퇴의 **이유**와 관련이 있다는 것이다.

다른 예를 들어보면, 인적자본 견해를 지지하는 사람들은 대학졸업자들과 고등학교졸업자들 사이의 근로소득격차가 나이를 먹음에 따라 증가하는 사실이 자신들의 견해를 뒷받침한다고 주장할 수 있다. 만약 학교교육이 단지 신호를 보내는 장치에 지나지 않으면 사용자들은 **처음에는** 그것에 의존하게 되지만, 자신들이 근로자들과의 경험으로부터

[31] 중퇴자들은 졸업자들에 비해 자연적으로 더 낮은 근로소득을 갖고 있지만, 그들이 또한 더 적게 투자하였기 때문에 **수익률**이 더 낮아야만 하는지는 분명하지 않다. 이에 대한 추가적인 논의와 증거는 David A. Jaeger and Marianne E. Page, "Degrees Matter: New Evidence on Sheepskin Effects in the Returns to Education," *Review of Economics and Statistics* 78 (November 1996): 733~740을 참조하라. Thomas J. Kane and Cecilia Elena Rouse, "Comment on W. Norton Grubb: 'The Varied Economic Returns to Postsecondary Education: New Evidence from the Class of 1972'," *Journal of Human Resources* 30 (Winter 1995): 205~221은 취득한 **학점** 수와 무관한 졸업의 편익에 대해 의문을 제기하고 있다.

예문 9.5

교육투자의 사회적 최적수준

학교교육이 훌륭한 사회적 투자인가를 묻는 것 이외에도, "무엇이 학교교육의 사회적 최적**수준**인가?"를 또한 물을 수도 있다. 이 질문에 대한 대답에 지침을 주는 일반원리는, (사회에 대한) 한계수익률이 다른 형태 자본투자(예를 들어 물적자본에 대한 투자)의 한계수익률과 일치하도록 사회가 교육투자를 늘리거나 또는 줄여야 한다는 것이다.

이 원리의 이론적 근거는, 만약 사회가 투자하기를 원하는 어떤 자금을 갖고 있다면, 사회는 가장 높은 수익률을 산출하는 프로젝트들에 이 자금을 투자하기를 바랄 것이라는 것이다. 만약 물적자본에 대한 투자가 20%의 수익률을 산출하며, 학교교육에 투자된 동일한 자금이 (투자의 위험성을 불변인 채로 유지할 때) 오직 10%의 수익을 산출한다면, 사회는 분명히 물적자본에 투자하길 선호할 것이다. 두 수익률이 다른 한, 사회는 낮은 수확을 제공하는 프로젝트들에 대한 투자를 감소시킴으로써, 그리고 더 높은 수익률을 가진 프로젝트들에 대한 투자를 증가시킴으로써 이전보다 더 나아질 수 있을 것이다.

본문에서는 학교교육에 대한 수익률을 추정하는데 내재된 많은 어려움과 편의(bias)들을 논의하였다. 그러나 모든 형태의 투자에 대한 사회적 수익률이 동일해야 한다는 일반원리는 여전히 고려할 만한 유용한 것이다. 예를 들어 일반원리는 자본이 부족한 나라들은 오로지 수익이 매우 높을 때, 즉 자본이 더 풍부한 나라들의 최적수준에 요구되는 수익률보다도 모든 상황에서 수익률이 더 높을 때에만 학교교육에 추가로 투자해야 한다고 제시한다.

실제로 중·고등학교교육과 대학교육에 대한 수익률은 모두 선진국들에 비해 개발도상국들이 일반적으로 더 높은 것처럼 보인다. 한 편의 비평 논문은 중·고등학교 교육투자에 대한 수익률이 선진국의 경우 (평균적으로) 10%이었던 반면, 개발도상국의 경우 그 크기가 13~16%이었음을 추정한 바 있다. 이에 비교할 만한 대학교육 투자수익률은 각각 9.5%와 11%였다.

데이터출처: George Psacharopoulos and Harry Anthony Patrinos, "Returns to Investment in Education: A Further Update," World Bank Policy Research, working paper no. 2881, September 2002, Table 3.

직접적인 정보를 축적함에 따라 학교교육은 근로소득의 결정에 더 작아진 역할을 하게 된다. 신호의 주창자들은 근로소득격차가 계속하여 증가하는 것은 교육수준이 **성공적인** 신호를 보내는 장치였다는 것을 단지 설명해 줄 뿐이라고 이에 맞설 수 있다.[32]

[32] 두 견해를 구별하려는 시도에는 Joseph Altonji, "The Effects of High School Curriculum on Education and Labor Market Outcomes," *Journal of Human Resources* 30 (Summer 1995): 409~438; Andrew Weiss, "Human Capital vs. Signaling Explanations of Wages," *Journal of Economic Perspectives* 9 (Fall 1995): 133~154; Wim Groot and Hessel Oosterbeek, "Earnings Effects of Different Components of Schooling: Human Capital versus Screening," *Review of Economics and Statistics* 76 (May 1994): 317~321; Kelly Bedard, "Human Capital versus Signaling Models: University Access and High School Dropouts," *Journal of Political Economy* 109 (August 2001): 749~775; and Harley Frazis, "Human Capital, Signaling, and the Pattern of Returns to Education," *Oxford Economic Papers* 54 (April 2002): 298~320이 포함된다.

학교의 질 신호가설을 인적자본가설로부터 직접 구별할 수 있는 노동시장결과에 대한 예측이 어렵다는 상황 하에서, 이 논쟁을 해결한 다른 방법이 있는가에 대해 관심을 가질 수 있다. 어떤 잠재력을 가진 연구전략이 학교의 질과 관련된 문제들로부터 나타나고 있다.

앞에서 언급한 바와 같이, 미국 학생들의 인지적 성취(cognitive achievement)에 관해 우려가 제기되어 왔다. 만약 학교교육이 사람들의 인지능력을 **발견**하도록 도움으로써 주로 신호보내기의 기능을 수행한다면, 낮은 인지적 성취라는 문제를 치유하기 위해서 필연적으로 교육제도를 살펴볼 이유는 없다. 그러나 만약 학교교육이 노동시장에서 그 대가가 지불되는 어떤 종류의 기술을 향상시킬 수 있다면, 전국적으로 퍼져 있는 학교의 질을 높이기 위한 투자의 증가는 정당화될 수 있다.

교육을 신호로 보는 견해와 인적자본으로 보는 견해의 지지자들은 인지능력이 더 있는 사람들이 더 생산적일 가능성이 크다는 것에는 동의한다. 그들의 견해가 일치하지 않는 곳은 더 좋은 학교들이 인지기능을 증진시킴으로써 근로자의 생산성을 향상시킬 수 있는가에 관한 것이다. 신호보내기 관점의 주창자들은 비록 이 질문에 대한 증거가 뒤섞여 있지만 학교교육에 대한 지출과 **인지기능테스트**에서의 학생들 성적 사이의 관계를 설명하기가 어렵다는 것을 제시하는 꽤 많은 문헌을 인용한다.[33] 그러나 인적자본견해의 주창자들은 **근로소득**과 학교의 질에 대한 연구에서 지지기반을 찾는다. 이 연구들은 질 높은 학교(즉 학생 1인당 자원이 더 큰 학교)에 다니는 학생들이 다른 조건이 동일할 때 후일 더 높은 근로소득을 갖게 된다는 것을 일반적으로 보여준다.[34]

분명히 학교의 질의 역할을 검토하여 학교교육에 대한 사회적 수익을 평가하려는 시도는 아직까지는 다소 모호한 결과들을 제시하였다. 더 좋은 학교들은 노동시장에서의 근

---

33) 예를 들어 Eric A. Hanushek, John F. Kain, Daniel M. O'Brien, and Steven G. Rivkin, "The Market for Teacher Quality," National Bureau of Economic Research, Working Paper No. 11154 (February 2005); Charles T. Clotfelter, Helen F. Ladd, and Jacob L. Vigdor, "How and Why Do Teacher Credentials Matter for Student Achievement?" National Bureau of Economic Research, Working Paper No. 12828 (January 2007); Thomas J. Kane, Jonah E. Rockoff, and Douglas Staigner, "What Does Certification Tell Us About Teacher Effectiveness? Evidence from New York City," National Bureau of Economic Research, Working Paper No. 12155 (July 2006); Erik A. Hanushek and Dennis D. Kimko, "Schooling, Labor Force Quality, and the Growth of Nations," *American Economic Review* 90 (December 2000): 1184~1208; and Alan B. Krueger and Diane M. Whitmore, "The Effect of Attending a Small Class in the Early Grades on College-Test Taking and Middle School Test Results: Evidence from Project STAR," *Economic Journal* 111 (January 2001): 1~28 참조. 헌장학교(charter school)들의 관리 및 철학에 관한 기여가 인지기능을 향상시키는 것이 또한 가능하다. Atila Abdulkadiroglu, Joshua D. Angrist, Susan M. Dynarski, Thomas J. Kane, and Parag A. Pathak, "Accountability and Flexibility in Public Schools: Evidence from Boston's Charters and Pilots," *Quarterly Journal of Economics* 126 (May 2011): 699~748 참조.

34) 학교의 자원과 학생들의 성과 사이의 연계를 분석한 문헌에 대한 인용은 George A. Akerlof and Rachel E. Kranton, "Identity and Schooling: Some Lessons for the Economics of Eduction," *Journal of Economic Literature* 40 (December 2002): 1167~1201을 참조하라. 이 논문은 학교교육 자원을 교육적인 결과에 관련시키는 경제분석에서 얻어지는 서로 다른 결과들을 해결하는데 도움이 될지도 모르는 사회학적 요소들을 확인하려 시도하고 있다. 보다 최근의 연구는 Orley Ashenfelter, William J. Collins, and Albert Yoon, "Evaluating the Role of *Brown vs. Board of Education* in School Equalization, Desegregation, and the Income of African Americans," National Bureau of Economic Research, Working Paper No. 11394 (June 2005) 참조.

로소득을 증가시킬지 모르지만, 더 좋은 학교들이 측정된 인지능력을 향상시킨다는 증거는 뒤섞여 있다. 물론 한 가지 가능성은 더 좋은 학교들이 노동시장에서 가치를 부여받을 수 있지만, 인지적 성취를 알아보기 위한 표준화된 테스트에 의해서는 특히 잘 포착되지 않는 특성인 창의적인 기술 또는 더 나은 근로습관을 향상시킴으로써 생산성을 향상시키는 것이다. 그러나 또 다른 가능성은 더 좋은 학교들이 학생들에게 그들 자신의 관심사와 능력에 대한 더 우수한 정보를 제공하여 그들로 하여금 보다 성공적인 생애직업을 선택하도록 도와주는 것이다. 그렇더라도 몇몇 중요한 질문들은 대답되지 않은 채로 남아있게 된다.

논쟁이 문제가 되는가? 궁극적으로는 학교교육을 신호로 보는 견해의 주창자들과 인적자본의 견해로 보는 주창자들 사이의 논쟁은 아마도 크게 중요하지 않다. 중요한 사실은 학교교육에 대한 투자가 다른 형태의 투자로부터 받는 수익과 비교할 만한 화폐수익률을 **개인들**에게 제공한다는 것이다. 개개인들이 자신의 인적자본투자비용을 회수하기 위해서는 사용자들이 학교교육을 더 많이 받은 사람들에게 더 높은 임금을 지급할 용의가 있어야 한다. 그리고 사용자들이 이를 이행할 용의가 있기 위해서는, 학교는 사용자들이 스스로 더 낮은 비용으로 수행할 수 없는 서비스를 제공해야만 한다.

예를 들어 앞에서 대학교육에 대한 100,000달러의 투자로부터 이득을 얻기 위해서, 대학졸업자들은 대학교육을 받지 않았을 때 받게 되는 것보다 매년 적어도 3,652달러를 더 받아야만 된다는 것을 주장한 바 있다. 당연히 이는 대학졸업자들이 자신들에게 더 높은 임금을 매년 지급할 용의가 있는 사용자들을 찾는 것을 필요로 한다. 만약 대학이 누가 더 생산적인지를 **밝히는** 것을 단지 돕는 것일 뿐이라면, 자신들이 이를 근로자 1인당 연간 3,652달러 미만의 비용으로 알아낼 수 있다고 믿는 사용자들은 근로자들을 선별하는 자기 자신들만의 방법을 채택하려는 인센티브를 분명히 갖게 된다.

사용자들이 채용기준을 정할 때 교육요건을 계속하여 강조한다는 (그리고 교육요건에 대하여 더 높은 임금을 지급한다는) 사실은 두 가지 사항 중 한 가지를 암시한다. 즉 교육이 근로자 생산성을 향상시키**거나** 또는 교육이 기업들이 이용할 수 있는 다른 어떤 방식보다도 **비용이 적게 드는** 선별도구라는 것이다. 둘 중 어떤 경우라도, 사용자들이 교육을 받은 근로자에게 높은 임금을 지급할 용의가 있다는 사실은 교육이 사회적 편익을 발생시킨다는 것을 암시하는 것처럼 보인다.[35)]

공공부문훈련은 훌륭한 사회적 투자인가?

정책입안자들은 또한 정부의 직무훈련프로그램들이 그 수익을 기초로 하여 정당화될 수 있는가를 질문해야만 한다. 지난 40년 동안, 연방정부는 불리한 조건에 있는 남성들, 여성들, 그리고 청소년들을 주요 대상으로 하는 다양한 훈련프로그램에 재정지원을 하였다.

---

35) Kevin Lang, "Does the Human Capital/Educational Sorting Debate Matter for Development Policy?" *American Economic Review* 84 (March 1994): 353~358은 보다 공식적인 주장을 통해 비슷한 결론에 도달하고 있다.

일부 프로그램들은 자발적으로 지원한 훈련생들을 도왔으며, 다른 프로그램들은 공공보조 수령인들에게는 의무적인 프로그램들이었다(만약 그들이 프로그램에 등록하지 않으면 급여를 받지 못했다). 이 프로그램들 중 일부는 일자리를 탐색하는 데 상대적으로 저렴한 비용이 들도록 도움을 제공하였으며, 다른 것들은 근로경험 또는 [무직 청소년을 위한 기술교육기관인 직업부대(Job Corps)의 경우에는] 가정을 떠나 거주할 수 있도록 포괄적인 서비스를 직접 제공하였다. 그러나 40년 동안, 프로그램에 등록된 사람들의 약 1/2은 직업학교 또는 지역사회의 2년제 대학(community college)에서 교실수업에 의한 훈련을 받았으며, 다른 15%는 공장 내에서의 훈련을 받았다. 이 후자의 두 종류 프로그램의 학생 1인당 비용은 4,500달러에서 9,100달러 사이의 범위에 놓여 있었다. [2012년 불변가격(달러) 기준][36]

이 프로그램들을 평가하기 위해서는 그 비용을 훈련프로그램에 의해 가능해진 임금인상을 계산함으로써 측정되는 그 편익의 현재가치에 대한 추정치와 비교해야 한다. 편익의 계산은 훈련을 받은 사람들이 훈련이 없었더라면 얼마만큼의 근로소득을 벌었을까를 추정해야 하는데, 이와 관련하여 연구자들이 성공적으로 대처해야만 하는 여러 가지 미묘한 문제들이 있다. 그럼에도 불구하고 현재까지 완료된 믿을 만한 연구들을 요약한 결과는 성인여성들만이 이 훈련프로그램들로부터 분명히 이익을 얻은 불리한 조건에 놓인 그룹들 중의 유일한 그룹이라고 결론을 내렸다. 즉 여러 연구결과에서 성인남성들과 청소년들은 일관된 근로소득증가를 보여주지 못하고 있다. 훈련프로그램들에 참가했던 여성들의 평균적인 근로소득증가는 매년 약 1,980달러였다[2012년 불변가격(달러) 기준].[37] 이 근로소득증가는 프로그램비용을 정당화할 만큼 충분히 큰 것인가?

프로그램들은 훈련을 받는 사람 1명당 4,500달러에서 9,100달러의 직접비용을 지원하였으며, 또한 포기한 산출량의 형태로 기회비용을 가졌었다. 전형적 훈련을 받는 사람은 16주 동안 프로그램 하에 있었으며, 많은 훈련을 받는 사람들이 훈련 이전에 복지프로그램의 대상자이긴 했지만, 그들 시간의 기회비용이 확실히 0은 아니었다. 제7장으로부터 사람은 가정과 작업장 모두에서 생산적일 수 있다는 것을 상기하라. 만약 훈련을 받는 사람의 시간에 (2012년에 시간당 7.25달러였던) 최저임금과 동일한 시간당 가치를 부여한다면, 훈련에 16주를 소비한다는 것은 약 4,600달러의 기회비용을 가졌었다. 따라서 여성 1인당 총훈련비용은 아마도 9,100달러에서 13,700달러 사이의 범위에 있었을 것이다.

---

36) Robert J. LaLonde, "The Promise of Public Sector-Sponsored Training Programs," *Journal of Economic Perspectives* 9 (Spring 1995): 149~168은 연방정부가 지원하는 훈련프로그램들의 간략한 역사를 기술하고 있으며, 그들의 효력을 평가하는 데 있어서의 여러 문제점들을 요약하고 있다.

37) David H. Greenberg, Charles Michalopoulos, and Philip K. Robins, "A Meta-Analysis of Government-Sponsored Training Programs," *Industrial and Labor Relations Review* 57 (October 2003): 31~53. 여러 연구들이 청소년과 청년을 위한 직업부대(Job Corps) 훈련프로그램이 정(+)의 수익률을 나타냈음을 밝히고 있다. German Blanco, Carlos A. Flores, and Alfonso Flores-Lagunes, "The Effects of Job Corps Training on Wages of Adolescents and Young Adults," *American Economic Review: Papers and Proceedings* 103 (May 2013): 418~422 참조.

실증연구

쌍둥이 표본을 사용한 교육투자수익 추정: 관찰되지 않는 능력차이의 문제 처리

실증연구를 하는 연구자들은 자신들의 연구결과가 **누락변수**(omitted variables) 문제에 의해 어떤 영향을 받는지를 항상 알아야만 한다. 모든 관련 독립변수들에 대한 데이터에 접근하기는 드문 일이며, 부록 1A에 서술된 회귀분석 기법은 다루는 변수들이 주어진 종속변수의 모든 변동을 완전히 설명하지 못한다는 것을 명시적으로 가정하는 오차항(error term)을 포함한다. 만약 누락된 변수가 어떤 관찰된 독립변수와도 상관관계를 갖지 않는다면, 독립변수들이 종속변수에 어떤 영향을 미치는가에 대한 추정치들에 편의(bias)가 존재하지 않는다.

그러나 만약 누락된 독립변수가 관찰된 특정 독립변수와 상관관계를 갖는다면, 관찰된 변수의 추정효과는 편의될 것이다. **적절한 변수의 누락에 의한 편의**(omitted variables bias)와 이에 대한 한 가지 해결책은 연구자들이 (관찰하기가 매우 어려운) 타고난 학습능력에 관한 데이터 없이 학교교육에 대한 수익을 추정하는 문제에 의해 설명될 수 있다.

교육에 대한 수익은 전통적으로 근로자들에 대한 횡단면데이터를 사용하여 근로소득에 영향을 미치는 다른 관찰된 요소들을 통제한 후 추가 1년의 학교교육에 의해 근로소득이 얼마나 증가하는지를 분석하는 다변량회귀분석 기법에 의해 추정되었다. 그러나 만약 학습을 위한 더 높은 타고난 수용능력(더 높은 **능력**)을 가진 사람들이 더 많은 교육을 추구하는 바로 그 사람들이라면, 학교교육에 대한 수익의 추정치들은 연구자들이 타고난 학습능력을 측정할 수 없다면 **능력**에 대한 모든 노동시장의 보수를 또한 포함할 것이다. 달리 표현하면 만약 교육과 능력 수준이 정(+)의 상관관계를 갖지만 타고난 능력에 관한 데이터를 관찰하지 못한다면, 학교교육의 효과에 관한 추정치들은 상향편의될 것이다(이에 대해서는 앞에서 **능력편의**로 논의한 바 있음). 그렇다면 학습능력을 통제할 방법의 결여는 만약 (주어진 능력 수준을 가진) 전형적인 개인이 학교교육에 추가로 1년을 더 투자한다면 얼마나 더 벌게 되는지를 추정하는 데에 문제가 생기도록 만든다. 능력편의를 수정하는 방법을 찾을 수가 있을까? 그리고 만약 그렇게 할 수 있다면, 이 편의가 얼마나 큰지를 추정할 수 있을까?

능력편의 문제를 회피할 현명한 방법은 일란성 쌍둥이들의 표본을 사용하는 것인데, 이는 일란성 쌍둥이들이 정확히 똑같은 유전학적인 요소를, 따라서 똑같은 타고난 능력을 갖고 있기 때문이다. 만약 똑같은 능력과 가족배경을 갖고 있다면, 일란성쌍둥이들은 교육투자에 대해 똑같은 인센티브를 보유하였음이 분명하다. 그러나 임의의 요소(결혼, 이혼, 경력 상의 관심사)들이 개입하여 쌍둥이들로 하여금 상이한 학교교육 수준을 갖도록 할 수도 있다. 여러 세트의 쌍둥이들을 대상으로 쌍둥이 각자 사이의 근로소득 차이가 그들의 학교교육연수의 차이에 의해 어떤 영향을 받는지를 통계적으로 분석함으로써 능력편의 문제에 자유로운 방식으로 학교교육에 대한 수익을 추정할 수 있다.

한 연구가 1991~1993년 여름 동안에 오하이오 주 트윈스버그(Twinsburg)에서 개최되었던 연례 트윈스버그 쌍둥이 페스티발(Twinsburg Twins Festival)의 참가자였던 340쌍의 일란성

쌍둥이들을 세심하게 분석했다. 340쌍 각 쌍 내의 근로소득과 교육의 차이를 살펴봄으로써 저자들은 학교교육에 대한 수익률이 약 9%라고 추정했다. 이와는 대조적으로 그들이 (능력을 통제하지 않은) 전통적인 방법으로 학교교육에 대한 수익을 추정했을 때 추정수익률은 10%였었다. 따라서 그들은 능력을 통제하지 않는 경우 학교교육에 대한 수익률의 전통적 추정치에 단지 약간의 상향 편의(upward bias)가 발생한다고 결론짓고 있다.

자료: Orley Ashenfelter and Cedilia Rouse, "Income, Schooling, and Ability: Evidence from a New Sample of Identical Twins," Quarterly Journal of Economics 113(February 1998): 253-284.

만약 훈련 후 20년 동안 연간 1,980달러의 편익을 매년 받는다면, 그리고 만약 적절한 할인율이 2%라면, 편익의 현재가치는 약 32,370달러에 달한다. 이러한 크기의 편익은 분명히 비용을 초과한다. 실제로 연간근로소득의 증가가 단지 7년 동안만 계속되더라도, 자발적 훈련으로부터의 편익의 현재가치는 여전히 (비용 범위의 대체로 중간점인) 11,400달러를 초과하게 된다.[38)]

[38)] Paul Lengermann, "How Long Do the Benefits of Training Last? Evidence of Long Term Effects Across Current and Previous Employers," *Research in Labor Economics* 18 (1999): 439~461은 공식훈련 및 회사훈련으로부터의 이익은 적어도 9년 간 지속된다는 것을 밝혀낸 바 있다. 직업부대(Job Corps) 훈련에 대한 수익과 관련된 논의는 Peter Z. Schochet, John Burghardt, and Sheena McConnell, "Does Job Corps Work? Impact Findings from the National Job Corps Study," *American Economic Review* 98 (December 2008): 1864~1886을 참조하라. 직업교육에 대한 연구들의 참고문헌은 Paul Ryan, "The School-to-Work Transition: A Cross-National Perspective," *Journal of Economic Literature* 29 (March 2001): 34~92를 참조하라.

복습문제

1. 여성들은 동일한 연령의 남성들보다 평균적으로 더 낮은 임금을 받는다. 인적자본의 어떤 개념들이 이 현상을 설명하는 데 도움이 되나? 설명하라. 왜 남성들과 여성들의 근로소득 차이는 나이가 듦에 따라 증가하나?
2. "여러 기술그룹들의 임금을 균등화 시키는 경향을 갖는 조세정책을 사회가 적극적으로 추구하는 것은 자원배분의 최적이라는 목표를 좌절시킬 것이다." 논평하라.
3. 몇 년 전에 유명한 의과대학이 부주의로 1학년 수업에 자신들이 수용할 수 있는 것보다 더 많은 지원자들을 받아들였다. 입학허가를 받은 학생들이 입학날짜를 임의로 연기시키기를 원하지 않았기 때문에, 이 대학은 만약 입학허가를 받은 학생들이 자신들의 의학공부를 1년 연기시키게 된다면 1년간의 수업료를 면제할 것을 제의했다고 한다. 자신들이 이 제의를 받아들여야만 하는가를 학생들이 평가하는 데 고려되어야 할 요소들을 논하라.
4. 중·고등학교를 졸업한 18세 남성인 루이지(Luigi)는 대학에 등록하지 않고 일자리를 찾기로 결정하였다. 그러나 그는 자신이 (더 높

은 근로소득의 가능성이 있지만 일자리를 잃을 위험이 큰) 민간부문에서 또는 (임금은 낮은 수준이지만 일자리가 안정적인) 공공부문에서 일해야만 하는지를 확신하지 못하고 있다. 그가 부문을 바꾸지 않는다고 가정하고 각각의 경우 생애주기에 걸친 루이지의 근로소득 전망을 (그림 9.3과 9.4와 비슷한) 그래프로 그려라. 그래프에 (달러로 측정되어) 도출된 루이지 효용의 현재가치를 추가하라. 어떤 요소들이 루이지의 직종부문 선택을 결정할 수 있나?

5. 교육을 더 많이 받았다는 것이 더 큰 능력이 있다는 '신호'가 된다고 주장하는 사람들은 왜 가장 능력 있는 사람들이 교육을 더 많이 받을 것이라고 믿는가?
6. 인터넷전화서비스['VoIP'(Voice Over Internet Protocol)'-services, 예를 들어 스카이프(Skype)]의 출현은 인터넷을 통한 음성 또는 영상의 저렴한 전달을 가능하게 한다. 이러한 발전은 새로운 사업이 생기게 하였다. 예를 들어 인도의 수학 및 과학 교사들이 영어를 사용하는 선진국의 어린이들에게 개인교습을 제공하기 시작했다. 인적자본이론을 사용하여 인도와 영어를 사용하는 선진국에서의 수학 또는 과학 학습경향에 미치는 효과를 논하라.
7. 많은 나라들에서 고등교육은 정부에 의해 크게 보조를 받는다(즉 대학생들은 자신들의 대학교육비용 전액을 부담하지 않는다). 대학교육에 크게 보조를 해야 하는 정당한 이유가 있을지 모르지만, 여기에는 또한 어떤 위험이 있다. 인적자본이론을 사용하여 이 위험이 무엇인지를 설명하라.
8. 재산에 대한 많은 범죄(예를 들어 강도)는 즉각적인 이익이 있지만 장기적인 비용부담의 위험을 수반하는 행위로 간주될 수 있다. 만약 투옥되면, 범죄자는 범죄행위 및 범죄행위이외의 활동으로부터의 모든 소득을 상실한다. 장기 직종선택의 분석틀을 사용하여, 어떤 종류의 사람들이 범죄를 저지를 가능성이 가장 큰 지를 분석하라. 사회는 범죄를 줄이기 위해 무엇을 할 수 있나?
9. 인적자본모형(식 9.7)은 만약

$$\frac{B_1}{1+r} + \frac{B_2}{(1+r)^2} + \cdots + \frac{B_T}{(1+r)^T} > C$$

이면 교육투자가 이루어질 수 있음을 제시한다. 왜 여성 노동공급이 더 나은 육아서비스 제공에 반응하여 증가할 것을 기대하게 되나? 인적자본모형을 고려하여 설명하라.

10. 다음의 서술이 파티석상에서 귓결에 들렸다: "대학에 결코 가본 적이 없는 조(Joe)가 석사학위를 가진 켄(Ken)보다 더 많은 돈을 버는 것은 절대로 옳지 않다. 더 높은 학위를 가진 사람들이 더 많이 벌 자격이 있다!" 인적자본이론을 사용하여 이 인용문에 대해 논평하라.

연습문제

1. 판매직사원으로 일하고 있는 베키(Becky)는 MBA 학위를 취득하기 위해 2년 간 직장을 사직할 것을 고려하고 있다. 현재 베키는 연간 40,000달러(세금납부 이후)를 받고 있지만 만약 경영학석사학위를 소지하게 되면 연간 55,000달러(세금납부 이후)를 받을 수 있다고 한다. 연간등록금은 10,000달러이며, MBA프로그램에 등록할 경우 입주하게 될 캠퍼스 근처 아파트의 임대료는 연간 10,000달러로서 현재 베키가 지불하고 있는 집세와 동일하다.

베키의 할인율은 연간 6%인데, 이제 막 48세가 된 베키는 MBA를 취득하는가와 관계없이 60세에 은퇴할 계획이라고 한다. 이 정보를 기초로 할 때 베키는 MBA를 취득하기 위해 학교에 가야만 하나? 자세히 설명하라.

2. (부록). 검안사들의 공급곡선이 $L_S=-6+0.6W$로 주어진 반면, 수요곡선은 $L_D=50-W$로 나타난다고 한다. [단 W=연간근로소득(천 달러), L=검안사 수(천 명)]
   a. 균형임금과 균형고용수준을 찾아라.
   b. 이제 검안사들에 대한 수요가 증가하여 새로운 수요곡선이 $L'_D=66-W$라고 가정하자. 검안 전문가를 양성하는 데 약 3년이 걸리기 때문에 이 시장에는 거미집(cobweb) 모형이 제시하는 바가 적용된다고 가정하자. 이 조정이 이루어지는 동안 검안사들의 단기공급은 고정되어 있다고 한다. 처음 3단계의 각 단계별 임금과 고용수준을 계산하고 새로운 장기균형을 찾아라. 이러한 상황을 보여주는 그래프를 그려라.
3. 당신이 현재 100달러 또는 5년 후 125달러를 제공받는다고 가정하자. 이자율이 4%일 때 5년 후 125달러의 현재가치를 계산하라. 만약 당신의 목표가 더 큰 현재가치를 갖는 제안을 선택하는 것이라면. 당신은 어떤 제안을 선택해야만 하나?
4. 그림 9.3을 기억해 내자. 어느 회귀분석모형(부록 1A 참조)이 남성 고등학교졸업자의 연령-근로소득 곡선에 더 적합한가?

   모형 1: $earnings=\alpha_{HS}+\beta_{HS}age+\varepsilon$

   또는

   모형 2: $earnings=\alpha_{HS}+\beta_{HS}age+\gamma_{HS}age^2+\varepsilon$

   α, β, γ에 각각 어떤 부호를 기대하나?

   마지막으로 계수 α_{HS}와 $\alpha_{college}$, β_{HS}와 $\beta_{college}$, γ_{HS}와 $\gamma_{college}$를 각각 비교하라(예를 들어 $\alpha_{college}$는 대학졸업자들의 절편을 나타낸다).
5. 인적자본이론은 임금의 여러 결정요소를 확인시킨다. 한 잘 알려진 연구가 개인의 연간임금 *wage*, 학교교육연수 *s*, 노동시장경험 *exper*, 그리고 *afgt* 점수에 관한 정보를 담은 데이터를 사용했다. *afgt*는 개인능력의 대리변수(proxy)며, 테스트는 17세쯤 치러진다. 부록 1A에서 설명된 회귀분석기법을 사용하여 이 연구는 다음의 식을 추정했다고 한다.

$$\ln\widehat{wage} = \underset{(0.02)}{0.12}\,s - \underset{(0.03)}{0.10}\left(s\cdot\frac{exper}{10}\right) - \underset{(0.05)}{0.04}\,afqt + \underset{(0.05)}{0.14}\left(afqt\cdot\frac{exper}{10}\right)$$

   (괄호 안은 표준오차임)

   a. *exper*=0, *exper*=10일 경우 이 개인의 예상임금을 계산하라.
   b. 장기적으로 정규교육연수 *s* 또는 *afgt*로 측정된 개인능력 중 무엇이 더 문제인가? 사용자들은 오로지 *s*만 관찰할 수 있다고 가정하라.
   c. 이러한 발견들의 이유는 무엇인가?

참고문헌

Becker, Gary. *Human Capital.* New York: National Bureau of Economic Research, 1975.

Borjas, George J. "Earnings Determination: A Survey of the Neoclassical Approach." In *Three Worlds of Labor Economics,* eds. Garth Mangum and Peter Philips. Armonk, N.Y.:

M.E. Sharpe, 1988.

Card, David. "The Causal Effect of Education on Earnings." In *Handbook of Labor Economics*, eds. Orley Ashenfelter and David Card. New York: Elsevier, 1999.

Clotfelter, Charles T., Ronald G. Ehrenberg, Malcolm Getz, and John Siegfried. *Economic Challenges in Higher Education*. Chicago: University of Chicago Press, 1991.

Friendlander, Daniel, David H. Greenberg, and Philip K. Robins. "Evaluating Government Training Programs for the Economically Disadvantaged." *Journal of Economic Literature* 35 (December 1997): 1809~1855.

Goldin, Claudia, and Lawrence F. Katz. *The Race between Education and Technology*. Cambridge, Mass.: Belknap Press, 2008.

Krueger, Alan B., and Mikael Lindahl. "Education for Growth: Why and for Whom?" *Journal of Economic Literature* 39 (December 2001): 1101~1136.

Mincer, Jacob. *Schooling, Experience, and Earnings*. New York: National Bureau of Economic Research, 1974.

Schultz, Theodore. *The Economic Value of Education*. New York: Columbia University Press, 1963.

Spence, Michael. "Job Market Signaling." *Quarterly Journal of Economics* 87 (August 1973): 355~374.

노동시장 조정에 관한 '거미집(cobweb)'모형

교육투자의 수익변화에 따라 나타나는 대학등록자의 조정은, 특히 공학 및 법 같은 매우 기술적인 전문분야에서는 항상 순조롭게 또는 빠르게 이루어지지 않는다. 문제는 만약 (예를 들어) 공학부문 엔지니어의 임금이 어느 해에 갑자기 상승하더라도, (그 분야를 이수하는 데 걸리는 시간 덕택에) 공학계열 졸업자의 공급은 3년 또는 4년 후까지는 영향을 받지 않는다는 것이다. 마찬가지로 만약 공학부문의 임금이 하락하더라도, 공학계열에 등록한 학생들이 그 분야를 즉시 떠나려 하지 않는다는 것은 이해할 수 있는 일이다. 그들은 이미 많은 시간과 노력을 투자하였으며, 새로운 분야를 학습하는 데 더 많은 시간과 돈을 투입하기보다는 공학부문에서 자신의 기회를 모색하는 것을 선호할지도 모른다.

변화된 시장조건에 공급이 즉각적으로 반응하지 못하기 때문에, 고도의 기술을 가진 근로자들의 노동시장에서는 **호황기와 불황기의 주기**(boom-and-bust cycles)가 나타날 수 있다. 만약 정부 또는 민간부문의 교육계획입안자들이 이 주기를 모른다면, 그들은 아래에 설명되는 바와 같이, 정확히 정반대되는 일을 해야만 할 때 등록자를 증가시키거나 감소시키려 할 수 있다.

'거미집' 조정의 예

엔지니어들의 시장이 임금이 W_0이며 엔지니어의 수가 N_0인 곳에서 균형을 이룬다고 가정하자(그림 9A.1 참조). 이제 엔지니어들에 대한 수요곡선이 D_0으로부터 D_1로 이동한다고 가정하자. 일단 엔지니어가 되기로 결정하였더라도 엔지니어가 되기 위해서는 오랜 시간이 걸리기 때문에, 처음에 이렇게 엔지니어들에 대한 수요가 증가하더라도 엔지니어의 공급은 N_0을 초과하여 증가하지 **못한다**. 따라서 엔지니어에 대한 수요증가는 더 많은 사람들로 하여금 이 분야의 진입을 결정하도록 하지만, **순간적으로** 고용이 가능한 엔지니어의 수는 여전히 N_0이다. 그러므로 이 N_0의 엔지니어들은 **현재** W_1의 임금을 획득할 수 있다(실제로 N_0에서 공학계열 졸업자들의 공급이 증가될 때까지의 몇 년 동안 수직공급곡선이 존재한다).

이제, 엔지니어의 **현행**임금 W_1은, D_1과 S의 교차로 이루어진 새로운 **장기**균형임금

그림 9A.1

엔지니어들의 노동시장

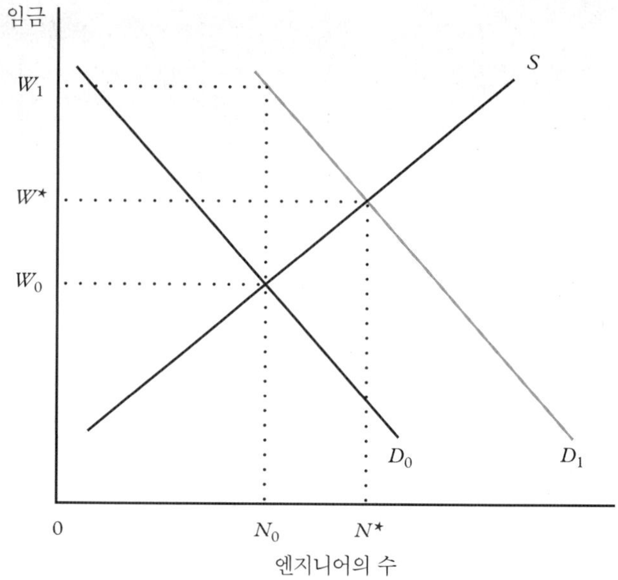

W^*보다 높은 수준에 있게 된다. 그러나 시장에서는 오직 W_1만이 관찰되고 W^*는 알려지지 않는다. 만약 사람들이 근시안적이어서 W_1이 새로운 균형임금이라고 가정한다면, N_1만큼의 사람들이 공학 분야에 진입하게 될 것이다(그림 9A.2 참조). 이 N_1만큼의 사람들이 모두 졸업할 때는 엔지니어의 **잉여**가 나타나게 될 것이다 (W_1이 장기균형임금보다 **높은 수준**임을 기억하라).

엔지니어들의 공급이 이제 일시적으로 N_1에 고정되었을 때, 임금은 W_2로 하락하게 된다. 이 하락은 학생들과 근로자들을 공학부문**으로부터** 다른 부문으로 이동시킬 것이지만, 그 효과는 수년간 완전히 느껴지지는 않을 것이다. 그 동안은 W_2가 장기균형(여전히 W^* 수준임)보다 낮은 수준에 있음을 주목하라. 따라서 공급이 조정**될** 때, N_2까지 너무 과도하게 조정된다. 이제 공급이 N_2로 조정되면, W_2의 임금수준에서 수요가 공급을 초과하기 때문에, 다시 한 번 엔지니어의 부족이 나타날 것이다. 이는 임금을 W_3까지 증가하도록 만들 것이며, 비슷한 순환이 반복되게 된다. 시간이 흐름에 따라, 변동폭은 점점 작아져서 궁극적으로 균형에 도달하게 된다. 그림 9A.2의 조정경로가 마치 거미집처럼 보이기 때문에, 위에 서술된 조정과정은 때로는 **거미집모형**(cobweb model)이라 불린다.

거미집모형에서 결정적으로 중요한 것은, 근로자들이 임금의 미래행태에 대해 근시안적인 기대를 형성한다는 가정이다. 위의 예에서 근로자들은 처음에 W_1이 미래에도 지속될 것임을 가정하며, 다른 사람들의 직종선택에 관한 의사결정이 4년이 경과하면 임금을 W_1보다 낮은 수준으로 하락시키게 될 가능성을 무시한다. 근로자들(그리고 투자자와 납세자 같은 경제의 다른 주인공들)이 미래의 임금(가격)수준에 대해 도대체 어떻게 기대를

그림 9A.2

엔지니어들의 노동시장: 거미집모형

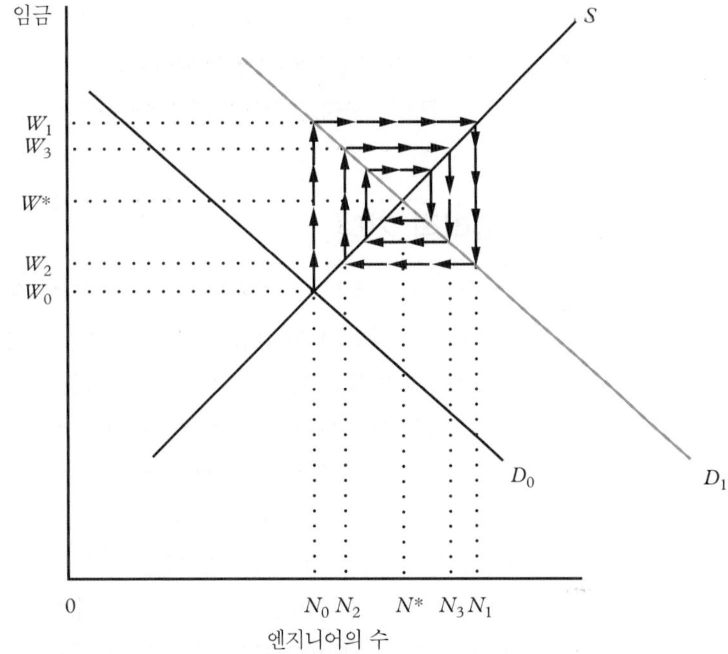

형성하는가는 노동시장에 영향을 미치는 많은 핵심문제들을 이해하는 데 매우 중요하다.[1)]

적응적 기대

미래의 임금수준을 예측하는 가장 간단하고 가장 순진한 방법은, 현재에 관찰되는 것이 미래에도 관찰될 것이라고 가정하는 것이다. 위에서 주목한 바와 같이, 이 순진한 가정이 거미집모형의 기초가 된다. 미래에 대한 예측을 형성하는 보다 정교한 방법은 **적응적 기대**(adaptive expectations) 접근법이다. 적응적 기대는 미래예상임금을 현재임금과 과거임금의 가중평균과 같도록 설정함으로써 형성된다. 미래임금수준을 예측할 때, 더 큰 가중치가 과거임금보다는 현재임금에 주어지긴 하지만, 현재 기간 이전의 임금수준 변화가 무시되지는 않는다. 따라서 적응적으로 형성된 임금에 대한 기대는 순진한 접근법을 사용하여 형성된 임금에 대한 기대에서 **나타난 만큼** 균형임금을 번갈아 지나치고(overshoot) 또 못 미치도록(undershoot) 하지는 않을 것이다. 그러나 만약 적응적 기대도 또한 근로

1) 거미집모형에 결정적으로 중요한 또 한 가지 가정은 수요곡선이 공급곡선보다 더 편평하다는 것이다. 만약 그렇지 않으면, 거미집은 수요곡선이 이동할 때 **파열되어** 균형임금에 결코 도달될 수 없다. 파열되는 거미집모형은 **혼돈**(chaos)현상에 대한 경제학으로부터의 예이다. 이 매력적인 주제에 대한 일반적 소개는 James Gleick, *Chaos* (New York: Penguin Books, 1987)을 참조하라. 경제학문헌 중 혼돈이론에 관한 논문은 William J. Baumol and Jess Benhabib, "Chaos: Significance, Mechanism, and Economic Applications," *Journal of Economic Perspectives* 3 (Winter 1989): 77~106을 참조하라.

자들로 하여금 균형임금을 처음에는 과대예측하도록 하다가 나중에는 과소예측하도록 한다면, 거미집모형과 같은 임금과 노동공급의 행태가 여전히 관찰될 것이다(만약 이러한 예측들이 단순한 방법으로 이루어진 예측보다 목표에 더 근접한다면, 변동이 더 작은 크기가 될 것이기는 하지만).

합리적 기대

미래의 시장결과를 예측하는 가장 정교한 방법은 노동시장의 모든 내용을 담고 있는 모형을 사용하는 것이다. 미래임금에 대한 예측을 형성하는 데 **합리적 기대**(rational expectations)의 방법을 믿는 사람들은 근로자들이 적어도 암묵적으로 자신들의 머리에 그러한 모형을 갖고 있다고 가정한다. 따라서 근로자들은 (예를 들어) 엔지니어의 근로소득이 현저히 증가하더라도, 엔지니어의 공급이 확대되어 궁극적으로 공학기술에 대한 투자수익을 다른 직종들의 투자수익과 조화를 이루도록 하락시킬 것이기 때문에, 그 증가가 일시적일 가능성이 크다는 것을 깨달을 것이다. 달리 표현하면 합리적 기대모형은 근로자들이 마치 노동경제학의 훌륭한 강의를 이수한 (그리고 정통하게 된!) 것처럼 행동하며, 미래임금수준을 과도하게 또는 과소하게 예측할 정도로 바보는 아닐 것이라고 가정한다.

분명히 사람들이 기대를 어떻게 형성하는가는 중요한 실증적 문제이다. 비록 순진한 기대와 합리적 기대의 정확한 혼합비율이 분명하지는 않지만, 엔지니어, 변호사, 그리고 치과의사들의 경우에는 거미집모형의 특성이라 할 수 있는 공급의 주기적인 변동이 발견되어 왔다.[2] 이 변동이 순진한 기대의 결과인지와 상관없이, 거미집모형으로부터의 교훈을 정부의 정책입안자들이 잊어서는 안 된다. 만약 정부가 노동부족과 노동잉여에 대해 적극적 역할을 취하기로 선택한다면, 고도의 기술을 가진 근로자의 노동시장에서는 공급조정이 느리기 때문에 이러한 시장의 임금이 **과도하게** 조정되는 경향이 있음을 알아야만 한다. 다시 말하면 정부의 예측과 시장개입은 가능한 정도까지는 합리적 기대에 기초해야만 한다. 예를 들어 노동부족의 초기단계에 임금이 W_1 수준으로 증가할 때 (위의 예에서), 정부는 W_1이 장기균형보다 **높은 수준이** 될 가능성이 있다는 것을 지적해야만 한다. 만약 정부가 그 대신 그 분야의 공부를 **보조함**으로써 현재의 노동부족을 충족시키려 한다면, 나중에 심지어 더 큰 **잉여**가 발생하도록 정부가 장려하는 셈이 될 것이다. 위에 서술한 내용의 교훈은, 정부의 개입이 해가 되기보다는 득이 될 것이라는 것을 확신할 수 있기 전에, 시장이 공급과 수요의 변화에 어떻게 조정하는지를 완전히 아는 것이 필요하다는 것이다.

---

[2] 거미집모형과 합리적 기대 모형 모두의 최근 분석은 Jaewoo Ryoo and Sherwin Rosen, "The Engineering Labor Market," *Journal of Political Economy* 112 (February 2004, supplement): S110~S140을 참조하라.

제10장

근로자의 이동: 국내이주, 해외로부터의 이주, 그리고 이직

국경을 넘는 근로자들의 흐름이 새로운 현상이 아니지만, 어쨌든 이 흐름은 호주, 캐나다, 미국의 정착에 원인이 되었는데, 지난 20년 또는 30년 동안의 해외로부터의 이주는 유럽과 북미에서 외국에서 태어난 사람들의 비중을 크게 증가시켰다. 예를 들어 유럽 인구에서 해외에서 태어난 사람들의 비중은 1990년의 6.9%에서 2010년에는 9.5%로 증가했다. 캐나다에서는 해외에서 태어난 사람들의 비중이 같은 기간 동안 16.2%로부터 21.3%로 증가한 반면, 미국에서는 그 비중이 9.1%로부터 13.5%로 증가했다.[1] 종종 가난한 나라들로부터 이루어졌던 종종 다른 언어로 이야기하는 해외로부터의 이주자의 엄청난 증가는 성난 일부 사람들로 하여금 해외이주에 대해 엄밀한 제한 또는 엄격한 '국경경비' 조치를 요구하도록 자극하였는데, 이는 훨씬 더 가난한 나라(멕시코)와 긴 국경을 맞대고 있는, 그리고 공식적인 이주입국사증(immigration visa)을 확보할 수 없었던 많은 근로자들의 마음을 끌었던 미국에서 특히 현저하였다. 취업비자 없는 해외로부터의 이주자들을 추방하는 제안을 포함한 해외로부터의 이주에 대해 더 엄격한 제한을 부과시키는 제안들이, 해외로부터의 이주자들은 본토에서 태어난 사람들의 임금을 낮추고 만약 그렇지 않다면 '이주를 받아들인(host)' 나라에 재정적인 부담을 부과한다는 주장과 함께 종종 정당화되고 있다.

이 장에서는 경제이론을 사용하여 해외로의 이주에 대한 의사결정과 해외로부터의 이주가 노동시장에 미치는 효과에 대해 분석할 것이다. 그러는 과정에 해외로부터의 이주자들이 개인적 특성(연령과 미래지향성)에 있어 다른 사람들과 어떻게 다를 수가 있는

[1] United Nations, "International Migrant Stock: The 2008 Revision Population Database: Country Profile," at http://esa.un.org/migration/.

지, 그리고 어떤 요소들이 해외로부터의 이주가 이주를 받아들인 나라에서 태어난 사람들의 일인당 실질소득 증가에 영향을 미치는 지를 검토할 것이다. 그러나 해외로부터의 이주를 그 부분집합으로 하는 더 넓은 범주인 **근로자이동**(mobility)의 원인과 결과에 대한 분석으로부터 이 장을 시작할 것이다. 근로자이동은 시장경제에서 결정적으로 중요한 역할을 한다. 어떤 시장이든 그 목적은 자발적 교환을 촉진시키는 것이기 때문에, 사회는 사용자들 사이에서의 근로자들의 자유로운 이동에 의존하여 근로자들과 소비자들 모두의 최대 만족을 달성하는 방법으로 노동을 배분한다. 예를 들어 낮은 임금을 지급하는 일자리로부터 높은 임금을 지급하는 일자리로의 근로자들의 흐름(실제이거나 또는 위협이거나)은 균형수준보다 낮은 임금을 지급하는 기업들로 하여금 임금을 올리도록 강요한다. 다른 예를 든다면 보상임금격차의 존재도 또한 고용기회들 사이에서 효용을 증가시키기 위한 선택권을 행사하려는 정보를 보유하고 있는 근로자들의 능력에 의존한다.

그러나 이동에는 비용이 든다. 근로자들은 다른 일자리들에 관한 정보를 얻기 위하여 시간을 사용해야 하며, 적어도 일부 근로자들의 경우 일자리탐색은 (예를 들어 새로운 지역에서 일자리를 찾기 위해) 자신들이 현재의 일자리를 먼저 이직(quit)할 때 매우 효율적으로 이루어진다. 현재의 사용자와 관계를 끊는다는 것은 친구들과 친숙한 주변 환경을 떠나는 것을 의미하며, 이는 귀중한 부가급여 또는 미래의 승진을 위한 내부승진가도를 포기하는 것을 의미할 수도 있다. 일단 새로운 일자리가 발견되면, 근로자들은 새로운 환경으로 이동하는 **화폐적** 비용에 당연히 직면하며, 거의 확실히 **정신적** 비용에도 직면하게 될 것이다. 요약하면 새로운 사용자들에게로 이동하는 근로자들은 후일 효용이 증가될 수 있도록 가까운 기간에 비용을 부담한다. 따라서 제9장에 소개된 인적자본모형은 근로자들의 이동에 대한 투자를 분석하기 위해 사용될 수 있다.

근로자이동의 결정요인

인적자본모형은 근로자이동을 오랜 기간에 걸쳐 수익을 획득하기 위해 어떤 초기의 기간에 비용을 부담하여야 하는 투자로 간주한다. 만약 이동과 관련된 편익의 현재가치가 화폐적 비용과 정신적 비용을 초과하면, 사람들은 일자리를 바꾸거나, 이동을 하거나 또는 두 가지 모두를 택하기로 결정할 것이라고 가정한다. 만약 할인된 편익의 흐름이 비용만큼 크지 않다면, 사람들은 그러한 변화에 반대되는 결정을 할 것이다.

이동의 순편익(net benefits), 즉 편익에서 비용을 뺀 값의 현재가치(present value)를 결정하는 것이 이동에 대한 의사결정에 영향을 미친다. 이 요소들은 이 순편익을 정확하게 계산하려 할 때 사용되는 공식을 살펴봄으로써 더 잘 인식될 수 있다.

$$\text{순편익의 현재가치} = \sum_{t=1}^{T} \frac{B_t}{(1+r)^t} - C \qquad (10.1)$$

단 B_t=새로운 일자리로부터 도출되는 t년의 증가된 효용

T=새로운 일자리에서 일하리라 기대하는 기간(년)

r=할인율

C=이동 자체에서의 효용손실 (직접비용 및 정신적 비용)

Σ=합산 부호: 이 경우 1년부터 T년까지의 기간에 걸친 할인된 연간 순편익의 합

분명히 새로운 일자리로부터 도출되는 효용이 크면 클수록, 원래의 일자리에서 덜 행복하면 덜 행복할수록, 변화와 관련된 즉각적인 비용이 적으면 적을수록, 그리고 새로운 일자리 또는 새로운 영역에서 머무르리라 기대되는 기간이 길면 길수록(즉 T가 크면 클수록), 이동에 따른 순편익의 현재가치는 더 커질 것이다. 이러한 관찰들은 사회의 어느 그룹들이 이동을 더 많이 하는가에 대해, 그리고 관찰되리라 기대하게 되는 이동의 **유형들**에 대해 몇 가지 명확한 예측이 가능하도록 한다.

지리적 이동

국가 간의, 그리고 국내지역 간의 근로자들의 이동은 경제생활의 중요한 사실이다. 외국에서 태어난 사람들이 유럽과 북미인구의 각각 10%에서 20%를 차지하고 있음을 살펴본 바 있다. 더욱이 미국 내에서의 이주를 살펴보면 2005년과 2010년 사이의 5년 동안에 14명의 근로자들 중 1명꼴로 자신이 거주하는 주(州)를 떠났음을 알 수 있다.[2] 다른 주(州)로 이동한 근로자들의 약 1/3은 현재의 사용자들을 바꾸지 않았지만, 이주 동기가 경제적 요소들이었던 사람들과 사용자들을 바꾼 사람들을 고려하면, 다른 주(州)로 이동한 경우의 약 1/2은 고용변화에 의해 촉진되었다.[3] 일자리를 바꾸는 것에 대해 이렇게 강조하는 것은 인적자본이론이 어떤 근로자들이 지리적 이동에 투자할 가능성이 가장 큰가를 이해하는데, 그리고 이동의 흐름이 나타나게 될 방향을 이해하는데 도움이 될 수 있음을 암시하기 위한 것이다.

이주흐름의 방향

인적자본이론은 상대적으로 낮은 근로소득을 얻게 될 가능성이 큰 지역으로부터 그 기회가 더 좋은 지역으로 이주의 흐름이 이루어지리라 예측한다. 이주흐름에 대한 연구들은 이 예측을 뒷받침한다. 일반적으로 그러한 연구결과들은 도착지역에서 좋은 기회를 얻을 수 있다는 **끌어들이는 힘**(pull)이 출발지역의 빈약한 기회라는 **밀어내는 힘**(push)보다 더 강함을 암시한다. 다시 말해서 사람들은 근로소득이 더 높아지리라고 기대되는 장소

---

[2] U.S. Census Bureau, "Geographical Mobility: 2005~2010: Detailed Tables," Table 3, at http://www.census.gov/hhes/migration/data/cps/cps2010-5yr.html.

[3] Ann P. Bartel, "The Migration Decision: What Role Does Job-Mobility Play?" *American Economic Review* 69 (December 1979): 775~786. 또한 Larry Schroeder, "Interrelatedness of Occupational and Geographical Labor Mobility," *Industrial and Labor Relations Review* 29 (April 1976): 405~411 참조.

에 더 이끌리지만, 기회를 잡기가 가장 어려운 지역으로부터 필연적으로 이주가 이루어지는 것은 아니다.

이 자세한 연구들에서의 가장 일관된 발견은 풀타임근로자들의 실질근로소득이 가장 높은 지역으로 사람들이 이끌린다는 것이다. 그러나 여러 연구들은 아마도 일자리를 이미 구한 후에 이동하는 사람들의 수가 새로 일자리를 **구하기 위하여** 이동하는 수보다 3배나 더 크기 때문에, 실업과 유입이주 사이의 일관성 있는 관계를 발견하지 못하고 있다. 만약 어떤 사람이 이미 특정분야에 일자리를 갖고 있다면, 그 지역의 실업률은 무의미한 것이다.[4)]

대부분의 연구들은 사람들이 기대하는 것과는 정반대로, 출발지역의 특성이 이주에 큰 순영향을 미치지 않는 것처럼 보인다는 것을 발견하였다. 가장 빈곤한 지역의 사람들이 가장 큰 이동의 **인센티브**를 갖고 있긴 하지만, 가장 가난한 지역에는 또한 부(富), 교육, 그리고 기술수준이 낮은 사람들이 살고 있는 경향이 있으며, 이 사람들은 이동할 **의사**(또는 능력)가 가장 없는 것처럼 보이는 바로 그 사람들이라는 것이다. 이러한 현상을 이해하기 위해서는, 사람들이 **어디로** 이동할 것인가의 문제로부터 **누가** 이동할 가능성이 가장 큰가에 대한 논의로 전환하여야 한다. [이외에도 사람들이 **언제** 이동할 것인가의 문제도 존재한다. 미국 역사에 있어 가장 중요한 국내이주 중 하나였던 20세기 전반부의 남부로부터 북부로의 흑인들의 대이주(Great Migration)를 분석하는데 있어 누가, 어디로, 그리고 언제의 문제들을 함께 논의하고 있는 예문 10.1을 참조하라.]

이주자들의 개인적 특성

모든 사람들이 관여될 동일한 가능성을 갖고 있지 않은 활동이라는 의미에서 이주는 매우 선별적이다. 좀 더 구체적으로 말하면 인적자본이론이 제시하는 바와 같이, 이동은 젊고 교육을 더 많이 받은 사람들 사이에서 훨씬 많이 이루어진다.

연령 연령은 누가 이주하는가를 결정하는 데 영향을 미치는 중요한 하나의 요소이다. 20대 후반의 미국인들 중 9%가 2005년과 2010년 사이에 미국 내의 다른 지역 또는 다른 나라로 이동하였다. 30대 후반과 40대 후반 미국인들의 경우 해당 수치는 각각 6%와 3%였다.[5)]

---

4) 어떤 지역의 **신규채용**수준이 실업률에 비해 이주의 흐름을 훨씬 잘 설명하는 것처럼 보인다. Gary Fields, "Place to Place Migration: Some New Evidence," *Review of Economics and Statistics* 61 (February 1979): 21~32 참조. Robert H. Topel, "Local Labor Markets," *Journal of Political Economy* 94, no. 3, pt. 2 (June 1986): S111~S143은 어떤 지역 수요의 영구적 변화와 일시적 변화가 이주와 임금에 어떻게 영향을 미치는가에 대한 분석을 포함하고 있다.

5) U.S. Census Bureau, "Geographical Mobility: 2005~2010: Detailed Tables," Table 1, at http://www.census.gov/hhes/migration/data/cps/cps2010-5yr.html. 최근 추세에 대한 검토와 함께 미국의 국내이주에 관한 분석은 Raven Molloy, Christopher L. Smith, and Abigail Wozniak, "Internal Migration in the United States," *Journal of Economic Perspectives* 25 (Summer 2011): 173~196을 참조하라.

예문 10.1

대이주: 남부 흑인들의 북부로의 이동

우리의 모형은 근로자들은 이주에 따른 순편익의 현재가치가 정(+)이면 언제나 이주할 것임을 예측한다. 남북전쟁과 노예해방 이후, 남부와 북부 사이에 엄청난 임금격차가 발생하여 종종 북부의 임금은 남부 임금의 2배 수준이 되었었다. 그러나 남부로부터 흑인들의 이주는 매우 낮은 수준이어서 1870년대에 오직 68,000명 수준일 뿐이었다.

그러나 제1차 세계대전 기간 동안 대이주(Great Migration)가 시작되었으며, 50만 명이 넘는 흑인들이 1910년대에 남부로부터 빠져 나왔다. 1920년대에 흑인들의 이주는 이의 거의 2배 수준으로 증가했으며, 1940년대에는 150만 명을 초과하여, 그 결과 1950년에 이르러서는 남부 태생 흑인 중 20%를 넘는 숫자가 이 지역을 떠났었다.

이러한 이주가 발생하는 데 오랜 시간이 걸린 이유는 무엇일까? 한 가지 중요한 요소는 낮은 교육수준이었던 바, 이는 외부기회에 대한 정보획득을 매우 어렵게 만들었다. 1880년에는 10세가 넘는 아프리카계 미국인(흑인)들의 75% 이상이 문맹이었지만, 이 수치는 1930년에는 약 20%로 하락했다. 한 연구는 1900년에 글을 읽을 줄 아는 흑인 성인남성들은 문맹에 비해 이주할 가능성이 3배나 되었음을 밝히고 있다. 1940년에는 고등학교를 다녔던 흑인들이 0~4년의 학교교육을 받았던 흑인들에 비해 이주할 가능성이 2배가량 되었다. 그러나 글을 읽을 줄 아는 사람들이 증가했다는 사실만으로 이주의 갑작스러운 급속한 증가를 설명할 수는 없다.

제1차 세계대전의 발발이 두 가지 경로로 이주를 촉발시켰던 것처럼 보인다. 첫째, 제1차 세계대전은 북부산업의 노동수요를 증가시켰다. 둘째, 제1차 세계대전은 외국으로부터의 이주흐름의 중단을 가져왔다. 제1차 세계대전 이전에는 북부산업의 성장이 그 노동의 원천을 유럽으로부터의 이주자들에게 크게 의존하였었다. 해외로부터의 엄청난 이주가 거의 고갈됨에 따라, 사용자들은 심지어 모집을 위해 대리인들을 남부로 보내기까지 하면서 흑인 근로자들을 채용하기 시작했다. 북부에서 흑인들을 위한 일자리기회들이 드디어 열렸으며, 많은 흑인들이 이주로써 이에 응답하게 되었다.

1870년부터 1950년까지의 센서스데이터를 사용한 한 연구는 예상했던 바와 같이, 제조업의 성장이 보다 빨랐던 주들이 그랬던 것처럼 임금이 가장 높은 수준이었던 북부의 주들이 보다 많은 흑인이주자들을 유치했음을 밝히고 있다. 유럽으로부터의 이주감소가 흑인들의 이주를 자극했던 것처럼 보이는데, 만약 유럽으로부터의 이주가 20세기 초에 완전히 제한되었더라면 대이주는 훨씬 일찍 시작되었을 것이라고 추정되고 있다.

데이터출처: William J. Collins, "When the Tide Turned: Immigration and the Delay of the Great Black Migration," *Journal of Economic History* 57 (September 1997): 607~632; Robert A. Margo, *Race and Schooling in the South, 1880~1950* (Chicago: University of Chicago Press, 1990).

이주가 주로 젊은이들에게서 일어나는 활동이라는 사실에 대해서는 두 가지 설명이 가능하다. 첫째, 젊으면 젊을수록 투자로부터의 편익이 얻어질 수 있는 기간이 더 길어지며, 이 편익의 현재가치는 더 커진다.

둘째, 이주비용의 큰 부분은 친구들, 공동체에서의 유대, 그리고 주변을 잘 안다는 편익을 포기하는 데 수반되는 정신적 손실이다. 나이가 들어감에 따라 공동체에서의 유대는 점점 강해지며 이주와 관련된 손실이 더 커진다.

교육 교육수준은 누가 이주할 것인가에 대한 두 번째로 중요한 예측변수이다. 예를 들어 학사학위를 가진 미국인들은 학위를 갖지 못한 사람에 비해 2005년과 2010년 사이에 2배 만큼의 자신의 지역으로부터 이주할 가능성을 가졌었다.[6)]

이주의 한 가지 비용은 일자리 제안에 대해 지원하고 면접하는 비용이다. 만약 많은 대학졸업자들의 경우와 마찬가지로 어떤 사람의 직종이 전국적인 (또는 국제적인) 노동시장을 가지고 있다면, 모집인들이 대학캠퍼스를 방문하고 종종 사용자의 비용부담으로 목적지로의 비행이 요구되는 면접일정 조정이 일상적이다. 그러나 만약 일자리의 해당 노동시장이 지역노동시장이라면, 먼 지역에 거주하는 근로자들을 모집하기 위한 메커니즘이 존재할 가능성이 크지 않으며, 집에서 멀리 떨어진 일자리를 찾는 근로자들은 면접에 상대적으로 많은 비용이 든다는 것을 알게 될 것이다.

거리의 역할

인적자본이론은 이주비용이 증가함에 따라 이주자들의 흐름은 하락할 것이라는 것을 분명히 예측한다. 이동비용은 두 가지 이유로 인해 거리에 따라 증가한다. 첫째, 고용이 집 가까운 곳에서 이루어질 전망이 있을 때, 특히 그 일자리가 '지역' 노동시장에 있는 근로자들의 경우, 다른 곳에서의 기회에 관한 신뢰할 수 있는 **정보**를 (종종 친구들 또는 동료들로부터) 얻기가 더 쉽다. 둘째, 이동의 그리고 친구나 친지들을 다시 만나기 위한 여행에 필요한 시간과 화폐비용, 그리고 이에 따른 이동의 **정신적** 비용은 거리가 멀어짐에 따라 증가한다. 실제로 2005~2010년의 기간 동안 다른 노동시장으로 이동했던 미국 근로자들 중 약 60%가 자신들의 원래 거주지로부터 500마일 미만 떨어진 곳으로 이동했으며, 그들 중 대부분(전체의 35%)은 200마일 미만 떨어진 곳으로 이동하였다.[7)]

흥미롭게도 교육을 받지 못했다는 것은 연령의 경우보다 장거리 이주의 더 큰 방해물인 것처럼 보이는데(다른 조건이 동일하다면), 이 사실은 정보비용 또는 정신적 비용이 주요 장애물인지에 관해 어떤 실마리를 제공할 수 있다. 앞 절에서의 주장이 암시하는 바와 같이, 연령이라는 장애물은 정신적 비용과 밀접한 관계가 있는 반면, 교육수준과 정보

---

6) U.S. Census Bureau, "Geographical Mobility: 2005~2010: Detailed Tables," Table 1, at http://www.census.gov/hhes/migration/data/cps/cps2010-5yr.html.

7) U.S. Census Bureau, "Geographical Mobility: 2005~2010: Detailed Tables," Table 24, at http://www.census.gov/hhes/migration/data/cps/cps2010-5yr.html.

에 대한 접근의 용이성은 밀접하게 연관되어 있다. 교육수준이라는 명백하게 더 큰 장애물은 정보비용이 정신적 비용에 비해 이주와 거리의 관계에 더 큰 영향을 미칠 수 있음을 암시한다.[8)]

출발지 국가의 근로소득분배와 국제이주

이제까지의 지리적 이동에 영향을 미치는 요소들의 예는 국내이주와 관련된 내용이었지만, 연령, 정보에의 접근, 근로소득의 잠재적 이익, 그리고 거리가 미치는 영향은 모두 국제이주에도 당연히 관련이 된다. 추가적으로, 해외로부터의 이주자들은 스스로 선택한 사람들이며 또한 이주비용도 매우 높기 때문에, 해외로부터의 이주자와 비이주자들의 경우 개인적인 할인율[또는 미래에 대한 지향성(orientation)]이 결정적으로 중요하고 또한 매우 상이할 가능성이 크다. 즉 예문 10.2에서 설명되는 바와 같이 **해외로부터의 이주자들은 인적자본에 상당한 투자를 하는 다른 사람들처럼 평균보다 낮은 수준의 개인할인율을 갖고 있을 가능성이 있다.**

노동의 국제적 흐름을 분석할 때 특히 중요한 이주의 잠재적 이익의 한 측면은 이주 근로자들을 받아들이는 나라와 비교할 때의 이주 근로자들을 떠나보내는 나라의 근로소득분배이다. 상대적 근로소득분배는 이주 근로자들을 떠나보내는 나라 안에서 어떤 숙련도를 가진 그룹들이 외국으로 이주할 가능성이 가장 큰 지를 예측하는데 도움이 될 수 있다.[9)]

일부 국가들은 미국보다 더 압축된(균등한) 근로소득분배를 갖고 있다. 이러한 국가들에서는 숙련근로자들과 미숙련근로자들 사이의 평균근로소득격차가 더 작은데, 이는 인적자본투자에 대한 수익이 미국보다 더 낮다는 것을 의미한다. 이러한 나라들로부터의 (북유럽국가들이 이 점에서는 매우 주목할 만하다) 숙련근로자들과 전문직근로자들은 미국으로의 이주로부터 가장 큰 이익을 얻는다. 근로소득이 더 균등한 나라들의 미숙련근로자들은 미국의 미숙련근로자들과 비교할 때 더 높은 임금을 지급받기 때문에 이동의 인센티브가 더 작다. 따라서 이 나라들에서 미국으로 이주하는 사람들은 이주하지 않는 평균근로자에 비해 더 높은 숙련도를 갖는 경향이 있다.

미국에 비해 근로소득분배가 덜 균등한 나라들에서는 숙련근로자들이 상대적으로 좋은 대우를 받지만, 미국으로 이주하는 미숙련근로자에게 잠재적 이익이 크게 나타난다. 이 미숙련근로자들은 자신들의 국가 내에서 인적자본투자를 못하도록 방해를 받는지도 모른다(따라서 큰 근로소득격차가 의미하는 그러한 투자들에 대한 높은 수익을 얻을 기회를 갖지 못할 수 있다). 그 대신 그들의 인적자본투자는 미국으로의 이주와 미국에서

---

8) Aba Schwartz, "Interpreting the Effect of Distance on Migration," *Journal of Political Economy* 81 (September/October 1973): 1153~1167.

9) 이 절의 이론은 Andrew D. Roy, "Some Thoughts on the Distribution of Earnings," *Oxford Economic Papers* 3 (June 1951): 75~106로부터 발췌되어 보완되었다. 이 문제에 대한 보다 철저한 논의는 George J. Borjas, *Friends or Strangers* (New York: Basic Books, 1990), 특히 제1장과 7장을 참조하라.

예문 10.2

이주와 개인의 시간범위

경제이론에 따르면 시간범위(time horizon)가 더 긴 사람들이 인적자본투자를 할 가능성이 더 크다. 이주할 가능성이 매우 큰 사람들의 시간범위에서 이러한 이론적 시사점에 대한 증거를 확인할 수 있을까? 최근의 한 논문은 자신들의 아들·딸과 손자·손녀의 복지에 보다 큰 비중을 두는 사람들이 상당한 수준의 해외로부터의 이주비용을 부담하는 더 높은 성향을 가질 가능성을 조사한 바 있다.

1989년 이전에 소련(Soviet Union)은 불가능하지는 않았지만 유태인들이 해외로 이주하는 것을 어렵도록 만들었었다. 해외로의 이주신청에 많은 수수료가 들었고, 더욱이 신청자의 재산은 종종 몰수되었으며, 지원자의 일할 권리는 종종 정지되었었다. 그러나 1989년 소련의 붕괴 이후, 이러한 혼란은 제거되었다. 1989년 이전과 이후에 이주의 화폐적 편익은 거의 동일하였지만 그 비용은 상당히 감소하였다.

매우 높은 비용을 부담할 용의가 있었던 초기의 이주자들은 비용이 감소한 최근에야 비로서 외국으로 이주한 사람들과 어떻게 달랐을까? 한 연구는 초기에 이스라엘로 이주했던 유태인 여성들은 다른 면에서 비슷한 후기의 이주자들에 비해 대규모의 가족들을 (평균적으로 0.4~0.8 더 많은 자녀) 동반하였다는 증거를 발견한 바 있다. 이는 자녀에 대한 이주의 편익이 1989년 이전의 기간 동안에 이주 의사결정의 결정적인 요소였음을 암시한다.

마찬가지로, 51세에서 61세까지의 여성들에 대한 설문조사는 미국으로 이주하였던 할머니들은 미국에서 태어난 할머니들에 비해 1년에 200시간 이상의 더 많은 시간을 자신들의 손자·손녀들과 함께 보내고 있음을 보여주고 있다. 미국으로 이주하였던 할머니들은 또한 자신들이 [자신들의 모든 부(富)를 자신들에게 사용하는 것보다] 유산을 남기는 것을 중요하게 생각한다는 대답을 할 가능성이 더 크다.

따라서 해외로의 이주에 투자하는 사람들은 그렇지 않은 사람들에 비해 더 긴 시간범위(자신들의 아들·딸들과 손자·손녀들의 복지에 더 큰 비중을 둔다는 의미에서)를 갖고 있다는 이론적 시사점과 일관성을 갖는 증거들이 존재한다.

데이터출처: Eli Berman and Zaur Rzakhanov, "Fertility, Migration and Altruism," National Bureau of Economic Research working paper no. 7545 (February 2000).

일자리를 찾으려는 형태를 취할 수 있다. 개발도상국들은 상대적으로 근로소득분배가 불균등한 경향이 있으며, 따라서 이러한 나라들(그리고 특히 가장 가까운 멕시코)로부터의 이주자들은 비례적으로 볼 때 미숙련자들이 더 많을 것이라고 예상된다.

국제 및 국내이주로부터의 수익

이주자들은 일반적으로 자신들에게 더 큰 근로소득 기회를 허용하는 곳으로 이동한다는 것을 살펴보았다. 개별이주자들의 경우 이 근로소득 증가가 얼마나 큰지는 이동의 이유와 그 준비에 좌우된다.

경제적 이유로 인한 국내이주 이주로부터의 가장 큰 근로소득 증가는 더 좋은 일자리 제안에 의해 이동의 동기가 부여되었던, 그리고 이 더 좋은 일자리 제안을 자신들의 이전 일자리를 이직하기 전에 취해졌던 일자리탐색 과정을 통해 얻었던 사람들에게 나타난다고 기대할 수 있다. 이 범주에 속했던 20대 남성들과 여성들에 대한 한 연구는 1979~1985년 기간 동안의 이동의 경우, 근로소득이 비이주자들의 근로소득에 비해 14~18% 더 증가하였음을 밝힌 바 있다. 자발적으로 이직하여 사전에 일자리를 탐색하지 **않고** 경제적인 이유로 이주하였던 사람들조차도 제자리에 머물렀을 때에 비해 6~9% 더 많은 근로소득을 벌었다.[10] 경제적인 이유로 이주하였던 여성들과 남성들의 수익은 매우 비슷하였다.

가족이주(family migration) 대부분의 사람들은 가족과 함께 살며, 만약 가족 중에 고용된 사람이 한 명이 넘으면, 이주에 대한 의사결정은 가족구성원들에게 상이한 근로소득 효과를 미칠 가능성이 있다. 제7장으로부터 같이 거주하는 사람들이 실제로 어떻게 노동공급에 대한 공동의사결정을 내리는 가를 그럴 듯하게 설명하는 모형이 한 종류가 넘다는 것을 상기하겠지만, 이주의 경우에는 만약 **가족 전체**가 총근로소득의 순증가를 경험한다면 이동에 대한 의사결정이 당연히 내려질 수 있다. 물론 비록 이동의 결과 파트너 중 한 명의 근로소득이 하락하더라도 다른 파트너가 상대적으로 큰 이익을 경험하는 한, 총가족 근로소득은 증가될 수 있다. 가족의 이주에 대한 의사결정을 고려하게 되면 동반이주자(tied mover)의 문제가 제기되는데, 동반이주자들은 이동이 자기 자신들의 근로소득을 반드시 증가시키기 때문이 아니라 가족과 관련된 이유 때문에 이동에 동의한 사람들이다.

가족과 관련된 이유로 인한 일자리의 이직과 이주는 비록 이동하기 전 새로운 일자리의 탐색은 명백히 임금손실을 0으로 유지하도록 했지만, 1979~1985년 기간 동안에 이주하였던 20대의 연령을 가진 사람들에게 평균적으로 10~15%의 근로소득 하락을 발생시켰다.[11] 분명히 동반이주자로 이주하는 것은 개인에게는 비용을 초래할 수 있다. 여성들이 남성들에 비해 더 자주 가족과 관련된 이유 때문에 이동하지만, 더 많은 여성들이 대학 또는 대학원을 마치고 생애경력을 시작함에 따라, 여성들의 가족과 관련된 이유 때문에 이주할 용의는 줄어들 수 있다. 대학교육을 받은 부부들의 이동을 하지 않고도 많은 대안적인 일자리 기회에 접할 수 있는 대도시지역에 거주하려는 선호가 증가한다는 사실은 동반이주자로서의 이주비용이 존재한다는 것을 반영한다.[12]

---

10) Kristen Keith and Abagail McWilliams, "The Returns to Mobility and Job Search By Gender," *Industrial and Labor Relations Review* 52 (April 1999): 460~477.

11) Keith and McWilliams, "The Returns to Mobility and Job Search By Gender."

12) Dora L. Costa and Matthew E. Kahn, "Power Couples: Changes in the Locational Choice of the College Educated, 1940~1990," *Quarterly Journal of Economics* 115 (November 2000): 1287~1315.

해외로부터의 이주에 대한 수익 비록 멕시코로부터의 이주자들이 미국에서 받았던 임금을 이와 비교할 만한 근로자들에게 멕시코에서 지급된 임금과 비교하였을 때, 국경을 넘는 것으로부터의 이득이 2000년의 경우 연간 9,000달러에서 16,000달러의 범위(멕시코의 1인당 평균소득이 그 해 9,700달러였다는 사실에 비추어 비례적으로 큰 이익임)에 놓여있다는 것이 제시되기는 하였지만, **국제적**으로 이주한 사람들의 근로소득을 그들이 이주하지 않았더라면 받았을 근로소득과 비교하는 것은, 이주하기 이전 국가에서의 근로소득에 관한 데이터를 구할 수가 없기 때문에 일반적으로 불가능하다.[13)]

해외로부터의 이주 수익에 대한 대부분의 연구들은 해외로부터의 이주자들의 근로소득을 이주한 나라에서 태어난 근로자들(native-born workers)의 근로소득과 비교하는데 초점을 맞추어 왔다. 그림 10.1은 수십 년 전에 미국으로 이주한 남성들을 대상으로, 비슷한 기간의 노동시장 경험을 가진 본토에서 태어난 미국인들의 근로소득에 대한 그들 상대적 근로소득의 경로를 보여주고 있다. 해외로부터 최근에 이주한 사람들의 경험은 반영되지 않았지만, 그림 10.1은 시간이 흐름에 따른 해외로부터의 이주자들 상대적 근로소득에 대한 세 가지 일반화를 설명하고 있다. 첫째, 해외로부터의 이주자들은 미국에 처음 도착하였을 때, 본도에서 태어난 자신들과 유사한 근로자들보다 상당히 낮은 근로소득을 벌고 있다. 둘째, 각 연령그룹의 해외로부터의 이주자들이 미국에 도착할 당시의 근로소득은 그 이전에 미국에 도착한 동일한 연령그룹의 도착 당시의 근로소득에 비해 상

그림 10.1

해외로부터의 남성 이주자 연령대 별 비슷한 노동시장 경험을 가진 미국에서 태어난 남성들에 대한 상대적 근로소득비율

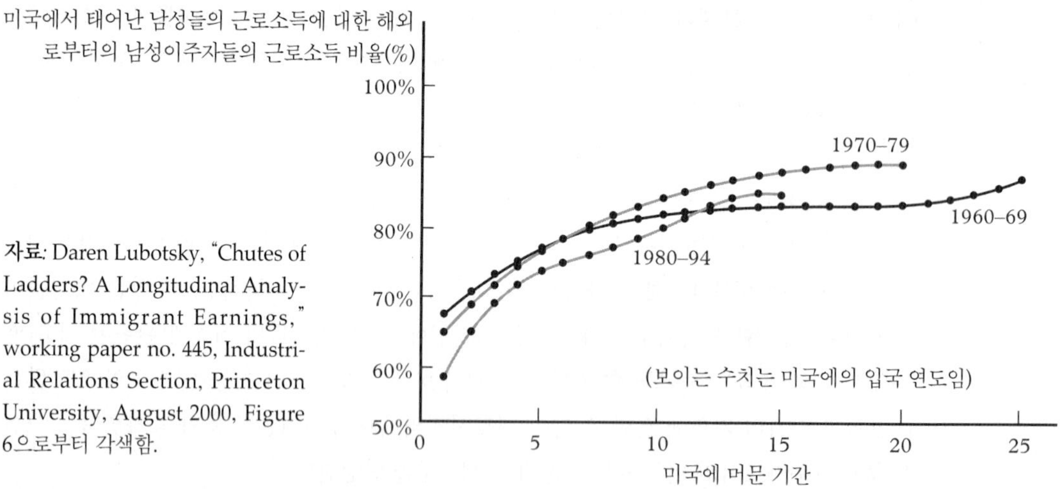

자료: Daren Lubotsky, "Chutes of Ladders? A Longitudinal Analysis of Immigrant Earnings," working paper no. 445, Industrial Relations Section, Princeton University, August 2000, Figure 6으로부터 각색함.

[13)] 3임금의 비교는 2000년 불변가격(달러)으로 표현되었으며, 동일한 연령의 동일한 교육을 받은 근로자들의 미국-멕시코 임금차이를 나타낸다. Gordon H. Hanson, "The Economic Consequences of the International Migration of Labor," *American Review of Economics* 1 (September 2009): 179~208 참조. 해외로부터 이주한 사람들에 대한 화폐수익을 추정하는 데의 문제점들에 대해 분석한 연구는 Ran Abramitzky, Leah Boustan, and Katherine Eriksson, "Europe's Tired, Poor, Huddled Masses: Self-Selection and Economic Outcomes in the Age of Mass Migration," *American Economic Review* 102 (August 2012): 1832~1856을 참조하라.

대적으로 낮았다. 셋째, 해외로부터의 이주자들의 **상대**근로소득은 시간이 흐름에 따라 증가하였는데, 이는 그들의 근로소득이 특히 미국으로의 이주 후 처음 10년 동안 본토에서 태어난 근로자들의 임금보다 더 빨리 증가하였음을 의미한다.

해외로부터의 이주자들의 초기근로소득 해외로부터의 이주자들이 본토에서 태어난 근로자들보다 처음에 상당히 낮은 근로소득을 벌어들인다는 사실은 놀랄 만한 일이 아니다. 심지어 교육의 효과들을 통제한 후에도(전형적인 해외로부터의 이주자는 본토에서 태어난 전형적인 근로자보다 더 교육을 더 적게 받았음), 해외로부터의 이주자들은 영어 구사의 어려움, 미국에서의 고용기회에 익숙하지 못함, 그리고 미국에서의 근로기록의 결여(그리고 이에 따른 그들의 생산성에 대한 사용자들의 불확실) 덕택에 더 낮은 근로소득을 벌게 된다.

뒤늦게 이주한 해외로부터의 이주자 그룹들의 초기근로소득이 미국에서 태어난 근로자들에 비해 상대적으로 하락한 사실에 대해서는 최근 몇 년 동안 널리 연구가 이루어졌다. 이는 미국으로의 이주자들이 점차로 상대적으로 교육수준이 낮은 나라들로부터 미국으로 이주하고 있으며, 따라서 해외로부터의 이주자들은 점점 더 적은 인적자본을 가지고 미국에 도착하고 있다는 사실을 반영하는 것처럼 보인다.[14)]

해외로부터의 이주자들의 근로소득 증가 해외로부터의 이주자들의 근로소득은 상대적으로 급속히 증가하는데, 이는 의심할 바 없이 그들이 도착 후 인적자본에 대해 높은 투자율을 갖고 있음을 반영한다. 이주 후 해외로부터의 이주자들은 전형적으로 근로경험과 향상된 영어실력을 얻는 형태로 자신들에게 투자하며, 이 투자는 그들이 받을 수 있는 임금을 상승시킨다. 예를 들어 한 연구는 영어의 능숙함이 해외로부터의 이주자 근로소득을, 평균적으로 미국에서는 17%, 캐나다에서는 12%, 그리고 호주에서는 9% 증가시킨다는 것을 밝힌 바 있다. 물론 모든 해외로부터의 이주자들이 영어에 능숙하게 되려는 똑같은 인센티브들을 갖는 것은 아니다. 자신들의 모국어로 사업이 이루어지는 고립된 장소(enclave)에 살고 있는 사람들은 영어를 배우려는 인센티브가 더 작을 수 있는 반면, 자신의 모국으로 돌아갈 수 없는 사람들은 영어를 배우는 데 시간과 돈을 투자할 더 큰 인센티브를 가지고 있다(정치적 망명자들이 후자의 그룹에 포함된다. 이에 대한 분석은 이 장의 마지막 부분에 실린 실증연구를 참조하라).[15)]

---

14) George Borjas, "The Economics of Immigration," *Journal of Economic Literature* 32 (December 1994): 1667~1717; and George Borjas, *Heaven's Door: Immigration Policy and the American Economy* (Princeton, N.J.: Princeton University Press, 1999).

15) Barry R. Chiswick and Paul W. Miller, "The Endogeneity between Language and Earnings: International Analyses," *Journal of Labor Economics* 13 (April 1995): 246~288; Barry R. Chiswick and Paul W. Miller, "Language Skills and Earnings among Legalized Aliens," *Journal of Population Economics* 12 (February 1999): 63~91; Heather Antecol, Peter Kuhn, and Stephen J. Trejo, "Assimilation via Prices or Quantities? Sources of Immigrant Earnings Growth in Australia, Canada, and the United States," *Journal of Human Resources* 41 (Fall 2006): 821~840; and Eli Berman, Kevin Lang, and Erez Siniver, "Language-Skill Complementarity: Returns to Immigrant Language Acquisition," *Labour Economics* 10 (June 2003): 265~290.

역이주 그림 10.1의 기초가 되는 데이터는 미국에 처음 도착한 이후 적어도 15년 동안 미국에서 일하며 남아있던 해외로부터의 이주자들로부터 수집되었다는 것을 이해하는 것은 중요하다. 그들은 이주에의 투자가 너무 성공적이어서 미국에 남아있었던 바로 그 사람들이다. 이주가 기대한 수익을 산출하지 못한 많은 사람들은 자신들의 모국으로 돌아가기로 결정하는 바, 실제로 모든 이동의 약 20%는 원래의 출발지로 되돌아간다.[16] 한 연구는 되돌아갈 가능성이 가장 큰 이주자들은 자신들이 처음에 이주하기로 결정하였을 때 **한계적 상황에 가장 가까웠던**(최소의 순이익을 기대하였던) 사람들이었다는 것을 밝힌 바 있다.[17] 역이주(return migration)는 이주는 다른 인적자본투자와 마찬가지로 위험을 수반하며, 모든 그러한 투자가 희망대로 성공하는 것은 아니라는 또 하나의 중요한 사실을 강조한다.

정책에의 응용: 해외로부터의 이주 제한

해외로부터의 이주에 대한 정책분야보다 경제학자들의 분석도구들이 더 중요한 곳은 없을 것이다. 해외로부터의 이주는 경제 및 문화적 결과인데, 해외로부터의 이주에 관한 사람들의 견해는 주로 문화적 다양성에 대한 그들의 태도에 크게 기반을 두고 있을지도 모른다는 몇몇 증거가 존재한다.[18] 그러나 해외로부터의 이주에 대한 공공토론은 너무도 흔히 그 경제적 결과에 대한 요구에 초점이 맞춰지고 있어, 경제이론을 사용하여 이러한 결과들에 대한 분석에 지침을 제공하는 것이 중요하다. 미국의 해외로부터의 이주에 대한 정책의 역사에 대해 간략하게 개요를 살펴본 후, 이 절에서는 현재 미국에서 많은 토론을 이끌어내고 있는 현상, 즉 미국에서 합법적으로 거주하는데 필요한 증서를 갖고 있지 않기 때문에 해외로부터의 이주 상태가 '공인되지 않은(unauthorized)'이라고 간주되는 이주근로자들의 경제적 효과를 자세히 분석할 것이다.

해외로부터 미국으로의 이주의 역사

미국은 그 부(富)와 높은 생활수준으로 인해 세계 거의 모든 지역으로부터의 이주자들에게 매력적인 부유한 나라이다. 독립국가로서의 최초 140년 동안, 미국은 근본적으로 해외로부터의 이주에 제한을 가하지 않는 정책을 유지하였다(해외로부터의 이주에 관한 유일한 주요 제한은 아시아인들과 죄수들에게 주어졌다). 미국의 산업화와 유럽의 정치적, 경

---

16) John Vanderkamp, "Migration Flows, Their Determinants and the Effects of Return Migration," *Journal of Political Economy* 79 (September/October 1971): 1012~1031; Fernando A. Ramos, "Outmigration and Return Migration of Puerto Ricans," in *Immigration and the Work Force*, eds. George J. Borjas and Richard B. Freeman (Chicago: University of Chicago Press, 1992); and Borjas, "The Economics of Immigration," 1691~1692.

17) George J. Borjas and Bernt Bratsberg, "Who Leaves? The Outmigration of the Foreign-Born," *Review of Economics and Statistics* 78 (February 1996): 165~176.

18) David Card, Christian Dustmann, and Ian Preston, "Immigration, Wages, And Compositional Amenities," *Journal of the European Economic Association* 10 (February 2012): 78~119.

표 10.1

공식적으로 기록된 해외로부터의 이주: 1901~2012년

기간	수(천명)	연간이주율(미국인구 천명에 대한 비율)	연도	수(천명)	연간이주율(미국인구 천명에 대한 비율)
1901~1910	8,795	10.4	2001	1,059	3.7
1911~1920	5,736	5.7	2002	1,059	3.7
1921~1930	4,107	3.5	2003	704	2.4
1931~1940	528	0.4	2004	95	3.3
1941~1950	1,035	0.7	2005	1,122	3.8
1951~1960	2,515	1.5	2006	1,266	4.2
1961~1970	3,322	1.7	2007	1,052	3.5
1971~1980	4,389	2.0	2008	1,107	3.6
1981~1990[a]	7,338	3.1	2009	1,131	3.7
1991~2000[a]	9,082	3.4	2010	1,043	3.4
			2011	1,062	3.4
			2012	1,031	3.3

[a] 1986년의 이주개혁 및 규제법(Immigration Reform and Control Act of 1986) 아래 사면을 허용 받은 해외로부터의 불법이주자들을 포함.

자료: U.S. Immigration and Naturalization Service, *Yearbook of Immigration Statistics 2012,* Table 1, at http://www.dhs.gov/yearbook-immigration-statistics-2012-legal-permanent- residents.

제적 격변이 수백만 명에게 이주를 매력적인 투자로 만들었던 1840년 이후 이주자들의 해외로부터의 유입이 특히 대규모로 이루어졌다. 공식적으로 기록된 해외로부터의 이주는 이주자들의 해외로부터의 **연간** 유입이 인구의 1%를 상회한 20세기의 처음 10년 동안에 절정을 이루었다(표 10.1 참조).

제약 1921년 의회는 국적을 기준으로 해외로부터의 이주의 연간할당량을 설정하는 할당법(Quota Law)을 채택하였다. 이 할당은 동유럽과 남유럽으로부터의 이주를 감소시키는 효과가 있었다. 이 법에 이어 동남유럽으로부터의 이주를 더욱 제한하는 다른 법률들이 1924년과 1929년에 뒤따르게 되었다. 해외로부터의 이주에 대한 정책이 이렇게 여러 번 수정된 것은 부분적으로 동유럽과 남유럽으로부터의 미숙련근로자들의 이주가 본토에서 태어난 근로자들의 고용에 불리한 효과를 미친다는 근거 없이 주장된 우려가 광범위하게 제기됨으로써 그 동기가 유발되었기 때문이다.

1965년에 이주 및 국적법(Immigration and Nationality Act)이 통과됨으로써 북부유럽과 서부유럽 사람들에게 매우 유리하였던 출신국가를 기초로 한 할당제도는 폐지되었다. 1990년에 수정된 이 법률 하에서는, 전체 해외로부터의 이주자가 공식적으로 제한

되었는데, 대부분의 자리는 가족재결합의 목적으로 유보되었고 상대적으로 소수(약 20%)가 고용목적으로 허가를 받은 특수한 기술을 가진 해외로부터의 이주자들을 위해 유보되었다. 자신들의 조국에서의 박해와 관련된 일정기준을 충족시켜야만 하는 정치적 망명자들은 숫자의 제한 없이 허가를 받았다. 그러나 미국으로의 이주가 합법적으로 미국으로 이주할 수 있는 사람들보다 훨씬 많은 사람들에게 매우 가치 있는 투자라는 사실은 사람들에게 공식적인 승인이 없더라도 미국에 거주하려는 인센티브를 제공하였다.

공인되지 않은(unauthorized) 해외로부터의 이주 공인되지 않은 해외로부터의 이주는 합법적으로 입국하지만 체류기간을 넘기거나 입국사증(VISA)의 규정을 위반한 이주자들, 그리고 불법적으로 입국하는 이주자들이라는 대체로 비슷한 크기의 두 부류로 나누어질 수 있다. 2011년의 평균적인 어떤 날에 약 15만 명이 보통 학생 또는 방문자로 비이주입국사증(nonimmigrant visa)을 받고 미국에 입국한다.[19] 일단 입국하게 되면, 학생 또는 방문자 입국사증을 갖고 일을 하는 것이 공인되지 않기는 하지만 외국인들은 일자리를 찾을 수 있다. 만약 학생 또는 방문자가 일자리를 제공받으면, 비록 고용이 가능한 이주자로서 승인을 받을 가능성이 보통 근로자의 경우에는 희박하긴 하지만, 그 사람은 합법적인 영주권자가 되기 위한 '신분조정(adjustment of status)'을 신청할 수 있다.

그러나 많은 해외로부터의 이주자들은 입국사증 없이 미국에 입국한다. 카리브해 지역으로부터의 이주자들은 종종 푸에르토리코를 통해 입국하는데, 푸에르토리코의 거주자들은 미국시민으로서 미국본토로의 자유로운 진입이 허용된다. 다른 사람들은 멕시코 국경을 넘어 도보로 입국한다. 또 다른 사람들은 미국으로 밀입국하거나 또는 입국검사소를 통과하기 위해 가짜 서류를 사용한다. 2005년~2010년 사이에 국경경비가 강화되고 빈 일자리가 적어짐에 따라 연간 증가 수가 약 30만 명으로 하락하기는 했지만, 1995년과 2004년 사이에 미국에 거주하는 공인되지 않은 해외로부터의 이주자들의 수 **연간증가**는 60만 명에 근접하는 것으로 추정되고 있다. 공인되지 않은 해외로부터의 이주자들의 총 인원은 2007년 약 1,200만 명으로 최고 수준이 되었지만 2008년과 2009년의 경기침체와 함께 이들 이주자 중 일부가 미국을 떠났던 것으로 추정된다. 2011년에는 공인되지 않은 해외로부터의 이주자들의 숫자가 1,150만 명에 근접하는 것으로 추정되었다. 모든 공인되지 않은 해외로부터의 이주자들의 거의 3/4은 멕시코(59%)와 중앙아메리카(14%)로부터의 이주자들이다.[20]

---

19) Randall Monger, "Nonimmigrant Admissions to the United States: 2011," *Annul Flow Report,* U.S. Department of Homeland Security, Officer of Immigration Statistics (Washington, D.C., July 2012), at http://www.dhs.gov/xlibrary/assets/statistics/publications/ni_fr_2011.pdf.

20) Michael Hoefer, Nancy Rytina, and Bryan C. Baker, "Estimates of the Unauthorized Immigrant Population Residing in the United States: January 2011," U.S. Department of Homeland Security, Officer of Immigration Statistics (Washington, D.C., March 2012). 또한 Gordon H. Hanson, "Illegal Migration from Mexico to the United States," *Journal of Economic Literature* 44 (December 2006): 869~924 참조.

2013년 현재 미국인들은 공인되지 않은 해외로부터의 이주에 대해 무엇을 해야 하는가를 놓고 분리되어 있었다. 특히 멕시코와의 국경을 따라 국경경비를 강화해야 한다는 측구가 존재하였고, 그와 같은 해외로부터의 이주가 저임금 근로자들의 수를 증가시키고, 본토에서 태어난 근로자들의 임금을 하락시키며, 정부지출에 공인되지 않은 이주자들이 세금으로 납부하는 것보다 더 큰 수요를 유발시킴으로써 미국인들 전체에 해가 된다는 주장도 제기되었다. 다른 한편에서는 사증이 없는 해외로부터의 이주자들이 미국인들이 점차 자발적으로 수행할 용의가 없는 업무들을 수행함으로써 유용한 경제적 기능을 이행하고 있어 그들에게 합법적인 거주권을 취득하는 경로가 주어져야 한다는 주장도 존재하였다. 해외로부터의 이주가 이주를 받아들이는 국가에 미치는 경제적 효과를 분석하기 전에, 현재의 논쟁 초점인 멕시코로부터의 이주자들에 대해 간략히 서술하기로 한다.

멕시코로부터의 이주자들 멕시코로부터 미국으로의 이주는 공인되었든 되지 않았든 두 나라 사이의 1인당 소득의 엄청난 격차와 두 나라가 긴 국경을 맞대고 있다는 사실의 두 가지 이유 때문에 대규모이다. 2007년 거의 1,200만 명의 멕시코로부터의 이주자들이 미국에 거주하고 있었는데, 그들은 외국에서 태어난 전체인구의 약 1/3을 차지하고 있다.[21] 1,200만 명 중 약 1/2이 사증을 소지하지 않은 이주자다.

앞에서 미국에서 발견되는 것보다 **더 넓은** 근로소득 분포를 가지고 있는 나라의 경우, 미국으로의 이주는 대체로 그 기술 분포의 하단으로부터 발생할 것을 기대하게 된다는 것을 암시하는 이론을 검토했었다. 멕시코의 교육수준이 일반적으로 더 낮기 때문에 전형적 멕시코인 미국으로의 이주자는 평균적인 미국인보다 교육을 덜 받은 반면, 가장 최근의 멕시코로부터의 이주자들은 멕시코의 기술 분포의 최하위가 아니라 **중간**에 속한 사람들이었다. 예를 들어 28세~37세 사이의 멕시코 남자에 초점을 맞추면, 멕시코에서 이 그룹의 23%는 10년에서 15년 사이의 학교교육을 받았다. 그러나 미국으로의 최근 이주자들 중 40%가 10년에서 15년 사이의 교육을 받은 사람들이었다. 이와는 대조적으로 멕시코에서 이 연령그룹의 약 2/3는 10년 미만의 학교교육을 받은 반면, 멕시코로부터 미국으로 이주하는 사람들의 단지 약 1/2만이 10년 미만의 교육을 받았다. 왜 멕시코 교육 분포의 더 낮은 수준이 아닌 **중간수준**의 사람들이 이주자 그룹에 과도하게 나타나는가?

국경을 넘는 데 비용이 많이 드는데, 그 비용은 미국이 2002년 이래 국경감시를 엄격히 한 이후에 더 증가하였다. 미국으로의 이주가 많이 이루어지는 멕시코 지역에서 행해진 설문조사들에 의하면, 사증을 소지하지 않은 이주자들의 80~95%가 밀입국서비스['코요테(coyote)'라 불리는 밀입국 안내인]를 이용하며, 이들은 자신들이 국경을 넘을 수 있도록 미리 밀입국 안내인에게 비용을 지급한다. 2004년에 밀입국 안내인들이 부과하는 평균수수료는 약 2,000달러(2012년 불변가격)로 알려지고 있는데, 이는 멕시코 1인당 연

[21] U.S. Census Bureau, "Race and Hispanic Origin of the Foreign-Born Population in the United States: 2007," American Community Survey Reports (Washington, D.C.: January 2010). 이 절의 나머지 데이터는 Hanson, "Illegal Migration from Mexico to the United States."로부터 인용되었다.

간소득의 상당한 부분이다. 나아가 이 돈을 사용하고도 여전히 체포될 (그리고 멕시코로 되돌아올) 확률이 아마도 약 50%이다. 추정치들은 이 투자가 미국에서의 8~11주의 근로로 회수될 수 있음을 제시하기는 하지만, 수수료는 가장 가난한 멕시코 사람들이 아마도 극복할 수 없는 상당한 신용제약에 해당하는 액수이다.

사람들이 주창하는 해외로부터의 이주에 대한 정책들은 해외로부터의 이주가 사용자들, 소비자들, 납세자들, 그리고 여러 숙련도와 인종 배경을 가진 근로자들에게 미치는 결과에 대한 자신들의 믿음에 기초한다. 이 주제에 대해 의견을 가지고 있는 거의 모든 사람들은, 이 결과들을 이야기할 때 마음속에 암묵적으로 또는 명시적으로 경제모형을 갖고 있다. 다음 절의 목적은 이 경제모형들을 명시적으로 제시하여 그 결과들을 평가하는 것이다.

해외로부터의 이주에 대한 단순한 견해

해외로부터의 불법이주에 대해서는 순진하다고 생각될 수 있는 두 가지 상반된 견해가 있다. 그 중 하나의 견해는 고용된 모든 해외로부터의 불법이주자가 시민 또는 합법적 거주사로부터 일자리를 빼앗는다는 것이다. 예를 들어 한 노동부(Department of Labor) 공무원은 해외로부터의 이주에 대해 조사하는 하원위원회에서 "나는 만약 해외로부터의 이주자들이 실제로 고용된다면, 그들은 우리 미국 시민들 중의 한 명으로부터 일자리를 빼앗아 가는 것이라고 결론짓는 것이 논리적이라고 생각한다."라고 진술하였다. 이 견해에 따르면, 만약 x명의 불법이주자들이 추방되고 다른 불법이주자들이 입국하지 않는다면 미국인 실업자 수는 x만큼 감소하게 된다.

위와 같은 논리에 정반대되는 정책 대안은, 불법이주자들은 미국시민 아무도 담당하지 않으려는 직무를 수행한다는, 똑같이 순진한 주장이다. "만약 단순노동자(rough laborer)들이 없었다면, 뉴욕에서 호텔을 경영할 수 없었으며, 뉴욕에서 레스토랑을 경영할 수도 없었다. ... 더 이상 단순노동자들을 확보할 수가 없었다. ... 그렇게 거친 일을 할 사람들을 어디에서 구할 수 있을까?[22]

두 주장 모두 수요곡선과 공급곡선의 기울기를 무시하기 때문에 단순하다고 할 수 있다. 예를 들어 대부분의 미국시민들이 싫어하는 '단순노동자들'의 일자리에 대한 노동시장을 고려하기로 하자. 해외로부터의 불법이주자들이 없다면, 이 시장에 대한 미국인들의 제한된 노동공급은 상대적으로 높은 임금(그림 10.2의 W_1)을 의미하게 된다. N_1의 미국시민들이 고용될 것이다. 만약 불법이주자들이 시장에 진입한다면, 공급곡선은 우측으로 이동하며 아마도 편평해지게 된다(단순노동자들의 임금인상에 미국시민들보다는 해외로부터의 이주자들이 더 민감하게 반응한다는 것을 의미함). 불법이주자들의 유입은 임금을 W_2로 하락시키게 되지만 고용은 N_2로 증가할 것이다.

---

[22] 이 절의 두 인용문은 모두 Elliott Abrams and Franklin S. Abrams, "Immigration Policy—Who Gets In and Why?" *Public Interest* 38 (Winter 1975): 25~26에서 발췌되었다.

그림 10.2

단순노동자들에 대한 수요와 공급

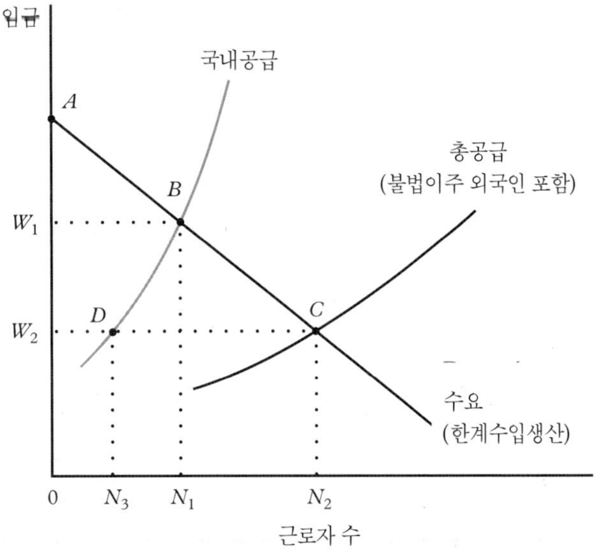

미국인들은 단순노동자들의 일을 할 용의가 없는가? 분명히 W_2의 시장임금에서는 훨씬 많은 해외로부터의 이주자들이 미국시민들에 비해 일할 용의를 갖게 된다. 오직 N_3의 시민들만이 이처럼 낮은 임금에서 이 일자리들을 원하게 되는 반면, 나머지 공급(N_2-N_3)은 전적으로 해외로부터의 이주자들로 구성된다. 그러나 해외로부터의 이주자들이 없다면, N_1의 미국인들이 W_1의 임금으로 단순노동자들로서 고용될 것이다. 이 노동으로 생산된 재화 또는 서비스의 가격과 마찬가지로 임금은 더 높아지지만, 이 일자리들의 직무는 수행될 것이다. W_2라는 낮은 임금수준에서만 미국시민들의 유일한 공급부족이 있게 된다. 즉 W_1에서는 공급부족이 나타나지 않는다(노동부족에 대한 논의는 제2장을 검토하라).

단순노동자로서 일을 하는 해외로부터의 불법이주자들을 추방하면, 미국시민들을 위한 똑같은 수의 일자리가 만들어지는가? 여기에 대한 대답은 분명히 아니오이다. 만약 단순노동자로서 일을 하는 N_2-N_3만큼의 해외로부터의 이주자들이 추방되고 다른 모든 해외로부터의 불법이주자들이 시장으로부터 격리된다면, 단순노동자로서 고용되는 미국인들의 수는 N_3으로부터 N_1로 증가할 것이며, 그들의 임금은 W_2로부터 W_1로 상승하게 된다(그림 10.2). N_2-N_1의 일자리들은 추방과 관련된 임금상승에 의해 없어지게 된다. 따라서 추방이 단순노동자들의 시장에서 미국인들의 고용과 임금수준을 상승시키지만, 확실히 1:1의 비율로 고용을 증가시키지는 않는다.[23)]

23) 캘리포니아로 이주한 매 다섯 명의 매니큐어를 칠 하는 베트남 사람들마다 세 개의 새로운 일자리가 순전히 창출되었음을 제시하는 연구는 Maya N. Federman, David E. Harrington, and Kathy J. Krynski, "Vietnamese Manicurists: Are Immigrants Displacing Natives or Finding New Nails to Polish?" *Industrial and Labor Relations Review* 59 (January 2006): 302~318을 참조하라.

그림 10.3
최저임금이 설정될 경우 단순노동자들에 대한 수요와 공급

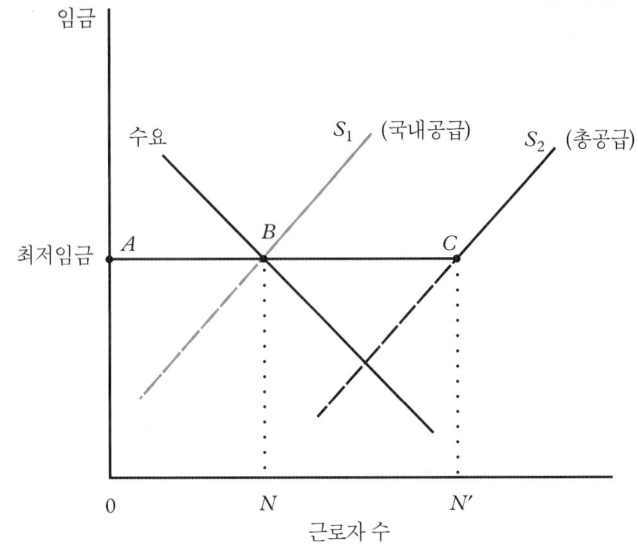

그러나 추방이 미국시민들의 일자리를 1:1의 비율로 창출시키게 **되는** 하나의 조건이 있다. 즉 연방최저임금법이 노동잉여를 창출시킬 경우이다. 예를 들어 '미국에서 태어난' 근로자들의 공급이 그림 10.3의 ABS_1, 총공급이 ACS_2로 각각 나타난다고 가정하자. 인위적으로 높아진 임금이 노동잉여를 창출하였기 때문에, 최저임금으로 일할 용의가 있는 N'의 근로자들 중 단지 N명만이 실제로 고용될 수 있다. 만약 그들 중 일부가 해외로부터의 불법이주자들이라면, 다른 해외로부터의 이주자들이 이 일자리들에 접근하는 것을 성공적으로 막으면서 이들을 자기 나라로 추방하게 되면, 동일한 수의 미국인들에게 일자리들을 창출시키게 된다. 그러나 추방 후 임금수준이 상승하는 것을(따라서 일자리가 없어지는 것을) 막기 위해서는, 수요곡선이 점 B 또는 점 B의 왼쪽에서 국내공급곡선(ABS_1)과 교차해야만 할 것이다.

위의 분석들은 저임금노동자인 해외로부터의 이주자들이 일자리에 접근하는 것이 금지될 때, 사용자들이 저임금노동이 풍부하게 공급되는 나라들로 일자리들을 이전할 수 있다는 가능성을 무시하고 있다. 따라서 외국의 미숙련근로자들이 미국에서 고용되든 또는 다른 곳에서 고용되든, 미숙련 미국근로자들은 이들과 어쨌든 경쟁 상태에 있는 것은 당연한 일이다. 그러나 모든 생산물들이 수입될 수 있는 것은 아니기 때문에(예를 들어 미숙련 근로자들에 의한 대부분의 서비스들은 소비가 이루어지는 장소에서 수행되어야 함), 모든 미숙련 일자리들이 해외로 이동할 수 있는 것은 아니다. 그러므로 다음의 분석은 미숙련일자리들의 '수출'이 불가능한 또는 매우 비용이 드는 상황에 계속하여 초점을 맞출 것이다.

이익을 보는 자와 손실을 입는 자에 대한 분석

해외로부터의 이주는 미국근로자들에게 해가 된다는 주장은 그림 10.2에 보이는 것과 같

은 단일시장분석에 종종 기초하고 있다. 해외로부터의 이주가 단순노동자들의 공급을 증가시킬 때, 단순노동자로서 일하는 미국시민들의 임금과 고용수준은 모두 감소된다고 주장된다. 미국 노동자들에게 지급되는 총임금(total wage bill)은 그림 10.2의 $W_1 0 N_1 B$로부터 $W_2 0 N_3 D$로 하락한다. 일부 미국근로자들은 감소된 임금에 대응하여 시장을 떠나며, 시장에 머무르는 근로자들은 더 적게 벌게 된다.

그러나 비록 미숙련노동의 해외로부터의 이주가 국내노동자들에게 불리한 영향을 미치더라도, 해외로부터의 이주가 미국인들 **전체**에게 필연적으로 해가 된다고 결론을 내리는 것은 실수일 것이다. 외국근로자들의 유입으로부터 나타날 것으로 기대되는 이익과 손실을 좀 더 가까이 살펴보기로 하자.

소비자들 '값싼 노동'의 해외로부터의 이주는 이 노동의 생산물을 사용하는 소비자들에게는 분명히 편익을 준다. 임금이 감소되고 고용이 증가함에 따라, 이 노동에 의해 생산되는 재화와 서비스는 그 수량이 증가되고 그 가격은 하락한다. 실제로 최근의 연구는 해외로부터의 (아마 가계 및 육아서비스를 제공하는) 저숙련노동의 유입이 대학을 졸업한 미국여성들이 동시에 자녀를 기르면서 직장생활을 추구하는 것을 보다 용이하게 만들었음을 암시하고 있다.[24)]

사용자들 단순노동자의 사용자들은 (위의 예를 계속한다면) 적어도 단기적으로는 명백히 편익을 얻는다. 그림 10.2에서 이윤은 $W_1 AB$로부터 $W_2 AC$로 증가한다. 이 이윤의 증가는 두 가지 주요한 효과를 갖게 될 것이다. 자본에 대한 수익을 증가시킴으로써, 투자자들이 공장과 설비에 투자를 증가시키는 신호로서의 역할을 하게 될 것이다. 증가된 이윤은 또한 더 많은 사람들이 사용자가 되도록 유발시킬 것이다. 자본과 사용자 수의 증가는 궁극적으로 이윤을 그 정상수준으로 하락시키겠지만, 최종적으로 국가의 자본보유량은 증가되고 일부 근로자들이 사용자가 될 수 있는 기회들이 창출된다.

'단순노동자' 노동시장의 근로자들 제3장과 4장으로부터 노동에 대한 수요곡선은 대체효과와 규모효과 모두에 의해 영향을 받는다는 것을 기억할 것이다. 이 두 효과를 고려하는 것은 해외로부터의 이주가 본토에서 태어난 근로자들에 어떻게 영향을 미치는지를 이해하는데 결정적으로 중요하다.

해외로부터의 이주가 본토에서 태어난 근로자들에게 어떻게 영향을 미치는지에 대한 분석을 시작하기 위해, (그림 10.2를 그리는데 암묵적으로 가정했던 바와 같이) 해외로부터의 이주자들과 본토에서 태어난 근로자들이 정확히 동일한 기술을 갖고 있으며, 따

24) Delia Furtado and Henrich Hock, "Low Skilled Immigration and Work-Fertility Tradeoffs Among High Skilled US Natives," *American Economic Review: Papers and Proceedings* 100 (May 2010): 224~228; and Patricia Cortes and Jose Tessada, "Low-Skilled Immigration and the Labor Supply of Highly Skilled Women," *American Economic Journal: Applied Economics* 3 (July 2011): 88~123.

라서 완전히 서로 대체할 수 있다고 가정하자. 달리 표현하면 해외로부터의 저숙련이주자들과 본토에서 태어난 저숙련근로자들이 동일한 노동시장에 존재한다고 가정함으로써 분석을 시작하기로 하자. 해외로부터의 이주 덕택에 이 시장으로의 공급이 증가하면 임금과 고용에 미치는 효과는 그 시장 노동수요곡선의 **탄력성**에 아주 크게 좌우된다. 예를 들어 그림 10.2의 노동수요곡선이 그려진 곡선보다 더 편평했다면(보다 탄력적이었다면) 그림에 나타난 변화보다 근로자들의 임금하락은 더 작아지고 그들의 고용증가는 더 커지게 된다는 것을 아는 것은 어렵지 않다.

무엇이 보다 탄력적인 노동수요곡선을 만들게 될까? 제3장과 4장의 분석에 따르면, 대체효과와 규모효과가 모두 더 클 때 노동수요곡선이 더 탄력적이라는 것이 암시된다. 즉 노동공급의 증가 덕택에 근로자들의 임금이 하락하기 시작할 때 (a) 더 낮아진 생산비용이 소비자수요의 더 큰 증가를 자극하고(규모효과), 그리고 (b) 어떤 주어진 산출량 수준을 생산하더라도 노동이 더 많이 사용되면(대체효과) 사용자들에 의한 노동수요량의 증가는 더 커질 것이다. 그렇다면 해외로부터 이주근로자들의 유입이 있을 경우, 더 커진 규모 및 대체효과는 본토에서 태어난 근로자들의 임금하락(그리고 따라서 그 시장의 근로로부터 자신들이 이탈되는 정도)을 완화시킬 것이다.

위의 단순노동자들에 대한 이제까지의 시장분석은 이주자들의 해외로부터의 유입이 (그림 10.2에서 고정된 채로 유지되었던) 근로자들에 대한 수요곡선을 **이동**시키지 않는 것으로 가정하였다. 그러나 해외로부터의 이주는 미국의 소비인구를 증가시킴으로써 기계공, 버스기사, 판매원, 교사, 건설근로자, 트럭기사 등등의 수요를 증가시킨다. 이러한 인구증가의 일부는 더 많은 (지붕을 잇는 사람과 정육업자 같은) 단순노동자들을 직접 필요로 할 수 있지만, 더 많은 본토에서 태어난 근로자들이 가정 밖에서 일하고 있거나, 또는 더 오래 일하고 있기 때문에 다른 저임금일자리(조경근로자, 주차장 관리원, 육아서비스 종사자)에 대한 수요증가도 발생할 수 있다.[25] 만약 그림 10.2의 노동수요곡선이 우측으로 이동한다면 단순노동자의 시장에서 임금에 대한 하락효과는 더욱 완화되게 된다(만약 수요곡선의 이동이 충분히 크다면 노동자들의 임금은 심지어 증가할 수도 있다).

다른 노동시장들의 근로자들 단순노동자들의 유입이 **다른** 노동시장들의 본토에서 태어난 근로자들에게 어떻게 영향을 미치는 지를 고려하기로 하자. 비록 숙련노동시장이라는 용어가 진정으로 의미하는 바는 이 시장의 일자리들이 본토에서 태어난 근로자들을 해외로부터의 이주자들로 대체하는 것을 어렵게 만드는 (영어로 분명하게 소통하는 능력 같은) 특성을 필요로 한다는 것이지만 설명의 편의를 위해 이 다른 노동시장들을 '숙련'노동시장으로 부를 것이다.[26]

숙련노동시장 근로자들의 경우 단순노동자 노동시장에서의 임금변화는 서로 반대방

---

25) Delia Furtado and Henrich Hock, "Low Skilled Immigration and Work-Fertility Tradeoffs Among High Skilled US Natives,"; and Patricia Cortes and Jose Tessada, "Low-Skilled Immigration and the Labor Supply of Highly Skilled Women."

26) Giovanni Peri and Chad Sparber, "Task Specialization, Immigration, and Wages," *American Economic Journal: Applied Economics* 1 (July 2009): 135~169.

그림 10.4
'숙련'노동시장

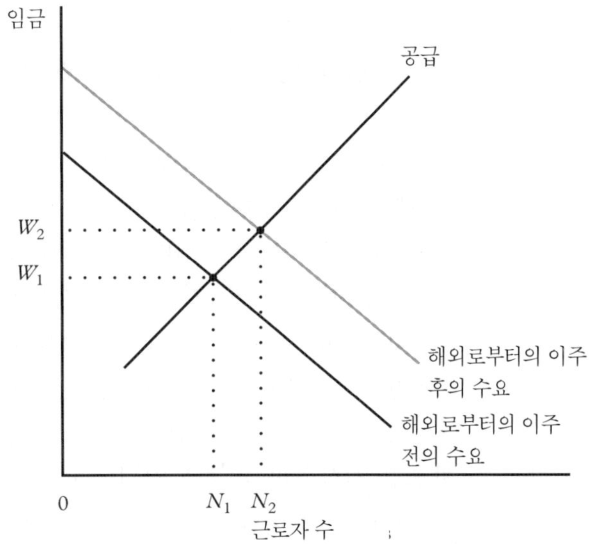

향으로 작용하는 규모와 대체효과를 가질 것이다. 만약 단순노동자들의 임금이 하락하면, 그리고 숙련 및 미숙련 근로자들이 생산에 있어 대체관계에 있다면, 대체효과는 숙련근로자들에 대한 수요를 **감소**시키는 경향이 있을 것이다. 그러나 미숙련노동의 비용감소는 또한 숙련노동에 대한 수요를 증가시키는 규모효과의 계기가 될 수 있는데, 이 규모효과의 크기는 앞에서 주목한 인구의 전반적인 증가에 의해 확대되게 된다. 어떤 효과가 압도할까?

규모효과가 압도하고, 따라서 두 등급의 노동이 생산과정에서 대체관계에 있다면 숙련근로자들에 대한 수요가 미숙련노동의 해외로부터의 이주에 의해 증가된다는 것을 이론적 분석으로는 **입증**할 수 없다. 그러나 숙련근로자들에 대한 수요의 증가는 분명한 가능성으로 남아있다. 만약 규모효과가 압도하면 그림 10.4에 보이는 바와 같이 숙련근로자들에 대한 수요곡선의 우측 이동은 숙련노동시장들의 임금과 고용을 증가시키는 경향이 있을 것이다. (물론 대체효과가 존재하지 않기 때문에 생산과정에서 미숙련노동과 **보완관계**에 있는 어떤 형태의 노동이라도, 예를 들어 감독직 근로자들은 미숙련이주자들의 해외로부터의 유입으로부터 이익을 얻으리라 기대할 수 있다.)

미국에서 태어난 근로자들에게 미치는 효과에 대한 실증추정치 해외로부터의 불법이주가 미국근로자들에게 미치는 효과에 대한 격앙된 우려 때문에, 많은 실증연구는 해외로부터 저숙련이주자들의 유입이 미국의, 특히 저숙련근로자 부문들의 근로자들에게 미치는 효과에 초점을 맞추어 왔다. 대체로 이 연구들은 두 종류의 일반적 접근법을 취하고 있다.

한 가지 접근법은 지리적 영역에서 근로자들의 일부분을 이루고 있는 해외로부터의 미숙련이주자들이 미국에서 태어난 근로자들, 특히 그 지역의 저숙련근로자들의 임금에 어떤 영향을 미치는가를 살펴보는 것이다. 이 연구들에서는 해외로부터의 이주자들이 최선의 기회를 가지고 도시에 진출할 가능성을 주의 깊게 고려해야만 한다. 이 가능성을 고려한 후, 이 접근법을 택한 대부분의 연구들은 지난 20년 동안 해외로부터 유입된 저숙련 이주자들은 고등학교를 졸업하거나 중퇴한 근로자들의 임금에 꽤 작은 (또는 심지어 무시할 만한) 효과를 미쳤다는 것을 밝히고 있다.[27] 이 접근법의 변형된 연구는 예문 10.3에 요약되어 있다.

그러나 일부 경제학자들은 관찰의 단위로 도시들을 사용하여 해외로부터의 이주가 미치는 효과를 추정하는 것은 미국에서 태어난 사람들에 미치는 임금효과의 추정치들이 0이 되도록 편의(bias) 시킨다고 주장한다. 그들은 많은 미국에서 태어난 저숙련근로자들이 도시를 떠남으로써 (자신들과 일자리를 경쟁하는) 해외로부터의 이주자들의 유입에 반응하며, 따라서 이러한 연구들은 그들의 임금에 미치는 궁극적인 효과를 측정하는데 실패한다고 주장한다. 미국에서 태어난 근로자들이 해외로부터의 이주에 이와 같은 방식으로 반응하는가, 그리고 만약 그렇다면 얼마나 빨리 반응하는가는 아직까지 결말이 나지 않은, 사실을 따져야하는 문제이다.[28]

미국에서 태어난 근로자들이 해외로부터의 이주에 반응하여 이주하기 때문에, 지역을 기반으로 한 연구들이 편의된 결과들을 도출할 가능성은 해외로부터의 이주가 미국에서 태어난 근로자들에게 미치는 효과를 추정하는 두 번째 접근법을 유도하였다. 이 방법은 (교육과 경험에 의해 정의된) 구체적 인적자본 그룹들의 임금이 이 그룹들에서 해외로부터의 이주자들이 차지하는 구성비율의 변화에 의해 **시간이 흐름에 따라** 어떤 영향을 받는가를 국가적인 수준에서 분석한다. 이 접근법은 (a) 인적자본 그룹들 **내**에서 해외로부터의 이주자들과 본토에서 태어난 근로자들과의 대체가능성 정도, 그리고 (b) 노동공급의 변화에 대한 시간이 흐름에 따른 자본투자의 반응에 대한 가정들을 필요로 한다. 이 두 번째 접근법을 사용한 연구결과들은 이러한 가정들에 의해 크게 영향을 받는데, 미국에서 태어난 근로자들에 미치는 효과의 추정치들은 다양하다. 몇몇 연구는 해외로부터의 이주가 이주자들과 비슷한 숙련도를 가진 미국에서 태어난 근로자들의 임금을 하락시킨다는 것을 밝힌 반면, 다른 연구들은 미국에서 태어난 미숙련 및 숙련 근로자 모두의 임금이 증가되었음을 밝히고 있는데, 두 종류 연구 모두에서 변화의 크기는 작은 경향을 보였다.[29] 그러나 연구자들은 해외로부터의 이주 증가로부터 어떤 형태라도 부정적인 임금

---

27) 이 주제에 관한 문헌에 대한 검토는 Hanson, "The Economic Consequences of the International Migration of Labor," and David Card, "Immigration and Inequality," *American Economic Review: Papers and Proceedings* 99 (May 2009): 1~21을 참조하라.

28) Card, "Immigration and Inequality."

29) Giovanni Peri, "Rethinking the Area Approach: Immigration and the Labor Market in California," *Journal of International Economics* 84 (May 2011): 1~14; Gianmarco I.P. Ottaviano and Giovanni Peri, "Rethinking the Effect of Immigration on Wages," *Journal of the European Economic Association* 10 (February 2010): 152~197; George J. Borjas, Jeffrey Grogger, and Gordon H. Hanson, "Immigration and the Economic Status of African-American Men," *Economica* 77 (April 2010): 255~282; Abdurrahman Aydemir and George J. Borjas, "Attenuation Bias in Measuring the Wage Impact of Immigration," *Journal of Labor Economics* 29 (January 2011): 69~112; Gordon H. Hanson, "The Economic Consequences of the International Migration of Labor"; David Card, "Immigration and Inequality"; and Steven Raphael and Eugene Smolensky, "Immigration and Poverty in the United States," *American Economic Review: Papers and Proceedings* 99 (May 2009): 41~44.

예문 10.3

마리엘항으로부터의 보트승선에 의한 이주가 마이애미의 임금과 실업률에 미친 효과

1980년 5월부터 9월 사이에 약 125,000명에 달하는 쿠바인들에게 쿠바의 마리엘항(port of Mariel)으로부터 마이애미(Miami)로의 이주가 허용되었다. 전체의 1/2이 영구적으로 마이애미에 정착하였던 이 이주자들은 6개월이 채 못 되어서 마이애미 전체의 노동력을 7% 증가시켰다. '마리엘 항을 떠난 사람들' 중 2/3는 고등학교를 마치지 않았기 때문에, 그리고 미숙련근로자들이 마이애미 근로자들의 약 30%를 차지하였기 때문에, 이 짧은 기간 동안에 마이애미의 **미숙련**근로자들 수는 16% 이상 증가하였을 가능성이 있었다! 노동시장 규모의 그러한 현저하고 신속한 증가는 매우 이례적이지만, 이는 이주자들을 받아들인 지역에서의 해외로부터의 이주의 결과들에 관한 흥미로운 '자연적 실험'의 기회를 제공한다.

만약 해외로부터의 이주가 이를 받아들이는 지역의 임금에 부(−)의 효과를 미친다면, 마이애미 미숙련근로자들의 임금이 숙련근로자들의 임금에 비해, **그리고** 다른 비교할 만한 도시들의 미숙련근로자들의 임금에 비해 하락했던 것을 관찰하였으리라 기대하게 된다. 이러한 상대적 하락은 발생하지 않았다. 사실 마이애미 흑인 미숙련근로자들의 임금은, 비교대상인 네 도시(애틀랜타, 로스앤젤레스, 휴스턴, 그리고 탬파)의 흑인 미숙련노동자들의 임금에 비해 실제로 상승하였다. 마찬가지로 마이애미에서의 흑인 저숙련근로자들의 실업률도 이주가 이루어진 후 5년 동안 다른 도시들의 실업률에 비해 평균적으로 개선되었다. 히스패닉계 근로자들의 경우, 1981년에 다른 도시들의 실업률에 비해 마이애미의 실업률이 증가하였지만, 1982년부터 1985년까지 마이애미에서의 히스패닉계의 실업률은 비교대상인 도시에서보다 빠른 속도로 하락하였다.

무엇으로 마이애미 지역에서 미숙련근로자들의 임금과 실업률에 불리한 효과가 나타나지 않았던 것을 설명할 수 있을까? 첫째, 노동수요곡선의 오른쪽으로의 동시 이동이 아마도 노동공급곡선의 오른쪽 이동을 상쇄시키는 경향을 가졌을 것이다.

둘째, 또한 일부 거주자들은 해외로부터의 이주자들의 유입에 반응하여 마이애미를 떠났으며, 마이애미로 이주하려 했던 다른 잠재적 이주자들이 다른 곳으로 이주했던 것처럼 보인다. 즉 1980년 이후 마이애미의 인구증가율은 플로리다주 나머지 지역에 비해 상당히 둔화되었으며, 그 결과 1986년까지 마이애미의 인구는 쿠바로부터의 보트승선에 의한 이주가 이루어지기 **이전**에 1986년까지 예상되었던 수준과 대체로 동일하였다. 마이애미 거주자들과 마이애미로 이주하려 했던 다른 잠재적 이주자들의 거주 지역 조정이 임금과 실업에 효과가 나타나지 않게 된 근본 이유가 되기 위해서는, 이 조정이 매우 신속히 이루어졌어야만 했을 것이다. 거주 지역 조정이 이루어졌다는 것은, 이 장의 앞부분에서 논의했던 이주의 흐름이 이주의 출발지역과 이주의 도착지역 모두의 경제조건에 민감하다는 이론적 예측을 다시 확인시켜 준다.

데이터출처: David Card, "The Impact of the Mariel Boatlift on the Miami Labor Market," *Industrial and Labor Relations Review* 43 (January 1990): 245~257. 프랑스와 포르투갈의 비슷한 연구들에 대한 참조문헌과 함께 이스라엘로의 대규모 이주에 관한 최근 연구는 Sarit Cohen-Goldner and M. Daniele Paserman, "Mass Migration to Israel and Natives' Employment Transitions." *Industrial and Labor Relations Review* 59 (July 2006): 630~652를 참조하라.

효과를 경험할 가능성이 가장 큰 근로자 그룹이 (새로운 해외로부터의 이주자들의 가장 가까운 대체근로자인) **이전** 해외로부터의 이주자들이라는 것에는 동의하고 있다.[30)]

그렇다면 해외로부터 저숙련근로자들의 미국으로의 이주가 미국에서 태어난 근로자들의 임금에 평균적으로 어떤 영향을 미쳤는가는 전적으로 분명하지 않다고 이야기하는 것이 공정한 것처럼 보인다. 만약 미국에서 태어난 근로자들의 임금에 대해 부정적인 효과가 있다면 그 효과들은 (고등학교 졸업 또는 중퇴의 학력을 가진 근로자들인) 저숙련근로자들, 즉 해외로부터의 이주자들과 가장 잘 대체될 수 있는 근로자들의 시장에서 크게 느껴질 것이라는 사실에 대해서는 연구자들 사이에 일반적인 합의가 이루어져 있다. **그러나 해외로부터의 이주에 대한 더 큰 의문은 미국에서 태어난 저숙련근로자들의 손실이 미국인 전체에 대한 전반적인 이익의 맥락에서 발생하였는가의 여부다.** 만약 그렇다면 앞에서 분석한 기술변화의 경우와 마찬가지로(제4장의 끝부분 참조), 해외로부터의 이주와 관련된 정책의 중요한 초점은 해외로부터의 이주로부터 발생하는 전반적 이득의 일부를 이주로 인한 경제적 손실로 고통 받는 사람들로 이전하는 것에 맞추어져야만 한다. 이제 해외로부터의 이주가 미치는 경제적 효과, 특히 해외로부터의 공인되지 않은 이주가 사회 전체에 미치는 효과의 분석으로 관심을 돌리기로 하자

해외로부터의 이주에서 발생하는 전체적인 이익이 손실을 초과하는가?

이제까지는 경제이론을 사용하여 해외로부터의 이주가 소비자, 사용자, 그리고 숙련근로자와 미숙련근로자를 포함하는 여러 그룹의 본토에서 태어난 근로자들에게 미칠 가능성이 있는 효과를 분석하였다. 이론에 의하면, 이 그룹들 중 일부는 명백히 이익을 얻고 있음에 틀림없다. 이들은 사용자들, 소비자들, 그리고 생산에 있어 해외로부터의 이주자들과 보완관계에 있는 근로자들이다. 생산에 있어 해외로부터의 이주노동자와 높은 대체관계에 있는 근로자들이 해외로부터의 이주로부터 손실을 입을 가능성이 가장 큰 반면, 다른 그룹에 속한 본토에서 태어난 근로자들의 이익 또는 손실은 대체효과와 규모효과라는 잠재적으로 상쇄되는 영향력 덕택에 이론적으로 예측할 수 없다.

이 절에서는, 경제이론을 사용하여 "이주자들을 받아들이는 나라에 해외로부터의 이주, 특히 공인되지 않은 해외로부터의 이주가 미치는 **전반적** 효과에 대해 경제이론은 무엇을 이야기하는가?"라는 약간 다른 질문을 분석한다. 제1장에서 제시되었던 **규범경제학**의 기준으로 표현하면, 이 절에서는 "만약 이주자들을 받아들이는 나라에서 태어난 사람들 중 해외로부터의 이주로부터 이익을 얻는 사람들과 손실을 입는 사람들이 모두 존재한다면, 이익을 얻는 사람들이 손실을 입는 사람들을 보상하고도 여전히 이전보다 나아졌다고 느낄 수 있는 것이 가능한가?"를 질문하게 된다. 이 질문에 대한 답은 만약 해외로부터의 이주가 이 나라에서 태어난 사람들의 총가처분소득(aggregate disposable in-

---

30) Hanson, "The Economic Consequences of the International Migration of Labor"; Ottaviano and Peri, "Rethinking the Effect of Immigration on Wages."

come)을 증가시킨다면 "예"가 될 것이다.

해외로부터의 이주자들은 무엇을 추가시키는가? 공인되었든 공인되지 않았든 해외로부터의 이주자들은 소비자임과 동시에 생산자이며, 따라서 그들의 유입이 이주국가에 이미 거주하고 있는 사람들을 전체적으로 더 부유하게 또는 더 가난하게 만드는가는, 해외로부터의 이주자들이 얼마만큼을 **소비**하는가와 비교하여 상대적으로 전체 생산에 얼마만큼을 **추가**하는가에 좌우된다. 성인이 된 자녀들과 재결합하기 위해 어떤 나라에 이주가 허용된 노령이주자들의 단순한 예를 살펴보기로 하자. 만약 이 해외로부터의 이주자들이 일하지 않는다면, 그리고 만약 이들이 자신들의 소비를 자신들의 자녀 또는 미국의 납세자들에게 의존한다면, 분명히 이 나라에서 태어난 사람들의 1인당 총가처분소득은 하락한다. (물론 이 하락은 재결합한 가족들의 증가된 효용으로 능히 상쇄될 수 있으며, 이 경우 1인당 총가처분소득의 하락은 이주국가가 지급할 용의가 있을지도 모르는 가격이 된다.)

만약 해외로부터의 이주자들이 도착 후 **일을 한다면**, 이윤극대화라는 사용자의 행태를 설명하는 모형들은 그들이 자신들의 한계수입생산에 지나지 않는 임금을 지급받을 것임을 암시한다. 따라서 만약 해외로부터의 이주자들이 자신들의 소비를 자신들 스스로의 근로소득에 의존한다면, 일을 하는 해외로부터의 이주자들은 이주한 나라에서 태어난 사람들의 1인당 가처분소득을 감소시키지 않는다. 더욱이 만약 해외로부터의 이주자들의 근로소득이 자신들이 이주한 나라에 추가시키는 생산물의 **총**가치에 미치지 못한다면, 이주한 나라에서 태어난 사람들의 총가처분소득은 증가할 것이다.[31)]

해외로부터의 이주자들, 세금, 그리고 공공보조금 (미국을 포함하는) 대부분의 이주를 받아들이는 국가들은 편익을 해외로부터의 이주자들에게 분배할 수 있는 정부프로그램들을 갖고 있다. 만약 해외로부터의 이주자들이 납부하는 세금이 그들이 그러한 프로그램들로부터 받는 편익들을 충당하기에 충분하다면, 이 해외로부터의 이주자들의 존재가 본토에서 태어난 사람들의 1인당 가처분소득을 하락시키지 않는다. 실제로 국토방위와 같은 몇몇 정부프로그램들은 (그 비용이 해외로부터의 이주에 의해 증가하지 않는) 진정한 '공공재(public goods)'이며, 해외로부터의 이주자들이 납부하는 모든 세금은 본토에서 태어난 사람들이 이러한 프로그램들의 비용을 부담하는데 도움이 된다. 그러나 만약

---

31) 예를 들어 한 연구는 *X*국으로부터의 *Y*국으로의 이주자들의 유입은 *Y*국으로부터 *X*국으로의 수출을 증가시키는 역할을 한다는 것을 밝히고 있다. Giovanni Peri and Francisco Requena, "The Trade Creation Effect of Immigrants: Evidence from the Remarkable Case of Spain," *Canadian Journal of Economics* 43 (August 2010): 1433~1459 참조. 다른 연구들은 해외로부터의 이주자들이 미국 **발명가들** 중 비례적으로 높은 비중을 차지한다는 것을 밝혔다. William R. Kerr and William F. Lincoln, "The Supply Side of Innovation: H-1B Visa Reforms and U.S. Ethnic Invention," *Journal of Labor Economics* 28 (July 2010): 473~508; and Jennifer Hunt and Marjolaine Gauthier-Loiselle, "How Much Does Immigration Boost Innovation?" *American Economic Journal: Macroeconomics* 2 (April 2010): 31~56 참조.

해외로부터의 이주자들이 정부가 지원하는 서비스의 상대적으로 빈번한 사용자들이라면, 그리고 만약 그들이 납부하는 세금이 자신들이 받게 되는 편익의 가치를 충당하지 못한다면, 해외로부터의 이주에 따른 '재정부담'은 본토에서 태어난 사람들의 총소득을 감소시킬 만큼 충분히 클 수 있다.

최근에 이루어진 **공인된** 해외로부터의 이주의 순(純)재정효과에 대한 연구들은 해외로부터의 이주자들과 그 자손들의 즉각적으로 그리고 생애에 걸쳐 측정된 이러한 효과들이 명백히 작다는 것을 제시하고 있다. 즉 공인된 해외로부터의 이주자들과 그 자손들은 전형적으로 자신들이 정부급여에서 받는 것과 대체로 동일하게 세금을 납부하고 있다. 더욱이 최근의 한 연구는 해외로부터의 이주자들이 본토에서 태어난 근로자들보다 자신들을 받아들인 지역사회에 부담을 줄 가능성이 심지어 더 작을 수도 있다는 것을 제시하고 있다.[32] 그렇다면 공인되지 않은 해외로부터의 이주가 미칠 가능성이 있는 재정효과에 대해 무엇을 말할 수 있을까?

공인되지 않은 해외로부터의 이주의 전반적 효과 최근 몇 년 동안 사증을 소지하지 않은 해외로부터의 이주는 미국에서 해외로부터의 이주와 관련된 정책의 주요 초점이었다. 이러한 일반적으로 저숙련도의 근로자들은 많은 정부서비스의 수혜자들이며, 사증이 없는 그들의 지위는 그들로 하여금 과세를 회피하도록 하고, 아마도 상대적으로 범죄를 저지를 높은 성향과 관련이 있을 것이라고 널리 주장되고 있다. 세 가지 주장 모두의 신빙성을 의심할 상당한 이유들이 있는데, 사실 **공인되지 않은 해외로부터의 이주가 공식적으로 인가를 받은 이주에 비해 미국에서 태어난 사람들의 소득을 증가시킬 가능성이 더 클 수도 있다**.

첫째, 사증을 소지하지 않은 해외로부터의 이주자들은 주로 일하기 위해 입국한다.[33] 그러므로 그들은 분명히 국내의 재화와 서비스 생산을 추가시킨다. 둘째, 공인되지 않은 해외로부터의 이주자들은 응급실 치료를 받고, 그들의 자녀들은 학교교육을 받지만, 그들은 자원을 저소득층 시민들에게 이전하는 대부분의 정부프로그램들[복지제도(welfare), 식료품권(food stamps), 사회보장(Social Security), 실업보험]의 대상이 되지 않는다. 더욱이 예문 10.4에서 논의되는 바와 같이 대부분이 사증을 소지하지 못하게 될 부실하게 교육받은 해외로부터의 이주자들은 비슷하게 교육받은 미국에서 태어난 근로자들에 비해 투옥될 가능성이 **훨씬** 낮다.

셋째, 자신들을 정부로부터 숨기기를 원하는데도 불구하고, 공인되지 않은 해외로부터의 이주자들은 대부분의 세금납부(특히 급여세, 판매세, 그리고 재산세)를 회피할 수

[32] Una Okonkwo Osili and Jia Xie, "Do Immigrants and Their Children Free Ride More Than Natives?" *American Economic Review: Papers and Proceedings* 99 (May 2009): 28~34.

[33] 멕시코로부터 미국으로의 불법이주 시도는 멕시코의 실질임금 변화에 극도로 민감한 것으로 추정된다. Gordon Hanson and Antonio Spilimbergo, "Illegal Immigration, Border Enforcement, and Relative Wages: Evidence from Apprehensions at the U.S.-Mexico Border," *American Economic Review* 89 (December 1999): 1337~1357 참조.

예문 10.4

해외로부터의 불법이주자, 개인할인율, 그리고 범죄

불법으로 미국에 머무르는 사람들을 포함하여 해외로부터 미국으로 이주한 사람들은 그 벌칙이 징역인 폭력 또는 재산과 관련된 종류의 범죄를 저지를 가능성이 미국에서 태어난 사람들에 비해 훨씬 작다. 예를 들어 2000년에 국내에서 태어난 미국인들의 3.4%가 공공시설에 수용되었는데, 그들 중 대부분은 투옥되었다(나머지는 정신병원, 마약치료센터, 또는 장기요양시설에 수용되었다). 이와는 대조적으로 이주자들의 공공시설 수용률은 이의 약 **1/5**(0.7%) 수준이었다. 범죄율이 평균보다 더 높은 그룹인 고등학교 교육을 마치지 못한 사람들의 경우, 미국에서 태어난 사람들과 해외로부터의 이주자들 사이의 공공시설 수용률의 차이는 더욱 커서 이주자들의 수용률 1%와 비교할 때 미국에서 태어난 사람들의 수용률은 11%였다.

징역에 처해지는 비율의 차이에 영향을 미치는 여러 요소들이 존재할 수 있지만, 차이가 발생하는 한 가지 이유는 해외로부터의 이주자들이 보유하고 있을 것이라고 인적자본이 암시한, 평균보다 낮은 수준의 개인할인율이라는 특성에 그 뿌리를 두고 있을지도 모른다. 합법이든 또는 불법이든 해외로부터의 이주자들은 먼 미래에 놓여 있을 수 있는 편익을 기대하여 새로운 나라에 입국하여 이에 적응하기 위한 상당한 비용을 부담할 용의가 있는 스스로 선택한(self-selected) 개인들이다. 그렇다면 똑같은 현재비용과 미래편익에 직면한 그룹의 사람들 중에서 모국을 떠나 새로운 나라로 이주할 용의가 가장 있는 사람들은 상대적으로 낮은 할인율을 가지고 있는 사람들이다(즉 그들은 가장 미래지향적인 사람들이다).

범죄를 저지르는 사람들은 현재지향적인 경향이 있는데, 경제학 용어로 설명하면 그들은 상대적으로 높은 할인율을 가지고 있다. 범죄자들의 경우, 그들의 범죄행위로부터 인지되는 이익은 현재 발생하는 반면, 만약 적발된다면 치르게 될 그 비용은 미래에 나타난다. 높은 할인율의 경우 이 미래의 비용은 현재의 이익과 비교할 때 상대적으로 작게 보인다. 따라서 경제이론에 따르면 해외로부터의 이주자들과 범죄자들은 미래에 대해 매우 상이한 지향성을 가질 가능성이 있다.

어떤 나라이든 일반적인 대중 내에는 광범위한 할인율이 분포되어 있는데, 일부 높은 할인율을 가진 사람들이 범죄를 저지를 수 있다. 그러나 해외로부터의 이주자들은 상대적으로 낮은 개인할인율을 갖는 경향이 있는 스스로 선택한 개인들이며, 따라서 해외로부터의 이주자들 사이에 범죄행위가 매우 드물다는 것은 놀랄 일이 아니다.

해외로부터의 이주자들과 투옥에 관한 데이터는 Kristin F. Butcher and Anne Morrison Piehl, "Why Are Immigrants' Incarceration Rates So Low? Evidence on Selective Immigration, Deterrence, and Deportation," National Bureau of Economic Research, working paper no. 13229 (July 2007)을 참조하라.

없다. 실제로 한 연구는 사증이 없는 해외로부터의 이주자들의 75%가 소득세를 원천징수 당했지만, 환불을 신청하는 경우는 상대적으로 거의 없었다는 것을 지적하였다.[34) 이외에도 이주개혁법이 1986년에 통과된 이래, 사증이 없는 해외로부터의 이주자들이 미국에서 일자리를 찾을 자격을 얻는 전형적인 방법은 가짜 사회보장(Social security) 카드를 구입하는 것이었다. 그 뒤 사용자들은 급여세를 공제하여 이를 정부에 납부하는데, 1980년 중반부터 시작하여 아마도 공인되지 않은 해외로부터의 이주 때문에 유효한 사회보장번호와 연결될 수 없는 (그리고 따라서 미래 퇴직금이라는 결과를 가져오지 않는) 수입이 크게 증가하였다.[35)]

따라서 이를 금지시키기 위한 정부의 노력에도 불구하고, 공인되지 않은 해외로부터의 이주라는 '거래'는 제1장의 규범경제학 용어를 사용한다면 파레토개선(Pareto-improving)일 가능성을 배제할 수 없다. 즉 해외로부터의 이주자 자신들은 분명히 이익을 얻으며(그렇지 않다면 그들은 고향으로 돌아갈 것이다), 멕시코에서의 자신들의 소득과 비교한 멕시코로부터의 이주자들이 경험하는 이익의 크기는 이러한 이익이 엄청나다는 것을 암시한다. 일부 미국에서 태어난 사람들은 분명히 이익을 얻는 반면 다른 사람들은 손해를 볼 수 있지만, 미국에서 태어난 사람들에 주어지는 총이익이 정(+)일 가능성이 꽤 크다는 것을 방금 살펴본 바 있다. 따라서 경제이론은 사회에 대한 전반적인 이익에 비추어 볼 때, 공인되지 않은 해외로부터의 이주에 대한 정책논쟁의 결정적으로 중요한 부분은 **그와 같은 해외로부터의 이주로부터 손실을 입을 가능성이 큰 사람들을 보상하기 위해 이익을 얻을 가능성이 큰 사람들에 과세하는** 프로그램 또는 정책들에 초점을 맞추어야만 할 것을 제시한다.

근로자의 이직

이제까지 이 장은 지리적 이동의 근본적인 원인과 결과에 초점을 맞추어 왔지만, 사용자들 사이에서의 근로자들의 이동[또한 '이직(turnover)' 또는 '분리(separations)'로도 알려진]이 거주지의 변화 **없이도** 발생할 수 있다는 것을 기억하는 것은 중요한 일이다. 제5장에서 근로자들은 일반적으로 다른 일자리 제안을 탐색하는 데에 비용이 든다는 것을 알고 있다고 주목했는데, 이 절에서는 인적자본모형의 원리들을 사용하여 근로자 이직의 어떤 **유형**들을 강조한다.

제8장과 9장의 논의로부터 유추하면, 개인들은 자신들의 개인할인율과 자신들이 한 사용자를 이직하여 다른 사용자를 찾는데 부여하는 정신적 비용이 상이하다고 예상하게

---

34) Gregory DeFreitas, *Inequality at Work: Hispanics in the U.S. Labor Force* (New York: Oxford University Press, 1991), 228. 이 연구는 해외로부터의 불법이주자들에 의해 최소의 공공서비스가 사용되고 있음을 보여주었다.

35) Office of the Inspector General, Social Security Administration, "Recent Efforts to Reduce the Size and Growth of the Social Security Administration's Earnings Suspense File," 16~18, May 2002; http://www.ssa.gov/oig/ADOBEPDF/A-03-01-30035.pdf. 참조.

된다. 이러한 차이들은 비록 모두가 똑같은 일련의 임금을 제안 받더라도 일부 근로자들은 다른 근로자들보다 사용자들 사이를 이동할 가능성이 훨씬 크다는 것을 의미한다. 실제로 한 연구는 3년의 기간 동안에 발생하였던 모든 이직의 거의 1/2이 같은 기간 동안 세 번 이상 이직했던 13%의 근로자들과 관련이 있음을 밝힌 바 있다.[36] 그러나 개인들의 특징에도 불구하고 일자리이동의 유형들에 영향을 미치는 **체계적인**(systematic) 요소들이 분명히 존재한다.

임금효과

인적자본이론은 **다른 조건이 동일할 때** 근로자는 고임금일자리보다 저임금일자리를 이직할 확률이 더 클 것이라고 예측한다. 즉 다른 곳에서 획득할 수 있는 것보다 더 낮은 임금으로 고용된 근로자들은 이직할 가능성이 매우 크다. 실제로 근로자 이직행태에 관한 거의 모든 연구들에서 나타난 매우 강력하고 일관된 발견은, 근로자 특성을 불변인 채로 유지시킬 때 더 낮은 임금을 지급하는 산업의 근로자들이 더 높은 이직률을 갖는다는 것이다. 개별근로자들의 수준에서는, 사용자들을 바꾸는 사람들이 사용자들에게 머무르는 사람들에 비해 일자리 바꿈을 통해 더 많은 이익을 얻는데, 한 연구는 실제로 일자리를 바꾼 후의 임금증가는 이전 사용자들에게 머물렀을 때의 임금증가보다 더 빠르다는 것을 지적하고 있다.[37]

사용자규모의 효과

표 10.2로부터 **기업규모가 증가함에 따라 이직률이 감소하는 경향이 있음**을 볼 수 있다. 이 현상에 대한 한 가지 설명은 대기업들이 종종 전직과 승진의 가능성을 더 많이 제공한다는 것이다. 그러나 다른 설명은 대기업들이 일반적으로 더 높은 임금을 지급한다는 사실에 근거를 두고 있다.[38] 이 설명에 의하면 대기업들이 더 기계화된 생산과정을 갖는 경향이 있는데, 기계화된 생산과정에서는 한 작업팀의 산출량이 연쇄적인 생산과정(production chain)의 바로 앞 생산그룹들의 산출량에 크게 좌우된다고 주장된다. 자신들의 임무를 게을리하는 근로자들은 크게 상호의존적인 생산과정에서 많은 비용을 부과시킬 수 있기 때문에, 대기업들은 믿을 만한, 그리고 꾸준한 근로자들을 매우 필요로 한다고 주

---

36) Patricia M. Anderson and Bruce D. Meyer, "The Extent and Consequences of Job Turnover," *Brookings Papers on Economic Activity: Microeconomics* (1994): 177~248.

37) Donald O. Parsons, "Models of Labor Market Turnover: A Theoretical and Empirical Survey," in *Research in Labor Economics*, vol. 1, ed. Ronald Ehrenberg (Greenwich, Conn.: JAI Press, 1977), 185~223; Michael G. Abbott and Charles M. Beach, "Wage Changes and Job Changes of Canadian Women: Evidence from the 1986~87 Labour Market Activity Survey," *Journal of Human Resources* 29 (Spring 1994): 429~460; Christopher J. Flinn, "Wages and Job Mobility of Young Workers," *Journal of Political Economy* 94, no. 3, pt. 2 (June 1986): S88~S110; and Monica Galizzi and Kevin Lang, "Relative Wages, Wage Growth, and Quit Behavior," *Journal of Labor Economics* 16 (April 1998): 367~391.

38) Walter Oi, "The Fixed Employment Costs of Specialized Labor," in *The Measurement of Labor Cost*, ed. Jack E. Triplett (Chicago: University of Chicago Press, 1983).

표 10.2

주요산업에서의 기업규모별 근로자 100명당 월이직률(1977~1981년의 평균)

산업	근로자 수			
	250 미만	250~499	500~999	1,000 이상
전제조업	3.28	3.12	2.40	1.50
식품 및 유사제품	3.46	4.11	3.95	2.28
조립금속제품	3.33	2.64	2.12	1.20
전기기계류	3.81	3.12	2.47	1.60
운송설비	3.90	2.78	2.21	1.41

자료: Walter Oi, "The Durability of Worker-Firm Attachments," report to the U.S. Department of Labor, Office of the Assistant Secretary for Policy, Evaluation, and Research, March 25, 1983, Table 1.

장된다. 그렇다면 대기업들은 제5장에서 제시된 이유로 인해 '내부노동시장'을 확립하게 되는 것이다. 즉 대기업들은 입직문 일자리(entry-level jobs)에 근로자들을 채용하여, 신뢰성, 동기, 그리고 상세한 것에 대한 관심과 같은 선별하기 어려운 속성들을 주의 깊게 관찰한다. 일단 기업의 운영을 위해 최고의 근로자들을 선발하는 데 시간과 노력을 투자했기 때문에, 대기업은 그러한 근로자들이 이직하는 것은 비용이 드는 것임을 알게 된다. 따라서 대기업들은 자신들의 근로자들에게 상당한 기업특수 선별투자를 하였기 때문에, 이직가능성을 낮추기 위해 높은 임금을 지급한다.[39)]

성별차이

여성근로자들이 더 높은 이직률을 가지며, 따라서 남자들에 비해 더 짧은 재직기간을 갖는다는 것이 널리 관찰되어 왔다. 상당한 정도까지 이 높은 이직률은 아마도 더 낮은 수준의 기업특수 인적자본투자를 반영한다. 제9장에서 '전통적인' 여성근로자들의 단속적인(interrupted) 직장생활이 많은 형태의 인적자본투자를 그렇지 않을 경우보다 편익이 덜 발생하도록 만들었으며, 더 낮은 수준의 기업특수 훈련이 더 낮은 임금, 더 짧은 재직기간, 그리고 더 높은 이직률을 설명할 수 있다고 주장한 바 있다.[40)] 사실상 여성들의 더 낮은 임금과 더 짧은 직장생활이라는 요인을 일단 통제하면, 특히 고등학교 이상의 교육을 받은 사람들의 경우에 일자리를 이직하는 성향의 성별 간 차이는 없는 것처럼 보인다.[41)]

39) 이 주장은 Walter Oi, "Low Wages and Small Firms," in *Research in Labor Economics*, vol. 12, ed. Ronald Ehrenberg (Greenwich, Conn.: JAI Press, 1991)에서 더 완전히, 그리고 세련되게 전개되었다.

40) Jacob Mincer and Boyan Jovanovic, "Labor Mobility and Wages," in *Studies in Labor Markets*, ed. Sherwin Rosen (Chicago: University of Chicago Press, 1981).

41) Anne Beeson Royalty, "Job-to-Job and Job-to-Nonemployment Turnover by Gender and Education Level," *Journal of Labor Economics* 16 (April 1998): 392~443; and Anders Frederiksen, "Explaining Individual Job Separations in a Segregated Labor Market," working paper no. 490, Industrial Relations Section, Princeton University, August 2004.

그림 10.5

이직률과 노동시장의 호황

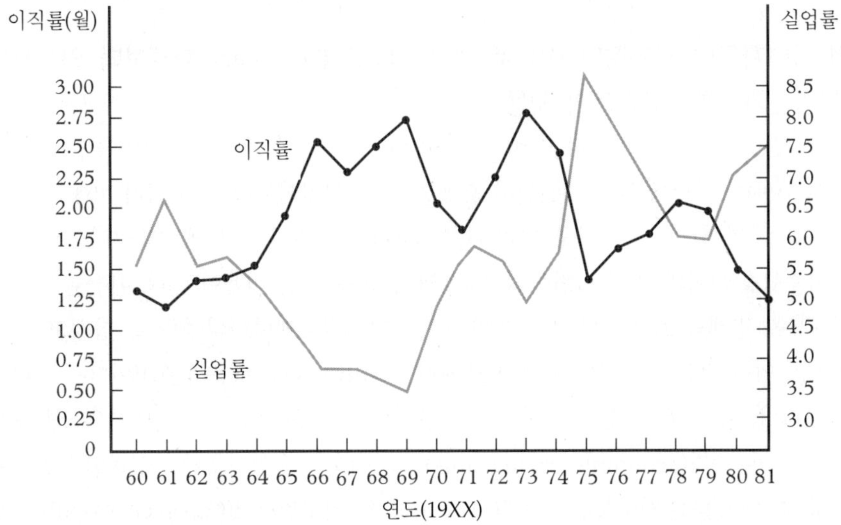

경기변동 효과

인적자본이론의 또 다른 시사점은 더 나은 일자리를 빨리 얻기가 상대적으로 쉬울 때 근로자들이 더 높은 이직할 확률을 가질 것이라는 사실이다. 따라서 노동시장이 **호황**일 때(일자리를 찾는 사람에 비해 일자리들이 더 많을 때)에는 노동시장이 **불황**일 때(이용 가능한 일자리가 거의 없으며 많은 근로자들이 일시 해고될 때)에 비해 이직률이 더 높아지리라 기대하게 된다. 이 예측은 시계열데이터를 이용한 연구들에서 확인된다. 이직률은 노동시장이 호황일 때 상승하는 경향이 있으며, 노동시장이 불황일 때는 하락한다. 노동시장의 호황 정도를 측정하는 지표 중의 하나가 실업률이다. 즉 이직률과 실업 사이의 부(−)의 관계는 그림 10.5에서 쉽게 볼 수 있다.

사용자의 위치

경제이론은 일자리 이직비용이 상대적으로 낮을 때 이동이 발생할 가능성이 더 크다는 것을 예측하고 있다. 근로자가 사용자를 바꿀 때 거주지를 바꾸는 투자를 반드시 필요로 하지 않는 도시지역에 고용이 크게 집중되어 있는 산업들은 대도시권이 아닌 지역에 집중되어 있는 산업들에 비해 더 높은 이직률을 갖고 있는 것처럼 보인다(임금과 근로자의 연령을 불변인 채로 고정시켰을 때).[42]

---

[42] Parsons, "Models of Labor Market Turnover,"; and Farrell E. Bloch, "Labor Turnover in U.S. Manufacturing Industries," *Journal of Human Resources* 14 (Spring 1979): 236~246.

실증연구

정치적 망명자들이 경제적인 이유로 인한 해외로부터의 이주자들보다 인적자본에 더 많이 투자하는가? 합성코호트의 사용

해외로부터 이주한 개개인들은 자신들이 스스로의 복지수준을 향상시킬 것이라고 믿기 때문에 아마도 이주했을 것이다. 일부 사람들의 경우, 의사결정은 주로 경제적 고려에 의해 그 동기가 유발되며, 이주의 시점은 자발적이며 또한 계획적으로 정해진다. 이 그룹은 '경제적 이유로 인한 해외로부터의 이주자(economic immigrants)'로 명명될 수 있다. 다른 사람들은 정치적인 이유로 인해 (종종 촉박한 통보와 함께) 자신들의 모국으로부터 강제로 도망쳤을 수 있는데, 이 개개인들은 도착국가에서 종종 '망명자' 지위를 부여받을 수 있다.

망명자들은 사전계획을 세우지 못했기 때문에, 새로운 나라에 도착한 직후에는 비슷한 숙련도를 가진 경제적 이유로 인한 이주자들에 비해 더 적게 벌 것이라고 기대할 수 있다. 그러나 만약 이주가 성공적이지 않으면 자신들의 모국으로 되돌아갈 수 있는 경제적 이유로 인한 이주자들과 달리 망명자들은 안전하게 모국으로 되돌아갈 수 없다. 따라서 도착 이후 망명자들은 또한 (영어를 능숙하게 하는 것을 포함한) 인적자본과 시민이 되는데 투자할 더 큰 인센티브를 가질 것이라고 생각할 수 있다. 따라서 망명자들의 근로소득은 경제적 이유로 인한 이주자들의 근로소득보다 더 빨리 증가할 것이라고 예상하게 된다.

망명자들이 경제적 이유로 인한 이주자들보다 인적자본에 더 투자하고 더 빠른 근로소득의 증가를 경험하는지 여부를 테스트 하는 데는 개별이주자들을 시간별로 뒤쫓는 데이터를 갖는 것이 이상적이다. 그러나 개인들이 어디에 있는지를 일일이 확인하여 여러 번에 걸쳐 인터뷰를 해야 하기 때문에, 패널데이터를 수집하는 데에는 매우 많은 비용이 든다. 완전한 대체물은 아니지만 패널데이터의 대안은 **합성코호트**(synthetic cohorts)를 사용하는 것이다.

예를 들어 한 연구는 1975년에서 1980년 사이에 미국에 이주한 사람들의 코호트에서 1980년의 인구센서스(Census of Population)에 보고된 바와 같이 근로소득, 교육수준, 그리고 영어 능숙도에 대한 표본을 추출하였다. 그 뒤 이 연구는 또 다시 1975~1980년 사이에 이주한 사람들을 대상으로 1990년의 센서스로부터 다시 한 번 똑같은 변수들에 관한 데이터를 표본추출 하였다. (무작위 표본추출과 1980년에 표본추출 된 사람들 중 일부가 1990년에는 사망했거나 또는 미국을 떠났을 가능성 덕택에) 1980년 표본의 근로자들이 1990년 표본의 근로자들과 필연적으로 똑같지 않기 때문에, 1980년에 관찰된 정확히 똑같은 그룹에 관한 1990년의 데이터를 실제로 얻지는 못한다. 이런 이유로 1990년 코호트는 '합성된' (앞서의 코호트의 가짜 대표) 코호트라고 불릴 수 있다.

만약 두 센서스 연도로부터의 표본추출이 무작위로 이루어지고, 1980년과 1990년 사이의 표본으로부터의 모든 이탈이 무작위로 결정되었다면, 이러한 비교로부터의 결과는 평균적으로 만약 똑같은 개개인들을 1980년부터 1990년까지 추적하였을 때 얻게 되는 것과 똑같은 결과를 산출하였을 것이다. **합성된 코호트를 이렇게 사용할 때의 문제는 경제적 이유로 인한 이주자들 중에서 미국을 떠나는 사람들은 미국에서 가장 성**

공하지 못한 사람들일 가능성이 있다는 사실로부터 비롯된다. 따라서 경제적 이유로 인한 이주자들 그룹의 1980년부터 1990년까지의 근로소득 증가를 측정하면 그 결과는 상향편의(upward bias)될 것이다(오로지 상대적으로 성공한 사람들만이 1990년 데이터에 포함되기에 충분할 만큼 오랫동안 미국에 계속 머무른다). 만약 가장 적은 근로소득 증가를 경험한 경제적 이유로 인한 이주자들이 떠날 수 있는 반면 정치적 망명자들은 떠날 수 없다면, 1980~1990년 사이의 근로소득증가의 비교는 망명자들이 **더 큰** 근로소득 증가를 나타내 보일 것이라는 가설을 지지하는 증거를 찾을 수 없도록 하는 편의된 결과를 산출하게 된다.

앞에서 논의한 편의에도 불구하고, 위의 연구는 망명자들의 근로소득이 경제적 이유로 인한 이주자들의 근로소득보다 1980년에는 6% 더 적었던 반면, 1990년에는 20% 더 많았다는 것을 밝혔다. 더욱이 망명자들은 1980년에 학교교육 프로그램에 등록할 가능성이 더 컸고, 상당수의 망명자들이 1980년대에 영어를 능숙하게 구사하게 되었으며, 1980년과 1990년 사이에 더 많은 망명자들이 시민권을 획득하였다. 이러한 데이터는 아마도 자신들이 모국으로 되돌아갈 수가 없기 때문에 망명자들은 경제적 이유로 인한 이주자들에 비해 인적자본에 투자할 더 큰 인센티브를 갖는다는 가설과 일관성을 갖는 것처럼 보인다.

자료: Kalena E. Cortes, "Are Refugees Different from Economic Immigrants? Some Empirical Evidence on the Heterogeneity of Immigrant Groups in the United States," *Review of Economics and Statistics* 86 (May 2004): 465~480.

보다 높은 이동성이 바람직한가?

한편으로는 이동성은 개인의 복지와 일자리연결의 질을 모두 증진시키기 때문에 사회적으로 유용하다. 예를 들어 제8장에서 이동성(또는 적어도 이동하겠다는 **위협**)이 보상임금격차의 창출에 필수적이라고 지적하였다. 더욱이 어떤 주어진 시간에 시장에 근로자들과 사용자들의 수가 많으면 많을수록, 경제는 변하는 환경에 가장 잘 적응할 수 있는 일자리연결이 이루어지도록 하는데 더 큰 유연성을 갖는다. 실제로 일자리 이동성의 이 측면에 초점을 맞추어, 경제학자들은 경제에 **충분한** 이동성이 존재하는가에 대해 오랫동안 관심을 가졌었다. 초점은 만약 근로자가 기업을 떠난다면 무효가 되는 연금계획과 건강보험정책을 채택함으로써 사용자들이 '일자리 가두기(job lock)'를 시도했는가에 대한 우려이다.[43] 제5장에서 살펴본 바와 같이 이동비용은 노동시장에 한계수입생산에 대해 임

[43] Stuart Dorsey, "Pension Portability and Labor Market Efficiency: A Survey of the Literature," *Industrial and Labor Relations Review* 48 (January 1995): 276~292; Kevin T. Stroupe, Eleanor D. Kinney, and Thomas J. Kniesner, "Chronic Illness and Health Insurance-Related Job Rock," *Journal of Policy Analysis and Management* 20 (Summer 2001): 525~544; Donna B. Gilleskie and Byron F. Lutz, "The Impact of Employer-Provided Health Insurance on Dynamic Employment Transitions," *Journal of Human Resources* 37 (Winter 2002): 129~162; and Mark C. Berger, Dan A. Black, and Frank A. Scott, "Is There Job Lock? Evidence from the Pre-HIPAA Era," *Southern Economic Journal* 70 (April 2004): 953~976 참조.

금을 낮추는 경향이 있는 수요독점 조건을 끌어들인다.

그러나 다른 한편으로는 근로자들의 더 낮은 이동비용(따라서 더 높은 이동성)은 사용자들과 근로자들 모두의 특수훈련 또는 특정 일자리연결에 대한 정보에 투자하려는 인센티브들을 또한 약화시킨다. 이러한 투자가 일어나지 않게 되면 근로자들의 잠재적 생산성이 감소된다고 주장될 수 있다.

복습문제

1. 미국에서 간호사와 의사 같은 직종들의 면허 발급은 그 직종에 속한 사람들로 하여금 자신들이 일자리를 찾으려는 주(州)가 시행하는 테스트를 통과할 것을 요구한다. "의료서비스 근로자가 이동할 때면 언제나 일부 관료들은 그에게 일할 수 없나라고 이야기한다"라고 보도하면서 한 전국규모의 신문은 만약 미국이 주와 주 사이의 면허상의 장애물들을 제거한다면 의료서비스 비용을 감소시킬 수 있다고 주장하였다.
   a. 실증경제학의 관점에서, 연방정부가 아니라 주가 전문직에게 면허를 발급하도록 하는 것의 노동시장 효과는 무엇인가?
   b. 직종면허를 연방정부가 발급하도록 하면 누가 이익을 얻으며 누가 손실을 입는가?
2. 정부가 경제성장을 촉진하는 한 가지 방법은 경기가 침체한 지역의 근로자들이 일자리가 더 풍부한 지역으로 이동하도록 스스로 그들에게 비용을 지급하는 것이다. 그러한 정책의 노동시장 효과는 무엇이 되는가?
3. 멕시코인의 미국으로의 이주문제를 조사한 한 TV프로그램은 대부분의 경제학자들이 이주가 미국에 이익이 된다고 믿고 있다고 보도하였다.
   a. 이 견해의 기초가 되는 연쇄적 사고(chain of reasoning)를 서술하라.
   b. 규범경제학의 관점에서 볼 때, 멕시코인의 이주와 관련된 핵심문제는 미국에서 태어난 근로자들에게 미치는 임금효과인가, 또는 미국이 이주자들에게 지급하는 보조금인가? 그 이유는?
4. 미국이 불법이주 **근로자들**에 대한 장기 징역형이 포함되도록 해외로부터의 불법이주에 대한 벌칙을 강화한다고 가정하자. 이 강화된 벌칙이 영향을 받는 **모든** 근로자그룹들의 임금과 고용수준에 미치는 효과를 분석하라.
5. 다른 조건이 일정하다면 기업들은 보통 자신의 근로자들이 낮은 이직률을 갖는 것을 선호한다. 그러나 사회적 관점에서 보면 이직률이 너무 낮을 수 있다. 왜 기업들은 낮은 이직률을 선호하며, 그러한 '너무 낮은' 이직률을 갖는 것의 사회적으로 불리한 점은 무엇인가?
6. 미국의 지난 30년은 교육을 많이 받은 사람들과 교육을 적게 받은 사람들의 임금 사이에 매우 큰 격차가 벌어졌다는 특징을 갖고 있다. 근로자들이 교육에 더 많이 투자함으로써 궁극적으로 이 격차를 조정하며, 결과적으로 저숙련근로자들의 임금이 고숙련근로자들의 임금에 비해 더 빨리 증가한다고 (그 결과 두 그룹 사이의 임금격차는 하락함) 가정하자. 고숙련자와 미숙련자 사이의 임금격차 감소가 해외로부터 미국으로의 이주에 어떤 영향을 미치게 되는가?
7. "일본의 이직률이 미국에 비해 더 낮다는 사실은 일본근로자들이 미국근로자들에 비해 본질

적으로 자신들의 사용자들에게 더 충성스럽다는 것을 암시한다."라고 이야기되어 왔다. 이 식률이 더 낮은 곳에서 근로자들이 충성심에 대해 더 강한 선호를 갖는다는 이 주장을 평가하라.

8. 석유가 풍부한 두 중동국가들이 자국의 근로자들이 수행할 용의가 없는 비천한 일을 대신할 인도와 파키스탄으로부터의 이주자들의 서비스를 얻기 위해 서로 경쟁 중이라고 한다. A국은 여성들이 일하거나, 운전하거나 또는 보호자(chaperone) 없이 집 밖으로 나가는 것을 허용하지 않는 반면, B국은 그러한 제한이 없다고 한다. 다른 측면에서 비슷한 해외로부터의 **남성** 이주자들에게 이 두 나라들이 지급하는 임금이 대체로 같을 것이라고 기대하게 되는가? 설명하라.

9. 만약 절도 같은 범죄에 대한 경제모형을 구축한다면, 그 모형은 인적자본 투자모형과 똑같은 요인들을 포함하게 된다. 차이는 인적자본 투자와 달리 범죄의 경우는 활동으로부터의 이득이 **즉각적으로** 발생하며, 비용은(만약 적발된다면) **미래의** 몇 해에 걸쳐 분산된다는 것이다. 이 차이를 염두에 두고 인적자본이론의 요인들을 사용하여 해외로부터의 이주자들이 비슷한 소득의 내국인 시민들에 비해 절도라는 범죄를 저지를 가능성이 더 많은지 또는 더 적은지를 분석하라.

10. 저명한 경제학자에 의한 최근의 연구는 어떤 주어진 기술 그룹 내에서 해외로부터의 이주가 10% 증가하면 그 기술 그룹의 '본토에서 태어난 사람들' 임금이 3.5% 하락한다는 증거를 발견했다. 한 사회적으로 유명한 해설자가 "이 발견들은 해외로부터의 이주가 미국 근로자들에게 바람직하지 않으며, 따라서 미국 사회에도 바람직하지 않다는 단 한 가지 결론을 제시한다"라고 이야기했다고 한다. 경제이론을 사용하여 이 인용문을 비평하라.

연습문제

1. 가난한 나라에서 연간 5,000달러를 벌고 있는 로즈(Rose)가 5년 동안의 임시직근로자로 부유한 나라로 이주할 기회를 갖게 되었다. 똑같은 일을 하면서, 로즈는 부유한 나라에서 연간 35,000달러를 벌 수 있을 것이다. 이주비용은 2,000달러이며, 부유한 나라에 거주하기 위해 로즈는 연간 10,000달러를 더 지출해야 한다. 자신의 할인율이 연 10%인데도 불구하고 친구 및 가족과 헤어지기가 싫어서 로즈는 이주하지 않기로 결정했다고 한다. 로즈의 이주에 따른 정신적 비용(psychic costs)을 추정하라.

2. 단순노동자들에 대한 수요가 $L_D=100-10W$ [단 W=시간당 임금(달러), L=근로자 수]로 나타난다고 가정하자. 만약 해외로부터의 이주가 채용된 단순노동자 수를 50명에서 60명으로 증가시킨다면, 이 시장에서 사용자들의 단기이윤(short-run profits)은 얼마만큼 변할까?

3. 클레어(Clare)는 프랑스에 거주하며 자신의 일자리에서 연간 30,000달러를 번다. 그녀는 자신에게 앞으로의 4년 동안 매년 32,000달러의 급여를 지급하는 미국에서의 일자리 제안을 고려하고 있다. 한편 클레어는 4년 후 프랑스로 되돌아와서 대학교에 진학할 것이라고 한다. (미국으로의 그리고 다시 프랑스로의) 이동비용은 6,000달러이고, 생활비는 미국과 프랑스가 비슷하며, 클레어의 개인할인율은

6%이다. 만약 클레어가 이 4년간의 경험을 위해 미국으로 이주한다면, 그녀의 순이익(net gain) 또는 순손실(net loss)의 현재가치는 얼마인가?

4. 아래 표는 어떤 직종의 노동시장을 요약하고 있다. '수요'는 기업들이 특정 임금수준에서 채용하려 하는 근로자 수(천명)이다. '국내공급'은 특정 임금수준으로 직종에서 일하려 하는 본토에서 태어난 근로자 수(천명)이며, "이주자 공급'은 특정 임금수준에서 일하려 하는 해외로부터의 이주자 수(천명)이다.

임금	수요	국내공급	이주자공급
3달러	30	22	4
4달러	29	23	4
5달러	28	24	4
6달러	27	25	4
7달러	26	26	4
8달러	25	27	4
9달러	24	28	4
10달러	23	29	4

a. 노동수요곡선, 국내(노동)공급곡선, 총(노동)공급곡선을 각각 그려라.
b. 해외로부터의 이주가 있기 전 균형임금은 얼마인가? 몇 명의 근로자들이 채용되나?
c. 해외로부터의 이주가 있은 후 균형임금은 얼마인가? 몇 명의 근로자들이 채용되나? 몇 명의 국내근로자들이 채용되나? 몇 명의 이주근로자들이 채용되나?
d. 위 b와 c의 답을 비교할 때, 해외로부터의 이주가 채용된 국내근로자들의 수를 변화시켰나? 만약 변화가 있다면 그 변화는 무엇인가? 만약 변화가 있다면 변화는 왜 발생했나?

5. 국내산업의 노동수요가 $D=36-2W$ [단 $W=$ 임금, $D=$기업들이 특정 임금수준에서 채용하려 하는 근로자 수(천명)]로 나타난다고 한다. 한편 노동공급은 $S_{domestic}=9+W$ [단 $S_{domestic}=$ 특정 임금수준에서 산업에서 일하려 하는 본토에서 태어난 근로자 수(천명)]와 $S_{total}=10+2W$ [단 $S_{total}=$특정 임금수준에서 산업에서 일하려 하는 **총**근로자 수(천명)]로 각각 나타난다고 한다.

a. 노동수요곡선, 국내(노동)공급곡선, 해외로부터의 이주자 (노동)공급곡선, 총(노동)공급곡선을 각각 그려라.
b. 해외로부터의 이주가 있기 전 균형임금은 얼마인가? 몇 명의 근로자들이 채용되나?
c. 해외로부터의 이주가 있은 후 균형임금은 얼마인가? 몇 명의 근로자들이 채용되나? 몇 명의 국내근로자들이 채용되나? 몇 명의 이주근로자들이 채용되나?

참고문헌

Abowd, John M., and Richard B. Freeman, eds. *Immigration, Trade, and the Labor Market.* Chicago: University of Chicago Press, 1991.

Borjas, George. "The Economics of Immigration." *Journal of Economic Literature* 32 (December 1994): 1667~1717.

-------------. *Friends or Strangers.* New York: Basic Books, 1990.

-------------. *International Differences in the Labor Market Performance of Immigrants.* Kalamazoo, Mich.: W.E. Upjohn Institute for Employment Research, 1988.

Borjas, George J., ed. *Issues in the Economics of Immigration.* Chicago: University of Chicago Press, 2000.

Borjas, George J., and Richard B. Freeman, eds. *Immigrants and the Work Force.* Chicago: University of Chicago Press, 1992.

Chiswick, Barry. *Illegal Aliens: Their Employment and Employers.* Kalamazoo, Mich.: W.E. Upjohn Institute for Employment Research, 1988.

--------------. "Illegal Immigration and Immigration Control." Journal of Economic Perspectives 2 (Summer 1988): 101-115.

Hamermesh, Daniel S., and Frank D. Bean, eds. *Help or Hindrance? The Economic Implications of Immigration for African Americans.* New York: Russell Sage Foundation, 1998.

Hanson, Gordon H. "Illegal Migration from Mexico to the United States." *Journal of Economic Literature* 44 (December 2006): 869~924.

Parsons, Donald O. "Models of Labor Market Turnover: A Theoretical and Empirical Survey." In *Research in Labor Economics,* vol. 1, ed. Ronald Ehrenberg, 185~223. Greenwich, Conn.: JAI Press, 1977.

Smith, James P., and Barry Edmonston, eds. *The New Americans: Economic, Demographic, and Fiscal Effects of Immigration.* Washington, D.C.: National Academy Press, 1997.

제11장

보수와 생산성: 기업 내에서의 임금 결정

노동수요에 대한 가장 단순한 모형(제3장과 4장에서 제시된)에서는 사용자들은 경영과 관련된 의사결정을 거의 하지 않는 것으로 가정되었다. 즉 사용자들은 단순히 여러 종류의 노동에 대한 한계생산곡선과 시장임금을 파악하여, 이윤극대화가 달성되도록 각 종류의 노동을 채용하였다. 이와 같은 모형에서는 사용자들이 근로자를 보상하기 위한 정책을 설계할 필요가 없었다.

그러나 대부분의 사용자들은 자신들의 보상정책에 상당한 관심을 기울이는 것처럼 보이며, 그 이유 중 몇 가지는 이미 설명된 바 있다. 예를 들어 기업특수(firm specific) 훈련을 제공하는 사용자들은(제5장 참조) 임금이 설정될 수 있는 영역을 가지고 있는데, 그들은 자신들이 특정 훈련을 시킨 근로자들의 임금을 인상하는 데 부담하는 비용과 이 근로자들이 기업에 머물 확률이 높아지는 것으로부터 얻게 되는 비용절약이 균형을 이루도록 해야만 한다. 마찬가지로 부가급여 또는 일자리의 안전 같은 항목이 포함되도록 보수패키지(compensation package)가 확대될 때(제8장 참조), 사용자들은 보수패키지에 임금과 다른 가치 있는 항목들을 어떻게 조합시킬 것인가를 결정해야만 한다. 사용자들은 어떤 조건 아래에서는, 임금수준을 주어진 것으로 간주하기보다는 자신들이 지급하는 임금수준을 설정하는 경우인 수요독점자 같은 행태를 보일 것이라는 것도 또한 살펴본 바 있다.

이 장에서는 보수와 생산성 사이의 복잡한 관계를 보다 자세히 살펴볼 것이다. 간략히 표현하면 사용자들은 다음과 같은 실제적인 현실에 근거를 두고 있는 의사결정들을 해야 한다.

1. 생산성에 크게 영향을 미치는 근로습관은 근로자에 따라 서로 다르지만, 이 근로습관은 채용이 이루어지기 전에는 물론, 때로는 심지어 채용이 이루어진 후에도

예문 11.1

상황에 따라 큰 차이를 보이는 생산성: 산출량을 줄일 수 없었던 공장의 사례

1987년 뉴욕 주에 있는 공기총('BB총': 페인트 등의 분사장치에 쓰이는 총) 제조업체는 그 판매가 생산에 미치지 못한다는 것을 알게 되었다. 대규모의 일시해고 없이 생산을 약 20% 감축시키기를 원했기 때문에, 이 회사는 1주 5일의 근무를 4일로 임시로 단축하기로 결정했다. 놀랍게도 이러한 20%의 근로시간 단축에도 불구하고 생산수준은 감소되지 않았다는 것을 회사는 알게 되었다. 이 회사의 근로자들은 이전에 5일에 생산했던 공기총 수량을 4일 만에 생산했던 것이다!

원하는 산출량감소를 달성하는 문제의 핵심은, 회사가 근로자들이 생산하는 공기총 개수를 기준으로 근로자들에게 임금을 지급했다는 데 있었다. 자신들의 근로소득이 일시적으로 삭감되리라는 전망에 직면하여, 회사의 근로자들은 휴식시간을 단축했으며, 이전의 산출량(그리고 근로소득)수준을 유지하기에 충분할 만큼 작업속도를 증가시켰던 것이다. 따라서 회사는 산출량감축을 위해 근로자의 산출량에 인위적인 상한선을 설정할 수밖에 없었다. 즉 개인에게 할당된 산출량이 생산되면, 근로자에게는 더 이상의 생산이 허용되지 않았다.

근로시간을 단축했음에도 불구하고 산출량을 줄일 수 없었다는 것은, 일부 회사들의 경우에 근로자의 생산성이 얼마나 넓은 범위에 놓일 가능성이 있는가를 제시해 준다. 그렇기 때문에 근로자들의 동기와 의욕에 대한 경영자의 주의 깊은 관심은 사적으로 그리고 사회적으로 중요한 결과를 분명히 가질 수 있다.

종종 관찰하기가 어렵다(비용이 든다).[1]

2. 일정수준의 인적자본을 가지고 있는 일정 근로자의 생산성은 그 자신의 동기 유발수준에 의존하여 시간이 경과함에 따라 또는 환경의 변화에 따라 상당히 달라질 수 있다(예문 11.1 참조).
3. 주어진 기간 동안의 근로자생산성은 타고난 능력, 노력수준, 그리고 환경(날씨, 일반적 기업환경 또는 다른 근로자들의 행동)의 함수이다.
4. 생산성이 높다는 것은 보통 단지 맹목적인 명령복종의 문제가 아니라, 오히려 사용자의 목적달성을 돕기 위해 **주도적인 행동을 취하는가**의 문제이다.[2]

---

[1] 관리자들의 생산성 또한 개인에 따라 상당히 변한다. Edward Lazear, Kathryn Shaw, and Christopher Stanton, "The Value of Bosses," working paper no. 18317, National Bureau of Economic Research (Cambridge, Mass.:August 2012) 참조.

[2] 뒤따르는 논의의 많은 부분이 인용된 관심을 끄는 논문은 Herbert A. Simon, "Organizations and Markets," *Journal of Economic Perspectives* 5 (Spring 1991): 24~44를 참조하라. 계약과 인센티브에 대한 보다 공식적인 언급은 James M. Malcomson, "Contracts, Hold-Up and Labor Markets," *Journal of Economic Literature* 35 (December 1997): 1916~1957, and Canice Prendergast, "The Provision of Incentives in Firms," *Journal of Economic Literature* 37 (March 1999): 7~63을 참조하라.

그렇기 때문에 사용자들은 경영전략과 보상정책을 선택하여 적절한(즉 이윤을 극대화시키는) 종류의 근로자들을 구하고 그들에게 생산을 위한 최적의 인센티브들을 제공해야만 한다. 그렇게 하는 데 있어서 사용자들은 여러 정책에 소요되는 비용을 편익에 대해 비교해야 한다. 이 장의 초점은 근로자 생산성을 최적이 되도록 하는 기업들 보상정책의 역할에 모아진다.

근로자들에 대한 동기부여: 기본사항에 대한 개관

사용자들과 근로자들은 각각 자기 자신들의 목적과 관심사를 가지고 있으며, 고용관계에 내재된 인센티브들은 이러한 각각의 이해를 조정하는데 결정적으로 중요하다. 후반부에 자신들의 근로자들로부터 높은 생산성을 유발시키기 위해 사용자들이 채택할 수 있는 여러 보수체계를 분석하기 위한 절들로 이동하기 전에 우선 이 고용관계의 핵심특징에 대한 개관을 소개하기로 한다.

고용계약

고용관계는 사용자(주인: 'principal')와 근로자(대리인: 'agent') 사이의 계약으로 생각될 수 있다. 근로자는 임금과 기타 급여를 받는 대가로 사용자의 목적달성을 돕기 위해 채용된다. 만약 근로자들이 열심히 일하고 업무수행을 잘한다면, 근로자들은 경력이 쌓임에 따라 고임금일자리로 승진될 것이라는 것에 대한 이해 또는 암묵적 약속이 종종 존재한다.

공식계약 현재와 미래 보수의 대가로 사용자를 위해 업무를 수행하겠다는 근로자의 동의는 계약으로 생각될 수 있다. 대출금상환을 위해 은행과 주택소유자에 의해 서명이 이루어지는 것 같은 **공식**계약(formal contract)은 양 당사자는 무엇을 약속하고, 만약 양 당사자 중 어느 하나가 약속한 대로 이행하지 않는다면 어떤 일이 발생할 것이라는 것 등을 꽤 명시적으로 작성한다. 일단 서명하게 되면, 공식계약은 벌칙 없이는 양 당사자 중 어느 하나에 의해 폐기될 수 없다. 약속이행에 대한 분쟁은 법원 또는 다른 제3자에게 그 해결이 의뢰될 수 있다.

암묵적 계약(implicit contract) 공식계약들과는 달리 대부분의 고용계약들은 **불완전**하고 **암묵적**이다. 대부분의 고용계약들은 근로자들에게 요구될 수 있는 모든 구체적 업무들을 사전에 명기하는 일이 거의 없다는 의미에서 보통 불완전하다. 그렇게 하는 것은 조건변화에 대응하는 사용자들의 융통성을 제한하게 되며, 또한 새로운 상황이 발생할 때마다 사용자들과 근로자들이 그들의 고용계약을 다시 협상하도록 함으로써, 양 당사자 모두에게 비용을 부담하도록 한다.

또한 고용계약들은 너무 모호해서 법적으로 강제시킬 수 없는 통상적인 일련의 비공식적인 이해사항이라는 의미에서 암묵적이다. 예를 들어 어떤 근로자가 '열심히 일하겠다'고 동의하였다면, 이 근로자가 약속한 것은 도대체 무엇이며, 근로자가 약속한 대로 하지 않았는지를 어떻게 입증할 수 있는가? 구체적으로 어떤 기업이 '기회가 생기면 승진할 만한 근로자들을 승진시키기로' 약속하였을 때, 이 기업이 약속한 것은 무엇인가? 나아가서 근로자들은 자기 뜻대로 거의 언제나 이직할 수 있으며, 사용자들은 종종 근로자들을 아주 자유롭게 해고시킨다. 따라서 고용계약은 보통 법적인 벌칙 없이도 양 당사자 중 어느 하나에 의해 폐기될 수 있는 계약이다.[3)]

법적 강제성에 상당한 제한이 있다는 것은 암묵적 계약이 자율적 강제성(self-enforcing)을 가져야 된다는 것을 필수적이도록 만든다. 이제 고용계약을 자율적 강제성이 있도록 만드는 데 극복되어야만 할 어려움에 대해 논의하기로 하자.

정보의 비대칭성에 대한 대처방안

양 당사자 또는 어느 한 당사자가 어떤 방법으로든 자신들의 약속을 어김으로써 상대방을 속이는 것이 종종 이득이 된다. 정보가 **비대칭적**(asymmetric)일 때, 즉 어느 한 당사자가 계약 하에서의 계약의 의도 또는 이행여부에 대해 상대방보다 더 많이 알 때, 상대방을 속이는 기회가 늘어난다. 예를 들어 보험회사가 새로 채용된 손해사정인에게 만약 '열심히 일한다면' 4년 후에 대폭 증가한 보수를 받게 될 것을 약속했다고 가정하자. 회사는 후일 손해사정인의 근무가 충분하지 못했다고 거짓주장을 함으로써 이 사람이 받을 자격이 있는 보수인상을 거부하려 시도할 수 있다. 한편 대부분의 시간을 사무실 밖에서 감독자의 감독으로부터 멀리 떨어져 근무하는 손해사정인은 보험가입자의 손실에 대해 마구잡이의 또는 과도하게 넉넉한 추정을 함으로써 '일을 대충 처리하려는' 인센티브를 가질 수 있다. 이러한 형태로 상대방을 속이는 일을 어떻게 피할 수 있을까?

물론 속임에 대한 제재가 사용자들과 근로자들의 공식적인 협약에 내재되어 있다. 예를 들어 노동조합과 함께 서명한 합의조항을 이행하지 않은 사용자들은 고발을 당하거나 합법적인 파업에 직면할 수 있지만, 이는 상대방을 속였다는 것이 실제로 **입증**될 것을 요구한다. 계약이 비공식적이며 공식적인 처벌의 위협이 없을 때, 어떻게 속임을 당할 가능성을 줄일 수 있을까?

---

3) 그 원칙하에서는 사용자들(그리고 근로자들)이 어느 때를 막론하고 고용관계를 종료시킬 권한을 갖는다는 **자유의사에 의한 고용**원칙(the doctrine of employment-at-will)은 미국에서는 역사적으로 보편화되어 있다. 미국에서 이 원칙의 적용을 받지 않는 근로자들에는 해고와 관련된 계약조항을 가지고 있는 노동조합에 가입된 근로자들, 종신재직권(tenured)이 있는 교사들, 그리고 일부 공무원제도 하에 있는 근로자들이 포함된다. 많은 주(州)의 법원들이 또한 이 원칙의 예외가 되는 공공정책 및 또는 암묵적 계약을 채택하였다. 이 문제들에 대한 논의는 Ronald Ehrenberg, "Workers' Rights: Rethinking Protective Labor Legislation," in *Rethinking Employment Policy*, eds. Lee Bawden and Felicity Skidmore (Washington, D.C.: Urban Institute Press, 1989)를 참조하라. 사용자들이 근로자들을 해고하는 것을 덜 비용이 들도록 만드는 것이 근로자들의 노력을 증가시킨다는 몇몇 증거가 있다. Pedro S. Martins, "Dismissals for Cause: The Difference That Just Eight Paragraphs Can Make," *Journal of Labaor Economics* 27 (April 2009): 257~279 참조.

속이는 것을 단념시키기: 신호보내기(signaling) 속임을 당하는 것을 회피하는 한 가지 방법은 '올바른 종류'의 사람과 거래를 하는 것인데, 이때에도 상대방으로 하여금 자신의 실제 특성 또는 의도에 대한 진실을 나타내 보이도록 (또는 **신호를 보내도록**) 유발시킬 방법을 찾아내야만 한다. 예를 들어 사용자가 장기적인 이익을 위해 현재의 만족을 기꺼이 연기시킬 용의가 있는 근로자들을 채용하기를 원한다고 가정하자(즉 사용자는 미래의 가치를 크게 할인하지 않는 근로자들을 원한다). 지원자들에게 현재의 만족을 연기할 용의가 있는가를 단순히 묻는 방법으로는 정직한 대답을 기대할 수 없다. 그러나 사용자가 지원자들로 하여금 자신들의 선호를 간접적으로 나타내 보이도록 하는 방법들이 있다.

제8장에서 지적한 바와 같이, 사용자는 지원자들에게 상대적으로 낮은 현재임금과 퇴직 후에 받게 되는 많은 액수의 연금급여를 제공할 수 있다. 상대적으로 높은 할인율을 가지고 있는 잠재적인 지원자들은 낮은 할인율을 가진 지원자들에 비해 이 보수패키지가 마음에 들지 않을 것이며, 그들은 이 일자리에 지원을 하지 않거나, 일자리가 제공되더라도 이를 받아들이지 않게 된다.

이 기업이 지원자들로 하여금 자신들의 진정한 할인율에 대해 무엇인가 신호를 보내도록 유발시키는 다른 방법은 학사학위 또는 다른 어떤 훈련투자를 채용기준으로 요구하는 것이다. 제9장에서 주목한 바와 같이, 높은 할인율을 가진 사람들은 어떤 종류든 투자를 행할 가능성이 낮으며, 따라서 기업의 채용기준은 높은 할인율을 가진 사람들이 일자리를 구하는 것을 막을 것이다.

그렇다면 신호보내기의 본질은 단지 진술이 아니라 **행태**에서 진실을 자발적으로 드러내도록 하는 것이다. 이 장의 나머지 부분에서 논의될 많은 보상정책들은 적어도 부분적으로는 일자리에 대한 지원자들 또는 근로자들로부터 진정한 신호를 유도해 내는 것을 목표로 한다.[4)]

속이는 것을 단념시키기: 자율적 강제성(self-enforcement) 심지어 '올바른 종류'의 사람들도 종종 자신들이 약속을 지키지 않으려는 인센티브를 갖고 있다. 경제학자들은 상대방을 속이는 이와 같은 형태를 **기회주의적 행태**(opportunistic behavior)라 부르게 되었는데, 이는 사람들이 처음부터 정직하지 않으려 의도하기 때문이 아니라, 일반적으로 기회가 생김에 따라 자신들의 행태를 조정함으로써 스스로의 이익을 증진시키려 시도하기 때문에 발생한다. 따라서 주어진 과제는 다소 자동적으로 양 당사자들로 하여금 자신들의 약속을 지키도록 유발시키는 보상정책을 채택하는 것이다.[5)]

---

4) (사용자가 직접적으로 관찰하기 어려운) 타고난 능력에 대한 신호로서 교육수준을 사용하는 공식모형에 대해서는 제9장을 참조하라. 신호보내기이론에 대한 철저한 검토는 John G. Riley, "Silver Signals: Twenty-Five Years of Screening and Signaling," *Journal of Economic Literature* 39 (June 2001): 432~478을 참조하라.

5) 암묵적 계약체결에 있어서의 자율적 강제성의 중요성에 대한 보다 완전한 논의는 H. Lorne Carmichael, "Self-Enforcing Contracts, Shirking, and Life Cycle Incentives," *Journal of Economic Perspectives* 3 (Fall 1989): 65~84를 참조하라.

자율적 강제성이 나타나도록 하는 합의의 핵심은 계약위반이 발생하였다는 것을 입증시키지 않고도 상대방을 속인 자에게 손실이 부과되도록 하는 것이다. 노동시장에서 합의를 지키지 않고 속이는 것에 대한 보통의 벌칙은 희생자가 고용관계를 끊는 것이다. 결과적으로 자율적 강제성은 **사용자와 근로자 모두가 기존의 고용관계를 끊는 것보다 이를 정직하게 지속하는 것으로부터 더 많은 이익을 얻게 되는 것**을 필요로 한다. 만약 근로자들이 다른 곳에서 받으리라 기대하는 것보다 기존의 관계로부터 더 많은 것을 받고 있다면, 자신들의 임무를 게을리 하여 해고될 때 그들은 자동적으로 손실을 입을 것이다. 만약 사용자들이 대체근로자들에게 투자하는 것보다 기존의 근로자들을 유지하는 것으로부터 더 많은 이윤을 얻는다면, 그들은 약속을 어겨 근로자들이 이직하게 되면 손실을 입게 될 것이다.

잉여의 창출 양 당사자들이 암묵적 합의에 맞도록 행동을 할 인센티브들은 근로자들이 다른 곳에서의 고용 시 받을 수 있는 것보다 더 높은 임금, 그러나 기업에 대한 자신들의 한계생산가치보다는 낮은 임금을 지급받을 때 가장 강력하다. 기업에 대한 자신들의 한계수입생산과 다른 곳에서 받을 수 있는 임금 사이의 격차는 사용자와 근로자 사이에 나눌 수 있는 **잉여**를 나타낸다. 만약 어느 한 당사자가 전체잉여를 받는다면, 다른 당사자는 고용관계를 종료시킴으로써 아무것도 잃을 것이 없기 때문에, 암묵적 계약이 자율적 강제성을 갖기 위해서는 이 잉여는 **나뉘어**져야만 한다. 잉여의 배분을 그래프로 그린 것이 그림 11.1에 나타나 있는데, 그림에서 잉여에서의 자신의 몫을 증가시키려는 당사자 중 어느 하나의 시도는 고용관계를 종료할 때 다른 당사자가 입게 되는 손실의 크기를 줄일 것이라는 것을 알 수 있다.

잉여는 보통 사용자에 의한 어떤 초기투자와 관련이 있다. 제5장에서 기업에 의한 특수훈련 또는 채용/평가과정에 대한 투자는 근로자들의 생산성과 임금을 다른 곳에서의 생산성과 임금보다 높게 만든다는 것을 살펴본 바 있다. 기업들은 또한 자신들의 **명성**에 투자함으로써 잉여를 창출할 수 있다. 예를 들어 미래의 승진 또는 급여인상에 대한 약속을 잘 지키기로 유명한 사용자는 그러한 명성을 갖지 못한 사용자들에 비해 더 낮은 비용으로 더 높은 생산성을 가진 근로자들을 유치할 수 있다. (자신의 약속이행에 대해 좋지 못한 평판을 가지고 있는 기업은 좋은 평판을 가지고 있는 사용자들로부터 일정수준의 자질을 가진 근로자들을 유치하기 위해 보상임금격차를 지급해야만 한다.) 좋은 평판은 지급되는 임금과 비교할 때 생산성을 상대적으로 증가시키기 때문에, 기업과 근로자들 사이에 나눌 수 있는 잉여가 창출된다.

근로자들에 대한 동기유발

강제적 실행성의 문제를 넘어서 고용계약은 사용자의 근로자들에 대한 동기유발의 필요성을 다룬다. 근로자들은 효용을 극대화하는 사람들로 간주될 수 있으며, '근로자들이 최선의 노력을 발휘하도록 하는 것'은 그들이 아프거나 개인문제들로 혼란해 할 때 열심히

그림 11.1

잉여분배의 두 가지 방법

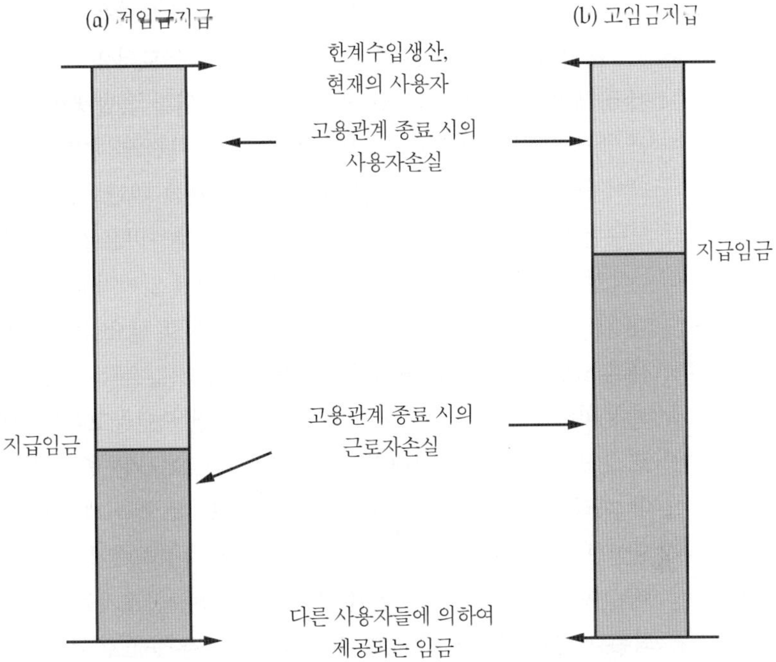

일하도록 하거나 또는 근로자들이 부담스럽게 느끼는 작업속도를 수반할 수도 있다. 사용자의 보상제도에 의해 다르게 행동하도록 유발되지 않는다면, 근로자들은 자신들에게 이익이 된다고 스스로 느끼는 것을 수행한다고 가정될 수 있다. 그들 사용자들의 목표를 향해 일하게 하는 인센티브를 근로자들에게 제공하는 보상을 어떻게 마련할 수 있을까?

성과급보수(pay for performance) 근로자들의 동기를 유발시키는 가장 확실한 방법은 그들에게 자신들의 산출량을 기초로 하여 보수를 지급하는 것이다. 보수를 산출량과 연계시키는 것은 생산성을 위한 강력한 인센티브의 가능성을 창출하긴 하지만, 인센티브에 의한 보수체계가 부딪쳐야만 하는 두 가지 일반적인 문제들이 존재한다.[6] 한 가지 문제는 산출량을 기초로 보수를 지급하는 것은 사용자에게 편익과 비용 모두를 발생시키는데, 편익과 비용 모두 근로자의 산출량이 근로자 자신의 통제 밖의 요인들에 의해 영향을 받는 정도에 의해 달라진다는 것이다. 예를 들어 제인(Jane)은 만약 자신의 산출량(그리고 보수)이 10% 증가할 것이라고 확신할 수 있다면 10% 더 많은 노력을 할 용의가 있을 수 있다. 그러나 만약 기계고장이 너무 일상적이어서 5% 증가만을 오로지 기대할 수 있다면, 제인은 추가적인 10%의 노력을 기울일 가치가 없다고 결정할지 모른다. 그렇다면

[6] 이 절은 David E. Sappington, "Incentives in Principal-Agent Relationships," *Journal of Economic Perspectives* 5 (Spring 1991): 45~66, and George P. Baker, "Incentive Contracts and Performance Measurement," *Journal of Political Economy* 100 (June 1992): 598~614에서 많이 인용되었다.

사용자의 관점에서 보면 산출량을 기초로 한 보수는 만약 제인의 노력과 이에 따른 산출량이 밀접하게 관련이 없다면 단지 약한 인센티브만을 제공하는 셈이 된다.

제인의 관점에서 보면 산출량과 자신 스스로의 노력 사이의 약한 관련이 또한 자신이 통제할 수 없는 근로소득의 변동이라는 위험을 발생시키게 되며, 그녀는 보상임금격차가 지급되지 않는다면 그러한 보수체계를 가진 일자리를 가질 용의가 없을 수 있다. 따라서 근로자의 산출량과 노력이 매우 밀접하게 관련되지 않는다면, 산출량을 기초로 한 보수는 사용자에게 작은 편익만을 제공하며 추가비용을 초래할 수 있다.[7)]

성과급보수 계획이 직면하게 되는 두 번째 일반적인 문제는 사용자의 궁극적인 목적과 일치하는 산출량의 측정치를 선정하여야 할 필요성이다. 산출량의 수량적 측면(고객서비스 부서의 사무원이 처리하는 불만건수와 같은)은 친절함 또는 유용성 같은 질적 측면에 비해 측정하기가 용이하지만, 질적 측면은 단골고객의 기반을 구축하는데 결정적으로 중요하다. 더욱이 현대적 제조공장의 근로자들은 종종 팀으로 작업할 것을 요구받으며, 따라서 그들은 팀별 계획, 의사결정, 그리고 문제해결을 포함하는 다양한 '산출물'을 생산한다. 이러한 산출물의 어떤 양과 질은 측정하기가 어렵다. 앞으로 살펴보게 되는 바와 같이, 불완전하게 디자인된 성과측정치들은 근로자들로 하여금 자신들의 노력을 측정되는 것으로 향하게 하고 자신들 직무의 다른 중요한 측면으로부터 멀어지게 함으로써 기대에 어긋난 결과가 나타나도록 할 수 있다.[8)]

감독 하에서의 시간제보수(time-based pay with supervision) 또 다른 보수체계는 근로자들에게 그들이 일한 시간에 따라 보수를 지급하는 것이다. 이 체계는 위의 예를 계속한다면 제인의 보수가 매주 변하게 되는 위험을 감소시키지만, 그녀의 실제 산출량을 참고함이 없이 제인에게 임금을 보장하는 것은 **도덕적 해이**(moral hazard)의 문제를 발생시킨다. 즉 만약 자신의 노력이 보상을 받지 못한다면 제인이 왜 열심히 일해야만 하는가의 문제이다. (산출량을 근거로 한 보수와 시간을 근거로 한 보수하에서 나타나는 실제 근로노력의 비교는 예문 11.2를 참조하라.) 근로자들이 단지 '자신들의 시간을 보내게' 될 지도 모를 위험은 사용자들이 그들의 행태를 철저하게 감시해야만 한다는 것을 의미한다.

철저한 감독에 따른 문제는 비용이 든다는 것이다. 전문화를 통한 규모의 경제가 실현되도록 어떤 작업장이라도 업무는 나뉘어져 있으며, 근로자들은 자신들의 책임영역 내에서의 상황변화에 끊임없이 적응해야만 한다. 극단적으로 철저한 감독은 감독자들로 하

---

7) 이 문제에 대한 더 철저한 논의는 Canice Prendergast, "What Trade-off of Risk and Incentives?" *American Economic Review* 90 (May 2000): 421~425를 참조하라.

8) 이 절에서 논의된 두 종류의 인센티브 문제들에 대한 분석은 George Baker, "Distortion and Risk in Optimal Incentive Contracts," *Journal of Human Resources* 37 (Fall 2002): 728~751에서 찾을 수 있다. 제조업에서의 개수제 보상의 감소에 대한 연구는 Susan Helper, Morris M. Kleiner, and Yingchun Wang, "Analyzing Compensation Methods in Manufacturing: Piece Rates, Time Rates, or Gain Sharing?" working paper no. 16540, National Bureau of Economic Research (Cambridge, Mass.: November 2010)을 참조하라.

예문 11.2

칼로리 소비와 보수지급 형태

본문에서 시간제보수(time-based pay)는 **도덕적 해이**(moral hazard)의 문제가 나타나도록 한다는 것을 주목하였다. 즉 자신들의 산출량과 상관없이 보수를 지급받기 때문에, 근로자들은 최선의 노력을 다하지 않을지 모른다는 것이다. 이 문제에 대한 흥미로운 조사결과는 근로자들이 1년 동안 농업부문의 여러 상이한 일자리를 갖는 것이 일반적인 필리핀(Philippines)의 부키돈(Bukidon)으로부터 나온 바 있다. 이 일자리들 중 일부의 경우, 근로자들은 시간에 따라 보수를 지급받으며, 다른 몇몇 일자리에서는 근로자들이 자신들의 산출량에 대해 직접적으로 보수를 지급받는다. 그러므로 똑같은 사람이 상이한 두 형태의 보수체계 아래에서 얼마나 열심히 일하는가를 관찰할 수 있다.

이 독창적인 연구는 이렇게 육체적인 노력이 요구되는 일자리들의 경우 자신들의 산출량에 따라서 보수를 지급받을 때보다 시간에 따라 보수를 지급받을 때 근로자들이 훨씬 적은 노력을 투입한다는 명백한 증거를 발견하였다. 몸무게 변화와 칼로리 소비 모두에 의해 노력의 강도를 측정하여, 이 연구는 시간에 따라 보수를 지급받을 때 근로자들은 **칼로리를 23% 적게** 소비하였으며, **소비된 1칼로리 당 몸무게 증가가 더 컸었다**는 것을 밝혔다. 이와 같은 두 가지 사실들은 산출량에 따라 보수를 지급받을 때보다 시간에 따라 보수를 지급받을 때 근로자들이 더 적은 육체적 노력을 투입했었다는 것을 제시한다.

데이터출처: Andrew D. Foster and Mark R. Rosenzweig, "A Test for Moral Hazard in the Labor Market: Contractual Arrangements, Effort, and Health," *Review of Economics and Statistics* 76 (May 1994): 213~227. 자신들의 성과에 대해 보수를 지급받는 근로자들이 더 열심히 일하고 더 높은 수준의 긴장과 탈진을 경험한다는 추가 증거는 Thomas Dohmen and Armin Falk, "Performance Pay and Multidimensional Sorting: Productivity. Performances, and Gender," *American Economic Review* 101 (April 2011): 556~590을 참조하라.

여금 자신들의 모든 하급자들이 직면하는 상황에 대한 똑같은 정보를 동시에 가질 것을 요구하는데, 이 경우 감독자들은 스스로 모든 의사결정을 내리는 편이 나을 수 있다! 요약하면 자세한 감독은 전문화의 이점을 파괴시킬 수 있다.

그룹 내의 개인에 대한 동기유발

만약 근로자들이 가치 있는 재화의 자신들 **스스로의** 소비를 증가시킴으로써 효용을 극대화하려 한다면, 각 개인의 보수와 성과 사이의 관계에 초점을 맞춤으로써 회사정책을 충분히 개발할 수 있다. 그러나 그룹 내의 개인의 상대적 위치에 대한 관심이 또한 종종 근로자의 효용에 영향을 미치는 요소이다. **개개인들**에게 동기를 유발시키는 데 있어서의 **그룹**의 중요성은 사용자에게 문제점과 기회를 모두 제공한다.

공정성 문제 자신이 속한 관련 그룹 내에서 **다른 사람들에 대한** 자신들의 **상대적** 대우에 사람들이 관심을 갖는다는 것은 **지위**(status)와 **공정성**(fairness)의 문제가 고용관계에 널리 퍼져 있다는 것을 의미한다. 물가와 임금이 모두 평균적으로 4% 증가한 해에 임금이 7% 증가한 근로자는 동일한 사용자를 위하여 동일한 일자리에서 일하였던 동료가 10% 증가한 임금을 받았다는 것을 알 때까지는 꽤 기분이 좋았을지 모른다(예문 11.3은 실례를 제공한다.) 불공정한 대우를 받았다고 느끼는 근로자들은 이직하거나, 자신들의 노력수준을 낮추거나, 사용자로부터 훔치거나 또는 심지어 '보복하기' 위해서 생산물을 파괴할 수 있다.[9] 그러나 불행하게도 사용자들의 경우, 그 정책결정이 어떤 맥락에서 이루어졌는지에 따라 동일한 정책결정이라도 그 공정성이 종종 상이하게 인식될 수 있다.

예를 들어 표본으로 선정된 사람들이 계획대로 성장하지 못해 비용을 줄일 필요성이 있는 두 소규모 회사들의 사례를 검토할 것을 요청받았다. 각 회사는 근로자들에게 시간당 10달러를 지급하였는데, 사용자 A는 이를 급여로 지급하고 사용자 B는 9달러를 급여로, 그리고 1달러를 상여금(bonus) 형태로 지급하였다. 표본으로 선정된 대부분의 응답자들은 사용자 A가 임금을 10% 삭감하는 것이 불공정하다고 이야기했지만, 사용자 B가 그 상여금을 없애는 것은 공정하다고 생각했다. 명백히 '급여'라는 명칭이 붙여진 보수는 '상여금'이라는 명칭이 붙여진 보수에 비해 더 큰 자격을 가지고 있음을 내포하고 있다.[10]

동일한 조사로부터 두 번째 예를 고려하자. 응답자의 대다수는 주택페인팅으로 성공한 업자가 믿을 만한 보조자가 그 이하의 임금으로도 채용될 수 있다는 것을 알았을 때 근로자들의 임금을 9달러로부터 7달러로 삭감하는 것은 불공정한 것이라고 생각하였다. 그러나 그들은 만약 위의 업자가 페인팅을 그만두고 (임금수준이 더 낮았던) 조경에 진출하였다면, 7달러의 임금을 지급하는 것이 정당화된다고 느꼈다. 분명히 사용자는 공정성을 판단하는데 있어 근로자들이 사용하는 준거그룹(reference group)들에 포함되며, 사용자의 의사결정이 이루어진 **맥락**은 그 내용만큼 중요한 문제가 된다.

그룹에 대한 충성심(group royalty) 자신들 스스로의 소비수준과 그룹 내에서의 자신들의 상대적 대우에 대한 관심 이외에도, 근로자들은 또한 그룹 전체의 지위 또는 복지에도 전

---

9) 인지된 공정성이 생산성에 미치는 효과를 포함한 보수에 있어서의 공정성 문제에 대한 최근 검토는 Ernst Fehr, Lorenz Goette, and Christian Zehnder, "A Behavioral Account of the Labor Market: The Role of Fairness Concerns," *Annual Review of Economics* 1 (September 2009): 355~384를 참조하라. 근로자에게 지위(status)가 전달되는 상을 주는 것이 효과적인 동기유발 수단일 수 있다는 사실은 Michael Kosfeld and Susanne Neckermann, "Getting More Work for Nothing? Symbolic Awards and Worker Performance," *American Economic Journal: Microeconomics* 3 (August 2011): 86~99에 설명되고 있다.

10) Daniel Kahneman, Jack L. Knetsch, and Richard Thaler, "Fairness as a Constraint on Profit-Seeking: Entitlements in the Market," *American Economic Review* 76 (September 1986): 728~741. 또 다른 연구는 **이미 받았던 상여금을 잃어버릴** 가능성이 미래에 상여금을 받는 것에 비해 더 강력한 동기유발 수단이라는 것을 밝혔다. Roland G. Fryer, Jr., Steven Levitt, John List, and Sally Sadoff, "Enhancing the Efficacy of Teacher Incentives Through Loss Aversion," working paper no. 18237, National Bureau of Economic Research (Cambridge, Mass.: July 2012) 참조.

예문 11.3

상대적으로 낮은 보수가 근로자 만족에 미치는 효과

2008년 3월 캘리포니아의 주요 신문이 캘리포니아 주립대학교(University of California)의 학생이 아닌 모든 근로자를 포함한 모든 캘리포니아 공공근로자들의 급여를 담고 있는 데이터베이스를 게시했다. 그해 늦은 봄에 네 명의 경제학자들이 이메일(email)을 통해 캘리포니아 주립대학교제도의 **일부** 교직원들에게 이 신문의 웹사이트를 알려주고 그들에게 단지 자신들이 이 데이터베이스를 알았는지를 묻는 연구를 수행했다. 이후에 연구자들은 **모든** 캘리포니아 주립대학교 근로자들에게 다시 이메일을 보내 그들이 급여 데이터베이스를 알았는지, 그리고 사용했었는지를 질문했다. 그들은 또한 자신들의 일자리와 보수의 만족수준에 대해서도 질문을 받았다.

연구는 웹사이트를 방문해서 자신들의 보수가 자신의 부서에서 **중앙값에 해당하는 보수에 미달되는 수준**임을 알았던 근로자들이, 비슷한 보수를 받고 있지만 웹사이트를 이용하지 않았던(그리고 아마도 자신들 동료의 급여를 알 가능성이 낮았던) 근로자들에 비해 자신들의 일자리에 대한 **더 낮은 수준의 만족도**를 응답했음을 밝혔다. 그러나 자신들의 보수가 중앙값보다 높은 수준이라는 것을 알았던 근로자들은 더 높은 수준의 일자리 만족도를 응답할 가능성이 더 크지 않았다. 따라서 연구결과는 근로자들이 전형적으로 자신들 동료들의 보수에 **대한** 자신들의 **상대적** 보수에 관심을 가졌지만, 이러한 관심은 주로 자신들이 평균에 비해 **더 낮은** 보수를 지급받는지에 대한 것이었음을 암시한다.

자료: David Card, Alexander Mas, Enrico Moretti, and Emmanuel Saez, "Inequality at Work: The Effect of Peer Salaries on Job Satisfaction," *American Economic Review* 102 (October 2012): 2981~3003.

형적으로 관심을 갖는다. 그룹에는 어영부영하며 다른 사람들이 열심히 일한 혜택을 즐김으로써 '무임승차'하려는 유혹이 항상 존재하지만, 대부분의 사람들은 자신들의 팀, 학교, 작업그룹, 공동체 또는 국가를 위해 적어도 어떤 희생을 감수할 용의가 있다.[11] '일을 잘한다'는 것의 본질은 조직의 이익을 증진시키기 위해 많은 조출한 방법으로 주도적으로 일하는 것을 너무나도 자주 의미하기 때문에, 높은 생산성을 가진 근로자들을 보유하고 있는 사용자들은 거의 보편적으로 조직에 대한 충성심을 높이는 정책에 관심을 기울인다. 사용자들이 이 충성심을 기르기 위해 취할 수 있는 많은 조치들이 경제학의 범위를 벗어나긴 하지만, 분석하게 될 일부 보수체계는 보수를 **그룹**의 성과와 꽤 직접적으로 연관시키고 있다.

[11] 한 연구는 근로자들이 제2차 세계대전 기간 동안 5% 이상 더 생산적이었으며, 직접적으로 전쟁보급품과 관련된 산업들에서는 9% 이상 더 생산적이었음을 밝힌 바 있다. Mark Bils and Yongsung Chang, "Wages and the Allocation of Hours and Effort," National Bureau of Economic Research, working paper no. 7309, August 1999 참조. 근로자들의 이타적인 행태에 대한 다른 고려사항들은 Simon, "Organizations and Markets," 34~38; and Julio J. Rotemberg, "Human Relations in the Workplace," *Journal of Political Economy* 102 (August 1994): 684~717을 참조하라.

보수지급계획: 이 장의 나머지 부분에 대한 개관과 지침

사용자의 채용기준, 감독 정책, 그리고 일반적인 경영철학과 함께, 사용자의 보수지급계획(compensation plans)은 근로자들이 노력을 기울이도록 하는 인센티브에 크게 영향을 미친다. 많은 경영정책에 대한 자세한 논의는 이 책의 범위를 벗어나지만, 보수체계에 의해 창출되는 인센티브들은 현대 노동경제학의 범위 내에 절대적으로 속한다. 따라서 아래에서는 경제학개념을 사용하여 보수지급계획의 주요 특성을 분석하기로 한다.

세 가지 요인들이 사용자의 보수체계를 폭넓게 특징짓는데, 보수 계산의 **기준**, 비슷한 수준의 근로자들이 다른 곳에서 받는 보수와 관련된 상대적 보수**수준**, 그리고 내부노동시장을 갖고 있는 사용자들의 경우 경력이 쌓이는데 따른 근로자들의 보수**변동**(sequencing of pay)이 그 세 가지 요인들이다. 이 장의 나머지 부분에서는 이 요인들이 분석될 것이다.

생산성과 연간보수의 기준

근로자들은 자신들의 시간, 산출량 또는 두 가지의 어떤 혼합된 형태에 대해 보수를 지급받을 수 있다. 미국에서는 대부분이 자신들의 근로시간에 의해 보수를 지급받고 있는데, 산출량을 기준으로 한 보수가 왜 더 널리 사용되지 않는지를 질문해야만 할 것이다. 보수지급계획은 사용자와 근로자 모두를 만족시켜야만 하기 때문에, 노동시장의 각 측면과 관련된 고려사항들을 중심으로 분석이 이루어지게 될 것이다.

근로자의 선호

생산된 각 항목에 대해 근로자들이 어떤 액수를 벌게 되는 **개수제**보수(piece-rate pay)는 생산직근로자들의 경우에 가장 일반적으로 나타나는 개개인을 기준으로 하는 인센티브에 의한 보수지급 형태이다. 근로소득을 개인들의 산출량과 연계시키는 다른 제도에는 근로자(보통 판매직근로자들)들이 자신들이 판매한 품목들 가치의 일정 비율을 받는 **커미션**(commission)에 의한 보수지급이 있다. 최근 유행하고 있는 **성과배분**(gainsharing)계획은 적어도 부분적으로 근로소득을 그룹생산성 증가, 비용절감, 생산물의 품질 향상 또는 그룹의 성공을 나타내는 다른 측정치들과 연계시키는 **그룹**인센티브에 의한 보수지급계획이다. **이윤배분**(profit-sharing)과 **성과금**(bonus)지급계획은 근로자들의 보수를 기업 또는 기업의 일정부문의 이윤과 연관시키려는 시도이다. 이 보수지급 형태도 또한 개개인들보다는 근로그룹들을 보상한다. 이러한 모든 체계 아래에서 근로자들은 적어도 자신들의 산출량 또는 자신들의 사용자가 이윤을 얻는 정도에 다소 비례적으로 보수를 지급받는다.

보수의 가변성 만약 근로자들이 시간제보수체계 아래에서의 자신들의 여러 해 동안의 평균근로소득이 산출량을 기준으로 한 보수지급계획 아래에서의 자신들의 근로소득과 같다는 것을 통보받게 된다면, 그들은 아마도 **시간**제보수를 선호하게 될 것이다. 그 이유는 무엇일까? 산출량을 기준으로 한 보수지급계획 하에서의 근로소득은 보수 계산의 기준으로 산출량의 어떤 측정치가 사용되는가와 관계없이 분명히 변한다. 앞에서 언급한 바와 같이, 개인 또는 그룹의 산출량에 영향을 미치는 많은 요소들은, 단지 개별근로자가 일자리에 가져오는 에너지 또는 헌신(commitment)의 수준만이 아닌 외부환경에 의존한다. 어느 주어진 날 개인이 생산한 품목의 개수는 연령, 기계의 상태, 파업 또는 폭설로 인한 공급품의 유입중단, 그리고 근로자 자신의 질병 또는 부상에 의해 영향을 받는다. 판매사원이 받는 커미션은 분명히 판매되는 생산물의 총수요에 의해 영향을 받으며, 이 수요는 개별판매사원이 통제할 수 없는 여러 가지 이유로 인해 변동할 수 있다. **그룹**산출량의 어떤 측정치에 좌우되는 근로소득은 또한 그룹 내의 다른 사람들이 기울이게 되는 노력수준에 따라 변할 것이다.

산출량을 기준으로 한 보수 하에서 나타날 가능성이 있는 근로소득의 변동은 근로자들이 갖고 있으리라 생각되는 **위험회피성향**(risk aversion, 즉 비록 다소 더 낮은 보수를 의미하더라도 확실한 액수의 근로소득에 대한 근로자들의 선호) 때문에 근로자들에게는 매력적이지 못한 것으로 간주된다. 대부분의 근로자들은 매월 임대료, 식품비, 보험료, 전기·가스·수도비 등을 의무적으로 납부해야 한다. 만약 낮은 수준의 보수가 지급되는 기간이 연속된다면, 비록 높은 수준의 보수가 지급되는 기간이 앞으로 계속하여 나타나더라도 근로자들은 이러한 의무를 다하는 데 어려움을 겪을지 모른다.

보통보다 더 낮은 수준의 산출량이 생산되는 기간에 대한 우려 때문에, 근로자들은 (**평균**근로소득 수준을 포함하는) 다른 조건이 동일하다면 시간제보수의 확실성을 선호한다. 위험회피성향이 있는 근로자들로 하여금 산출량을 기준으로 지급되는 보수를 받아들이도록 하기 위해, 사용자들은 보상임금격차를 지급해야만 한다.

근로자의 분류(worker sorting) 근로자의 위험회피성향을 제쳐놓고, 어느 근로자들이 개수제 또는 커미션에 의한 보수지급체계를 매력적으로 생각할 것인가를 고려하는 것은 흥미로운 일이다. 시간제보수지급계획은 적어도 단기적으로는 생산량이 많은 근로자들과 생산량이 적은 근로자들에게 똑같은 보수를 지급하기 때문에, 개수제 또는 커미션에 의한 보수지급으로부터 가장 이익을 보는 근로자들은 동기유발 또는 능력 수준이 평균보다 높은 사람들이다. 따라서 개인의 생산성에 대한 대가를 지급하는 보수지급계획 아래에서 일하기로 선택한 근로자들은 자신들이 스스로를 평균 이상의 생산자들이라고 믿고 있다는 신호를 보낸다. 예를 들어 1990년대 중반 자동차에 유리를 장착하는 미국회사가 시간제보수로부터 개수제로 전환했을 때, **기업에 재직 중인 현직 근로자들**의 개별산출량이 22% 증가했다. 따라서 똑같은 근로자들이 개수제 보수체계 하에서 더 열심히 일했다고 결론을 내릴 수 있다. 그러나 개수제로의 전환이 유리를 늦게 장착하는 근로자들은 회사를 떠나고 유리를 빨리 장착하는 근로자들은 회사에 합류하도록 하는 등, 회사가 **상이한** 일련의 근로자들에게 매력적이 되도록 만들었기 때문에, 근로자생산성의 **총**증가는 약 44%에 이르렀다![12)]

보수의 비교 자신들의 산출량에 대해 보수를 지급받는 근로자들이 자신들의 시간에 대해 보수를 지급받는 근로자들에 비해 더 많은 보수를 지급받을 것이라고 기대할 세 가지 이유가 있다. 즉 성과급보수(incentive pay)는 근로자들로 하여금 더 열심히 일하도록 동기를 부여하고, 가장 생산적인 근로자들을 유치하며, 그리고 보상임금격차를 불러일으킬 수 있는 위험을 수반한다. 어떤 의류산업의 보수에 대한 한 연구는 개수제보수를 지급받는 근로자들이 시간제보수를 지급받는 근로자들보다 약 14% 많이 벌었음을 밝힌 바 있다. 이 연구는 이 차이의 약 1/3이 보상임금격차이었으며 나머지는 동기유발과 분류효과와 관련된다고 추정하였다.[13)]

사용자의 고려사항

근로자들로 하여금 개수제보수를 받아들이도록 하기 위해 사용자들이 프리미엄을 지급할 용의가 있는가는 성과급보수체계가 사용자들에게 가져다주는 비용과 편익에 좌우된다. 만약 근로자들이 개수제 또는 커미션에 의해 보수를 지급받는다면, 위에서 주목한 바와 같이 낮은 생산성의 결과를 부담하는 것은 그들 자신이 된다. 따라서 사용자들은 근로자들을 선별하고 감독하는 시간을 적게 사용할 여유를 가질 수 있다. 만약 근로자들이 **시간**제보수를 지급받는다면, **사용자**는 근로자들의 생산성변동의 위험을 받아들이게 된다. 즉 근로자들이 이례적으로 생산성이 높을 때에는 이윤이 증가하며, 근로자들의 생산성이 낮을 때에는 이윤이 하락한다. 그러나 사용자들은 근로자들에 비해 이 변동에 대해 걱정을 덜 할지 모른다. 사용자들은 전형적으로 더 많은 자산을 갖고 있으며, 따라서 개별근로자들에 비해 수확이 없는 기간을 보다 편안하게 견딜 수 있다. 또한 사용자들은 보통 여러 근로자들을 고용하고 있으며, (기업에 도덕적인 문제가 존재하지 않는다면) 모든 근로자들이 생산성의 똑같은 변동으로 동시에 고통을 받게 될 가능성은 크지 않다. 따라서 사용자들은 근로자들만큼 소득의 확실성에 대가를 지급할 용의가 없을지도 모른다.

보수지급 기준을 결정하는 데 있어서의 사용자의 다른 주요 고려사항은 근로자의 노력에 대한 인센티브와 관계가 있다. 현재 사용되는 성과급보수지급계획의 세 가지 주요 형태와 관련된 고려사항들은 아래에서 논의될 것이다.

---

12) Edward P. Lazear, "Performance Pay and Productivity," *American Economic Review* 90 (December 2000): 1346~1361. 성과급보수가 근로자 분류에 미치는 비슷한 효과는 Thomas Dohmen and Armin Falk, "Performance Pay an Multidimensional Sorting: Productivity, Preferences, and Gender," *American Economic Review* 101 (April 2011): 556~590에서 찾을 수 있다.

13) Eric Seiler, "Piece Rate vs. Time Rate: The Effect of Incentives on Earnings," *Review of Economics and Statistics* 66 (August 1984): 363~376. 근로자들과 기업들 사이에 관찰되지 않은 차이를 통제할 수 있었던 후일의 연구는 Tuomas Pekkarinen and Chris Riddell, "Performance Pay and Earnings: Evidence from Personnel Records," *Industrial and Labor Relations Review* 61 (April 2008): 297~319를 참조하라.

산출량에 따른 보수(pay for output): 개인성과급 사용자의 관점에서 보면, 산출량을 기준으로 한 개인성과급(individual incentives)의 큰 이점은 이 보수지급체계가 근로자들로 하여금 산출량과 직접 관련이 되는 일련의 근로목표를 채택하도록 한다는 것이다. 실제로 앞에서 언급한 자동차유리를 장착하는 회사에서 현직 근로자들의 산출량이 증가한 것과 마찬가지로, 임업에서 시간제보수로부터 개수제로의 전환과 관련된 개인생산성의 증가는 20% 내외로 추정되었다.[14] 그러나 개인성과급 보수지급체계에는 단점도 존재한다.

첫째, 산출량을 기초로 한 보수를 객관적으로 관찰될 수 있는 어떤 측정치에 연계시킬 필요가 있다는 것은 근로자들이 측정되지 않는 성과 측면에는 자신들의 노력을 할당하지 않도록 유발될 수도 있다는 것을 의미한다. 만약 근로자들이 오로지 개별적으로 생산 또는 판매한 품목들의 수량에 대해서만 보수를 지급받는다면, 그들은 품질, 안전절차 또는 자신들의 작업팀에 대한 다른 사람들의 성과 또는 전문성 개발에는 최소한의 배려만을 할지 모른다.[15] 근로자들 스스로가 품질을 감시하도록 유발될 수 없다면 이러한 문제들은 비용을 들여 품질관리를 위한 감독을 할 필요성을 발생시킬 수 있다. 품질을 스스로 감시하도록 하는 것은 특정품목 또는 서비스의 책임이 어떤 근로자에게 있는지를 추적할 수 있을 때에만 오로지 쉽게 유발된다. 예를 들어 앞에서 언급한 자동차유리를 장착하는 기업은 (보통 유리가 파손되는 결과를 가져오는) 자동차 전면유리를 잘못 설치한 근로자들에게 교체할 유리의 가격을 지급하고 그 뒤 이를 자신의 시간을 사용하여 다시 재장착하도록 요구해야 한다.

두 번째 문제는 근로자들이 신속히 일하려는 동기를 부여받기 때문에 기계와 도구가 적절히 보수되지 않거나 또는 적절히 사용되지 않아 손상된다는 사실이다. 이 문제는 설비의 손상으로 인한 생산중단이 근로자의 근로소득을 하락시킬 수 있는 한 완화되지만, 사용자들에게는 충분한 우려를 끼치게 되어 사용자들은 개수제보수를 지급받는 근로자들로 하여금 자기 **자신의** 기계 또는 도구를 제공하도록 종종 요구한다.

개인 산출량의 총가치를 측정하는 것이 어렵다면, 기업들은 적절한 인센티브를 가진 보수체계를 어떻게 창출할 수 있을까? 이 절의 나머지 부분에서는 두 가지 방안을 살펴볼 것이다. 한 가지는 **그룹**산출량의 어떤 측정치에 기초한 보수지급이며, 다른 방안은 적어도 부분적으로 감독자의 **주관적인** 판단에 기초하여 보수를 지급하는 것이다.

---

[14] Bruce Shearer, "Piece Rates, Fixed Wages and Incentives: Evidence from a Field Experiment," *Review of Economic Studies* 71 (April 2004): 513~534. 개수제의 증가는 또한 노력을 증가시킨다. M. Ryan Haley, "The Response of Worker Effort to Piece Rates: Evidence from the Midwest Logging Industry," *Journal of Human Resources* 38 (Fall 2003): 881~890 참조.

[15] Robert Gibbons, "Incentives in Organizations," *Journal of Economic Perspectives* 12 (Fall 1998): 115~132는 광범위한 문헌들의 인용문들과 함께 이 문제를 요약하고 있다. 개수제보수에 의해 유발되는 '게임하기(gaming)'(즉 보수의 기초가 되는 **측정치를** 증가시키는 행태에 시간을 쓰는 반면, 실제로 산출량을 증가시키지 않는)에 관한 논의는 Pascal Courty and Gerald Marschke, "An Empirical Investigation of Gaming Response to Explicit Performance Incentives," *Journal of Labor Economics* 22 (January 2004): 23~56을 참조하라.

산출량에 따른 보수: 그룹성과급 개인의 산출량을 감시하기 어려울 때, 개인성과급 보수지급계획이 생산물의 품질에 나쁜 영향을 미칠 때, 또는 생산물이 상호의존적인 근로자들의 팀에 의해 생산될 때, 기업들은 때때로 사용자와 근로자의 이익을 좀 더 가깝게 조화시키기 위해 그룹성과급(group incentives) 보수지급체계를 채택한다.[16] 이 계획들은 적어도 보수의 일정부분을 이윤의 어떤 구성요소(그룹생산성, 생산물의 품질, 비용절감)에 연계시키거나, 또는 보수를 기업의 전체적인 이윤수준에 직접 연결시킬 수 있다. 다른 어떤 경우에는 근로자들이 기업을 **소유**하여 이윤을 서로 나누게 될지도 모른다.[17]

그룹성과급들의 한 가지 약점은 그룹들은 개인들로 구성되어 있는데, 게으름을 피우려는 의사결정이 궁극적으로 이루어지는 것은 바로 개인의 수준에서라는 사실이다. 그룹의 산출량 또는 기업의 이윤을 증가시키기 위해 매우 열심히 일하는 사람은 그 자신에 의한 노동의 결실을 추가적인 노력을 기울이지 않았을지도 모르는 다른 모든 사람들과 분배하는 것으로 결말을 내게 된다. 따라서 이런 **무임승차자**(free-rider)의 기회들은, 근로자들에게 게으름을 피움으로써 자신들의 동료근로자들을 속이려는 인센티브를 제공한다.[18] (그룹성과급들의 또 다른 약점은 그룹성과급들이 문제가 있는 근로자들을 유치하고 훌륭한 근로자들이 떠날 때 발생한다. 이의 한 가지 극단적인 사례는 예문 11.4에서 논의된다.)

매우 작은 그룹들에서는 상대방을 속이는 것을 발견하기가 쉬울지 모르며, 동료들의 압력이 이를 제거하기 위해 효과적으로 사용될 수 있다. 그러나 성과급을 받는 근로자그룹이 클 때, 만약 게으름을 피우는 일이 억제되어야 한다면, 사용자들은 조직에 대한 충성심 구축을 위해 관리자원들을 쏟아 넣어야만 할지 모른다. 흥미롭게도 무임승차자의 문제에도 불구하고 여러 연구들은 그룹의 성과와 연계된 보수와 그 그룹들의 근로자생산성 사이에 정(+)의 상관관계가 존재한다는 것을 밝혔다.[19]

[16] Barton H. Hamilton, Jack A. Nickerson, and Hideo Owan, "Team Incentives and Worker Heterogeneity: An Empirical Analysis of the Impact of Teams on Productivity and Participation," *Journal of Political Economy* 111 (June 2003): 465~497; Susan Helper, Morris M. Kleiner, and Yingchun Wang, "Analyzing Compensation Methods in Manufacturing: Piece Rates, Time Rates, or Gain Sharing?"

[17] 근로자가 소유하거나 또는 근로자가 경영하는 기업들의 생산성에 관한 문헌검토는 James B.Rebitzer, "Radical Political Economy and the Economics of Labor Markets," *Journal of Economic Literature* 31 (September 1993): 1405~1409; and Michael A. Conte and Jan Svejnar, "The Performance Effects of Employee Ownership Plans," in *Paying for Productivity*, ed. Alan S. Blinder (Washington, D.C.: Brookings Institution, 1990), 142~181을 참조하라.

[18] 이 문제의 보다 심층적인 분석은, Haig R. Nalbantian, "Incentive Contracts in Perspective," in *Incentives, Cooperation, and Risk Sharing*, ed. Haig R. Nalbantian (Totowa, N.J.: Rowman & Littlefield, 1987); and Eugene Kandel and Edward Lazear, "Peer Pressure and Partnerships," *Journal of Political Economy* 100 (August 1992): 801~817을 참조하라. '무임승차자' 문제를 극복하는 방법으로서의 동료들의 압력에 대한 분석은 Alexander Mas and Enrico Moretti, "Peers at Work," *American Economic Review* 99 (March 2009): 112~145를 참조하라.

[19] Brent Boning, Casey Ichniowski, and Kathryn Shaw, "Opportunity Counts: Teams and the Effectiveness of Production Incentives," *Journal of Labor Economics* 25 (October 2007): 613~650; Douglas Kruse, Joseph Blasi, and Richard Freeman, "Does Linking Worker Pay to Firm Performance Help the Best Firms Do Even Better?" working paper no. 17745, National Bureau of Economic Research (Cambridge, Mass.: January 2012).

예문 11.4

셰이커교도들의 운명을 결정한 빈약한 그룹인센티브

셰이커교도들(the Shakers)은 이례적인 종교분파였다. 그들은 엄격한 독신생활을 요구했으며, 재산의 공동소유권을 실천에 옮겼고, 평균생산에 해당하는 보수를 지급받음으로써 그룹의 소득을 모든 구성원들이 똑같이 분배했다. 그들은 1774년에 미국에 도착했으며, 1850년에는 그 수가 약 4,000명에 달하였지만 그 후 그 구성원 수가 줄어들었다. 그들의 쇠퇴는 일반적으로 그들이 자손을 번식하지 못하고 그들의 종교적인 열정이 식었던 탓으로 돌려지고 있지만, 경제사학자 존 머레이(John Murray)는 그들의 그룹보수지급계획이 그 소멸에 또 다른 중요한 이유였다고 주장하고 있다.

평균보다 높은 한계생산성을 가진 구성원들은 자신들의 산출량가치보다 더 작은, 그리고 보통 다른 곳에서 벌 수 있었던 것보다 더 작은 소득을 벌어들였다. 따라서 높은 생산성을 가진 구성원들은 이직할 인센티브를 가졌었다. 반대로 낮은 한계생산성을 가진 외부인들은 합류하여 자신들의 산출량 가치보다 더 크고 또한 다른 곳에서 벌 수 있는 것보다 더 많은 소득을 벌고자 할 인센티브를 가졌었다.

머레이는 읽고 쓰는 능력을 한계생산성의 대용변수로 사용하였다. 셰이커 공동체가 오하이오 주와 켄터키 주에 정착되었을 때, 그 구성원들은 종교적 열성으로 충만했으며, 이는 처음에 인센티브와 관련된 문제들을 극복할 수 있도록 하였을지 모른다. 이 구성원들은 거의 100%가 읽고 쓸 줄 알았던 바, 이는 주변인구들의 문자해독수준을 훨씬 상회하는 것이었다. 그러나 남북전쟁(Civil War) 무렵에는 문맹자들이 이 그룹에 상당수 합류했으며, 이 종교분파의 글자를 읽고 쓸 줄 아는 비율은 주변지역의 비율에 못 미치게 되었다. 게다가 머레이는 읽고 쓸 줄 아는 구성원들은 문맹인 구성원들에 비해 공동체를 이탈할['배교자들(apostates)'이 됨] 가능성이 30~40% 더 높았다는 것을 밝히고 있다.

당대의 사람들은 새로운 참가자들의 진심에 대해 의문을 제기하기 시작했다. 즉 그들이 보다 생산적인 그들의 형제자매들에 무임승차할 의도를 가진 '생계를 위한 셰이커교도'들이 아닌가 하는 의문이 제기되었다. 많은 구성원들이 공동체 밖의 세계에서 그들 자신을 부양할 수 없었거나 또는 부양할 용의를 갖지 않았던 것이었다. 궁극적으로 셰이커 공동체의 구성변화가 공동체의 위기를 야기시켰다. 즉 그룹의 평균생산이 하락하였으며, 종교적 열의의 감소, 내부의 스트레스, 그리고 구성원 수의 감소에 의해 그룹은 파멸되었다.

데이터출처: John E. Murray, "Human Capital in Religious Communes: Literacy and Selection of Nineteenth Century Shakers," *Explorations in Economic History* 32 (April 1995): 217~235.

그룹성과급과 경영자들에 대한 보수(executive pay) 최고경영자들에 대한 보상은 그룹의 성과를 기준으로 한 보수의 잠재성과 문제점들에 대한 흥미로운 예를 제공한다. 경영자들은 회사를 운영하지만 소유하지는 않는데, 다른 근로자들과 마찬가지로 그들은 그 자신들의 이익을 증진시키기를 원한다.[20] 회사들은 이러한 핵심인력들의 이해를 소유자(주주)들의 이해와 어떻게 조화시킬 수 있을까?

기업들은 이윤을 극대화하려 하기 때문에 경영자들의 보수를 기업의 이윤을 근거로 하여 지급하는 것을 고려할 수 있다. 그러나 어떤 기간 동안에 이윤이 측정되어야만 하는가? 올해의 보수를 당년도의 이윤을 근거로 하여 지급하는 것은 앞에서 개수제를 논의할 때와 똑같은 바람직하지 못한 인센티브들을 창출시킬 수 있다. 당년도의 이윤에 초점을 맞추는 것은 경영자들로 하여금 자신들의 의사결정에 대한 장기적인 결과가 완전히 관찰되기 전에 '돈을 챙겨서' 다른 회사로 '옮길 수' 있다는 희망 하에 오직 단기전략(또는 회계 상의 기교)만을 추구하도록 유발시킬 수 있는데, 이는 기업의 장기적인 이익에 부합되지 않는다.

주식회사의 경영자들과 회사 소유자들의 이익을 조화시키는 가장 강력한 방법은 경영자들에게 회사주식 또는 이를 구입할 권리(option)로 보수를 지급하는 것이라고 생각할 수 있다. 이는 표면상으로는 주주의 부(富)를 증가시키는 노력에 대해서는 최고경영자들에게 보상을 하고, 그들이 착수한 주주의 부를 감소시키는 행동에 대해서는 최고경영자들에게 벌칙을 가하게 된다. 그러나 주식회사의 고위 의사결정자들에게 회사주식으로 보스를 지급하는 데에는 세 가지 결점이 있다. 첫째, 회사의 주식가격은 회사의 실적을 이상의 것에 의해 영향을 받는다. 즉 주식가격은 또한 투자자의 전반적인 '투자심리(bullishness)'에 의해 영향을 받는다. 더욱이 심지어 주식가격이 회사의 수익성을 반영한다는 점에서도 수익성은 석유회사가 석유가격의 상승으로부터 이익을 얻는 경우에서와 같이 회사경영 팀의 의사결정 또는 노력의 질과 아무런 관계가 없을 수 있다. 따라서 주식으로 보수를 지급받는 경영자들은 노력은 물론 운에 의해서 보상을 받게 되며, 이러한 사실은 그들이 자신들 회사의 이익을 증진시키기 위해 쏟아 붓는 노력을 감소시킬 지도 모른다.

둘째, 인센티브를 감소시키는 것을 넘어 주식가격의 경제전반에 있어서의 변동도 또한 경영자들이 통제할 수 없는 요소들 때문에 그들의 보수를 변동시키는데, 이는 기업들로 하여금 경영자들에게 그들 보수에 부가되는 위험에 대해 보상격차를 지급하도록 강요할 수 있다. 셋째, 주식이 제공하는 인센티브들은 회사의 강점에 영향을 미치는 의사결정을 할 때 그것들이 주식회사의 경영자들로 하여금 선택하도록 유발시키는 **장기적** 전망과 주로 관련된다. 즉 일단 경영자들이 자신의 회사 주식을 매각하면 이러한 인센티브들은 상실된다. 따라서 경영자의 보수에 관심이 있는 정책입안자들은 자신들의 회사 주식을 매각하는 경영자들의 자격에 제한을 둘 것을 자주 제안해 왔었다.[21]

---

20) 제3장의 독점 하에서의 노동수요에 대한 논의에서 주목한 바와 같이 경영자들은 가능할 때 이윤극대화를 포기함으로써 일자리에서 약간의 평화와 평온을 취할 수 있다. 이의 예는 Marianne Bertrand and Sendhil Mullainathan, "Is There Discretion in Wage Setting? A Test Using Takeover Legislation," *RAND Journal of Economics* 30 (Autumn 1999): 535~554 참조.

21) 예를 들어 Gene Sperling, "Opening Statement before the U.S. House of Representatives Committee on Financial Services," June 11, 2009, at http://www.treas.gov/press/releases/tg166.htm 참조.

실제로 미국에서의 최고경영자(CEO: chief executive officer)들에 대한 보상은 주주들의 가치에 점점 민감해지고 있다. 1984년에 CEO 보수의 17%가 주식 또는 주식옵션의 형태이었던 반면, 2000년에는 이와 비교할 만한 수치가 30% 가깝게 되었다.[22] (CEO 보수의 나머지는 당년도 이윤을 기초로 한 급여, 부가급여, 그리고 상여금 형태였다.) 판매액이 크게 변동하는, 따라서 이윤 또는 주식가치를 기초로 한 보수가 CEO의 소득을 자신들의 통제를 넘어서는 큰 변동에 노출되도록 하는 산업에 속한 회사들은 정상급의 경영자들을 유치하기 위해 급여지급에 더 의존하며 회사실적에는 덜 의존한다.[23]

CEO들에게 주식 또는 주식옵션으로 보수를 지급하는 것은 기능이 잘 되는 것처럼 보인다. 일반적으로 말해서 주식 또는 주식옵션에 더 비중을 두고 있는 경영자들에 대한 보수지급계획을 가지고 있는 기업들은 회사 부(富)의 더 큰 증가를 즐겼던 경향이 있었다. 그러나 보수를 주식시장의 가치에 연계시키는 것은 CEO들로 하여금 자기 자신들의 소득변동에 대해 지나치게 우려하도록 만들지 모르며, 이는 심지어 프로젝트가 수익성이 있는 것처럼 보일 때조차도 CEO들로 하여금 위험이 수반되는 프로젝트에 착수하지 않도록 한다는 몇몇 증거가 존재한다.[24]

CEO와 관련된 최근의 스캔들은 그들의 인센티브를 주주들의 인센티브와 조화시키는 것에 대해 또 다른 우려를 제기하였다. 문제는 CEO들이 (여러 명이 오랫동안 회사와 관계를 유지했던) 이사회(board of directors) 이사들과 자신들의 밀접한 관계를 이용하여 과도한 보수패키지를 협상하였는지 여부다. 보다 정확히 질문한다면, CEO들이 주주가치의 극대화에 부합하는 것보다 더 큰 보상을 받기 위해 자신들의 보수를 정하는 사람들과 자신들의 '내부자(insider)' 관계를 이용하는가? 연구자들이 이 질문에 대해 상이하게 답을 하고 있지만 대부분은 CEO들과 이사들 사이의 담합이 잠재적인 문제이며, '외부' 이사들을 더 많이 활용하거나 또는 정보가 충분한 주식소유자(예를 들어 기관투자자들)들을 존재하도록 하는 것이 인센티브를 조화시키는 결정적으로 중요한 구성요소일 수 있다는 데 동의하고 있다.[25]

성과연동 시간제보수(pay for time, with merit increases) 개인 및 그룹 성과급체계의 경우 근로자의 위험회피 성향과 성과를 적절히 측정할 수 있는 방법을 마련하는 문제가 주어지기 때문에, 대부분의 사용자들은 어떤 형태의 시간제보수를 선택하게 된다. 보수의 안정

---

[22] John M. Abowd and David S. Kaplan, "Executive Compensation: Six Questions That Need Answering," *Journal of Economic Perspectives* 13 (Fall 1999): 145~168. CEO 보수와 관련된 문제의 다른 측면의 검토는 Marianne Bertrand, "CEOs," *Annual Review of Economics* 1 (September 2009): 121~150; and Carola Frydman and Raven E. Saks, "Executive Compensation: A New View from a Long-Term Perspective, 1936~2005," *Review of Financial Studies* 23 (May 2010): 2099~2138을 참조하라.

[23] Brian J. Hall and Jeffrey B. Liebman, "Are CEOs Really Paid Like Bureaucrats?" *Quarterly Journal of Economics* 113 (August 1998): 653~691.

[24] Abowd and Kaplan, "Executive Compensation," 158~159.

[25] Bertrand, "CEOs,"; and Kevin J. Murphy and Tatiana Sandino, "Executive Pay and 'Independent' Compensation Consultants," *Journal of Accounting and Economics* 49 (April 2010): 247~262.

성에 대한 근로자들의 욕구를 만족시키기는 하지만, 시간제보수는 보수와 산출량이 직접적으로 연계되지 않기 때문에 인센티브의 문제를 발생시킨다. 사용자들은 종종 **성과급**(merit-pay) 지급계획의 사용을 통해 이 문제에 대처하려 하는데, 이 계획은 그 감독자들이 더 나은 성과를 올린 근로자들이라고 성적을 매긴 근로자들에게 더 많은 보수의 증가를 허용한다.

한편으로 감독자의 평가를 근거로 하여 보수를 지급하는 것은, 이 평가가 사용자의 후생에 결정적으로 중요할 수 있는 성과의 더 주관적인 측면(친절, 팀의 일원이 되는 것)을 고려할 수 있기 때문에 근로자들의 엄청난 인센티브를 창출시킬 잠재력을 가진다.[26)] 다른 한편으로 성과에 따른 보수지급은 여전히 산출량을 근거로 한 보수에서와 유사한 두 가지 인센티브의 문제에 직면한다.

만약 감독자들이 **실제**산출량에 대한 근로자의 기여를 근거로 자신들의 평가를 매긴다고 알려져 있다면, 성과에 따른 보수는 근로자들이 통제할 수 없는 요인들 때문에 개인의 노력과 산출량이 서로 꽤 상관되지 않는 (이제는 친숙한) 문제에 부닥치게 된다. 이런 이유로 인해 감독자들은 모든 근로자들은 폭설, 기계고장 등등의 똑같은 외부요인에 직면한다는 이론에 입각하여 자신들의 하급자들을 서로 **상대적으로** 평가하도록 종종 요청받는다.

성과급을 시행하기 위해 실시하는 상대순위의 문제점은 근로자들 사이에 유발되는 **노력**이 사용자의 이익과 일치하지 않을 수 있다는 것이다. 예를 들어 개인의 **상대적** 지위를 향상시키는 한 가지 방법은 다른 사람들의 작업을 고의로 방해하는 것이다. 중요한 시험 바로 직전에 도서관에 비치된 책의 페이지들이 찢겨진 것이 발견되는 것은 상대평가에 의해 성적이 종종 매겨지는 대학 또는 대학교에서는 잘 알려진 일이다. 고의로 다른 사람들을 방해하는 것보다는 악의가 다소 덜 하지만 마찬가지로 사용자의 이익과 일관되지 않은 것은 비협조이다. 한 연구는 상대성과를 근거로 한 보수가 강하면 강할수록 근로자들이 동료근로자들과 자신들의 설비와 도구들을 나누어 사용할 가능성이 더 적다는 것을 밝힌 바 있다.[27)]

성과에 상대적 순위를 매기는 것은 보통 주관적인 구성요소를 가지고 있기 때문에, **정치적 활동의 성격을 띠는**(politicking) 또 다른 종류의 비생산적인 노력이 발생할 수 있다.[28)] 근로자들은 소중한 근로시간을 자신들의 서비스를 '뽐내기(marketing)' 위해 또

[26)] 주관적인 평가가 성과를 향상시킬 수 있다는 것을 보여주는 연구는 Eric S. Taylor and John H. Tyler, "The Effect of Evaluation on Teacher Performance," *American Economic Review* 102 (December 2012): 3628~3651을 참조하라.

[27)] Robert Drago and Gerald T. Garvey, "Incentives for Helping on the Job: Theory and Evidence," *Journal of Labor Economics* 16 (January 1998): 1~25.

[28)] Paul Milgrom, "Employment Contracts, Influence Activities, and Efficient Organization Design," *Journal of Political Economy* 96 (February 1988): 42~60; and Canice Prendergast, "A Theory of 'Yes Men'," *American Economic Review* 83 (September 1993): 757~770. 근로자들과 감독자들 사이의 신뢰라는 중요한 요소를 포함하는 이론분석에 대해서는, George Baker, Robert Gibbons, and Kevin J. Murphy, "Subjective Performance Measures in Optimal Incentive Contracts," *Quarterly Journal of Economics* 109 (November 1994): 1125~1156을 참조하라.

는 그렇지 않으면 감독자들의 환심을 사기 위해 사용할 수 있다. 따라서 노력이 생산성 자체가 아니라 기껏해야 생산성**인 것처럼 보이는 것**을 발생시키기 위해 쓰인다.[29)]

생산성과 보수수준

(성과연동보수를 포함하여) 성과급보수지급 계획으로 인해 사용자들과 근로자들 모두에게 어려움이 주어질 때, 사용자들은 종종 그 근로자들의 동기를 유발시키는 데 사용될 수 있는 다른 금전상의 인센티브를 찾고자 내몰리게 된다. 이 절에서는 보수**수준**과 관련된 동기유발 문제를 논의하게 된다.

더 높은 보수가 근로자의 생산성을 향상시킬 수 있는 이유

더 높은 임금을 지급하는 것은 여러 가지 이유로 인해 근로자의 생산성을 증가시키는 것으로 여겨진다. 그 중 하나는 기업이 유치할 수 있는 근로자의 **유형**(type)과 관련되며, 나머지는 **주어진** 근로자들로부터 유도해 낼 수 있는 생산성과 관련이 된다.

더 우수한 근로자의 유치 더 높은 임금은 기업에 대한 지원자들의 풀을 확대시킴으로써 더 우수한 근로자들을 유치할 수 있도록 한다. 지원자들의 풀이 넓다는 것은 오로지 가장 경험이 많고, 신뢰할 수 있거나 또는 동기가 크게 유발되는 지원자들만을 고용하기 위해 기업이 가장 유능한 근로자들만을 채용할 수 있도록 그 근로자들의 선택에 더 선별적이 될 수 있음을 의미한다.[30)]

근로자의 정착관념(commitment) 구축 더 높은 임금이 주어진 근로자들로 하여금 더 큰 생산성을 발휘하도록 한다고 여겨지는 이유들은 모두 주어진 근로자들이 구축하는 기업에 대한 정착관념과 관련이 된다. 임금이 근로자들이 다른 곳에서 받을 수 있는 수준에 비해 더 높을수록 근로자들이 이직하게 될 가능성은 더 작아진다. 이 사실을 알게 되면 사용자들은 훈련을 제공할 가능성이 더 커지며, 자신의 근로자들에게 더 긴 근로시간과 더 빠른 근로속도를 요구할 가능성이 더 커진다. 근로자들 쪽에서는 비록 게으름을 피우는 것을 확실히 적발할 수 있을 만큼 감독이 충분히 철저하게 이루어질 수 없더라도, 만약 열심히 일하겠다는 약속을 어기는 것이 발각되어 결과적으로 자신들이 해고된다면, 시장임금보다 높은 수준의 임금을 지급하는 일자리를 잃는다는 것이 현재와 자신들의 남

29) 근로자들에게 동기를 유발시키기 위해서 사용될 수 있는 도구들, 예를 들어 성과급, 감독, 주식 소유권 또는 이윤배분을 개별적으로 논의하였지만, 이것들은 모두 그 근로자들의 동기를 유발시키기 위한 기업제도의 일부로 간주되어야만 한다. 예를 들어 Casey Ichniowski, and Kathryn Shaw, "Beyond Incentive Pay: Insiders' Estimates of the Value of Complementary Human Resource Management Practices," *Journal of Economic Perspectives* 17 (Winter 2003): 155~180 참조.

30) Stephen G. Bronars and Melissa Famulari, "Wage, Tenure, and Wage Growth Variation within and across Establishments," *Journal of Labor Economics* 15 (April 1997): 285~317.

은 생애근로기간에 걸쳐 모두 손해를 입힐 것이라는 것을 깨닫게 된다.

형평성(equity)에 대한 인식 더 높은 임금이 주어진 근로자들로부터 더 높은 생산성을 발생시킬 수 있는 것과 관련된 이유는 공정하게 대우를 받는다는 것에 대한 근로자들의 관심으로부터 나타난다. 자신들이 공정한 대우를 받는다고 믿는 근로자들은 노력을 다할 가능성이 더 큰 반면, 자신들에 대한 대우가 불공정하다고 생각하는 근로자들은 노력을 유보하거나 또는 심지어 파괴행위에 관여함으로써 '공정해지려(get even)'할 수 있다.[31)]

자신들에 대한 대우를 평가하는데 근로자들이 행하게 되는 한 가지 비교는 사용자가 자신들의 서비스로부터 얼마만큼의 이윤을 얻는 것으로 보이는가의 정도이다. 비록 사용자가 지급하는 임금이 이미 상대적으로 높은 수준이더라도, 만약 높은 이윤을 획득하고 있는 사용자가 자신의 많은 재산을 자신의 근로자들과 나누는 데 인색하다면 종종 불공정하다고 간주된다. 마찬가지로 여가를 희생하고 직무에 엄청난 노력을 기울여 줄 것을 요청받은 근로자들은 기업이 이에 대한 대가로 자신들에게 엄청난 금전적 희생(즉 높은 보수의 제공)을 감수할 것을 기대할 가능성이 있다.[32)]

근로자들은 또한 자신들의 보수를 자신들이 다른 곳에서 벌 수 있는 보수와 비교함으로써 그 공정성을 판단한다. 물론 근로자들이 다른 곳에서 벌 수 있는 것보다 더 높은 수준으로 보수를 올리는 것은 다음 절에서 논의하는 바와 같이 사용자에게 편익과 비용 모두를 가져다준다.

효율성임금

처음의 보수증가는 당연히 생산성을 증가시키는 역할을 하며, 따라서 기업의 이윤을 증가시키지만, 일정 시점을 지나면 보수가 더욱 증가함에 따른 사용자에 대한 비용이 편익을 초과할 것이다. 보수수준이 시장임금보다 높더라도 보수의 추가증가로부터 사용자에게 발생하는 한계수입이 한계비용과 일치하면, 이때의 보수수준은 이윤을 극대화시키는 보수수준이다. 이 수준의 임금은 **효율성임금**(efficiency wages)으로 알려지게 되었다(예문 11.5 참조).[33)]

---

31) 이 주장은 심리학자들이 형평이론(equity theory)이라 부르는 것을 기초로 한다. 이 이론을 이용한 경제학자들의 연구들은 George A. Akerlof and Janet Yellen, "The Fair Wage-Effort Hypothesis and Unemployment," *Quarterly Journal of Economics* 105 (May 1990): 255~283; and Robert M. Solow, *The Labor Market as a Social Institution* (Cambridge, Mass.: Basil Blackwell, 1990)을 참조하라.

32) 이윤과 임금 사이의 연계를 보여주는 연구는 Andrew K.G. Hildreth and Andrew J. Oswald, "Rent-Sharing and Wages: Evidence from Company and Establishment Panels," *Journal of Labor Economics* 15 (April 1997): 318~337을 참조하라.

33) 효율성임금은 단지 현금으로 지급되는 임금이 아니라 모든 형태의 보수를 지칭한다는 것을 분명히 해야만 한다. Lawrence Katz, "Efficiency Wage Theories: A Partial Evaluation," in *NBER Macroeconomics Annual, 1986*, ed. Stanley Fischer (Cambridge, Mass.: MIT Press, 1986); Joseph E. Stiglitz, "The Causes and Consequences of the Dependence of Quality on Price," *Journal of Economic Literature* 25 (March 1987): 1~48; and Kevin M. Murphy and Robert H. Topel, "Efficiency Wages Reconsidered: Theory and Evidence," in *Advances in Theory and Measurement of Unemployment*, eds. Yoram Weiss and Gideon Fishelson (London: Macmillan, 1990)들은 효율성임금이론의 자세한 분석을 제공하고 있다.

예문 11.5

헨리 포드는 효율성임금을 지급했는가?

1908~1914년은 포드자동차회사(Ford Motor Company)에서 '과학적 경영'과 조립라인 생산과정의 도입이 이루어진 기간이었다. 생산방법의 변화는 포드회사 종업원의 직종별 구성의 변화로 이어졌으며, 1914년에는 그 근로자들의 대부분이 상대적으로 미숙련자이며 외국에서 태어난 사람들이었다. 이 변화들이 이윤을 매우 크게 증가시킨다는 것이 입증되긴 하였지만, 근로자들의 불만도 높은 수준이었다. 1913년의 이직률은 370%에 이르렀는데 (매 100개의 빈 일자리를 채우기 위해 매년 370명의 근로자들이 채용되었어야만 했다), 이는 그 당시 디트로이트(Detroit) 자동차산업의 기준으로 볼 때에도 높은 수준이었다. 이와 비슷하게 결근도 전형적으로 매일 평균 10%에 달했다. 그러나 헨리 포드(Henry Ford)가 근로자들을 보유하고 그들로부터 노력을 이끌어내는 데 명백히 어려움을 겪긴 하였지만, 그는 대체근로자들을 구하는 데는 별 어려움을 겪지 않았다. 즉 공장의 정문에는 항상 일자리를 찾으려는 지원자들의 긴 줄이 있었다. 따라서 1913년에 약 2.50달러였던 포드회사의 하루 임금은 적어도 경쟁적 수준에 있었다.

1914년 1월, 포드회사는 하루 5달러의 임금제를 시행했다. 이 2배의 임금은 적어도 6개월 동안 회사에 고용되었던 근로자들에게만 지급되었다. 대체적으로 똑같은 시간에 적어도 6개월 동안 디트로이트지역에 거주해야 하는 것이 일자리에 새로 지원하는 사람들의 채용기준이 되었다. 보수증가 이후에 회사가 잠재적 지원자들의 유입을 제한하였고, 더 이상 주의 깊게 일자리의 지원자들을 명백히 선별하지 않았기 때문에, 이 엄청난 임금증가라는 동기부여가 신규채용자의 질을 향상시키지는 않았던 것처럼 보인다.

그러나 임금증가가 기존근로자들의 행태에 영향을 **미쳤던** 것은 분명하다. 1913년 3월과 1914년 3월 사이에, 포드회사 근로자들의 이직률이 87%, 해고는 90% 각각 하락하였다. 마찬가지로 1913년 10월부터 1914년 10월까지의 기간 동안 결근율은 75%만큼 하락하였다. 사기와 생산성이 증가했으며, 회사는 계속하여 이윤을 획득했다.

그러나 적어도 초기에 포드회사의 생산성증가가 임금증가에 미치지 못하였다는 몇몇 증거가 존재한다. 사학자들은 포드의 의사결정에 영향을 미쳤던 비경제적인 요소들을 지적했는데, 여기에는 자신의 근로자들에게 좋은 생활습관을 가르치고자 하였던 그의 가부장적인 욕구가 포함된다. (근로자들이 이 증가된 임금을 받기 위해서는, 포드회사로부터의 조사자들이 우선 근로자들이 과도한 도박 또는 음주 같은 행태를 포함하는 생활방식을 추구하지 않았다는 것을 증명해야만 했다.) 따라서 임금증가가 아마도 회사의 이윤을 극대화시키는 임금수준으로 이어지지는 않았지만 (임금증가의 정도가 더 작았어야 아마도 이윤극대화를 달성했을 것이다), 이 정책은 근로자의 이직, 노력수준, 사기, 그리고 생산성에 상당한 정(+)의 효과를 미쳤다.

데이터출처: Daniel Raff and Lawrence Summers, "Did Henry Ford Pay Efficiency Wages?" *Journal of Labor Economics* 5 (October 1987): S57~S86.

효율성임금의 지급은 최근 몇 년 동안에 경제학자들에 의하여 연구가 시작되었던 광범위한 일련의 시사점들을 가지고 있다. 예를 들어 실업의 지속은 일부 사람들에 의해서 시장임금보다 높은 수준의 임금지급이 널리 이루어진 결과로 여겨지고 있다(제14장 참조).[34] 나아가서 여러 산업들에서 질적으로 비슷한 근로자들에게 상이한 임금이 지속적으로 지급된다는 것은 효율성임금이 고려되고 있는 결과로 가설화되고 있다.[35]

그러나 여기서의 목적상 효율성임금의 가장 중요한 시사점은 효율성임금이 생산성에 미치는 효과와 관련이 있으며, 이에 대해 두 가지 형태의 실증연구들이 관심을 끈다. 한 종류의 연구들은 효율성임금이 생산성에 미치는 효과를 이 임금을 지급하는 기업들의 유형으로부터 **추론한다.** 즉 만약 몇몇 기업들이 이윤극대화의 목적을 위해서 시장수준보다 높은 수준으로 임금을 인상한다면, 임금을 인상한 기업들은 (a) (아마도 비싼 설비에 대규모의 투자를 했기 때문에) 근로자의 신뢰성을 높임으로써 가장 큰 이익을 얻을 상태에 있거나 또는 (b) 산출량을 기준으로 한 보수 또는 감독을 통해 자신들의 근로자들에게 적절히 동기를 유발시키는 것이 매우 어렵다는 것을 알게 된 기업들일 것이다.[36] 다른 종류의 연구는 효율성임금의 효과를 생산성 측정치, 징계에 의한 해고율 또는 사용자의 생산물시장 점유율의 변화에 직접적으로 관련시킨다.[37] 이제까지의 연구들이 그 수에 있어서 제한되긴 했지만 이 연구들은 효율성임금이론을 일반적으로 지지하고 있다.

근로자들이 다른 곳에서 받을 수 있는 것보다 높은 수준의 임금을 지급하는 것은 오로지 근로자들이 기업들과 장기적인 고용관계를 가질 것으로 예상되기 때문에 의미를 갖는다는 것을 주목하라. 만약 근로자들이 매 기간 일자리를 바꾼다면 어쨌든 이직할 예정인 누군가를 해고하는 것은 효과적인 벌칙이 아니기 때문에, 기업이 시장임금보다 높은

---

34) Janet Yellen, "Efficiency Wage Models of Unemployment," *American Economic Review* 74 (May 1984): 200~208; and Andrew Weiss, *Efficiency Wages: Models of Unemployment, Layoffs, and Wage Dispersion* (Princeton, N.J.: Princeton University Press, 1990).

35) Richard Thaler, "Anomalies: Interindustry Wage Differentials," *Journal of Economic Perspectives* 3 (Spring 1989): 181~193; Surendra Gera and Gilles Grenier, "Interindustry Wage Differentials and Efficiency Wages: Some Canadian Evidence," *Canadian Journal of Economics* 27 (February 1994): 81~100; and Paul Chen and Per-Anders Edin, "Efficiency Wages and Industry Wage Differentials: A Comparison Across Methods of Pay," *Review of Economics and Statistics* 84 (November 2002): 617~631.

36) Alan B. Krueger, "Ownership, Agency and Wages: An Examination of Franchising in the Fast Food Industry," *Quarterly Journal of Economics* 106 (February 1991): 75~101; Erica L. Groshen and Alan B. Krueger, "The Structure of Supervision and Pay in Hospitals," *Industrial and Labor Relations Review* 43 (February 1990): 134S-146S; Carl M. Campbell III, "Do Firms Pay Efficiency Wages? Evidence with Data at the Firm Level," *Journal of Labor Economics* 11 (July 1993): 442~470; Bradley T. Ewing and James E. Payne, "The Trade-Off Between Supervision and Wages: Evidence of Efficiency Wages from the NLSY," *Southern Economic Journal* 66 (October 1999): 424~432; and Blorn Bartling, Ernst Fehr, and Klaus M. Schmidt, "Screening, Competition, and Job Design: Economic Origins of Good Jobs," *American Economic Review* 102 (April 2012): 834~864.

37) Peter Cappelli and Keith Chauvin, "An Interplant Test of the Efficiency Wage Hypothesis," *Quarterly Journal of Economics* 106 (August 1991): 769~787; and Jozef Konings and Patrick P. Walsh, "Evidence of Efficiency Wage Payments in U.K. Firm Level Panel Data," *Economic Journal* 104 (May 1994): 542~555.

수준의 임금을 지급할 때 근로자들은 게으름 피우는 것을 줄이려는 아무런 인센티브도 갖지 않게 된다. 결과적으로 기업들은 효율성임금정책을 추구할 인센티브를 갖지 않게 된다. 따라서 효율성임금은 내부노동시장이 구성된 상황에서만 오로지 나타날 가능성이 있다. 그러나 내부노동시장의 존재는 근로자들의 동기를 유발시키기 위해 보수를 사용할 **다른** 가능성들을 증가시키며, 이제 관심을 돌릴 곳이 바로 이 가능성들이다.

생산성과 경력에 따른 보수

내부노동시장들을 가진 사용자들은 자신들의 근로자들이 조직에서 얼마 동안 일할 것인가의 예상**근로기간**(expected careers)과 관련하여 근로자들에게 동기를 유발시킬 방안들을 갖고 있다. 내부노동시장들을 가진 사용자들에게서 일자리를 찾고자 하는 지원자들과 그 사용자들의 근로자들은 **생애**(career)보수의 현재가치에 관심을 갖는다. 기업은 근로자들의 관심을 끄는 생애보수의 현재가치를 제공해야만 하는 제약조건을 여전히 갖고 있긴 하지만, 생애의 각 단계에서의 보수수준과 주어진 단계들로의 승진이 얼마나 빨리 이루어지는가는 모두 기업에 의해 변할 수 있기 때문에, 이렇게 근로자들이 '생애(lifetime)'에 대한 전망을 갖고 있다는 사실은 사용자들이 여러 종류의 보상정책을 개발할 수 있도록 그 선택의 폭을 넓혀준다. 이 절에서는 생산성을 더 높이는 인센티브를 제공한다고 여겨지는 근로자들의 생애에 있어서의 경력에 따른 보수(sequencing of pay)의 여러 가능성을 분석한다.

초기에 보수를 과소지급한 후 후기에 보수를 과대지급하기

근로자들이 생애근로의 초기에 보수를 '과소지급' 받으며 후기에 보수를 '과대지급' 받도록 시간이 경과함에 따른 근로자들의 보수를 조정한다면, 이는 사용자와 근로자 모두에게 이익이 될 수 있다.[38] 이러한 보수지급의 순서는 근로자의 분류와 근로인센티브 모두와 관련된 이유로 인해 근로자의 생산성을 향상시키며, 기업들로 하여금 그렇지 않을 경우에 비해 **더 높은** 보수의 현재가치를 지급할 수 있도록 한다고 주장될 수 있다. 이러한 이유들을 이해하기 위해서는 비대칭정보가 존재할 때 암묵적 계약을 속이는 것을 회피하는 데에 있어서의 문제점들을 다시 살펴보아야 한다.

근로자의 분류(worker sorting) 근로자들의 보수 중 적어도 일부분을 그들의 생애경력 후반기의 어느 시점으로 연기시키는 보수지급계획은 중요한 신호보내기의 요인을 가지고

[38] 여기서의 논의는 Edward Lazear, "Why Is There Mandatory Retirement?" *Journal of Political Economy* 87 (December 1979): 1261~1284로부터 인용되었다. 이 절과 다음 절들에서 제기되는 문제들의 검토는 H. Lorne Carmichael, "Self-Enforcing Contracts, Shirking, and Life Cycle Incentives"를 참조하라. 또한 Steffen Huck, Andrew J. Seltzer, and Brian Wallace, "Deferred Compensation in Multiperiod Labor Contracts: An Experimental Test of Lazear's Model," *American Economic Review* 101 (April 2011): 819~843 참조.

있다. 이 보수지급계획은 사용자에게 오랫동안 머물러 자신들의 지연된 보수를 수령하기 전에는 해고당하지 않을 만큼 열심히 일할 의도를 가진 근로자들에게 가장 (그리고 아마도 이 근로자들에게만) 호감을 끌 것이다. 어느 근로자들이 오래 머물며 근면하게 일할 의도가 있는지를 예측할 수 없을 때에는, 사용자는 현재 보수를 과소지급하고 후에 보수를 과대지급하는 보수지급계획이 자신들을 그러한 지원자들 풀로 분류시킬 가능성이 큰 유형의 근로자들 때문에 매력적이라는 것을 알 수 있다.[39)]

근로인센티브 처음에는 낮은 보수를 지급하지만 나중에 높은 보수를 지급하는 회사는 근로자들에게 근면하게 일할 인센티브를 증가시킨다. 일단 일자리를 갖게 되면 근로자는 나중에 높은 과대보수를 받을 자격을 갖기 위해 열심히 일할 인센티브를 갖는다. 기업이 게으름을 피우는 사람을 여러 해에 걸쳐서 알아내고 이들에 대한 연기된 보상을 보류하기 때문에, 사용자는 그렇지 않은 경우에 비해 감시를 위해 매년 많은 자원을 사용할 필요가 없다. 모든 근로자들이 그렇지 않을 경우에 비해 더 열심히 일하기 때문에, 기업 내의 보수수준도 또한 더 높아지는 경향이 있다.

제약 보수지급순서체계의 한 가지 가능한 방법은 근로자들에게 생애근로의 초기에 그들의 한계생산보다 **더 낮은** 보수를 지급하고 후기에 한계생산보다 **더 높은** 보수를 지급하는 것이다. 그러나 이 체계는 두 가지 제약조건들을 만족시켜야만 한다. 첫째, 근로자들에게 제공되는 근로소득흐름의 현재가치는 노동시장에서 근로자들에게 제공되는 다른 근로소득흐름과 적어도 똑같아야 한다. 만약 그렇지 않다면, 기업은 자신이 원하는 근로자들을 유치할 수 없다.

둘째, 보수지급순서체계는 또한 기업이 이윤을 극대화하고 초과이윤을 획득하지 않는다는 균형조건을 만족시켜야만 한다. 만약 이윤이 극대화되지 않는다면 기업의 존립이 위협을 받는다. 만약 기업이 초과이윤을 획득한다면 새로운 기업들이 시장에 진입하게 될 것이다. 따라서 두 경우 모두 균형이 존재하지 않는다.

만약 어떤 사람의 생애근로에 있어서의 한계수입생산의 현재가치가 생애근로에 있어서의 근로소득흐름의 현재가치와 똑같을 때까지 채용이 이루어진다면, 이 두 가지 조건들은 만족될 것이다. (이 생애근로의 조건은 제3장에서 논의된 1년 동안의 이윤극대화 조건의 다년간의 조건에 해당된다.) 따라서 '현재 보수의 과소지급, 후일 보수의 과대지급'의 보수체계를 선택하는 기업들이 노동시장과 생산물시장 모두에서 경쟁력을 갖기 위해서는, 초기에 한계수입생산(*MRP*)이 보수를 **초과**하는 연간액수의 현재가치가 후기에 *MRP*가 보수에 **못 미치게** 되는 액수의 현재가치와 일치해야만 한다.

[39)] 퇴직 후에 많은 연금지급을 약속받은 근로자들의 낮은 이직률은 연금이라는 부(富)를 잃어버릴지도 모른다는 위협의 결과가 아니라, 명백하게 대부분이 자기선택(self-selection)의 결과이다. Steven G. Allen, Robert L. Clark, and Ann A. McDermed, "Pensions, Bonding, and Lifetime Jobs," *Journal of Human Resources* 28 (Summer 1993): 463~481 참조.

그림 11.2

근로자의 동기부여를 증가시키기 위한 보수지급순서체계

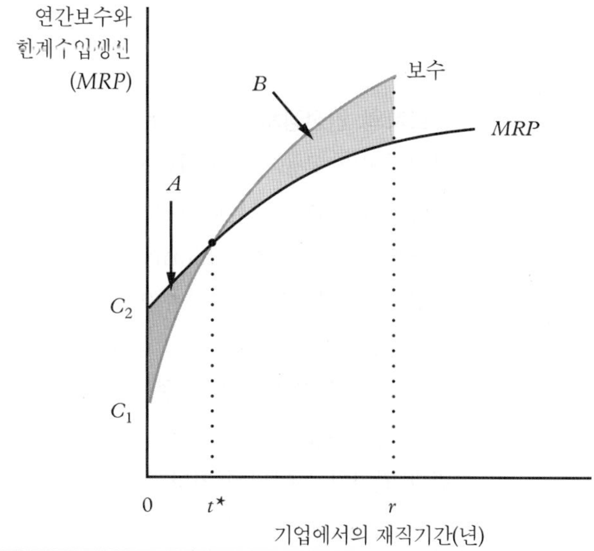

그래프분석 위의 보수지급계획이 그림 11.2에 그려져 있다. 그림에서 *MRP*는 근로자의 생애근로의 전 기간에 걸쳐 증가하지만, 고용된 처음 t^*년 동안에는 보수가 *MRP*보다 낮은 수준에 머물러 있는 것으로 가정된다. 그림에서 t^*년으로 표시된 근로자가 기업에서 일하는 생애근로의 어떤 시점에 보수는 *MRP*를 초과하기 시작한다. t^*년으로부터 r년에 퇴직할 때까지의 기간이 근면한 근로자들이 자신들이 다른 곳에서 받을 수 있는 보수(즉 자신들의 *MRP*)를 초과하는 보수를 받음으로써 보상을 받는 기간이 된다. 기업이 노동시장과 생산물시장에서 모두 경쟁력을 유지하기 위해서는, 그림의 *A* 영역의 **현재가치**(present value)가 *B* 영역의 **현재가치**와 일치해야 한다. (현재가치가 계산될 때 먼 미래에 받게 되는 액수일수록 더 크게 할인되어야만 되기 때문에, 그림 11.2에서 *B* 영역이 *A* 영역보다 더 넓다.)

위험 확실히 이와 같은 종류의 합의를 이루는 데 양 당사자 모두에게 위험이 따른다. 한편으로는 이 보수체계에 동의한 근로자들은 자신들이 이유 없이 해고당할지 모른다거나 또는 자신들이 t^*년 이후에 보상을 받기 전에 사용자들이 파산할지 모른다는 위험을 무릅써야 한다. 나이 든 근로자들은 자신들의 (한계적 의미에서의) 기업에 대한 즉각적인 가치를 초과하는 임금을 지급받기 때문에, 사용자들이 약속을 어길 어떤 인센티브를 가질 것이라는 것을 쉽게 알 수 있다.

다른 한편으로는 나이 든 사람들을 해고하길 원하지 않는 사용자들은 이 '보수를 과대지급' 받고 있는 근로자들이 자신들이 보상을 받는 데 필요한 기간보다 더 오래 일자리에 머무르려 하는, 즉 그림 11.2에서 r년보다 더 오래 일자리에 머무르려 하는 위험에 직면한다. 자신들의 현재임금이 자신들의 현재산출량보다 더 높은 보수를 반영하기 때문에 자신들이 다른 곳에서 받을 수 있는 임금보다 더 많다는 것을 알게 되면, 나이 든 근로자들은 기업의 이윤획득이 가능한 기간보다 더 오래 일하려는 인센티브를 갖게 될 것이다.

근로자의 안전장치 이러한 유형의 보수지급순서가 사용될 때, 근로자들을 위한 몇 가지 안전장치가 고용계약에 마련될 수 있다. 사용자들은 나이 든 근로자들에게 만약 기업이 그 근로인력을 삭감한다면 기업에 고용된 기간이 가장 짧은 근로자들이 먼저 일시 해고되도록 하는 선임권(seniority rights)을 보장할 수 있다. 이 선임권이 없다면 기업들은 임금이 *MRP*보다 더 높은 나이 든 근로자들을 일시해고하고, 자신들의 생애근로 중의 이 시점에 *MRP*보다 더 낮은 임금을 지급받는 젊은 근로자들을 남겨두고 싶을 수 있다.

근로자들은 또한 연금수급권(vested pension rights)의 형태로 자신들 보수 과대지급의 일부분을 획득함으로써 자신들 생애근로의 후기에 보호될 수 있다. 일단 연금을 수령할 권리가 부여되면(연방법 하에서는 근무기간의 5년 이내에), 연금계획의 대상이 되는 근로자들은 비록 은퇴연령 이전에 자신들의 사용자로부터 분리되더라도 퇴직하자마자 연금급여를 받을 권리를 갖는다.

그러나 궁극적으로 나이 든 근로자들이 갖게 되는 최선의 보호는 사용자가 **더 젊은** 근로자들을 모집해야 할 필요성일 수 있다. 만약 어떤 사용자가 근로자들을 해고하지 않겠다는 암묵적 계약에도 불구하고 나이든 근로자들을 해고한다는 평판을 얻는다면, 그 사용자는 새로운 근로자들을 모집하는데 어려움을 겪을 것이다. 그러나 만약 회사가 영구적인 쇠퇴의 길에 놓여 있거나, 이례적으로 좋지 않은 시장상황에 직면하거나, 또는 만약 회사의 고용정책에 관한 정보가 쉽게 얻어지지 않는다면, 그 약속들을 어기려는 사용자들의 인센티브는 매우 강력할 수 있다.

사용자의 안전장치 1978년 이전에는, 많은 사용자들이 예를 들어 r 시점에서 강제로 퇴직을 시킬 수 있도록 자신들의 근로자들에게 적용되는 강제퇴직연령을 갖고 있었다. 그러나 1978년과 1986년에 개정된 고용에서의 연령차별금지법(Age Discrimination in Employment Act)은 대부분의 근로자들에 대한 강제퇴직을 배제시켰다. 연령차별금지법은 또한 사용자들이 시점 r을 지나 기업에 머무르려는 근로자들의 임금을 삭감하는 것을 매우 어렵도록 만들었다. 따라서 과소지급-과대지급의 보수지급계획을 갖고 있는 사용자들은 이제는 근로자들을 퇴직시키는데 더 큰 어려움에 직면하고 있다.

이러한 보수지급계획을 갖고 있는 사용자들이 취하였던 한 가지 행동은 근로자들이 어떤 연령에 퇴직하도록 큰 유인을 제공하는 것이다. 예를 들어 (모든 근로자들의 약 1/4을 고용하고 있는) 미국에서 가장 큰 190개 회사들의 연금계획에 대한 한 연구는 퇴직자들이 예상되는 나머지 생애기간 동안에 걸쳐 받게 되는 연금급여 총액의 현재가치는 퇴직이 연기됨에 따라 감소하는 것이 일상적이라는 것을 발견했다. 이 연구는 전형적인 근로소득과 근속연수를 가진 근로자들의 경우 만약 퇴직이 보통의 퇴직연령보다 5년 빨리

이루어진다면, 연금급여의 현재가치가 25% 넘게 더 커진다는 것을 발견하였다.[40)]

누가 지연된 보수(delayed compensation)를 채택하는가? 과소지급-과대지급 보수체계의 한 가지 시사점은 이 체계가 근로자들에 대한 철저한 감독이 가능하지 않은 일자리의 경우에 존재할 가능성이 더 크다는 것이다. 실제로 철저한 감독을 할 수 있는 일자리와 철저한 감독이 어려운 일자리로 일자리들을 구분한 한 연구는 후자의 일자리들이 나이 든 근로자들에게 상대적으로 더 높은 임금, 그리고 (적어도 과거의 경우에) 강제적 퇴직 규정을 갖고 있을 가능성이 더 컸었다는 것을 발견하였다.[41)]

승진토너먼트

내부노동시장이라는 배경 내에서 근로자에게 동기를 부여하는 또 다른 형태는 **승진토너먼트**(promotion tournament)라는 용어로 가장 적절하게 불릴 수 있을지 모른다. 토너먼트는 세 가지 핵심적인 특징을 가지고 있다. 즉 누가 승리할지 불확실하며, 승자는 **상대적인** 성과(즉 다른 '경쟁자들'의 성과와 비교한 성과)를 근거로 하여 선정되며, 그리고 포상은 승자의 수중에 집중되며, 그 결과 승리와 패배 사이에는 현격한 격차가 존재한다. 기업들 내의 모든 승진이 토너먼트의 이러한 정의를 만족시키지는 않는데, 이는 주로 포상이 상대적으로 적으며 승리자들을 예측하기가 쉽기 때문이다. 예를 들어 한 연구는 승진은 2~3%의 임금상승률의 증가와 전형적으로 관련되며, 첫 번째 승진을 가장 빨리 달성한 사람들이 나중에도 당연히 가장 빨리 승진되는 경향이 있다는 것을 발견한 바 있다.[42)]

그러나 아주 최고의 지도력이 필요한 직위들로의 승진은 종종 토너먼트에 대한 설명과 부합되는 과정을 통해 이루어진다.[43)] 예를 들어 미국의 대규모 주식회사에서 자신들의 경쟁자들을 물리치고 CEO로 승진하는 행운을 누리는 부사장들은 4백만 달러를 초과하는 소득을 생애소득에 추가하여 지급받으리라 기대할 수 있다.[44)] 이 보수의 크기는 그것이 바로 토너먼트의 끝에 제공되는 상이라는 것을 암시하고 있다. 즉 무엇보다도 만약 한 명의 부사장이 실제로 다른 모든 부사장들보다 그렇게 훨씬 더 생산적이었다면, 이 부사장은 훨씬 이전에 승진되었어야 (또는 다른 부사장들은 해고되었어야) 할 것이다! 무엇이 토너

---

40) Edward Lazear, "Pensions as Severance Pay," in *Financial Aspects of the United States Pension System*, eds. Zvi Bodie and John Shoven (Chicago: University of Chicago Press, 1983).

41) Robert Hutchens, "A Test of Lazear's Theory of Delayed Payment Contracts," *Journal of Labor Economics* 5, no. 4, pt. 2 (October 1987): S153~S170. 연령차별금지법이 지연된 보수지급계획에 어떤 영향을 미치는가에 대한 고려사항들은 David Neumark and Wendy A. Stock, "Age Discrimination Laws and Labor Market Efficiency," *Journal of Political Economy* 107 (October 1999): 1081~1125를 참조하라.

42) George Baker and Bengt Holmstrom, "Internal Labor Markets: Too Many Theories, Too Few Facts," *American Economic Review* 85 (May 1995): 255~259.

43) Michael L. Bognanno, "Corporate Tournaments," *Journal of Labor Economics* 19 (April 2001): 290~315. 경제의 여러 부문들에서 토너먼트들이 증가한다는 것과 생산성의 상대적으로 작은 차이일지도 모르는 것에 막대한 이익이 연계된다는 것의 사회적 단점들은, Robert H. Frank and Philip J. Cook, *The Winner-Take-All Society* (New York: Free Press, 1995)에서 이해하기 쉽게 분석되었다.

44) Bognanno, "Corporate Tournaments," 299(인플레이션이 조정된).

먼트의 인센티브 강도를 결정하며, 무엇이 승진토너먼트가 다루어야만 할 문제들인가?

노력을 위한 인센티브 운동이든지 또는 운동이 아니든지 어떠한 토너먼트에서도 경기자들은 승리를 위하여 얼마만큼의 노력을 기울여야 하는가를 결정해야만 한다. 예를 들어 테니스 경기자는 받기 어려운 볼을 위해 다이빙 또는 무리를 함으로써 부상당할 위험을 얼마나 무릅써야 하는가를 결정해야만 한다. 기업세계에서 부모들은 (예를 들어 프로젝트를 위해) 사무실에서 야간에 1주일을 더 일함으로써 자신들 자녀들과의 시간을 희생하는 것이 가치가 있는지를 고려할 필요가 있다. 만약 자신들이 얻으리라 기대하는 한계편익이 추가되는 위험, 불편함 또는 비효용(disutility)을 초과한다면 경기자들은 추가노력을 들이기로 결정할 것이라 가설화할 수 있다.

추가노력이 만들어내는 한계편익은 **승리할 확률의 증가**와 **승자 상품**의 가치(명성을 포함)라는 두 가지 사항의 함수이다. 어떤 사람이 승리할 가능성이 높아지는 정도는 이제는 친숙한 문제인 노력이 산출량과 얼마나 밀접하게 연계되는가의 문제에 좌우된다. 예를 들어 만약 승리가 대체로 운에 따른 문제라면 노력을 추가적으로 기울여도 성과에 거의 효과를 미치지 못할 수 있다.[45)]

물론 승자가 받게 되는 상품의 가치는 승자와 패자들이 각각 받게 되는 것 사이의 차이에 좌우된다. 개인의 큰 희생을 수반하는 노력을 이끌어내려 고안된 토너먼트 또는 너무나 많은 경기자들이 있어 추가적인 노력이 개인의 기회를 단지 조금만 향상시키는 토너먼트들은 인센티브를 창출하기 위해서 큰 상품을 필요로 한다.

토너먼트들은 그 분류가치 때문에 또한 산출량을 증대시킨다. 자신들 스스로의 능력에 대해 자신이 있고 상품을 탈 기회를 위해 현재를 희생할 용의가 있는 사람들이 다른 사람들에 비해 토너먼트에 참여할 가능성이 훨씬 더 크다. 따라서 근로자들은 승진토너먼트에의 진입을 (또는 이탈을) 스스로 결정하며, 그렇게 함으로써 그들은 그렇지 않았으면 사용자들이 판단하기가 어려울지 모르는 자신들에 대해 무엇인가의 신호를 보낸다.[46)] [법무법인(law firm)들에서의 선발문제에 대한 논의는 예문 11.6을 참조하라.]

문제점들 승진토너먼트를 채택한 기업에 대한 자기선택적인 편익이 존재할 수 있는 반면, 자기선택으로 인한 문제도 또한 존재한다. 승진토너먼트는 스스로의 능력에 대해 과도하게 자신이 있고 너무나 많은 위험한 의사결정을 함으로써 자신들 사용자의 이해에 해가 될 수 있는 '참가자들'을 끌어들이는 경향이 있으며, 위험을 회피하거나 또는 매우

---

45) 기업들이 (a) 경영자들의 노력을 부추기는 반면, (b) 경영자들이 기업을 과도한 위험에 처하도록 하는 프로그램들에 착수하는 것을 억제한다는 맥락에서 토너먼트의 승리를 위해 설정한 기준을 분석한 논문은 Hans K. Hvide, "Tournament Rewards and Risk Taking," *Journal of Labor Economics* 20 (October 2002): 877~898을 참조하라.

46) 토너먼트의 '분류(sorting)'효과를 인센티브가 개별성과에 미치는 효과로부터 분리하려 시도했던 논문은 Bentley Coffey and M.T. Maloney, "The Thrill of Victory: Measuring the Incentive to Win," *Journal of Labor Economics* 28 (January 2010): 87~112를 참조하라.

예문 11.6

법무법인에서의 '극심한 생존경쟁(rat race)'

법무법인(law firm) 내에서 회사이윤을 서로 나눠 갖는 파트너들은 (파트너가 아닌 변호사인) 동료들 중 누구를 자신들의 등급으로 승진시킬 것인가를 선발하는데 매우 신중할 필요가 있다. 특히 파트너들은 오로지 가장 능력이 있고 가장 열심히 일하는, 즉 이윤 중 자신들의 몫보다 더 많은 기여를 할 동료들만을 승진시킬 것을 원할 것이다. 따라서 그들은 동료 생산성의 지표로서 '청구대상 상담시간(billable hours)'에 의존하는 경향이 있다.

물론 법학과 또는 법학전문대학원(law school)을 나온 모든 지원자들은 열심히 일하는 근로자들이라고 주장을 할 것이며, 심지어 상대적으로 짧은 [또는 심지어 '정상인(normal')] 근로시간에 대해 강한 선호를 가진 지원자들도 채용 후의 시간을 위해 '장시간 일하는 근로자'인 체 할 수 있다. 따라서 사용자들은 자신의 지원자 또는 근로자들로부터 그들의 **장기** 근로성향에 대해 신호를 이끌어낼 필요가 있으며, 이렇게 되기 위한 한 가지 방법은 모든 지원자들에게 매우 오랜 시간 동안 매우 오랜 근로시간이 기대된다는 것을 발표하는 것이다. 이러한 기대는 분명히 충분히 합리적이어서 기업들이 지원자들을 모집할 수 있어야만 하지만, 제9장의 신호보내기 논의로 설명하면, 발표된 근로요건은 거짓으로 주장하는 사람들로 하여금 지원하지 않도록 할 만큼 충분한 부담을 줄 수 있어야만 한다.

그러나 거짓으로 주장하는 사람들을 단념시키는 것은 심지어 기업을 위해 일하기로 선택한 사람들이 선호하게 되는 시간조차 초과하는 근로시간을 동시에 필요로 할 수 있다!

예를 들어 미국 동북지역 두 개의 대규모 법무법인에 대한 한 연구는 두 법인에서 파트너가 아닌 변호사들의 1/2이 넘는 숫자가 1주일에 50시간을 초과하여 일을 하였고, 70%가 보통 주말에도 적어도 반나절을 일을 했음을 밝힌 바 있다. 이 연구는 또한 5%의 임금상승이 제안된다면 파트너가 아닌 변호사의 65% 전체가 자신들의 근로시간을 불변으로 유지하면서 소득이 증가하도록 만들기보다는 근로시간을 5% 단축하는 것을 선호한다는 증거를 찾아냈다. **배우자가 풀타임 일자리를 갖고 있었던** 사람들, 따라서 가계임무를 분담해야만 했던 사람들 중 75% 이상이 더 적은 시간을 일하기를 원하는 비율이 75%를 초과했다.

자료: René M. Landers, James B. Rebitzer, and Lowell J. Taylor, "Rat Race Redux: Adverse Selection in the Determination of Work Hours in Law Firms," *American Economic Review* 86 (June 1996): 329~348.

경쟁적인 환경에서 일을 잘 하지 못하는 사람들의 참가를 단념시키는 경향이 있다. 예를 들어 여성들은 똑같이 생산적인 남성들보다 토너먼트에 덜 참가하며, 여성들의 실적은 토너먼트가 유발시키는 경쟁에 의해 덜 증대될 수 있다는 증거가 늘어나고 있다.[47)]

[47)] Rachel Croson and Uri Gneezy, "Gender Differences in Preferences," *Journal of Economic Literature* 47 (June 2009): 448~474; Victor Lavy, "Gender Differences in Market Competitiveness in a Real Workplace: Evidence from Performance-Based Pay Tournaments Among Teachers," *Economic Journal* 123 (June 2013): 540~573.

토너먼트의 또 다른 문제는 상대적인 성과에 기초한 성과연동보수(merit pay)에서와 같이 경기자들이 자신들 스스로의 산출량을 증가시키는 데에 노력을 기울이지 않고 경쟁자들의 산출량을 감소시키는데 노력을 기울일 수 있다는 것이다. 사실 파괴행위가 가능한 곳에서는 승진토너먼트들이 실제로 조직의 총산출량을 감소시킬 수 있다.[48]

승진토너먼트를 운영하는 조직들은 또한 패자들을 대우하는 방법을 걱정해야만 한다. 근로소득의 큰 격차는 토너먼트 경기 중에는 큰 인센티브를 제공하지만, 이는 또한 패자들이 상대적으로 나쁘게 행동한다는 것을 의미한다. 만약 기업이 패자들을 냉담하게 대우하는 것으로 인식이 된다면 우선 경기자들을 유치하는데 문제를 갖게 될 것이다 (무엇보다도 대부분의 경기자들이 패자가 된다). 따라서 기업은 인센티브를 제공하기에 충분히 큰, 그러나 경기자들을 공급하기에 충분히 작은 격차를 설정해야만 한다!

그러나 승진과 관련된 인센티브계획은 근로자들이 자신들의 현재의 조직 밖에서 생애직업을 찾는 것이 가능하다는 것을 알게 되어, 다른 잠재적인 사용자들에게 자신들의 생산성에 대한 적어도 어떤 신호들을 보낼 수 있을 때 추가적인 문제들에 직면한다. 이제 근로자들의 생애근로경력에 대한 관심이 그들의 노력을 다른 곳에서 일자리를 찾는데 돌리도록 할 수 있는 상황에 대한 분석으로 관심을 돌리기로 한다.

생애근로경력에 대한 관심과 생산성

근로자들은 종종 자신들을 특정 조직의 구성원이라기보다는 전문직 또는 분야의 구성원으로 규정짓는다. 그와 같은 입장에서 볼 때, 그들은 자신들의 사용자들을 감동시키는 만큼 (미래에 좋은 제의를 받는다는 희망하에) **다른** 사용자들을 감동시키는 데 동기가 유발될 수도 있다. 이러한 '생애근로경력에 대한 관심(career concerns)'이 주는 시사점들은 무엇일까?

노력의 왜곡 다른 사용자들은 주관적 측정치(예를 들어 '품질')보다는 성과에 대한 객관적 측정치를 더 쉽게 관찰할 수 있다. 결과적으로 생애근로경력에 관심을 가지고 있는 근로자들은 성과를 측정할 수 있는 영역에 자신들의 노력을 배분하고, 다른 사용자들이 관찰할 수 없는 영역은 덜 강조하려는 인센티브를 갖는다. 앞에서 논의했던 바와 같이, 다른 곳에서의 기회를 찾고 있는 경영자들은 설사 그렇게 하는 것이 자신들 현재사용자의 장기적인 이익에는 해가 되더라도, (현저하게 눈에 띄는) 단기이윤을 획득하는 전략을 추구할 인센티브를 갖고 있다.[49]

[48] Jeffrey Carpenter, Peter Hans Matthews, and John Schirm, "Tournaments and Office Politics: Evidence from an Real Effort Experiment," *American Economic Review* 100 (March 2010): 504~517.

[49] 근로자들의 현재사용자들이 외부인들에 비해 자신들의 진정한 생산적 특성들을 더 잘 관찰할 수 있을 때, '재능 있는 사람들을 끌어오기(talent raids)'를 원하는 외부인들(즉 다른 사용자들)은 누가 승진하는가를 관찰함으로써 누가 가장 귀중한 근로자들인가를 합리적으로 추측할 수 있다. 따라서 승진 그 자체는 다른 사용자들에게 정보를 보내게 되는데, 이는 승진을 한 근로자에게는 도움이 될지 모르지만 승진을 한 근로자의 현재의 사용자에게는 해가 될 수 있다. 여러 논문들이 이 문제를 다루고 있으며, 그 중에는 Dan Bernhardt, "Strategic Promotion and Compensation," *Review of Economic Studies* 62 (April 1995): 315~339; and Derek Laing, "Involuntary Layoffs in a Model with Asymmetric Information Concerning Worker Ability," *Review of Economic Studies* 61 (April 1994): 375~392 등이 있다.

개수제보수와 노력 다른 사용자들에게서 일자리를 갖게 될 가능성들이 근로자들의 노력 배분을 왜곡시킬 수 있지만, 이 가능성들은 개수제보수(piece rates)에 수반되는 또 다른 문제를 또한 해결할 수 있다. 생산물과 기술이 계속 변하는 세상에서 개수제보수는 계속 다시 설정되어야 한다. 개수제보수를 확립하는 데 있어 사용자는 업무를 완수하는 데 얼마나 시간이 걸리는가에 대해 추측을 하여, 그 근로자들의 시간당 평균근로소득이 근로자들을 모집하고 보유하는데 충분히 매력적이도록 개수제보수의 기준을 정해야 한다.

그러나 생산직근로자들에 의해 꽤 높은 수준의 노력이 이루어졌을 때, 경영진은 업무를 끝내기 위해서 도대체 얼마나 시간이 걸리는지를 확실히 알 수 없다. 더욱이 앞에서 주목한 바와 같이 근로자들은 경영진이 업무를 완수하는 데 걸리는 시간을 과다추정해서 상대적으로 높은 개수제보수를 설정하도록 하기 위해 시범작업에서는 '천천히 일할' 인센티브를 갖고 있다. 만약 근로자들이 추정된 업무완수시간이 너무 길다는 것을 안다면, 기업이 나중에 진실을 알게 되어 개수제보수를 삭감할 것을 우려하여 그들은 고의적으로 천천히 일을 할지도 모른다.

그러나 다른 기업들로 일자리를 옮기기가 쉬운 근로자들은 자신들 현재사용자의 미래행동에 대해 그리 걱정을 하지 않을 것이다. 그들은 다른 사용자들이 미래에 자신들을 채용할 만큼 충분히 감동을 받도록 최고의 속도로 일하기로 결정할 가능성이 더 크다. 그렇기 때문에 근로자들의 보수가 적어도 부분적으로 개수제에 기초하는 곳에서는 생애근로경력에 대한 관심이 근로자들로부터 최대의 노력을 이끌어내는 데 도움이 될 수 있다.

노력의 순서(the sequencing of effort) 현재의 사용자든 다른 곳에서든 관계없이 미래의 승진에 관심을 가지고 있는 근로자들의 경우에는 보통 높은 생산성을 보여야 하는 두 가지 일반적인 인센티브가 존재하는데, 자신들의 현재의 보수와 미래의 승진기회가 그 두 가지 인센티브이다. 생애근로경력(즉 승진)에 대한 관심이 클 때 사용자들은 근로자들의 동기를 유발시키기 위해 현재 성과급보수라는 인센티브를 사용할 필요가 크지 않을 수 있다. 생애근로경력에 대한 관심이 약해짐에 따라 기업들은 근로자의 노력수준을 유지하기 위해 더 큰 현재의 인센티브를 채택할 필요가 있을지 모른다.[50)]

근로자들은 경험이 없을 때 생애근로경력에 대한 관심에 의해 동기가 유발될 가능성이 더 크며, 현재의 성과에 대해 보수가 지급되는 것에 의해 동기가 유발될 가능성이 더 적다. 근로자들에게 현재 성과에 대해 보수를 지급하는 것은 산출량이 능력, 노력, 그리고 근로자들이 젊을 때 그들의 사용자들은 물론 그 자신들도 자신들의 능력을 모른다는 의미에서의 행운의 함수라는 문제에 부딪치게 된다. 보수를 경험이 없는 근로자들의 성과와 관련시키는 것은, 근로자들의 능력이 알려지지 않을 때에는 노력과 산출량 사이의 관계가 불분명하기 때문에 근로자들의 인센티브를 크게 증가시킬 수 없다. 그러나 생애근

---

50) Robert Gibbons and Kevin J. Murphy, "Optimal Incentive Contracts in the Presence of Career Concerns: Theory and Evidence," *Journal of Political Economy* 100 (June 1992): 468~505.

로경력에 관심이 있는 근로자들의 경우에는 사용자들이 자신들의 능력과 기꺼이 노력을 기울일 용의를 추정하기 위해서 자신들을 관찰하고 있다는 것을 깨닫고 있기 때문에 열심히 일하려는 인센티브가 강력하다.

더욱이 근로자들이 생애근로경력에 대해 관심을 가지고 있을 때, 사용자들(특히 외부의 사용자들)이 근로자들의 노력을 철저히 감시할 수 없다는 사실은 근로자들로 하여금 **더 많은** 노력을 기울이도록 한다. 근로자들은 미래의 승진은 자신들의 **능력**에 대한 사용자들의 믿음에 부분적으로 좌우된다는 것을 깨닫고 있다. 자신들 노력의 일부는 감춰질 수가 있기 때문에, 경험이 없는 근로자들은 사용자들이 자신들의 능력이 뛰어난 것처럼 판단하도록 만들기 위해 추가적으로 감춰진 노력을 기울이려는 인센티브를 갖고 있다. 예를 들어 1주일에 50시간을 일하리라 예상되는 근로자는 자신의 능력에 대한 사용자들의 인식을 높이려는 의도에서 성과를 끌어올리기 위해 집에서 추가로 20시간을 사용할 수 있다.

그러나 근로경력이 쌓임에 따라 능력이 보다 확실히 알려지게 되며, 생애근로경력에 대한 관심과 관련된 이례적인 노력을 투입하려는 인센티브는 감소한다. 다행스럽게도 위에서 주목한 바와 같이 성과를 기준으로 현재 보수를 결정하는 경우도 또한 더 강력하게 된다. 실제로 한 연구는 나이 든 CEO들의 경우는 젊은 CEO들에 비해 현재의 성과를 기초로 하여 보수를 지급받는 경우가 더 많았다는 것을 발견한 바 있다.[51)]

이론의 응용: 두 가지 수수께끼에 대한 설명

이 장에서 간략히 설명된 개념적인 문제들은 노동경제학자들로 하여금 해결에 부심하게 하였던 두 가지 보수와 관련된 의문을 명백히 하는 데 도움이 될 수 있다. 즉 왜 연공서열(seniority)에 따라 보수가 증가하는가, 왜 규모가 큰 사용자들은 더 높은 임금을 지급하는가 등이 이 두 가지 의문들이다. 두 가지 경우 모두 실증적 현상을 설명하기 위해 이론적 또는 데이터와 관련된 다수의 이유들이 사용될 수 있다. 이들 중 일부는 이 장에서 소개되었으며, 나머지 일부는 앞의 장들에서 소개된 바 있다. 이 절에서는 이 이유들을 간략히 요약할 것이며, 필요한 곳에서는 어떤 것들이 가장 관련이 있는 것처럼 보이는가를 평가하기 위해 실증연구결과들을 검토할 것이다.

왜 재직기간에 따라 근로소득은 증가하는가?

제9장에서 살펴본 바와 같이, 근로소득은 나이가 들어감에 따라 그리고 일반적인 노동시장 경험이 증가함에 따라 증가한다. 그러나 연령그룹 **내**에서는 임금은 사용자와의 **재직기간**(tenure)이 길어짐에 따라 추가로 증가한다. 왜 사용자에게 머문 시간의 길이가 문제인가? 연령(또는 일반적인 노동시장 경험)을 불변인 채로 유지할 때, 왜 임금증가가 재

51) Gibbons and Murphy, "Optimal Incentive Contracts in the Presence of Career Concerns."

그림 11.3

재직기간이 임금에 미치는 효과에 대한 상이한 설명

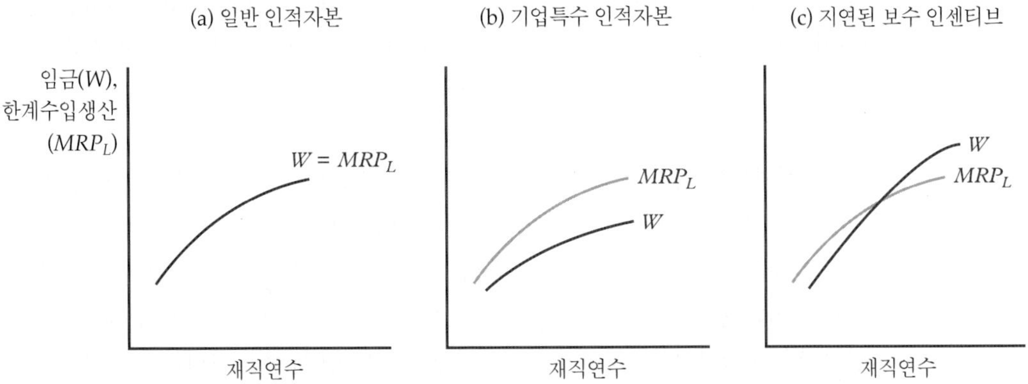

직기간과 관련이 있어야만 되는지에 대하여는 세 가지 종류의 설명이 가능하다.[52)]

가장 단순한 가정은 그림 11.3의 (a)에 보이는 바와 같이 근로자들이 항상 자신들의 *MRP*와 동일한 임금을 지급받으며, 따라서 임금과 생산성은 사용자와 머문 시간이 길어짐에 따라 함께 증가한다는 것이다. 분명히 만약 많은 잠재적 사용자들에게 유용한 일반훈련이 이루어진다면, 임금은 **나이**가 들어감에 따라 증가할 것이지만, 대답해야 할 질문은 왜 임금이 사용자와의 재직기간이 길어짐에 따라 **추가로** 증가하는 지이다. 제5장에서 살펴본 이유는 일자리와 근로자 사이의 **일자리연결**과 관련이 있다. 주어진 어떤 근로자의 경우에도 많은 잠재적 사용자들이 있으며, 어떤 일자리 탐색에도 비용이 수반되기 때문에, 모든 근로자들이 자신들의 숙련도를 최고의 가치로 사용하도록 하는 (그리고 따라서 최고의 보수를 지급하는) 일자리를 신속하게 찾을 가능성은 거의 없다. 물론 일부에게는 일자리를 빨리 찾는 행운이 따를 수 있으며, 이러한 행운이 따르는 근로자들은 자신들의 사용자들과 머물며 더 이상의 탐색을 중지하는 경향이 있을 것이다. 행운이 따르지 않는 근로자들은 더 나은 일자리(그리고 보수)의 탐색을 계속할 것이며, 따라서 더 짧은 재직기간을 가질 것이다. 따라서 더 긴 재직기간과 더 높은 임금 모두 일자리와 근로자 사이의 더 나은 (보다 생산적인) 일자리연결이라는 똑같은 현상을 반영한다고 주장될 수 있다.

두 번째 설명은 **기업특수**(firm-specific)투자가 근로자들과 그들의 사용자들에 의해 공동으로 이루어진다고 주장한다(제5장 참조). 공동투자는 근로자와 기업에 의해 **분배되는** 잉여를 창출한다. 그러므로 근로자들은 일반적으로 자신들의 생산성증가가 **미만**의 임금증가를 얻게 된다. 그림 11.3(b)에 나타나는 바와 같이 기업특수 인적자본투자가 이루어진 경우에는, 임금이 한계수입생산보다 낮으며, 또 한계수입생산보다 더 느리게 증가한다.

52) 이 수수께끼 및 이에 대한 앞서의 실증연구에 대한 검토는 Robert Hutchens, "Seniority, Wages, and Productivity: A Turbulent Decade," *Journal of Economic Perspectives* 3 (Fall 1989): 49~64에서 찾을 수 있다.

마지막으로 이 장은 임금곡선(wage profiles)의 상승에 대한 세 번째 설명을 제공하였다. 즉 임금상승은 자신들의 사용자들과 장기적인 고용관계를 갖는 근로자들을 유치하고 동기를 유발시키기 위해 고안된 지연된 보수라는 인센티브제도(delayed-compensation incentive system)의 일부분일 수 있다는 것이다. 그림 (c)에 그려진 이러한 세 번째 설명하에서는, 임금은 한계수입생산보다 **더 빨리** 증가하며, 궁극적으로 한계수입생산보다 높은 수준이 된다.[53]

경제학자들이 이러한 경쟁력이 있는 이론들을 구별할 실증분석을 고안하는 데 관심을 가져왔지만, **생산성**을 직접 측정하는 것은 일반적으로 가능하지 않다.[54] 그러므로 대부분의 연구들은 위 설명 중 어느 하나가 매우 그럴듯하다고 (또는 그럴듯하지 않다고) 이론이 제시하는 근로자들을 인지하여, 그 뒤 그들의 임금곡선을 다른 근로자들의 임금곡선과 비교하였다. 만약 상대적 임금곡선이 그 예측된 유형을 드러내 보인다면, 설명이 지지를 받고 있다고 추론할 수 있다. 예를 들어 만약 근로자의 산출량이 쉽게 감시되거나 또는 만약 근로자가 자영업에 종사하고 있거나 또는 개수제로 보수를 지급받고 있다면, 지연된 보수 보수지급계획은 필요하지 않다. 만약 이 근로자들의 임금이 **평균보다 더 천천히 증가한다**는 증거를 발견할 수 있다면, 이는 이연보수지급체계의 존재를 지지하게 된다.[55] 마찬가지로 만약 근로자들이 훈련을 받을 가능성이 가장 큰 기간 동안 재직기간에 따른 임금곡선들이 가장 가파른 형태를 띠면, 인적자본에 의한 설명이 지지를 받는다고 추론할 수 있다.[56] 현재까지 재직기간에 따라 임금곡선이 증가하는 것에 대한 최선의 설명은 결코 발견되지 않았으며, 물론 각각의 설명이 재직기간에 따라 근로소득이 증가하는 것에 대한 **부분적인** 설명을 올바로 제공하고 있다는 것도 당연할 수 있다.

왜 대기업들은 더 많은 보수를 지급하는가?

모든 미국 민간부문 근로자들의 약 20%가 20명 미만의 근로자들을 고용하고 있는 기업

[53] 이 세 번째 설명의 변형된 형태는 근로자들이 **선호**하기 때문에 사용자들이 증가하는 임금곡선을 제공한다는 것이다. Robert H. Frank and Robert M. Hutchens, "Wages, Seniority, and the Demand for Rising Consumption Profiles," *Journal of Economic Behavior and Organization* 21 (August 1993): 251~276에서는 근로자들의 효용은 (임금수준뿐만 아니라) 부분적으로 자신들의 임금**증가**의 함수라고 주장된다. 그러므로 노동시장에서 경쟁력을 갖기 위해서, 사용자들은 근로자들에게 그렇지 않을 경우에 비해 더 낮게 시작해서 더 빨리 증가하는 임금곡선을 제공하도록 유발된다.

[54] 생산성 데이터를 보유했던 연구는 Judith K. Hellerstein and David Neumark, "Are Earnings Profiles Steeper Than Productivity Profiles? Evidence from Israeli Firm-Level Data," *Journal of Human Resources* 30 (Winter 1995): 89~112를 참조하라.

[55] Edward P. Lazear and Robert L. Moore, "Incentives, Productivity, and Labor Contracts," *Quarterly Journal of Economics* 99 (May 1984): 275~296; and Robert Hutchens, "A Test of Lazear's Theory of Delayed Payment Contracts."

[56] James N. Brown, "Why Do Wages Increase with Tenure?" *American Economic Review* 79 (December 1989): 971~991. 다소 비슷한 연구들은 Sheldon E. Haber and Robert S. Goldfarb, "Does Salaried Status Affect Human Capital Accumulation?" *Industrial and Labor Relations Review* 48 (January 1995): 322~337; David Neumark and Paul Taubman, "Why Do Wage Profiles Slope Upward? Tests of the General Human Capital Model," *Journal of Labor Economics* 13 (October 1995): 736~761; and Erling Barth, "Firm-Specific Seniority and Wages," *Journal of Labor Economics* 15, no. 3, pt. 1 (July 1997): 495~506 참조.

에서 일하는 반면, 약 45%는 500명이 넘는 근로자들을 가진 기업에서 일한다. 그러나 후자 그룹에 속하는 근로자들은 동일한 교육과 경험을 가진 전자 그룹에 속하는 근로자들에 비해 훨씬 많은 임금을 지급받는다. 특히 관리감독 근로자들의 경우 대기업에서의 경험이 축적됨에 따라 임금이 더 빨리 증가하는 것 또한 명백하다.[57)]

대기업들이 왜 더 높은 임금을 지급하는 지에 대해 제시되었던 설명들은 대기업들은 **더 우수한 근로자들을 필요로 하거나** 그리고/또는 대기업들은 자신들의 근로자들을 보다 생산적으로 만들 더 좋은 **기회들**을 갖고 있다는 주장에 근거를 두고 있다.[58)] 예를 들어 한 가지 잠재적 설명은 직무훈련에 규모의 경제(economies of scale)가 존재한다는 것이다. 따라서 대기업들이 직무훈련을 제공할 가능성이 더 크며, 물론 직무훈련을 받을 용의가 있는 근로자들을 유치할 더 큰 필요성을 갖고 있다는 것이다.[59)]

두 번째 가능한 설명은, 대기업들이 근로자들이 특별히 믿을 만하며 기강이 잡힐 것을 요구하는 (게으름을 피우는 한 명의 근로자가 전체 팀의 산출량을 줄일 수 있다) 매우 상호의존적인 생산과정을 더 자주 사용한다는 것이다. 매우 상호의존적인 생산 환경에 있는 근로자들은 보다 엄격히 조직화되어 있으며 독립적으로 행동할 능력이 더 작아서, 그들의 더 높은 임금은 엄격한 규율을 요구하는 일자리의 매력적이지 못한 점에 대한 보상임금격차로 볼 수 있다는 것이다.

세 번째 가설은, 대기업들은 일자리의 공백이 보다 많은 비용을 초래한다는 것을 알고 있다는 것이다. 대기업들은 보다 자본집약적인 경향이 있으며, 위에서 주목한 바와 같이, 보다 상호의존적인 생산과정을 갖고 있다. 그러므로 결원이 충원되지 않거나 또는 예상하지 못한 이직은 대기업들의 생산을 보다 심각하게 중단시킬 수 있으며, 대기업들의 많은 노동과 자본을 사용되지 않게 함으로써 기업에게 엄청난 비용을 부과시킨다. 따라서 이직을 줄이고 결원은 신속하게 충원될 수 있다는 것을 확신시키기 위한 노력의 일환으로, 심지어 근로환경이 나무랄 데 없고 효율성임금(efficiency wages)이 필요하지 않을 때조차도 (왜냐하면 다른 근로인센티브가 존재하기 때문에) 대기업들은 더 높은 임금을 지급하기로 결정한다.[60)]

---

57) 이 주제에 대한 문헌들을 인용한 최근의 연구는 Jeremy T. Fox, "Firm-Size Wage Gaps, Job Responsibility, and Hierarchical Matching," *Journal of Labor Economics* 27 (January 2009): 83~126을 참조하라.

58) 두 요소들을 구별하려 시도하였던 연구들은 Rudolf Winter-Ebmer and Josef Zweimuller, "Firm-Size Differentials in Switzerland: Evidence from Job Changers," *American Economic Review* 89 (May 1999): 89~93; and John M. Abowd and Francis Kramarz, "Inter-Industry and Firm-Size Wage Differentials: New Evidence from Linked Employer-Employee Data," Cornell University, School of Industrial and Labor Relations Institute for Labor Market Policies, July 2000을 참조하라.

59) Kevin T. Reilly, "Human Capital and Information: The Employer Size-Wage Effect," *Journal of Human Resources* 30 (Winter 1995): 1~18; and Dan A. Black, Brett J. Noel, and Zheng Wang, "On-the-Job Training, Establishment Size, and Firm Size: Evidence for Economies of Scale in the Production of Human Capital," *Southern Economic Journal* 66 (July 1999): 82~100.

60) 이러한 주장과 맥락을 같이하는 몇 가지 증거는 James B. Rebitzer and Lowell J. Taylor, "Efficiency Wages and Employment Rents: The Employer Size-Wage Effect in the Job Market for Lawyers," *Journal of Labor Economics* 13 (October 1995): 678~708을 참조하라.

실증연구

근로자들은 공정성에 대한 대가를 지급할 용의가 있는가? 실험실 실험을 이용한 경제행태에 대한 연구

그룹의 개개인들에게 동기를 유발시키는 문제들을 논의할 때 근로자들과 인적자원 관리자들 모두의 의견을 묻는 설문조사들이 **공정성**(fairness)에 대한 인식이 근로자들의 생산성에 영향을 미칠 것이라는 점을 제시한다는 것을 주목한 바 있다. 근로자들이 단지 자기 **자신들의** 근로소득과 그러한 근로소득이 허용하는 소비로부터 효용을 도출하는지, 또는 **다른 사람들의 근로소득에 대한 자신의 상대적 근로소득** 또한 자신들의 효용에 영향을 미치는지에 대한 독립적인 증거를 얻을 수 있을까? 질문을 달리하면, 근로자들은 오로지 자신들 근로소득의 절대수준에만 관심을 갖는가, 아니면 공정성에 대한 자신들의 관심이 그들로 하여금 자신들의 근로소득 수준이 다른 사람들의 근로소득 수준과 어떻게 비교되는지에 대해서도 또한 관심을 갖도록 하는가?

만약 공정성이 근로자들이 가치를 두는 무엇이라면, 경제이론은 근로자들이 이를 얻기 위해 가격을 지불할 용의가 틀림없이 있다고 예측한다. 이러한 예측을 테스트하기 위한 자연적인 실험을 찾기는 힘들며, 따라서 몇몇 경제학자들은 무엇이 사람들에게 동기를 유발시키는 가에 대한 통찰력을 얻기 위한 방법으로 실험실 실험에 관심을 돌렸다.

메디슨(Madison)에 소재한 위스콘신주립대학교(University of Wisconsin)의 경제학 및 경영학을 전공하는 112명의 학생들을 대상으로 실행된 다음의 게임을 고려하자. 학생들은 익명으로 짝이 지어져서(그들은 누구와 짝이 되었는지 결코 알 수 없었다), 한 명은 '제안자(proposer)'로 다른 한 명은 '응답자(responder)'로 각각 지명되었다. 게임의 목적은 12달러까지를 나누는 것이었다. 제안자는 각 달러가 어떻게 나눠지는지를 표시하며, 그 뒤 응답자는 (0에서 12달러 중) 몇 달러가 나눠질 것인지를 선택하였다.

예를 들어 만약 제안자가 자신이 나눠지는 모든 달러의 75%를 갖겠다고 표시한다면, 응답자는 12달러 모두를 분할할 것을 제안함으로써 최대 3달러를 쉽게 가져갈 수 있었다. 이 경우 제안자는 9달러를 받게 된다. 만약 응답자들이 오로지 자기 자신들의 이득에만 관심을 가지고 다른 사람들에 대한 포상에는 관심을 가지지 않는다면, 그들은 전체 풀(pool)을 줄이기로 선택하지 않게 된다. 그러나 만약 응답자들이 자신들의 상대적인 보수에 대해 크게 관심을 가져서, 자신들이 제안자에 의해 공정치 못한(unfair) 대우를 받았다고 생각되는 것에 대해 보복하기 위해 일부 이득을 포기할 용의가 있다면, 그들은 풀을 줄임으로써 그렇게 할 수 있다. 예를 들어 만약 응답자가 75/25의 분할이 공정치 못하다고 생각한다면, 응답자는 풀을 8달러로 줄일 수 있으며, 이 경우 응답자는 2달러를 쉽게 가져갈 수 있으며, 제안자는 단지 6달러를 받게 된다. 이 경우 제안자에게 3달러의 손실을 가함으로써 응답자들이 효용 획득을 위한 1달러를 포기하는 것이 관찰되게 된다.

위 실험실 실험의 결과들은 응답자들의 약 1/2이 어떤 분할이 제안되는지와 관계없이 이를 받아들였으며 풀을 줄이기로 선택하지 않았다는 것을 보여주었다. 즉 약 1/2은 오로지 자기 자신들의 절대지급액에 대해서만 관심을 가졌다.

보복을 위해 무엇인가 대가를 치를 정도로 공정성에 대해 충분한 관심을 가졌던 응답자의 약 1/2들은 얼마를 대가로 지급할 용의가 있었을까? 평균적인 제안은 응답자가 각 달러의 약 40센트 분할을 받는 것이었으며, 이러한 60/40의 분할제안들의 경우, 보복을 할 용의가 있었던 응답자들은 풀을 약 3달러만큼 줄였었다. 풀이 이제 3달러 줄어들었다는 것은 응답자들이 제안자에게 1.80달러(0.6×3달러)의 손실을 입히기 위해 1.20달러(0.4×3달러)를 포기할 용의가 있음을 보여주었던 것을 의미한다.

게임을 위해 선택된 경기자들과 변동할 위험이 있는 포상금액이 현실 일자리에 있어서의 현실 근로자들의 선호를 정확히 묘사하는지에 대해 의문을 제기할 수 있지만, 이와 같은 실험실 실험은 의견을 묻는 설문조사에 비해 주요한 이점을 제공한다. 경기자들은 단지 질문들에 가설적으로 응답하는 것이 아니다. 오히려 경기자들은 **결과적으로 나타나는 (화폐적) 성과를 가진 실제의 행태**에 참가하는 것이다. 최근 몇 년 동안 실험실 실험은 현실 시장으로부터 행태데이터를 만들기가 어렵거나 또는 실행이 불가능할 때, 경제행태에 대한 통찰력을 얻기 위한 일반적으로 인정된 수단이 되었다.

자료: James Andreoni, Macro Castillo, and Ragan Petrie, "What Do Bargainers' Preferences Look Like? Experiments with a Convex Ultimatum Game," *American Economic Review* 93 (June 2003): 672~685. 또한 Morris Altman, "The Nobel Prize in Behavioral and Experimental Economics: An Contextual and Critical Appraisal of the Contributions of Daniel Kahneman and Vernon Smith," *Journal of Political Economy* 16 (January 2004): 3~41 참조.

네 번째 가설은 대기업들이 근로자들을 여러 직무와 기계에 효율적으로 배분하는 더 많은 옵션을 가지고 있기 때문에, 그 근로자들이 더 생산적이라고 주장한다. 대기업들은 충분한 자본, 노동, 그리고 고객들을 갖고 있으며, 따라서 그 근로자들은 더 낮은 수준의 나태함을 경험하며, 가장 생산적인 근로자들이 최신의 매우 생산적인 기계들과 짝을 이룰 수 있다고 주장된다.[61)]

나머지 가설들은 이 장에서 논의된 개념들에 그 뿌리를 두고 있다. 그 중 하나는 대기업들이 생애근로경력에서 거치게 되는 승진사다리(career ladder)의 많은 단계들을 근로자들이 이용할 수 있게 하며, 그 결과 근로자와 사용자 사이에 장기고용관계가 소기업들에 비해 더 매력적이 된다는 것이다. 이 장에서 주목하였던 바와 같이, 장기고용관계를 찾으려 하는 근로자들의 사용자들은 생산성에 대한 동기를 부여하기 위해서 보수체계를 사용할 더 많은 옵션을 가지고 있다. 장기고용관계가 예상될 때 고용관계의 종료로부터 입게 되는 근로자들의 손실은 자신들의 임금수준이 높아지고 또 자신들의 미래예상재직기간의 길이가 길어짐에 따라 증가하기 때문에 효율성임금은 보다 효과적인 동기유발 수단이 된다. 지연된 보수 체계(deferred-compensation schemes)와 승진토너먼트는 명백

61) Todd L. Idson and Walter Y. Oi, "Workers Are More Productive in Larger Firms," *American Economic Review* 89 (May 1999): 104~107.

히 **오로지** 장기고용관계의 차원에서만 사용될 수 있다.

대기업들이 효율성임금, 지연된 보수 계획 또는 승진토너먼트를 채택할 기회를 더 많이 갖고 있긴 하지만, 그들은 또한 이러한 체계들을 하나 또는 둘 이상 채택하여야 할 더 큰 필요성을 갖고 있을 수 있다. 그 절대적인 크기 덕택에 대기업들은 자신들의 근로자들을 감시하기가 더 어렵다는 것을 알고 있으며, 따라서 높은 수준의 노력을 유발시킬 다른 방법들을 찾아야만 한다고 주장되고 있다. 한 연구는 기업규모의 효과는 근로환경이 요구하는 보상임금격차보다는 효율성임금의 존재에 더 관련이 있다고 결론을 내린 바 있다.[62)]

62) David Fairris and Lee J. Alston, "Wages and the Intensity of Labor Effort: Efficiency Wages Versus Compensating Payments," *Southern Economic Journal* 61 (July 1994): 149~160. '감시(monitoring)'와 '보상격차' 모두를 이용한 설명에 관한 논문들의 광범위한 검토는 Rebitzer, "Radical Political Economy and the Economics of Labor Markets," 1417~1419에서 찾을 수 있다.

복습문제

1. 노동시장에서의 암묵적 계약(implicit contract)들이 자율적 강제성(self-enforcing)을 갖기 위한 기반이 되는 원리와 필요조건을 설명하라.
2. 개수제임금을 지급받는 근로자들(piece-rate workers)의 근로소득은 동일한 업무를 수행하면서 시간제임금을 지급받는 근로자들의 근로소득을 보통 상회한다. 이론에 의하면 여기에는 세 가지 이유가 있다. 그 세 가지 이유는 무엇인가?
3. 고용이 제조업부문으로부터 서비스부문으로 이동함에 따라 더 높은 비율의 근로자들이 소규모기업들에 고용된다고 가정하자. 소규모기업들에의 이러한 고용증가는 생산성을 촉진시키기 위하여 사용되는 보수지급체계(compensation schemes)의 형태에 어떤 효과를 미치게 되는가?
4. 토너먼트는 승자에게 매우 훌륭한 근로소득에 대한 기대를 제공함으로써 생애근로의 초기 단계에서 높은 수준의 노력을 유발시킨다. 근로자의 노력은 승자가 될 확률 및 승자에게 주어지는 상(의 가치) 모두와 정(+)의 상관관계를 갖고 있음을 이론은 제시한다. 토너먼트 이론이 기업규모와 CEO 보수 사이의 정(+)의 관계를 어떻게 설명할 수 있는지를 논하라.
5. "근로자들에 대한 통제력을 갖는 방법은 그들에게 보수를 과소지급 하는 것이다." 이 주장에 대해 논평하라.
6. 다음 보수체계의 주요 특징을 간략히 요약하라: 개수제(piece rates), 효율성임금(efficiency wages), 성과급(merit pay), 토너먼트, 그룹 성과급(group compensation), 그리고 이연보수(deferred compensation). 다섯 개의 행을 가진 표를 그려라: (i) '시간제보수로부터 ... 체계의 명칭,' (ii) '근로자산출량의 관찰가능성,' (iii) '사용자의 목적과 긴밀히 연계된 근로자 행태의 예상된 변화,' (iv) '근로자 행태의 예상된 이롭지 못한 변화,' 그리고 (v) '지원자 풀의 예상된 변화.'
7. 최근 몇 년 동안 많은 공장들이 폐쇄되어 수천 명의 근로자들이 일자리를 잃고 새로운 일자리를 찾도록 만들었다. 이 일자리를 바꾼 근로자들이 감수했던 임금손실에 대한 연구들은

정확히 똑같은 기술과 훈련유형을 갖고 있는 근로자그룹들 중에서 여러 해 동안 기업에 머물렀던 55~64세 범위의 근로자들이 25~34세 범위의 근로자들에 비해 더 큰 임금손실을 겪었음을 밝히고 있다. 근로자에 대한 동기부여를 증진시키려 고안된 보수체계가 어떻게 이러한 결과를 유도할 수 있을까?

8. 일부 근로자들에게 평생일자리(lifetime job)를 제공하는 일본의 제도를 논평하는 데 있어, 한 분석가는 일본 사용자들이 자신들의 선임 근로자들에게 그들의 가치에 비해 더 많은 보수를 지급한다고 주장하고 있다. 이 논평은 경제이론과 일관되나? 설명하라.
9. 최근의 한 잡지기사는 CEO의 성과와 종종 긴밀하게 관련되지 않은 주식옵션으로부터 성격상 보다 자유재량적인 상여금(bonus)으로 CEO 보수의 이동이 있었다고 주장했다. 경제이론을 사용하여 주식옵션이 CEO의 성과와 보잘 것 없게 관련되어 있으며, 주식옵션으로부터 자유재량적인 상여금(bonus)으로의 이동이 CEO들이 좋은 성과를 보이도록 하는 인센티브를 강화시킬 것이라는 두 가지 주장을 분석하라.

연습문제

1. 시장임금이 시간당 5달러이지만, 찰리(Charlie)는 만약 사용자가 자신에게 더 높은 임금을 지급한다면 더욱 열심히 일할 것이라고 가정하자. 찰리의 임금과 MRP_L의 관계가 아래의 표와 같이 나타난다면, 찰리의 효율성임금(efficient wage)은 얼마인가?

임금(달러/시간)	MRP_L(달러/시간)
4	6.00
5	8.00
6	9.50
7	10.25
8	11.00
9	11.50
10	12.00
11	12.25
12	12.50
13	12.75

2. 한스(Hans)는 개수제보수를 지급하는 회사에서 일한다. 즉 그는 자신의 산출량 q를 자유롭게 선택한다.
   a. q 단위의 생산으로부터의 한스의 효용 $U(q)$는 $U(q)$=**근로소득**(q)−**노력**(q)로 주어진다. 다음 표의 세 번째 행을 완성하라.

	근로소득(q)	노력(q)	$U(q)$
0	0	0.0	
1	2	0.5	
2	4	2.0	
3	6	4.5	
4	8	8.0	
5	10	12.5	
...	...	...	

   한스는 몇 단위를 생산할까?
   b. 한스의 노력함수는 **노력**$(q)=\frac{1}{2}q^2$이라고 한다. 이 함수를 그리고, 그 배경이 되는 핵심 아이디어를 논하라.
   c. 사용자가 한스의 노력함수가 **노력**$(q)=1/2q^2$이라는 것을 알았다고 가정하자. 사

용자가 생산물을 단위당 4달러에 판매할 수 있다고 한다면 두 근로소득 함수 중 어느 함수를 사용자가 실행해야만 하나: 근로소득(q)=$2q$와 근로소득(q)=$3q$?

3. a. 노동의 MRP가 $MRP_0=20-L$ (단 L=근로자 수)로 주어진다고 한다. 만약 시장임금이 시간당 5달러라면, 사용자는 몇 명의 근로자들을 채용하기를 원할까?
   b. 사용자가 이제 만약 근로자들이 더 높은 임금을 지급받는다면 더 열심히 일할 것이라는 것을 알고 있다고 한다. 만약 근로자들에게 지급되는 임금이 적어도 시간당 6달러라면, 노동의 더 높아진 생산성은 새로운 한계수입생산곡선 $MRP_1=22-L$로 나타난다고 한다. 시간당 6달러의 임금에서 사용자는 몇 명의 근로자들을 채용하기를 원하게 되나?
   c. 경제이론을 사용하여 5달러 대신 6달러 지급과 관련된 고용수준의 변화를 설명하라.

4. 제인(Jane)은 시간제보수를 받고 일하는데, 그녀는 매일 두 종류의 업무에 h=8 시간을 사용한다고 한다. 그녀가 첫 번째(두 번째) 업무에 더 많은 시간을 사용하면 사용할수록 생산물의 수량(품질)이 더 많아지거나 더 향상된다. $V=q \cdot x$가 제인의 하루 산출량의 시장가치를 나타낸다고 하자. q와 x는 각각 수량과 품질을 반영하는데 $h_q+h_x=8$일 때 q와 x는 각각 $q=3+h_q/2$, $x=1+h_x$로 표시된다고 가정하자.
   a. 제인의 고용계약은 그녀로 하여금 '최선을 다할 것'을 요구한다. 결과적으로 제인은 각각의 업무에 4시간을 사용하기로 결정한다고 한다. 즉 $h_q=h_x=4$이다. 제인의 하루 산출량의 시장가치는 얼마인가?
   b. 회사는 제인의 근로에 대해 철저히 감시할 형편이 안 된다고 한다. 즉 회사는 제인의 시간배분을 알지 못 한다. 이때 제인의 보수를 전적으로 산출량을 기초로 한 성과급으로 할 것을 회사에 권고해야 하나?

참고문헌

Akerlof, George A., and Janet L. Yellen, eds. *Efficiency Wage Models of the Labor Market.* New York: Cambridge University Press, 1986.

Bertrand, Marianne. "CEOs." *Annual Review of Economics* 1 (September 2009): 121~150

Carmichael, H. Lorne, "Self-Enforcing Contracts, Shirking, and Life Cycle Incentives." *Journal of Economic Perspectives* 3 (Fall 1989): 65~84.

Frank, Robert H., and Phillip J. Cook. *The Winner-Take-All Society.* New York: Free Press, 1995.

Gibbons, Robert. "Incentives in Organizations." *Journal of Economic Perspectives* 12 (Fall 1998): 115~132.

Hallock, Kevin F. *Pay: Why People Earn What They Earn and What You Can Do Now to Make More.* New York: Cambridge University Press, 2012.

Lazear, Edward P., and Kathryn L. Shaw. "Personnel Economics: The Economist's View of Human Resources." *Journal of Economic Perspectives* 21 (Fall 2007): 91~114.

Sappington, David E. "Incentives in Principal-Agent Relationships." *Journal of Economic Perspectives* 5 (Spring 1991): 45~66.

Simon, Herbert A. "Organizations and Markets." *Journal of Economic Perspectives* 5 (Spring 1991): 24~44.

제12장

노동시장에서의 성, 인종, 그리고 민족성

미국의 경제활동인구는 최근 수십 년 동안 상당한 인구통계학적 변화의 기간을 거쳤다. 변화의 몇 가지 요인들은 가계근로와 시장 근로 사이의 균형에 대한 여성들의 기대가 달라진 데 뿌리를 두고 있다. 변화의 다른 요인들은 해외로부터의 합법적 및 불법적 이주와 인종/민족 그룹들의 상이한 출생률로부터 나타났다. 결과적으로 경제활동인구의 그룹혼합비에 현저하고도 지속적인 변화가 나타나게 되었다.

표 12.1은 1990년부터 2010년까지 발생한 변화와 2020년까지 예측되는 예측치들을 수록하고 있다. 1990년에 경제활동인구의 약 78%를 차지하고 있었던 백인 근로자들은 2010년에는 68% 미만을 차지하고 있으며, 2020년까지 그 비중은 약 62%로 하락할 것으로 예측된다. 경제활동인구에서의 여성들의 비중은 아프리카계 및 아시아계 미국인(African and Asian American)들의 비중과 같이 꾸준히 증가하고 있으며, 히스패닉계 미국인들의 비중은 빨리 증가해서 그 비중은 1990년의 8.5%로부터 2010년에는 거의 15%가 되었다.

아시아계 미국인들을 예외로 하고, 경제활동인구에서 그 비중이 증가하는 그룹들은 그 구성원들이 풀타임으로 일하는 백인 남성들에 비해 평균적으로 훨씬 낮은 근로소득을 버는 그룹들이다. 그림 12.1을 살펴보면 2011년 현재 빠른 증가율을 보이는 비아시아 그룹 중 풀타임으로 일하는 백인 남성 근로소득의 70% 이상을 평균적으로 벌고 있는 그룹이 없음을 알 수 있다. 이와는 대조적으로 아시아계 미국 남성들은 평균적으로 백인 남성 평균과 사실상 동일한 풀타임 근로소득을 벌었다.

구성원들이 상대적으로 낮은 임금을 지급받는 인구통계학적 그룹들의 수적인 중요성이 커진다는 것은 그룹 사이의 근로소득 차이의 원천을 이해하기 위한 관심을 증가시

표 12.1

주요 인구통계학적 그룹들이 민간경제활동인구에서 차지하는 비중: 1990년, 2000년, 2010년, 2020년

	연도			
	1990	2000	2010	2020(예측치)
백인 남성(비히스패닉계)	77.7%	72.0%	67.5%	62.3%
여성(모든 인종 포함)	45.2%	46.5%	46.7%	47.0%
흑인(남성 및 여성)	10.9%	11.5%	11.6%	12.0%
아시아인[a]	3.7%	4.4%	4.7%	5.7%
히스패닉계 (모든 인종의 남성과 여성)	8.5%	11.7%	14.8%	18.6%

[a] 알래스카 원주민 및 태평양 섬 주민 포함.

자료: Mitra Toossi, "Labor Force Projections to 2020: A More Slowly Growing Workforce," *Monthly Labor Review* 135 (January 2012): 43~64, Table 1.

켰다. 이 장의 목적은 차별(discrimination)이라는 주제에 특히 관심을 기울이면서 그러한 근로소득의 차이를 분석하는 것이다.

근로소득 차이 중 측정되는 부분과 측정되지 않는 부분

이 절은 구성원들이 고용차별에 의한 잠재적 희생자라서 정부정책의 목표그룹이 되고 있는 여성, 흑인, 그리고 히스패닉계라는 세 종류의 대그룹(부분적으로는 서로 중복되는)의 근로소득격차에 대한 설명에 초점을 맞춘다. 초점을 이 그룹들에 맞추는 것은 신체적 한계 또는 성별 선호와 같은 특성들에 의해 정의되는 그룹들에 비해, 이 그룹들에 대한 데이터와 연구들이 더 쉽게 이용이 가능하기 때문이다.[1)] 부가급여의 가치에 대한 데이터는 일반적으로 인구통계학적 그룹별로 이용이 가능하지 않다는 현실적 문제 때문에 (더 선호되는) 총**보수**가 아니라 **근로소득**이 분석될 것이다.[2)]

인구통계학적 그룹들의 근로소득을 볼 때 (그림 12.1에서와같이) **일 년 내내 풀타임으로 일했던** 사람들의 근로소득을 비교할 것이다. 1년 전 기간 동안 풀타임으로 고용된 근로자들의 근로소득 차이는 (전적은 아니지만) 주로 **임금** 차이에 의해 생기는데, 임금

---

1) 이 두 가지 주제들에 대한 논문들은 Thomas DeLeire, "Changes in Wage Discrimination Against People with Disabilities: 1984~93," *Journal of Human Resources* 36 (Winter 2001): 144~158; and Christopher S. Carpenter, "Self-Reported Sexual Orientation and Earnings: Evidence from California," *Industrial and Labor Relations Review* 58 (January 2005): 258~273을 참조하라.

2) 성별 보수격차의 맥락에서 이 문제에 대한 논의는 Aaron Lowen and Paul Sicilian, "'Family-Friendly' Fringe Benefits and the Gender Wage Gap," *Journal of Labor Research* 30 (2009): 101~119; and Eric Solberg and Teresa Laughlin, "The Gender Pay Gap, Fringe Benefits, and Occupational Crowding," *Industrial and Labor Relations Review* 48 (1995): 692~708을 참조하라.

그림 12.1

백인 남성 근로소득과 비교한, 여러 인구통계학적 그룹들의 24세 이상 풀타임 근로자들의 평균 근로소득 비율, 2011년

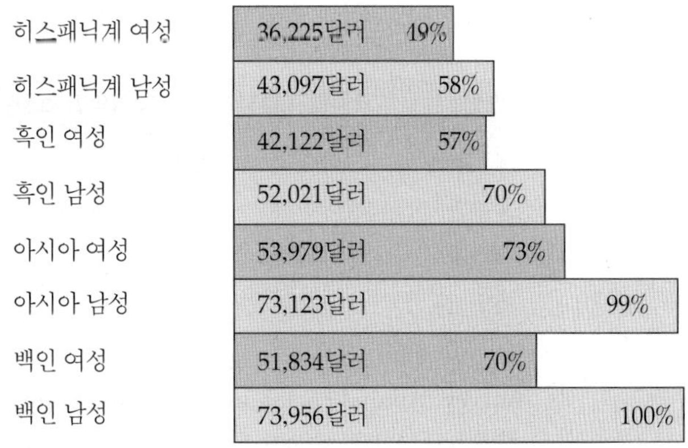

자료: 이 그림의 데이터는 U.S. Bureau of the Census, "2012 Current Population Survey, Annual Social and Economic Supplement, Person Income," at http://www.census.gov/hhes/www/cpstables/032012/perinc/pinc03_000.htm.

차이를 설명하는 것이 이 장의 주요 초점이다. 그러나 오로지 풀타임 근로자들의 보수를 비교함으로써 1년 동안 파트타임 근로 및 실업 모두가 근로**시간**에 미치는 큰 효과를 간과하게 되는데, 이 차이는 차별이라는 주제를 분석할 때 당연히 고려해야 할 필요가 있다.

성별 근로소득 차이

모든 인종과 민족을 통틀어서 볼 때, 풀타임으로 일하는 24세가 넘은 여성들은 2011년에 평균적으로 남성들이 벌었던 근로소득의 약 62%를 벌었다. 이 비율은 1970년과 1980년에 관찰된 58%보다는 약간 더 높았다.[3] 이러한 차이의 원천들을 이해하는 것은, 만약 필요하다면 보수의 차이를 다루는 데 어떤 정책이 필요한가를 결정하는 데 대단히 중요하다.[4]

연령과 교육 근로소득격차를 분석하는 첫 번째 단계는 많은 부분이 측정될 수 있는 근로소득 차이의 잠재적 **원천**을 생각하는 것이다. 제9장으로부터 근로소득에 영향을 미치는 두 가지의 중요하고도 측정 가능한 요소들은 교육과 (잠재적 노동시장 경험과 상관관계가 있는) 연령이라는 것을 알고 있다. 가장 최근에 태어난 여성 연령그룹들은 남성 연령그룹들과 적어도 동일한 학교교육수준을 갖고 있지만, 나이가 든 연령그룹들의 상황은 다르다. 더욱이 여성들의 연령/근로소득 곡선들이 남성들의 곡선들에 비해 더 편평하다

3) 데이터는 U.S. Bureau of the Census, "2012 Current Population Survey, Annual Social and Economic Supplement, Person Income," at http://www.census.gov/hhes/www/cpstables/032012/perinc/pinc03_000.htm에서 찾을 수 있다.

4) 주목한 바와 같이 이 장에서 제시되고 분석되는 보수의 차이는 (부가급여를 포함하는) 총보수의 측정치가 아니라 임금 및 근로소득과 관계가 있다. 여성들은 비슷한 수준의 남성들에 비해 연금, 건강보험 또는 장애급여(disability benefits)를 받을 가능성이 적다는 몇몇 징후가 있다. Janet Currie, "Gender Gaps in Benefits Coverage," in *The Human Resource Management Handbook*, eds. David Lewin, Daniel Mitchell, and Mahmood Zaidi (Greenwich, Conn.: JAI Press, 1997), chapter 23 참조.

표 12.2

풀타임 근로자들의 연령 및 교육수준별 남성근로소득에 대한 여성근로소득의 비율, 2011년

연령	고등학교 졸업자	학사학위 소지자	석사학위 소지자
25~34	75%	80%	69%
35~44	67%	74%	76%
45~54	66%	70%	61%
55~64	70%	72%	68%

자료: 이 표의 데이터는 U.S. Bureau of the Census, "2012 Current Population Survey, Annual Social and Economic Supplement, Person Income," at http://www.census.gov/hhes/www/cpstables/032012/perinc/pinc03_000.htm으로부터 인용되었다.

는 것도 알고 있다. 그러므로 연령과 교육을 통제하면 여성/남성 근로소득 차이의 적어도 일부를 설명한다고 기대하게 된다.

여성들과 남성들을 연령과 교육수준으로 구분한 표 12.2의 데이터는 예상한 대로 여성/남성 근로소득 비율이 나이를 먹음에 따라 하락하는 경향이 있음을 제시한다. 그러나 표에서 심지어 가장 젊은 여성 연령그룹의 경우조차도 이 비율이 너무 낮으므로 (0.80이 가장 높음) 여성/남성 근로소득 차이에 대한 완전한 설명은 다른 곳에서 찾아야만 한다.

직종 여성/남성 근로소득 비율을 설명하는 데 도움이 될 수 있는 측정 가능한 요소는 직종이다. 표 12.3에서 살펴볼 수 있는 바와 같이, 여성들은 저임금직종들에 과대분포 되고(overrepresented), 고임금직종들에 과소분포 되는(underrepresented) 경향이 있다. 따라서 여성들과 남성들의 평균보수 차이의 적어도 일부분은 상이한 직종분포의 결과이다. 더욱이 표 12.3은 또한 **동일한** 직종들에서조차도 여성들은 남성들보다 낮은 근로소득을 벌고 있음을 제시하고 있다. 표 12.3에 선정되어 포함된 고임금직종들은 일반적으로 전문화된 대학 또는 대학원교육을 요구하기 때문에, 고임금직종들에 속하게 되는 여성들과 남성들은 '생애근로경력'에서 지향하는 바를 공유한다고 합리적으로 가정할 수 있다. 그러나 2012년 현재 이 직종들에서조차도 여성/남성 근로소득 비율은 수록된 4종류의 직종 중 3종류에서 1.0보다 훨씬 낮다.

근로시간과 경험 직종들 내에서 근로소득은 **주간근로시간**과 **경험을 쌓은 연수**의 영향을 받는다. 제9장에서 여성들은 동일한 직종의 남성들에 비해 1주일에 평균적으로 더 적은 시간을 시장에서 일한다는 것을 살펴본 바 있다. 풀타임으로 일하는 사람들에게 초점을 맞춤으로써 파트타임 고용의 효과를 제외시켜 놓고 볼 때, 표 9.2는 주어진 직종들에서 여성들은 남성들보다 1주일에 평균적으로 1~5% 더 적은 시간을 일한다는 것을 알려주었다. 급여를 받는 근로자들은 아마도 장기근로시간에 대해 보상임금격차를 받기 때문

표 12.3

주요 고임금 및 저임금직종의 풀타임 임금 및 급여근로자들의 여성/남성 근로소득 비율과 여성근로자들의 비율, 2005년

	직종의 여성 비율(%)	여성~남성 근로소득 비율
고임금직종[a]		
최고경영자	26	0.76
컴퓨터시스템 관리자	26	0.88
변호사	33	0.80
제약사	52	1.00
저임금직종[a]		
출납원	70	0.92
요리사	33	0.90
식품준비	56	0.88
식당/카페테리아 종업원	49	0.98

[a] '고임금' 직종은 2012년에 여성들이 1주일에 1,500달러 이상을 벌었던 직종들임; '저임금' 직종은 남성들이 1주일에 410달러 미만을 번 직종들임. 남성과 여성이 너무 적게 고용되어 근로소득 데이터가 발표되지 않은 직종은 제외됨.

자료: U.S. Bureau of Labor Statistics, *2013 Employment and Earnings Online*, Annual Average Household Survey Data (January 2013), Table 39, at http://www.bls.gov/opub/ee/2013/cps/annavg39_2012.pdf.

에 표 12.3에 나타난 근로소득격차의 일부분은 여성들의 더 짧은 근로시간과 관련될 수 있다.

분석에 의하면 직종들 내에서 여성들은 전형적으로 근로경험이 더 적으며(그리고 때로는 중단되며) 승진할 가능성이 더 적다는 것이 암시되고 있다.[5)] 예를 들어 똑같은 높은 순위의 경영대학으로부터 경영학석사(MBA: Master of Business Administration) 학위를 받고 졸업한 사람들에 대한 한 연구는 여성들이 졸업 직후에는 남성들과 대체로 동일하게 벌지만 15년 후에는 40% 더 적게 번다는 것을 밝혔다. 15년 후 이러한 차이 중의 일부분은 더 적은 현재의 근로시간과 관련되었지만, 대부분은 더 적게 축적된 경험과 관련되었다(표본 내의 여성들은 비슷한 수준의 남성들보다 총 개월 수로 따졌을 때 더 적은 경험을 가졌으며, **파트타임**으로 일한 개월 수는 더 많았다). 여성들이 자녀육아에서 전형

5) Edward P. Lazear and Sherwin Rosen, "Male-Female Wage Differentials in Job Ladders," *Journal of Labor Economics* 8 (January 1990): S106~S123; Erica L. Groshen, "The Structure of the Female/Male Wage Differential: Is It Who You Are, What You Do, or Where You Work?" *Journal of Human Resources* 26 (Summer 1991): 457~472; and Stephen J. Spurr and Glenn J. Sueyoshi, "Turnover and Promotion of Lawyers: An Inquiry into Gender Differences," *Journal of Human Resources* 29 (Summer 1994): 813~842.

적으로 담당하는 주요한 역할에 비추어서, 연구자들은 이 '경험 차이'의 많은 부분을 자녀 육아의 탓으로 돌리고 있다.[6] 실제로 또 다른 연구는 1991년에 일하고 있는 연령이 30세인 모든 여성들 중에서 자녀를 갖고 있는 여성들은 30세의 남성들에 비해 23% 더 적게 벌었던 반면, 자녀가 없는 여성들은 10% 더 적게 벌었다는 것을 보고하였다.[7]

설명되지 않는 차이 분명히 직종, 교육, 연령, 경험 그리고 근로시간을 통제하더라도 아마도 성별 근로소득 격차를 설명하기에는 충분치 않으며, 이 목록에 추가되는 다른 측정 가능한 변수들이 설명되지 않는 부분 중 일부를 설명할 수 있을 것이다. 그러나 측정할 수 있는 모든 요소들이 분석에 포함되더라도, 차이 중 일부는 설명되지 않는 채로 남아 있게 되는 것이 가능하다. 만약 그렇다면 두 가지 해석이 가능하다. 그 중 하나는 이 설명되지 않은 채로 남아 있는 차이는 성에 따라 다를지 모르지만, 연구자에 의해 **관찰될 수 없는** 생산성에 영향을 미치는 특성들(예를 들어 시장에서의 활동과 가계에서의 활동이 서로 대립될 때 개개 남성들과 여성들이 각 활동에 부여하는 상대적 우선순위)의 결과라는 것이다. 이와는 달리 설명되지 않는 차이는 노동시장에서의 **차별대우**의 결과로 해석될 수 있다. (심포니오케스트라에서의 여성들에 대한 차별적 행태에 대한 설명은 예문 12.1을 참조하라.)

차별의 정의 만약 **동일한 생산적 특성들**을 가진 개별근로자들이 자신들이 속한 인구통계학적 그룹들 때문에 상이한 대우를 받는다면 노동시장차별이 존재한다고 일컬어진다. 달리 표현하면 인구통계학적 그룹 사이에 관찰되는 평균임금 격차는 (a) (종종 **시장진입 이전의 차이**라 불리는) 그룹들이 노동시장에 진입할 때 보유하는 생산적 특성들에서의 차이와 (b) 그룹들이 노동시장 **내**에서 주인공들에 의해 대우되는 방식에서의 차이로부터 비롯된다. 노동시장 내에서의 차별적 대우는 **노동시장차별**로 지칭되는 것이다.

노동시장에서의 성차별은 두 가지 유명한 형태를 취한다고 주장된다. 첫째, 사용자들이 때때로 똑같은 경험을 갖고 똑같은 직종에서 똑같은 조건 아래 일하고 있는 남성들에 비해 여성들에게 더 낮은 임금을 지급한다고 의심을 받는다. 이와 같은 형태는 **임금차**

---

[6] Marianne Bertrand, Claudia Goldin, and Lawrence F. Katz, "Dynamics of the Gender Gap for Young Professionals in the Financial and Corporate Sectors," *American Economic Journal: Applied Economics* 2 (July 2010): 228~255.

[7] Jane Waldfogel, "Understanding the 'Family Gap' in Pay for Women with Children," *Journal of Economic Perspectives* 12 (Winter 1998): 137~156. 이 주제에 대한 더 최근의 논문들은 Nabanita Datta Gupta and Nina Smith, "Children and Career Interruptions: The Family Gap in Denmark," *Economica* 69 (November 2002): 609~629; and Christy Spivey, "Time Off at What Price? The Effects of Career Interruptions on Earnings," *Industrial and Labor Relations Review* 59 (October 2005): 119~140을 참조하라. 여성의 생리주기와 관련된 결근이 여성들이 경험하는 임금상의 불이익 중 일부를 설명할 수 있음을 가리키는 연구는 Andrea Ichino and Enrico Moretti, "Biological Gender Differences, Absenteeism, and the Earnings Gap," *American Economic Journal: Applied Economics* 1 (January 2009): 183~218을 참조하라.

예문 12.1

심포니오케스트라의 단원 선발에서의 편의(bias)

심포니오케스트라(Symphony Orchestra)는 지휘자와 몇몇 오케스트라 단원들로 구성된 선발위원회에서 오디션(audition)을 받아야만 하는 약 100명의 연주자를 보유하고 있다. 1970년 이전에는 거의 모든 오케스트라가 각 후보자의 신원이 위원회에 의해 알려졌던 오디션을 가졌었다. 이 과정은 남성들 특히 선발위원그룹에 속한 선생님들의 학생들이었던 남성들에게 유리했으며, 그 결과 신규 채용된 오케스트라 단원들의 단지 10%만이 여성들이었다. 1990년대에 이르러서는 신규 채용자의 약 35%가 여성들이었다. 무엇이 이 변화를 설명할 수 있을까?

이 기간에 여성 연주자들의 상대적인 풀이 증가했다는 것이 사실일 가능성이 있지만, 다른 중요한 변화가 발생했다. 1970년대와 1980년대에 걸쳐 대부분 오케스트라는 선발위원회로부터 오디션을 받는 사람들을 칸막이 뒤에 숨기는 선발과정을 채택했으며, 그 결과 후보자들의 신원과 성이 알려질 수 없었다. 오케스트라들이 상이한 시점에 이 '비밀이 보장되는(blind)' 절차를 채택했다는 사실은 이 절차들의 분리된 효과를 추정할 수 있도록 허용하는데, 한 사려 깊은 연구는 여성들 채용의 25% 포인트 증가 중 약 1/3이 비밀이 보장되는 오디션으로 그 원인이 규명될 수 있음을 밝혀냈다. 달리 표현하면 이 발견들은 만약 후보자의 성이 선발위원회에 알려졌다면 채용된 여성의 비율은 약 8% 포인트(35% 대신 27%) 하락했으리라는 것을 암시하고 있다.

자료: Claudia Goldin and Cecilia Rouse, "Orchestrating Impartiality: The Impact of 'Blind' Auditions on Female Musicians," *American Economic Review* 90 (September 2000): 715~741.

별(wage discrimination)이라 불린다. 둘째, 똑같은 교육수준과 생산 잠재력을 가진 여성들이, 고임금 일자리들을 남성들을 위해 확보해 놓은 사용자들에 의해 저임금직종들 또는 책임이 낮은 수준의 일자리들로 밀려나는 것으로 간주될 수 있다. 이와 같은 형태의 차별은 **직종차별**(occupational discrimination)이라고 불렸다.

임금차별 노동시장차별이라는 개념에 기본이 되는 것은 근로자들의 임금은 근로자들의 **생산적 특성들**(그들의 인적자본, 그들이 일하는 기업의 규모 등)과 각 특성이 노동시장에서 요구할 수 있는 **가격**의 함수라는 사실이다. 따라서 경제이론은 여성들과 남성들의 임금이, 예를 들어 그들의 일자리경험 수준의 차이 때문에 달라지거나, 또는 남성들과 여성들이 추가되는 경험 각 일 년마다 상이하게 보상을 받기 때문에 달라질 수 있다는 것을 암시하고 있다. **주어진 생산적 특성들에 사용자들에 의해 지급되는 가격이 인구통계학적 그룹마다 체계적으로 다를 때 임금차별이 존재한다고 일컬어진다.** 다시 말해서 만약 동일한 생산적 특성들을 가진 남성들과 여성들이(또는 소수집단들과 비소수집단들) 심지어 동일한 직종에서도 동일하지 않은 임금을 지급받는다면 임금차별이 존재한다.

직종차별 근로자의 인적자본에 결정적으로 중요한 것은 학교 교육, 직무훈련 또는 경험을 통해 얻어지는 직종에 대한 준비와 숙련도이다. 여성들과 남성들은 매우 상이한 직종분포를 갖고 있지만, 직종**차별**을 입증하는 것보다 직종**분단**을 입증하는 것이 훨씬 더 쉽다.

어떤 인구통계학적 그룹 내의 직종별 분포가 다른 그룹의 분포와 매우 다를 때 직종분단(occupational segregation)이 존재한다고 일컬어질 수 있다. 성에 관한 직종분단은 여성이 압도적으로 많은 직종과 남성이 압도적으로 많은 직종이 존재한다는 사실에 반영된다.

만약 직종선택이 직접적으로 제한되거나 또는 주어진 인적자본 특성들에 대한 더 낮은 대가에 의해 영향을 받는다면, 직종분단은 확실히 노동시장차별을 반영한다. 그러나 만약 이러한 선택들이 상이한 선호 또는 가계에서의 (특히 자녀육아와 관련된) 상이한 책임들을 반영한다면, 두 가지 주장이 가능할 수 있다. 그중 하나는 가계근로에 대한 선호를 포함하는 직종에 대한 선호가 개인의 삶의 경험으로부터 자연스럽게 형성되며 시장경제에서 존중되어야 한다는 점에서 특별히 문제가 될 것이 없다는 주장이다. 다른 견해는 이러한 선호가 소녀들이 성인이 되어 노동시장에 진입하기 훨씬 전에 그들을 (가계를 포함하는) 저임금직종들로 주의를 돌리게 하는 부모들, 학교들, 그리고 사회 전반에 의한 차별대우, 즉 **시장진입 이전**의 차별(premarket discrimination)의 결과라는 것이다.

이제 직종분단과 임금차별을 측정하는 문제로 관심을 돌리기로 한다. 두 가지 경우 모두 이용 가능한 측정치를 논의한 후, 그 뒤 이 측정치들이 차별대우를 정확히 반영한다고 일컬어질 수 있는 정도를 간략히 논의하기로 한다.

측정: 직종분단 표 12.3에서 볼 수 있는 바와 같이, 여성들과 남성들은 여러 직종에 동일하게 분포되지 않는다. 최근 수십 년 동안 극적인 변화가 발생했지만, 여성들은 여전히 고임금 일자리에 과소하게 분포되고 저임금 일자리에 과대하게 분포되어 있다. 여러 측정치가 세밀하게 분류된 직종들에서의 성별분포의 불균등을 요약하기 위해 사용되는데, 이 모든 측정치는 직종들에서의 남성들과 여성들의 현재 분포를 만약 직종들에의 배치가 성에 대해 무작위로 이루어졌더라면 존재했을 분포와 비교하는 것을 기초로 한다.[8)]

한 가지 측정치는 **상이지수**(index of dissimilarity)이다. 한쪽 성을 가진 근로자들이 자신들의 일자리에 머무른다고 가정하고, 이 지수는 두 성의 근로자들이 동일한 직종분포를 갖기 위해 직종들을 바꿔야만 하는 다른 성을 가진 근로자들의 비율을 나타낸다. 만약 모든 직종이 완전히 분단되었다면 지수는 100이 되지만, 만약 남성들과 여성들이

---

8) Dale Boisso, Kathy Hayes, Joseph Hirschberg, and Jacques Silber, "Occupational Segregation in the Multidimensional Case: Decomposition and Tests of Significance," *Journal of Econometrics* 61 (March 1994): 161~171; and Martin Watts, "Divergent Trends in Gender Segregation by Occupation in the United States: 1970~92," *Journal of Post-Keynesian Economics* 17 (Spring 1995): 357~379.

직종들에 동일하게 분포되었다면 지수는 0이 된다. 협의로 정의된 약 500개 직종에서의 성과 관련된 고용유형에 대한 분석들은 상이지수가 1970년의 64.5에서 1980년 58.4, 1990년 54.1, 2000년 52.0, 그리고 2009년 51.0으로 각각 하락했음을 제시하고 있다.[9)]

직종분단이 줄어들고 있음에도 불구하고, 여러 연구는 일반적으로 여성들의 임금에 대한 직종분단의 효과가 상당하다는 것을 발견하고 있다. 만약 일정한 교육수준과 경험을 가진 미국 여성들이 그들과 비슷한 수준의 남성들과 같은 직종 및 산업에 있다면 그들의 임금은 3~10%만큼 증가하게 될 것으로 전형적으로 추정되고 있다.[10)]

그러나 앞에서 주목한 바와 같이, 성별 직종분단 모두가 노동시장차별의 결과는 아니다. 적어도 그중 일부는 노동시장 진입 이전에 형성된 선호 또는 아마도 가족 의사결정의 차원에서 후에 이루어진 선택의 결과일지도 모른다(되돌아 가 예문 8.2를 참조하라). 예를 들어 여성들이 더 위험 회피적이며, 보수가 협상의 여지가 있거나, 또는 다른 근로자들과 절대적 또는 상대적으로 비교한 실적과 관련이 있는 직종들을 피하는 경향이 있을 가능성을 지적하는 문헌들이 늘어나고 있다.[11)] 아직은 직종분단의 얼마만큼을 사용자들의 불균등한 대우의 탓으로 돌릴 수 있는가를 추정하려는 측정치가 고안되지 않았다.

관찰할 수 있는 직종분단이 감소했다는 것과 직종분단에서 선호의 역할을 측정할 수 없다는 것이 차별이 더는 문제가 될 수 없다는 것을 의미하지는 않는다. 심지어 협의로 정의된 직종들 내에서도 남성들과 여성들은 종종 사용자들에 따라 분단되어 있다. 예를 들어 음식점들이 오로지 남자종업원들 또는 여자종업원들만을 고용하되, 남자와 여자종업원들을 함께 고용하지 않는 것은 일상적인 일이다. 나아가 여자종업원들은 남자종업원들 소득의 단지 87%를 벌며, 필라델피아 음식점들의 채용심사는 차별이 역할을 하고 있음을 암시하고 있다. 1994년 (동일한 이력서를 가진) 비슷한 수준의 남자들과 여자들 두

9) Francine D. Blau, Peter Brummund and Albert Yung-Hsu Liu, "Trends in Occupational Segregation by Gender 1970~2009: Adjusting for the Impact of Changes in the Occupational Coding System," working paper no. 17993, National Bureau of Economic Research (Cambridge, Mass.: April 2012).

10) Francine D. Blau, Marianne A. Ferber, and Anne E. Winkler, *The Economics of Women, Men, and Work*, 6th ed. (Boston: Prentice Hall, 2010), 196; Marjorie L. Baldwin, Richard J. Butler, and William G. Johnson, "A Hierarchical Theory of Occupational Segregation and Wage Discrimination," *Economic Inquiry* 39 (January 2001): 94~110; June O'Neill, "Gender Gap in Wages circa 2000," *American Economic Review* 93 (May 2003): 309~314; and Michael Ransom and Ronald L. Oaxaca, "Intrafirm Mobility and Sex Differences in Pay," *Industrial and Labor Relations Review* 58 (January 2005): 219~237.

11) Rachel Croson and Uri Gneezy, "Gender Differences in Preferences," *Journal of Economic Literature* 47 (June 2009): 448~474; Victor Lavy, "Gender Differences in Market Competitiveness in a Real Workplace: Evidence from Performance-Based Pay Tournaments Among Teachers," *Economic Journal* 123 (June 2013): 540~573; Andreas Leibbrandt and John List, "Do Women Avoid Salary Negotiations? Evidence from a Large Scale Natural Field Experiment," working paper no. 18511, National Bureau of Economic Research (Cambridge, Mass.: November 2012); and Alan Manning and Farzad Saidi, "Understanding the Gender Pay Gap: What's Competition Got to Do with It," *Industrial and Labor Relations Review* 63 (July 2010): 681~698 참조.

그룹이 65개 음식점의 일자리를 지원했을 때, 근로소득이 높은 수준인 고급음식점들은 여성지원자들을 인터뷰하고 일자리를 제안할 가능성이 훨씬 낮았다는 것이 밝혀진 바 있다.[12)]

측정: 임금차별 앞에서 여성들과 남성들 사이에서 평균근로소득은 생산적 특성들의 평균수준의 시장진입 이전의 차이 또는 여성들과 남성들이 보유하고 있는 각 생산적 특성에 지급되는 보수의 차이 때문에 다를 수 있다는 것을 지적한 바 있다. 이상적으로 임금차별은 다음의 4단계 과정을 통해 확인되고 측정될 수 있다.[13)]

1. 남성들과 여성들을 분리하여 이론적으로 근로소득의 결정과 관련이 있는 **모든** 인적자본과 다른 특성들에 관한 데이터를 수집한다. 앞장들에서의 논의에 기초할 때 연령, 교육과 훈련, 경험, 현재 사용자와의 재직기간, 근로시간, 기업규모, 지역, 근로노력의 강도, 산업, 그리고 일자리에서의 임무, 위치, 그리고 근로조건이라는 특성들을 우선 생각할 수 있다.
2. 그 뒤 이 특성들 각각이 여성들의 근로소득에 어떻게 기여하는가를 [통계적학으로) 추정한다. 즉 각 특성과 관련된 여성들에 대한 보수를 추정하기 위해 통계기법을 사용한다. (사용되는 기본 통계기법은 **회귀분석**(regression analysis)이라 불리며, 이 기법은 다른 생산적 특성들을 불변인 채로 유지할 때 어떤 생산적 특성의 변화가 근로소득에 어떤 영향을 미치는 지를 추정할 수 있도록 한다. 이 경우에서와 같이 함께 분석될 **여러** 관련된 생산적 특성들이 있을 때 이 추정치들을 얻기 위해서는 컴퓨터가 사용되어야만 한다. 이 기법의 배경이 되는 일반적인 아이디어는 임금이 직무의 '어려움'이라는 단일 복합적 측정치의 변화에 의해 어떤 영향을 받는가를 추정하는 단순한 예를 사용하여 부록 12A에 그래프로 설명 되어있다.]
3. 남성들과 여성들이 전형적으로 보유하고 있는 생산적 특성들의 수준을 측정하고

12) Kimberly Bayard, Judith Hellerstein, David Neumark, and Kenneth Troske, "New Evidence on Sex Segregation and Sex Differences in Wages from Matched Employee-Employer Data," *Journal of Labor Economics* 21 (October 2003): 887~922; David Neumark, "Sex Discrimination in Restaurant Hiring: An Audit Study," *Quarterly Journal of Economics* 111 (August 1996): 915~941. 남성들과 여성들 사이의 기업 내부에서의 승진 차이도 또한 일부 일자리분단을 설명할 수 있다. Michael Ransom and Ronald L. Oaxaca, "Intrafirm Mobility and Sex Differences in Pay," *Industrial and Labor Relations Review* 58 (January 2005): 219~237, and Francine Blau and Jed DeVaro, "New Evidence on Gender Differences in Promotion Rates: An Empirical Analysis of a Sample of New Hires," *Industrial Relations* 46 (July 2007): 511~550 참조.

13) 이 절차는 Ronald Oaxaca, "Male-Female Wage Differentials in Urban Labor Markets," *International Economic Review* 14 (October 1973): 693~709에서 처음 설명되었다. 정교한 설명은 Ronald L. Oaxaca and Michael R. Ransom, "On Discrimination and the Decomposition of Wage Differentials," *Journal of Econometrics* 61 (March 1994): 5~21; and Moon-Kak Kim and Solomon W. Polachek, "Panel Estimates of Male-Female Earnings Functions," *Journal of Human Resources* 29 (Spring 1994): 406~428 참조.

(1단계), 각 생산적 특성의 변화가 여성들의 근로소득에 어떤 영향을 미치는가를 추정하면(2단계), 다음으로는 만약 여성들의 생산적 특성들이 남성들의 생산적 특성들과 정확히 똑같다면 여성들은 얼마를 벌게 **되는가를** 추정한다. 이러한 추정은 **여성들**이 각 생산적 특성에 대해 받게 되는 보수를 **남성들**이 보유하고 있는 생산적 특성들의 평균수준에 적용함으로써 이루어진다.

4. 마지막으로 계산된 여성들의 **가상적** 평균근로소득 수준(3단계)을 남성들의 **실제** 평균근로소득과 비교한다. 이러한 비교는 남성들과 여성들에게 각각 지급된 생산적 특성들에 대한 상이한 가격들의 효과를 반영하기 때문에, 임금차별의 추정치를 산출하게 된다. (차별이 존재하지 않을 때에는, 동일한 생산적 특성들을 갖고 있는 여성들과 남성들은 동일한 근로소득을 가져야만 한다.)

임금차별을 추론할 수 있는가? 임금차별에 대한 이 '이상적' 추정치에는 두 가지 문제가 있다. 첫째, 위에서 설명한 바와 같이, 노동시장차별의 효과를 분리하기 위해서는 시장진입 이전의 **생산적 특성들의 차이**가 전반적 임금격차에 미치는 효과들을 분리하여 분류해야 한다. 생산적 특성들의 상이한 수준에 의해 설명될 수 없는, 그 대신 이 생산적 특성들에 대한 상이한 **보수**로 분류될 수 있는 임금격차의 잔여 부분이 노동시장차별에 기인하는 것이라 할 수 있는 것이다. 시장진입 이전의 차이들은 (주로 인적자본투자와 직종에 대한) 개개인들의 선택 결과이며, 이 선택은 종종 인구통계학적 그룹에 따라 다르다. **답하기 어려운 질문은 이 시장진입 이전의 선택들 자체가 노동시장에서의 차별 때문에 영향을 받는 정도이다.**

직종선택이 적절한 예이다. 예를 들어 직종준비에 대해 선택을 할 때 여성들은 자유롭게 자신들의 직종에 대한 선호를 표출할 수 있을까, 아니면 노동시장에서의 차별로 자신들의 진입이 매우 어렵다고 믿는 직종들을 회피할까? 한편으로는 만약 여성들이 자유롭게 자신들의 직종들을 선택할 수 있다고 가정한다면, 성과 관련된 직종의 차이는 선호를 반영하며, **직종**은 노동시장차별의 효과를 분리하려 할 때 통제를 원하게 되는 시장진입 이전 변수 중의 하나가 된다. 다른 한편으로는 만약 여성들의 직종 선택이 노동시장에서의 차별적인 행태에 의해 제한된다면, 직종선택이 성별 임금격차에 미치는 효과는 노동시장차별을 반영하는 것이지 시장진입 이전의 선호를 표출하는 것이 아니므로 직종을 시장진입 이전 통제변수에 포함시키기를 원하지 않게 된다.[14)]

따라서 임금차별의 측정을 위한 절차에서의 첫 번째 문제는 생산적 특성에 대한 노동시장의 보수가 그 생산적 특성들에 대한 시장진입 이전의 선택에 영향을 미칠 수 있으므로, 이 두 범주 사이의 구분이 명확하지 않다는 것이다. 만약 노동시장차별 때문에 그 수준이 영향을 받는 변수를 시장진입 이전 통제변수에 포함시킨다면, (이러한 효과들을

14) 현재의 노동시장차별이 뒤이은 인적자본축적에 미치는 효과를 측정하기 위한 어떤 시도가 David Neumark and Michele McLennan, "Sex Discrimination and Women's Labor Market Outcomes," *Journal of Human Resources* 30 (Fall 1995): 713~740에 보고된 바 있다.

'시장진입 이전' 범주에 넣음으로써) 그러한 차별의 효과가 **과소평가**될 수 있다.

두 번째 문제는 임금에 영향을 미치는 **모든** 시장진입 이전 변수들에 관한 데이터를 종종 갖지 못한다는 것인바, 이 경우 위의 절차는 노동시장차별의 정도를 **과대평가**할 수 있다. 예를 들어 가계에서의 책임이 더 크기 때문에 여성들은 남성들에 비해 집에서 가까운 곳에서 일자리를 찾으려 할 가능성이 더 크거나, 정상적인 근무시간 이외에 일하기가 쉽지 않거나, 자녀가 학교에서 아플 때 더 많이 '호출당하는' 부모가 될지도 모른다. 이러한 선택들이 여성들의 근로소득을 감소시키며, 이를 반영하는 변수들은 위의 2단계에서 사용된 시장진입 이전 변수들의 목록에 포함되어야만 하지만, 이들에 관한 데이터가 없으므로 그 효과들은 관찰되는 여성 인적자본 변수에 대한 감소된 보수로 (4단계에) 나타난다. 따라서 만약 누락된 시장진입 이전 변수들이 여성들의 임금을 감소시키는 변수라고 믿는다면, [잔차(residual)의 일부는 누락된 생산성들이 여성들의 임금에 미치는 효과로부터 도출될 것이기 때문에] **설명되지 않은 모든 잔차가 노동시장차별에 의해 야기된다고 결론을 내릴 수 없다**.

임금 차이의 분석 이러한 측정문제들에도 불구하고 위에서 간략히 설명한 4단계 과정을 거쳐서, 만약 관찰되는 생산적 특성들이 균등해진다면 여성들과 남성들의 근로소득 차이가 얼마가 되는가를 살펴보는 것은 흥미로운 일이다. 1998년의 데이터를 사용한 한 연구는 표본에 포함된 여성들은 남성들의 약 80%에 해당하는 근로소득을 벌고 있었지만, 만약 (직종을 포함한) 여성들과 남성들의 생산적 특성들이 균등해진다면 여성들은 남성들 근로소득의 약 91% 수준을 벌었으리라 추정한 바 있다.[15)]

단지 35~43세에만 초점을 맞춘 2000년 데이터에 대한 비슷한 분석은, 만약 여성들이 남성들과 똑같은 인적자본 특성을 갖고, 똑같은 유형의 사용자들을 위해 일을 했으며, 그리고 남성들과 똑같은 직종분포를 가졌다면, 그들의 근로소득은 남성들 근로소득의 78%로부터 91%와 98% 사이로 증가했을 것임을 밝혔다.[16)] 노동시장 경험의 차이가 관찰된 성별 근로소득격차의 가장 큰 부분을 설명하였던 반면, 직종분포의 차이는 원래의 22% 차이 중 약 3% 포인트를 기여했다. 따라서 노동시장차별은 만약 여성들의 직종선택이 선호를 반영한다고 가정하면 성별 격차의 2~9% 포인트만큼 이거나, 또는 만약 여성들의 직종선택이 제한되었다고 가정하면 성별 격차의 약 5~12%포인트를 각각 설명할 수 있다.

동일한 직종을 가진 여성들과 남성들의 임금격차에 가장 큰 기여를 하는 관찰되는 생산적 특성은 노동시장에서의 **경험**이다. 여성들은 비슷한 수준의 연령, 교육, 그리고 직종을 가진 남성들에 비해 근로경험이 전형적으로 더 적다. 나아가 총경험이 일 년 증가하는 데도 또한 여성들에 대해서는 **더 낮은 보수**가 발생하는 것처럼 보인다. 경제학자들은

15) Blau, Ferber, and Winkler, *The Economics of Women, Men, and Work*, 196.

16) June O'Neill, "The Gender Gap in Wages circa 2000." (91%로부터 98%까지의) 추정된 효과의 범위는 약간 상이한 추정절차에 의해 발생한다.

여성들(그리고 남성들)이 비경제활동인구로 있게 되는 기간의 **빈도**와 **시점**이 임금에 미치는 효과를 분석하기 위해서는 단순히 경험을 쌓은 총연수를 측정하는 것 이상의 무엇이 필요하다는 것을 점점 인식했다.[17] 남성들과 여성들 모두에게 결정적으로 중요한 것은 바로 **풀타임** 근로자로서의 경험이라는 증거 또한 존재한다.[18] 따라서 일하지 않았던 기간의 빈도와 시점에 관한 데이터가 존재하지 않을 경우에(이 데이터는 보통 연구자가 이용할 수 없다), 여성들의 근로경험에 대한 더 낮은 보수의 적어도 일부는 측정되지 않은 생산적 특성의 결과일 수 있다.

미국의 흑인과 백인 사이의 근로소득 차이

그림 12.1에서 2011년에 풀타임으로 일했던 흑인 남성들은 백인 남성들에 비해 단지 70%만큼을 벌었다는 것을 살펴보았다. 흑인 여성들은 백인 남성들의 단지 57%만을 벌었다. 남성들의 흑인/백인 근로소득 차이는 1970년대에 좁혀졌었고, 1980년대에는 다소 커졌으며, 1990년대에 다시 좁혀졌지만 2000년 이래 상대적으로 불변인 채로 머물러 있다.[19]

그러나 풀타임 근로자들의 근로소득이 미국의 흑인들과 백인들 사이의 경제적 불균형의 모든 내용을 가르쳐 주지는 않는다. 보통 파트타임으로 일하는 두 그룹의 성인남성 근로자들의 비율에는 주요한 차이가 없으며, 보통 자신들이 파트타임으로 일한다고 보고하는 고용된 흑인 여성들의 비율(2012년 13.5%)은 백인 여성들의 비율(20.7%)보다 **더 낮다**.[20] 그러나 **고용률**(employment-to-population ratios; 군대 또는 공공시설에 수용

[17] Julie L. Hotchkiss and M. Melinda Pitts, "At What Level of Labor-Market Intermittency Are Women Penalized?," *American Economic Review* 93 (May 2003): 233~237; and Spivey, "Time Off at What Price? The Effects of Career Interruptions on Earnings." 비공식훈련에 관한 관련 논문은 Catherine J. Weinberger and Peter J. Kuhn, "Changing Levels or Changing Slopes? The Narrowing of the U.S. Gender Earnings Gap, 1959~1999," *Industrial and Labor Relations Review* 63 (April 2010): 384~406을 참조하라.

[18] Francine D. Blau and Lawrence M. Kahn, "Swimming Upstream: Trends in the Gender Wage Differential in the 1980s," *Journal of Labor Economics* 15, no. 1, pt. 1 (January 1997): 1~42에 의한 연구는 **풀타임** 경험에 대한 여성들의 수익이 1979년에는 남성보다 더 낮았으나 1988년에는 비슷해졌음을 밝히고 있다. 비슷한 시사점들을 가진 연구는 Audra J. Bowlus, "A Search Interpretation of Male-Female Wage Differentials," *Journal of Labor Economics* 15 (October 1997): 625~657을 참조하라. T.D. Stanley and Stephen B. Jarrell, "Gender Wage Discrimination Bias? A Meta-Regression Analysis," *Journal of Human Resources* 32 (Fall 1998): 947~973은 성별 임금차별에 대한 여러 연구를 요약하고 참고문헌으로 인용하고 있다. 더 최근의 경우는 Catherine J. Weinberger and Peter J. Kuhn, "Changing Levels or Changing Slopes? The Narrowing of the U.S. Gender Earnings Gap, 1959~1999," *Industrial and Labor Relations Review* 63 (April 2010): 384~406 참조.

[19] Kevin Lang and Jee-Yeon K. Lehman. "Racial Discrimination in the Labor Market: Theory and Empirics," *Journal of Economic Literature* 50 (December 2012): 959~1006. 이러한 근로소득 차이에 대한 분석들은 Chinhui Juhn, "Labor Market Dropouts and Trends in the Wages of Black and White Men," *Industrial and Labor Relations Review* 56 (July 2003): 643~662; and Derek Neal, "The Measured Black-White Wage Gap Among Women Is Too Small," *Journal of Political Economy* 112, no. 1, pt. 2 (February 2004): S1~S28을 참조하라.

[20] U.S. Bureau of Labor Statistics, *Employment and Earnings Online*, Annual Average Household Data, Characteristics of the Employed, Table 22, at http://www.bls.gov/opub/ee/2013/cps/annavg22_2012.pdf.

표 12.4

인종 및 성별 고용률, 경제활동참가율, 그리고 실업률[a], 1970~2012년

	고용률		경제활동 참가율		실업률	
			남성			
연도	흑인(%)	백인(%)	흑인(%)	백인(%)	흑인(%)	백인(%)
1970	71.9	77.8	77.6	81.0	7.3	4.0
1980	62.5	74.0	72.1	78.8	13.3	6.1
1990	61.8	73.2	70.1	76.9	11.8	4.8
2000	63.4	72.9	69.0	75.4	8.1	3.4
2012	54.1	65.8	63.6	71.0	15.0	7.4
			여성			
1970	44.9	40.3	49.5	42.6	9.3	5.4
1980	46.6	48.1	53.6	51.4	13.1	6.5
1990	51.5	54.8	57.8	57.5	10.8	4.6
2000	58.7	57.7	63.2	59.8	7.2	3.6
2012	52.2	53.3	59.8	57.4	12.8	7.0

[a] 1970년과 1980년의 경우, 흑인들에 관한 데이터는 다른 소수집단들을 포함하고 있음. 모든 연도의 데이터는 16세 이상의 사람들에 대한 것임.

자료: U.S. Bureau of Labor Statistics, *Employment and Earnings* 17 (January 1971), Table A-1; 28 (January 1981), Table A-3; 38 (January 1991), Table 3; 48 (January 2001), *Employment and Earnings Online*, Annual Average Household Data, Employment Status, Table 3, at http://www.bls.gov/opub/ee/2013/cps/annavg3._2012.pdf.

되지 않은 특정 인구통계학적 그룹에서 고용된 성인이 전체 성인인구에서 차지하는 비율)에는 상당한 불균형이 존재한다. 표 12.4의 첫 두 행에서 백인 인구와 비교할 때 더 낮은 비율의 흑인 인구가 고용되어 있음을 알 수 있다. 이 차이는 특히 남성들의 경우 현저하다. 우선 이러한 고용률의 차이를 고려함으로써 흑인/백인의 불균형에 대한 분석을 시작하기로 하자.

고용률의 차이 어떤 인구통계학적 그룹의 고용률(employment ratios)은 일자리를 찾는 그룹구성원들의 비율(경제활동참가율)과 일자리를 찾는 사람 중 일자리를 찾은 사람들의 비율에 따라 전적으로 결정된다. 후자는 100%에서 그룹의 실업률을 뺀 수치이기 때문에, 고용률은 널리 발표되는 두 비율, 즉 그룹의 경제활동참가율과 실업률의 함수로 표현될 수 있다.

표 12.4는 인종 및 성별 경제활동참가율과 실업률에 관한 데이터를 수록하고 있다. 우선 경제활동참가율을 보면, 흑인 여성들이 1970년부터 2012년까지의 기간에 걸쳐서 백인 여성들에 비해 **더 높은** 경제활동참가율을 갖고 있다는 것을 알 수 있다. 그러나 남

자들의 경우는 사정이 전혀 다르다. 흑인 남성들은 백인 남성들보다 지속해서 더 낮은 경제활동참가율을 갖고 있으며, 두 그룹의 남성들 모두 1970년부터 2012년까지 경제활동참가율의 하락을 경험하고 있지만, 그 감소는 흑인들의 경우 더 컸다.

남성들의 경제활동참가율 하락은 단순히 나이 든 남성들의 조기 은퇴 또는 더 많은 젊은 사람들이 대학교육을 받게 되어 나타나는 결과가 아니다(제6장에서 살펴본 바와 같이, 두 가지 현상 모두 그 역할을 담당하기는 했지만). 심지어 35세에서 44세까지의 남성들의 경제활동참가율조차도 흑인과 백인 모두 하락했는데, 이 하락은 고등학교 이하의 교육을 받은 사람들에게 다소 국한되었다. 교육을 적게 받은 근로자들의 임금은 특히 남성들의 경우 최근 몇 년 동안에 하락했으며, 이 남성 중 많은 사람이 명백히 '실망근로자들'이 되어 경제활동인구에서 이탈하였다. 흑인 남성들 경제활동참가율의 더 큰 하락의 적어도 일부분은 흑인 남성들의 평균교육수준이 더 낮아서 나타난 결과인 것처럼 보인다.[21]

표 12.4는 또한 흑인들의 더 높은 실업률이 그들의 더 낮은 고용률의 원인임을 암시해 준다. 남성과 여성 모두 흑인 실업률은 백인 실업률의 거의 2배이다. 이 유형은 단지 교육, 연령, 경험 또는 거주 지역 차이의 함수만은 **아니다**. 즉 흑인 실업률은 **모든** 그룹의 경우 백인 실업률의 약 2배 수준이었다.[22]

흑인/백인 실업률 **비율**이 상대적으로 불변이라는 것은 이 비율이 경기변동에 크게 영향을 받지 않는다는 것을 암시한다. 그러나 이 비율의 불변성으로부터 경기침체가 흑인과 백인들의 고용에 균등한 비례적인 효과를 미친다고 결론을 내리는 것은 잘못된 일이다. 사실 비율의 불변성은 흑인 근로자들이 경기침체 시에 **비례적으로 더 많은** 고통을 받는다는 것을 의미한다.

예를 들어 백인 실업률이 5%이고 흑인 실업률이 10%였다고 가정하자. 물론 이 실업률들은 백인 경제활동인구의 95%와 흑인 경제활동인구의 90%가 취업하고 있음을 의미한다. 이제 경기침체가 발생하여 백인과 흑인 실업률이 각각 8%와 16%로 상승하였다고 가정하자. 백인들의 취업률은 95%에서 92%로 하락하였는데, 이는 일자리를 가졌던 백인 중에서 3%가 약간 넘는(3/95=0.032) 사람들이 일자리를 잃었다는 것을 의미한다. 그러나 흑인들의 취업률은 90%로부터 84%로 하락하게 되는데, 이는 흑인 취업자의 거의 7%(6/90=0.067)가 자신들의 일자리를 잃었다는 것을 나타낸다. 흑인 취업이 총경제활동에 더 민감하다는 사실은 많은 관찰자에게 흑인들은 마지막으로 채용되고 첫 번째로 해고된다는 결론을 내리도록 하였다.

---

21) Amitabh Chandra, "Labor-Market Dropouts and the Racial Wage Gap: 1940~1990," *American Economic Review* 90 (May 2000): 333~338; and John Bound and Richard B. Freeman, "What Went Wrong? The Erosion of Relative Earnings and Employment of Young Black Men in the 1980s," *Quarterly Journal of Economics* 107 (February 1992): 202~232; and Kevin Lang and Jee-Yeon K. Lehman, "Racial Discrimination in the Labor Market: Theory and Empirics." 참조.

22) 실업률의 증가에 대한 분석은 Robert W. Fairlie and William A. Sundstrom, "The Emergence, Persistence, and Recent Widening of the Racial Unemployment Gap," *Industrial and Labor Relations Review* 52 (January 1999): 252~270을 참조하라.

직종분단과 임금차별 고용된 흑인 근로자들의 직종분단(occupational segregation)의 정도와 측정할 수 있는 생산적 특성들이 근로소득의 흑인/백인 차이를 어느 정도 설명하는가를 측정하기 위해 여성들에 대한 분석과 유사한 분석이 이루어질 수 있다. 직종분단은 성에 의한 분단에 비해 인종에 의한 분단이 더 적게 나타나는 것처럼 보인다. 인종 및 성별 직종의 상이지수를 계산한 최근의 연구들은 흑인과 백인의 직종분포들을 비교한 지수들이 남성/여성의 직종분포들을 비교한 지수들 크기의 약 **절반**의 수치를 갖고 있음을 발견했다. 인종과 관련된 직종 간의 상이성이 성과 관련된 상이성보다 더 작으며, 시간이 흐름에 따라 더 빨리 하락하긴 했지만, 경제학자들은 인종별 직종 차이를 발생시키는 데 차별이 만약 역할을 담당한다면 어떤 역할을 담당하는가를 계속 연구하고 있다.[23]

임금차별(wage discrimination)의 문제를 살펴보면, 연구자들은 이 장의 앞부분에서 간략히 설명한 성별 보수 차이를 설명하기 위한 통계적 방법을 사용하여 흑인들과 백인들 임금 사이에 존재하는 큰 차이에 어떤 요소들이 가장 책임이 있는가를 결정하려 시도했다. 교육, 경험, 연령, 근로시간, 지역, 직종, 산업, 그리고 기업규모 같은 흑인/백인 임금 차이를 설명하는 데 있어 고려되어야만 할 시장진입 이전의 변수 중 일부는 대부분의 데이터세트에서 쉽게 관찰된다. 이러한 변수들은 흑인/백인 보수 차이의 일부를 설명하지만, 이들이 사용될 수 있는 그리고 사용되어야만 하는 시장진입 이전 변수의 완전한 목록은 아니다.

흑인/백인 임금격차를 설명하는 데 핵심적인 역할을 하는 시장진입 이전 (또는 인적자본) 특성 중의 하나는 미군입대자격테스트(AFQT: Armed Forces Qualification Test) 점수로 측정되는 인지적 성취(cognitive achievement)이다.[24] 흑인 미국인들은 평균적으로 더 낮은 AFQT 점수를 갖고 있는데, 이러한 사실은 질이 떨어지는 학교교육 및/또는 빈곤이 가정과 이웃의 특성에 미치는 영향과 관련이 있다. 학교의 질과 가족배경을 나타내는 몇몇 측정치들과 더불어 교육수준과 AFQT 점수를 포함하는 관찰할 수 있는 인적자본 특성을 통제한 최근의 한 연구는 흑인 남성과 백인 남성 사이의 보수 차이의 2/3

---

[23] Andrew M. Gill, "Incorporating the Cause of Occupational Differences in Studies of Racial Wage Differentials," *Journal of Human Resources* 29 (Winter 1994): 20~41. 기업들 사이의 인종분단에 대한 연구는, Judith Hellerstein and David Neumark, "Workplace Segregation in the United States: Race, Ethnicity, and Skill," *Review of Economics and Statistics* 90 (August 2008): 459~477을 참조하라.

[24] 예를 들어 David Card and Jesse Rothstein, "Racial Segregation and the Black-White Test Score Gap," *Journal of Public Economics* 91 (December 2007): 2158~2184; and Rucker C. Johnson, "Long-Run Impacts of School Desegregation and School Quality on Adult Attainment," working paper no. 16664, National Bureau of Economic Research (Cambridge, Mass.: January 2011) 참조. 이 테스트점수 차이를 검토하는 다른 연구들은 Roland G. Fryer, Jr. and Steven D. Levitt, "The Black-White Test Score Gap through Third Grade," and Alan Krueger, Jesse Rothstein, and Sarah Turner, "Race, Income, and College in 25 Years: Evaluating Justice O'Connor's Conjecture," both in *American Law and Economics Review* 8 (Summer 2006): 249~311을 포함한다. 또한 Derek Neal, "Why Has Black-White Skill Convergence Stopped?" working paper no. 11090, National Bureau of Economic Research (Cambridge, Mass.: January 2005) 참조.

는 이러한 관찰할 수 있는 변수들에 의해 설명될 수 있음을 밝혔다.[25] 그러나 이러한 발견은 약 11%의 차이가 설명될 수 **없음을** 암시한다. 이렇게 설명되지 않는 차이는 노동시장차별의 증거로 해석될 수 있을까?

성별 보수 차이를 분석할 때의 직종선택의 문제와 마찬가지로, 흑인 미국인들의 시장진입 이전의 교육 및 직종선택 그 자체가 예상되는 노동시장차별로 영향을 받는지에 대한 질문들이 존재한다. 아마도 흑인들은 **노동시장에서의 차별을 자신들이 예상하기 때문에** 백인들보다 상이한 교육수준을 선택한다고 주장될 수 있다. 예를 들어 만약 교육수준의 선택이 노동시장차별을 **반영하는** 것이라면, 교육수준은 차별이 없을 때 흑인들의 임금이 얼마가 되는지를 추정하는 데 사용되는 **시장진입 이전**의 변수 목록에 포함되어서는 안 된다. 현재 시장진입 이전 변수 목록에 교육수준을 포함하는 것이 차별의 탓으로 돌릴 수 있는 보수 차이를 증가시키는지 또는 감소시키는지에 대해 경제학자들 사이에 생생한 논쟁이 진행되고 있다.[26] 흑인 남성과 백인 남성 사이의 설명되지 않은 보수 차이의 존재와 크기가 노동시장차별의 증거라 확신할 수 없는 반면, 다른 연구로부터 노동시장에 차별이 존재한다는 조짐이 있다. 예를 들어 비록 임금에 관한 그 전반적인 효과에 대해 일반화시키기는 어렵지만, 예문 12.2에 요약된 것과 같은 연구들로부터는 물론 채용감사(hiring audits)와 정부의 불만으로부터 노동시장차별이 지속된다는 직접적인 증거가 존재한다.[27] 더욱이 흑인 실업률이 백인 실업률의 2배가 되는 한, 흑인들은 일자리경험 및 재직 기간에 관련된 현장실무훈련의 편익으로 살펴볼 때, 평균적으로 백인들에게 계속하여 뒤떨어지게 될 것이다.[28]

---

25) Kevin Lang and Michael Manove, "Education and Labor Market Discrimination," *American Economic Review* 101 (June 2011): 1467~1496. (교사 자격과 학급의 크기 같은) 학교 투입물(school input)과 가족배경을 통제하는 것은 학교에서의 성공과 관련된 학교교육의 질과 비인지특성(non-cognitive characteristics)을 통제하려는 시도이다. 후자의 일련의 특성들에 대한 논의는 Pedro Carneiro, James J. Heckman, and Dimitriy V. Masterov, "Labor Market Discrimination and Racial Differences in Premarket Factors?" *Journal of Law and Economics* 48 (April 2005): 1~39를 참조하라.

26) 이 문제에 대한 논의는 Pedro Carneiro, James J. Heckman, and Dimitriy V. Masterov, "Labor Market Discrimination and Racial Differences in Premarket Factors."; Kevin Lang and Michael Manove, "Education and Labor Market Discrimination,"; Kevin Lang and Jee-Yeon K. Lehman, "Racial Discrimination in the Labor Market: Theory and Empirics"; and Lisa Barrow and Cecilia Elena Rouse, "Do Returns to Schooling Differ by Race and Ethnicity?" *American Economic Review* 95 (May 2005): 83~87을 참조하라.

27) Marianne Bertrand and Sendhil Mullainathan, "Are Emily and Greg More Employable Than Lakisha and Jamal? A Field Experiment on Labor Market Discrimination," *American Economic Review* 94 (September 2004): 991~1013; and Michael A. Stoll, Steven Raphael, and Henry Holzer, "Black Job Applicants and the Hiring Officer's Race," *Industrial and Labor Relations Review* 57 (January 2004): 267~287. 차별이 고의적이기보다는 암묵적일 수 있음을 암시하는 논문은 Marianne Bertrand, Dolly Chugh, and Sendhil Mullainathan, "Implicit Discrimination," *American Economic Review* 95 (May 2005): 94~98을 참조하라.

28) Edwin A. Sexton and Reed Neil Olsen, "The Returns to On-the-Job Training: Are They the Same for Blacks and Whites?" *Southern Economic Journal* 61 (October 1994): 328~342. 고용확률에 관한 최근의 연구는 인적자본 특성이 주어졌을 때 역사적으로 더 낮은 고용확률을 가졌던 더 짙은 피부색을 가진 흑인 여성들이 더 이상 백인 여성들 또는 더 옅은 피부색을 가진 흑인들에 비해 더 낮은 고용확률을 갖지 않는다는 것을 암시하고 있다. 그러나 흑인 남성들의 고용확률은 그러한 개선된 사실을 보여주지 않았다. Randall Akee and Mutlu Yuksel, "The Decreasing Effect of Skin Tone on Women's Full-Time Employment," *Industrial and Labor Relations Review* 65 (April 2012): 398~426 참조.

예문 12.2

관중이 거의 없을 때 인종차별로 인해 '스트라이크'가 판정될 수 있다: 메이저리그베이스볼 구심의 사례

작업장에서의 인종차별은 호감이 가지 않는 그룹들의 임금을 세 가지 방식으로 하락시킬 수 있다: (a) 이 그룹들의 근로자들은 거의 채용되지 않을 수 있다; (b) 만약 채용되더라도 이 그룹들의 근로자들은 저임금 일자리에 배치될 수 있다; 또는 (c) 만약 동일한 일자리에 채용되더라도 이 호감이 가지 않은 그룹들의 근로자들은 자신들의 감독자들로부터 더 낮은 성과등급(performance ratings)을 받을 수 있다. 노동시장차별에 관한 경제학자들의 많은 연구는 채용 및 직종분포의 결과들이 연구자들에 의해 객관적으로 관찰될 수 있으므로 채용 및 직종분포에 초점을 맞춰 왔다. 대부분의 작업환경에서 근로자의 성과는 특정 작업장 밖의 사람들에 의해 객관적으로 측정될 수 없으므로 감독자의 성과등급(ratings)은 심판하기가 더 어렵다. 그러나 상과에 대한 풍부한 데이터가 스포츠 세계로부터 관찰될 수 있으며, 한 영리한 연구가 메이저리그베이스볼(Major League Baseball)에서의 투수들(근로자들)을 상대로 한 구심들(감독자들)의 인종차별 증거를 발견했다.

만약 구심들이 자신 자신과 똑같은 인종의 투수들에게 더 긍정적인 느낌이 있다면, 투수가 자신들과 동일한 인종일 경우 그들은 스트라이크 존에 가까운 투구들을 '볼'보다는 '스트라이크'로 판정(우호적인 판정)할 가능성이 크다고 기대하게 된다. 반대로 인종적 선호를 가진 구심들은 만약 투수가 다른 인종이라면 스트라이크 존에 가까운 투구를 '볼'로 판정할 가능성이 더 크다. 그러나 구심들은 스스로가 자신들의 감독자들(그리고 야구팬들)에 의해 감시되고 심판을 받기 때문에 경제학자들은 투구들을 판정하는 데 있어서의 어떤 인종적 편의(bias)도 구심에 대한 감시가 가장 효과적이지 못하거나 가장 소홀할 때 가장 두드러지게 된다고 기대하게 된다.

2004년도부터 2008년도까지 메이저리그베이스볼은 그 야구장의 약 1/3에 투구감시카메라들을 설치했다. 이 사진시스템은 구심들이 감시받도록 만들었는데, 2004~2008년 기간 동안 던져진 350만개의 투구에 대한 연구에서 연구자들은 이 카메라들이 설치된 야구장에서 구심들과 투수들의 인종은 투구가 어떻게 판정되었는지를 심판하는 데 있어 아무 역할을 하지 못했음을 밝혔다. 그러나 이러한 감시카메라들이 설치되지 않은 야구장에서는 구심들 사이에 인종적 선호가 분명했다. 즉 구심과 투수가 **다른** 인종이었을 때 스트라이크 존에 '가까웠던' 투구들이 '스트라이크' 판정을 받았을 가능성이 **더 작았다**. 투구판정에서의 인종차별은 관중이 적었고 경기상황이 중요하지 않았을 때, 즉 사람들이 거의 관람하지 않거나 관심을 기울이지 않았을 때 더욱더 명백했다.

다행히도 통계적으로 관찰될 수 있긴 했지만, 차별의 정도는 작았던 것으로 밝혀졌다. 평균적으로, 타자가 스윙하지 않았던 투구는 전체의 31.9%가 스트라이크 판정을 받는다. 구심들이 철저히 감시되지 않았던 상황(즉 감시카메라 없이 야구장에 관중이 거의 없었던 경기에서, 그리고 경기결과에 결정적으로 중요할 가능성이 작았던 상황)에서는 만약 구심과 투수가 서로 다른 인종이라면 투구가 스트라이크 판정을 받을 가능성이 31%로 하락한다.

자료: Christopher A. Parsons, Johan Sulaman, Michael C. Yates, and Daniel S. Hamermesh, "Strike Three: Discrimination, Incentives, and Evaluation," *American Economic Review* 101 (June 2011): 1410~1435. 비슷한 행태들이 프로농구 심판에 대한 연구에서 발견되었다. Joseph Price and Justice Wolfers, "Racial Discrimination Among NBA Referees," *Quarterly Journal of Economics* 125 (November 2010): 1859~1887 참조.

표 12.5

선조별 남성 근로소득 차이, 1990년

선조별 그룹	미국 평균근로소득에 대한 근로소득 비율	그룹의 생산적 특성들이 미국 평균과 동일할 때의 미국 평균근로소득에 대한 추정된 근로소득의 비율
미국 전체	100	100
멕시코인	71	95
푸에르토리코인	87	98
쿠바인	90	102
중국인	99	95
일본인	133	115
미국 원주민	85	95
영국인	113	102
이탈리아인	121	109
러시아인	157	118

자료: William Darity Jr., David Guilkey, and William Winfrey, "Ethnicity, Race and Earnings," *Economic Letters* 47 (1995); 401~408.

민족성별 근로소득 차이

해외로부터의 이주증가는 특히 그 근로소득 차이가 너무 현저하므로 미국에서 상이한 조상을 가진 여러 그룹의 상대근로소득에 대한 관심을 다시 불러일으켰다. 표 12.5는 1990년 **인구센서스**(Census of Population) 데이터를 사용한 남성들에 대한 연구로부터의 근로소득 데이터를 수록하고 있다. 첫 번째 행은 상이한 조상을 가진 주요 그룹들에 속한 남성들의 미국 평균에 대한 상대적 풀타임 근로소득을 보여주는데, 이로부터 그 조상이 러시아인, 이탈리아인 또는 일본인이었던 남성들의 상대적으로 높은 근로소득에 주목할 수 있다. 반대로 조상이 미국 원주민, 멕시코인 또는 푸에르토리코인인 남성들은 특히 낮은 근로소득을 갖고 있다.

성 및 인종별 근로소득 차이에 대한 논의를 이용하여, 이 차이 중 어느 정도가 생산적(또는 시장진입 이전) 특성들의 수준이 다르기 때문에 나타난 것인지에 대해 의문을 가져야만 한다. 예를 들어 인종그룹들의 교육수준은 크게 차이가 난다. 일본인, 중국인, 그리고 러시아인 조상을 가진 남성들의 1990년 현재 대학교육 평균수준은 전체평균인 1.6년의 약 2배였던 반면, 푸에르토리코인과 멕시코인 조상을 가진 남성들은 전체평균의 절반에도 못 미치는 평균수준을 갖고 있었다. 표 12.5의 두 번째 행은 만약 교육 및 영어의 유창함을 포함한 관찰된 생산적 특성들이 모든 그룹 사이에 균등해진다면, 각 그룹의 근로소득이 얼마나 되었을 것인가에 대한 추정치들을 보여준다. 이 결과는, 만약 관찰된 생산적 특성들이 균등해진다면, 일본인 또는 러시아인 조상을 가진 남성들은 평균보다 15~18% 더 많은 근로소득을 벌었던 반면, 멕시코인, 중국인 또는 미국 원주민 조상을 가

진 남성들은 약 5% 적은 근로소득을 벌었을 것을 암시한다.[29)]

노동시장차별에 대한 사회적 우려 때문에 자신들의 생산적 특성들이 주어졌을 때 그 근로소득이 낮은 수준인 것처럼 보이는 그룹들에 초점을 맞추는 것은 당연한 일이다. 그러나 최근 몇 년 동안에는 차별이 크게 우려되지 않는 백인 민족그룹들의 다양한 근로소득에도 관심을 두게 되었다. 민족그룹들에 따라 교육 또는 배경에 측정되지 않는 질적인 차이가 존재하는가는 특히 관심의 대상이 되고 있다. 실제로 최근의 연구들은 '민족 인적자본(ethnic human capital)'의 중요한 세대 간 이전이 존재하는데, 이 중 일부는 교육에 대한 상이한 수익률에 명백히 나타난다는 증거를 찾아낸 바 있다.[30)]

노동시장차별의 희생자들로 의심을 받는 조상 그룹들에의 연구관심은 멕시코인, 푸에르토리코인, 쿠바인, 그리고 중남미인과 같이 다양한 배경을 가진 사람들을 포함하는 분류인 '히스패닉계(Hispanics)'에 그 초점이 모였다. 이 그룹들은 공통의 언어적 유산을 갖고 있지만, 다소 상이한 근로소득 수준과 인적자본 수준을 갖고 있음을 표 12.5로부터 추론할 수 있다.

스페인어를 사용하는 이주자들의 미국으로의 유입은 젊음, 낮은 교육수준, 미국 노동시장에서의 경험부족, 그리고 상대적으로 낮은 수준의 영어구사능력으로 특징지어지는 근로자그룹의 증가라는 결과를 낳았다. 부분적으로 차별에 대한 우려 때문에 동기가 부여된, 히스패닉계와 비히스패닉계 백인들 사이의 근로소득 차이에 관한 최근의 연구는 영어구사능력이 근로소득에 미치는 효과에 초점을 맞추어 왔다. 언어능력은 근로소득을 분석하는 데 보통 사용되는 데이터세트에서는 측정되지 않지만, 이 능력은 분명히 어떤 일자리에서도 생산성에 영향을 미친다. 따라서 만약 언어능력에 대한 측정치들이 분석으로부터 누락되면, 해외로부터의 이주자그룹들에 대한 차별이 존재하는지 또는 존재하지 않는지에 대해 어떤 결론도 내릴 수 없다.

언어능력에 관한 데이터에 접근할 수 있었던 (표 12.5의 데이터의 기반이 되는 연구를 포함한) 몇 편의 연구들은 언어능력을 포함한 모든 생산적 특성들을 균등화시키면 히스패닉계 백인들의 근로소득이 비히스패닉계 백인들이 받는 근로소득과 같거나 3~7% 범위까지 접근하게 된다는 것을 추정하고 있다. 그러나 한 연구는 측정되지 않는 생산적 특성들이 근로소득에 미치는 효과는 흑인이 아닌 히스패닉계에 비해 흑인인 히스패닉계

29) 미국의 시골에서 나타나는 임금 차이에 대한 분석은 미국에서 태어난 사람들의 생산적 특성들을 균등화시킨다면 그들의 근로소득이 시골에서 사는 백인들의 근로소득보다 3~7% 더 적게 된다는 것을 추정하고 있다. Jean Kimmel, "Rural Wages and Returns to Education: Differences between Whites, Blacks, and American Indians," *Economics of Education Review* 16 (February 1997): 81~96 참조. 비슷한 발견들이 캐나다에서 태어난 그룹들에 대한 연구로부터 도출된 바 있다. Peter George and Peter Kuhn, "The Size and Structure of Native-White Wage Differentials in Canada," *Canadian Journal of Economics* 27 (February 1994): 20~42 참조.

30) George J. Borjas, "Ethnic Capital and Intergenerational Mobility," *Quarterly Journal of Economics* 107 (February 1992): 123~150; and Barry R. Chiswick, "The Skills and Economic Status of American Jewry: Trends over the Last Half-Century," *Journal of Labor Economics* 11, no. 1, pt. 1 (January 1993): 229~242.

의 경우 훨씬 더 크다는 것을 발견한 바 있다.[31)]

시장차별의 이론

노동시장에서 여성들과 소수집단들(minorities)에 대해 차별이 존재한다는 사실을 배제할 수는 없다. 그러나 차별을 없애는 정책을 고안하기 전에 그러한 차별을 일으키는 **원천**과 **메커니즘**을 이해해야만 한다. 이 절의 목적은 경제학자들에 의해 제안된 차별에 관한 여러 이론을 살펴보고 평가하는 것이다.

노동시장차별에 관한 세 가지의 일반적인 원천이 가설화되었으며, 각 원천은 어떻게 차별이 실행되며 그 결과는 무엇인가에 대한 관련 모형을 제시한다. 차별의 첫 번째 원천은 사용자들, 동료근로자들 또는 고객들이 어떤 인종 또는 성의 근로자들과 관련이 되는 것을 싫어하는 **개인적 편견**(personal prejudice)이다.[32)] 두 번째 일반적인 원천은 사용자들이 개인들에게 어떤 인식된 그룹특성들을 투영시키는 통계적 **예단**(statistical prejudgement)이다. 마지막으로 노동시장에 **비경쟁적**(noncompetitive) 요인들이 존재한다는 것을 기초로 하는 모형들이 있다. 모든 모형이 유용하고 시사적인 통찰력들을 제공하지만, 그들 중 어느 것도 납득할 만하게 우월한 모형으로 확고한 위치를 차지하지 못하고 있다는 것을 살펴보게 될 것이다.

개인편견모형: 사용자차별

개인적 편견에 기초한 모형들은 사용자들, 고객들 또는 근로자들이 편견을 갖게 하는 기호를 갖고 있다고 가정한다. 즉 그들은 어떤 인구통계학적 그룹들의 구성원들과 교류를 하지 않으려는 선호를 갖고 있다. 우선 백인 남자인 **사용자들**이 여성들과 소수집단들에 대해 편견을 갖고 있지만, (간략화를 위해) 고객들과 동료근로자들은 그렇지 않다고 가정하자. 나아가 이 모형의 목적을 위해 문제의 여성들과 소수집단들은 백인 남성들과 똑같은 생산적 특성들을 갖고 있다고 가정하자. (이 가정은 노동시장진입 이전의 차이를 제외함으로써 노동시장차별에 초점을 모으도록 한다.)

만약 사용자들이 같은 자격을 가진 여성들과 소수집단들이 있는데도 불구하고, 고임금 일자리에 백인 남자들을 채용하려는 확고한 선호를 갖고 있다면, 그들은 여성들과 소수집단들이 백인 남자들에 비해 생산성이 **더 낮은** 것**처럼** 행동할 것이다. 관련되는 여성들과 소수집단들이 모든 면에서 똑같이 생산적이라는 가정에 근거할 때, 사용자들이 그

31) Hoyt Bleakley and Aimee Chin, "Language Skills and Earnings: Evidence from Childhood Immigrants," *Review of Economics and Statistics* 86 (May 2004): 481~496; Pedro Carneiro, James J. Heckman, and Dimitriy V. Masterov, "Labor Market Discrimination and Racial Differences in Premarket Factors."; and Joni Hersch, "Profiling the New Immigrant Worker: The Effects of Skin Color and Height," *Journal of Labor Economics* 26 (April 2008): 345~386.

32) 개인편견모형들은 Gary S. Becker, *The Economics of Discrimination*, 2nd ed. (Chicago: University of Chicago Press, 1971)에 기초하고 있다.

들 생산성의 가치를 내리는 것은 순전히 주관적인 것이며 개인적 편견을 표명하는 것이다. 사용자가 편견을 더 가질수록 실제 생산성은 더 많이 낮춰질 것이다.

MRP는 특정 노동시장에 있는 모든 근로자의 실제 한계수입생산을 뜻하며, d는 소수집단들과 여성들의 경우 이 생산성이 주관적으로 가치가 낮아지는 정도를 나타낸다고 가정하자. 이 경우 백인 남성들의 시장균형은 그들의 임금(W_M)이 MRP와 일치할 때 달성된다.

$$MRP = W_M \tag{12.1}$$

그러나 여성들과 소수집단들의 경우, 오로지 그들의 임금(W_F)이 기업들에 대한 그들의 **주관적** 가치와 일치할 때만 균형이 달성된다.

$$MRP - d = W_F \tag{12.2}$$

또는

$$MRP = W_F + d \tag{12.2a}$$

실제 한계수입생산이 정의에 의해 똑같기 때문에 식 (12.1)과 (12.2a)는 서로 같으며, W_F는 W_M보다 작아야 한다는 것을 쉽게 알 수 있다.

$$W_M = W_F + d \tag{12.3}$$

또는

$$W_F = W_M - d \tag{12.3a}$$

이러한 산술적인 내용은 매우 단순한 경제논리를 갖고 있다. 즉 만약 여성들과 소수집단들의 실제 생산성이 사용자들에 의해 그 가치가 낮춰진다면, 이 그룹들에 속한 근로자들은 일자리를 얻으려 경쟁하기 위해서 백인 남성들에 비해 더 낮은 임금으로 자신들의 서비스를 제공해야만 한다.

사용자차별 하에서의 이윤 이 사용자차별모형은 식 (12.2a)를 그래프로 나타낸 그림 12.2에서 볼 수 있는 바와 같이 두 가지 주요한 시사점들을 가진다. 첫 번째 관심은 이윤이다. 여성들과 소수집단들의 시장임금 W_F에 직면하고 있는 차별을 하는 사용자는 $MRP = W_F + d$인 점에서 N_0만큼을 채용할 것이다. 그러나 **이윤극대화를 추구하는** 사용자들은 $MRP = W_F$가 될 때까지 N_1만큼을 채용할 것이다. 만약 MRP곡선 아래의 면적이 기업의 총수입을 나타낸다는 것을 기억한다면 이윤에 대한 효과는 그림 12.2에서 쉽게 보일 수 있다. 차별하는 사용자가 지급하는 총임금을 나타내는 면적($0EFN_0$)을 빼면 이 사용자들의 이윤은 $AEFB$의 면적과 같다. 그러나 (차별하지 않는) 이윤극대화를 추구하는 사용자의 이윤은 AEG의 면적과 같다. 이 차별을 하지 않는 사용자들은 그들의 한계

그림 12.2

차별하는 기업들에서 여성들 또는 소수집단들의 균형고용

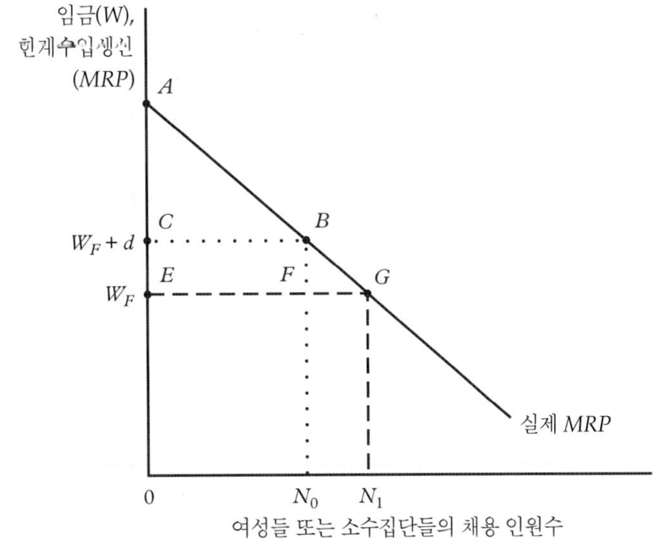

생산이 그들의 임금과 같아지는 점까지 여성들과 소수집단들을 채용하는 반면, 차별하는 사용자들은 이 점에 못 미치는 점에서 채용을 중단한다. 따라서 차별을 하는 사용자들은 자신들의 편견을 충족시키기 위해 이윤을 포기한다.

사용자차별 하에서의 보수 차이 사용자차별모형의 두 번째 시사점은 W_M과 W_F 사이의 차이의 크기와 관계된다. 이 차이의 결정요소는 여성들 또는 소수집단들에 대한 **시장** 수요곡선의 분석을 통해 가장 잘 이해될 수 있다. 그림 12.3에서 여성들 또는 소수집단들에 대한 시장수요는 백인 남성들의 임금에 대한 그들의 **상대적** 임금으로 표현되고 있다. 이 그림은 1의 상대임금(즉 $W_F = W_M$)으로 여성들 또는 소수집단들을 N_a까지 채용하려는 많은 수의 차별을 하지 않는 사용자들이 존재한다고 가정한다. 차별하려는 선호를 갖고 있는 사용자들의 경우, 여성들 또는 소수집단들을 채용하도록 이들을 유발시키기 위해서 W_F는 W_M보다 낮은 수준으로 하락해야만 한다. 사용자 중 일부는 작은 임금격차로 여성들 또는 소수집단들을 고용하며 나머지는 더 큰 격차를 요구하는 등, 이 사용자들은 선호가 서로 다르다고 가정된다. 따라서 시장의 상대수요곡선은 *A*점에서 아래쪽으로 꺾이는 형태를 취한다고 가정되는데, 이는 N_a보다 많은 여성 또는 소수집단들을 고용하기 위해서는 W_M에 대한 W_F의 상대적 하락이 요구된다는 사실을 반영하고 있다.

만약 여성들 또는 소수집단들의 공급이 상대적으로 적다면(그림 12.3의 공급곡선 S_1), 이들은 차별하지 않는 사용자들에 의해 모두 채용될 것이며, 임금격차는 존재하지 않을 것이다. 만약 일자리를 찾으려는 여성들 또는 소수집단들의 수가 상대적으로 많다면(공급곡선 S_2 참조), 차별을 하는 몇몇 사용자들이 여성들 또는 소수집단들을 채용하도록 유발되어야만 하며, 이는 W_F를 W_M보다 낮은 수준으로 하락시키게 된다. 그림 12.3에

그림 12.3

상대임금의 함수로서의 여성들 또는 소수집단들에 대한 시장수요

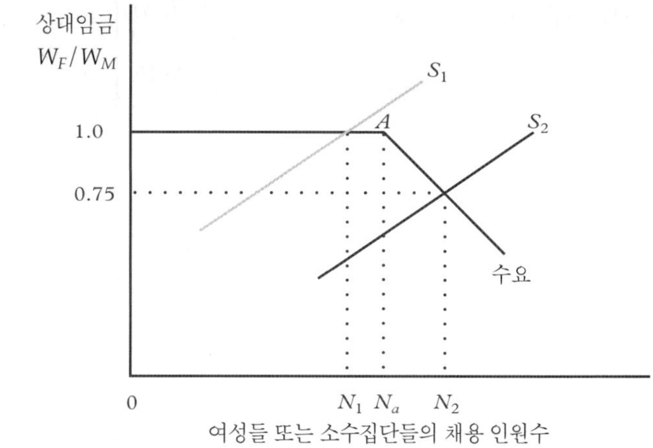

서 공급곡선 S_2를 수요곡선과 결합시킬 때 상대임금은 0.75로 하락하게 된다.

여성들 또는 소수집단들의 노동공급곡선의 변화 이외에도 W_F와 W_M 사이의 시장 격차를 변하게 할 수 있는 두 가지 다른 요소들이 존재한다. 첫째, 공급곡선이 주어졌을 때, 그림 12.4에 보이는 바와 같이 만약 차별하지 않는 사용자들의 수가 증가한다면, 임금 격차는 줄어들게 된다. 차별하지 않는 사용자들의 증가는 그림에서 수요곡선의 수평 부분이 *A*′까지 연장되는 것으로 나타나며, 상대임금은 증가하게 된다(그림에서 0.85까지). 행태로 볼 때 차별을 하지 않는 사용자들의 유입이 이전보다 더 많은 공급을 흡수하며, 차별하는 사용자들에게서 일자리를 찾아야만 하는 소수집단 또는 여성의 수를 줄인다. 더욱이 차별하는 사용자들에게서 여전히 일자리를 찾아야만 하는 소수의 근로자도 가장 차별이 심한 사용자들을 비켜갈 수 있으며, 차별에 대한 선호가 더 적은 사용자들에게서 일자리를 구할 수 있다.

둘째, 만약 편견을 가진 사용자들의 수가 동일하지만 그들의 차별에 대한 선호도가 줄어든다면 W_M에 대한 W_F의 상대적인 증가가 똑같이 발생할 수 있다. 그러한 선호강도의 하락은 그림 12.5에 보이는 바와 같이 그림에서 시장의 상대수요곡선에서의 우하향하는 부분이 수평에 가까워지는 것으로 나타나게 된다. 이 그림에서의 가상적 변화는 여성들 또는 소수민족들을 채용하기 위해 차별을 하는 각 사용자에 의해 요구되는 유인이 이제는 더 작아지므로 W_F를 W_M에 비해 상대적으로 증가하도록 만든다.

그림 12.3, 12.4, 그리고 12.5의 논의로부터 인종과 관련된 임금 차이에 대해 세 가지 실증적 예측이 도출된다. 첫째, 인적자본을 불변으로 유지할 때, 인종과 관련된 보수 차이는 지역의 흑인 인구가 더 많을 때 더 커질 것이다(그림 12.4 참조). 둘째, 다른 조건이 불변이라면 흑인들을 고용하는 백인 사용자들의 편견이 더 클 때 보수 차이는 더 벌어질 것이다(그림 12.4와 12.5 참조). 셋째, 보수 차이는 가장 편견이 심한 사용자들(흑인들을 채용하지 않는 사용자들)의 편견 수준에 의해서는 영향을 받지 않을 것이다. 인종 간의 결

그림 12.4

차별하지 않는 사용자들 수의 증가가 상대임금에 미치는 효과

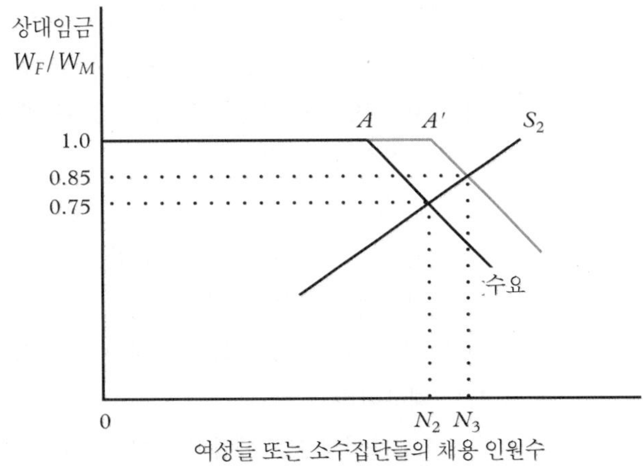

그림 12.5

사용자들의 차별에 대한 선호의 강도 하락이 상대임금에 미치는 효과

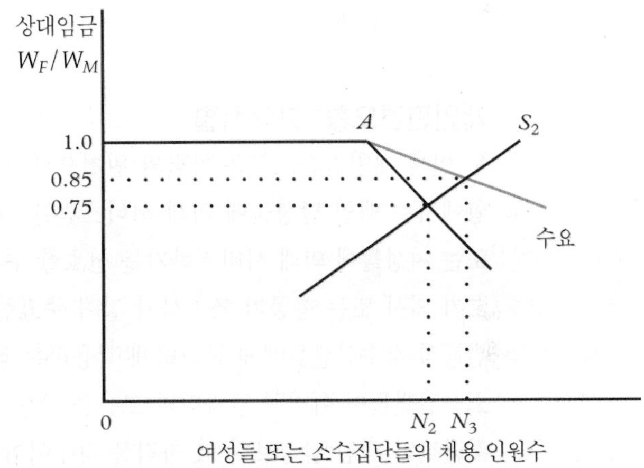

혼에 대한 태도를 이용하고 흑인 대통령입후보자에 찬성하는 최근의 한 연구는 세 가지 예측 모두에 대한 지지를 밝히고 있다.[33]

어떤 사용자들이 차별할 여유가 있는가? 사용자차별모형은 차별하는 사용자들이 **이윤**이 아니라 **효용**을 극대화(자신들의 편견을 갖게 하는 선호를 만족시키는)한다는 것을 의미한다. 이러한 관행은 즉각적으로 그들이 어떻게 경쟁에서 살아남는가에 대한 의문을 제기시킨다. 이윤을 극대화시키는 (차별하지 않는) 기업들은 주어진 일련의 자산으로부

[33] Kerwin Kofi Charles and Jonathan Guryan, "Prejudice and Wages: An Empirical Assesment of Becker's The Economics of Discrimination," *Journal of Political Economy* 116 (October 2008): 773~809.

터 차별하는 기업들에 비해 보통 더 많은 돈을 벌기 때문에, 차별하지 않는 기업들이 다른 기업들을 매입하고 점차 시장을 석권하는 것을 관찰하게 될 것이 틀림없다.[34] 요약하면 만약 경쟁적 요인들이 생산물시장에서 작용한다면, 차별하는 기업들은 손해를 입게 되며, 이 기업들의 소유자들이 시장수익률보다 낮은 수익률을 받아들일 용의가 없다면 차별은 지속될 수 없다.

그렇다면 이론은 사용자차별은 소유자들 또는 경영자들이 기업 활동을 계속하기 위해서 이윤을 극대화시킬 필요가 없을 때 지속될 가능성이 가장 크다는 것을 제시한다. 차별할 선호에 빠지게 될 기회는 정부규제에 직면하고 있는 독점기업들의 경우 특히 강력한데, 이는 이러한 낭비적인 관행에 따른 비용이 규제당국에 이윤을 더 작게 보이도록 만들기 때문이다.

은행산업과 트럭산업에 대한 연구들은 인종 및 성차별이 규제를 받는 독점기업들 사이에 존재할 가능성이 더 크다는 사실과 일관성을 갖는 증거를 제공하고 있다. 양 산업 모두 경쟁을 제한하는 방식으로 역사적으로 규제를 받았으며, 양 산업 모두 최근 수십 년 동안 규제가 완화되었는데, 양 산업의 경우 모두 인종과 성에 따른 임금격차가 생산물시장의 경쟁증대에 의해 상당히 좁혀졌다.[35]

개인편견모형: 고객차별

두 번째 개인편견모형은 차별의 원천으로서 **고객**의 편견을 강조한다. 고객들은 어떤 상황에서는 백인 남성들에 의해 서비스받는 것을 선호하며, 또 다른 상황에서는 소수집단 또는 여성들에 의해 서비스받기를 선호할 수 있다. 만약 백인 남성들에 대한 고객들의 선호가 의사 또는 항공기 조종사와 같이 주요한 책임이 요구되는 일자리로 연장된다면, 여성들과 소수집단들에게 불리하게 작용하는 직종분단이 발생할 것이다. 만약 여성들 또는 소수집단들이 이러한 일자리의 고용을 찾으려 한다면, 그들은 낮은 임금을 받아들이거나 평균적인 백인 남성보다 더 자격을 갖추어야 하는데, 이는 고객들의 편견 때문에 그들의 사용자들에 대한 자신의 한계수입생산성이 감소되기 때문이다.

고객차별에서 얻을 수 있는 시사점 중의 하나는 고객차별이 고객들과의 접촉이 많은 직종에서 분단으로 이어질 것이라는 점이다. 차별하는 고객들을 접대하는 기업들은 오로지 선호되는 그룹의 근로자들만을 채용하여, 더 높은 임금을 지급하고, 선호되지 않는 그룹의 근로자들을 고용하여 차별하지 않는 고객들에게 서비스를 제공하는 기업들보다 더

---

[34] 예를 들어 최신의 연구로부터 회사가 새로운 소유권에 의해 인수될 때 여성들이 승진 및 임금에서 직면하는 차별은 감소한다는 증거가 존재한다. Frederik Heyman, Helena Svaleryd and Jonas Vlachos, "Competition, Takeovers, and Gender Discrimination," *ILR Review* 66 (April 2013): 409~432 참조.

[35] Sandra E. Black and Philip E. Strahan, "The Division of Spoils: Rent-Sharing and Discrimination in a Regulated Industry," *American Economic Review* 91 (September 2001): 814~831; and James Peoples Jr. and Wayne K. Talley, "Black-White Earnings Differentials: Privatization versus Deregulation," *American Economic Review* 91 (May 2001): 164~168. 관련된 연구는 Judith K. Hellerstein, David Neumark, and Kenneth R. Troske, "Market Forces and Sex Discrimination," *Journal of Human Resources* 37 (Spring 2002): 353~380 참조.

높은 가격을 부담시킬 것이다. 그렇다면 자신들의 차별하는 방식을 지속시키기 위해서 고객들은 추가비용을 지불할 용의가 있어야만 한다.

실증연구들은 고객차별과 일관성을 갖는 증거를 밝혀왔다. 예를 들어 기업 고객들의 인종구성은 특히 고객과 접촉이 많은 일자리의 경우에는 근로자들의 인종구성에 반영되어 있다. 마찬가지로 미국 프로농구의 텔레비전시청률에 대한 한 연구는 다른 조건이 일정하다면, 백인 선수들의 참가율이 더 높았을 때 시청률이 증가했다는 것을 밝힌 바 있다. 팀의 수입이 텔레비전 시청률에 의해 영향을 받기 때문에, 후자의 발견은 고객차별이 백인 선수들에게 비슷한 실력의 흑인 선수들에 비해 더 높은 한계수입생산, 그리고 더 높은 보수를 갖게 한다는 것을 의미한다.[36)]

개인편견모형: 근로자차별

개인적인 편견에 기초한 차별의 세 번째 원천은 백인 남성근로자들이 자신들이 싫어한다고 생각하는 방식으로 소수집단들 또는 여성들과 서로 교류해야만 하는 상황을 피하고자 하는 시장의 공급 측면에서 발견될 수 있다. 예를 들어 백인 남성들은 여성으로부터 지시를 받거나 소수집단 구성원들과 책임을 분담하기를 저항할 수 있다.

예를 들어 만약 백인 남성근로자들이 차별하는 선호를 갖고 있다면, 그들은 차별 없이 근로자들을 채용하고 승진시키는 사용자들로부터 이직하거나 이들을 회피하는 경향이 있을 것이다. 그러므로 차별을 하지 않는 형태로 근로자들을 고용하기를 원하는 사용자들은 근로자들을 차별하는 백인 남성들을 보유하기 위해서 이들에게 임금프리미엄(보상임금격차)을 지급해야만 한다.

그러나 만약 사용자들이 차별하지 않는다면, 왜 그들은 똑같은 자격을 갖추고 덜 비싼 여성들 또는 소수집단들을 채용할 수 있을 때에도 백인 남성들을 보유하기 위해서 프리미엄을 지급하게 되는가? 한 가지 대답은 백인 남성들이 경제활동인구의 큰 부분을 구성하며, 따라서 백인 남성들 없이 생산한다는 것을 상상하기가 어렵다는 것이다. 더욱이 여성들과 소수집단들이 '전통적인' 직종들 이외에 고용되어야 한다는 압력은 상대적으로 최근의 일이며, 따라서 미래 승진 가능성과 관련된 일련의 암묵적 약속 아래 채용된 백인 남성들은 이제는 기업 내의 직위를 얻기 위해 새로운 일련의 경쟁자들과 조정을 거쳐야만 한다는 것이다. 기업들은 자신들의 관행을 바꾸는 것은 과거의 약속들을 어기는 것이라는 것을 깨닫게 되며, 따라서 기업들은 자신들의 근로자들 사이의 차별하는 선호를 수용하려 할지 모른다. 표현을 달리하면 근로자차별은 사용자들에게 비용을 초래할 수 있지만, 이를 제거하는 것 역시 비용을 부담시킨다.

---

36) Harry J. Holzer and Keith R. Ihlanfeldt, "Consumer Discrimination and Employment Outcomes for Minority Workers," *Quarterly Journal of Economics* 113 (August 1998): 835~867. Neumark, "Sex Discrimination in Restaurant Hiring"; Mark T. Kanazawa and Jonas P. Funk, "Racial Discrimination in Professional Basketball: Evidence from Nielsen Ratings," *Economic Inquiry* 39 (October 2001): 599~608.

근로자차별을 수용하는 한 가지 방법은 격리를 전제로 하여 채용하는 것이다. 공장을 완전히 분리하는 것은 보통 경제적으로 실행할 수 있지 않지만, 일자리의 명칭에 의해 근로자들을 분리하는 것은 가능**하다**. 따라서 근로자차별모형과 고객차별모형 모두 비록 **다른** 사용자들은 어떤 단일명칭을 가진 일자리에 남성과 여성근로자들을 함께 채용할지라도, 사용자들은 보통 어떤 단일명칭의 일자리라도 단지 여성들 또는 남성들만을 채용한다는 한 연구에서의 발견을 설명하는 데 도움이 될 수 있다.[37)]

근로자차별의 존재에 대한 가장 직접적인 테스트는 젊은 백인 남성들이 인종적으로 분단된 환경에서 일할 때에 비해 **인종이 뒤섞인** 작업장에서 일할 때 더 많이 벌었다는 것을 발견했던 어떤 연구로부터 도출된다. 나아가 몇몇 연구들은 여성들이 고위간부의 일자리를 갖지 못한다는 것이 비록 그 혐오감이 시간이 흐름에 따라 감소하고 있긴 하지만, 남성들이 여성상사 밑에서 일하기를 혐오한다는 것과 관련이 있을 수 있다는 것을 암시하고 있다.[38)] (예문 12.3은 근로자차별에 관한 흥미로운 역사적 사례를 제공한다.)

통계적 차별

제5장에서 사용자들은 어떤 방식으로든 약간의 비용을 부담하여 자신들의 일자리에 지원하는 사람들에 대한 정보를 얻어야 할 필요성이 있다는 것을 논의한 바 있다. 명백히 기업은 그 지원자들의 **개인적** 특성들을 평가할 것이지만, 그들의 잠재적 생산성을 추측하는 데 있어서 그들이 속한 그룹들의 평균적인 특성들에 관한 정보도 또한 이용할 수 있다. 만약 그룹특성들이 채용결정의 요소가 된다면, 개인적인 편견이 없는 경우에서조차도 (적어도 단기적으로는) **통계적 차별**(statistical discrimination)의 결과가 나타날 수 있다.[39)]

통계적 차별은 생산성과 상관관계가 있는 관찰할 수 있는 개인적 특성들이 완전한 예측치가 아닐 때 나타나게 되는 **선별문제**(screening problem)의 일부분으로 간주될 수 있다. 한 예로서 장기간에 걸쳐 1분당 70단어(wpm)를 입력할 수 있는 사람들과 40 wpm을 입력할 수 있는 사람들인 두 등급의 근로자들이 비서직 일자리에 지원한다고 가정하자. 그러나 이 실제 생산성은 사용자에게는 알려지지 않는다. 사용자가 관찰할 수 있는 것은 그 결과가 숙련도를 반영하지만, 또한 테스트를 받는 능력과 행운에도 또한 영향을 받는 5분 동안의 입력(keyboarding)테스트 결과이다.

---

37) Groshen, "The Structure of the Male/Female Wage Differential."

38) James F. Ragan Jr. and Carol Horton Tremblay, "Testing for Employee Discrimination by Race and Sex," *Journal of Human Resources* 23 (Winter 1988): 123~137; Baldwin, Butler, and Johnson, "A Hierarchical Theory of Occupational Segregation and Wage Discrimination"; and Marianne Bertrand and Kevin F. Hallock, "The Gender Gap in Top Corporate Jobs," *Industrial and Labor Relations Review* 55 (October 2001): 3~21; Jonathan S. Leonard and David I. Levine, "The Effect of Diversity on Turnover: A Large Case Study," *Industrial and Labor Relations Review* 59 (July 2006): 547~572.

39) 이 주제에 관한 문헌들의 참고문헌과 함께 통계적 차별에 대한 광범위한 분석은 Kevin Lang and Jee-Yeon K. Lehman, "Racial Discrimination in the Labor Market: Theory and Empirics."을 참조하라.

예문 12.3

미시간 가구산업의 공포와 라스(lathing)

19세기 후반에 미국은 해외로부터 매년 수십만 명의 이주자들을 받아들였다. 사람들이 민족 집단에 따라 분리된 이웃들, 교회들, 노동조합들, 그리고 사교클럽들로 나뉘었기 때문에 민족 집단은 매우 중요하였다. 해외로부터의 이러한 이주자들의 유입은 1800년대 후반기에 토착주의(nativism) 풍조의 증대를 조장했다. 이 토착주의의 가장 뚜렷한 측면은 미국에서 태어난 사람들의 천주교 신도들과 남부 및 동부 유럽으로부터의 새로운 이주자그룹들을 향한 적대감이었다. 이외에도 새로이 유입된 많은 사람이 이주 이전의 국가들로부터 지니고 온 증오감으로 인해 서로를 신뢰하지 않았으며 서로를 좋아하지 않았다.

이러한 민족적 민감성이 노동시장에서 어떻게 나타났을까? 1889년의 미시간(Michigan) 주 가구산업으로부터의 데이터는 근로자들의 임금 및 인적자본의 측정치뿐만 아니라 동료근로자들과 감독자들의 출신 민족에 관한 정보를 포함하고 있으므로 주목할 만한 사실을 보여준다.

이 시기에는 감독자들 또는 작업반장들은 자신들 밑에서 일했던 근로자들을 채용하고 임금을 결정하는 데 있어서 엄청난 권한을 갖고 있었다. 만약 **사용자들**이 차별의 원천이었다면, 근로자는 감독자들이 동일한 민족그룹이었을 때 더 많은 보수를 받고, 감독자들이 동일한 민족이 아니었을 때 더 적은 보수를 받았으리라 예상하게 된다. 만약 **동료근로자들**이 차별의 원천이었다면 보상임금격차가 발생하여, 근로자들이 다른 민족그룹들의 근로자들과 일할 때는 그 불쾌감을 상쇄하기 위해 더 높은 보수를 받고, 오직 자신들과 동일한 민족그룹의 근로자들과 일할 때는 더 낮은 보수를 받으리라 예상하게 된다.

차별의 이러한 두 가지 징후 모두가 미시간 주 가구산업에서 발생하였지만, 근로자에 기반을 둔 차별이 훨씬 더 중요했던 것처럼 보인다. 민족그룹이 자신과 동일한 작업반장들과 일하는 것은 약 2% 더 높은 임금을 받는 것과 관련이 있었다.

그러나 동료근로자들의 출신 민족은 꽤 큰 효과를 미쳤다. 즉 작업장에서 자신이 그 민족그룹의 유일한 구성원이었던 근로자들은 자신의 민족그룹 구성원들이 근로자들의 약 1/4을 구성했던 근로자들에 비해 약 11% **더 높은** 임금을 받았다. 90%가 넘는 동료근로자들이 자신들의 민족그룹인 공장에서 일했던 근로자들은 약 9% **더 낮은** 보수를 받았다. 따라서 근로자는 다른 민족그룹들로부터의 근로자들을 회피하기 위해 큰 대가를 지불할 수 있었으며, 다른 민족그룹들로부터의 근로자들과 일을 하는 것으로부터 큰 보상을 얻을 수 있었다.

데이터출처: David Buffum and Robert Whaples, "Fear and Lathing in the Michigan Furniture Industry: Employee-Based Discrimination a Century Ago," *Economic Inquiry* 33 (April 1995), 234~252.

그림 12.6은 두 그룹 근로자들의 테스트점수 분포를 보여준다. 실제로 70wpm을 입력할 수 있는 사람들은 평균적으로 70점을 얻지만, 1/2은 70점 미만의 점수를 얻는다. 마찬가지로 다른 그룹의 1/2은 테스트에서 40점보다 더 높은 점수를 얻는다. 만약 지원자가

그림 12.6

선별문제

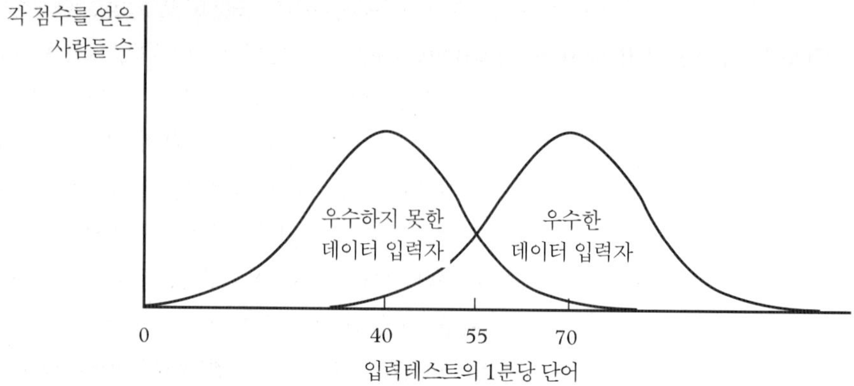

예를 들어 55점을 얻는다면, 사용자는 지원자가 우수한(70 wpm) 입력자(keyboarder)인지 또는 우수하지 못한(40 wpm) 입력자인지를 구별하지 못한다. 만약 55점을 얻은 지원자들이 자동으로 거절된다면, 기업은 일부 우수한 근로자들을 거절하게 될 것이며, 만약 기업이 55점을 얻은 지원자들을 받아들인다면, 몇몇 우수하지 못한 근로자들이 채용될 것이다.

위의 딜레마를 회피하기 위한 노력의 하나로, 사용자가 몇 가지 연구를 수행하여 특정 훈련학교 출신 지원자들이 5분 동안의 입력테스트에서 좋은 성적을 얻도록 특별히 지도를 받았다는 것을 알아냈다고 가정하자. 따라서 정상적인 날에는 1분당 X 단어를 실제로 입력할 수 있는 지원자들이 5분 동안의 테스트에서는 X wpm보다 **더 높은** 점수를 얻는 경향이 있을 것이다. 이 학교 출신 학생들이 자신들의 장기적인 생산성보다 평균적으로 더 높은 테스트점수를 받을 것을 깨달으면, 기업은 55점 이하의 점수를 얻은 모든 이 학교 출신 지원자들을 거절하기로 할지도 모른다(대부분의 경우 테스트점수가 그들의 능력을 과대평가한다는 것을 근거로).

이 예로부터의 일반적인 교훈은 개인데이터가 생산성의 완전한 예측치가 아닐 때 기업들은 채용 결정을 내리는 데 있어서 **개인**데이터(테스트점수, 교육수준, 경험)와 **그룹**데이터를 모두 적법하게 사용할 수 있다는 것이다. 그러나 이러한 그룹데이터의 사용은 **동일한 측정된 생산적 특성**(테스트점수, 교육 등)을 가진 사람들이 어떤 **그룹**에 속하는가에 따라 상이한 대우를 받을 것이기 때문에 시장차별이 생기게 할 수 있다. 사용자들이 일자리의 지원자들을 평가하는 데 인종과 성을 사용하는 것은 그 자신들에게 다른 그룹들에 비해 백인 남성들을 선호하도록 유도할 수 있다.[40] 이 선호가 편견에 그 뿌리를 두고 있

40) (해외로부터의 이주자보다 영어로 말하는 것을 더 잘할 수 있는) 본토에서 태어난 사람들에 대한 선호의 예는 Philip Oreopoulos, "Why Do Skilled Immigrants Struggle in the Labor Market? A Field Experiment with Thirteen Thousand Resumes," *American Economic Journal* 3 (November 2011): 148~171을 참조하라.

을 수 있다는 것은 명백하지만, 이 선호가 악의가 없는 이유(예를 들어 여성들이 평균적으로 남성들보다 더 적은 시간을 일한다는 사실)를 기초로 하는 것 또한 가능하다. 그러나 만약 통계적 차별이 편견으로부터 도출되지 않는다면, 사용자들은 개인들에 대한 더 정확한 정보가 이용 가능해짐에 따라 (어느 그룹에 속하는가에 덜 의존하면서) '학습'의 증거를 보일 것이다.[41)]

차별에 대한 비경쟁(noncompetitive)모형

이제까지 논의된 차별모형들은 기업들이 임금순응자로 가정된 노동시장에서 개인편견 또는 정보문제들이 갖게 되는 임금과 고용에 대한 시사점들을 찾아냈었다. 이제 살펴보게 될 꽤 다양한 모형들은 모두 개별기업들이 **담합**(collusion) 또는 **수요독점력**(monopsonistic power)의 어떤 원천을 통해서 자신들이 지급하는 임금에 어느 정도의 영향력을 갖고 있다는 가정을 기초로 한다.

혼잡 특히 성에 의해 직종분단이 존재한다는 사실과 그 정도는 몇몇 사람들로 하여금 직종분단은 어떤 직종들의 임금을 낮추려는 의도로 고의로 그 직종에 사람들이 혼잡(crowding)하도록 하는 정책의 결과라고 주장하도록 했다. 그래프로 살펴보면 '혼잡가설(crowding hypothesis)'은 매우 단순한데, 이는 그림 12.7에서 쉽게 알 수 있다. 그림 (a)는 공급이 수요에 비해 작으며, 따라서 임금(W_H)이 상대적으로 높은 시장을 보여준다. 그림 (b)는 근로자들이 혼잡하도록 하는 상황이 수요보다 공급이 커지도록 하여, 결과적으로 상대적으로 낮은 임금(W_L)이 나타나도록 하는 시장을 보여준다.

혼잡효과는 쉽게 알 수 있지만, 혼잡현상 그 자체는 쉽게 설명되지 않는다. 예를 들어

그림 12.7

노동시장 혼잡

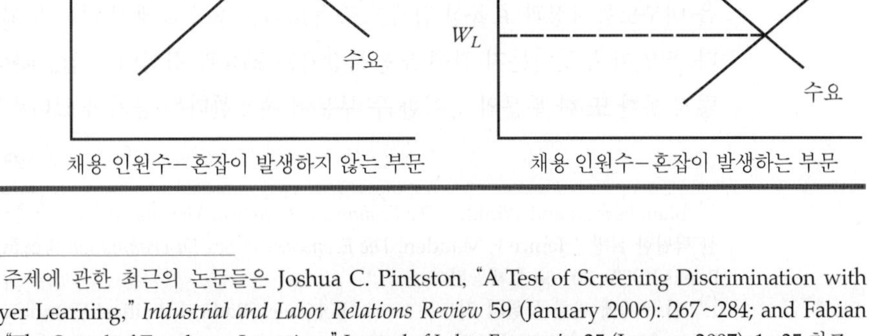

41) 이 주제에 관한 최근의 논문들은 Joshua C. Pinkston, "A Test of Screening Discrimination with Employer Learning," *Industrial and Labor Relations Review* 59 (January 2006): 267~284; and Fabian Lange, "The Speed of Employer Learning," *Journal of Labor Economics* 25 (January 2007): 1~35 참조.

만약 어떤 일자리 또는 어느 일련의 일자리들에서 남성들과 여성들이 똑같은 생산성을 갖고 있다면, 자신들이 인위적으로 어떤 일자리들로 혼잡 됨으로써 야기된 여성들의 낮은 임금이, 현재 오직 남성들만을 고용하고 있는 기업들로 하여금 이들을 덜 비싼 여성근로자들로 대체하는 것이 매력적이라는 것을 알게 할 것이라고 생각하게 된다. 즉 이러한 이윤극대화를 위한 행태가 궁극적으로 어떠한 임금격차라도 틀림없이 제거할 것이라는 점이다. 혼잡 또는 직종분단이 사라지지 않는다는 것은 경쟁력이 없는 그룹들이 존재한다는 것을 (그리고 따라서 근로자의 이동에 대한 장벽들을) 암시하지만, 우선 왜 그러한 그룹들이 존재하는가에 대해서는 아직도 그 설명이 이루어지지 않은 상태로 남아있다. 일부 일자리들이 '남성' 일자리로, 그리고 다른 어떤 일자리들이 '여성'일자리로 확립된 것은 사회적 관습(social custom), 선천적 또는 후천적인 적성의 차이, 그리고 수요독점인 사용자들에 대한 남성들과 여성들의 상이한 공급곡선(이후에 논의됨)을 통해서라는 여러 가능성이 있는 설명들이 지난 70여 년 동안에 이루어진 바 있다. 궁극적인 차별의 원천에 도달하였는가의 의미로 볼 때 이 설명 중 어떤 설명도 완전하지는 않지만, 여성들이 압도적으로 많은 직종일수록, 직종 내 근로자들의 인적자본을 통제한 이후조차도 그 임금수준이 더 낮다는 것을 부인할 수는 없다.[42]

이중노동시장 보다 최근에 나타난 혼잡가설의 변형된 형태는 노동시장이 **제1차** 부문(primary sector)과 **제2차** 부문(secondary sector)의 서로 경쟁하지 않는 두 부문으로 나뉘어 있다는 견해이다. 제1차 부문의 일자리들은 상대적으로 높은 임금, 안정된 고용, 좋은 근로조건, 그리고 승진기회 등을 제공한다. 그러나 제2차 부문의 일자리들은 열악한 근로조건을 가진 낮은 임금을 제공하는 불안정하고 승진기회가 없는 일자리들인 경향이 있다. 이 부문에서 교육과 경험에 대한 수익은 0에 가까운 것으로 간주된다. 제2차 부문으로 격하된 근로자들(주로 소수집단들과 여성들)은 불안정하고 바람직하지 못한 근로자들이라는 꼬리표가 붙으며, 제1차 부문 일자리를 얻을 희망이 거의 없다고 간주된다.

차별에 대한 이중노동시장(dual labor markets)의 서술은 왜 서로 경쟁하지 않는 부문들이 발생했는지 또는 왜 여성들과 소수집단들이 제2차 부문에 국한되었는지에 대해서는 진정한 설명을 하지 못한다. 일부 사람들은 이중노동시장을 사용자의 담합으로부터 발생한 것으로 간주하며(아래의 담합 행태에 관한 절 참조), 다른 사람들은 이중노동시장을 내부노동시장과 효율성 임금으로 유도되는 요소들에 뿌리를 두고 있는 것으로 파악한다. 원인이 무엇이든지 간에 노동시장에는 교육과 경험이 고임금과 관련된 한 부문과 그렇지 못한 또 한 부문의 상이한 두 부문이 존재한다는 증거가 있다.[43]

---

42) Blau, Ferber, and Winkler. *The Economics of Women, Men and Work.* 203 참조. 혼잡이론의 역사에 관한 탁월한 설명은 Janice F. Madden, *The Economics of Sex Discrimination* (Lexington, Mass.: Lexington Books, 1973), 30~36에 제공된다.

43) 이 주제에 관한 문헌의 검토는 James Rebitzer, "Radical Political Economy and the Economics of Labor Markets," *Journal of Economic Literature* 31 (September 1993): 1417을 참조하라.

이중노동시장 가설을 지지하는 그러한 증거는 차별이 왜 지속될 수 있는가에 관해 설명해 준다. 그러한 증거는 또한 경쟁과 이동성의 수준이 존재한다는 것에 의문을 제기하며, 처음에 경쟁력이 없는 인종/성 그룹들이 존재하게 되면 스스로 영속화되리라는 것을 암시한다. 요약하면 이중노동시장 가설은 위에서 분석한 어떤 차별모형과도 일관성을 가진다. 즉 이중노동시장 가설이 제시하는 바는 만약 이러한 이론 중 어느 하나라도 적용될 수 **있다면**, 결과적으로 나타난 차별을 제거하기 위해 자연적인 시장요인들에 의존할 수 없다는 것이다.

탐색과 관련된 수요독점 차별에 대한 혼잡 및 이중노동시장에 의한 설명은 근로자들이 다른 그룹들로의 이동이 심각하게 제약된 직종그룹들에 '배치되었다(assigned)'는 가정에 근거하고 있다. 어떻게 또는 왜 배치가 이루어졌는가는 전적으로 분명하지 않다. 제약된 이동성에 대한 세 번째 모형은 근로자들에게 일자리 탐색비용이 존재한다는 사실을 중심으로 구축되었다.[44] 이 모형은 (제5장에서 논의되었던) 기업행태에 대한 수요독점모형을 편견현상과 결합시킨다.

전부는 아니지만 일부 사용자들이 그들 자신의 편견, 고객들의 편견 또는 자신들 근로자들의 편견 때문에 소수집단들 또는 여성들을 채용하기를 거절한다고 가정하자. 나아가 이와는 대조적으로 백인 남성들의 채용을 배제하는 사용자들은 아무도 없다고 가정하자. 일자리를 찾는 소수집단들과 여성들은 누가 즉각 자신들을 거절할 것인지를 쉽게 알 수 없으며, 따라서 그들은 일자리제안을 동일한 횟수만큼 받기 위해서 백인 남성들에 비해 더 오래 그리고 더 열심히 탐색해야만 한다. 제5장에서 살펴보았던 바와 같이, 근로자의 일자리탐색비용은 기업들의 노동공급곡선을 우상향하도록 만들며, 이에 뒤따르는 수요독점 결과는 이 탐색비용이 더 클 때 더 현저하게 된다.[45]

그림 12.8은 두 그룹의 근로자들이 동일한 생산성을 갖지만(즉 두 그룹의 근로자들은 모두 MRP_L^*과 동일한 한계수입생산을 가진다), 한 그룹은 다른 그룹보다 탐색비용이 더 높은 상황의 시사점들을 그래프로 보여주고 있다. 그림 (a)는 상대적으로 탐색비용이 낮은 그룹(아마도 백인 남성들)의 노동공급곡선과 노동의 한계수입생산곡선을 나타내고 있다. 그들의 사용자들에 대한 이 그룹의 노동공급곡선(S_M)은 상대적으로 편평한 데, 이는 또한 이와 관련된 노동의 **한계**지출곡선$(ME_L)_M$도 상대적으로 편평하다는 것을 의미한다. 이윤극대화를 추구하는 사용자들은 이 그룹으로부터 E_M만큼의 근로자들을 채용하

[44] 이 모형의 보다 철저한 논의는 Dan H. Black "Discrimination in an Equilibrium Search Model," *Journal of Labor Economics* 13 (April 1995): 309~334를 참조하라.

[45] 이 이론적 시사점에 대한 지지는 Michael R. Ransom and Ronald L. Oaxaca, "New Market Power Models and Sex Differences in Pay," *Journal of Labor Economics* 28 (April 2010): 267~289; Boris Hirsch, Thorsten Schank, and Claus Schnabel, "Differences in Labor Supply to Monopsonistic Firms and the Gender Pay Gap: An Empirical Analysis Using Linked Employer-Employee Data from Germany," *Journal of Labor Economics* 28 (April 2010): 291~330; and Torberg Falch, "Teacher Mobility Response to Wage Changes: Evidence from a Quasi-Natural Experiment," *American Economic Review: Papers and Proceedings* 101 (May 2011): 460~465에서 찾을 수 있다.

그림 12.8

탐색과 관련된 수요독점과 임금차별

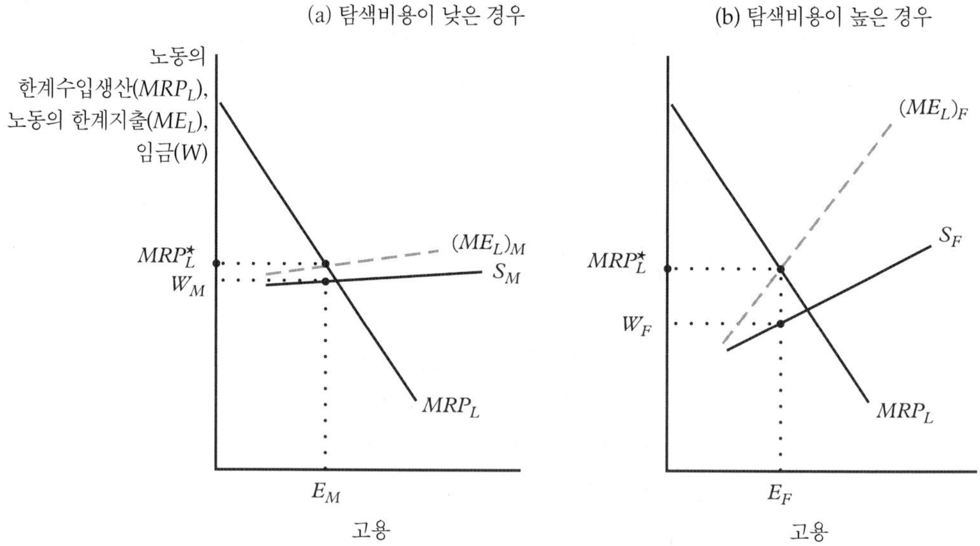

고, 그들에게 MRP_L^*보다 단지 약간 낮은 수준인 W_M의 임금을 지급할 것이다.

그림 (b)는 편견 때문에 발생하는, 더 높은 탐색비용을 가진 그룹(소수집단들 또는 여성들)의 관련 곡선들을 보여준다. 이 근로자들은 정확히 똑같은 노동의 한계수입생산을 갖고 있다고 가정되지만, 그들의 더 높은 탐색비용은 더 가파른 기울기를 갖는 노동공급곡선(S_F), 더 가파른 기울기를 갖는 노동의 한계지출곡선$(ME_L)_F$, 그리고 한계수입생산과 임금의 더 큰 괴리를 의미한다. 이 그룹에서는 E_F 만큼의 근로자들이 채용되며, 그들은 W_F의 임금을 받는다. 그림 (a)와 (b)를 비교하면, 동일한 한계생산성을 가졌음에도 불구하고 탐색비용이 더 높은 근로자들이 더 낮은 임금을 받는다는 것을 (즉 $W_F < W_M$) 쉽게 알 수 있다. 현실적인 수준에서는 만약 두 그룹의 근로자들이 어떤 기업에 채용된다면 탐색비용이 더 높은 근로자들이 더 낮은 직급에 배치될 수도 있다.

탐색과 관련된 수요독점모형의 논의에 대해서는 두 가지 논평이 가능하다. 첫째, 제5장에서는 최저임금법하에서의 **강제적인** 임금인상에 대해 고용이 많이 감소하지 않으며, 불확실하게 반응하게 되는 잠재적인 설명으로서 수요독점모형을 소개하였다. 1970년도에 입안된 영국에서의 동일임금법(Equal Pay Act) 아래에서 강제적인 임금인상과 관련되어 여성들의 고용이 감소하지 않은 사실을 설명하기 위해서도 수요독점모형이 또한 인용된 바 있었다.[46]

둘째, 만약 편견이 여성들과 소수집단들의 일자리탐색비용을 증가시켜서 이 그룹들

46) Alan Manning, "The Equal Pay Act as an Experiment to Test Theories of the Labour Market," *Economica* 63 (May 1996): 191~212.

의 구성원들이 다른 고용 제안을 탐색할 가능성이 더 적다면, 그들의 일자리연결은 백인 남성들의 일자리연결에 비해 질적으로 더 낮은 수준이 될 것이다. 그렇다면 개별여성들과 소수집단그룹의 개별구성원들은 그 자신들의 재능을 가장 잘 이용할 수 있는 사용자들을 찾을 가능성이 더 작게 된다. 따라서 협의로 정의된 직종그룹들 내에서조차도 질적 수준이 높은 일자리연결이 이루어지지 못한 덕분에 소수집단들과 여성들은 백인 남성들보다 생산성이 더 낮으며, 더 낮은 보수를 받게 되는 경향이 있게 된다.

담합 행태 몇몇 이론들은 사용자들이 소수집단들 또는 여성들을 예속시키고, 이에 따라 수요독점 임금이 예속되는 그룹에 강요될 수 있는 상황을 만들기 위해서 서로 담합한다는 가정에 그 근거를 두고 있다. 차별에 대한 보다 명시적인 담합 이론 중 하나는 편견과 그로 인한 갈등은 소유자들의 이익에 도움이 되기 때문에 자본주의사회에 내재하게 된다고 주장한다.[47] 인종 또는 성에 의해 분할된 근로자들은 조직화하기 힘들며, 만약 그들이 노동조합을 결성**하더라도** 자신들의 요구들에 대해 집착력이 약하다. 따라서 자본의 소유자들은 차별로부터 이익을 얻지만, **모든** 근로자, 특히 소수집단들과 여성들은 차별 때문에 손실을 입는다고 주장된다.

그러나 만약 차별이 자본가들에 의해 발생하거나 적어도 영속화된다면, 자본주의 이전 또는 사회주의사회에서의 차별의 존재를 어떻게 설명할 수 있을까? 나아가 만약 모든 백인사용자가 여성들과 소수집단들을 낮은 임금, 낮은 직급의 일자리에 머무르도록 공모한다면, 그들 모두가 독점이윤을 획득할 수 있는 것이 사실일지 모른다. 그러나 만약 사용자 A에서부터 사용자 Y까지 합의사항을 준수한다면, 사용자 Z는 항상 합의사항을 **어길** 인센티브를 가질 것이다. 사용자 Z는 여성들 또는 소수집단들을 채용하지 않기로 한 **다른** 사용자들의 합의 때문에 이들을 낮은 비용으로 채용할 수 있으며, 사용자 Z는 사용자 A에서부터 Y까지가 높은 임금을 지급하는 백인 남성들로 충원하는 일자리들을 다른 면에서는 똑같이 생산적인 이 근로자들을 채용하여 채움으로써 이윤을 증가시킬 수 있다. 다른 모든 사용자도 Z와 똑같은 인센티브를 갖기 때문에, 담합을 깨는 사람들이 어떤 방식으로든 벌칙을 받을 수 없다면 공모는 깨어지는 경향이 있을 것이다. 담합 행태 모형은 수백만 명의 미국 사용자들 사이에 공모가 어떻게 유지되며 어떻게 조정되는가에 관해서는 설명을 하지 못한다.

차별이론에 대한 최종평가

모든 차별모형은 한 가지 사항에 대해서는 동의하는 것처럼 보인다. 즉 노동시장차별이 지속된다는 것은 비경쟁적이거나 또는 경쟁적 요인들에 대한 적응이 매우 느린 요인들의 결과라는 것이다. 어느 하나의 모형도 사실을 설명하는 데 있어 다른 모형들보다 우위에 있다는 것이 아직 증명될 수는 없지만, 여러 이론과 이 이론들이 설명하려 하는 사실들은

47) Michael Reich, "The Economics of Racism," in *Problems in Political Economy: An Urban Perspective*, ed. David M. Gordon (Lexington, Mass.: D.C. Heath, 1971) 107~113.

정부의 개입이 비경쟁적인 (또는 느린) 영향력들을 제거하는 데 유용할 수 있다는 것을 암시해 준다. 이러한 정부프로그램들을 분석하는 데 있어 차별하려는 압력은 여러 원천으로부터 나타날 수 있다는 것과 차별이 차별행위를 하는 사람들에게 반드시 이윤을 제공하는 것은 아니라는 것을 명심하는 것이 도움될 것이다.

차별을 종식하기 위한 미연방프로그램

광범위하게 말하면, 미국 정부는 차별의 원인 또는 결과와 싸우기 위해 다소 대립하는 두 가지 접근법을 취해 왔다. 한 접근법은 **차별방지**(nondiscrimination)를 강제로 시행하는 것인데, 이는 인종, 민족, 또는 성이 근로자들의 채용, 승진 또는 보상에 역할을 해서는 안 된다는 것을 의미한다. 다른 접근법은 **차별시정조치**(affirmative action)로 특징지을 수 있는데, 차별시정조치에서는 사용자들이 자신들의 인사 관련 의사결정에 인종, 민족, 그리고 성을 의식하고, '보호되는' 그룹들이 과소하게 대표되지 않도록 보증할 조치를 취하도록 요구받게 된다.

1963년의 동일임금법

1960년대 이전에는 여성들의 주간 총근로시간을 제한하고 여성들이 야간에 일하거나, 무거운 물체를 들거나, 그리고 임신 중에 일하는 것을 금지했던 법들에 의해 성차별이 공식적으로 인정되었다. 모든 주에서 이러한 모든 제약을 여성들에게 부과하지는 않았지만, 이 법들의 효과는 여성들이 여러 일자리에 접근하는 것을 제한했다. 이 법들은 1963년에 입안된 동일임금법(Equal Pay Act)으로 뒤집혔는데, 이 법은 비슷한 기술을 사용하여 동일한 조건 아래에서 직무를 수행하는 남성들과 여성들의 보수기준을 따로 마련하는 것을 또한 불법화시켰다.

그러나 이 동일임금법은 채용과 승진의 기회균등에 관해 아무 언급이 없었기 때문에 차별방지의 도구로서는 심각한 결함이 있었다. 이러한 결점은 차별이론을 잠깐 검토함으로써 쉽게 이해될 수 있다. 만약 어떤 원천으로부터이든지 여성들에 대한 편견이 존재한다면, 사용자들은 똑같은 생산성을 가진 남성들에 비해 생산성이 더 낮거나 채용에 비용이 더 드는 것으로 여성근로자들을 대우할 것이다. 편견이 존재하지 않을 경우에 비해 여성들은 일자리를 얻는 데 남성들과 성공적으로 경쟁할 수 있기를 바랄 수 없으므로, 이에 대한 시장의 반응은 여성의 임금을 남성의 임금보다 낮은 수준으로 하락시킨다. 동일임금법은 임금격차의 제거를 위한 조처를 취했지만, 그렇게 함으로써 이 법은 여성들이 일자리에 더 많이 접근하도록 도왔던 시장메커니즘을 억누르는 경향이 있었다.[48] 만약 노동시장차별을 제거시키려 한다면 법안은 비슷한 수준의 생산성을 갖고 있는 사람들에게

---

[48] 주의 동일임금법들이 여성들의 상대적 고용을 감소시켰다는 증거는 David Neumark and Wendy A. Stock, "The Labor Market Effects of Sex and Race Discrimination Laws," *Economic Inquiry* 44 (July 2006): 385~419를 참조하라.

채용과 승진 모두에 있어 동일한 보수와 동일한 기회가 요구되어야만 한다는 것을 이 법은 인식하지 못했다.

민권법 제7조

1963년에 제정된 동일임금법의 몇 가지 결점들은 다음 해에 시정되었다. 1964년에 제정된 민권법 제7조(Title VII of the Civil Rights Act)는 어떤 사용자라도 '개인의 인종, 피부, 종교, 성 또는 국적 때문에, 어떤 개인이라도 채용을 거절 또는 해고하거나 보수, 고용 기간, 조건 또는 고용 특전과 관련하여 어떤 개인이라도 차별하는 것'을 불법으로 규정하고 있다. 민권법 제7조는 적어도 15명의 근로자를 갖고 주와 주 사이의 교역에 종사하는 모든 사용자에게 적용되며, 불만을 중재(mediate)하고, 민간당사자들 또는 미국 법무부 장관(U.S. attorney general)에 의한 소송을 제기하도록 하며, 또는 법을 위반한 사용자에 대해 스스로 소송을 제기할 권한을 가진 평등고용기회위원회(EEOC: Equal Employment Opportunity Commission)에 의해 강제로 시행되고 있다. 법의 영향력을 증대시키기 위해 법원은 개별고소인들에게 자신들의 소송을 **집단소송**(class action)으로 확대하는 것을 허용했는데, 집단소송의 경우에는 조직의 고용관행이 전체 근로자그룹에 미치는 차별의 잠재적인 영향이 평가된다.

오랫동안 연방법원은 차별적인 고용관행이 제기될 때 적용될 수 있는 **직접차별**(disparate treatment, **차별취급**)과 **간접차별**(disparate impact, **차별 효과**)이라는 차별의 두 가지 기준을 만들었다. 직접차별은 민권법 제7조 하에서 만약 개인들이 자신들의 인종, 성, 피부, 종교 또는 국적 때문에 상이한 대우를 받는다면, 그리고 만약 차별하려는 의도가 있었다는 것이 보일 수 있다면 발생한다. 이 기준에 의해 제기되는 어려움은, 인종, 성 등을 무시한다는 의미에서 중립적인 것처럼 보이는 정책들이 그럼에도 불구하고 과거 차별의 효과를 영속화할 수 있다는 것이다. 예를 들어 (겉으로 보기에 중립적인 정책인) 주로 백인 종업원들을 가진 공장에서 구두로 근로자들을 모집하는 것은 비록 지원자들로부터 새로운 근로자들을 선발하는 것이 비차별적으로 이루어졌더라도 민권법 제7조 하에서는 차별의 의심을 받게 된다.

과거의 차별이 현재에 미치는 효과를 다루는 데 있어서의 우려는 **간접차별이라는 기준**(disparate impact standard)으로 유도되었다. 이 접근법 하에서 문제가 되는 것은 동기가 아니라 바로 결과이다. 중립적인 것처럼 보이지만 인종, 성 등에 의해 상이한 효과에 이르도록 하는 정책들은 만약 이 정책들이 직무수행과 관련될 수 없다면 민권법 제7조 하에서는 금지된다.[49] 결과적으로 고소인들, 사용자들, 그리고 법원은 고용, 승진, 훈련 또는 해고에 선발되는 사람들의 인종 또는 성 구성이 그 대상이 되는 근로자 풀(pool)의 인종 또는 성 구성과 얼마나 밀접하게 부합되는가에 관심을 두게 되었다.

간접차별이라는 기준을 사용하여 민권법 제7조를 강제로 시행하는 것은 채용, 승진,

---

[49] *Griggs* v. *Duke Power Company* 401 U.S. 424 (1971).

그리고 보수에 대한 의사결정에 대해 여러 문제를 일으켰다. 그중 한 가지는 기업의 잠재적 채용대상자 풀에 누가 고려되어야만 하는가를 정의하는 것이다. 예를 들어 작업장으로부터 꽤 먼 곳에 거주하고 있는 장래의 지원자들이 가까운 이웃에 사는 사람들과 동일한 비중을 부여받아야만 하는가? 또 다른 문제는 무엇이 과소하게 대표된다는 설득력 있는 (주요한) 증거를 구성하는가? 라는 통계적 문제이다. 다른 두 가지 문제들은 사용자들이 어떻게 연공서열을 근로자들에게 부여하는가와 직종이 분단될 때 '동일한 보수'를 어떻게 판단하는가와 관련된다.

연공서열 많은 기업은 승진기회들을 배분하는 데 있어서의 고려사항으로서 연공서열(seniority)을 사용한다. 더욱이 경기침체 시에 근로자들은 종종 연공서열의 역순으로, 즉 연공서열이 가장 낮은 순서로 일시해고된다. 연공서열은 **공장**(plant) 내에서의 재직기간 또는 공장의 **부서**(department) 내에서 근무한 시간으로 계산될 수 있다. 두 가지 경우 모두 그러한 연공서열제도는 민권법 제7조 또는 몇몇 다른 차별방지프로그램의 결과로 인해 비전통적 일자리에 채용되거나 승진되었던 소수집단들과 여성들에게 불리하게 작용해 왔다. 가장 악명 높은 경우들은 부서별 연공서열제(departmental seniority system)하에서 경기하강 기간에 새로운 부서로 최근에 승진한 여성들 또는 소수집단들이 공장 내에서 더 낮은 연공서열을 가졌던 사람들보다 먼저 일시해고되었을 때 발생했다! 연공서열제도의 효과가 과거의 차별을 고착시킨다는 주장은 많은 소송이 이루어지도록 했지만, 부서별 연공서열제는 아직도 허용되고 있으며,[50] 인종 간의 균형을 유지하기 위해서 보다 최근에 채용된 소수집단 대신에 보다 연공서열이 높은 백인근로자들을 일시해고하는 것은 위헌이라는 결정이 내려졌었다.[51]

동등가치: 이론 많은 사람이 직종들이 성에 의해 너무 분단되어 있어 남성들과 여성들이 '동일한 일'을 하는 경우가 거의 없으므로 '동일한 일에 대한 동일한 보수(equal pay for equal work)'의 달성은 꽤 공허한 승리가 된다고 주장한다. 결과적으로 몇몇 사람들이 '동등가치(comparable worth)'를 가진 일자리에는 균등보수를 지급해야 한다는 목표를 지지하게 되었다. 동등가치의 주창자들은 **기계**를 다루는 '남성' 직종(일반정비공)은 예를 들어 1시간당 15달러를 지급받는 반면, **어린이**를 돌보는 '여성' 일자리(육아 근로자)는 8.5달러를 지급받는다는 사실을 지적할 수 있다. 그들은 왜 인간을 돌보는 사람들이 기계를 다루는 사람들보다 더 낮은 임금을 받아야만 되는가를 물을지 모른다.

정비공들이 육아 근로자들보다 왜 더 많은 임금을 받는가를 질문받을 때, 경제학자들은 시장요인으로 대답한다. 즉 어떤 이유로 인해 정비공의 공급은 육아 근로자들의 공

---

50) *International Brotherhood of Teamsters v. United States* 431 U.S. 324, 14 FEP 1514 (1977).

51) *Franks* v. *Bowman Transportation* 424 U.S. 747, 12 FEP Cases 549 (1976); *Fire Fighters Local 1784* v. *Stotts*, U.S.S. Ct. no. 82~206, June 12, 1984; and *Wygant* v. *Jackson Board of Education*, U.S.S. Ct. no. 84~1340, May 19, 1986.

급과 비교할 때 자신들에 대한 수요에 비해 상대적으로 더 적다는 것이다. 아마도 이 이유는 근로조건과 관계가 있거나, 또는 아마도 정비공에게 요구되는 기술을 배우고 뒤떨어지지 않게 유지하는 것이 더 어렵거나, 또는 아마도 직종에 대한 사람들의 혼잡이 육아 근로자들의 공급을 증가시키기 때문일 것이다. 어떤 이유에서든지, 임금은 노동의 가격이며, 가격은 자원의 배분에 결정적으로 중요한 **실질적인** 역할을 담당하므로 규제되지 않은 채로 남아있는 것이 최선이라고 주장된다.

따라서 차별을 퇴치하는 데 있어서 대부분 경제학자는 임금을 규제함으로써 **증상**을 처리하는 것보다 불균등한 결과를 **이야기**시키는 수요 또는 공급 행태를 수정하도록 충고하게 된다. 만약 위의 경우를 예로 들어 육아 근로자들의 임금이 그 시장청산수준보다 높아진다면 그 노동시장에서 노동잉여가 발생한다. 균형임금보다 높은 수준의 임금이 존재한다는 것은 적은 일자리와 많은 실업상태의 지원자들을 의미하게 되며, 이는 차별을 종식시키길 원하는 사람들이 마음속에 그리는 결과는 아니다. (이 의도하지 않은 부작용에 대한 장황한 분석이 다양한 전공을 가진 대학교수들 사이의 보수균등화의 맥락에서 예문 12.4에 실려 있다.)

동등가치: 실제 동등가치정책들은 일반적으로 여러 직급 또는 승진단계와 관련된 보수격차를 결정하거나 정당화시키기 위한 내부노동시장을 가진 사용자들에 의해 종종 사용되는 직계정격제도(job-rating schemes)에 의존하고 있다. 그 과정은 요구되는 지식과 문제 해결 능력, 그 책임수준, 물리적 근로조건, 그리고 아마도 기타 특성들에 따라 각 일자리에 점수를 할당하는 것을 수반한다. 물론 동일한 점수가 할당된 일자리들은 동일한 보수를 받게 되며, 더 높은 점수가 할당된 일자리들은 더 높은 보수를 받게 된다(부록 12A가 그 예를 제공한다). 점수가 각 일자리에 주어지는 과정은 명백히 결정적으로 중요하며, 동등가치 문제를 옹호하고 반대하는 양측은 모두 그 과정을 문제로 꼽고 있다. 반대론자들은 목표로 삼은 일자리들의 보수를 정당화되지 않는 이유로 시장수준보다 높은 수준으로 인상하기 위해 직계정격이 사용될 수 있다고 주장하는 반면, 옹호론자들은 현재 기업들 내부에서 사용되는 직계정격이 여성들 일자리의 가치를 부당하게 낮추고 있다고 주장한다.[52)]

예를 들어 영국과 미국에서는 불균등한 보수를 다루기 위해 동등가치정책들이 사용되었던 소송이 오로지 **단일사용자의 범위 내에서**만 균등화를 요구했던 경우는 상대적으로 거의 없었다. 그러나 공공부문과 민간부문 사용자들이 모두 관련된 소송들이 동등가치와 관련된 불만을 청취하기 위해 특별히 만들어진 재판소에 제기되었던 영국과는 대조적으로[53)] 동등가치를 위한 미국에서의 주요한 진전은 주 정부부문과 지방 정부부문에서

52) Donald J. Treiman and Heidi L. Hartmann, eds. *Women, Work and Wages: Equal Pay for Jobs of Equal Value* (Washington, D.C.: National Academy Press, 1981); and Steven E. Rhoads, *Incomparable Worth* (Cambridge: Cambridge University Press, 1993), 160~165 참조.

53) Rhoads, *Incomparable Worth*, 148~160.

예문 12.4

동등가치와 대학교

동등가치(comparable worth) 개념과 관련된 몇 가지 어려움은 성이 등장하지조차 않는 예에 의해 설명될 수 있다. 컴퓨터공학과 영어 분야의 대학교수들에 대한 노동시장을 고려하기로 하고, 처음에 두 분야 교수들에 대한 수요곡선과 공급곡선이 각각 D_{0C}와 S_{0C}, 그리고 D_{0E}와 S_{0E}로 주어졌다고 가정하자. 그림에 나타나는 바와 같이, 이와 같은 상황에서는 양 시장에서 동일한 임금(W_0)이 성립될 것이며, N_{0C}의 컴퓨터공학 교수들과 N_{0E}의 영어교수들이 채용될 것이다. 또한 어떤 객관적인 의미에서 두 그룹 교수들의 질은 동일하다고 가정하자.

아마도 이것이 동등가치의 주창자들이 박수갈채를 보내게 되는 상황일 것이다. 두 유형 교수들은 박사학위로 대표되는 똑같은 양의 훈련이 필요하며, 강의와 연구라는 똑같은 활동에 종사할 것이 요구된다. 상이한 학문 분야에서 이루어지는 강의와 연구에 상이한 가치를 부여할 용의가 없다면, 양 분야에서의 교수직은 진정으로 동등하다고 결론을 내려야만 한다. 따라서 만약 두 그룹의 교수들이 질적으로 균등하다면, 동등가치 개념에 따라 균등한 임금이 정당화되게 된다.

그러나 이제 컴퓨터공학 강의를 수강하기를 원하는 학생들의 수가 증가한 결과, 컴퓨터공학 교수들에 대한 수요가 D_{1C}로 증가한다고 가정하자. 동시에 선택과목으로 영어를 수강하기를 원하는 학생들이 더 적어졌기 때문에 영어 교수들에 대한 수요는 D_{1E}로 하락한다고 가정하자. 과거의 균형임금 수준에서 이제는 $N_{1C}-N_{0C}$만큼의 컴퓨터공학 교수들에 대한 초과수요와 $N_{0E}-N_{1E}$ 만큼의 영어 교수들에 대한 초과공급이 존재한다.

대학 당국은 어떻게 대응할 것인가? 한 가지 가능성은 시장이 기능하도록 내버려두는 것이다. 즉 컴퓨터공학 교수들의 임금은 W_{1C}로 상승할 것이고, 영어 교수들의 임금은 W_{1E}로 하락할 것이다. 컴퓨터공학 교수들의 고용은 N_{2C}로 증가하는 반면, 영어 교수들의 고용은 N_{2E}가 될 것이다.

또 다른 가능성은 두 그룹 교수들의 임금을 과거의 임금 W_0과 동일하도록 유지하는 것이다. 대학 당국은 컴퓨터공학 교수들의 채용기준을 낮추고 영어 교수들의 채용기준을 높임으로써 컴퓨터공학자들의 초과수요와 영어 교수들의 초과공급에 대응할 수 있다. 이렇게 되면 영어 교수들의 질적 평균수준이 컴퓨터공학자들의 질적 평균수준을 능가하기 때문에 '질적 단위'당 지급되는 임금이 이제는 컴퓨터공학자들의 경우에 더 높게 된다. 따라서 동등한 직무를 수행하는 **동일한 질**의 근로자들에게 동일한 보수를 지급해야 한다는 진정한 동등가치는 달성되지 않는다. 더욱이 이 상황에서 고용과 강의과목개설은 학생들 수요변화를 충족시키기 위해 변하지 않게 된다.

이와는 달리, 동등가치 옹호자 중 일부는 대학 당국이 **모든** 교수의 임금을 W_{1C}로 올림으로써 대응해야만 한다고 주장할지 모른다. 이러한

이루어졌다.

현재까지 미국, 캐나다, 그리고 영국에서의 동등가치 실행의 추정된 효과는 옹호론자들이 희망했던 것 같이 긍정적이지도 않으며, 그 비판자들이 경고했던 것 같이 부정적이지도 않다. 남성/여성 임금격차에 미치는 효과는 작은 것처럼 보이며, 여성고용에 관

예문 12.4

동등가치와 대학교(계속)

조치는 컴퓨터공학 교수들의 부족을 해결하게 되지만, 영어 교수들의 초과공급을 $N_{4E}-N_{3E}$ 만큼으로 증가시켜서 그 상황을 악화시키게 된다. 대학 당국은 영어 교수들의 고용을 N_{3E}로 감소시킴으로써 (그리고 강의과목개설을 줄임으로써) 대응하게 된다. 더욱이 초과공급은 다시 대학 당국이 영어 교수들의 채용기준을 높이도록 허용하게 되며, 따라서 질적 평균수준은 또다시 증가한다. 결과적으로 영어 교수들의 질적 단위당 임금은 컴퓨터공학 교수들의 질적 단위당 임금보다 다시 한 번 더 낮아지게 되며, 또다시 진정한 동등가치는 달성되지 않게 된다.

이 예로부터 얻을 수 있는 교훈은 '시장을 속이기(trick the market)'가 어렵다는 것이다. 상대적 수요조건의 변화에 직면할 때 두 유형 교수들의 임금격차가 증가하도록 허용되거나 질적 격차가 발생하도록 해야만 한다는 것이다. 그러나 두 가지 중 어떤 경우든 동등가치는 달성될 수 없다. 달리 표현하면 일자리의 가치는 시장조건과 독립적으로 결정될 수 없다.

컴퓨터공학 교수들과 영어 교수들의 시장

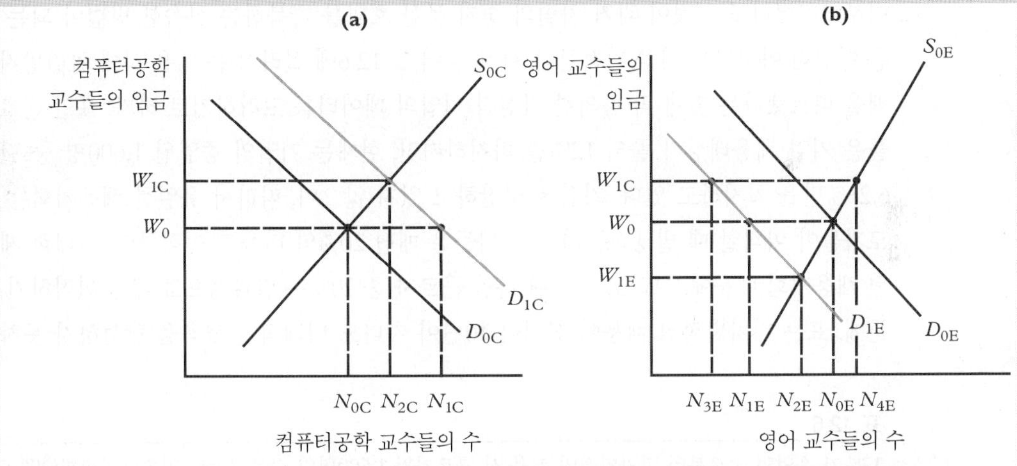

한 부(−)의 효과도 만약 존재한다면 꽤 작은 것처럼 보인다.[54)]

---

54) Peter E. Orazem, J. Peter Mattila, and Sherry K. Welkum, "Comparable Worth and Factor Point Pay Analysis in State Government," *Industrial Relations* 31 (Winter 1992): 195-215; Mark R. Killingsworth, *The Economics of Comparable Worth* (Kalamazoo, Mich.: W.E. Upjohn Institute for Employment Research, 1990); Shulamit Kahn, "Economic Implications of Public Sector Comparable Worth: The Case of San Jose, California," *Industrial Relations* 31 (Spring 1992): 270~291; Ronald G. Ehrenberg and Robert S. Smith, "Comparable Worth Wage Adjustments and Female Employment in the State and Local Sector," *Journal of Labor Economics* 5 (January 1987): 43~62; and Manning, "The Equal Pay Act as an Experiment to Test Theories of the Labor Market."

연방계약준수 프로그램

1965년에 연방정부계약자(연방정부에 재화 또는 서비스를 공급하는 기업들)들의 채용 및 승진 관행을 감시하기 위하여 미국 연방계약준수감독국(OFCCP: Office of Federal Contact Compliance Programs)이 설립되었다. OFCCP는 어떤 규모 이상의 계약자들에게 자신들이 여성들과 소수집단들을 덜 고용하고 있는 정도를 분석하고 과소고용(underutilization)이 있다면 그를 해결하기 위한 계획을 제안하도록 요구한다. 그러한 계획은 **차별시정조치계획**(affirmative action plan)이라고 불린다. 받아들여질 수 없는 계획을 제출하거나 자신들의 목표를 달성하지 못한 계약자들은 비록 이러한 극단적인 조치가 좀처럼 취해지지는 않지만, 자신들의 계약과 미래계약을 맺을 자격이 취소될지 모른다는 위협을 받는다.

차별시정조치계획의 입안은 기업들이 여성들과 소수집단들에게 주어지는 불균등한 생애근로기회를 신속하게 극복하기 위한 일정표를 밝히도록 하는 의도를 갖고 있다. 그러한 계획의 입안은 **채용**과 **승진** 관행 모두에 영향을 미치며, 간접차별이라는 기준(disparate impact standard) 하에서의 요구조건과 같이 계약준수 프로그램은 적용을 받는 사용자들에게 인사정책을 수립할 때 인종, 민족, 그리고 성을 고려할 것을 요구한다.

차별시정조치를 옹호하는 사람들은 비록 인사 조치에서의 비차별이 용의주도하게 이루어지더라도 그것이 과거 차별의 좋지 못한 효과를 극복하는 신속한 방법이 되는 것은 여전히 아니라는 것을 지적한다. 예를 들어 표 12.6에 실려 있는 채용 시에 차별방지정책을 따르겠다는 것에 막 동의한 가상적 기업의 데이터를 고려하기로 하자. 흑인 근로자들은 기업 채용대상자 풀의 12%를 차지하지만, 현재는 기업의 종업원 1,600명 중 단지 6.25%만을 차지하고 있다. 기업은 성장하고 있지 않으며, 따라서 유일한 채용기회는 근로자들이 이직할 때 발생하는데, 근로자들은 매년 20%의 비율로 이직한다. 이러한 제한된 채용기회 때문에, 그리고 채용된 흑인 근로자 중 20%는 결과적으로 매년 이직하기 때문에, 표는 비차별적인 채용이 심지어 10년이 지나도 비례적인 고용을 달성하지 못하게

표 12.6

12%가 흑인인 풀로부터 비차별적인 채용 시 근로자가 1,600명인 직무그룹의 인종구성변화(20%의 연간 이직률)

	연도						
	0	1	2	3	4	5	10
흑인들 수							
이직		20	24	26	29	31	36
신규채용		38	38	38	38	38	38
순증가		18	14	12	11	7	2
누적수준	100	118	132	144	155	162	181
흑인 비율(%)	6.25	7.37	8.25	9.00	9.69	10.12	11.31

된다는 것을 (이직률이 더 낮은 경우에는 비례적인 고용을 향한 진전이 더욱 느려지게 된다) 보여준다.

차별시정조치가 (백인 남성들에 대해) **역**차별(reverse discrimination)을 나타낸다는 주장 이외에도, 계약준수 프로그램의 잠재적 효과는 다른 두 가지 이유를 근거로 하여 의문시되었다. 첫째, 만약 과소대표 된 그룹들에게 채용에 있어 우선권이 주어져야만 한다면 기업들이 자격을 갖추지 못한 근로자들을 채용하도록 요구되어야 할 것인가? 둘째, 프로그램이 오직 연방정부 계약자들에게만 적용되기 때문에, 자격을 갖춘 소수집단들과 여성들이 비적용부문으로부터 적용부문으로 단지 이동하게 될 뿐이며, 결과적으로 고용에는 전반적으로 아무런 증가가 없는 것이 아닌가? 이러한 의문들은 미국에서 차별방지 프로그램들이 미쳐왔던 효과들을 검토하도록 한다.

연방정부 차별방지 프로그램들의 유효성

미국 연방정부의 차별시정조치 프로그램들에 대한 포괄적인 검토는 이 프로그램들이 비록 그 재분배의 정도가 매우 컸던 것처럼 보이지는 않지만 (일반적으로 비계약자들에 비해 더 높은 보수를 지급하는) 연방정부 계약자들의 고용기회를 흑인들과 여성들에게로 향하도록 재분배하였다고 결론을 내렸다. 또한 여성들에 관해서는 차별시정조치가 더 낮은 수준의 인적자본 또는 직무실적과 관련이 있다는 증거가 존재하지 않는 것처럼 보인다. 더 느슨한 노동시장의 자격조건이 채용된 소수집단들에서 발견되었지만 직무실적 수준이 더 낮았다는 증거는 빈약하다.[55] 이 한 부문에서의 소수집단들과 여성들의 호전이 전체 부문의 호전으로 옮겨졌다고 결론을 내릴 수가 있을까?[56] 이 질문은 아프리카계 미국인(African Americans)들에 대해 가장 광범위하게 역점을 두어 다루어져 왔다

백인 소득에 대한 흑인 소득의 비율은 1960년 이래 증가하였는데 이 증가가 정부노력의 결과였는지 또는 이 결과를 달성시키기 위해 다른 요인들이 작용했는지를 묻는 것은 당연한 일이다. 세 가지 다른 요인들이 일반적으로 인용된다. 첫째, 이 기간에서의 백

---

55) Harry Holzer and David Neumark, "Assessing Affirmative Action," *Journal of Economic Literature* 38 (September 2000); 483~568; and Harry Holzer and David Neumark, "Affirmative Action: What Do We Know?" *Journal of Policy Analysis and Management* 25 (Spring 2006); 463~490. 제2차 세계대전 기간 동안 방위산업계약자들에게서 일하는 흑인 근로자들의 기회를 향상시키는 목적을 가졌던 명백히 성공했던 프로그램에 대한 연구는 William J. Collins, "Race, Roosevelt, and Wartime Production: Fair Employment in World War II Labor Markets," *American Economic Review* 91 (March 2001); 272~286을 참조하고 차별시정조치 프로그램들을 종결시키는 효과를 분석한 연구는 Caitlin Knowles Myers, "A Cure for Discrimination? Affirmative Action and the Case of California's Proposition 209," *Industrial and Labor Relations Review* 60 (April 2007): 379~396을 참조하라. 법원명령에 의한 차별시정조치가 더 강력한 효과를 볼 수 있다. Justin McCrary, "The Effect of Court-Ordered Hiring Quotas on the Composition and Quality of Police," *American Economic Review* 97 (March 2007): 318~353 참조.

56) 개발도상국의 여성들에게 권한을 부여하기 위한 경제개발 프로그램들에 대한 기여의 포괄적인 검토는 Ester Duflo, "Women Empowerment and Economic Development," *Journal of Economic Literature* 50 (December 2012): 1051~1079를 참조하라.

인들의 교육수준에 대한 흑인 근로자들의 **교육수준**의 상대적인 향상이 백인 근로소득에 대한 흑인 근로소득의 비율을 증가시키는 데 중요한 역할을 했다고 생각된다. 실제로 한 연구는 교육수준의 향상이 1960년 이후에 이루어진 근로소득 비율 증가의 20~25%를 설명한다고 추정한 바 있다.[57)] 둘째, 학교교육의 **질**이 1960년 이후 백인보다는 흑인의 경우에 더 향상되었다는 증거가 있으며, 한 연구는 근로소득 비율 증가의 15~20%는 학교의 질적 향상 덕택으로 돌릴 수 있음을 추정하였다.[58)] 마지막으로 흑인들의 경제활동참가율의 상대적으로 큰 감소가 가장 교육을 적게 받은 근로자그룹에 집중되었기 때문에 취업상태로 남아있는 근로자들의 평균근로소득이 이로 인해 증가했으며, 이는 전반적인 향상이 **이루어진 것처럼 보이도록** 만들었다고 주장되었다. 근로소득 비율 증가의 약 10~20%는 이 마지막 요소의 탓으로 돌려져 왔다.[59)]

위에서 인용된 근로소득 증가의 세 가지 원천에 대한 추정치들의 상한치를 취하더라도, 흑인/백인 남성들 근로소득 비율 증가의 적어도 1/3은 설명되지 않은 채로 남아있게 된다. 노동시장에서의 차별을 감소시키려는 연방정부의 노력이 그 원인이었다는 것이 가능한가? 이 문제에 관한 문헌과 증거에 대한 검토는 전반적으로 연방정부의 노력이 아프리카계 미국인들의 근로소득 수준을 높이는 데 성공적이었다고 결론을 내렸다.[60)]

흑인들의 경제적 발전에 대한 한 가지 중요한 사실은 1960년과 1975년 사이에 흑인/백인 근로소득 비율의 불연속적인 급상승이 있었다는 것이다. 이 갑작스러운 개선은 연방정부의 차별방지 프로그램 시작과 동시에 발생했으며, 학교교육의 질 또는 수준 같은 다른 요소들에서 발생하는 꽤 연속적인 증가에 의해서는 설명될 수 없다. 두 번째 중요한 사실은 1960~1975년의 기간 동안 흑인/백인 근로소득 비율의 가장 큰 증가는 분단(segregation)이 가장 심했고 연방정부의 차별방지노력이 가장 컸던 남부(South)에서 이루어졌다는 것이다.

---

57) James P. Smith and Finis R. Welch, "Black Economic Progress after Myrdal," *Journal of Economic Literature* 27 (June 1989): 519~564.

58) David Card and Alan B. Krueger, "School Quality and Black-White Relative Earnings: A Direct Assessment," *Quarterly Journal of Economics* 107 (February 1992): 151~200. 학교의 인종차별폐지(desegregation)가 남부(South)에서의 흑인들의 임금에 어떤 영향을 미쳤는가에 대한 연구는 Orley Ashenfelter, William J. Collins, and Albert Yoon, "Evaluating the Role of *Brown vs. Board of Education* in School Equalization, Desegregation, and the Income of African Americans," *American Law and Economics Review* 8 (Summer 2006): 213~248을 참조하라.

59) John J. Donohue III and James Heckman, "Continuous versus Episodic Change: The Impact of Civil Rights Policy on the Economic Status of Blacks," *Journal of Economic Literature* 29 (December 1991): 1603~1643.

60) Donohue and Heckman, "Continuous versus Episodic Change." 이 포괄적인 검토에 대한 짧은 개요는 James Heckman, "Accounting for the Economic Progress of Black Americans," in *New Approaches to Economic and Social Analyses of Discrimination*, eds. Richard R. Cornwall and Phanindra V. Wunnava (New York: Praeger, 1991), 331~337 참조. 논문 Kenneth Y. Chay, "The Impact of Federal Civil Rights Policy on Black Economic Progress: Evidence from the Equal Employment Opportunity Act of 1972," *Industrial and Labor Relations Review* 51 (July 1998): 608~632는 연방정부의 노력이 흑인/백인 보수 차이가 감소하도록 도움을 주었다는 견해를 지지하고 있다.

실증연구

차별하는 사람들을 현장에서 목격할 수 있을까? 현장실험을 이용한 노동시장차별의 확인

이 장의 앞부분에서 살펴본 바와 같이, 경제학자들이 예를 들어 아프리카계 미국인들에 대한 노동시장차별을 측정하기 위해 사용하는 통계학 방법들은 관찰되는 흑인/백인 임금격차를 본질적으로 두 부분으로 나눈다. 즉 **관찰할 수 있는** 생산적 특성들의 차이에 의해 설명될 수 있는 부분과 이 특성들에 대한 보상(payoffs)과 관련된 잔차(residual)가 그 두 부분이다. 몇몇 사람들은 잔차가 차별을 반영한다고 주장하는 반면, 다른 사람들은 이 잔차를 측정될 수 없는 생산적 특성들에 (전체적 또는 부분적으로) 기인하는 것으로 지적할 것이다. 이 장의 끝 부분에서 소개된 법률용어로 설명하면, 통계분석은 **간접차별**(disparate impact)을 확인하는 데 유용하지만, 보통 이것과 관련하여 확증을 주지는 않는다. 나아가 통계분석은 결과를 만들어낸 행태가 아니라 결과에 초점을 맞추기 때문에, **직접차별**(disparate treatment)을 입증하기에는 미흡하다. 차별하는 사람들을 현장에서 실제로 목격하는 방법을 찾을 수 있을까?

차별을 관찰하기 위해 사용되는 한 가지 방법은 (만약 초점이 노동시장에 맞춰진다면) 구인광고를 낸 사용자들에게 지원자들로 가장한 여러 인종의 감사(auditor)들이 접근하는 감사(audit) 또는 현장실험을 하는 것이다. 각 '지원자'는 다른 인종의 감사와 짝을 이루고 짝 모두에게는 일자리의 지원 자격으로 볼 때 동등하도록 사려 깊게 구성된 가상의 근로경력과 교육배경이 주어진다. 만약 예를 들어 흑인인 감사들이 백인들보다 체계적으로 더 못한 대우를 받는다면 차별이 존재함을 추론할 수 있다.

만약 감사들이 연구목적을 알면 인터뷰 중에 사용자들로 하여금 연구자들이 기대할 것이라고 자신들이 믿는 방식으로 반응하도록 유발시키는 행동을 할지 모르기 때문에 설득력 있는 감사를 고안하는 것은 도전해볼 만한 일이다. 구직인터뷰를 위해 감사들을 보내는 것은 또한 매우 많은 시간이 소비되고 비용이 많이 드는 일이기 때문에, 보통 대규모의 표본을 마련하기가 어렵다. 감사들을 크기와 외견상 어울리도록 하고 이들을 인터뷰 때에 똑같은 방식으로 나타나도록 훈련시키는 것도 또한 도전해 볼 만한 일이다.

그러나 최근의 한 연구는 총 1,300자리의 구인광고를 낸 보스턴과 시카고의 기업들에 약 5,000장의 이력서를 보냄으로써 감사와 관련된 이러한 문제들을 교묘히 회피했다. 그 뒤 연구자들은 각 이력서가 응답을 끌어낼 가능성이 얼마나 되는지를 분석했다. 이력서들은 동등하게 짝이 지어졌으며, 할당된 이름들이 인종을 암시하기 위해 사용되었다. 예를 들어 라키샤 워싱턴(Lakisha Washington)과 자말 존스(Jamal Jones)는 아프리카계 미국인 지원자임을 알려주는데 사용된 이름들인 반면, 에미리 월쉬(Emily Walsh)와 그렉 베이커(Greg Baker) 같은 이름들은 지원자가 백인임을 암시하기 위해 사용되었다. 만약 아프리카계 미국인처럼 들리는 이름을 가진 이력서들이 상당히 더 적은 수의 인터뷰를 위한 지원자의 초청장을 끌어냈다면, 인종차별이 발생했다는 결론을 내릴 수 있었을 것이다.

결과는 놀랄 만했다. 백인 같이 들리는 이름을 가진 일자리 지원자들은 하나의 응답을 받기 위해 10장의 이력서를 보낼 필요가 있었던 반면,

이름이 아프리카계 미국인들 같이 들리는 사람들은 하나의 응답을 받기 위해 15장의 이력서를 보낼 필요가 있었다. 이 50%의 차이는 통계적으로 유의하였으며, 이력서의 수준이 높아짐에 따라 그 차이는 더 커졌다(즉 더 높은 숙련도를 요구하는 일자리들에서 인종 간 격차는 더욱 컸었다). 만약 이 가상의 이력서들이 지원자들이 더 부유한 또는 더 교육수준이 높은 지역에 거주하고 있음을 보여주었다면, 흑인과 백인 모두에게 응답 확률이 증가했지만, 인종격차의 크기는 불변인 채로 유지되었다. 신문광고가 오직 하나의 채용 경로였고, 감사가 (일자리제안까지 진행된 것이 아니라) 응답 단계에서 끝났지만, 이 연구는 오늘날까지 노동시장에 인종차별이 지속되고 있음을 확인하고 있다.

자료: Marianne Bertrand and Sendhil Mullainathan, "Are Emily and Greg More Employable than Lakisha and Jamal? A Field Experiment on Labor Market Discrimination," *American Economic Review* 94 (September 2004): 991~1013. 독특한 아프리카계 미국인 이름들의 명백한 원인과 경제적 효과에 관한 뒤이은 분석은 Roland G. Fryer, Jr. and Steven D. Levitt, "The Causes and Consequences of Distinctively Black Names," *Quarterly Journal of Economics* 119 (August 2004): 767~805를 참조하라. 자신이 어떤 민족인지를 감추기 위해 자신들의 이름을 바꿨던 스웨덴으로 이주한 아시아인, 아프리카인, 그리고 슬라브인에 대한 연구는 Mahmood Arai and Peter Skogman Thoursie, "Renouncing Personal Names: An Empirical Examination of Surname Change and Earnings," *Journal of Labor Economics* 27 (January 2009): 127~147을 참조하라. 캐나다로부터의 연구는 Philip Oreopoulos, "Why Do Skilled Immigrants Struggle in the Labor Market? A Field Experiment with Thirteen Thousand Resumes." *American Economic Journal* 3 (November 2011): 148~171에 실려 있다

연방정부의 차별방지 노력이 흑인들의 상대적 근로소득을 증가시키는 데 적어도 부분적으로 성공적이었다는 결론은 (연방계약준수 프로그램과 같은) 개별프로그램들에 대한 연구들이 꽤 빈약한 결과들을 추정했기 때문에 다소 놀라운 것으로 인정되어야만 할 것이다. 개별적으로 약한 것처럼 보였던 프로그램들로부터 전반적인 향상이 이루어졌다는 모순적 결과는 각 프로그램이 주로 남부를 목표로 삼았던 모든 형태의 인종적 분단을 제거하고, 흑인들이 선거에 참여하도록 등록시키며, 차별의 희생자들을 위한 법적 치유책을 제공하는 포괄적인 일련의 프로그램 중 일부분이었다는 것에 주목함으로써 해소될 수 있다. 한 분석가의 글을 인용하면,

> 만약 자신들에게 적절한 이유가 주어진다면 남부의 사용자들이 흑인들을 고용하고 싶어 했다는 증거가 존재한다. 이는 새로운 법을 위한 강력한 레버리지효과(leverage effect)를 발휘했다. … 인종차별(racial exclusion)의 전 유형에 이의가 제기되었다. 이는 명백히 조그마한 올의 지푸라기[동등고용 기회위원회(Equal Employment Opportunity Commission)와 연방계약준수감독국(Office of Federal Contract Compliance)]이 어떻게 남부 고용차별의 근간을 무너뜨릴 수 있었는지를 설명하는 데 도움이 된다. 그것들은 남부를 대상으로 시작된 연

방정부 노력의 단지 빙산의 일각일 뿐이었다.[61]

1960년대와 1970년대에는 연방정부 차별방지 프로그램들의 효과에 대한 낙관론이 보장되었지만, 교육을 적게 받은 근로자들의 시장이 좋지 않게 변한 1980년 이후 그러한 프로그램들이 성공적이었는지는 분명하지 않다. 1980년 이후 만약 연방정부의 노력이 없었더라면 흑인들의 근로소득은 더욱더 낮아졌을 것이라고 주장하는 것이 가능할지 모르지만, 지금까지의 증거는 일단 가장 지독한 형태의 차별들이 사라지고 난 뒤 연방정부 노력의 효과가 약해졌다는 것이다.[62]

---

61) Heckman, "Accounting for the Economic Progress of Black Americans," 336.

62) Donohue and Heckman, "Continuous versus Episodic Change," 1640. Harry J. Holzer, "Why Do Small Establishments Hire Fewer Blacks Than Large Ones?" *Journal of Human Resources* 32 (Fall 1998): 896~914는 소규모 기업들이 흑인들을 채용하는 데 있어서 대규모 기업들보다 시기적으로 뒤처지고 있다고 상세한 내용을 기록하고 있다. 이 시차의 원천은 알려지지 않았지만, 이 시차는 더 이상의 진전이 가능할지도 모를 부문을 보여주고 있다.

복습문제

1. 중국계 미국인들과 일본계 미국인들은 백인인 미국인들의 평균근로소득과 동일한 또는 이를 초과하는 평균근로소득을 갖고 있다. 이 사실이 그들이 노동시장차별의 희생자들이 아니라는 것을 의미하는가?
2. "최근 몇 년 동안에 미국의 숙련근로자들과 미숙련근로자들의 임금 차이가 증가했다. 이러한 증가는 멕시코로부터의 미숙련이주자들에 대한 측정된 노동시장차별이 또한 증가하고 있다는 것을 의미한다." 이 진술의 두 번째 부분이 첫 번째 부분에 의해 암시되고 있는지를 논평하라.
3. AP(Associated Press) 통신의 기사는 남자고등학교 교사들이 여자고등학교 교사들보다 더 많은 보수를 받는다는 내용의 보도를 인용했다. 이 보도가 사실이라고 가정할 때, 이 내용을 임금차별의 증거로 판단하기 위해서는 어떤 정보가 요구되는가?
4. 관련 경제활동인구에서 나타나는 비율과 똑같은 비율로 자격을 갖춘 소수집단들을 (비차별적인 임금을 지급하고) 채용하라는 정부의 강제적인 요구는 이전에 사용자차별을 실행에 옮겼던 기업들의 이윤을 감소시킬까? 상세히 설명하라.
5. 미국이 (상대적으로 교육을 거의 받지 못하고 시장에서 상품가치가 있는 숙련도를 거의 갖고 있지 못한 근로자인) 불리한 여건 하에 있는 흑인 근로자들을 채용하는 사용자들에게 영구적으로 임금보조금을 지급하려 한다고 가정하자. (a) 흑인들에 대한 노동시장차별과 (b) 장기적으로 흑인들과 백인들 사이의 노동시장 진입 이전의 차이점을 극복하는 데 있어서의 이 보조금의 잠재적 유효성을 분석하라.
6. 소도시에 있는 큰 규모의 대학교가 여성 근로자들을 차별하고 있다는 고발을 조사하는 일에 여러분이 관계하고 있다고 하자. 교수가 거의 여성들로 구성된 사회사업대학(School of Social Work) 교수들의 급여가 대학교 내 타

대학의 비슷한 직급 교수들에게 지급되는 평균 급여보다 20% 낮다는 것을 여러분들이 알아냈다고 하자. 이 대학교는 **사용자**차별(employer discrimination)과 관련된 행태를 보이는가? 설명하라.

7. 어떤 시(市)가 (모두 남성인) 건물검열관들에게 시간당 16달러를, 그리고 (모두 여성인) 공중보건간호사들에게는 시간당 10달러를 각각 지급한다고 가정하자. 시의회가 사실상 공중보건간호사들의 임금을 건물검열관들의 임금과 같아지도록 요구하는 동등가치법(comparable-worth law)을 통과시킨다고 가정하자. 이 동등가치정책이 질이 높은 간호사들과 질이 낮은 건물검열관들에게 주로 이익이 된다는 주장을 평가하라.
8. 1920년대에 남아프리카공화국은 높은 숙련도가 요구되는 일자리에서 흑인인 아프리카인들이 일하는 것을 효과적으로 금지하는 법을 통과시켰다. 즉 숙련도가 요구되는 일자리는 백인들을 위하여 유보되었다. 이 법이 남아프리카공화국 흑인 근로자들과 백인 근로자들에게 미친 영향을 분석하라.
9. 평균적으로 여성들이 남성들보다 더 오래 산다고 가정하자. 사용자가 남성들과 여성들을 채용하여, 그들에게 동일한 직무에 대해 동일한 임금을 지급하며, 연금으로 1인당 동일한 액수를 적립한다고 가정하자. 그러나 퇴직 후에 약속된 월 연금액은 남성보다 여성이 더 적은데 그 이유는 여성들의 연금기금이 더 오래 지속되어야만 하기 때문이다. 대법원(Supreme Court)의 결정에 따르면 위의 사용자는 퇴직 후의 불균등한 월 연금급여 때문에 차별로 인해 유죄가 된다.
   a. 대법원의 차별에 대한 암묵적 정의에 대해 논평하라. 이 정의는 경제학자들에 의해 보통 사용되는 정의와 일관성을 갖는가? 그 이유는?
   b. 이러한 결정이 남성과 여성들에게 미치는 경제적 효과를 분석하라.

연습문제

1. 아래에 주어진 정보를 이용하여 남성들과 여성들의 상이지수(Index of Dissimilarity)를 계산하라.

직종	남성	여성
A	40	20
B	40	25
C	20	25
총계	100	70

2. 왼손잡이 근로자들의 경우 $MRP_L=20-0.5L$ (단 L=왼손잡이 근로자들의 수, MRP_L은 시간당 달러로 측정됨)로 표시된다고 가정하자. 왼손잡이 근로자들의 현행임금은 시간당 10달러이지만 사용자 A는 이 근로자들을 차별하여 시간당 2달러라는 차별계수(discrimination coefficient) D를 갖고 있다. MRP_L 곡선을 그리고, 사용자 A가 몇 명의 왼손잡이 근로자들을 채용하는지를 보여라. 차별로 인해 사용자 A는 얼마만큼의 이윤을 잃게 되는가?
3. 여성근로자들에 대한 시장수요는 다음과 같이 표시되는 남성에 대한 여성의 상대임금 W_F/W_M에 의존한다고 가정하자(본문 그림 12.3과 비슷하며, 단 N_F는 노동시장에서 채용된 여성근로자 수임). 여성근로자 수가 1,000명 미만일

경우 $W_F/W_M=1.1-0.0001N_F$, 여성근로자 수가 1,001명 이상 5,000명 이하일 경우 $W_F/W_M=1$, 여성근로자 수가 5,000명을 초과할 경우 $W_F/W_M=1.5-0.0001N_F$. 이 수요곡선을 그리고, 채용된 여성근로자 수가 200명, 2,000명, 그리고 7,000명일 때의 여성근로자들의 상대임금을 각각 계산하라. 언제 이 노동시장에서 차별이 여성근로자들에게 해를 끼치는가?

4. (부록) 택배트럭 운전기사들의 노동시장에서 $L_S=-45+5W$, $L_D=180-10W$로 각각 나타난다고 하며[단 L=근로자 수, W=시간당 임금(달러)], 사서들의 노동시장에서 $L_S=-15+5W$, $L_D=190-10W$로 각각 나타난다고 한다. 각 직종의 균형임금과 균형고용수준을 각각 구하고, 만약 동등가치법(comparable worth law)이 사서들의 임금이 택배트럭 운전기사들의 임금과 동일하도록 인상될 것을 강제한다면 어떤 일이 발생하는가를 설명하라(그래프를 사용할 것).
5. (부록) 다음 표는 여성일자리 5개의 헤이포인트(HP: Hay Point)와 이에 따른 월급(S)을 보여준다.

헤이 포인트	여성들의 평균급여
200	1,200달러
310	1,300달러
425	1,500달러
500	1,580달러
550	1,635달러

남성직종 데이터에 적용된 최소자승회귀분석이 $S_i=1200+0.90HP_i$라는 관계를 도출했다고 한다. '남성' 방정식을 사용하여 직종의 HP 수준에 기초할 때 여성들이 벌어들였을 근로소득을 추정하라. 차별이 존재하는 것처럼 보이는지를 분석하라. 기술수준에 의한 유형이 존재하는가?
6. 특정 노동시장에서 모든 근로자의 시간당 한계수입생산이 $MRP_L=20-L$로 나타난다고 가정하자. (단 L=근로자 수) 이 시장에서 여성들의 시간당 임금은 W=5.75달러라고 한다. 이 노동시장에서 $L=12$일 때, MRP_L과 임금 사이의 차이는 얼마인가? 이 차이는 이 시장에서 여성들에 대한 차별의 믿을만한 측정치인가?
7. 특정 노동시장에서 모든 근로자의 한계수입생산이 $MRP_L=20-L$로 나타난다고 가정하자. (단 L=근로자 수) 여성들은 시간당 8달러를 받으며, 10명의 여성이 채용된다고 가정하자. 차별하지 않는 사용자는 몇 명의 근로자들을 채용할까? 사용자는 이 10명의 여성근로자를 채용하기 위하여 얼마만큼의 이윤을 포기할 용의가 있나?
8. 연구자가 남성과 여성들로 구성된 그룹의 급여, 성, 그리고 연령 사이의 관계를 추정하였는데, 평균적으로 남성근로자들이 여성근로자들보다 더 많은 근로경험을 갖고 있다는 사실을 무시하였다고 가정하자. 성과 연령에 대한 급여의 추정회귀식은 아래와 같이 나타난다고 한다. (단 S_i=근로자의 급여, 만약 근로자가 남성일 경우 $G_i=1$, 만약 근로자가 여성일 경우 $G_i=0$, A_i=근로자의 연령, 추정계수의 표준오차는 괄호 안에 표시됨)

$$\underset{(15252.9)}{S_i = 21354.83} + \underset{(95.6)}{239.45\,G_i} + \underset{(29.58)}{93.17\,A_i}$$

경험이 회귀분석에 포함될 때, 추정된 회귀방정식은 아래와 같이 나타난다고 한다. (단 X_i=근로자의 근로경험 연수)

$$\underset{(16111.3)}{S_i = 21177.75} + \underset{(186.8)}{226.27\,G_i} + \underset{(34.64)}{89.73\,A_i} + \underset{(47.7)}{443\ 41\,X_i}$$

두 개의 추정된 회귀방정식을 비교할 때, 성에 의한 급여의 차별이 존재하는 것처럼 보이는가? 첫 번째 회귀분석에 경험변수를 누락시킬 때의 시사점들을 논하라.

참고문헌

Aigner, Dennis J., and Glen G. Cain. "Statistical Theories of Discrimination in Labor Markets." *Industrial and Labor Relations Review* 30 (January 1977): 175~187.

Altonji, Joseph G., and Rebecca M. Blank. "Race and Gender in the Labor Market." In *Handbook of Labor Economics*, eds. Orley Ashenfelter and David Card. New York: Elsevier, 1999.

Becker, Gary. *The Economics of Discrimination*. 2nd ed. Chicago: University of Chicago Press, 1971.

Blau, Francine D., Marianne A. Ferber, and Anne E. Winkler. *The Economics of Women, Men and Work*. 5th ed. Upper Saddle River, N.J.: Prentice-Hall, 2006.

Blau, Francine D., and Lawrence M. Kahn. "Gender Differences in Pay." *Journal of Economic Perspectives* 14 (Fall 2000): 75~99.

Cain, Glen G. "The Challenge of Segmented Labor Market Theories to Orthodox Theory: A Survey." *Journal of Economic Literature* 14 (December 1976): 1215~1257.

Cornwall, Richard R., and Phanindra V. Wunnava, eds. *New Approaches to Economic and Social Analyses of Discrimination*. New York: Praeger, 1991.

Donohue, John H. III, and James Heckman. "Continuous versus Episodic Change: The Impact of Civil Rights Policy on the Economic Status of Blacks." *Journal of Economic Literature* 24 (December 1991): 1603~1643.

Goldin, Claudia. *Understanding the Gender Gap: An Economic History of American Women*. New York: Oxford University Press, 1990.

Holzer, Harry, and David Neumark. "Assessing Affirmative Action." *Journal of Economic Literature* 38 (September 2000): 483~568.

Killingsworth, Mark R. *The Economics of Comparable Worth*. Kalamazoo, Mich.: W.E. Upjohn Institute for Employment Research, 1990.

Lang, Kevin, and Jee-Yeon K. Lehman. "Racial Discrimination in the Labor Market: Theory and Empirics." *Journal of Economic Literature* 50 (December 2012): 959~1006.

Smith, James P., and Finis R. Welch. "Black Economic Progress After Myrdal." *Journal of Economic Literature* 27 (June 1989): 519~564.

동등가치 근로소득격차의 추정: 회귀분석의 응용

비록 많은 경제학자가 일자리의 가치(worth)가 시장요소들과 독립적으로 확립될 수 있다는 개념에 어려움을 갖지만, 공식적인 직무평가방법들은 오랫동안 존재했다. 미네소타 주는 그러한 평가방법을 기초로 하여 그들의 근로자들을 위한 동등가치(comparable worth) 보수조정을 시행하기 시작했던 몇 안 되는 주 중 하나다. 차별적 임금격차가 존재하는가를 추정하기 위해 직무평가로부터의 데이터를 어떻게 사용할 수 있을까?[1)]

미네소타 주는 전국적으로 유명한 보수에 대한 컨설팅회사인 헤이연합(Hay Associates)과 협력하여 주 정부 일자리에 대한 평가를 1979년에 시작하였다. 처음에는 적어도 10명의 근로자가 고용되었으며 **남성** 일자리(재직자 중 적어도 70%가 남성인 근무처)이거나 또는 **여성** 일자리(재직자 중 적어도 70%가 여성인 근무처)로 분류될 수 있는 188개의 일자리가 평가되었다. 각 일자리는 훈련을 받은 직무평가자들에 의해 평가되었으며, 각 일자리에는 요구되는 노하우(know-how), 문제해결(problem-solving), 책임(accountability), 그리고 근로조건(working conditions) 등의 네 가지 일자리특성 또는 요소 각각에 대해 '헤이포인트(Hay Points)'라는 구체적 수치가 부여되었다. 각 요소의 점수는 그 뒤 각 일자리의 총헤이포인트(HP) 또는 직무평가 점수를 얻기 위해 합산되었다. 이 점수들은 188개 일자리에 100점 미만으로부터 800점을 초과하기까지 다양하게 나타났다.

이 직무평가점수가 주어졌을 때, 다음 단계는 각 남성 일자리에 지급되는 급여(S_i)와 그 총 HP_i 점수 사이에 어떤 관계가 있는가를 묻는 것이다. 그림 12A.1의 각 점은 남성 일자리를 나타내는데, 이 그래프는 각 일자리의 월 급여를 그 총헤이포인트 점수에 대해 표시하고 있다. 평균적으로 볼 때 더 높은 점수의 일자리가 더 높은 보수를 받는다는 것이 분명하다.

비록 이 점들이 명백히 하나의 직선 상에 모두 놓여 있지는 않지만, 어떤 직선이 데이터를 가장 잘 설명하는가를 묻는 것은 당연한 일이다. 이 점들을 통과하는 무수히 많은 직선을 그릴 수 있으며, 어떤 직선이 가장 적합한가를 결정하기 위해서는 몇 가지 정확한 기준들이 사용되어야만 한다. 부록 1A에서 논의되었던 바와 같이, 통계학자들과 경제학자들이 전형적으로 사용하는 절차는 직선과 데이터의 각 점 사이의 수직거리를 (데이터의 모든 점에 대해) 제곱한 합계가 최소화되는 직선을 선택하는 것이다. 이 방법, 즉 **최소**

1) 미네소타의 직무평가와 동등가치 연구에 대해 더 완전한 논의는 *Pay Equity and Public Employment* (St. Paul, Minn.: Council on the Economic Status of Women, March 1982)를 참조하라.

그림 12A.1

남성 동등가치급여의 추정방정식

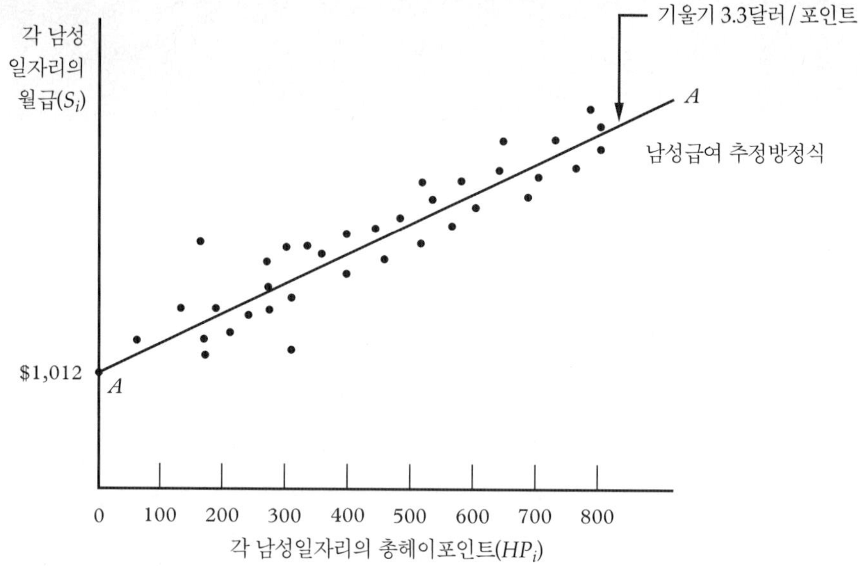

자승법(method of least squares)을 사용하여 데이터로부터 추정된 직선은 몇 가지 바람직한 통계적 특성들을 가진다.[2)]

이 방법을 미네소타 데이터에 포함된 **남성** 직종들의 데이터에 적용하였더니 아래와 같은 추정된 직선이 도출되었다.[3)]

$$S_i = 1012 + 3.3\,HP_i \tag{12A.1}$$

따라서 예를 들어 만약 남성 일자리 i가 200 *HP*로 등급이 매겨진다면, 일자리 i와 관련된 월 급여는 1,012달러+(3.3)(200) 또는 1,672달러가 되리라고 예측하게 된다. 이 남성 급여의 추정방정식은 그림 12A.1에 직선 AA로 그려져 있다.

이제 만약 일자리의 가치가 직무평가점수를 알아봄으로써 전적으로 결정될 수 있다면, 여성들에 대한 임금차별이 없을 때 총 *HP* 점수에 의해 똑같이 등급이 매겨진 남성 일자리와 여성 일자리들은 (적어도 평균적으로는) 균등한 급여를 지급하게 된다. 달리 표현하면 남성 일자리들의 급여를 예측하는 데 사용된 동일한 급여방정식이 여성 일자리들의 급여에 대한 예측치를 제공하기 위해 사용될 수 있으며, 예측의 어떤 부정확성이라도 완전히 임의적이 된다. 따라서 여성 일자리들이 차별당하는 가에 대한 테스트는 여성 일자리들의 *HP* 점수와 남성 일자리들의 급여방정식이 주어졌을 때, 여성일자리들이 지급하는 급여가 이 일자리들이 지급하리라 예측하게 되는 급여보다 체계적으로 더 낮은 수준

2) 부록 1A 참조.

3) 이 추정치들은 Ronald Ehrenberg and Robert Smith, "Comparable Worth in the Public Sector," in *Public Sector Payrolls*, ed. David Wise (Chicago: University of Chicago Press, 1987)에서 얻어졌다.

그림 12A.2

남성 동등가치급여의 추정방정식을 사용하여 여성 일자리의 급여의 과소지급(underpayment) 정도 추정

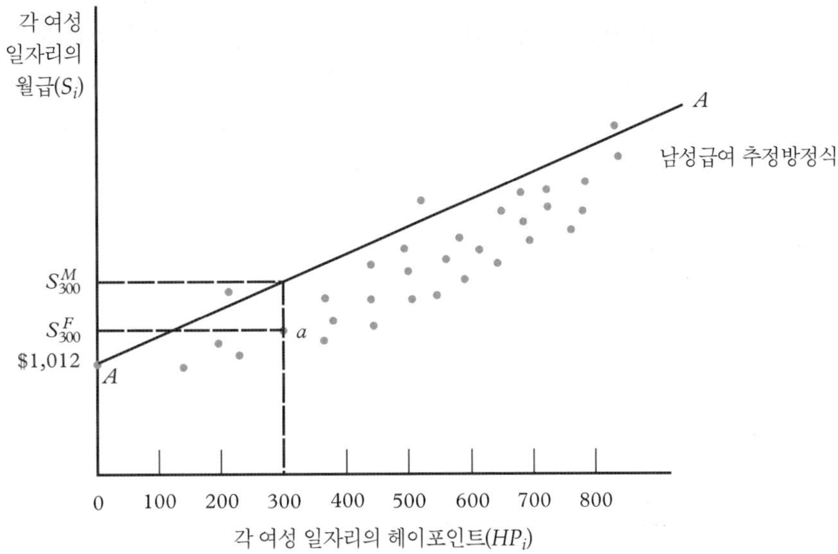

인가를 살펴보는 것이다.

그림 12A.2는 이와 같은 테스트가 어떻게 수행되는가를 보여준다. 여기에서 각 점은 여성 일자리의 급여/*HP* 조합을 나타낸다. 이 점들 위에 그림 12A.1에 직선 AA로 그려진 추정된 남성 일자리 급여방정식이 겹쳐 그려져 있다. 그림 12A.2에 표시된 대다수 데이터로부터의 점들이 남성 급여 추정선 아래에 놓여 있다는 사실은 여성 일자리들이 동일한 *HP* 수치를 가진 남성 일자리들에 비해 임금이 상대적으로 낮게 지급되는 경향이 있음을 암시하고 있다. 예를 들어 300 *HP*포인트의 등급이 매겨진 여성 일자리(점 *a*)는 S_{300}^{F}의 급여를 받는다. 그러나 남성 급여 추정선에 따르면 만약 그 일자리가 남성 일자리라면 S_{300}^{M}을 받게 된다. S_{300}^{M}과 S_{300}^{F} 사이의 비율로 나타낸 차이가 동등가치 근로소득격차의 추정치, 즉 여성 일자리에 임금이 과소지급 되는 정도이다. 실제로 그 계산은 미네소타 데이터의 동등가치 평균근로소득격차가 (모든 여성 직종들을 포함할 때) 16%가 넘었음을 제시한다.[4)]

이 간략한 설명은 위의 추정치들이 여성 일자리들에 대한 임금차별의 추정치들로 간주될 수 있기 전에 언급되어야만 할 여러 복잡한 문제들을 적당히 생략하고 있다.[5)] 여기

[4)] Ehrenberg and Smith, "Comparable Worth in the Public Sector," 참조. 다른 네 개 주들의 비슷한 추정치들도 이 논문과 Elaine Sorensen, "Implementing Comparable Worth: A Survey of Recent Job Evaluation Studies," *American Economic Review* 76 (May 1986): 364~367에 나타나 있다.

[5)] 이 문제들과 동등가치와 관련된 실증연구들의 더 완전한 논의는 Ehrenberg and Smith, "Comparable Worth in the Public Sector"; M. Anne Hill and Mark R. Killingsworth, eds., *Comparable Worth: Analyses and Evidence* (Ithaca, N.Y.: ILR Press, 1989); Robert T. Michael, Heidi L. Hartmann, and Brigid O'Farrell, eds., *Pay Equity: Empirical Inquiries* (Washington, D.C.: National Academy Press, 1989); and Killingsworth, *The Economics of Comparable Worth*를 참조하라.

에는 평가방법의 신뢰성, 그리고/또는 성(性)에 의한 잠재적인 편의(bias)와 관련된 문제들, 급여와 *HP* 점수가 비선형의 형태로 관련될 수도 있다는 문제, (네 가지 일자리특성들에 걸친) *HP* 점수가 같더라도 그 **구성**이 급여에 영향을 미치는 문제, 그리고 직무평가점수 이외의 변수들이 적법하게 급여에 영향을 미칠 수 있는 문제가 포함된다. 그럼에도 불구하고 이 부록의 간략한 설명은 동등가치 임금격차(comparable-worth wage gap)의 추정치들이 어떻게 계산되는지에 대한 감을 잡도록 할 것이다.

제13장

노동조합과 노동시장

노동시장의 작용에 대한 분석은 대부분 노동조합과 단체교섭의 역할에 대해 전혀 언급하지 않았다. 많은 사람이 우리 사회에서의 노동조합의 역할에 대해 서로 상충하는 강력한 견해를 갖고 있기 때문에, 노동조합을 논의하면서 객관적 입장을 유지하기가 쉽지는 않다. 일부 사람들은 노동조합을 그 조합원들의 이익을 도모하는 반면, 사회의 다른 구성원들에게 상당한 비용을 부담시키는 독점의 형태로 간주한다. 이와는 대조적으로 다른 사람들은 노동조합을 근로자들이 자신들의 경제적 지위를 향상시켰던 주요 수단이며, 많은 사회적 법안의 배경이 되는 중요한 요인들로 파악한다.

이 장의 목적은 노동조합의 목표, 주요 활동, 그리고 전반적 효과를 경제이론의 맥락에서 분석하는 것이다. 세계 각국의 노동조합에 관한 몇몇 일반적인 설명을 시작으로, 미국의 노동조합에 대해 더 포괄적으로 설명하고, 그다음에 기본적인 이론문제, 즉 조합원들의 복지를 향상시키고자 하는 노동조합의 바람을 제약하는 노동시장 수요측면에서의 경제적 요인들은 무엇인가?를 다루게 된다. 이러한 제약조건들을 염두에 두고, 이 장의 후반부에서는 단체교섭과정에서의 주요 활동을 분석하고, 또한 노동조합이 임금, 고용, 노동생산성, 그리고 이윤에 어떻게 영향을 미치는가에 관한 실증적 증거를 논의하고자 한다.

노동조합의 구조와 조합원의 자격

노동조합(labor union)은 그 주요 목적이 조합원들의 금전적 및 비금전적 고용조건을 향상시키는 근로자들의 조직이다. 노동조합은 두 유형으로 분류될 수 있다. **산업별노동조합**(industrial union)은 직종과 관계없이 한 산업 혹은 기업의 대부분 또는 모든 근로자를 대표하며, **직업별노동조합**(craft union)은 단일 직종그룹의 근로자들을 대표한다. 산업별노동조합의 예로는 자동차산업 근로자들, 역청탄 광부들, 그리고 고무업 근로자들을 대표하는 노동조합들을 들 수 있으며, 직업별노동조합은 건축거래와 관련된 여러 근로자, 인쇄업 근로자들, 그리고 항만근로자들을 대표하는 노동조합들을 포함한다.

노동조합은 고용계약의 여러 측면, 즉 보수와 부가급여, 근로조건, 채용에 관한 정책, 초과근무, 직무할당, 승진, 일시 해고, 그리고 근로자들과 경영진 사이의 불만을 해결하는 수단 등에 대해 사용자들과 협상한다. 협상은 여러 수준에서 이루어질 수 있다.

한쪽 극단에서는 전 산업의 협상대표들이 협상테이블에 마주앉아 다수의 사용자가 받아들여야 할 계약내용을 결정하는 고도의 **중앙집중화**된 협상이 이루어지지만, 다른 한쪽 극단에서는 노동조합과 단일기업 또는 심지어 기업 내의 한 공장근로자들과 경영진 사이에서 **분권화**된 형태의 협상이 이루어질 수도 있다. 그 중간 형태로 지역 수준에서 노동조합과 여러 사용자 사이에서 다수사용자 협약이 체결되기도 하는데, 이러한 협약의 전형적인 예로는 건축과 관련한 직업별노동조합(예를 들어 배관공노동조합)과 특정 대도시지역에서 운영되는 건설하도급업자들 사이에 체결되는 협약을 들 수 있다.

다른 대규모 조직들과 마찬가지로, 노동조합도 민주국가에서는 **정치**세력을 대표한다. 노동조합은 단체교섭을 통해 쉽게 얻을 수 없는 이득을 얻기 위해 정치적 과정을 종종 이용한다. 몇몇 나라(예를 들어 영국)에서는 노동조합이 자신의 정당을 갖고 있다. 미국과 같은 다른 나라들에서는 노동조합이 어떤 단일 정당과도 연계되어 있지 않으며, 오히려 노동조합은 연방, 주, 그리고 지방정부 수준에서 여러 입법과 정책을 위한 로비스트로 활동한다.

조합주의의 국제비교

표 13.1은 여러 나라의 노동조합화의 두 가지 측정치를 보여주고 있다. 한 측정치는 노동조합원인 근로자들의 비율이며, 다른 측정치는 고용조건이 단체협약(collective bargaining agreement)에 의해 적용되는 각 나라 근로자들의 비율이다. 이 표에서는 세 가지 특징이 눈에 띈다. 첫째, 미국과 일본은 현재 단체협약에 의해 커버되는 근로자들의 비율이 20% 미만으로 상대적으로 낮다는 점이 주목할 만하다. 이 나라들과 캐나다의 단체교섭(collective bargaining)은 기업들과 공장들 수준에서 이루어지며, 이 결과에 의한 단체협약의 조항들이 단체협약에 서명한 노동조합들의 조합원 이외에 적용되는 것은 드문 일이다.

둘째, 호주와 대부분의 유럽 국가들에서는 단체협약의 적용범위가 노동조합원이 아닌 매우 높은 비율의 근로자들에게 확대된다. 예를 들어 호주에서는 단체협약의 적용범위가 전 국가라는 의미에서 단체교섭이 고도로 중앙집중화되어있으며, 대부분의 유럽대륙 국가들에서는 협상테이블의 당사자들이 국민경제 전 부문을 대표한다. 분명히 각 나라에서 노동조합이 운영되는 역사적 및 법적 전후사정은 노동조합원의 상이한 수준과 노동시장 영향을 이해하는 데 결정적으로 중요하다.[1)]

---

1) Richard B. Freeman, "Labor Market Institutions Around the World," working paper no. 13242, National Bureau of Economic Research (Cambridge, Mass.: July 2007); Harry Katz, "The Decentralization of Collective Bargaining: A Literature Review and Comparative Analysis," *Industrial and Labor Relations Review* 47 (October 1993): 3~22; and Richard B. Freeman, "American Exceptionalism in the Labor Market: Union-Nonunion Differentials in the United States and Other Countries," in *Labor Economics and Industrial Relations: Market and Institutions*, eds. Clark Kerr and Paul D. Staudohar (Cambridge, Mass.: Harvard University Press, 1994), 272~299.

표 13.1

주요 국가들의 노동조합원 비율과 단체협약의 적용범위, 1990년, 2009~2010년

	전체 근로자들에 대한 노동조합원의 비율(%)		단체협약의 적용을 받는 근로자들의 비율	
국가	**1990**	**2010***	**1990**	**2010****
오스트리아	46.9	28.1	98.0	99.0
프랑스	9.9	7.6	92.0	90.0
스웨덴	80.0	68.4	89.0	91.0
호주	39.6	18.0	80.0	40.0
이탈리아	38.8	35.1	83.0	80.0
네덜란드	24.3	19.4	82.0	82.3
독일	31.2	18.6	72.0	62.0
스위스	22.7	17.8	48.0	48.0
영국	38.2	26.5	54.0	32.7
캐나다	34.0	27.5	38.0	31.6
일본	25.4	18.4	23.0	16.0
미국	15.5	11.4	18.3	13.6

* 네덜란드와 스위스의 데이터는 2009년도 수치임.

** 오스트리아와 호주의 데이터는 2007년도 수치임; 프랑스, 스웨덴, 네덜란드, 그리고 스위스의 데이터는 2008년도 수치임.

자료: Organisation for Economic Co-operation and Development, http://www.oecd-ilibrary.org/employment/oecd-employment-outlook-2012/trade-union-density-and-collective-bargaining-coverage-1990-and-latest-year_empl_outlook-2012-graph50-en.

셋째, 표 13.1의 데이터는 1990년부터 2010년까지의 20년에 걸쳐 수록된 모든 나라에서의 노동조합에 가입한 조합원 비율의 대규모 하락을 보여준다. 그러나 조합원 비율의 하락은 대체로 절반의 나라들이 2009년에 1990년과 거의 동일한 비율의 적용범위를 보여주는 단체협약의 **적용을 받는** 근로자 비율의 하락보다 더 큰 경향이 있다. 그렇다면 분명히 노동조합이 운영되는 법적 및 제도적 전후사정에 국가 특유의(country-specific) 차이가 존재한다.

노동조합에 대한 많은 실증연구는 앞서 살펴본 바와 같이, 협상이 분권화되어 있고 근로자들의 다수가 비조합원인 미국에서 이루어졌다. 주어진 법적, 역사적 환경이 국가 간에 차이를 보이기 때문에, 한 나라에서의 노동조합에 대한 연구를 다른 나라의 경우로 일반화시키기는 쉽지 않지만, 지난 20년 동안 대부분의 선진국에서 협상이 더욱 분권화되는 추세를 보이는 덕택에 미국에 대한 이러한 실증연구는 다른 곳에서도 점차 관심을 끌

고 있다.[2)] 그러나 미국의 노동조합에 대한 연구를 아무리 잘 (또는 잘못) 일반화시킨다 하더라도 그 연구결과는 미국의 제도라는 전후사정 내에서 여전히 이해되어야만 한다. 그러므로 이제 미국의 노동조합이 운영돼 온 법적 구조의 역사를 간략히 살펴보고자 한다.

미국 노동조합의 법적 구조

미국에서 대중들의 태도나 연방정부의 입법과정이 노동조합과 단체교섭과정에 대해 항상 우호적인 것만은 아니었다. 예를 들어 20세기 초만 해도 사용자들은 노동조합이 노동시장에서 마치 독점기업처럼 행세했고, 따라서 당시의 반독점법 하에서는 불법이라고 종종 주장할 수 있었을 정도였다. 그런 사용자들은 노동조합의 활동을 금지하고 노동조합의 조직 확대를 막는 데 도움이 되는 법원명령 또는 금지명령을 종종 받을 수 있었다. 이와 같은 상황을 고려할 때, 1930년 미국의 경제활동인구 가운데 조합원 비율이 7% 미만이었다는 것은 놀라운 일이 아니다. 그러나 그 후 법안이 미국의 노동조합들이 운영되는 환경을 변화시켰다.

전국노동관계법 1935년의 전국노동관계법(NLRA: National Labor Relations Act)은 사용자들로 하여금 다수의 근로자를 대표하는 노동조합과 협상할 것을 요구했으며, 사용자들이 단체를 조직할 근로자들의 권리를 방해하는 것을 불법으로 규정했다.[3)] 전국노동관계위원회(NLRB: National Labor Relations Board)가 NLRA에 의해 설립되었으며, 노동조합이 여러 개인 경우 근로자들이 어떤 노동조합이 자신들을 대표할 것을 원하는지를 알아보는 **인증선거**(certification elections)를 하는 권한과 사용자들이 선거규칙을 위반했다거나 또는 선거를 통해 구성된 노동조합과의 협상을 거부한다는 주장을 조사할 수 있는 권한을 모두 부여받았다. 법규위반이 적발되는 경우, NLRB에게는 위반자들에게 '정지명령(cease and desist)'을 명할 수 있는 권한까지도 주어졌다.

태프트-하틀리법 제2차 세계대전 이후 시계추는 확실히 다시 반노동조합의 방향으로 흔들렸다. [태프트-하틀리법(Taft-Hartley Act)으로 더 잘 알려진] 1947년의 노사관계법(Labor-Management Relations Act)은 노동조합활동의 일부 측면을 제한했고, 또한 근로자들에게 노동조합이 단체교섭에서 자신들을 대표하는 것을 취소할 수 있는 선거에 투

2) Katz, "The Decentralization of Collective Bargaining." Michael Wallerstein, Miriam Golden, and Peter Lange, "Unions, Employers' Associations, and Wage-Setting Institutions in Northern and Central Europe, 1950~1992," *Industrial and Labor Relations Review* 50 (April 1997): 379~401은 오스트리아, 독일, 벨기에, 네덜란드, 그리고 스칸디나비아 국가들의 경우 지방분권화의 일반적인 과정이 발생하지 않았음을 보여주는 증거를 제시하고 있다. 스페인에서의 지방분권화 된 협상의 효과에 대한 더 최근의 연구는 David Card and Sara De La Rica, "Firm-Level Contracting and the Structure of Wages in Spain," *Industrial and Labor Relations Review* 59 (July 2006): 573~592를 참조하라.

3) 사실 NLRA는 위에서 간략히 언급한 것보다 근로자에게 훨씬 덜 우호적이었다. NLRA는 NLRB에게 근로자들 또는 노동조합이 동법들의 조항을 위반하고 있다는 사용자들의 주장을 조사하는 권한을 또한 부여했다.

표하도록 허용하였다. 아마도 이 법의 가장 유명한 조항은 개별 주(州)가 **노동권확립법**(right-to-work laws)을 제정하는 것을 허용하였던 14B절(Section 14B)일 것이다. 이 법은 종종 단체협약에 명시되는 근로자가 고용의 조건으로 노동조합원이 된다는 '유니언숍(union shop)' 요건을 금지했다. 주로 남부, 남서부, 중부평원 지역에 있는 24개 주가 이와 같은 법을 통과시켰는데, 가장 최근에 통과시킨 주는 인디애나와 미시간이다(2012년).

랜드럼-그리핀법 1959년에 의회는 노사보고및공시법[Labor-Management Reporting and Disclosure Act: 랜드럼-그리핀법(Landrum-Griffin Act)]을 제정하였다. 이 법은 노동조합지도자들에 대한 일반조합원의 권리를 보호하기 위해 고안된 것으로, 노동조합의 민주화를 위한 조항들을 담고 있었다. 아래에서 주장되는 바와 같이, 이러한 조항들은 한 경제 내에서 파업활동 수준을 증가시키는 부작용을 당연히 발생시켰을 것이다.

공무원노동조합 지금까지 논의했던 법들은 미국의 조합주의가 처음으로 활발하게 일어났던 오로지 민간부문에만 관련된 것들이다. 실제로 1960년대 이전에 공공부문 근로자들은 단체를 조직하는 것이 금지되어 있었다. 그러나 1962년 케네디 대통령은 행정명령 10988(Executive Order 10988)에 서명함으로써 연방정부의 근로자들에게 노동조합을 조직하고, 임금을 제외한 근로조건들에 대해 협상할 권리를 부여했다.[4] 연방정부의 노동조합이 임금에 대해 영향력을 행사할 수 있는 주요 통로는 대통령에게 임금인상을 권고하도록 하거나 의회가 임금인상을 승인하도록 정치적 압력을 넣는 것이었다.

1959년 위스콘신 주를 시작으로, 많은 주에서 주 정부 및 지방정부의 (교사를 포함한) 근로자들이 노동조합을 구성하고 단체교섭을 할 수 있는 권리가 확대되었다. 대체로 공공부문의 노동조합은 파업이 금지되었고, 따라서 이들에게 교섭권을 허용한 법에는 (자발적으로 해결될 수 없었던 분쟁에 대해서는 중립적 입장의 제3자가 궁극적인 판정을 하도록 하는) 어떤 형태의 구속력 있는 중재(binding arbitration)의 조항들이 포함되어 있었다.[5] 얄궂게도 2011년에 위스콘신 주는 공공안전근로자들의 경우를 제외하고 공공부문 노동조합과 정부 사용자들의 (급여 또는 성과급과 같은 다른 형태의 보수가 아닌) 임금의 기초를 형성하기 위한 협상을 제한하는 논란이 많은 법을 채택했다.[6] 2013년 현재 여러 나라에서 공공부문 노동조합의 역할과 권한이 정부지출을 제한하는 데 관심이

---

4) 우편근로자들과 테네시계곡개발공사(TVA: Tennessee Valley Authority) 같은 연방정부기관의 근로자들에게는 임금협상에 대해 몇몇 주요한 예외가 인정되었다. 이들 각각의 경우, 임금계약이 체결되면 그 비용을 충당할 수 있도록 생산물 또는 서비스(우편배달, 수력발전) 가격이 인상될 수 있었다. 다른 연방정부기관의 경우에는 급여가 일반수입으로부터 지급되었다.

5) 공공부문의 협상과 관련된 법안의 전개과정에 대한 더 완전한 논의는 Richard B. Freeman, "Unionism Comes to the Public Sector," *Journal of Economic Literature* 24 (March 1986): 41~86을 참조하라.

6) State of Wisconsin, "Summary of Provisions of 2011 Act 10," http://legis.wisconsin.gov/1fb/publication/budget/2011-13-Budget/documents/act32/act%2010.pdf.

그림 13.1

미국 부문별 노동조합원이 모든 근로자에서 차지하는 비율, 1973~2012년

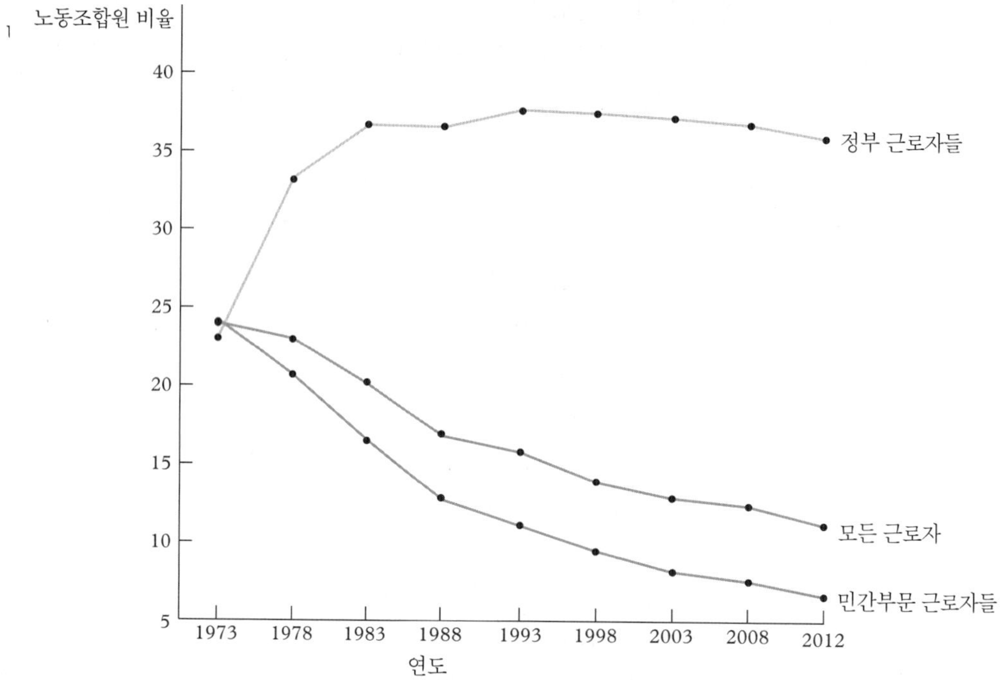

자료: Barry T. Hirsch and David A. Macpherson, *Union Membership and Earnings Data Book* (Arlington, Va.: Bureau of National Affairs, 2013), Table 1.

있는 정치가들과 납세자그룹들에 의해 점차로 도전받고 있다.[7)]

노동조합원 수 노동조합원 수가 모든 미국 근로자들에서 차지하는 비율은 제2차 세계대전 이후의 몇 년 동안 약 1/3로 최고 수준을 보였었다. 그 이후 모든 근로자 중에서 노동조합원이 차지하는 비율은 정부근로자들을 예외로 하고는 지속해서 하락하였다. 그림 13.1은 민간부문과 공공부문(그리고 따라서 전 부문)의 조합원 비율이 약 24%였던 1973년부터의 노동조합원 비율의 추세를 그래프로 보여주고 있다. 2012년 현재 민간부문 근로자들의 조합원 비율은 6.6%로 하락하였으며, 정부 근로자들의 조합원 비율은 35.9%로 상승하여, 현재 전체 조합원 비율은 11.2%를 유지하고 있다.

미국에서 노동조합에 가입한 근로자들은 공장, 사용자 또는 (특히 건축 관련 노동조합의 경우) 대도시지역 수준에서 조직된 '지역' 노동조합의 조합원들이다. 미국에서의 교섭은 상대적으로 분권화되어 있으며, 따라서 협상의 전면에 서 있는 것이 바로 지역노동

7) David Lewin, Jeffrey Keefe, and Thomas A. Kochan, "The New Great Debate about Unionism and Collective Bargaining in U.S. and Local Governments," *ILR Review* 65 (October 2012): 749~778.

조합들임을 주목한 바 있다. 그러나 이러한 지역노동조합들은 보통 규모가 더 큰 '전국(national)' 또는 (보통 캐나다 근로자들을 포함한다는 의미의) '국제(international)' 노동조합들의 일원이며, 이들 상위 노동조합들은 조합 차원의 운동과 이후 자신들의 협상을 통해 지역노동조합들에게 도움과 조언을 제공한다. 만약 협상이 산업 수준에서 또는 전국적인 수준에서의 한 기업과 이루어진다면, 협상 테이블에 앉게 되는 것은 바로 전국 또는 국제 노동조합의 대표들이다.

결국, 대부분의 전국 그리고 국제 노동조합들은 (따라서 전체 노동조합원들 가운데 약 3/4은) 미국 노동총연맹산업별회의(AFL-CIO: American Federation of Labor and Congress of Industrial Organizations)에 가입되어 있다. AFL-CIO는 노동조합은 아니고, 전국 그리고 주 수준 모두에서 조직된 노동조합의 연합회이다. AFL-CIO의 주요 기능들은 다양한 회원노동조합들을 대변해서 통일된 정치적 목소리를 내는 것, 가입된 노동조합들 사이에 회원으로서의 계획을 권고하고 조율하는 것, 그리고 회원들에게 연구 및 정보를 제공하는 것이다. AFL-CIO는 사용자들과 직접 협상을 하지는 않는다.

표 13.2는 미국의 노동조합원을 다른 방식으로 바라보는 방법을 제시하고 있다. 이 표로부터 여성들보다는 남성들이 노동조합화될 가능성이 더 크며, 아프리카계 미국인들이 다른 그룹들에 비해 더 높은 노동조합화 비율을 가진 것을 알 수 있다. 부문별로 가장 높은 노동조합화 비율은 분명히 정부 근로자들에게서 발견된다. 민간부문에서는 오로지 건설

표 13.2

미국의 임금 및 급여 근로자들의 주요 특성별 노동조합 가입률, 2012년

남성	12.0
여성	10.5
아프리카계 미국인	13.4
히스패닉	9.8
백인	11.1
산업별	
광업	7.2
건설업	13.2
제조업	9.6
운송업, 공익사업	20.6
도매업, 소매업	4.7
금융업, 보험업	1.2
공공부문	35.9

자료: Barry T. Hirsch and David A. Macpherson, *Union Membership and Earnings Data Book* (Arlington, Va.: Bureau of National Affairs, 2013), Table 3a; and U.S. Bureau of Labor Statistics Web site, http://www.bls.gov/news.release/union2.t03.htm.

및 운송업/공익사업(public utilities)에서 10%가 넘는 노동조합화 비율이 나타난다.

노동조합은 무엇을 원하는가? 미국노동총연맹(AFL: American Federation of Labor)의 설립자인 새뮤얼 곰퍼스(Samuel Gompers)가 한번은 노동조합이 원하는 것이 무엇이냐는 질문을 받았다. 그의 대답은 아주 간단했다. "더 많은 것(More)." 노동조합의 행태에 관해 연구해 온 어떤 누구도 노동조합의 목적이 그렇게 간단하다고 믿지는 않지만, 노동조합들이 어떤 방식으로든 조합원들의 복지를 향상시키기를 원한다는 것은 자명한 일이다.

노동조합은 사용자들이 작업장을 관리하는 방식, 특히 직무할당, 초과근무의 배분, 근로규율과 불만 처리, 부가급여 패키지의 구성, 그리고 노사공동안전위원회 및 작업팀의 설립과 같은 다양한 인적자원 문제들을 다루는 데 있어서 근로자들에게 어떤 '의사대표(voice)'를 준다는 의미에서 노동조합의 일부 목적은 **절차상에 관한** 것이다. 절차상의 목적들은 사용자에게 항상 비용을 발생시키지는 않는데, (특히 현대적 경영기법을 터득하고 있는) 사용자는 경영과 관련한 의사결정과정에 근로자의 참여가 이루어질 수 있는 메커니즘을 원할지도 모른다.[8)] 이 장은 노동조합들이 제공할 수 있는 '의사대표(voice)' 메커니즘에 대한 완전한 논의로 끝을 맺을 것이다.

그러나 '더 많은 것'을 원하는 것은 보통 조합원들에 대한 **보상**수준을 향상시키고자 하는 노동조합의 목표와 관련되어 있다. 보상 중 가장 눈에 띄는 요소는 임금이지만, 미국에서의 협상은 또한 연금, 건강보험, 그리고 휴가와 같은 부가급여에 대해서도 이루어진다. (다른 많은 선진국에서는 이와 같은 부가급여는 정부에 의해 강제되며, 따라서 단체교섭의 대상이 되지 않는다.) '더 많은 것'을 얻으려는 시도는 물론 일정한 **제약** 하에서 이루어진다. 이제 이러한 제약에 대한 분석으로 관심을 돌리기로 하자.

노동조합 목표달성의 제약요소

사용자들이 협상 테이블의 다른 쪽에 앉아 있으며, 사용자들은 자신들의 근로자들**과** 함께 자신들의 생산물시장 내에서 자신들을 성공적으로 운영될 수 있도록 허용하는 협약을 끌어내야만 한다. 근로자들에 대한 보상수준이 높아지면 사용자들은 노동을 자본으로 **대체**하려는 인센티브를 갖게 될 것이고, 생산비용이 상승하면 생산**규모**를 줄여야 하는 압력도 또한 받게 될 것이다. 요약하면 노동조합은 궁극적으로 우하향하는 노동수요곡선을 고려하여야만 한다(프로스포츠로부터의 사례는 예문 13.1을 참조하라). 결과적으로 노동수요곡선의 위치와 탄력성 모두가 자신들의 목표를 달성하기 위한 노동조합의 능력에 대한 근본적인 시장제약이 된다.

이를 살펴보기 위해, 당분간 부가급여와 근로조건을 무시하고 그림 13.2를 고려하자. 이 그림에는 최초의 임금 W_0과 고용수준 E_0에서 서로 교차하는 두 개의 노동 수요곡선

8) 노동조합의 '의사대표(voice)' 모형에 대한 유용한 요약은 John T. Addison and Clive R. Belfield, "Union Voice," *Journal of Labor Research* 25 (Fall 2004): 563~596을 참조하라.

예문 13.1

미식축구 선수들에 대한 노동수요곡선은 우하향하나?

노동조합들은 노동수요곡선이 우하향하는 것처럼 행동하나? 달리 표현하면 노동조합들은 더 높은 임금이 조합원들의 고용기회를 제한할 수 있다는 것을 인식하는 것처럼 보이나? 노동조합이 그런 것 같다는 몇몇 증거가 미국미식축구리그(NFL: National Football League)로부터 발견된다.

2011년에 노동조합과 NFL 구단주에 의해 서명된 단체협약은 다른 많은 조항 외에 (a) 리그에서 선수가 보낸 연수에 따라 증가하는 NFL 선수의 **최저급여**와 (b) 각 팀이 그 선수들에게 지급할 수 있는 **총**급여의 허용치[팀 **연봉총액상한제**(team salary cap)]를 명시했던 조항들을 담고 있었다. 조항 (a)는 본질적으로 최저치가 선수가 나이를 먹음에 따라 증가하는 최저임금 규정인데, 최저급여는 팀들이 서로 끌어들이기 위해 값을 매기는 스타 선수들이 아닌 '후보' 선수들의 급여에 '하한(floor)'을 설정하려는 의도이다. 조항 (b)는 (값비싼) 스타 선수들을 비축하는 팀의 능력을 제한함으로써 리그의 경쟁력을 조장하려는 의도를 갖고 있다.

그러나 명백히 선수 노동조합은 경기시간과 관련된(service-related) 최저임금이 나이 들고 경험이 많은 후보 선수들을 더 젊은 (낮은 임금을 받는) 선수들로 대체하려는 인센티브를 팀들에게 주게 되는 것을 우려하였다. 따라서 2011년 협약은 4년을 초과하는 경험을 가진 선수가 자신의 경기시간에 대해 최저급여를 받을 때 오로지 **2년의 경험을 가진 선수의 최저급여**만을 팀의 연봉총액상한제에 계산되도록 명시하는 '최저급여 혜택(Minimum Salary Benefit)'을 포함하고 있다. 예를 들어 2013년에 5년의 경험을 가진 어떤 선수는 1년에 715,000달러를 받아야만 하지만, 단지 (2년간의 서비스를 제공한 선수의 최저급여인) 555,000달러만이 팀의 연봉총액상한액에 포함된다. 그렇다면 본질적으로 나이 든 후보 선수는 서비스 수준에 따른 최저급여를 받아야만 되는 반면, 그의 팀은 그렇게 하기 위해 자신의 연봉총액상한을 넘길 수 있도록 허용된다. 따라서 팀들은 더 많은 경험을 가진 (따라서 더 비싼) 후보 선수들의 서비스를 더 젊은 선수들의 서비스로 대체하는 것이 아니라 유보시킬 적어도 어떤 인센티브를 갖게 된다.

자료: NFL 단체협약의 이 조항은 동료인 로렌스 칸(Lawrence Kahn)에 의해 우리의 주의를 끌게 되었다. 더 자세한 내용은 NFL-Players' Association, "Collective Bargaining Agreement," August 4, 2011을 참조하라.

D_e^0과 D_i^0이 그려져 있다. 노동조합이 조합원들의 임금을 W_1로 인상시키려 한다고 가정하자. 그러기 위해서는 노동수요가 상대적으로 탄력적인 D_e^0일 경우 고용은 E_e^1로 감소해야 하며, 노동수요가 상대적으로 비탄력적인 D_i^0일 경우에는 고용이 E_i^1로 줄어들어야 한다. 다른 조건이 일정하다면 노동수요곡선이 탄력적일수록 주어진 임금인상과 관련된 고용감소는 더욱 커질 것이다.

이제 협상이 진행되는 과정에서, 아마도 최종생산물에 대한 수요가 증가한 덕택에

그림 13.2

수요증가와 수요의 임금 탄력성이 노동조합들이 직면한 시장제약에 미치는 효과

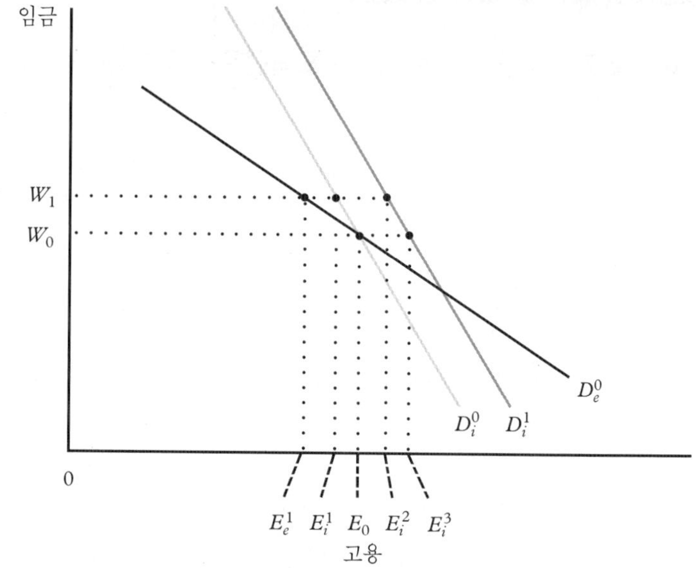

노동 수요곡선이 D_i^0에서 D_i^1로 우측으로 이동했다고 가정하자. 이 경우 노동조합이 조합원들의 임금을 W_1로 인상시키는 데 성공한다고 하더라도 절대적인 고용감소는 없을 것이다. 오히려 노동조합은 고용증가율을 E_i^3 대신 E_i^2로 둔화시킬 뿐이다. 좀 더 일반화해서 말하면 다른 조건이 일정할 때, 노동 수요곡선이 우측(좌측)으로 더 빨리 이동할수록 주어진 임금인상과 관련된 **고용**감소 또는 **고용증가율**의 둔화는 더 작아(커)질 것이다. 따라서 조합원의 임금을 인상하는 노동조합의 능력은 노동수요곡선이 비탄력적이고 급속히 성장하는 산업에서 가장 클 것이다. 반대로 노동수요의 임금탄력성이 매우 크고 노동수요곡선이 좌측으로 이동하는 산업에서 노동조합의 힘이 가장 약할 것이다.

이제 자신들이 직면하는 시장제약이 주어졌을 때 노동조합들과 사용자들이 임금과 부가급여에 관한 협약을 어떻게 이루어 나가는지에 관한 두 개의 상이한 모형들을 살펴보자. 두 모형은 각각 임금과 고용의 상호작용, 그리고 둘 사이의 상충관계(trade-offs)를 분석한다.

독점–노동조합 모형

노동조합과 사용자의 관계에 대한 가장 단순한 모형은 **독점노동조합주의**(monopoly unionism)라 일컬어져 온 것 중 하나로, 이 모형에서는 노동조합이 노동의 가격을 설정하고, 사용자는 자신이 직면하게 되는 새로운 임금을 주어진 것으로 보고 이윤을 극대화할 수 있도록 고용수준을 조정함으로써 반응한다. 이 모형은 그림 13.3에 정식으로 그려져 있는데, 이 그림은 근로자들이 직면하는 노동수요곡선 D를 단순히 임금의 함수로 보여준다(논의를 단순화하기 위해 보상패키지의 다른 요인들을 제외한다).

그림 13.3

노동수요곡선이라는 제약 하의 노동조합의 효용 극대화

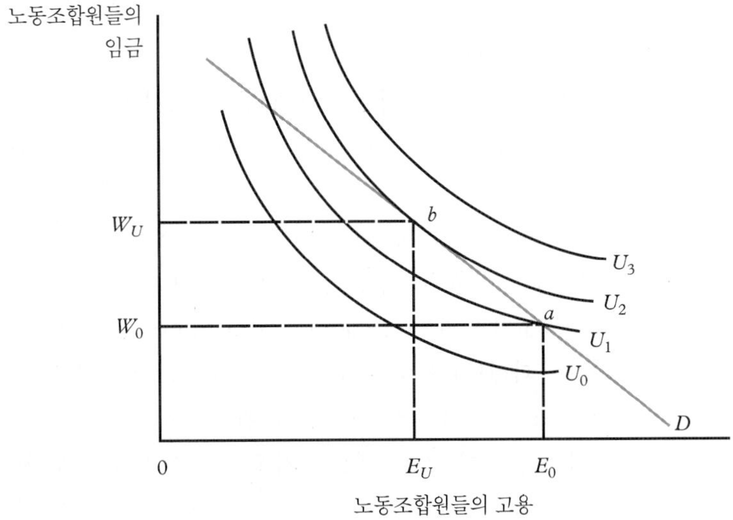

그림 13.3에서 노동조합은 조합원들의 임금과 고용수준을 모두 가치 있는 것으로 보며, 노동조합은 이 두 변수에 의해 결정되는 노동조합의 효용함수가 의미를 가질 수 있도록 조합원들의 선호를 집계할 수 있다고 가정한다. 이 효용함수는 무차별지도 U_0, U_1, U_2, U_3으로 표시되어 있다. 각각의 곡선은 노동조합이 그 선호에서 무차별한 고용/임금의 조합을 연결한 궤적을 나타낸다. 주어진 효용 수준을 노동조합이 유지하기 위해서는 한 변수(고용 또는 임금)의 감소가 다른 변수의 증가로 보상되어야만 하므로 무차별곡선은 부(–)의 기울기를 갖는다. 일정한 크기의 임금상승에 대한 대가로 노동조합이 감내할 용의가 있는 고용감소 폭이 고용수준이 감소함에 따라 점점 더 작아진다고 가정되기 때문에, 무차별곡선은 한계대체율체감(무차별곡선들이 원점에 대해 볼록함)이라는 특성을 가진다. 마지막으로 원점에서 더 먼 곳에 위치하는 무차별곡선들은 노동조합의 효용 수준이 더 높다는 것을 나타낸다.

노동조합이 없는 경우, 시장균형이 임금 W_0과 고용수준 E_0(그림 13.3의 점 *a*)에서 달성되었다고 가정하자. 노동조합에 의한 단체교섭은 이 균형에 어떤 영향을 미치는가? 한 가지 가능성은 노동조합과 사용자가 더 높은 임금에 합의하고, 그 뒤 임금이 주어지면 사용자가 고용할 노동조합원 수를 결정하는 것이다. 협상을 통해 임금이 결정되면, 사용자는 자신의 노동수요곡선으로부터 이윤을 극대화하는 고용수준을 결정할 것이다. 노동조합도 아마도 이를 알고 있으므로, 노동조합의 목표는 결과적으로 나타나는 임금/고용의 조합이 노동수요곡선과 겹쳐져야 한다는 제약조건에 따라 그 효용을 극대화하는 임금을 선택하는 것이다.

그림 13.3에서 보면, 노동조합은 무차별곡선 U_2가 노동수요곡선과 접하는 점 *b*로 옮겨가려 할 것이다. 이 점에서 임금은 W_u, 고용은 E_U가 된다. 노동수요곡선이 제기하는 제약조

건이 주어질 때, 점 *b*는 노동조합이 얻을 수 있는 가장 높은 효용 수준을 나타낸다.

효율적 계약 모형

단순 독점-노동조합 모형의 흥미로운 특성은 이 모형이 **효율적**이지 않다는 점이다. 노동조합이 임금을 결정한 후 사용자들이 고용수준을 결정하는 대신, 양측이 공동으로 임금과 고용수준을 결정하는 데 동의하게 되면 양측 모두에게 이득이 될 수 있다. 그림 13.3을 이용하여 간략하게 설명하면, 적어도 한쪽이 다른 쪽에 손해를 끼치지 않고도 더 선호하는 임금/고용수준의 조합들을 얼마든지 찾을 수 있다는 것이다. 이러한 두 변수의 조합들은 **효율적 계약**(efficient contracts)이라 불려 왔다. (**효율적**이라는 용어는 제1장에서 다룬 **파레토효율성**에 관한 논의를 떠올리게 하지만, 여기서는 더 좁은 의미로 사용되었다. 파레토효율성은 **사회**복지와 관련된 개념으로, 만약 **사회**가 더 나아지면, 즉 일부는 이익을 보되 아무도 손해를 입지 않으면, 거래를 통해 파레토개선이 이루어졌다고 말한다. 이 장에서의 **효율성**은 단지 두 당사자의 후생수준이 개선될 수 있다는 정도를 의미한다. 사회 전체가 이득을 본다는 것을 의미하지는 않는다. 사실 다음 절에서 일반적으로 이와 같은 효율적 계약이 사회적으로 노동이용의 낭비를 유도한다는 것을 알게 될 것이다.)

공식모형 분석을 시작하기 전에, 노동수요곡선은 각 임금수준에서 사용자가 이윤을 극대화하는 고용수준을 선택함으로써 정의된다는 제3장의 논의를 상기해야만 한다. 예를 들어 그림 13.3에서 만약 임금이 W_0이고 고용수준이 E_0인 노동수요곡선 상의 점 *a*에서 시작하여, 만약 사용자가 고용을 늘리거나 줄이고자 한다면 이윤은 감소하게 된다. 따라서 만약 고용수준이 E_0으로부터 변해야 한다면, 이윤을 감소하지 않도록 하기 위해서는 더 낮은 수준의 임금이 지급되어야만 한다. 고용수준의 E_0으로부터의 괴리가 크면 클수록 이윤을 불변으로 유지하기 위해서는 더욱더 낮은 수준의 임금이 지급되어야만 한다.

이와 같은 관계는 제8장에서 처음 논의되었던 **등이윤곡선들**(isoprofit curves)의 개념을 다시 소개함으로써 공식화할 수 있다. 등이윤곡선은 사용자의 이윤을 같은 수준으로 유지하도록 해 주는 임금/고용수준의 조합을 연결한 궤적이다. 그림 13.4는 노동수요곡선이 *D*인 사용자에 대해 세 개의 등이윤곡선을 보여준다. 위에서 논의한 대로 각각의 등이윤곡선은 노동수요곡선과 만나는 점에서 극대에 도달하게 된다. 즉 노동수요곡선으로부터 주어진 등이윤곡선을 따라 어느 방향으로 움직이든 같은 이윤을 얻기 위해서는 임금이 하락해야만 한다. 각각의 고용수준과 관련된 임금이 위쪽에 있는 등이윤곡선을 따라 더 높으므로, 위쪽에 있는 등이윤곡선은 사용자의 이윤이 더 낮은 수준임을 나타낸다. 따라서 예를 들어 사용자는 독점-노동조합모형의 선택점(점 *b*)을 포함한 I_2 상에 있는 모든 임금/고용 조합보다 최초의 임금/고용 조합(점 *a*)을 포함한 I_0 상에 있는 모든 임금/고용 조합을 더 선호한다.

그림 13.5는 그림 13.3에서 논의한 몇 개의 노동조합 무차별곡선 위에 그림 13.4에서 논의한 몇 개의 사용자 등이윤곡선을 겹쳐서 그림으로써, 왜 독점-노동조합 모형의 선택

그림 13.4

사용자의 등이윤곡선들

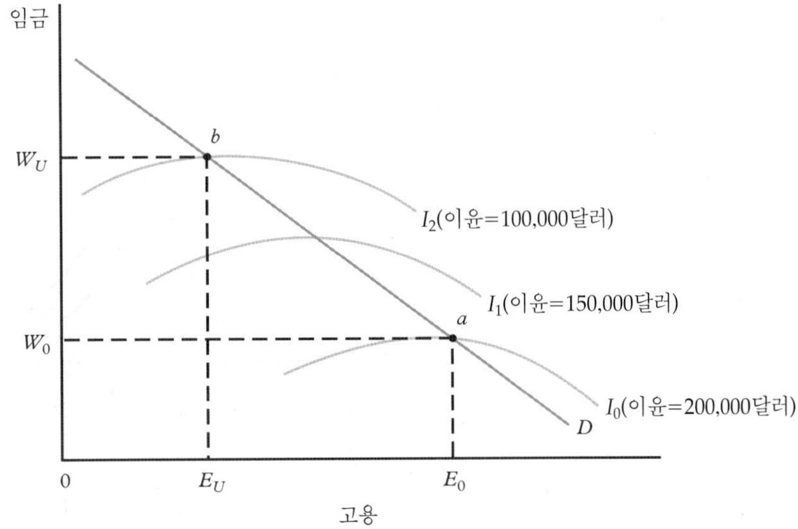

점인 점 b가 **효율적 계약**이 아닌지를 보여준다. 점 b를 선택하는 대신, 양측이 협상을 통해 임금은 하락하지만(W_d) 노동조합원들의 고용수준은 더 높아지는(E_d) 점 d에서 계약이 이루어진다고 가정하자. 점 d에서 노동조합은 이제 더 높은 수준의 무차별곡선 U_3에 도달하기 때문에 이익을 보게 되지만, 회사는 여전히 같은 등이윤곡선 I_2 상에 머무르기 때문에 손해를 보지 않는다.

마찬가지로 점 b에서 계약이 이루어지는 협상을 하는 대신에, 양측이 협상을 통해 임금 W_e와 고용수준 E_e인 점 e에서 계약하게 된다고 가정하자. 독점-노동조합 모형의 선택(점 b)과 비교할 때, 노동조합은 같은 무차별곡선 U_2에 머물러 있으므로 후생에 아무런 차이가 없지만, 이제 회사는 등이윤곡선 I_1에 도달할 수 있으므로 이익을 보게 된다. I_1은 I_2보다 아래에 있어서 더 높은 수준의 이윤을 나타낸다.

사실 노사 양측이 최소한 점 b와 같은 수준의 후생을 얻게 되는 계약들은 무수히 많다. 이와 같은 계약들은 그림 13.5에 진하게 표시된 부분으로 나타나 있다. 이 진하게 표시된 부분 가운데 효율적 계약, 즉 어느 쪽도 다른 한쪽을 희생시킴이 없이는 자신의 후생을 개선할 수 없는 계약에 해당하는 점들은 사용자의 등이윤곡선이 노동조합의 무차별곡선과 접하는 점 d나 점 e와 같은 점들이다. 실제로 진하게 표시된 부분 안에는 이와 같은 점들의 궤적이 존재하는바, 이 궤적은 그림에서 곡선 ed로 표시되어 있다. ed 상의 모든 점은 노동조합의 무차별곡선과 사용자의 등이윤곡선이 접하는 것을 나타낸다. 이 점들은 사용자와 노동조합 모두 임금과 고용 수준을 기꺼이 교환하고자 하는 최후의 점(따라서 양측 모두에게 이익이 되는 임금과 고용수준의 교환은 이제는 가능하지 않음)들이다.

종종 **계약곡선**(contract curve: 또는 효율적 계약들의 궤적)이라고 불리는 ed 상의 모든 점은 노사 양측 모두에게 최소한 점 b와 같은 후생을 보장하고, 최소한 어느 한쪽의

그림 13.5

계약곡선: 효율적 계약들의 궤적

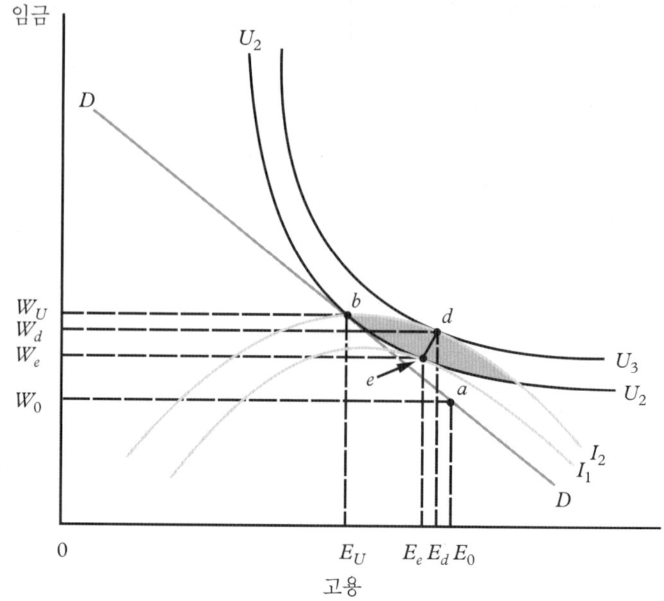

후생을 개선하게 된다. 그러나 *ed* 상의 어느 점에서 계약이 이루어지는가에 대해서 양측이 무차별한 것은 아니다. 확실히 노동조합은 *d*에 가까운 점을 선호할 것이고, 사용자는 *e*에 가까운 점을 선호할 것이다. 이 모형에서 계약곡선 상의 어느 점에서 계약이 실제로 성립될 것인지는 양측의 협상력에 달려있다.[9)]

계약곡선 계약곡선(contract curve)에 대해서는 두 가지 점이 지적될 필요가 있다. 첫째, 그림 13.5에 보이는 바와 같이, 계약곡선은 노동수요곡선의 오른쪽에 벗어나 있다는 점이다. 이는 기업이 일방적으로 고용을 통제할 수 있을 때 비해 주어진 임금수준에서 노동을 더 많이 사용한다는 것을 의미하며, 또한 단체협약은 공장에서 초과노동을 창출하는(더 정확히 말하면 사용하는 것을 재가하는) 조항들을 포함하리라는 것을 의미한다. 예를 들면 최소한의 근로자 규모를 규정하는 조항들이나 어떤 근로자가 특정한 일을 수행해야 하는가에 대한 엄격한 규칙들이 그것이다. 일부 협약들은 어떤 근로자들의 경우에는 일시해고를 할 수 없다는 조항까지를 포함할 수 있다. 노동조합이 더 낮은 임금에 동의하도록 할 수 있으므로 사용자는 이와 같은 조항들로 인해 이득을 증대시킬 수 있지만, 사용자의 비용최소화 실패는 사회적 낭비를 초래한다(만약 노동이 재배치되어 더 생산적으로 사용된다면, 사회는 총생산을 증가시킬 수 있다).

9) 협상력이 계약 성립의 성격에 어떤 영향을 주는가를 모형화하고자 하는 시도는 Jan Svejnar, "Bargaining Power, Fear of Disagreement, and Wage Settlements: Theory and Empirical Evidence from U.S. Industry," *Econometrica* 54 (September 1986): 1055~1078을 참조하라.

둘째, 그림 13.5에 보이는 바와 같이 계약곡선의 기울기가 우상향해야 할 필요는 없다. 노동조합의 무차별곡선과 기업의 등이윤곡선의 형태에 따라 계약곡선은 좌상향 또는 심지어 **수직선**이 될 수도 있다.

수직인 계약곡선과 관련된 흥미로운 특별한 경우는 계약곡선이 (**노동조합이 설립되기 이전의**) **초기 고용수준에서 수직**이 될 때 발생한다. 이 경우, **시장**임금이 주어질 때 기업은 **이윤을 극대화**하는 수준에서 고용을 유지하는 데 동의한다. 그렇게 되면 노동조합과 기업은 사실상 이 이윤을 어떻게 나눌 것인지에 대해 협상을 벌이게 되는 셈이다. 노동조합이 1달러를 더 얻게 되면 사용자는 1달러를 잃게 되고, 이때 산출량과 고용수준에는 변화가 없게 된다. 그러나 만약 노동조합이 최초의 (시장) 수준보다 높은 수준으로 임금을 인상하는 데 성공한다면, 기업이 최초의 고용수준을 유지하며 생산물시장에서 여전히 성공적으로 운영되는 가운데 어떻게 더 높은 임금을 지급할 수 있는지를 묻는 것은 당연한 일이다. 이에 대한 대답은 기업이 **비경쟁적인** 생산물시장에 놓여 있어, 생산 활동을 유지하는 데 요구되는 최소한의 이윤을 초과하여 이윤을 획득하고 있다는 것이다. 이러한 초과이윤의 감소는 경영층을 유쾌하지 않도록 만들겠지만, 사용자로 하여금 그러한 행태를 바꾸도록 하지는 않을 것이다.[10] 수직인 계약곡선의 더 이상의 시사점에 대해서는 노동조합화의 사회적 손익을 살펴보는 이 장의 마지막 절에서 논의된다.

계약은 정말 효율적인가? 효율적 계약 모형이 미국의 노동조합이 있는 사업장에서의 임금 결정과정을 얼마나 현실적으로 설명하고 있는가? 이 질문에 대해 대답하는 가장 분명한 방법은 단체협약의 조항들 가운데 고용수준에 대한 공동합의를 이루었다는 증거가 있는가를 살펴보는 일일 것이다. 공립학교 교사들을 커버하는 많은 계약은 학급규모(class sizes)의 최대수준 또는 교사/학생 비율의 최저수준을 구체적으로 명기하고 있으며, 소수의 민간부문 계약들도 특정 핵심근로자들에 대한 일시해고 금지조항을 포함하고 있지만, 사용자가 어떤 고용**수준**을 명시적으로 보장하기에 현실은 너무 불확실한 면이 많다.

그러나 계약에는 종종 초과노동의 사용을 영구화시키는 조항들이 포함된다. 많은 계약은 '직책 범위 밖의(out of job title)' 업무를 수행하지 못하도록 요구하며, 따라서 예를 들어 관리자는 흠집이 난 벽을 페인트칠할 수 없거나(페인트공이 요구되거나), 또는 무대 뒤의 배우는 조명기사의 어떤 업무도 전혀 수행할 수 없다. 비록 고용수준이 계약에서 명시적으로 결정되지는 않더라도, 직무할당의 이와 같은 엄격함은 분명히 일자리를 보호하려 고안된 것이다.

효율적 계약 모형을 **간접적**으로 테스트하는 방법도 있다. 효율적 계약 모형과 독점-노동조합 모형은 노동에 대한 수요 또는 노동조합의 선호에 영향을 주는 변수들의 변화

10) Brian E. Becker, "Union Rents as a Source of Takeover Gains among Target Shareholders," *Industrial and Labor Relations Review* 49 (October 1995): 3~19. 수직인 계약곡선에 대한 실증테스트는 John M. Abowd, "The Effect of Wage Bargains on the Stock Market Value of the Firm," *American Economic Review* 79 (September 1989): 774~800에서 찾을 수 있다.

에 대응하여 임금과 고용수준이 어떻게 변할 것인가에 대해 서로 다른 시사점들을 제공한다. 수많은 연구가 이러한 시사점들을 분석했는데, 현재로서는 효율적 계약 모형을 지지하거나 반대하는 증거가 모두 존재한다고 말하는 것이 옳을 듯하다.[11]

단체교섭 활동과 수단

노동조합이 목표달성을 위해 노력하는 과정에서 직면하게 되는 일반적인 제약들을 분석했으므로, 이제 노동조합의 권한에 영향을 미치는 여러 활동에 대한 경제분석을 해 보기로 한다. 우선 단순한 노동**조합원** 모형부터 시작해서, 이를 이용하여 최근 수십 년간 미국의 노동조합이 직면하고 있는 조합원의 감소라는 문제를 이해하기로 하자. 그다음에 노동조합이 직면하고 있는 시장의 제약을 바꾸기 위한 노력으로 노동조합은 어떤 **정치적** 과정을 사용하는지 간략히 논의한다. 마지막으로 단체교섭 과정에서 **파업**을 한다든지 또는 타결되지 못한 분쟁을 제3자에 의한 **중재**로 결정하게 한다든지 하는, 노동조합이 조심스럽게 사용할 수 있는 궁극적인 위협을 분석한다.

노동조합에의 가입: 수요 및 공급 분석

노동조합의 활동에 대한 단순 수요공급모형을 이용해 노동조합의 가입에 영향을 미치는 요인들을 설명할 수 있다.[12] 수요측면에서, 노동조합의 조합원이 되고자 하는 근로자들의 바람은 노동조합원 자격의 **가격**에 대한 함수일 것이다. 이 가격에는 가입비, 월 조합비, 개인이 노동조합 활동에 소비하리라 예상하는 시간의 가치 등이 포함된다. 다른 조건이 일정하다면 가격이 오를수록 근로자 중 노동조합원이 되기를 원하는 사람의 비율은 줄어들게 되는데, 이는 그림 13.6의 수요곡선 D_0에 의해 나타낼 수 있다.

단체교섭 협상에서 근로자들을 대표하는 것이나, 노동조합과의 계약이 잘 이행되고 있는지를 감독하는 데는 비용이 든다. 따라서 다른 조건이 일정할 때 노동조합이 그 서비스를 제공할 용의는 노동조합원 자격의 가격에 대한 증가함수라고 합리적인 결론을 내릴 수 있는데, 이는 그림 13.6의 공급곡선 S_0으로 나타나게 된다. 이 수요곡선과 공급곡선의 교차점에서 노동조합화된 근로자 비율의 균형치(U_0)와 노동조합 서비스의 균형가격(P_0)을 얻을 수 있다.

수요곡선과 공급곡선의 **위치**를 결정하는 요인은 무엇인가? 다른 조건이 일정할 때, 수요곡선 또는 공급곡선 중 어느 하나를 우측으로 이동시키는 요인은 경제 내의 노동조합

[11] Nicholas Lawson, "Is Collective Bargaining Pareto Efficient? A Survey of the Literature," *Journal of Labor Research* 32 (September 2011): 282~304.

[12] 이 모형은 Orley Ashenfelter and John Pencavel, "American Trade Union Growth, 1900~1960," *Quarterly Journal of Economics* 83 (August 1969): 434~448; and John Pencavel, "The Demand for Union Services: An Excercise," *Industrial and Labor Relations Review* 24 (January 1971): 180~191에 실린 접근법을 기초로 하고 있다.

그림 13.6

노동조합화에 대한 수요와 공급

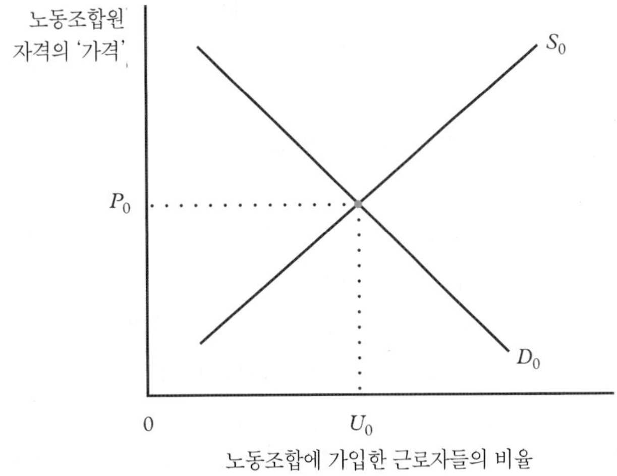

화 수준을 증가시킬 것이다. 반대로 다른 조건이 일정할 때, 이들 곡선 중 어떤 것이라도 좌측으로 이동하면 노동조합화 수준은 하락할 것이다. 이 곡선들을 이동시키는 요소를 찾는다면, 시간이 흐름에 따른 한 경제 내에서의 노동조합화 수준의 **변화**를 설명할 수 있게 된다.

수요측면에서, 개개인들의 노동조합원 자격에 대한 수요는 노동조합원이 됨으로써 자신이 얼마만큼의 **순이익**을 얻을 것으로 생각하는가와 정(+)의 관계를 가질 것이다. 예를 들어 노동조합이 자신들을 위하여 얻어낸다고 생각하는 임금의 상승폭이 커질수록 수요곡선은 보다 오른쪽에 위치하게 될 것이다. 다른 요소로는 **호감**(taste)을 들 수 있다. 만약 아마도 사회적 분위기의 변화 때문에 개별근로자들의 노동조합화에 대한 호감이 커지면, 수요곡선은 역시 우측으로 이동할 것이다.

공급 측면에서, 노동조합의 조직 활동**비용**을 변화시키는 모든 요인은 공급곡선에 영향을 미칠 것이다. 노동조합이 대표성을 얻기 위한 선거에서 승리하는 것을 더 쉽게 만드는 노동법이 제정된다면 공급곡선은 우측으로 이동할 것이다. 근로자들의 조직을 더 어렵게 만드는 고용구조의 변화는 공급곡선을 좌측으로 이동시키고, 노동조합화 수준을 하락시킬 것이다.[13]

1950년대 중반 이래 미국에서 나타났던 노동조합화 비율의 하락은 노동조합서비스에 대한 수요 또는 공급과 관련된 다음의 다섯 가지 요소로 적어도 부분적으로 설명될 수 있다고 가설화할 수 있다. 즉 경제활동인구의 인구통계학적 변화, 산업구조(industrial

[13] Rebecca S. Demsetz, "Voting Behavior in Union Representation Elections: The Influence of Skill Homogeniety and Skill Group Size," *Industrial and Labor Relations Review* 47 (October 1993): 99~113은 다른 조건이 일정할 때 더 동질적인 숙련도의 근로자들을 가진 공장들이 노동조합을 더 지원한다는 것을 발견했다.

mix)의 변화, 환경이 노동조합에 대해 특히 우호적이지 않은 주에의 고용집중(고용의 지역적인 이동), 경쟁압력의 증가, 그리고 노동조합 조직화 노력에 대한 사용자들의 저항증가 등이 그것이다.[14)]

인구통계학적 변화 경제활동인구 가운데 여성의 비율이 상당히 증가했고(제6장 참조), 역사적으로 여성은 노동조합에 가입하지 않는 경향을 보여 왔다. 노동조합에 가입함으로써 얻을 수 있는 이득은 당사자들의 예상재직연수의 함수이다. 연공서열 조항, 직업보장(job security) 조항, 그리고 퇴직급여는 단지 잠깐만 기업에 고용되리라 기대하는 사람들에게는 별로 가치가 없다. **과거에는** 여성들이 남성들에 비해 더 짧은 예상재직기간을 갖고 있는 경향이 있었으며, 보다 간헐적인 경제활동참가의 경향도 보였다. 그러나 여성들의 경제활동참가가 **증가해 온** 사실을 고려한다면, 인구통계학적 변화는 노동조합원 비율 감소에 대한 설명으로는 충분치 않은 것 같다.[15)]

산업구조의 변화 노동조합원 비율이 감소한 두 번째 가능한 요인으로는 제2장에서 처음 논의한 바 있는 산업별 고용구성의 변화를 들 수 있다. 미국에서 노동조합화가 가장 진전되어 있는 부문인 정부의 근로자 비율은 1970년대 중반 이래 별다른 변화를 보이지 않았던 반면, 제조업, 광업, 건설업, 운송, 그리고 공익사업(public utilities) 등 **민간**부문에서 노동조합화가 가장 크게 이루어진 산업들에서는 고용비중이 상당히 하락했다(표 13.2 참조). 고용은 도·소매업, 금융·보험·부동산업, 그리고 서비스업에서 가장 현저하게 증가했는데, 이 산업들은 경제 내에서 가장 노동조합화가 뒤떨어지는 부문들이다.

왜 이런 산업들에서는 노동조합화가 잘 이루어지지 않는 경향이 나타날까? 이 산업들은 경쟁이 심한 경향이 있으며, 그 결과 생산물수요에 대한 가격탄력성이 높고, 따라서 노동수요에 대한 임금탄력성이 높은데, 이는 상당한 고용감소의 고통 없이 임금을 인상시키는 노동조합의 능력을 제한한다. 이런 이유로, 이와 같은 산업들에서는 개별근로자들이 노동조합에 가입함으로써 얻을 수 있을 것으로 생각하는 순이익이 낮을 수 있으며, 경제 내에서 이들 산업들이 차지하는 중요성이 커짐에 따라 그림 13.6의 노동조합서비스에 대한 수요곡선은 좌측으로 이동하게 되고, 따라서 노동조합에 가입한 근로자의 비율

---

14) 미국에서 노동조합화 비율의 부침에 근저를 이루는 요소들에 대한 논의는, *Journal of Economic Perspectives* 2 (Spring 1988): 59~110에 수록된 Edward P. Lazear, Richard B. Freeman, and Melvin W. Reder의 논문을 참조하라. 이 절에서 논의된 요소들이 노동조합화 비율의 하락에 어느 정도까지 책임이 있는가에 대한 수량적 추정치들은 Henry Farber, "The Decline of Unionization in the United States: What Can Be Learned from Recent Experience?" *Journal of Labor Economics* 8, no. 1, pt. 2 (January 1990): S75~S105; and Henry Farber and Alan Krueger, "Union Membership in the United States: The Decline Continues," in *Employee Representation: Alternatives and Future Decisions*, eds. Bruce Kaufman and Morris Kleiner (Madison, Wis.: Industrial Relations Research Association, 1993)을 참조하라.

15) Farber and Krueger, "Union Membership in the United States: The Decline Continues,"는 인구통계학적 변화는 노동조합화의 퇴조에 거의 아무런 역할을 하지 못했다고 주장한다.

은 줄어들게 된다.

또한, 이와 같은 산업들은 규모가 그리 크지 않은 기업들로 구성되는 경향을 보인다. 작은 규모의 기업에서 일하는 근로자들은 자신들의 감독자들로부터 소외되는 느낌을 종종 덜 받기 때문에, 노동조합화에 대한 수요가 더 낮다고 생각될 수 있다. 그뿐만 아니라 한 공장의 근로자 1,000명을 대상으로 노동조합을 조직하는 것보다 100개의 회사에 흩어져 있는 1,000명의 근로자를 대상으로 노동조합을 조직하는 데 더 큰 비용이 들어가기 때문에, 소규모기업들의 고용비중이 증가함에 따라 노동조합서비스의 공급곡선은 좌측으로 이동하는 것으로 종종 간주될 수 있다. 이러한 두 가지 요소들은 (그림 13.6으로 살펴볼 때) 소규모기업의 고용비중이 증가함에 따라 노동조합화 수준이 하락하리라는 것을 제시하는데, 산업간 고용분포의 변화가 노동조합화의 정도에 영향을 미쳤던 또 다른 이유를 제공한다.

고용의 지역적인 이동 노동조합의 영향력 쇠퇴에 기여했을 수 있는 세 번째 요인으로는 1955년 이래 공업지역인 북동부(Northeast)와 중서부(Midwest)로부터 남부(South)와 서부(West)로 인구 및 고용이 이동한 사실을 꼽을 수 있다. 앞에서 주목한 바와 같이, 남부와 남서부(Southwest)에는 노동권법(right-to-work laws)을 가진 24개 주가 집중적으로 몰려있다. 기업에 고용되는 개개인들은 고용조건으로 노동조합원이 되는 것을 강요당할 수 없으므로, 그러한 법들은 노동조합원 확대에 드는 비용을 증가시킨다. 그림 13.6으로 살펴보면, 이러한 법들은 노동조합서비스의 공급곡선을 좌측으로 이동시킴으로써 노동조합화의 비율을 하락시킨다. 1955년과 2010년 사이에 노동권법이 있는 주에서 일하는 근로자들의 비율은 24%로부터 44%로 증가하였다. 이러한 법들이 존재한다는 사실과 더불어, 근로자들의 지역분포가 이처럼 변화한 것은 의심할 바 없이 노동조합화를 억제하는 경향을 가졌다.

그러나 남부와 서부로 노동이 이동함으로써 발생한 노동조합화의 퇴조를 노동권법 그 자체 때문에 기인한 것으로 여길 수 있는지는 전혀 분명하지 않다. 노동권법 통과 이전에조차도 노동권법을 가진 주들의 노동조합화 정도는 다른 주들에 비해서 더 낮은 경향을 보였다. 노동권법은 이들 공동체에 이미 존재하던 노동조합에 대한 태도를 단지 반영한 것인지도 모른다.[16]

경쟁압력 네 번째 요소는 제조업에서 외국과의 경쟁과 항공, 트럭운송, 전화서비스산업에서의 규제 완화가 증가되었다는 점이다(예문 13.2 참조). 노동조합화가 잘 이루어지는 경향을 띠는 이들 산업에서, 생산물시장의 경쟁격화는 임금을 인상시키는 노동조합의 힘을 감소시키는 데 도움을 주었다. 즉 생산물시장의 경쟁격화는 생산물수요의 가격탄력성

[16] 노동권법의 효과에 관한 이전의 문헌을 인용한 최근의 연구는 Steven E. Abraham and Paula B. Voos, "Right-to-Work Laws: New Evidence from the Stock Market," *Southern Economic Journal* 67 (October 2000): 345~362를 참조하라.

예문 13.2

규제완화가 트럭운송업과 항공업에 미치는 효과

1970년대 후반 이전에는 노동조합화가 크게 이루어졌던 트럭운송업과 항공업은 미국 정부에 의해 규제를 받았었는데, 미국 정부는 잠재적 경쟁자들의 진입을 제약하고 기존의 업자들에게 상당한 정도의 독점력을 허용했다. 그러나 1978년부터 1980년까지 이러한 제약들은 대부분 제거되었다. 결과적으로 나타난 생산물시장의 경쟁증대는 생산물수요의 가격탄력성, 그리고 물론 두 업종의 노동수요의 임금탄력성을 증가시켰으며, 따라서 노동조합의 임금인상 능력을 쇠퇴시켰다.

이러한 변화들은 노동조합화되었을 때의 바람직함을 감소시켰으며, 실제로 양 업종들은 노동조합원들의 고용수준이 급격히 감소하는 것을 경험했다. 예를 들어 항공업에서는 노동조합에 가입한 정비공들의 고용이 1983년까지 15~20% 하락했다. 트럭운송업에서는 산업 전반의 노동조합화 비율이 88%로부터 1990년에는 65%로 감소했다.

데이터출처: David Card, "The Impact of Deregulation on the Employment and Wages of Airline Mechanics," *Industrial and Labor Relations Review* 39 (July 1986): 527~538; and Michael H. Belzer, *Sweatshops on Wheels: Winners and Losers in Trucking Deregulation* (New York: Oxford University Press, 2000).

을 증가시킴으로써, (제4장에서 살펴보았던 것과 같이) 노동수요의 임금탄력성도 증가시킨다. 생산물시장의 경쟁이 격화되었음에도 노동조합에 가입한 근로자들의 임금이 크게 떨어지지 않았다면, 이들 산업 내에서의 노동조합원들의 고용은 감소했을 것으로 예상할 수 있다. 실제로 이전에 노동조합화 경향이 강했던 이들 산업에서 노동조합원들의 고용비중은 외국 기업들 및 규제가 완화된 산업들의 노동조합이 조직되지 않은 신규사용자들과의 경쟁이 증가함에 따라 지난 20년 동안 크게 하락하였다.[17)]

경쟁압력(competitive pressures)의 증가는 노동수요곡선을 보다 탄력적으로 만듦으로써 근로자들이 단체행동을 함으로써 얻을 수 있는 이득을 줄이며, 따라서 노동조합서비스에 대한 수요곡선을 좌측으로 이동시킨다. 더욱이 생산물시장에서의 경쟁격화는 노동조합에 대한 근로자들의 수요에 영향을 미치는 사용자들의 반응을 당연히 불러일으킨다. 예를 들어 만약 기업들이 외국과의 경쟁이 격화되었다는 것을 알게 되면, 이들은 근로자들이 노동조합을 조직할 가능성이 적은 지역으로 공장을 옮기려 할 수 있다. 마찬가

17) 외국과의 경쟁 효과는 노동조합원들의 임금이 아니라 고용수준에서 주로 느껴진다는 증거는 John Abowd and Thomas Lemieux, "The Effects of International Trade on Union Wages and Employment: Evidence from the U.S. and Canada," in *Immigration, Trade, and the Labor Market*, eds. John Abowd and Richard Freeman (Chicago: University of Chicago Press, 1991)에서 찾을 수 있다. 또한, Matthew J. Slaughter, "Globalization and Declining Unionization in the United States," *Industrial Relations* 46 (April 2007): 329~346 참조.

지로 기업들은 노동조합서비스에 대한 수요가 상대적으로 적은 인구통계학적 그룹의 근로자들을 고용하려 할지 모른다. 또한 경쟁의 격화는 사용자들에게 노동조합을 조직하려는 움직임에 보다 적극적으로 저항하도록 할 수 있으며, 이는 노동조합을 조직하는데 드는 비용을 꽤 증가하도록 하여 노동조합서비스의 공급곡선을 좌측으로 이동시킨다.

사용자 저항 미국의 사용자들은 합법적·불법적인 수단을 사용하여 노동조합 조직에 반대하는 캠페인에 적극적인 역할을 할 수 있으며, 또한 종종 그렇게 한다. 예를 들어 전국노동관계법(NLRA: National Labor Relations Act) 하에서, 사용자들이 왜 자신들은 노동조합에 대해 반대투표를 하는 것이 근로자들의 이익에 도움이 된다고 생각하는지를 근로자들에게 자세히 설명하는 것과 노동조합이 선거에서 승리하지 못하도록 막기 위한 캠페인을 자신들이 어떻게 잘 수행할 수 있는지를 자문받기 위해 컨설턴트를 채용하는 것은 모두 합법이다. 그러나 사용자가 만약 노동조합이 선거에 승리하면 계획된 임금인상을 철회하겠다고 위협하거나 기업이 노동조합의 조직 활동에 참여한 근로자들을 차별하는 것은 불법이다. 만약 사용자가 캠페인 기간 중 불법적인 활동에 관련되어 있다고 믿는다면, 노동조합은 전국노동관계위원회(NLRB: National Labor Relations Board)에 부당노동행위를 고발할 수 있는데, 만약 이것이 받아들여지면 NLRB는 정식고소를 할 수 있다.

표 13.3은 1970년부터 2010년까지 노동조합 대표선거의 횟수, 이 중 노동조합이 승

표 13.3

노동조합대표선거와 NLRB에 의해 제기된 부당노동행위고소, 1970~2010년

	대표선거		사용자들에 대한 NLRB의 고소	
연도	횟수	노동조합의 승리비율	횟수	선거횟수에 대한 고소건수 비율
1970	8,074	55.2	1,474	0.183
1975	8,577	48.2	2,335	0.272
1980	8,198	45.7	5,164	0.630
1985	4,614	42.4	2,840	0.616
1990	4,210	46.7	3,182	0.756
1993	3,586	47.6	3,576	0.997
1996	3,277	44.8	2,919	0.891
1999	3,585	50.5	2,036	0.568
2003	2,937	53.8	1,767	0.601
2005	2,649	56.8	1,160	0.438
2010	1,823	62.3	1,166	0.640

자료: *Annual Report of the National Labor Relations Board*, Appendix Tables 3A, 13 (various years).

리한 비율, 그리고 NLRB가 사용자들을 부당노동행위로 고소한 건수를 연도별로 보여주고 있다. 모든 부당노동행위가 선거기간 동안 발생한 것은 아니지만, 선거횟수에 대한 부당노동행위로 인한 고소건수의 비율은 사용자 저항의 강도에 대해 적어도 무엇인가를 짐작하도록 한다. 선거에 대한 부당노동행위의 비율은 1970년대와 1980년대에 급격히 증가하여 1993년에 최고수준에 이르렀으며(20년 전보다 그 비율이 5배를 웃돌게 되었음), 지난 10년 동안에는 1980년대에 경험했던 수준으로 거의 되돌아갔다.

왜 1975년 이후에 사용자들은 노동조합에 대한 저항을 증가시켰을까? 몇몇 사람들은 사용자들이 순수하게 이데올로기적 이유로 노동조합이 없는 사업장을 유지하길 원하게 되었다고 주장한다. 그러나 다른 사람들은 사용자 행태의 변화는 만약 노동조합이 승리할 경우 사용자들이 직면하게 되리라 예상하는 비용증가의 결과였다고 주장한다. 1970년대와 1980년대 초 외국 생산자들로부터의 경쟁이 크게 높아졌던 것처럼, 노동조합에 가입한 근로자들의 임금이 노동조합에 가입하지 않은 근로자들의 임금보다 더 빨리 상승하였다. 따라서 사용자들이 노동조합이 조직되지 않은 자신들의 작업장을 노동조합이 없는 상태로 유지함으로써 얻을 수 있다고 생각하는 경제적 이익이 증가하였다. 이러한 요소는 사용자들에게 합법적·불법적 수단 모두를 통해 노동조합의 캠페인에 점점 더 공격적으로 대항하도록 만들었다는 것이다.[18)]

노동수요곡선을 변화시키기 위한 노동조합의 활동

노동조합이 취하는 많은 활동은 노동조합이 직면하는 시장제약들을 완화하려는 직접적인 시도이다. 즉 노동조합원인 근로자들에 대한 **수요를 증대**시키거나, 또는 노동조합원의 서비스에 대한 **수요의 임금탄력성을 줄이는** 것이다. 이들 가운데 많은 시도는 단체교섭 그 자체를 통해 이루어지지는 **않았다**. 오히려 이런 시도들은 노동조합의 목표를 적어도 간접적으로 달성하도록 했던 법안에 대한 노동조합의 지지를 통해, 그리고 노동조합원들이 생산했던 생산물에 대한 수요를 증가시키기 위한 직접적인 홍보캠페인을 통해 전개되었다.

생산물수요의 변화 최종생산물에 대한 수요를 증대시키기 위해서, 따라서 노동조합 근로자들에 대한 노동수요곡선을 우측으로 이동시키기 위해서 노동조합은 미국으로 수입될 수 있는 외국산재화의 수량을 제한하는 수입할당제나, 수입되는 재화에 미국산 부품을 일정비율 사용하도록 요구하는 **국내부품조달**(domestic content) 법안을 위한 로비활동을 벌였다. 노동조합은 또한 북미자유무역협정(NAFTA: North American Free Trade Agreement)과 같은 수입되는 재화에 부과되는 관세를 줄이도록 하는 법을 강력히 반대하는 로비를 전개하였다. 일부 노동조합들은 소비자들에게 '(미)국산품 애용(Buy

18) William T. Dickens, "The Effect of Company Campaigns on Certification Elections: Law and Reality Once Again," *Industrial and Labor Relations Review* 36 (July 1983): 560~575; Robert Flanagan, *Labor Relations and the Litigation Explosion* (Washington, D.C.: Brookings Institution, 1987); and Farber, "The Decline in Unionization in the United States."

American)' 또는 '노동조합 라벨 좀 봐 주세요(Look for the union label)'를 권유함으로써 자신들이 생산하는 생산물에 대한 소비자들의 취향에 직접적인 영향을 미치도록 하는 노력을 기울이기도 하였다.

대체의 제약: 법률의 제정 노동수요의 탄력성에 대한 앞의 논의(제4장)로부터의 시사점은 노동조합 근로자에 대한 수요는 다른 조건이 일정하다면 노동조합 근로자를 다른 생산요소로 대체하기가 더 어렵게 되거나 더 비용이 들게 될 때 덜 탄력적이 될 것이라는 것이다. 따라서 노동조합들은 종종 법률 제정이라는 수단에 의해 노동조합원에 대한 잠재적 대체생산요소인 다른 생산요소들의 비용을 증가시키는 전략을 추구하기도 하였다. 예를 들어 건설업 노동조합들은 종종 노동조합이 없는 계약자들이 공공프로젝트를 수행하는 경우 (보통 그 지역 노동조합원의 임금인) '적정임금(prevailing wages)'을 지급하도록 요구할 것을 주 정부에 설득해 왔다. 나아가 노동조합들은 최저임금 상향조정의 주요 지지자 중 하나였다.[19] 노동조합의 그와 같은 법의 지지는 저임금근로자들의 복지에 대한 관심에 그 동기가 부여되었지만, 최저임금의 인상은 또한 노동조합에 가입하지 않은 근로자들을 채용하는 사용자들에 대한 상대적인 비용을 증가시킴으로써, 그들이 생산한 생산물의 가격을 인상할 뿐만 아니라 고임금의 노동조합원을 비노동조합원으로 대체하려는 사용자들의 인센티브를 줄어들게 한다.

대체의 제약: 협상 노동조합원을 다른 생산요소로 대체하는 것을 막기 위한 노동조합의 시도는 단체교섭과정을 통해 또한 발생할 수 있다. 과거에는 특히 항공, 철도, 그리고 인쇄업과 같은 일부 노동조합들은 최소한의 직원규모(예를 들어 어떤 제트항공기를 운항하기 위해서는 적어도 3명의 조종사가 필요함)를 보장하도록 요구하여 관철시켰다. 그러한 **직원채용요건**(staffing requirements)은 사용자들이 노동을 자본으로 대체하지 못하도록 한다.[20] 다른 노동조합들은 자신들이 제공하는 서비스의 일부 또는 전부를 사용자들이 **하도급**(subcontracting) 주지 못하도록 하는 계약조항들을 관철시키기도 하였다. 예를 들어 한 기업의 청소부들을 대표하는 노동조합은 기업이 청소서비스를 외부기업에 의뢰하지 못하도록 하는 조항을 계약에 포함할 수 있다. 이러한 조항들은 노동조합에 가입한 근로자들을 노동조합에 가입하지 않은 근로자들로 대체하는 것을 제한할 수 있다.

---

19) Daniel P. Kessler and Lawrence F. Katz, "Prevailing Wage Laws and Construction Labor Markets," *Industrial and Labor Relations Review* 54 (January 2001): 259~274 참조. 최저임금법에 대한 노동조합의 지지는 종종 의회에서 의원들의 최저임금에 대한 찬성투표로 변형된다는 증거는 James Cox and Ronald Oaxaca, "The Determinants of Minimum Wage Levels and Coverage in State Minimum Wage Laws," in *The Economics of Legal Minimum Wages*, ed. Simon Rottenberg (Washington, D.C.: American Enterprise Institute for Public Policy Research, 1981)을 참조하라.

20) 이러한 요건이 그 역할이 남아도는 근로자들, 예를 들어 디젤기관차 화부들의 고용을 요구하는 경우 **과잉고용요구**(featherbedding)가 발생한다고 일컬어진다. 이러한 현상에 대한 경제적 분석은 George Johnson, "Work Rules, Featherbedding and Pareto Optimal Union Management Bargaining," *Journal of Labor Economics* 8, no. 1, pt. 2 (January 1990): S237~S259를 참조하라.

직업별노동조합들은 종종 각각의 개별 직업별노동조합의 조합원들이 수행할 수 있는 기능을 제한함으로써, 한 직업별노동조합의 조합원이 다른 직업별노동조합의 조합원을 대체하지 못하게 하는 구체적 계약조항을 협상하기도 한다. 직업별노동조합들은 또한 경험이 많은 **장인**근로자들(journeymen workers)에 대해 고용될 수 있는 숙련도를 배우는 근로자들인 **도제**근로자들(apprentice workers)의 최대 숫자에 대한 규칙을 정함으로써 노동조합에 가입한 숙련근로자들을 노동조합에 가입한 미숙련근로자들로 대체하는 것도 제한한다. 도제제도에 관한 규칙들도 또한 직업별노동조합에 숙련근로자들이 공급되는 것을 제한하는데, 이는 현재의 노동조합원들을 대체하는 것을 제한하는 또 다른 방법이다.

협상과 파업의 위협

노동조합은 어떻게 사용자로 하여금 노동수요의 임금탄력성을 감소시키거나 노동조합에 가입한 근로자들에 대한 수요곡선을 우측으로 이동시키는 변화에 동의하도록 설득하는가? 노동수요곡선의 탄력성과 위치가 주어졌을 때, 대부분의 경우 생산요소의 가격상승이 기업의 이윤을 감소시킬 때 노동조합은 어떻게 실질임금의 인상을 교섭하고 또 관철시킬 수 있을까?

경우에 따라서는 생산성을 향상시킬 수 있도록 어떤 작업규칙을 바꾸는 데 노동조합이 동의하는 대가로 실질임금을 인상하는 타협안에 노사 양측이 합의할 수 있다. 만약 그런 합의가 명시적이고 생산성 향상에 연계된 경우, 그 과정은 종종 흔히 **생산성교섭**(productivity bargaining)으로 지칭된다. 그러나 보다 전형적으로, 노동조합은 경영진에게 비용을 부담시킬 능력을 갖고 있으므로, 협상 테이블에서 경영진의 양보를 얻어낼 수 있다. 비용을 부담시키는 전형적인 형태는 태업(slowdown)과 파업(strike)이다. **파업**이란 노동조합원 전체가 기업에 노동서비스를 거부하는 시도를 말한다.

파업은 발생 시 떠들썩하게 보도되곤 하지만, 미국에서는 상대적으로 드물며, 또한 점점 드물어지고 있다. 예를 들어 1970년에 미국에서는 1,000명 이상의 근로자들이 참여한 381건의 근로중단(work stoppage)이 있었는데, 이 파업들은 경제 내 모든 근로시간의 1%의 약 1/4에 해당하는 손실을 발생시켰다. 비교를 위하여 (실업률로 측정할 때 비슷한 수준의 경제활동이 있었던 해인) 1997년과 2007년의 경우를 살펴보면, 1,000명 이상의 근로자들이 참여한 각각 29건과 21건의 파업이 있었으며, 시간 손실은 전체 근로시간의 1%의 1/100 미만이었다.[21] 자주 발생하는 것이 아님에도 불구하고, 파업의 **위협**은 민간부문에서 이루어지는 협상의 거의 모든 경우에 존재하며, 따라서 협상 과정과 그 결과를 설명하는 모형은 이 위협의 문제를 다루어야만 한다.

파업과 협상의 단순모형 협상과정에서의 파업에 대한 첫 번째이자 또한 가장 단순한 모

[21] U.S. Department of Labor, Bureau of Labor Statistics, "Major Work Stoppages in 2009," Economic News Release USDL-10-0170 (February 10, 2010), Table 1.

그림 13.7

힉스의 협상모형과 예상 파업기간

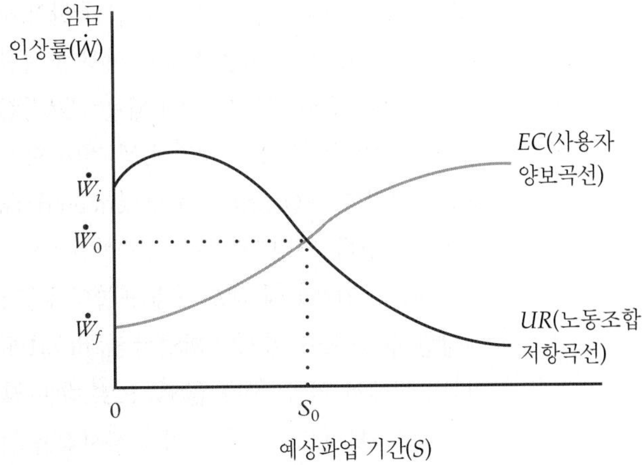

형은 존 힉스 경(Sir John Hicks)에 의해 개발되었다.[22] 노사가 임금인상의 폭이라는 단 한 가지 사안에 대해서만 협상을 한다고 가정하자. 노동조합이 요구하는 임금인상률과 사용자가 받아들일 용의가 있는 임금인상률은 예상파업기간에 따라 어떻게 변하게 되는가? 힉스는 이 물음에 대한 답을 그림 13.7에 보이는 것과 같은 그래프를 가지고 분석하였다. 여기서 $\dot{W}$는 노사 간의 협상 대상인 임금인상률이다.

사용자의 경우, 파업 이전 기업이 제안할 수 있는 최대의 인상률은 $\dot{W}_F$라 가정된다. 이 제안이 거부되고 파업이 시작되더라도, 사용자는 쌓아두었던 재고를 통해 또는 (관리직을 포함한) 파업에 참여하지 않은 근로자들을 생산라인에 투입함으로써 얼마간은 고객들에게 서비스할 수 있다. 그러나 파업이 진행되면서 사업 손실비용 또는 고객들의 불만은 점차 쌓여만 간다. 실제로 최근의 논문들은 노동쟁의의 기간 동안 타이어 공장에서의 타이어 접지면의 분리로 측정되든지 또는 병원에서의 환자 사망률로 측정되든지 관계없이 생산성과 생산물의 품질이 꽤 낮아질 수 있음을 암시하고 있다.[23] 이러한 손실에 직면하여, 사용자는 파업을 끝내기 위한 노력의 하나로 임금제안 인상폭을 높여갈 것으로 기대할 수 있다. 파업이 길어지면서 사용자가 기꺼이 제안할 것으로 예상되는 임금인상폭은 그림 13.7의 *EC*와 같이 우상향하는 **사용자양보곡선**(employer concession schedule)으로 그려질 수 있다.

[22] John R. Hicks, *The Theory of Wages*, 2nd ed. (New York: St. Martin's Press, 1966), 136~157.

[23] Alan B. Krueger and Alexandre Mas, "Strikes, Scabs and Tread Separations: Labor Strife and the Production of Defective Bridgestone/Firestone Tires," *Journal of Political Economy* 112 (April 2004): 253~289; Morris M. Kleiner, Jonathan S. Leonard, and Adam M. Pilarski, "How Industrial Relations Affects Plant Performance: The Case of Commercial Aircraft Manufacturing," *Industrial and Labor Relations Review* 55 (January 2002): 195~218; Alexandre Mas, "Labor Unrest and the Quality of Production: Evidence from the Construction Equipment Resale Market," *Review of Economic Studies* 75 (January 2008): 229~258; and Jonathan Gruber and Samuel A. Kleiner, "Do Strikes Kill? Evidence from New York State," *American Economic Journal: Economic Policy* 4 (February 2012): 127~157.

노동조합은 파업을 시작하기 이전 처음에는 W_i 만큼의 임금인상을 받아들일 의사가 있는 것으로 가정되지만, 일단 파업이 시작되면 근로자들의 태도가 굳어지면서 노동조합도 처음의 인상요구 폭을 실제로 상향 조정할 수 있다. 그러나 파업 후 일정 시점이 되면, 소득을 얻지 못해 고통을 겪게 되는 근로자들의 태도가 변화를 보이게 되고, 노동조합은 요구하는 임금인상률을 낮추게 될 것이다. 이와 같은 임금인상률의 하락은 그림 13.7의 **노동조합저항 곡선**(union resistance curve) *UR*로 표시되는데, 이 곡선은 궁극적으로는 우하향한다.

파업이 진행됨에 따라, 노동조합의 요구는 줄어들고 사용자의 제안은 상승할 것으로 예상할 수 있으며, 마침내 파업이 S_0기(期)까지 진행되면 이들 두 제안이 만나게 될 것이다. 이 점에서 임금인상률을 $\dot{W}_0$으로 하는 타협에 도달하고, 파업은 끝날 것으로 예상한다. 이 단순모형으로부터 몇 가지 시사점을 얻을 수 있다.

모형의 시사점 첫째, *EC*곡선을 불변으로 하고, *UR*곡선을 위쪽으로 이동시키는(즉 경영진에 대한 노동조합의 저항을 증대시키는) 모든 요소는 예상파업기간을 연장시킬 뿐만 아니라, 예상할 수 있는 임금인상률도 상승시킨다. 이러한 저항의 증대는 '파업 전'의 임금인상 요구가 더 높아지거나 ($\dot{W}_i$의 상승) 또는 *UR*곡선의 기울기가 더 수평에 가까워지는 것으로 나타나는바, 후자의 경우는 파업이 진행되더라도 노동조합이 임금인상 요구를 수정할 용의가 없다는 것을 의미한다.[24] 예를 들어 만약 실업률이 너무 낮아서 파업에 참여한 노동조합원들이 쉽게 임시일자리를 구할 수 있거나 만약 파업에 참여한 노동조합원들이 (정부 또는 노동조합으로부터) 어떤 형태로든 실업급여를 받을 수 있다면, 노동조합의 저항은 증대할 것으로 예상할 수 있다. 실제로 경기가 상대적으로 좋은 때 파업이 더 자주 일어날 뿐만 아니라, 기간도 더 길어지는 것을 알 수 있다. 파업참여자들에게 실업급여가 지급될 가능성도 파업행위에 비슷한 영향을 미친다.[25]

단순한 힉스 모형의 두 번째 시사점은, 사용자들의 저항을 강하게 만드는 모든 요소는 *EC*곡선을 아래쪽으로 이동시킴으로써 예상파업기간을 연장시키고 예상타결임금을 낮추게 된다는 것이다. 따라서 만약 기업들이 이윤 획득 가능성이 작고, 탄력적인 생산물 수요곡선에 직면하고 있으며, 파업 전에 생산물의 재고를 비축할 수 있거나 대체근로자

---

24) *UR*곡선이 우하향한다는 가설에 대한 증거는, Sheena McConnell, "Strikes, Wages, and Private Information," *American Economic Review* 79 (September 1989): 801~815; and David Card, "Strikes and Wages: A Test of an Asymmetric Information Model," *Quarterly Journal of Economics* 105 (August 1990): 625~659를 참조하라.

25) Orley Ashenfelter and George Johnson, "Bargaining Theory, Trade Unions, and Industrial Strike Activity," *American Economic Review* 59 (March 1969): 35~49; Susan B. Vroman, "A Longitudinal Analysis of Strike Activity in U.S. Manufacturing: 1957~1984," *American Economic Review* 79 (September 1989): 816~826; Peter C. Cramton and Joseph S. Tracy, "The Determinants of U.S. Labor Disputes," *Journal of Labor Economics* 12 (April 1994): 180~209; and Robert Hutchens, David Lipsky, and Robert Stern, "Unemployment Insurance and Strikes," *Journal of Labor Research* 13 (Fall 1992): 337~354. 캐나다와 영국에서의 파업과 경기순환에 대한 비슷한 증거는 Alan Harrison and Mark Stewart, "Is Strike Behavior Cyclical?" *Journal of Labor Economics* 12 (October 1994): 524~553; and A.P. Dickerson, "The Cyclicality of British Strike Frequency," *Oxford Bulletin of Economics and Statistics* 56 (August 1994): 285~303을 참조하라.

들을 쉽게 채용할 수 있다면, 기업들은 저항의 수위를 높일, 그리고 파업이 진행되더라도 제안하는 임금인상 폭을 크게 높이지 않을 가능성이 있을 것이다(예문 13.3 참조).[26]

마지막 시사점은 파업이 불필요하게 낭비적인 것처럼 보인다는 것이다. 만약 파업 **없이** 또는 **단기간**의 파업만으로 예상된 $\dot{W}_0$의 임금이 합의되었더라면, 노사 양측은 손실을 다소 줄였을 것이다. 파업이 노사 양측에 상당한 비용을 부담시킬 가능성이 있을 때, 양측은 장래의 파업을 피하는 데 도움이 되도록 어떤 **단체교섭초안**(bargaining protocol)에 미리 합의할 수도 있다. 예를 들어 양측은 계약만료일보다 훨씬 이전에 단체교섭을 시작하거나, 계약과정에서 논의해야 할 항목 수를 제한하거나, 또는 만약 당사자 간에 스스로 합의에 도달하지 못한다면 구속력 있는 중재를 의뢰하는 데 합의할 수도 있다. 실제로 파업에 따른 **양측의 비용**이 더 커질 가능성이 있을 때, 파업의 발생 건수가 줄어들고 기간도 짧아진다는 몇몇 증거가 있다.[27]

만약 파업에 비용이 따르고, 그리고 파업을 미리 막을 수 있다면, 도대체 파업은 왜 일어나는 것일까? 몇몇 사람들은 협상에서 유리한 위치를 차지하고 파업의 **위협**에 신뢰성을 부여하기 위해 노동조합은 정기적으로 파업이라는 무기를 사용해야만 한다고 주장한다. 즉 파업은 미래의 협상에 **영향을 주기** 위해 고안될 수 있다는 것이다. 파업은 또한 공동의 적인 사용자에 대해 노동조합의 내부결속을 다질 수 있는 유용한 도구가 될 수 있다. 그러나 보다 근본적으로는, 파업은 양측이 상대방의 목표와 저항의도에 관해 갖고 있는 정보가 불완전하기 때문에 발생하는 것으로 생각된다.

파업과 비대칭정보 미국에서의 파업활동에 대한 최근의 경제모형은 대부분 정보의 비대칭성 가정을 기초로 한다. 예를 들어 근로자들은 기업의 이윤을 공유하길 원하지만, 경영진이 현재의 이윤 수준과 미래의 예상이윤 수준에 대해 완전히 진실한 의사를 갖고 있는지를 의심할 것이다. 그 이유를 이해하기는 어렵지 않다. 즉 경영진은 기업의 수익성에 대해 근로자들보다 더 많이 알고 있고, 만약 경영진이 회사의 수익성이 그리 크지 않다는 점을 근로자들에게 이해시킬 수 있다면 노동조합이 임금인상 요구를 완화할 것을 기대할 수 있을 것이다.

경영진이 정보에 있어서 우위에 있고 수익성을 낮게 평가할 인센티브가 있다는 것을 안다면, 노동조합은 경영진으로부터 진정한 이윤 수준에 대한 신호를 끌어내려고 노력할 것이다. 파업은 그와 같은 신호 중 하나가 된다. 만약 기업이 거짓말을 하고 있고, 이윤이

---

[26] Melvin W. Reder and George R. Neumann, "Conflict and Contract: The Case of Strikes," *Journal of Political Economy* 88 (October 1980): 867~886; John F. Schnell and Cynthia L. Gramm, "The Empirical Relations between Employers' Striker Replacement Strategies and Strike Duration," *Industrial and Labor Relations Review* 47 (January 1994): 189~206; and Peter Cramton, Morley Gunderson, and Joseph Tracy, "The Effect of Collective Bargaining Legislation on Strikes and Wages," *Review of Economics and Statistics* 81 (August 1999): 475~487.

[27] Barry Sopher, "Bargaining and the Joint-Cost Theory of Strikes: An Experimental Study," *Journal of Labor Economics* 8, no. 1, pt. 1 (January1990): 48~74.

예문 13.3

파업근로자의 영구대체

대부분의 국가에서 단체교섭에 관한 법은 근로자들이 파업할 경우 회사가 이들을 대체할 **임시직**근로자들을 채용함으로써 회사를 정상적으로 운영할 수 있도록 허용하고 있다. 미국은 기업들로 하여금 **영구적인** 대체근로자들을 채용하도록 허용하고 있는 몇 안 되는 나라 가운데 하나이다. 즉 미국에서 파업에 참여하는 근로자들은 자신들의 일자리를 영원히 잃을 위험을 안고 있다.

비록 회사가 영구적인 대체근로자들을 채용할 권리를 갖게 된 것은 1938년의 대법원판례까지 거슬러 올라가지만, 대기업들이 이와 같은 권리를 행사하거나 행사하겠다고 심각하게 위협하기 시작한 것은 1980년대 초 이후이다. 예를 들어 1981년 레이건행정부는 파업하고 있던 항공관제사들을 영구적으로 대체함으로써 항공관제사 노동조합을 '파괴'했다. 뒤이어 이스턴항공사(Eastern Airlines)와 그레이하운드버스(Greyhound Bus Lines) 등 많은 대기업이 파업근로자들을 영구적으로 대체했다. 한 연구는 영구대체를 사용하겠다는 위협의 증가가 1980년대의 파업을 약 8% 감소시켰음을 추정했다.

왜 대기업들은 이전 40년 동안 전형적으로 시행하지 못했던 영구대체 근로자들의 사용을 1980년대에 시작하게 되었을까? 몇몇 사람들은 이를 연방정부의 점진적인 반노동조합 입장, 고임금 노동조합 일자리 수의 감소, 그리고 높은 실업의 탓으로 돌렸는데, 이러한 요인들은 많은 근로자들로 하여금 심지어 '파업불참자(scabs)'라고 동료근로자들에 의해 외면당할 위험에도 불구하고 영구대체 일자리에 지원하도록 유도했다. 여전히 다른 사람들은 이를 비용을 감축해야 할 사용자들의 필요성을 증가시켰던 국제경쟁압력의 탓으로 돌렸다.

노동조합의 협상력을 감소시켰던 영구대체의 확산은 미국에서 노동조합의 종말에 전조가 되고 있는가? 그 대답은 아마도 아니요일 것이다. 사용자들이 영구대체로부터 이득을 얻을 수 있지만, 사용자들은 또한 비용을 부담해야 한다. 이 비용은 신규근로자들이 주의 깊게 선별되어야만 하고 훈련이 대규모로 이루어질 필요가 있을 때 특히 크다. 또한 대체근로자들과 파업 이후 복귀한 노동조합 근로자들 사이에도 마찰이 있을 가능성이 있으며, 사용자들에 대한 근로자들의 헌신적 태도도 장기적으로 손실을 입을 수 있다.

자료: Peter Cramton and Joseph Tracy, "The Use of Replacement Workers in Union Contract Negotiations: The U.S. Experience, 1980~1989," *Journal of Labor Economics* 16 (October 1998): 667~701.

기업이 이야기한 것보다 더 높다면, 기업은 노동조합을 상대로 싸울 의사가 없을지 모른다(경영진은 노동조합의 요구를 수용하는 것이 재정적으로 가능하므로, 파업에 따른 비용을 피하는 것이 더 나을 것이라는 점을 알 수 있을 것이다). 그러나 만약 이윤이 낮은 수준이라는 기업의 주장이 진실이라면, 노동조합의 임금인상 요구를 수용하는 것은 불가능할는지 모른다. 그렇다면 파업에 응하는 것은 노동조합의 요구가 기업이 감당할 수 있는 수준을 훨씬 초과하여 기업은 이에 강력히 저항할 수밖에 없다고 믿고 있다는 신호를 보내는 것이다.

파업활동의 비대칭정보모형이 암시하는 바는, 사용자가 어느 정도까지 임금을 인상할 용의와 능력을 갖추고 있는지 불확실할수록, 파업이 발생할 확률이 커지고 파업기간이 길어질 수밖에 없다는 것이다. 다른 조건이 일정할 때 시간이 지나면서 기업의 수익성이 심하게 변동할수록, 이와 같은 불확실성이 증대될 것이고, 따라서 파업이 발생하리라는 기대는 더 커지고 파업활동 기간은 더 길어지는 것처럼 보인다.[28] 그러나 만약 협상당사자들이 이와 같은 사실을 깨닫고 있다면, 그들은 자신들의 실제 입장을 꽤 빨리 드러내는 명성을 쌓음으로써 파업을 사전에 피할 수 있을 것이다.

노동조합지도부와 노동조합원들 비대칭정보로 인해 생기는 오해를 없애는 데 장애가 되는 것 중의 하나는 실질적으로 협상당사자가 단지 둘이 아니라 셋이라는 사실이다. 협상에 임하는 근로자 측에는 노동조합**지도부**(union leaders)와 정보를 노동조합지도부에 의존하는 **평**조합원(rank-and-file union members)의 두 그룹이 있다.[29] 평조합원들은 노동조합지도부가 협상에 따른 부담감을 덜기 위해 정보를 공개하지 않을지 모른다고 당연히 의심한다. 달리 표현하면 평조합원들은 지도부가 자신들을 배반할지도 모른다고 의심한다. 반대로 노동조합지도부는 경영진에 대한 어떤 요구에 대해 노동조합원들이 얼마나 강하게 느끼고 있는지를 확신하지 못할 수 있다. 따라서 협상 테이블의 **근로자** 측에도 정보의 비대칭(그리고 이에 따른 오해의 소지)이 또한 존재한다.

노동조합지도부는 사용자의 실제 재정 상태에 대해 평조합원들보다 훨씬 더 많은 정보를 갖고 있다. 만약 최종 타결수준이 조합원들이 바라는 수준보다 낮게 된다면 지도부는 두 가지 방안 중 하나를 선택해야 한다.

한편으로는 지도부는 조합원들에게 돌아와서 사용자의 실제 재정 상태를 납득시키려 노력하고, 경영진의 제안을 받아들이도록 권고할 수 있다. 이때의 위험은 조합원들이 권고를 부결시키고, 지도부가 자신들을 경영진에 팔아먹었다고 비난하면서 궁극적으로 지도부를 투표로 몰아낼 수도 있다는 것이다.

다른 한편으로는 지도부가 조합원들에게 돌아와서 파업에 돌입할 것을 권고하는 것이다. 비록 지도부 자체는 파업을 통해 아마도 더 높은 수준이 타결되지 않는다는 것을 알더라도, 이러한 권고는 지도부를 강하고 호전적인 것처럼 보이도록 할 것이다. 그러나 일정 기간의 파업 이후, 조합원들은 그림 13.7의 노동조합저항곡선의 개념에 따라 자신들

---

28) Joseph Tracy, "An Empirical Test of an Asymmetric Information Model of Strikes," *Journal of Labor Economics* 5 (April 1987): 149~173; and "An Investigation into the Determinants of U.S. Strike Activity," *American Economic Review* 76 (June 1986): 423~436. 비대칭정보모형을 지지하는 다른 증거는 Peter Kuhn and Wulong Gu, "Learning in Sequential Wage Negotiations: Theory and Evidence," *Journal of Labor Economics* 17 (January 1999): 109~140을 참조하라.

29) 여기서 서술되는 모형은 Ashenfelter and Johnson, "Bargaining Theory, Trade Unions, and Industrial Strike Activity"에 발표된 것이다.

의 임금인상 요구를 완화하게 되고, 궁극적으로는 지도부가 신뢰를 받으면서 타협에 이르게 될 것이다.

후자의 전략은 노동조합의 강력함이 유지되고 **또한** 조합지도자들이 지도부에 그대로 남아있을 가능성이 큰 전략이기 때문에, 비록 이 전략이 (조합원들이 파업에 따른 비용을 감수해야만 하므로) 단기적으로 조합원들에게 분명히 최선이 아니더라도 지도부는 이를 선택할 수 있다. 흥미롭게도 파업활동은 1959년 랜드럼-그리핀법(Landrum-Griffin Act)이 통과된 직후 매우 증가했는데, 아마도 이는 이 법이 노동조합 내부의 민주화를 진전시킴으로써 협상과정에서 평조합원들의 주장에 더 큰 무게를 실어 주었기 때문일 것이다.[30)]

공공부문에서의 협상: 중재의 위협

비록 일부 주에서 부분적으로 공공부문의 근로자들에게 어떤 형태로든 파업할 수 있는 권리를 허용했지만, 대부분의 주는 주와 지방정부 근로자들의 파업을 역사적으로 계속하여 금지해 왔다. 그러나 파업이 금지된 경우, 만약 당사자 간의 협상이 교착상태에 빠지면 법에 따라 제3자에 의한 분쟁해결과정이 종종 제공되고 있다. 이 과정에서의 첫 번째 단계는 전형적으로 어떤 형태의 **조정**(mediation)이 된다. 조정은 중립적 제3자가 양측의 입장을 별도로 각각 듣고, 상대방에게 더 설득력이 있도록 자신의 입장을 어떻게 수정해야 할 것인지를 제안하며, 그 밖에 양측이 자발적 타협에 도달하게 하는 가능한 모든 방법을 강구함으로써 타협안을 끌어낼 수 있도록 시도하는 것이다.

만약 조정자가 양측을 타협에 도달하도록 할 수 없다면, 분쟁해결과정은 때때로 다음 단계인 **실사**(fact-finding)로 이어지는데, 실사는 중립적 제3자가 양측의 입장을 듣고 정보를 수집한 다음, 타협을 제안하는 보고서를 쓰는 것이다. 이 보고서가 양 당사자들에게 구속력이 있는 것은 아니지만, 만약 교착상태가 지속되면 구속력 있는 중재가 강요하는 타협의 내용을 예측하는 데에 각 당사자가 이 보고서를 고려하게 될지 모른다.

만약 이러한 비강제적인 방법을 통해 자발적인 타협이 이루어지지 못하면, **중재**(arbitration)가 분쟁해결과정의 마지막 단계가 된다. 중재는 한 사람이 담당하거나 보통 노사 양측과 '중립적' 입장으로부터의 각 1명씩의 대표로 구성되는 패널이 맡기도 한다. 양측이 분쟁해결을 위해 중재를 신청하기로 **선택**하거나 법에 따라 양측이 중재를 신청할 수밖에 없거나에 관계없이, 일단 중재보고서가 발표되면 양 당사자들은 보고서의 내용을 반드시 따라야 한다. [계약이 유효한 기간 동안 계약-행정적인 분쟁을 해결하는 데 아주 널리 사용되는 **권리분쟁중재**(grievance-arbitration) 과정과 구분하기 위해] 협상과정과 관련한 중재는 **이익분쟁중재**(interest arbitration)로 불리고 있다.

중재의 형태 이익분쟁중재는 두 가지 형태를 취한다. **전통적 중재**(conventional

30) Ashenfelter and Johnson, "Bargaining Theory, Trade Unions, and Industrial Strike Activity."

arbitration)의 경우 중재자들은 자신들의 재량에 따라 임금타협안을 자유롭게 결정한다. 중재자들은 양측의 주장을 청취한 후 자신들의 재량으로 의사결정을 내린다. 몇몇 사람들은 이러한 전통적 중재 하에서는 중재자들이 양측의 주장에 대해 차이를 반분하는 경향을 보임으로써, 분쟁당사자들이 (자신들의 진정한 목표에 가까운 쪽으로 중재자의 결정을 끌어오기 위해) 극단적인 입장을 취하도록 유도하게 된다고 의심했다.

몇몇 중재를 관할하는 사람들은 중재자가 중재 개시 이전에 제시된 노동조합 또는 경영진 중 어느 한쪽의 최종안을 채택하도록 제한하는 **최종안중재**(final-offer arbitration)를 선택했다. 즉 중재자는 두 안 이외에 다른 선택을 할 수 없다. 이론적으로 분쟁당사자들은 자신들의 제안이 중재자에 의해 최종안으로 받아들여질 가능성을 높이려 하므로, 최종안중재는 당사자들로 하여금 상대방에게 좀 더 그럴듯한 합리적인 최종안을 제시하도록 유도하게 된다.

계약영역 중재가 어떤 형태를 취하든지 간에 중재로 가는 것은 양측 누구도 중재자가 어떻게 결정할지를 모르기 때문에 양측 모두에 위험을 수반한다. 오로지 중재자의 결정이 자발적 타협을 통해 얻을 수 있는 것보다 더 높은 임금인상을 허용할 때만 한쪽 당사자가 도박에서 이기는 셈이 된다. 따라서 협상을 계속할 것인지 또는 강경한 입장을 고수함으로써 분쟁을 중재로 가게 할 것인지를 결정하는 데 있어서, 각 당사자는 중재자의 다양한 결정 가능성에 대한 기대를 형성할 필요가 있다. 가능한 여러 결과의 가능성**과** 그와 관련된 효용을 계산함으로써, 이 당사자는 중재로 갔을 경우보다 더 선호될 수 있는 일련의 자발적 타협안을 마련할 수 있을 것이다. 만약 양 당사자들이 더 선호할 일련의 대안들이 우연히 겹치게 되면, **양** 당사자들 **모두**가 중재라는 도박을 택하는 것보다 더 선호할 자발적 타협 가능성이 존재한다는 의미를 가진 **계약영역**(contract zone)이 존재하게 된다. 만약 양 당사자들의 더 선호하는 일련의 대안들이 겹치지 않는다면, 양 당사자들은 자발적으로 타협할 수 없으며, 분쟁은 확실히 중재의 절차를 밟게 될 것이다.

위험에 대한 회피가 클수록 그리고 중재자가 어떻게 결정할지에 대한 불확실성이 클수록 당사자는 중재라는 도박보다 협상을 더 선호하게 된다. 만약 당사자들이 점점 도박에 지기를 회피하게 되거나 만약 당사자들이 점점 중재자가 어떤 주장 또는 사실들을 설득력이 있다고 생각할지를 예측할 수 없게 되면 중재라는 도박보다 자신들이 선호하게 되는 일련의 협상결과가 더 폭이 넓어질 것이다. (부록 13A는 이 결론의 기반이 되는 더 공식적인 모형을 제시한다)

논리적으로 볼 때 계약영역이 존재하지 **않는** 협상 상황에서는 자발적 타협이 이루어지지 않으리라고 생각할 수 있지만, 계약영역이 넓다고 해서 자발적 타협에 도달할 가능성이 더 커지는지는 명확하지 않다.[31] 더 넓은 계약영역은 양 당사자들에게 더 그럴싸한

[31] Vincent Crawford, "Arbitration and Conflict Resolution in Labor-Management Bargaining," *American Economic Review* 71 (May 1981): 205~210.

결과들이 더 많아졌음을 뜻하지만, 따라서 자발적 타협의 가능성이 커지는 것으로 생각할 수 있지만, 이는 또한 당사자들에게 논란의 대상이 더 많아지는 것을 의미하기도 한다. 극단적인 예를 들어 만약 양 협상당사자들 모두가 중재보다 더 선호하는 임금인상 폭이 유일하다면, 철저히 논란을 벌여야 할 여러 가능한 결과들이 존재하는 경우에 비해 아마도 더 빨리 그리고 더 확실하게 타협에 도달하게 된다는 것이다.

중재자를 설득시키기 중재로 가는 것이 분명히 위험을 내포하고 있기는 하지만, 협상당사자들이 중재자의 의사결정에 영향을 미칠 수 있는 능력이 전혀 없는 것은 아니다. 만약 협상당사자들이 최종안중재로 간다면, 그들은 중재자가 합리적이라고 간주할 가능성이 큰 최종안을 중재 시작 이전에 제시함으로써 승리의 가능성을 높일 수 있다. 그렇다면 협상당사자들이 최종안중재에서 행사할 수 있는 영향력은 결국 중재자가 생각하는 결과를 추측하고, 최종안을 그것에 가깝게 정교하게 만드는 것이 된다. (분명한 것은, 각 당사자가 중재자를 자기 쪽으로 끌어들이려 하기 때문에, 노동조합은 **위**로부터, 경영진은 **아래**로부터 최종결과에 접근할 것이라는 점이다.)

협상당사자들이 전통적 중재로 갈 경우, 당사자들의 제안이 중재자의 의사결정에 어떤 영향을 미칠지는 확실하지 않다. 몇몇 사람들은 중재자가 양측의 주장 사이에서 임금인상의 폭을 결정하게 되거나 극단적인 경우에는 단순히 그 차이를 반분하게 될 것으로 판단을 내리고 있다. 만약 그렇다면, 양 당사자들은 자신들이 궁극적으로 귀착될 것으로 예상하는 수준에서 가능하면 먼 쪽으로 최종제안을 하려는 경향을 보일 수 있다.

그러나 중재자들이 먼저 자신들이 생각하는 적정한 타협점을 염두에 두고, 양측의 주장과 입장을 청취한 후에 이를 수정할 수 있을 것으로 믿는 것이 더 합리적일지 모른다. 무엇이 합리적인 결과인가에 대한 중재자 자신들의 믿음은 쉽게 바뀌지 않기 때문에, 그리고 만약 한쪽의 입장(제안)이 중재자들이 적절하다고 생각하는 결과에서 크게 벗어난다면, 중재자들은 그 제안에 비중을 거의 두지 않을 것이다.[32] 중재자들이 어떤 행태를 보일 것인가에 대한 후자의 견해는, 협상당사자들은 중재자가 내리게 될 결정이라고 자신들이 생각하는 수준에 가까운 제안을 하는 경우에만 오로지 영향력을 가질 수 있다는 것을 의미한다. 만약 양측 모두가 중재자가 선호하는 결과에 대해 똑같이 (올바른) 추측을 한다면, 양측의 최종안에는 중재자의 결정이 포함되게 될 것이다. 이 경우 외부 사람들에게는 중재자가 단순히 차이를 반분하는 규칙을 따른 것처럼 보일지 모르지만, 사실은 양 당사자들이 예상된 중재자의 입장에 가깝게 자신들의 안을 전략적으로 제시하였던 것이다.[33]

---

32) 중재자의 행태에 대한 이와 같은 견해를 뒷받침하는 실험을 통해 얻은 증거는 Henry S. Farber and Max H. Bazerman, "The General Basis of Arbitrator Behavior: An Empirical Analysis of Conventional and Final-Offer Arbitration," *Econometrica* 54 (July 1986): 819~844를 참조하라.

33) Henry S. Farber, "Splitting-the-Difference in Interest Arbitration," *Industrial and Labor Relations Review* 35 (October 1981): 70~77.

중재의 효과 만약 중재자들이 특정한 경우에서의 적절한 결과에 대해 자신들의 강력한 견해를 가지고 있다면, 그리고 만약 양 당사자들이 중재자가 선호하는 결과라고 자신들이 예상하는 수준과 가깝게 제안을 한다면, 어떤 형태의 중재가 사용되는지와 관계없이 양 당사자들과 중재자의 행태는 별 차이가 없을 것이다. 실제로 두 가지 형태 중 어느 한 형태의 중재가 사용될 수 있었던 주(州)에서의 경찰관들의 계약들에 관한 한 연구는 중재자들에 의해 선택되는 임금인상 결과는 전통적 중재와 최종안중재 모두 매우 비슷하였음을 밝힌 바 있다.[34] 그러나 중재에 의한 타결을 협상에 의한 타결과 어떻게 비교할 수 있을까?

분쟁의 타결을 위해 중재로 가도록 요구하는 주(州)들에서는 모든 협상이 중재의 위협 아래 이루어지기 때문에, 이러한 주들의 경우 협상에 의한 임금타결이 중재에 의한 타결과 비슷한 수준이라는 것은 놀랄 일이 아니다. 그러나 다소 놀라운 것은 경찰관의 계약에 대한 또 다른 연구가 중재에 의한 분쟁타결을 요구하는 주들에서의 임금이 그러한 요구조건이 **없는** 주들의 임금과 거의 비슷하다는 것을 밝혀냈다는 것이다.[35] 따라서 중재가 임금수준에 미치는 효과는 실제로 꽤 작은 것이 당연할 수도 있다.[36]

노동조합의 효과

경제학자들은 오랫동안 노동조합이 임금에 미치는 효과에 관심을 가져왔으며, 최근에는 (부가급여를 포함한) 총보수, 고용수준, 근로시간, 생산성, 그리고 이윤에 미치는 노동조합의 효과에 관해서도 관심이 또한 모이고 있다. 이 절에서는 이와 같은 효과에 대한 이론과 증거를 검토한다.

노동조합이 임금에 미치는 효과에 대한 이론

노동조합에의 가입 여부 이외에는 모든 측면에서 동일한 두 근로자그룹에 지급된 임금에 대한 데이터가 있다고 가정하자. W_u는 노동조합에 가입한 근로자들에게 지급된 임금을, W_n은 노동조합에 가입하지 않은 근로자들에게 지급된 임금을 나타낸다고 하자. 이 둘 사이의 차이가 전적으로 노동조합의 존재 여부에 기인한 것이면, 노동조합이 조합원들을 위해 달성한 **상대적 임금이익**(relative wage advantage: R)은 아래와 같은 비율로 나타낼 수 있다.

---

34) Orley Ashenfelter and David Bloom, "Models of Arbitrator Behavior: Theory and Evidence," *American Economic Review* 74 (March 1984): 111~124.

35) Orley Ashenfelter and Dean Hyslop, "Measuring the Effect of Arbitration on Wage Levels: The Case of Police Officers," *Industrial and Labor Relations Review* 54 (January 2001): 316~328.

36) 한 연구는 만약 분쟁의 오로지 한 당사자만 자신의 경우를 중재자에게 진술할 변호사를 채용한다면 변호사를 채용한 당사자가 더 나은 결과를 얻는다는 것을 밝힌 바 있다. 그러나 만약 **양** 당사자 **모두** 변호사를 채용한다면 변호사를 채용하는 각 당사자의 비용이 추가됨에도 불구하고 어느 한 당사자도 이익을 얻지 못한다. Orley Ashenfelter and Gordon B. Dahl, "Bargaining and the Role of Expert Agents: An Empirical Study of Final-Offer Arbitration," *Review of Economics and Statistics* 94 (February 2012): 116~132.

$$R=(W_u-W_n)/W_n \tag{13.1}$$

노동조합은 직·간접적으로 모두 비노동조합원들의 임금에도 영향을 주기 때문에, 이 상대적 임금이익은 절대금액이 **아니라** 노동조합이 노동조합원들의 임금을 인상시킨 비율을 나타낸다. 더욱이 R의 추정치가 조합원들의 실질임금수준에 대한 노동조합의 절대적인 효과를 과대평가하게 될지 또는 과소평가하게 될지를 확실히 말할 수 없다. 노동조합-비노동조합의 임금 차이를 해석하는 것이 어렵다는 점은, 그림 13.8에 그려진 노동시장의 단순모형을 통해 설명할 수 있다.

그림 13.8은 비슷한 근로자들을 채용하는 노동시장의 두 부문을 나타낸다. (a)는 노동조합부문, (b)는 비노동조합부문이다. **초기에** 두 부문 모두에 노동조합이 없고, 부문 간 노동의 이동에 비용이 들지 않는다고 가정하자. 그러면 근로자들은 두 부문의 임금이 같아질 때까지 두 부문 사이를 이동할 것이다. 노동 수요곡선을 각각 D_u, D_n이라고 할 때, 근로자들은 각 부문의 공급곡선이 각각 S_u^0, S_n^0이 될 때까지 두 부문 사이를 이동하게 될 것이다. 양 부문의 균형임금은 W_0으로 같아지고, 고용수준은 두 부문에서 각각 E_u^0, E_n^0이 될 것이다.

일단 한쪽 부문이 노동조합화되어 임금이 W_u^1로 상승하면, 다른 부문에서 발생하는 임금 변화는 노동조합화된 부문에서 고용되지 못한 근로자들의 반응에 달려있다고 할 수 있다. 아래의 절에서 예상 가능한 네 가지 반응을 논의해 보자.[37)]

전이효과 만약 노동조합이 있는 부문에서 노동조합이 임금을 W_u^1로 인상하는 데 성공한다면, 이 임금인상은 고용수준을 E_u^1로 떨어뜨림으로써 이 부문에서 $L_u^1-E_u^1$만큼의 실업을 발생시킨다. 만약 실업상태의 근로자가 모두 비노동조합부문으로 **전이**(spill over)된다면, 두 부문의 노동공급곡선은 각각 S_u^1과 S_n^1로 이동할 것이다. 노동조합부문에서의 실업은 사라지겠지만, 비노동조합부문에서는 기존의 시장청산임금수준 W_0에서 노동의 초과공급이 발생할 것이다. 그 결과 비노동조합부문에서는 **더 낮은** 임금 W_n^1과 더 높은 고용수준 E_n^1에서 노동시장이 청산될 때까지 임금에 대한 하락 압력이 작용하게 될 것이다.

이 모형에서 노동조합은 일자리를 고수한 노동조합원들의 임금을 올리는 데는 성공했다. 그러나 이는 노동조합원들의 일부를 임금이 더 낮은 비노동조합부문의 일자리로 이동시켰을 뿐 아니라, 전이효과로 인해 애초에 비노동조합부문에 고용되어 있던 사람들의 임금까지 실제로 낮춤으로써 이루어진 것이다. 결과적으로 관찰되는 노동조합의 **상대**

37) 이 절의 논의는 대부분 H.G. Lewis, *Unionism and Relative Wages in the United States* (Chicago: University of Chicago Press, 1963)의 선구적 연구를 기초로 하고 있다. 그림 13.8에서의 분석은 각 부문에 노동공급곡선이 존재하는 2부문모형이 사용되었다. 한 부문의 노동공급곡선은 다른 부문의 임금('alternative wages')을 불변으로 하고 그려진 것임을 상기하라. 즉 한 부문의 임금이 변할 때마다, 다른 부문의 노동공급곡선도 이동할지 모른다. 설명을 가능한 한 단순화시키고 노동조합화에 따라 각 부문에서 발생할 수 있는 다양한 행태들을 부각시키기 위해, 다음의 설명에서는 **때로는** 이와 같은 복잡한 관계를 무시하게 된다.

그림 13.8

노동조합이 임금과 고용에 미치는 전이효과(spillover effect)

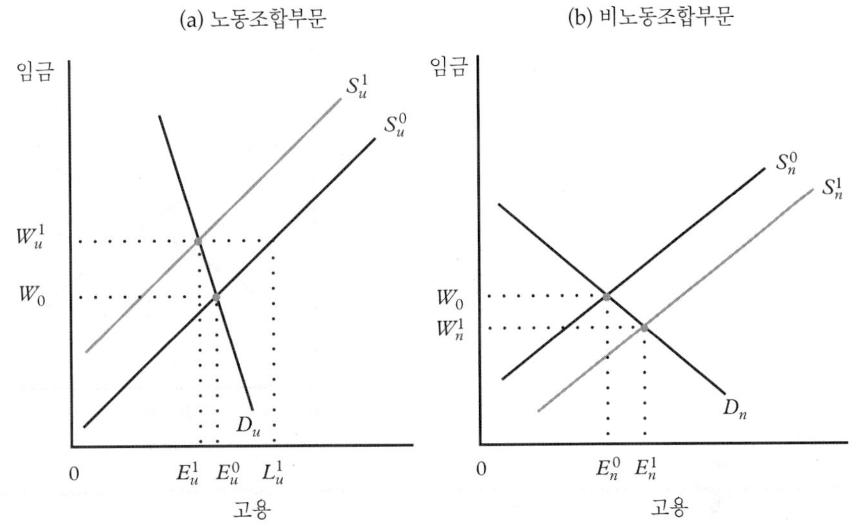

적 임금이익(R_1)은 아래와 같이 계산된다.

$$R_1 = (W_u^1 - W_n^1) / W_n^1 \tag{13.2}$$

이는 노동조합이 조합원의 실질임금에 미치는 진정한 **절대적** 효과보다 더 커지는 경향을 나타낼 것이다. 이 진정한 절대적 효과(A)는 비율로 표시해서 아래와 같이 정의된다.

$$A = (W_u^1 - W_0) / W_0 \tag{13.3}$$

W_n^1이 W_0보다 더 낮기 때문에, R_1은 A보다 더 크다.

위협효과 노동조합에 가입하지 않은 근로자들이 보일 수 있는 또 다른 반응은, 이들 역시 자신들을 대표할 수 있는 노동조합을 원하는 것이다. 비노동조합부문의 사용자들은 노동조합이 생기면 노동비용이 증가하고 경영권에 제한을 받을지 모른다는 우려 때문에, 근로자들에게 시장가격 이상의 임금을 제안함으로써 이들을 매수(buy off)하려고 할지 모른다.[38] (앞에서 주목한 바와 같이) 노동조합에 가입함으로써 근로자들이 부담해야 할 비용도 있기 때문에, 사용자들이 다수의 근로자가 노동조합에 찬성하지 않도록 하기 위해서는 (근로자들이 임금 이외의 고용조건에 대해서는 만족하고 있다는 가정에서) 아마도 W_0보다는 높고 W_u^1보다는 낮은 수준의 임금을 제시하면 충분할 것이다.

---

[38] 위협효과에 대한 이론 및 실증적 논의는 Henry S. Farber, "Nonunion Wage Rates and the Threat of Unionization," National Bureau of Economic Research, working paper no. 9705 (May 2003)을 참조하라.

그림 13.9

노동조합이 비노동조합 부문의 임금과 고용에 미치는 위협효과

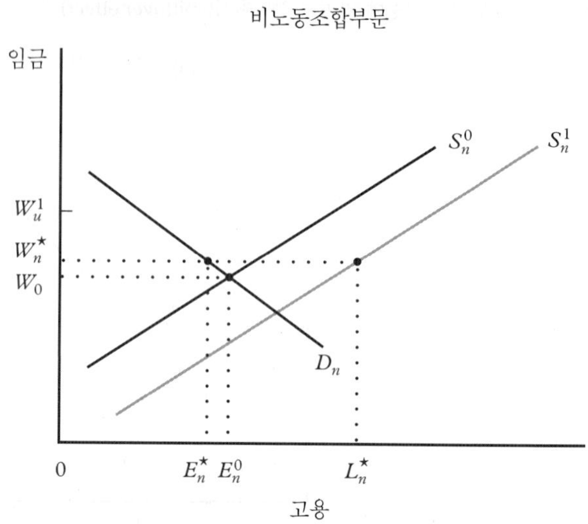

이와 같은 노동조합에 가입하겠다는 위협으로 비노동조합부문의 임금이 인상되는 **위협효과**(threat effects)의 시사점들은 그림 13.9에 그려져 있다. 노동조합부문에서의 임금인상과 이에 따른 고용감소는 비노동조합부문의 노동공급곡선을 S_n^1로 이동시킬 것이라고 다시 한 번 가정된다. 그러나 노동조합에 가입하겠다는 위협에 대응해서 비노동조합부문의 사용자들은 근로자들의 임금을 W_0과 W_u^1 사이에서 W_n^*로 **인상**할 것으로 가정된다. 이러한 임금인상은 비노동조합부문의 고용을 E_n^*로 감소시킨다. 즉 더 높은 임금수준에서 비노동조합부문 사용자들은 더 적은 근로자들을 필요로 한다. 더욱이 이제 비노동조합부문의 임금이 자유롭게 낮아질 수 있는 것이 아니기 때문에 $L_n^* - E_n^*$만큼의 초과노동공급이 존재하고, 이에 따라 실업이 야기된다. 마지막으로 비노동조합부문의 임금이 이제는 최초의 임금보다 높은 수준이기 때문에, 노동조합부문의 상대적 임금이익은 다음과 같이 관찰된다.

$$R_2 = (W_u^1 - W_n^*)/W_n^* \tag{13.4}$$

이 상대적 임금이익은 노동조합이 조합원들의 실질임금에 미치는 절대적인 효과보다 더 작다.

대기실업 노동조합부문에서 일자리를 잃은(또는 처음부터 일자리가 없었던) 근로자들이 반드시 노동조합부문을 떠나 비노동조합부문의 일자리를 갖게 될까? 노동조합부문에서의 고용이 감소되어 있는 경우조차도, 퇴직, 사망 그리고 자발적 이직의 결과 빈 일자리가 발생한다. 노동조합부문에서 일자리를 얻지 못한 사람들 가운데 일부는 노동조합부문에서 그러한 일자리를 탐색하는 것이 더 낫다고 생각할 수 있고, 만약 그들이 다른 곳에서

동시에 고용되지 않는다면 이렇게 하는 것이 더 효율적일 수도 있다. 임금수준이 높은 노동조합부문에서의 고용기회를 탐색하기 위해 임금이 낮은 비노동조합부문의 일자리를 거부하는 근로자들은 **대기실업**(wait unemployment) 현상을 낳는다(그들은 노동조합부문에서 일자리가 생길 때까지 대기한다).[39)]

대기실업 반응의 이면에 있는 주된 행태는, 만약 한 부문에서 더 높은 **기대**임금을 제공한다면 근로자들은 그 부문으로 이동하리라는 것이다. 한 부문에서의 기대임금은 그 부문에서의 임금에 그 부문에서 일자리를 얻게 될 확률을 곱한 것이다. 따라서 비노동조합부문에서 언제든지 일자리를 구할 수 있는 경우라도, 만약 노동조합부문에서 더 높은 임금으로 일자리를 구할 (비록 100%는 아니지만) 가능성이 어느 정도 있다면 비노동조합부문에서의 고용을 거부하는 것이 유리할 수도 있다. 이와 같은 이유로 생기는 대기실업이 이 절의 논의와 관련해 중요한 것은, 노동조합부문에서 일자리를 잃은 사람이 모두 비노동조합부문으로 전이되는 것은 아니라는 점이다. 사실 처음에 비노동조합부문에 있던 일부 근로자들이 노동조합부문에서 일자리를 찾을 기회를 갖기 위해 일자리를 그만두는 것조차도 이론적으로는 가능하다.

노동조합부문에서 대기실업이 존재하기 때문에 비노동조합부문으로 전이되는 근로자가 줄어들고, 따라서 비노동조합부문에서 임금의 하락압력이 완화된다. 더욱이 만약 비노동조합부문의 많은 근로자가 노동조합부문에서의 일자리탐색에 나서면 비노동조합부문의 노동공급곡선이 심지어 좌측으로 이동할 수도 있다. 이 경우 한 부문에서의 노동조합화가 위협효과의 경우와 마찬가지로 비노동조합부문의 임금을 상승시킬 수 있다(사실 여기서의 '위협'은 실행된다. 즉 근로자들은 노동조합부문에서의 일자리를 찾아 비노동조합부문의 사용자들을 떠난다).

노동수요곡선의 이동 마지막으로 앞에서 조합원들에 대한 노동수요를 변화시키기 위해 노동조합이 취하는 활동들에 대해 논의했다는 것을 상기해 보라. 몇몇 경우에는 이런 활동들에 노동조합이 있는 기업들이 직면하고 있는 생산물 수요곡선(따라서 그 기업의 노동수요곡선)을 우측으로 이동시키려는 시도가 포함되기도 한다. 만약 노동조합이 아마도 비노동조합부문을 희생하여 노동조합부문에서의 생산물수요를 증가시키는 데 성공하면, 노동조합부문에서의 노동수요곡선의 우측—그리고 이와 관련된 비노동조합부문에서의 노동수요곡선의 좌측—이동은 비노동조합부문에서의 임금을 다시 한 번 처음보다 낮아지도록 한다.[40)]

---

39) Jacob Mincer, "Unemployment Effects of Minimum Wages," *Journal of Political Economy* 84, no. 4, pt. 2 (August 1976): S87~S104 참조. 비록 민서(Mincer)는 최저임금의 효과를 논의하고 있지만, 노동조합이 강요하는 임금 역시 유사한 방법으로 분석될 수 있다.

40) 이와 같은 네 가지 반응에 관한 논의는 부분균형모형을 가정하고 있다. 일단 일반균형모형을 상정하고 자본이 부문 간에 이동하도록 허용하면, 더욱더 많은 가능성이 존재할 수 있다. 이 점에 대해서는 Harry Johnson and Peter Mieszkowski, "The Effects of Unionization on the Distribution of Income: A General Equilibrium Approach," *Quarterly Journal of Economics* 84 (November 1969): 539~561 참조.

노동조합이 임금에 미치는 효과에 대한 증거

노동조합의 존재가 노동조합부문과 비노동조합부문 모두의 임금에 영향을 미칠 수 있기 때문에, 노동조합이 없는 경우에 존재하였을 임금(W_0)을 관찰하는 것은 불가능하다. 따라서 식 (13.3)에 보이는 바와 같은, 노동조합이 조합원 실질임금수준(A)에 미치는 절대효과에 대한 추정치를 구할 수는 없다. 여기서 관찰 가능한 상대적 임금효과(식 13.2와 13.4)를 절대적 효과로 잘못 생각하는 오류를 범하지 않도록 주의를 기울여야 한다.

경제학자들은 노동조합이 민간부문에서 비슷한 수준의 비노동조합 근로자들의 임금에 대해 상대적으로 조합원들의 임금을 얼마나 끌어올렸는가를 추정하는 데 상당한 노력을 기울여 왔다. 이러한 연구들은 개개인들의 방대한 표본에 관한 데이터를 사용하여, 임금에 영향을 미치리라 기대하는 다른 요소들에서의 두 그룹의 모든 차이를 통제한 후에 노동조합 근로자들이 노동조합에 가입하지 않은 근로자들에 비해 얼마나 더 많은 임금을 받는지를 추정하려 했다. 대부분의 연구는 미국에 대해서 행해졌는데, 이는 미국의 경우 노동조합화의 비율이 낮은 편이기 때문에 비슷한 수준의 비노동조합 근로자들을 찾는 것이 상대적으로 쉬웠기 때문이다.

노동조합-비노동조합 근로자들의 임금 차이에 관한 연구들은 다양한 데이터와 통계적 방법론을 사용했기 때문에, 모든 연구자가 동의하는 임금 차이에 관한 단일추정치는 존재하지 않는다. 그러나 이 주제에 관한 그동안의 충분한 연구들로 몇 가지 패턴은 밝혀진 바 있다.

1. 미국에서 노동조합의 상대적 임금이익은 대체로 *10~20%* 사이인 것처럼 보인다.[41] 즉 최선의 추정치는 미국의 노동조합에 가입한 근로자들은 비슷한 수준의 비노동조합 근로자들의 임금에 비해 약 10~20% 정도 더 높은 임금을 받는다.[42]
2. 미국에서는 **민간부문**이 **공공**부문에 비해 노동조합의 임금이익이 더 크다. 예를 들어 두 부문에 대한 동일한 데이터와 동일한 통계적 방법론을 사용한 한 연구는

41) 이러한 추정치들에 대한 조사는 David G. Blanchflower and Alex Bryson, "What Effect Do Unions Have on Wages Now and Would Freeman and Medoff be Surprised?" *Journal of Labor Research* 25 (Summer 2004): 383~414; Richard Freeman and James Medoff, *What Do Unions Do?* (New York: Basic Books, 1984); H. Gregg Lewis, *Union Relative Wage Effects: A Survey* (Chicago: University of Chicago Press, 1986); Barry T. Hirsch and John T. Addison, *The Economic Analysis of Unions: New Approaches and Evidence* (Boston: Allen and Unwin, 1986); and Pencavel, *Labor Markets under Trade Unionism*을 참조하라. 앞서 연구들에 대한 인용문을 실은 논문들은 Steven Raphael, "Estimating the Union Earnings Effect Using a Sample of Displaced Workers," *Industrial and Labor Relations Review* 53 (April 2000): 503~521; Barry T. Hirsch, "Reconsidering Union Wage Effects: Surveying New Evidence on an Old Topic," *Journal of Labor Research* 25 (Spring 2004): 233~266; and Ozkan Eren, "Does Membership Pay Off for Covered Workers? A Distributional Analysis of the Free Rider Problem," *Industrial and Labor Relations Review* 62 (April 2009): 367~380을 참조하라.

42) 이전의 연구와 방법론에서 차이가 나는, 그리고 새로 결성된 노동조합 근로자들의 임금은 증가하지 않았다는 것을 발견한 연구는 John DiNardo and David S. Lee, "Impacts of New Unionization on Private Sector Employees: 1984~2001," *Quarterly Journal of Economics* 116 (November 2004): 1383~1441을 참조하라.

2000년부터 2012년까지 민간부문에서의 임금 차이는 18~20% 범위에 있었던 반면, 같은 기간 공공부문에서의 차이는 8~12% 범위에 있었음을 추정했다.[43)]

3. 미국에서 노동조합의 상대적 임금이익은 비슷한 추정치들을 살펴볼 수 있는 대부분의 다른 나라들에 비해 더 크다. 예를 들어 한 연구는 다음과 같은 1990년대 후반의 노동조합-비노동조합 임금격차를 밝힌 바 있다. 즉 미국 18%, 호주 12%, 영국 10%, 캐나다 8%, 독일 4%, 그리고 프랑스 3% 등이다.[44)]
4. 노동조합은 어느 곳에서나 근로자들 사이의 근로소득분포를 감소시키는 경향이 있다. 노동조합은 노동조합부문 내에서 상대적으로 고숙련근로자들에 비해 저숙련근로자들의 임금을 더 올림으로써 인적자본에 대한 투자수익을 감소시킨다. 노동조합은 같은 산업의 기업들 내와 사이에서도 임금을 표준화하고, 생산직 근로자와 사무직 근로자의 근로소득 차이도 줄인다.[45)] 노동조합은 또한 미국에서 백인과 흑인 근로자들의 임금 차이도 줄인다.[46)]
5. 미국에서 노동조합의 상대적 임금이익은 적어도 최근 수십 년 동안 경기침체기에 더 커지는 경향을 보여 왔다.[47)] 1980년대 이전의 증거는 섞여 있긴 하지만, 최근 몇 년 동안 노동조합원들의 임금변화는 비노동조합 근로자들의 임금에 비해 경기에 덜 민감하였다.
6. 비록 하나의 패턴에 연구결과들이 아직 맞아 들어가지는 않지만, 연구자들은 노동조합화가 더 진전되는 것이 **비노동조합**부문에서 임금을 상승 또는 하락시키는 경향을 보이는지를 알아보려 시도했다. 이 연구들은 전이 또는 위협효과가 비노동조합부문의 사용자들을 지배하고 있는지를 알아보려 노력했다. 지금까지의 증거는 모호하다. 예를 들어 한 연구는 위협효과가 **도시지역** 내에서 우세했음을 밝힌 바 있다(즉 노동조합화가 진전된 도시지역에서는 비노동조합 근로자들의 임금이 더 높았다). 그러나 전이효과는 **산업들** 내에서 우세했다는 것도 또한 밝혀진 바 있다.(노

---

43) Barry T. Hirsch and David A. Macpherson, *Union Membership and Earnings Data Book: Compilations from the Current Population Survey* (Washington, D.C.: Bureau of National Affairs, 2013), Table 2a.

44) David Blanchflower and Alex Bryson, "Changes over Time in Union Relative Wage Effects in the U.K and the U.S. Revisited," National Bureau of Economic Research, working paper no. 9395 (December 2002).

45) Richard B. Freeman, "Labor Market Institutions Around the World," working paper no. 13242 National Bureau of Economic Research, (Cambridge, Mass.: 2007); Lawrence M. Kahn, "Wage Inequality, Collective Bargaining and Relative Employment 1985~94: Evidence from 15 OECD Countries," *Review of Economics and Statistics* 82 (November 2000): 564~579; and David Card, Thomas Lemieux, and W. Craig Riddell, "Unions and Wage Inequality," *Journal of Labor Research* 25 (Fall 2004): 519~562.

46) James Peoples Jr., "Monopolistic Market Structure, Unionization, and Racial Wage Differentials," *Review of Economics and Statistics* 76 (February 1994): 207~211; and Richard Freeman and James Medoff, *What Do Unions Do?*, chapter 5.

47) Darren Grant, "A Comparison of the Cyclical Behavior of Union and Nonunion Wages in the United States," *Journal of Human Resources* 36 (Winter 2001): 31~57; David G. Blanchflower and Alex Bryson, "What Effect Do Unions Have on Wages Now and Would Freeman and Medoff be Surprised?"

동조합화가 보다 진전된 산업에서 비노동조합부문의 임금이 더 낮은 경향을 보였다). 이와 같은 상호모순된 연구결과들은 앞서의 연구들에서도 나타났었다.[48)]

노동조합이 총보수에 미치는 효과에 대한 증거

노동조합에 가입한 근로자들의 임금이 비슷한 수준의 비노동조합 근로자들의 임금을 어느 정도 초과하는지에 대한 추정치들은 두 가지 이유에서 잘못된 결과를 낳을 수 있다. 첫째, 그와 같은 추정치들은 임금이 보상패키지의 단지 일부에 지나지 않는다는 사실을 무시하고 있다. 유급공휴일, 휴가급여, 병가, 그리고 퇴직급여 같은 **부가급여**는 비노동조합부문의 기업들에서보다 노동조합부문의 기업들에서 더 클 것이라는 주장이 종종 제기되어 왔다. 어떤 부가급여를 더 선호하는가는 개인마다 다르므로, 그리고 노동조합이 없는 기업의 경우 종업원들의 평균적 선호를 사용자에게 전달할 수 있는 손쉬운 방법이 없으므로, 노동조합이 없는 기업들의 경우 총보수 가운데 더 높은 비율이 화폐임금의 형태로 지급되는 경향이 있다고 주장된다. 실증증거는 이와 같은 내용을 뒷받침하는 경향이 있다. 즉 부가급여와 총보수 가운데 부가급여가 차지하는 비중은 노동조합이 있는 기업이 노동조합이 없는 기업들보다 더 큰 것처럼 보인다는 것이다. 나아가 여러 연구에 따르면 노동조합화는 또한 근로자들이 자신들이 받을 자격이 있는 사용자가 재정지원하는 정부급여에 지원하는 확률을 증가시킨다.[49)] 그러므로 부가급여를 무시하는 것은 노동조합/비노동조합 간의 진짜 총보수의 차이를 **과소평가**할 수 있다.

둘째, **고용조건**을 무시하게 되면, 노동조합이 조합원의 전반적인 복지수준에 미치는 효과를 비노동조합부문의 근로자들과 비교하여 상대적으로 **과대평가**하게 될 수도 있다. 예를 들어 여러 연구는 블루칼라 근로자들에게 있어서 노동조합화된 기업들은 비노동조합 기업들에 비해 더 구조화된 작업환경, 더 위험한 일, 유연성이 떨어지는 근로시간, 더 빠른 작업속도, 더 낮은 근로자의 직무만족, 그리고 초과근무시간 할당에 대한 근로자의 더 낮은 통제 등을 갖는 경향이 있음을 밝혀 왔다.[50)] 이와 같은 상황은 근로자들 사이의

---

48) David Neumark and Michael L. Wachter, "Union Effects on Nonunion Wages: Evidence from Panel Data on Industries and Cities," *Industrial and Labor Relations Review* 49 (October 1995): 20~38 참조.

49) Barry T. Hirsch, David A. Macpherson, and J. Michael Dumond, "Workers' Compensation Recipiency in Union and Nonunion Workplaces," *Industrial and Labor Relations Review* 50 (January 1997): 213~236; John W. Budd and Brian P. McCall, "The Effects of Unions on the Receipt of Unemployment Insurance Benefits," *Industrial and Labor Relations Review* 51 (April 1997): 478~492; Thomas C. Buchmuller, John DiNardo, and Robert G. Valletta, "Unions Effects on Health Insurance Provision and Coverage in the United States," *Industrial and Labor Relations Review* 55 (July 2002): 610~627; and John W. Budd, "Non-Wage Forms of Compensation," *Journal of Labor Research* 25 (Fall 2004): 587~622.

50) Greg Duncan and Frank Stafford, "Do Union Members Receive Compensating Wage Differentials?" *American Economic Review* 70 (June 1980): 355~371; Keith A. Bender and Peter J. Sloane, "Job Satisfaction, Trade Unions, and Exit-Voice Revisited," *Industrial and Labor Relations Review* 51 (January 1998): 222~240; and John S. Heywood, W.S. Siebert, and Xiangdong Wei, "Worker Sorting and Job Satisfaction: The Case of Union and Government Jobs," *Industrial and Labor Relations Review* 55 (July 2002): 595~609.

더 상호의존성을 요구하는 생산환경과 사용자들에 의한 엄정한 근로요건의 필요 등이 또한 노동조합을 조직하도록 만들기 때문에 발생한다고 할 수 있다. 노동조합이 이러한 근로조건에 영향을 미치기 위해 종종 많은 노력을 기울이지만, 언제나 성공하는 것은 아니다. 따라서 추정된 노동조합/비노동조합 간의 근로소득 차이 중 일부는 노동조합에 가입한 근로자들에게 지급된, 이와 같은 상대적으로 열악한 근로조건을 보상하기 위한 프리미엄일 수 있다. 한 연구는 추정된 노동조합/비노동조합 간의 근로소득 격차 가운데 2/5가 그와 같은 보상을 반영한다는 것을 추정하고 있는데, 이는 관찰된 근로소득격차가 근로자의 전반적인 복지수준에서의 진정한 차이를 과대평가할지도 모른다는 것을 암시한다.[51)]

노동조합이 고용수준에 미치는 효과

만약 노동조합이 조합원들의 임금과 부가급여를 인상시키고 경영권을 제한한다면, 경제이론상으로는 노동조합의 존재가 고용수준에 부정적 영향을 줄 것이다. 최근 몇 년 동안, 여러 연구는 이와 같은 이론적 예측을 조사했고, 그 결과 노동조합들이 고용수준의 증가를 둔화시키는 것을 제시했다. 예를 들어 1970년대 말 캘리포니아의 몇몇 공장에 대한 연구에서, 노동조합이 있는 경우는 노동조합이 없는 기업에서보다 고용수준이 연간 약 2~4% 더 느리게 증가하는 것으로 추정되었다. 실제로 증가율은 차이가 크게 나서, 캘리포니아에서 노동조합화율이 감소한 것의 약 60%는 노동조합부문에서의 고용이 더 낮게 증가한 탓이었다.[52)] 다른 연구들은 미국 전체는 물론 호주, 캐나다, 그리고 영국에서도 유사한 고용효과가 있었음을 밝히고 있다.[53)] 마지막으로 노동조합화에 직면하여 고용이 크게 변하지 않는 경우조차도 연간 총근로시간은 여전히 하락할 수 있다.[54)]

---

51) Duncan and Stafford, "Do Union Members Receive Compensating Wage Differentials?"

52) Jonathan S. Leonard, "Unions and Employment Growth," *Industrial Relations* 31 (Winter 1992): 80~94.

53) Timothy Dunne and David A. Macpherson, "Unionism and Gross Employment Flows," *Southern Economic Journal* 60 (January 1994): 727~738; Stephen G. Bronars, Donald R. Deere, and Joseph Tracy, "The Effects of Unions on Firm Behavior: An Empirical Analysis Using Firm-Level Data," *Industrial Relations* 33 (October 1994): 426~451; Robert G. Valletta, "Union Effects on Municipal Employment and Wages: A Longitudinal Approach," *Journal of Labor Economics* 11 (July 1993): 545~574; Richard J. Long, "The Impact of Unionization on Employment Growth of Canadian Companies," *Industrial and Labor Relations Review* 46 (July 1993): 691~703; David G. Blanchflower, Neil Millward, and Andrew J. Oswald, "Unions and Employment Behaviour," *Economic Journal* 101 (July 1991): 815~834; Giuseppe Bertola, Francine D. Blau, and Lawrence M. Kahn, "Labor Market Institutions and Demographic Employment Patterns," *Journal of Population Economics* 20 (October 2007): 833~867; and Michelle Brown and John S. Heywood, "Investigating the Cause of Death: Industrial Relations and Plant Closures in Australia," *Industrial and Labor Relations Review* 59 (July 2006): 593~612.

54) William M. Boal and John Pencavel, "The Effects of Labor Unions on Employment, Wages, and Days of Operation: Coal Mining in West Virginia," *Quarterly Journal of Economics* 109 (February 1994): 267~298.

노동조합이 생산성과 이윤에 미치는 효과

노동조합이 노동생산성(근로자 1인당 산출량)에 어떤 영향을 주는가에 관해서는 두 가지 견해가 있다. 하나는 노동조합이 기업에 투자된 자본이 일정할 때 근로자들의 제안이나 선호가 경영진에 전달될 수 있는 '의사표현(voice)'의 메커니즘을 제공함으로써 근로자의 생산성을 **증대**시킨다는 것이다.[55] 자신들의 아이디어 또는 관심사를 직접 표현할 수 있는 수단을 갖고 있으므로 근로자들은 동기유발이 잘 이루어짐으로써 이직할 가능성이 줄어들 수 있다. 이직률이 낮으면 기업들은 훈련에 투자할 인센티브를 더 갖게 될 것이고, 이는 또한 근로자의 생산성을 더욱 높일 것이다.

노동조합이 근로자의 생산성에 어떻게 영향을 미치는가에 관한 다른 견해는, 특히 비용극소화를 달성하기 위한 노동투입 수준을 결정하는 경영권에 노동조합이 제한을 가한다는 점을 강조한다. 만약 노동조합이 임금은 물론 조합원들의 고용수준에 대해서도 관심을 갖는다면, 노동조합은 경영진에 대해 직원채용 요건, 직무 이외의 근로제한, 비생산적 근로자들의 훈련이 이루어지도록 하는 복잡하고 느린 방안, 그리고 산출량 1단위당 노동비용을 증가시키는 다른 정책들에 동의하도록 압력을 가할 것이라는 점은 앞에서 주장된 바 있다.

노동조합이 생산성에 미치는 효과에 대한 실증분석들은 상충되는 결과를 도출해 왔다. 노동조합이 근로자들의 산출량에 미치는 효과는 명백히 각 특정 단체교섭과정이 진행되는 환경 속에서 노사 간의 관계가 어떤가에 매우 크게 달려있다. 실제로 한 연구는 산출량에 따른 보수를 지급하며 공동 노사 의사결정을 갖추는 인적자원 실습을 하는 노동조합이 결성된 기업들이 노동조합이 없는 비슷한 기업들에 비해 더 높은 생산성을 가졌음을 밝힌 바 있다.[56]

만약 노동조합이 임금을 인상시키지만 근로자의 생산성을 향상시키지 못한다면, 기업들의 이윤이 줄어들 것으로 예상할 수 있다. 몇몇 연구는 이와 같은 점에 착안해서 다른 조건이 일정하다고 가정하고 노동조합화와 이윤수준을 직접 분석하고 있다. 이들 연구에서는 미국에서뿐만 아니라 영국에서도 꽤 일관되게 노동조합화가 진전된 기업에서

---

[55] 이 주장에 대한 더 완전한 서술은 Freeman and Medoff, *What Do Unions Do?*를 참조하라. 노동조합이 근로자의 생산성을 향상시킬 수 있는 더 기계적인 또 다른 방법도 있다는 것에 주목하라. 노동조합이 임금을 인상하게 되면, 이에 대한 이윤극대화를 추구하는 사용자들의 반응은 이론적으로 고용을 줄이고, 노동을 자본으로 대체하는 것일 것이다. 따라서 기업들이 자신의 노동의 한계생산곡선을 따라 좌상향으로 이동하게 됨에 따라, 노동의 한계생산은 임금상승에 대응해서 증가한다.

[56] Sandra Black and Lisa Lynch, "How to Compete: The Impact of Workplace Practices and Information Technology on Productivity," *Review of Economics and Statistics* 83 (August 2001): 434~445. 또한 David G. Blanchflower and Richard B. Freeman, "Unionism in the U.S. and Other OECD Countries," *Industrial Relations* 31 (Winter 1992): 56~79; and Michael Ash and Jean Ann Seago, "The Effect of Registered Nurses' Unions on Heart-Attack Mortality," *Industrial and Labor Relations Review* 57 (April 2004): 422~442 참조.

이윤이 더 낮은 것으로 추정되고 있다.[57] 그러나 노동조합이 이윤에 미친 효과를 연구하는 또 다른 방법은 주식시장이 기업의 수익성 변화를 반영한다는 증거를 이용하는 것이다. 예를 들어 최근의 연구는 기업의 근로자들이 노동조합을 결성할 때 기업의 주식가격은 전형적으로 다음 1년 반에 걸쳐 약 10% 하락한다는 것을 밝혔다.[58]

노동조합에 대한 규범경제학적 분석

지금까지 이 책에서는 경제이론이 **실증적**으로뿐 아니라 **규범적**인 방식으로도 이용될 수 있음을 살펴보았다. 이 절에서 지금까지 다루었던 노동조합의 효과에 대한 분석은, 노동조합이 다양한 노동시장의 결과들에 어떤 영향을 미쳤는지에 대해 이론적이고 실증적인 측면을 요약했다는 점에서 실증경제학적 성격을 갖는 것이었다. 이제 노동조합과 노동조합에 영향을 주는 정부정책에 관한 논의의 바탕에 종종 깔려 있는 규범적인 문제로 관심을 돌리기로 하자. 즉 노동조합은 사회적 후생을 증대시키는가 또는 감소시키는가? 누구나 예상할 수 있듯이 견해는 엇갈린다.

사회적 후생의 잠재적 감소 제1장에서 보았듯이, 노동시장을 포함한 모든 시장의 역할은 자발적 교환을 위한 메커니즘을 제공함으로써 당사자 모두에 이익이 될 수 있는 거래가 이루어지도록 하는 것이다. 이러한 교환의 궁극적 목적은 사회적으로 주어진 자원을 갖고 그 사회의 모든 개인에게 가능한 한 가장 큰 효용을 가져다줄 수 있도록 재화와 서비스를 배분하는 것이다. 만약 어떤 시장에서 그와 같은 **모든** 거래가 이루어진다면, 우리는 파레토 효율적인 점에 도달했다고 말할 수 있다. 파레토 효율성이 존재하기 위해서는, 노동을 포함한 모든 생산요소가 전체 사회의 최대효용을 창출하도록 이용되어야 한다(여기에는 근로자들의 효용뿐만 아니라 근로자들이 만든 재화와 서비스를 구매하는 소비자들의 효용도 포함된다).

노동조합들이 사회적 후생을 감소시킨다는 주장들은 노동조합들이 다른 사람들이 아닌 오로지 자신들의 조합원들만의 이해를 대표한다는 명제로부터 일반적으로 비롯된다.[59] 첫 번째 주장은 근로자들이 파업함으로써 생산이 손실된다는(노동이라는 자원이

---

57) Bronars, Deere, and Tracy, "The Effects of Unions on Firm Behavior"; Blanchflower and Freeman, "Unionism in the U.S. and Other OECD Countries"; Barry T. Hirsch, "Unionization and Economic Performance: Evidence on Productivity, Profits, Investment, and Growth," in *Unions and Right-to-Work Laws*, ed. Fazil Mihlar (Vancouver: Fraser Institute, 1997): 35~70; Richard B. Freeman and Morris M. Kleiner, "Do Unions Make Enterprises Insolvent?" *Industrial and Labor Relations Review* 52 (July 1999): 510~527; and Elisabetta Magnani and David Prentice, "Did Lower Unionization in the United States Result in More Flexible Industries?" *Industrial and Labor Relations Review* 63 (July 2010): 662~680.

58) David S. Lee and Alexandre Mas, "Long-Run Impacts of Unions on Firms: New Evidence from Financial Markets: 1961~1999," *Quarterly Journal of Economics* 127 (February 2012); 333~378.

59) Assar Lindbeck and Dennis J. Snower, "Insiders versus Outsiders," *Journal of Economic Perspectives* 15 (Winter 2001): 165~188.

낭비된다는) 점을 지적한다. 두 번째 주장도 이와 유사하다. 즉 노사 간에 (효율적 계약 모형의 논의에서 주목한 바와 같이) 제한적인 근로규칙이 합의되면, 생산과정에서 초과근로자들을 사용함으로써 노동의 사용에서 낭비가 발생하며, 따라서 사회적 후생손실을 초래할 수 있다는 것이다. 그러나 세 번째 주장은 더 미묘하다.

간단한 추론으로부터, 파레토 효율성을 달성하기 위해서는 동일한 **잠재적** 생산성을 가진 자원은 동일한 크기의 **실제** 생산성을 실현해야만 한다는 것을 알 수 있다. 예를 들어 동일한 숙련도와 경험, 그리고 일하고자 하는 동기를 갖고 있는 근로자그룹을 고려하자. 만약 이들 근로자 중 일부가 시간당 15달러에 상당하는 재화 또는 서비스를 생산하는 일자리에 있지만, 그룹의 다른 근로자들은 단지 10달러를 생산하는 일자리에 있다면, 후자의 소그룹에 있는 근로자들이 자발적으로 더 높은 생산성의 일자리로 이동함으로써 사회 전체가 생산할 수 있는 산출량의 가치는 높아질 수 있다. 10달러짜리 일자리의 근로자 수를 감소함으로써, 그곳에 남아 있는 근로자들의 한계생산성은 높아지지만, 15달러짜리 일자리에 근로자 수가 늘어나게 되면 그 부문에서 임금(그리고 한계생산성)에 대한 하락 압력이 생겨난다. 그러나 숙련그룹에 있는 근로자들의 한계생산성이 지속해서 차이를 유지하는 한, 낮은 임금 소그룹의 근로자들이 높은 임금의 일자리로 이동함으로써 사회 전체의 산출량의 가치는 더욱 증가할 수 있다. 오직 한계생산성들이 같아지고, 근로자들에 의한 모든 파레토 개선의 이동이 완성된 때에만 파레토 효율성이 달성되었다고 말할 수 있다.

그렇다면 노동조합이 사회적 후생을 감소시킨다는 세 번째 주장은 두 가지 명제에 근거한다고 할 수 있다. 첫째는 노동조합이 비노동조합부문에 비해 노동조합부문에서의 임금을 인상시킴으로써 동일한 수준의 근로자들 사이에 임금(따라서 생산성)격차를 야기한다는 것이다. 두 번째 명제는 더 높고 비신축적인 노동조합부문의 임금이 고임금부문의 고용을 감소시키고, 저임금 일자리의 근로자들이 생산성이 더 높은 부문으로 이동하는 것을 방해하며, 그 결과 사회 전체의 산출량은 그렇지 않았을 경우보다 더 낮은 수준이 된다는 것이다. 몇몇 경제학자들이 이러한 손실을 추정하려고 시도했는데, 그 추정치들은 대체로 작아서 국민총생산의 0.2~0.4% 범위에 불과하였다.[60)]

사회적 후생의 잠재적 증대 만약 노동조합이 없을 경우 노동 또는 생산물시장이 표준경제이론에서 가정하고 있는 것만큼 경쟁적이지 못하다면, 노동조합이 사회적 후생을 감소시킨다는 주장은 설득력을 잃는다. 예를 들어 노동의 이동비용이 너무 커서 근로자들이 선호되는 일자리들로 자유롭게 이동할 수 없다고 가정하자. 보상임금격차는 쾌적하지 못함(또는 쾌적함)의 특성에서 차이가 나는 다양한 일자리에 근로자들을 올바로 배분하지 못할 수 있다. 만약 그렇다면 기회만 있다면 (비록 임금이 낮은 일자리로라도) 기꺼이 떠나고자 하는 위험하거나 쾌적하지 못한 일자리에서 너무 많은 사람이 일하게 될지도 모

60) Freeman and Medoff, *What Do Unions Do?* 57.

른다.

근로조건과 관련하여, 사용자의 행태에 영향을 줄 수 있는 수단에는 일반적으로 다음의 두 가지가 있다. 개별적으로 거래가 이루어지는 시장은 **진입과 퇴출**(exit and entry)이라는 메커니즘에 의존한다. 어떤 고용조건에 불만이 있으면 근로자는 자유롭게 떠난다. 만약 충분히 많은 수의 근로자들이 그렇게 한다면, 사용자는 머물러 있어야만 하는 근로자들을 설득시킬 수 있기에 충분한 만큼 열악한 조건을 개선하거나 임금을 인상해야만 할 것이다. 퇴출메커니즘에 대한 대안으로는 **의사표현**(voice)의 메커니즘이 있다. 즉 근로자들은 자신들의 관심사항을 말로 표현할 수 있으며, 이에 대해 사용자들이 반응할 것을 희망한다.

개별적으로 요구사항을 말로 표현하는 것은 잠재적으로 매우 큰 비용을 발생시킨다. 첫째, (조명, 작업일정, 안전예방과 같은) 많은 작업장의 조건은 공장 내에서 '공공재'의 성격을 갖는다. 모든 근로자가 자신들이 그것들을 확보하기 위한 캠페인에 얼마나 기여하였는가와 관계없이 이러한 조건의 개선으로 혜택을 받는다. 그러므로 무임승차자의 가능성이 개인들이 (혼자 행동함으로써) 작업장의 조건을 변화시키기 위한 캠페인비용을 부담하는 것을 방해하게 된다. 둘째, 사용자는 '말썽꾸러기들'을 해고함으로써 불만에 대응할지 모르기 때문에, 어떤 형태의 일자리에 대한 보호조치 없이 의사표현 메커니즘을 사용하는 개별근로자는 퇴출이라는 비용에 고통을 받을 준비가 있어야만 할 것이다.

노동조합들이 사회적 후생을 증가시킨다는 견해를 가진 사람들은 높은 이동비용에 직면할 때 노동조합들은 근로자들에게 자신들의 근로조건 확립에 대한 **단체**의사표현의 메커니즘을 제공한다고 주장한다. 노동조합들은 무임승차자의 문제를 해결하며, 개별의사표현과 관련된 조합원들의 위험과 부담을 덜어준다. 나아가 단체협약은 거의 언제나 어떤 근로자의 불만들이 중립적인 제3자에 의해 공식적으로 다루어질 수 있는 고충처리절차를 확립하고 있다. 요약하면 노동조합들은 근로자들의 효용에 영향을 미치는 작업장 조건의 결정에 있어 대가가 커서 사용하기 어려운 퇴출메커니즘을 대체하는 단체의사표현의 메커니즘을 제공한다. 그러므로 노동조합들은 높은 근로자 이동비용 때문에 유발되지 않았을 파레토 개선의 거래들을 촉진시킨다.

노동조합들이 사회적 후생을 증가시킨다는(또는 적어도 감소시키지는 않는다는) 다른 주장들도 또한 사용자 행태에 대한 표준경제모형의 기초가 되는 핵심적인 가정들에 의문을 제기하는 시장조건에 근거를 두고 있다. 예를 들어 한 가지 가능성은 (이 장의 앞부분에서 언급한) 노동조합화된 사용자들이 자신들에게 초과이윤이 발생하도록 하는 생산물시장에서 상당한 독점력을 갖고 있다는 것이다. 만약 협상에 대한 효율적 계약 모형이 성립한다면, 그리고 만약 관련 계약곡선이 수직이라면, 고용은 노동조합화 이전의 수준과 동일한 채로 남아있을 것이며, 노동조합과 사용자는 궁극적으로 사용자의 초과이윤을 단순히 나누게 된다. 소득은 소유자들로부터 근로자들로 이전되지만, 총산출량이 영향을 받지 않기 때문에 더 높은 노동조합의 임금과 관련된 사회적 후생손실은 존재하지 않게 된다.

실증연구

노동조합원과 비노동조합원 사이의 보수격차는 얼마인가? 신뢰할 만한 추정치를 얻기 위한 반복적인 연구의 중요성

노동조합이 비조합원들의 임금에 비해 조합원들의 상대적 임금을 인상시키는가에 대한 질문은 1940년대 이래 노동경제학자들의 지속적인 관심사였다. 다양한 데이터 출처와 통계적 기법을 사용하여 이 주제에 대해 수백 편의 연구가 이루어졌는데, (적어도 1980년대 초까지의) 이 연구들은 많은 사람이 현대노동경제학의 아버지라고 간주하는 루이스(H. Gregg Lewis)에 의해 자세히 조사되어 비교되었다. 루이스는 약 20년 간격으로 노동조합-비노동조합 임금격차에 관한 두 권의 책을 발간했는데, 자신이 종합한 연구프로젝트들의 방법론적 세부사항에 대한 그의 공들인 관심은 실증적 성향의 사회과학자들이 모방하려 한 기준의 역할을 했다.

루이스는 자신의 생애 대부분을 시카고대학교(University of Chicago)에서 보냈는데, 그곳에서 그는 거의 90명에 달하는 박사과정 학생들의 상당한 영향력이 있는 지도교수였으며 또한 많은 사람의 스승이었다. 그에게 가르침을 받은 상당수는 훗날 노동경제학 분야의 지도자들이 되었다. 그러나 데이터의 점검 및 재점검, 연구의 반복을 통한 이전 연구결과의 재확인, 방정식 추정 시의 편의(bias)의 발견, 그리고 연구결과의 이전 추정치들과의 조화에 대한 자신의 고집스러움이 신속한 출간을 방해했기 때문에, 루이스는 저서 또는 논문을 거의 발표하지 못했다. 1963년에 발간된 노동조합-비노동조합 임금격차에 관한 그의 첫 번째 저서는 주제에 관해 이전에 발표된 20편의 연구결과에 대한 철저한 조사서였다. 이 조사서에는 분석된 데이터의 사본 또는 산술적 오류에 관한 상세한 점검, 연구결과가 정확히 보고되었는지를 확인하기 위한 반복적인 추정, 그리고 원래의 추정치들에 오류가 있거나 새로운 데이터가 이용 가능하게 되었다고 자신이 믿었을 때 자기 스스로 연구결과의 **재추정이** 포함되었다. 이 작업의 결과는 1957~1958년의 기간에 임금에 영향을 미치는 다른 요소들을 불변이라고 가정할 때 노동조합의 임금은 비노동조합의 임금을 10~15%만큼 초과한다는 그의 결론이었다.

루이스는 주제에 관한 자신의 두 번째 저서를 1986년에 발간하였다. 이 책은 컴퓨터의 출현과 대규모 데이터세트가 다양한 산업과 지역, 그리고 여러 인구통계학적 그룹 사이의 노동조합-비노동조합 임금격차의 보다 정교한 분석을 가능하게 만들었던 지난 20년 동안에 수행된 약 200편에 달하는 연구들의 발견을 분석했다. 이 연구들은 다른 생산적인 특성들이 불변일 때 노동조합원들이 더 높은 임금을 받았는지를 결정하기 위해 회귀분석을 사용하였다. 루이스는 노동조합에의 가입이 무작위로 결정되지 않을 경우[**선택편의**(selection bias) 또는 **관찰되지 않은 이분산**(unobserved heterogeneity)의 문제], 중요한 변수들이 추정방정식으로부터 누락되거나[**누락변수**(omitted variables)의 문제] 또는 잘못 측정될 경우[**변수의 측정오차**(errors in variables) 문제], 그리고 어떤 그룹의 사람들이 표본으로부터 배제될 경우, 노동조합 임금격차의 추청치에 편의가 발생함을 우려하였다. 루이스는 이 편의에 대한 조사와 추정치에 책 전체를 할애하였다.

미국 내 노동조합 **전체** 임금격차의 추정치들을 분석하는 데 있어 루이스는 그의 두 번째 저서에서 약 117편에 달하는 연구들의 상이한 추정치들을 조화시키려 하였다. 그는 데이터의 무작위가 아닌 표본추출, 표본으로부터의 비제조업 근로자들, 소수집단, 또는 젊은 근로자들의 누락, 회귀방정식에서 산업 또는 직종에 대한 통제 실패, 그리고 보수변수로부터 부가급여의 누락 같은 요소들로부터 편의가 비롯됨을 밝히고, 자신의 분석이 밝혔던 각 추정치의 편의들을 조정하였다. 그의 공들인 분석은 1967~1979년의 기간 동안 노동조합의 근로자들은 동일한 특성을 가진 비노동조합 근로자들에 비해 평균적으로 약 15% 더 높은 보수를 받는다는 결론을 가져왔다. 이 결과는 그의 앞선 결론들과 상당히 일관되지만, 루이스는 스스로 자신의 15% 추정치를 진정한 임금격차의 최대 근사치로 간주함을 조심스럽게 지적했다.

한 저명한 노동경제학자는 루이스의 유산에 대해 다음과 같이 그 특성을 묘사했다: "루이스는 한 세대 노동경제학자들의 실증연구방법에 영향을 미쳤다. 그는 서두르고, 정직하지 못하고, 조잡하고 ... 에 반대하는 행동하는 양심이었다. [그의 저서들은] 사회과학의 목표는 실험을 거치지 않고 수집된 데이터가 목표를 충족시키는 것에 부여하는 제약이 아니라, 경제제도 또는 시장변화의 결과라고 알려진 효과를 측정하는 것임을 결코 잊지 않았다."[a]

[a]Richard Freeman, "H.G. Lewis and the Study of Union Wage Effects," *Journal of Labor Economics* 12 (January 1994): 144, 147.

자료: H.G. Lewis, *Unionism and Relative Wages in the United States: An Empirical Inquiry* (Chicago: University of Chicago Press, 1963); and H. Gregg Lewis, *Union Relative Wage Effects: A Survey* (Chicago: University of Chicago Press, 1986).

다른 주장은 사용자들이 표준경제이론이 가정하는 것만큼 어떻게 이윤을 극대화시키는가에 대해 지식을 갖고 있지 않다는 것이다. 경영진이 더 나은 (또는 비용이 덜 드는) 생산방법의 탐색에 비용이 든다는 것을 알기 때문에, 그들이 가능한 한 가장 생산적인 방법으로 노동을 항상 사용할지를 확신할 수 없다고 이 주장은 덧붙인다. (분명히 이 주장은 생산물시장으로의 진입이 너무 어려워서 비효율적인 생산자들이 경쟁적 요인들에 의해 반드시 벌칙을 받지는 않는다는 암묵적 가정에 근거를 두고 있다.) 노동조합들이 조직되고 그 조합원들의 임금을 인상시킬 때, 기업들은 충격을 받아 더 나은 생산방법을 탐색할지도 모른다. 더욱이 근로자들과 경영진 사이의 대화의 공식적인 경로를 확립함으로써, 노동조합화는 적어도 **잠재적으로** 사용자들과 근로자들이 작업과정들에 대해 더 효과적으로 소통할 수 있는 메커니즘을 제공한다.[61]

[61] 이 주장의 더 완전한 전개는 Freeman and Medoff, *What Do Unions Do?*, 15; Barry T. Hirsch, "What Do Unions Do for Economic Performance?" *Journal of Labor Research* 25 (Summer 2004): 415~455; and John T. Addison and Clive R. Belfield, "Union Voice"를 참조하라.

복습문제

1. 자본설비 구입과 관련된 조세감면 제안이 논쟁거리가 되고 있다고 가정하자. 또한 노동조합지도부가 이 조세감면이 (소비자가 아닌) 근로자로서의 그들의 조합원의 후생에 어떤 영향을 미칠 것인가의 관점에서 이 제안에 대해 논평을 할 것을 요청받았다고 가정하자. 노동조합지도부 모두가 이 제안의 효과에 대해 동의할까? 설명하라.
2. 몇몇 단체협약들은 사용자가 공장 내에서 보통 수행되던 일을 노동조합 임금보다 낮은 수준의 임금을 지급하는 다른 기업들에게 하청을 주지 못하도록 하는 '노동조합표준(union standards)' 조항을 포함한다.
   a. 노동조합이 노동조합표준조항을 요구하는 정당성은 무엇인가?
   b. 어떤 조건 하에서 노동조합표준조항이 노동조합에 의해 요구될 가능성이 가장 큰가?
3. 존스법(Jones Act)은 미국 정부의 재정지원을 받는 모든 화물의 적어도 50%는 미국 소유의 선박으로 운반되어야 하며, 미국 항구를 떠나는 모든 미국 선박은 그 선원의 적어도 90%가 미국 시민으로 구성되어야 한다는 것을 의무화하도록 하고 있다. 여러분은 이 법이 해운산업의 노동수요와 미국 선원들의 임금을 인상시키려는 노동조합의 능력에 미치게 되는 효과가 무엇이라고 기대하는가?
4. 자본집약적인 철강산업의 노동조합들은 미국의 철강 산출량이 감소했던 바로 그 기간에 평균보다 높은 수준의 임금인상을 협상할 수 있었다는 것이 관찰되었다. 경제이론을 사용할 경우, 이 유형이 어떻게 설명될 수 있는가?
5. 독일에서는 사전통보기간이 짧은 일시 해고와 해고는 종종 불법으로 판정된다. 만약 '사회적으로 정당성이 입증되지 못하면(socially unjustified)' 해고는 불법이며, 만약 근로자가 심지어 재훈련이 요구되는 기업의 다른 근무처 또는 부서에 고용될 수 있더라도, '사회적으로 정당성이 입증되지 못하는' 것으로 간주된다. 불법적으로 해고된 근로자들은 자신의 사용자들을 고소할 수 있다. 독일의 이 법이 노동조합들의 임금인상 능력에 가져다줄 가능성이 있는 결과는 무엇인가?
6. 미국의 노동조합들은 종종 건강에 해가 되는 조건에서 낮은 임금으로 매우 오랜 시간을 일하는 근로자들에 의해 개발도상국들에서 만들어진 재화들에 대한 불매운동을 통해 대중의 지지를 얻으려 시도한다.
   a. 만약 성공한다면 이러한 노력은 대상이 되는 외국 근로자들이 더 나은 보수를 받는 데 확고하게 도움이 될까? 충분히 설명하라.
   b. 이러한 노력은 노동조합에 가입한 미국 근로자들에게 확고하게 도움이 될까? 충분히 설명하라.
7. 노동조합이 노동조합에 가입한 근로자들이 비노동조합 근로자들보다 일반적으로 더 생산적이며, 따라서 사용자들은 노동조합주의와 단체교섭에 대해 훨씬 더 긍정적인 접근을 해야만 한다고 주장했다고 가정하자. 경제이론을 사용하여 노동조합에 가입한 근로자들이 (근로자당 산출량으로 볼 때) 더 생산적일 가능성이 있는 이유를 분석하고, 더 높은 노동생산성이 기업의 수익성을 증가시키는지를 분석하라.
8. 임금협상이 국가적으로 수행되는 매우 중앙집중화된 단체교섭이 이루어지는 어떤 나라가 임금협상이 개별 공장 또는 기업 수준에서 이루어지도록 하기 위해 더 분권화된 협상구조를 채택할 것에 대해 고려하고 있다고 한다. 분권화가 임금과 고용에 어떤 영향을 미칠 것으로 기대되나? 설명하라.

연습문제

1. 사용자양보곡선(employer concession schedule)과 노동조합저항곡선(union resistance curve)이 각각 $W=2+0.5S$, $W=11+0.5S-0.1S^2$으로 나타난다고 가정하자. [단 W=임금증가율(%), S=예상파업기간(일)] 힉스(Hicks)의 단순모형을 사용하여 노동조합이 임금인상을 협상할 때 임금인상률과 예상파업기간을 각각 계산하라.
2. 시 청소근로자협회는 –0.3인 자신들 노동수요에 대한 임금탄력성에 직면하고 있으며, 원예근로자협회는 –3.3인 자신들 노동수요에 대한 임금탄력성에 각각 직면하고 있다고 한다. 만약 두 노동조합의 지도자들이 15%의 임금인상을 협상하려 하지만 고용수준을 직접 설정할 권한은 갖고 있지 못하다면, 어느 노동조합이 임금인상에 유리하며, 어느 노동조합이 그렇지 못할까?
3. 어떤 마을의 노동조합에 가입한 육아도우미들은 시간당 8달러를 버는 반면, 노동조합에 가입하지 않은 육아도우미들은 시간당 6달러를 번다고 한다. 노동조합이 결성된 부문의 균형임금은 5달러라고 한다. 노동조합에 가입한 근로자들의 상대적 임금이익과 노동조합이 그 노동조합원들의 임금에 미치는 절대효과를 계산하라. 상대적 임금이익과 절대효과 사이의 관계에 대해 논평하라.
4. 다음의 표는 두 기업의 노동수요를 나타낸다.

임금(달러)	기업 1	기업 2
8	22	24
10	20	20
12	18	16

두 기업 모두 현행임금은 시간당 10달러라고 한다. 노동조합이 두 기업 중 한 기업에서 근로자들을 조직하여 시간당 임금을 12달러로 인상하기 위한 협상을 원한다고 한다. 어느 기업에서 노동조합이 결성될 가능성이 더 크나?

5. 다음의 표는 초콜릿(chocolate) 공장의 노동수요를 나타낸다. 공장에는 노동조합이 조직되어 있으며, 노동조합은 시간당 7달러에서 8달러로 조합원들의 임금을 인상시키기 위해 협상을 하고 있다고 한다. 동시에 더 많은 사람들이 공장에서 생산한 초콜릿 제품의 품질이 우수함을 깨닫게 되어, 초콜릿에 대한 수요가 증가하는 결과를 가져왔다고 한다. 이 공장의 생산물에 대한 수요가 증가한 이후의 노동수요는 표의 3행에 나타난다고 한다.

임금(달러)	수요(이전)	수요(이후)
3	38	42
4	35	39
5	32	36
6	29	33
7	26	30
8	23	27
9	20	24
10	17	21

공장임원은 "이 임금인상은 이 공장의 일자리를 감소시킬 것이다!"라고 발표하였으며, 이에 대한 대응으로 노동조합지도부는 "공장임원의 발표는 정확하지 않다. 임금이 8달러로 인상되더라도 조합원 중 한 명도 일자리를 잃지 않을 것이다."라고 주장했다고 한다. 누가 옳은가? 설명하라.

6. 현재 근로자들에게 시장청산임금을 지급하는 건설산업의 두 부문이 있다고 한다. 각 부문의 노동수요는 $MRP_L=12-L$ [단 L=근로자 수(천명)], 노동공급은 $L=W-2$ [단 W=임금(시

간당 달러)]로 각각 나타난다고 한다.
두 부문 중 한 부문에서 노동조합이 조직되었는데, 노동조합은 오직 노동조합에 가입한 사람들만 기업에 의해 그 부문에 채용될 것이라고 (그리고 노동조합에 가입하기가 어려울 것이라고) 주장함으로써 그 부문에의 노동공급을 제한하고 있다고 한다. 이 부문의 근로자들이 노동조합에 가입될 때, 그 부문의 노동공급은 $L=W-4$로 바뀐다고 한다.

a. 노동조합이 조직되기 이전 두 부문의 임금은 얼마인가? 각 부문에 몇 명의 근로자들이 채용될까?
b. 노동조합이 조직된 부문의 임금은 얼마인가? 노동조합이 조직된 부문에 몇 명의 근로자들이 채용될까?
c. 만약 새롭게 노동조합이 조직된 부문에서 실업 상태의 근로자들이 비노동조합부문으로 전이(spillover)된다면, 비노동조합부문의 임금은 얼마가 될까? 그 부문에서 몇 명의 근로자들이 채용될까?
d. 노동조합의 상대적 임금이익(relative wage advantage)은 얼마인가? 진정한 절대효과(true absolute effect)는 얼마인가?

7. 위 문제 6에서 비노동조합부문의 근로자들도 자신들을 대표할 노동조합을 당연히 원한다고 가정하자. 이 부문에서 노동조합이 결성되는 것을 억제하려는 시도의 일환으로 이 부문의 사용자들이 7.50달러의 임금을 제안했다고 한다. 비노동조합부문에서 몇 명의 근로자들이 채용될까? 노동조합의 상대적 임금이익은 얼마인가?

복습문제

Atherton, Wallace. *Theory of Union Bargaining Goals*. Princeton, N.J.: Princeton University Press, 1973.

Bennett, James, and Bruce E. Kaufman, eds. *What Do Unions Do: A Twenty-Year Perspective*. New Brunswick, N.J.: Transaction, 2007.

Freeman, Richard B., and James L. Medoff. What Do Unions Do? New York: Basic Books, 1984.

Hirsch, Barry T., and John T. Addison. *The Economic Analysis of Unions: New Approaches and Evidence*. Boston: Allen and Unwin, 1986.

Kerr, Clark, and Paul D. Staudohar, eds. *Labor Economics and Industrial Relations: Markets and Institutions*. Cambridge, Mass.: Harvard University Press, 1994.

Lewis, H. Gregg. *Union Relative Wage Effects: A Survey*. Chicago: University of Chicago Press, 1986.

Pencavel, John. *Labor Markets under Trade Unionism*. Cambridge, Mass.: Basil Blackwell, 1991.

중재와 협상의 계약영역

단체교섭 협상의 당사자들은 중재를 거쳐서 외부관계자가 타결하도록 하기보다는 그들 자신이 협상을 타결해야만 하는 어떤 인센티브들을 갖고 있을까? 여기에 대한 답은 당연히 중재자가 내릴 가능성이 있는 의사결정에 대한 불확실성이 양 당사자들에게 비용을 부과한다는 것인데, 이러한 비용은 양 당사자들로 하여금 그 자신들의 합의에 도달하게 할 인센티브를 준다. 이 부록은 이 명제를 설명하는 단순모형을 제공한다. 즉 이 부록은 협상이 중재로 마무리 짓게 될 것인가를 결정하는 데 있어서 중재자가 내릴 가능성이 있는 의사결정에 대한 **불확실성**뿐만 아니라 양 당사자들의 **위험에 대한 태도**의 역할을 부각시킨다.[1)]

당사자 A와 B가 고정된 크기의 '파이(pie)'를 어떻게 분할하는가를 협상하는 두 당사자 간의 단순협상 문제를 고려하자. 각 당사자의 효용함수는 오로지 각자가 받게 되는 파이의 할당량에만 좌우된다. 그림 13A.1은 당사자 A의 효용함수를 그래프로 보여준다. A가 받게 되는 파이의 할당량이 0일 때, A의 효용(U_A)은 0으로 가정되며, A의 할당량(S_A)이 증가함에 따라 A의 효용도 증가한다. 결정적으로 중요한 것은 이 효용함수가 또한 **한계효용체감**(diminishing marginal utility)의 특성을 나타낸다고 가정되는 것이다. 즉 S_A의 동일한 증가분은 누진적으로 더 작은 U_A의 증가분과 관련이 있게 된다. 아래에서 보여주는 바와 같이 이 특성은 당사자가 **위험을 회피**(risk averse)한다고 가정하는 것과 같은데, 이는 당사자가 평균적으로 동일한 할당량을 제공하는 불확실한 결과보다 파이의 일정한 할당량을 갖게 되는 확실성을 선호한다는 것을 의미한다.[2)]

이제 당사자 A가 만약 협상이 중재에 부쳐진다면, 중재자가 평균적으로 자신에게 파이의 1/2을 주게 될 것이라고 믿는다고 가정하자. 만약 당사자 A가 중재자가 이렇게 할 것이라고 확실히 안다면, 중재에 부쳐지는 것으로부터의 당사자 A의 효용은 그림 13A.1의 점 a에서의 $U_A(1/2)$이 될 것이다. 그러나 당사자 A가 중재자의 의사결정에 대해 확신을 가질 수 없으며, 그 대신 당사자 A는 중재자가 자신에게 1/2의 확률로 파이의 1/4을, 또는 또한 1/2의 확률로 파이의 3/4을 할당할 것으로 믿는다고 가정하자. 이 두 가지 상

1) 여기에서의 논의는 Henry S. Farber and Harry C. Katz, "Interest Arbitration, Outcomes, and the Incentive to Bargain," *Industrial and Labor Relations Review* 33 (October 1979): 55~63에 실린 내용 일부를 단순화하여 설명한 것이다.

2) 이러한 기수적 효용함수의 사용에 대한 소개는 부록 8A, 특히 각주 4를 참조하라.

그림 13A.1

위험회피자의 효용함수: 중재자의 의사결정에 대한 불확실성이 계약영역으로 이르게 함

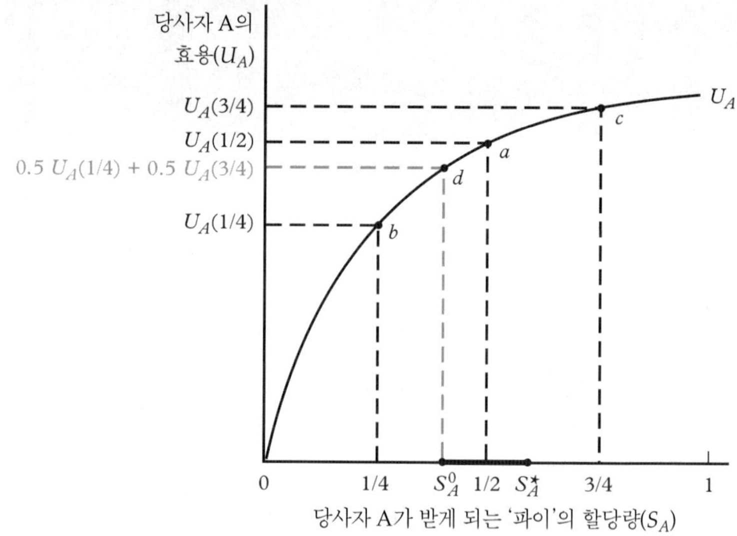

태의 효용은 점 *b*에서의 $U_A(1/4)$와 점 *c*에서의 $U_A(3/4)$으로 각각 주어진다. 비록 평균적으로 당사자 A는 파이의 1/2을 할당받으리라 기대하지만, 이 경우 당사자 A의 평균 또는 **기대**효용(expected utility)은 $0.5U_A(1/4)+0.5U_A(3/4)$이 되며, 이는 그림 13A.1이 보여주는 바와 같이(점 *d* 참조), $U_A(1/2)$보다 더 작다. 이는 당사자 A가 동일한 예상 할당량을 제공하는 불확실한 결과(점 *d*)보다 확실한 결과(점 *a*)를 더 선호하는 위험회피자라는 사실을 반영한다.

만약 당사자 A가 확실하게 할당량 S_A^0를 받는다면, 당사자 A는 중재자가 동일한 확률로 자신에게 파이의 1/4 또는 3/4을 주리라 기대하는 불확실한 상황에서 받게 되는 효용수준과 동일한 효용을 받게 된다는 것을 주목하라. 실제로 당사자 A는 중재자의 의사결정에 따라야만 하는 것과 관련된 불확실성이라는 비용을 부담하는 것보다 S_A^0보다 큰 **확실한** 할당량이라면 어느 것이나 더 선호하게 된다. 그렇다면 당사자 A가 자발적으로 동의하게 될 일련의 잠재적 계약은 다음 식이 성립되는 S_A의 집합이다.

$$S_A^0 \le S_A \le 1;\ \ S_A^0 < 1/2 \tag{13A.1}$$

당사자 B도 당사자 A와 비슷하게 위험회피적이며, 중재자의 의사결정이 어떻게 되리라는 것에 대해 동일한 기대를 하고 있다고 가정하자. 앞에서와 같은 동일한 논리를 사용하면 당사자 B가 자발적으로 동의하게 될 일련의 잠재적 계약 S_B는 비슷한 식에 의해 주어진다.

$$S_B^0 \le S_B \le 1;\ \ S_B^0 < 1/2 \tag{13A.2}$$

이제 당사자 B가 자발적으로 받는데 동의하는 어떤 할당량에서도 당사자 B가 당사자 A

에게 기꺼이 줄 용의가 있는 할당량은 1에서 자신의 할당량을 뺀 것임을 의미한다. 당사자 B가 받는데 동의하게 되는 **최소**할당량 S_B^0은 1/2 미만이기 때문에, 당사자 B가 협상에서 자발적으로 당사자 A에게 주도록 동의하게 되는 **최대**할당량 S_A^*($1-S_B^0$과 동일함)은 1/2보다 클 것이다. 당사자 B는 잠재적으로 당사자 A에게 S_A^*보다 더 작은 할당량을 주는 어떤 타결에도 자발적으로 동의할 용의가 있게 된다.

그림 13A.1을 참조하면서, 당사자 A는 자신에게 적어도 S_A^0을 제공하는 계약에 자발적으로 동의할 용의가 있게 되지만, 당사자 B는 당사자 A에게 S_A^* 또는 그 미만의 할당량을 주는 계약에 동의할 용의가 있게 됨을 관찰하라. 따라서 **양** 당사자들 **모두** 중재에 부쳐지는 것보다 선호하게 되는 (그리고 따라서 자발적으로 동의하게 되는) 일련의 **잠재적** 계약들은 아래의 두 극한치 사이에 놓여 있는 당사자 A의 모든 할당량(S_A)에 의해 주어진다.

$$S_A^0 \leq S_A \leq S_A^* \tag{13A.3}$$

협상 문제에 대해 자발적으로 이루어지는 이러한 일련의 잠재적 해결책은 그림 13A.1의 가로축 위에 굵은 줄로 표시된 선분으로 나타나며 **계약영역**(contract zone)이라 불린다. 양 당사자들 모두 위험회피자이며 중재자가 내릴 결정에 대해 불확실성이 있는 한, 계약영역이 존재할 것이다.

중재자의 의사결정에 대한 당사자들의 **불확실성**의 정도와 그들의 **위험회피**의 정도는 계약영역 크기의 중요한 결정요인이다. 이를 살펴보기 위해서, 첫째 당사자 A는 중재자가 평균적으로 자신에게 파이의 1/2을 할당할 것이라고 계속 기대하지만, 이제는 이러한 상황이 동일한 확률로 1/8과 7/8의 할당량을 받음으로써 발생할 것이라고 믿고 있다고 가정하자. 그림 13A.2는 당사자 A의 이러한 상태 각각에서의 효용을 나타내며(점 *e*와

그림 13A.2

중재자의 의사결정에 대한 불확실성의 증가는 계약영역의 크기를 증가시킴

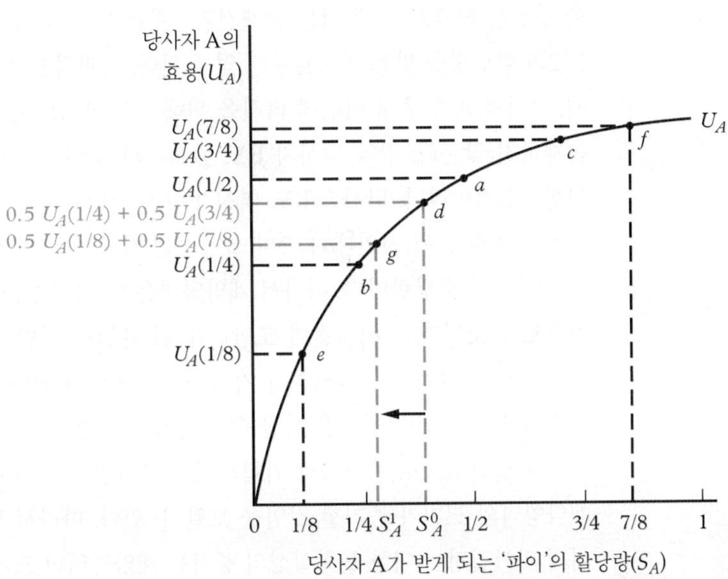

그림 13A.3

위험중립자의 효율함수: 계약영역이 한 점으로 축소됨

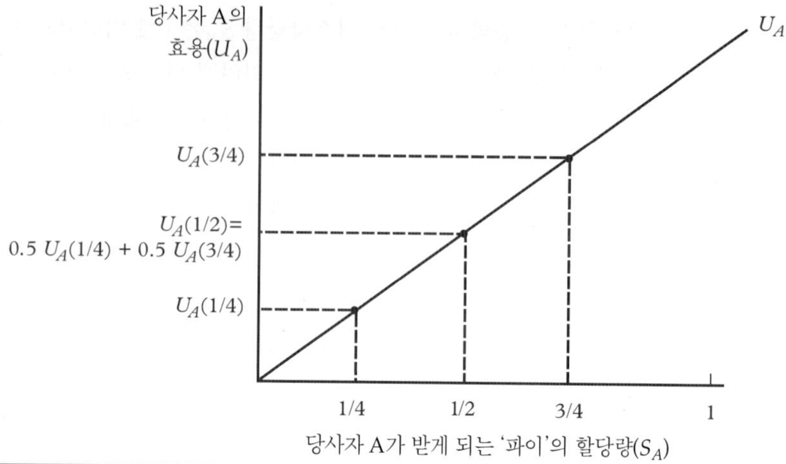

점 f), 당사자 A의 기대할당량은 여전히 1/2이지만, 더 커진 불확실성 또는 발생 가능한 결과의 '분포의 확대(spread)'는 당사자 A의 기대효용을 감소시키게 됨을 보여준다(점 d와 g를 비교하라). 실제로 이제 당사자 A는 할당량 S_A^1을 확실하게 받을 때 중재에 부쳐지는 것과 관련된 위험에 직면할 때만큼 만족하게 된다. S_A^1이 S_A^0보다 더 작으므로 계약영역의 크기는 증가했다. 따라서 중재자의 의사결정에 대한 불확실성의 증가는 더 큰 계약영역을 형성하게 한다.

다음으로 **위험중립적**(risk neutral)인 당사자의 효용함수가 그려진 그림 13A.3을 고려하자. 위험중립적인 당사자는 선형효용함수를 갖는데, 이는 그 효용이 결과와 관련된 불확실성이 아니라, 오로지 자신의 예상할당량에만 좌우되기 때문이다. 따라서 예를 들어 그림 13A.3에서 당사자 A는 중재자가 자신에게 1/4의 할당량 또는 3/4의 할당량을 동일한 확률로 주게 되는 중재결과로부터 얻게 되는 효용과 동일한 효용을 확실하게 1/2의 할당량을 받는 것으로부터 얻게 된다. 결과적으로 중재에 부쳐질 가능성에 직면할 때, 당사자 A가 중재 이전에 타결을 위해 자발적으로 동의하게 될 1/2 미만의 할당량은 존재하지 않는다. 만약 당사자 B도 중재자의 행태에 대해 비슷하게 기대하며 비슷하게 위험중립적이라면, 당사자 B도 역시 1/2 미만의 어떤 할당량으로도 타결이 이루어지는 것을 거절하게 될 것인데, 1/2의 할당량은 평균적으로 당사자 B가 중재자로부터 얻으리라 기대하는 할당량이다. 따라서 계약영역은 양 당사자들이 1/2의 할당량을 받는 하나의 점으로 축소된다. 당사자들이 도달하게 될 유일한 자발적 합의는 만약 중재에 부쳐진다면 그들이 평균적으로 받으리라 기대하는 할당량이 된다. (이는 중재과정 그 자체가 협상타결의 성격에 어떤 영향을 미칠 수 있는가를 설명한다.)

더 일반적으로 당사자의 위험회피가 증가함에 따라 (효용함수가 더욱 굴곡이 커짐), 계약영역의 크기가 증가할 것임을 보일 수 있다. 따라서 당사자들의 위험회피 또는 중재자의 의사결정에 대한 불확실성의 증가는 계약영역의 크기를 증가시키게 될 것이다.

계약영역이 더 크다는 것은 **양** 당사자들 **모두** 중재에 의한 타결보다 더 선호하게 되는 더 많은 잠재적인 타결이 존재한다는 것을 의미하는데, 몇몇 사람들은 이러한 선택메뉴의 증가는 중재에 부쳐지기 이전에 당사자 자신들이 타결할 확률을 증가시킨다고 주장했다.[3] 이 주장으로부터의 즉각적인 시사점은 만약 당사자들이 그들 스스로 타결하는 것을 선호한다고 사람들이 믿는다면 중재제도는 중재자의 행태가 완전히 예측 가능하지 **않도록** 그 구조가 짜여야만 한다는 것이다. 그러나 본문에서 논의했던 바와 같이, 다른 사람들은 계약영역이 **더 작다는** 것은 당사자들이 논쟁을 덜 한다는 것을 의미하며, 따라서 계약영역이 **더 작을** 때 자발적 타결이 더 빨리 이루어진다고 주장한다.

[3] Farber and Katz, "Interest Arbitration, Outcomes, and the Incentive to Bargain."

제14장

실업

2007년 이후 실업이 많이 증가함에 따라, 실업의 측정과 그리고 더 중요하게 실업의 원인에 대한 이해에 관심이 재개되었다. 제2장에서 주목했던 바와 같이, 인구는 경제활동인구(*L*)와 비경제활동인구(*N*)로 나눌 수 있다. 경제활동인구는 취업자(*E*)와 실업상태에 있으나 취업을 원하는 사람들(*U*)로 구성된다. 이론적으로 거의 모든 사람이 충분할 만큼 넉넉한 보상패키지를 대가로 고용될 용의가 있으므로 실업의 개념은 다소 모호하다. 경제학자들은 현재의 어떤 시장임금수준에서 고용되고자 하는 개인의 의사에 의해 실업을 정의함으로써 이 딜레마를 해결하는 경향이 있다. 정부통계는 더 실용적인 접근법을 취하는데, 실업자를 일시적으로 일시해고되어 이전의 사용자로부터의 호출을 기다리는 사람들 또는 일자리 없이 지난달에 일자리를 적극적으로 탐색했던 (물론 '적극적으로'는 정확히 정의되지 않음) 사람들로 정의를 내리고 있다.

이러한 정의가 주어지면, 실업률(**u**)은 경제활동인구 수에 대한 실업자 수의 비율로 측정된다.

$$\mathbf{u} = \frac{U}{L} \tag{14.1}$$

시간이 지남에 따라 국가의 실업률이 어떻게 변하는가와, 실업률이 지역별로, 그리고 연령/인종/성/민족 그룹별로 어떻게 다른가에 많은 관심이 쏠리고 있다.

그러나 실업률 데이터의 한계를 이해하는 것은 중요한 일이다. 실업률은 어떤 일정 시점에 적극적으로 일하기를 원하지만 취업하지 못한 그룹의 비율을 반영**한다**. 그러나 여러 가지 이유로 인해 실업률은 그룹에 속한 사람들이 겪고 있는 경제적 어려움을 언제나 정확히 보여주지 **못한다**. 첫째, 일자리를 적극적으로 탐색하지 않는 사람들에는 일자리를 성공적으로 탐색하지 못해 탐색을 포기한 사람들이 포함되는데, 이들은 실업자로 간주하지 않는다(제7장 참조). 둘째, 실업통계는 근로소득이 빈곤수준을 초과하는지를 포함하는 취

표 14.1

미국의 민간 경제활동참가율, 고용률, 실업률(%)

연도	실업률(*U/L*)	경제활동참가율(*L/POP*)	고용률(*E/POP*)
1948	3.8	58.8	56.6
1958	6.8	59.5	55.4
1968	3.6	59.6	57.5
1991	6.8	66.2	61.7
2000	4.0	67.1	64.4
2012	8.1	63.7	58.6

U=실업자 수
L=경제활동인구 수
E=취업자 수
POP=16세 이상의 총인구
자료: U.S. Department of Labor, 2013 *Employment and Earnings Online*, Household Survey Data (February 2013), Table 1, at http://www.bls.gov/opub/ee/2013/cps/annavg1_2012_pdf.

업자들의 근로소득수준에 대해서는 아무것도 알려주지 않는데, 셋째, 대부분의 해에 실업자의 상당 부분이 다른 구성원들의 근로소득이 있는 가족 중에서 나타나는데, 예를 들면 많은 실업자가 10대 근로자들이다. 이는 실업자가 종종 가족들을 부양하는 주 수입원이 아니라는 것이다. 넷째, 실업자의 상당수가 실업상태에 있는 동안 정부의 실업보상지급금 또는 민간부문의 추가적인 실업급여의 형태로 약간의 소득지원을 받는다.

마지막으로 실업률 데이터가 **경제활동인구** 중에 일하지 않는 사람들의 비율에 관한 정보를 제공하지만, **전체인구** 중 **취업자**의 비율에 대해서는 아무런 정보도 제공하지 않는다. 표 14.1은 총실업률, 경제활동참가율, 그리고 취업자 수를 성인인구로 나눈 것으로 정의되는 **고용률**(employment rate)에 관한 2000년 및 2012년과 실업률의 거의 똑같은 변화를 경험하였던 두 쌍의 앞선 연도 미국 데이터를 수록하고 있다. 예를 들어 1948년부터 1958년까지 실업률은 3.8%로부터 6.8%로 증가했으며, 고용률은 56.6%로부터 55.4%로 하락했다. 이와는 대조적으로 1968년부터 1991년까지 실업률은 비슷한 크기만큼 증가했지만, 고용률은 상당히 증가했다! 이러한 두 기간 동안에 실업률과 고용률 사이에 정반대의 상관관계가 나타난 이유는 앞의 기간에는 경제활동참가가 단지 서서히 증가했지만, 후자의 기간에는 경제활동참가가 매우 급속히 증가했기 때문이다. 이와는 대조적으로 2012년의 매우 높은 실업률은 고용률 및 경제활동참가율 **모두**의 하락을 수반했다(경제활동참가율의 하락은 제7장에서 논의된 '실망근로자 효과'의 증거이다).

그럼에도 불구하고 실업률은 노동시장조건을 나타내는 유용한 지표이다. 이 장은 실업의 원인과 여러 정부정책이 의도하는 또는 의도하지 않은 바에 의해 실업수준에 어떤 영향을 미치는가에 관심을 가질 것이다.

노동시장의 저량-유량(stock-flow)모형

노동시장의 각 상태에 속해 있는 사람들 **수**(예를 들어 실업자 **수**)는 물론 노동시장상태 사이의 사람들의 **흐름**(예를 들어 취업상태로부터 실업상태로의 사람들의 **이동**)을 고려하는 것이 중요하다는 것을 강조하는 노동시장개념 상의 단순모형을 우선 논의하기로 하자. 이 흐름의 결정요인에 대한 지식은 실업의 원인을 이해하는 데 결정적으로 중요하다.

미국인의 취업자 수, 실업자 수, 그리고 비경제활동인구 수에 관한 데이터는 국가 전체를 대상으로 한 현행인구조사(CPS: Current Population Survey)로부터 매월 제공된다. 그림 14.1이 보여주는 바와 같이, 2013년 5월에 1억 4,480만 명이 취업자였고, 1,220만 명이 실업자였으며, 8,860만 명이 16세 이상의 비경제활동인구였었다. 짧은 기간에 걸쳐 이러한 데이터를 추적할 때 갖게 되는 인상은 이 수치들의 상대적인 안정성이다. 예를 들어 실업률이 한 달 사이에 0.3~0.4%포인트보다 더 크게 변하는 것은 상당히 이례적이다(실업률은 2013년 5월 1일 7.3%였고 6월 1일에는 7.8%였다).

매월 매월의 취업자 수, 실업자 수, 또는 비경제활동인구 수를 스냅사진 찍듯이 확인하는 것은 한 달 **동안** 각 노동시장상태로의 유입과 유출로 인한 상당한 이동의 크기를 빠뜨리게 된다. 그림 14.1은 2013년 5월 한 달 동안 여러 상태 사이의 근로자들의 흐름에 관한 데이터를 보여준다. 이 한 달 동안 대략 220만 명의 실업자가 취업하였으며(그림 14.1에 *UE*로 표시된 흐름), 230만 명의 실업자가 경제활동인구로부터 이탈하였다(*UN*으로 표시된 흐름). 이 수치들은 일정시점 실업자 수의 0.180(P_{ue})와 0.189(P_{un})에 각각 해당한다. 따라서 5월 초에 실업자였던 사람들의 약 1/3이 5월 말까지 실업상태를 벗어났다고 결론을 내릴 수 있다. 이 사람들은 취업상태에 있었던 사람들(220만 명, 흐름 *EU*)과 비경제활동인구에 속했던 사람들(320만 명, 흐름 *NU*)이 실업상태의 사람들로 바뀌게 되는 흐름

그림 14.1

노동시장의 월평균 저량과 유량: 2013년 5~6월

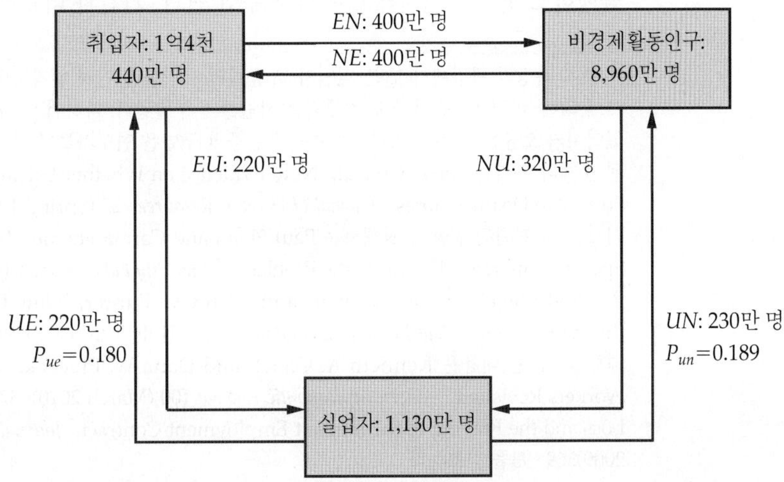

자료: U.S. Bureau of Labor Statistics, "Labor Force Statistics from the Current Population Survey: Labor Force Status Flows by Sex," at http://www.bls.gov.web/empsit/cps_flows_recent.htm.

에 의해 실업자의 풀에서 다른 사람들로 대체되었다.[1] 흐름 *EU*는 자발적으로 이직했거나 비자발적으로 자신의 마지막 일자리를 잃은 사람들로 구성되는 반면, 흐름 *NU*는 경제활동인구에 편입되는 사람들로 구성된다. 실업으로의 유입자(540만 명)가 실업으로부터의 유출자(450만 명)보다 많았다는 사실은 이 기간에 실업이 증가했음을 의미한다.

실업의 원천

실업자를 생각할 때 이전의 일자리로부터 일시해고를 당한 사람의 인상이 종종 떠오른다. 그러나 그러한 사람들이 모든 실업자를 구성한다는 견해는 옳지 않다. 표 14.2는 실업률이 상당히 변했던 기간인 1970년과 2012년 사이의 이러한 문제점과 관련이 있는 약간의 데이터를 수록하고 있다. 비록 일자리를 잃은 사람들의 비율은 실업률이 매우 높은 해에 가장 높았지만(2009년에 거의 2/3에 달함), 전형적인 어느 해에 실업자의 약 절반은 일자리를 잃은 사람들이었다.

2009년을 제외한 매년 실업자 수의 1/3 이상은 비경제활동인구 상태로부터 비롯되었다. 즉 그들은 경제활동인구에 처음으로 진입했거나(**신규진입자들**), 또는 이전에 약간의 고용경험을 가졌다가 비경제활동인구로 일정기간을 보낸 후 경제활동인구에 다시 진입하는 사람들(**재진입자들**)이었다. 물론 이 재진입자들 중 일부는 당분간 경제활동인구로부터 이탈했던 일자리를 잃은 사람들일 것이다. 마지막으로 자신들의 일자리를 이직하는 거의 대다수 사람은 이직 이전에 새로운 일자리를 얻어서 결코 실업상태를 거치지 않지만, 대부분의 연도에 실업자의 10~15%는 자발적 이직자들이었다.

자신의 일자리를 잃은 사람들의 실업기간과 그 결과는 일시해고가 일시적 또는 영구적인가에 좌우된다. 1990년대의 기간 동안 평균적인 어느 1개월에 일시해고되었던 미국 근로자들의 0.6% 중 1/2이 약간 못 되는 사람들이 일시적으로 해고되어 상대적으로 빨리 (보통 3~6주 이내) 자신들의 일자리로 복귀했다. 정당한 이유 또는 공장폐쇄 또는 '인원축소(downsizing)' 때문에 영구적으로 해고된 사람들은 그 2배의 기간 넘게 실업상태에 있었다. 나아가 그들은 전형적으로 훨씬 더 낮은 보수수준으로 일자리에 복귀했다.[2] 불행히도 현재의 일시해고는 이전 수십 년의 기간과 비교하면 일시적일 가능성이 더 적

---

[1] 실제 측정의 관점에서 보면 '실업자'로 분류된 사람들은 단지 일자리탐색에 관해 자기 스스로 보고한 정보에 의해 '비경제활동인구'로 간주되는 사람들과 구별된다. 따라서 이 두 범주 사이의 이동을 기록하는 데 있어서의 오류는 물론 이 두 범주 사이의 실증적 구별은 연구자들의 관심을 끌어왔다. 실증적 구별과 관련된 문제의 분석은 Füsun Gönsül, "New Evidence on Whether Unemployment and Out of the Labor Force Are Distinct States," *Journal of Human Resources* 27 (Spring 1992); 329~361을 참조하라. 측정상의 오류와 관련된 문제에 관해서는 Paul Flaim and Carma Hogue, "Measuring Labor Force Flows: A Special Conference Examines the Problems," *Monthly Labor Review* (July 1985) 7~15를 참조하라.

[2] Hoyt Bleakley, Ann E. Ferris, and Jeffrey C. Fuhrer, "New Data on Worker Flows During Business Cycles," *New England Economic Review* (July-August 1999): 49~76 참조. 일자리손실 주제에 대한 더 많은 내용은 Kenneth A. Couch and Dana W. Placzek, "Earnings Losses of Displaced Workers Revisited," *American Economic Review* 100 (March 2010): 572~589; and Kevin Hallock, "Job Loss and the Fraying of the Implicit Employment Contract," *Journal of Economic Perspectives* 23 (Fall 2009): 69~93을 참조하라.

표 14.2

미국 주요연도의 실업 원천

		실업자 구성(비율)			
연도	실업률	해고	이직	재진입	신규진입
1970	4.9	44.3	13.4	30.0	12.3
1974	5.6	43.5	14.9	28.4	13.2
1978	6.1	41.6	14.1	30.0	14.3
1982	9.7	58.7	7.9	22.3	11.1
1986	6.9	48.9	12.3	26.2	12.5
1990	5.5	48.3	14.8	27.4	9.5
1994	6.1	47.7	9.4	34.8	7.6
1998	4.5	45.5	11.8	34.3	8.4
2002	5.8	55.0	10.3	28.3	6.4
2006	4.6	47.4	11.8	32.0	8.8
2009	9.3	64.2	6.2	22.3	7.3
2012	8.1	55.0	7.7	26.7	10.5

자료: U.S. Department of Labor, 1982 *Employment and Training Report of the President* (Washington, D.C.: U.S. Government Printing Office, 1982), Table A-36; U.S. Department of Labor, *Monthly Labor Review*, various issues.

은데, 이는 점차로 경쟁적이 되었던 기업환경이 요구하는 영구적인 조정을 반영하는 것이다.

이동흐름의 속도가 실업수준에 미치는 영향

궁극적으로 공공관심사는 실업**수준**에 초점을 맞추지만, 이 수준의 결정요인을 이해하기 위해서는 노동시장의 여러 상태 사이의 개인들의 이동흐름을 분석해야만 한다. 어떤 그룹은 그 구성원들이 일단 실업자가 되었을 때 일자리를 구하기가 어렵기 때문에, 구성원들이 (자발적으로 또는 비자발적인 이유로 인해) 일단 일자리를 구했을 때 그 자리에 머물기가 어렵기 때문에, 또는 구성원들이 자주 경제활동인구에 진입하고 이탈하기 때문에 그 실업률이 높을 수 있다. 실업률을 낮추기 위한 적절한 정책처방은 이러한 노동시장에서의 어느 이동흐름이 높은 실업률에 책임이 있는가에 좌우될 것이다.

약간 공식적으로 이야기하면, 만약 노동시장이 대체로 균형을 이루어 실업상태로 들어가는 사람과 실업상태에서 벗어나는 사람들 수가 동일하다면, 어떤 그룹의 실업률(**u**)은 다음 식에 보이는 바와 같이 노동시장의 여러 흐름에 좌우된다.

$$\mathbf{u} = F(\overset{+}{P_{en}}, \overset{-}{P_{ne}}, \overset{-}{P_{un}}, \overset{+}{P_{nu}}, \overset{+}{P_{eu}}, \overset{-}{P_{ue}}) \qquad (14.2)$$

단 F: '함수'를 의미하며,

P_{en}: 경제활동인구에서 이탈하는 취업자의 비율
P_{ne}: 비경제활동인구에서 경제활동인구로 진입하면서 취업자가 되는 사람들의 비율
P_{un}: 경제활동인구에서 이탈하는 실업자의 비율
P_{nu}: 비경제활동인구에서 경제활동인구로 진입하면서 실업자가 되는 사람들의 비율
P_{eu}: 실업자가 되는 취업자의 비율
P_{ue}: 취업자가 되는 실업자의 비율

따라서 예를 들어 만약 처음 어느 그룹에 100여 명의 취업자가 있었으며, 어느 기간 동안 그들 중 15명이 실업자가 되었다면 P_{eu}는 0.15가 된다.

식 (14.2)의 변수 위에 표시된 정(+)의 부호는 이 변수의 증가가 실업률을 증가시킬 것임을 의미하는 반면, 부(−)의 부호는 이 변수의 증가가 실업률을 하락시킬 것임을 의미한다. 따라서 이 식은 다른 조건이 같을 때 자신들의 일자리를 자발적으로 또는 비자발적으로 떠나서 실업자가 되거나(P_{eu}) 또는 비경제활동인구가 되는(P_{en}) 사람들의 비율이 증가하게 되면, 일자리를 처음에 얻지 못하고 경제활동인구에 진입하는(P_{nu}) 사람들의 비율증가와 마찬가지로 어떤 그룹의 실업률은 증가할 것이라고 단호히 한다. 마찬가지로 취업자가 되거나(P_{ue}) 또는 경제활동인구에서 이탈하기 위해(P_{un}) 실업상태를 벗어나는 사람들의 비율이 증가하면 증가할수록, 어떤 그룹의 실업률은 더 낮아진다. 마지막으로 경제활동인구에 진입하면서 즉시 일자리를 찾는(P_{ne}) 사람들의 비율이 증가하면 증가할수록, 어떤 그룹의 실업률은 더 낮아진다.[3)]

식 (14.2)와 그림 14.1은 어떤 주어진 실업수준에 관한 사회적 우려는 실업의 **발생**(또는 어느 그룹의 사람들 중 실업자가 된 비율)과 실업**기간** 모두에 초점을 맞추어야 함을 분명하게 해준다. 사회는 많은 사람이 실업상태를 빨리 거쳐 가는 것보다 작은 그룹의 사람들이 오랫동안 실업상태에 있는 것을 아마도 더 우려할 것이다.

표 14.3은 여러 해에 걸쳐 주요 유럽 및 북미 국가들의 실업 발생 및 기간 모두의 몇몇 현저한 차이를 수록하고 있다. 더 주목할 만한 예는 다음과 같다.

a. 대부분의 나라들에서(덴마크와 노르웨이는 예외) 실업률과 장기실업률은 2005년부터 2011년까지 같은 방향으로 움직였다.
b. 2011년에 캐나다는 독일보다 더 높은 실업률을 가졌지만, 캐나다의 실업자는 훨씬 빨리 일자리를 찾았다(독일의 약 50%와 비교할 때 캐나다 실업자의 단지 13.5%만 1년 넘게 일자리를 갖지 못했다).

3) 식 (14.2)의 구체적 함수형태는 Stephen T. Marston, "Employment Instability and High Unemployment Rates," *Brookings Papers on Economic Activity* 1976: 1, 169~203에 수록되어 있다. 식 (14.2)에 요약된 각각의 결과가 왜 성립하는가에 대한 직관적인 이해는 식 (14.1)의 실업률의 정의로부터 얻어질 수 있다. 노동시장의 어떤 상태로부터 다른 상태로의 이동은 분자 또는 분모 또는 분자와 분모 모두에 영향을 미칠 수 있다. 예를 들어 P_{en}의 증가는 실업자 수에 직접적으로 영향을 미치지는 않지만, 경제활동인구의 크기를 감소시킨다. 식 (14.1)에 의하면 이 감소는 실업률의 증가로 이어진다.

표 14.3

실업 및 장기실업, 유럽 및 북미의 주요국가, 2005년과 2011년

	실업률		1년 넘게 실업상태에 있는 비율	
	2005년	2011년	2005년	2011년
벨기에	8.4%	7.2%	51.6%	48.3%
캐나다	6.8%	7.4%	9.6%	13.5%
덴마크	4.8%	7.6%	25.9%	24.4%
프랑스	9.5%	9.7%	42.5%	41.4%
독일	9.5%	5.9%	54.0%	48.0%
아일랜드	4.3%	14.5%	34.3%	59.4%
네덜란드	4.8%	4.4%	40.1%	33.6%
노르웨이	4.6%	3.3%	9.4%	11.6%
영국	4.7%	8.0%	22.4%	33.4%
미국	5.1%	9.0%	11.8%	31.3%

자료: OECD, *Employment Outlook* (Paris: OECD, 2006), Tables A and G; and OECD, *Employment Outlook* (Paris: OECD, 2012), Tables A and H.

c. 네덜란드와 노르웨이는 2005년과 2011년 모두 비슷한 실업수준을 가졌지만, 노르웨이에서는 장기실업이 훨씬 덜 일반적이다.

d. 마지막으로 덴마크와 미국 모두 2005년과 2011년 사이에 실업률의 괄목할만한 증가를 경험했지만, 덴마크에서는 1년 넘게 일자리가 없는 사람들의 비율이 약간 하락한 반면, 같은 기간 동안 미국에서 그 수치는 거의 세 배가 되었다.

그렇다면 분명히 나라별로 노동시장 조건, 제도, 또는 이러한 실업의 결과에 기저를 이루는 정책에 중요한 차이가 존재할 것이다.

이 책이 표 14.3에 보이는 국가 간 차이를 모두 자세히 분석할 수는 없지만, 다음 절들에서 논의된 여러 실업이론은 본질적으로 모두 식 (14.2)에 나타난 하나 또는 둘 이상의 이동흐름의 결정과 관련된다. 즉 실업이론들은 여러 노동시장상태 사이를 이동하는 사람들의 비율이 시간이 지남에 따라 또는 국가를 포함하는 지리적 지역에 따라 왜 변하는가에 대한 설명을 제공할 수 있다. 검토할 실업의 유형은 마찰적 실업, 구조적 실업, 수요부족(경기적) 실업, 그리고 계절적 실업이다.

마찰적 실업

경쟁적 노동시장이 현행임금수준에서 노동수요량과 노동공급량이 정확히 같다는 의미

그림 14.2

최초에 완전고용상태인 시장

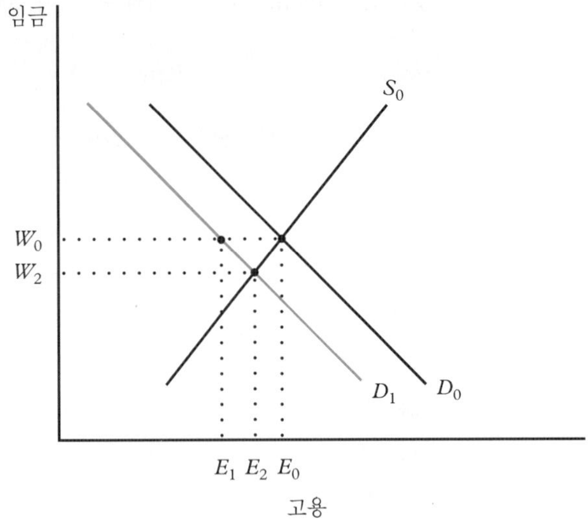

에서 균형상태에 있다고 가정하자. 그림 14.2는 수요곡선이 D_0, 공급곡선이 S_0, 고용량이 E_0, 그리고 임금이 W_0인 그러한 노동시장을 보여준다. 이제까지 이 책에서는 이 균형상태를 완전고용상태 중의 하나로 취급했으며, 이 상태와 관련된 실업이 존재하지 않는다고 암시했다. 그러나 이 시사점이 완전히 정확하지는 않다. 심지어 시장균형 또는 완전고용상태에서도 몇몇 사람들은 일자리와 일자리 사이에 있을 것이기 때문에 여전히 몇몇 **마찰적 실업**(frictional unemployment)은 존재한다.

제5장에서 논의한 바와 같이 노동시장은 마찰이라는 특성을 가진다. 즉 정보의 흐름이 불완전하여, 실업상태의 근로자들과 구인을 원하는 사용자들이 서로를 발견하는 데 시간과 노력이 필요하다. 비록 경제활동인구의 크기가 일정하더라도, 매기 일자리를 찾으려 노동시장에 새롭게 진입하는 사람이 있는 반면, 취업상태의 또는 실업상태의 사람들은 경제활동인구로부터 이탈한다. 일부 사람들은 다른 일자리를 찾기 위해 자신들의 일자리를 이직한다.[4] 더욱이 기업들 수요의 무작위적 변동은 일부 기업들이 휴업하거나 근로자들을 일시해고하도록 하는 동시에 다른 기업들이 새로이 생산 활동을 시작하거나 고용을 확대하도록 만들 것이다. 일자리를 찾는 사람들의 특성과 새로이 창출되는 일자리의 성격에 대한 정보가 즉시 알려지거나 평가될 수 없으므로, 실업상태의 근로자들과 잠재적 사용자들 사이에 일자리연결이 이루어지기 위해서는 시간이 걸린다. 따라서 전체적으로 노동수요와 노동공급이 일치할 때조차도, 마찰적 실업은 여전히 존재할 것이다.

[4] 고용상태와 실업상태에서 일자리를 탐색할 때의 상대적인 이점들에 대한 분석은 Christian Belzil, "Relative Efficiencies and Comparative Advantages of Job Search," *Journal of Labor Economics* 14 (January 1996): 154~173을 참조하라.

일자리탐색이론

국민경제의 마찰적 실업수준은 노동시장으로 진입하고 노동시장으로부터 퇴장하는 개인들의 흐름과 실업자들이 일자리들을 찾는 (그리고 받아들이는) 속도에 의해 결정된다. 이 속도를 결정하는 요소들은 곧 살펴보게 될 일자리탐색과정에 대한 분석에서 파악된다.

일자리탐색모형 고용을 원하는 근로자들은 일자리가 제공되는 것을 찾아야만 하며, 일자리기회와 근로자들의 특성에 대한 정보가 불완전하기 때문에, 실업상태의 근로자들과 잠재적 사용자들 사이에 연결이 이루어지기 위해서는 시간과 노력이 들게 될 것이다. 다른 조건이 동일하다면, 어떤 기간에 실업상태의 근로자들이 취업자가 될 확률이 낮으면 낮을수록(즉 P_{ue}가 낮으면 낮을수록), 실업자들의 예상실업기간은 더 길어지며 실업률도 더 높아질 것이다. 무엇이 P_{ue}에 영향을 미칠 수 있는가를 이해하기 위해, 임금이 일자리를 채울 구체적 개인들의 특성이 아니라 일자리특성과 관련된다는 핵심가정을 기초로 하는 일자리탐색에 대한 공식모형을 개발하기로 한다.[5)]

사용자들이 사용하는 일련의 최소채용기준이 다르다고 가정하자. 채용기준에는 교육수준요건, 직무훈련, 근로경험, 채용시험성적 등등이 포함될 수 있다. 채용과정에 대한 매우 간단한 모형은 이러한 일련의 특성들이 일자리가 요구하는 최소기술수준을 표시하는 단일변수 K로 요약될 수 있다고 가정한다. 각 일자리와 관련된 것으로는 임금 $W(K)$를 들 수 있는데, 임금은 채용된 사람들의 특별한 특성이 아닌 요구되는 기술수준의 함수라고 가정된다. 또한 임금은 요구되는 최소기술수준의 증가함수며, 같은 채용기준을 사용하는 두 사용자는 같은 임금을 제안할 것이라고 가정한다.

여러 사용자는 서로 다른 채용기준을 가지고 있으므로, 위의 단순모형은 노동시장에서의 빈 일자리와 관련되어 제안되는 임금의 분포가 있음을 암시한다. 이 제안되는 임금의 분포는 그림 14.3에 $f(W)$로 표시되고 있다. 그림에서 우측으로 이동함에 따라 요구되는 최소기술수준과 일자리에 제안되는 임금은 증가한다. $f(W)$는 제안되는 임금의 확률분포(probability distribution)를 나타내기 때문에, 곡선 아래의 면적은 그 합이 1이 된다(즉 분포는 시장에서 제안되는 100%의 모든 임금을 포함하고 있다). (가로축 위에 나타나는) 제안되는 각각의 임금은 (세로축에 나타나는) 그 해당 임금의 분포에서의 점유율과 관련되어 나타난다.

이제 어떤 주어진 실업상태의 개인이 K^*의 기술수준을 갖고 있다고 가정하자. 어떤 기업도 자신들의 채용기준을 충족시키지 않는 근로자를 채용하려 하지 않기 때문에, 이

[5)] 여기서의 논의는 Dale T. Mortensen, "Job Search, the Duration of Unemployment, and the Phillips Curve," *American Economic Review* 60 (December 1970): 846~862에서 많이 발췌되었다. 또한 Theresa Devine and Nicholas Kiefer, *Empirical Labor Economics: The Search Approach* (New York: Oxford University Press, 1990) 참조. 사람들이 일자리를 탐색하는 수단에 대한 요약은 Yannis M. Ioannides and Linda Datcher Loury, "Job Information Networks, Neighborhood Effects, and Inequality," *Journal of Economic Literature* 42 (December 2004): 1056~1093을 참조하라.

그림 14.3

일자리탐색모형에서의 유보임금의 선택

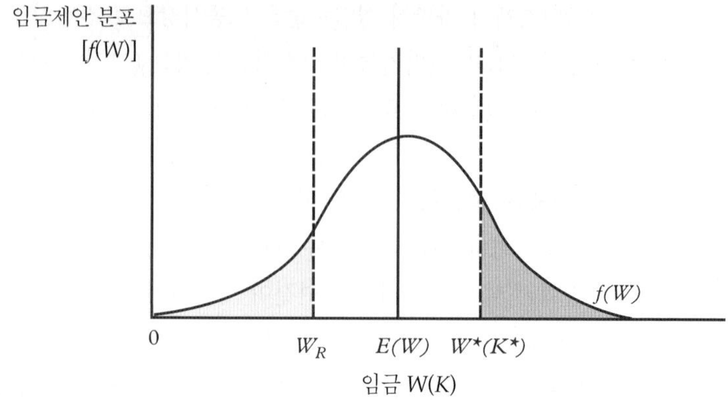

근로자가 받기를 희망하는 최대임금은 $W^*(K^*)$가 된다. 어떤 기업들이 채용기준 K^*를 갖고 있는지 아는 사람은 이 기업들에 지원하게 될 것이며, 이 사람은 기업의 채용기준을 충족시키기 때문에 W^*의 임금으로 채용될 것이다.

이와는 달리, 지원자가 제안되는 임금의 분포형태 $f(W)$를 알긴 하지만, 각 특정 기업이 제안하는 임금, 또는 채용기준이 무엇인지를 알지 **못한다는** 의미에서 일자리에 대한 시장정보가 불완전하다고 가정하자. 이 경우 일자리탐색은 개인이 무작위로 기업들의 고용사무실을 방문하는 과정으로 개념화시킬 수 있다. 만약 기업의 채용기준이 K^*를 초과한다면, 개인은 일자리 얻는 것을 거부당하지만, 만약 채용기준이 K^* 이하라면 이 사람은 일자리를 제안 받는다. 개인은 일자리를 주겠다는 많은 제안을 축적시킨 뒤 최선의 일자리를 받아들이는 것이 이익이 된다는 것을 알게 되지만, 일자리를 구하는 사람들, 특히 기술수준의 가장 낮은 단계에 있는 사람들에게는 그러한 여유가 항상 허용되지는 않는다. 오히려 일자리를 구하는 사람들은 그 제안이 다른 지원자에게 주어질 것이기 때문에 일자리제안을 받아들일 것인지를 즉시 결정해야만 한다.

유보임금 실업상태의 근로자는 어떤 특정 일자리제안을 받아들일지를 어떻게 아는가? 한 가지 전략은 **유보임금**(reservation wage)을 결정한 뒤, 오로지 이 수준을 넘는 제안만을 받아들이는 것이다. 이때 중요한 질문은 이 유보임금이 어떻게 결정되는가이다.

이 질문에 대한 답을 위해 (그림 14.3에서) W_R이 K^*의 기술수준을 가진 사람에 의해 선택된 유보임금이라고 가정하자. 이제 이 사람의 일자리지원은 $W^*(K^*)$보다 더 높은 임금을 제안하는 모든 기업에 의해 거절되리라는 것을 관찰하기로 하자. 즉 이 사람은 기업이 요구하는 최소채용기준을 충족시키지 못할 것이다. 마찬가지로 이 사람은 W_R 미만의 임금을 지급하겠다는 어떤 일자리제안이라도 거절할 것이다. 따라서 이 사람이 일정 기간에 받아들일 만한 일자리를 찾게 될 확률은 단순히 곡선 아래의 W_R과 W^* 사이의 아무것도 칠하지 않은 면적이 된다. 이 확률이 더 높으면 높을수록, 예상실업기간은 더 짧아진

예문 14.1

실업은 저절로 계속되나?

빈 일자리의 지원자들을 선별할 때 사용자들은 더 오랫동안 실업상태에 있었던 사람들을 차별하나? 이 질문에 답하기 위해 연구자들은 약 12,000통의 가공의 이력서를 판매, 고객서비스, 그리고 행정지원 일자리를 온라인으로 공모한 대도시지역의 사용자들에게 제출했다. 작성된 이력서들에는 지원자들의 가상 고용상태가 기재되었고, '실업상태'를 기재한 사람들의 경우에는 1부터 36개월 범위의 실업기간이 기재되었다. 그 뒤 연구자들은 이력서들이 얼마만큼의 '회신'을 받았는지를 살펴보았다.

연구자들은 1개월의 실업기간을 기재했던 지원자들이 다른 면에서 동일한 8개월의 실업기간을 기재했던 지원자들에 비해 약 2배 만큼의 회신을 받을 가능성이 있었음을 밝혔다. 그러나 8개월보다 긴 실업의 경우에는 회신율의 하락이 무시해도 될 정도였다. 그러나 실업기간이 회신율에 미치는 효과는 많은 근로자가 실업상태에 있었던 경기침체 동안에는 더 약해진다는 것도 밝혀졌다.

그렇다면 더 높은 유보임금을 설정할 때의 한 가지 위험은 더 긴 실업기간이 특히 전반적인 노동시장이 상대적으로 호황일 때 잠재적 사용자들의 눈에 근로자들이 덜 바람직하게 보이도록 할 수도 있다는 것이다!

자료: Kory Kroft, Fabian Lange, and Matthew Notowidigdo, "Duration Dependence and Labor Market Conditions: Theory and Evidence from a Field Experiment," working paper no. 18387, National Bureau of Economic Research (Cambridge, Mass.: 2013)

다. 개인이 일자리를 찾았을 때의 **예상**임금은 단순히 W_R로부터 W^* 범위에서 일자리제안의 가중평균이다. 이 평균(또는 예상)임금은 그림 (14.3)에 $E(W)$로 표시되어 있다.

만약 개인이 약간 더 높은 유보임금을 선택한다면, 그 사람의 선택은 두 가지 효과를 갖게 된다. 한편으로 이 사람은 이제 더 많은 낮은 임금을 지급하는 일자리를 거절하게 되기 때문에, (일단 고용될 때) 자신의 예상임금은 증가하게 된다. 반면에 더 많은 일자리 제안을 거절한다는 것은 또한 어느 주어진 일정기간에 받아들일 만한 일자리를 구할 확률을 감소시키며, 따라서 예상실업기간을 증가시킨다(더 높은 유보임금이 예상실업기간에 미치는 두 번째 효과는 예문 14.1을 참조하라). 각각의 실업상태에 있는 개인은 한계적 의미에서 더 긴 실업기간이 초래하는 예상비용이 고용 이후의 더 높은 임금이라는 예상편익과 정확히 일치하도록 그 자신의 유보임금을 선택할 것이다.

모형의 시사점 이 단순모형 및 관련된 의사결정규칙은 여러 시사점을 갖고 있다. 첫째, 유보임금이 시장에서 제안되는 가장 낮은 임금과 일치하도록 설정되지 않는 한, 일자리를 얻을 확률은 1보다 작을 것이며, 따라서 약간의 실업이 결과적으로 나타나리라 기대할 수 있다. 탐색과 관련된 실업은 개인이 제안되는 첫 번째 일자리를 필연적으로 받아들일 필요가 없을 때 발생하는데, 이는 불완전한 정보의 세계에서 합리적인 전략이라 할 수 있다.

둘째, 유보임금은 개인의 기술수준에 상응하는 임금 $W^*(K^*)$보다 항상 더 낮게 선택될 것이기 때문에, 거의 모든 사람이 일단 일자리를 얻게 된다면 (자신들의 예상근로소득이 W^* 미만일 것이라는 의미에서) **불완전취업**(underemployed)을 하게 된다. 이 불완전취업은 불완전한 정보가 초래하는 비용이다. 즉 노동시장정보가 나아지면 일자리연결 과정은 향상되게 된다.

셋째, 제5장에서 주목한 바와 같이 그렇지 않았을 같은 개인들이 결국은 다른 임금을 받게 될 것이다. 똑같은 기술수준을 가진 실업상태에 있는 두 사람은 똑같은 유보임금을 선택할 수 있으며, 똑같은 실업 이후의 **예상**임금을 가질 수 있다. 그러나 그들이 결국 **실제로** 받게 되는 임금은 순전히 행운에 좌우될 것이다. 즉 그들이 우연히 발견하게 되는 W_R과 W^* 사이에서 제안되는 임금이 결국 실제 임금을 결정하게 된다. 그렇다면 불완전정보의 세계에서는 사람들 사이의 모든 임금변동(variation in wages)을 설명할 수 있는 경제모형은 존재하지 않는다.

넷째, 실업상태에 있는 근로자들로 하여금 자신들의 일자리탐색에 적극적이 되도록 하는(매일 더 많은 회사를 방문하도록 하는) 어떠한 조치라도 다른 조건이 동일하다면 실업기간을 단축할 것이다. 일자리와 지원자들 모두에 관한 정보를 더 효율적으로 수집/전파시키는 것은 시장의 모든 당사자의 탐색과정속도를 증가시킬 수 있다. 고용대행기관들의 컴퓨터화를 촉진시키는 것이 실업을 줄일 수 있는 혁신(innovation)의 한 가지 예이다. 그러나 제7장으로부터 심지어 실업상태에 있는 근로자들까지도 자신들의 시간을 여러 곳에 사용할 수 있다는 점을 기억할 것이다(그들은 자신들의 시간을 '가계생산'에 사용할 수 있다). 따라서 일자리탐색의 적극성은 또한 가계생산에서의 자신들 시간의 가치와 일자리탐색으로부터 자신들이 기대하는 보수에 의해 영향을 받는다. 즉 만약 전자의 가치가 크다면, 그리고 후자의 기대보수가 적다면, 실업상태의 근로자들은 실망할 것이며 탐색을 모두 중단할 수 있는데 이 경우 이들은 '비경제활동인구'로 계산된다.

마지막으로, 만약 개인이 실업상태에 있게 되는 비용이 하락한다면, 이 사람은 자신의 유보임금을 틀림없이 인상할 것이다(즉 개인은 받아들일 만하다고 생각되는 일자리제안을 선택할지를 더욱 심사숙고하게 된다). 물론 더 높은 유보임금은 예상실업기간과 실업 후의 예상임금수준을 모두 증가시킨다. 실업상태에 있게 됨으로써 부담하게 되는 비용, 따라서 실업상태에 있는 근로자들의 유보임금에 영향을 미치는 한 가지 중요한 요인은 정부의 실업보험(UI: unemployment insurance) 프로그램이 존재하는가와 얼마나 넉넉한 급여가 지급되느냐는 사실이다.

실업보험급여의 효과

거의 모든 선진국은 비록 보상제도의 구조와 급여의 넉넉함이 상당히 다르기는 하지만,

일자리를 잃은 근로자들에게 어떤 형태의 실업보상을 제공한다.[6] 미국에서 실업보험(UI) 제도는 실제로 각 주의 실업보험제도로 구성되어 있다. 비록 개별 제도의 구체적인 내용이 다르기는 하지만, 이들이 어떻게 운용되는가에 대한 개략적인 윤곽은 쉽게 그려볼 수 있다.

미국의 근로자들이 실업자가 될 때, UI급여를 받을 자격이 있는지는 자신들의 이전 노동시장경험과 실업의 이유를 기초로 한다. 경험에 대해서는 각 주가 실업상태에 있는 개인들로 하여금 UI급여를 받을 자격을 얻기 전에 어떤 기준이 되는 기간 동안 최소한도의 근로소득을 받았는지 또는 최소한도의 시간을 일했는지의 테스트를 충족시킴으로써 경제활동에 '영구적'으로 참여했는지를 입증할 것을 요구하고 있다. 모든 주에서, **일시해**고되어 이 노동시장경험에 대한 테스트를 충족시킨 보험에 가입한 근로자들은 UI급여를 받을 자격을 갖는다. 일부 주에서는 일자리를 자발적으로 이직한 근로자들도 어떤 상황에서는 급여를 받을 자격을 갖는다. 마지막으로 경제활동인구로의 신규진입자 또는 재진입자들과 상당한 이유로 인해 해고된 근로자들은 일반적으로 급여를 받을 자격이 없다.

자격이 있는 근로자는 대부분의 주에서 1주일인 대기기간이 지난 후에 UI급여의 수령을 시작할 수 있다. 급여구조는 그림 14.4에 그려져 있는데, 그림에서 급여는 실업이전 개인의 근로소득수준과 관련이 있음을 알 수 있다. 그림 (a)에 보이는 바와 같이, 급여를 받을 자격이 있는 모든 실업상태의 근로자들은 적어도 최소한도의 급여 수준인 B_{min}을

그림 14.4

실업이전 근로소득의 함수로서의 주간 실업보험급여

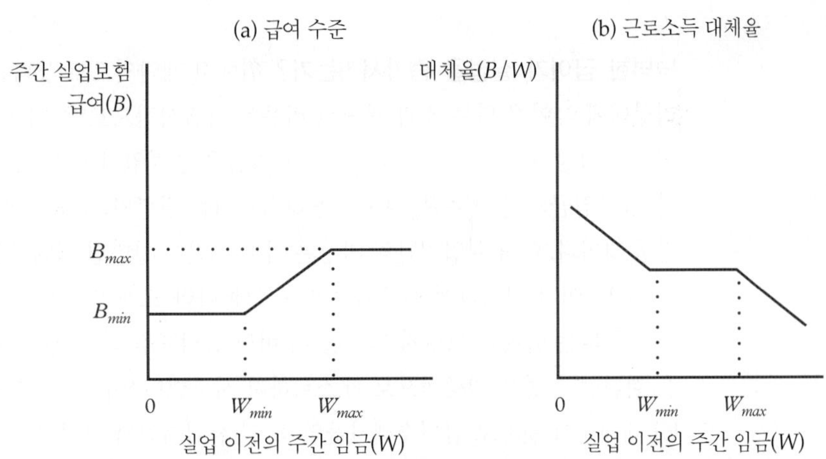

[6] Organisation for Economic Co-operation and Development, *Benefits and Wages 2007* (Paris: OECD, 2007)은 여러 나라의 실업보험(UI) 프로그램들을 설명하고 비교하는 내용을 싣고 있다. 미국 UI 제도의 특성에 대한 설명은 *2012 Highlights of State Unemployment Compensation Laws* (Washington, D.C.: UWC-Strategic Services on Unemployment & Workers' Compensation, 2012)에 실려 있다. 미국의 UI 제도에 대한 설명과 경제분석은 Walter Nicholson and Karen Needels, "Unemployment Insurance: Strengthening the Relationship between Theory and Policy," *Journal of Economic Perspectives* 20 (Summer 2006): 47~70에서 살펴볼 수 있다.

받을 권리를 부여받는다. 실업이전의 근로소득이 임계수준(W_{min})보다 높아진 이후에는, 급여는 최대근로소득수준(W_{max})까지 실업 이전의 근로소득과 비례하여 증가하며, 그 이후에는 급여는 B_{max}에서 불변인 채로 유지된다. 몇몇 주는 또한 실업상태 근로자들의 경우 배우자수당도 지급하고 있는데, 이 경우 배우자수당의 지급이 개인의 주간 UI급여를 B_{max}보다 높게 증가시킬 수 없다.

그러한 급여구조가 주는 시사점은 개인의 실업 이전 근로소득에 대한 UI급여의 비율이 개인의 과거 근로소득에 따라 변한다는 것이다[그림 (b) 참조]. UI급여가 실업 이전 근로소득의 얼마만큼을 대체하는가를 나타내는 이 비율은 종종 **대체율**(replacement rate)이라 불린다. W_{min}과 W_{max} 사이의 범위에서는 대체율이 변하지 않는데, 대부분 주는 실업상태의 근로자들에게 실업 이전 근로소득의 약 50%를 대체시켜주는 것을 목표로 하고 있다.

일단 UI급여가 시작되면, 실업상태의 개인이 급여를 계속하여 받을 자격이 있는가는 개인이 일자리를 찾으려는 '적절한 노력'을 계속하였는가에 달려 있다. 이때 적절한 노력의 정의는 주에 따라 크게 다르다. 이외에도 급여의 최대수령기간이 존재하는데, 이 기간은 일부 주에서는 고정되어 있으며(보통 26주), 다른 주들에서는 근로자의 실업 이전 노동시장경험에 따라 변한다('더 오래 경제활동에 참여했던' 근로자들은 더 오랜 주 동안 급여를 받을 자격이 있음). 의회도 또한 실업률이 높은 주들이 실업상태의 근로자들이 급여를 받을 수 있는 기간을 연장하는 것을 허용하는 법안을 통과시킨 바 있다. 비록 2009년의 경기침체 시에 73주로 연장되었지만, 이때 연장되는 기간은 전형적으로 13주이다.

넉넉한 급여가 실업을 증가시키는가? 위에서 개략적으로 살펴본 일자리탐색이론은 실업상태에 놓이게 되는 것과 관련된 비용을 하락시킴으로써, 더 넉넉하게 지급되는 UI급여는 실업상태에 있는 근로자들의 유보임금을 틀림없이 인상할 것이라는 기대로 이어진다. 유보임금의 증가는 P_{ue}와 P_{un}을 하락시키는 경향이 있을 것이며, 이는 실업기간을 연장할 것이다. 이어 실업기간의 연장은 다른 조건이 같다면 실업률을 증가시킬 것이다.

UI급여가 넉넉하게 지급되는가는 주에 따라 크게 다르므로, 많은 연구는 더 넉넉하게 지급되는 급여는 그렇지 않았을 때 비해 실업률을 더 높은 수준으로 증가시키는 역할을 한다는 가설을 실증적으로 테스트하려 시도했다. 이 연구들로부터의 증거는 더 높은 UI 대체율이 실제로 급여수혜자들의 더 긴 실업기간과 관련이 있다는 것을 제시한다. 물론 실업기간이 대체율 변화에 실제로 얼마나 민감하게 반응하는가에 대한 추정치들은 서로 다르지만, 한 연구는 만약 1976년에 미국이 UI프로그램을 폐지했다면 그해의 평균실업기간이 4.3개월로부터 2.8개월로 하락했을 것이라는 사실을 추정한 바 있다.[7] 물론 UI급여의 더 작은 변화에 실업기간이 얼마나 민감하게 반응하는가를 고려하는 것이 더 현

[7] James M. Poterba and Lawrence H. Summers, "Unemployment Benefits and Labor Market Transitions: A Multinomial Logit Model with Errors in Classification," *Review of Economics and Statistics* 77 (May 1995): 207~216.

실적인데, 대부분의 추정치들은 그러한 기간연장이 (근로자들이 일자리제안을 거절할 가능성이 작은) 실업률이 높았던 연도에는 더 짧아질 수 있지만, 대체율이 10% 포인트 증가한다면 실업기간이 약 1주 길어지게 된다는 것을 암시하고 있다.[8] 다른 나라들에서의 실업보상의 효과에 대한 연구들도 또한 더 넉넉한 UI급여의 지급이 실업률을 증가시키는 경향이 있다는 가설을 지지한다.[9]

급여자격의 효과 급여수준과는 별도로, 근로자들이 단지 실업보상급여를 받을 **자격이 있다는** 사실도 또한 근로자들의 일자리탐색 행태에 영향을 미치는 것으로 밝혀졌다. 예를 들어 미국에서는 UI급여를 받을 자격이 종료되는 주에 근로자가 일자리를 찾아낼 확률이 전형적으로 크게 증가한다.[10] **경기침체의** 기간 **동안 급여**를 받을 수 있는 기간을 연장하는 것이 실업기간을 다소 길게 한다는 다른 증거가 존재하는 반면, 기간의 연장이 실업상태의 근로자가 일자리를 얻는 속도를 늦추는 것 같지는 **않다**. 오히려 기간의 연장은 실업상태의 근로자들이 일자리를 찾는 것을 중단하고 경제활동인구에서 이탈하는 속도

---

[8] Anthony B. Atkinson and John Micklewright, "Unemployment Compensation and Labor Market Transitions: A Critical Review," *Journal of Economic Literature* 29 (December 1991): 1679~1727; and Kory Kroft and Matthew Notowidigdo, "Should Unemployment Insurance Vary with the Unemployment Rate? Theory and Evidence," working paper no. 17173, National Bureau of Economic Research (Cambridge, Mass.: June 2011). 다른 연구들은 Peter Kuhn and Chris Riddell, "The Long-Term Effects of a Generous Income Support Program: Unemployment Insurance in New Brunswick and Maine, 1940~1991," *Industrial and Labor Relations Review* 63 (January 2010): 183~204; Bruce D. Meyer and Wallace K.C. Mok, "Quasi-Experimental Evidence on the Effects of Unemployment Insurance from New York State," National Bureau of Economic Research, working paper no. 12865 (January 2007); Raj Chetty, "Moral Hazard versus Liquidity and Optimal Unemployment Insurance," *Journal of Political Economy* 116 (April 2008): 173~234; and Alan B. Krueger and Andreas Mueller, "Job Search and Unemployment Insurance: New Evidence from Time Use Data," *Journal of Public Economics* 94 (April 2010): 298~307을 참조하라.

[9] Johannes F. Schmieder, Till von Wachter, and Stefan Bender, "The Effects of Extended Unemployment Insurance Over the Business Cycle: Evidence from Regression Discontinuity Estimates Over 20 Years," *Quarterly Journal of Economics* 127 (May 2012): 701~752; and Kenneth Carling, Bertil Holmlund, and Altin Vejsiu, "Do Benefit Cuts Boost Job Finding? Swedish Evidence from the 1990s," *Economic Journal* 111 (October 2001): 766~790.

[10] Lawrence Katz and Bruce Meyer, "Unemployment Insurance, Recall Expectations, and Unemployment Outcomes," *Quarterly Journal of Economics* 105 (November 1990): 993~1002; Alan B. Krueger and Andreas I. Mueller, "Job Search, Emotional Well-Being and Job Finding in a Period of Mass Unemployment: Evidence from High-Frequency Longitudinal Data," *Brookings Papers on Economic Activity* 42 (Spring 2011): 1~81. Orley Ashenfelter, David Ashmore, and Olivier Deschenes, "Do Unemployment Insurance Recipients Actively Seek Work? Evidence from Randomized Trials in Four U.S. States," *Journal of Econometrics* 125 (March-April 2005): 53~75는 UI 수혜자들은 급여를 받으면서 일자리를 탐색하고 **있다는** 사실들을 발견하여 보고하고 있다. 따라서 급여가 막 끝나려 함에 따라 일자리를 구하는 것은 대부분 그 시점에 개인의 유보임금 하락이 작용하는 결과이다. 일자리탐색 요건이 실업으로부터의 탈출을 가속시킬 수 있다는 증거는 Jeff Borland and Yi-Ping Tseng, "Does A Minimum Job Search Requirement Reduce Time on Unemployment Payments? Evidence from the Jobseeker Diary in Australia," *Industrial and Labor Relations Review* 60 (April 2007): 357~378을 참조하라.

를 늦춘다.[11)] (실업급여의 더 관대한 이용 가능성과 수준이 경기침체의 기간 동안에는 실업기간에 더 작은 효과를 미친다는 명백한 사실은 더 높은 실업률의 기간 동안에는 실업급여의 넉넉함이 더 커져야만 한다는 제안으로 연결되었다.[12)]

더 넉넉한 급여가 일자리연결을 향상시키는가? 일자리탐색이론을 다시 한 번 언급한다면, 더 넉넉하게 지급되는 UI급여에 수반되어 나타나는 유보임금의 인상은 실업기간을 연장시키는 경향이 있긴 하지만, 또한 실업 이후의 예상임금을 틀림없이 증가시킨다. 실제로 실업보상의 목적 중 하나는 근로자들에게 적절한 일자리연결을 탐색하도록 허용하는 것이다. 불행하게도 더 넉넉한 UI급여가 뒤이어 이루어지는 일자리연결의 질을 향상시킨다는 사실에는 오직 빈약한 증거만이 존재할 뿐이다.[13)]

구조적 실업

구조적 실업(structural unemployment)은 일정지역 내에서 숙련도에 대한 수요와 공급 사이에 부조화가 발생하거나 지역 간에 근로자에 대한 공급량과 수요량에 불균형이 나타날 때 발생한다. **만약** 임금이 완전 신축적**이며** 직종 또는 지역 간의 이동비용이 낮다면, 시장의 조정과정이 이러한 유형의 실업을 신속히 제거시키게 된다. 그러나 실제로 이러한 조건들이 성립하기 어려우며, 따라서 구조적 실업이라는 결과가 나타날 수 있다.

직종별, 지역별 실업률의 차이

그림 14.5에 그려진 2부문 노동시장모형(two sector labor market model)은 구조적 실업이 어떻게 발생할 수 있는가를 설명하기 위해 사용될 수 있다. 당분간 각 부문은 근로자들의 직종별 노동시장을 지칭한다고 가정하기로 하자. 나중에 각 부문은 지역적으로

---

11) Henry S. Farber and Robert G. Valletta, "Do Extended Unemployment Benefits Lengthen Unemployment Spells? Evidence from Recent Cycles in the U.S. Labor Market," working paper no. 573, Industrial Relations Section, Princeton University (Princeton, N.J.: April 2013).

12) Kory Kroft and Matthew Notowidigdo, "Should Unemployment Insurance Vary with the Unemployment Rate? Theory and Evidence"; Henry S. Farber and Robert G. Valletta, "Do Extended Unemployment Benefits Lengthen Unemployment Spells? Evidence from Recent Cycles in the U.S. Labor Market"; and Johannes F. Schmieder, Till von Wachter, and Stefan Bender, "The Effects of Extended Unemployment Insurance Over the Business Cycle: Evidence from Regression Discontinuity Estimates Over 20 Years."

13) Christian Belzil, "Unemployment Insurance and Subsequent Job Duration: Job Matching versus Unobserved Heterogeneity," *Journal of Applied Econometrics* 16 (September-October 2001): 619~636; Daniel H. Klepinger, Terry R. Johnson, and Jutta M. Joesch, "Effects of Unemployment Insurance Work-Search Requirements: The Maryland Experiment," *Industrial and Labor Relations Review* 56 (October 2002): 3~22; David Card, Raj Chetty, and Andrea Weber, "Cash-on-Hand Competing Models of Intertemporal Behavior: New Evidence from the Labor Market," *Quarterly Journal of Economics* 122 (November 2007): 1511~1560; and Sara LaLumia, "The EITC, Tax Refunds, and Unemployment Spells," *American Economic Journal: Economic Policy* 5 (May 2013): 188~221.

그림 14.5
비신축적 임금 및 조정비용으로 인한 구조적 실업

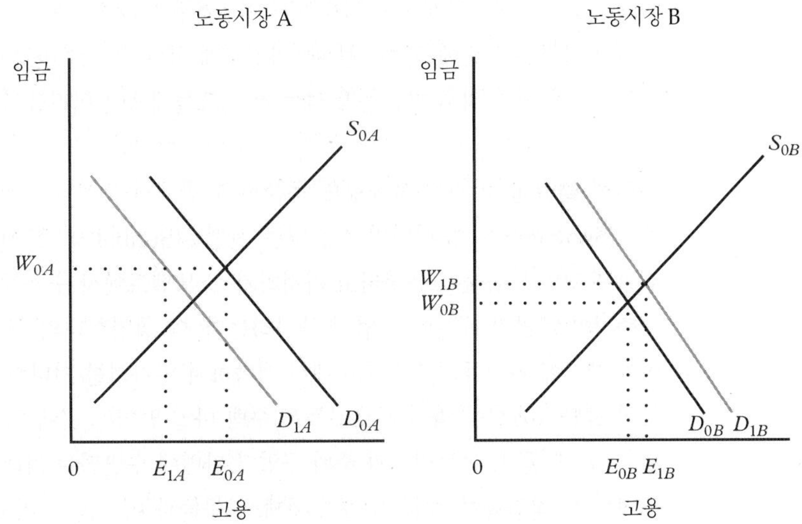

분리된 두 노동시장으로 가정될 것이다.

직종 간의 불균형 시장 A는 자동차산업에 근무하는 생산직 근로자들의 시장이며, 시장 B는 기술이 요구되는 컴퓨터전문가들의 시장으로서, 처음에 두 시장은 모두 균형을 이루고 있다고 가정하자. 두 시장에서의 수요곡선과 공급곡선이 각각 (D_{0A}, S_{0A})와 (D_{0B}, S_{0B})로 주어졌을 때, 두 부문에서의 균형 임금/고용량 조합들은 각각 (W_{0A}, E_{0A})와 (W_{0B}, E_{0B})가 될 것이다. 훈련비용과 비금전적 고용조건의 차이 때문에, 두 부문의 임금이 동일할 필요는 없다.

이제 해외수입으로부터의 경쟁의 결과로 자동차산업 근로자들에 대한 수요가 D_{1A}로 하락한 반면, 컴퓨터전문가들에 대한 수요는 컴퓨터 사용증가로 인해 D_{1B}로 증가했다고 가정하자. 만약 시장 A에서 노동조합의 계약조항, 사회적 규범 또는 정부입법 때문에 실질임금이 하방으로 신축적이지 못한다면, 자동차산업 근로자들의 고용은 E_{1A}로 하락할 것이다. 컴퓨터전문가들의 고용량과 임금은 E_{1B}와 W_{1B}로 각각 증가할 것이다. 단기적으로 E_{0A}–E_{1A}에 해당되는 근로자들의 실업이 발생하게 된다.

만약 자동차산업 근로자들이 비용을 들이지 않고도 컴퓨터전문가가 될 수 있다면, 이 실업상태의 근로자들은 임금이 신축적이라고 가정된 시장 B로 신속히 이동하게 되며, 궁극적으로 실업은 제거되게 된다.[14] 그러나 조정비용이 너무 많이 들어서 그러한 이동

[14] 실제로 이러한 설명이 꽤 정확하다고 할 수는 없다. 제13장에서 주목된 바와 같이, 비슷한 모형을 사용하여 노동조합의 효과를 분석할 때, **대기실업**(wait unemployment)이 발생할 수 있다. 즉 시장 A의 임금이 시장 B의 임금을 초과하며, 시장 A에 있는 실업상태의 근로자들이 일상적인 이직이 궁극적으로 시장 A에서 빈 일자리들을 창출할 것이라고 예상하는 한, 그들은 시장 A에 속해 있는 채로 남아서 이 부문에서 일자리제안을 기다리는 것이 더 이득이 될 수 있다.

을 지연시키거나 심지어 금지시킬 때 구조적 실업이 발생한다. 50대와 60대에 일자리를 잃게 된 많은 근로자에게 부과되는 조정비용은 그들의 은퇴 시까지의 근로기간이 얼마 남지 않았다는 상황에 비추어볼 때, 엄청나게 비싼 것으로 판명될 수 있다. 더욱이 필요한 직무훈련을 받기 위해 자금을 빌리는 것도 그들에게는 어려울 수 있다.

지리적 불균형 지리적 불균형도 똑같은 틀 안에서 분석될 수 있다. 이제 시장 A는 스노벨트(Snowbelt)의 도시이며 시장 B는 선벨트(Sunbelt)의 도시이고, 두 시장은 모두 똑같은 유형의 노동을 고용한다고 가정하자. 스노벨트에서 수요가 감소하면 임금이 완전히 신축적이지 않기 때문에 실업이 증가하는데, 이 실업상태의 근로자들은 적어도 세 가지 이유 때문에 자신들의 고향도시에서 계속하여 일자리를 기다릴 수 있다. 첫째, 정보의 흐름이 불완전하며, 따라서 근로자들은 수백 마일 떨어진 곳에 일자리가 있는지를 알지 못할 수 있다. 둘째, 이동비용과 주택 구입과 판매에 수반되는 거래비용을 포함한 그러한 이동에 드는 직접화폐 비용이 크다. 셋째, 친구들과 이웃들, 그리고 친숙한 지역 기반을 포기해야만 되기 때문에 장거리이동에 따른 정신적 비용이 상당한 수준이 된다. 제10장에서 주목된 바와 같이, 그러한 요소들은 지역 간 이주를 억제하며, 이주는 연령이 증가함에 따라 하락하는 경향이 있다. 이러한 비용들은 충분히 크기 때문에 공장의 조업중단 또는 영구적인 일시해고에 의하여 실업자가 된 많은 근로자가 자신들의 인접 지역 밖에서의 일자리탐색에 관심을 표현하지 않게 된다.[15)]

어떤 연도에는 구조적 요소들이 주와 주 사이의 실업률에 상당한 차이를 일으킬 수 있지만, 이 차이는 보통 무한정 지속하지는 않는다.[16)] 만약 어느 주의 실업률이 국가 전체의 평균보다 높으면, 많은 실업상태의 근로자들은 궁극적으로 주를 떠나고, 신규진입자들은 그곳으로 이동하는 것을 회피할 것이다. 이러한 두 종류의 의사결정은 모두 실업률을 낮추는 역할을 한다. 반대로 평균보다 낮은 실업률을 가진 주들은 일자리를 찾는 근로자들을 유치할 것이다.

예를 들어 1981년에 인디애나 주는 10.1%의 실업률을 보였던 반면, 전국의 평균은 7.6%이었다. 다음 10년의 기간 동안 인디애나의 경제활동인구는 전국평균보다 더 천천히 증가하였으며, 1991년에 이르러서는 5.9%이었던 실업률이 전국평균보다 거의 1% 포인트 낮은 수준이었다. 마찬가지로 1981년 뉴햄프셔 주의 실업률은 5.0%이었지만, 다음 10년에 걸쳐서 뉴햄프셔 주는 전국평균에 비해 약 3배의 경제활동인구증가율을 경험하

15) 영구적으로 대체될 가능성이 있는 사람들과 관련된 다른 이동에 대한 연구들을 참조하여 이 그룹의 산업 간 이동에 대한 연구는 Elisabetta Magnani, "Risk of Labor Displacement and Cross-Industry Labor Mobility," *Industrial and Labor Relations Review* 54 (April 2001): 593~610을 참조하라. 주택시장의 어려움이 실업상태의 근로자들 지역 간 이동을 억제했는지에 대한 연구는 Henry S. Farber, "Unemployment in the Great Recession: Did the Housing Market Crisis Prevent the Unemployed from Moving to Take Jobs?" *American Economic Review: Papers and Proceedings* 102 (May 2012): 520~525를 참조하라.

16) Oliver Jean Blanchard and Lawrence F. Katz, "Regional Evolutions," *Brookings Papers on Economic Activity*, 1992-1: 1~75 참조.

였다. 1991년에 이르러서는 그 실업률이 전국평균보다 높은 약 7.2% 수준이 되었다.

장기실업의 국제적 차이

식 (14.2)로 설명하면, 구조적 실업은 실업자들이 일자리를 찾을 확률이 낮아(P_{ue}가 낮음) 결과적으로 그들의 실업기간이 길 때 존재한다. 표 14.3에서 1년을 넘게 실업상태에 있는 경제활동인구의 비율은 미국보다 유럽에서 전형적으로 더 높다는 것을 살펴보았는데(차이는 2011년보다 2005년에 더 컸었지만), 어떤 차이가 원인이 될 수 있는가를 궁금하게 생각하는 것은 당연하다.

근로자들이 실업에서 벗어나는 흐름은 근로자의 재훈련이 장려될 때, 그리고 근로자들이 지역적인 이동이 비용이 덜 든다는 것을 알 때 가속된다. 또한 사용자들이 신규일자리들을 창출하는 것이 비용이 덜 든다는 것을 알 때, 따라서 신규일자리들을 더 빠른 속도로 창출할 때에도 그 흐름은 가속화될 것이다. 미국은 유럽 대부분과 비교하면 정부훈련프로그램들에 지출을 훨씬 덜 하고 있지만,[17] 상대적으로 높은 지리적 이동률을 가짐으로써 이를 보충하고 있을지도 모른다. 그러나 가장 큰 차이는 신규일자리들이 창출되는 비율에 있을 수 있다.

유럽 국가들은 전형적으로 일시해고를 줄이려는 의도를 가진 일자리보호 정책들을 갖고 있다. 그러나 그러한 정책들은 신규일자리들이 창출되는 속도를 줄이며, 따라서 실업기간을 증가시키는 것으로 생각된다. 예를 들어 프랑스에서는 경제적 이유로 인한 해고는 정부에의 통고, 근로자대표들과의 협의, 상대적으로 긴 대기기간, 그리고 퇴직금이 요구된다. 이와는 대조적으로 미국은 대규모 일시해고의 경우 일부 사용자들로 하여금 자신들의 근로자들에게 사전통지를 하도록 요구하고 있지만, 이 요구는 유럽 대부분보다 훨씬 덜 부담스럽다.[18] 이러한 일자리보호 정책들은 사용자가 (미래에 일시해고 되어야만 할지도 모르는) 근로자들을 **채용**하는 것 또한 더 큰 비용이 들도록 만들기 때문에 구조적 실업을 분석할 때 특히 관심을 끈다. 실제로 한 비교연구는 일자리보호 법들의 엄격함이 증가함에 따라 평균실업기간도 증가했다는 것을 밝힌 바 있다.[19]

효율성임금이 구조적 실업을 야기시키는가?

사용자들이 자신들 근로자들의 실적을 완전히 감시할 수 없으며, 근로자들이 자신들의

---

17) 예를 들어 프랑스, 독일, 그리고 스웨덴은 국민소득의 약 0.30~0.45%를 실업자를 위한 정부훈련프로그램들에 지출하는 반면, 미국은 이의 약 1/10(0.04%)을 지출하고 있다. Organisation for Economic Co-operation and Development, *Employment Outlook: June 1999* (Paris: OECD, 1999), Table H 참조.

18) Organisation for Economic Co-operation and Development "Chapter 2: Protecting Jobs, Enhancing Flexibility: A New Look at Employment Protection Legislation," *2013 OECD Employment Outlook* (Paris: OECD, 2013).

19) Oliver Blanchard and Pedro Portugal, "What Hides Behind an Unemployment Rate: Comparing Portuguese and U.S. Labor Markets," *American Economic Review* 91 (March 2001): 187~207. 이 주제에 관한 다른 연구들에 대한 검토는 *2013 OECD Employment Outlook*, "Chapter 2: Protecting Jobs, Enhancing Flexibility: A New Look at Employment Protection Legislation"에서 찾을 수 있다.

임무를 게을리할 인센티브들을 줄이기 위해 시장임금보다 높은 수준의 (**효율성**)임금을 지급하기로 결정하였다고 가정하자. 제11장으로부터 기억되는 바와 같이, 효율성 임금은 두 가지 이유로 인해 근로자의 생산성을 증가시키는 것으로 생각된다.[20] 첫째, 근로자들에게 넉넉한 임금이라는 선물을 줌으로써, 사용자들은 근로자들이 자신들에게 근면한 근로라는 선물로 보답하리라 기대할 수 있다. 둘째, 만약 근로자가 근면하게 노력하지 않는다면, 근로자는 해고당하여 낮은 임금을 받거나 아래에서 논의되는 바와 같이 실업에 직면할 수 있다.

효율성임금이 실업에 미치는 영향 만약 모든 사용자가 위의 전략을 따르게 되어 시장균형임금보다 더 높은 수준의 임금을 제공한다면, 분명히 공급이 수요를 초과하고 결과적으로 실업이 발생하게 된다. 만약 단지 **몇몇** 기업들만이 효율성임금을 지급한다면, 고임금부문과 저임금부문이 존재하게 된다. 낮은 임금을 지급하는 기업들에 고용된 근로자들은 낮은 (시장청산) 수준의 임금과 높은 (효율성) 수준의 임금 사이의 어떤 임금을 받고 일하기를 높은 임금을 지급하는 사용자에게 제안하더라도, 이 사용자들이 근로자들의 게으름을 억제하는 고임금의 이점을 유지하기를 원하기 때문에 고임금 기업에서 일자리를 얻을 수 없다. 그러나 고임금부문의 일자리들이 선호되기 때문에, 그리고 그러한 일자리들이 종종 나타나기 때문에, 저임금부문의 일부 근로자들은 자신들의 일자리를 이직하고 고임금부문으로 자신들을 소속시켜서, 일자리들이 생기는 것을 대기할 수 있다. 즉 고임금부문이 노동조합에 의해 창출되었던 제13장에서 사용된 것과 비슷한 논리를 사용하면, 효율성임금이 지급되는 고임금부문이 존재하게 되면 **대기실업**(wait unemployment)이 발생한다.[21]

---

[20] 여기에서의 논의는 George Akerlof and Janet Yellen, eds., *Efficiency Wage Models of the Labor Market* (Cambridge, Eng.: Cambridge University Press, 1986); and Andrew Weiss, *Efficiency Wages: Models of Unemployment, Layoffs and Wage Dispersion* (Princeton, N.J.: Princeton University Press, 1990)에 실린 논문들에서 논의된 많은 복잡한 내용을 요약하여 발췌한 것이다.

[21] 근로자들이 **위험중립적**(risk neutral)이라고 가정하자(즉 만약 시간이 지남에 따라 자신들의 근로소득이 어떤 평균값 주위에서 **변동**한다면, 근로자들은 효용을 상실하지 않는다). 균형상태에서 고임금부문의 실업상태에서 일자리가 구해지기를 대기하기로 선택하는 것으로부터 기대되는 임금이 저임금부문에 고용된 채로 일자리를 탐색할 때 기대되는 임금을 초과하는 한, 근로자들은 저임금부문으로부터 고임금부문으로 이동하여 실업상태에서 일자리를 구하는 근로자로 남아있게 된다. 수식으로 표현하면 실업상태의 근로자는 만약 다음의 조건이 성립한다면 고임금 일자리를 기다릴 것이다.

$$P_e W_e > P_0 W_e + (1 - P_0) W_0$$

단 W_e와 W_0는 (각각) 고임금부문과 저임금부문의 임금, P_e는 실업상태에 있을 때 W_e를 지급하는 일자리를 발견할 확률이며, P_0는 저임금부문에서 취업상태에 있을 때, 고임금 일자리를 발견할 확률이다. 사람들이 취업되지 않았을 때 더 집중적으로 일자리를 탐색할 수 있기 때문에, 아마도 P_e는 P_0보다 더 크다. 위 부등식은 다음과 같이 정리될 수 있다.

$$(P_e - P_0) W_e > W_0 (1 - P_0)$$

이 식으로부터 알 수 있는 바와 같이, 사람들이 기대실업을 선택할 것인가는 W_e와 W_0의 차이는 물론 저임금부문에서 취업상태에 있을 때에 비해 실업상태에서 높은 임금을 지급하는 일자리를 발견할 확률이 얼마나 더 큰가, 즉 $(P_e - P_0)$의 크기에도 좌우된다.

실업이 효율성임금에 미치는 영향 근로자들의 게으름을 억제하기 위해 사용자들이 지급해야만 하는 효율성임금이라는 임금프리미엄은 그들의 근로자들이 어떤 대안을 가지고 있는가에 좌우된다. 다른 조건이 동일하다면 가까운 지역의 실업률이 높으면 높을수록 그들의 근로자들을 위한 다른 고용기회는 더 적어지며, 따라서 근로자들이 게으름을 피움으로써 자신들의 일자리를 상실할 위험을 무릅쓸 가능성은 더 작아진다. 그렇다면 사용자들은 그만큼 높은 임금프리미엄을 지급할 필요가 없다. 이러한 사실은 다른 요소들이 불변인 채로 유지될 때 여러 지역의 평균임금과 실업률 사이에는 부(−)의 관계가 존재해야만 한다는 예측으로 이어진다.

효율성임금과 임금곡선 구조적 실업을 효율성임금으로 설명하려는 시도는 주목할 만한 실증적 발견으로부터 간접적인 지지를 받고 있다. 12개국 내에서의 임금과 지역실업률에 관한 데이터를 철저히 분석한 연구는 개별근로자(약 350만 명)들의 인적자본특성을 통제하고 나면, 모든 국가에서 지역실업률과 실질임금 사이에 강한 부(−)의 관계가 존재하고 있음을 밝힌 바 있다. 즉 이 국가들 내의 실업률이 **더 높은** 지역에서는 임금수준이 다른 지역에서의 비슷한 수준 근로자들의 임금에 비해 **더 낮은** 수준이었다. 그림 14.6에 보이는 지역실업률과 실질임금수준 사이의 이러한 부(−)의 관계는 **임금곡선**(wage curve)이라 불리고 있다.

임금곡선은 세 가지 점에서 주목할 만하다. 첫째, 임금곡선은 이를 추정하는 데 이용할 수 있는 충분한 데이터가 수집된 모든 나라에 존재하는 것처럼 보인다. 둘째, 각 나라의 임금곡선은 놀랄 정도로 비슷하다. 즉 지역실업률의 10% 증가는 조사대상 12개국 중 11개국에서 0.4%에서 1.9% 더 낮은 임금수준과 관련이 있다.[22)]

마지막으로 임금곡선은 설명을 구하는 과정상에서의 발견이기 때문에 주목할 만하다. 표준 수요-공급-곡선 분석을 사용하면, 더 높은 실업수준과 **더 높은** 임금수준이 서로 관련된 것으로 생각하게 된다(다시 말하면 우상향하는 임금곡선이 존재하게 된다). 이러한 분석에 따르면, 만약 임금이 시장청산수준보다 높으면, 공급이 수요를 초과하게 되며, 결과적으로 일자리를 원하지만 이를 발견할 수 없는 근로자들(실업)이 존재하게 된다. 즉 임금이 균형수준보다 높으면 높을수록 더 많은 실업이 나타나게 된다. 따라서 그림 14.6에 그려진 것과 같은 임금곡선의 우하향하는 관계는 단순경제이론이 제시하는 바는 아니다.

물론 단순이론은 실업수준이 상대적으로 높을 때 실질임금이 **하락**하리라는 것을 암시한다. 임금곡선에 대한 이러한 설명에서 문제가 되는 것은 이 곡선이 실업과 임금**변화**

---

22) David G. Blanchflower and Andrew J. Oswald, "An Introduction to the Wage Curve," *Journal of Economic Perspectives* 9 (Summer 1995): 153~167; David Card, "The Wage Curve: A Review," *Journal of Economic Literature* 33 (June 1995): 785~799; and Lutz Bellmann and Uwe Blien, "Wage Curve Analyses of Establishment Data from Western Germany," *Industrial and Labor Relations Review* 54 (July 2001): 851~863 참조.

그림 14.6

임금곡선(wage curre)

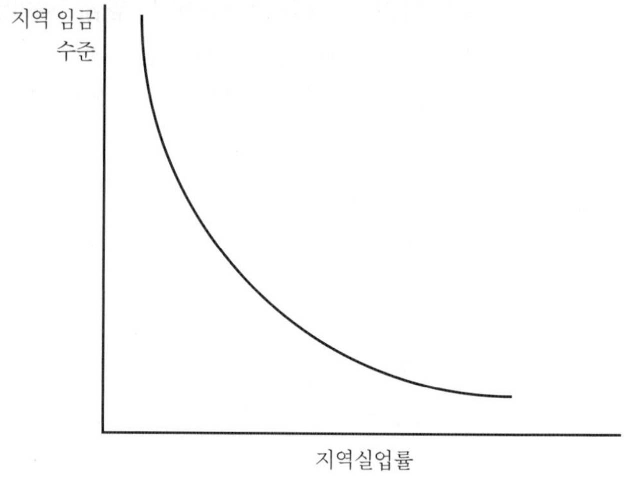

가 아니라 실업과 임금**수준** 사이의 관계를 그리고 있다는 것이다. 따라서 표준이론부터의 이러한 시사점은 또한 관찰되는 사실을 설명하지 못한다. 만약 단순이론이 임금곡선에 관해 설명하지 못한다면, 이를 설명할 수 있는 더 복잡한 이론이 존재하는가?

우하향하는 형태의 임금곡선을 관찰하게 되는 이유 중의 하나는, 위에서 검토하였던 구조적 실업에 대한 효율성임금에 의한 설명에서 찾을 수 있다. 예를 들어 장기실업이 발생하는 원인 중의 하나는 근로자들의 게으름을 줄이기 위한 노력의 일환으로 사용자들이 시장임금보다 높은 수준의 임금을 지급하는 관행이 널리 퍼져있기 때문이라는 것이다. 이러한 원인과 다른 원인이 높은 수준의 실업이 발생하도록 하는 지역에서, 게으름을 줄이는 데 필요한 효율성임금이라는 임금프리미엄은 더 낮아지게 되며, 이는 지역실업률과 임금수준 사이에 부(–)의 관계가 관찰되도록 한다.

수요부족(경기적) 실업

마찰적 실업은 노동시장이 동태적(dynamic)이고 정보의 흐름이 불완전하기 때문에 발생하며, 구조적 실업은 수요와 공급의 장기적 불균형 때문에 발생한다. **수요부족 실업(demand-deficient unemployment)**은 기업 활동의 변동('경기변동': business cycle)과 관련이 있는데, 생산물시장에서의 총수요감소가 실질임금의 하방경직성(downward inflexibility)에 직면하고 있는 노동시장에서 노동에 대한 총수요를 감소시킬 때 발생한다. 그러한 감소의 가장 최근의 예는 2007년부터 2009년까지의 '대침체(Great Recession)' 기간 동안 발생했는데, 이 기간 동안 미국의 실업률은 2007년 봄의 4.4%로부터 2009년 가을 10%로 증가했다.[23)]

23) Edward Lazear and James Spletzer, "The United States Labor Market: Status Quo a New Normal?" working paper no. 18386, National Bureau of Economic Research (Cambridge, Mass.: September 2012).

그림 14.2의 단순 수요공급모형으로 되돌아가서, 총수요의 일시적 하락이 노동 수요곡선을 D_1로 이동시킨다고 가정하자. 만약 실질임금이 하방으로 신축적이지 않다면, 고용은 E_1로 하락할 것이며, E_0-E_1만큼의 근로자들이 추가로 실업자가 될 것이다. 이 고용감소는 기업들이 일시적으로 근로자들을 일시해고하고(P_{eu}의 증가), 이직하거나 은퇴한 근로자들을 대체하는 비율을 감소시킬 때(P_{ne}와 P_{ue}의 감소) 나타난다. 즉 실업으로의 흐름은 증가하는 반면, 취업으로의 흐름이 감소할 때 고용감소가 발생한다.

그러나 실업이 총수요가 감소할 때 나타나는 불가피한 결과는 아니다. 예를 들어 사용자들은 자신들이 근로자들에게 지급하는 임금을 낮출 수 있다. 만약 임금을 낮출 수 있다면, 그림 14.2에서 고용수준은 E_2로 실질임금은 W_2로 각각 이동하게 된다. 비록 고용이 처음 수준 E_0보다 더 낮아지기는 하지만, E_0-E_2만큼의 근로자들이 이 낮아진 임금 때문에 경제활동인구에서 이탈하게 될 것이기 때문에 수요부족 실업은 측정되지 않게 된다. 이 책이 총수요의 감소를 초래하는(또는 개선하는) 거시경제적 요인들을 논의하지는 못하지만 수요부족 실업에 **기여**했다고 생각되는 미국 노동시장의 두 가지 특성, 즉 (1) 화폐임금의 경직성이 나타나는 제도적 이유와 화폐임금의 경직성이 이윤극대화에 부합되는 이유, 그리고 (2) 미국의 실업보상프로그램이 재정지원되는 방식을 분석할 것이다.

임금의 하방경직성

주식가격과 상품가격은 수요와 공급에 따라 변화하며, 생산물시장의 소매상들은 수요가 감소할 때 염가판매를 하거나 할인판매를 한다. 그러나 노동수요곡선이 왼쪽으로 이동할 때 개별근로자들에게 지급되는 임금은 하락하는가? 만약 그와 같은 하락이 나타날 가능성이 크지 않다면, 그 이유는 무엇인가?

물론 임금은 명목임금과 실질임금으로 측정될 수 있다. **명목**임금(근로자들에게 인용되는 화폐임금)은 상대적으로 경직적일 수 있지만, 만약 물가가 상승한다면 **실질**임금(명목임금을 물가지수로 나눈 것)은 하락할 수 있다. 개별근로자들이 받는 실질임금이 상당히 일상적으로 하락한다는 것은 그리 크게 놀라운 일은 아닐 것이다. 즉 실질임금이 하락하기 위해서는 명목임금증가가 물가상승보다 더 작다는 것이 필요할 뿐이다. 미국의 개별근로자들을 1970년부터 1991년까지 관찰한 한 편의 연구는 실업률이 1% 포인트 증가할 때 사용자들을 바꾸지 않은 근로자들의 시간당 평균실질근로소득이 약 0.5% 감소했음을 밝힌 바 있다. 시간당 근로소득의 감소는 개수제(piece rates) 또는 수수료(commission)로 또는 보상패키지에 보너스가 포함되어 보수를 받는 사람들이 가장 컸었던 반면, 급여를 받는 사람들은 그러한 감소를 경험할 가능성이 가장 작았다.[24)]

---

24) Thomas Lemieux, W. Bentley MacLeod, and Daniel Parent, "Contract Form, Wage Flexibility, and Employment," *American Economic Review: Papers and Proceedings* 102 (May 2012): 526~531; Paul J. Devereux, "The Cyclicality of Real Wages within Employer-Employee Matches," *Industrial and Labor Relations Review* 54 (July 2001): 835~850. 영국 실질임금의 신축성에 관한 연구는 Paul J. Devereux and Robert A. Hart, "Real Wage Flexibility of Job Stayers, Within-Company Job Movers, and Between-Company Job Movers," *Industrial and Labor Relations Review* 60 (October 2006): 105~119를 참조하라.

실질임금이 적어도 어느 정도는 신축적으로 하락한다는 증거에도 불구하고, 근로자들 명목임금의 하락이 어떻게 일상적으로 나타나는가를 살펴보는 것도 또한 중요한 일이다. 만약 실질임금이 오로지 물가가 상승할 때만 하락한다면, 실질임금은 경기하강 기간에 실업이 증가하는 것을 방지할 정도로 충분히 빠르게 하락할 수 없을지 모른다. 사용자들을 바꾸지 않은 근로자들에 대한 한 연구는 1976년부터 1988년까지의 기간 동안 전체의 18%에 해당하는 경우가 한 해로부터 그다음 해까지 명목임금이 하락했음을 밝히고 있다. 연구의 대상기간을 1990년대 초까지 연장하긴 하였지만, 비슷한 추정치들이 다른 근로자들이 제공하는 다른 데이터를 사용한 연구로부터 도출되었는데, 이 연구는 시간당 임금을 받는 근로자들의 약 18~20%가 명목임금의 삭감을 경험했음을 보여주고 있다.[25] 이러한 연구들은 보너스 형태 또는 [이익공유제(profit sharing)와 같은] 다른 형태의 조건부보수(contingent pay) 보상이 시간제보수(time-based pay)에 비해 상대적으로 더 신축적인 것처럼 보이지만 명목임금이 하방으로 완전히 경직적이지는 않다는 것을 암시하고 있다.[26] 그러나 이 연구들은 또한 명목임금을 삭감하기가 어려우며, 그 결과 경기하강 기간의 고용조정이 명목임금이 완전히 신축적일 때에 비해 그 폭이 더 크고 더 일상적이라고 결론을 내리고 있다.

경기하강 기간에 명목임금보다 고용수준이 감소할 가능성이 왜 더 큰가에 대한 설명은 왜 기업들은 임금삭감보다 고용을 줄이는 것이 더 이득이 된다고 생각하는가와, 왜 실업에 직면한 근로자들이 자신들의 일자리를 지키기 위해서 임금삭감을 더 기꺼이 감수할 용의를 갖지 않는가의 두 가지 의문에 부딪혀야만 한다. 최근 주목을 받는 임금경직성에 관한 가설들은 이 두 가지 의문에 대해 언급하고 있다.

임금경직성과 노동조합 명목임금의 경직성에 대한 한 가지 설명에 의하면, 사용자들이 노동조합의 존재 때문에 일방적으로 자유롭게 명목임금을 삭감하지 못한다는 것이다. 이 주장은 미국의 경우에는 근로자들의 14% 미만만이 노동조합 단체협약의 적용을 받으며

[25] Shulamit Kahn, "Evidence of Nominal Wage Stickiness from Microdata," *American Economic Review* 87 (December 1997): 993~1008; and David Card and Dean Hyslop, "Does Inflation Grease the Wheels of the Labor Market?" in *Reducing Inflation: Motivation and Strategy*, eds. Christina D. Romer and David H. Romer (Cambridge, Mass.: National Bureau of Economic Research, 1997): 71~121. 또한, Christopher Hanes and John A. James, "Wage Adjustment Under Low Inflation: Evidence from U.S. History," *American Economic Review* 93 (September 2003): 1414~1424; and Louis N. Christofides and Thanasis Stengos, "Wage Rigidity in Canadian Collective Bargaining Agreements," *Industrial and Labor Relations Review* 56 (April 2003): 429~448 참조. 근로자들과 사용자들 모두로부터의 데이터를 사용하여 사용자를 바꾸지 않은 근로자들 사이의 임금경직성을 국제적으로 분석한 연구는 William T. Dickens, Lorenz Goette, Erica L. Groshen, Steinar Holden, Julian Messina, Mark E. Schweitzer, Jarkko Turunen, and Melanie E. Ward, "How Wages Change: Micro Evidence from the International Wage Flexibility Project," *Journal of Economic Perspectives* 21 (Spring 2007): 195~214를 참조하라.

[26] Thomas Lemieux, W. Bentley MacLeod, and Daniel Parent, "Contract Form, Wage Flexibility, and Employment,"; and Harry J. Holzer and Edward B. Montgomery, "Asymmetries and Rigidities in Wage Adjustments by Firms," *Review of Economics and Statistics* 75 (August 1993): 397~408.

(제13장 참조), 노동조합은 어떠한 경우라도 조합원들이 일시해고당하는 대신에 일자리를 유지하기 위한 일시적 임금삭감에 동의할 수 있기 때문에 완전한 설명이 될 수 없다. 물론 노동조합이 왜 그러한 합의를 하지 않는가는 교훈이 될 수 있다.

일시적인 임금삭감은 모든 근로자의 근로소득을 감소시키게 되지만, 일시해고는 대부분의 경우에 가장 최근에 채용된 근로자들에게만 영향을 미치게 된다. 이 근로자들은 대부분의 경우 노동조합원의 소수에 해당하며 노동조합지도부는 다수결에 의해 선출되기 때문에, 그리고 이 지도부는 더 경험이 있는 근로자등급(종종 일시해고에 영향을 받지 않는 근로자)에서 뽑힐 가능성이 가장 크기 때문에, 노동조합들은 모든 조합원의 임금을 삭감하는 정책보다는 일시해고정책을 선호하는 경향이 있다.[27] 이 설명의 변형된 설명에는 **내부자–외부자 가설**(insider-outsider hypothesis)이 있는데, 이 가설은 노동조합원들을 현재 일시해고된 비조합원들 또는 이전 조합원들[**외부자들**(outsiders)]에 관해 아무런 관심을 가지지 않는 **내부자들**(insiders)로 간주한다. 즉 이 내부자들은 조합원 수를 적게 유지함으로써 이익을 얻으며, 외부자들의 소환 또는 고용을 효과적으로 억제하기 위한 임금협상을 선택할 수 있다.[28]

임금경직성과 기업특수 인적자본 노동조합이 있는 기업보다는 아마도 빈도수가 더 적겠지만, 일시해고는 **노동조합이 없는** 기업들에서도 나타나며, 따라서 임금경직성을 완전히 노동조합화의 탓으로 돌릴 수는 없다. 한 가지 가능한 설명은 사용자의 근로자들에 대한 투자에서 찾게 된다. 예를 들어 기업특수 인적자본투자가 존재할 때, 사용자들은 자발적 이직을 극소화하고 근로자들의 근로노력과 생산성을 극대화해야 할 인센티브를 동시에 갖는다. 모든 근로자에 대한 일시적 임금삭감은 모든 근로자의 이직성향을 증가시키며 그들의 근로노력을 감소시킬 수 있다. 이와는 대조적으로 일시해고는 오로지 기업이 가장 적은 자원을 투자한 가장 경험이 적은 근로자들에게만 영향을 미친다. 그렇다면 기업은 일시해고 전략이 더 많은 이득을 주는 대안이라는 것을 알 것이다.[29]

---

[27] 이에 대한 증거는 James Medoff, "Layoffs and Alternatives under Trade Unions in United States Manufacturing," *American Economic Review* 69 (June 1979): 380~395 참조. 이 가설은 예상 일시해고자가 노동조합원의 50%를 초과할 때 노동조합들이 임금삭감을 위해 협상을 할 가능성이 훨씬 크다는 것을 시사하고 있다. 이러한 사실이 1980년대 초에 발생했다는 증거는 Robert J. Flanagan, "Wage Concessions and Long-Term Union Flexibility," *Brookings Papers on Economic Activity*, 1984-1: 183~216을 참조하라.

[28] Assar Lindbeck and Dennis J. Snower, "Insiders versus Outsiders," *Journal of Economic Perspectives* 15 (Winter 2001): 165~188.

[29] Truman F. Bewley, *Why Wages Don't Fall during a Recession* (Cambridge, Mass.: Harvard University Press, 1999); and Weiss, *Efficiency Wages: Models of Unemployment, Layoffs and Wage Dispersion* 참조. Wendy L. Rayack, "Fixed and Flexible Wages: Evidence from Panel Data," *Industrial and Labor Relations Review* 44 (January 1991): 288~298은 실업에 대해 임금이 민감하게 반응하는 것은 주로 짧은 재직기간을 가진 근로자들에게 한정된다는 실증증거를 제시하고 있다. 그러나 약간 상이한 결과들이 Mark Bils, Youngsung Chang, and Sun-Bin Kim, "Comparative Advantage in Cyclical Unemployment," National Bureau of Economic Research, working paper no. 13231 (July 2007)에 의해 얻어진 바 있다. 최근 몇 년 동안 일시해고의 증가가 경기침체 기간 동안에 실업을 발생시키는 데 있어 더 낮은 채용률보다 덜 중요하다는 것을 밝힌 연구는 Robert E. Hall, "Employment Efficiency and Sticky Wages: Evidence from Flows in the Labor Market," *Review of Economics and Statistics* 87 (August 2005): 397~407을 참조하라.

임금경직성과 비대칭정보 내부노동시장을 갖고 있는 사용자들은 종종 적어도 암묵적으로 근로자들에게 그들의 경력이 쌓임에 따라 근로소득이 어떻게 바뀔 것이라는 약속을 하고 있다. 제11장에서 살펴본 바와 같이, 기업들은 만약 그들이 근면하게 일한다면 근로경력의 말기에는 상대적으로 높은 임금을 받을 것이라는 약속(기대)과 함께 신규근로자들에게 상대적으로 낮은 급여를 지급할 수 있다. 기업의 약속은 필연적으로 기업이 얼마나 잘 운영되느냐는 조건부의 성격을 띠지만, 기업은 자신의 생산물수요의 진정한 상태에 대해 근로자들에 비해 더 정확한 정보를 갖고 있다. 만약 기업이 근로자들에게 수요가 하락한 기간에 임금삭감을 감수할 것을 요청한다면, 근로자들은 사용자가 거짓으로 수요가 하락하였다고 알리고 있다고 믿을 수 있으며, 근로자들의 생산성은 신뢰상실 또는 의욕저하 때문에 감소할 수 있다. 그 대신 만약 기업이 일부 근로자들을 임시로 일시해고한다면, 기업은 이 근로자들이 생산했을 산출량을 잃게 되며, 따라서 근로자들은 기업의 그러한 조처를 기업이 실제 (임금이 현행 한계생산성을 초과하는) 어려운 상황에 있다는 신호(signal)로 받아들일 수 있다. 달리 표현한다면 사용자들과 근로자들 사이의 정보**의 비대칭성**(asymmetry of information)이 일시해고를 더 선호되는 정책으로 만들 수 있다.[30)]

임금경직성과 위험회피 내부노동시장을 갖고 있어서 장기간의 사용자-근로자 관계를 유지하고 있는 기업들은 나이가 든 근로자들의 위험회피적 태도에 고무되어 자신들의 모든 근로자를 대상으로 임금을 삭감하기보다는 연공서열을 기준으로 한 일시해고(seniority-based layoffs: 나중에 채용된 순서로 먼저 일시해고됨)를 단행할 수 있다. 즉 동일한 평균값을 가졌지만, 시간이 경과함에 따라 변하는 소득흐름보다는 일정한 소득흐름을 가지려는 욕구가 나이가 들고 경험이 더 많은 근로자들이 그 대가를 지급할 용의가 있는 그 무엇일 수 있다.[31)] 따라서 만약 소득변동의 위험이 고용이 이루어진 초기연도에만 한정되어 나타난다면, 기업은 그렇지 않을 경우에 요구되는 것보다 더 낮은 수준의 임금을 경험있는 근로자들에게 지급할 수 있을 것이다. 물론 고용이 이루어진 초기에는 근로자들이 근로소득의 잠재적인 가변성에 직면하게 될 것이며 근로자들은 이러한 위험에 대해 보상을 받기 위해서 더 높은 수준의 임금을 요구할 수 있다. 그러나 만약 일시해고

30) 예를 들어 Sanford Grossman, Oliver Hart, and Eric Maskin, "Unemployment with Observable Aggregate Shocks," *Journal of Political Economy* 91 (December 1983): 907~928; Sanford Grossman and Oliver Hart, "Implicit Contracts, Moral Hazard and Unemployment," *American Economic Review* 71 (May 1981): 301~307; Costas Azariadis, "Employment with Asymmetric Information," *Quarterly Journal of Economics* 98 (Supplement, 1983): 157~172; and Daiji Kawaguchi and Fumio Ohtake, "Testing the Morale Theory of Nominal Wage Rigidity," *Industrial and Labor Relations Review* 61 (October 2007): 59~74 참조.

31) 이러한 논리전개는 Costas Azariadis, "Implicit Contracts and Underemployment Equilibria," *Journal of Political Economy* 83 (December 1975): 1183~1202; and Martin Baily, "Wages and Employment under Uncertain Demand," *Review of Economic Studies* 41 (January 1974): 37~50의 내용을 따른 것이다.

당하는 근로자들의 비율이 낮다면, 평균적으로 볼 때 사용자들의 비용은 연공서열을 기준으로 한 일시해고에 의해 감소할 수 있다.

임금경직성: 근로자지위(worker status)와 사회규범 위의 설명들은 대체로 대기업으로 생각될 수 있는 내부노동시장을 갖고 있는 기업들에 주로 관계된다. 만약 이러한 기업들이 경직된 임금을 갖고 있으며 경기하강 기간에 근로자들을 일시해고 시킨다면, 일시해고된 근로자들은 왜 소규모 사용자들의 일자리를 얻지 않을까? 이러한 소규모기업들은 낮은 임금을 지급하며, 총수요가 하락할 때 임금이 더욱 하락하는 것을 회피할 위에서 인용한 이유를 거의 갖고 있지 않다. 따라서 이러한 일자리들에서의 고용증가는 국민경제의 평균명목임금을 낮추게 되며 실업감소에 도움이 될 것이다. 몇몇 이론가들은 실업상태의 근로자들이 저임금 일자리를 찾아가지 않는 것은 그들의 지위(그들의 사회에서의 상대적 위치)에 대한 의식으로부터 비롯된다고 믿고 있다.

예를 들어 개인들이 적어도 전형적인 경기침체 기간보다 더 긴 기간에는 '양호한' 일자리에서의 실업을 열악한 일자리에서의 취업보다 더 선호하는 것이 가능하다.[32] 그렇다면 지위에 대한 **의식**이 경기침체의 기간 동안 임금의 삭감과 저임금 일자리의 확대를 방해할 수 있다. 그러나 사회적 지위에 대한 고려가 다른 방식으로 작동하는 것이 또한 가능하다. 즉 현행 시장임금은 실업자가 취업자들의 임금보다 낮은 임금으로 일자리를 찾으려는 것을 하지 못하게 하는 **사회규범**(social norms)으로 받아들여질 수 있다.[33]

미국의 실업보상에 대한 재정지원

사용자들이 일시적 일시해고를 실행에 옮기게 되는 인센티브는 미국 실업보험(UI)제도의 핵심적 특성인 **실업급여를 재정지원 하는 방법**에 의해서도 또한 영향을 받는다. 앞으로 살펴보게 되는 바와 같이, UI급여를 지급하기 위한 자금을 정부가 모금하는 방법이 경기적 일시해고(cyclical layoffs)에 꽤 큰 효과를 미친다.

UI급여세 UI제도에 의해 지급되는 급여는 급여세(payroll tax)에 의해 재정지원 된다. 사회보장급여세(the Social Security payroll tax)와는 달리 거의 모든 주에서 UI를 재정지원 하는 세금은 전적으로 사용자들만이 납부한다.[34] 근로자 각각을 위해 사용자가 납부해야만 하는 UI 세금납부액(T)은 다음 식들로 주어진다.

$$T = tW \quad \text{if} \quad W \leq W_B \tag{14.3a}$$

그리고

---

32) Alan S. Blinder, "The Challenge of High Unemployment," *American Economic Review* 78 (May 1988): 1~15 참조.

33) Robert M. Solow, *The Labor Market as an Institution* (Cambridge, Mass.: Basil Blackwell, (1990), chapter 2 참조.

34) 제3장에서의 논의로부터 이 사실이 누가 실제로 조세를 부담하는가와 아무런 관련이 없음을 상기하라.

$$T = tW_B \quad \text{if} \quad W > W_B \tag{14.3b}$$

단 t는 사용자의 UI세율이며, W는 근로자의 1월부터 12월까지의 1년간 근로소득, 그리고 W_B는 **과세임금표준**(taxable wage base: 이보다 높은 근로소득에 대해서는 UI 세금납부가 요구되지 않는 근로소득수준)이다. 2010년 과세임금표준은 전체 중의 약 2/3에 해당하는 주들에서 7,000달러에서 14,000달러 사이의 범위에 있다. 따라서 주에 따라서 사용자들은 각 개별근로자 근로소득의 처음 7,000달러에서 14,000달러까지에는 UI세금을 납부해야만 했다. 나머지 1/3의 주들은 이보다 더 높은 과세임금표준을 갖고 있었다.

사용자의 UI세율은 주(州)의 일반적 경제여건, 사용자가 속한 산업, 그리고 사용자의 **일시해고경험**(layoff experience)에 의해 결정된다. 일시해고경험은 주에 따라 달리 정의된다. UI제도는 보험제도이기 때문에, 근로자들을 자주 일시해고시키고 제도의 자금이 많이 사용되도록 하는 사용자들에게는 더 높은 UI세율이 부과되어야 한다는 것이 일시해고경험의 기본개념이다. 이러한 관행은 경험요율(experience rating)이라고 불린다.

불완전한 경험요율 경험요율은 사용자가 근로자를 추가로 일시해고시킬 때의 (더 높은 UI세율로 계산된) 한계비용이 종종 UI제도가 일시해고된 근로자에게 지급해야만 하는 추가 UI급여보다 더 작다는 의미에서 전형적으로 **불완전**하다. 불완전 경험요율은 그림 14.7에 설명되고 있는데, 그림은 사용자의 UI세율과 해당 기업의 일시해고경험 사이의 관계를 보여준다. (**일시해고경험**은 기업의 근로자들이 일시해고 당하게 될 확률을 의미하는 것으로 해석될 것이다. 분명히 이 확률은 기업이 근로자들을 일시해고하는 빈도와 근로자들이 자신들의 위치로 소환될 때까지의 평균기간 모두에 좌우된다.)

각 주는 최저 UI세율을 갖고 있으며, 이 세율(그림 14.7의 t_{min}) 아래로 기업의 UI세율은 하락할 수 없다. 기업의 일시해고경험이 어떤 임계치(l_{min})에 도달한 이후에 일정 범위 내에서 기업의 UI세율은 일시해고경험이 증가함에 따라 상승한다.[35] 각 주에는 또한 UI세율의 최대치(t_{max})도 존재하며, 이 세율에 도달한 이후에는 추가 일시해고가 기업의 세율을 변화시키지 않게 된다. l_{min} 아래 또는 l_{max} 위에 해당하는 기업들의 경우, 자신들의 일시해고율의 변동이 UI세율에 미치는 효과가 없기 때문에 UI제도는 **불완전하게** 경험에 의해 UI세율을 결정한다.[36] 나아가 일시해고경험에 따라 세율이 증가하는 범위에서도, 대부분 주에서 세율증가가 일시해고에 따른 (기업이 지급해야만 하는 UI세의 증가로 계산된) 사용자의 한계비용이 일시해고된 근로자들이 받는 한계UI급여와 일치될 만

[35] 실제로 UI세율은 그림 14.7에 그려진 것처럼 연속적이 아니라 l_{min}과 l_{max}의 범위에서 불연속적으로 [계단함수(step function)로서] 변한다. 설명의 편의를 위해 이러한 복잡함을 무시했다.

[36] 일시 해고가 거의 없는 산업들도 여전히 최소의 세금을 납부해야 하는데, 이는 이러한 산업들이 일시해고를 매우 많이 시키지만 단지 최대세율만을 부담하는 (건설업 같은) 산업들에 보조금을 지급하는 것을 의미하게 되므로, UI의 재정지원제도는 산업 간에 보조금이 지급되도록 만들고 있는 셈이다.

그림 14.7
불완전한 경험 요율에 따른 실업보험세율

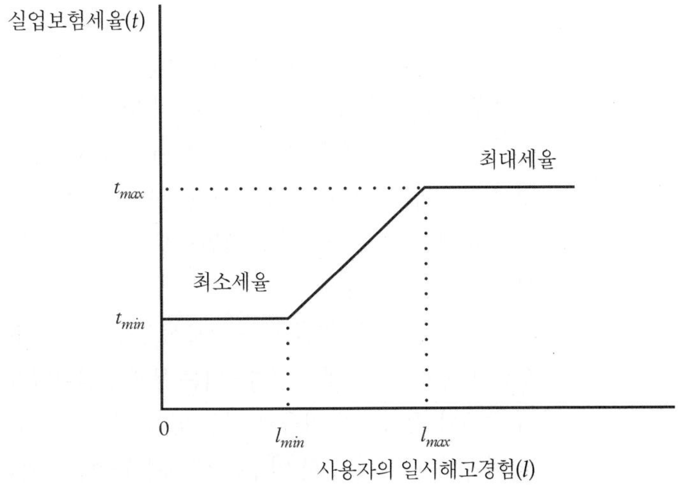

큼 충분히 크지 않다.

UI세금이 일시해고를 조장하는가? 일시적 일시해고의 바람직함에 영향을 미치는 UI제도의 핵심적인 특성은 UI급여세의 **불완전한 경험요율**이다. 이 특성의 영향력을 이해하기 위해서, 우선 UI제도가 완전한 경험요율에 의해 세율이 정해지는 방식으로 구성되었다고 가정하자. 즉 근로자를 일시해고하는 기업은 근로자가 받는 UI급여 전액(정상근로소득의 50%)과 동일한 UI세금을 추가로 납부해야만 되며, 따라서 기업은 일시해고에 의해 근로자임금의 단지 1/2만을 절약한다. 이제 그 대신 사용자들이 부담해야만 하는 UI세율이 자신들의 일시해고경험과 전혀 무관하다고 가정하자(경험요율이 존재하지 않음). 이 경우 기업의 UI세금이 일시해고의 결과로 인해 증가하지 않기 때문에, 기업은 일시해고된 근로자의 **전체**임금을 절약한다. 따라서 완전한 경험요율의 UI제도와 비교할 때, 불완전한 경험요율의 제도는 사용자들에게 일시해고의 매력을 증가시키는 경향이 있을 것임을 쉽게 알 수 있다.

불완전한 경험요율이 사용자행태에 미치는 효과에 대한 실증분석들은 그 효과가 상당하다는 것을 제시한다. 이러한 연구들은 만약 미국의 UI세금이 완전한 경험요율에 의해 부과된다면(그 결과 근로자들을 일시해고하는 사용자들이 추가 UI급여의 비용전액을 지급해야만 했다면), 실업이 10~33% 하락하였을 것임을 추정한 바 있다.[37)]

[37)] Patricia M. Anderson and Bruce D. Meyer, "The Effects of the Unemployment Insurance Payroll Tax on Wages, Employment, Claims, and Denials," *Journal of Public Economics* 78 (October 2000): 81~106; and Robert H. Topel, "Financing Unemployment Insurance: History, Incentives, and Reform," in *Unemployment Insurance: The Second Half-Century*, eds. W. Lee Hansen and James F. Byers (Madison: University of Wisconsin Press, 1990), 108~135.

계절적 실업

계절적 실업(seasonal unemployment)은 노동수요의 변동에 의해 유발된다는 점에서 수요부족 실업과 비슷하다. 그러나 여기에서의 변동은 정규적으로 예측할 수 있으며, 1년 동안에 걸쳐 체계적인 유형을 따른다. 예를 들어 농업근로자들에 대한 수요는 작물재배 기간 이후에는 하락하고 수확기간까지는 낮은 수준에 머문다. 마찬가지로 생산직 근로자들에 대한 수요는 해마다 모델변화를 위해 공장에서 기계들을 교체할 계절 동안에 어떤 산업에서는 감소한다.

왜 사용자들은 임금 또는 근로시간을 감소시키는 대신 근로자들을 일시해고함으로써 수요의 계절적 유형에 대처하느냐는 문제는 남아있다. 경기적 실업(cyclical unemployment)의 존재와 경기적인 이유로 인한 임시 일시해고에 인용되었던 모든 이유가 또한 여기에도 해당한다. 실제로 한 연구는 대부분 농업근로자를 그 적용대상으로 만든 UI제도의 확대(1970년대 초)가 농업에서의 계절적 실업의 상당한 증가와 관련이 있다는 것을 보여주었다. 농업이 아닌 산업에서의 계절적 일시해고에 대한 연구들도 또한 UI세금의 불완전한 경험요율이 계절적 실업을 크게 증가시킨다는 것을 암시하고 있다.[38] (UI와 계절적 실업의 장기적인 전망에 대해서는 예문 14.2를 참조하라.)

왜 근로자들은 1년 중 일정기간을 실업상태에 있게 된다는 것을 자신들이 사전에 알면서도 그러한 산업의 일자리를 받아들이게 되는가에 대해 의문을 가질 수 있다. 일부 근로자들의 경우 UI급여의 존재는 수요가 부진한 계절이 끝나면 자신들이 당연히 재채용될 것이라는 생각과 함께 그들로 하여금 일시해고의 기간들을 유급휴가로 간주하도록 허락할 수 있다.[39] 그러나 UI급여가 전형적으로 실업상태의 근로자가 이전에 받던 총 근로소득의 1/2 미만을 대체시켜주며, 고임금 근로자들의 경우 그 비율이 더 낮기 때문에(그림 14.4 참조), 대부분 근로자는 그러한 상황이 바람직하지 않다는 것을 알 것이다. 그러한 계절산업에 근로자들을 유치하기 위해 기업들은 정기적으로 실업상태에 있게 되는 것을 보상하기 위해 근로자들에게 더 높은 임금을 지급해야만 할 것이다. 예를 들어 최근의 한 연구는 계절적 일자리의 농업근로자들이 자신들이 영구적인 농장 일자리에서 벌었을 것에 비해 시간당 약 10%를 더 벌었음을 밝힌 바 있다.[40]

---

38) Barry Chiswick, "The Effect of Unemployment Compensation on a Seasonal Industry: Agriculture," *Journal of Political Economy* 84 (June 1976): 591~602; Patricia M. Anderson, "Linear Adjustment Costs and Seasonal Labor Demand: Evidence from Retail Trade Firms," *Quarterly Journal of Economics* 108 (November 1993): 1015~1042; and David Card and Phillip B. Levine, "Unemployment Insurance Taxes and the Cyclical and Seasonal Properties of Unemployment," *Journal of Public Economics* 53 (January 1994): 1~29.

39) 연간 일정기간만을 일하는 경우는 실업급여가 훨씬 덜 넉넉한 메인(Maine) 주 국경지역에 비해 캐나다의 뉴브런즈윅(New Brunswick) 주에서 상대적으로 훨씬 많이 나타난다. Peter Kuhn and Chris Riddell, "The Long-Term Effects of Generous Income Support Program: Unemployment Insurance in New Brunswick and Maine," 1940~1991.

40) Enrico Moretti, "Do Wages Compensate for Risk of Unemployment? Parametric and Semiparametric Evidence from Seasonal Jobs," *Journal of Risk and Uncertainty* 20 (January 2000): 45~66. 또한, Susan Averett, Howard Bodenhorn, and Justas Staisiunas, "Unemployment Risk and Compensating Differentials in Late-Nineteenth Century New Jersey Manufacturing," *Economic Inquiry* 43 (October 2005): 734~749 참조.

예문 14.2

실업보험과 계절적 실업: 역사적 시각

현재의 미국 실업보험(UI)제도는 1930년대의 대공황 기간에 확립되었다. 그 당시에 노동경제학자 존 코먼스(John Commons)는 높은 실업률을 야기시키는 기업들에게 부여할 벌칙을 법안에 포함시킬 것을 촉구했다. 그는 사용자들이 계절적 실업 및 기타 일시해고를 크게 줄일 충분한 여유가 있다고 믿었으며, 따라서 그는 높은 일시해고를 회피할 인센티브들이 포함된 제도를 옹호했다. 다른 사람들은 사용자들이 실업에 대해 많은 재량권을 갖고 있었다는 것을 확신하지 못했다. 그러나 궁극적으로 코먼스의 계획이 대부분의 주에서 채택되었다. 그렇지만 계획은 미국 이외의 곳에서는 거의 채택되지 않았다.

계절적 실업에 대한 증거는 코먼스의 주장을 지지하는 것처럼 보인다. 즉 시간이 흐르면서 경제가 다양화됨에 따라 계절적 실업은 감소했는데, 사용자들이 일시해고로 인해 벌칙을 받는 곳에서 훨씬 빠르게 감소했다. 한 연구는 미국 내에서 UI 경험요율이 가장 높은 주들에서 고용의 계절적 변동이 가장 많이 감소했음을 보여주고 있다.

더욱더 뚜렷한 것은 미국과 **어떤 형태**의 경험요율도 갖추지 않은 UI제도를 확립하였던 캐나다 사이의 비교결과이다. 캐나다 건설업(계절적 변동으로 악명이 높은 산업)의 계절적 변동은 건설업의 관행이 향상되고 변함에 따라 1929년과 1947~1963년 사이에 1/2로 감소했다. 그러나 캐나다 국경을 따라 위치하고 있는 미국의 주들에서는 계절적 변동이 더욱 크게 2/3만큼이나 감소했다!

자료: Katherine Baicker, Claudia Goldin, and Lawrence F. Katz, "A Distinctive System: Origins and Impact of U.S. Unemployment Compensation," in *The Defining Moment: The Great Depression and the American Economy in the Twentieth Century*, eds. Michael D. Bordo, Claudia Goldin, and Eugene N. White (Chicago: University of Chicago Press, 1998): 259.

높은 실업이 나타나는 산업에서 실업의 위험에 대해 근로자들을 보상하는 임금격차가 존재한다는 것은 이러한 형태의 실업이 그 성격상 자발적인가 또는 비자발적인가를 평가하기 어렵게 만든다. 한편으로 근로자들은 더 높은 임금을 제공**하며** 더 높은 실업의 확률을 갖고 있는 산업에 고용되는 데 자발적으로 동의했다. 다른 한편으로 일단 일자리를 구한 다음에, 근로자들은 보통 실업상태에 있게 되는 것보다 취업상태로 남아있는 것을 선호한다. 그렇기 때문에 그러한 실업은 관점에 따라 자발적 또는 비자발적으로 간주될 수 있다.

완전고용이란 어떤 상태인가?

실업률은 국민경제의 건강상태를 나타내는 편리한 지표로 보이기 때문에 정부는 지속해서 실업률에 관심을 갖는다. 너무 높다고 생각되는 실업률은 많은 사람이 자신들의 생계를 유지할 수 없으며, 국민경제의 많은 근로자가 국민소득에 기여하지 못한다는 것을 의미하기 때문에 국가적인 관심사로 간주된다. 종종 정부는 실업이 과도하다고 믿을 때 어떤 방식으로든 노동수요를 자극하는 조치를 취할 것이다.

정부는 또한 실업이 너무 낮은 수준인 것에 대해서도 우려한다. 이례적으로 낮은 실업률은 노동시장에 초과수요가 있는 상황을 반영하는 것으로 많은 사람이 생각한다. 만약 노동수요가 공급을 초과한다면, 임금이 상승하는 경향을 보일 것이며, 임금증가는 가격인플레이션으로 이어질 것이라고 주장된다. 이외에도 과도하게 낮은 실업률은 근로자들을 게으르게 하고, 신규 또는 기존설비를 확장하는 사용자들이 끌어 쓸 수 있는 재능 있는 이용 가능한 근로자들의 풀(pool)을 감소시킬 수 있다.

자연실업률의 정의

만약 실업률이 너무 높거나 낮은 것이 모두 바람직하지 않다면, 어느 정도가 아주 적절한 수준인가? 달리 표현하면 어떤 실업률이 완전고용을 나타내는가? **완전고용(또는 자연)**실업률(full-employment or natural rate of unemployment)은 정확히 정의하기가 어려우며, 이에 대해 선택이 가능한 여러 개념이 존재한다. 그중 한 가지는 자연실업률을 임금과 가격인플레이션이 안정적이거나 또는 받아들일 만한 수준인 실업률로 정의한다. 다른 하나는 완전고용을 빈 일자리가 실업상태의 근로자 수와 일치하는 실업률로 정의하며, 또 다른 한 가지는 완전고용을 총수요가 증가하더라도 실업이 더 이상 감소하지 않는 실업수준으로 정의한다. 후자의 변형은 자연실업률을 모든 실업이 자발적 실업(마찰적 실업과 아마도 계절적 실업)인 실업률로 정의한다. 마지막으로 실업수준이 변하지 않으며, 실업상태로의 근로자들의 흐름과 실업기간이 모두 정상적인 실업률이 자연실업률로 정의되고 있다.[41)]

위의 모든 다양한 정의들은 완전고용의 더 일반적인 개념을 '평상' 시에 나타나는 실업률로 구체적인 방법을 통해 정의하려 시도하고 있다. 만약 균형이 성립된 노동시장(즉 초과수요와 초과공급이 없는 시장)에서조차도 마찰적 실업과 계절적 실업이 존재한다고 가정한다면, 자연실업률은 고용된 근로자들의 자발적 이직률, 경제활동인구로의 진입과 이탈, 그리고 실업자가 받아들일 만한 일자리를 구할 때까지의 시간 등의 요소들에 의해 영향을 받는다는 것이 분명하다. 이러한 요소들은 인구통계학적(demographic) 그룹에 따라 광범위하게 변하며, 따라서 어떤 기간이더라도 자연실업률은 경제활동인구의 인구통계학적 구성에 의해 크게 영향을 받는다.

실업과 인구통계학적 특성

표 14.4는 전체 실업률이 그리 높지 않은 5.1%였던 2005년의 다양한 연령/인종/성/민

---

41) James Tobin, "Inflation and Unemployment," *American Economic Review* 62 (March 1972): 1~18; and John Haltiwanger, "The Natural Rate of Unemployment," in *The New Palgrave*, eds. J. Eatwell, M. Milgate, and P. Newman (New York: Stockton Press, 1987), 610~612.

표 14.4

인구통계학적 그룹별 2005년 실업률(%)

연령	백인 남성	백인 여성	흑인 남성	흑인 여성	히스패닉 남성	히스패닉 여성	총계
16~17	18.9	14.0	45.1	37.3	23.4	23.8	
18~19	14.3	11.1	31.5	26.6	17.5	14.0	
20~24	7.9	6.4	20.5	16.3	8.2	9.2	
25~54	3.5	3.8	7.8	7.8	4.1	5.9	
55~64	3.0	3.0	5.9	5.3	4.0	5.0	
총계	4.4	4.4	10.5	9.5	5.4	6.9	5.1

'히스패닉'은 히스패닉 혈통을 가진 사람들을 지칭한다. 자신들의 인종에 따라 이 사람들도 또한 백인과 흑인 인구 그룹총계에 포함되어 있다.

자료: U.S. Department of Labor, *Employment and Earnings* 53 (January 2006), Tables 3 and 4.

족 그룹들의 실제 실업률에 관한 데이터를 보여준다. 표 14.4에 나타나는 2005년의 유형은 최근의 다른 연도의 유형들과 유사하다. 즉 각 인종/성 그룹들에서 나이 든 성인들에 비해 10대와 젊은 성인들의 실업률이 더 높다. 대부분의 연령/성 그룹들에서 흑인의 실업률은 백인 실업률의 적어도 2배이고, 히스패닉계 미국인(Hispanic-American)들의 실업률이 흑인 실업률과 백인 실업률 사이에 놓이게 되는 경향이 있으며, 각 그룹에서 히스패닉계와 핵심생산인구(prime age)를 제외하고 여성 실업률은 남성 실업률과 대체로 같든지 또는 더 낮다. 2005년의 경우 7~45% 사이의 범위에 있는 흑인 10대들의 높은 실업률은 정책입안자들에게 특별한 우려를 갖게 한다.

최근 수십 년에 걸쳐, 경제활동인구의 인구통계학적 구성은 여성의 경제활동참가율이 증가하고 10대, 흑인, 그리고 히스패닉계 인구의 상대적 크기가 상당히 변화함에 따라 크게 변화하였다. 1975년과 2005년 사이에 경제활동인구에서 여성이 차지하는 비율은 40%로부터 46%로 증가하였다. 이 기간에 히스패닉계 미국인의 경제활동인구는 평균보다 세 배 이상 빨리 증가하여 전체 경제활동인구에서 차지하는 비율이 4%로부터 13%로 증가하였다. 이와는 대조적으로 경제활동인구에서 10대들이 차지하는 비율은 1975년 9%가 조금 넘는 수준이었으나 2005년에는 약 5% 수준으로 하락하였다.[42]

전반적인 실업률은 노동시장의 호황 정도와 경제활동인구의 구성 모두를 반영한다. 만약 상대적으로 높은 실업률을 가진 인구통계학적 그룹들이 경제활동인구에서 차지하는 비율이 증가하면, 노동시장의 호황, 불황과 관계없이 전반적인 실업률은 증가할 것이다. 마찬가지로 다른 조건이 일정할 때, 만약 상대적으로 높은 실업률을 가진 그룹들이 경

[42] U.S. Department of Labor, *Employment and Earnings* 53 (January 2006), Tables 1~4, and earlier years' issues 참조. 실업률에 있어서의 인종간의 격차에 대한 분석은 Robert W. Fairlie and William A. Sundstrom, "The Emergence, Persistence, and Recent Widening of the Racial Unemployment Gap," *Industrial and Labor Relations Review* 52 (January 1999): 252~270을 참조하라.

제활동인구에서 차지하는 비율이 감소하면, 실업률은 하락하는 경향이 있을 것이다. 1975년 이래 경제활동인구의 구성변화는 서로 상쇄되어 없어지는 경향이 있는 효과들을 가졌다. 아프리카계 미국인들이 경제활동인구에서 차지하는 비율은 (약 11.5%에서) 안정적이었으며, 그 실업률이 남성들의 실업률과 거의 동일하다는 점에 비추어 볼 때 여성들의 비율 증가는 중립적인 효과를 가졌다. 그러나 히스패닉계 미국인들의 비율 증가는 전반적인 실업률을 증가시키는 경향이 있었던 반면, 10대들의 비중 감소는 실업률을 감소시키는 역할을 하였다.

자연실업률이란 무엇인가?

경제학자들의 자연실업률 추정치들은 1960년대의 약 5.4% 수준으로부터 1970년대의 약 7%, 1980년대의 6% 또는 6.5%를 거쳐 지난 10년 동안에는 약 5% 또는 6%까지 시간이 경과함에 따라 변했다.[43] 그렇기는 하지만, 만약 자연실업률이 계속하여 변한다면, 정책적 목적에 자연실업률의 추정치들이 얼마나 유용한지에 의문을 가져야만 한다. 실제로 노벨경제학상 수상자이며 자연실업률 개념을 선도적으로 발전시킨 밀턴 프리드먼(Milton Friedman)은 자연실업률을 예측하려는 어떤 시도도 거부했다. 그는 "나는 자연실업률이 얼마인지 모른다. … 그리고 어느 누구도 마찬가지일 것이다."라고 이야기했다.[44]

분명히 어떤 수준의 실업은 불완전정보로 가득 찬 동태적인 노동시장에서 불가피하게 마찰과 관련된다. 더욱이 살펴본 바와 같이, UI제도의 매개변수(parameter)들이 일자리탐색 및 경기적 일시해고와 계절적 일시해고 모두와 관련된 실업을 부추기고 있다. 무엇보다도 실업이 완전고용실업률 또는 자연실업률 수준보다 높은 수준으로 증가하면 자원이 낭비된다. 약 40년 전에 경제학자 아서 오쿤(Arthur Okun)은 총실업률의 매 1% 포인트 감소는 미국의 산출량 3% 포인트 증가와 관련이 있음을 지적한 바 있다. 더 최근의 측정치들은 그 관계가 이제는 산출량의 2% 포인트 증가범위에 있다는 것을 제시하고 있다.[45] 그러나 이 마지막 수치조차도 과도하게 높은 실업률로 인해 사회가 큰 비용을 부담하고 있음을 암시한다.

---

43) Mary C. Daly, Bart Hobijn, Aysegul Sahin, and Robert Valletta, "A Search and Matching Approach to Labor Markets: Did the Natural Rate of Unemployment Rise?" *Journal of Economic Perspectives* 26 (Summer 2012): 3~26; George A. Akerlof, William T. Dickens, and George L. Perry, "Near-Rational Wage and Price Setting and the Long-Run Phillips Curve," *Brookings Papers on Economic Activity*, 2000-1: 1~44; and Laurence Ball and N. Gregory Mankiw, "The NAIRU in Theory and Practice," *Journal of Economic Perspectives* 16 (Fall 2002): 115~136.

44) Amanda Bennett, "Business and Academia Clash over a Concept: 'Natural' Jobless Rate," *Wall Street Journal*, January 24, 1995, A8.

45) Arthur Okun, "Potential GNP: Its Measurement and Significance," reprinted in *The Political Economy of Prosperity*, ed. Arthur Okun (Washington, D.C.: Brookings Institution, 1970); and Clifford L.F. Attfield and Brian Silverstone, "Okun's Coefficient: A Comment," *Review of Economics and Statistics* 79 (May 1997): 326~329.

실증연구

재고용보너스가 실업을 감소시키는가? 사회적 실험 결과

앞의 여러 장에서 사회과학의 실증연구는 비교집단(comparison group)[또는 통제집단(control group)]의 행태에 대한 처치집단(treatment group)의 행태를 분석하는 것을 필요로 한다는 것을 강조했다. 이상적으로는 연구자들이 다른 모든 점에서 동일한 주제(subject)들을 두 집단에 무작위로 할당하고, 한 그룹에는 주의 깊고 공들인 처치를 적용하지만 다른 그룹에는 그러한 처치를 하지 않는 통제된 실험을 창출하게 된다.

그러나 경제이론으로부터 도출되는 예측들은 전형적으로 많은 사람이 포함된 집단 내의 **한계적** 사람들의 행태에 의해 발생하는 결과에 적용되며, 관찰되는 행태들이 **실질세계에서 중요성을** 갖는 조건 하에서 가장 믿을 만하게 테스트된다. 따라서 통제된 실험들은 필요로 하는 표본크기와 이에 수반되는 비용 때문에 경제학에서는 보통 실행이 가능하지 않다. 그러한 실험들은 또한 많은 다양한 경우에 도덕적으로 반대에 부딪힌다. 예를 들어 처치집단을 높은 위험에 고의로 노출함으로써 보상임금격차 이론을 테스트할 수 있다는 것은 상상할 수도 없는 일이다. 이례적인 경우들을 제외하고(제11장과 제12장에 요약된 실증연구들을 참조하라), 경제학자들은 보통 비슷한 근로자들에게 우연히 상이한 영향을 미치는 경제여건 또는 정부정책에 의해 야기된 **자연적인 실험**(natural experiments)을 찾아야만 한다.

한 세트의 통제된 사회적 실험이 새로운 일자리를 '신속히' 발견한 실업상태의 근로자들에게 현금보너스를 지급함으로써 실업률을 감소시킬 수 있는지를 살펴보기 위해 고안되었다. 이러한 재고용보너스의 제공에 의해 실업기간, 따라서 실업률이 감소할 수 있다는 희망을 확인하기 위한 것이었다.

네 개의 주(州)에서 1980년대 중반에서 후반까지 그러한 실험이 실행에 옮겨졌는데, 각 주는 실업보험(UI) 수혜자들을 그들의 사회보장일련번호(Social Security number)의 마지막 두 자리 숫자에 의해 처치집단과 통제집단에 무작위로 배정했다. 상세한 내용은 달랐지만, 11주에서 13주 이내에 일자리를 잡았던, 그리고 그 일자리를 적어도 4개월 동안 유지했던 처치집단의 수혜자들은 대부분의 경우 평균 약 500달러인, 그러나 한 주에서는 1,600달러만큼이나 많은 액수의 현금보너스를 받았다. 통제집단에 속한 사람들에게는 현금보너스가 제공되지 않았다.

이 실험들에 대한 분석은 처치집단에 속한 사람들이 통제집단에 속한 사람들에 비해 평균적으로 약 1.5주 더 빨리 일자리를 찾았음을 추정했다. 달리 표현하면 보너스가 평균 약 3% 만큼 실업기간을 단축하는 것처럼 보였는데, 네 개의 주에서 추정된 효과 대부분은 통계적으로 유의했다. 실험은 또한 상이한 액수의 보너스를 제공하였던 주들에서 더 많은 액수의 보너스가 통계적으로 유의한 실업기간의 감소를 나타내는 추정치를 도출하지 **않았다는** 것도 밝혔다.

이러한 실험들의 그리 크지 않은 추정효과들을 만약 UI에 가입된 근로자들이 일자리를 신속히 찾는다면 모두 재고용보너스를 받게 되는 상황으로 일반화시킬 수 있을까? 실험들은 일시적으로 채택되었으며, 실험의 UI 수혜자들은 자신들이 처치집단에 속할 것을 기대하거나 확신할 수 없었다. 따라서 그들이 UI에의 가입을 신청했는지는 보너스의 존재에 의해 영향을 받지 않았다. 그러나 만약 보너스가 UI제도의 영구적인 일부분이 되고 모든 UI 수혜자들이 이용할 수 있게 된다면, 짧은 실업기간을 가진 사람들에게 지급되는 급여는 증가하게 되고, 이는 더 많은 사람들로 하여금 자신들이 UI급여를 받을 자격이 있도록 하는 행태를 보이도록 만들지 모른다.

그렇다면 비록 재고용보너스가 실업기간을 단축하더라도 또한 UI프로그램의 수혜자격을 가진 사람들의 수를 증가시킬지 모르기 때문에, 재고용보너스가 실업률을 감소시키게 되는지를 크게 확신할 수 없다. 이러한 문제는 사회적 실험의 유감스러운 결점을 보여준다. 즉 필연적으로 사회적 실험은 일시적이며, 프로그램이 영구적으로 채택되더라도 사회적 실험이 만들어낸 행태적 반응은 관찰될 수 있는 사람들에게 종종 완전히 이전되지는 않는다.

자료: Bruce D. Meyer, "Lessons from the U.S. Unemployment Insurance Experiments," *Journal of Economic Literature* 33 (March 1995): 91~131.

복습문제

1. 대통령선거에 출마한 어느 후보자가 실업보상급여를 늘리고 실업률을 낮추겠다는 선거운동을 하고 있다. 이 목표들의 양립 가능성에 대해 논평하라.
2. 마리(Marie)는 2013년 1월에 일자리를 잃었다. 그녀는 실업의 처음 4주일 동안 일자리를 찾았지만, 현재는 이를 중단했으며 보모(babysitter)를 채용하는 것보다 자신의 자녀를 스스로 돌보는 것이 더 낫다고 느끼고 있다. 마리는 실업자로 계산되어야 하나? 그녀의 지위(status)와 일자리탐색에 대해 논평하라.
3. 최근의 실증증거는 실업상태 근로자들의 유보임금(reservation wage)은 그들의 실업기간이 길어짐에 따라 하락한다는 것을 제시하고 있다. 즉 그들의 실업상태가 길어지면 길어질수록, 그들의 유보임금은 더 낮아진다. 왜 이러한 일이 사실일 수 있는지를 설명하라.
4. 다음의 주장은 참인가, 거짓인가 또는 확실하지 않은가? "UI급여 수준의 증가는 평균실업기간을 연장시킬 것이다. 따라서 UI급여 수준을 인상하는 정책은 사회적으로는 바람직하지 않다." 여러분의 답에 대해 설명하라.
5. 최근 몇 년 동안 연방정부는 UI수혜자들이 자신들의 실업급여에 대한 소득세를 납부하도록 하는 요구조건을 도입하여 이를 확대했다. UI급여에 대한 이 과세가 실업률에 어떤 효과를 미치게 될 것이라고 기대하는지 설명하라.
6. "자유무역의 증대에 따라 멕시코의 사용자들은 국내노동시장에 대한 노동조합의 통제를 감소시키려 노력했으며, 연공서열에 의한 승진, 하도급에 반대되는 규정, 그리고 임시직 근로자들의 사용에 대한 제약을 모두 유연성의 증대라는 명목하에 제거했다." 근로자들의 채용과 배정에서의 사용자의 유연성 증대가 멕시코의 실업을 증가 또는 감소시킬 것으로 기대하는가? 설명하라.
7. '임의고용(employment-at-will)'의 원칙은 사용자들로 하여금 어떤 이유이든 상관없이 근로자들을 해고하도록 허용하는 원칙이다. 이 원칙은 노동조합의 협약 또는 차별을 금지

하는 법률에 의해 수정된 곳을 제외하고 미국에서 일반적으로 통용된다. 최근의 정책들은 개인의 일자리는 재산권이 되었기 때문에 확고한 이유가 없다면 근로자는 이를 빼앗길 수 없다는 개념에 접근함으로써 임의고용의 원칙을 잠식하기 시작했다. 만약 사용자들이 '이유(cause)' 없이 근로자들을 해고할 권한을 잃는다면, 이러한 사실이 실업률에 어떤 효과를 미치게 될까?

8. 자유무역이 노동시장에 미치는 효과에 대해 한 학생이 정부는 자유무역 때문에 일자리를 잃은 근로자들에게 '임금보험'을 제공해야만 한다고 주장하고 있다. 이 제안 하에서의 정부는 만약 재고용이 된 직후 해당 근로자들이 자신들의 새로운 일자리에서 잃어버린 일자리보다 낮은 수준의 임금이 지급되는 것을 발견한다면 잃어버린 근로소득의 상당부분을 대체시키게 된다. 이 임금보험은 일자리를 잃은 첫날부터 최대 2년까지 급여가 지급된다고 한다. 이 임금보험 프로그램은 실업을 감소시키게 되는가? 설명하라.

연습문제

1. 월초에 취업자 수(E)가 1억 2천만, 비경제활동인구 수(N)는 7천만, 그리고 실업자 수(U)는 1천만 명이라고 가정하자. 1개월 동안 아래 표에 나타난 바와 같은 노동의 흐름이 발생했다고 한다. 인구가 증가하지 않았다고 가정하고, 월초와 월말의 실업률과 경제활동참가율을 각각 계산하라.

EU	180만 명
EN	300만 명
UE	220만 명
UN	170만 명
NE	450만 명
NU	130만 명

2. 특정 경제의 최초 균형에서 노동공급은 $L_S=25,000+200W$, 노동수요는 $L_D=37,000-400W$[단 L은 근로시간이고 W는 현행임금(1,000달러)임]로 각각 나타난다고 한다. 만약 노동수요가 경제의 구조적 요인 때문에 $L_D=31,000-400W$로 하방 이동할 수밖에 없는데 임금이 비신축적일 경우 경제의 실업자 수와 실업률을 각각 계산하라.

3. a. 실업급여함수(unemployment benefit function)가 $B=0.4W+100$으로 주어질 때 주간임금이 100달러, 200달러, 그리고 1,000달러인 경우 대체율(replacement rate)을 각각 계산하라.
   b. 위와 동일한 실업급여함수에서 $B_{min}=100$달러, $B_{max}=400$달러일 경우 최저급여와 최대급여를 각각 계산하고, 주간 실업급여와 이전 주간 근로소득과의 관계를 보여주는 그래프를 그려라.

4. 어떤 국가의 인구통계학이 아래 표와 같이 주어졌다고 하자.

항목	2010년	2011년
인구	100	110
취업자	67	75
실업자	3	3.5
실망근로자	1	2

   a. 각 연도의 경제활동참가율을 계산하고 이

를 비교하라.

b. 2011년의 (실망근로자를 포함한) 실업률을 계산하라.

5. UI제도가 최저세율 1.5%, 최대세율 6.2%, 그리고 그 사이의 세율은 $t=0.1+2.4l$에 따라 계산되는 세율로 구조가 짜져 있다고 가정하자 [단 t=사용자의 UI세율, l=사용자의 일시해고경험(layoff experience)]. 일시해고경험은 기업 근로자들의 비율로 표현된, 일반적으로 1% 미만에서 5%까지의 범위에 놓이는 기업의 근로자들이 일시해고될 확률이다. 이 세율 공식을 그래프로 그리고, 기업 일시해고경험의 임계치(critical value: l_{min})와 최대치(l_{max})를 각각 계산하라.

6. 연방최저임금이 2007년 7월 24일부로 시간당 5.15달러로부터 시간당 5.85달러로 인상되었다고 한다. 이 최저임금의 인상이 실업상태에서 일자리를 찾고 있는 사람에게 미치는 효과를 고려하자. 일자리탐색모형을 사용할 때, 어느 주어진 기간에 받아들일 만한 일자리를 발견할 확률에 미치는 효과는 무엇인가? 이 최저임금의 인상이 예상실업기간과 (일단 취업한 뒤의) 예상임금에 어떤 영향을 미치나?

참고문헌

Atkinson, Anthony, and John Micklewright. "Unemployment Compensation and Labor Market Transitions: A Critical Review." *Journal of Economic Literature* 29 (December 1991): 1679~1727.

Blanchflower, David G., and Andrew J. Oswald. *The Wage Curve.* Cambridge, Mass.: MIT Press, 1994.

Blank, Rebecca M., ed. *Social Protection versus Economic Flexibility: Is There a Trade-off?* Chicago: University of Chicago Press, 1994.

Freeman, Richard, and Harry Holzer, eds. *The Black Youth Unemployment Crisis.* Chicago: University of Chicago Press, 1986.

Lang, Kevin, and Jonathan Leonard, eds. *Unemployment and the Structure of Labor Markets.* New York: Basil Blackwell, 1987.

Meyer, Bruce D. "Lessons from the U.S. Unemployment Insurance Experiments." *Journal of Economic Literature* 33 (March 1995): 91~131.

Reducing Unemployment: Current Issues and Policy Options. Kansas City, Mo.: Federal Reserve Bank of Kansas City, 1994.

제15장

근로소득의 불균등

개인으로서의 근로자들과 전체로서의 사회는 경제의 소득**수준**과 소득**분포** 모두에 관심을 갖는다. 소득수준은 명백히 개인들이 즐길 수 있다고 알게 되는 재화와 서비스의 소비를 결정한다. 소득분배에 대한 관심은 주로 사람들이 개개인으로서 사회에서의 자신들의 상대적 위치에 부여하는 중요성과 사회가 집단으로서 형평성(equity)에 부여하는 중요성으로부터 비롯된다.

빈곤과 상대적 소비기회의 문제들을 평가하는 목적을 위해서는 **가족소득**(family income)의 분배가 관심사가 된다. 그러나 가족소득의 조사는 근로소득은 물론 비근로소득의 분석을 수반한다. 따라서 가족소득의 조사는 상속, 투자수익, 복지이전지출, 그리고 조세정책에 대한 논의를 포함해야만 한다. 이는 또한 가족규모와 가족이 어떻게 정의되고, 구성되며, 해체되는가를 다루어야만 한다. 이 주제 중 많은 부분은 노동경제학 교과서의 범위를 넘어선다.

노동시장에 대한 검토와 일관성을 갖기 위해 이 장의 초점은 **근로소득**의 분배에 맞춰진다. 분명히 개인 전체소득의 단지 일부분에 지나지 않긴 하지만, 근로소득은 한계생산성, 교육투자(그리고 교육에 대한 수익), 훈련, 이주활동, 그리고 기회에의 접근을 반영한다. 이 장은 근로소득의 균등 또는 불균등을 어떻게 개념화하며 측정하는가의 논의로 시작된다. 그 뒤 여러 학생이 쉽게 접근할 수 있는 발표된 데이터를 사용하여 1980년 이래 미국의 근로소득분배가 어떻게 변화하였는가를 서술할 것이다. 마지막으로 이러한 근로소득 불균등 변화의 기초가 된다고 경제학자들이 믿는 기본요인들을 분석한다.

불균등의 측정

근로소득 분배와 관련된 어떤 기본개념들의 이해를 위해서는[1] 그래프를 이용하여 생각하는 것이 도움된다. 각기 주어진 수준의 근로소득을 받는 일정 수의 사람들을 단순히 그래프에 점으로 표시하는 방법을 생각해 보자. 만약 모든 사람이 예를 들어 연간 20,000달러의 동일한 근로소득을 받는다면, 분포(dispersion)는 존재하지 않게 된다. 근로소득분배의 그래프는 그림 15.1과 같이 나타나게 된다.

만약 사람들이 받는 근로소득에 차이가 있다면, 이 차이는 상대적으로 크거나 상대적으로 작을 수 있다. 만약 근로소득의 평균수준이 20,000달러이며, 거의 모든 사람이 평균에 매우 근접한 근로소득을 받는다면 근로소득의 **분포도**(dispersion)는 작게 된다. 만약 평균이 20,000달러이지만 일부는 훨씬 많이 그리고 일부는 훨씬 적게 받는다면, 근로소득의 분포도는 크게 된다. 그림 15.2는 두 종류의 가상적 근로소득분배를 보여준다. 두 분배 모두 동일한 평균수준(20,000달러)에 중심을 두고 있지만, 분배 A는 분배 B보다 더 작은 분포도를 나타낸다. B의 근로소득은 더 넓게 분포되어 있으며, 따라서 **더 큰 불균등**

그림 15.1

완전균등 근로소득분배

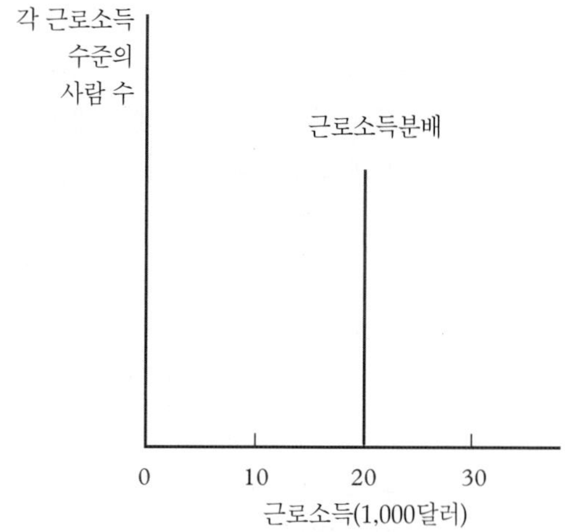

[1] 초점이 총보수에 맞춰져서 부가급여가 분석에 포함되는 것이 이상적이다. 그러나 현실적으로 부가급여의 **가치**에 관한 데이터는 시계열 또는 횡단면으로 그 **분배**를 조사할 수 있도록 하는 형태로는 널리 이용이 가능하지 않다. 총보수의 분포를 분석한 연구는 Brooks Pierce, "Compensation Inequality," *Quarterly Journal of Economics* 116 (November 2001): 1493~1525를 참조하라. 근로소득이 임금과 근로시간 모두를 반영한다는 것을 명심하는 것도 또한 중요하다. 최근 여가시간의 증가가 근로소득 불균등의 증가에 기여했을지도 모른다는 것을 암시하는 연구는 Mark Aguiar and Erik Hurst, "Measuring Trends in Leisure: The Allocation of Time Over Five Decades," *Quarterly Journal of Economics* 122 (August 2007): 969~1006을 참조하라.

그림 15.2

상이한 산포도(degrees of dispersion)를 가진 근로소득분배

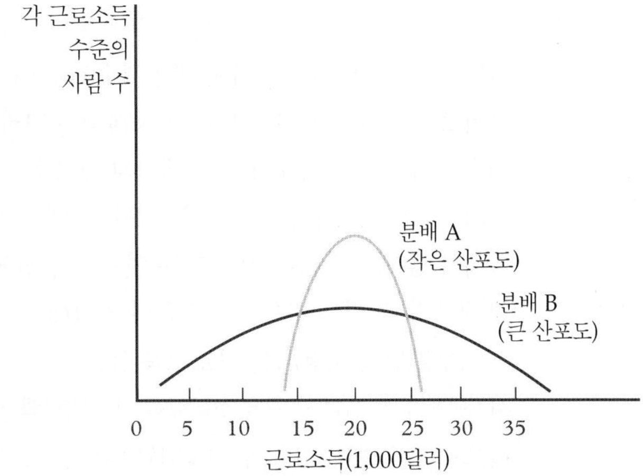

도를 나타낸다.[2)]

그래프들은 분포의 개념을 설명하는 데 도움이 될 수는 있지만, 불균등을 **측정**하기에는 어설픈 도구이다. 근로소득 불균등에 대한 여러 양적인 지표들이 고안될 수 있으며, 이 지표들은 계산의 용이함, 이해의 용이함, 그리고 사회적으로 의미가 있는 불균등의 차원을 얼마나 정확하게 나타내는가에 있어서 모두 다르다.

불균등의 가장 명백한 측정치는 분포의 **분산**(variance)이다. 분산은 다음과 같이 계산되는 분포도의 일반적인 측정치이다.

$$\text{분산} = \frac{\sum_i (E_i - \bar{E})^2}{n} \tag{15.1}$$

단 E_i는 인구 중 개인 i의 근로소득, n은 인구 수, $\bar{E}$는 인구의 근로소득 평균수준을 각각 나타내며, 기호 Σ는 인구의 모든 사람에 대해 합계하고 있음을 가리킨다. 그러나 분산을 사용할 때의 한 가지 문제는 근로소득이 증가함에 따라 그 크기가 커지는 경향이 있다는 것이다. 예를 들어 만약 인구의 모든 근로소득이 2배가 되어, 평균에 대한 (또는 다른 어떤 사람의 근로소득에 대한) 각 개인의 근로소득 비율이 불변인 채로 남아 있더라도 분산은 4배가 된다. 따라서 분산은 근로소득분포의 **상대적** 측정치라기보다는 절대적 측정치

---

2) 여러 불균등 측정치에 대한 요약은 Frank Levy and Richard J. Murnane, "U.S. Earnings Levels and Earnings Inequality: A Review of Recent Trends and Proposed Explanations," *Journal of Economic Literature* 30 (September 1991): 1333~1381에서 찾을 수 있다. 근로소득 분배가 **대칭적인지** 아닌지를 알아보는 것도 또한 흥미로운 일이다. 만약 분배가 그림 15.2와 같이 대칭적이라면, 평균보다 X달러 더 버는 사람들만큼 평균보다 X달러 덜 버는 사람들이 있게 된다. 만약 분배가 대칭이 아니면, 분배의 한쪽 부문은 함께 몰려있으며 다른 쪽은 상대적으로 흩어져있다는 뜻으로 분배가 **편향적**(*skewed*)이라고 한다. 예를 들어 많은 개발도상국에는 상당한 크기의 중산층이 존재하지 않는다. 그러한 나라들은 엄청난 수의 매우 빈곤한 가구들과 아주 작은 소수의 매우 부유한 가구들이 있다[소득분배는 매우 심한 오른쪽 꼬리분포(highly skewed to the right)를 보인다.]

로서의 의미가 있다.

분산에 대한 대안은 분산의 양(+)의 제곱근[**표준편차**(standard deviation)라 불린다]을 평균(mean)으로 나눈 **변동계수**(coefficient of variation)이다. 만약 모든 근로소득이 2배가 되면 분산과 달리 변동계수는 변하지 않은 채로 남아있게 된다. 그러나 변동계수를 계산하기 위해서는 각 개인의 근로소득에 관한 기초데이터에 접근해야만 되기 때문에, 발표된 데이터로부터 변동계수를 계산하는 것은 비현실적인 일이다. 변동계수 그 자체가 **발표되지** 않는다면, 또는 연구자가 **전체** 데이터세트에 접근하지 않는다면, 더 쉽게 구축할 수 있는 다른 측정치들이 찾아내져야만 한다.

가장 널리 사용되는 근로소득 불균등의 측정치들은 근로소득수준에 따라 인구에 순서를 매기고 주어진 근로소득수준이 어떤 백분위수(percentile)에 속하는가를 확인하는 것으로 시작한다. 예를 들어 2011년에 근로소득이 42,492달러인 25세에서 64세 사이의 남성들은 **중앙값**(median, **50번째 백분위수**)에 놓였었는데, 이는 모든 남성의 1/2이 이보다 적은 근로소득을, 또 다른 1/2이 이보다 많은 근로소득을 벌었다는 것을 의미한다. 21,361달러의 근로소득을 가진 남성들은 근로소득분배의 20번째 백분위수(20%가 이보다 적게, 80%가 이보다 많이 번다)에 놓였던 반면, 80,561달러의 근로소득을 가진 남자들은 80번째 백분위수에 놓여 있었다.

각 백분위수와 관련된 근로소득수준을 결정한 후에, 주어진 백분위수와 관련된 근로소득**수준**들을 비교하거나 총근로소득에서 각 백분위수에 속한 사람들의 근로소득이 차지하는 **비중**을 비교할 수 있다. 인구 중 상위와 하위 20%[또는 '5분위수(quintiles)']의 가계들이 각각 받는 소득이 총**소득**에서 차지하는 비중들을 비교하는 것이 널리 사용되는 **소득**불균등의 측정치이다. 예를 들어 이 측정치를 사용하여 2010년에 소득분배의 상위 20%에 속하는 가계들은 전체 소득의 50.2%를 받았지만, 하위 20%에 속한 가계들은 3.3%를 받았음을 알 수 있다.[3)]

불행하게도 분포의 각 부분이 차지하는 **비중**에 관한 정보는 가계소득의 경우와 달리 개인 **근로소득**의 경우 쉽게 이용이 가능하지 않다. 그러나 각 백분위수와 관련된 근로소득**수준**의 비교는 쉽게 실현가능하다. 보통 사용되는 이러한 종류의 측정치는 예를 들어 80번째 백분위수(80th percentile) 근로소득의 20번째 백분위수(20th percentile) 근로소득에 대한 비율이다. 이와 같은 비율들은 근로소득분배의 양 끝이 얼마나 떨어져 있는가를 알려주기 위한 것이며, 분포의 측정치로서 이 비율들은 쉽게 이해되고 즉시 계산될 수 있다.

[3)] U.S. Bureau of the Census, "Selected Measures of Household Income Dispersion: 1967 to 2010" Table A-3 (2013) at http://www.census.gov/hhes/www/income/data/historical/inequality/IE-1.pdf. 더 정교한 측정치는 5분위수의 각 분위가 받는 소득의 비중을 고려하게 되며, 완전균등(각 5분위수의 소득비중이 20%일 때)으로부터의 편차(deviation)를 수량화하는 방법은 부록 15A에서 논의된다. 소득분배 최상위의 여러 나라의 여러 시간에 걸친 소득에 대한 연구의 검토는 Anthony B. Atkinson, Thomas Piketty, and Emmanuel Saez, "Top Incomes in the Long Run of History," *Journal of Economic Literature* 49 (March 2011): 3~71을 참조하라.

예를 들어 2011년에 근로소득분배의 80번째 백분위수에 위치한 남성들은 20번째 백분위수에 위치한 남성들보다 3.77배를 더 벌었다는 것을 아는 것이 얼마나 유용한가? 사실 어떤 주어진 연도의 비율은 무엇인가와 **비교되지** 않는다면 어떤 사실을 크게 설명하지 못한다. 이 비율을 이전 연도의 비율들과 자연스럽게 비교함으로써 설명이 이루어진다. 예를 들어 시간이 흐름에 따라 이 비율이 커진다는 것은 근로소득분포가 넓게 펴져서(stretched) 분포의 양끝 사이의 거리가 벌어지며, 근로소득이 더 불균등하게 분배되었다는 것을 나타내게 된다.

근로소득분포 양 끝 사이 거리증가의 대략적인 측정치로서 80번째 백분위수와 20번째 백분위수의 근로소득 비율은 만족스러운 측정치이다. 그러나 이 단순비율이 불균등을 완전히 설명하는 것은 결코 아니다. 이 비율이 분포의 임의로 선택된 두 점에서의 근로소득에 초점을 맞춘다는 것은 선택된 백분위수 양쪽에 무슨 일이 일어났는가를 무시하는 것이다. 예를 들어 만약 모든 다른 근로소득은 불변인 채로 남아 있지만, 10번째 백분위수의 근로소득은 하락하고 20번째 백분위수의 근로소득은 증가한다면, 위의 비율은 분포의 아주 낮은 끝이 아래로 이동하였음에도 불구하고 하락하게 된다. 마찬가지로 만약 20번째와 80번째 백분위수의 근로소득이 동일하게 남아 있지만 두 백분위수 사이의 근로소득이 훨씬 더 비슷하게 된다면, 전반적으로 근로소득을 더 균등하게 만드는 이러한 과정은 단순히 80:20 비율에 의해 포착되지 않게 된다. 다음 절에서는 지난 30년 동안의 분포 변화를 더 자세히 조사하기 위해 근로소득분배의 다른 점들에서의 비율(예를 들어 90:10 비율)의 추세를 조사할 것이다.

이러한 결점에도 불구하고 다음 절에서는 분포의 80번째와 20번째 백분위수의 근로소득수준의 비교에 기초한 근로소득 불균등 변화에 관한 서술적 데이터를 제시할 것이다. 개략적이기는 하지만 이 측정치들은 1980년 이후 근로소득이 더욱 불균등하게 되었음을 나타낸다.

1980년 이래의 근로소득 불균등: 몇몇 서술적 통계

표 15.1은 위에서 논의한 80번째 백분위수 근로소득의 20번째 백분위수 근로소득에 대한 비율을 사용하여, 25세와 64세 사이 남성과 여성의 1980년부터 2011년까지의 근로소득 불균등 변화를 보여준다. 남성들의 경우 80번째 백분위수의 근로소득은 1980년부터 1990년까지 [2011년 불변가격(달러)으로] 불변이었지만, 20번째 백분위수 근로소득은 같은 기간 동안 하락했다. 그 결과 80:20 비율은 3.08로부터 3.52로 많이 증가했다. 1990년부터 2005년까지 80번째 백분위수와 20번째 백분위수 근로소득이 모두 조금 증가했으며, 80:20 비율은 다소 안정적이었다. 2008년에 시작되었던 대침체(Great Recession)와 관련된 실업이 두 백분위수 근로소득을 모두 감소시켰지만, 그 감소는 20번째 백분위수

표 15.1

25~64세의 성별 근로소득분포, 1980~2011년[2011년 불변가격(달러)]

	근로소득		
	80번째 백분위수(a)	20번째 백분위수(b)	비율: (a) ÷ (b)
남성			
1980	77,759	25,284	3.08
1990	77,798	22,123	3.52
2005	81,737	23,939	3.41
2011	80,561	21,361	3.77
여성			
1980	41,500	11,208	3.70
1990	47,032	10,236	4.60
2005	55,310	14,028	3.94
2011	55,610	14,110	3.94

자료: U.S. Bureau of the Census, *Money Incomes of Households, Families, and Persons in the United States*, Series P-60: no. 132(1980), Table 54; no. 174 (1990), Table 29; and U.S. Bureau of the Census, http://pubdb3.census.gov/macro/032006/perinc/new03_000.htm(2005); http://www.census.gov/hhes/www/cpstables/032012/perinc/pinc03_000.htm (2011).

에서 더 컸기 때문에 80:20 비율은 2005년의 3.41로부터 2011년 3.77로 증가했다.[4] 여성들의 경우 20번째 백분위수의 근로소득이 너무 낮아서 이 근로소득은 파트타임으로 일하는 여성들이 받는 근로소득일 가능성이 있는 반면(예를 들어 2005년에 여성들의 약 32%가 파트타임으로 일했다), 불균등의 전반적인 변화는 남성들의 경우와 비슷하다. 1980년대에는 80번째 백분위수의 근로소득은 증가하고 20번째 백분위수의 근로소득은 감소하여 불균등은 증가했다. 1990년 이후 20번째 백분위수 근로소득이 상대적으로 빨리 증가함에 따라 불균등은 감소했다. 즉 20번째 백분위수의 경기침체 이전 보수 증가와 전반적

[4] 표 2.2에 대한 논의로부터 표 15.1에서 모든 근로소득 수치를 2011년 불변가격(달러)으로 조정하기 위해 사용한 소비자물가지수가 인플레이션을 매년 1%포인트 과대평가할 수도 있다는 사실을 상기할 것이다. 만약 이러한 내용이 사실이라면 예를 들어 80번째 백분위수 남성들의 실질근로소득은 1980년부터 2005년까지 (표 15.1에 보이는 것과 같이 5%가 아니라) 21% 증가했던 반면, 20번째 백분위수 남성들의 실질근로소득은 (5% 하락하는 것이 아니라) 9% 증가하였다. 소비자물가지수를 사용하는 것이 빈곤의 정도를 과대평가할 수 있다고 결론을 내리는 논문은 Bruce D. Mayer and James X. Sullivan, "Winning the War: Poverty from the Great Society to the Great Recession," working paper no. 18718, National Bureau of Economic Research (Cambridge, Mass.: January 2013)을 참조하라. 그러나 표 15.1의 주요초점은 남성들의 80:20 비율이 이 기간 동안 증가했다는 것이며, 어떤 해의 경우에도 **비율**은 전반적인 인플레이션에 대한 가정에 의해 영향을 받지 않는다는 것을 깨닫는 것이 중요한 일이다(왜냐하면 똑같은 인플레이션의 조정과정이 비율의 분자와 분모 모두에 이루어지기 때문이다). 그러나 한 연구는 대학졸업자들이 생활비의 더 큰 증가를 경험했으며, 그 결과 그들의 **실질**근로소득 증가는 그들의 명목근로소득 증가만큼 크지 않았다는 것을 밝혔다. Enrico Moretti, "Real Wage Inequality," *American Economic Journal: Applied Economics* 5 (January 2013): 65~103 참조.

표 15.2

근로소득분배의 여러 백분위수에서의 근로소득 비율, 1980년, 1990년, 2005년, 2011년

주어진 백분위수에서의 근로소득 비율	1980년	1990년	2005년	2011년
남성				
80:20 (표 15.1 참조)	3.08	3.52	3.41	3.77
80:50	1.53	1.74	1.77	1.90
50:20	2.01	2.03	1.93	1.99
여성				
80:20 (표 15.1 참조)	3.70	4.60	3.94	3.94
80:50	1.66	1.79	1.78	1.79
50:20	2.24	2.57	2.22	2.20
남성				
90:10	4.68	7.31	7.97	8.94*
90:50	1.87	2.14	2.49	2.59*
50:10	2.50	3.41	3.20	3.45
여성				
90:10	9.12	13.88	9.74	9.89
90:50	2.07	2.27	2.34	2.43
50:10	4.41	6.12	4.16	4.07

*발표된 90번째 백분위수의 근로소득이 '개방된' 범위('100,000달러와 그 이상')에 속하기 때문에 이 백분위수에서의 근로소득은 추정될 수밖에 없었음.

자료: U.S. Bureau of the Census, *Money Incomes of Households, Families, and Persons in the United States*, Series P-60: no. 132(1980), Table 54; no. 174 (1990), Table 29; and U.S. Bureau of the Census, http://pubdb3.census.gov/macro/032006/perinc/new03_000.htm(2005); http://www.census.gov/hhes/www/cpstables/032012/perinc/pinc03_000.htm (2011).

인 불균등 감소 모두 남성들에 비해 여성들의 경우가 더 컸다(경기침체는 또한 여성들의 근로소득 불균등을 증가시키지 않았던 것처럼 보인다).

앞에서 논의한 바와 같이, 80:20 비율은 불균등의 증가에 관해 완전한 내용을 말해주지 않는다. 구체적으로 근로소득분배의 두 점은 임의로 선택되며, 이러한 점들에서의 근로소득 비율은 이 두 백분위수 사이와 그 두 점을 넘어선 양쪽(즉 분배의 중간과 양쪽 끝) 모두에서 무슨 일이 발생했는지를 포착하지 못한다. 표 15.2는 불균등 변화의 두 가지 측면에 초점을 맞춤으로써 1980년부터 2011년까지의 근로소득 불균등 변화에 대한 더 상세한 내용을 제공하고 있다.

첫째, 근로소득분배 상단의 변화와 하단의 변화가 대체로 비슷한지를 알기를 원한다. 바꾸어 말하면 근로소득분배의 양쪽 1/2이 **모두** 더 넓게 퍼지게 되었는가? 이 질문에 대한 몇몇 통찰력을 얻는 한 가지 방법은 80:50과 50:20 비율을 계산하는 것인데, 두 비율은

모두 상단(80번째 백분위수)과 하단(20번째 백분위수)의 근로소득이 중앙값(50번째 백분위수)과 비교하여 시간이 흐름에 따라 어떻게 변화하고 있는지를 알려준다. 표 15.2의 남성들과 여성들 모두의 처음 세 열을 조사하면 양 1/2 모두의 불균등은 1980년대에 증가했지만, 1990년과 2005년 사이에 상위 1/2의 불균등은 다소 불변인 채로 남아있는 반면, 하위 1/2의 불균등은 **더 작아졌음**이 분명하다. 2008년 이후 경기침체가 강력해졌음에 따라 남성들의 근로소득 불균등은 근로소득분배 양쪽 1/2 모두에서 또다시 증가했다(그러나 여성들의 경우 불균등은 2005년과 2011년 사이 양쪽 1/2 모두에서 다소 안정적이었다).

둘째, 이 기간에 걸쳐 근로소득분배 각 **끝**(tail)의 근로소득에 무슨 일이 발생했는지에 대해 질문할 수 있다. 90:10 비율은 근로소득분배 상위 10%와 하위 10%에 초점을 맞추는 불균등 측정치이며, 따라서 이 비율은 80:20 비율의 범위를 넘어선 변화를 비추어 줄 수 있다. 표 15.2는 또한 (아래쪽 진하게 칠해진 몇 개의 열에) 90:10 근로소득 비율과 그 두 구성요인(90:50 비율과 50:10 비율)도 포함하고 있다.

1980년부터 1990년까지의 기간 동안, 90:10 비율(그리고 그 위쪽과 아래쪽 구성요인)은 남성들과 여성들에 관해 80:20 비율과 똑같은 내용을 말해준다. 즉 근로소득 불균등은 남성과 여성 모두 1980년대에 분명히 증가했으며, 근로소득분배의 양쪽 1/2 모두에서 불균등이 증가했다. 그러나 1980년대에 걸쳐 90:50 비율과 80:50 비율의 증가는 대체로 비교할 만했지만, 50:10 비율의 증가는 50:20 비율의 증가에 비해 훨씬 더 두드러졌던바, 이는 근로소득분배 최하위 상대근로소득의 하락이 특히 현저했음을 나타낸다.

1990년 이후 여성들의 90:10 비율은 하락했지만, 80:20 비율과는 달리 남성들의 90:10 비율은 계속하여 증가했다. 분배의 하위 1/2에서 남성들과 여성들 모두의 50:10 비율은 (50:20 비율과 마찬가지로) 1990년에 비해 2005년에 더 낮았는데, 이는 근로소득분배 하위 1/2의 근로소득이 그 기간 동안 더 균등해졌음을 나타낸다. 그러나 2011년에 이르러 대침체가 남성들의 50:10 비율을 1990년의 수준으로 되돌려 놓았다.

근로소득분배 상위 1/2에서 남성들과 여성들 모두 90:50 비율은 1990년 이후 80:50 비율에 비해 더 증가했다. 그렇다면 분명히 1990년 이후 매우 높은 근로소득 수준의 남성들과 여성들 모두는 (중앙값과 비교할 때) 계속하여 근로소득의 증가를 경험했는데, 이러한 증가는 근로소득분배에서 이들의 바로 밑에 있는 사람들은 경험하지 못한 것이었다.

요약하면 위에서 검토한 표들은 다음과 같은 근로소득불균등의 주요변화가 1980년 이래 발생했음을 제시하고 있다:

a. 1980년대에는 불균등이 확실히 증가했는데, 근로소득분배 상위와 하위 1/2 모두에서 근로소득이 더 널리 분포되었다.
b. 1980년대에 근로소득분배 최하위(가장 낮은 10번째 백분위수)의 상대적 근로소득이 특히 현저하게 하락했는데, 이는 숙련도가 가장 낮은 근로자들의 근로소득에 하방압력이 있었음을 나타낸다.

c. 1990~2005년 이래 근로소득분배 하위의 근로소득이 중앙값과 비교할 때 상대적으로 증가함에 따라 근로소득분배 하위 1/2에서 근로소득이 보다 덜 넓게 분포되었다.
d. 1990년 이래, 여성들과 남성들 모두 90번째 백분위수의 근로소득은 80번째 백분위수의 근로소득에 비해 중앙값으로부터 더 멀어졌는데, 이는 근로소득분배 최상위의 상대근로소득이 계속해 증가했음을 나타낸다.

(주요 선진국들 근로소득 불균등 수준의 전반적인 비교는 예문 15.1을 참조하라.)

일반적으로 말하면 1980년 이래 근로소득분배의 변화는 두 가지 차원에서 발생했다. 하나는 고등교육에 대한 투자수익의 증가였는데, 이는 근로소득분배의 상위에 위치한 사람들(높은 수준의 인적자본을 가진 사람들)의 상대근로소득을 증가시켰다. 다른 차원은 인적자본 그룹 **내**에서의 근로소득 차이가 증가한 것인데, 이는 근로소득분배의 상단과 하단 모두의 근로소득을 더 널리 분포시켰다. 다음의 두 절에서는 이 두 가지 차원에서의 변화를 논의할 것이다.

고등교육에 대한 수익증가

고등교육에 대한 수익증가를 설명하기 위해서 우선 풀타임으로 일하는 35세와 44세 사이의 남성 근로자들에게 초점을 맞추기로 하자. 표 15.3의 윗부분에서 볼 수 있는 바와 같이, 대학 또는 대학원교육을 받은, 특히 석사학위를 가진 이 연령그룹 남성들의 실질근로소득은 1980년에 비해 더 높아졌던 반면, 고등학교 이하의 교육을 받은 사람들은 실질근로소득의 하락을 경험했다. (근로소득 비율에 의해 알 수 있는 바와 같이) 학사학위 또는 석사학위 취득의 근로소득 상의 이점은 1980년에 비해 최근 몇 년간 더 커졌지만, (고등학교를 중퇴할 때와 대비한) 고등학교 졸업장 취득의 근로소득 상의 이점은 이 기간에 크게 변하지 않았다.

비록 각 교육수준 내에서의 근본적인 변화는 다르지만, 학사학위 또는 석사학위에 대한 투자수익의 증가는 또한 여성들의 경우에도 관찰된다. 1980년대에 고등학교 졸업장을 가진 여성들의 근로소득은 절대적으로 그리고 고등학교 중퇴자의 근로소득과 비교할 때 상대적으로 실제로 증가했지만, 학사학위와 석사학위를 가진 사람들의 근로소득이 더 많이 증가했기 때문에 여성들의 고등교육에 대한 투자수익의 증가는 남성들의 투자수익 증가에 필적했다. 여성들의 학사학위 또는 석사학위 취득의 근로소득 상의 이점 증가는 학사학위와 관련된 이점이 여성들의 경우 계속하여 증가했던 2005~2011년의 기간을 제외하고 남성들의 이점 증가와 비슷했다.

(제9장으로부터 고등교육에 대한 투자수익의 증가는 대학생들의 증가와 대학교육을 받은 사람들 공급곡선의 궁극적인 우측 이동을 불러일으킨다는 것을 상기하는 것은 중요한 일이다. 노동공급곡선의 우측으로의 이동은 대학교육을 받은 사람들이 받는 임금을 인하시키는 경향이 있을 것이며, 따라서 1980년 이후 그들이 경험했던 근로소득 상의 이

예문 15.1

선진국들 사이의 근로소득 불균등 차이

미국은 다른 선진국들에 비해 그 근로소득불균등이 훨씬 더 높은 **수준**이라는 점에서 두드러진다. 아래에는 여러 선진국의 2005년 90:10 비율이 나타나 있다(이러한 비율들이 그 특징을 설명하는 근로소득분배는 이 책에 제시되었던 것에 비해서는 차이가 나는데, 이는 근로소득분배가 풀타임 근로자들의 경우이고 남성들과 여성들 모두를 합한 것이기 때문이다).

국가	2005년의 90:10 비율
호주	3.12
캐나다	3.74
프랑스	3.10
일본	3.13
네덜란드	3.12
노르웨이	2.91
스웨덴	2.33
미국	4.88

미국의 불균등이 더 큰 한 가지 이유는 미국 근로자들 사이의 **기술분포**(dispersion of skills)가 더 큰 것일 수 있다. 그 기술이 엄청나게 상이한 근로자들을 갖고 있는 나라들은 당연히 이 차이를 반영하는 근로소득 차이를 갖고 있을 것이다. 한 연구는 기술수준을 측정하는 한 가지 방식은 국제성인문해능력조사(International Adult Literacy Survey)의 '양적 읽고 쓰기(quantitative literacy)' 점수를 조사하는 것이라고 제안했다. 이 연구는 이 테스트점수가 미국 근로자들 사이에서 가장 많이, (위에서 제시된 국가 중) 스칸디나비아 국가들, 독일 그리고 네덜란드에서 가장 적게, 그리고 캐나다와 호주에서는 그 중간수준으로 변했음을 밝힌 바 있다. 연구는 또한 테스트점수 분포와 근로소득 분포 사이의 통계적 상관관계가 매우 강력했음도 밝혔다. 이러한 발견들은 제9장에서 주목되었던 미국 고등학교 학생들의 학력고사(achievement tests)에서의 상대적으로 나쁜 성적이라는 한 가지 심각한 결과를 설명한다.

자료: Organisation for Economic Co-operation and Development, *OECD Employment Outlook* 2007 (Paris: June 19, 2007), Table H; and Stephen Nickell, "Is the U.S. Labor Market Really that Exceptional: A Review of Richard Freeman's *America Works: The Exceptional U.S. Labor Market*," *Journal of Economic Literature* 46 (June 2008): 384~395.

득이 증가했다는 사실은 공급곡선의 우측이동이 수요곡선의 우측이동에 비해 더 작았다는 것을 암시한다. 예문 15.2에서 보이는 바와 같이, 교육을 더 많이 받은 근로자들에 대한 수요를 증가시켰던 사무기술(office technology)에서의 중요한 변화가 1900년대 초에 소개되었지만, 그 기간 동안에는 공급반응이 교육에 대한 수익을 실제로 하락시켰을 정도였다!)

표 15.3

35~44세의 풀타임으로 일 년 내내 일하는 근로자들의 평균소득과 교육에 대한 수익[2011년 불변가격(달러)]

	평균근로소득				근로소득 비율		
	고등학교 중퇴자(a)	고등학교 졸업자(b)	대학 졸업자 (c)	대학원 졸업자[a](d)	(b)/(a)	(c)/(b)	(d)/(c)
남성							
1980	40,083달러	55,926달러	78,807달러	90,026달러	1.40	1.41	1.14
1990	35,269달러	49,801달러	81,567달러	100,738달러	1.41	1.64	1.24
2005	33,698달러	48,520달러	92,609달러	127,044달러	1.44	1.91	1.37
2011	32,467달러	47,607달러	85,947달러	115,075달러	1.47	1.81	1.34
여성							
1980	24,800달러	32,056달러	43,671달러	51,029달러	1.29	1.36	1.17
1990	24,699달러	34,220달러	54,430달러	64,700달러	1.39	1.59	1.19
2005	23,314달러	33,743달러	62,558달러	81,805달러	1.45	1.85	1.31
2011	22,469달러	32,701달러	63,362달러	81,035달러	1.46	1.94	1.28

[a] 2005년과 2011년 데이터는 여러 수준의 석사학위를 가진 사람들 평균근로소득의 가중치임; 1980년과 1990년 데이터는 대학4년보다 더 많은 학교교육을 마친 사람들의 수치임.

자료: U.S. Bureau of the Census, *Money Incomes of Households, Families, and Persons in the United States*, Series P-60: no. 132(1980), Table 52; no. 174 (1990), Table 30; and U.S. Bureau of the Census Web Site: http://pubdb3.census.gov/macro/032006/perinc/new03_190. htm and http://pubdb3.census.gov/macro/032006/perinc/new03_316.htm (2005); http://www.census.gov/hhes/www/cpstables/032012/perinc/pinc03_000.htm (2011).

인적자본그룹 내에서의 근로소득 불균등의 증가

근로소득의 다양성을 증가시키는 데 있어서의 한 가지 요소는 교육을 많이 받은 근로자들과 교육을 적게 받은 근로자들 사이의 증가한 평균보수격차이며, 불균등 증가의 또 다른 가능한 차원은 협의로 정의된 인적자본그룹들 **내**에서의 근로소득이 더 다양해졌다는 사실이다. 그룹 내 불균등이 불균등의 **전반적인** 측정치에 어떤 영향을 미쳤는지를 이해하기 위해, 근로소득분배 상위의 사람들은 대학교육을 받은 나이 든 근로자들인 반면, 근로소득분배 하위의 사람들은 고등학교를 중퇴한 젊은 근로자들이라고 가정하자. 만약 각 그룹 **내**의 근로소득이 더욱 다양해진다면, 상위 근로소득그룹의 일부는 더욱더 많은 보수를 받게 될 것이지만, 숙련도가 가장 낮은 그룹의 일부는 더욱더 낮은 임금을 받게 된다. 이로 인한 궁극적인 결과는 **전반적인** 80:20 또는 90:10 비율의 증가가 된다.

인적자본그룹 내에서의 근로소득 차이의 추세에 대한 감을 잡기 위해 표 15.4는 남성을 연령과 교육수준에 따라 여섯 그룹으로 나누고, 1980년부터 2005년까지의 각 인적

예문 15.2

20세기 초 교육에 대한 프리미엄의 변화

교육에 대한 프리미엄은 최근 상승했으며 현재에도 상대적으로 높긴 하지만, 20세기 초에는 더욱 높았던 것처럼 보인다. 그러나 교육을 받은 근로자들에 대한 수요가 증가했음에도 불구하고 **공급**이 더욱 빠른 속도로 증가했기 때문에 프리미엄이 아주 오랫동안 높은 수준에 머무르지는 않았었다. 1914년에 그 일자리가 일반적으로 고등학교 졸업장을 요구했던 사무실 근로자들은 교육을 적게 받은 육체 근로자들보다 상당히 높은 보수를 받았다. 여성 사무실 근로자들은 여성 생산직 근로자들보다 107% 더 많은 보수를 받았던 반면, 남성 사무실 근로자들은 남성 생산직 근로자들보다 70% 더 많은 보수를 받았다. 이 프리미엄은 제1차 세계대전 기간과 1920년대 초에 급속히 하락했으며, 그 결과 1923년에는 고등학교의 프리미엄이 여성들의 경우에는 단지 41%, 남성들의 경우에는 단지 10% 수준이었다. 이 수치들은 1920년대의 후반기와 1930년대에 단지 약간 더 높아졌다.

고등학교 졸업장의 프리미엄이 이렇게 크게 하락한 것이 매우 놀라웠던 것은 경제의 변화가 이 근로자들의 상대수요를 증가시키고 있었기 때문이었다. [향상된 타이프라이터, 계산기, 기계 주소(address machine), 속기용 구술녹음기(dictaphone), 그리고 등사기(mimeo machine) 같은)] 새로운 사무 기계들이 정보기술비용을 낮췄으며, 그 보완생산요소인 고등학교 교육을 받은 사무실 근로자들의 수요를 증가시켰다. 1910년 이후 20년 동안 미국의 총고용에서 사무직 고용이 차지하는 비중은 47% 증가했다.

그러나 이 수요변화를 상쇄시켰던 것은, 고등학교들이 전국 대부분 지역에 걸쳐 일반대중들에게 개방됨에 따른 고등학교 졸업자들의 더욱 큰 공급변화이었다. 예를 들어 1910년과 1920년 사이에 고등학교 취학률이 뉴잉글랜드에서는 25%로부터 43%로, 태평양연안 지역에서는 29%로부터 60%로 각각 증가했다. 1920년대에 내연기관(internal combustion engine), 포장도로, 그리고 통합된 교구(consolidated school districts)가 중등교육을 역사상 처음으로 농촌지역으로 가져왔다. 도시들 내에서는 학교들이 오로지 대학 예비과목만을 제공하는 것으로부터 탈피하여 더 많은 학생을 유치했다. 1910년부터 1930년까지 경제활동인구에서 고등학교졸업자들이 차지하는 비중은 거의 130% 증가했다.

따라서 교육을 많이 받은 근로자들에 대한 수요의 상대적 증가는 20세기의 초기 수십 년과 말기 수십 년이 비슷했지만, 교육에 대한 프리미엄의 변화는 달랐다. 이 책에서 일관되게 강조했던 바와 같이, 수요**와** 공급이 임금을 이해하는 데 있어 중요하다는 것이다!

데이터출처: Claudia Goldin and Lawrence F. Katz, "The Decline of Non-Competing Groups: Changes in the Premium to Education, 1890~1940," National Bureau of Economic Research, working paper no. 5202, August 1995.

자본그룹 내의 20번째 백분위수의 근로소득에 대한 80번째 백분위수의 근로소득 비율을

표 15.4

연령 및 교육수준별 남성들의 20번째 백분위수 근로소득에 대한 80번째 백분위수 근로소득의 비율, 1980~2005년

	1980	1990	2005
		남성 학사학위 소지자	
연령 25~34	2.27	2.49	2.88
35~44	2.47	2.52	2.78
45~54	2.62	2.93	3.00
		남자 고등학교 졸업자	
연령 25~34	2.47	2.78	2.80
35~44	2.48	2.85	2.65
45~54	2.45	2.75	2.73

자료: U.S. Bureau of the Census, *Money Incomes of Households, Families, and Persons in the United States*, Series P-60: no. 132(1980), Table 51; no. 174 (1990), Table 29; and U.S. Bureau of the Census, http://pubdb3.census.gov/macro/032006/perinc/new03_163.htm, http://pubdb3.census.gov/macro/032006/perinc/new03_199.htm (2005).

보여준다.[5] 대학 졸업자들의 경우, 근로소득의 차이는 각 연령그룹에서 25년의 기간에 걸쳐 줄곧 더 커졌다. 근로소득의 차이는 1980년대에 고등학교 졸업자들의 경우에도 또한 더 커졌지만, 그 후에는 안정화되거나 심지어 줄어드는 경향을 보였다. 따라서 인적자본그룹 **내**에서의 근로소득 차이의 증가는 1980년대의 기간 동안과 그 이후의 전반적 근로소득의 불균등을 발생시키는 데에 적어도 어떤 역할을 했을 가능성이 있다.[6]

불균등 증가의 근본원인

설명되어야만 하는 주요 현상은 교육을 많이 받은 근로자들과 교육을 적게 받은 근로자

[5] 20번째 백분위수의 여성들은 전형적으로 파트타임근로자들이기 때문에 초점은 남성들에게 맞춰진다. (2008년 이후) 경기침체의 조건이 근로소득 불균등에 단기적 효과를 갖기 때문에, 그리고 여기서 분석하려 시도하는 장기적 추세와 뚜렷이 다른 실업 때문에, 더 최근의 연도가 아니라 2005년이 비교의 마지막 시점으로 사용되었다.

[6] 그룹 내 근로소득 분포에 대한 분석은 Thomas Lemieux, "Postsecondary Education and Increasing Wage Inequality," *American Economic Review* 96 (May 2006): 195~199; Thomas Lemieux, "Increasing Residual Wage Inequality: Composition Effects, Noisy Data, or Rising Demand for Skill?" *American Economic Review* 96 (May 2006): 461~498; and Anders Akerman, Elhanan Helpman, Oleg Itskhoki, Marc~Andreas Muendler, and Stephen J. Redding, "Sources of Wage Inequality," *American Economic Review: Papers and Proceedings* 103 (May 2013): 214~219를 참조하라. 근로소득분배 상위에서의 불균등 증가의 많은 부분이 성과급보수(pay-for-performance) 보수체계의 사용 증가와 관련이 있다는 것을 밝힌 연구는 Thomas Lemieux, W. Bentley MacLeod, and Daniel Parent, "Performance Pay and Wage Inequality," *Quarterly Journal of Economics* 124 (February 2009): 1~49를 참조하라.

들 사이의 임금격차의 확대인데, 기본경제모형은 세 가지 가능한 원인을 제시한다. 첫째, 교육을 적게 받은 근로자들의 **공급**이 대학졸업자들의 공급보다 더 빨리 증가했을지 모르며, 이는 저숙련 근로자들의 상대임금을 하락시킨다. 둘째, 교육을 많이 받은 근로자들에 대한 수요가 교육을 적게 받은 근로자들에 대한 수요에 비해 상대적으로 증가했을지도 모른다. 마지막으로 최저임금 또는 노동조합의 쇠퇴 같은 **제도적** 요인들의 변화가 교육을 적게 받은 근로자들의 상대임금을 하락시켰는지도 모른다. 아래에서는 이 가능성을 논의한다.

공급의 변화

현실에서는 공급곡선과 수요곡선의 이동, 그리고 심지어 제도적 요인들의 영향력 변화가 동시에, 그리고 지속적으로 발생한다. 정교한 통계학적 연구들은 종종 이들 가능한 영향력들을 통해 변화의 근본을 분류하며, 각각의 분리된 기여도를 추정할 수 있다. 그러나 대부분 이 연구들의 자세한 내용은 이 책의 범위를 넘어선다. 그 대신 이 책의 초점은 최근 몇 년간의 임금 불균등 증가의 배경이 되는 **지배적인** 요인들의 식별에 두게 될 것이다.

특정 근로자그룹의 시장청산임금이 주로 공급곡선의 이동에 의해 감소하기 위해서는 이 이동은 우측방향이어야만 하며, 따라서 고용증가를 수반해야 한다[그래프에 의한 설명은 그림 15.3(a) 참조]. 반대로 만약 공급곡선의 좌측이동이 임금증가의 지배적인 원인이면, 이 임금증가는 시장청산 고용수준의 감소를 수반할 것이다[그림 15.3(b) 참조]. 다른 조건이 일정하다면 이 이동이 크면 클수록 균형임금에 미치는 효과도 더 커질 것이다.

설명하려 하는 주요 현상은 교육을 많이 받은 근로자들과 교육을 적게 받은 근로자들 사이의 임금격차 증가이다. 만약 **공급곡선**의 이동에 주요 책임이 있다면 교육을 적게 받은 근로자들의 고용이 대학교육을 받은 근로자들의 고용에 비해 **증가했음**을 관찰할 수 있어야만 한다. 표 15.5는 공급곡선의 이동이 주요 원인이 **아닐 수** 있음을 보여주는 데이터를 수록하고 있다. 1980년 이후 그 상대근로소득이 증가했던 사람들의 고용비중(열 A에서 D까지)을 그 근로소득이 감소했던 사람들의 고용비중(열 E에서 H까지)과 비교하면, 근로소득과 고용의 증가가 정(+)의 상관관계를 가졌음이 분명하다. 자신들의 상대근로소득 증가를 경험했던 그룹들은 또한 더 빠른 고용증가를 경험했으며, 자신들의 근로소득이 감소한 그룹들은 또한 고용비중의 감소를 경험했다. 따라서 공급곡선의 이동은 교육에 대한 수익증가의 지배적인 설명이 될 수 없다.[7]

물론 공급곡선의 이동이 교육에 대한 수익증가의 근본이 되는 **지배적인** 영향이 아니

[7] 임금 불균등을 발생시키는 데 있어서 공급곡선의 이동이 담당했던 일반적으로 작은 역할은 더 정교한 연구들에서도 또한 발견되었다. Lawrence F. Katz and Kevin M. Murphy, "Changes in Relative Wages, 1963~1987: Supply and Demand Factors," *Quarterly Journal of Economics* 107 (February 1992): 35~78; John Bound and George Johnson, "Changes in the Structure of Wages in the 1980s: An Evaluation of Alternative Explanations," *American Economic Review* 82 (June 1992): 371~392; and John Bound and George Johnson, "What Are the Causes of Rising Wage Inequality in the United States?" *Federal Reserve Bank of New York Economic Policy Review* 1 (January 1995): 9~17.

그림 15.3

임금변화의 지배적인 원인으로서의 공급변화

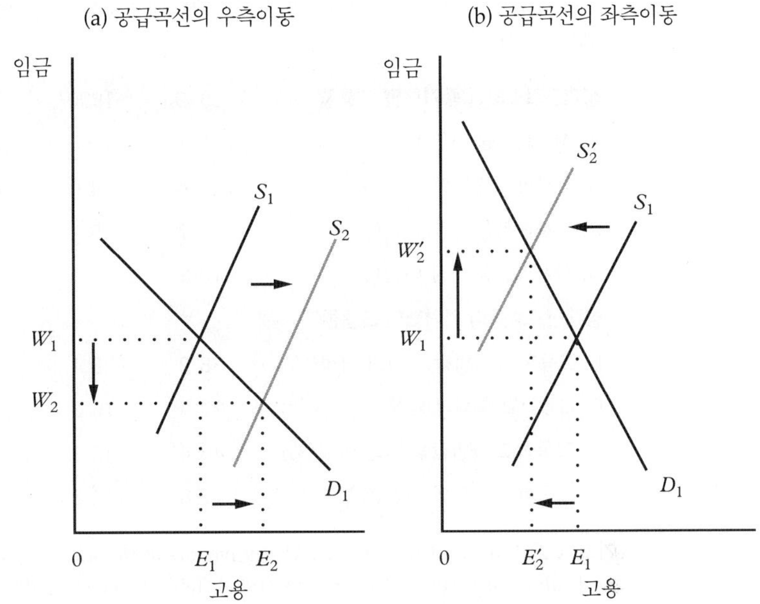

었다고 말하는 것이 공급곡선의 이동이 아무런 효과를 미치지 못했다고 이야기하는 것은 아니다. 제10장에서 해외로부터 미국으로의 이주가 이 기간 동안 증가했으며, 이주는 이 기간 동안 상대근로소득이 가장 많이 하락했던 바로 그 그룹들, 즉 교육을 적게 받은 미숙련 근로자들에게 특히 집중적으로 이루어졌다는 것을 살펴본 바 있다. 해외로부터 이주한 저숙련 근로자들의 존재 그 자체가 전반적인 근로소득 불균등을 증가시킬 수 있지만, 추정치들은 해외로부터의 이주가 **본토에서 태어난 미국인**들의 근로소득 불균등에 큰 효과를 미쳤는지에 대해 다른 결과를 보여준다.[8] 그렇다면 해외로부터의 이주 때문에, 경제활동인구 중 저숙련 근로자들의 비율이 이주가 없었을 때 비해 덜 하락했으며, 따라서 미숙련 근로자들의 임금에 대한 공급과 관련된 상승압력은 아마도 더 작았을 것이다.

수요의 변화: 기술변화

근로소득의 더 빠른 증가를 경험한 인적자본그룹들이 또한 상대적인 고용증가를 경험했

8) George J. Borjas, Richard B. Freeman and Lawrence F. Katz, "On the Labor Market Effects of Immigration and Trade," in *Immigration and the Work Force*, eds. George J. Borjas and Richard B. Freeman (Chicago: University of Chicago Press, 1992), 213~244. 해외로부터의 미숙련자들의 이주가 불균등에 크게 영향을 미쳤다는 것을 발견하지 못한 연구들은 James J. Heckman, Lance Lochner, and Christopher Taber, "Explaining Rising Wage Inequality: Explorations with a Dynamic General Equilibrium Model of Labor Earnings and Heterogeneous Agents," *Review of Economic Dynamics* 1 (January 1998): 1~58, and David Card, "Immigration and Inequality," *American Economic Review* 99 (May 2009): 1~21을 참조하라.

표 15.5

25세 이상 근로자들의 학력그룹별 (같은 성별 내에서의) 고용비중: 1980년, 1990년, 2005년, 2011년

상대근로소득이 증가했던 그룹들	1980	1990	2005	2011년
A. 석사학위를 가진 남성(%)	9.1	10.5	11.6	12.8
B. 학사학위를 가진 남성(%)	11.4	14.0	20.5	22.4
C. 석사학위를 가진 여성(%)	5.7	8.2	11.1	13.7
D. 학사학위를 가진 여성(%)	10.3	13.9	21.8	24.1
상대근로소득이 하락했던 그룹들				
E. 고등학교 졸업장을 가진 남성(%)	38.2	38.1	30.8	29.2
F. 고등학교 중퇴의 남성(%)	22.7	16.3	11.6	9.8
G. 고등학교 졸업장을 가진 여성(%)	46.4	42.1	28.6	25.4
H. 고등학교 중퇴의 여성(%)	17.8	12.2	7.8	6.8

자료: U.S. Bureau of the Census, *Money Incomes of Households, Families, and Persons in the United States*, Series P-60: no. 132(1980), Table 52; no. 174 (1990), Table 30; and U.S. Bureau of the Census, http://pubdb3.census.gov/macro/032006/perinc/new03_127.htm, http: //pubdb3.census.gov/macro/032006/perinc/new03_253.htm (2005), and http://www.census.gov/hhes/www/cpstables/032012/perinc/pinc03_000.htm (2011).

다는 사실은 노동**수요**곡선의 이동이 1980년 이래 불균등을 증가시킨 유력한 요소였다는 것을 암시한다. 다른 조건이 일정할 때 노동수요곡선의 우측 이동은 임금과 고용 모두의 증가라는 결과를 가져오지만, 노동수요곡선의 좌측 이동은 임금과 고용 모두를 감소시킬 것이다. 따라서 표 15.5의 데이터는 대학교육을 받은 근로자들에 대한 노동수요곡선의 우측 이동 및 고등학교 이하의 교육을 받은 근로자들에 대한 노동수요곡선의 좌측 이동과 일관된다.

경제학자들은 일반적으로 이러한 노동수요곡선 이동의 근본이 되는 한 가지 현상이 '숙련 편향적 기술변화(skill-biased technological change)'라는 데 동의하는데, 이러한 기술변화는 고숙련 근로자들의 생산성은 향상시켰지만, 저숙련 근로자들의 필요성을 감소시켰다. 1980년대의 기간 동안, 거의 모든 산업의 기업들은 많은 기능을 하는 컴퓨터화에 의존했던 생산 및 사무 체제를 채택했다. 예를 들어 로봇(robot), 자동화 측정장치(automated measuring device), 데이터관리시스템(data-management system), 워드프로세싱, 그리고 통신망(communications network)에의 '첨단기술(high-tech)' 투자가 대형 또는 고속 기계 같은 전통적 형태의 기계화를 크게 능가했다. 자신들의 일자리에서 컴퓨터를 사용하는 근로자들의 비율은 1984년 25%로부터 1989년 37%를 거쳐 1993

년에는 47%로 증가했다.[9] 일반적으로 말하면 많은 과정의 컴퓨터화가 고숙련 근로자들에 대한 수요를 증가시켰고, 다른 근로자들에 대한 수요를 감소시켰다고 짐작할 여러 가지 훌륭한 이유들이 있다.

제4장에서 주목한 바와 같이, 기술변화는 자본가격의 하락과 같은 것이며, 노동수요에 대한 효과는 규모효과와 대체효과의 상대적 크기에 좌우된다. 또는 어떤 종류의 노동이 가격이 하락했던 자본과 생산에 있어 보완관계에 있거나 만약 생산의 대체관계에 있으나 조보완요소(gross complement)라면, 기술변화는 그 종류의 노동수요를 증가시킬 것이다. 그러나 만약 어떤 종류의 노동이 자본과 조대체요소(gross substitute)라면 기술변화는 그 종류의 노동수요를 감소시킬 것이다. 제4장으로부터 적어도 최근 수십 년 동안 자본과 숙련 노동은 조보완요소인 경향이 있는 반면, 자본과 저숙련 노동은 조대체요소일 가능성이 더 크다는 것을 알고 있다. 만약 이러한 일반화가 첨단기술(high-tech)자본에 적용된다면 그러한 자본의 가격하락과 이로 인한 자본의 보급은 숙련노동에 대한 수요곡선을 우측으로, 그리고 저숙련 노동에 대한 수요곡선을 좌측으로 이동시켰을 것이다.

첨단기술자본이 가장 많이 증가한 산업들이 대학교육을 받은 근로자들의 비율이 가장 높았던 산업들이었으며, 고등학교 졸업자들(35%)에 비해 대학교육을 받은 사람들(70%)이 1993년에 컴퓨터 사용을 훨씬 더 많이 했던 것처럼 보인다. 나아가 컴퓨터를 사용했던 근로자들은 명백히 생산성을 향상시켰으며, 따라서 이들은 그렇지 않았을 경우 받았을 것보다 20% 더 많은 임금을 받았다고 추정되는데, 이는 1984년과 1993년 사이에 증가했던 격차이다.[10]

마지막으로 컴퓨터화된 과정의 도입과 관련된 작업장 기술변화의 신속성과 기회는 근로자들에게 새로운 기술(심지어 타이프치거나 다양한 컴퓨터 프로그램들의 사용법 학습 같은 현재의 학생들이 기본적으로 생각하는 기술까지도)을 습득할 것을 요구했다. 제9장에서 새로운 기술의 학습비용이 모든 사람에게 같지 않다는 것을 살펴본 바 있다. 즉 매우 빨리 배우는 사람들은 가장 적은 학습의 정신적 비용을 갖는 경향이 있다. 새로운 기술을 배울 갑작스러운 필요는 근로자들에 따라 차이가 나는 학습비용과 함께 불균등 증가의 두 가지 원천을 발생시켰다.

첫째, 경제이론이 암시하는 바와 같이 더 낮은 학습비용을 가진 사람들은 교육에 더 많이 투자할 가능성이 있으며, 따라서 더 많은 학교교육을 받은 근로자들이 새로운 첨단기술 환경에 더 빠르게 적응했던 사람들이었다는 것을 발견하는 것은 놀랄 일이 아니다. 둘째, 심지어 인적자본그룹들 내에서조차도 학습의 정신적 비용은 일부 근로자들로 하여

---

9) Daron Acemoglu, "Technical Change, Inequality, and the Labor Market," *Journal of Economic Literature* 40 (March 2002): 7~72; and David H. Autor, Lawrence F. Katz, and Alan B. Krueger, "Computing Inequality: Have Computers Changed the Labor Market?" *Quarterly Journal of Economics* 113 (November 1998): 1169~1213 참조.

10) Autor, Katz, and Krueger, "Computing Inequality: Have Computers Changed the Labor Market?"

금 다른 근로자들에 비해 변화에 더욱더 저항하도록 만든다. 빠른 변화의 기간 동안 일부 근로자들이 다른 근로자들에 비해 더 빨리 그리고 더 완전히 적응함에 따라, 인적자본그룹들 내에서 근로소득의 차이가 증가할 가능성이 꽤 크다.

첨단기술자본의 가격하락과 더 많은 사용이 전반적으로 숙련 근로자들에 대한 수요를 증가시켰다는 견해는 **일반적으로** 1980년대의 불균등 변화와 일관된 것처럼 보인다. 고숙련 근로자들의 근로소득은 증가했고 저숙련 근로자들의 근로소득은 감소했는데, 근로소득은 고숙련과 저숙련 인적자본그룹들 내 모두에서 보다 넓게 분포되었다(그리고 근로소득분배 상위 및 하위 1/2 내 모두에서 더 넓게 분포되었다). 그러나 만약 첨단기술자본의 도입이 모든 숙련 수준의 근로자들에 대한 수요를 증가시켰다면, 고등학교에 머무는 것의 근로소득 상의 이득이 적어도 남성들의 경우 다소 불변인 채로 머물렀다는 사실을 어떻게 설명할까? 나아가 만약 1990년 이후에 지속되었던 빠른 기술변화가 전반적으로 숙련근로자들에 대한 수요를 증가시켰다면, 1990년 이후 근로소득분배 하위 1/2에서의 (그리고 교육을 덜 받은 인적자본그룹들 내에서의) 불균등 **감소**를 어떻게 설명할까?

경제학자들에 의한 최근의 연구는 첨단기술혁명이 단순히 숙련 근로자들에 대한 수요를 증가시키는 것보다 더 복잡하게 노동수요에 효과를 미쳤을지도 모른다는 것을 암시하고 있다.[11] 그 대신 컴퓨터화된 기술은 성격상 **일상적**이었던 기계에의 원료주입, 회계정산, 편지에 타자치기, 생산제품의 결함검사, 고객주문 처리 등등의 과정에서 노동을 쉽게 대체하였을지 모른다. 그러나 컴퓨터는 교육을 많이 받은 사람에 의해 사용되는 대인관계의 추상적인 기술은 대체할 수 없으며, 많은 매우 낮은 숙련도의 일자리에서 사용되는 일상적이지 않은 수동기술(주차장 관리인들, 조경 근로자들, 병원 보조원들, 그리고 레스토랑 도우미들)도 대체할 수 없다. 따라서 컴퓨터화는 근로소득이 근로소득분배의 중간에 위치했던 많은 공장 및 사무직 근로자들에 대한 수요를 감소시키고, 동시에 교육을 많이 받은 사람과 (규모효과를 통해) 많은 사람이 가장 낮은 수준의 임금을 받는 일상적이지 않은 손을 사용하는 일자리의 근로자들 모두에 대한 수요를 증가시킴으로써 일자리 증가에 양극화의 효과(polarizing effects)를 미쳤을 가능성이 있다.

기술변화가 고용에 양극화된 효과를 미쳐왔다는 가설에 대한 몇몇 지지는 관리자(managers), 전문직(professionals), 사무 및 행정 지원(office and administrative support) 근로자들, 그리고 서비스(service) 근로자들[의료서비스 지원(health care support), 보호서비스(protective service), 음식준비(food preparation), 그리고 청소(custodial) 또는 개인관리(personal-care) 일자리들의 근로자들] 등 네 직종그룹의 총고용에서 차지하는 비중의 변화를 수록한 표 15.6에서 살펴볼 수 있다.[12] 양극화가설(polarization hypothesis)

---

[11] Maarten Goos and Alan Manning, "Lousy and Lovely Jobs: The Rising Polarization of Work in Britain," *Review of Economics and Statistics* 89 (February 2007): 118~133; and David H. Autor and David Dorn, "The Growth of Low Skill Service Jobs and the Polarization of the U.S. Labor Market," *American Economic Review* 103 (August 2013): 1553~1597.

[12] 이 네 직종그룹은 그 정의가 1983년부터 현재까지 본질적으로 바뀌지 않았기 때문에 선정되었다. 다른 그룹들의 묶음은 같은 기간 동안 변해서 발표된 데이터를 사용한 비교가 가능하지 않았다.

표 15.6

주요 네 직종그룹의 고용비중 변화, 1983~2012년

직종그룹(2012년 주간 근로소득)	총고용에서 차지하는 비중(%) 1983	1990	2012
관리자(1,171달러)	10.7	12.6	15.9
전문직(1,053달러)	12.7	13.4	22.0
사무 및 행정 지원(643달러)	16.3	15.8	12.4
서비스(485달러)	13.7	13.4	17.9

자료: U.S. Bureau of Labor Statistics, *Employment and Earnings* 31 (January 1984), Table 20 (1983); 38 (January 1991), Table 22 (1990); *Employment and Earnings Online*, (January 2013), Tables 10, 39(2012) at http://www.bls.gov/opub/ee/2013/cps/annavg10_2012.pdf, and http://www.bls.gov/opub/ee/2013/cps/annavg39_2012.pdf

과 일관되게, 1983년부터 2012년까지 관리자 또는 전문직 근로자들의 비중은 증가했고, 사무 및 행정 지원 일자리의 근로자 비중은 감소했으며, 서비스 근로자들의 비중은 증가했다. 따라서 특히 1990년 이후와 대침체(Great Recession) 이전에 근로소득분배 하단 일자리들에 대한 수요증가가 근로소득분배 하위 1/2에서의 불균등 감소에 역할을 하였을 가능성이 있다.[13)]

수요의 변화: 근로소득의 불안정

위에서 주장했던 바와 같이, 기술변화는 1980년 이래 다양한 기술수준을 가진 근로자들의 시장임금을 변화시키는 데 결정적으로 중요한 역할을 담당했던 것처럼 보인다. 그러나 방금 설명한 기술발전은 또한 생산의 규제완화 및 세계화를 통한(제16장 참조) 생산물시장 내에서의 경쟁증가와 함께 개별근로자들의 근로소득을 더 **불안정**하도록 유도했을 수도 있다. 급속한 변화의 기간에 몇몇 기업들은 성장하는 반면 다른 기업들은 소멸하며, 몇몇 근로자들은 초과근무를 하지만 다른 근로자들은 일시해고당한다. 근로소득 불안정의 어떤 증가도, 즉 개별근로자들 근로소득의 해마다 변동은 또한 축적된 근로소득불균등 증가에 기여했을 것이다.

근로소득 불안정이 측정된 근로소득의 불균등에 어떤 영향을 미칠 수 있는지를 알기 위해 근로소득분배 최하위 20%(quintile)에 초점을 맞추기로 하자. 우선 이 가장 낮은 하

---

13) 이 주장은 David H. Autor, Lawrence F. Katz, and Melissa S. Kearney, "Trends in U.S. Wage Inequality: Revising the Revisionists," *Review of Economics and Statistics* 90 (May 2008): 300~323; and Lemieux, "Increasing Residual Wage Inequality"에서 이루어졌음. 한 연구는 일자리 양극화는 경기 침체 시에 특히 현저하다는 것을 밝힌 바 있다. Nir Jaimovich and Henry Siu, "The Trend Is the Cycle: Job Polarization and Jobless Recoveries," working paper no. 18334, National Bureau of Economic Research (Cambridge, Mass.: August 2012) 참조.

위 20%에 속한 근로자들 각자가 해마다 변하지 않았던 근로소득을 가졌다고 가정하자. 그 뒤 기술변화 또는 생산물시장의 변화가 이 근로자들 근로소득을 변동시켰다고 가정하자. 즉 몇 년 동안 예를 들어 이 근로자들의 1/2은 행운이 따르지 않아 자신들의 근로소득을 **감소**시키는 실업을 경험했던 반면, 나머지 1/2은 초과근로 또는 이윤배분 보너스를 통해 근로소득의 일시적인 **증가**를 경험할 만큼 충분히 행운이 따랐다. 이 근로소득분배 최하위 20%에 속한 근로자들의 **평균**보수는 변하지 않았을지 모르지만, 10번째 백분위수의 근로소득은 (행운이 따르지 않는 근로자들의 경험을 반영하여) 하락하게 되는 반면 20번째 백분위수의 근로소득은 증가하게 된다. 만약 근로소득분배 상위 20%의 불안정이 변하지 않았다면, 80:20 비율은 감소하게 되지만 90:10 비율은 증가하게 된다.

최근의 연구는 근로소득 불안정의 정도가 특히 근로소득분배 하단에서 1980년에 비해 현재 더 높다는 것을 밝혔다. 이러한 증가 대부분은 1980년부터 1990년까지 발생했으며, 그 이래 불안정의 정도는 유지되고 있지만, 상향 추세는 발생하지 않았다.[14]

제도적 요인의 변화

수요와 공급의 시장요인 이외에도, 근로소득 불균등 증가의 두 가지 다른 이유가 경제학자들에 의해 고려되었는데, 노동조합의 쇠퇴와 1980년 이래 오랫동안에 걸쳐 최저임금은 불변인 채로 유지됐지만, 일반적인 임금은 상승했다는 사실이 그것이다. 노동조합에 가입한 근로자들은 근로소득분배의 중간에 있는 근로소득을 갖는 경향이 있었기 때문에, 노동조합의 쇠퇴는 80:50 또는 90:50 비율들을 증가시키는 역할을 했던 반면, 실질최저임금의 하락은 다른 조건이 일정할 때 50:20 또는 50:10 비율들을 증가시키게 되는 근로소득분배 최하위의 임금을 감소시켰을 것이다.

노동조합의 쇠퇴가 1980년 이후의 교육에 대한 수익증가의 원인이 되는 중요한 요소였다는 것에 의문을 갖게 하는 두 가지 **사전적인**(priori) 이유가 존재한다. 첫째, 제13장에서 주목한 바와 같이, 미국에서 노동조합에 가입된 근로자들의 비중하락은 1950년대에 시작되어, 심지어 교육에 대한 수익이 **하락**했던 1970년대 조차까지도 계속되었던(제9장 참조), 즉 10년마다의 전 기간 동안 약화되지 않고 계속된 현상이다. 둘째, 여성들은 남성들에 비해 노동조합에 가입할 가능성이 적으며(제13장 참조), 여성들의 노동조합 가입비율의 감소도 상당히 더 작아졌지만, 그러나 교육에 대한 수익증가는 여성들의 경우에도 남성들만큼 비슷하게 나타났거나 1980년 이후에는 오히려 더 커졌다.

노동조합화의 감소가 임금 불균등에 미친 효과를 추정했던 연구들은 남성들의 경우 (그러나 여성들은 아님) 노동조합화의 감소가 1980년대 불균등증가의 아마도 20%를 설명하지만, 1990년 이후에는 중요한 역할을 하지 않았다고 일반적으로 결론을 내리고 있

14) 불균등 증가에 관한 이 잠재적 설명에 대한 더 자세한 분석은 Peter Gottschalk and Robert Moffitt, "The Rising Instability of U.S. Earnings," *Journal of Economic Perspectives* 23 (Fall 2009): 3~24를 참조하라. 불균등 증가에 대한 '근로소득 불안정'에 의한 설명은 2008년 시작되었던 경기침체의 기간 동안 근로소득분배 하위 부분의 남성들이 특히 일시해고당하는 경향이 있었음을 고려할 때 또한 2005년부터 2011년까지의 남성들의 불균등 증가도 설명할 수 있을지 모른다.

실증연구

부모들의 근로소득이 그 자녀들의 근로소득을 결정하는가? 세대 간 데이터를 사용한 경제적 유동성에 대한 연구

근로소득 불균등에 대한 분석은 일정시점의 근로소득분배에 초점을 맞춰왔지만, 불균등의 또 다른 중요한 측면은 특히 근로소득분배의 하단에 위치한 가계에서 자신들 부모들의 경제적 지위보다 더 나은 결과를 내기 위한 자녀들의 기회이다. 달리 표현하면 만약 자녀들이 자신들 부모들의 근로소득 불균등을 물려받는 것처럼 보인다면, 근로소득 불균등이 증가하고 있는 나라는 이러한 추세에 대해 더 관심을 가져야 할 것이다. 만약 교육과 일자리기회가 상향유동성(upward mobility)을 위한 상당한 기회를 제공하는 방식으로 그 접근이 이루어진다면, 그 나라는 이에 대해 염려를 덜 할 수도 있다.

세대 간의 유동성에 대한 연구는 부모와 그들의 성인 자녀 모두에 관한 근로소득 데이터를 수록하고 있다는 이례적인 특성을 가진 데이터세트를 필요로 한다. 그러한 데이터가 발견될 수 있을 때, 통계분석의 핵심은 그 부모들의 근로소득에 대한 자녀들 근로소득의 탄력성을 측정하는 것이다. 즉 만약 부모들의 근로소득이 10% 증가한다면, 그 자녀들의 근로소득은 몇 % 증가하리라 기대할 수 있는가? 1이라는 탄력성은 한 세대의 근로소득 차이가 다음 세대로 완전히 상속된다는 의미에서 매우 경직적인 근로소득분배를 의미한다. 0이라는 탄력성은 부모들과 자녀들의 근로소득 사이에 상관관계가 없으며, 근로소득 상태가 한 세대에서 다음 세대로 이전되지 않는다는 것을 의미하게 된다.

위의 탄력성은 종속변수가 자녀의 근로소득이고 독립변수 중에 부모의 근로소득이 포함된 회귀분석을 사용하여 추정될 수 있다. 물론 부모와 자녀 모두의 근로소득은 실업, 질병, 가족문제, 그리고 전반적 경제활동과 같은 일시적 요소들 덕택에 매년 변할 것이다. 따라서 부모 근로소득의 측정치는 **영구적**(permanent) 또는 장기평균 근로소득 수준을 반영해야 한다. 만약 데이터가 단지 1~2년의 부모 근로소득이 연구자들에게 이용할 수 있게 되어 있다면, 회귀분석은 (제8장의 실증연구에서 논의되었던) **변수의 측정오차**(errors in variables) 문제에 의해 0쪽으로 편의된 탄력성 추정치를 산출할 것이다. 탄력성 0은 세대 간의 상당한 유동성을 의미하고, 이는 실제로는 그렇지 않을 때 사회가 상당한 상향유동성을 허용한다는 결론을 내리도록 할 수 있기 때문에, 세대 간 유동성을 연구하는 데에는 심각한 문제이다.

자신들 아버지 근로소득에 대한 미국에서의 아들들 근로소득의 탄력성 추정치들은 이러한 통계문제의 좋은 예를 제공한다. 단지 1년의 아버지 소득이 사용될 때 추정된 탄력성은 0.25와 0.35의 범위에 놓여 있다. 아버지들 근로소득의 5년 평균이 사용될 때 추정된 탄력성은 약 0.40으로 증가하며, 데이터가 16년 동안의 평균이 사용되도록 허용할 때 추정된 탄력성은 0.60이 된다.

따라서 데이터세트가 아버지들 근로소득에 관한 더 많은 연도의 관찰을 허용하도록 향상됨에 따라 추정된 탄력성들은 증가했으며, 경제학자들은 미국에서의 상향유동성의 정도에 관해 더 비관적이 되었다. 가장 최근의 추정치들은 만약 높은 근로소득 남성들과 낮은 근로소득 남성들 사이의 근로소득격차가 현재 200%라면, 앞으로

25년 또는 30년 후 그 아들들 근로소득 사이의 격차는 만약 근로소득에 영향을 미치는 다른 요소들이 불변으로 유지된다면 약 120%가 된다는 것을 암시하고 있다.

자료: Gary Solon, "Intergenerational Income Mobility in the United States," *American Economic Review* 82 (June 1992): 393~408; and Bhashkar Mazumder, "Analyzing Income Mobility over Generations," *Chicago Fed Letter*, issue 181 (Federal Reserve Bank of Chicago, September 2002): 1~4.

다.[15] 이렇게 조심스럽게 도출된 발견들은 1980년대에 상당한 크기였던 80:50 비율의 증가가 1990년 이후에는 중단되었고, 따라서 1990년 이후의 90:50 비율 증가는 단지 (노동조합화가 영향을 미치지 않는) 근로소득분배 최상위의 상대근로소득 증가의 함수였다는 위에서 언급되었던 요약된 관찰내용들과 일관성을 갖는다.

교육에 대한 수익증가의 가능한 설명으로 고려되었던 또 다른 제도적 요소는 특히 1980년대에 나타났었던 실질최저임금 수준의 하락이다. 1981년에 최저임금은 제조업 비관리직 근로자들 평균임금의 45%였던 시간당 3.35달러에 설정되었다. 명목최저임금은 나머지 1980년대 줄곧 불변인 채로 고정되었는데, 임금이 일반적으로 인상되었기 때문에 법정최저임금은 1990년대 초반 다시 증가했던 때까지 평균임금의 약 1/3 수준으로 하락하였었다. 이러한 실질최저임금의 하락은 1980년대의 기간 동안 근로소득분배 최하위 상대근로소득의 급격한 하락을 설명하는 것처럼 보인다.[16] 그러나 근로소득분배 하위 1/2에서의 균등 증가와 바로 상위 꼬리 부분에서의 상대임금 증가는 1997년 이후 다시 한 번 현저했던 실질최저임금의 하락이 1990년 이후 그리 큰 역할을 하지 않았음을 암시하고 있다.

15) David Card, "The Effect of Unions on Wage Inequality in the U.S. Labor Market," *Industrial and Labor Relations Review* 54 (January 2001): 296~315; Nicole M. Fortin and Thomas Lemieux, "Institutional Changes and Rising Wage Inequality: Is There a Linkage?" *Journal of Economic Perspectives* 11 (Spring 1997): 75~96; and David Card, Thomas Lemieux, and W. Craig Riddell, "Unions and Wage Inequality," *Journal of Labor Research* 25 (Fall 2004): 519~562.

16) David S. Lee, "Wage Inequality in the United States During the 1980s: Rising Dispersion or Falling Minimum Wage?" *Quarterly Journal of Economics* 114 (August 1999); 977~1023; John DiNardo, Nicole M. Fortin, and Thomas Lemieux, "Labor Market Institutions and the Distribution of Wages, 1973~1992: A Semiparametric Approach," *Econometrica* (September 1996): 1001~1044; and Autor, Katz, and Kearney, "Trends in U.S. Wage Inequality: Revising the Revisionists." 노동시장의 제도가 전체적으로 여러 나라의 임금불균등에 어떤 영향을 미쳤는지에 대한 연구는 Winfried Koeniger, Marco Leonardi, and Luca Nunziata, "Labor Market Institutions and Wage Inequality," *Industrial and Labor Relations Review* 60 (April 2007): 340~356을 참조하라.

복습문제

1. 신규자본에 지출하는 기업들에게 주어지는 투자세액공제(investment tax credit)의 증가가 근로소득분배에 어떤 영향을 미치는지 분석하라. (해당 개념들의 검토는 제4장을 참조하라.)
2. 고용에 영향을 미치는 법안들은 근로소득, 계약의 구속력(contractual power), 그리고 궁극적으로 사회의 불균등에 엄청난 영향을 준다. 그들 중 일부를 열거하고 이들이 발생시킬 수 있는 부정적인 효과를 설명하라. (해당 개념들의 검토는 제12장과 15장을 참조하라.)
3. 노동조합의 주요 목적 중의 하나는 사용자들이 파업 중인 근로자들을 대체하는 것을 금지하는 법안제정이었다. 만약 그러한 법안이 통과된다면, 그 법안이 근로소득불균등에 미치는 효과는 무엇일까? (해당 개념들의 검토는 제13장을 참조하라.)
4. 다국적기업(MNE: Multinational Enterprises)과 국제기업에 대한 세금우대조치(tax break)가 어떻게 내국인 근로자들에게 부정적인 영향을 미치나? 예를 들어 설명하라. (해당 개념들의 검토는 제4장과 16장을 참조하라.)
5. "**소득**균등화에 도움을 주려 고안된 프로그램들에 대한 노동공급의 반응은 **근로소득**의 분포를 좁히거나 또는 넓힐 수 있다." '부(−)의 소득세(negative income tax)' 프로그램 하에서 일하지 않는 사람들에게 지급되는 보조금의 증가라는 관점에서 이 서술에 대해 논평하라. 이 프로그램은 0보다는 크지만, 시장임금보다는 낮은 유효임금(effective wage)을 창출하며, 이 유효임금은 일하지 않는 사람들에 대한 보조금 증가에 의해 변하지 않는다고 가정하라. (해당 개념들의 검토는 제6장을 참조하라.)
6. 근로자들에 대한 교육보조금의 타당성과 중요성을 설명하라. (해당 개념들의 검토는 제15장을 참조하라.)
7. 어떤 나라의 정부가 소득불균등 심화를 우려하여 미숙련 근로자들의 총근로소득을 증가시킬 프로그램을 착수하길 원한다고 가정하자. 정부는 근로자 근로소득의 처음 100,000달러에 대한 일정 비율을 사용자들에게 세금으로 부과하는 현행 급여세(payroll tax)에 대하여 두 가지 대안을 고려하고 있다고 한다.
   a. 사용자가 부담하는 급여세를 연간 100,000달러를 초과하는 모든 근로소득으로 확대하면서, 공장 및 설비와 관련된 세금감면을 없앰으로써 자본비용을 증가시킴.
   b. 사용자가 부담하는 근로소득의 처음 30,000달러에 대한 급여세를 0으로 줄이지만 30,000달러와 100,000달러 사이의 모든 근로자 근로소득에 대한 급여세를 사용자들에게 계속하여 과세함. (100,000달러를 초과하는 근로소득에 대한 과세는 없음.)

   제안 a와 제안 b를 분리하여 분석하라(둘 중 하나만이 채택될 것임). 어떤 제안이 미숙련 근로자들의 근로소득을 증가시키려는 목표를 달성할 가능성이 더 큰가? 그 이유는?
8. 한 경제학자가 사람들의 인식기술(cognitive skills)과 비인식기술(noncognitive skills)은 20세까지 새로운 기술 또는 개념들을 배우는데 능숙하지 않은 사람들이 교육 또는 훈련 프로그램들에 의해 크게 도움을 받을 수 없는 방식으로 정해진다는 것을 관찰했다고 한다. 이러한 관찰이 사실이라고 가정하고, 경제이론을 사용하여 오늘날의 세계에서 이러한 사실의 근로소득불균등 문제에 대한 시사점들을 분석하라.

연습문제

1. (부록) 10명의 대학졸업예정자들이 졸업 후의 일자리제안을 받아들였다고 한다. 이들의 근무 첫해 연봉은 아래 표와 같다고 한다. 데이터를 정리하여 5분위율(quintiles)을 구하고, 이를 이용하여 이 10명의 로렌츠곡선을 그려라. 마지막으로 해당 지니계수를 계산하라.

베키(Becky)	42,000달러
빌리(Billy)	20,000달러
찰리(Charlie)	31,000달러
카시아(Kasia)	24,000달러
니나(Nina)	34,000달러
라울(Raul)	37,000달러
로즈(Rose)	29,000달러
토마스(Thomas)	35,000달러
윌리스(Willis)	60,000달러
유키코(Yukiko)	32,000달러

2. 어떤 작은 마을의 임금분포가 아래와 같다고 가정하자.

부문	근로자 수	임금
A	50	시간당 10달러
B	25	시간당 5달러
C	25	시간당 5달러

고임금부문 A의 시장에는 영향을 미치지 않지만, 최저임금법이 적용되는 부문 B의 시간당 임금을 7달러로 상승시키는 반면, 고용을 20으로 감소시키는 최저임금법이 통과되었다고 가정하자. 부문 B에서 일자리를 잃은 근로자들이 최저임금법이 적용되지 않는 부문 C로 이동하여, 이 부문의 고용이 30으로 증가함에 따라 임금은 시간당 4.5달러로 하락했다고 한다. 임금불균등은 증가했는가 또는 감소했는가? 설명하라.

3. 아래 표는 뉴욕시 고객서비스 대표자들의 임금분배 해당 백분위수(percentiles)의 평균임금을 보여준다.

백분위수	1990년	2005년
10번째	9.13달러	10.51달러
50번째	11.23달러	12.15달러
90번째	13.98달러	14.78달러

a. 두 해 모두 근로소득분배 여러 백분위수의 근로소득 비율을 계산하라.

b. 이 지역노동시장의 임금불균등 변화를 서술하라.

4. 문제 1에 열거된 근로자들의 변동계수(coefficient of variation)를 계산하라.

5. (부록) 아래 표는 2005년 미국의 5분위(quintile) 가계소득 비중에 관한 데이터를 보여준다. 로렌츠곡선을 그리고, 지니계수를 계산하라.

5분위	소득비중(%)
Lowest	3.4
Second	8.6
Third	14.6
Fourth	23.0
Highest	50.4

참고문헌

Autor, David H., Lawrence F. Katz, and Melissa S. Kearney. "Trends in U.S. Wage Inequality: Revising the Revisionists." *Review of Economics and Statistics* 90 (May 2008): 300~323.

Bound, John, and George Johnson. "Changes in the Structure of Wages in the 1980s: An Evaluation of Alternative Explanations." *American Economic Review* 82 (June 1992): 371~392.

Burtless, Gary, ed. *A Future of Lousy Jobs? The Changing Structure of U.S. Wages.* Washington, D.C.: Brookings institution, 1990.

Freeman, Richard B., and Lawrence F. Katz, eds. *Differences and Changes in Wage Structures.* Chicago: University of Chicago Press, 1995.

Gordon, Robert J., and Gordon Ian Dew-Becker. "Controversies About the Rise of American Inequality: A Survey." Cambridge, Mass.: National Bureau of Economic Research, working paper no. 13982 (April 2008)

Levy, Frank, and Richard J. Murnane. "U.S. Earnings Levels and Earnings Inequality: A Review of Recent Trends and Proposed Explanations." *Journal of Economic Literature* 30 (September 1992): 1333~1381.

로렌츠곡선과 지니계수

가장 일반적으로 사용되는 분배불균등의 측정치들은 분포를 10분위(deciles) 또는 5분위(quintiles)로 그룹 짓고, 각 분위가 받은 근로소득(또는 소득)을 비교하게 된다. 이 장의 본론에서 살펴보았던 바와 같이, 분포의 상위에 있는 점(예를 들어 80번째 백분위수)들에서의 근로소득 수준을 하위에 있는 점(예를 들어 20번째 백분위수)들에서의 근로소득과 비교할 수 있다. 그러나 더 풍부하고 더욱 자세한 정보를 제공하는 측정치는 각 그룹에 속한 사람들이 받는 근로소득 또는 소득이 총근로소득 또는 총소득에서 차지하는 비중에 관한 데이터를 이용한다.

인구의 각 가계가 동일한 소득을 가진다고 가정하자. 이 완전균등의 경우 인구의 각 1/5은 총소득의 1/5을 받는다. 그래프로 표현하면, 이 완전균등은 각 5분위가 받는 소득의 누적점유율(세로축)과 누적점유율 아래에 있는 가계(가로축)들을 표시한 그림 15A.1의 직선 AB에 의해 보일 수 있다. 따라서 첫 번째 5분위(모든 가계의 0.2 점유율 또는 20%)는 총소득의 0.2에 해당하는 점유율(20%)을 받게 되며, 첫 번째와 두 번째 5분위(인구의 4/10)는 총소득의 4/10를 받게 되는 등이 될 것이다.

만약 소득분배가 완전균등이 아니라면, 누적 5분위가 받는 소득의 누적비율을 연결한 곡선, 즉 **로렌츠곡선**(Lorenz curve)은 볼록하게 되며 완전균등선 아래에 놓이게 된다. 예를 들어 2002년에 미국 가계의 가장 낮은 소득을 획득한 1/5은 총소득의 3.5%를 받았으며, 두 번째로 낮은 소득을 획득한 1/5은 8.8%, 세 번째 1/5은 14.8%, 다음 1/5은 23.3%, 그리고 가장 높은 소득을 획득한 1/5은 49.7%를 각각 받았다. 누적된 데이터를 그림 15A.1에 표시하면 로렌츠곡선 $ACDEFB$가 도출된다. 이 곡선은 미국 가계소득의 분명히 불균등한 분배로부터 예상되는 볼록성(convexity)을 보여준다.

두 상이한 소득분배의 균등성을 비교할 때 만약 한 로렌츠곡선이 다른 로렌츠곡선의 안쪽(완전균등선 가까이)에 완전히 놓인다면 확고한 결론을 내릴 수 있게 된다. 만약 예를 들어 1980년과 2002년의 미국의 소득분배를 비교하는 데 관심이 있다면, 1980년 데이터를 그래프에 표시한 그림 15A.1의 로렌츠곡선 $AcdefB$가 2002년의 로렌츠곡선에 비해 모든 부분이 완전균등선에 더 가까이 놓이게 됨을 관찰할 수 있을 것이다.

그러나 만약 두 로렌츠곡선이 교차한다면, 어느 곡선이 더 큰 균등성을 나타내는가에 대한 결론을 내리기가 불가능하다. 예를 들어 그림 15A.2의 곡선 A와 B를 비교하면, 곡선 A에 의해 나타나는 분배가 곡선 B에 의해 나타나는 분배에 비해 소득이 가장 낮은 5분위가 받는 소득이 총소득에서 차지하는 비율이 더 낮다는 것을 알 수 있다. 그러나 가

그림 15A.1

미국의 1980년과 2002년의 소득분배를 나타내는 로렌츠곡선

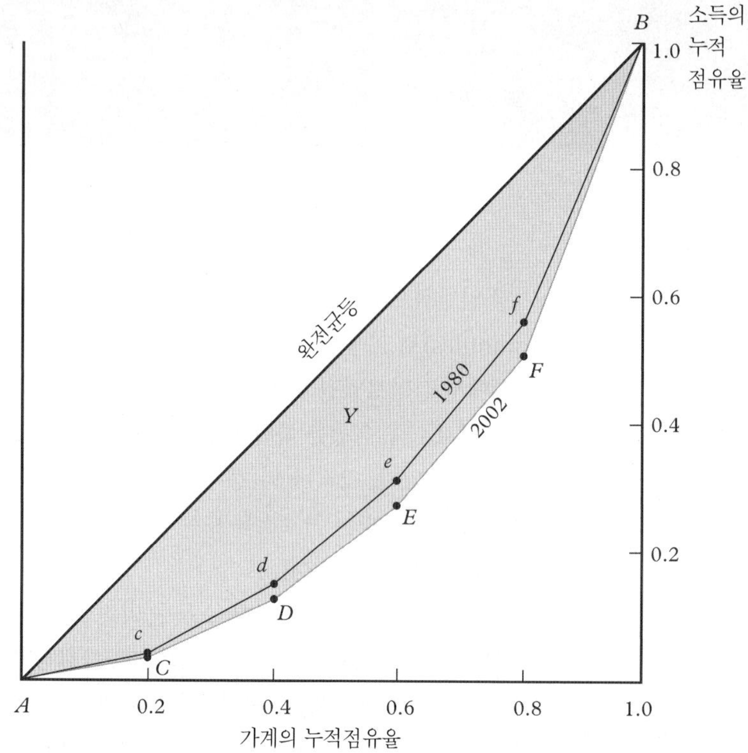

장 소득이 낮은 두 5분위(함께 고려할 때)가 받는 누적소득의 점유율은 A와 B가 같으며, 소득이 낮은 순서로 볼 때의 세 5분위와 네 5분위가 받는 소득의 누적비율은 B의 경우보다 A의 경우가 더 높다.

여러 분배가 비교될 때 첫눈에 확고한 답을 제공할 수 있는 것처럼 보이는 불균등의 또 다른 측정치는 **지니계수**(Gini coefficient)이다. 지니계수는 완전균등선 아래의 총면적에 대한 로렌츠곡선과 완전균등선 사이의 면적(2002년의 경우 그림 15A.1의 Y로 표시된 색칠한 면적)의 비율이다. 명백히 완전균등의 경우 지니계수는 0이 된다.

지니계수를 계산하는 한 가지 방법은 로렌츠곡선 아래의 면적을 그림 15A.3(그림 15A.1에 보이는 2002년의 로렌츠곡선을 다시 그린 것임)에 보이는 바와 같이, 일련의 삼각형들과 직사각형들로 분할하는 것이다. 각 삼각형은 다섯 개 5분위 각각의 수평거리인 0.2와 동일한 밑변을 가지며, 해당 거리 5분위가 받는 소득비율(누적 비율에서 더 낮은 5분위가 받는 비율을 뺀 값임)과 동일한 수치의 높이를 갖는다. 각 삼각형의 밑변은 동일하며 그들의 높이를 합하면 1이 되기 때문에, 각 삼각형 면적의 **합**은 항상 $0.5\times0.2\times1.0=0.1$과 같다(1/2×밑변×높이).

그림 15A.3의 직사각형들은 모두 0.2 크기의 한 변과 바로 전 5분위가 받은 총소득에서의 누적비율과 같은 크기의 다른 한 변을 갖고 있다. 예를 들어 직사각형 $Q_1CC'Q_2$

그림 15A.2

교차하는 로렌츠곡선

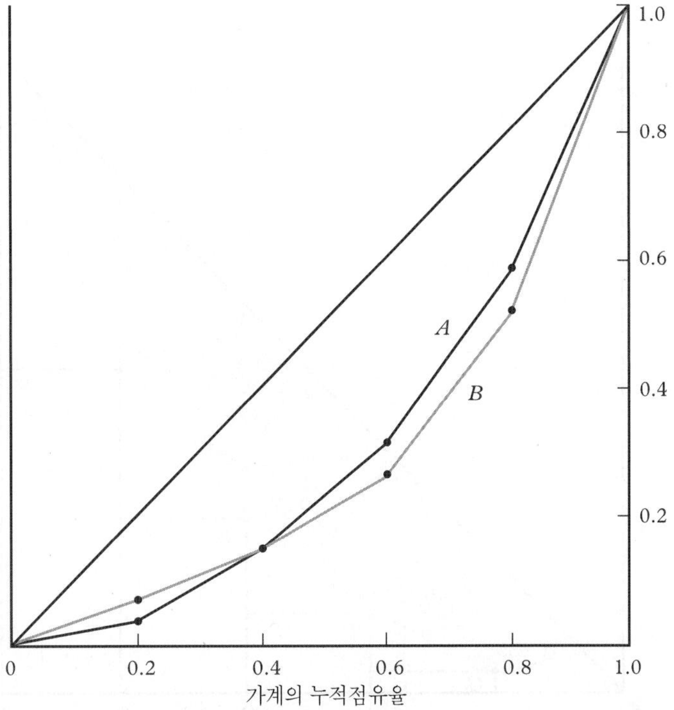

는 0.2×0.035=0.007의 면적을 갖는 반면, 직사각형 $Q_2DD'Q_3$은 0.2×0.123=0.0246의 면적을 갖는다. 마찬가지로 직사각형 $Q_3EE'Q_4$는 0.0542, 그리고 직사각형 $Q_4FF'Q_5$는 0.1008의 면적을 각각 갖고 있다. 그림 15A.3의 4개의 직사각형 모두는 합계 0.1866의 면적을 갖는다.

따라서 그림 15A.3의 로렌츠곡선 아래의 면적은 0.1866+0.1=0.2866이 된다. 완전균등선 아래의 총면적이 0.5×1×1=0.5로 주어질 때, 2002년의 지니계수는 아래와 같이 계산된다.

$$\text{지니계수(2002)} = \frac{0.5 - 0.2866}{0.5} = 0.4268 \quad (15A.1)$$

비교를 위해 1980년 소득분배의 지니계수는 0.3768로 계산될 수 있는데, 이 수치는 2002년의 지니계수보다 0에 더 가까이 놓이기 때문에 1980년에 균등성이 더 컸었다는 증거가 된다.

유감스럽게도 지니계수는 부유한 사람들이 가난한 사람들을 위해 자신들의 소득을 포기할 때는 물론 자신들 소득의 일부를 중간계층에게 포기할 때 더 작아지게 될 것이다. 따라서 지니계수는 아무것도 확실하지 않을 때 상대적 균등(comparable equality)에 대한 '결정적인' 대답을 제공할 수 있다. 그림 15A.2의 경우에서 보았던 바와 같이, 로렌츠

그림 15A.3

2002년 가계소득 분배의 지니계수 계산

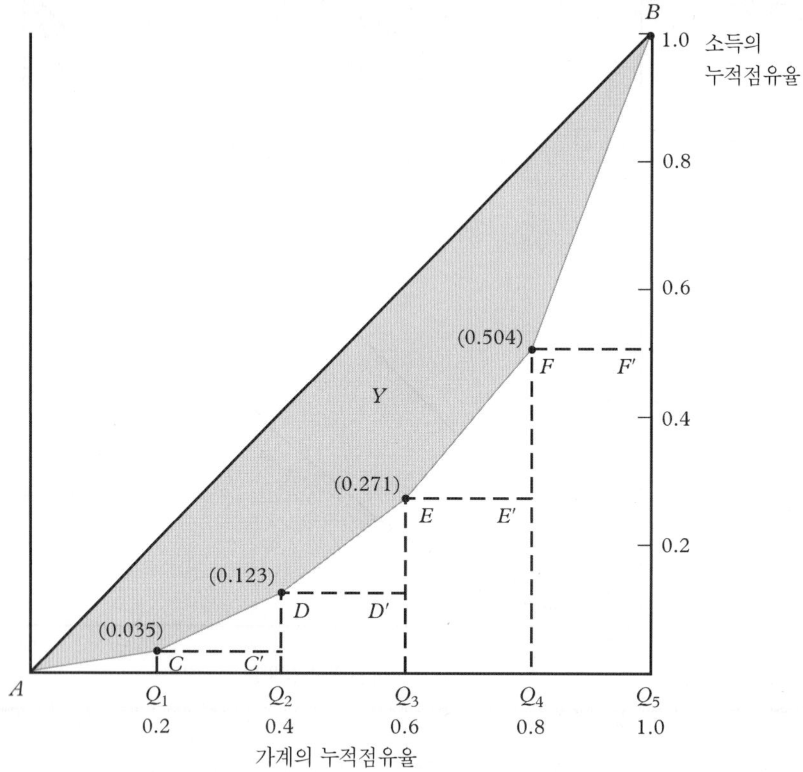

곡선들이 교차하며 비교되는 두 분배의 상대적 균등을 판단할 때 항상 확실한 대답을 할 수 있는 것은 아니다.

이제까지 발표된 데이터가 계산을 가능하게 한다는 단순한 이유 때문에 **가계소득**을 이용하여 로렌츠곡선과 지니계수를 분석했다. 개별 **근로소득**이 총소득에서 차지하는 **비중**에 관한 기초데이터는 발표되지 않지만, 근로소득분배와 관련된 지니계수들은 1967년부터 1992년까지 비슷한 기준에 따라 발표되었다. 풀타임으로 1년 내내 일했던 남성 또는 여성 **근로소득**분배의 지니계수는 1970년대에 상대적으로 정체되어 있었지만, 1980년대에는 약 15% 증가했다.[1].

[1] U.S. Bureau of the Census, *The Changing Shape of the Nation's Income Distribution, 1947~1998*, P-60: no. 204 (June 2000): 2~3.

제16장

국제무역과 생산분담의 노동시장 효과

국가는 전통적으로 수입에 대해 조세('관세') 또는 코타(quotas)를 부과함으로써 많은 자국 산업을 외국 기업과의 경쟁으로부터 보호했다. 최근 몇 년 동안 많은 곳에서 보통 하나 또는 둘 이상의 무역파트너와의 상호합의에 의해 수입에 대한 제한조치가 완화되고 있다. 나아가 최근 정보통신의 발전은 전 세계와의 통신이 거의 즉각적으로 이루어지도록 만들었는데, 이는 재화와 서비스를 고객들과 멀리 떨어진 곳에서 생산할 가능성을 크게 증대시켰다. 이러한 변화의 결과 국경을 넘어 재화, 서비스, 금융자원, 그리고 정보흐름의 이동이 상당히 활발해졌다.

예를 들어 미국에서, 외국으로부터의 재화와 서비스의 수입은 1985년에는 모든 구매의 10% 미만을 차지했으나, 2012년에는 모든 미국 구매의 약 17%가 다른 곳에서 생산된 재화 또는 서비스였다. 마찬가지로 1985년에 미국에서 생산된 재화와 서비스의 약 7%가 다른 나라의 사람들에게 판매되었으며, 2006년에는 미국 생산량의 약 14%가 해외에 판매되었다.[1] 또한 '미국' 생산물이 대체 무엇인지도 점점 불분명해지고 있다. 예를 들어 미국 회사에 의해 판매된 휴대용(laptop) 컴퓨터는 미국에서 디자인되었을지 모르지만, 코스타리카 또는 말레이시아에서 만들어진 마이크로프로세서를 사용하고, 한국에서 제조된 키보드를 장착하며, 대만에서 조립되어, 인도의 기술자들이 근무하는 전화상담 서비스에 의해 지원을 받고 있다! 이처럼 생산과정에서의 다양한 단계가 여러 지역에 분산된 것을 '생산분담(production sharing)'이라 부른다.

국경을 넘어 부품, 서비스, 그리고 최종재의 이동이 증가한 것은 높은 보수를 받는 미국 근로자들이 이제는 엄청난 수의 저임금 외국인들과의 치열한 경쟁에 직면하고 있

[1] U.S. President, *Economic Report of the President* (Washington, D.C.: Government Printing Office, 2013), Table B-1.

으며, 생산분담은 고임금 미국 근로자들의 일이 다른 나라들로 아웃소싱(outsourced or 'offshored')됨을 의미하며, 따라서 미국 근로자들의 일자리는 파괴되고 그 임금은 하락할 것이라는 우려로 이어졌다. 이러한 주장의 시사점은 전형적으로 미국 근로자들, 또는 적어도 그들 중 상당수는 더 통합된 세계경제에 의해 이전보다 더 못해졌다는 것이다.

이 장에서는 이 책의 앞부분에서 전개된 경제개념을 사용하여 다른 나라들과 생산물과 생산요소 모두의 국제무역 증가가 노동시장에 미치는 효과를 분석할 것이다. 제15장과 마찬가지로 이 장의 목적은 이 책 전체를 통하여 전개된 개념들을 사용하고 검토하는 방식으로 많이 논의되는 주제들을 분석하는 것인데, 그 분석은 실증 및 규범적 개념 모두를 활용할 것이다. 도대체 왜 국가 내에서 또는 국가 사이에서와 관계없이 개인들 또는 기업들 사이에 거래가 발생하는지를 조사하는 것으로 시작하기로 하자.

무역은 왜 발생하는가?

제1장에서 시장의 기능은 상호이득이 되는 거래들을 활성화하는 것이라는 것을 강조한 바 있다. 이 거래들은 만약 이득을 얻는 사람들이 손실을 보는 모든 사람에게 보상할 용의가 있다면 도달될 수 있는 상태인, 만약 일부는 이득을 얻고 어느 누구도 손해를 보지 않는다면, 사회적으로 이득이 될 (파레토 개선인) 거래일 것이다. 국경을 넘는 거래들이 국가 내에서의 거래들과 마찬가지로 개인들 또는 기업들 사이에 발생하기 때문에, 이러한 의사결정자들의 동기를 이해해야만 된다.

개인 간의 거래와 비교우위 원리

제7장에서 살펴본 바와 같이 모든 개별가계는 거의 매일 제조할 것인가 또는 구매할 것인가의 다양한 의사결정에 직면한다. 우리는 매일 무엇을 스스로 할 것인가와 어떤 것을 다른 사람에게 위탁(outsource)하길 (다른 사람들로부터 구입하기를) 원하는가를 결정해야만 한다. 식품을 모아서 음식을 스스로 만들 것인가 또는 음식을 음식점으로부터 구매할 것인가? 거실을 칠하기 위해 이틀을 소비할 것인가 또는 칠하는 사람을 고용할 것인가? 자동차 오일을 스스로 교환할 것인가, 소득세 신고서를 스스로 준비할 것인가, 잔디를 스스로 깎을 것인가, 나이 든 부모님을 스스로 돌볼 것인가, 아니면 이러한 집안일들을 위해 다른 사람들에게 대가를 지급할 것인가?

만들 것인가 또는 구매할 것인가의 의사결정은 재화 또는 서비스를 다른 사람들로부터 구매하는 비용을 이러한 일들을 스스로 할 때의 기회비용과 비교해서 이루어진다. 만약 한 가지 활동에만 특화하고, 나머지는 다른 사람들로부터 구매하기로 한다면, **거래**하게 되는 것이다. 즉 특화하는 일을 판매하고 있으며, 이를 통해 획득한 화폐를 다른 재화 또는 서비스를 외부인들로부터 구매하기 위해 사용하고 있는 것이다.

위에 열거한 모든 가계활동을 스스로 수행하는 것은 두 가지 형태의 비용을 수반하게 된다. 첫째, 이러한 모든 일에 전문가가 될 수 없으며, 따라서 만약 모든 일을 스스로 한다면 결국 조악한 결과를 가져올지 모른다. 둘째, 만약 모든 일을 스스로 한다면, 더 생산적이거나 또는 더 쾌적할 수 있는 다른 방법으로 시간을 보낼 기회를 포기하게 된다. 예를 들어 하루에 400달러를 벌 수 있는 변호사가 하루에 120달러로 칠을 하는 사람을 채용할 수 있을 때 자신의 거실을 칠하면서 이틀을 보내기를 진정으로 원하는가?

이러한 만들 것인가 또는 구매할 것인가의 의사결정에 영향을 미치는 요소들을 더 잘 이해하기 위해, 단순한 예를 들어보기로 하자. 위에서 언급한 변호사인 도리스(Doris)가 구두수선 일을 하는 자영업자인 데릴(Daryl)의 길 건너편에 살고 있다고 가정하자. 도리스는 하루에 400달러를 벌 수 있는데, 현재 그녀는 세 벌의 새 옷이 필요하다고 한다. 도리스와 데릴 모두 비록 속도는 다르지만, 재봉질할 수 있으며, 도리스는 자신이 옷을 만들어야만 하는지 또는 데릴로부터 옷을 구매해야 하는지를 결정하려 한다고 한다.

만약 도리스가 변호사로서의 업무로부터 시간을 내서 풀타임으로 재봉질을 하면 일주일에 세 벌의 옷을 만들 수 있다고 한다. 따라서 하루 400달러의 변호사 업무를 5일 동안 포기해야 하므로, 그녀는 자신의 옷 세 벌에 2,000달러(더하기 재료비)의 비용이 든다고 계산할 것이다. 분명히 그녀가 진정으로 재봉질하는 것을 원하지 않는다면, 그녀는 데릴이 자신에게 그의 노동의 대가로 2,000달러 미만을 청구한다면 그로부터 자신의 옷을 구매하는 것이 나을 것이다.

데릴은 타고난 재주가 덜 해서 하루에 단지 120달러를 벌 수 있으며, 그가 유능하게 재봉질을 할 수 있더라도 도리스가 원하는 품질의 옷을 세 벌 만들기 위해서는 풀타임으로 재봉질을 하여 **두** 주일이 걸린다. 만약 그가 재봉질하기로 한다면 그는 2주일의 근로 또는 1,200달러(하루 120달러로 10일의 근로)를 포기할 것이다. 그러나 데릴이 옷을 만드는 기회비용은 도리스의 기회비용 2,000달러보다 훨씬 적다는 것에 주목하라.

만약 데릴이 세 벌의 옷을 만드는 데 동의하고 자신의 노동 대가로 예를 들어 1,500달러를 청구하면, 두 사람 모두 만족하게 된다. 데릴은 구두를 수선함으로써 보통 벌게 되는 것보다 300달러를 더 벌게 되며, 도리스는 스스로 재봉질을 하여 옷을 만드는 것과 비교하여 500달러를 절약하게 된다. 두 사람 모두 이전에 비해 더 나아질 뿐만 아니라, 만약 도리스가 법률업무에 특화하고 자신의 옷을 데릴로부터 구매한다면, **사회의** 산출량은 증대된다! 데릴이 옷을 만들 때, 사회는 1,200달러의 가치가 있는 그의 다른 곳에서의 산출량을 잃어버린다. 만약 도리스가 옷을 만든다면, 사회는 2,000달러에 해당하는 법률서비스를 잃게 된다. 따라서 만약 데릴이 옷을 만든다면 사회적 관점에서 볼 때 비용이 더 적게 든다.

호기심이 많은 독자는 이 예에서 흥미로운 수수께끼를 볼 것이다. 데릴은 모든 면에서 도리스에 비해 훨씬 덜 생산적이다. 즉 데릴은 그의 다른 곳에서의 활동에서도 더 적게 벌 수 있으며, 재봉질도 더 느리게 한다. 그러나 그는 결국 재단사로서의 자신의 서비스에 대한 수요를 끄집어낸다! 그 이유가 무엇일까? 제조할 것인가 또는 구매할 것인가의 의사결정에서 첫 번째 단계는 각 당사자가 **내부적** 비교를 하는 것이다. 즉 개인들은 문제의 재화 또는 서비스를 생산하는 자기 **자신의** 기회비용을 고려해야만 한다. 달리 표현하면 어떤 재화를 제조할 것인가 또는 구매할 것인가를 결정하려 하는 사람들은 두 가지 일을 한 번에 할 수 없기 때문에, 만약 자신들이 그 재화를 제조하려 한다면 우선 자신들이 포기해야만 하는 활동의 가치를 계산해야만 한다.

위의 예에서 데릴은 자신이 세 벌의 옷을 만드는 노동비용이 1,200달러라고 계산하게 되지만, 도리스는 자신의 비용이 2,000달러라는 것을 계산한다. 일단 그들이 자신들의 내부계산을 하게 되면, 그들은 양자가 합의할 수 있는 상호이익이 되는 거래가 존재하는지를 살펴보기 위해 서로 협상하는 위치에 있게 된다. 비록 도리스가 데릴보다 옷을 더 빨리 만들 수 있더라도, 데릴이 그의 활동(구두수선)에서 보이는 것보다 그녀가 자신의 다른 곳에서의 (법률서비스) 활동에서 훨씬 더 생산적이기 때문에, 그녀의 기회비용이 더 크다. 따라서 경제학자들은 데릴이 옷을 만드는 데 있어 **비교우위**(comparative advantage)를 갖는다고 결론을 내리게 된다. 즉 데릴의 옷을 만드는 기회비용(데릴이 포기한 생산의 가치)은 도리스보다 더 작으며, 그들의 기회비용이 다르기 때문에 상호이익이 되는 거래가 발생할 여지가 존재한다.

이러한 비교우위의 원리는 다른 사람들과의 거래에 대한 모든 의사결정의 기초가 된다. 일반적으로 말하면 개인들은 자신들이 비교우위를 가진 재화 또는 서비스의 생산에 **특화**하고, 자신들 스스로 생산하는 것이 더 비싸다는 것을 알게 된 재화 또는 서비스를 다른 사람들로부터 구매하려는 강력한 인센티브를 갖고 있다.

여러 국가 간 거래의 인센티브

만약 도시, 주, 또는 국가 내에서 개인들 사이의 거래가 개인들과 사회 전체 모두에 이익을 줄 수 있다면, 국경을 넘어서의 개인들 또는 기업들 사이의 거래들도 비슷한 이익을 가질 수 있을까? 경제학자들은 비록 그 잠재력이 실제로 실현되는가에 대한 많은 논란에도 불구하고, 일반적으로 국제무역이 그 무역에 종사하는 국가들의 산출량을 확대할 **잠재력**을 갖고 있다는 데에 동의한다. 논쟁을 이해하기 위해서는 우선 왜 경제이론이 두 국가 사이의 무역이 양국 모두에게 잠재적으로 이익이 된다고 간주하는가를 스스로에게 물어야 한다. 앞 절에서의 분석은 개인들 수준에서 이루어졌지만, 이 절에서의 분석은 총체적 (국가) 수준에서 이루어진다.

무역이 없을 경우의 생산가능곡선 과거에 두 나라 사이의 무역이 수입되는 재화에 대한 관세의 부과 또는 재화를 수송하거나 국경을 넘는 거래에 대한 결정적인 정보를 소통하는 데의 어려움과 같은 기술적 제약에 의해 상당히 제한되었다고 가정하자. 이러한 제약의 효과는 각 나라가 오로지 국내에서 만들었던 재화 또는 서비스로 자국 소비자의 수요를 충족시켰어야만 한다는 것이었다.

단순한 분석을 위해 자국이 이용할 수 있는 자원을 갖고 식품과 의류 두 재화를 각각 생산할 수 있는 A국과 B국을 살펴본다고 가정하자. A국과 B국의 자원은 일정시점에 고정되어 있기 때문에 각국 식품산출량의 증가는 의류를 포기하도록 요구한다. 마찬가지로

그림 16.1

A국의 생산가능곡선

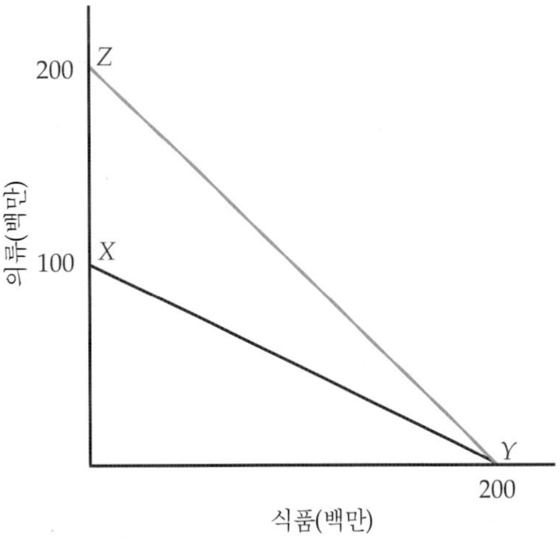

더 많은 의류 생산은 식품 포기를 필요로 한다. A국과 B국은 상이한 생산자원이 있으며, 각국이 자국의 자원을 갖고 생산할 수 있는 식품과 의류의 다양한 조합들은 그래프에 그려질 수 있다. 그 결과는 (기술변화의 효과를 논의할 때 제4장의 끝 부분에서 소개되었던) **생산가능곡선**(production possibilities curve)이라 불린다.

그림 16.1과 16.2의 아래쪽 직선, 즉 그림 16.1의 *XY*와 그림 16.2의 *X′Y′*는 각각 A국과 B국의 가정했던 생산가능곡선들이다. 또한 (또 다시 단순함을 위해) 각국 생산의 기회비용은 식품과 의류의 조합이 변함에 따라 변하지 않으며, 따라서 생산가능'곡선들'은 두 그림에서 직선으로 그려진다고 가정하자.

그림 16.1을 살펴보면서, 만약 A국이 자국의 모든 자원들을 식품생산에 투입한다면, 2억 단위의 식품과 0단위의 의류(점 *Y*)를 생산할 수 있다는 것에 주목하라. 만약 A국의 모든 생산자원이 의류를 만드는 데 투입된다면, 1억 단위의 의류와 0단위의 식품(점 *X*)이 생산될 수 있다고 가정하자. B국과의 무역이 없을 경우, A국은 두 재화의 **조합**을 생산하기로 선택할 것이며, 따라서 결국 *X*와 *Y* 사이의 생산가능곡선을 따라서의 한 점에 머무르게 될 가능성이 매우 크게 된다. A국이 선택하는 정확한 생산점은 그 선호에 좌우되게 된다.

그림 16.2와 B국으로 관심을 돌려서, 만약 B국이 자국의 모든 자원을 식품을 생산하는 데 투입하면 2억 단위의 식품과 0단위의 의류(점 *Y′*)를 생산할 수 있으며, 만약 모든 자원을 의류생산에 투입한다면 4억 단위의 의류와 0단위의 식품(점 *X′*)이 생산될 수 있다고 가정하자. 두 나라의 생산가능곡선들이 상이하다고 가정하였음을 주목해야 할 것이다. 이 상이함은 각국이 이용할 수 있는 천연자원, 인적자원 또는 기술자원에 그 원인이 있을 수 있다.

비교우위 이러한 생산가능곡선으로부터 비교우위를 추론할 수 있을까? 위에서 주목했던 바와 같이, 비교우위의 식별은 생산의 **국내**(내부) 기회비용을 계산하는 것으로부터 시

그림 16.2

B국의 생산가능곡선

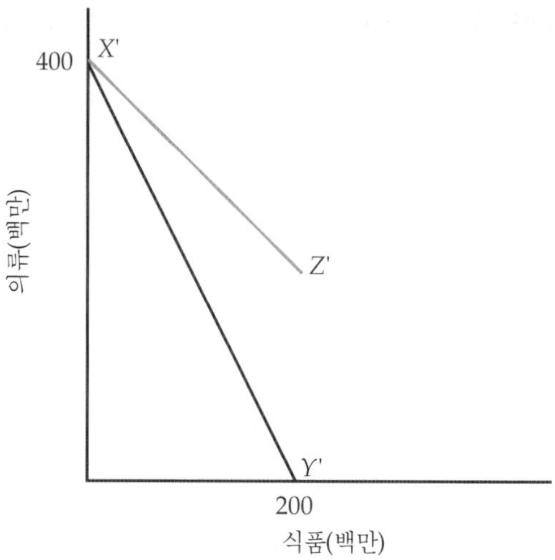

작하며, 따라서 각국 식품생산의 기회비용을 분석하기로 하자. 만약 A국이 오직 의류만을 생산하였지만, 오직 식품만을 생산하기로 결정한다면, A국은 1억 단위의 의류를 포기하는 기회비용으로 2억 단위의 식품을 얻게 된다. 따라서 A국에서 식품의 추가 1단위는 0.5 단위의 의류를 포기함으로써 얻어질 수 있다. B국에서 2억 단위의 식품은 오로지 4억 단위의 의류를 포기함으로써만 생산될 수 있다. 따라서 B국에서 식품 추가 1단위는 2단위의 의류를 포기할 것을 필요로 한다. 분명히 A국에서 식품의 추가 1단위를 얻기 위해 더 적은 의류가 포기될 필요가 있으므로, 식품생산의 기회비용은 B국에 비해 A국이 더 낮다. 그러므로 위의 예의 두 나라 사이에서 A국은 식품생산에 비교우위를 갖는다.

어느 나라가 의류를 생산하는 데 비교우위를 가질까? A국에서 1억 단위의 의류를 얻는데 2억 단위의 식품을 포기할 것을 필요로 하며, 따라서 의류 추가 1단위의 생산은 2단위의 식품이 덜 생산되는 것을 의미한다. B국에서 4억 단위의 의류는 2억 단위의 식품을 포기할 것을 필요로 하며, 따라서 의류 1단위는 0.5단위의 식품을 잃게 한다. B국이 의류생산에 비교우위를 가진다.

A국이 하나의 재화에 비교우위를 갖는 반면, B국은 다른 재화에 비교우위를 갖는 것이 우연의 일치일까? 아니다. A국은 식품을 매우 효율적으로 생산하는 자원을 갖고 있기 때문에, 만약 A국이 식품생산에 특화할 수 있기보다 자국의 의류를 생산해야만 한다면, 결과적으로 많은 식품을 포기하게 된다! B국은 식품생산에 A국만큼 효율적이지 않으며, 따라서 그곳에서의 의류생산은 더 낮은 기회비용을 갖는다. 정확히 B국은 식품을 생산하는 데 있어 A국만큼 효율적이지 않기 때문에 의류생산에 비교우위를 갖는다! 따라서 식품을 생산하는 데 있어서의 A국의 비교우위는 A국은 의류를 생산하는 데 비교**열위**(comparative disadvantage)를 갖고 있음을 의미한다.

무역이 있을 경우의 생산가능곡선 위의 도리스와 데릴의 예와 유사하게, 식품과 의류를 생산하는 내부비용의 차이는 각국이 자국이 비교우위를 가진 재화의 생산에 특화하고 다른 재화와 교환함으로써 각국이 더 나아지게 되는 상황을 창출한다. 이를 이해하기 위해서 무역이 있을 경우, B국은 오직 의류만을, A국은 오직 식품만을 각각 생산하고, A국과 B국 모두의 기업들은 1단위의 식품과 1단위의 의류를 교환하는 조건으로 서로 거래를 하는데 동의한다고 가정하자. 우선 A국에서의 효과에 초점을 맞추기로 하자.

무역 이전에 A국에서 의류 1단위는 단지 식품 2단위를 포기함으로써 얻어질 수 있었음을 주목한 바 있다. 무역 이후 A국의 사람들은 단지 식품 1단위의 비용으로 의류 1단위를 얻을 수 있다. 극단적으로 만약 A국이 자국의 모든 식량을 무역을 통해 B국으로 보낼 용의가 있다면, A국은 이제는 2억 단위의 의류(그림 16.1의 점 *Z* 참조)를 얻을 수 있다. 그래프로 설명하면, A국의 생산가능곡선은 그림 16.1의 (*XY*)로부터 벗어나 (*ZY*)로 이동했다. 분명히 B국과의 무역은 A국 사람들이 의류와 식품 **모두**를 더 소비하는 것을 가능하도록 만들었다.

이 시점에서 A국의 경우 그림 16.1에서 *XY*로부터 *ZY*로의 이동은 그림 4.6에서 발생했던 이동과 동일하다는 것을 설명해야만 한다. 그림 4.6에서 정의에 의하여 똑같은 생산가능곡선 *XY*로 시작하여, 만약 **기술변화**(technological change)가 의류산업의 생산성을 2배로 증가시킨다면, 발생하게 되는 이동을 설명했다. 그림 16.1에서 무역의 결과 정확히 똑같은 이동이 발생했다. 실제로 A국의 관점에서 볼 때, 자국의 의류생산을 위해 **무역은 새로운 기술을 창출하는 것으로 간주될 수 있다.** A국의 의류가 이제는 B국에서 생산되기 때문에, A국에서 닳아 헤진 의류가 새로운 기술을 사용하여 실제로 생산되고 있는 것이다!

B국에서도 생산가능곡선의 비슷한 밖으로의 이동이 발생할 것이다. 무역이 가능하기 이전에 식품의 추가 1단위를 소비하는 것은 (그림 16.2에서 생산가능곡선 *X′Y′*를 따라) 2단위의 의류를 포기하는 것을 필요로 했다. 무역과 함께 B국의 사람들은 단지 의류 1단위를 포기함으로써 식품 1단위를 얻을 수 있다(선분 *XZ′* 참조). 식품비용의 이러한 변화는 식품산업에서 B국의 생산성을 2배로 증가시키는 발명과 동일하다. 무역이 발생하기 이전 B국에서는, 국내에서 2억 단위의 식품을 생산하기 위해서 4억 단위의 의류를 생산하는 데 필요한 자원을 사용했다. 무역과 함께 B국은 자국 내부 기회비용의 1/2로 2억 단위의 식품을 얻을 수 있다.

자원의 재배분 그러나 무역으로부터의 잠재적 이익이 A국과 B국 모두에서 실현되기 위해서는 각국 **내**에서 자원이 한 부문으로부터 다른 부문으로, 즉 A국에서는 의류생산으로부터 식품부문으로, B국에서는 식품으로부터 의류생산으로 이동해야만 한다. 이러한 부문의 변화는 비용이 들며, 대체되는 근로자들과 소유자들에게는 종종 고통스러운 일이다. 만약 한 부문으로부터 다른 부문으로의 생산자원의 이동이 어떤 이유로 인해 방해된다면, 무역의 증가는 장기 실업을 야기할 수 있으며, 무역으로부터의 이득은 감소하거나 완전히 제거되게 된다. 따라서 무역이 국가의 산출량을 증대시킬 수 있다는 규범적인 판단은 부분적으로 이 부문 간의 이동과 관련된 어떤 실업이라도 단기적이며, 장기적 또는 (제14장에서 정의된 바와 같이) '구조적' 실업이 되지 않는다는 가정에 기초를 두고 있다. 제1장에서 살펴보고 또다시 제4장에서 기술변화를 논의할 때와 같이 규범적 분석은 또한 사회는 무역확대의 비용이 부과되는 사람들을 보상하기 위한 조치를 취해야만 함을 암시한다. 이 장의 끝에서 이 주제에 대해 다시 논의할 것이다.

무역이 확대될 때 자본과 노동의 부문 간의 이동에 확실히 실질비용이 발생하지만, 그림 16.1과 그림 16.2에서 설명된 것과 같이 특화와 무역으로부터 궁극적으로 이득이 발생할 것이라는 약속은 경제학자들로 하여금 국제무역을 장려하는 강력한 주장을 하도록 만들었다. 이론에 따르면 도리스와 데릴 그리고 그들이 사는 사회는 서로 거래를 함으로써 이전보다 나아질 것이다. [이와 비슷하게 만약 뉴욕(New York) 시민이 뉴저지(New Jersey) 주와 플로리다(Florida) 주의 사람들과 자유롭게 거래할 수 있다면, 개별적으로 또는 총체적으로 이전보다 나아지리라는 것을 의심하는 사람은 거의 없다.] 개인들로 하여금 만들 것인가 또는 구매할 것인가의 의사결정을 내리도록 하는 비교우위의 원리는 또한 국경을 넘어서의 거래에도 기초가 된다. 그렇다면 이론에 따르면 만약 양국 모두의 사람들이 다른 나라의 사람들과 상호이익이 되는 거래를 하기로 결론을 내릴 수 있다면, 양국 모두의 사람들은 전체적으로 이익을 얻을 수 있다.

유감스럽게도 국제무역의 증가가 국가의 전반적인 산출량을 증가시키는지에 관한 확고한 실증증거를 모으기는 어렵다. 예를 들어 많은 연구는 무역에 더 개방적인 국가들이 다른 조건이 일정할 때 더 빠른 성장률을 가졌는가를 테스트하려 시도했다. 그러나 연구들이 극복해야만 하는 조사방법론의 문제들이 연구결과들에 의구심을 던지고 있다.[2] 무역에 대한 '개방상태'의 다양한 측정치가 존재하며, 연구결과들은 어떤 측정치가 사용되는가에 민감한 것처럼 보인다. 나아가 비록 더 큰 개방상태와 더 빠른 성장이 정(+)의 상관관계를 갖고 있음을 보일 수 있더라도, 연구자들은 자신들의 연구가 더 빠른 성장이 더 큰 개방상태를 유도할 가능성, 즉 더 큰 개방상태로부터 더 빠른 성장으로의 흐름 대신에 인과관계(causality)가 정반대 방향으로 흐를 가능성을 성공적으로 다루고 있음을 확신하는 방법을 찾아야만 한다! 마지막으로 무역에 대한 더 큰 개방상태는 국가 내에서 국가의 성장률에 영향을 미칠 수 있는 많은 요소 중에 단지 한 요소이며, 따라서 연구자들은 성장과 관련된 모든 다른 요소들을 성공적으로 설명하는 방법을 갖고 있어야만 한다.[3] 오늘날까지의 가장 세심한 실증연구들은 무역확대의 효과들은 정(+)이지만, 아마

---

[2] 무역으로부터의 각 나라에 대한 전반적인 이득을 측정하려 시도한 연구들의 훌륭한 요약은 Richard Freeman, "Trade Wars: The Exaggerated Impact of Trade in Economic Debate," National Bureau of Economic Research, working paper no. 10000 (September 2003)에서 찾을 수 있다.

[3] 앞의 문헌을 인용하고 평가한 연구들은 Timothy J. Kehoe and Kim J. Ruhl, "Why Have Economic Reforms in Mexico Not Generated Growth?" *Journal of Economic Literature* 48 (December 2010): 1005~1027; David Greenaway, Wyn Morgan, and Peter Wright, "Trade Liberalisation and Growth in Developing Countries," *Journal of Economic Development* 67 (February 2002): 229~244; and L. Alan Winters, Neil McCulloch, and Andrew McKay, "Trade Liberalization and Poverty: The Evidence So Far," *Journal of Economic Literature* 42 (March 2004): 72~115를 참조하라.

도 상대적으로 작으리라는 것을 제시하고 있다.[4] [갑작스러운 무역의 개방이 경제성장에 어떤 영향을 미칠 수 있는가에 대한 흥미로운 자연실험(natural experiment)은 예문 16.1을 참조하라.]

무역이 노동수요에 미치는 효과

무역과 기술변화 모두가 재화와 서비스를 획득하는 새로운 기회를 열기 때문에, 이론적으로 국제무역의 확대가 국가의 생산가능곡선에 미치는 효과들은 기술변화의 효과와 비슷하다는 것을 살펴보았다. 아래에서 살펴보게 되는 바와 같이, 무역확대가 노동수요에 미치는 효과는 기술변화가 노동수요에 미치는 효과와 또한 비슷하다. 따라서 무역의 확대가 노동수요에 어떤 영향을 미치는가에 대한 분석은 기술변화가 고용과 임금에 어떤 영향을 미치는가에 대한 제4장의 분석과 유사할 것이다.

어떤 주어진 종류의 노동에 대한 수요는 (a) 생산물시장의 조건과 (b) 다른 생산요소들의 가격과 생산성으로부터 도출된다는 것을 기억하는 것으로 시작하자. 무역은 생산물수요와 다른 생산요소들의 이용 가능성 모두에 영향을 미치기 때문에, 변화의 각 원천을 고려해야만 한다.

생산물수요곡선의 이동

무역은 **교환**을 수반하기 때문에 어떤 국가가 국제무역을 확대하는 쪽으로 이동한다는 것은 일반적으로 그 수입과 수출 모두가 증가하리라는 것을 의미한다. 그 수출이 증가할 때 확대된 생산규모 덕택으로 그 수출품의 생산에 관계되는 근로자들에 대한 수요곡선은 우측으로 이동할 것이며, 수출산업들의 고용기회와 임금 모두 증가하는 경향이 있을 것이다.

나아가 만약 무역의 확대가 국가를 더 부유하게 하면, 국내에서 만들어진 것들을 포함하는 재화와 서비스에 대한 전반적인 수요의 증가가 이 재화와 서비스를 생산하는 근로자들에 대한 수요곡선을 우측으로 이동시키는(규모효과) 경향을 가질 것이다. 따라서 사람들이 부유해질수록 사람들은 예를 들어 더 넓은 주택, 더 말쑥한 개인적 외모, 그리고 자신의 자녀를 위한 더 나은 교육을 원할지 모르며, 이러한 변화는 목수, 미용사, 그리고 교사에 대한 수요를 증가시키게 된다.

그러나 무역증가와 관련된 수입의 증가는 직접 또는 간접적으로 몇몇 국내에서 생산되는 재화 또는 서비스에 대한 수요를 **감소**시키는 경향이 있을 것이다. 예를 들어 아시아에서 만들어진 덜 비싼 의류는 미국의 소비자들에게 너무 매력적이어서 국내 의류생산자들은 자신들의 의류생산을 감소하도록 강요받게 되며, 결과적으로 그들의 미국 의류산업

[4] 이러한 결론에 도달한 이론분석은 Costas Arkolakis, Arnaud Costinot, and Andrès Rodríguez-Clare, "New Trade Models, Same Old Gains?" *American Economic Review* 102 (February 2012): 94~130을 참조하라.

예문 16.1

무역에 대한 개방상태의 성장 효과: 1859년 일본의 돌연한 개방상태로의 이행

무역에 대한 개방상태의 확대가 경제성장에 어떤 영향을 미치는가에 대한 대부분의 실증연구는 무역에 대한 장애물이 **변화**할 때 어떤 일이 발생하는가를 추정하는데, 그러한 변화들은 현실에서는 상대적으로 작게 나타난다. 이 책의 예에서의 A국과 B국 같이 완전한 자급자족[경제학자들이 '자급자족경제(autarky)'라 부름]으로부터 완전한 자유무역으로 이동하는 나라들을 실제로 관찰하는 것은 드문 일이다. 그러나 한 가지 그러한 예를 19세기 일본에서 발견할 수 있는데, 일본은 스스로 시행했던 200년 동안의 자급자족경제 이후 1859년에 세계 다른 나라들과의 무역을 위해 스스로 문을 열었었다.

1639년 일본 도쿠가와의 통치자들은 자신들이 목격한 것을 일본인들을 기독교도화 하려는 포르투갈의 시도에 의해 제기된 위협으로 반응하여 모든 일본인의 외국여행을 금지했으며, 수입을 심하게 제약했다. 네덜란드와 중국이 일본과의 무역이 허용된 유일한 국가들이었는데, 허용된 무역은 아주 적었다. 네덜란드와의 무역은 1년에 1척의 선박으로 제한되었는데, 이 배는 오로지 나가사키만(harbor of Nagasaki)의 한 조그만 섬에만 하역을 할 수 있었다. 1820년대에 이르러 중국과의 무역은 1년에 단지 3~4척의 작은 선박에만 허용되었다. 1840년대 초의 아편전쟁(Opium Wars)에서 중국에 대한 영국의 승리는 중국시장을 개방시켰으며, 그 당시 일본군대의 허약함은 1859년 이후 해외무역에 일본시장을 개방시키려는 서구국가들의 요구를 거부할 수 없도록 했다.

따라서 일본은 무역이 국가의 경제성장에 어떤 영향을 미치는가에 대한 탁월한 '자연실험(natural experiment)'을 제공한다. 일본은 1850년대 초의 거의 완전한 자급자족경제로부터 1870년에는 거의 자유무역으로 갑작스럽게 전환했으며, 일본이 수입하고 수출했던 재화의 가격변화는 상당한 수준이었다. 더욱이 일본의 자유무역 채택은 경제적인 이유로 이루어졌던 것이 아니라, 외부의 정치적 및 군사적 압력 때문이었다. 따라서 일본의 개방상태 확대가 경제성장에 의해 야기되었다거나 또는 경제성장의 결여에 의해 야기되었다고 주장될 수는 없다(즉 이 경우의 인과관계는 그 반대가 아니라 개방상태로부터 성장으로 흐른다). 마지막으로 이 기간 동안 일본은 많은 기술변화를 경험하지 않았으며, 따라서 무역 이외에 경제성장에 영향을 미쳤던 주요한 요소들도 존재하지 않았다.

1850년대 초 일본 소비자들이 직면했던 재화의 가격과 수량을 1870년대 초와 비교한 최근의 연구는 무역으로부터의 이익은 정(+)이었지만 놀라울 정도로 작았음을 발견했다. 이 연구는 만약 일본이 자유무역을 (이후가 아니라) 1850년대 초에 채택했더라면, 일본의 1인당 소득은 단지 8~9% 더 높았을 것임을 추정했다.

자료: Daniel M. Bernhofen and John C. Brown, "An Empirical Assesment of the Comparative Advantage Gains from Trade: Evidence from Japan," *American Economic Review* 95 (March 2005): 208~225.

근로자들에 대한 수요도 감소한다. 마찬가지로 만약 미국이 바나나를 재배할 수 없다면, 이 과일의 수입증가는 국내에서 생산되는 사과에 대한 수요가 감소하도록 만들 수 있으며, 미국 사과의 재배와 분배에 수반되는 근로자들에 대한 수요곡선은 좌측으로 이동하게 된다.

따라서 국제무역의 증대와 관련된 생산물수요곡선의 이동은 또한 노동수요곡선의 이동을 발생시킨다. 자신들의 노동수요곡선이 우측으로 이동하는 근로자들은 고용기회의 확대와 아마도 더 높은 임금을 경험할 것이다. 이때 고용수준과 임금이라는 두 노동시장 결과들 사이의 조합은 관련 직종 또는 산업들에 대한 노동공급곡선의 형태에 좌우된다. 즉 노동공급곡선이 상대적으로 탄력적일 때(편평할 때), 노동수요곡선의 우측으로의 이동은 임금을 크게 인상하지 않고 고용을 증대시킬 것이다. 시장노동공급곡선이 덜 탄력적일 때, 임금인상은 그 폭이 더 클 것이며, 고용증가는 그 크기가 더 작을 것이다.

그러나 무역이 자신들의 노동수요곡선을 **좌측**으로 이동시키게 하는 근로자들은 설사 무역의 확대가 소비자가격들을 낮추더라도 무역증가로부터의 전반적인 잠재적 편익을 나누어 갖지 못할 수 있다. 그들은 일자리를 바꾸어야만 하는데, 이는 그들이 새로운 일을 탐색하는 동안 실업기간을 수반할 수 있다. 변화에 따라 부담해야 하는 비용에는 또한 임금손실이 포함될 수 있으며, 변화는 새로운 기술을 배우는 데 상당한 투자를 필요로 한다. 노동수요곡선의 좌측 이동과 관련된 고용감소와 임금손실의 조합은 또한 시장노동공급곡선의 형태에 좌우된다. 노동수요곡선의 좌측이동에 직면한 근로자들의 경우 새로운 기술을 배우는 데 비용이 많이 들수록, 자신들의 직종들에 대한 노동공급곡선들이 덜 탄력적이 될 것이며, 자신들의 임금하락은 더 커질 것이다.

노동수요곡선의 좌측이동은 고용과 **명목**임금수준 모두에 하방압력을 가할 것인 반면, 무역증대가 또한 적어도 몇몇 소비재 또는 서비스의 가격하락을 초래할지도 모른다. 따라서 근로자들의 **실질**임금 하락은 자신들의 명목임금 하락만큼 크지 않을 수 있다.[5)]

다른 생산요소 공급곡선의 이동

최근 몇 년 동안 많은 미국 (그리고 다른 부유한 국가의) 기업들은 자신들의 생산 모두 또는 일부를 세계의 가난한 지역, 특히 주목할 만하게 아시아와 남미로 이전시켰다.[6)] 이러한 생산분담은 저임금을 받는 엄청난 숫자의 외국인들로 하여금 고임금을 받는 미국인들과 일자리를 위해 효과적으로 직접 경쟁하도록 만들었다. 생산과정 측면에서, 세계 다른 지역 저임금 근로자들에 접근함으로써 미국 기업들은 저임금 노동으로의 대체를 통해 노

5) 무역확대가 인플레이션에 미치는 효과에 대한 분석은 Lawrence Ball, "Has Globalization Changed Inflation?" National Bureau of Economic Research, working paper no. 12687 (November 2006)을 참조하라.

6) 분명히 고임금 국가들의 기업들은 최근 가난한 나라들의 더 저렴한 노동을 활용하는 것이 더 많은 이윤을 얻도록 한다는 것을 발견했다. 외국의 노동을 사용하는 것이 이렇게 증가하는 이유는 정보통신기술의 향상, 국내뿐만 아니라 국가 사이의 더 나은 운송체제, 최종산출물을 구성하는 부품들의 소형화, 그리고/또는 재배치에 대한 정치적 장애물의 감소와 관련될 수 있다.

동비용을 감소시켰다. (미국 기업들은 이전에는 이러한 원천에 접촉할 수 없었는데, 이는 마치 미국 기업들이 이전에는 무한히 높은 비용을 부담해야만 외국인 노동을 고용할 수 있었던 것으로 간주할 수 있다.) 저임금 노동을 다른 나라에서 이용할 수 있게 될 때, 미국 근로자에 미치는 효과는 무엇인가?

제4장으로부터 다른 생산요소의 가격이 하락할 때 노동수요에 **교차임금효과**(cross-wage effect)가 존재한다는 것을 상기할 것이다. 즉 어떤 주어진 종류 노동에 대한 수요에 미치는 전반적인 효과는 서로 반대 방향으로 작용하는 **대체효과와 규모효과**(substitution and scale effects)의 합이다. 대체효과에 대한 검토로 분석을 시작하기로 하자.

대체효과 미국 근로자를 외국 근로자로 대체하려는 인센티브는 양 지역 임금수준의 단순비교로부터 도출되지는 않는다. 오히려 사용자들에게 문제가 되는 것은 양 국가에서의 **한계생산성에 대한 임금의 비율**이다. 제3장(방정식 3.8c)으로부터 상기되는 바와 같이 이 비율은 노동의 각 원천을 사용하여 추가 1단위의 산출량을 생산할 때의 비용을 나타낸다. 따라서 다른 나라의 노동을 어떤 나라의 노동으로 대체할지를 고려하는 데 있어, 기업들은 각 나라의 임금수준**과** 근로자들의 한계생산성을 고려할 것이다. 오로지 외국 근로자들의 한계생산성에 대한 임금의 비율이 더 낮은 경우에만 기업들은 미국 근로자들을 외국 근로자들로 대체하는 것을 고려할 것이다.

잠재적 대체효과의 **크기**를 분석하기 위해서는 대체와 직접적으로 가장 관련이 되는 두 가지 힉스-마샬(Hicks-Marshall)의 파생수요의 법칙(제4장 참조)을 검토해야만 한다. 한 가지 법칙은 대체효과의 크기는 부분적으로 **미국** 근로자들의 노동공급반응에 좌우된다는 것을 제시한다. 만약 외국 근로자들로의 대체가 시작될 때, 미국 근로자들이 신속히 새로운 직종들로 떠난다면, 즉 미국 근로자들의 현재 직종에 대한 노동공급곡선이 상대적으로 수평에 가까우면, 현재의 직종에 남아있는 미국 근로자들의 임금은 크게 하락하지 않을 것이며, 대체는 줄어들지 않을 것이다. 그러나 만약 노동공급곡선이 상대적으로 수직에 가까워서 그 직종에서 미국 근로자들의 임금이 크게 하락한다면, 임금의 하락은 기업들이 자신들의 대체를 계속할 인센티브를 감소시키는 경향을 보이게 된다. (물론 후자의 경우, 미국 근로자들의 일자리들은 오로지 임금삭감을 통해서만 보존된다.) 따라서 대체효과는 **관련 직종들에 대한 미국 근로자들의 공급이 더 탄력적일수록** 더 커질 것이다.

대체효과와 크게 관련된 또 다른 힉스-마샬 법칙은 **외국 근로자들이 미국 근로자들을 대체할 수 있는 용이성**이다. 많은 미국 근로자들은 국경을 넘어 운송될 수 있는 재화를 제조하는 일자리를 갖고 있다. 따라서 종종 상대적으로 교육을 적게 받은 근로자들에 의해 채워지는 제조업 부문의 생산직 일자리들은 저임금 국가들로 보내질 위험이 상대적으로 높다. 후에 무역확대의 비용 대부분이 저숙련 근로자들에게 귀착된 것처럼 보인다는 것을 살펴보겠지만, 심지어 (금융 분야의 근로자들과 같은) 일부 고숙련 근로자들조차도 자신들이 비슷한 수준의 교육을 받았지만, 저임금을 받는 가난한 나라들의 근로자들과 경쟁의 위험에 처해있음을 알게 되었다.

(아마도 대부분의) 다른 일자리들은 단순히 먼 곳에서는 수행될 수 없다. 몇 가지 예를 들면 이발사, 조경사, 외과 전문의, 그리고 물리치료사의 업무들은 고객들과의 1:1 접촉을 필요로 하기 때문에 외국으로 보내질 수 없다. 언어장벽이 운송 및 장거리 정보통신 비용, 훈련의 필요성, 사용자들이 작업장에 관한 국내법 및 관행에 대한 실용적 지식을 획득할 필요성, 근로습관에서의 실질적 또는 인지되는 문화적 차이, 경영진의 권위에 대한 태도, 그리고 변화에 대한 열린 마음과 마찬가지로 또 다른 대체의 방해물이다. 대체에 대한 장벽이 높을수록 대체효과는 더 작아질 것이다.

규모효과 제4장의 노동수요의 교차탄력성에 대한 논의를 상기하면, 미국 근로자의 외국 근로자로의 대체와 관련된 **규모효과**(scale effect)가 또한 존재하리라는 것을 기억할 수 있다. 만약 가난한 나라들의 저비용 노동이 특정 산업의 미국인 근로자를 대체한다면, 이로 인한 생산비용의 감소는 생산물가격의 하락과 이에 따른 생산물수요의 증가를 수반하는 경향이 있을 것이다. 따라서 기업의 해외업무위탁(offshoring)의 대체효과는 미국 근로자에 대한 수요를 감소시키는 방향으로 작용할 것이지만, 더 낮은 비용과 관련된 규모효과는 그 수요를 증가시키는 경향이 있을 것이다. 따라서 직접 영향을 받는 부문들의 전반적인 일자리 수가 감소할 것인지는 이론적으로 분명하지 않다. 예를 들어 만약 의류가 훨씬 더 낮은 비용으로 바느질 방식에 의해 해외에서 생산된다면, 이로 인한 의류가격의 하락은 미국 소비자들로 하여금 의류를 더 구매하도록 유발할 수 있다. 의류의 소비증가는 외국의 생산직 근로자들과 **생산의 보완관계**에 있는 미국 근로자들에 대한 수요를 증가시킬 것이며, 의류 구매자, 디자이너, 포장업자, 트럭기사, 소매점원, 그리고 그들의 관리자들에 대한 수요를 증가시키는 경향을 가질 것이다.

저임금노동을 사용하는 데 수반되는 규모효과의 **크기**는 주로 제4장에서 논의한 두 가지 요소들에 좌우된다. 첫 번째 요소는 그 노동비용이 절약되는 산업의 **최종생산물에 대한 수요의 탄력성**이다. 소비자들이 가격인하에 더 민감할수록, 생산되는 재화 또는 서비스에 대한 수요의 증가는 더 커질 것이다.

규모효과의 크기에 영향을 미치는 다른 요소는 **총비용에서 노동(이 경우 외국 노동)이 차지하는 비중**이다. 만약 외국 근로자들의 임금이 생산비용의 더 큰 부분을 구성한다면, 결과적으로 생산비용과 생산물가격에 미치는 효과는 더 커질 것이며, 관련 규모효과도 더 커질 것이다.

노동수요의 탄력성 변화 산업들과 직종들의 노동수요곡선을 우측 또는 좌측으로 이동시키는 것 이외에도 국제거래에 대한 장애물의 감소는 두 가지 주요 이유로 인해 **노동수요의 탄력성을 증가**시키는 경향이 있을 것이다. 첫째, 국내 근로자들을 외국 근로자들로 대체하는 능력이 크면 다른 조건이 일정할 때 대체효과의 강도가 증가할 것이다. 둘째, 외국에서 만든 재화와 서비스가 국내에서 생산된 재화와 서비스와 경쟁하는 것이 허용됨에 따라, **생산물**수요의 탄력성이 증가하는 경향이 있을 것이다. 더 탄력적인 노동수요곡선에 직면하는 근로자들은 만약 최저임금 또는 단체협약 같은 몇몇 비시장요인들에 의해 자신들의 임금이 인상된다면 더 큰 고용손실을 경험할 것이다. 실제로 제13장에서 추론했던 바와 같이 국제거래에 대한 더 큰 개방상태는 다른 여러 요소와 함께 최근 수십 년 동안 미국에서 노동조합의 힘을 감소시키는 데 있어 당연히 역할을 담당했다.

노동수요에 미치는 순효과

이론적으로 (생산분담을 포함하는) 외국과의 재화 또는 서비스의 무역증대는 일부 근로자들에게 이익을 주지만, 다른 근로자들의 일자리를 잃게 하리라는 것을 살펴보았다. 예를 들어 무역으로부터 **손실을 볼** 가능성이 가장 큰 미국인들은 (흔히 미숙련 근로자들의 일자리들인) 외국의 근로자들이 손쉽게 수행할 수 있는 일자리의 근로자들이다. 일단 무역이 확대되면 국내적으로 위축되는 제조업 같은 부문들, 또는 낮아진 비용이 생산물수요를 크게 증가시키지 않는 산업들의 일자리들이 그러한 일자리일 것이다. 일자리를 잃은 근로자들은 만약 자신들이 직종 또는 산업을 바꾸기가 어렵거나 직종 또는 산업을 바꾸는데 비용이 든다면, 더 큰 손실로 고통을 받을 것이다. **이익**을 볼 가능성이 가장 큰 근로자들은 생산의 비교우위를 가진 (따라서 무역증대와 함께 확장된) 부문들에 있는 근로자들이거나 또는 해외 생산직 근로자들과 보완관계에 있는 일자리들을 갖고 있는 근로자들이다.

고용효과의 추정치들 영향을 받는 부문들에서의 무역증대 또는 고용의 해외이전(offshoring)이 미치는 효과를 추정하려는 수백 편의 연구가 이루어졌다. 그러나 두 가지 중요한 이유 때문에 무역이 고용수준에 미치는 효과를 분리하기는 본질적으로 어렵다. 한편으로는 무역의 변화는 노동공급과 노동수요에 영향을 미치는 여러 다른 요소들이 지속적으로 변화하는 상황에서 발생한다. 예를 들어 기술변화는 무역 또는 기업의 해외업무위탁(offshoring)에 의해 가장 위협을 받는 똑같은 그룹 근로자들이 일자리를 잃도록 하였으며,[7] 무역과 기술변화에 대한 대응은 해외로부터의 이주, 개인소득, 그리고 소비자 선호가 변화하는 가운데 발생하고 있다. 다른 한편으로 여러 연구는 종종 수입 때문에 경쟁에 직면하는 제조업들, 일자리들이 해외로 이전할 위험에 처해있는 직종그룹들(예를 들어 미숙련 공장근로자들) 또는 무역에 의해 국가 내에서 다른 지역에 비해 더 영향을 받는 지역들 같은 무역장애물의 변화에 의해 특히 피해를 입으리라 생각되는 부문들에서의 고용효과에 초점을 맞추려 하였다. 이러한 연구들은 무역으로 인한 피해를 감수해야

[7] Ann Harrison and Margaret McMillan, "Offshoring Jobs? Multinationals and U.S. Manufacturing Employment," *Review of Economics and Statistics* 93 (August 2011): 857~875; and David H. Autor, David Dorn, and Gordon H. Hanson, "Untangling Trade and Technology: Evidence from Local Labor Markets," working paper no. 18938, National Bureau of Economic Research (Cambridge, Mass.: April 2013) 참조.

할지도 모르는 근로자 수를 평가하려 시도하는 데는 유용하지만, 다른 산업들, 직종들, 지역들의 무역에 의해 창출될지도 모르는 고용증가를 설명하기가 전형적으로 어려우므로, 무역이 고용에 미치는 **총**효과를 측정하지 못한다.

미국, 캐나다, 그리고 멕시코 사이의 무역장애물들은 지난 20년 동안 감소하였는데, 이 국가들 사이의 무역증가에 의해 일자리를 잃은 근로자 수를 추정하려는 많은 연구가 이루어졌다. 예를 들어 한 연구는 1989년에 시행되었던 캐나다-미국자유무역협정(Canada-United States Free Trade Agreement)이 미국으로부터의 수입에 대한 캐나다의 관세를 감소시켰을 때, 그 관세가 가장 크게 감소했던 산업들에서 (이 산업들은 미국으로부터의 수입증가에 의해 많은 영향을 받았던 산업들임) 캐나다의 고용이 12% 감소했다고 추정했다.[8] 이 연구는 무역이 확대되었을 때 영향을 받은 부문들에서 매우 높은 비율의 캐나다 근로자들이 일자리를 잃었음을 제시하고 있지만, 이 연구의 저자는 2002년 캐나다의 **전반적 고용률**(employment rate)은 1988년과 동일했다는 사실을 지적했는데, 따라서 그는 일자리를 잃었던 근로자들이 상대적으로 빠르게 새로운 일자리들로 이동했다고 추측했다.

일자리들이 외국으로 이전함으로써 발생한 미국에서의 일자리손실에 대한 추정치들은 손실율이 상당히 작아졌음을 암시하고 있다. 한 연구는 2002년 현재 일자리의 해외이전(offshoring) 덕택에 매년 약 30만 명, 또는 매월 약 25,000명의 미국 근로자들이 일자리를 잃을 것으로 예상할 수 있다고 추정했다.[9] 이 숫자는 큰 것일까 또는 작은 것일까? 2001년 5월부터 2002년 4월까지의 이러한 일자리손실 수준에 대한 어떤 균형감을 잡아보면, 일자리를 잃은 미국 근로자들이 **매월** 약 160만 명이었다(매월 또 다른 290만 명이 자발적으로 일자리를 이직했다).[10] 만약 해외업무위탁(offshoring) 때문에 잃어버린 일자리 수의 추정치들이 옳다면, 이 일자리들은 1개월에 잃어버린 모든 일자리의 단지 약 1.5%에 지나지 않는다. 비록 중국으로부터의 대규모로 급속히 증가하는 수입이 최근 몇 년 동안 일자리손실을 증가시켰지만,[11] [단지 해외업무위탁(offshoring) 때문이 아니라] 더 일반적으로 무역증대에 의해 일자리를 잃은 미국 근로자들에 대한 다른 추정치들도

---

8) Daniel Trefler, "The Long and Short of the Canada-U.S. Free Trade Agreement," *American Economic Review* 94 (September 2004): 870~895.

9) Jagdish Bhagwati, Arvind Panagariya, and T.N. Srinivasan, "The Muddles over Outsourcing," *Journal of Economic Perspectives* 18 (Fall 2004): 93~114 참조.

10) U,S, Bureau of Labor Statistics, "New Monthly Data Series on Job Openings and Labor Turnover Announced by BLS," News Release USDL 02-412, July 30, 2002. 노동통계국(Bureau of Labor Statistics)에 의해 발표된 월 일시해고 수는 상당히 축소될 수 있는데, 이는 해외로 이전한 일자리들이 전체 월 일자리손실의 더욱더 작은 비율임을 의미하게 된다. Steven J. Davis, R. Jason Faberman, John C. Haltiwanger, and Ian Rucker, "Adjusted Estimates of Worker Flows and Job Openings in JOLTS," National Bureau of Economic Research, working paper no. 14137 (June 2008) 참조.

11) David H. Autor, David Dorn, and Gordon H. Hanson, "The China Syndrome: Local Labo Market Effects of Import Competition in the United States," *American Economic Review* (forthcoming).

상응하게 작은 수치를 보이는 경향이 있었다.[12] 그러나 예문 16.2가 제시하는 바와 같이 일자리의 해외이전(offshoring)으로 인한 미국 근로자들의 **잠재적** 고용손실은 오늘날까지 발생했던 것보다는 훨씬 더 클 수가 있다.

국제무역의 확대에 의해 일자리를 잃은 근로자 수가 많거나 적거나 관계없이, 경제이론에 따르면 장기적으로 국가의 **총고용**은 기술변화에 의한 것과 마찬가지로 국제무역에 대한 국가의 개방상태에 의해 영향을 받는다(제4장 참조). 총고용에 영향을 미치는 것은 노동시장이 공급과 수요를 일치시키기 위해 얼마나 잘 작용하는가이다. 만약 일자리를 잃은 근로자들이 상대적으로 용이하게 새로운 일자리들을 발견할 수 있다면, 그리고 만약 임금이 노동시장들이 공급과 수요를 일치시키기에 충분할 만큼 신축적이면, 일자리를 잃은 근로자들의 실업기간은 상대적으로 짧을 수 있다. 비록 캐나다의 수입에 부과되었던 관세가 감소한 이후 어떤 부문들에서 캐나다 근로자들의 12%가 일자리를 잃었었지만, 10년 후 캐나다 취업자의 전반적인 비율은 변하지 않았음을 위에서 살펴본 바 있다. 마찬가지로 제4장에서는 기술변화**와** 국제무역의 증가 모두가 특히 현저했던 기간인 1979년과 2006년 사이에 미국의 고용률이 실제로 증가했음을 지적했다.

비록 국제무역이 확대할 때 총고용률이 장기적으로 유지될 가능성이 있더라도, 자신들의 일자리를 잃은 근로자들은 자격을 갖추어 새로운 일자리들을 발견해야 하는 비용을 부담할 것이다. 최근의 연구는 이러한 조정비용이 많이 들고 완전한 조정에는 여러 해가 걸릴 수 있음을 암시하고 있다.[13] 많은 영향을 받은 근로자들이 실직과 임금하락 덕택에 근로소득의 상당한 하락을 경험하고 있으며, 경제활동인구로부터의 이탈과 (예를 들어 장애 및 은퇴 프로그램들로부터) 소득지원 지급액이 증가하고 있다.[14] 조정비용은 낮은 수준의 교육을 받은 근로자들의 경우가 더 크다.[15]

임금효과의 추정치들 무역이 **임금**에 미치는 효과를 추정하는 연구들은 무역이 고용에 미치는 효과의 추정에 관심을 가졌던 연구자들이 부딪혔던 똑같은 문제에 빠졌었다. 즉 무역은 국가의 노동수요와 임금수준에 영향을 미치는 많은 요소 중의 단지 한 요소일 뿐이라는 것이다. 최근의 한 연구는 제조품의 수입에 의해 상이하게 영향을 받았던 지역

---

12) 예를 들어 Ann Harrison and Margaret McMillan, "Offshoring Jobs? Multinationals and U.S. Manufacturing Employment"; Mary E. Burfisher, Sherman Robinson, and Karen Thierfelder, "The Impact of NAFTA on the United States," *Journal of Economic Perspectives* 15 (Winter 2001): 125~144; Bhagwati, Panagariya, and Srinivasan, "The Muddles over Outsourcing"; and Freeman, "Trade Wars: The Exaggerated Impact of Trade in Economic Debate" 참조.

13) Erhan Artuc, Shubham Chaudhuri, and John McLaren, "Trade Shocks and Labor Adjustment: A Structural Empirical Approach," *American Economic Review* 100 (June 2010): 1008~1045.

14) David H. Autor, David Dorn, and Gordon H. Hanson, "The China Syndrome: Local Labor Market Effects of Import Competition in the United States."

15) David H. Autor, David Dorn, Gordon H. Hanson, and Jae Song "Trade Adjustment: Worker Level Evidence," working paper no. 19226 National Bureau of Economic Research (Cambridge, Mass.: July 2013).

예문 16.2

미국 일자리의 1/4이 해외로 이전될 수 있을까? 여러분의 미래 일자리가 그중 하나일 수 있을까?

자신들의 일자리들이 외국으로 보내졌기 때문에 일자리를 잃은 미국 근로자들의 추정치들은 현재까지 발생했던 일자리의 해외이전(offshoring) 수준 또는 형태를 기초로 하고 있다. 그러나 한 저명한 경제학자는 일자리의 해외이전으로 **잠재적으로** 위험에 처한 미국 일자리 수가 현재 취업자의 약 1/4인 3천만에서 4천만 근처라고 믿고 있다. 그는 그 서비스들이 얼굴을 맞대고 수행되어야만 하는 직종들과 원거리에서 이루어질 수 있는 재화의 제조 또는 서비스의 수행과 관련된 직종들을 식별함으로써 이러한 대략의 추정치에 도달했다.

예를 들어 그는 세계 전역으로 운송될 수 있는 재화를 만드는 미국의 1천 4백만 제조업 근로자들의 대부분이, 빠르게 글로벌 경제의 일부분으로 편입되고 있는 중국, 인도, 또는 다른 상대적으로 가난한 나라들의 15억 근로자들과 당연히 경쟁에 처할 수 있을 것이라고 믿고 있다. 그는 또한 컴퓨터프로그래밍과 금융서비스들의 많은 일자리가 고객 또는 의뢰인에게서 멀리 떨어진 곳에서 수행될 수 있다고 믿고 있다. 이와는 대조적으로 수선, 정비, 교육, 건강관리, 여가, 그리고 소매서비스 대부분의 일자리는 얼굴을 맞대고 이루어져야만 한다.

물론 다른 나라 사람들과의 거래에는 여전히 많은 비용이 들기 때문에, 아무도 도대체 얼마나 많은 일자리가 **실제로** 해외로 이전될지에 대해서는 이야기할 수 없다. 그러나 어떤 종류의 서비스들이 해외에서 수행될 수 있는가를 평가하는 활동은 학생들은 자신들의 생애경력을 계획하는 데 있어 사람 앞에서 수행될 수 있는 일자리들을 스스로 준비함으로써 자신들의 미래 일자리 확보를 향상할 수 있음을 제시하고 있다!

자료: Alan S. Blinder, "Offshoring: The Next Industrial Revolution?" *Foreign Affairs* 85 (March/April 2006): 113~128. 서비스 일자리들에 초점을 맞추고 있는 비슷한 논문은 Roger J. Moncarz, Michael G. Wolf, and Benjamin Wright, "Service-Providing Occupation, Offshorings, and the Labor Market," *Monthly Labor Review* 131 (December 2008): 71~86을 참조하라.

간의 임금변화를 비교함으로써 이러한 다른 요소들을 설명하려 했는데, 이 연구는 무역 확대로부터 제조업 임금은 변하지 않았지만, 비제조업 부문의 임금은 하락했음을 밝혔다.[16] 그렇다면 제조업 일자리가 감소하고 일자리를 잃은 근로자들이 비제조업에서 일자리를 찾게 됨에 따라 일자리를 바꿔야만 하는 근로자들이 삭감된 임금을 경험할 수 있다는 것이다.

[16] David H. Autor, David Dorn, and Gordon H. Hanson, "The China Syndrome: Local Labor Market Effects of Import Competition in the United States."

무역확대로부터의 임금효과에 관한 대부분의 연구는 관심의 대상인 국가 내에서 숙련 근로자들과 미숙련 근로자들이 받는 임금 차이인 **상대**임금에 집중했다. 미국에서 무역이 상대임금에 미치는 효과에 대한 몇몇 추정치들은 이 효과가 (주로 기술변화인) 다른 요인들의 기여와 비교할 때 작아서, 고등학교 졸업자들의 임금에 대한 고등학교 중퇴자들 상대임금 하락의 10% 미만을 설명한다는 것을 암시하고 있다.[17] 그러나 다른 연구들은 무역증가와 일자리의 해외이전이 숙련 근로자들의 상대임금 인상에 상당한 효과를 미쳐 왔음을 추정하고 있다(그러나 이 똑같은 연구는 무역은 미숙련 미국 근로자들의 실질 근로소득을 감소시키지 않았다고 결론을 내리고 있다).[18] 1980년대에 중국이 그 무역장벽들을 낮췄을 때 생산직 일자리들의 중국본토로의 이전을 시작했던 홍콩의 임금에 대한 한 연구는 또한 무역과 일자리의 해외이전(outsourcing)이 숙련 근로자들과 미숙련 근로자들 사이의 임금 차이를 증가시키는 데 있어 중요한 역할을 했음을 밝히고 있다.[19]

무역과 생산분담이 외국으로 이전하는 일자리들의 수혜자인 가난한 나라들에 미치는 임금효과도 또한 연구되었는데 그 결과들은 놀랄 만하다. 즉 이 나라들도 또한 무역 및 이전된 일자리의 증가로 그 원인을 추적할 수 있는 숙련 근로자들과 미숙련 근로자들의 임금격차 증가를 경험했다! 명백히 부유한 나라들로부터 해외로 이전된 일자리들은 종종 부유한 나라의 기준에 의해서는 저숙련 일자리지만, 가난한 나라들 내에서는 상대적으로 고숙련 일자리이며, 따라서 생산분담은 부유한 나라와 가난한 나라 모두에서 똑같이 상대적으로 숙련 근로자들에 대한 수요를 증가시킬 수 있다.

더욱이 노동의 이동성은 많은 가난한 나라들에서 제약적인 것처럼 보이며, 따라서 쇠퇴하는 부문들로부터 성장하는 부문들로의 고용의 재배분은 부진하다. 달리 표현하면

[17] 연구는 무역이 대학 졸업자들에 대한 고등학교 졸업자들의 상대임금 하락에서는 더욱 작은 부분을 설명하고 있음을 추정하고 있다. George J. Borjas, Richard B. Freeman, and Lawrence F. Katz, "How Much Do Immigration and Trade Affect Labor Market Outcomes?" *Brookings Papers on Economic Activity* (1997: 1): 1~67 참조. 비슷한 결론들이 Robert Z. Lawrence, *Blue-Collar Blues: Is Trade to Blame for Rising US Income Inequality?* (Washington D.C.: Peterson Institute for International Economics, 2008), and Jonathan Haskel, Robert Z. Lawrence, Edward E. Leamer, and Matthew J. Slaughter "Globalization and U.S. Wages: Modifying Classic Theory to Explain Recent Facts," *Journal of Economic Perspectives* 26 (Spring 2012): 119~140에서 내려졌다. 그러나 외국 기업으로부터의 경쟁격화가 성과급보수(pay-for-performance) 보상계획이 활용되는 정도를 증가시킨 것처럼 보인다(그리고 따라서 인적자본그룹들 **내**에서 불균등의 증가에 기여했을 것이다). Vicente Cuñat and Maria Guadalupe, "Globalization and the Provision of Incentives Inside the Firm: The Effect of Foreign Competition," *Journal of Labor Economics* 27 (April 2009): 179~212, and Anders Akerman, Elhanan Helpman, Oleg Itskhoki, Marc-Andreas Muendler, and Stephen Redding, "Sources of Wage Inequality," *American Economic Review: Papers and Proceedings* 103 (May 2013) 214~219 참조.

[18] Robert C. Feenstra and Gordon H. Hanson, "The Impact of Outsourcing and High-Technology Capital on Wages: Estimates for the U.S., 1979~1990," *Quarterly Journal of Economics* 114 (August 1999); 907~940; and Robert C. Feenstra and Gordon H. Hanson, "Global Production Sharing and Rising Inequality: A Survey of Trade and Wages," National Bureau of Economic Research, working paper no. 8372 (July 2001).

[19] Chang-Tai Hsieh and Keong T. Woo, "The Impact of Outsourcing to China on Hong Kong's Labor Market," *American Economic Review* 95 (December 2005): 1673~1687.

이 국가들에서 특정 직종 또는 특정 산업의 노동공급곡선들은 상대적으로 비탄력적일 수 있으며, 따라서 무역증가와 일자리의 이전에 수반되는 노동수요의 변화는 고용수준이 아니라 주로 임금에 발생한다.[20] 이러한 임금조정은 가난한 나라들에서 저숙련 근로자들의 임금에 추가적인 하방압력을 가한다.

임금은 국가들 사이에 수렴할 것인가?

많은 사람이 국제거래에 대한 장애물의 감소에 대해 갖고 있는 우려 중의 하나는 장애물의 감소가 미국과 다른 고임금국가들의 (특히 저숙련) 근로자들을 아시아, 남미, 그리고 아프리카의 아주 낮은 수준의 임금을 받는 수백만 명의 근로자들과의 직접적인 경쟁으로 몰아넣는다는 것이다. 많은 사람은 이러한 경쟁이 부유한 나라들의 임금을 가난한 나라들의 근로자들이 직면하는 수준까지 하락시킬 것을 걱정한다. 이 절의 목적은 국가들 사이의 임금수렴에 영향을 미치는 요인들을 분석하는 것이다.

최적산출량 수준을 생산하는 비용을 극소화하는 과정에서 기업들은 예를 들어 미국 근로자들을 사용하여 추가 1단위의 산출량을 생산하는 비용을 중국, 인도 또는 멕시코 근로자들을 사용하여 산출량 추가단위를 생산하는 비용과 비교할 것이다. 위에서 살펴본 바와 같이 이러한 비용들은 각국 근로자들의 한계생산성에 대한 임금의 비율에 의해 나타난다. 이 비율이 다른 나라에 비해 어떤 나라가 낮을 때, 기업들은 저비용 국가로의 생산이동을 고려하기를 원할 것이며, 고비용 국가로부터 저비용 국가로 생산이동을 고려하는 인센티브는 비율들이 국가들 사이에 일치할 때까지 지속될 것이다. 따라서 만약 기업들이 국가와 국가 사이에 생산을 이동하는 것이 자유롭다면, 이윤극대화 과정은 일물일가의 법칙(law of one price)과 일관성을 갖는 결과를 가져오게 된다. 즉 협의로 정의된 직종들 내에서 임금-한계생산성 비율이 국가들 사이에 일치되는 상황이 발생하는 것이다.

일물일가의 법칙을 국제거래에 적용하는 데 있어, 생산이 쉽게 재배치될 수 있는지를 결정하는 것은 임금 자체가 아니라 한계생산성에 대한 임금의 **비율**이 일치하는 것이라는 것을 주목하는 것은 중요한 일이다. 임금은 오로지 한계생산성이 일치될 때 일치하게 된다. 따라서 생산과정에서 사용되는 교육수준, 근로 관행, 관리 및 조직 기술, 그리고 기술의 국가 간 차이는 모두 임금수준이 일치되는 정도에 영향을 미칠 수 있다.

그러나 국가 간 임금-한계생산성 비율의 차이가 기업들로 하여금 생산을 가장 낮은 비용의 장소로 이동하도록 **고려한다고** 말하는 것이 기업들이 **실제로** 그렇게 한다는 것을 의미하는 것은 아니다. 국경을 넘는 이동 및 거래비용이 매우 큰데, 한 추정치는 이 비

---

[20] Pinelopi Koujianou Goldberg and Nina Pavcnik, "Distributional Effects of Globalization in Developing Countries," *Journal of Economic Literature* 45 (March 2007): 39~82. 개발도상국으로의 자본유입이 임금에 미치는 효과는 Peter Blair Henry and Diego Sasson, "Capital Market Integration and Wages," National Bureau of Economic Research, working paper no. 15204 (July 2009)에서 분석되었다.

용이 전형적 생산물의 비용에 거의 75%를 추가시킨다고 제시하고 있다.[21] 관세에 의해 부과된 비용이 대부분의 국가에서 시간이 흐름에 따라 감소했지만, 다른 언어로 소통하고, (특히 가난한 나라들로부터) 재화를 운송하며, 외국화폐를 취급하고, 해당 국가의 법률 및 규정에 관한 정보를 취득하며, 그리고 국제적으로 계약을 준수하도록 하는 상당한 비용이 존재한다. 국제거래와 관련된 비용들은 기업들이 낮은 비용의 지역으로 생산을 재배치하려는 인센티브를 감소시키며, 따라서 그 비용들은 일물일가의 법칙에 의해 예측되는 임금-한계생산성 비율의 수렴을 방해한다(앞의 제5장에서 이동 비용이 노동시장들 내에서의 기업들 사이의 임금 수렴을 방해하는 다른 예를 살펴본 바 있다).

수렴을 향한 경향은 또한 산출물이 최종사용자에게서 멀리 떨어진 장소에서 생산될 수 있는 일자리들에 집중될 것인데, 이는 이러한 일자리들이 만약 비용 상의 장애물이 절약되는 액수에 비해 작다면 이 장소로부터 저 장소로 이동될 수 있는 일자리들이기 때문이다. 예문 16.2에서 논의된 바와 같이 제조업 근로자들과 정보통신을 사용하여 수행될 수 있는 서비스업의 근로자들은 다른 나라들의 비슷한 근로자들과 심한 경쟁 상태에 있다. 그러나 미국 근로자들의 아마도 75%는 해외로 이동될 수 없는 일자리를 가지고 있다. 즉 그들은 판매가 이루어지는 곳에서 수행되어야만 하는 보건, 운송, 정비, 수리, 여가, 교육, 또는 상품판매 서비스들을 수행하고 있다. 이 후자의 근로자들은 다른 나라들의 비슷한 근로자들과 직접적인 경쟁 상태에 있지는 않다.

그렇다면 얼굴을 맞대고 이루어지는 서비스 근로자들에 대한 수요가 증가하는 한, 외국과의 경쟁에 의해 일자리를 잃게 되는 근로자들은 만약 그들이 자격을 갖출 수 있다면 외국과의 경쟁에 시달리지 않는 일자리들을 얻을 기회를 가질 것이다. (제2장에서 지난 수십 년 동안 미국의 고용은 제조업으로부터 집단적으로 재화에 비해 먼 곳에서 생산하기가 더 어려운 서비스업으로 이동하였음을 살펴본 바 있다). 게다가 이 장의 앞부분에서 국제거래는 비교우위, 즉 재화 또는 서비스를 생산하는 **국내 기회비용**에 의해 이루어지기 때문에, 무역의 확대는 심지어 고임금 경제에서조차도 성장하는 수출부문들이 존재할 것을 의미한다. 따라서 외국 근로자들과 경쟁 상태에 있지 않거나 국제적 비교우위를 가진 부문들의 일자리들이 이용 가능하다는 것은 저임금 국가 근로자들로부터의 경쟁으로 인한 임금하락을 제한하는 역할을 할 것이다. 실제로 미국과 멕시코의 무역증가에 대한 한 연구는 임금수렴의 증거를 발견하지 못했다.[22]

확대되는 부문들에서의 일자리 창출이 무역에 의해 일자리를 잃게 되는 근로자들의 임금하락에 '브레이크'를 제공할 수 있지만, 이 일자리를 잃은 근로자들이 상대적으로 쉽

---

21) James E. Anderson and Eric van Wincoop, "Trade Costs," *Journal of Economic Literature* 42 (September 2004): 691~751.

22) Gordon H. Hanson, "What Has Happened to Wages in Mexico Since NAFTA?" National Bureau of Economic Research, working paper no. 9563 (March 2003). 가난한 나라들의 저임금을 지급받는 근로자들로부터의 경쟁이 임금과 근로조건들을 '밑바닥까지 끌어내리는 경쟁'을 부추길 것이라는 우려는 몇몇 사람들로 하여금 획일적인 일련의 근로기준(labor standards)을 전 세계적으로 채택할 것을 제안하도록 유도했다; 이 제안들의 경제분석은 Drusilla K. Brown, "Labor Standards: Where Do They Belong on the International Trade Agenda?" *Journal of Economic Perspectives* 15 (Summer 2001): 89~112를 참조하라.

게 새롭게 창출되는 일자리들을 발견하고, 자격을 갖추어, 이동할 수 있다는 것이 결정적으로 중요하다. 나아가 규범이론에 따르면, 무역확대로부터 일자리를 잃은 근로자들은 무역확대로부터 이익을 얻는 사람들에 의해 자신들의 손실을 보상받을 수 있어야만 한다. 따라서 무역과 관련된 해고의 비용을 극소화하고 국제거래의 확대에 의한 이익을 더욱 널리 파급시킬 수 있는 여러 종류의 정책들을 분석함으로써 이 장을 마치기로 하자.

정책문제

국제무역과 생산분담의 확대가 근로자들에게 미치는 효과에 대한 이론적 분석은 두 가지 광범위한 결론을 유도한다. 첫째, 국경을 넘는 거래에 대한 장애물 제거는 특화의 심화와 비교우위의 이용을 통해 거래가 이루어지는 두 나라 모두의 총소비를 증가시킬 수 있다. 둘째, 특화의 심화에 적응하는 데 필요한 각 나라 내에서의 자원의 이동은 일자리를 잃게 되는 근로자들에게 비용을 부과한다. 따라서 무역과 생산분담이 확대될 때, 사회 전체는 이익을 얻을 수 있지만, 그 사회 내의 많은 사람은 손실을 볼 가능성이 있다. 오늘날까지 한 국가 내에서 무역확대로부터 일자리를 잃을 위험이 가장 큰 것처럼 보이는 것은 일반적으로 저숙련 근로자들이라는 것을 살펴본 바 있다.

제1장에서 그리고 제4장에서 기술변화의 효과를 논의할 때, 만약 (a) 모든 사람이 정책변화로부터 이익을 얻는다면, (b) 일부는 이익을 얻고 누구도 손해를 보지 않는다면, 또는 (c) 일부는 이익을 얻고 일부는 손해를 보지만, 이익을 얻은 사람들이 손해를 본 사람들을 충분히 보상한다면, 즉 조건 (c)를 조건 (b)로 바꾸게 되면 사회 전체는 몇몇 정책변화를 통해 이전보다 나아진다는 결론을 비로소 내릴 수 있음을 강조한 바 있다. 무역의 증가가 바로 기술변화의 경우와 마찬가지로 사회의 일부 근로자들을 실직시키기 때문에, 국제거래에 대한 장애물의 완화로부터 이익을 보는 사람들이 이 정책변화로부터 손해를 보는 사람들을 보상해야 한다는 규범적 고려가 필요하다. 이 책의 앞부분에서 전개된 이론을 사용하여 그러한 보상이 유용하게 이루어질 수 있는 형태를 분석할 수 있다.

인적자본투자에 대한 보조금 지급

일자리를 잃은 사람들이 고통스러워하는 손실의 많은 부분은 자신들의 일자리를 바꿔야만 한다는 사실과 임금삭감을 당할지도 모를 가능성으로부터 비롯된다. 새로운 일자리의 탐색에는 시간이 걸리기 때문에, 일자리를 잃은 근로자들은 탐색에 따라 아마도 실업기간을 경험할 것이다(제14장 참조). 나아가 일자리를 잃은 근로자들은 다른 일자리를 얻을 자격을 갖추기 위해 훈련에 투자해야 할지 모르며(제9장 참조),[23] 그들은 또한 고용을 확보하기 위해 새로운 도시 또는 주(州)로 이주해야만 할지도 모른다(제10장 참조). 요약하

[23] 근로자들이 일자리를 잃은 이후 인적자본투자를 한다는 증거는 Daniel C. Hickman and William W. Olney, "Globalization and Investment in Human Capital," *ILR Review* 64 (July 2011): 652~670을 참조하라.

면 무역확대 또는 일자리의 해외이전에 의해 일자리를 잃게 되는 근로자들은 강제적으로 새로운 인적자본투자를 해야만 한다.

이 인적자본투자에 보조금을 지급하는 정부프로그램들은, 만약 국제거래의 확대로부터 이익을 얻는 사람들에 의해 그 재원이 마련된다면[24] 두 가지 중요한 목적에 기여할 수 있다. 첫째, 정부프로그램들은 일자리를 잃은 근로자들이 해야 할 필요가 있는 투자의 금융 부담을 줄임으로써 정책변화의 결과 일자리를 잃은 근로자들을 보상하도록 도울 수 있다. 둘째, 일자리를 잃은 사람이 새로운 일자리를 얻을 자격을 갖추고 이를 발견하는 것을 도움으로써, 정부프로그램들은 실업을 극소화 시키며 더 효율적인 용도로 자원들이 재배분되는 과정을 빠르게 함으로써 사회 전체가 무역확대로부터 소비의 이익을 실현하는 것을 돕는다.

미국에서 2002년에 개정된 무역조정지원프로그램(Trade Adjustment Assistance Program)은 무역 또는 생산분담에 의해 일자리를 잃은 근로자들의 인적자본투자에 보조금을 지급하기 위해 고안된 프로그램의 예이다. 혜택을 받을 자격이 있으려면, 세 명 이상의 근로자그룹(또는 그들을 대신하여 행동하는 노동조합 또는 회사임원)이 지원하고 수입증가 또는 일자리의 해외이전 때문에 어떤 크기의 일시해고가 자신들의 기업에서 발생했음을 입증할 수 있어야만 한다.[25] 일단 자격이 증명되면, 일자리를 잃은 근로자들은 최대 104주까지의 훈련 또는 재교육(remedial education)을 받을 수 있으며, 이들은 이 기간에 실업급여(그리고 부분적으로 건강보험보조금)도 받는다. 훈련투자 이외에도 자격이 있는 근로자들은 일자리탐색 비용을 충당하기 위해 최대 1,250달러, 그리고 재배치 비용을 보조하는 데 도움이 되기 위해 추가로 1,250달러를 받을 수 있다. 그러나 오늘날까지 이 프로그램에 수혜자격이 있음을 인정받은 근로자 수는 상대적으로 적었다.[26]

무역확대로부터 일자리를 잃은 사람들이 자신들의 실직을 조정하기 위한 **투자**를 필요로 한다는 것을 인식하게 되면, 제5, 9, 그리고 10장에서 분석되었던 인적자본투자에 대한 의사결정에 영향을 미치는 요소들을 검토할 필요가 있다. (다른 조건이 일정할 때) 이동성과 훈련에 대한 투자로부터 혜택을 보거나, 또는 자신들과 이 투자비용을 분담할 용의가 있는 사용자들을 찾을 가능성이 큰 근로자들은 투자의 편익이 '회수'될 수 있는 상대적으로 긴 예상기간을 갖기에 충분할 만큼 젊은 근로자들이다. 훈련으로부터의 순편익은 쉽게 배우거나 학습의 정신적 비용이 많이 들지 않음을 알게 되는 근로자들의 경우

[24] 무역으로부터의 이득이 더 숙련도가 높은 근로자들에게 집중되는 것처럼 보이기 때문에, 일부 경제학자들은 상대적으로 높은 소득을 받는 근로자들에 의해 납부되는 세금을 증가시키게 되는 조세제도의 누진성을 증가시킴으로써 정부가 조세수입을 늘려야만 한다고 지적한다. 예를 들어 Joseph E. Stiglitz, *Making Globalization Work* (New York: W. W. Norton and Company, 2006): 100 참조.

[25] 프로그램은 혜택의 신청일 이전 12개월 동안에 50명 미만의 근로자그룹에서는 적어도 3명의 근로자가, 또는 50명 이상의 근로자그룹에서는 적어도 5%의 근로자들이 일자리의 해외이전 또는 수입 때문에 일시해고 되었음을(또는 일시해고의 위협을 받았음을) 필요로 한다.

[26] 프로그램과 그 내력에 대한 보다 상세한 설명은 Katherine Baicker and M. Marit Rehavi, "Policy Watch: Trade Adjustment Assistance," *Journal of Economic Perspectives* 18 (Spring 2004)): 239~255; and U.S. Department of Labor website at http://www.dol.gov를 참조하라.

또한 더 클 것이다. 마지막으로 어떤 투자이든 그 순편익은 상대적으로 낮은 할인율을 가진, 즉 너무 현재지향적이지 않은 사람들의 경우 더 크다.

어떤 **특정** 용도에 자원을 사용하면 다른 용도에 자원을 사용하지 못한다는 점에서, 사회는 오로지 사회적 편익이 사회적 비용을 초과할 때에만 인적자본보조금에 투자할 수 있음을 확실히 하기를 원할 것이다. 인적자본 의사결정에 영향을 미치는 요소들에 대한 고려는 비용이 편익을 초과할지도 모를 일부 조건들을 제시한다. 나이 든 (또는 심지어 중년) 근로자들의 경우, 투자로부터의 미래편익의 현재가치는 너무 제한적이어서 그 편익이 비용보다 작다. 현재지향적인 또는 새로운 기술을 배우기가 어렵다는 것을 아는 근로자들의 경우 비용이 또한 편익을 초과할 수 있으며, 무역에 의해 일자리를 잃게 된 많은 저숙련 근로자들은 바로 이런 이유로 초기 인적자본투자를 회피했을지 모른다. 따라서 훈련보조금은 많은 일자리를 잃은 근로자들의 경우 자원을 현명하게 사용하는 것에 해당하지 않을 수 있다. [실제로 미국(제9장 참조)과 유럽[27] 모두에서의 대상이 더 광범위한 정부지원 훈련프로그램들에 대한 평가를 기초로 할 때, 정부훈련의 순편익은 기껏해야 꽤 크지는 않은 것처럼 보인다.]

소득지원 프로그램들

일부 훈련 또는 재배치 투자가 가치가 없을 수도 있다는 문제에 대한 한 가지 대응은 정부가 일자리를 잃은 근로자들에게 연장된 실업급여를 제공하거나 실직에 의해 영향을 받는 나이 든 근로자들이 조기에 퇴직할 수 있도록 자금을 제공하는 것이다. 더 넉넉한 실업급여와 연금급여는 무역확대에 의해 일자리를 잃은 근로자들을 보상하는 데 도움이 되겠지만, 이 급여규정은 제6, 7, 그리고 14장에서 살펴본 바와 같이 비고용(nonemployment)을 장려한다. 물론 노동인구의 감소는 무역증대와 관련된 산출량 증가를 감소시키는 경향이 있다.

고용을 장려하는 소득지원의 다른 형태는 일하는 대상 근로자들에게 직접 보조금을 지급하는 것이다. 비록 구체적으로 무역에 의해 일자리를 잃은 근로자들을 대상으로 하지는 않지만, 제6장에서 분석된 근로장려세제프로그램(Earned Income Tax Credit Program)이 그러한 프로그램의 예이다. 무역에 의해 일자리를 잃은 근로자들을 대상으로 하는 프로그램은 '임금보험(wage insurance)'인데, 이 프로그램 하에서는 새로운 일자리에서 잃어버린 이전 일자리보다 낮은 임금을 받는 일자리를 잃은 근로자들이 정부로부터 적어도 그 차액의 일부를 보충하는 금액을 받는다. 예를 들어 미국은 무역조정지원프로그램의 수혜자격이 있는 어떤 나이 든 근로자들에게, 만약 그들이 일시해고된 지 26주 이내에 새로운 일자리를 찾고, 1년에 50,000달러 미만을 번다면 연간 근로소득 손실의 1/2을 지급하는

---

[27] Jochen Kluve, et al., *Active Labor Market Policies in Europe: Performance and Perspectives* (Berlin: Springer, 2007).

프로그램을 갖고 있다.[28] 상대적으로 새롭기는 하지만, 분명히 이 프로그램은 비록 낮은 임금을 받더라도, 훈련투자가 가치가 있지 않을 수 있는 일자리를 잃은 근로자들이 신속히 재고용되도록 장려하는 것을 목표로 한다.

고용보조금 지급

모든 훈련이 사회적 순편익을 창출하는 것이 아니라는 문제에 대한 또 다른 대응은 정부가 훈련비용이 상대적으로 높거나 기대편익이 상대적으로 낮은 일자리를 잃은 근로자들의 사용자들에게 보조금을 지급하는 것이다.[29] 이를 위한 한 가지 방법은, 예를 들어 만약 사용자들이 무역 또는 일자리의 해외이전에 의해 일자리를 잃은 나이 든 또는 저숙련 근로자들을 채용한다면 그들에게 급여보조금을 제공하는 것이다. 제3장에서 사용자 급여보조금이 대상이 되는 근로자들의 고용과 임금을 증가시키는 경향이 있으며, 이 두 가지 결과의 조합은 대상이 되는 근로자들의 시장노동공급곡선의 형태에 좌우된다는 것을 살펴본 바 있다. 이 장의 끝에 수록된 실증연구에서 설명된 연구는 민간부문에 대한 고용보조금이 근로자들의 재고용을 빠르게 하는 데 있어 훈련보다 더 효과적이라는 것을 암시한다.

고용보조금 지급의 또 다른 형태는 정부가 '최후의 사용자(employer of last resort)'가 되어 직접 일정기간 동안 공공근로프로젝트를 수행할 대상 근로자들을 고용하는 것이다. 이러한 프로그램들은 근로자들이 후에 보조금이 지급되지 않는 일자리들을 얻는 것을 돕는 데 있어 상대적으로 비효과적인 것처럼 보인다(이 장의 실증연구 참조).

얼마나 좁게 보상범위를 설정해야 하는가?

무역증가와 생산분담이 실직에 미치는 효과들은 기술변화가 실직에 미치는 효과와 유사하며, 실제로 두 요인 중 어느 요인이 실제로 어떤 개인의 실직을 야기시켰는가를 식별하는 것이 매우 어렵다는 것을 분석결과는 보여주었다. 실제로 동태적인 경제에는 또한 근로자들에 대한 수요곡선과 근로자들의 공급곡선을 이동시키는 역할을 하는 무수히 많은 다른 요인들이 존재한다는 것을 지적했다. 몇 가지 중요한 요인들을 열거하면, 소득, 선호, 그리고 인구통계학적 특성의 변화가 그것들이다. 그러므로 국제거래에 대한 장애물의 감소는 일자리들이 없어질 근로자 수를 증가시키는 경향이 있지만, 이 실직은 다른 이유로 인해 지속적으로 발생하는 노동시장 변화의 더 큰 맥락에서 발생한다.

규범경제학이 제시하는 보상원리는 사회의 일부가 다수의 이익을 위해 손실을 부담하도록 강요당하는 **모든** 거래에 적용되기 때문에, 그리고 국제거래의 확대가 근로자의

---

[28] 근로자들은 50세가 넘고 제한된 범위의 기술을 가지고 있어야만 한다. 나아가 그들의 새로운 일자리는 풀타임이어야 하며, 보조금은 2년의 기간 동안 최대 10,000달러로 제한된다. 추가적인 상세한 내용은 Baicker and Rehavi, "Policy Watch: Trade Adjustment Assistance"를 참조하라. 임금보험에 대한 단행본 형태의 논문(monograph)은 Robert J. LaLonde, "The Case for Wage Insurance," Council on Foreign Relations, Council Special Report no. 30 (September 2007)을 참조하라.

[29] 이 보조금은 Adrian Wood, *North-South Trade, Employment, and Inequality: Changing Fortunes in a Skill-Driven World* (Oxford: Clarendon Press. 1994)에서 제시되었다.

실직을 야기시키는 단지 하나의 (그리고 아마도 상대적으로 작은) 요인이기 때문에, **단지** 무역 관련 실직만을 대상으로 하는 일련의 보상프로그램을 정당화하기는 어렵다. 실제로 특정한 일련의 근로자들의 실직을 야기시켰던 것이 바로 국제무역 또는 생산분담이었다는 것을 입증하는데 자원과 시간이 필요하다는 사실이, 왜 미국 무역조정지원프로그램의 혜택이 그렇게 소수의 근로자들에게 지급되었는지를 설명하는 너무 당연한 한 가지 이유일 수 있다.[30] 이와는 대조적으로 여러 유럽 국가는 일련의 "적극적 노동시장정책(Active Labor Market Policies)"을 제공하는데, 이 정책 하에서는 그 이유와는 상관없이 일자리를 잃은 근로자들이 훈련 및 고용보조금의 의도된 수혜자이다. 보편적으로 성공하지는 않았지만, 이 유럽의 정책들은 더 광범위한 일련의 경제적 요인들로 매끄럽게 이행하려는 시도들을 나타낸다.[31]

무역증가와 생산분담의 비용이 일자리를 잃은 근로자들에게만 배타적으로 부과되지 않는다는 것도 또한 인식되어야 한다. 기술진보에 의해서든 국제거래에 대한 더 큰 개방상태에 의해서든, 또는 다른 어떤 요소에 의해서든 지와 관계없이 국민경제의 변화를 위한 요인들이 증가할 때, 실제로 일자리를 잃은 근로자가 아닌 근로자들도 자신들의 미래에 대해 더 큰 불확실성에 직면한다. 그들은 또한 시간이 흐름에 따라 자신들 근로소득의 더 큰 폭의 변화를 경험한다.

예를 들어 국제거래에 대한 장애물의 감소는 영향을 받는 노동시장에서 더 탄력적인 노동수요곡선을 창출하는 경향이 있다고 위에서 주장한 바 있다. 노동수요곡선의 탄력성 변화가 어떻게 고용과 임금에 영향을 미칠 수 있는지를 살펴보기 위해, 그림 16.3의 상대적으로 비탄력적인(D_0), 그리고 상대적으로 탄력적인(D_1) 노동수요곡선을 고려하기로 하자. 보이는 노동공급곡선이 주어질 때, 두 노동수요곡선 모두의 초기 균형은 임금 W^*와 고용 E^*에서 성립한다고 가정하자. 이제 생산물가격이 하락하여 두 노동수요곡선 모두 동일한 수직거리(ab)만큼 좌측으로 이동했다고 가정하자. 새로운 임금과 고용의 균형은 비탄력적인 노동 수요곡선의 경우 점 x, 탄력적인 노동 수요곡선의 경우 점 y에서 이루어질 것인바, 이 생산물가격의 하락으로 창출되는 고용과 임금의 손실은 노동수요곡선이 더 탄력적일 경우 더 커진다. 따라서 국제경쟁의 심화 때문에 만약 노동수요곡선이 시간이 흐름에 따라 더 탄력적이 된다면, 생산물시장의 어떤 가격변동이라도 노동시장에서의 고용과 임금 결과의 더 큰 변동과 관련이 있을 것이다. 그러나 더 큰 개방상태에 의해 노동수요곡선들이 실제로 얼마나 더 탄력적이 되는지는 여전히 불확실하다.[32]

이론적으로 기술과 무역은 사회의 소비수준을 향상시킬 수 있지만, 개개인들은 자신들의 소득이 아니라 자신들의 효용을 극대화하려 한다는 것을 기억해야만 한다. 그러므로 더 불확실한 미래에 대한 더 큰 우려는 국제거래 확대의 추가비용이며, 만약 무역으로

30) Baicker and Rehavi, "Policy Watch: Trade Adjustment Assistance" 참조.

31) Kluve, et al., *Active Labor Market Policies in Europe* 참조.

32) 이 주제에 관한 문헌의 인용은 Goldberg and Pavcnik, "Distributional Effects of Globalization in Developing Countries"를 참조하라.

실증연구

유럽의 적극적 노동시장정책 평가: 메타분석의 사용

사회가 무역확대로 불리한 영향을 받는 근로자들을 어떻게 도울 수 있는가를 논의하는 데 있어, 여러 유럽 국가가 일자리를 잃은 근로자들이 새로운 일자리를 얻을 자격을 갖추어 일자리를 찾는 것을 돕기 위해 예를 들어 훈련프로그램들, 민간부문 고용보조금 지급, 또는 직접적인 정부의 고용과 같이 한 가지 이상의 '적극적 노동시장정책(Active Labor Market Policies)'을 채택했음을 살펴보았다. 지난 10년 동안 15개 유럽 국가들에서의 프로그램들에 대한 수십 편의 통계적 연구들은 근로자들의 실업기간을 줄이거나 재고용의 확률을 높이는 데 있어 주어진 정책들의 성공 여부를 평가했다. 그러나 각 프로그램은 나름대로 유일한 전후 사정과 그 자신만의 일련의 특성들을 갖고 있다. 나아가 이 책의 앞부분에서 소개된 실증연구들에서 어떤 연구에서든 연구자들이 마주치는 방법론적인 문제들이 여러 다른 방식들과 다른 가정들을 이용하여 대처 될 수 있음을 살펴본 바 있다. 따라서 평가를 위한 어떤 연구도 최종적일 가능성이 없는 반면, 여러 연구를 함께 취합해 국가정책을 정교하게 만드는 데 있어 유용하게 되는 몇몇 일반화를 전개할 수 있는지를 묻는 것은 자연스러운 일이다.

각 프로그램은 분리된 실험으로 간주될 수 있기 때문에, 유럽의 적극적 노동시장정책의 수와 그 정책이 발생한 다양한 제도적 전후 사정은 정책들의 유효성에 대한 몇몇 결론을 내리는 데 있어 꽤 유용한다는 것이 실제로 판명되고 있다. 만약 이러한 많은 실험으로부터의 결과들이 의미 있는 방식으로 비교될 수 있다면, 어떤 프로그램의 특성들이 근로자들이 새로운 사용자들로 이행하는 것을 매우 성공적으로 도울 가능성이 있는가를 발견할 수 있을 것이다. '메타분석(meta-analysis)'이 여러 연구결과를 요약하고 분석하는 통계적 방법론을 제공한다.

최근 발표된 137편 평가연구들의 메타분석은 그 연구결과들을 일자리를 잃은 근로자들이 새로운 일자리들로 이행하는 속도에서의 성공 또는 실패 둘 중 하나를 나타내는 것으로 분류했다. 그 뒤 '결과(outcome)' 변수가 창출되어, 만약 연구에 의해 분석된 프로그램이 성공적이었다고 간주되면 1이라는 숫자가, 그렇지 않다면 0이라는 숫자가 주어졌다. 설명될 수 있는 변수(종속변수)로서의 프로그램들의 결과와 함께, 메타분석은 또한 네 가지 종류의 독립(설명)변수들에 관한 데이터를 획득했던바, 적극적 노동시장정책의 유형과 그 자금조달 수준, 국가의 실업률과 경제성장률, 프로그램들의 결과가 측정되었던 10년 동안의 기간, 그리고 근로자들이 해고되는 것으로부터 어떻게 '보호받는가'에 관한 국가의 다양한 법들이 그 네 가지 독립변수들이다.

본질적으로 메타분석은 이분(dichotomous) 결과변수를 위의 독립변수들에 대해 회귀분석 하는 것으로 구성되었다.[a] 분석은 다른 독립변수들이 불변일 때 고용보조금을 사용하여 일자리탐색에 도움과 인센티브를 제공하는 적극적 노동시장정책들이 근로자들이 새로운 일자리로 이행하는 것을 돕는 데 있어 훈련프로그램들보다 더 효과적이었음을 발견했다. 일자리를 잃은 근로자를 공공근로프로젝트에 고용하는 프로그램들은 근로자들이 장기적으로 일자리를 얻도록 돕는 데 있어 훈련프로그램에 비해 덜 성공적이었다. 분석에 따르면 모든 유형의 적극적 노동시장정책 프로그램들이 근로자들이 해고되지 않도록 강력하게 보호하는 나라들에서 실업기간을 줄이는 데에는 **덜** 성공적인 경향을 보였다(제5장으로부터 사용자들이 근로자들을 해고하는 비용의 증가는 또한 사용자들이 근로자들을 채용하는 비용을 증가시킨다는 것을 상기하라.).

[a] 회귀분석에서 오로지 0과 1 사이에서만 변하는 이분변수(dichotomous variable)를 종속변수로 사용하는 것은 심각한 통계문제들을 생기게 하는 바, 이 연구에서는 '프로비트 분석(probit analysis)'이라 불리는 널리 알려진 방법론을 사용함으로써 이를 다루고 있다.

자료: Jochen Kluve, et al. *Active Labor Market Policies in Europe: Performance and Perspectives* (Berlin: Springer, 2007): 172~185.

그림 16.3

비탄력적 및 탄력적 노동 수요곡선의 동일한 수직 이동 결과 비교

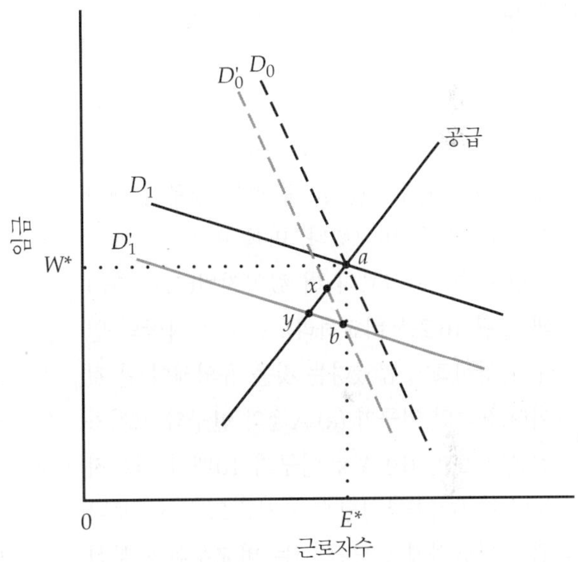

부터 이익을 보는 사람들이 국제거래에 대한 장애물을 감소시키는 것에 찬성하도록 다른 사람들을 설득시키려 한다면, 그들은 더 광범위한 '사회안전망'이라는 보상정책에 동의해야만 할지 모른다. 실제로 한 연구는 아마도 정부지출이 위험감소에 역할을 담당하기 때문에, 국제거래에 더욱 개방적인 나라들이 또한 더 큰 정부를 갖고 있음을 밝힌 바 있다.[33]

요약

국제거래에 대한 장벽을 감소시키는 것은 숙련 근로자들에 대한 상대수요를 증가시키는

[33] Dani Rodrik, "Why Do More Open Economies Have Bigger Governments?" *Journal of Political Economy* 106 (October 1998): 997~1032.

데 있어서 기술변화 같은 다른 요인들에 의해 초래되는 노동시장효과들을 강화시킨다는 것을 살펴보았다. 교육투자에 대한 수익이 증가했음에 따라, 그리고 근로자들이 자신들의 생애경력에 있어 노동수요의 변화에 적응해야만 할 더 큰 위험에 처함에 따라, 정부가 **학교교육**을 확대하고 향상시켜야 한다는 주장은 강화되었다. 더 높은 수준의 인지기술(cognitive skills)을 가진 근로자들은 더 다양한 일자리를 얻을 자격을 갖출 것이며, 그들은 또한 훨씬 용이하게 (따라서 낮은 비용으로) 새로운 기술을 배울 수 있을 것이다. **젊은 이들에게 양질의 교육에의 접근을 제공하는 것은 아마도 정부가 그 근로자들이 국제거래의 확대와 관련된 노동수요의 변화에 대처하는 것을 돕기 위해 착수할 수 있는 가장 중요한 단일 프로그램이다.**[34)]

복습문제

1. 비교우위의 원리를 설명하고 입증하는 데 있어, 이 장은 두 나라 A, B가 서로 무역을 할 수 있는 경우와 무역을 할 수 없는 경우의 생산가능곡선들을 비교했다. 비록 B국의 잠재적 총산출량이 A국보다 더 컸었지만(그림 16.1과 그림 16.2를 비교하라), 논의는 각국의 인구를 명시하지 않았다는 것을 유의해야 할 것이다. B국의 인구가 (a) A국의 인구와 크기가 같은지 또는 (b) A국 인구의 10배가 되는지 (따라서 B국을 1인당소득 기준으로 A국보다 훨씬 가난하게 만드는지)는 비교우위의 분석에 문제가 되는가? 설명하라.
2. 왜 교육이 일자리시장에, 그리고 궁극적으로 소득분배에 그와 같은 상당한 영향을 주는지, 그리고 정부는 어떤 종류의 활동을 채택하도록 종종 유도되는지를 예와 함께 설명하라.
3. 가정의 도난경보시스템(burglar alarm system)을 만드는 많은 미국 기업들이 자신들의 경보장치가 훨씬 더 낮은 비용으로 만들어질 수 있는 아시아 또는 남미로 경보장치의 생산을 이동할 것을 (독립적으로) 결정하고 있다고 가정하자. 경제이론을 사용하여 도난경보장치산업의 미국 고용수준에 미치는 효과들을 분석하라. 어떤 요소들이 이 효과들을 더 크게 또는 더 작게 만드는가?
4. 자유무역에 대한 비판 중의 하나는 자유무역이 근로자들을 시장 밖으로 내몰음으로써 국내 일자리들을 파괴한다는 주장이다. 이는 수입되는 재화가 종종 국내에서 생산되는 재화들에 비해 더 저렴하다는 사실에 기인한다. 이 주장을 분석하고 지지하는 사례연구를 사용하여 당신의 견해를 제안하라.
5. TV 해설자인 B씨가 다음과 같은 진술을 했다고 한다: "저임금 국가들과의 경쟁으로부터

34) 정부가 국제거래에 대한 더 큰 개방상태로부터 사회가 달성할 수 있는 이익을 발생시키기 위해 (그리고 더 광범위하게 분배하기 위해) 무엇을 필요로 하는가에 대한 철저한 분석은 Stiglitz, *Making Globalization Work*, 특히 제2장을 참조하라. 근본적으로 상호보완적인 견해는 또한 Dennis J. Snower, Alessio J.G. Brown, and Christian Merkl, "Globalization and the Welfare State: A Review of Hans-Werner Sinn's *Can Germany Be Saved?*" *Journal of Economic Literature* 47 (March 2009): 136~158을 참조하라.

미국 생산자들을 보호하기 위한 관세와 다른 보호수단을 해체하는 것은 단지 미국의 일자리 수를 감소시킬 뿐이다." 경제이론을 사용해 논평하라.

6. 세계화(globalization)는 단지 신흥국들로부터 뿐만 아니라 미국과 유럽연합 회원국들과 같은 선진경제들로부터 종종 많은 비판을 불러일으켰다. 이 장의 내용과 실질 사례연구를 고려하여 이에 대해 논하라.

7. TV 해설자인 D씨가 다음과 같은 진술을 했다고 한다: "무역의 증가가 전반적인 국민소득을 증가시킨다는 사실은 우리가 알 필요가 있는 모든 것을 알려주는바, 무역의 증가는 우리 사회를 위해 바람직하다는 것이 그것이다." 경제이론을 사용해 논평하라.

연습문제

1. M국은 매년 5천만 대의 자전거 또는 6천만 개의 냉장고를 생산할 수 있으며, N국은 매년 7천 5백만 대의 자전거 또는 5천만 개의 냉장고를 생산할 수 있다고 한다. 각국의 생산가능곡선은 선형이라고 한다.
   a. 각국의 자전거 생산과 냉장고 생산의 기회비용은 각각 얼마인가?
   b. 어떤 나라가 자전거 생산에 비교우위를 갖는가? 그 이유는 무엇인가?
   c. 이 두 나라는 무역을 해야만 하는가? 만약 그렇지 않다면, 그 이유는 무엇인가? 만약 그렇다면, 어떤 나라가 자전거를 생산하게 되고, 어떤 나라가 냉장고를 생산하게 되는가?

2. C국은 매년 200톤의 밀 또는 5천만 대의 자동차를 생산할 수 있으며, D국은 매년 500톤의 밀 또는 1억 2천 5백만 대의 자동차를 생산할 수 있다고 한다. 각국의 생산가능곡선은 선형이라고 한다.
   a. 각국의 밀 생산과 자동차 생산의 기회비용은 각각 얼마인가?
   b. 어떤 나라가 밀 생산에 비교우위를 갖는가? 그 이유는 무엇인가?
   c. 이 두 나라는 무역을 해야만 하는가? 만약 그렇지 않다면, 그 이유는 무엇인가? 만약 그렇다면, 어떤 나라가 밀을 생산해야만 하고, 어떤 나라가 자동차를 생산해야만 하는가?

3. 부유한 나라와 가난한 나라 고객서비스 대리인들의 한계생산성이 $MP_L=17-0.6L$, $MP_L=11-0.8L$로 각각 나타난다고 한다. [단 L=근로자 수(1,000명)] 현재 부유한 나라에는 시간당 20달러의 임금에 고객서비스 대리인으로 고용된 10,000명의 근로자가, 가난한 나라에는 시간당 10달러의 임금에 고객서비스 대리인으로 고용된 5,000명의 근로자가 각각 있다고 한다. 부유한 나라의 기업은 1,000개의 고객서비스 일자리들을 부유한 나라로부터 가난한 나라로 이전하는 것을 생각하고 있다고 한다. 이 기업이 그렇게 해야만 또는 그렇게 하지 않아야만 된다고 생각하는가? 이유는 무엇인가?

참고문헌

Anderson, James E., and Eric van Wincoop. "Trade Costs." *Journal of Economic Literature* 42 (September 2004): 691~751.

Freeman, Richard. "Trade Wars: The Exaggerated Impact of Trade in Economic Debate." National Bureau of Economic Research, working paper no. 10000 (September 2003).

Goldberg, Pinelopi Koujianou, and Nina Pavcnik. "Distributional Effects of Globalization in Developing Countries." *Journal of Economic Literature* 45 (March 2007): 39~82.

Lawrence, Robert Z. *Blue-Collar Blues: Is Trade to Blame for Rising US Income Inequality?* Washington, D.C.: Peterson Institute for International Economics, 2008.

Stiglitz, Joseph. *Making Globalization Work.* New York: W.W. Norton and Company, 2006.

복습문제와 연습문제 해답[1)]

제1장

복습문제

1. 규범적 분석의 기반이 되는 기본적 가치전제(value premise)는 만약 주어진 거래가 거래에 동의한 당사자들에게 이익이 되며 다른 누구에게도 해를 끼치지 않는다면, 그 거래를 성립시키는 것이 '좋다'고 할 수 있다는 것이다. 물론 이 기준은 거래에 의해 손해를 입은 누구라도 그 손해에 대해 보상을 받아야만 된다는 것을 의미한다(거래의 모든 당사자가 자발적으로 거래에 동의해야만 한다고 말하는 것과 같은 조건임). 노동시장은 모든 상호이익이 되는 거래가 달성되었을 때 최적점에 도달하게 될 것이다. 만약 상호이익이 되는 거래들이 완료되지 않은 채로 남아있다면, 노동시장은 최적점에 있지 않을 것이다.

    상호이익이 되는 거래의 달성을 방해하는 조건 중의 하나는 무지(ignorance)이다. 거래당사자는 그 거래의 몇몇 불리한 효과에 대해 알지 못하기 때문에 거래에 자발적으로 동의할 수 있다. 마찬가지로 잠재적 거래의 당사자가 거래의 이익에 대해 알지 못하기 때문에 거래에 참여하지 않을 수 있다. 그러나 정보를 가지고 있는 개인들도 기본적인 거래장벽(transaction barriers) 때문에 거래를 완료하는 데 실패할 수 있다. 이러한 것들은 어떤 종류의 거래에 대한 정부의 금지조치, 구매자들과 판매자들을 연결하는 시장능력의 불완전 또는 잠재적으로 존재할 수 있는 시장이 존재하지 않기 때문에 발생할 수 있다.

3. 모든 강요된 근로자들이 어쨌든 w의 임금으로 일할 용의가 있었다면 규범경제학의 견해로 볼 때 두 경우가 동일하다. 이 결과는 동일한 근로자들이 둘 중 하나의 경우에 채용된다는 것을 의미하지 않는다는 것을 주목하라. 즉 이 결과는 오로지 양 측면(노동의 수요와 공급 측면)이 상호이익이 되는 거래가 이루어지도록 한다는 것을 진술한다.

5. a. 이 행태는 본문에서 서술된 일자리이직모형과 전적으로 일관성을 갖는다. 경제이론은 근로자들은 효용(행복)을 극대화하려 한다고 가정한다. 만약 두 일자리의 다른 모든 측면이 비슷하다면, 경제이론은 근로자들이 저임금 일자리보다는 고임금

[1)] (역자 주) 원서와 같이 홀수 번호 문제에 대한 해답만을 게재하였다.

일자리를 선호하리라 예측한다. 그러나 두 일자리는 종종 근로환경, 관리자들의 성격, 그리고 근로자들에게 주어지는 스트레스를 포함하는 많은 중요한 측면에서 서로 다르다. 따라서 이 여성의 행태를 해석하는 방법의 하나는 그녀가 스트레스가 없는 환경에서 일할 수 있도록 시간당 50센트를 포기할 용의가 있었다고 간주하는 것이다.

b. 그녀의 행태가 '합리성(rationality)'에 근거를 두었다는 것을 증명할 방법이 없다. 경제학자들은 합리성을 어떤 개인 스스로 이익을 증진시키리라 예상되는 (의사결정이 이루어지는 시점에) 숙고된 의사결정을 하게 되는 능력으로 정의한다. 어떠한 한 가지 개별적인 행동만 갖고, 관련된 사람이 합리적인지 또는 아닌지를 분별할 수 없다. 확실히 위에서 설명한 바와 같이 이 여성의 이직 결정은 그녀의 효용(또는 행복수준)을 증가시키기 위한 계산된 이동으로 해석될 수 있다. 그러나 그녀가 통제할 수 없을 정도로 화가 나서 결과에 대한 아무런 생각 없이 자신의 의사결정을 내렸을 수도 있다.

c. 경제이론은 모든 사람이 똑같이 행동하리라 예측하지는 않는다. 경제주체들은 효용을 극대화한다고 가정되기 때문에, 그리고 각 개인은 유일한 일련의 선호들을 갖고 있다고 가정되기 때문에, 일부 근로자들이 주어진 일련의 인센티브들에 반응하고 다른 근로자들은 그렇지 않다는 것은 경제이론과 전적으로 일관성을 가진다. 따라서 서술된 상황으로부터 경제이론이 어떤 그룹의 근로자들에게는 적용되지만 다른 그룹의 근로자들에게는 적용되지 않는다고 결론을 내리는 것은 올바르지 않을 수 있다. 다른 근로자들은 스트레스에 의해 괴로움을 덜 당하며, 이 스트레스를 피하기 위해 시간당 50센트를 포기할 용의가 없다는 것도 당연할 수 있다.

7. 미성년노동을 금지하는 법은 자발적으로 이루어질 수 있는 어떤 거래들을 불법화함으로써 상호이익의 원칙을 위반하는 것처럼 보이게 된다. 그러나 그러한 금지조치가 규범경제학의 원리와 일관성을 갖게 되는 적어도 두 가지 조건들이 존재한다. 첫째, 고용거래에 참여하게 되는 미성년자들은 특정 환경에서 자신들의 일하려는 의사결정이 가져다 줄 위험 또는 결과에 대해 알지 못할 수 있다. 본래 미성년자들은 경험이 없으며, 사회는 흔히 그들을 그들 자신의 무지로부터 보호하기 위한 법안을 채택한다.

   둘째, 사회는 미성년자들을 그들의 부모로부터 보호하기 위해 미성년노동법을 채택할 수 있다. 부모에 의해 위험하거나 건강에 해로운 환경에서 일하도록 강요되는 미성년자는 고용거래에 자발적으로 동의하지 않았을 것이다. 따라서 그 미성년자가 어떤 고용에 종사하는 것을 금지하는 법은 부모의 강요가 있을 때 상호이익의 원칙을 위반하지 않게 된다.

9. 실증경제학에 따르면 사람들은 편익에는 긍정적으로 비용에는 부정적으로 반응한다. 그러므로 개혁은 몇몇 실업상태의 근로자들이 6개월 넘게 실업상태로 남아있도록 동기를 유발할 수 있다. 만약 정부예산이 시간이 흘러도 고정되어 있다면 평균 실업기간의 증가는 정부지출의 조정을 유발시킬 것이다. 예를 들어 정부는 교육지출을 줄일 수

있다. 이 경우 일부 사람들(예를 들어 학생들)은 개혁에 의해 불리한 영향을 받는다.

연습문제

1. (부록) 데이터를 그래프로 그려보면 연령과 임금이 함께 증가하는 것을 알 수 있다. 적절한 선형모형은 $W_i=a_0+a_1A_i+e_i$로 표시된다. (단 W_i는 i번째 개인의 임금, A_i는 i번째 개인의 연령, a_0과 a_1은 파라미터, e_i는 i번째 개인의 확률오차항임.) 임금이 종속변수이며 연령은 설명변수이고, 그 역은 성립하지 않음을 주의하라.
3. (부록) ***t*-통계량**(추정계수를 표준오차로 나눈 수치임)이 0.3/0.1 또는 3이기 때문에 확신할 수 있다. ***t*-통계량**이 2를 초과할 때, 추정계수의 진치(true value)가 0이 아니라는 것을 상당히 신뢰할 수 있다.
5. (부록) ***t*-통계량**은 추정계수를 표준오차로 나눈 수치이다. 연령의 추정계수의 경우, ***t*-통계량**은 0.25/0.10 또는 2.5이다. 풀타임 상태의 추정계수의 경우, ***t*-통계량**은 0.75/0.20 또는 3.75이다. 따라서 두 추정된 계수 모두 통계적으로 유의하며, 이는 추정계수의 진치가 0이라는 가설이 기각될 수 있음을 의미한다.

제2장

복습문제

1. 다음의 그래프에 보이는 바와 같이, 건설근로자들의 유출은 이집트 건설부문과 관련된 노동공급곡선을 **좌측**(S_1로부터 S_2로)으로 이동시켰던 반면, 건설근로자들의 서비스에 대한 수요곡선은 **우측**(D_1로부터 D_2로)으로 이동하였다. 두 곡선의 이동은 그 자체로 균형임금을 W_1로부터 W_2로 증가시키는 경향을 가졌기 때문에, 이집트 건설부문의 임금이 평균보다 빨리 증가하였을 것을 분명히 예상하게 된다. 그러나 두 곡선의 이동은 그 자체로 고용에 관해서는 반대되는 효과를 나타냈으며, 따라서 예상되는 고용의 순변화는 이론적으로는 모호하다.

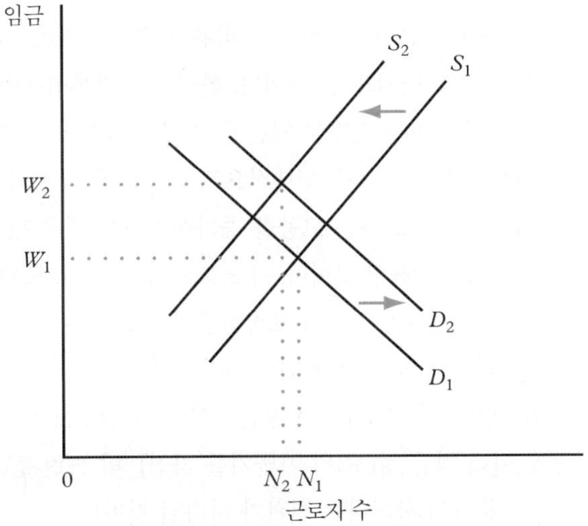

3. 많은 엔지니어가 연구개발 업무분야에 고용되어 있다. 따라서 만약 연구개발에 대한 주요 수요자가 그 수요를 줄이게 되면, 엔지니어들에 대한 수요곡선은 좌측으로 이동하게 되어 그들의 임금과 고용은 하락한다.
5. 만약 원형용접공들의 임금이 균형임금보다 높은 수준에 있다면, 회사는 지급할 필요가 있는 것보다 자신의 원형용접공들에게 더 높은 임금을 지급하고 있는 것이며, 결과적으로 자신이 채용할 수 있는 것보다 더 적은 수를 채용하고 있을 것이다. 따라서 이 경우 과대지급(overpayment)의 가장 의미 있는 정의는 임금이 균형임금보다 높은 수준에 있다는 것이다.

   임금이 균형임금보다 높은 수준이라는 것을 알려주는 알기 쉬운 지표는 회사의 빈 일자리가 생길 때마다 지원자들이 항상 긴 행렬을 이룬다는 사실이다. 또 다른 지표로는 균형임금보다 높은 수준의 임금을 받을 만큼 충분한 행운을 가진 근로자들(이 경우 원형용접공들임)이 자신들의 일자리에 집요하게 달라붙음에 따라 비정상적으로 낮은 이직률이 나타난다는 사실을 들 수 있다.
7.

7(a)

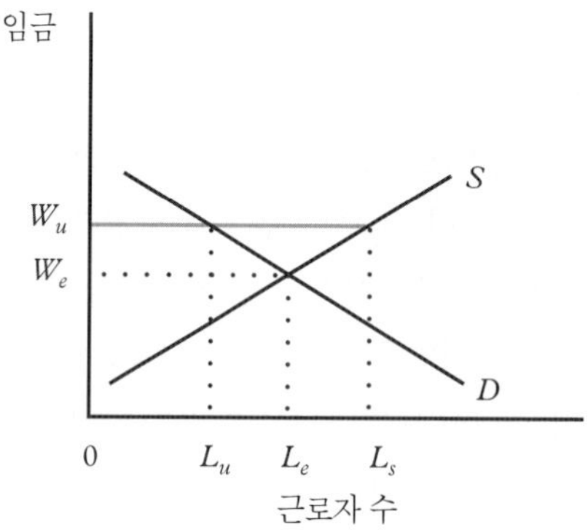

7(b)

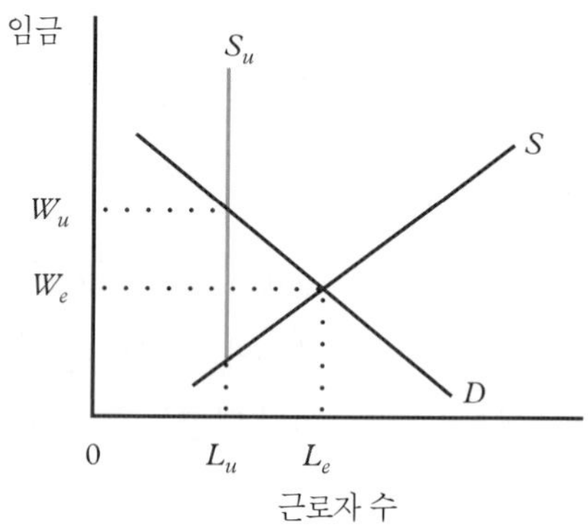

9. 이 규제는 본질적으로 자본비용을 증가시키며, 그러한 사실은 노동수요곡선에 모호한 효과를 미치게 될 것이다. 한편으로 자본비용의 증가는 생산비를 증가시킬 것이며, 고용을 줄이는 경향이 있는 규모효과를 발생시킨다. 다른 한편으로 이 규제는 노동에 비해 자본의 비용을 상대적으로 증가시켜, 자본의 노동으로의 대체를 자극할 수 있다. 따라서 대체효과는 고용을 증가시키도록 작용할 것인 반면, 규모효과는 고용을 감소시키도록 작용할 것이다. 어느 효과가 더 강한가는 이론으로부터만은 예측할 수 없다.
11. a. 경제성장은 노동수요곡선을 우측으로 이동시키는 경향이 있다(각 임금수준에서 더 많은 근로자가 수요된다).
    b. 만약 캐나다의 노동공급곡선이 미국의 노동공급곡선에 비해 수평에 더 가깝다면 [더 작은 정(+)의 기울기를 가짐], 더 느린 정(+)의 임금변화에 수반되는 일자리 증가의 확대라는 결과가 나타날 것이다.

연습문제

1. 실업률=[실업자 수/(실업자 수+취업자 수)]×100=(650만 명/1억 2,700만 명)×100=5.11%.

   경제활동참가율=[(취업자 수+실업자 수)/성인인구]×100=(1억 2,700만 명/2억 5,000만 명)×100=50.8%.
3. 관련 데이터를 가장 빨리 찾을 수 있는 장소는 아마도 http://www.bls.gov/ces/, 'Tables from Employment and Earnings'(Table B-11)과 http://www.bls.gov, Consumer Price Index(CPI)일 것이다. 만약 시간당 평균근로소득이 CPI보다 더 빨리 증가한다면, 실질임금은 증가했을 것이다. 이외에도 CPI의 측정이 잘못되었을 경우의 영향을 고려해야만 한다. 만약 (본문에서 논의한 바와 같이) CPI가 인플레이션을 과대평가 한다면, 실질임금은 공식적인 통계수치가 암시하는 것보다 더 빨리 증가했을 것이다. 노동통계국(Bureau of Labor Statistics)의 웹사이트(website)에는 CPI 측정에 있어서의 이제까지의 편의(bias) 중 일부를 제거하려는 CPI 계산방법의 변화에 관한 최근 연구들의 관련 링크(link)들이 실려 있다.
5. 시간당 실질최저임금(1990년) =명목임금(1990년)/CPI(1990년)
   =(3.80달러/130.7)×100
   =2.91달러

   시간당 실질최저임금(2006년) =명목임금(2006년)/CPI(2006년)
   =(5.15달러/201.6)×100
   =2.55달러

   실질임금으로 환산한 연방최저임금은 1990년부터 2006년까지 하락했다.

제3장

복습문제

1. 이윤극대화는 기업들이 한계수입생산이 시장임금과 일치할 때까지 노동을 채용하도록 요구한다. 만약 임금이 낮으면, 이윤극대화를 추구하는 기업은 노동을 많이 채용할 것이며, 이는 한계수입생산을 낮은 수준의 임금과 동일하도록 하락시키게 된다. 그렇기 때문에 이 진술은 기업들이 이윤을 극대화하지 않고 있다는 것을 의미하는 것처럼 보인다.
3. OSHA 기준들의 잠재적 고용효과는 어떤 종류의 접근법이 취해지는가에 따라 달라진다. 만약 자본(기계류)에 적용된다면, OSHA 기준들은 자본설비비용을 증가시킬 것이다. 이 비용증가는 모든 생산요소(노동 포함)의 수요량을 감소시키는 규모효과를 갖게 된다. 반면에 이 비용증가는 또한 사용자들에게 주어진 어떤 바람직한 산출량수준을 생산하는 데 있어 자본을 (이제 상대적으로 더 저렴해진) 노동으로 대체하려는 인센티브를 제공한다.가 대체효과는 고용감소를 완화시킬 것이다.

   이와는 대조적으로 사용자들로 하여금 근로자들에게 개인보호장비를 공급하도록 요구하는 것은 노동비용을 증가시킨다. 이 경우 사용자들은 주어진 어떤 산출량

수준을 생산할때 노동을 이제 상대적으로 저렴해진 자본으로 대체하려는 인센티브를 갖게 된다(위에서와 같이 생산비용의 증가는 또한 고용을 감소시키는 경향을 갖는 규모효과를 야기시킨다).

그렇기 때문에 다른 조건이 동일할 때, 만약 개인보호장비 방법이 사용된다면, 안전기준에 의해 유발되는 고용감소가 더 커질 것이다. 그러나 질문에 완전히 대답하기 위해서는 두 가지 방법을 사용하면서 기준을 충족시키기 위한 비용에 대한 정보가 필요하다. 예를 들어 만약 '자본' 접근법이 자본비용을 50% 증가시키는 반면, '개인보호' 접근법은 노동비용을 단지 1% 증가시킨다면, 첫째 방법의 규모효과가 아마도 충분히 크게 될 것이며 더 큰 고용손실이 첫째 방법과 관련되어 나타날 것이다.

5. 서비스업과 제조업 모두 임금 및 고용효과가 고려되어야만 한다. 서비스부문에서 임금에 대한 세금을 사용자들에게 납부하도록 하는 것은 본문에서 급여세가 분석된 것과 아주 동일한 방법으로 분석될 수 있다. 즉 사용자에 의해 납부되는 임금에 대한 세금은, 만약 노동수요곡선이 근로자들이 집으로 가져가는 임금에 대해 그려진다면 이 곡선을 좌측으로 이동시킬 것이다. 근로자들이 집으로 가져가는 어떤 시간당임금 수준에서도 사용자가 부담하는 비용은 세금액수만큼 증가한다. 근로자의 임금과 관련된 비용증가는 사용자의 노동에 대한 선호를 위축시키며 노동수요곡선을 좌측 아래쪽으로 이동시킨다.

   고용과 임금에 미치는 효과는 노동공급곡선의 형태에 좌우된다. 만약 노동공급곡선이 우상향한다면, 고용 및 근로자들이 집으로 가져가는 임금 모두 하락할 것이다. 만약 공급곡선이 수직이라면, 고용은 하락하지 않지만 임금은 전체 세금액수만큼 하락할 것이다. 만약 공급곡선이 수평이라면, 임금은 하락하지 않지만 고용은 하락할 것이다.

   서비스부문의 고용 그리고/또는 임금의 하락은 (이전에 서비스부문에서 고용되었던 사람들이 다른 곳에서 일자리를 찾음에 따라) 제조업부문의 노동공급곡선을 틀림없이 우측으로 이동시키게 된다. 공급곡선의 이러한 이동은, 비록 수요곡선이 불변인 채로 남아있더라도 제조업의 고용을 증가시키게 됨이 틀림없다. 만약 수요곡선이 불변인 채로 남아있다면, 고용증가는 제조업 부문의 임금하락을 수반하게 된다. 그러나 소비자들이 이제는 더 비싸진 서비스를 대체하여 상대적으로 저렴해진 제조업 재화를 구입함에 따라, 제조업의 노동수요곡선도 또한 우측으로 이동할 수 있다. 만약 이러한 수요곡선의 이동이 발생한다면, 고용증가는 임금상승 또는 제조업부문의 노동수요곡선이 불변인 채로 남아있을 때 나타나게 되는 것보다 더 적은 임금감소를 수반하게 된다.

7. 해외로부터의 불법이주자들을 채용한 것이 발견된 사용자들에게의 벌금부과는 본질적으로 불법이주자들의 채용비용을 증가시킨다. 이제 사용자들은 이주자들의 현재 임금이 얼마이든 이를 지급해야만 하며, 만약 자신들이 불법적으로 근로자들을 고용한 것이 적발된다면 벌금을 납부할 가능성에도 또한 직면한다. 이 벌금은 불법근로자

들의 채용비용을 증가시키는 것으로 간주될 수 있으며, 그 결과 채용비용이 이제는 임금을 초과하게 된다. 이 효와는 불법이주자들에 대한 수요곡선을 좌측으로 이동시키는 것으로 간주될 수 있으며, 따라서 불법이주자들의 고용 및 임금을 감소시킨다.

숙련 '내국인'에 대한 수요에 미치는 효과는 숙련노동과 미숙련노동이 조대체요소(grosssubstitutes)인지 또는 조보완요소(gross complements)인지에 좌우된다. 미숙련노동비용의 증가는 생산비용을 증가시키고 숙련노동의 고용을 감소시키는 경향이 있는 규모효과를 발생시킨다. 만약 숙련노동과 미숙련노동이 생산에 있어 보완관계에 있다면, 숙련노동에 대한 수요곡선은 정부정책의 결과로 인해 분명히 좌측으로 이동할 것이다. 그러나 만약 숙련노동과 미숙련노동이 생산에 있어 대체관계에 있다면, 미숙련노동비용의 증가는 미숙련노동의 숙련노동으로의 대체를 자극하게 된다. 이 경우 숙련노동에 대한 수요곡선는 우측(만약 대체효과가 규모효과를 압도한다면) 또는 좌측(만약 규모효과가 압도한다면)로 이동할 수 있다.

9. 임금보조금은 (근로자가 받는 임금을 기준으로 할 때) 노동수요곡선을 우측으로 이동시킨다. 고용에 대한 효과는 노동수요 증가의 얼마만큼이 임금증가로 옮겨지는가에 영향을 미치는 노동공급곡선의 기울기에 좌우된다. 노동공급곡선이 수평에 가까워 근로자들이 받는 관련 임금증가가 더 적을수록 고용증가는 더 클 것이다.

연습문제

1. (이 테스트점수로 측정한) 한계생산은 0이다.
3. 아래의 그래프를 살펴보면, 공급곡선이 수직이기 때문에 근로자들이 전체 세금을 부담하게 될 것이다. 임금은 시간당 4달러로부터 3달러로 1달러 하락할 것이다.

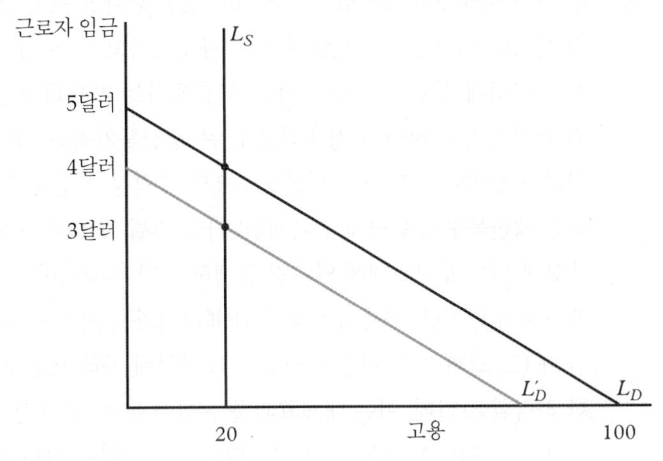

5. $W/MP_L = C/MP_K$ 법칙을 적용하면 이윤극대화 노동-자본 비율은 10:1이다.
7. (부록)
   a. $MP_L/MP_K = W/C$ 또는 $25K/25L = 8/8 = 1$이 성립하도록 K와 L을 투입해야 한다.

b. 비용극소화 자본-노동 비율이 1이기 때문에, 기업은 똑같은 수량의 자본과 노동을 사용해야만 한다. 귀걸이 10,000세트를 생산하기 위한 계산은 다음과 같다.

$Q=25K\times L$

$10{,}000=25K\times L$

$400=K\times L$

$K=L$이기 때문에, $400=K\times K$.

K와 L 모두 20단위가 사용되어야 하며, 단위당 8달러로 비용은 320달러가 된다.

c. 비용은 $MP_L/MP_K=W/C$가 성립할 때 극소화된다. MP_L은 $25K$, MP_K는 $25L$이며, 따라서 그 비율은 K/L과 같다. 비용이 극소화되기 위해, K/L은 이제 8/6과 같아야 하는 데, 이는 자본-노동 비율이 1로부터 1.33으로 증가한 것을 뜻한다. 일단 자본이 더 저렴해지면, 자본이 노동을 대체한다.

제4장

복습문제

1. 10대 근로자들의 더 작은 고용손실을 위한 전반적인 조건은 (a) 작은 대체효과와 (b) 작은 규모효과이다. 대체효과는 10대들을 자본 또는 성인근로자들로 대체하기가 어려울 때, 또는 자본 또는 성인근로자들에 대한 수요가 증가할 때, 이러한 대체요소들의 가격이 상승할 때 상대적으로 작다. 작은 규모효과는 10대들의 노동비용이 전체 비용에서 작은 비중을 차지하며, 산업의 생산물수요곡선이 상대적으로 비탄력적인 것과 관련이 있다.

3. 자본 구입에 대한 세금공제는 효과적으로 자본비용을 하락시키며, 따라서 질문은 어떤 조건 아래에서 하락한 자본가격이 고용을 가장 크게 증가시키는가가 된다. 만약 특정 산업이 세금공제와 관련하여 큰 규모효과와 작은 대체효과를 가진다면 고용은 매우 유리하게 영향을 받을 것이다. 규모효과는 자본의 비중이 상대적으로 클 때(그 결과 자본가격의 하락이 상대적으로 큰 생산물가격의 하락이라는 결과를 가져올 때), 그리고 산업이 직면하는 생산물수요의 탄력성이 상대적으로 클 때(생산물가격의 하락은 생산물수요를 크게 증가시킴) 가장 커질 것이다. 대체효과는 만약 노동과 자본이 생산에 있어 보완관계에 있다면 존재하지 않을 것이며, 노동과 자본이 생산에 있어 대체관계에 있지만, 자본이 노동을 대체하기가 쉽지 않을 때 또는 노동공급이 비탄력적일 때 (그 결과 만약 자본이 노동을 대체함에 따라 노동수요가 감소한다면, 임금이 또한 하락할 것인데, 이는 대체효과를 둔화시킬 것이다) 상대적으로 작을 것이다.

5. 두 가지 선택방안 모두 받아들일 만한 적용범위를 가진 건강보험을 근로자들에게 아직 제공하지 않은 기업들의 비용을 증가시킨다. 건강보험이 제공되지 않는 것은 소규모기업 대부분의 특성이기 때문에, 모든 선택방안은 대기업들의 비용에 비해 소기업들의 비용을 상대적으로 증가시키게 된다. 이는 규모효과를 발생시키게 되는데, 이 규모효과는 대기업들의 고용에 비해 소기업들의 고용을 상대적으로 감소시키는 경

향을 보이게 된다. 이 규모효과의 크기는 생산물수요가 더 탄력적일수록, 그리고 (보통) 총비용에서 노동비용이 차지하는 비중이 더 클수록 더 커지게 될 것이다.

A안은 규모효과 이외에도 기업이 채용하는 근로자 수를 감소시키는 경향이 있는 대체효과를 갖게 된다. 이 대체효과는 자본이 노동을 더 쉽게 대체할수록, 그리고 자본의 공급이 더 탄력적일수록 더 커지게 될 것이다.

B안은 기업의 수입에 대한 세금이며, 따라서 이 방안은 노동수요에 대체효과가 아니라 단지 규모효과만을 갖게 된다. 이 방안은 총비용을 증가시키고 고용과 임금에 하락압력을 발생시키지만, 자본비용에 대한 노동비용의 비율을 증가시키지는 않는다. 따라서 임금과 고용에 대한 효과는 A안 하에서보다는 더 작게 된다.

7. a. 철강수입에 대한 관세인상은 국내 생산품에 대한 수요, 따라서 국내노동에 대한 수요를 보다 비탄력적이 되도록 하는 경향을 가질 것이다.
   b. 경제적인 이유들로 근로자들을 일시해고하는 것을 금지하는 법은 노동을 자본으로 대체하는 것을 억제할 것이며, 따라서 노동수요의 임금탄력성을 보다 비탄력적으로 만드는 경향이 있다.
   c. 기계류산업의 호황은 철강산업의 생산물수요곡선을 우측으로 이동시킴으로써, 노동수요곡선을 우측으로 이동시킬 것이다. 이 이동이 노동수요의 임금탄력성에 미치는 효과는 예측될 수 없다(직선인 수요곡선의 우측으로의 평행이동이 각 임금수준에서 탄력성을 하락시킬 것을 제외하고).
   d. 장기적으로는 자본과 노동이 대체로 대체될 수 있기 때문에, 새로운 생산과정이 설치될 수 있을 때 새로운 기술의 채택을 연기시키는 결정은 노동의 자본으로의 대체가능성을 감소시키며 노동 수요곡선을 더 비탄력적으로 만든다.
   e. 임금상승은 기업을 노동수요곡선을 따라서 이동시킬 것이며, 노동수요곡선의 형태를 변화시키지는 않을 것이다. 그러나 만약 노동수요곡선이 우연히 직선이라면, 노동수요곡선을 따라서 좌측 위쪽으로 이동할 때 기업이 운영되는 범위 내에서 탄력성이 증가하는 경향이 나타날 것이다.
   f. 철강생산량 매 톤당 부과되는 세금은 노동수요곡선을 좌측으로 이동시키는 경향을 가질 것이지만, 필연적으로 그 탄력성을 변화시키지는 않을 것이다. 그러나 만약 수요곡선이 우연히 직선이라면, 이 좌측으로의 이동은 각 임금수준에서의 노동수요탄력성을 증가시키는 경향을 갖게 된다.

연습문제

1. W=100달러일 경우 $L_D=2000-(5\times100)=1500$
   W=200달러일 경우 $L_D=2000-(5\times200)=1000$
   임금변화율$=(100-200)/((200+100)/2)=0.667$
   노동수요량 변화율$=(1500-1000)/((1500+1000)/2)=0.4$
   임금탄력성$=0.667/0.4=1.6675$

절댓값이 1보다 크다. 따라서 이 점에서 노동수요는 탄력적이다.

3. a. 다음의 그래프를 보면 임금상승은 수요곡선 상에서의 이동을 야기 시켜서 L_D는 220(300−20×4)으로부터 200(300−20×5)로 하락할 것이다.

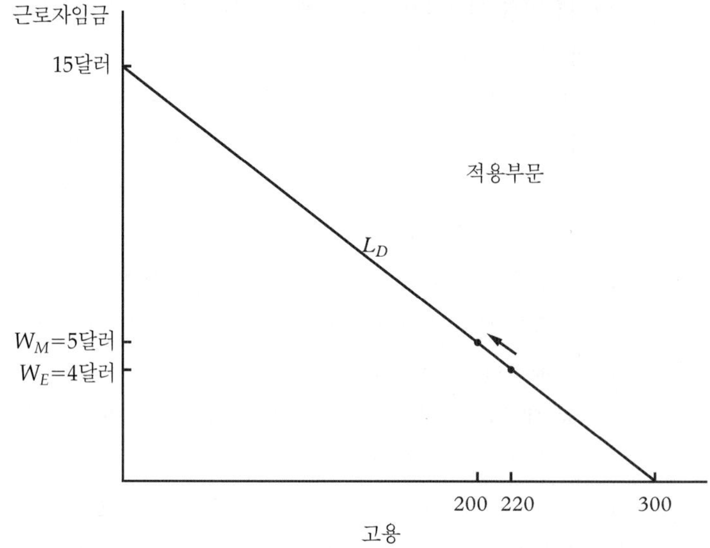

b. 비적용부문에서의 처음의 균형임금은 시간당 4달러이며 $L=220$이다. 그 뒤 노동공급곡선이 우측으로 20만큼 이동하여 $L_S=-80+80W$가 된다. 새로운 균형은 $W=$시간당 3.8달러, $L=224$에서 달성된다(아래 그림 참조).

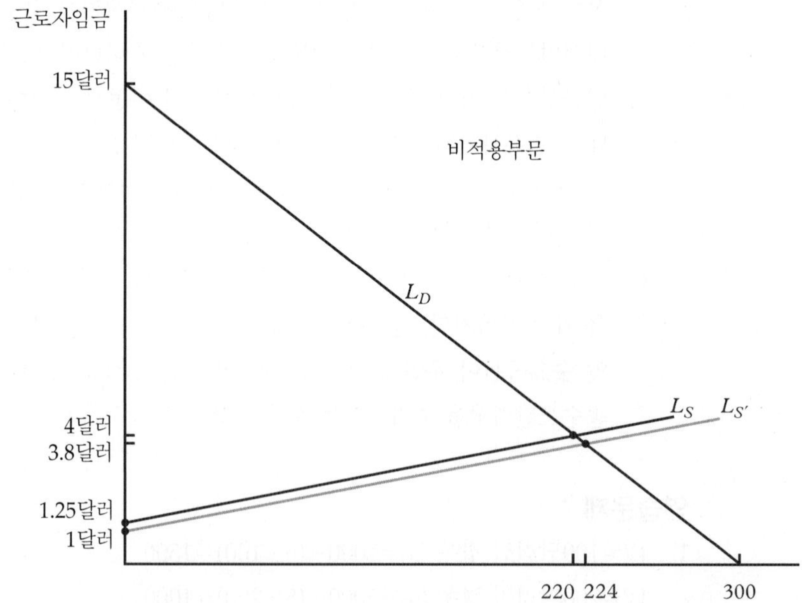

5. a. 노동수요의 탄력성은 고용의 변화율을 임금변화율로 나눈 수치로 정의된다. 처음 고용과 임금의 수치를 기준으로 사용하면, 임금이 4달러로부터 5달러로 증가

(25% 증가)할 때, A 노동조합 구성원들의 고용변화율은 (10,000–20,000)/20,000 또는 고용의 50% 감소이다. 따라서 A 노동조합 구성원들의 노동수요탄력성은 –50%/25%=–2이다. B 노동조합의 경우, 6달러로부터 5달러로의 임금하락(16% 감소)이 30,000으로부터 33,000으로의 고용증가(10% 증가)와 관련이 있다. 따라서 B 노동조합이 직면하는 노동수요탄력성은 10%/–16%=–0.625이다. A 노동조합이 직면하는 노동수요가 B 노동조합이 직면하는 노동수요보다 더 탄력적이다.

b. 어떤 노동조합이 그 조합원들의 총근로소득을 증가시키는 데 더 성공적일지를 이야기할 수 없다. 이는 두 노동조합의 협상력과 노동조합들이 협상하게 되는 기업들을 포함하는 많은 요소에 좌우된다. 그러나 더 탄력적인 노동수요곡선을 가진 노동조합이 어떤 수준의 임금인상률의 경우에도 더 큰 고용손실률로 고통을 받을 것이며, 이는 더 큰 임금인상을 추구하고자 하는 노동조합의 인센티브를 감소시킬 가능성이 있다. 따라서 덜 탄력적인 노동수요곡선에 직면하는 노동조합이 그 조합원들의 임금을 인상하는 데 있어 더 성공적일 가능성이 있다.

7. 교차탄력성=–8/–15=+0.53. 이 수치가 정(+)이기 때문에 커피머신기와 일회용 커피머신(coffee brewer)은 조대체요소이다.

제5장

복습문제

1. 기업에 대한 노동공급곡선은 그 기업을 위해 일할 용의가 있는 많은 근로자가 기업이 제안하는 임금변화에 어떻게 반응하는가를 보여준다. 만약 근로자들이 어떤 종류의 비용도 부담하지 않고 한 사용자로부터 다른 사용자로 이동할 수 있다면, (근로자들이 자신들의 노동시장에서 가장 높은 임금을 지급하는 사용자를 찾아냄에 따라) 임금의 작은 변화라도 노동공급의 큰 변화를 초래할 것이다. 따라서 만약 이동비용이 진정 0이라면, 기업가 제안하는 임금은 시장임금과 상이할 수 없으며, 그 노동공급곡선은 시장임금수준에서 수평이다.

만약 근로자들이 사용자들 사이를 이동하는 것이 비용이 든다는 것을 안다면, 그들은 이동으로부터의 임금상승이 이동비용을 상쇄하고도 남을 만큼 클 경우에만 이동할 것인데, 몇몇 임금변화는 이동을 유발시키기에는 너무 작을 것이다. 나아가 **일부 근로자들은 다른 사람들에 비해 이동이 더 비용이 든다는 것을, 또는 덜 이익이 된다는 것을 알 가능성이 있다**(그들은 고용 제안을 얻기가 더 어렵다는 것을 알 거나, 변화에 덜 개방적이거나, 자신들의 현재 작업장들에 더 감정적으로 연계되어 있거나 편익을 회수할 더 짧은 기간을 갖고 있다.) 주어진 임금변화에 의해 발생하는 이동의 인센티브에 있어서의 근로자들 사이의 차이는 일부 근로자들이 사용자들을 바꾸기를 원할 것이며, 다른 일부는 제자리에 머물리라는 것을 의미한다.

노동시장의 모든 사람이 그 임금을 인상하는 기업에 유인되는 것은 아니기 때문에, 그리고 그 임금을 삭감하는 기업의 모든 근로자들이 이직할 것은 아니기 때문에,

기업에 대한 노동공급곡선은 수평이 아니다. 오히려 노동공급곡선은 우상향한다. 정(+)의 기울기는 임금의 상승이 크면 클수록 기업에 유치되는 근로자 수가 더 크리라는 것을 나타낸다. 반대로 임금하락이 크면 클수록 사용자가 현재의 근로자들을 다른 기업들에게 잃을 가능성이 더 크다.

3. 기업들이 경기확장 기간에 채용을 늦추는 이유 중 하나는 그들이 경기침체 동안 근로자들의 일시해고를 늦추기 때문이다. 기업이 투자했던 근로자들은 자신들의 한계생산가치보다 낮은 수준의 보수를 받으며, 따라서 기업은 투자비용을 회수할 수 있는데, 차이가 [투자비용은 매몰(sunk)되어 기업은 한계수입생산이 임금을 초과하는 한 단기적으로 근로자를 지속하여 고용할 것이기 때문에] 경기침체 기간에 생산성이 하락할 때 고용보호를 제공한다. 경기확장 기간 동안 생산성이 증가함에 따라, 기업들은 한계수입생산과 임금 사이의 차이가 다시 기업이 투자비용을 회수할 수 있기에 충분할 만큼 커질 때까지 (투자가 수반되는) 근로자들을 채용하지 않을 것이다.
5. 저임금 일자리들은 전형적으로 고임금 일자리들에 비해 더 적은 훈련을 수반하며, 만약 고임금 일자리들에서의 훈련이 적어도 부분적으로 사용자들에 의해 비용이 지급된다면, 이 훈련비용은 사용자들로 하여금 더 많은 근로자를 채용하는 것을 기존 근로자들이 더 오랜 시간을 일하는 것으로 대체하도록 유발할 것이다. 따라서 사용자들이 숙련도가 높은 근로자들에게 더 오랜 시간을 일하도록 요구하는 것은 경제이론과 일관성을 갖는다.
7. 이 변화는 준고정노동비용(quasi-fixed labor costs)을 가변비용으로 전환함으로써 사용자들로 하여금 주간 근로시간(특히 초과근로시간)을 추가근로자로 대체하도록 한다. 또한 이 새로운 재정지원체계는 저임금 근로자들과 비교할 때의 고임금 근로자들에 대한 상대적인 비용을 증가시키기 때문에, 기업들로 하여금 또한 숙련 근로자들을 미숙련 근로자들로 대체하도록 한다. (이 두 가지 효과는 노동과 노동의 대체를 강조한다. 만약 총보험료가 불변인 채로 일정하다면, 규모효과는 최소수준이 된다.)
9. 사용자들(그리고 근로자들)에 의한 채용 및 훈련투자는 다른 조건이 일정하다면 수익을 올릴 수 있는 기간이 더 길 때 더욱 매력적이다. 주간 근로시간에 대한 상한은 이 기간을 제한하며, 따라서 그러한 기술형성에 대한 인센티브를 감소시키는 역할을 한다. 나아가 '일을 나눔'으로써 고용을 증가시킬 의도가 있기는 하지만, 상한은 사용자들이 자신들의 자원을 배분하는 방법에 제약을 가함으로써 노동비용을 증가시키고, 고용을 감소시키는 경향이 있는 규모효과를 발생시킨다.

연습문제

1. a. $E=5W$, 따라서 $W=0.2E$. 따라서 임금은 바람직한 근로자 수가 매 한 명 증가할 때마다 20센트씩 증가해야만 한다.
   b. 총노동비용(C)은 $E \times W$이며, 따라서 $C=E(0.2E)=0.2E^2$이다.
   c. 노동의 한계지출(MP_L)은 C를 E에 대해 미분함으로써 구할 수 있다. $dC/dE=0.4E$.

임금은 추가 근로자 매 한 명마다 20센트 증가해야 하는 반면, 노동의 한계지출은 40센트씩 증가함을 주목하라(본문 각주 7 참조).

3. 근로자들의 이동비용이 없을 경우, 기업은 일반훈련을 제공하는 비용을 회수할 수 없다. 따라서 근로자가 훈련비용을 부담해야만 한다.
$W = MRP_L$−훈련비용=3,000달러−1,000달러=2,000달러

5. a. 총노동비용=제안된 임금×노동공급
노동의 한계지출=Δ(총노동비용)/Δ(노동공급)

임금	노동공급(근로시간)	총노동비용	ME_L
4달러	18	72달러	–
5달러	19	95달러	23
6달러	20	120달러	25
7달러	21	147달러	27
8달러	22	176달러	29

b.

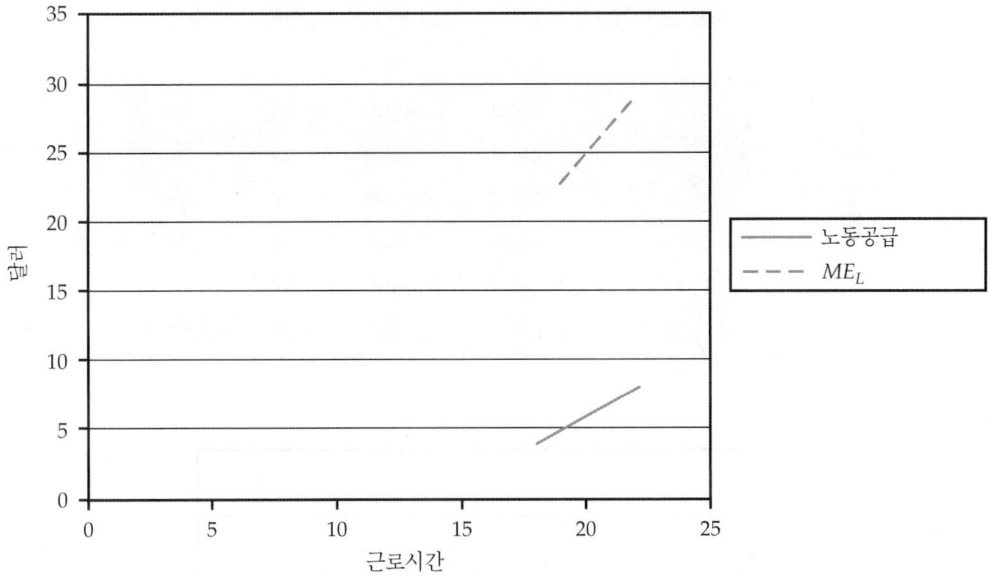

7. a.

임금	노동공급(근로시간)	총노동비용	ME_L
4달러	19	76달러	–
5달러	20	100달러	24
6달러	21	126달러	26
7달러	22	154달러	28
8달러	23	184달러	30

b.

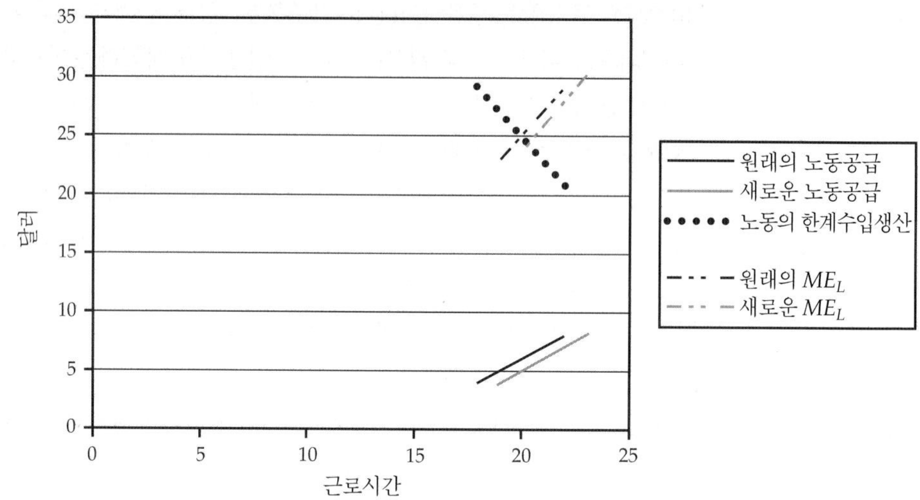

c. 노동공급곡선과 노동의 한계지출곡선은 모두 우측으로 이동했다.

d. 근로시간 20시간과 21시간 사이의 고용증가가 있을 것이며, 기업은 5달러와 6달러 사이의 임금을 제안할 것이다.

9. a.

노동량(근로시간)	임금	총노동비용	ME_L	MRP_L
5	6달러	30달러	–	–
6	8달러	48달러	18	50
7	10달러	70달러	22	38
8	12달러	96달러	26	26
9	14달러	126달러	30	14
10	16달러	160달러	34	2
11	18달러	198달러	38	1

b.

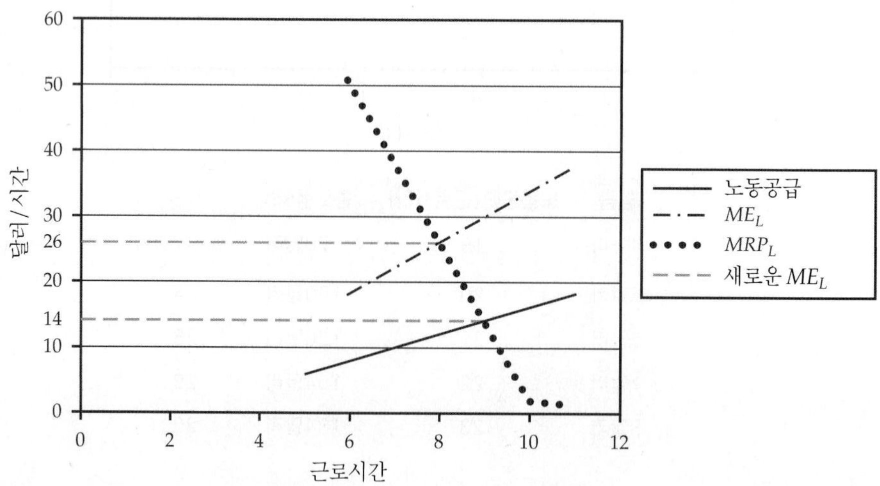

c. 이윤극대화를 추구하는 기업은 ME_L과 MRP_L을 일치시킴으로써 근로시간을 정할 것이며, 노동공급곡선에 의해 나타나는 임금을 지급할 것이다. Toasty Tasties에서는 8시간의 근로시간이 시간당 12달러의 임금으로 고용될 것이다.

d. 만약 강제로 지급되는 임금이 시간당 14달러라면, 고용되는 근로시간은 9시간으로 증가할 것이다.

e. 만약 강제로 지급되는 임금이 시간당 26달러라면, 고용되는 근로시간은 8시간이 될 것이다.

f. 만약 강제로 지급되는 임금이 시간당 26달러를 초과한다면, 고용되는 근로시간은 8시간 미만이 될 것이다.

제6장

복습문제

1. 거짓이다. 열등재는 소득이 증가함에 따라 (만약 재화의 가격이 불변인 채로 남아 있다면) 사람들이 덜 소비하는 재화로 정의된다. 노동공급곡선은 개인의 임금에 대해 그려진다. 따라서 개인의 노동공급곡선이 후방굴절(backward-bending)하기 위해서는, 공급곡선이 어떤 범위에서는 우상향해야 하며, 그 뒤 다른 범위에서 좌상향해야 한다. 후방굴절 노동공급곡선의 전형적인 형태는 다음의 그래프에 나타나 있다.

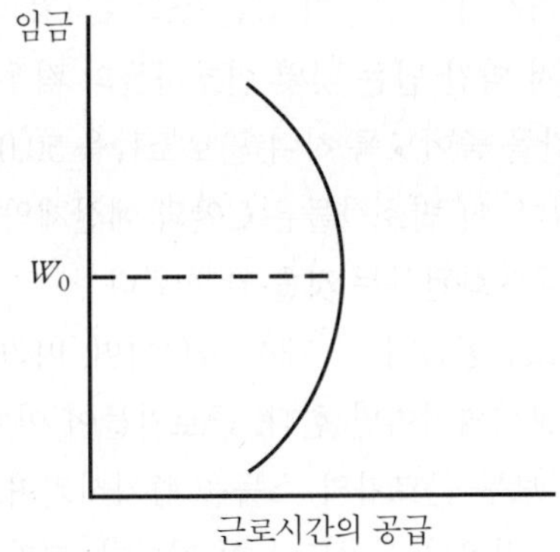

이 후방굴절노동공급곡선의 우상향하는 부분을 따라, 임금증가의 대체효과가 소득효과를 압도하며, 임금이 증가함에 따라 개인은 자신의 노동공급을 증가시킨다. 그러나 임금이 그림의 W_0에 도달한 이후에는, 임금의 더 이상의 증가는 노동공급의 감소를 수반한다. 이 노동공급곡선의 좌상향하는 부분에서는 소득효과가 대체효과를 압도한다.

소득효과는 부(−)이며, 따라서 여가는 정상재라고 가정했었다. 만약 여가가 열등재라고 가정한다면, 임금증가에 의해 초래된 부의 증가는 대체효과와 같은 방향으로 작용하게 될 것이며, 노동공급곡선을 확실히 우상향하도록 만들 것이다.

3. 각 방안에 대한 그래프들이 새로운 예산제약이 점선으로 그려져서 아래와 같이 나타난다. 근로시간의 5%를 무료로 일하도록 강제로 시킴으로써 A안은 변호사들의 임금

을 감소시키며, 이는 그들의 노동공급에 서로 반대방향으로 작용하는 소득효과와 대체효과를 창출한다.

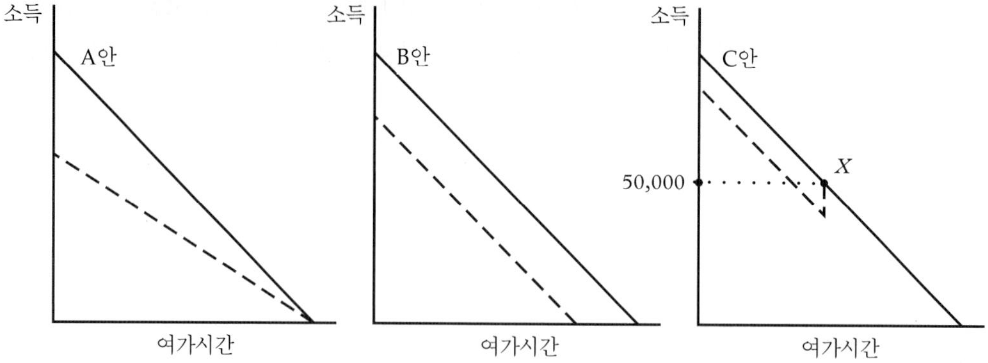

B안은 본질적으로 변호사들이 여가와 보수를 위한 근로에 이용할 수 있는 시간을 단축시키며, 이는 예산제약선을 (임금은 불변인 채로 유지하면서) 좌측으로 평행이동시킨다. 이러한 이동은 보수를 위해 일하고자 하는 인센티브를 증가시키는 소득효과를 창출한다.

C안은 상대적으로 적은 시간을 일하는 변호사들의 예산제약선을 변하지 않도록 하지만, 50,000달러 이상을 벌만큼 충분히 일하는 변호사들의 경우에는 근로 인센티브를 증가시키는 경향이 있는 소득효과가 나타나도록 한다. 그러나 소득이 50,000달러를 단지 약간 넘는 몇몇 변호사들의 경우에는, 5,000달러의 세금이 그들로 하여금 근로시간을 줄이도록 하여 근로소득을 50,000달러로 낮춤으로써 세금을 회피하도록 할 수 있다. 이 변호사들은 C안의 예산제약을 나타내는 그래프의 X점에서 자신들의 효용이 극대화된다는 것을 알게 된다.

5. 결근은 노동공급의 한 가지 차원이며, 따라서 두 가지 방안은 모두 노동공급이론을 사용해 분석되어야만 한다. 근로자들이 이제는 유급병가 기간을 갖기 때문에, 두 가지 방안 모두 근로자의 소득을 증가시키며, 이 소득증가는 소득효과를 통해 결근이 증가하는 경향이 생기도록 할 것이다. 그러나 첫 번째 방안은 사용되지 않은 날짜에 비례해 어떤 사용되지 않은 병가라도 현금으로 전환될 수 있기 때문에 또한 **시간당 임금**을 증가시킨다. 따라서 이 첫 번째 방안은 소득효과에 수반하여 대체효과를 발생시키는 경향이 있으며, 그 결과 전반적으로 예상되는 결근율의 변화는 모호하다.

두 번째 방안은, 만약 하루라도 결근한다면 근로자는 약속된 보험가입 전체를 잃어버리기 때문에, 첫 번째 방안에 비해 **첫 번째** 결근의 비용을 증가시킨다. 따라서 첫 번째 결근일의 경우 소득효과를 상쇄시키는 엄청나게 큰 대체효과가 존재한다. 그러나 일단 하루를 결근하게 되면, **더 이상의** 결근일은 더 이상 보수의 손실을 가져오지 않는다. 따라서 첫 번째 결근일 이후에는 소득효과를 상쇄시킬 대체효과가 존재하지 않으며, 이는 결근의 인센티브를 증가시키는 경향을 갖게 될 것이다.

7. 아래의 그래프에서 직선 *AB*는 어떤 사람의 시장예산제약을 나타낸다(즉 보조금이

없는 경우의 예산제약선). *ACDEB*는 주택보조금 제안이 유효하게 될 때 적용되는 예산제약선이다.

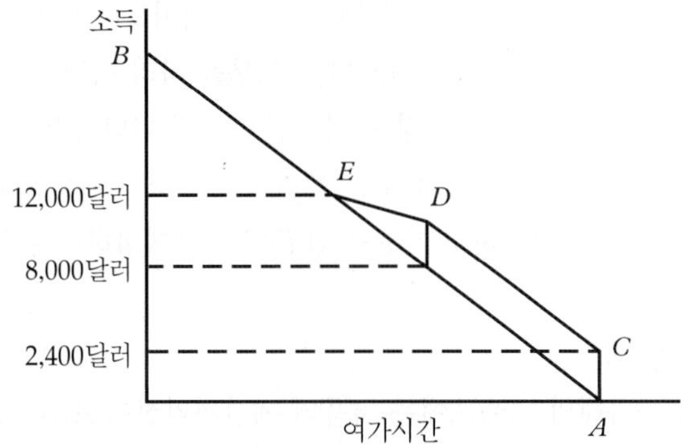

노동공급에 미치는 효과는 이 사람이 *ACDEB*의 어느 부분에 해당되는가에 따라 달라지는데 네 가지 경우가 가능하게 된다. 첫째, 만약 무차별곡선이 매우 가파른 형태를 보인다면(여가를 소비하고자 하는 강한 욕구를 반영하는), 주택보조금 제안은 근로인센티브에 영향을 미치지 못할 것이다. 여가에 대한 욕구가 강한 사람은 계속하여 일하지 않겠지만(점 *C*에 머물게 될 것), 2,400달러의 주택보조금을 받게 된다. 두 번째 경우는 어떤 사람의 무차별곡선이 선분 *CD* 상에서 예산제약선과 접하게 될 때 나타난다. 선분 *CD*를 따라 이 사람의 유효임금(effective wage)은 시장임금과 동일하며, 따라서 근로인센티브를 줄이는 경향이 있는 순수한 소득효과만이 존재하게 된다.

만약 어떤 사람의 무차별곡선이 선분 *DE* 상에서 접점을 갖는다면, 예산제약선의 북동쪽으로의 이동에 의해 야기된 소득효과가 유효임금의 감소에 수반되기 때문에, 마찬가지로 근로인센티브의 감소가 나타나게 된다. 마지막으로 선분 *EB* 상에서 접점을 갖는 사람들은 주택보조금프로그램의 대상이 될 자격을 갖지 못하며, 따라서 자신들의 노동공급행태를 바꾸지 않을 것이다. (이 경우의 예외는 주택보조금프로그램이 시행되기 전에 *E*점 가까운 곳에서 접점을 갖고 있는 사람이 이제 선분 *DE* 상에서 접점을 가질 때 나타나는데, 물론 이 사람은 이전보다 일을 더 적게 한다.)

9. 아래의 그래프에서 구 예산제약선은 *ABC*이며 새로운 예산제약선은 *BADEC*이다.

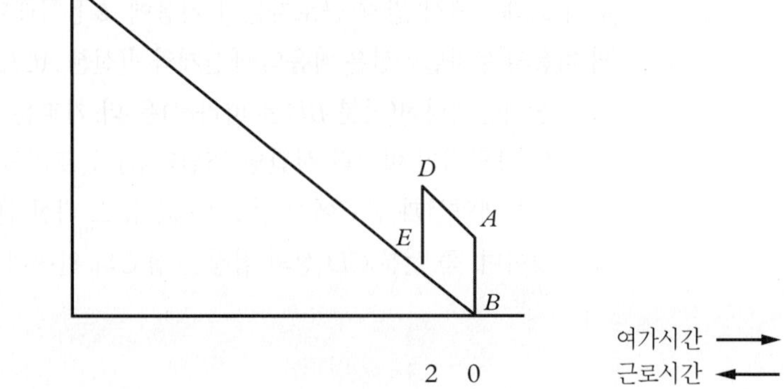

새로운 예산제약선의 근로인센티브 효과는 근로자의 선호에 좌우된다. 상대적으로 여가에 강한 선호를 갖고 있어 이전에 경제활동인구에 편입되지 않을 수 있었던 사람들의 경우, 경제활동인구에 편입되어 파트타임으로 일하려는 인센티브가 증가할 것이다. (이전에 선분 *EC*의 윗부분을 따라 접점을 가졌던) 여가에 매우 약한 선호를 갖고 있는 사람들의 경우, 아무런 효과가 나타나지 않을 것이다. 그러나 이전의 접점이 선분 *EC*의 중간보다 낮은 쪽에서 성립했던 사람들의 경우, 새로운 예산제약선은 근로시간을 단축하고 효용을 점 *D*에서 극대화하려는 인센티브를 창출할 수 있다.

연습문제

1. a. 아래의 그래프에는 처음의 예산제약선이 *ACE*로 주어져 있다. 새로운 법이 통과된 후 예산제약선은 8시간의 근로시간 이후에는 위로 휘어지게 된다. 따라서 새로운 임금과 초과근무의 예산제약선은 *ABCD*가 되는데, 이 예산제약선은 소득과 근로시간의 처음의 조합이었던 점 *C*(이 예에서는 10시간의 근로시간)에서 이전의 예산제약선과 교차한다.

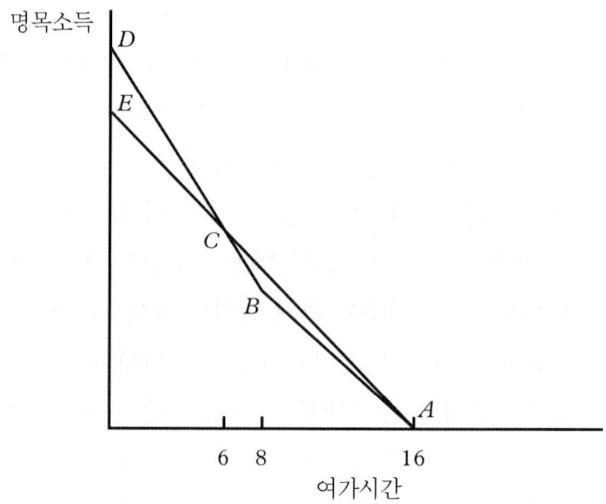

b. 처음의 근로소득은 11달러×10=110달러이었다. 새로운 근로소득의 계산식은 $8W+2\times1.5W$이다.(단 W=시간당 임금) 이 합이 110달러와 일치하는 W를 계산하면 $11W$=110달러이기 때문에 W=10달러/시간이다.

c. 위의 그래프에서 만약 근로자들이 처음에 효용극대화를 달성하고 있다면, 그들의 처음의 무차별곡선은 처음의 예산제약선(선분 *ACE*)과 점 *C*에서 접했을 것이다. 새로운 예산제약선(선분 *BD*를 따라서)은 더 가파른 기울기를 갖고 있기 때문에(시간당 11달러가 아니라 시간당 15달러임), 근로자들의 처음의 무차별곡선은 새로운 예산제약선과 점 *C*에서 접할 수 없다. 그 대신 선분 *CD* 상에 새로운 접점이 놓일 것이며, 즉 선분 *CD* 상의 접점은 점 *C*의 왼쪽에 놓이게 되어 근로시간은 증

가해야만 한다. (점 C 부근에서의 소득은 효과적으로 불변인 채로 머무르게 되며, 대체효과는 임금이 상승할 때마다 여가 시간을 줄이는 방향으로 항상 작용한다.)

3. a. Δ(연간 근로시간)=Δ(주간 근로시간)×연간 근로 주(週) =(−10)(50)=−500
   소득효과=$(\Delta H/\Delta Y) \mid W$(불변)=−500/50000=−1/100
   해석: 비임금 소득이 100달러 증가할 때마다 매년 1시간씩 덜 일한다.
   b. 대체효과는 0이다. 복권당첨은 근로시간과 무관하게 부(소득)를 증가시킨다. 따라서 1시간의 근로로부터 받게 되는 보상의 변화 없이 소득이 증가한다.
5.

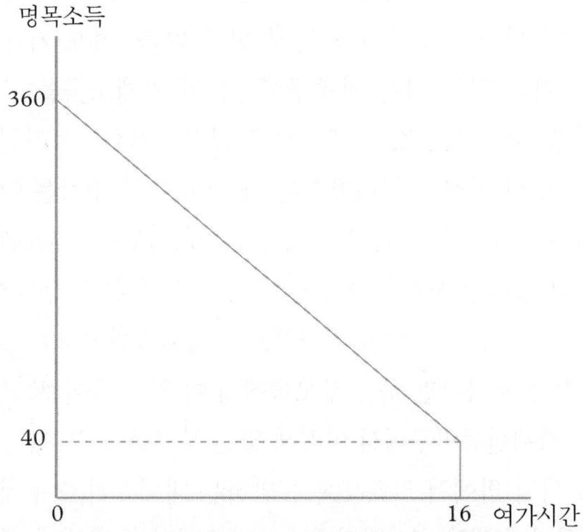

7. 점 b에서 여가시간=6, 따라서 그는 10시간 일한다.
   점 a에서 근로소득=8×8=64(달러). 점 b에서 근로소득=10×10=100(달러)
   근로소득 증가=100−64=36(달러)
   임금의 이러한 증가는 그가 여가시간을 줄이도록 만들었기 때문에 대체효과가 더 강력하다.

제7장

복습문제

1. a. 6,000−5,600=400
   b. 경제활동참가율은 60%로부터 56%로 4% 포인트 하락한다.
   c. 잠재실업(hidden unemployment)의 시사점 중 하나는 실업률이 일자리가 없는 정도를 완전히 반영할 수 없다는 것이다. 즉 일하기를 원하지만, 일자리를 갖지 못한 사람 중 일부는 자신들이 일자리를 얻을 확률이 너무 낮다고 생각해서 일자리를 찾는 것을 중단했기 때문에 실업자로 계산되지 않는다. 이러한 사실은 잠재실업이 실업률의 발표 수치에 포함되어야만 한다는 것을 암시할 수 있지만, 그렇

게 하는 것은 실업측정치의 이론적 기반에 문제를 일으키게 된다. 경제이론에 의하면 만약 현재의 임금수준에서 고용된 사람들보다 일할 용의가 있는 사람들이 더 많다면 실업이 존재하게 된다. 만약 경제조건이 일부 사람들이 현재의 임금에서는 시장에서 일을 찾는 것보다 가계생산에 시간을 사용하는 것이 더 낫다고 결정을 내리는 그러한 상황이라면, 이론은 그러한 사람들은 사실상 경제활동인구에서 이탈했음을 암시한다.

3. 지미 카터(Jimmy Carter)의 주장은 '부가근로자가설(additional-worker hypothesis)'을 반영한다. 간략히 서술하면 이 가설은 경제가 경기침체로 진입하고 경제활동인구의 일부 구성원들이 일자리를 잃게 됨에 따라, 현재 가계생산에 종사하고 있거나 여가를 즐기고 있는 다른 가족구성원들이 가계소득을 유지하기 위해 경제활동인구에 진입할 것이라는 것을 제시하고 있다. 카터의 부가근로자가설에 대한 주장은 그 가설에 대한 적절한 설명이기는 하지만, 그의 주장은 여러 연구가 '실망근로자(discouraged-worker)' 효과가 부가근로자(additional-worker)효과를 압도한다는 것을 보여주고 있다는 사실을 반영하지 못하고 있다(즉 경제가 경기침체로 진입하고 근로자들이 일시해고됨에 따라 평균적으로 경제활동인구는 줄어든다).

5. 어린 자녀들을 돌보아야만 하는 부모들에게 이 일일 육아보조금은 임금인상과 동일한 것이다. 현재 경제활동인구에서 이탈해 있는 부모들의 경우, 인상된 임금은 그들 중 더 많은 사람을 가정 밖에서 일하도록 유발하는 대체효과가 우세한 상황을 수반할 것이다(**경제활동참가**에 대한 의사결정에는 대체효과가 우세하다). 현재 가정 밖에서 일하고 있는 사람들의 경우, 이렇듯 집으로 가져가는 임금의 증가는 소득효과와 대체효과 모두를 발생시킬 것이며, 그 순(純) 결과는 이론적으로는 예측할 수 없다. 만약 대체효과가 우세하다면, 정책변화는 근로시간을 증가시키게 된다. 만약 소득효과가 우세하다면, 집으로 가져가게 되는 이러한 임금의 증가는 근로시간의 감소를 야기시킬 수 있다.

7. 은퇴연령에 가까이 있는 근로자들의 경우, 이러한 정부정책 변화는 은퇴 후 소득의 상당한 감소를 발생시킨다. 은퇴 후 기본연금이 1/2로 삭감되며, 따라서 이 근로자들은 자신들을 더 많이 일하는 (은퇴를 연기하는) 방향으로 이동시키는 상당한 소득효과를 경험한다.

매우 젊은 근로자들의 경우, 그들이 은퇴 시에 직면하게 되는 연금급여의 감소는 급여세(payroll taxes)의 감소(물론 이는 자신들이 집으로 가져가는 임금을 증가시키는 역할을 함)로 상쇄된다. 따라서 만약 이 근로자들이 자신들의 생애근로기간 동안에 납부하는 급여세를 통해 자신들의 은퇴 후의 급여비용을 부담할 것이라고 가정하면, 이 사회보장(Social Security)의 변화는 그들의 생애주기의 부를 변하지 않도록 할지 모른다. 만약 그렇다면, 급여세의 삭감은 생애주기의 부를 증가시킴이 없이 그들의 임금을 증가시키게 되며, 이는 더 많은 노동공급(그리고 아마도 더 늦은 퇴직)을 유발하는 '순수한' 대체효과를 창출하게 된다.

9.

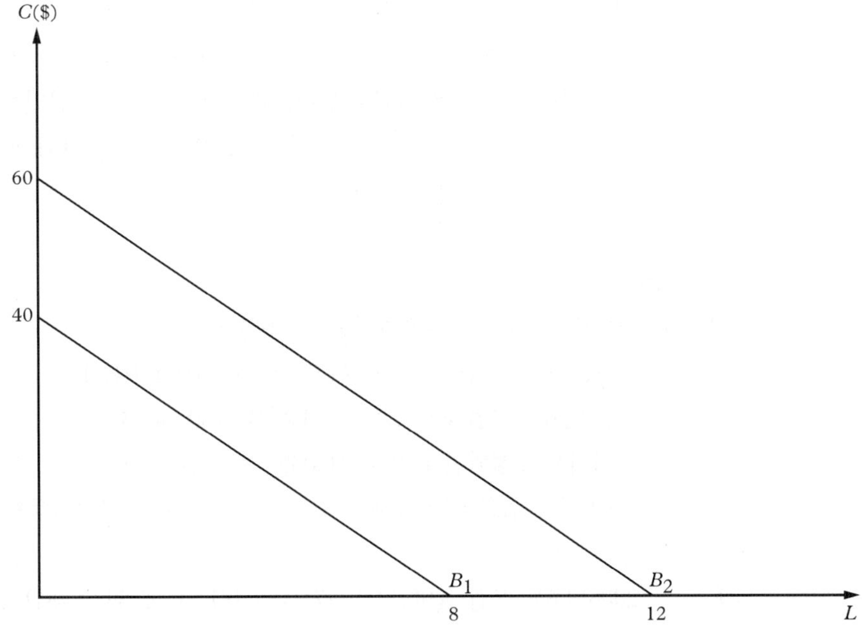

a. & b 요점은 $H\downarrow$ 는 예산선의 북동쪽 이동과 동일하다는 것이다. 달리 표현하면 H의 감소는 보수를 위한 근로 또는 여가에 사용할 수 있는 추가시간을 내준다.

11. a. X회사의 예산제약선은 아래 그래프에서 ABC로 나타나는 반면, Y회사의 예산제약선은 AD로 나타난다. 두 회사 모두 1년간의 최대 근로시간은 4,000시간이라고 가정하자.

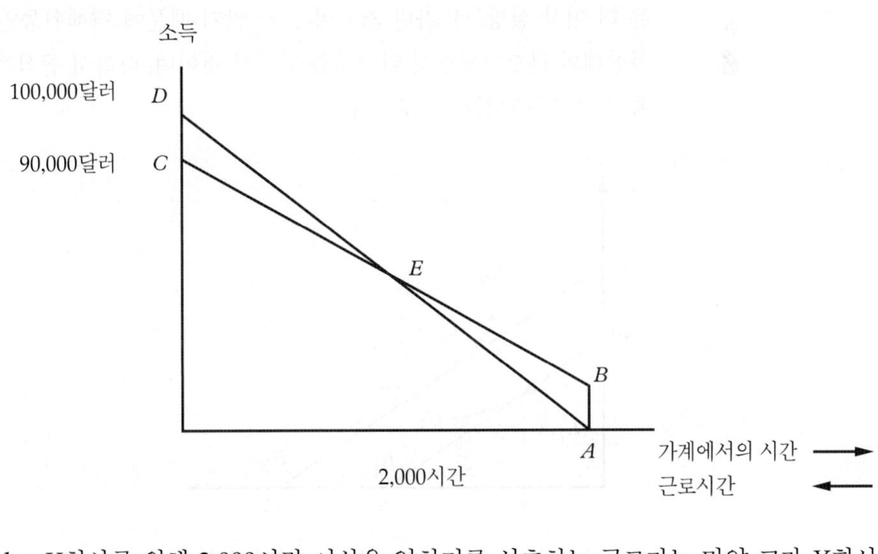

b. X회사를 위해 2,000시간 이상을 일하기를 선호하는 근로자는 만약 그가 X회사를 위해 일한다면 선분 EC를 따라 접점을 갖게 된다. 만약 그가 이제 Y회사에서 시간당 25달러의 임금을 지급하는 일자리를 제안받았다면, 그의 접점은 선분 ED 상에서 나타나기 때문에, 그는 Y**회사로부터의 제안을 선호**하게 된다. 선분 ED가

선분 EC에 비해 더 가파른 기울기를 가졌으며, 그 결과 Y회사로부터의 새로운 제안의 효과는 그의 임금을 인상시키는 것이다. 따라서 임금인상의 소득효과는 그로 하여금 더 적은 시간을 일하도록 할 것인 반면, 임금인상의 대체효과는 그를 더 많이 일하도록 할 것이다. 그러므로 그의 근로시간에 대한 전반적인 효과는 불확실하다.

연습문제

1. a. (공식)실업률=(실업자 수/경제활동인구 수)×100
   2006년 6월 실업률=(7,341/152,557)×100=4.81(%)
   2007년 6월 실업률=(7,295/154,252)×100=4.73(%)
   공식적으로 정의된 실업률은 0.08% 포인트 하락했다.

   b. (비공식)실업률=(실업자 수+실망근로자 수)/(경제활동인구 수+실망근로자 수)×100
   2006년 6월 실업률(비공식)=(7,341+481)/(152,557+481)×100
   =(7,822/153,038)=5.11(%)
   2007년 6월 실업률(비공식)=(7,295+401)/(154,252+401)×100
   =(7,696/154,653)=4.98(%)
   비공식적으로 정의된 실업률은 0.13% 포인트 하락했다.

   c. 만약 일자리 기회가 확대된다면, 공식적으로 정의된 실업률은 하락하는 경향을 가질 것이지만, 많은 실망근로자도 또한 감소하는 경향을 보일 것이다. 이 사람들은 더 이상 실망근로자란 기분이 들지 않기 때문에 경제활동인구로 진입하여 실업상태의 근로자들로서 일자리를 탐색할 것이며, 따라서 공식적으로 정의된 실업률의 하락을 경감시킬 것이다.

3. a.

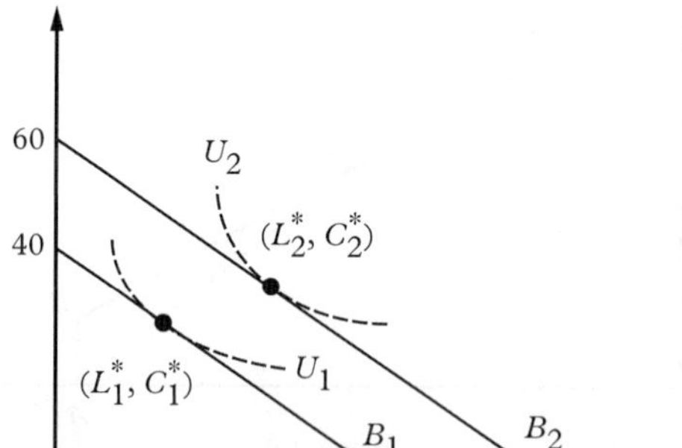

전자레인지는 샐리(Sally)의 가계생산성을 높이는데, 이는 여가와 보수 모두를 위한 추가시간을 내준다. 여가-소비 그래프에서 H의 감소는 예산선의 평행이동으로 이어진다(즉 대체효과는 없음). 소비와 여가가 정상재이기 때문에 두 재화 모두에 대한 수요는 소득효과 때문에 증가할 것이다.

b.

모형	가계 시간-소비	(연장된) 여가-소비
가계생산성↑:	무차별곡선들이 더 편평해짐.	무차별곡선들의 기울기는 불변임. 그 대신 H↓.
결과:	보수를 위한 근로시간↑.	보수를 위한 근로시간↑.

두 모형 모두에서 핵심결과는 동일함: 즉 만약 구입한 재화가 가계시간으로 더 쉽게 대체될 수 있다면 노동공급은 증가한다.

제8장

복습문제

1. 생각을 정리하기 위해 대학교 졸업자가 회사를 위해 일하거나 인문학의 박사학위 과정을 시작할 수 (그리고 그 이후 학계에 머물 수) 있다고 가정하자. 졸업자의 의사결정은 다음의 일자리 특성 비교에 의해 정해질 수 있다.

	연구	회사
급여	낮은 수준임	중상(中上) 수준임
일자리 보장(job security)	낮은 수준임	중상 수준임
스스로의 관심사/본질적인 동기 추구	높은 수준임	하중(下中) 수준임

대부분 사람에게 인문학 연구로부터의 편익은 기회비용보다 그 가치가 작다.

3. 예를 들어 위험한 일자리들을 채우기 위해 강압적인 힘 또는 속임수를 사용할 용의가 없는 사회는 본질적으로 이 일자리들을 자발적으로 선택하도록 근로자들을 매수해야만 한다. 근로자들로 하여금 더 안전한 일자리보다 위험한 일자리를 선택하도록 하기 위해서는, 전자의 일자리들이 후자에 비해 다른 차원에서 더 매력적이 되도록 만들어야 하며, 이를 위한 한 가지 방법은 보상수준을 높이는 것이다. 이 증가한 보상수준은 이 장에서 보상임금격차라 지칭했다.

   이 보상임금격차는 만약 근로자들이 충분한 정보를 갖고 있으며, 선택할 충분한 숫자의 일자리로부터 일자리를 선정할 수 있다면 나타날 것이다. 만약 근로자들에게 **선택**의 여지가 없다면, 사회는 본질적으로 교도소에 갈지도 모른다는 또는 생계수단을 얻을 수 없을 것이라는 위협을 통해서 근로자들에게 제안되는 일자리를 받아들이도록 강요한다.

   만약 선택의 여지가 없는 것이 아니라 자신들이 선택해야만 하는 일자리들의 근로조건에 대한 정보가 근로자들에게 결여되어 있다면, 사회는 노동을 배분하기 위해서 사실상 속임수를 사용하는 셈이 된다. 즉 만약 근로자들이 진정한 근로조건을 모르며, 일자리를 가진 뒤에도 오랫동안 이 조건들을 모른 채로 있다면, 완전한 정보를 갖고 그들이 일자리를 선택했던 것은 아니다. 근로자들은 속임수를 통해 자신들의 선택으로 유도당했다.

5. 거짓이다. 특정 노동시장에 정부정책이 요구되는가는 그 시장이 얼마나 잘 기능하고 있는가에 좌우된다. 만약 시장 결과가 (완전정보 및 선택과 함께) 근로자의 선호를 고려하고 있다면, 노동시장의 결정은 근로자들의 효용극대화로 이어질 것이다. 이 경우 (본문에서 주장되었던 바와 같이) 시장 결과보다 더 높은 안전수준을 마련하려는 정부의 노력은 근로자의 후생감소로 이어질 수 있다.

   만약 시장이 정보의 결여 또는 선택의 결여 덕택에 근로자의 선호를 완전히 고려하지 못한다면, 민간부문의 의사결정자들은 더 높은 안전수준의 모든 비용과 편익을 저울질하지 못한다. 시장결과가 사회적 최적수준이 아닐 가능성이 상당히 있으며, 정부가 기준을 적절히 설정함으로써 근로자들의 효용을 증가시킬 수 있다.

   물론 만약 사회가 근로자들의 선호를 믿지 않거나 그들의 선호를 바꾸려 한다면, 비록 시장이 완전히 기능한다고 하더라도 시장이 근로자의 선호를 반영하기 때문에 사회는 시장에 의존하기를 원하지 않게 된다.

7. 보상임금격차는 (i) 근로자들이 효용극대화를 추구하고(이 문제에 해당하는 경우), (ii) 근로자들이 정보를 갖고 있으며, 즉 근로자들이 (개략적으로) 관련된 모든 일자리 특성들을 알고 있으며(이 문제에 또한 해당하는 경우), (iii) 근로자들이 다양한 일자리 제안 중에서 선택할 수 있다는(근로자 이동성) 오로지 세 가지 조건 아래에서 발생한다.

   따라서 보상임금격차 이론은 의류산업의 낮은 임금이 지급되고 위험이 따르는 일자리를 가진 근로자들은 유감스럽게도 단순히 더 나은 다른 일자리들이 없다는 것을 암시한다. 만약 가난한 근로자가 오로지 생계농업(subsistence agriculture)과 의류산업의 '비공식' 일자리 사이에서 선택할 수 있다면 실제로 후자가 근로자의 효용을 극대화할 수도 있다.

9. 실증경제학의 관점에서 보면, 일요일에 일하는 것을 금지하는 것은 사용자들의 이윤을 하락시키며, 이는 고용에 규모효과를 미치게 될 뿐만 아니라, 자본과 비교할 때의 노동비용을 상대적으로 증가시킨다(기계는 일요일에 가동되는 것이 금지되지 않는다). 전반적으로 기업들은 노동을 덜 채용하는 경향을 가질 것이다.

   나아가 정부의 금지조치가 없었다면, 대부분 근로자는 아마도 안식일(Sabbath)을 기념하길 좋아했을 것이며, 독일에서는 일요일이 전형적인 안식일로 선택되었을 가능성이 가장 크다. 대부분의 근로자가 일요일에 쉬기를 좋아한다면, 쉬지 않기를 원하는 사용자들은 일요일을 안식일로 하지 않는 적은 근로자 풀(pool) 중에서 채용했어야만 할 것이다. 만약 이러한 풀이 일요일에 일하는 근로자들에 대한 수요에 비해 상대적으로 적었다면, 사용자들은 근로자들로 하여금 일요일에 자신들의 서비스를 제공하도록 유인하기 위해서 보상임금격차를 지급했어야만 할 것이다. 가장 쉽게 유인된 근로자들은 일요일에 쉬는 것에 대해 가장 관심이 적었던 근로자들이었을 것이다. 이 근로자들은 (법으로부터의 예외를 인정받지 않는다면) 자신들의 할증된 보수를 받지 못할 것이다.

   규범적으로 볼 때 이 법은 몇몇 자발적 거래를 방해한다. 이 법은 (임금을 받고)

일요일에 일할 용의가 있는 근로자들이 일요일에 일하는 근로자들을 원하는 사용자들과 거래하는 것을 방해함으로써 사회의 후생수준을 하락시키며, 따라서 이 법은 상호이익이 되는 일부 거래들을 억제한다.

연습문제

1. 다음의 그래프를 보면 수심 3미터에서의 A의 시간당 임금은 $10+0.5\times3=11.5$달러이다. 수심 5미터에서는 B의 시간당 임금이 $10+0.5\times5=12.5$달러이다. A의 무차별곡선은 수심 3미터에서 오퍼곡선과 접해야 하며, B의 무차별곡선은 5미터에서 오퍼곡선과 접해야 한다. 두 무차별곡선이 모두 직선과 접하기 때문에, 두 무차별곡선 모두 그 접점에서는 동일한 기울기를 갖고 있음이 틀림없다. 그러므로 두 근로자 모두 수심 1미터를 감소(추가)시키는데 시간당 50센트를 지급(수령)할 용의를 갖고 있다. 수심 3미터에서 일하기로 선택한 근로자 A는 모든 수준의 수심에서 더 가파른 기울기를 가진 무차별곡선(수심을 낮추는데 대가를 지불할 용의가 더 있음)을 갖고 있으며, 이는 왜 근로자 A가 더 얕은 수심에서 일하기로 선택하였는가를 알려준다.

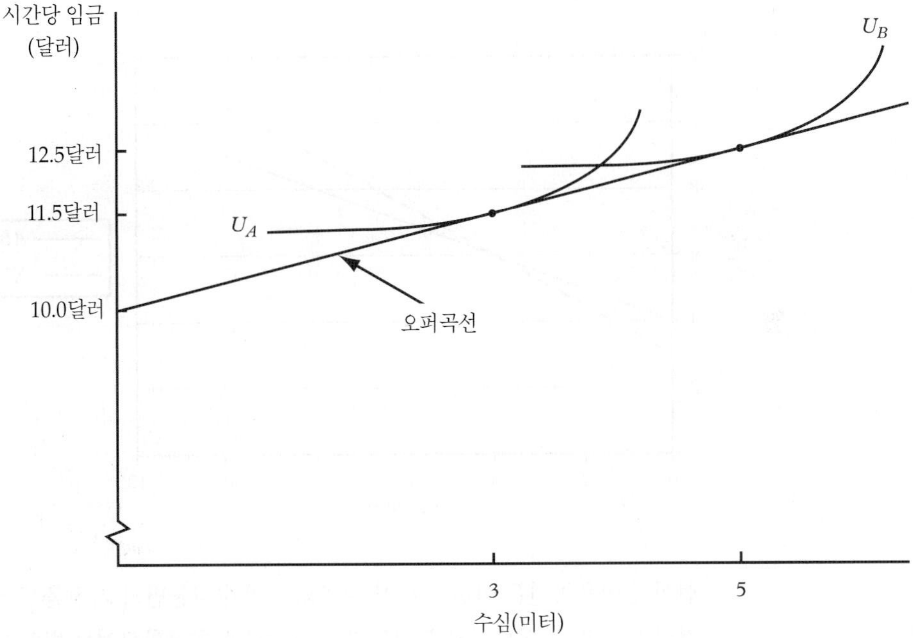

3. (부록) 토마스(Thomas)는 기대효용이 두 일자리에서 동일할 때 완전히 보상을 받게 될 것이다.
   첫째 일자리로부터의 효용: $U=\sqrt{Y} = \sqrt{40,000}=200$.
   둘째 일자리로부터의 효용: $U=0.5\times\sqrt{Y_{\text{bad}}}+0.5\times\sqrt{Y_{\text{good}}}=0.5\times\sqrt{22,500}+0.5\times\sqrt{Y_{\text{good}}}$.
   $0.5\times150+0.5\times\sqrt{Y_{\text{good}}}=200$, $\therefore \sqrt{Y_{\text{good}}}=62,500$.
   $\sqrt{Y_{\text{good}}}=62,500$일 때 둘째 일자리로부터의 효용이 첫째 일자리로부터의 효용과 똑

같아진다. 만약 토마스가 전체의 1/2에 해당하는 기간에는 22,500달러를 벌고, 나머지 1/2의 기간에는 62,500달러를 번다면, 그의 기대근로소득은 42,500달러가 된다. 따라서 그의 일시해고 위험에 대한 추가 기대보수는 연간 2,500달러이다.

5. a. 셸던(Sheldon)은 1%의 부상위험과 시간당 3달러를 교환할 용의가 있다. 셸비(Shelby)는 1%의 부상위험과 시간당 2달러를 교환할 용의가 있다. 셸던이 1%의 부상위험 증가에 자신을 보상하기 위해 더 큰 임금인상을 요구하기 때문에, 셸던이 부상위험을 더 회피한다.

   b. (밑에서 볼 때) 오목한 등이윤곡선은 안전에 대한 지출의 한계수익체감을 나타낸다. 곡선이 가파른 기울기를 갖는 곳에서는 기업이 위험을 줄이고도 여전히 그 이윤을 유지하기 위해서는 임금이 대폭 삭감되어야만 한다. 이 임금과 위험의 상호교환관계(trade-off)는 셸던의 임금과 위험을 교환할 용의와 매우 비슷하다. 따라서 위험을 크게 회피하는 개인은 오목한 등이윤곡선을 따라 왼쪽 끝쪽에서 임금과 위험의 조합을 택할 가능성이 매우 크다. 셸비의 접점은 셸던의 접점보다 우측에 놓일 것이다.

7. a.

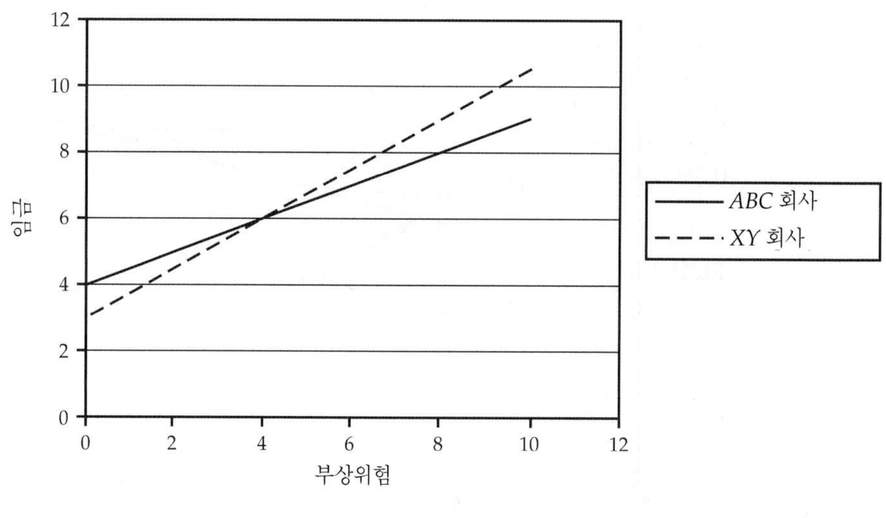

   선형 등이윤곡선은 안전에 대한 지출의 한계수익불변의 가정을 그래프로 나타낸 것이다. 이러한 상황에서 부상위험과 임금의 상호교환관계는 변하지 않는다.

   b. $W_{ABC}=4+0.5R$

   $W_{XY}=3+0.75R$

   R에 대해 정리: $4+0.5R=3+0.75R$

   $$1=0.25R$$

   $$4=R$$

   W에 대해 정리: $W=4+0.5(4)=6$(달러)

   위험수준 4에서 두 기업 모두 시간당 6달러의 임금을 제공할 것이다.

c. 4 미만의 위험수준에서 근로자들은 이 위험수준에서 더 높은 임금을 제공하는 ABC 회사에서 일하는 것을 선호하게 되며, 4보다 높은 위험수준에서는 근로자들이 이 위험수준에서 더 높은 임금을 제공하는 XY 회사에서 일하는 것을 선호하게 된다.

제9장

복습문제

1. 여성들이 비슷한 연령의 남성들보다 더 낮은 임금을 받는 이유를 이해하기 위해서는 차별을 포함한 여러 가능성 있는 원인에 대한 분석이 필요하다. 여기에서는 인적자본이론이 제공하는 통찰력들을 살펴볼 것이다.

   여성들은 전통적으로 노동시장 경력이 중단되었으며, 이는 인적자본투자가 회수될 수 있는 기간을 단축시킨다. 상대적으로 젊은 남성들과 여성들의 교육수준이 균등해졌던 최근조차도, 여성 졸업자들은 아직도 근로경력의 중단으로 입게 되는 손실이 가장 적은 직종들에 몰려있다. 더 낮은 인적자본투자와 직종편중(occupational bunching)은 의심할 바 없이 더 낮은 임금과 관련이 있다.

   여성들의 연령/근로소득곡선이 상대적으로 편평한 반면, 남성들은 더 우상향하며 오목한 연령/근로소득곡선을 갖고 있다는 사실도 또한 인적자본분석으로 설명될 수 있다. 만약 남성들이 여성들보다 자신들의 생애초기에 현장직무훈련(on-the-job training)을 더 많이 받는다면, 그들의 임금은 이 투자로 인해 상대적으로 낮아질 것이다(이는 젊은 나이의 남성들과 여성들의 임금을 투자가 이루어지지 않았을 경우에 비해 더 균등하게 만들 것이다). 생애의 후반부에 인적자본투자를 했던 사람들은 이를 회수할 것이며, 이는 남성들과 여성들의 임금을 덜 균등하게 만들 것이다.

3. 입학날짜의 연기는 등록금을 낮추지만, (일반적으로 의사들이 버는 것과 의학학위 없이 벌 수 있는 것의 차이로 측정되는) 의학교육의 편익 또한 연기시킨다. 편익의 이러한 차이는 (의과대학 이전의 학교교육으로) 가장 적은 대체 근로소득을 벌게 되는 사람들에게 가장 클 것이다. 나아가 입학날짜의 연기는 투자수익이 회수될 수 있는 연수를 1년 줄인다. 따라서 의학교육에 대한 가장 큰 투자수익을 기대하는 사람들, 그리고 나이가 들어 그 수익을 회수할 연수가 짧은 사람들은 이 제안을 받아들일 가능성이 가장 작을 것이다.

5. 교육투자의 비용 중 한 가지는 성공을 보장하기 위해서 학생들이 공부에 투입할 필요가 있는 시간과 관련이 있다. 빨리 배울 수 있는 사람들은 교육을 받는 데 더 낮은 비용을 부담하게 된다. 만약 학습능력과 (일자리에서의 생산적 능력을 포함하는) 일반적인 능력 사이에 상관관계가 있다고 가정한다면, 인적자본이론의 시사점은 가장 능력이 있는 사람들이 다른 조건이 동일할 때 교육을 가장 많이 받으리라는 것이다.

7. 물론 정부보조금은 개인이 교육을 받는 (인적자본투자를 하는) 비용을 하락시킨다. 개인의 관점에서 볼 때, 대학교육비용의 감소는 교육투자에 대한 개인의 수익률을 증

가시킨다. 이는 비용이 감소하지 않았을 경우에 비해 더 많은 사람을 대학에 다니도록 할 것이다. 대학교육 보조금이 없었을 경우에 (고등학교 졸업자의 근로소득과 비교할 때의) 대학교육 후의 근로소득 격차로 (예를 들어) 연간 6,000달러를 요구했던 학생들이 이제는 근로소득격차가 단지 연간 3,000달러일 경우라도 대학에 다니도록 유발될 수 있다. 그러나 사회적 관점에서 볼 때, 연간 3,000달러의 생산성증가는 대학생들에 대한 사회의 투자에 대해 사회에 되돌려주는 것으로서는 불충분할 수 있다.

9. 육아서비스는 어머니들이 더 오랜 시간을 일하도록 하는데, 이는 B_T에 정(+)의 영향을 미친다: 예를 들어 인적자본의 감가상각↓ 그리고 현장실무훈련↑. 육아서비스는 나아가 경력단절(career interruption)의 횟수를 줄일 수 있다. 이외에도 공부 또는 훈련 기간의 육아서비스 제공은 C의 감소와 같다.

연습문제

1. 베키(Becky)는 MBA를 마치기 위한 비용과 그로부터의 편익의 현재가치를 비교할 필요가 있다. 비용은 48세와 49세에 포기한 소득에 수업료를 더한 것과 같다. 베키가 일을 하든 학교에 다니던 어디에서인가는 기거할 필요가 있으므로, 아파트 비용은 포함되지 않는다. 편익은 50세부터 59세까지 매년 벌게 되는 추가임금 15,000달러이다.
비용의 현재가치=50,000+50,000/1.06=97,170(달러). 편익의
현재가치$=15{,}000/(1.06)^2+15{,}000/(1.06)^3+...+15{,}000/(1.06)^{10}+15{,}000/(1.06)^{11}$
=104,152(달러).

   따라서 그 순편익의 현재가치가 6,982달러이기 때문에 베키는 MBA 프로그램에 등록한다.

3. $PV=B_5/(1+r)^5=125/(1+0.04)^5=125/(1.04)^5=125/(1.217)=102.71$(달러)
현재가치가 현재의 100달러보다 더 크기 때문에 5년 후 125달러를 선택해야만 한다.

5. a. $exper=0$인 경우 $\ln\widehat{wage}=0.12s-0.04afgt \approx 0.12s$.
   $exper=10$인 경우 예상은 크게 변한다.
   $$\ln\widehat{wage}=0.12s-0.10s-0.04afgt+0.14afgt \approx 0.10afgt$$
   b. 졸업자들 즉 $exper=0$인 사람들의 경우, $\ln\widehat{wage}=0.12s$이기 때문에 (관련성으로 볼 때) 학교교육이 능력을 분명히 압도한다. 그러나 시간이 흐름에 따라 학교교육은 기본적으로 관련이 없어진다. 예를 들어 만약 $exper=10$인 경우 $\ln\widehat{wage} \approx 0.10\,afgt$.
   c. $afgt$가 사용자들에게 알려지지 않기 때문에 사용자들은 처음에 공식교육 s 같은 관찰되는 특성을 기초로 임금을 제안할 수 있다. 그러나 시간이 지남에 따라 사용자들은 ($afgt$에 의해 대리된 것과 같은) 근로자의 진짜 능력을 관찰하게 되어, 근로자의 임금조정이 이루어진다. (게다가 공식학교교육 s는 감가상각 때문에 덜 관련이 될 수 있다.)

제10장

복습문제

1. a. 주 면허제도는 면허를 가진 전문직들의 주와 주 사이의 이동비용을 증가시키며, 따라서 이 직종들에 대한 전반적인 공급을 감소시키고 그들의 임금을 인상시키는 경향을 보이게 된다. 이외에도 저근로소득 지역에서 고근로소득 지역으로의 흐름도 방해를 받게 되는데, 이는 이 전문직임금의 지역적 균등화를 더디게 한다.

   b. 연방정부의 면허관리로부터 이익을 얻게 되는 사람들은 근로소득이 낮은 지역에 사는 면허를 가진 전문직들인데, 왜냐하면 그들의 노동시장에서의 이동성이 향상되기 때문이다. (근로소득이 높은 지역에 사는 의뢰인들도 자신들이 서비스를 구입하게 되는 전문직들의 이동성 향상으로부터 마찬가지의 이익을 얻는다고 또한 주장 될 수 있다.) 손실을 보는 사람들은 이동성 향상 때문에 이제 경쟁증가에 직면하게 되는 근로소득이 높은 지역의 이미 면허를 가진 전문직들이다.

3. a. 해외로부터 이주한 근로자들은 사회의 나머지 부분에 가치가 있는 재화를 창출하거나 서비스를 수행한다. 따라서 그들의 존재가 본토에서 태어난 (전체) 미국인들을 부유하게 하는가는 이 서비스의 총가치에서 그들에게 지급된 임금을 공제한 크기에 좌우된다. 만약 해외로부터의 이주자들이 자신들의 한계수입생산보다 더 많이 받지 않는다면, 본토에서 태어난 미국인들은 손해를 보지 않으며, 실제로는 한계 아래의 작은 이익을 거둬들일 것이다. 만약 해외로부터의 이주자들이 본토에서 태어난 사람들에 의해 보조를 받는다면, 따라서 그들이 재화와 서비스의 순(純) 소비자들이라면, 본토에서 태어난 사람들 전체의 후생수준은 낮아질 수 있다.

   b. 규범적 관점으로 볼 때 두 가지 중요한 문제가 제기된다. 첫째는 (위에서 주목된 바와 같이) 해외로부터의 이주자들이 평균적으로 볼 때 본토에서 태어난 사람들로부터 보조를 받게 되는가이다. 만약 그렇지 않다면 본토에서 태어난 사람 중 해외로부터의 이주로부터 이익을 얻은 사람들이 그들 중 손실을 본 사람들을 보상해 줄 수 있는 메커니즘이 존재하는가라는 두 번째 문제가 대두된다. 많은 경제학자는 손실을 본 사람들에 대한 보상은 잠재적으로 파레토개선(Pareto-improving)인 정책이 사회적으로 옹호될 수 있도록 이루어져야만 하며, 따라서 누구의 임금이 얼마나 감소되었는지를 식별하는 것이 중요한 사회적 문제라고 주장한다.

5. 이직률을 낮추는 요소 중의 하나는 일자리를 바꾸는 비용이 많이 들지도 모른다는 것이다(연금손실, 연공서열손실, 그리고 다른 일자리들에 대한 정보를 구하는 데의 어려움 등이 이직비용을 증가시킬 수 있는 요소들의 예들이다). 만약 이동에 대한 비용장벽이 존재한다면, 근로자들은 이직에 의존함이 없이 기업 내의 불리한 조건들을 참고 견딜 가능성이 크다.

   만약 이직률이 낮다면 기업들도 또한 자신들의 근로자들에게 기업 특수훈련(firm-specific training)을 제공할 가능성이 크다. 따라서 만약 기업들이 자신들의 근로자들에게 기업특수기술을 훈련시킬 필요가 있다면, 그들은 분명히 낮은 이직률을 선호한다.

마지막으로 기업들은 채용비용을 최소의 수준으로 유지할 수 있으므로 낮은 이직률을 선호한다. 근로자가 이직할 때마다 대체근로자가 채용되어야만 하며, 대체근로자를 구하고 채용하는 데 비용이 드는 한, 기업들은 이 비용의 발생을 회피하기를 원한다.

사회적 관점에서 볼 때, 낮은 이직률의 불리한 점은 노동부족과 노동잉여에 시장이 신속히 조정하지 못하는 것과 관련이 있다. 상대적 노동수요의 변화는 고용분포의 끊임없는 변화를 필요로 하며, 변화를 방해하는 요소들은 또한 새로운 조건에 대한 적응을 방해할 것이다.

나아가 이직비용이 크다는 것은 낮은 이직률뿐만 아니라 동일한 등급의 노동에 대한 기업 간 또는 지역 간의 더 큰 임금격차와도 관련이 있을 것이다. 기업들은 한계생산성이 자신들이 지급해야만 하는 임금과 같아질 때까지 노동을 채용하기 때문에, 이 큰 임금격차는 동일한 숙련그룹 내에서의 큰 한계생산성 격차를 또한 수반할 것이다. 일자리연결에 대한 논의가 의미하는 바와 같이, 만약 동일한 숙련도를 가진 근로자들 사이에 한계생산성이 광범위하게 다르다면, 국민총생산은 노동을 재배분함으로써 증가할 수 있으며, 그 결과 낮은 임금을 받는 근로자들의 한계생산성은 향상된다.

7. 일본 근로자들이 예를 들어 충성심에 대해 더 강한 선호를 갖고 있다는 것은 가능한 일이다(그들이 자신들의 현재 사용자들에 대한 충성심의 '소비'를 위해 이동으로부터의 금전적 이익을 포기할 용의가 더 있다는 것을 의미한다). 이직률은 선호는 물론 인센티브에 의해 영향을 받으며, 더 낮은 이직률을 위한 인센티브는 사용자정책에 의해 바뀔 수 있다는 것도 또한 사실이다. 따라서 이직률 그 자체로 근로자들이 본래부터 갖고 있는 충성심에 대한 차이를 측정할 수 없다.

   그러나 일본의 더 낮은 이직률은 다른 지역의 일자리들에 대한 빈약한 정보, 일자리를 바꾸는 데 드는 더 큰 비용(부가급여는 기업 내에서의 연공서열에 크게 연관될 수 있으며, 그 결과 근로자들이 이직할 때 그들은 부가급여를 상실하며, 이는 새 사용자에 의해 즉시 대체되지 않는다), 사용자들 사이의 적은 임금격차 또는 일본의 사용자들이 기업특수 인적자본투자에 더 많이 의존하기 때문에 채택되는 기타 사용자정책으로부터의 결과일 수 있다.

9. 범죄자들은 아마도 자신들 범죄의 편익을 (투옥될 때 예상되는 소득 및 자유의 손실을 할인한 현재가치로 생각될 수 있는) 미래의 예상비용에 대해 저울질한다. 이 비용들은 다른 조건이 일정할 때 어떤 사람의 할인율이 **더 높을수록** 더 적어질 것이며, 범죄가 더 매력적이 될 것이다. 따라서 범죄자들은 평균보다 더 높은 할인율을 갖는 경향이 있다. 이와는 대조적으로 해외로부터의 이주라는 행동은 매우 높은 초기비용과 오로지 미래의 여러 해에 걸쳐 발생하는 수익을 수반하기 때문에, 해외로 이주하는 사람들은 평균보다 **더 낮은** 개인할인율을 갖는 경향이 있다고 추론할 수 있다. 따라서 이론은 해외로부터의 이주자들이 평균보다 더 낮은 범죄율을 가질 것이라고 기대하게 한다.

연습문제

1. 이주로부터의 순편익의 현재가치는 본문의 식 (10.1)에 의해 주어진다. 두 똑같은 일자리로부터의 편익들이 실질임금에 의해 요약된다고 가정하면, 이주로부터의 이익의 현재가치는 $20,000+20,000/1.1+20,000/1.1^2+20,000/1.1^3+20,000/1.1^4=83,397$(달러)이다.

   로즈(Rose)가 이주하지 않았기 때문에, 이주의 비용이 편익보다 크다는 것을 알 수 있다. 이주의 직접비용은 단지 2,000달러이기 때문에 정신적 비용이 81,397달러보다 더 커야 한다.

3. 클레어(Clare)는 자신의 선택에 대한 현재가치를 비교해야만 한다.

   $$PV_{US}=32,000/(1+0.06)+32,000/(1+0.06)^2+32,000/(1+0.06)^3+32,000/(1+0.06)^4-6,000$$
   $$=30,189+28,480+26,868+25,347-6,000$$
   $$=104,884\text{(달러)}$$

   $$PV_{France}=30,000/(1+0.06)+30,000/(1+0.06)^2+30,000/(1+0.06)^3+30,000/(1+0.06)^4$$
   $$=28,302+26,700+25,189+23,762$$
   $$=103,953\text{(달러)}$$

   클레어(Clare)는 미국에서의 일자리 제안을 받아들여야만 한다. 그녀는 금전적으로 931달러를 더 벌게 된다.

5. a. 아래의 표로부터 그래프를 그려라.

임금	수요	국내공급	총공급	해외로부터의 이주자
3달러	30	12	16	4
4달러	28	13	18	5
5달러	26	14	20	6
6달러	24	15	22	7
7달러	22	16	24	8
8달러	20	17	26	9
9달러	18	18	28	10
10달러	16	19	30	11

   주: 5행의 해외로부터의 이주자 수는 각 임금수준에서 노동의 총공급으로부터 노동의 국내공급을 공제함으로써 계산된다.

   b. $D=S_{\text{domestic}}$

   $36-2W=W+9$

   $27=3W$

   $W=9$

36−2(9)=18: 18,000 내국인 근로자들

해외로부터의 이주 이전에 균형임금은 시간당 9달러이었으며, 18,000명의 내국인 근로자들이 채용될 것이다.

c. $D=S_{total}$

$36-2W=10+2W$

$26=4W$

$W=6.50$(달러)

$S_{total}=2(6.50)+10=13+10=23$: 23,000 총취업자

$S_{domestic}=9+W=9+6.50=15.50$: 15,500 내국인 취업자

$S_{immigrants}=S_{total}-S_{domestic}=23-15.5=7.5$: 7,500 해외로부터의 이주자

해외로부터의 이주 이후 균형임금은 시간당 6.50달러이다. 23,000명의 근로자가 채용될 것이며, 그중 15,500명은 내국인 근로자들이고 7,500명은 해외로부터의 이주근로자들이다.

제11장

복습문제

1. 법적으로 강제할 수 없는 암묵적 노동시장계약의 경우, 남을 속이는 것에 대한 벌칙은 다른 당사자가 고용관계를 종료하는 것이다. 그러므로 자율적 강제성(self-enforcing)의 기초가 되는 원리는 만약 관계가 종료된다면 양 당사자들 모두 손실을 보아야만 한다는 것이다. 양 당사자들이 모두 손실을 보기 위해서는, 근로자들이 다른 곳에서 받을 수 있는 것보다 높은 수준, 그러나 사용자에 대한 자신들의 가치보다는 낮은 수준의 보수를 받아야만 한다. 후자의 조건은 사용자와 근로자 사이에 나눠지는 잉여(한계수입생산과 다른 곳에서 받을 수 있는 임금 사이의 격차)가 존재한다는 것을 의미한다.

3. 효율성 임금, 이연보수, 그리고 토너먼트 같은 보상체계(compensation schemes)는 근로자와 기업 사이에 장기고용관계가 예상되기 때문에 실행이 가능한 것이다. 만약 소규모기업들이 생애주기의 고용을 제공하기에 충분할 만큼의 여러 단계로 구성된 기업 내 직무사다리(job ladders)를 제공하지 않는다면, 장기고용은 이루어지지 않을 것이며, 위의 세 가지 보상체계의 실행이 여의치 않을 것이다. 그렇기 때문에 소규모기업들의 증가는 개인산출량 또는 그룹산출량을 기준으로 한 보수지급체계(또는 철저한 감독)에 더 많이 의존한다는 것을 의미할 수 있다.

5. 다른 일자리를 찾는 근로자들의 능력이 실업 또는 수요독점에 의해 심각하게 제한되고 있기 때문에 경영진이 근로자들에 대한 통제력을 이미 갖고 있다면, 낮은 임금이라는 결과가 나타날 수 있다. 그러나 만약 경영진이 현재 통제력을 갖고 있지 못하다면, 낮은 임금을 지급하는 것은 절대로 통제력을 **얻을 수** 있는 방법이 아니다. 과소지

급 되는 임금을 받는 근로자들은 자신들의 현재 일자리가 그들이 다른 곳에서 구할 수 있는 일자리에 비해 더 좋지 않기 때문에 (그리고 더 나쁠 수 있기 때문에), 경영진으로부터의 요구조건들을 참고 견딜 인센티브가 없다. 그러나 만약 근로자들이 한 기업으로부터 자신들이 다른 곳에서 받을 수 있는 것보다 더 높은 임금을 받는다면, 그들은 이직을 결정하기 전에 자신들의 감독자들로부터의 많은 요구를 참고 견딜 것이다. 그러므로 근로자들에 대한 통제력을 갖는 한 가지 방법은 그들에게 임금을 과소지급하는 것이 아니라 과대지급하는 것이다.

7. 근로자들에게 처음에는 자신들의 가치보다 낮은 수준의 보수를 지급하고 나중에는 자신들의 가치보다 높은 수준의 보수를 지급하는 보상체계가 이러한 결과를 가져올 수 있다. 나이든 근로자들은 궁극적으로 자신들의 생산성보다 높은 보수를 받게 될 것이며, 그들이 다른 사용자를 찾아야만 할 때 그들의 보수는 크게 하락하게 된다. 이 보상체계에서 처음에 낮은 수준의 보수를 받는 젊은 근로자들은 그러한 임금의 하락을 경험하지 않는다.

9. 성과에 의한 인센티브를 강화하는 경우, 보수의 기본이 되는 성과의 측정치(주식가격)는 CEO의 **노력**에 의해 크게 영향을 받아야만 한다. 성과의 측정치로 주식옵션을 사용하는 경우의 문제점은 주식옵션이 경쟁자들에 대한 회사의 성과를 상대적으로 향상시키는 CEO의 노력은 물론 전반적인 (주식시장과 생산물시장 모두의) 시장조건에 의해 영향을 받는다는 것이다. 만약 기업의 **상대적인** 성과를 높이는 데 있어 CEO의 성공을 기초로 하여 지급된다면 보너스가 인센티브라는 측면에서는 우월하다.

연습문제

1. 찰리(Charlie)의 사용자는 찰리에게 시간당 6달러를 지급할 것이다. 찰리의 임금을 시간당 5달러로부터 6달러로 인상시키는 것은 8달러로부터 9.5달러로 수입이 증가되기에 충분한 추가산출량을 유발시킨다. 즉 시간당 1달러의 임금인상은 시간당 1.5달러의 추가산출량을 발생시키며, 따라서 사용자는 찰리의 임금을 5달러에서 6달러로 인상하는 것으로부터 이익을 얻는다. 찰리의 임금을 시간당 6달러보다 높은 수준으로 인상하는 것은 그의 사용자에게 이익을 가져다주지 않을 것이다. 6달러로부터 7달러로의 임금인상은 9.5달러로부터 10.25달러로의 산출량의 증가를 유발시키는데, 이는 단지 시간당 75센트의 증가로서 찰리의 시간당 임금인상 1달러를 지급하기에 충분하지 않다.

3. a. 사용자는 임금$=MRP_L$이 되도록 근로자들을 채용할 것이다. 만약 임금이 시간당 5달러라면, 사용자는 15명의 근로자를 채용하기를 원할 것이다.
   b. 만약 임금이 시간당 6달러라면, 새로운 노동의 한계생산 조건에서 사용자는 16명의 근로자를 채용하기를 원할 것이다.
   c. 노동의 한계생산성이 더 높아진 ('효율성') 임금과 함께 증가했기 때문에, 더 높은 임금수준에서 사용자는 더 많은 근로자를 채용하기 원할 것이다.

제12장

복습문제

1. 생산성이 동일한 근로자들이 자신들의 인종 또는 민족성(또는 생산성과 관련되지 않은 다른 어떤 인구통계학적 특성)을 기초로 하여 상이한 임금을 체계적으로 받을 때 노동시장차별이 존재한다고 일컬어진다. 근로소득의 단순평균은 이러한 특성들을 통제하지 못하기 때문에 이러한 특성들로부터 노동시장차별이 존재하는지를 말할 수 없다(예를 들어 중국계 미국인들과 일본계 미국인들은 백인인 미국인들을 크게 능가하는 평균적인 생산적 특성들을 갖고 있을지 모른다).

3. 노동시장에서의 임금차별은 동일한 생산적 특성을 가진 근로자들이 자신들이 속한 인구통계학적 그룹 때문에 체계적으로 상이한 보수를 받을 때 나타난다. 이 경우 차별을 판단하는 데 있어서 결정적으로 중요한 문제는 남성 고등학교 교사들과 여성 고등학교 교사들이 똑같은 생산적 특성이 있는 가이다.

   우리가 얻기를 원하게 되는 정보의 한 분야는 인적자본특성에 관한 것이다. 남성 교사들과 여성 교사들이 똑같은 교육 및 경험 수준을 갖고 있으며, 그들은 비슷한 분야를 가르치는가? 두 번째 정보 분야는 근로조건에 관한 것이다. 남성 교사들이 (스포츠를 코치하거나 클럽활동을 지도하면서) 더 오랜 시간을 일하거나 보상임금격차와 관련된 지리적 지역에서 일하고 있는가?

5. a. 불리한 여건에 있는 흑인 근로자들을 채용하는 사용자들에게 지급되는 임금보조금은 그러한 근로자들에 대한 (근로자의 임금에 대해 표시된) 수요곡선을 우측으로 이동시킬 것이다. 이러한 이동은 고용을 증가시키고, 불리한 여건에 있는 흑인 근로자들에게 지급되는 임금을 증가시키거나 고용과 임금 모두를 증가시킨다. 임금과 고용이 각기 얼마나 증가하는지는 이 근로자들의 공급곡선의 형태에 좌우될 것이다. 보조금에 의해 유발되는 임금과 고용의 변화는 노동시장차별이 흑인 미숙련 근로자들에게 미치는 불리한 효과를 극복시키는 경향을 보이게 될 것이다.

   b. 흑인 미숙련 근로자들의 임금상승과 고용기회 증가는 숙련근로자가 되기 위해 요구되는 이 근로자들의 훈련투자 인센티브를 감소시킬 것이다. 따라서 흑인 미숙련 근로자들만을 위한 임금보조금이 가져올 수 있는 한 가지 결과는 임금보조금이 지급되지 않았을 경우에 비해 더 많은 흑인을 미숙련 근로자인 채로 남아있도록 유발할 수 있다는 것이다.

7. 간호사의 임금이 시장청산수준보다 높은 수준으로 상승할 때, 간호사 지원자들의 초과공급이 나타날 것이다. 물론 높은 임금은 많은 수의 지원자들뿐만 아니라, 질이 매우 높은 많은 수의 지원자들의 주의를 끌 것이다. 즉 지원자들이 매우 많다는 사실은 시가 오직 최고수준의 지원자만을 선발할 수 있도록 한다. 그러므로 동등가치(comparable worth)는 충원해야 하는 간호사의 일자리 수를 감소시킬 수 있지만, 또한 질 높은 간호사들의 고용을 증가시키는 경향을 가질 것이다.

   간호사들의 임금이 빌딩검사원들의 임금과 동일하게 책정되었기 때문에, 시는 비록 공급부족이 존재하더라도 빌딩검사원들의 임금을 인상하지 않으려 할 것이다. 빌딩검사원들의 구인기구로서 임금을 인상하기보다는 시는 그 채용기준을 낮추고, 이전에 채용을 거절했던 빌딩검사원들을 고용하려 할 수 있다. 따라서 질 낮은 빌딩검사원들의 고용기회는 동등가치법에 의해 향상될 수 있다.

9. a. 어떤 인구통계학적 그룹에 지급되는 보수수준이 생산적 특성이 정확히 비슷한 다른 인구통계학적 그룹에 지급되는 보수수준보다 더 낮을 때 임금차별이 존재한다. 이 정의를 사용하면, 남성들과 여성들이 일하는 동안 동일한 연간보수를 받기 때문에 차별이 존재하지 않는다. 사실상 이 동일한 연간보수는 은퇴연령 시에 정확히 똑같은 현재가치를 갖게 되는 남성과 여성 각각의 연금기금을 적립시키게 된다. 그러나 여성들이 남성들보다 오래 살기 때문에, 이 연금기금은 여성들에게는 더 오랜 기간에 걸쳐 지급되어야 하며, 따라서 은퇴한 여성들에게는 더 적은 연간 연금급여가 지급되게 된다. 대법원(Supreme Court)의 결정은 사용자들로 하여금 여성들을 위해 더 많은 연금기금을 적립하도록 요구하게 되며, 따라서 대법원의 결정은 비슷한 수준의 남성들보다 (일하는 기간 동안) 근로여성들이 더 높은 연간보수를 받도록 요구하고 있다.
   b. 의사결정은 본질적으로 여성들의 노동비용이 비슷한 수준의 생산적 특성을 가진 남성들의 경우보다 더 크도록 강제하고 있으며, 여성들의 채용비용을 증가시킴으로써 기업들에게 여성 근로자들을 남성 근로자들로(또는 여성 근로자들을 자본으로) 대체시키려는 인센티브를 제공할 수 있다.

연습문제

1. 한 성별의 근로자들이 자신들의 일자리에 남아있다고 가정할 때, 상이지수(index of dissimilarity)는 두 성의 근로자들이 동일한 직종분포를 갖기 위해 직종을 바꾸어야만 할 다른 성 그룹의 비율을 나타낸다. 남자들이 똑같은 일자리에 남아있다고 가정하고, 남자들과 똑같은 분포비율이 유지되는데 필요한 각 직종에서의 여자 수를 살펴보면 아래 표와 같다.

직종	여성들의 실제분포	남성들의 비율과 동일하기 위한 여성 수	직종변화가 필요한 여성 수
A	20	40%=28	28-20=8
B	25	40%=28	28-25=3
C	25	20%=14	14-25=-11

위의 표가 보여주는 바와 같이 11명의 여성이 직종을 바꾸어야 하는바, 이 11명의 여성은 직종 C를 떠나 직종 A와 B로 이동해야 한다. 11명은 전체의 15.7%에 해당하는데, 바로 이 수치가 상이지수가 된다.

3. 아래 그래프를 살펴보자.

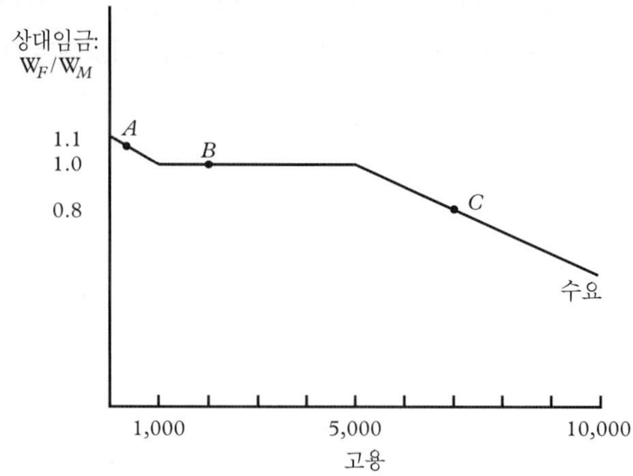

W_F/W_M=1.08 200명의 여성이 점 A에서 채용될 경우
W_F/W_M=1 2,000명의 여성이 점 B에서 채용될 경우
W_F/W_M=0.8 7,000명의 여성이 점 C에서 채용될 경우

채용된 인원이 5,000명을 초과한다면, 차별이 이 시장의 여성근로자들에게 해를 끼치게 된다. 실제로 1,000명 미만이 채용될 때 차별은 여성 근로자들에게 유리하게 작용한다.

5. (부록) 아래 표의 3번째 행은 남성들의 회귀분석에 따른 헤이 포인트(Hay Point)를 기초로 한 각 일자리의 급여추정치를 보여준다. 4번째 행은 남성의 급여에 대한 여성과 남성 급여 차이의 비율을 나타낸다.

헤이 포인트	급여(달러)	급여추정치(달러)	동등가치 차이
200	1200	1380	180
310	1300	1479	179
425	1500	1582.5	82.5
500	1580	1650	70
550	1635	1695	60

여성들은 평균적으로 비슷한 헤이 포인트 수준의 남성들에 비해 더 낮은 수준의 급여를 받는다. 4번째 행에 보이는 바와 같이 동등가치 차이(comparable worth gap)는 기술수준이 높아짐에 따라 체감하는 것처럼 보인다.

7. 다음의 그래프는 노동의 한계수입생산을 나타낸다. 만약 임금이 시간당 8달러라면, 차별이 없을 경우에 사용자는 12명의 근로자를 채용하기를 원하게 된다. 사용자의 이윤은 MRP_L(수요곡선) 아래와 임금을 나타내는 수평선 위 사이의 면적과 같게 된다. 만약 12명의 근로자가 채용되면, 이 삼각형 ABC의 면적은 0.5(20–8)(12)=72(달러)로 계산된다.

만약 사용자가 차별하여 단지 10명의 여성 근로자들을 채용하면, 이윤은 삼각형

*AGF*와 직사각형 *BDFG*를 합한 사다리꼴 *ABDF*의 면적으로 다음과 같이 계산될 수 있다: 사다리꼴 *ABDF*의 면적=0.5(20–10)(10)+(2)(10)=50+20=70(달러).

따라서 만약 사용자가 차별을 하여 단지 10명의 여성만을 채용한다면, 차별하는 사용자는 두 면적의 차(삼각형 *CDF*)인 시간당 2달러의 이윤을 포기하고 있다.

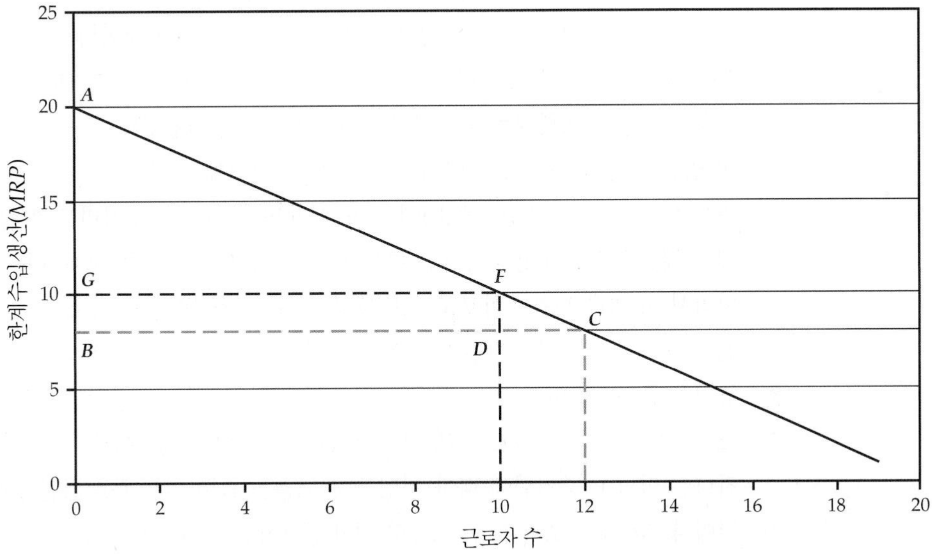

제13장

복습문제

1. 자본설비가격의 하락은 자본설비의 구입을 늘리도록 할 것이기 때문에, 노동조합은 그 조합원들이 자본과 조보완요소인지 또는 조대체요소인지에 관심을 가져야만 한다. 전자의 경우 제안된 정책(자본가격의 하락)은 노동조합 조합원들에 대한 수요를 증가시키는 반면, 후자의 경우 그 수요는 감소하게 된다. 다른 조건이 동일하다면 노동수요곡선이 더 빨리 우측으로 이동하면 이동할수록, (단체협약 결과가 노동수요곡선 상에 놓여있다고 가정하면) 노동조합이 유발시킨 임금인상과 관련된 고용감소는 더 적게 될 것이다. 따라서 자본과 조보완요소(조대체요소관계)인 그룹들을 대표하는 노동조합들은 정책변화로부터 이익을 얻게 된다(손실을 입게 된다).

   본문에서 인용된 증거는 자본과 숙련노동은 조보완요소일 수 있지만, 자본과 미숙련 노동은 조대체요소임을 암시한다. 이는 미숙련 근로자들을 대표하는 노동조합의 지도부는 이 제안의 입법에 반대하는 반면, 숙련근로자들을 대표하는 노동조합의 지도부는 입법을 찬성할 수 있다는 것을 암시하고 있다.

3. 존스법(Jones Act)의 조항들은 적어도 두 가지 방법으로 미국 해운산업의 노동수요에 영향을 미친다. 첫째, 모든 미국 정부 화물의 50%는 미국 소유의 선박에 의해 운송되어야 한다는 규정은 생산물시장에서 미국 선박에 대한 수요의 가격탄력성을 비탄력적으로 만든다. 둘째, 미국 선박 선원들의 적어도 90%가 미국 시민이어야만 한다

는 제약은, 미국 시민인 선원을 외국 선원으로 대체시키는 선박소유자들의 능력을 감소시킨다. 두 가지 변화 모두 미국 선원에 대한 수요의 임금탄력성을 변화가 생기기 이전에 비해 덜 탄력적이 되도록 한다.

미국 해운 산업의 노동조합화 정도가 크며, 노동조합부문 선원들과 비노동조합부문 선원들 사이에 경쟁이 별로 없는 한(합리적인 가정임), 노동조합부문 선원들에 대한 수요의 임금탄력성은 존스법 하에서는 비탄력적이 될 것이다. 본문에서 강조한 바와 같이, 비탄력적인 노동수요곡선은 노동조합으로 하여금 적어도 단기적으로는 큰 고용손실 없이 조합원들의 임금인상을 추진하도록 허용한다.

5. 이 법은 노동을 자본으로 대체하는 것을 더 어렵게 하여 더 큰 비용이 들도록 한다. 자본(또는 다른 대체생산요소)에 의해 대체되는 어떤 근로자라도 기업의 다른 부문에서 재훈련되고 고용되어야만 하는데, 이는 분명히 이러한 대체비용을 증가시킨다. 따라서 이 법은 노동조합부문 노동에 대한 수요의 탄력성을 감소시키는 경향을 가지며, 조합원들의 고용을 매우 큰 폭으로 줄이지 않고 임금을 인상시키는 노동조합의 능력을 증가시킨다.

7. 노동조합은 여러 이유로 인해 근로자생산성을 향상시킬 수 있다. 더 명백한 이유 중 하나는 임금이 증가함에 따라 기업들이 고용을 줄이며 노동을 자본으로 대체한다는 것이다. 두 가지 조치 모두 노동의 한계생산성을 증가시키는 경향을 갖는다. 이윤극대화를 추구하는 기업들은 경쟁적인 시장에서 생존하기 위해서 임금이 상승할 때는 언제나 노동의 한계생산성을 증가시켜야만 한다.

노동조합이 생산성을 향상시키게 되는 또 다른 이유는 노동조합화된 사용자들이 제공하는 높은 임금이 많은 지원자의 관심을 끌게 되어, 사용자들이 최고의 지원자들을 뽑을 수 있다는 것이다. 더욱이 노동조합화된 공장에서 관찰되는 이직의 감소는 근로자들에게 특수훈련을 제공하려는 기업들의 인센티브를 증가시키며, 노동조합이 전형적으로 시행하는 연공서열제도는 나이든 근로자들로 하여금 젊은 근로자들의 훈련을 돕도록 부추긴다(나이든 근로자들은 젊은 근로자들이 완전하게 훈련을 받았을 때 자신들의 일자리를 경쟁적으로 뺏을 것이라는 두려움 없이 훈련을 도울 수 있다).

이렇게 많은 생산성증가의 원천들은 높아진 임금에 대한 기업들의 대응이기 때문에, 이러한 원천들은 노동조합화가 비용에 미치는 효과를 완화하는 경향을 갖는다. 노동조합이 없는 일부 기업들은 능력 있는 근로자들을 유치하고 보유하기 위해 고의로 높은 임금을 지급하며, 노동조합이 결성된다는 암묵적 위협이 없을 경우조차도 이 전략을 종종 추구한다. 그러나 기업들이 일반적으로 자신들의 근로자들이 조직화된 후에야 노동조합 임금을 지급한다는 사실은 기업들은 노동조합이 근로자의 생산성을 향상시키는 것보다 더 큰 비율로 노동비용을 증가시킨다고 믿고 있음을 암시한다.

7번 문제에서 간과하고 있는 것은 생산성증가는 비용증가와 비교하여 측정되어야만 한다는 것이다. 만약 노동조합이 생산비를 증가시키는 것보다 더 큰 비율로 생산성을 향상시킨다면, 분명히 사용자들은 노동조합들에 대해 훨씬 덜 적대적인 접근법을 취할 것임에 틀림없다. 그러나 만약 노동생산성 향상이 노동비용의 증가보다 더 적다면, 노동조합화 하에서 사용자의 수익성은 하락할 것이다.

연습문제

1. 사용자양보곡선과 노동조합저항곡선을 등식의 양변에 설정한 후, W에 대해 풀면,
   $2+0.5S=11+0.5S-0.1S^2$
   $S^2=9/0.1;\ S=9.486$(일)
   $W=2.+0.5S=2+0.5(9.486)=6.75(\%)$
3. 상대임금이익은$=(8-5)/5=60(\%)$
   진정한 절대효과$=(8-6)/6=33(\%)$
   비노동조합부문의 임금이 균형임금보다 더 낮기 때문에 노동조합에 가입한 근로자들의 상대임금이익은 자신들의 진정한 절대효과보다 더 크다.
5. 공장의 노동수요곡선은 아래와 같이 그래프로 나타낼 수 있다.

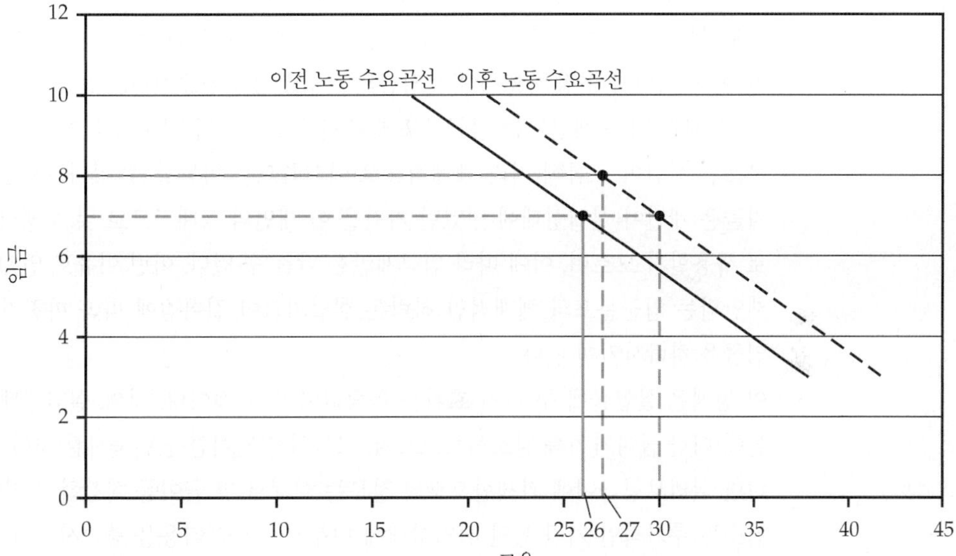

공장임원과 노동조합지도부 모두 옳다. 현재 시간당 7달러의 임금수준에서 사용자들은 26명의 근로자를 채용하기를 원할 것이다. 만약 노동조합이 임금협상에 성공한다면, 수요의 증가와 함께 기업은 27명의 근로자를 채용하기를 원하게 된다. 따라서 노동조합지도부는 옳다. 그러나 만약 노동조합이 임금을 인상시키려는 시도에 성공하지 못한다면, 기업은 30명의 근로자를 채용하기를 원하게 된다. 따라서 공장임원 또한 옳다. 수요의 증가가 있는 경우 성공적인 임금협상의 효과는 고용증가율을 감소시키는 것이다.

7. 7.50달러의 임금수준에서는 4,500명의 근로자가 고용될 것이다. 노동조합의 상대임금이익은 $R=(8-7.5)/7.5=0.067$이다.

제14장

복습문제

1. 두 가지 정책목표는 단기적으로 양립할 수 없다. 실업보상급여의 증가는 실업상태 근로자들의 추가 일자리탐색비용을 감소시킨다. 이는 그들로 하여금 실업기간과 더 높은 보수를 지급하는 일자리의 탐색기간을 연장하도록 할 것이다. 단기적으로 실업보상급여의 인상은 실업률을 증가시킬 것이다.

   그러나 장기적으로 두 가지 정책목표는 양립할 수 있다. 만약 길어진 일자리탐색기간이 근로자들과 일자리의 더 나은 연결을 유도한다면, 근로자들이 미래에 실업자가 될 가능성이 줄어들 것이다. 즉 더 나은 일자리연결이 근로자들이 일자리를 이직할 확률과 해고될 확률 모두를 감소시킬 것이다. 이 실업상태로 진입할 확률의 감소는 장기적으로 실업률을 하락시킬 것이다. 실업이 더 드물게 발생하기 때문에 나타나게 되는 실업률 하락이 실업기간의 증가로 인한 실업률 증가를 압도하는지는 알 수 없는 문제이다.

3. 근로자가 처음 실업자가 될 때는 고용기회에 대해 낙관적이어서 높은 유보임금을 설정할 수 있다. 그러나 만약 시간이 경과함에 따라 오직 매우 낮은 임금만 제안된다면, 근로자는 제안되는 임금의 분포가 처음에 생각했던 것보다 더 낮다는 것을 깨달을 수 있다. 이 기대의 수정은 또한 유보임금의 하향수정을 일으킨다.

   실제로 비록 제안되는 임금분포에 대한 근로자들의 최초 인식이 옳았더라도, 이 분포는 시간이 흐름에 따라 체계적으로 아래쪽으로 이동할 수 있다. 예를 들어 사용자들은 개인이 실업상태에 있었던 기간을 이 개인의 상대적으로 낮은 생산성의 신호로 사용할지 모르며, 이에 따라 임금제안을 낮출 수 있다. 이런 이유로 인해 나타나는 제안되는 임금분포의 체계적인 하락은 실업기간이 길어짐에 따라 마찬가지로 유보임금을 하락시키게 된다.

5. 이 정책은 실업률에 두 가지 효과를 틀림없이 미칠 것이다. 첫째, 실업상태의 근로자들에 대한 급여가치를 감소시킴으로써, 그들의 실업기간을 단축시킬 것이다. 다시 말하면 실업보험급여에 과세함으로써 정부는 실제로 그 급여를 삭감하고 있으며, 급여 감소는 추가적인 기간 동안 실업상태에 머무르는 한계비용을 증가시킨다. 따라서 근로자들은 일자리제안에 대해 덜 까다로운 경향을 띠게 될 것이며, 추가적인 일자리제안을 탐색하는 데 소비하는 시간을 줄이게 될 것이다. 그러나 일자리탐색을 감소시킴으로써 UI급여에 대한 과세는 근로자와 사용자 일자리연결의 질이 낮아지도록 하며, 따라서 장기적으로 더 높은 이직(그리고 더 많은 실업)을 발생시킬 수 있다.

   둘째, 실업상태에 있는 근로자들이 이제 정부로부터 보상을 더 적게 받기 때문에, 일시해고가 자주 발생하는 일자리를 가진 사람들은 자신들의 일자리가 이전에 비해 덜 매력적이라는 것을 알게 될 것이다. 이러한 일자리를 제공하는 사용자들은 (근로자들이 다른 일자리의 선택권을 갖고 있다고 가정하면) 만약 임금을 올리지 않는다면 근로자들을 유치하는 데 더 어려움을 갖게 될 것이다. 이 보상임금격차는 높은 일시 해고율에 대한 벌칙으로 작용할 것이며, 이 벌칙은 기업들로 하여금 어느 정도 일시해고를 줄이도록 할 것이다. 물론 근로자들을 일시해고하는 성향의 감소는 (다른 조건이 동일할 때) 실업률을 틀림없이 하락시킬 것이다.

7. 실업수준은 실업상태 근로자 풀(pool)로의 근로자들의 유입과 유출에 의해 영향을 받는다. 근로자들을 해고하는 사용자들의 능력을 제한하는 것은 풀**로의** 근로자들의 유입을 감소시킬 것이며, 따라서 실업을 감소시키는 경향을 보이게 된다.

   그러나 이와 같은 제한은 근로자들의 채용비용을 증가시키기 때문에(근로자들을 해고하는 비용은 고용의 준고정비용임), 기업들은 노동의 **채용**을 줄이는 경향을 보이게 될 것이다. 이 채용감소는 실업자 풀로부터의 유출이 느려지도록 할 것이며, 그 결과 제한조치가 실업률에 미치는 전반적인 효과는 예측될 수 없다.

연습문제

1. 계산을 간단히 하기 위해서 백만을 생략하기로 하자.
   처음의 실업률$=U/(U+E)\times100=10/(10+120)\times100=7.69(\%)$.
   처음의 경제활동참가율$=(U+E)/(U+E+N)\times100=(10+120)/(10+120+70)\times100=65.0(\%)$
   새로운 실업자, 취업자, 비경제활동인구는 (백만 명 생략):
   $U_1=U_0+EU+NU-UE-UN=10+1.8+1.3-2.2-1.7=9.2$
   $E_1=E_0+UE+NE-EU-EN=120+2.2+4.5-1.8-3.0=121.9$
   $N_1=N_0+EN+UN-NE-NU=70+3.0+1.7-4.5-1.3=68.9$
   새로운 실업률과 경제활동참가율은
   실업률$=9.2/131.1\times100=7.02(\%)$
   경제활동참가율$=131.1/200\times100=65.55(\%)$
3. 아래의 그래프를 살펴보자.

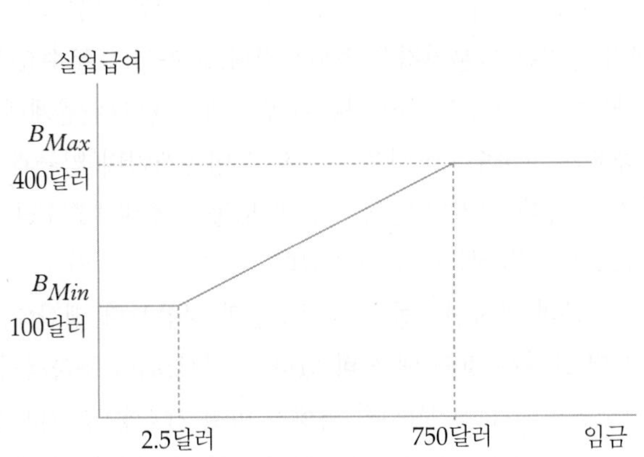

   a. 임금=100달러일 때, $B=0.4(100)+100=140$달러, 대체율$=140/100=1.4$
      임금=200달러일 때, $B=0.4(200)+100=180$달러, 대체율$=180/200=0.9$
      임금=1000달러일 때, $B=0.4(1000)+100=500$달러, 대체율$=500/1000=0.5$

b. B_{min}=100달러일 때, W_{min}=2.5달러
B_{min}=400달러일 때, W_{min}=750달러

5. 그래프는 아래와 같다.

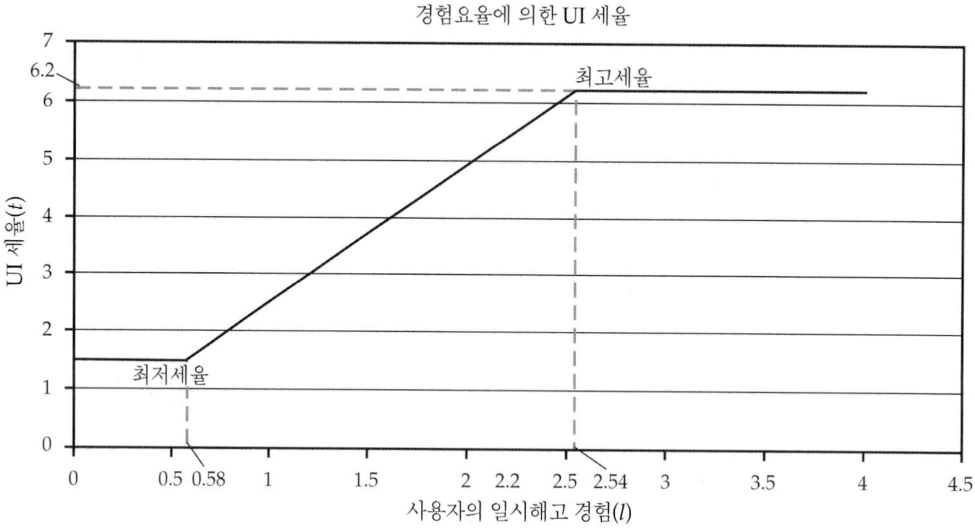

만약 기업의 일시해고 경험이 l_{min}보다 낮은 수준이면, 기업은 최저세율을 납부한다. 기업의 일시해고 경험이 임계치 l_{min}에 도달하면, 최고세율에 도달할 때까지 기업의 UI세율은 일시해고 경험의 증가와 함께 증가한다.

기업의 일시해고 경험의 임계치(l_{min}): $1.5=0.1+2.4l_{min}$, $l_{min}=0.58(\%)$

기업의 일시해고 경험의 최대치(l_{max}): $6.2=0.1+2.4l_{max}$, $l_{max}=2.54(\%)$

제15장

복습문제

1. 투자세액공제의 증가는 자본가격을 하락시키며, 따라서 노동수요에 두 가지 효과를 미치는 것이 가능하다. 만약 노동과 자본이 생산에 있어 보완관계에 있거나 조보완요소라면, 세액공제는 노동수요곡선을 우측으로 이동시키며 임금과 고용을 증가시키는 경향을 가질 것이다. 그러나 만약 자본과 노동이 조대체요소라면, 이 세액공제는 노동수요의 감소라는 결과를 가져올 수 있다.

   제4장에서 자본과 미숙련노동은 숙련노동과 자본보다 생산에 있어 대체관계에 있을 가능성이 더 크다는 것을 배운 바 있다. 그러므로 이 투자세액공제는 숙련노동보다는 미숙련노동의 수요에 부(−)의 영향을 미칠 가능성이 크다. 만약 그렇다면 미숙련 근로자들의 임금에 더 큰 하락압력이 존재할 것이며, 이로 인한 가장 낮은 임금을 받는 근로자들의 상대임금 하락은 근로소득분포를 넓히는 경향을 갖는다.

3. 사용자들이 파업 중인 근로자들을 대체하는 것을 금지하는 것은 근로소득분포에 모호한 효과를 미칠 것이다. 한편으로 파업근로자의 대체를 금지하는 것은 조합원들의

임금을 인상하려는 노동조합의 힘을 틀림없이 증가시킬 것인데, 노동조합은 역사적으로 볼 때 숙련도가 있는 근로자들의 임금과 비교할 때 저숙련 조합원들의 임금을 상대적으로 증가시켰다. 따라서 만약 노동조합의 힘이 강해진다면 주 혜택자들은 노동조합부문 저숙련 근로자들일 것이며, 이 효과는 근로소득분배를 균등화시키는 경향을 보이게 될 것이 틀림없다.

반면 대체근로자들로서 일했을 사람들에 대한 효과도 고려할 필요가 있다. 그 이유야 어떻든 더 높은 임금을 지급하는 대기업들에 노동조합들이 더 많이 조직되며, 대체근로자들로서 일하기를 원하는 근로자들은 자신들의 근로소득을 증가시킬 수가 있기 때문에 대체근로자로서의 일자리에 관심을 가졌을 것이라고 가정할 수 있다. 노동조합화된 대기업들에게 더 높은 임금을 지급하도록 부추김으로써 파업근로자의 대체를 금지하는 것은 비노동조합부문의 임금을 감소시키는 전이효과(spillover effect)를 일으킬 수 있다. 따라서 파업근로자의 대체를 금지하는 것은 이제 비노동조합부문 소규모기업의 근로자들에게 지급되는 임금을 실제로 하락시킬 수 있으며, 근로소득분포를 더욱 커지도록 한다.

5. 일하지 않는 사람들에게 지급이 보장되는 보조금액수를 증가시키면서 0이 아닌 유효임금 수준을 불변인 채로 유지하는 것은 분명히 노동공급의 감소를 일으킬 것이다. 이 노동공급의 감소는 두 가지 형태를 취하게 된다. 이전에 일했던 몇몇 사람들은 경제활동인구로부터 이탈하기로 결정할 수 있으며, 또 이전에 일했던 다른 몇몇 사람들은 자신들의 근로시간을 줄일 수 있다. 이 두 가지 형태의 노동공급 감소는 **근로소득**분배에 꽤 상이한 효과를 미친다.

   예상되는 노동공급의 감소는 주로 가장 근로소득 수준이 낮은 근로자들로부터 나타나게 될 것이라고 가정하는 것은 합리적인 일이다. 따라서 경제활동인구로부터의 **이탈**이 발생할 때, 가장 근로소득이 낮은 사람들이 경제활동을 포기할 것이며, 이러한 경제활동인구로부터의 **이탈**은 근로소득분배를 균등화시키는 경향을 가질 것이다(근로소득분포의 가장 낮은 부분에 위치했던 사람들이 분포로부터 퇴장한다).

   그러나 경제활동인구에 계속 머물러있는 근로자들의 근로시간 감소는, 만약 이 노동공급의 반응이 또한 가장 근로소득 수준이 낮은 사람들에게 집중된다면 근로소득분배에 정반대의 효과를 미치게 될 것이다. 근로시간의 감소는 이 저임금 근로자들의 근로소득을 더욱 하락시키는데, 이는 근로소득분포를 넓히는 경향을 가질 것이다.

   그러므로 부(–)의 소득세 프로그램(negative income tax program)의 보조금증가라는 이러한 관대함은 (보조금을 포함하는) **소득**분배를 균등화시키는 역할을 하지만, 노동공급의 반응은 근로소득분포를 좁히거나 넓히는 경향을 가질 수 있다.

7. 제안 'a'는 고임금 (숙련)노동과 자본의 고용비용을 증가시킨다. 이는 미숙련 근로자들에 대한 수요곡선에 모호한 효과를 미치게 될 것이다. 한편으로 이는 (그들이 생산에 있어 대체관계에 있다고 가정하면) 숙련 근로자들 및 (또는) 자본을 미숙련 근로자들로 대체하는 경향이 나타나도록 할 것이다. 반면 생산비가 증가하여 규모효과가 산

출량과 (미숙련 근로자들을 포함하는) 모든 근로자에 대한 수요를 감소시키는 경향을 보이게 될 것이다.

만약 대체효과가 우세하면 미숙련 근로자들에 대한 수요곡선은 우측으로 이동하며, 그들의 고용과 임금을 증가시키는 경향을 갖는다. 만약 규모효과가 우세하면(또는 만약 미숙련노동이 숙련노동 및 자본과 생산에 있어 보완관계에 있다면), 그들에 대한 수요곡선은 좌측으로 이동하며, 그들의 임금과 고용수준은 감소하게 된다.

제안 'b'는 모든 노동의 고용비용을 감소시키지만, 감소비율은 저임금 근로자(미숙련 근로자)의 경우 가장 크게 된다. 따라서 이 제안은 자본과 숙련노동의 비용과 비교할 때 미숙련노동 비용을 상대적으로 감소시킨다. 규모효과와 대체효과 모두 같은 방향으로 작용하기 때문에, 이는 (근로자의 임금을 세로축에 표시했을 경우) 미숙련노동에 대한 수요곡선을 확실히 우측으로 이동시킬 것이다. 이는 미숙련 근로자들의 고용과 그들이 받는 임금을 모두 증가시키는 경향을 가질 것이다.

제안 'b'의 경우 규모효과가 그들의 서비스에 대한 수요를 감소시키는 것이 아니라 증가시키는 경향이 있기 때문에, 미숙련 근로자들의 근로소득을 향상하려는 정부 목표를 달성하기가 더 낫다.

연습문제

1. (부록) 우선 학생들을 소득의 크기 순서로 정리하여 가장 소득이 낮은 20%, 그다음 낮은 20%, 중간 20%, 두 번째로 소득이 높은 20%, 그리고 가장 소득이 높은 20%의 소득 크기를 각각 구해야 한다(아래 표 참조). 그 뒤 총소득을 구해야 하는데 문제에서의 총소득은 344,000달러가 된다. 각 20% 그룹의 소득을 총소득으로 나누면 각 그룹의 소득이 총소득에서 차지하는 비율을 구할 수 있다. 마지막으로 소득의 누적비율을 계산해야 한다.

   이제 이 정보를 그래프로 그리되, 소득의 누적비율은 세로축에 그리고 학생 수의 누적 비율은 가로축에 표시되어야 함을 잊지 말아야 한다(아래의 그래프 참조). (더욱 더 정확한 로렌츠곡선은 데이터를 5분위가 아닌 10분위로 나눔으로써 그려질 수 있다.)

   지니계수를 구하기 위해서 로렌츠곡선 밑의 면적을 계산하기 위해 부록에 설명된 방법을 사용하라. 이 면적은 0.1에 밑변이 0.2이고 높이가 각각 소득이 낮은 순서로 정리된 4개 소득그룹의 누적소득비율인 4개의 직사각형 면적을 더한 것과 같다.

   면적=0.1+(0.2×0.128)+(0.2×0.302)+(0.2×0.494)+(0.2×0.703)

   =0.1+0.3254=0.4254

   지니계수=(0.5−로렌츠곡선 밑의 면적)/0.5=(0.5−0.4254)/0.5=0.1492

성명	소득	소득점유율	소득의 누적점유율
		Bottom 20%	
Billy	20,000달러	44,000달러/344,000달러=0.128	0.128
Kasia	24,000달러		
		2nd 20%	
Rose	29,000달러	60,000달러/344,000달러=0.174	0.128+0.174=0.302
Charlie	31,000달러		
		Middle 20%	
Yukiko	32,000달러	66,000달러/344,000달러=0.192	0.302+0.192=0.494
Nina	34,000달러		
		4th 20%	
Thomas	35,000달러	72,000달러/344,000달러=0.209	0.494+0.209=0.703
Raul	37,000달러		
		Top 20%	
Becky	42,000달러	102,000달러/344,000달러=0.297	0.703+0.297=1.000
Willis	60,000달러		

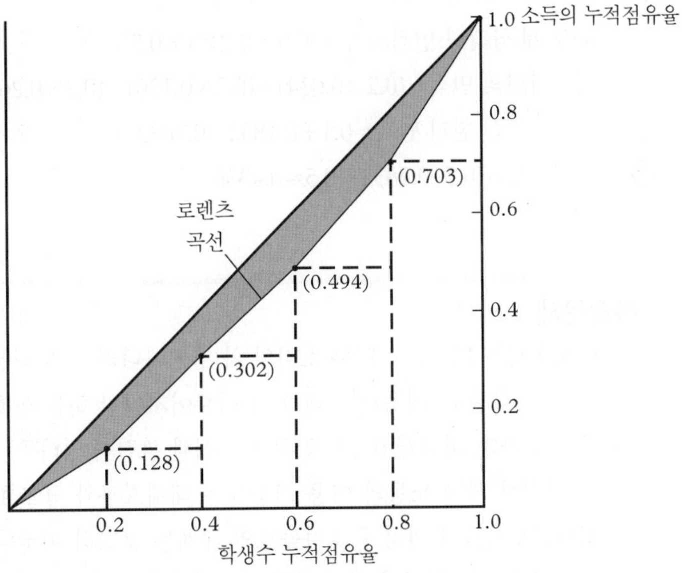

3. a.

백분위수에서의 근로소득 비율	1990	2005
90:10	1.53	1.41
90:50	1.24	1.22
50:10	1.23	1.16

b. 1990년부터 2005년까지 모든 근로소득 비율이 감소하였다. 90:50 비율의 하락이 50:10 비율의 하락에 비해 더 작았다는 사실은 균등을 향한 움직임이 근로소득분배의 하단에 비해 상단에서 더 작았음을 나타낸다.

5. (부록) 미국(소득)의 로렌츠곡선(2005년)

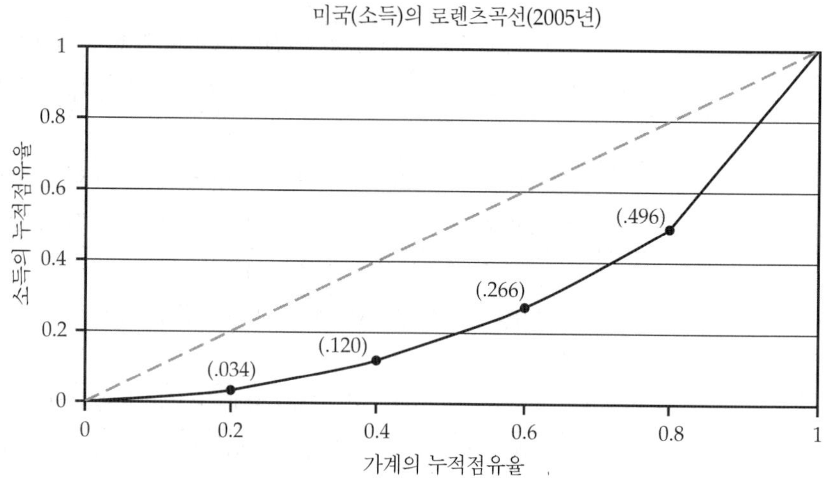

지니계수의 계산은 로렌츠곡선 아래의 면적을 부록의 그림 15A.3에 보이는 바와 같이 일련의 삼각형과 직사각형으로 쪼개는 것을 수반한다.

다섯 개 삼각형 면적의 합=0.1(=0.2×1×0.5)

직사각형의 면적=(0.2×0.034)+(0.2×0.120)+(0.2×0.266)+(0.2×0.496)=0.1832

로렌츠곡선 밑의 면적=0.1+0.1832=0.2832

지니계수=(0.5–0.2832)/0.5=0.4336

제16장

복습문제

1. 비교우위는 1인당 부 또는 소비의 차이가 아니라 두 재화를 생산하는 내부 기회비용, 즉 한 재화를 더 획득하는 데 있어 이루어져야만 하는 상호교환관계(trade-off)에 의해 발생한다. 따라서 B국의 인구는 분석과 관련이 없다.

3. 더 저렴한 외국 노동의 이용 가능성은 대체효과와 규모효과 모두를 창출한다. 미국 생산근로자들의 외국 근로자들로의 대체는 분명히 미국의 고용을 감소시키며, 고용 손실의 크기는 얼마나 쉽게 미국 근로자들을 외국 근로자들이 대체할 수 있는가에 좌우된다. 대체효과의 크기는 또한 부분적으로 이 산업에서의 미국 근로자들의 노동공급곡선의 탄력성에도 좌우된다. 만약 공급곡선이 탄력적이라면 미국 근로자들은 기꺼이 산업을 떠나며, 그들의 임금도 크게 하락하지 않을 것이다. 만약 공급곡선이 상대적으로 비탄력적이라면 미국 근로자들의 임금은 하락할 것이며 이는 대체효과를 더 작게 만들 수 있다.

그러나 규모효과도 존재할 것이다. 경보체제의 가격이 하락함에 따라 더 많은 미국인들이 이를 구매할지 모르며, 이는 설치자, 판매원, 그리고 경보체제를 모니터하고 수리하는 근로자 등, 해외의 근로자들과 생산에 있어 보완관계에 있는 근로자들에 대한 수요를 증가시킬 것이다. 규모효과는 만약 경보기에 대한 수요가 더 탄력적일수록, 그리고 총비용 중 생산근로자들과 관련된 비용이 차지하는 비중이 크면 클수록 더 커질 것이다.

5. 본문에서 논의한 바와 같이 사회의 일자리 수는 사회의 기술수준 또는 무역수준이 아니라 노동시장에서 공급과 수요가 얼마나 잘 일치하는가에 좌우된다. 무역은 비교우위에 의존하는데, 비교우위도 또한 재화와 서비스를 생산하는 국내 기회비용에 좌우된다(복습문제 1번 참조).

7. 이 문제에 대한 답은 복습문제 4번에 대한 답과 비슷하다. 경제이론에 따르면 비교우위를 기초로 하여 특화의 심화가 허용됨으로써 무역장애물의 완화는 무역 당사국들의 가능한 전반적 소비를 증가시킬 것이다. 그러나 사회의 목표는 소비를 극대화 시키는 것이 아니라 개개인들의 효용을 극대화하는 것이다. 제4장의 끝 부분에서 논의한 바와 같이 만약 몇몇 정책변화가 사회의 가장 부유한 사람의 소득을 10억 달러 증가시키지만 백만 명의 가난한 사람들의 소득을 각각 500달러씩 감소시킨다면, 사회의 총소득은 5억 달러 증가하게 된다. 그러나 가장 부유한 사람의 효용 증가는 0에 가까운 반면, 500달러를 잃어버린 백만 명의 가난한 사람들의 효용 손실은 훨씬 클지 모른다. 그러므로 소득의 5억 달러 이익은 효용의 전반적 손실을 수반하게 된다. 효용이 측정될 수 없다는 점에 비추어 볼 때, 사회의 효용수준이 증가했는지를 알 수 있는 유일한 방법은 (이 경우 가장 부유한 사람인) 이익을 얻은 사람들이 손실을 본 사람 각자에게 500달러를 줄 용의가 있는지를 살펴보는 것이다. 만약 가장 부유한 사람이 500달러씩을 지급할 용의가 있어 500달러씩을 지급한다면, 손실을 본 사람들은 손해가 없는 상태를 유지하게 되며, 손실을 본 사람이 한 명도 없이 이익을 본 사람만 존재하게 된다(따라서 거래는 제1장에서 논의한 파레토 기준을 만족하게 된다).

연습문제

1. a. M국에서는 5천만 대의 자전거를 생산하기 위해 6천만 개의 냉장고가 포기된다. 각 자전거의 기회비용은 6/5, 또는 1.2 냉장고이다. N국에서는 7천 5백만 대의 자전거를 생산하기 위해 5천만 개의 냉장고가 포기된다. 각 자전거의 기회비용은 50/75, 또는 0.67 냉장고이다.

   M국에서는 6천만 개의 냉장고를 생산하기 위해 5천만 대의 자전거가 포기되어야만 하며, 따라서 냉장고의 기회비용은 5/6, 또는 0.83 자전거이다. N국에서는 5천만 개의 냉장고를 생산하기 위해 7천5백만 대의 자전거가 포기되어야만 하며, 따라서 냉장고의 기회비용은 75/50, 또는 1.5 자전거이다.

   b. 자전거의 기회비용이 N국에서 더 낮기 때문에, N국은 자전거에 비교우위를 갖

는다. 즉 생산된 자전거 당 더 적은 냉장고가 포기되게 된다.

c. 두 나라는 무역을 해야만 한다. N국은 자전거를 생산해야 하며 M국은 냉장고를 생산해야만 한다.

3. 부유한 나라 고객서비스 대리인들의 한계생산성: $MP_L=17-0.6L=17-0.6(10)=11$
가난한 나라 고객서비스 대리인들의 한계생산성: $MP_L=11-0.8\text{L}=11-0.8(5)=7$
부유한 나라 한계생산성에 대한 임금 비율: $W/MP_L=$20달러/11=1.82달러/단위
가난한 나라 한계생산성에 대한 임금 비율: $W/MP_L=$10달러/7=1.43달러/단위

서비스 1단위의 한계비용은 가난한 나라에서는 1.43달러인 반면, 부유한 나라에서는 1.82달러이다. 따라서 1,000개의 일자리를 가난한 나라로 이전시킬 것을 생각하는 부유한 나라의 기업은 그렇게 함으로써 비용을 감소시킬 수 있을 것이다. 만약 기업이 1,000개의 일자리를 이전했다면 부유한 나라의 MP_L은 17−0.6(9)=11.6으로 증가하게 된다. 가난한 나라의 MP_L은 11−0.8(6)=6.2로 감소하게 된다. 따라서 1,000개의 일자리가 이전되었을 경우조차도, 부유한 나라의 단위당 비용(20/11.6=1.72)은 가난한 나라의 단위당 비용(10/6.2=1.61)을 여전히 상회한다. 따라서 기업은 1,000개 보다 많은 일자리를 가난한 나라로 이전하는 것을 고려하기를 원하게 된다.

찾아보기

기타

ㄱ

ㄴ

ㄷ

ㅅ

ㅇ

ㅈ

ㅊ

ㅋ

ㅌ

표 6.1

16세 이상 미국 여성들의 결혼 상태별 경제활동참가율(%), 1900~2011년

연도	총여성	미혼	배우자사망,이혼	기혼
1900	20.6	45.9	32.5	5.6
1910	25.5	54.0	34.1	10.7
1920	24.0			9.0
1930	25.3	55.2	34.4	11.7
1940	26.7	53.1	33.7	13.8
1950	29.7	53.6	35.5	21.6
1960	37.7	58.6	41.6	31.9
1970	43.3	56.8	40.3	40.5
1980	51.5	64.4	43.6	49.8
1990	57.5	66.7	47.2	58.4
2000	59.9	68.9	49.0	61.1
2011	58.1	62.8	48.8	60.2

자료: 1900~1950: Clarence D. Long, *The Labor Force under Changing Income and Employment* (Princeton, N.J.: Princeton University Press, 1958), Table A-6.
1960~2011: U.S. Department of Labor, Bureau of Labor Statistics, *Handbook of Labor Statistics*, Bulletin 2340 (Washington, D.C.: U.S. Government Printing Office, 1989), Table 6; and U.S. Census Bureau, *2010 Statistical Abstract*, Section 12 (Table 598), http://www.census.gov/compendia/statab/2012/tables//12s0597.pdf; and U.S. Department of Labor, Bureau of Labor Statistics, *Women in the Labor Force: A Databook*, Report 1040 (February 2013), Table 4, http://www.bls.gov/cps/wlf-databook-2012.pdf.

표 6.2

미국 남성들의 연령별 경제활동참가율(%), 1900~2011년

			연령그룹			
연도	14~19	16~19	20~24	25~44	45~64	65세 이상
1900	61.1		91.7	96.3	93.3	68.3
1910	56.2		91.1	96.6	93.6	58.1
1920	52.6		90.9	97.1	93.8	60.1
1930	41.1		89.9	97.5	94.1	58.3
1940	34.4		88.0	95.0	88.7	41.5
1950	39.9	63.2	82.8	92.8	87.9	41.6
1960	38.1	56.1	86.1	95.2	89.0	30.6
1970	35.8	56.1	80.9	94.4	87.3	25.0
1980		60.5	85.9	95.4	82.2	19.0
1990		55.7	84.4	94.8	80.5	16.3
2000		52.8	82.6	93.0	80.4	17.7
2011		33.7	74.7	90.0	78.5	21.3

자료: 1900~1950: Clarence D. Long, *The Labor Force under Changing Income and Employment* (Princeton, N.J.: Princeton University Press, 1958), Table A-2.
1960: U.S. Department of Commerce, Bureau of the Census, *Census of Population, 1960: Employment Status*, Subject Reports PC(2)~6A, Table 1.
1970: U.S. Department of Commerce, Bureau of the Census, *Census of Population, 1970: Employment Status and Work Experience*, Subject Reports PC(2)~6A, Table 1.
1980~2011: U.S. Census Bureau, *2010 Statistical Abstract*, Section 12 (Table 575), http://www.census.gov/compendia/statab/2010edition.htlm; and U.S. Department of Labor, Bureau of Labor Statistics, *Women in the Labor Force: A Databook*, Report 1040 (February 2013), Table 1, http://www.bls.gov/cps/wlf-databook-2012.pdf.

표 12.4

인종 및 성별 고용률, 경제활동참가율, 그리고 실업률[a], 1970~2012년

	고용률		경제활동 참가율		실업률	
			남성			
연도	흑인(%)	백인(%)	흑인(%)	백인(%)	흑인(%)	백인(%)
1970	71.9	77.8	77.6	81.0	7.3	4.0
1980	62.5	74.0	72.1	78.8	13.3	6.1
1990	61.8	73.2	70.1	76.9	11.8	4.8
2000	63.4	72.9	69.0	75.4	8.1	3.4
2012	54.1	65.8	63.6	71.0	15.0	7.4
			여성			
1970	44.9	40.3	49.5	42.6	9.3	5.4
1980	46.6	48.1	53.6	51.4	13.1	6.5
1990	51.5	54.8	57.8	57.5	10.8	4.6
2000	58.7	57.7	63.2	59.8	7.2	3.6
2012	52.2	53.3	59.8	57.4	12.8	7.0

[a] 1970년과 1980년의 경우, 흑인들에 관한 데이터는 다른 소수민족들을 포함하고 있음. 모든 연도의 데이터는 16세 이상의 사람들에 대한 것임.

자료: U.S. Bureau of Labor Statistics, *Employment and Earnings* 17 (January 1971), Table A-1; 28 (January 1981), Table A-3; 38 (January 1991), Table 3; 48 (January 2001), *Employment and Earnings Online*, Annual Average Household Data, Employment Status, Table 3, at http://www.bls.gov/opub/ee/2013/cps/annavg3._2012.pdf.

표 13.1

주요 국가들의 노동조합원 비율과 단체협약의 적용 범위, 1990년, 2009~2010년

	전체 근로자들에 대한 노동조합원의 비율(%)		단체협약의 적용을 받는 근로자들의 비율(%)	
국가	1990	2010*	1990	2010**
오스트리아	46.9	28.1	98.0	99.0
프랑스	9.9	7.6	92.0	90.0
스웨덴	80.0	68.4	89.0	91.0
호주	39.6	18.0	80.0	40.0
이탈리아	38.8	35.1	83.0	80.0
네덜란드	24.3	19.4	82.0	82.3
독일	31.2	18.6	72.0	62.0
스위스	22.7	17.8	48.0	48.0
영국	38.2	26.5	54.0	32.7
캐나다	34.0	27.5	38.0	31.6
일본	25.4	18.4	23.0	16.0
미국	15.5	11.4	18.3	13.6

* 네덜란드와 스위스의 데이터는 2009년도 수치임.

** 오스트리아와 호주의 데이터는 2007년도 수치임; 프랑스, 스웨덴, 네덜란드, 그리고 스위스의 데이터는 2008년도 수치임.

자료: Organisation for Economic Co-operation and Development, http://www.oecd-ilibrary.org/employment/oecd-employment-outlook-2012/trade-union-density-and-collective-bargaining-coverage-1990-and-latest-year_empl_outlook-2012-graph50-en.